2., vollständig überarbeitete Auflage

Reiseziele und Routen

Traveltipps von A bis Z

Land und Leute

Tōkyō und Umgebung

Tōhoku

Hokkaidō

Chūbu

Kansai

Chūgoku

Shikoku

Kyūshū

Okinawa

Anhang

Jessika Zollickhofer,
Isa Ducke, Birgit Bianca Fürst,
Katharina Grimm, Hartmut Pohling,
Axel Schwab, Natascha Thoma

JAPAN

W0085743

STEFAN LOOSE
TRAVEL HANDBÜCHER

© MAURITIUS IMAGES / ALAMY

1 **HANAMI** Die Kirschblüte läutet den Frühling ein und ist im ganzen Land Anlass zum ausgelassenen Feiern. Man trifft sich zum Picknick im Park und erfreut sich an der kurzlebigen Blütenpracht. S. 25

2 **ONSEN** Die japanische Badekultur sucht auf der Welt ihresgleichen. Jede Region hat berühmte Heilquellen, und in ihnen zu baden ist nicht nur für Japaner ein Hochgenuss. S. 27

3 **TŌKYŌ** Postmoderne Wolkenkratzer mit grandiosen Ausblicken bilden einen Kontrast zum Treiben während eines traditionellen Festes am Schrein in Asakusa. S. 155

元氣
七輪焼肉
牛繁
GYU SHIGE
2·3F
HMV
JOKER
さくらや
総合館
渋谷センター街
海鱗丸
3階
tutuanna
3

© AXEL SCHWAB

© AXEL SCHWAB

4 NIKKŌ Mit Moos bewachsene Stein- und Bronzelaternen – Trauergeschenke der Fürsten zum Tod des großen Tokugawa Ieyasu – säumen den Weg zum inneren Bezirk des Tōshōgū-Schreins. S. 206

5 KAMAKURA Seit über 760 Jahren unverrückbar in Meditation versunken sitzt der riesige Buddha aus Bronze am Tempel Kōtoku-in. S. 222

6 MATSUSHIMA Hunderte kleiner, mit Kiefern bewachsener Inseln machen die Bucht von Matsushima zu einem der schönsten Anblicke Japans. Am besten erlebt man die berühmte Landschaft auf einer kurzen Schiffstour durch die Bucht. S. 239

© KATHARINA GRIMM

© MAURITIUS-IMAGES / DIVERSION

7 DEWA SANZAN
2446 steinerne Stufen führen zum Drei-Götter-Schrein auf dem Haguro-san. S. 244

8 SHIRETOKO-NATIONALPARK
Paradies für Braunbären, Riesen-Fischuhus, Seeadler, Stellersche Seelöwen und andere wildlebende Tiere. S. 289

9 SHIRAKAWA In dem idyllischen Bergdorf prägen traditionelle Holzhäuser die Landschaft. Die enormen Reetdächer sind so steil, damit der viele Schnee abrutschen kann. Deshalb gibt es auch im ersten und zweiten Stock noch Türen nach draußen. S. 325

10 **KYŌTO** Die alte Kaiserstadt ist das kulturelle Zentrum Japans und mit ihren zahlreichen Tempeln, Schreinen und Palästen zu jeder Jahreszeit einen Besuch wert. S. 374

11 **NARA** Die erste permanente Hauptstadt Japans ist über 1300 Jahre alt und reich an herausragenden Heiligtümern und Kunstschätzen ersten Ranges. S. 417

12 **KŌYA-SAN** An diesem spirituellen Ort, weitab der großen Städte und tief in den Bergen der Kii-Halbinsel, genießen nicht nur Pilger Ruhe und Besinnlichkeit. S. 428

© PICTURE-ALLIANCE / DR. PHILIPS

© MAURITIUS-IMAGES / AGE

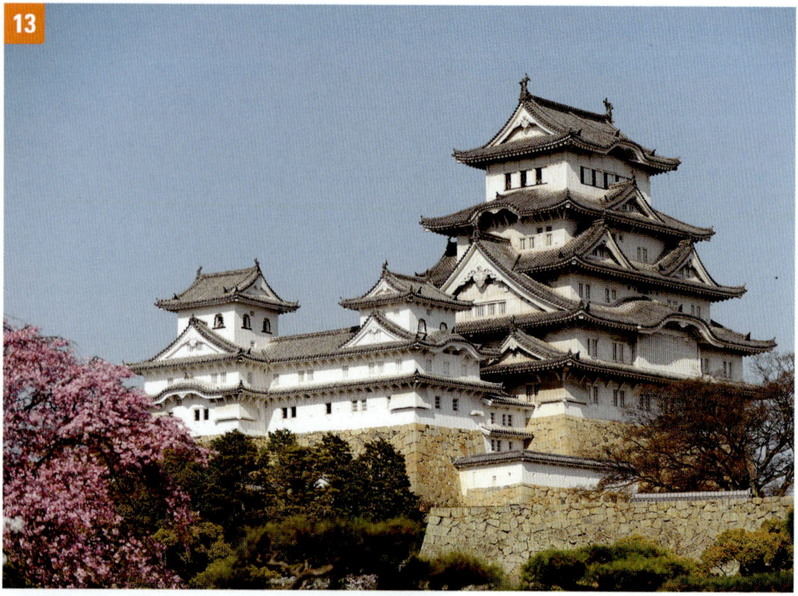

13

14

13 HIMEJI Die wunderschöne „Burg des Weißen Reihers" ist der wahrhaftige Beweis dafür, dass Burgen nicht nur der Verteidigung dienen, sondern auch ästhetischen Ansprüchen gerecht werden. S. 454

14 KURASHIKI Der einstige Reisspeicher der Nation besitzt heute eine der interessantesten und reizendsten Altstädte Japans. S. 461

15 HIROSHIMA Die wiederauferstandene Stadt verspricht künftigen Generationen Hoffnung und ruft als selbst ernannte Friedensstadt zur weltweiten Beseitigung aller Atomwaffen auf. S. 464

© PICTURE-ALLIANCE / EPA / RAIN

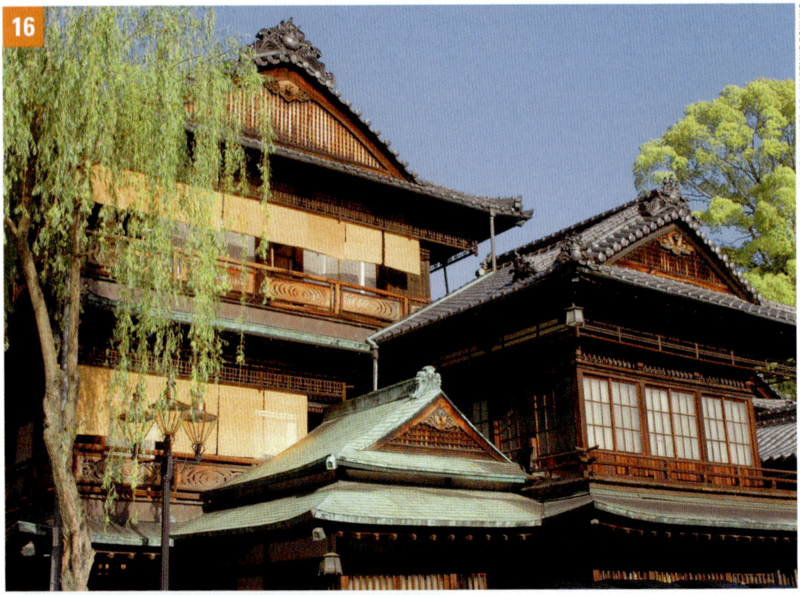
16

© JAPAN-PHOTO.DE / HARTMUT POHLING

17

© JESSIKA ZOLLICKHOFER

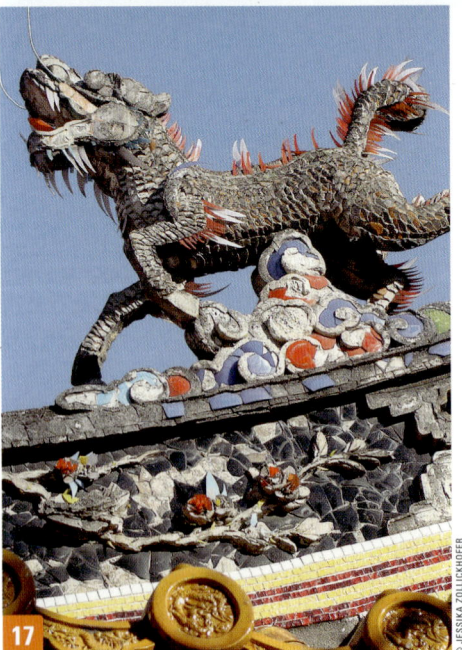

16 DŌGO ONSEN Im alten Badehaus dieser Therme, das früher der kaiserlichen Familie vorbehalten war, können Einheimische und Besucher der Stadt sich gesundbaden. S. 519

17 NAGASAKI Die exotische Stadt im Süden bietet eine ungewöhnliche Vielfalt an Kulturschätzen, vom chinesischen Konfuziusschrein bis zur katholischen Kirche. S. 536

18 SAKURAJIMA Vor der Hafenstadt Kagoshima thront der imposante Inselvulkan und spuckt je nach Tagesform mehr oder weniger Asche in die Luft. Bewundern darf man ihn auch aus der Nähe – aber unterschätzen nie! S. 571

© OKINAWA CONVENTION & VISITORS BUREAU

19 **SESOKOJIMA** Weißer Sandstrand, tiefblaues Meer und ganz klares, warmes Wasser – ideal, um einmal komplett abzuschalten. S. 600

Inhalt

Highlights 2
Reiseziele und Routen 23
Klima und Reisezeit 37
Reisekosten 39

Traveltipps von A–Z

Anreise 42
Botschaften und Konsulate 43
Einkaufen 44
Essen und Trinken 49
Fair reisen 58
Feste und Feiertage 59
Fotografieren 62
Frauen unterwegs 62
Geld 62
Gepäck und Ausrüstung 64
Gesundheit 65
Informationen 67
Internet und E-Mail 69
Jobben in Japan 70
Kinder 71
Maße und Elektrizität 71
Medien 71
Nationalparks und Reservate 72
Öffnungszeiten 73
Onsen 73
Post 74
Reisende mit Behinderungen 74
Reiseveranstalter 75
Schwule und Lesben 75
Sicherheit 76
Sport und Aktivitäten 78
Telefon 86

Transport 86
Übernachtung 92
Verhaltenstipps 95
Versicherungen 97
Visa 97
Zeit und Kalender 97
Zoll 98

Land und Leute 99

Geografie 100
Flora und Fauna 101
Umwelt 103
Bevölkerung und Gesellschaft 104
Geschichte 108
Regierung und Politik 120
Wirtschaft 124
Religion 126
Kunst und Kultur 132

Tōkyō und Umgebung 153

Tōkyō 155
Zentrum 155
Asakusa und Shitamachi 164
Ueno und Yanaka 168

Shinjuku 170
Harajuku und Shibuya 173
Der Süden Tōkyōs 177
Bunkyō 181
Ikebukuro 182
Odaiba 182
Aktiv: Wanderung auf den Takao-san ... 184
Die Umgebung von Tōkyō 205
Nikkō 206
Fuji-san 211
Hakone 213
Yokohama 218
Kamakura 222

Tōhoku 227

Aizu Wakamatsu 230
Sendai 232
Matsushima 239
Yamadera und Yamagata 242
Dewa Sanzan 244
Hiraizumi 248
Morioka 251
Akita 252
Kakunodate 254
Nyūtō Onsen 256
Hachimantai 257
Towada-See 258
Shimokita-Halbinsel 260
Aomori 263
Hirosaki 265

Hokkaidō 269

Sapporo 273
Die Umgebung von Sapporo 280
Otaru 281
Nibutani 282
Rishiri-Rebun-Sarobetsu-Nationalpark 284
Daisetsuzan-Nationalpark 286
Furano und Biei 289
Shiretoko-Nationalpark 289
Monbetsu und Abashiri 292
Akan-Nationalpark 293
Shikotsu-Tōya-Nationalpark 295
Shiraoi 299
Noboribetsu Onsen 299
Niseko 300
Hakodate 303

Chūbu 305

Tōkai – Die Pazifikseite 307
Nagoya 307
Die Umgebung von Nagoya 313
Gifu und Umgebung 314
Inuyama 316
Gero Onsen 319
Takayama 320
Shirakawa-gō 325
Gokayama 327
Japanische Alpen 329
Kiso-Tal 330

Aktiv: Auf historischen Pfaden von
  Tsumago nach Magome.................331
Matsumoto....................334
Hakuba.........................338
Azumino und Hotaka 339
Norikura Onsen 342
Suwa..........................343
Nagano.........................345
Matsushiro....................350
Obuse..........................350
Yudanaka Onsen 351
Togakushi......................351
Tateyama-Kurobe-Alpenroute 352
Kurobe-Schlucht.............355
Hokuriku....................355
Fukui 355
Eihei-ji.........................357
Maruoka 359
Tōjinbō.........................359
Kanazawa 359
Noto-Halbinsel 368
Toyama 371
Takaoka 372

Amanohashidate..............415
Hikone 416
Uji................................417
Nara und Umgebung..........417
Nara 417
Die Umgebung von Nara.......425
Kii-Halbinsel.................428
Yoshino und Ōmine-san 428
Kōya-san.......................428
Kumano 432
Ise-Nationalpark...............433
Ōsaka.........................437
Umeda...........................438
Ōsaka Business Park (OBP) und
  Ōsaka Castle Park 440
Shinsaibashi und Nanba (Namba)......440
Shitennō-ji und Sumiyoshi-taisha.......442
Hyōgo-ken....................448
Kōbe 448
Himeji...........................454

Kansai 373

Kyōto.........................374
Zentrum........................378
Ost-Kyōto – Higashiyama 385
Nordwest-Kyōto..............389
Nord-Kyōto....................393
West-Kyōto: Arashiyama und Sagano..394
Südwest-Kyōto...............396
Süd-Kyōto 397
Die Umgebung von Kyōto....412
Kurama 412
Ōhara...........................413
Miho Museum 413

Chūgoku 457

Okayama.......................459
Kurashiki.......................461
Hiroshima......................464
Miyajima 471
Iwakuni........................474
Seto-Inlandsee (Setonaikai) 475
Aktiv: Mit dem Rad übers Meer:
  Shimanami-kaidō 476
Hagi 480
Akiyoshidai....................482
Tsuwano 482
Iwami-Ginzan 484
Izumo 485
Matsue 488

Shikoku 491

Takamatsu 493
Zentsū-ji 501
Kotohira 501
Iya-Tal 503
Yashima 504
Tokushima 504
Naruto 508
Kōchi 510
Muroto-misaki 514
Shimantogawa 514
Ashizuri-misaki 515
Matsuyama 517
Uwajima 523

Kyūshū 525

Fukuoka 527
Dazaifu 534
Arita 534
Nagasaki 536
Unzen 547
Beppu 548
Die Umgebung von Beppu 553
Aso-Kujū-Nationalpark 553
Aktiv: Auf den Nakadake 556
Kumamoto 558
Amakusa 563
Takachiho 566
Kagoshima 568
Satsuma-Halbinsel 574
Yakushima 576
Miyazaki und Nichinan-Küste 579

Okinawa 583

Die Hauptinsel Okinawa 586
Naha 586
Südlich von Naha 593
Zwischen Naha und Nago 596
Motobu-Halbinsel 600
Die Nordspitze (Kunigami-son) 602
Miyakojima-Inseln 603
Miyakojima 603
Irabujima 609
Yaeyama-Inseln 611
Ishigaki 611
Taketomi 618
Iriomote 619

Anhang 625

Sprachführer 626
Glossar 633
Bücher 637
Index 642
Danksagung 653
Bildnachweis 654
Impressum 655
Kartenverzeichnis 656

Themen	
Japan zur Kirschblüte	25
Ein Besuch im Onsen	27
Die schönsten Pilger- und Wanderwege	30
Nattō	53
Eki-ben	57
Matsuri	61
Japanische High-Tech-Toiletten	66
Japans 100 berühmte Berge	78
Karate	81
Die Herkunft des Sumō	83
Walfang	104
Prüfungshölle	107
Japanische Mythologie	110
Feng Shui	111
Samurai, Daimyō und Shōgun	113
Der weiße Samurai – Anjin-san	115
Die dreifache Katastrophe von 2011: Erdbeben, Tsunami und Reaktorunfall	120
Thronfolgeproblematik des japanischen Kaiserhauses	121
Yasukuni-Kontroverse	122
Artikel 9 und die Selbstverteidigung	123
Die LDP	124
Tourismusindustrie in Japan	126
Die bekanntesten Shintō-Götter	127
Japanische Hochzeiten	131
Traditionelles Wohnen	136
Ikebana	137
Vom Weg des Tees	139
Buddhas, Bodhisattvas und andere göttliche Wesen	140
Hokusai – ein Meister des japanischen Holzschnitts	144
Manga	145
Takarazuka	148
Der alte Bahnhof Shinbashi	160
Nikkō-kaidō	211
Expedition ins exotische Europa	233
Auf schmalen Pfaden durchs Hinterland	243
Shugendō – Selbsterfahrung für Hartgesottene	246
Die Kunst des *kabazaiku*	251

Sprachrohr für die Unterwelt	261
Hundehaut-Musik	266
Der Hokkaido-Kürbis	272
Winter in Hokkaidō: Traum in Weiß	273
Die Ainu	282
Marimo	293
Das Reichsschwert Kusanagi no tsurugi	310
Die Schlacht von Sekigahara	314
Kormoranfischen	316
Frank Lloyd Wright in Japan	318
Das geheime Bildnis des Zenkō-ji	347
Dōgen und der Weg zur Wahrheit	358
Legenden um das Kōbe-Beef	452
Das Mädchen Sadako	465
Die Bombe auf Hiroshima	467
Tsuwano und seine berühmten Söhne	483
Lafcadio Hearn	488
Honshū-Shikoku-Brückenprojekt	496
Pilgerweg der 88 Tempel	498
Eckige Melonen	501
Awa Odori	506
Beethovens Neunte und das Kriegsgefangenenlager Bandō	509
John Manjirō – vom schiffbrüchigen Fischer zum Regierungsberater	516
Natsume Sōseki	517
Porzellan aus Arita für Europa	535
Der Atombombenabwurf auf Nagasaki	538
Philipp Franz von Siebold	543
Der Amakusa-Shimabara-Aufstand	564
Tricksen und Tanzen in Takachiho	567
Saigō Takamori – der letzte Samurai	569
Shōchū – der Geist von Kyūshū	575
Giftschlangen und giftige Quallen	586
Awamori	587
Shīsā	591
Die Schlacht um Okinawa	594
US-Militärstützpunkte	596
Die Rettung der Robertson	605
Salz aus Okinawa	607
Iriomote-Katze	620

© JAPAN-PHOTO.DE / HARTMUT PÖHLING

Reiseziele und Routen

Japan ist eines der vielseitigsten Länder der Welt, nicht nur aufgrund seiner enormen geografischen Spannweite von Hokkaidō im Norden bis Okinawa im Süden. Wer klassische Sehenswürdigkeiten sucht, findet viele herausragende buddhistische Tempel, urjapanische Shintō-Schreine, imposante Burgen, raffiniert angelegte Landschaftsgärten und schmucke traditionelle Holzhäuser. Erstklassige Museen widmen sich so unterschiedlichen Themen wie dem Nō-Theater oder dem japanischen Comic. Zum krönenden Abschluss eines erlebnisreichen Tages laden Onsen zu einem entspannenden Bad ein. Die heißen Quellen sind über das ganze Land verteilt und liegen nicht selten in reizvoller Umgebung in den Bergen, mit denen Japan ebenfalls reich gesegnet ist. So kommen Wanderfreunde fast überall auf ihre Kosten, und selbst zum Skifahren nach Japan zu fahren, ist nicht abwegig. Abenteuerlustige stürzen sich in eines der vielen Volksfeste oder versuchen sich im Schwertkampf. Dazu gibt es immer wieder kulinarische Entdeckungen, die zugleich ein Augenschmaus sind. Kurzum: So oft man auch nach Japan reist, es bleibt immer spannend.

Reiseziele

Tōkyō und Umgebung

Tōkyō ist die größte Metropolregion der Welt und eine Stadt der Gegensätze, wie sie größer nicht sein könnten. In einem endlosen Häusermeer verteilen sich moderne Wolkenkratzer, alte Tempel, Gärten und weitläufige Parks. Der hervorragend ausgebaute Nahverkehr macht Autos so gut wie überflüssig, und im relativ kompakten Stadtzentrum wetteifern unzählige Restaurants, Einkaufszentren und Museen um die Gunst der Besucher. Bei klarem Wetter hat man sogar die Chance, den Fuji-san zu erblicken.

Das historische Zentrum von Tōkyō bildet der **Kaiserpalast**. Von dessen weitläufigen Parkanlagen ist jedoch nur der Ost-Teil zugänglich.

Der **Hama-Rikyū-Park** (S. 161) liegt herrlich an der Tōkyō-Bucht und ist nicht nur zur Kirschblüte ein beliebter Ort zum Spazieren. **Roppongi Hills** (S. 162) ist ein hochmoderner Wolkenkratzerkomplex, der Tag und Nacht einen grandiosen Blick über Tōkyō bietet. Ganz in der Nähe spielt sich in **Roppongi** (S. 162) das bunte Nachtleben ab.

Die lange Ladenzeile im traditionellen **Tempelbezirk Asakusa** (S. 164) wird von vielen Touristen aus aller Welt besucht und lädt zum Souvenirkauf ein. Ganz in der Nähe befindet sich der weltweit höchste Fernsehturm, **Tōkyō Skytree** (S. 165). Die Jugend trifft sich gerne in **Shibuya** (S. 175) und **Harajuku** (S. 173) zum Shoppen oder im Café.

Wer dem ganzen Großstadttrubel entkommen möchte, besucht das nördlich von Tōkyō gelegene **Nikkō** (S. 206). Der hiesige Tōshōgū ist der schönste Schreinkomplex in ganz Japan.

Naturliebhaber fahren zum Wandern nach **Hakone** (S. 213) und entspannen ihre müden Glieder in einem der schönen Onsen. Nahe bei Tōkyō liegt auch **Kamakura** (S. 222), bekannt durch seine 750 Jahre alte Buddha-Statue aus Bronze und seine vielen Tempel.

In der Hafenstadt **Yokohama** (S. 218) locken die alte Chinatown und der moderne, dem Meer abgetrotzte Stadtteil Minato Mirai 21.

Tōhoku

Tōhoku, dem Norden der Hauptinsel Honshū, eilt der Ruf der unberührtesten oder wahlweise hinterwäldlerischen Region des Landes voraus, dennoch gibt es hier einiges zu entdecken. Die Bucht von **Matsushima** (S. 239) mit ihren Hunderten von Kiefern bewachsenen Inselchen gilt als einer der drei schönsten Anblicke Japans. Im Landesinneren locken vulkanische Berg- und Seenlandschaften Wanderer und Naturfreunde in Nationalparks wie den **Towada-Hachimantai** (S. 257). Auch Onsen-Liebhaber kommen auf ihre Kosten, z. B. in **Nyūtō Onsen** (S. 256) am Rande des Hachimantai-Plateaus.

Der wichtigste kunsthistorische Schatz Tōhokus ist die Goldene Halle des Chūson-ji in **Hiraizumi** (S. 248). In **Aizu-Wakamatsu** (S. 230) oder **Kakunodate** (S. 254) kann man anhand der dort erhaltenen Samuraihäuser der feudalen Vergangenheit nachspüren.

Die im Originalgrundriss erhaltene Burg in **Hirosaki** (S. 265) bildet einen hübschen Hintergrund für die 5000 meist etwa zur Golden Week blühenden Kirschbäume. In **Yamadera** (S. 242) kann man 1000 Stufen zu einem fantastisch gelegenen Bergtempel erklimmen. Die heiligen drei Berge von **Dewa Sanzan** (S. 244) warten mit geheimnisvollen Bergschreinen und entlegenen Pilgerpfaden auf. Mutige statten auch der unheimlichen, schwefeldampfgeschwängerten Schattenwelt des **Osore-zan** (S. 260) einen Besuch ab. An den Rand der Zivilisation kommt man in **Akita** (S. 253), dem monatelang unwirtlichen „Schneeland" mit dem besten Sake, den deftigsten Suppen und den wildesten Festen. Als Ausgangspunkt für die Erkundung eignen sich die größte Stadt der Region, **Sendai** (S. 232), mit ihrem Kultur- und Ausgeh-Angebot, oder auch die Universitätsstadt **Morioka** (S. 251).

Hokkaidō

Hokkaidō, die nördlichste der vier japanischen Hauptinseln, ist historisch der jüngste Teil Japans und wirkt auf Japaner aus anderen Gegenden daher meist etwas „fremdartig". In Sapporo (S. 273), einer Metropole, die alles bietet, was eine japanische Großstadt verspricht, spürt man eine von Pioniergeist geprägte, ungezwungene Atmosphäre. Das übrige Hokkaidō überwältigt mit Naturschönheiten: Steilküsten, aktiven Vulkanen und bezaubernden Seen, wie dem geheimnisvollen **Mashū-See** (S. 293) oder dem **Tōya-See** (S. 296).

Im **Shiretoko-Nationalpark** (S. 289), der 2005 zum Unesco-Weltnaturerbe erklärt wurde, leben Braunbären und viele andere Wildtiere weitgehend ungestört. Alpine Gipfel und Schluchten faszinieren im **Daisetsuzan-Nationalpark** (S. 286), dem „Dach Hokkaidōs". Zahlreiche Onsen, darunter **Noboribetsu** (S. 299), laden zur Entspannung ein.

Viele Ortsnamen in Hokkaidō stammen aus der Ainu-Sprache. Der Kultur der Ureinwohner kann man heute in Ainu-Dörfern oder Museen, wie **Pirka Kotan** (S. 280), begegnen.

In der „weißen Saison" locken **Niseko** (S. 300), das „Mekka des Pulverschnees", das **Treibeis** am Ochotskischen Meer (S. 292) und das weltberühmte **Schneefest** Yuki Matsuri (S. 278) Besucher aus der ganzen Welt an.

Chūbu

Wer am „Mittelteil" Japans zwischen Tōkyō und Kyōto mit dem Zug vorbeibraust, verpasst viel. Die Schönheiten der hiesigen Landschaft erschließen sich allerdings nur mit etwas Geduld, denn hier liegen die höchsten Berge Japans, und die Verkehrsverbindungen sind nicht immer gut.

Das Highlight dieser Gebirgsregion sind Ausflüge in Höhenzüge der Japanischen Alpen. Die berühmteste Route über die Nordalpen, die **Tateyama-Alpenroute** (S. 352), involviert eine ganze Serie unterschiedlicher Verkehrsmittel, die auf über 2500 m Höhe die Bergkette überwinden. In **Kamikōchi** (S. 339) wandeln Naturfreunde auf den Spuren des britischen Missionars Weston, der die Japanischen Alpen für den Tourismus entdeckte, und in **Magome** und **Tsumago** (S. 330) auf den alten Handelsrouten der Edo-Zeit. Im Winter sind besonders die Berge um **Nagano** (S. 345) beliebte Skigebiete –

Japan zur Kirschblüte

Sakura – das ist auf Japanisch nicht einfach der Kirschbaum, sondern Kult. Von Dichtern besungen, von Künstlern auf Wandschirmen und Fächern verewigt, ist die Kirschblüte das Symbol für die in Japan so geschätzte Schönheit des Vergänglichen, für die Vergänglichkeit des Lebens überhaupt, aber zugleich auch für die Ankunft des Frühlings. Deshalb ist die Kirschblüte ein Grund zum Feiern. Schon in der Heian-Zeit vergnügte sich der Adel unter Kirschbäumen. Sobald sich die ersten Blüten öffnen, ging es damals und geht's auch heute zum **Hanami** („Blumen-Sehen"). Unter den Kirschbäumen wird ein fröhliches Picknick mit Freunden, Verwandten oder Kollegen veranstaltet. Die Fernsehnachrichten berichten täglich von der „Kirschblüten-Front", die sich normalerweise ab der ersten Märzhälfte vom Süden bis Mai nach Norden verschiebt und jeweils ungefähr eine Woche währt. Geschickte Gartenbauspezialisten wählen allerdings Früh- und Spätblüher zum Strecken der **Blütedauer**, sodass mancherorts schon im Februar Kirschbäume blühen. In den Bergen beginnt die Blüte dagegen immer wesentlich später. So lässt es sich gut einrichten, die Kirschblüte im Frühjahr irgendwo zu erwischen.

Die meisten Kirschbäume gehören zur **Sorte** *somei yoshino*, deren rosarote Blüten nur kurz blühen. Es gibt aber Hunderte verschiedene Sorten, darunter *shidare-zakura* mit trauerweidenartigen Zweigen und *yama-zakura* in den Bergen. Jedes Dorf hat seinen Kirschbaum, jede Stadt mindestens einen Park, der für seine Kirschblüte bekannt ist. Es gibt aber einige Orte, die zum Hanami besonders beliebt sind. Dazu zählen der Hama-Rikyū- und der Ueno-Park in Tōkyō (S. 161, 168), Hirosaki (S. 265) und Kakunodate (S. 254) in Tōhoku, die Festung Goryōkaku in Hakodate (S. 303) und der Maruyama-kōen in Sapporo (S. 274) in Hokkaidō, der Kenroku-en in Kanazawa (S. 360), die Burg von Maruoka (S. 359), der Maruyama-kōen und der Philosophenweg in Kyōto (S. 388, 385), Yoshino (S. 428), die Burgen von Hikone (S. 416) und Himeji (S. 454), der Hijiyama-Park in Hiroshima (S. 467), der Ritsurin-kōen in Takamatsu (S. 494), Shikoku, und die Burg von Kumamoto (S. 558) in Kyūshū.

Hakuba (S. 338) oder **Norikura Onsen** (S. 342) gehören zu den größten und schneesichersten Regionen.

Auch Kulturfreunde kommen auf ihre Kosten: Die gut erhaltene Samurai-Stadt **Kanazawa** (S. 359) gilt nach Kyōto als Hauptstadt des Traditionshandwerks; in **Matsumoto** (S. 334) ist eine wunderschöne originale japanische Burg zu besichtigen, und **Takayama** (S. 320) bietet authentische Gassen und Sakebrauereien.

Überall in den Bergen verstreut liegen kleine Thermalbäder, die weniger berühmten zu erkunden ist genauso lohnend wie der Weg nach **Gero Onsen** (S. 319). **Nagoya** (S. 307), der Knotenpunkt im Konglomerat der Pazifikküste, verfügt mit dem Tokugawa-Museum über eins der großartigsten Museen japanischer Kunst weltweit.

Kansai

In Kansai, dem mittleren Westen der Hauptinsel Honshū, gibt es mehrere Zentren. **Kyōto** (S. 374), die alte Kaiserstadt, gilt unumstritten als kultureller Mittelpunkt, nicht nur der Region, sondern des ganzen Landes. Viele Millionen Besucher entdecken jährlich zahlreiche zum Unesco-Weltkulturerbe erklärte religiöse Heiligtümer – wie den Goldenen Pavillon oder den durch seine weite Holzterrasse berühmten Kiyomizu-Tempel – oder schlendern einfach durch die geschichtsträchtigen Vergnügungsviertel von Gion und Ponto-chō.

Ōsaka (S. 437) stellt einen Kontrast zu Kyōto dar. Die Millionenstadt galt bereits im Mittelalter als traditionelles Handelszentrum. Die Menschen hier sind offen im Umgang miteinander und lieben es zu essen und zu trinken. Gemeinsam mit **Kōbe** (S. 448), einer modernen und internationalen Stadt mit einer farbenfrohen Chinatown, bilden Kyōto und Ōsaka das Herzstück der Kansai-Gegend. **Nara** (S. 417), die im 8. Jh. gegründete erste permanente Hauptstadt des Landes, zählt zu den bedeutendsten touristischen Zielen in Japan. Besonders beliebt ist der Tempel Tōdai-ji, in dessen Haupthalle die größte aus Bronze gefertigte Buddha-Statue der Welt sitzt.

Im Norden von Kansai, im Japanischen Meer, liegt **Amanohashidate** (S. 415), die wundersame „Himmelsbrücke" in Form einer Sandbank, die quer über das Meer verläuft. Die gemütliche, an den Biwa-See grenzende Kleinstadt **Hikone** (S. 416) ist berühmt für ihre 400 Jahre alte Burganlage. Die zur gleichen Zeit erbaute „Burg des Weißen Reihers" in **Himeji** (S. 454) ist im Baustil noch kompakter, raffinierter, ästhetischer und trotzdem uneinnehmbar.

Auf der Halbinsel Kii liegen weit ab von der Zivilisation, tief in den Bergen die ehrwürdige Klosterstadt **Kōya-san** (S. 428) und weiter südlich, in einer wilden und verregneten Berglandschaft, die früher als das Land der Toten galt, die drei uralten Shintō-Heiligtümer von **Kumano** (S. 432). Wer von Tempeln und Schreinen noch nicht genug hat, muss zum Nationalheiligtum Japans, dem der Sonnengöttin Amaterasu geweihten **Großen Schrein von Ise** (S. 433), reisen. Von Ise aus ist es ein Katzensprung zur Perleninsel **Toba** (S. 435).

Chūgoku

Das Klima in Chūgoku, dem westlichsten Teil von Honshū, ist freundlich und die abwechslungsreiche Landschaft geeignet für Obst- und Reisanbau. **Hiroshima** (S. 480), das 1945 durch den Abwurf der Atombombe völlig zerstört wurde, ist heute das kulturelle Zentrum der Region und eine attraktive moderne Großstadt, in der nicht nur Besucher des „Friedensmuseums" schon mal in tiefe Nachdenklichkeit verfallen. Von Hiroshima aus ist es nur eine kurze Bahnfahrt zum Hafen, von wo aus eine Fähre zur Schreininsel **Miyajima** (S. 471) übersetzt, weltberühmt für ihr millionenfach abfotografier-

tes im Wasser stehendes rotes Torii. Die Stadt **Okayama** (S. 459) ist stolze Besitzerin eines der schönsten Landschaftsgärten Japans, des Kōraku-en.

Ein weiteres kulturell lohnendes Reiseziel ist die Kaufmannsstadt **Kurashiki** (S. 461), mit einer an alte Zeiten erinnernden, von malerischen Kanälen durchzogenen Altstadt, klassischen Wohn- und Lagerhäusern und interessanten Museen.

Im Norden von Chūgoku, abgeschieden an der Küste des Japanischen Meeres, in einer Gegend voller Mythen und Göttergeschichten, liegt der vermutlich älteste Shintō-Schrein Japans, der **Izumo-taisha** (S. 485), der neben Pilgern und Touristen auch viele junge Paare anlockt, die hier Fürbitte für eine glückliche Hochzeit und Ehe leisten. Die benachbarte Kleinstadt **Matsue** (S. 488) blickt nicht ohne Stolz auf ihre noch im Original erhaltene Burg und ihre Samurai-Residenzen. Ebenfalls am Japanischen Meer liegt die Burgstadt **Hagi** (S. 480). Den Reiz dieser kleinen verschlafenen Stadt machen die ehemaligen Samurai-Residenzen und die 300 Jahre alte noch intakte Keramik-Manufaktur aus. Auch in **Tsuwano** (S. 482), einer von Bergen umgebenen Gemeinde südöstlich von Hagi, ist vieles noch wie in alten Zeiten.

Shikoku

Eingebettet zwischen ruhiger Inlandsee und mitunter stürmischem Pazifischem Ozean liegt Shikoku, die kleinste der vier Hauptinseln. Sie hat eine Fülle von touristischen Besonderheiten aufzuweisen. Spektakulärer Höhepunkt ist der buddhistische **Pilgerweg der 88 heiligen Orte** (S. 498), der von **Tokushima** (S. 504) aus im Uhrzeigersinn rund um die gesamte Insel verläuft. Ganz in der Nähe von Tokushima zieht ein ungewöhnliches Naturspektakel die Besucher in ihren Bann – die Gezeitenstrudel in der Meerenge von **Naruto** (S. 508). In der Stadt Naruto selbst steht das „Deutsche Haus", das anschaulich über das im Ersten Weltkrieg vor Ort eingerichtete Lager deutscher Kriegsgefangener informiert.

Bahnreisende überqueren die Inlandsee auf der Seto-Ōhashi, einem monumentalen Brü-

Ein Besuch im Onsen

Niemand sollte Japan verlassen, ohne wenigstens einmal ein Onsen besucht zu haben. Im heißen Quellwasser zu sitzen, womöglich in einem *rotenburo* (Außenbad) in einer sternenklaren Nacht, ist ein unvergessliches wie höchst entspannendes Erlebnis. Japaner verbinden den Badegenuss meist mit einer Übernachtung in einem stilvollen Ryokan und sehr gutem Essen als kurze Flucht aus dem Alltagsstress.

Hier einige Empfehlungen:

Yu-no-Sato (Umgebung Tōkyō) – Ein Geheimtipp ist dieses herrliche Onsen mit großem Außenbereich, zu erreichen vom Bahnhof Hakone Yumoto nach 30-minütigem Fußmarsch am Fluss entlang. S. 213

Nyūtō Onsen (Tōhoku) – Eine gute Handvoll traditioneller Ryokan höchst unterschiedlichen Alters und Standards versteckt sich an den Hängen des Nyūtō-san im Towada-Hachimantai-Nationalpark. S. 256

Kawa-no-Yu (Hokkaidō) – Diese heiße Quelle im Shiretoko-Nationalpark kann nur durch ein Flussbett erwandert werden. Das Thermalwasser sammelt sich in Felsvertiefungen. Im Gegensatz zu den sonstigen Konventionen wird hier gemischt und mit Badeanzug gebadet. Leider kann wegen eines Erdrutsches vor einigen Jahren noch immer nicht die ganze Strecke erwandert werden. S. 290

Hōheikyō Onsen (Hokkaidō) – Das große *rotenburo* (Außenbecken) in einem riesigen, nachts beleuchteten Garten bei Sapporo ist besonders schön im Winter. S. 280

Suwa (Chūbu) – Onsen-Vergnügen einmal anders: im stilvollen Art-déco-Ambiente. S. 343

Kurama Onsen (Kansai) – Das Freiluft-Thermalbad liegt in einem geschichtsträchtigen kleinen Dorf. S. 412

Arima Onsen (Kansai) – Dieses Onsen bei Kōbe ist eines der berühmtesten des Landes. S. 450

Dōgo Onsen (Shikoku) – Japans älteste und populärste Therme hat ein eigenes Badehaus nur tur die kaiserliche Familie. S. 519

Kurokawa Onsen (Kyūshū) – Gut 20 bezaubernde *rotenburo* liegen versteckt in den Bergen um den Aso-Krater. S. 554

Beppu (Kyūshū) – Der größte Thermalbadeort in Japan bietet neben schönen Onsen viel Trubel. S. 548

ckensystem, und beginnen ihre Erkundungsreise durch Shikoku meist in **Takamatsu** (S. 493). Mit dem Landschaftsgarten Ritsurin-kōen besitzt die Stadt ein ästhetisches Meisterstück der japanischen Gartenbaukunst. Takamatsu eignet sich zudem ideal für Ausflüge in die nähere Umgebung, beispielsweise nach **Naoshima** (S. 479), einer Insel als Kunstmuseum, oder nach **Kotohira** (S. 501), tausend Steinstufen hoch zum Konpira-san, einem der Gottheit der Reisenden und Seefahrer gewidmeten Shintō-Schrein.

Ein Besuch in **Matsuyama** (S. 517), der größten Stadt von Shikoku, bleibt schon wegen Dōgo Onsen, der ältesten Therme landesweit, ein unvergessliches Erlebnis. Der Süden Shikokus ist eine dünn besiedelte Gegend, die besonders bei Naturliebhabern, Wanderern und Wassersportlern immer beliebter wird. Das abgelegene Kap **Muroto-misaki** (S. 514), wo auch Wale und Delphine beobachtet werden können, wird von Wellenreitern „Little Hawaii" genannt.

Kyūshū

Kyūshū, die südlichste der vier japanischen Hauptinseln, versprüht viel ländlichen Charme. Umso mehr überrascht es, hier eine der kosmopolitischsten Städte Japans zu finden, **Nagasaki** (S. 536). Das chinesisch-europäische Erbe dieser traumhaft gelegenen Stadt zu erkunden ist ebenso interessant wie ein Rundgang durch das Viertel, in dem noch Spuren des Atombombenabwurfs zu sehen sind.

Kyūshū ist als „Feuerland" bekannt: Eindrucksvolle, teils noch aktive Vulkane ziehen Besucher in ihren Bann, allen voran der **Aso** (S. 553) im Herzen der Insel und der Sakurajima im „japanischen Neapel", **Kagoshima** (S. 568). Landschaftlich reizvoll sind außerdem einige Küstenstriche, vor allem die **Nichinan-kaigan** südlich von Miyazaki (S. 580) und die Sunset Line von **Amakusa** (S. 563), wo man noch dazu auf den Spuren der ersten Christen in Japan wandeln kann. Naturfreunde zieht es auf die Insel **Yakushima** (S. 576), wo uralte Zedernwälder zum Wandern einladen. Wer sich für japanische Burgen und Gärten interessiert, darf **Kumamoto** (S. 558) nicht verpassen.

Japaner kommen gern zu einem Onsen-Besuch nach Kyūshū. Heute ist allerdings meist die Großstadt **Fukuoka** (S. 527) das Eingangstor zur Insel. Geradezu ein „Onsen-Ballungsgebiet" ist **Beppu** (S. 548), wo manche „Höllenteiche" allerdings nur zum Anschauen da sind. Ebenfalls beeindruckend sind **Unzen** (S. 547), wo Dampfwolken die Besucher schon bei der Einfahrt in den Ort begrüßen, und **Kurokawa** (S. 554) mit schönen Freiluft-Bädern.

Okinawa

Der subtropische Süden Japans ist nicht nur landschaftlich anders: Bis ins 19. Jh. gehörten die Inseln zum unabhängigen Königreich Ryūkyū, und nach dem 2. Weltkrieg standen sie jahrzehntelang unter amerikanischer Verwaltung. Sonne, Strand und Palmen in Kombination mit südostasiatischen Einflüssen und dem amerikanischen Way of Life machen Okinawa zu einem Anziehungspunkt für sonnenhungrige Urlauber und individualistische Aussteiger.

Auf der Hauptinsel **Okinawa** (S. 586) ist der amerikanische Einfluss am deutlichsten spürbar. Zugleich stehen hier das wiederaufgebaute Schloss der Ryūkyū-Könige, Shuri-jō, und die Unesco-geschützten *gusuku*, Festungen der Lokalfürsten. Das Churaumi-Aquarium gehört zu den beeindruckendsten Japans, und die Küsten laden zum Badeurlaub ein.

Kamikōchi in den Japanischen Alpen ist ein wunderbares Wandergebiet.

© WESTWARDS

Taucher fahren meist noch weiter nach Süden. Auf **Miyako-jima** (S. 603) ragt eine originalgetreu nachgebaute deutsche Burg aus den Zuckerrohrfeldern auf, und am Rande des Korallenriffs sind die Klippen zu sehen, die vielen früheren Seefahrern zum Verhängnis wurden. Alte Ryūkyū-Kultur erlebt man am besten auf **Taketomi** (S. 618). **Ishigaki** (S. 611) lädt zu Bootstouren und Awamori (Reissschnaps)-Verkostungen ein. Auf **Iriomote** (S. 619) lebt eine seltene einheimische Wildkatze. Hier kann man mit Mantarochen tauchen, durch Mangrovenwälder fahren oder einfach nur faulenzen.

Urlaub aktiv

Ein gut ausgebautes Wegenetz, wunderschöne Natur, Hütten für die Rast und einladende Onsen zur Entspannung machen die japanische Bergwelt zu einem idealen Terrain für **Wanderungen**. Von kleinen Spazierwegen bis zu Hochgebirgstouren ist für alle etwas dabei. Ein tolles Hochgebirgswandergebiet ist Kamikōchi (S. 339). Nette Wanderwege, die auch weniger ambitionierte Wanderer mühelos bewältigen, finden sich im Kiso-Tal, z. B. Magome und Tsumago (S. 330). Es gibt natürlich einige, die unbedingt den Fuji-san erklimmen möchten, eine populäre Bergbesteigung, die aber nicht zu unterschätzen ist (S. 211). Wer Wandern als spirituelle Erfahrung liebt, sollte die Dewa Sanzan in Tōhoku besteigen (S. 244) oder einen der alten Pilgerwege auf Shikoku oder in Kumano ins Auge fassen (s. Kasten S. 30). Hokkaidō bietet viele Möglichkeiten für alpines Bergwandern. Man muss entsprechend ausgerüstet sein, wird aber von spektakulären Blicken über vulkanische Landschaften verzaubert. Das höchste Ziel ist mit 2290 m der Asahi-dake (S. 286). In Japan hat man es aber nie weit in die Berge, sodass sich überall vielfältige Wandermöglichkeiten bieten.

Zum **Tauchen** fährt man am besten auf die südlichsten Inseln Okinawas (Yaeyama-Inseln und Miyakojima, S. 84). Hier locken warmes Wasser, sehr gute Sicht, eine große Korallenvielfalt und imposante Mantarochen.

Am anderen Ende Japans lässt es sich wunderbar **Ski fahren**. Niseko (S. 300) in Hokkaidō, auch „Aspen" Japans genannt, gilt als das Mekka des Pulverschnees. Immer mehr Ausländer, v. a. Australier, zieht es zum Wintersport hierher. Top-Skigebiete in Chūbu sind Hakuba (S. 338) und Norikura Onsen (S. 342), beide in der Olympia-Region Nagano.

Auf Shikoku lässt es sich gut **Rad fahren**. Wer genug Ausdauer hat, kann auf dem Shimanamikaldō (s. Loose Aktiv S. 470) von Onomichi (Präfektur Hiroshima) über Inselchen und Brücken bis nach Imabari auf Shikoku radeln und auf der Insel selbst einige der 88 Pilgertempel abklappern.

Strandurlaub

Ideal für den Strandurlaub ist Okinawa. Selbst auf der belebten Hauptinsel gibt es wunderschöne Strände, und die kleineren Inseln, vor allem die Koralleninseln in den Miyakojima- und Yaeyama-Inselgruppen bieten Südsee-Flair mit japanischem Standard.

Die japanischen Hauptinseln verfügen über eine Küstenlinie von mehreren Tausend Kilometern. Auf der Pazifikseite ist die Küste oft sehr felsig, es gibt aber auch auf Shikoku und Kyūshū

Unbedingt probieren!

Okonomiyaki – weder Pizza noch Eierkuchen: ein japanisches Original, das man auf einer Heizplatte „ganz nach Gusto" *(okonomi)* am Tisch zubereitet (oder zubereitet bekommt).

Kitsune Soba – bestes Katergericht: viel Brühe, schlichte Buchweizennudeln, Tōfu-Topping.

Soup Curry – das Modegericht in Hokkaidō: viel Gemüse, angenehm scharf und meist in ethnisch angehauchter jugendlicher Atmosphäre serviert.

Hiyayakko – kalter, weißer Seiden-Tōfu, nur mit etwas Sojasauce und Ingwer oder Gurke.

Taiyaki – süße, gefüllte Waffeln – unbedingt vom Profi (Straßenstand oder Delikatessenabteilung im Kaufhaus) kaufen!

Tekka-don – eine Schale mit Reis und rohen Thunfischstücken oben drauf, die es in jedem Sushi-Laden gibt.

Die schönsten Pilger- und Wanderwege

Der **88-Tempelweg** (S. 498) führt auf 1200 km Länge einmal ganz um Shikoku, nicht immer auf ausgebauten Wanderwegen, aber dafür garantiert er ein echtes Pilgererlebnis. Wer die ganze Runde zu Fuß machen möchte, braucht 40–45 Tage.

Der **Tōkaidō** war die wichtigste und verkehrsreichste Fernstraße seit Beginn der Edo-Zeit (Anfang 17. Jh.). Er führte entlang der Pazifikküste durch insgesamt 15 Provinzen von Edo (Tōkyō) nach Kyōto und in der Verlängerung bis in die Kaufmannsstadt Ōsaka. Für die etwa 500 km lange Reise vorbei an über 50 Poststationen benötigte man in jenen Tagen durchschnittlich mindestens zwei Wochen. Heute kann man von Hakone ausgehend (die dortige Grenzstation wurde an originaler Stelle wieder aufgebaut) einige Kilometer in Richtung Odawara auf einem wieder hergerichteten Teilstück des Tōkaidō wandern.

Die Pilgerrouten **Kumano-Kodō** (S. 432) verbinden seit mehr als tausend Jahren wichtige religiöse Kultstätten auf der Kii-Halbinsel und sind seit 2004 Unesco-Weltkulturerbe.

Der alte Verbindungsweg **Nakasendō** (S. 330) von Edo (Tōkyō) nach Kyōto auf der beschwerlichen Route durch die Berge im Inland ist heute auf Teilstrecken wieder schön ausgebaut – komplett mit Steinpflaster und Rastplätzen, besonders sehenswert in der Nähe von Magome.

schöne Badebuchten. Von Tōkyō aus ist die Ostküste der Sotobō-Halbinsel (Chiba-ken) als Badeziel beliebt. Die Seite zum Japanischen Meer ist weniger bebaut; hier finden sich zwar auch nette Badestrände, aber die meisten sind nicht spektakulär genug, um die lange Anfahrt zu rechtfertigen.

Reiserouten

Japan klassisch

■ 2 Wochen

Wer nur zwei Wochen Zeit für Japan hat, sollte nach Tōkyō fliegen, für die Weiterreise einen einwöchigen Railpass haben und dann vom Kansai-Flughafen bei Ōsaka nach Hause zurückkehren.

Für **Tōkyō** (S. 155) selbst sollte man drei Tage einplanen, um die unterschiedlich geprägten Viertel Roppongi, Harajuku, Shinjuku, die Gegend um den Kaiserpalast und Asakusa zu erkunden und vielleicht noch eine Bootsfahrt nach Odaiba zu unternehmen. Von der Hauptstadt bieten sich außerdem Tagesausflüge nach **Nikkō** (S. 206) zum prunkvollen Shōgun-Mausoleum und in die Tempelstadt **Kamakura** (S. 222) an. Dann geht es weiter südwärts

nach **Hakone** (S. 213), um im Onsen zu entspannen und mit etwas Glück eine atemberaubende Sicht auf den Fuji zu genießen.

Als nächstes Highlight wartet **Kyōto** (S. 374), zu erreichen nach 2 1/2 Stunden Bahnfahrt via Odawara. Für die Tempel, Schreine und Paläste der alten Kaiserstadt sollte man mindestens drei Tage einplanen. Von Kyōto aus empfiehlt sich ein Tagesausflug in die alte Hauptstadt **Nara** (S. 417), wo man die Tempel und Schreine im Nara-Park erkundet – in der Gesellschaft zutraulicher Rehe. Zurück in Kyōto setzt man die Reise an der Küste entlang fort nach **Himeji** (S. 454), um eine klassische, im Original erhaltene japanische Burg zu besichtigen. Mit dem Shinkansen braucht man für die Anfahrt nur eine Stunde. Von hier gelangt man in einer weiteren Stunde nach **Hiroshima** (S. 480). Dieser lebendigen Großstadt wird man nicht gerecht, wenn man sie nur mit dem Atombombenabwurf verbindet. Neben Friedenspark und Atombombendom warten hier auch interessante Museen und idyllische Gärten auf Besucher und in der Umgebung die malerische Schreininsel **Miyajima** (S. 471) mit dem berühmten Torii im Meer. Einen Tag vor Abflug geht es in 1 3/4 Stunden mit der Bahn ins Handelszentrum **Ōsaka** (S. 437), wo man noch einmal die japanische Küche genießen und ausgiebig shoppen kann.

Japan intensiv

■ 3–4 Wochen

Wer drei Wochen Zeit hat, sollte in die 2-Wochen-Tour entweder eine Woche Kyūshū, eine Woche Shikoku oder eine gute Woche (mind. 8 Tage) Nordjapan einbauen.

An die 3-Wochen-Tour mit Kyūshū lässt sich gut eine Woche Urlaub auf Okinawa anhängen, während die Route in den Norden um eine Woche Hokkaidō erweitert werden könnte.

Eine Woche Kyūshū

Von Hiroshima geht es mit dem Zug in 3 1/2 Stunden via Hakata (Fukuoka) nach **Nagasaki** (S. 536), wo die japanische Kultur mit der chinesischen und westlichen zusammentrifft. Zwei Tage sollte man sich für diese interessante Stadt mindestens Zeit nehmen, bevor es mit dem Bus nach **Unzen** (S. 547) auf der Shimabara-Halbinsel geht, einem berühmten OnsenOrt mit dampfenden Höllen und schöner vulkanischer Berglandschaft. Am nächsten Tag kann man von der Shimabara-Halbinsel mit dem Schiff zur Burgstadt **Kumamoto** (S. 558) fahren, die auch einen schönen Landschaftsgarten besitzt.

Von Kumamoto gelangt man mit Bus oder Bahn in den **Aso-Nationalpark** (S. 553), der den größten Vulkankrater der Welt umschließt. An einem Tag lässt sich die Fahrt bis zum Kraterrand hinauf und wieder zurück bewerkstelligen. Zum Abschluss warten in **Beppu** (S. 548) eindrucksvolle bunte „Höllenteiche" und erholsame Thermalbäder. Wer nicht mit der Bahn nach Ōsaka zurückkehren möchte, kann in Beppu eine Nachtfähre dorthin besteigen. Alternativ kann man auch von **Fukuoka** (S. 527) die Heimreise antreten.

Eine Woche Shikoku

Entspanntes und beeindruckendes Reisen auf Shikoku beginnt schon beim Überqueren der Inlandsee von Kōbe über Awajishima nach **Naruto** (S. 508), wo die gewaltige Hängebrücke und der Gezeitenstrudel darunter die Szenerie bestimmen. In Naruto steht auch das „Deutsche Haus", ein ehemaliges Lager für deutsche Kriegsgefangene aus dem Ersten Weltkrieg.

Am nächsten Tag geht es weiter nach **Takamatsu** (S. 493), wo man die Nudel-Spezialität Sanuki-Udon probiert und anschließend durch den berühmten Ritsurin-kōen spaziert. Von hier erreicht man mit dem Zug in einer Stunde **Koto-**

Wer kann, sollte in seine Reiseroute ein japanisches Volksfest einbauen, etwa das Yayoi-Fest in Nikhō.

© AXEL SCHWAB

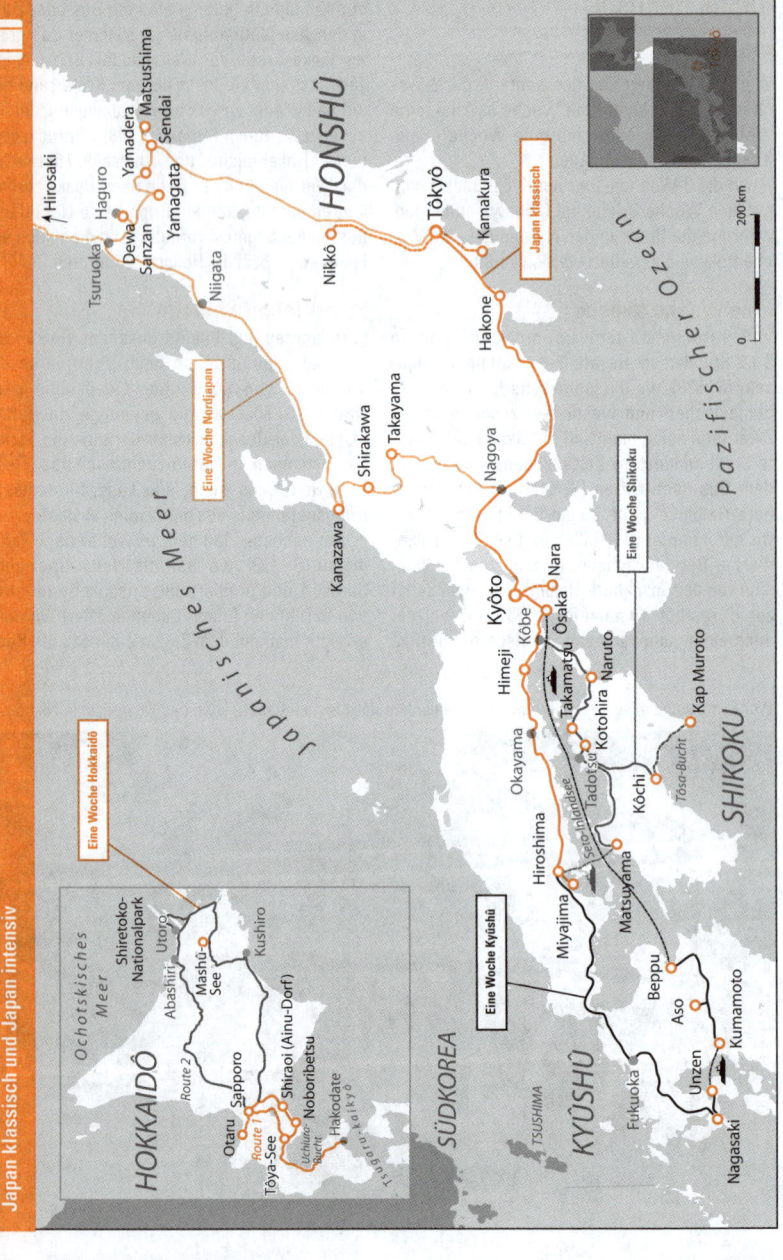

Japan klassisch und Japan intensiv

HONSHŪ

Hirosaki
Yamadera Matsushima
Yamagata Sendai
Haguro
Dewa Sanzan
Tsuruoka
Niigata
Nikkō
Tōkyō
Kamakura
Japan klassisch
Hakone
Eine Woche Nordjapan
Takayama
Shirakawa
Nagoya
Kanazawa
Nara
Kyōto
Kōbe
Osaka
Eine Woche Shikoku
Himeji
Takamatsu Naruto
Kotohira
Okayama
Tadotsu
Seto-Inlandsee
Kōchi
Kap Muroto
Tōsa-Bucht
SHIKOKU
Hiroshima
Miyajima
Matsuyama
Eine Woche Kyūshū
Beppu
Aso
Kumamoto
Unzen
Fukuoka
Nagasaki
KYŪSHŪ
SÜDKOREA
TSUSHIMA

Japanisches Meer

Pazifischer Ozean

200 km
0

Eine Woche Hokkaidō

Ochotskisches Meer
Shiretoko-Nationalpark
Utoro
Abashiri
Mashū See
Kushiro
Route 2
Sapporo
Shiraoi (Ainu-Dorf)
Noboribetsu
Otaru
Tōya-See
Uchiura-Bucht
Hakodate
Route 1
Tsugaru-kaikyō
HOKKAIDŌ

hira (S. 501), wo der Konpira-san, ein über die Seefahrt wachender Schrein, sich über aberhunderte von Stufen einen Hang hinauf zieht.

Die Reise führt von hier mit der Bahn in über 2 Stunden nach **Kōchi** (S. 510), eine freundliche und wenig hektische Kleinstadt mit einer sehenswerten im Original erhaltenen Burg. Ein Bus fährt in 40 Minuten runter nach Katsurahama, zu einem malerisch am Pazifik gelegenen Strand.

Am folgenden Tag bietet sich ein Tagesausflug mit dem Bus zum 2 1/2 Stunden entfernten **Kap Muroto** (S. 514) an, einer am östlichen Ende der Tōsa-Bucht ins Meer ragenden zerklüfteten Landzunge.

Von Kōchi geht es in 4 1/2 Stunden mit der Bahn in den Norden nach **Matsuyama** (S. 517). Hier erwartet die Reisenden Dōgo Onsen, die wohl älteste Therme Japans, die in einem über 100 Jahre alten Badehaus Entspannung verspricht. Vor dem Besuch des Badehauses oder am nächsten Morgen lohnt sich noch ein Abstecher auf die hoch über der Stadt aufragende Burganlage, von wo aus der Blick weit über die Inlandsee streift. Am folgenden Tag überquert man auf dem Weg zurück nach Honshū die **Seto-Inlandsee** (S. 475), Binnenmeer und Nationalpark, entweder in etwa 3 Stunden per Fähre nach Hiroshima oder per Bahn entlang der Nordküste Shikokus und über die Seto-Hängebrücke nach Okayama.

Eine Woche Nordjapan

Diese Woche lässt sich am besten nach der Erkundung von Tōkyō und Umgebung einbauen. Vom Bahnhof Ueno erreicht man via Sendai in 2 1/2 bis 3 Stunden **Matsushima** (S. 239), jene traumhafte Küstenlandschaft aus unzähligen kiefernbewachsenen Inselchen. Am Abend geht es in die Großstadt **Sendai** (S. 232), die reichlich Ausgehmöglichkeiten bietet, und am nächsten Tag weiter nach **Yamadera** (S. 242). Für den Tempelkomplex Risshaku-ji und das Museum zum großen Dichter Matsuo Bashō reicht ein halber Tag. Übernachten kann man in Yamagata, das eine größere Auswahl an Unterkünften und Restaurants bietet. Am nächsten Morgen fährt man mit dem Bus nach Haguro zu den **Dewa Sanzan** (S. 244). Von hier schließt man entweder den äußersten Norden an – über Akita in

5–6 Stunden nach **Hirosaki** (S. 265) und dann für zwei Tage auf die **Shimokita-Halbinsel** (S. 260) –, oder man folgt der Küste nach Chūbu: Via Niigata führt die Bahnreise in 6 Stunden ins Kunsthandwerkszentrum **Kanazawa** mit einem berühmten Garten und alten Samuraihäusern (S. 359). Mit dem Expressbus erreicht man von hier in 1 1/4 Stunden **Shirakawa** (S. 325), wo wunderschöne, denkmalgeschützte Holzhäuser stehen (Gepäck in der Touristeninformation lassen). Am Spätnachmittag geht es mit dem Bus in einer knappen Stunde weiter nach **Takayama** (S. 320), einem stimmungsvollen Touristenzentrum in den Japanischen Alpen. Von dort erreicht man am nächsten Tag via Nagoya in gut 2 Stunden Kyōto.

Eine Woche Hokkaidō

Für eine Woche Hokkaidō in der schneefreien Zeit empfiehlt es sich, die Metropole Sapporo mit einem Besuch in einem der Nationalparks zu kombinieren. Die meisten Zeit für Abstecher in die Natur und für Besichtigungen bleibt beim Besuch des **Shikotsuko-Tōya-Nationalparks** (S. 295). Von Sapporo aus trifft man mit dem Mietwagen über die Straße Nr. 453 von Norden auf den See. Von Shikotsuko Onsen führt die Route am südlichen Seeufer entlang über den Difue-Pass in rund 2 Stunden zum Tōya-See. Hier warten ein Onsen-Bad, ein Ausflug zum Windsor Hotel, um einen Ausblick von oben auf Yōtei-zan, Meer und See gleichzeitig zu genießen, und die Fahrt mit der Ropeway auf den Usu-zan, bevor es weiter nach **Noboribetsu Onsen** (S. 299) geht, um sich im Jidai-mura über Ninja-Techniken informieren zu lassen und durch das brodelnde Höllental zu spazieren. Der Weg zurück nach Sapporo führt am Meer entlang. Unterwegs hält man im Ainu-Dorf in **Shiraoi** (S. 299). Zurück in **Sapporo** (S. 273) gewähren TV-Tower, Moiwa-Berg oder Okurayama-Schanze schöne Ausblicke auf die Stadt, und abends geht es zum Essen und Trinken ins Vergnügungsviertel Susukino. Am letzten Tag bietet sich ein Tagesausflug in die Hafenstadt **Otaru** (S. 281) an.

Eine Alternative ist die Reise in den **Shiretoko-Nationalpark** (S. 289): mit dem Nachtbus bis Abashiri, dann mit der Lokalbahn nach Shari und mit dem Shari-Bus nach Utoro. Von hier empfiehlt sich eine Bootsfahrt entlang der Küste mit anschließender Übernachtung auf dem Campingplatz Yuhimidai. Am folgenden Tag geht es mit dem Shuttlebus zu den fünf Seen Shiretoko Goko und von da weiter zum Wasserfall Kamui Wakka. Am nächsten Tag reist man mit dem Zug nach Mashū im **Akan-Nationalpark** (S. 293), um den geheimnisvollen Mashū-See und den Schwefelberg Io-zan zu besuchen. Am zweiten Tag in diesem Nationalpark steht der Akan-See auf dem Programm. Via Kushiro geht es zurück nach Sapporo.

Eine Woche Okinawa

Für reinen Strandurlaub sucht man sich eine Insel aus – am schönsten und entspanntesten sind die südlichsten Inselgruppen, z. B. **Ishigaki** (S. 611). Wer auf Besichtigungen nicht ganz verzichten möchte, sollte ein paar Tage auf der Hauptinsel **Okinawa** (S. 586) einplanen und dort die traditionellen Burgen *(gusuku)* ansehen; auch auf der Hauptinsel gibt es Strandresorts. Für Besichtigungen ist ein Mietwagen die beste Option und nicht einmal viel teurer als die seltenen Busse.

Modernes Japan

■ 2 Wochen (1 Woche Tōkyō, 1 Woche Kansai)

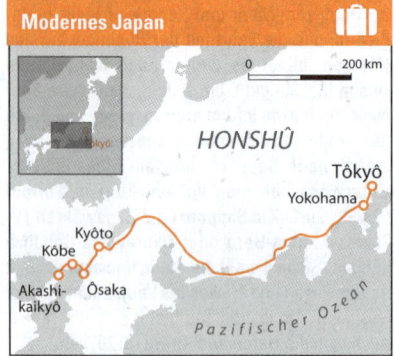

Wer es kaum erwarten kann, stürzt sich gleich am ersten Tag in **Tōkyō** in den Trubel der **Akihabara Electric Town** (S. 198). Zwischen den vielen Elektronikläden erholt man sich bei einem Kaf-

fee in einem Maid-Café oder begibt sich in die Hölle einer Pachinko-Halle. Zum Sonnenuntergang vielleicht ein Helikopterflug über das Zentrum von Tōkyō und dann zur Übernachtung in ein Kapselhotel?

Am nächsten Tag geht es nach **Roppongi** (S. 162). Erster Anlaufpunkt ist Roppongi Hills mit einer tollen Aussichtsplattform und dem modernen Mori-Kunstmuseum. Der größte Wolkenkratzer Tōkyōs gehört zum nahe gelegenen Midtown-Komplex, und Kunstinteressierte bewundern das futuristische Gebäude des National Art Center Tokyo (NACT). Technikbegeisterte besuchen die Robotervorführung der Honda Welcome Plaza. Abends bietet sich eine Tour durch die vielen Kneipen und Clubs von Roppongi an.

Am 3. Tag fährt man von Shinbashi aus mit der führerlosen Bahn Yurikamome über die Rainbow Bridge nach **Odaiba** (S. 182). Dort warten Attraktionen wie Joypolis, Mega Web, Big Sight und vieles mehr. Nach der Rückkehr nach Odaiba kann man noch nach **Shiodome** (S. 160) zum Panasonic Living Showroom Tokyo und Denso Building gehen, um dort vielleicht ein Abendessen in der Restaurantzeile Caretta mit tollem Blick über die Bucht von Tōkyō zu genießen.

Erster Anlaufpunkt am nächsten Morgen ist die Präfekturverwaltung von Tōkyō im Wolkenkratzer-Viertel **Shinjuku** (S. 170) mit kostenloser Aussichtsplattform. Bei klarem Wetter sieht man bis zum Fuji-san. Anschließend geht es zum Shinjuku Park Tower für einen Kaffee in der Peak Lounge (bekannt durch den Film *Lost in Translation*). Sehenswert ist auch das NTT Inter Communication Center (ICC) in der Tōkyō Opera City. Fotobegeisterte besuchen noch den Nikon Salon. Den Abend beschließt man in einer *izakaya* und/oder einer Karaoke-Bar.

Auf die Spur der japanischen Jugend, die sich in **Harajuku** und **Shibuya** (S. 173) trifft, begibt man sich am 5. Tag. Hier warten coole Läden und schicke Cafés auf Besucher. Der moderne Komplex Omote Sandō Hills lädt zum Shoppen ein. Wer mit Partner reist und mutig ist, mietet sich für ein paar Stunden ein schrilles Zimmer in einem Love-Hotel am Dogen-zaka in Shibuya.

Am Ende der Woche wartet **Yokohama** (S. 218). In Minato Mirai 21 sind Landmark Tower, Queen's Square und das Messezentrum Pacifico

Tōkyō ist ein aufregendes Pflaster für Großstadtfans.

zu bewundern. Am Abend lohnt ein Besuch der Aussichtsplattform des Landmark Tower, oder man bucht eine Fahrt mit dem Riesenrad Cosmos Clock 21 und betrachtet den Hafen von oben.

Die zweite Woche beginnt mit einer Bahnreise nach **Kyōto** (S. 374). Die Besucher der historischen Stadt landen hier in einem architektonischen Kunst- und Monumentalwerk der Neuzeit, dem supermodernen Hauptbahnhof. Sein scheinbar offenes Dach lockt die Menschen mit Rolltreppen bis ganz nach oben, wo Über- und Weitsicht die Wissbegierde belohnt. Per U-Bahn geht es ins Zentrum, direkt zum Manga-Museum, ein Muss und Genuss für alle Comic-Liebhaber. Weiter im Norden der Stadt präsentiert der Garten der schönen Künste unter freiem Himmel Michelangelo und Monet auf Kacheln.

Anschließend garantiert ein zweitägiger Besuch in der lebendigen Handelsstadt **Ōsaka** (S. 437) ein interessantes und abwechslungsreiches Programm. Das geschäftige Zentrum im nördlichen Umeda bilden mit zahlreichen Restaurants auf ober- und unterirdischen Einkaufsstraßen Ōsaka Station City mit dem neuen glasüberdachten Hauptbahnhof, Grand Front Ōsaka, drei aneinandergereihte moderne Hochhäuser mit Büros und vielen kleinen Läden, sowie HEP

Five, ein Riese von Einkaufszentrum mit einem Riesenrad an seiner Seite. Den Gegenpol bilden Shinsaibashi und Nanba im Süden: Amerikamura für die modebewussten Teenies, Den Den Town für elektrobesessene Leute und das traditionelle Dotonbori für die Touristen und Feinschmecker. Namba Parks ist ein erfolgreicher Versuch, Kino, Theater, Shopping und Gärten miteinander zu verbinden.

Brückenliebhaber erfahren am folgenden Tag ein wahrhaft superlatives Vergnügen: Die Hängebrücke **Akashi-kaikyō** (S. 496) über der gleichnamigen Wasserstraße, die Kōbe mit der Insel Awajishima verbindet, misst fast 2 km und wird von 300 m hohen Pylonen getragen. Das ist Weltrekord! Von der Maiko Marine Promenade ausgehend kann ein Teil des spektakulären Bauwerks ganz aus der Nähe besichtigt werden. **Kōbe** (S. 448) selbst ist eine moderne Millionenstadt mit internationalem Flair, die ihre Fläche kontinuierlich durch Aufschüttungen im Meer erweitert. Das hohe Rokkō-Gebirge im Norden, die moderne und saubere Hafenanlage mit Seefahrtsmuseum und Vergnügungspark, das Ausländerviertel Kitano und die überschaubare und farbenfrohe Chinatown lassen erahnen, dass es sich hier gut leben lässt.

Dem Himmel nahe

■ 3 Wochen

So viele Schreine und Tempel! Und alle sehen gleich aus … Manch ein Japanreisender kann dem schon nach ein paar Tagen nichts mehr abgewinnen, andere fasziniert gerade die religiöse Vielfalt.

Die Reise zu den Göttern und Buddhas beginnt am besten in der alten Hauptstadt **Kyōto** (S. 374), die für ein paar Tage eine gute Basis abgibt. Hier lassen sich der Kinkaku-ji und Kiyomizu-dera und der berühmte Zen-Tempel Ryōan-ji ansehen. Im Süden der Stadt ist der Fushimi-Inari-taisha für seine hunderte roter Holz-Torii bekannt. Von Kyōto geht es nach **Nara** (S. 417) zu den Anfängen des japanischen Buddhismus: Neben der Großen Buddha-Statue von Nara ist hier auch der älteste Tempel Japans, der Hōryū-ji zu besichtigen. Von hier ist ein Ausflug zum heiligen Berg **Kōya-san** (S. 428) – unbedingt mit Übernachtung in einem der Tempel –, dem Zentrum des esoterischen Buddhismus, möglich oder auch eine Wanderung auf den alten Shintō-Pilgerpfaden nach **Kumano** (S. 432). Dann geht es weiter zum bedeutendsten Shintō-Schrein Japans, dem **Ise-jingū** (S. 433), der der Sonnengöttin Amaterasu geweiht ist.

Auf dem Weg nach Tōkyō lohnt ein Halt in Hakone, um den **Fuji-san** (S. 211) zu bewundern, den heiligen Berg, der selbst als Gottheit gilt. In **Kamakura** (S. 222) beeindrucken der im Freien sitzende Große Buddha sowie die Zen-Tempel Kenchō-ji und Engaku-ji und der Hase-dera mit Scharen kleiner Jizō-Figuren. (Hier werden für Interessierte auch Zen-Meditationen angeboten.) Den Abschluss der (Kern-)Route bildet **Tōkyō** (S. 155). An einem Tag lassen sich hier Zeugnisse gleich mehrerer Religionen entdecken: der Zōjō-ji, der Nezu-jinja und die katholische Kathedrale, ein modernes Architekturlehrstück. Ein Muss ist ein Tagesausflug zum synkretistischen Shōgun-Mausoleum in **Nikkō** (S. 206).

Diese Route lässt Platz für den einen oder anderen optionalen Baustein: Von Kyōto lohnt ein Abstecher zum Shintō-Heiligtum **Izumo-taisha** (S. 485) bei Matsue (ca. 3 Tage). Auf der Insel Shikoku können Touristen einen Teil des **88-Tempel-Pilgerwegs** (S. 498) wandern (3–5 Tage). **Nagasaki** (S. 536) mit seiner reichen christlichen Geschichte ist einen kurzen Flug oder eine längere Zugfahrt von Kyōto entfernt (mind. 2 Tage plus Fahrt). Im Sommer sind auch die heiligen Berge von **Dewa Sanzan** (S. 244) trotz der relativ aufwendigen Anfahrt von Tōkyō ein Erlebnis (mind. 4 Tage).

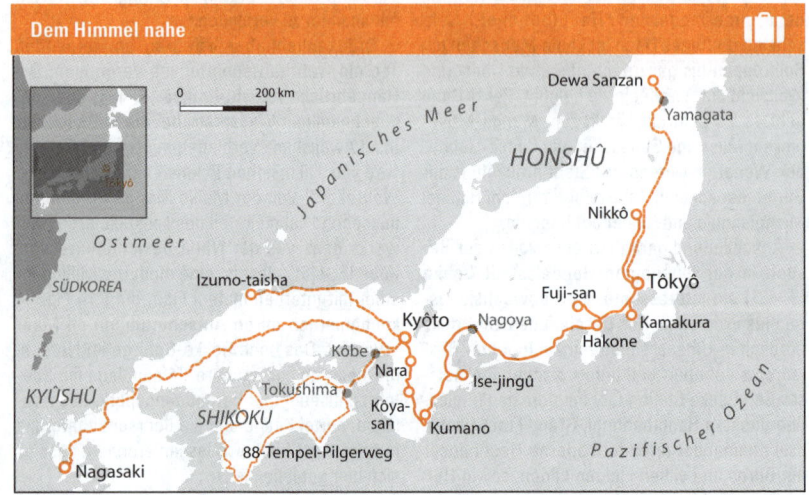

Dem Himmel nahe

© JAPAN-PHOTO.DE / HARTMUT PÖHLING

Klima und Reisezeit

Klima

Da sich Japan über 20 Breitenkreise, von 25° bis 45° nördlicher Breite, erstreckt, variiert auch das Klima regional sehr stark. Weitere differenzierende Faktoren sind der Abstand zum asiatischen Kontinent, der Einfluss von warmen und kalten Meeresströmungen und das Relief. Auf den Hauptinseln herrscht ein ozeanisch-gemäßigtes Klima mit vier ausgeprägten Jahreszeiten und hohen jährlichen Niederschlagsmengen von 1000 bis über 2000 mm, von denen 70–80 % während der **Regenzeit** *(tsuyu)*, die sich auf etwa 40 Tage im Frühsommer erstreckt, und der **Taifun-Saison** zwischen August und Oktober fallen. Jedes Jahr erreichen etwa fünf bis sechs dieser tropischen Wirbelstürme die südlicheren Inseln Japans. Auf Hokkaidō gibt es keine Regenzeit, das Klima dort ähnelt unserem mitteleuropäischen.

Im Einzelnen lassen sich sechs Klimazonen unterscheiden: Hokkaidō im Norden mit langen, kalten Wintern, kühlen Sommern und relativ geringen Niederschlagsmengen; die Westküste am Japanischen Meer mit kalten, schneereichen Wintern und mäßig warmen Sommern; das zentrale Hochland mit kontinentalem Klima, also hohen tages- wie jahreszeitlichen Temperaturschwankungen und mäßig hohen jährlichen Niederschlagsmengen; die Pazifikküste inkl. Tōkyō mit kühlen, trockenen Wintern und heißen, schwülen Sommern; das Gebiet um die Seto-Inlandsee mit mildem, relativ niederschlagsarmem Klima im Windschatten der umliegenden Berge sowie die südwestlichen Inseln mit subtropischem bis tropischem Klima, warmen Wintern und heißen Sommern, hohen Niederschlagsmengen und besonders starkem Taifun-Einfluss

Reisezeit

Japan lässt sich zu jeder Jahreszeit bereisen. Für eine Reise durch das ganze Land eignen sich am besten Frühjahr und Herbst, die Temperaturen sind dann mild und es ist relativ trocken. Besonderes Highlight im Frühjahr ist die **Kirschblüte** (s. S. 25), die sich von Ende März bis Anfang Mai nach Norden vorarbeitet, und im Herbst die **Laubfärbung** *(kōyō),* die von Mitte September bis November von Norden nach Süden wandert – für Japaner jeweils ein Anlass zum ausgiebigen Picknicken und Feiern im Freien.

Wer in Hokkaidō oder den Bergen Chūbus oder Tōhokus wandern möchte, sollte im Sommer reisen, einige Berge sind erst ab Juni oder Juli freigegeben, wenn Straßen und Wege einigermaßen schneefrei sind. Weiter im Süden und in den Ebenen fühlt man sich zu dieser Zeit eher wie im Dampfbad und muss jederzeit mit Regen rechnen, in manchen Jahren bleibt es aber auch relativ trocken. Von August bis Oktober ist Taifun-Saison, wer dann insbesondere auf den südlichen Inseln unterwegs ist, sollte zur eigenen Sicherheit regelmäßig den Wetterbericht checken, um die Reiseplanung ggf. umzustellen. Dafür kann man dort wunderbar milde Winter genießen, wenn man nicht lieber zum Winterurlaub und Onsen-Hopping in den Norden fährt.

Innerjapanische Hauptreisezeiten sind die Golden Week (29.4.–5.5.), die Zeit um das Lichterfest *o-bon* (Mitte August, in einigen wenigen Regionen Mitte Juli) und Neujahr (27.12.–4.1.). Zu diesen Terminen ist das halbe Land unterwegs und man braucht auf jeden Fall Reservierungen für Unterkunft und Transport bzw. sollte mit Staus rechnen.

Sapporo

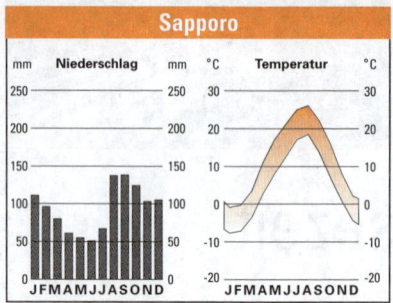

Tōkyō

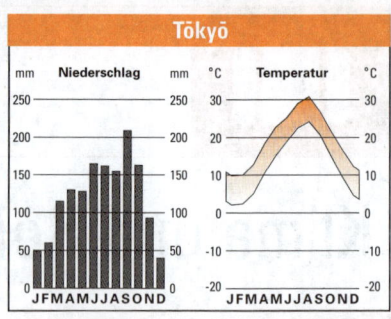

Sendai

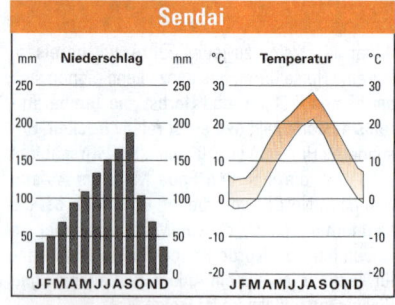

Takamatsu

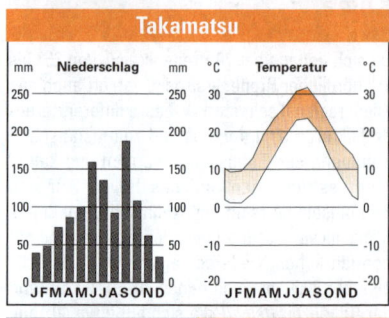

Kanazawa

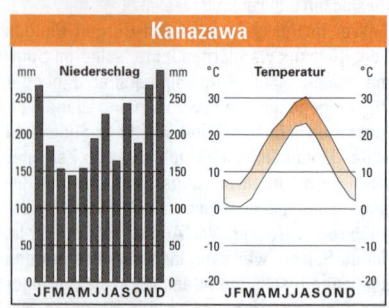

Kagoshima

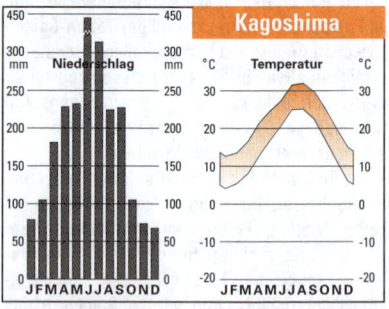

Tokyo

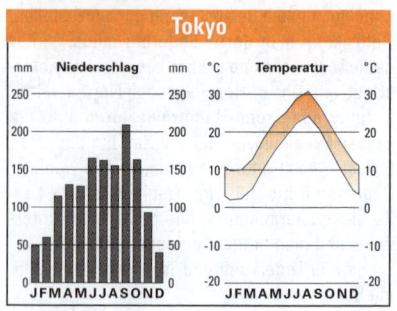

Naha

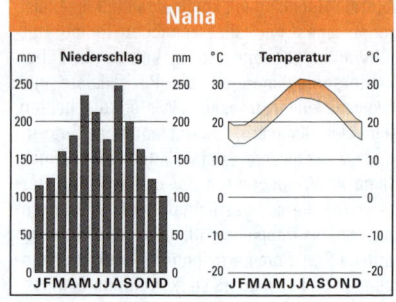

Reisekosten

Wer nach Japan reisen möchte, muss (schon wegen der Anfahrt) vorher etwas sparen. Zwar gibt es außerhalb der Saison mitunter echte Schnäppchenflüge (sogar mit etablierten Airlines) für 650 € nach Tōkyō bzw. Ōsaka (Kansai), aber in der Hochsaison liegen die Preise eher zwischen 750 und 1000 €. Der **Transport** innerhalb Japans verursacht besonders hohe Kosten, vor allem wenn man sich nicht nur auf eine Region beschränkt, sondern in relativ kurzer Zeit ein großes Gebiet bereisen möchte. Hier empfiehlt es sich, einen Railpass zu besorgen (Näheres s. S. 88). Wer viel Zeit hat, kann statt der Shinkansen-Superexpresszüge normale Züge nehmen und so erheblich sparen. Eine Zugfahrt mit dem Shinkansen von Tōkyō nach Kyōto kostet beispielsweise mit dem Shinkansen über 13 000 ¥ gegenüber 8210 ¥ mit dem regulären Zug. Für Benutzer von Bummelzügen gibt es das günstige Seishun-Jūhachi-Ticket (S. 89). Billiger als Schnellzüge und Fernbusse. Mit ihnen kostet dieselbe Strecke um 5000 ¥. Wenn man für eine längere Strecke wie z. B. Ōsaka–Kagoshima einen Nachtbus nimmt, spart man sogar eine Übernachtung. Trampen stellt zwar in Japan kein Sicherheitsrisiko dar, ist aber unüblich. Inlandflüge lohnen sich eher bei sehr großen Entfernungen, etwa wenn man nach Okinawa möchte. Es gibt inzwischen aber auch Billigfluglinien (Näheres S. 87). Innerhalb der Städte zahlt man in Bussen und U-Bahnen normalerweise pro Fahrt und Strecke, es gibt aber günstige Tagespässe, die man nutzen sollte, wenn man viel herumfährt. In kleineren Städten sind Leihräder eine Alternative.

Die Bandbreite bei den **Übernachtungskosten** ist viel größer als etwa in Europa: Große ordentliche Hotelzimmer kosten mindestens 15 000 ¥, oft wesentlich mehr. Doppelzimmer in Businesshotels verlangen offiziell meist zwischen 6000 ¥ und 12 000 ¥ (EZ ca. 30 % weniger), aber online gibt es oft kurzfristige Schnäppchen. Die billigste Option sind private Hostels. Hier bekommt man ein Bett schon ab 2000 ¥. Die offiziellen

Japan ist ein Paradies für Souvenirjäger.

Discount-Tickets

In der Nähe größerer Bahnhöfe befinden sich oft **Discountticket-Läden**. Sie verkaufen nicht nur ermäßigte Fahrkarten, sondern auch viele andere Arten von Tickets: Konzert- und Kinokarten, Einkaufsgutscheine und Prepaidkarten für *konbini* und Kaufhäuser, Sauna-Eintritt, Telefonkarten etc. Meistens beträgt die Ermäßigung etwa 3–5 %.

Jugendherbergen kosten meist über 3000 ¥ (für Nicht-Mitglieder mehr). Etwas teurer sind Minshuku, japanische Pensionen (S. 93).

Beim **Essen** gibt es preislich ebenfalls eine Riesenbandbreite: Für 500 ¥ bekommt man eine leckere und sättigende Nudelsuppe, zum Trinken Wasser und japanischen Tee stets gratis dazu. Doch sobald man ein etwas besseres Lokal aufsucht, muss man natürlich tiefer in die Tasche greifen, und nach oben hin ist die Grenze gerade beim Essen offen.

Tempel und Schreine kosten normalerweise keinen **Eintritt** – bis auf einige große Touristenattraktionen wie in Nikkō, Nara und Kyōto. Der Eintritt für Museen, Gärten und Burgen liegt in der Regel zwischen 200 und 500 ¥. Studenten bekommen bei Vorlage eines internationalen Studentenausweises Ermäßigung (außer für die JR-Tickets oder U-Bahn-Monatskarten – das nur mit japanischem Ausweis).

Natürlich gibt es auch **regionale Unterschiede**: Tōkyō rangiert auf der Liste der teuersten Städte der Welt auf Platz 6 und ist auch im Vergleich zur japanischen Provinz ein teures Pflaster. In touristischen Gegenden kann man dank harten Wettbewerbs durchaus günstige Angebote finden, und in ärmeren Regionen wie Okinawa sind die Preise generell niedriger. So kann man hier bereits für 1200 ¥ im Hostel absteigen, während man dafür andernorts in der Regel das Doppelte zahlt.

Wenn man bescheiden ist und gut haushaltet, kann man mit 6000 ¥ pro Tag über die Runden kommen (für Übernachtung im Dorm, einfache Mahlzeiten, Nahverkehr und Eintritt für 2–3 Sehenswürdigkeiten) – Souvenirkäufe und Ausgaben für Vergnügungen etc. nicht eingerechnet. Wer dagegen auf ein eigenes Zimmer mit Bad Wert legt und sich nicht nur von Rāmen oder Udon ernähren möchte, sollte mit 9000–10 000 ¥ am Tag rechnen. Anspruchsvolle sollten das Doppelte einplanen. Wer so billig wie nur möglich reisen muss, kann ein paar Tage Wandern mit Zelt und die Fahrt mit Nachtbussen erwägen, weil das die Übernachtungskosten drückt.

Was kostet wie viel?

Transport		Essen und Trinken	
U-Bahnfahrt Tōkyō	ab 170 ¥	**Erfrischungsgetränk vom Automaten**	100–130 ¥
Bus Tōkyō–Kyōto	ab 6000 ¥	**Saft/Cola im Lokal**	220–400 ¥
Inlandflug pro Sektor	ab 10 000 ¥	**Bier** (groß, einheimisch)	550 ¥
Taxifahrt Grundtarif für die ersten 2 km (Nachtzuschlag 30 %)	500 ¥ (Tōkyō 730 ¥)	**Bier** (ausländisch, z. B. Guiness, 0,75 l)	900–1200 ¥
Mietkleinwagen	ab 4000 ¥ pro Tag	**Tasse Kaffee im Café**	200–450 ¥
		Udon/Rāmen	ab 500 ¥
Unterkunft		**Kaitenzushi** (pro Tellerchen)	ab 108 ¥
JH-Bett (Mitglieder)	ab 2700 ¥ p. P.	**O-Bento im Bahnhof**	ab 500 ¥
Businesshotel (EZ)	ab 3500 ¥	Sonstiges	
Ryokan (Halbpension)	ab 7000 ¥ p. P.	**Eintritt zu Museen, Burgen etc.**	200–500 ¥
Minshuku (ohne Mahlzeiten)	ab 3500 ¥ p. P.	**Onsen-(Tages)Besuch**	ab 500 ¥

Traveltipps von A bis Z

Anreise S. 42
Botschaften und Konsulate S. 43
Einkaufen S. 44
Essen und Trinken S. 49
Fair reisen S. 58
Feste und Feiertage S. 59
Fotografieren S. 62
Frauen unterwegs S. 62
Geld S. 62
Gepäck und Ausrüstung S. 64
Gesundheit S. 65
Informationen S. 67
Internet und E-Mail S. 69
Jobben in Japan S. 70
Kinder S. 71
Maße und Elektrizität S. 71
Medien S. 71

Nationalparks und Reservate S. 72
Öffnungszeiten S. 73
Onsen S. 73
Post S. 74
Reisende mit Behinderungen S. 74
Reiseveranstalter S. 75
Schwule und Lesben S. 75
Sicherheit S. 76
Sport und Aktivitäten S. 78
Telefon S. 86
Transport S. 86
Übernachtung S. 92
Verhaltenstipps S. 95
Versicherungen S. 97
Visa S. 97
Zeit und Kalender S. 97
Zoll S. 98

Anreise

Mit dem Flugzeug

Flugtickets

Rückflugtickets von Europa gibt es im Internet auf Portalen wie www.opodo.de, ☐ www.fly.de oder ☐ www.lastminute.de. Der Kauf im Reisebüro muss aber nicht unbedingt teurer sein. Für etwas ausgefallenere Wünsche, wie Gabelflüge, Stopover in einem anderen Land, längere Aufenthalte etc. lohnt es sich oft, mit einem spezialisierten Reisebüro (s. a. S. 75, Reiseveranstalter) Kontakt aufzunehmen.

Es kann sich auch auszahlen, bei der Buchung auf **Vielfliegerprogramme** zu achten. Wer per Flugzeug von außerhalb Japans anreist (und nicht in Japan wohnt), kann für innerjapanische Flüge besonders günstige Flugtickets von ANA und JAL kaufen (S. 87).

Um die umweltschädlichen Folgen des Fliegens auszugleichen, werden immer mehr Programme zur „Klimaneutralisierung" angeboten (siehe Kasten). Ein Leitfaden des Umweltbundesamtes zur freiwilligen Kompensation von Treibhausgasemissionen ist unter ☐ www.dehst.de erhältlich. Das Fliegen selbst bleibt allerdings trotzdem umweltschädlich. Hier gilt, je kürzer die Strecke (z. B. über Sibirien) und je weniger Zwischenlandungen, desto weniger umweltschädlich.

Direktflüge bieten die japanischen Airlines JAL und ANA (jeweils Frankfurt–Tōkyō) sowie Lufthansa (von Frankfurt nach Tōkyō, Ōsaka oder Nagoya und von München nach Tōkyō) an. Ein Direktflug dauert etwa 12 Stunden und ist je nach Reisezeit ab ca. 900 € zu haben. Preise für indirekte Flüge beginnen bei unter 700 €. Oft gehört Aeroflot zu den preiswertesten Anbietern, aber mit extrem zeitaufwendigen Umsteigeverbindungen, wobei der Flughafen in Moskau ohne Visum nicht verlassen werden darf.

Ein- und Ausreiseformalitäten

Im Flugzeug wird ein Einreiseformular ausgeteilt, das zusammen mit dem Pass am Einreiseschalter abzugeben ist. Das Formular besteht aus zwei Teilen, der „Disembarcation Card" und der „Embarcation Card". Auf der Disembarcation Card sind u. a. die Flugnummer des Hinflugs und eine Adresse in Japan anzugeben (Hotelname reicht aus, auch ohne Buchung). Die Embarcation Card wird danach in den Pass eingeheftet und ist bei der Ausreise ausgefüllt (mit der Flugnummer des Rückflugs) wieder abzugeben. Unterschrift nicht vergessen!

🌳 Weniger fliegen – länger bleiben! Reisen und Klimawandel

Der Klimawandel ist vielleicht das dringlichste Thema, mit dem wir uns in Zukunft befassen müssen. Wer reist, erzeugt auch CO_2: Der Flugverkehr trägt mit einem Anteil von bis zu 10 % zur globalen Erwärmung bei. Wir sehen das Reisen dennoch als Bereicherung: Es verbindet Menschen und Kulturen und kann einen wichtigen Beitrag für die wirtschaftliche Entwicklung eines Landes leisten. Reisen bringt aber auch eine Verantwortung mit sich. Dazu gehört darüber nachzudenken, wie oft wir fliegen und was wir tun können, um die Umweltschäden auszugleichen, die wir mit unseren Reisen verursachen. Wir können insgesamt weniger reisen – oder weniger fliegen, länger bleiben und Nachtflüge meiden (da sie mehr Schaden verursachen). Und wir können einen Beitrag an ein Ausgleichsprogramm wie ☐ **www.atmosfair.de** leisten.

Dabei ermittelt ein Emissionsrechner, wie viel CO_2 der Flug produziert und was es kostet, eine vergleichbare Menge Klimagase einzusparen. Mit dem Betrag werden Projekte in Entwicklungsländern unterstützt, die den Ausstoß von Klimagasen verringern helfen.

nachdenken • klimabewusst reisen

atmosfair

Je nach Ursprungsland des Flugs (z. B. Gelb-fiebergebiet) und der aktuellen Gesundheits-situation (SARS, Schweinegrippe) kann vor dem Einreiseschalter eine Gesundheitskontrol-le mit einem weiteren Fragebogen positioniert sein. Außerdem wird ein elektronischer Finger-abdruck genommen und ein Foto gemacht.

Hinter den Gepäckbändern ist der Zoll zu pas-sieren (s. auch S. 98). Es gibt zwar „rote" und „grüne" Bahnen, aber auch wer nichts zu ver-zollen hat, muss hier den Pass vorzeigen. Der japanische Zoll ist nicht besonders gefürchtet, aber gewiss beeinflusst die äußere Erschei-nungsbild die Entscheidung, wessen Gepäck durchsucht wird. Wer versucht, Drogen wie Haschisch einzuführen, und dabei erwischt wird, hat mit bis zu fünf Jahren Haft zu rechnen.

Internationale Flughäfen

Die meisten Flugreisenden aus Europa kom-men in **Tōkyō** an, entweder am Flughafen Hane-da oder Narita. Der Flughafen Narita, 🖥 www.narita-airport.jp, liegt ca. 60 km außerhalb der Stadt, ist aber mit Zügen sehr gut angeschlos-sen (S. 204). Haneda, 🖥 www.haneda-airport.jp, von dem die meisten Inlandsflüge starten, liegt am südlichen Stadtrand. Mit öffentlichen Verkehrsmitteln gelangt man bequem in ca. 20 Minuten in die Innenstadt. Für einen etwa-igen Transfer zwischen beiden Flughäfen sind 4–5 Stunden einzuplanen.

Der andere große internationale Flughafen ist der Kansai Airport bei **Ōsaka**, 🖥 www.kansai-airport.or.jp (S. 448). Er ist neuer und liegt auf ei-ner künstlichen Insel in der Inlandsee. Für Kyōto und den Westen Japans ist dieser Flughafen günstiger. Flüge dorthin sind nur wenig teurer.

Alternativen sind der internationale Flugha-fen Centrair, 🖥 www.centrair.jp, bei **Nagoya** oder auch der Flughafen **Fukuoka**, 🖥 www.fuk-ab.co.jp, auf Kyūshū.

Mit dem Schiff

Von und nach Südkorea

Die Fähre von Kanpu Ferry, 🖥 www.kampuferry.co.jp, zwischen **Pusan** (Südkorea) und Shimo-noseki fährt täglich über Nacht (11–12 Std.,

10 200 ¥ plus Hafengebühren). Reservierungen sind nützlich, aber zumindest für die billigeren Tickets meist nicht erforderlich.

Von Fukuoka verkehren Passagierboote der Firma Beetle, 🖥 www.jrbeetle.co.jp, eben-falls nach Pusan (2–4x tgl., 3 Std., 13 000 ¥ einfach).

Von und nach China

Von Shimonoseki aus legt Orient Ferry, 🖥 www.orientferry.co.jp, nach **Tianjin** in der Nähe von Beijing ab (2x wöchentlich, 1 Tag, ab 15 000 ¥). Die Kōbe-Tianjin-Fähre wurde 2013 eingestellt. Shanghai Ferry, 🖥 www.shinganjin.com, ver-kehrt von Ōsaka oder Kōbe aus nach **Shanghai** (1x wöchentlich, 2 Tage, ab 20 000 ¥).

Von und nach Russland

Mehrere Fährlinien operieren Schiffslinien von und nach Russland. Von Wakkanai auf Hokkaidō fährt von Juni bis September mindestens wö-chentlich eine Fähre nach **Sachalin** (ca. 6 Std., ab 25 000 ¥, Heartland Ferry, 🖥 www.heartlandferry.jp).

Botschaften und Konsulate

Ausländische Vertretungen in Japan

Die deutsche (bzw. österreichische oder Schweizer) Botschaft ist die Anlaufstelle, wenn der Pass gestohlen wurde oder man eine Über-setzung des Führerscheins braucht. Für länger in Japan befindliche Deutsche führt die Bot-schaft u. a. eine „Deutschenliste", die im Fall ei-ner Katastrophe wie bei einem großen Erdbeben die Kommunikation erleichtern soll.

Deutschland
Deutsche Botschaft Tōkyō
Minato-ku, Minami-Azabu 4-5-10,
📞 03-5791-7700,
🖥 www.japan.diplo.de.

Deutsches Generalkonsulat Ōsaka
Kita-ku, Oyodo-naka 1-1-88-36 00, Umeda
Sky Bldg. Tower East, 35F,
📞 06-6440-5070, 🖥 japan.diplo.de.
Honorarkonsulate in Fukuoka, Nagoya, Okinawa,
Sapporo und Sendai, siehe 🖥 www.auswaer
tiges-amt.de.

Österreich
Österreichische Botschaft Tōkyō
Minato-ku, Moto-Azabu 1-1-20, 📞 03-3451-8281,
🖥 www.bmeia.gv.at/botschaft/tokio.html.
Honorarkonsulate in Asahikawa, Hiroshima,
Nagoya und Ōsaka, siehe 🖥 www.bmeia.gv.at.

Schweiz
Schweizer Botschaft Tōkyō
Minato-ku, 5-9-12 Minami-Azabu,
📞 03- 5449-8400, 🖥 www.eda.admin.ch/tokyo.
Schweizer Generalkonsulat Ōsaka
Kita-ku, Umeda 3-3-20, Meiji Yasuda Seimei
Osaka Umeda Bldg. 14F,
📞 06-4797-2399, ✉ osaka@honrep.ch.

Asien
Visa für die Weiterreise können (falls nötig) bei
den Botschaften und Konsulaten der betreffen-
den Länder besorgt werden; die meisten sind in
Tōkyō.
Botschaft der Volksrepublik China
Tōkyō, Minato-ku, Moto-Azabu 3-4-33,
📞 03-3403-3388. Vertretung in **Fukuoka**,
Chūō-ku, Jigyōhama 1-3-3, 📞 092-713-1121,
🖥 fukuoka.china-consulate.org.
Visa können nur noch über externe Dienstleister
beantragt werden, Details s. 🖥 visaforchina.org.
Botschaft der Republik Korea (Südkorea)
Tōkyō, Minato-ku, Minami-Azabu 1-7-32,
📞 03-3455-2018, 🖥 jpn-tokyo.mofa.go.kr.
Vertretung in **Fukuoka**, Chūō-ku, Jigyōhama
1-1-3, 📞 092-771-0461, 🖥 jpn-fukuoka.mofa.
go.kr. Touristen aus Deutschland, Österreich
und der Schweiz brauchen für die Einreise
kein Visum.
Taiwan hat keine Botschaft in Japan,
aber mehrere informelle Vertretungen.
In Tōkyō: Minato-ku, Shirokanedai 5-20-2,
📞 03-3280-7811, 🖥 www.roc-taiwan.org/JP.
Für die Einreise nach Taiwan zu touristischen

Zwecken brauchen Deutsche, Österreicher
und Schweizer für einen Aufenthalt von bis zu
30 Tagen kein Visum; der Reisepass sollte aber
noch sechs Monate gültig sein.

Vertretungen Japans in Europa

Deutschland
Japanische Botschaft in Deutschland,
Hiroshimastr. 6, 10785 Berlin, 📞 030-21094-0,
🖥 www.de.emb-japan.go.jp.
Japanisches Generalkonsulat Hamburg,
Rathausmarkt 5, 20095 Hamburg,
📞 040-3330170,
🖥 www.hamburg.emb-japan.go.jp.
Japanisches Generalkonsulat Düsseldorf,
Immermannstr. 45, 40210 Düsseldorf,
📞 0211-164820, 🖥 www.dus.emb-japan.go.jp.
Japanisches Generalkonsulat München,
Karl-Scharnagl-Ring 7, 80539 München,
📞 089-4176040,
🖥 www.muenchen.de.emb-japan.go.jp.
Japanisches Generalkonsulat Frankfurt,
Taunustor 2 23. OG, 60311 Frankfurt am Main,
📞 069-2385730,
🖥 www.frankfurt.de.emb-japan.go.jp.

Österreich
Japanische Botschaft in Österreich,
Eingang Schottenring 8, 1010 Wien,
📞 01-531920, 🖥 www.at.emb-japan.go.jp.

Schweiz
Japanische Botschaft in der Schweiz,
Engestr. 53, 3012 Bern, 📞 031-300 2222,
🖥 www.ch.emb-japan.go.jp.
Consulat Général du Japon à Genève,
80-82 rue de Lausanne 1202, Genève,
📞 022-716 9900,
🖥 www.geneve.ch.emb-japan.go.jp.

Einkaufen

Japan ist ein wunderbares Land, um praktische
Gebrauchsgegenstände als Souvenirs einzukaufen. In den Läden sind die Preise deutlich aus-

gezeichnet und verbindlich. Gehandelt wird außer auf Flohmärkten praktisch nicht. Ähnlich wie in Europa ist es aber in Einzelfällen möglich, nach einem „Discount" zu fragen, vor allem bei teureren Stücken.

Wo einkaufen?

Supermärkte
Es gibt in Japan zahllose Supermarktketten mit großem Angebot, vergleichbar europäischen Supermärkten. Obwohl japanische Marken und Lebensmittel überwiegen, haben diese Läden auch viele aus Europa vertraute Artikel im Sortiment. Japanische Familien kaufen den größten Teil ihrer Lebensmittel in solchen Supermärkten. Märkte für frisches Obst und Gemüse sind, zumindest in den Städten, eher unüblich.

Konbini
Für die meisten Touristen sind die kleineren *konbini* (japanisiert und abgekürzt vom englischen *convenience store*) die wichtigeren Anlaufstellen, denn sie sind auch in den Stadtzentren und bei Touristenattraktionen leicht zu finden und rund um die Uhr geöffnet. Ihr Sortiment umfasst Snacks, Kosmetika, Zeitschriften und Schreibwaren, ein begrenztes Angebot an Lebensmitteln, Haushaltswaren, Zigaretten, Telefonkarten und Ähnliches – kurz und gut: alles, was zum sofortigen Konsum benötigt werden könnte. Die Waren liegen deutlich ausgezeichnet in Regalen und werden an der Theke eingescannt. Damit stoßen Touristen auf keine Sprachbarriere, zumindest solange sie die Waren vom Aussehen her erkennen. Im *konbini* werden auch komplette Lunch-Boxen *(o-bento)* verkauft. Manche *konbini* haben eine Sitzecke, in der der gekaufte Snack auch gleich verzehrt werden kann. Fast alle Ketten sind an Systeme angeschlossen, um z. B. Konzertkarten zu reservieren oder die Gasrechnung zu bezahlen.

Kaufhäuser
Die meisten japanischen Kaufhäuser sind eher vornehme Einkaufsadressen. Einige sind praktisch eine Ansammlung separater Boutiquen unter einem Dach, andere haben eigene Haus-

Verpackungen

Trotz erheblicher Verbesserungen in den letzten Jahren werden in Japan oft sehr viele Verpackungen und zusätzliche Tüten ausgegeben. Wen das deutsche Umweltgewissen plagt, der sollte sich die folgenden Begriffe einprägen: „Kono mama de" („so, wie es ist", also gleich so, ohne Tüte) und „Fukuro wa irimasen" („Ich brauche keine Tüte").

marken. Die meisten besitzen eine ganze Abteilung mit typischen Souvenirs. Auch in den einzelnen Haushaltsabteilungen, z. B. beim Geschirr, bieten sie eine große Auswahl an geschmackvollen japanischen Waren. Die Lebensmittelabteilung befindet sich meist im Untergeschoss. Hier gibt es hauptsächlich Feinkoststände mit fertig zubereiteten Salaten, aufwendig verpackten japanischen Süßigkeiten und natürlich typischen Gerichten wie Tenpura und Sushi zum Mitnehmen oder zum sofortigen Verzehr. In den oberen Stockwerken findet sich eine Ansammlung unterschiedlicher Restaurants.

Fachgeschäfte für westliche Lebensmittel
Bei längerem Aufenthalt stellt sich irgendwann der Hunger auf bestimmte heimische Lebensmittel ein. Viele davon gibt es mittlerweile im normalen Supermarkt. Für andere muss man ins Fachgeschäft: Die größeren Ketten sind Kinokuniya International und Meidi-ya. Beides sind Delikatessenläden, die Importlebensmittel verkaufen, und zwar sehr viel aus den USA, aber auch aus verschiedenen europäischen Ländern. In den Städten finden sich kleinere Läden mit einem internationalen Lebensmittelangebot vor allem in der Nähe der großen Umsteigebahnhöfe, oft auch direkt im Bahnhofsgebäude (beispielsweise Tōkyū Hands, Tōkyū Food Show). Selbst in mittelgroßen Städten findet man haltbare Lebensmittel wie Spreewaldgurken oder Roggenbrot, nur Quark gibt es in Japan nicht.

Andere Einkaufsmöglichkeiten
Je nach Ort gibt es auch in Japan gelegentlich offene **Märkte**, vor allem aber enge **Ladenstra-**

ßen in den Wohnvierteln. Dort bieten kleine Ge-müseläden ihre frischen Waren relativ preiswert an. Hier heißt ein Teller voll Äpfel bzw. Tomaten etc. *yama* („Berg") und ist oft wesentlich billiger als ein einzelner Apfel im Supermarkt. Manch-mal stehen solche Obst- und Gemüsehänd-ler auch vor dem Eingang eines Supermarkts. Auf dem Land gibt es mitunter am Straßenrand schlichte Holzverschläge oder -tische, auf de-nen Waren und ein Preisschild liegen. Man nimmt sich einfach etwas und legt das Geld in die vorgesehene Kiste. Auf traditionellen Jahr- oder **Flohmärkten**, die oft auf Tempelgelän-den stattfinden, werden gebrauchte Kimonos, altes Kunsthandwerk, Bonsai und traditionelles Küchengerät verkauft.

Elektronikfachgeschäfte

Das Einkaufsmekka für Elektronikfans ist der Stadtteil Akihabara in Tōkyō (S. 198), aber auch in anderen Städten (oder Stadtgebieten) gibt es Ansammlungen von Elektro- und Elektronik-fachgeschäften. Die großen Ketten (wie BIC Camera oder Yodobashi Camera) haben z. T. Punktesysteme, die bei jedem Einkauf ein Gut-haben von mehreren Prozent der Summe für den nächsten Kauf generieren.

Bedienungsanleitungen und -oberflächen für die Geräte sind mehrsprachig (immer Eng-lisch, meist auch auf Deutsch). In Japan wer-den oft Modelle verkauft, die in Europa nie oder erst viel später auf den Markt kommen. Zu be-achten sind dabei allerdings die deutschen Zoll-vorschriften (S. 98) und die Garantie-Situation sowie der Kundendienst: Gibt es weltweit Ersatzteile und Zubehör, und kann der Kunden-

dienst in Deutschland damit etwas anfangen, selbst wenn es eine weltweit gültige Garan-tie gibt? Oder muss das Gerät womöglich lang-wierig eingeschickt werden? Bei einigen Arti-keln wie Handy und Video sind möglicherweise die Systeme nicht kompatibel.

Kunsthandwerk

Fast jede Region Japans rühmt sich ihres eige-nen Kunsthandwerks – Lackarbeiten, Töpferwa-ren, gewebte Stoffe, Holzpuppen usw. Die Re-gierung vergibt für besonders typische Produkte (derzeit etwas über 200) ein Siegel „Traditionel-les Kunsthandwerk" (Dentō Kōgeihin).

Läden, in denen solche Erzeugnisse verkauft werden, finden sich meistens in der Nähe von Touristenattraktionen. In den Ladenstraßen vor berühmten Tempeln gibt es Touristenläden mit preiswerter Massenware, aber auch Second-handläden, in denen sich manchmal sogar ein Schnäppchen machen lässt, und alteingesesse-ne, edle Traditionsgeschäfte.

Die Hauptzielgruppe für Kunsthandwerk sind japanische Touristen, die Qualität durchaus ein-schätzen können, insofern weist ein höherer Preis normalerweise nicht auf Nepp, sondern tatsächlich auf etwas Besonderes hin.

Geschirr und Essstäbchen

Besonders geeignet als Andenken und Mit-bringsel sind Suppenschalen und anderes Ge-schirr aus **Naturlack** *(urushi)*: Sie sind leicht, nicht zerbrechlich und in ganz unterschiedli-chen Preiskategorien erhältlich. Viele Orte sind für ihre regionalspezifischen Lackerzeugnisse bekannt. Insbesondere gibt es rote, schwarze und klare Lacke; vor allem bei den schwarzen ist die Technik des *maki-e* verbreitet, bei der kleine Farb- oder Metallpartikel bzw. Goldstaub als Muster eingearbeitet werden. **Keramik** stellt beim Transport eine größere Hürde dar, ver-lockt aber auch sehr. Japanisches Essen wird normalerweise auf zahlreichen kleinen Teller-chen und Schüsseln serviert: Pro Person sam-meln sich oft bis zu zehn Geschirrteile an. Ent-sprechend groß ist die Auswahl. Traditionell wird in Japan eher Keramik als Porzellan be-

© JESSIKA ZOLLICKHOFER

In Touristenorten werden überall (insbesondere essbare!) Spezialitäten der Region verkauft.

nutzt. Viele Regionen haben typische Keramikarten, die sich sowohl im benutzten Ton als auch im Design unterscheiden. Es ist nicht ungewöhnlich, eigens zum Geschirrkauf in kleine Orte zu fahren, die für eine bestimmte Sorte („XY-yaki") bekannt sind, z. B. Arita auf Kyūshū (für Porzellan, S. 535) oder Seto bei Nagoya (S. 313).

Wer keinen Platz im Koffer hat oder nicht schwer tragen möchte, tut gut daran, **Essstäbchen** als Souvenir zu erwerben – sie sind typisch, erschwinglich und von poppig bis edel in unendlichen Variationen erhältlich. Es gibt sogar spezielle Faltstäbchen zum Mitnehmen sowie allerlei Stäbchenboxen für diejenigen, die im Restaurant nicht immer Wegwerfstäbchen benutzen wollen.

Wer gern **Sushi** (oder überhaupt japanisch) isst, wird sich vielleicht mit Zubehör eindecken, wie Bambusmatten, Holzwannen und Sushi-Geta zum Anrichten. Für Fortgeschrittene gibt es Ingwerreiben (oroshigane), Sesammühlen (goma-suriki) und Keramikmörser (suribachi). Ideal zum Stöbern ist das Kappabashi-Viertel in Tōkyō (S. 165).

Teezubehör wie Schalen, Bambusquirle und Teekannen gibt es in zahlreichen Fachgeschäften (s. z. B. Kyōtu, S. 408, und Kanazawa, S. 366). Die Preise sind hier nach oben offen.

Holzschnitte

Nachdrucke (oder auch Originale) japanischer Holzschnitte (ukiyoe, S. 144) werden in vielen Andenken- und Schreibwarenläden verkauft. In manchen Secondhandgeschäften, die auch alte Kimonos und Stoffe verkaufen, gibt es ebenfalls Holzschnitte, und Museumsläden bieten meistens eine größere Auswahl an Nachdrucken großer Meister. Hierfür ist besonders das Japan Ukiyoe Museum (JUM) in Matsumoto (S. 335) zu empfehlen, in dem auch mit traditionellen Methoden nachgedruckte Meisterwerke verkauft werden.

Fächer

Ein Fächer gehört, zumindest in der heißen Jahreszeit, zu den unabdingbaren Utensilien des täglichen Lebens. Neben den Faltfächern (sensu) werden auch feste, runde Fächer mit einem

Griff (uchiwa) benutzt. Wer im Sommer reist, bekommt sicher den ein oder anderen uchiwa (mit Werbeaufdruck) geschenkt. Auch Männer benutzen Fächer, oft einfarbig oder mit weniger blumigen Motiven.

Papier

Japanpapier sowie daraus hergestellte Kästchen, Portemonnaies, Grußkarten und andere schöne Schreibwaren, Pinsel und Tusche finden sich in fast allen Schreibwarenläden.

Puppen

Unter den verschiedenen traditionellen Puppen sind als Mitbringsel speziell die **Daruma** zu nennen, fast eiförmige Figuren eines sitzenden Mönchs ohne Pupillen. Sie stellen den buddhistischen Heiligen Bodhidharma dar, der so lange meditiert haben soll, bis ihm die Beine abfielen. Weil er sich außerdem die Augenlider abgeschnitten haben soll, um nicht ungewollt einzuschlafen, hat die Puppe zwei große leere Augen. Wer einen Wunsch hat, malt eins davon aus, das zweite erst, wenn der Wunsch in Erfüllung gegangen ist.

Traditionelle **Hina-Puppen** (für das Mädchenfest, S. 61) können sehr teuer sein. Viele sind aus Porzellan und Brokat und nur zum Ansehen gedacht.

Traditionelle Kleidung und Schuhe

Kimonos sind die meist seidenen Gewänder, die mit einer sehr breiten, hinten gebundenen Schärpe (obi) getragen werden. Ein richtiger Kimono ist sehr teuer und bedarf zum Anziehen eines Einführungskurses. Ausländische Besucher kaufen manchmal nur den Stoff von alten Kimonos oder einen einzelnen obi. Die schweren, dicken Stoffbahnen des Gürtels sind oft reich dekoriert und machen sich gut als Tischläufer.

Als Gebrauchsgegenstand ist ein **Yukata** die bessere Wahl. Yukata heißt die schlichtere Variante aus Baumwolle, die mit einem etwas dünneren Gürtel gebunden wird. Auch nemaki, einfache, gemusterte Baumwoll-Kimonos, die man im Ryokan bekommt und die man zum bzw. nach dem Bad anzieht, sind eine Yukata-Variante. Die billigsten sind ab etwa 2000 ¥ zu haben. Hotels verkaufen solche Yukatas in der Regel auch (ab ca. 4000 ¥).

Ein **Haori** ist eine dicke Steppjacke, die über dem Yukata getragen wird: im Ryokan in den Bergen, um an einem kühlen Abend noch durch den Ort zu laufen. Eine ähnliche, dünnere Baumwolljacke namens **Happi** wird von den Teilnehmern eines Schreinfestes getragen.

Geta sind die hölzernen Sandalen, die zur traditionellen japanischen Kleidung getragen werden. Es gibt verschiedene Ausführungen, aber alle haben einen Riemen, der zwischen dem großen Zeh und den anderen Zehen durchläuft. Die dafür geeigneten, zweigeteilten Zehensocken heißen tabi. Manche Geta haben zwei hohe Querstreben unter dem Fuß, für Regenwetter, andere sind flacher oder haben eine Plateausohle. In Geta längere Strecken zu gehen, ist recht gewöhnungsbedürftig.

Setta, zōri und warashi sind ebenfalls traditionelle Schuhe mit Zehenriemen, allerdings nicht aus Holz, sondern aus Strohgeflecht (oder heute oft auch aus Kunststoff). Setta haben eine Ledersohle und sind dementsprechend etwas robuster. Heute gehen auch junge Leute im Sommer öfters in zōri oder setta; das Einlaufen der Riemen dauert aber eine Weile.

Andenken von Schrein und Tempel

An den Shintō-Schreinen (und oft auch an buddhistischen Tempeln) werden **Talismane** verkauft. Diese o-mamori sind in kleine flache Brokatbeutel verpackt, die mit ihren leuchtenden Farben und Goldstickereien ein schönes Andenken abgeben. Es gibt sie mit unterschiedlichen „Funktionen": für gute Gesundheit, Harmonie in der Familie, Schutz vor Autounfällen etc. An manchen o-mamori hängt ein kleines Glöckchen. Besonders zu Neujahr gibt es große Pfeile und Papierdekorationen, die für das neue Jahr das Glück ins Haus locken.

Die **Holztäfelchen** *(ema)* sind dagegen nicht zum Mitnehmen gedacht. Man schreibt gleich vor Ort einen Wunsch darauf (Japaner bitten oft um Aufnahme an der Wunsch-Uni oder um einen guten Job) und hängt sie dann am Schrein auf.

Etwas schwieriger ist diese Frage bei den **Horoskop-Zetteln** *(o-mikuji)* zu entscheiden: Die kann man als Glücksbringer mitnehmen, wenn etwas Positives darauf steht. Gefällt der Inhalt weniger, knotet man das Papier gleich an einen Baum oder an ein dafür vorgesehenes Gestell und lässt das Unglück einfach da.

Sowohl in Schreinen als auch in Tempeln werden schön gebundene **Besucherbücher** mit leeren Seiten in Leporellobindung verkauft. In den Schreinen und Tempeln kann man sich im „Schreibbüro" *(nōkyōsho)* eine kunstvolle Tuschekalligraphie und einen Stempel in Orange eintragen lassen. Bei westlichen Touristen wird es durchaus akzeptiert, Shintō-Schreine und buddhistische Tempel ins gleiche Buch stempeln zu lassen. Aber Achtung: Pro Seite werden mindestens 300 ¥ Gebühren für die Kalligraphie fällig.

Essen und Trinken

Die Qualität des Essens in Japan ist generell sehr gut. Die Portionen sind im Vergleich zu Europa oft klein, weil sie meist nicht als Ein-Teller-Gerichte gedacht sind. So ist es beim Abendessen in der *izakaya* oder im Restaurant üblich, als Gruppe mehrere Gerichte zu bestellen und zu teilen. Die **Rechnung** wird gemeinsam bezahlt und ggf. gleichmäßig geteilt.

Viele Restaurants stellen vor der Tür Plastikmodelle ihrer Speisen aus, sodass die **Bestel-**lung auch ohne Sprachkenntnisse leichtfällt. Manchmal sind die Speisekarten außerdem bebildert. Sehr viele Restaurants sind spezialisiert, z. B. auf Soba oder Udon, Sushi oder chinesische Küche. *Izakaya* ist ein Sammelbegriff für Kneipen, die aber oft eine gute Auswahl an traditionellen und westlichen Gerichten haben.

Tischsitten

Bei gemeinschaftlich bestelltem Essen nehmen sich alle von den Schüsseln und Tellern in der Mitte etwas auf eigene kleine Teller oder in die eigene Reisschüssel. Meist gibt es dafür Vorlegestäbchen, sonst benutzt man das dickere Ende der eigenen Stäbchen. Im Familienkreis oder unter Freunden nehmen sich alle mit den eigenen Stäbchen, oder es wird direkt aus den gemeinsamen Schüsseln gegessen.

In formellen Restaurants oder auch beim traditionellen Abendessen im Ryokan bekommt jeder Gast ein eigenes Sortiment an Schüsselchen und Tellern, auf denen die Speisen äußerst dekorativ angerichtet sind. Auch einfache Mittagessen wie Nudelsuppen oder *donburi* (Reis mit Beilage) werden als Tellergericht bestellt.

Vor dem Essen wird fast immer ein feuchtes, vielleicht auch **heißes Tuch** für die Hände *(o-shibori)* gereicht. Sich damit den Schweiß von Stirn und Nacken zu wischen, ist nicht unüblich, aber in formellen Situationen nicht angemessen. Im Restaurant gibt es meistens hölzerne Einwegstäbchen *(waribashi)*. Es ist aber heute auch unter Japanern nicht ungewöhnlich, eigene **Stäbchen** mitzubringen, um Müll zu vermeiden.

Zwei Gesten werden mit Bestattungsriten und Totenopfern assoziiert und sind deshalb beim Essen verpönt: Auch wenn der klebrige weiße Reis dazu verlockt, sollten die Stäbchen nicht senkrecht in den Reis gesteckt, sondern immer auf die Schüssel oder davor abgelegt werden. Außerdem vermeiden Japaner, etwas mit den Stäbchen in der Luft zu überreichen (das machen die Angehörigen nach der Einäscherung mit den Knochen von Toten). Häppchen zum Probieren legt man direkt auf den Teller der anderen.

Zu Beginn des Essens sagt jeder, der anfängt, „itadakimasu". Der Ausdruck (wörtlich „ich bekomme") ist ein Dank an die Götter oder die Hausfrau für das Essen, gilt also nicht wie „Guten Appetit" für andere. Der entsprechende Dank nach dem Essen heißt „gochisōsama deshita".

Suppen, besonders Nudelsuppen, dürfen auch geschlürft werden. Nudeln mit Stäbchen aus einer Schüssel mit Brühe zu essen, ist für Ausländer etwas schwierig; Schlürfen erleichtert es.

Japanische Küche

Die japanische Küche ist abwechslungsreich und gesund und verwendet viel Fisch und Gemüse. Das Hauptnahrungsmittel, das zu fast jedem japanischen Essen gehört, ist weißer **Reis**. Japanische Reissorten sind ziemlich kurzkörnig und klebrig.

Japanische Speisekarte

Getränke

コーヒー	*kōhī*	Kaffee
お茶	*o-cha*	Tee
ウーロン茶	*ūron-cha*	Oolong-Tee
麦茶	*mugi-cha*	Getreide-Tee (meist kalt)
ビール	*bīru*	Bier
お酒 ／ 日本酒	*o-sake / nihonshu*	Sake
泡盛	*awamori*	Okinawa-Schnaps, s. S. 565
焼酎	*shōchū*	Reis- oder Kartoffelschnaps, s. S. 552

Oberbegriffe

肉料理	*niku-ryōri*	Fleischgerichte
魚料理	*sakana-ryōri*	Fischgerichte
野菜料理	*yasai-ryōri*	Gemüsegerichte
懐石料理	*kaiseki-ryōri*	festliches Menü
定食	*teishoku*	Set von Speisen, die gleichzeitig (auf einem Tablett) serviert werden
お弁当	*o-bentō*	Lunchbox
おにぎり	*o-nigiri*	gewürzte Reisbällchen als Snack

Einzelne Gerichte

鉄板焼き	*teppan-yaki*	auf einer heißen Platte gebratenes Fleisch
しゃぶしゃぶ	*shabu-shabu*	fondue-ähnliches Fleischgericht mit Sesamsauce
すき焼き	*sukiyaki*	in Brühe geschmortes Fleisch, das heiß in rohes Ei getunkt wird
うどん	*udon*	dicke, gelbe Weizennudeln, meist in Suppe
そば	*soba*	dünne, braune Buchweizennudeln, oft in Suppe
ラーメン	*rāmen*	„chinesische" Nudeln, meist in Suppe
きつね（うどん）	*kitsune(-udon)*	mit frittiertem Tōfu
山菜（うどん）	*sansai(-udon)*	mit Berggemüse
月見（うどん）	*tsukimi(-udon)*	mit einem (rohen) Ei
ざるそば	*zarusoba*	kalte Soba
丼	*donburi*	Schüsselgericht, Reis mit „Auflage"
天ぷら	*tenpura*	in Teig frittierte Garnelen, Fische oder Gemüse
お好み焼き	*okonomiyaki*	herzhafte Pfannkuchen, s. S. 52
餃子	*gyōza*	chinesische „Maultaschen"
刺身	*sashimi*	roher aufgeschnittener Fisch

Je nach Gegend dominieren Fisch und Meeresfrüchte, das so genannte „Glück des Meeres" oder die „Segnungen der Berge", also Pilze und Berggemüse, die Speisekarte.

Die Gemüseauswahl ist enorm vielfältig; insbesondere gibt es viele spinatartige grüne Gemüse. Im Folgenden werden einige bekannte Gerichte vorgestellt.

Sushi 寿司

Das Nationalgericht wird nicht nur in edlen Sushi-Bars serviert, sondern auch in preiswerten und beliebten Selbstbedienungsrestaurants mit Fließband *(kaiten-zushi)*. In vornehmeren Restaurants bestellt man entweder eine ganze Platte, gewissermaßen ein festes Menü, oder nacheinander einzelne Zweierportionen. Bei einer

うなぎ	unagi	Aal
蟹	kani	Krabbe, Krebs
海老	ebi	Garnele
エビフライ	ebifurai	frittierte Garnelen
いなり寿司	inari-zushi	Sushi-Variante: Reis in süßlichen Tōfu-Taschen
納豆巻き	nattō-maki	Sushi-Rolle mit *nattō*
焼き鳥	yakitori	Hühnerspießchen (meist an Straßenständen)
たこ焼き	takoyaki	gebratene Kugeln aus Teig und Oktopus (meist an Straßenständen)
お焼き	oyaki	gefüllte Teigklöße, süß oder pikant (auch vegetarische Varianten)
おでん	oden	Häppchen in Brühe, S. 53

Beilagen und Kleinigkeiten

豆腐	tōfu	Tōfu
納豆	nattō	Bohnenpaste, S. 53
味噌	miso	fermentierte Sojabohnenpaste
味噌しる	miso-shiru	Miso-Suppe
のり	nori	getrockneter Seetang
わさび	wasabi	grüner Meerrettich
ふりかけ	furikake	Streuwürze, meist aus Salz, Sesam, Fisch und Algen
しそ	shiso	säuerliches Blattgewürz
梅干	umeboshi	sauer eingelegte Pflaume

Süßes

饅頭	manjū	(chinesischer) Hefekloß
餅	mochi	süße Reisküchlein, S. 53
たい焼き	taiyaki	gefüllte Waffeln in Fischform (meist an Straßenständen)

Westliche Küche

カレーライス	karē-raisu	Curry-Reis
サラダ	sarada	Salat
ステーキ	sutēki	Steak
ピザ	piza	Pizza
豚カツ	tonkatsu	Schweinekotelett

© JESSIKA ZOLLICKHOFER

Ein Essen im Ryokan besteht aus zahlreichen winzigen Häppchen auf unterschiedlichen Geschirrteilen.

o-makase-Bestellung überlässt man dem Sushi-Chef Auswahl und Reihenfolge. Am einfachsten ist für Touristen ohne Sprachkenntnisse ein Besuch im *kaiten-zushi*. Die Gäste setzen sich einfach an die Theke und nehmen sich nach Belieben die Tellerchen vom Fließband, die auf der Theke entlangfahren. Gezahlt wird am Schluss nach Anzahl und Farbcode der leeren Teller. In manchen Restaurants läuft die Bestellung grundsätzlich automatisiert über ein Touchpad (auch auf Englisch und mit Fotos), die fertigen Tellerchen kommen dann per „Schnellzug" angefahren.

Sushi werden entweder mit Stäbchen oder einfach mit den Fingern gegessen. Kenner tunken nur den Fisch in die Sojasauce. Das komplette Reisbällchen mit Belag wird dann als Ganzes gegessen – nicht abbeißen! Zwischen den Sushi-Gängen kann man süß eingelegten Ingwer essen, um den Gaumen für das nächste Geschmackserlebnis frisch zu machen.

Grüner Tee gehört immer gratis dazu; außerdem gibt es in den meisten Sushi-Restaurants heute auch Bier und Sake.

Nudeln 麺類
Vor allem mittags werden in Japan gern Nudeln gegessen. Die beiden Hauptvarianten sind dicke, weiße Weizennudeln *(udon)* und dünne, braune Buchweizennudeln *(soba)*. *Rāmen* sind leicht gedrehte chinesische Eiernudeln. Jede Region hat ihre eigene spezielle Nudelvariante. Bekannt sind z. B. die dicken *kishimen* in der Gegend um Nagoya oder die *rāmen* in Fukuoka und Hokkaidō. Nudeln werden meist in Suppe gegessen. Die Speisekarte listet die Zutaten auf, die in die Suppe und auf die Nudeln gelegt werden, z. B. Huhn, Ei, frittierte Tōfu-Scheiben, Berggemüse oder geriebener Rettich. *Zaru-soba* bzw. *zaru-udon* sind kalte Nudeln, die in eine süßliche Brühe mit Frühlingszwiebeln und *wasabi* (Meerrettich) getunkt werden und besonders im Sommer beliebt sind. Daneben gibt es auch gebratene *soba (yakisoba)*.

Donburi 丼
Als *donburi* wird eine – oft recht große – Schüssel Reis mit einem Topping bezeichnet. Typische Toppings sind Huhn und Ei *(oyako-donburi)* oder Tenpura (S. 53)

Okonomiyaki お好み焼き
Der Name bedeutet etwa „ganz nach Gusto Gebratenes" und bezeichnet einen dicken Pfannkuchen mit eingebackenem Gemüse,

Fleisch oder Fisch. In manchen Restaurants wird der Pfannkuchen vom Koch zubereitet, oft bekommen die Gäste aber eine Schüssel mit Teig und den übrigen Zutaten und braten selbst auf einer in den Tisch eingelassenen heißen Platte (beim Wenden ist die Bedienung gern behilflich). Das ist nicht nur sehr vergnüglich, sondern auch preiswert. In der Gegend von Hiroshima werden die Zutaten nicht in den Teig eingerührt, sondern nach einem elaborierten System gestapelt – das macht dann immer ein Profi.

Oden おでん

In Kneipen (izakaya) gibt es oft oden, ein deftiges einheimisches Fast Food. Es besteht aus verschiedenen Fisch- und Fleischstückchen, gekochten Eiern, Tōfu, Rettich, kon'yaku (einem festen Gelee aus einem Wurzelmehl) und ähnlichen Happen, die lange in einer kräftigen Brühe gekocht werden.

Yakitori 焼き鳥

Im Vergleich zu anderen asiatischen Ländern sind offene Garküchen auf der Straße in Japan selten. An solchen Garküchen gibt es im Sommer meistens yakitori, also gegrillte Hühnerspießchen, oder auch takoyaki (Oktopus). Dazu wird reichlich Alkohol getrunken.

Tenpura 天ぷら

Tenpura bezeichnet in Teig fritierte Gemüse, Garnelen oder auch Fisch. Gutes tenpura ist außen kross und nicht besonders fettig. Es ist ein häufiges Topping auf Nudeln oder donburi, aber auch ein eigenständiges Gericht.

Weitere Spezialitäten

Manche Regionen sind bekannt für ihr zartes, aber nicht ganz mageres Rindfleisch: das bekannteste ist das **Kōbe-Beef** (S. 452). **Aal** (unagi) wird nicht nur als Sushi gegessen, sondern auch in speziellen Restaurants als Hauptspeise. **Robatayaki**-Restaurants spezialisieren sich auf gegrilltes Fleisch, während beim shabu-shabu das Rindfleisch wie beim **Fondue** am Tisch in einem großen Topf gekocht wird, mit verschiedenen Gemüsen, Nudeln und Sesamsauce. Beim Sukiyaki tunkt man das kurz geschmorte Fleisch in rohes Ei.

Nattō

Nattō ist eine schleimige, etwas streng schmeckende Masse aus vergorenen Sojabohnen und wegen dieser zugegebenermaßen unvorteilhaften Beschreibung bei vielen Ausländern (zu Unrecht!) unbeliebt. Im Geschmack ähnelt nattō ein wenig Blauschimmelkäse oder einer säuerlichen Linsenpaste. Meistens wird nattō zum japanischen Frühstück und zum Reis serviert, oft in kleinen Pappbechern. Dann müssen die Bohnen noch rigoros durchgerührt und nach Geschmack mit dem beiliegenden scharfen Senf und Sauce vermischt werden. Im Sushi-Restaurant gibt es immer auch nattō-maki, Reisrollen mit nattō-Füllung, die vor allem von Kindern gern gegessen werden.

Japanisches Frühstück

Im Ryokan und in vielen Hotels gibt es traditionelles japanisches Frühstück, bestehend aus Reis, Miso-Suppe, frischem Tōfu mit Ingwer und Frühlingszwiebel, Salat und gebratenem Fisch (meistens Lachs), manchmal auch Rührei. Dazu gibt es süß-sauer eingelegtes Gemüse, nattō (s. Kasten) und nori – das sind Blätter aus getrocknetem Seetang (die gleichen, die auch für Sushi verwendet werden); man isst sie zum Reis oder als Snack. Klein geschnitten wird der nori auch als furikake über den Reis gestreut, manchmal mit anderen Zutaten wie Sesam und Gewürzen vermischt. Wenn zum Frühstück ganze Eier angeboten werden, sind sie in der Regel nicht etwa gekocht, sondern roh: Wer mag, rührt ein rohes Ei in den Reis.

Snacks und Süßigkeiten

Eigentlich aus China kommt das manjū, ein gedämpftes Teigbrötchen mit Füllung: meist mit Schweinefleisch, aber auch mit süßem Bohnenbrei (an-man) oder moderneren Variationen wie Pizza- oder Curryfüllung.

Süßigkeiten sind meist westlich – es gibt Kuchen (kēki), süße Teilchen (pan), Puddings (purin) und Götterspeise (zeri, von engl. jelly).

Japanische Süßigkeiten (wagashi) bestehen meist aus Reis oder roten Azuki-Bohnen und Zucker. Mochi sind klebrige Ballen aus gestampftem Reis. Süße Paste aus roten Azuki-Bohnen wird vielfach als Füllung verwendet. Die geleeartigen *yōkan* enthalten viel Azuki-Bohnen und sind relativ haltbar. *Higashi* sind trockene, gepresste Ornamente aus Zucker und Reismehl. Reiskekse *(senbei)* sind oft salzig oder scharf. Jede Region hat ihre eigenen Spezialitäten, die in den Regionalkapiteln Erwähnung finden.

Okinawa-Spezialitäten

Zur typischen Okinawa-Küche gehören *goya*- (Bitter-Kürbis) und Tōfu-*chanpuru* (gemischte Gemüsegerichte, die meistens in unterschiedlichen Mengen Rührei, Tōfu, Gluten und verschiedene schnell gebratene Gemüse kombinieren), lange gekochte Schweinefüße *(tebichi)* und *taco rice* – mexikanische Tacos, bei denen die Maisfladen durch Reis ersetzt werden. Die Vorliebe für Schweinefleisch *(sōki)* stammt aus den lange gepflegten Beziehungen zu China, so gehört Schwein in Sesamsauce *(minudaru)* zu den lokalen Spezialitäten. Wildschwein – als Suppe oder roh gegessen – ist eine Spezialität von Iriomote. *Umi-budō* („Meerestrauben") werden als Gemüse in Salat, zu Reis oder Nudeln gegessen. Diese stecknadelkopfgroßen Algen schmecken erfrischend und haben eine ähnliche Konsistenz wie Johannisbeeren. *Hirayāji* sind pikante Pfannkuchen mit Fischextrakt, *shima-rakkyō* kleine, schalottenartige Wurzeln, die häufig als *tenpura*, also frittiert, zubereitet werden. Der lokale Reisschnaps heißt *Awamori*. *Yō* ist ein monatelang in dessen Trester eingelegter Tōfu, ein intensives Geschmackserlebnis.

Westliches Essen

Westliches Essen, wie Pizza und Sandwiches, ist normalerweise deutlich teurer als japanische Nudelsuppen und Reisgerichte. In den größeren Städten gibt es Restaurants mit unterschiedlichen Regionalküchen. Am häufigsten sind amerikanische und italienische Restaurants. Deutsche Restaurants sind seltener und oft nicht sehr authentisch, abgesehen vom Bier.

Mehrere Restaurantketten (z. B. Denny's, Royal Host, Volks) bieten das Ambiente und (leicht japanisierte) Angebot eines amerikanischen

Diners zu gemäßigten Preisen. Auf Japanisch heißen sie *fami-resu* („Family Restaurant"). Viele sind rund um die Uhr geöffnet, manche haben ein sehr preiswertes Softdrink-Buffet. Sie sind außerhalb der Spitzenzeiten bei studentischen Arbeitsgruppen, privaten Sprachkursen und Touristen, die sich ein paar Stunden vertreiben müssen, beliebt. Das Steak-Restaurant Sizzlers ist für sein reichhaltiges Salatbuffet bekannt.

Normale westliche Cafés sind selten und eher teuer. Dagegen gibt es etliche **Selbstbedienungsketten**, u. a. Starbucks und viele japanische Imitate. Zu den billigsten gehört Veloce; bei Mister Donut wird der Kaffee beliebig oft nachgeschenkt. Mister Donut verkauft neben einer reichhaltigen Donut-Auswahl auch kleine Gerichte und hat gute Frühstücksangebote.

Zu westlichen Lebensmitteln s. S. 45.

Andere Küchen

Chinesische Restaurants sind meistens an den japanischen Geschmack angepasst. Sie sind omnipräsent und billig. Besonders typische Gerichte sind Nudelsuppen mit *rāmen* und gebratene oder gekochte *gyōza*, mit Fleisch gefüllte Teigtaschen.

Auch **koreanische Restaurants** sind sehr verbreitet, vor allem in Westjapan und in Tōkyō im Stadtviertel Ōkubo. Die authentischsten Korea-Restaurants sind sehr billig und servieren Gerichte wie *chijimi* (koreanische Pfannkuchen) oder *bulgogi* (gebratenes Rindfleisch).

Selbst in den meisten Kleinstädten gibt es mindestens ein **indisches Restaurant**. In der Regel sind die indischen Restaurants etwas gehoben, mit Tischdecken und Bedienung. In größeren Städten gibt es aber auch preiswerte indische Selbstbedienungsrestaurants, z. T. mit Takeaway-Service. Nan und Curry gibt es dort ab ca. 700 ¥ – eine gute Alternative zur Nudelsuppe.

Vegetarisch

Japan ist ein wunderbares Land für Vegetarier. Traditionell gibt es viele Tōfu- und Gemüsegerichte, viele unterschiedliche Sorten Gemüse

Kleiner Sprachführer für Vegetarier	
Ich esse kein Fleisch.	*Niku wa tabemasen.*
Ei ist ok.	*Tamago wa daijōbu desu.*
(Dieses Gericht:) Ist da Fleisch drin?	*Kore wa, niku ga haitte imasuka?*
Können Sie es ohne Fleisch machen?	*Niku nashi de dekimasuka?*
Ohne Fleisch, bitte!	*Niku nashi de, onegai shimasu!*
Fleisch	*niku*
Fisch	*sakana*
Speck	*hamu*
Fischflocken	*katsuo-bushi*
Milch	*gyūnyū*
Käse	*chīzu*

Achtung: Die Antwort auf „niku nashi" (ohne Fleisch) ist oft „niku nuki". Das bedeutet, dass in der Küche die Fleischstückchen aus dem schon fertigen Essen herausgepickt werden.

und sehr guten Reis. Viele vermeintlich vegetarische Gerichte im Restaurant werden allerdings mit einer Brühe zubereitet, die Fisch-Extrakt enthält, und in vielen Fertiglebensmitteln ist ebenfalls Fischextrakt oder auch Schweinefleischextrakt enthalten. Wer Fisch isst, findet aber immer etwas; Eier und Milchprodukte spielen keine so große Rolle, sodass Veganer es nicht wesentlich schwerer haben als Vegetarier.

Weil strenge Buddhisten eigentlich keine tierischen Produkte essen, gibt es auch in Japan das Konzept **buddhistischer vegetarischer Küche** *(shōjin-ryōri)*. Die entsprechenden vegetarischen Restaurants konzentrieren sich in Kyōto und Tōkyō und sind meist sehr vornehm und teuer (reservieren!). Einige sind zudem auf Gerichte, die Fisch und/oder Fleisch nachahmen, spezialisiert. Bei einer Tempelübernachtung bekommt man manchmal (sehr gutes) vegetarisches Essen.

Außer den buddhistischen vegetarischen Restaurants finden sich vor allem in den größeren Städten **ökologisch-vegetarische Restaurants**, die oft auch vegane oder makrobiotische Gerichte anbieten. Indische Restaurants haben ebenfalls immer einige vegetarische Gerichte zur Auswahl.

Typische vegetarische Gerichte in normalen japanischen Restaurants sind z. B. **vegetarische**

Sushi, insbesondere *kappa-maki* (mit Gurke), *shinko-maki* (mit eingelegtem Rettich), *kanpyō-maki* (mit Trockenkürbis), *gobō-maki* (mit einer Wurzel), *umejiso-maki* (säuerlich, mit *umeboshi* und *shiso*). Sie sind sichere Optionen auch für strenge Vegetarier, ebenso wie manche **Tōfu-Gerichte** (z. D. *hiyayakko*). Auch da muss man beim Bestellen noch mal dazusagen, dass man keine Fischflocken *(katsuo-bushi)* möchte.

Zaru-soba, tenpura, nattō, inari-zushi, viele *udon-* und *soba-*Spezialitäten und einige Gemüsegerichte (z. B. *hōrenso-no-goma-ae*) sind grundsätzlich vegetarisch, enthalten aber oft kleine Mengen Fischbrühe oder Fischextrakt in der Soße. In Suppen wird oft eine Scheibe *kamaboko* serviert; nicht allen Japanern ist bewusst, dass es sich bei der weißen Schnitte um Fisch handelt. *Okonomiyaki* kann man auch ohne Fleischstückchen bestellen. Lebensmittelpackungen haben keine Kennzeichnung für Vegetarier. Bei den Inhaltsstoffen sind die Zeichen 肉 (Fleisch), 豚 (Schwein) und 魚 (Fisch, auch als Teil eines Zeichens) wichtige Indikatoren für nicht vegetarische Inhalte. In Touristenorten gibt es inzwischen manchmal *halal-*Kennzeichnungen für Muslime.

Hinweise für Allergiker nehmen zwar zu, sind aber selbst in großen Hotelrestaurants längst

© AXEL SCHWAB

Bei der Teezeremonie wird sehr fein gemahlener grüner Tee mit heißem Wasser aufgeschäumt.

nicht üblich; das Stichwort Gluten (jap: *guruten*) wird aber verstanden.

Getränke

Tee und Kaffee

Japan ist ein typisches Tee-Land – Kaffee wird zwar auch viel getrunken, aber meistens als stark gesüßter „Iced Coffee" aus der Dose; Nescafé ist ebenfalls sehr verbreitet. Grüner Tee dagegen wird in vielen Gegenden Japans angebaut, und feine Qualitätsunterschiede werden streng registriert. Die Sorten unterscheiden sich deutlich: *Matcha*, der bittere grüne Tee, der zur Teezeremonie (S. 139) serviert wird, besteht aus einem feinen Pulver, das mit einem Bambusquirl aufgeschäumt wird. *Sencha* ist ein großblättrigerer grüner Tee. Außerdem gibt es zahlreiche Varianten von teils geröstetem, teils mit Getreide versetztem Tee. *Bancha* z. B. ist ein gerösteter grober Tee aus der letzten Lese; *mugicha* ein mit Weizen versetzter Tee, der im Sommer oft kalt getrunken wird, während dem *genmaicha* Reis zugesetzt ist. Besonders magenschonend ist der etwas geröstete bräunliche *hōjicha*. Die unterschiedlichen Teesorten sind fast alle auch fertig abgefüllt als Softdrinks erhältlich.

Softdrinks

Außer Tee, Wasser und Cola sind zahlreiche Varianten von süßen Limonaden und milchbasierten Softdrinks wie Calpis erhältlich. Dosenautomaten gibt es überall, sogar auf der Spitze des Fuji-san. Umweltfreundlich sind sie allerdings nicht.

Sake

Japans berühmtestes Getränk ist Sake, der normalerweise als Reiswein bezeichnet wird, technisch aber ein Bier ist. Für die Herstellung wird Reis mit *koji*, einem Starterpilz, gedämpft und dann mit Hilfe von Hefe eine Gärung in Gang gesetzt. So wandelt sich die Stärke aus dem Reis mit Hilfe des *koji* erst in Zucker und dann in Alkohol um. In vielen Orten, besonders in den Bergen, wird immer noch in kleinen Brauereien Sake hergestellt – heute gibt es noch etwa 2000 Sakebrauereien in Japan. Der Brauprozess ist auf den Winter beschränkt, dann kann man in vielen Brauereien bei der Herstellung zusehen. Bei traditionellen Sakebrauereien hängt über der Tür eine große Kugel aus Zedernzweigen. Sake wird normalerweise in kleinen Fläschchen (1 *gō* = 180 ml) serviert und aus schnapsglasgroßen Schalen getrunken. Die meisten Arten von Sake werden kalt getrunken, aber manchmal, vor allem im Winter oder bei billigeren Sorten, wird Sake auch im Wasserbad erwärmt – die geeigneten Arten lässt man sich am besten im Restaurant bzw. in der Brauerei oder im Sakegeschäft empfehlen.

Weitere Informationen zum Sake bietet die japanische Brauereivereinigung: 🖳 www.japansake.or.jp/sake/english.

Bier

Das populärste alkoholische Getränk in Japan ist Bier, das manchmal in großen Flaschen für die Tischrunde bestellt und aus kleinen Gläsern getrunken wird. Höflich ist es, anderen nachzugießen, wie deren Glas leer ist. Es gibt zwar einige Mikrobrauereien, aber das weitaus meiste Bier wird von wenigen großen Firmen hergestellt: Asahi, Ebisu, Kirin, Suntory. Den deutschen Geschmack treffen Asahi und Ebisu, die nur Hopfen, Malz und Wasser enthalten. Anderen Bieren ist oft Mais oder Reis zugesetzt.

Andere alkoholische Getränke

Neben Sake wird aus Reis auch **Schnaps** gebrannt: *Shōchū* hat sich in den letzten Jahren von einem Altmännertrunk zu einem durchaus gesellschaftsfähigen Getränk entwickelt. Beliebt sind auch Mixgetränke mit *shōchū*. In manchen Gegenden wird *shōchū* aus Getreide oder

Kartoffeln hergestellt (S. 575); in Okinawa heißt der Reisschnaps *awamori* (S. 587).

Mixgetränke mit Sake oder *shōchū* heißen -*sawā* bzw. -*hai*, z. B. *remon-sawā* (Sake mit Zitrone und Wasser). Der bekannteste **Likör** ist *umeshū*, ein sehr süffiger Pflaumenlikör.

Japan ist zwar kein klassisches Whisky-Land, aber immerhin produziert Suntory seit fast 100 Jahren einen recht soliden **Whisky**, der wesentlich billiger ist als importierte Marken.

Fair Reisen

Reisende sind im Gastland nicht bloß unbeteiligte Zuschauer. Ihr Verhalten hat Auswirkungen auf die Umwelt und die besuchten Menschen. So verbrauchen Touristen zum Beispiel mehr Energie und produzieren mehr CO_2 und Müll. In ländlichen Gebieten verändern sich die Strukturen durch viele Fremde (dazu gehören natürlich auch japanische und andere asiatische Touristen): Kann man weiterhin das Haus unabgeschlossen und die Kinder auf der Straße spielen lassen?

Natürlich hat der Tourismus auch viele gute Seiten: Er schafft Arbeitsplätze auch in ansonsten strukturschwachen Regionen. Er regt lokale Investitionen an, verbindet Kulturen. Außerdem werden Naturräume und Traditionen geschützt, die ohne ihn vermutlich längst verschwunden wären. Wer mit Herz und Verstand reist, kann also einiges bewirken. Anregungen gibt es in diesem Buch und bei folgenden Initiativen: **Fair unterwegs**, 🖵 www.fairunterwegs.org, **Tourism Watch**, 🖵 www.tourism-watch.de.

Es lohnt sich auch, unsere Website 🖵 www.stefan-loose.de/fair-gruen zu besuchen und auf den verlinkten Seiten zu stöbern.

Stichwort Umweltschutz

Nicht alles geht wie zu Hause, aber es hilft schon mal, wenn man das Umweltbewusstsein im Urlaub nicht abschaltet.

Nachhaltige Unterkünfte: In Japan gibt es keine Ökolabels oder zertifizierten Hotels. Relativ

🌳 **Fair und grün – gewusst wo**

Ein Restaurant, das Bioküche serviert. Ein Hotel, das Sonnenenergie nutzt und den Müll recycelt. Ein Laden, der Behinderten Arbeit gibt. Immer mehr Anbieter in Japan fühlen sich dem Thema Nachhaltigkeit verpflichtet. Sie sind in diesem Buch mit einem Baum-Symbol gekennzeichnet.

wenige Hotels achten überhaupt auf Nachhaltigkeit, z. B. durch die Benutzung von Energiesparlampen oder Aufforderungen an die Gäste, Handtücher mehrfach zu benutzen oder das Toilettenpapier bis zum Ende aufzubrauchen, statt immer eine neue Rolle anzufangen. Diese Aspekte werden oft sehr plakativ beworben (z. B. im Aufzug), vom Personal dann aber gar nicht umgesetzt, oder man bekommt ganz viele Mini-Packungen Shampoo und Gesichtscreme als Dank dafür, auf die Einwegzahnbürste zu verzichten. Andere Hotelketten bieten das Frühstück auf Einweggeschirr. Als Gast kann man nur bei den Bemühungen mitmachen und ggf. auf dem Feedback-Formular zu mehr auffordern bzw. auf „kontraproduktive" Handhabungen hinweisen.

Einkaufen: Es ist keine große Sache, auf Plastiktüten zu verzichten (S. 45), und ganz langsam verbreitet sich auch in Japan der Gedanke fairen Handels. Das Unternehmen People Tree hat sich ganz auf fair gehandelte Produkte spezialisiert, immer manche Lokale schenken Fair-Trade-Kaffee aus, 🖵 www.fairtrade-jp.org/products/shop.

Essen: Die Einwegstäbchen kann man reduzieren, indem man sein eigenes Paar mitbringt. In Restaurants stammen Eier meist aus Käfighaltung und nur das teuerste Fleisch von glücklichen Rindern – da ist weniger mehr.

Getränke: Japan ist das Königreich der Dosenautomaten. Das ist im schwülheißen Sommer zwar angenehm für Reisende, aber diese Automaten verbrauchen auch wahnwitzig viel Energie. Man sollte auch mal größere Flaschen (=weniger Plastik pro Liter) im Laden kaufen und umfüllen. In vielen Gegenden, v. a. in den Bergen, schmeckt auch das Leitungswasser sehr gut.

Energie: Im Hotelzimmer läuft meistens schon die Klimaanlage – man sollte sich angewöhnen, sie sofort auszuschalten, wenn sie nicht wirklich gebraucht wird. Auch der Kühlschrank kann vielleicht ausgestöpselt werden.

Transport: Vielleicht lässt sich der Inlandflug durch eine Zugfahrt ersetzen oder die Strecke effizienter planen? In vielen Städten kann man sich (oft billig oder sogar umsonst) Fahrräder leihen: Das spart Bus- und Taxifahrten, macht Spaß und setzt Zeichen. S. auch Kasten S. 42.

Mensch im Fokus

Respektvoll miteinander umgehen, klar, aber nicht jedes Fettnäpfchen ist auf Anhieb zu erkennen. Tipps zur Etikette und zum Verhalten an Schrein und Tempel gibt es auf S. 128.

Rücksicht ist Trumpf in Japan, schon wegen des dichten Zusammenlebens. Man kann dabei auch was lernen und mit nach Hause nehmen.

Es gibt keine Bettler (außer gelegentliche Bettelmönche), aber das **soziale Gefälle** ist ähnlich wie in Deutschland. Die meisten Obdachlosen sind nicht alkoholabhängig, z. T. wohnen sie in ziemlich geordneten Siedlungen aus Kartons und Plastikplanen etwa an Flussufern. Viel tun kann man als Tourist nicht: mal im Dorfladen in strukturschwachen Gebieten etwas einkaufen, öffentliche Verkehrsmittel benutzen (damit sich die seltene Busverbindung weiterhin rentiert) …

Beim **Forum anders reisen,** 🖳 www.forum andersreisen.de und bei **Traverdo,** 🖳 www. traverdo.de, werden jeweils auch für Japan einige organisierte Reisen aufgelistet, die Standards für nachhaltiges Reisen einhalten.

Feste und Feiertage

Staatliche Feiertage

An den staatlichen Feiertagen sind Banken und öffentliche Institutionen sowie Schulen und die meisten Büros geschlossen. Läden und Kaufhäuser dagegen haben geöffnet. Allgemein gilt:

Fällt ein staatlicher Feiertag auf einen Sonntag, dann ist der darauf folgende Montag ebenfalls frei. Fällt der Feiertag auf einen Montag, schließen Einrichtungen, die ohnehin montags geöffnet sind, auch am folgenden Dienstag. Es empfiehlt sich aber, das von Fall zu Fall nachzuprüfen.

1.1.: Neujahr (Ganjitsu / O-shōgatsu)

Neujahr ist das wichtigste Fest in Japan und dauert de facto wesentlich länger an: Behörden und Banken sind bis zum 3. Januar geschlossen, Läden und Firmen manchmal noch länger, und man sollte sich auch nicht darauf verlassen, am 31. Dezember noch Bankgeschäfte erledigen zu können. Die Schließzeiten der Geldautomaten (z. B. ab 31.12., 20 Uhr) werden vorher an den Automaten ausgehängt. Zu Neujahr fahren die meisten Leute „nach Hause", also in vielen Fällen zu den Eltern aufs Land; entsprechend überfüllt sind die Züge. Man geht traditionell zum „Ersten Besuch" *(hatsumode)* am Shintō-Schrein. An großen Shintō-Schreinen drängen sich vom Abend des 31. Dezembers an enorme Menschenmassen, so kommen zum Meiji-Schrein in Tōkyō an den ersten drei Tagen des Jahres drei bis vier Millionen Menschen. Anders als bei uns wird der Jahreswechsel aber nicht mit Raketen und Böllern eingeleitet.

Neujahrskarten *(nengajō)* sind traditionell noch wichtiger als Weihnachtskarten in Europa. Man gibt damit allen nahen und fernen Bekannten gewissermaßen ein Update über die eigene Situation („habe letztes Jahr mein Studium abgeschlossen") und bittet um Wohlgesonnenheit für die Zukunft. 100 Neujahrskarten pro Person sind nicht ungewöhnlich. Personen, denen im letzten Jahr ein Familienangehöriger gestorben ist, darf man aber keine Neujahrskarte schicken. Neujahrskarten sind auf den 1.1. datiert und werden (mit speziellem Vermerk) gebündelt am Neujahrstag ausgeliefert.

2. Montag im Januar: Tag der Erwachsenen (Seijin no hi)

Eigentlich galt der 15.1. als gemeinsamer Volljährigkeitstag für alle, die im vorausgegangenen Jahr 20 Jahre alt und damit volljährig geworden waren. Heute wird der Tag immer am 2. Montag im Januar begangen. Die neuen Erwachsenen können an einer Zeremonie im Rathaus teilnehmen und erhalten ein kleines Geschenk von ihrer Stadtverwaltung (das gilt auch für gemeldete Ausländer, z. B. Austauschstudenten).

11.2.: Nationaler Gründungstag (Kenkoku kinenbi)

Dieser Feiertag bezieht sich auf die legendäre Gründung des japanischen Kaiserreichs durch Jimmu Tennō 660 v. Chr. Die Datierung auf den 11. Februar ist fiktiv, der Feiertag selbst als nationalistisch umstritten. Er wurde erst 1872 eingeführt und war von 1948 bis 1966 abgeschafft.

21.3.: Frühlingsanfang (Shunbun no hi)

Der Tag hat vor allem beim buddhistischen Totengedenken Bedeutung. Viele Japaner besuchen an diesem Tag die Familiengräber.

29.4–5.5.: Golden Week

Von Ende April bis Anfang Mai häufen sich vier Feiertage, die allgemein als zusammenhängende Ferienwoche genutzt werden. Die meisten Büros und viele kleinere Geschäfte schließen während der gesamten Zeit. Die Züge sind zu dieser Zeit sehr voll, Urlaubsziele ausgebucht, Flüge sehr teuer.

29. April: Tag des Shōwa (Shōwa no hi): Dieser Tag war bis 1989 als „Geburtstag des Tennō" ein Nationalfeiertag, nämlich des in jenem Jahr gestorbenen Hirohito oder Shōwa Tennō. Mit der Nachfolge seines Sohnes wechselte der Feiertag auf den 23.12. Da man sich aber an die Golden Week gewöhnt hatte, wurde der Feiertag kurzerhand, im Gedenken an die Naturverbundenheit des verstorbenen Kaisers, in „Tag des Grüns" umbenannt. Seit 2007 heißt er wieder direkt nach dem Shōwa Tennō.

3.5. Verfassungstag (Kenpō kinenbi): Dieser Tag erinnert an das Inkrafttreten der heutigen japanischen Verfassung am 3. Mai 1947.

4.5. Tag des Grüns (Midori no hi): Ursprünglich gar kein richtiger Feiertag, ist der 4. Mai seit Jahren de facto arbeitsfrei, weil er immer zwischen die anderen Feiertage der Golden Week fällt. Seit 2007 trägt er den Namen „Tag des Grüns".

5.5. Kindertag (Kodomo no hi): Traditionell ist am 3. März Tag der Mädchen (S. 61, Mädchentag) und am 5. Mai Tag der Jungen. Für die Jungen stellt man eine mittelalterliche Kriegerrüstung auf; außerdem werden vor dem Haus karpfenförmige Wimpel aufgezogen (theoretisch für jeden Jungen ein Karpfen). Seit 1948 ist der 5. Mai zum staatlichen Feiertag erhoben und gilt allgemein für alle Kinder.

3. Montag im Juli: Tag des Meeres (Umi no hi)

Offizieller Anlass dieses Feiertags ist eine Kreuzfahrt, die Kaiser Meiji 1876 auf dem Handelsschiff *Meiji-Maru* unternahm. Wer kann und Menschenmassen nicht scheut, fährt an diesem Tag ans Meer.

3. Montag im September: Tag der Achtung vor dem Alter (Keirō no hi)

Anlass dieses unauffälligen Feiertags ist das Inkrafttreten eines Wohlfahrtsgesetzes 1966.

23.9.: Herbstanfang (Shūbun no hi)

Ein ähnlicher Feiertag wie der Frühlingsanfang am 21. März.

2. Montag im Oktober: Tag des Sports (Taiiku no hi)

An diesem Tag finden viele Sportveranstaltungen und Turniere statt.

3.11.: Tag der Kultur (Bunka no hi)

Auch dieser Feiertag ist ursprünglich ein Tennō-Geburtstag, nämlich der des Kaisers Meiji. Heute wird am 3. November der bedeutende japanische Kulturpreis (Bunka Kunshō) vergeben. Die Preisträger werden im Kaiserpalast vom Tennō empfangen; zugleich findet in Tōkyō ein Kunstfestival statt.

23.11.: Tag der Arbeit (Kinrō kansha no hi)

Eigentlich geht es um den Dank für die Arbeit bzw. Dank an die Arbeiter, insbesondere diejenigen, die den japanischen Wirtschaftsaufschwung in der Nachkriegszeit ermöglichten. Zugleich fungiert der Tag als eine Art Erntedanktag.

23.12.: Geburtstag des Tennō (Tennō tanjō-bi)

Seit dem Amtsantritt des gegenwärtigen Tennō (Akihito bzw. Heisei Tennō) 1989 ist sein Geburtstag zum Feiertag erhoben.

Feste

Setsubun

Zu den traditionellen Festen gehört das Setsubun am 3. Februar, eine Art Frühlingsfest mit Dämonenaustreibung – ein bisschen also dem europäischen Karneval verwandt. An manchen Schreinen gibt es Zeremonien, bei denen einige „Teufel" (in Grün oder Blau und mit langen Nasen) auftreten und johlend vertrieben werden. Man streut vor dem Haus Bohnen aus und ruft dazu „Teufel raus, Glück herein". Eine große *nattō-maki* (also eine mit vergorenen Bohnen gefüllte Sushi-Rolle) wird am Stück gegessen, was ebenfalls Glück bringen soll.

Mädchentag (Hina Matsuri)

Am 3. März ist traditionell Mädchentag – so wie am 5. Mai eigentlich Jungentag ist, auch wenn der Feiertag heute für beide Geschlechter gilt. Vor dem Mädchentag stellen Familien mit Mädchen Puppenarrangements auf: Grundsätzlich präsentieren die Puppen einen kompletten kaiserlichen Hofstaat aus der Heian-Zeit. Die Puppen sind in prächtige Gewänder aus jener Epoche gekleidet und auf einer goldenen Treppe oder Stufenpyramide arrangiert. Sie können sehr kostbar sein und werden oft in der Familie weitervererbt. Natürlich gibt es auch billigere Varianten oder kleinere Versionen, die nur das Kaiserpaar darstellen. Die Mädchen dürfen (wenn überhaupt) nur am 3. März mit den Puppen spielen. Gleich danach wird die Pracht wieder weggeräumt – eine längere Präsentation würde als schlechtes Omen für eine schnelle Heirat gedeutet.

Tanabata

Am Abend des 7. Juli wird das Sternenfest Tanabata gefeiert. Eine auf einer Sternenkonstellation (von Wega und Altair) beruhende Legende besagt, dass sich ein Liebespaar aus Weberin und

Der Sommer ist in Japan Matsuri-Zeit. Der Begriff umfasst alle traditionellen Feste, meist mit Shintō-Hintergrund. In der Regel gehört zu einem Matsuri ein festlicher Umzug mit einem Trageschrein *(mikoshi)*, manchmal auch mit Festwagen. Die Leute aus der Nachbarschaft (und bei großen Matsuri auch Touristen) kommen in traditioneller Kleidung zum Fest, d. h. im Baumwoll-Yukata (für Frauen, seltener auch für Männer) oder auch im *jinbei* (für Männer; wie Bermudashorts mit Baumwolljäckchen). Traditionelle Kreistänze laden zum Mittanzen ein, oft gibt es Trommelvorführungen. Immer dabei sind Stände mit traditionellen Lebensmitteln und Vergnügungen: Raspeleis, *takoyaki*, *okonomiyaki*. Aus Wasserbecken kann man kleine Goldfischchen schöpfen und im Beutel mit nach Hause nehmen.

Viele Matsuri beinhalten ein großes Feuerwerk *(hanabi)*, wie z. B. das riesige Sumidagawa Hanabi in Tōkyō, oder Umzüge in historischen Kostümen. Zu den bekanntesten traditionellen Matsuri gehören das Gion Matsuri in Kyōto (S. 388), das Sanja Matsuri in Tōkyō (S. 165) und das Tanabata Matsuri in Sendai (S. 238).

Rinderhirte nur an diesem einen Tag im Jahr treffen könne. Zu Tanabata werden Bambuszweige aufgestellt, in die man Wunschzettel hängt.

O-bon

Das buddhistische Totenfest *O-bon* findet meistens etwa Mitte August statt. Da es auf den 15. Tag des 7. Mondmonats fällt, ändert sich das genaue Datum von Jahr zu Jahr. Obwohl *O-bon* offiziell kein Feiertag ist, sind um diese Zeit viele (kleinere) Läden geschlossen, und viele Leute nehmen Urlaub, um zu ihrer Familie bzw. in ihre Heimat zu fahren. Man stellt sich vor, dass die Toten für einige Tage in ihre Familie zurückkehren und an Familienfeiern und Dorffesten teilnehmen. In vielen Orten werden zum Abschluss von *O-bon* abends kleine Schiffchen mit Laternen den Fluss hinuntergeschickt. Jedes steht für eine tote Seele, die damit wieder zurück ins Totenreich fährt.

Shichi-go-san

Am 15. November wird der Tag der „7-5-3"-Jährigen gefeiert: Eltern gehen mit sieben- und dreijährigen Mädchen und fünfjährigen Jungen zur Segnung zum Schrein. Die Kinder sind sehr hübsch herausgeputzt und tragen Kimonos.

Weihnachten

Obwohl nur etwa ein Prozent der Japaner Christen sind, ist Weihnachten in Japan doch in Form von Weihnachtsschmuck und Lichterglanz präsent. Der 25. Dezember gilt als wichtiger Tag für Liebende – für ein Date sollte man dann ein festliches, teures Restaurant wählen und einen Platz reservieren. Geschenke und Weihnachtsdekoration sind auch ohne religiösen Kontext beliebt. In der Vorweihnachtszeit bevölkern Weihnachtsmänner die Straßen und Kaufhäuser.

Fotografieren

Wie die kameraschwenkenden japanischen Touristen in Europa schon erahnen lassen, ist Japan ein sehr fotografenfreundliches Land. Sowohl für Digital- als auch Analogfotografie ist alles Zubehör sehr leicht zu bekommen. Fototheken zum Entwickeln von Bildern sind oft in Supermärkte oder andere Läden integriert. In den zahlreichen Fachgeschäften werden Kameras angeboten, die in Europa erst Monate später auf den Markt kommen. Es lohnt sich also, das Angebot in Augenschein zu nehmen (s. auch S. 46, Einkaufen).

Viele Japaner sind Hobbyfotografen und mit mehreren Fotoapparaten und Stativen behängt meist in Gruppen unterwegs; die „klassischen" Fotostandorte für jedes Sightseeing-Objekt lassen sich so sehr schnell feststellen.

Personen zu fotografieren, ist in Japan kein Problem. Wer jemandem direkt ins Gesicht knipsen will, sollte aber natürlich trotzdem um Erlaubnis fragen. Meistens posieren die Leute dann erfreut. Wo das Fotografieren (oder Blitzlicht) verboten ist, etwa in manchen Tempeln, in Museen oder bei Veranstaltungen, weisen Schilder darauf hin.

Frauen unterwegs

Japan gehört zu den sichersten Ländern überhaupt. Ob auf dem Land, im Nachtbus oder im Schwimmbad, es ist für Frauen immer möglich, sich auch allein angstfrei und normalerweise auch unbelästigt zu bewegen. Selbst Rotlichtviertel sind unproblematisch. In U-Bahnen gab es zur Stoßzeit allerdings immer mal wieder Probleme mit Grabschern (die sich aber meistens gegen japanische Frauen richteten); inzwischen haben viele Linien deshalb morgens einen speziellen Frauenwagen. Immer mehr Hotels und Internetcafés bieten Frauenflure an.

Im Onsen und in anderen öffentlichen oder Gemeinschaftsbädern (z. B. im Ryokan) gibt es heute fast überall getrennte Bereiche für Frauen und Männer – Familien oder Pärchen, die gemeinsam ins Onsen wollen, müssen lange suchen oder ein Bad zur Privatnutzung mieten.

Geld

Landeswährung

Die japanische Währung ist der Yen (Währungszeichen: ¥). Im normalen Gebrauch gibt es keine Untereinheit – der Yen selbst entspricht in Größenordnung und Kaufkraft eher einem Cent als einem Euro. Entsprechend groß werden die Yen-Beträge bei teureren Waren. Die größte Banknote ist der 10 000-¥-Schein, außerdem gibt es Scheine zu 5000, 2000 (selten) und 1000 ¥. Münzen sind zu 1, 5, 10, 50, 100 und 500 ¥ im Umlauf. Die 5- und 50-¥-Münze haben ein Loch in der Mitte, die 5-¥-Münze ist die ohne arabische Ziffer.

Wechselkurs			
1 €	136 ¥	100 ¥	0,74 €
1 sFr	112 ¥	100 ¥	0,89 sFr
Aktuelle Wechselkurse im Internet unter ⌨ www.oanda.com.			

Auch kleine Einkäufe, wie Getränkedosen, lassen sich problemlos mit größeren Banknoten bezahlen. Die meisten Automaten (z. B. Fahrkarten- oder Dosenautomaten) akzeptieren Scheine und geben Rückgeld.

Zahlungsmittel für die Reise

In Japan wird meist mit Bargeld bezahlt – oder mit Prepaid-Karten oder Zahlungssystemen, die über das Handy laufen. Kreditkarten sind dagegen als Zahlungsmittel weniger verbreitet als in Europa. Reiseschecks sind gebührenintensiv und schwierig einzutauschen (am ehesten jene von American Express) und allenfalls als Back-up für den Notfall zu empfehlen. Touristen sollten sich deshalb immer rechtzeitig mit Bargeld ausstatten.

Geldautomaten

Japanische Geldautomaten können für Besitzer ausländischer Bankkarten große Stressauslöser sein.

- Viele Automaten akzeptieren keine ausländischen Karten, auch wenn sie z. B. ein „Visa"-Symbol abbilden – das gilt dann nur für in Japan ausgestellte Visa-Karten.
- Die Geldautomaten haben oft „Öffnungszeiten". Je nach Bank und Automat funktionieren sie z. B. nach 20 Uhr oder am Wochenende nicht, oder es fallen noch zusätzliche Gebühren an. Manche geben zu bestimmten Zeiten nur Minimalbeträge aus, bei höheren Beträgen lautet dann die Fehlermeldung womöglich, die Karte sei ungültig. Besonders vor längeren Feiertagen (Neujahr, Golden Week) ist deshalb besondere Vorsicht geboten!
- Deutsche Kreditkarten, Postbank-Sparkarten und -Karten mit Cirrus-Symbol funktionieren derzeit bei der Postbank und der 7-Bank (d. h. in den Automaten der konbini-Kette 7-Eleven), bisher auch bei der Citibank (die möglicherweise schließt).

Achtung: Maestro-Karten mit Chip werden in ganz Japan nur von ein paar Dutzend AEON-Automaten akzeptiert!

Bargeld

Bargeld ist am leichtesten zu tauschen: außer in Banken auch am Flughafen, im Hotel, an speziellen Geldwechsel-Automaten oder in vielen Discount-Ticket-Läden. Richtige private Wechselstuben sind selten. Zum Tauschen sind Euro inzwischen etwa so verbreitet und nützlich wie US-Dollar, es lohnt sich also nicht, vor einer Japanreise extra Dollar einzutauschen.

Debit-Karten

Mit einer normalen Bankkarte mit Cirrus-Symbol plus Geheimzahl (nicht aber neueren Maestro- oder VPay-Karten!) kann man an denselben Geldautomaten Bargeld abheben, die auch für ausländische Kreditkarten funktionieren (s. a. Kasten). Umgerechnet wird zum Briefkurs, die Gebühr beträgt je nach Bank pro Transaktion ab 3,50 € oder 1 % des Betrags. Der maximale Abhebungsbetrag kann bei der Hausbank erfragt werden und liegt meist bei 500 € pro Tag. Bei einigen Automaten ist der Maximalbetrag aus technischen Gründen geringer.

€ Mit der Postbank Sparcard 300 Plus kann man bis zu 10-mal im Jahr und bis zu 2000 € im Monat an Visa-Geldautomaten gebührenfrei abheben.

Kreditkarten

Am weitesten verbreitet sind Visa-Karten, aber auch mit American Express, MasterCard oder Diners Card kann man im oberen Preisniveau bargeldlos bezahlen oder Bargeld abheben. **Auszahlungs- und Akzeptanzstellen** sowie Geldautomaten (ATM bzw. *cash corner*) sind in Japan relativ weit verbreitet. Allerdings wird die Karte nicht überall angenommen. In vornehmen Ryokan oder Restaurants sollte man deshalb vorher fragen oder mit genügend Bargeld losgehen. Am Bankschalter kann man sich auf die Karte gegen Gebühr Bargeld auszahlen lassen *(cash advance)*. Für die Barauszahlung am Geldautomaten benötigt man die Kreditkarte und die Geheimzahl. Je nach ausstellender Bank beträgt die Gebühr für Abhebungen an Automaten ca. 2 % des Betrags oder mindestens 5 €, für den Einsatz zum Bezahlen etwa 1–2 % des Betrags.

Japan ist zwar kein typisches Land für Kreditkartenbetrug, aber auch hier gelten die üblichen

Sicherheitsvorkehrungen. Die Kreditkarte sollte beim Bezahlen nicht aus den Augen gelassen werden, damit kein zweiter Kaufbeleg erstellt werden kann, auf dem später die Unterschrift gefälscht wird. Sie darf auch niemals in einem Safe, der auch anderen zugänglich ist, verwahrt werden. Verlust oder Diebstahl sind sofort zu melden, damit die Karte gesperrt werden kann (maximale Haftung bis zum Eingang der Verlustmeldung je nach Kartentyp zwischen 25 und 73 €).

€ Einige deutsche Banken (derzeit z. B. DKB und comdirect) bieten Visakarten an, mit denen man weltweit an allen Visa-Automaten ohne Gebühren Geld abheben kann. Angesichts der enormen Gebührenersparnisse lohnt es sich für Leute, die viel im Ausland sind, sich um ein entsprechendes Konto zu bemühen.

Telegrafische Anweisungen und Überweisungen
Telegrafische Geldanweisungen von Verwandten oder Freunden daheim sind nur eine Option für den Notfall, da hier z. T. exorbitante Gebühren anfallen. Unmittelbar nach Einzahlung bei einer heimatlichen Zweigstelle kann der Begünstigte das Geld in Japan, etwa auf der Post, in Empfang nehmen. Die Gebühren richten sich nach der überwiesenen Summe und beginnen bei etwa 10 €.

Weitere Informationen, auch über Agenturen weltweit:
Moneygram, ☎ 069-689 7010, 🖥 www.moneygram.de.
Western Union, ☎ 0180-303 0330, 🖥 www.westernunion.com. Wird in Deutschland u. a. von allen Zweigstellen der Postbank angeboten.

Banken

Die japanische Banken-Landschaft hat sich in den letzten Jahren stark verändert und konsolidiert. Es gibt einige sehr große Banken, die im ganzen Land vertreten sind (wie Tokyo-Mitsubishi-UFJ, Mizuho oder Sumitomo Mitsui) und fast immer einen Schalter für Auslandsgeschäfte haben, außerdem zahlreiche Regionalbanken. Für Ausländer sind die wichtigsten Banken die Postbank, die 7-Bank und bisher die Citibank, an deren Automaten ausländische Kredit- und Cirrus-Geldkarten funktionieren.

Gepäck und Ausrüstung

Kleidung

Japaner mögen den Ruf haben, konform zu sein, aber sie sind, was Kleidung und Stil angeht, sehr tolerant. Selbst äußerst ausgefallene Kleidung wird wenig Aufsehen erregen. Die Vorstellungen von angemessener Kleidung decken sich weitgehend mit Europa.

Da Japan sich weit in Nord-Süd-Richtung erstreckt und zudem Meer und Berge und ausgeprägte Jahreszeiten hat, hängt die mitzubringende Kleidung sehr vom Reiseziel, -zweck und -zeitpunkt ab (s. auch S. 37). In den beliebtesten Reisezeiten **Frühling und Herbst** ist relativ leichte Übergangskleidung angemessen: Meistens ist es etwas wärmer als zur gleichen Zeit in Europa, aber man sollte auch mit Kälteeinbrüchen rechnen. Ein abendliches Picknick unter Kirschblüten kann ziemlich kalt sein, und Ryokans sind meist nicht besonders gut geheizt. Im Frühling regnet es öfters, da sind Schirm und Regenjacke nützlich, außerdem entweder genügend Kleidung zum Wechseln oder ggf. auch schnell trocknende Outdoor-Stoffe. Noch mehr gilt dies für die Regenzeit (etwa Mitte Juni bis Mitte Juli).

Im **Sommer** wird es sehr heiß und schwül, entsprechend leicht sollte die Kleidung sein. Viele japanische Geschäftsleute bevorzugen Polyester, weil der Anzug auch nach der vollen U-Bahn noch irgendwie passabel aussieht. Im

Hochsommer hat sich aber – um an den Klima-anlagen Energie zu sparen – eine Hemdsärmel-Politik durchgesetzt. Bürogebäude werden im Rahmen der „Coolbiz"-Kampagne nur noch auf 28 °C heruntergekühlt. Für Touristen, die sich auf weit über 30 °C Außentemperatur eingestellt haben, sind klimatisierte Gebäude oder Bahnen trotzdem riskant: Lieber ein Tuch oder eine leichte Jacke mitnehmen, als sich zu erkälten!

Im **Winter** fällt in vielen Regionen Schnee, und auch in den Bergen ist es wesentlich kälter. Dann sind wärmere Kleidungsstücke angemessen, besonders auch für Innenräume.

Bei Besichtigungen oder auch in Restaurants muss man oft die **Schuhe** ausziehen. Deshalb empfehlen sich Schuhe ohne Schnürsenkel oder andere umständlich zu öffnende Verschlüsse. Wer nicht barfuß gehen oder in die Besucherpantoffeln schlüpfen möchte, sollte immer ein Paar Socken im Tagesgepäck haben.

Badekleidung ist nur notwendig, wenn man ans Meer fährt oder explizit schwimmen gehen möchte. In Onsen wird – abgesehen von wenigen Erlebnisbädern – keine Badekleidung getragen.

Technische Ausrüstung

Außer für bestimmte Sportarten ist in Japan keine spezielle Ausrüstung (Wasserfilter etc.) erforderlich. Zudem ist alles, was man brauchen könnte, auch in Japan erhältlich. Manche Tōkyō-Geübte schwören auf einen **Kompass** für die Orientierung in unübersichtlichen U-Bahnstationen oder im Gewirr japanisch beschilderter Gassen.

Elektrische Geräte mitzunehmen, sollte man wegen der unterschiedlichen **Stromspannung** (100 V in Japan) besser vermeiden. Ladegeräte z. B. für Computer und Fotoapparate funktionieren in Japan mit einem Adapter (S. 71).

Wäsche waschen

Hotelzimmer haben meistens eine kleine Wäscheleine im Bad, Waschbecken und Badewanne verfügen über einen Stöpsel. Wer also Handwaschmittel oder Kernseife mitbringt, kann die Wäsche im Zimmer waschen, das ist auch in etwas teureren Hotels nicht unüblich. Natürlich sollte man so keine Großwäsche erledigen.

Außerdem gibt es in den meisten Businesshotels und in allen Hostels preiswerte Münzwaschmaschinen. Ansonsten ist der nächste Waschsalon nicht weit. Die meisten Waschsalons haben kleine Toplader für etwa 300 ¥ pro Wäsche. Nicht immer wird dabei mit warmem Wasser gewaschen. Dafür ist das Waschpulver inbegriffen. Der Trockner kostet meist 100 ¥ pro Einheit. Zwei bis drei Einheiten reichen in der Regel aus. Der Wäschedienst der Hotels ist wesentlich teurer.

Spezielle Sportausrüstung

Auf Okinawa sollte man auf jeden Fall einmal schnorcheln – das Meer bietet oft in Strandnähe eine Vielzahl bunter Fische. Wer keine eigene Brille dabeihat, kann **Schnorchel- und Tauchausrüstungen** dort auch überall in guter Qualität ausleihen, allerdings zu oft stolzen Preisen. Auch für Taucher empfiehlt es sich daher, lieber einiges an eigener Ausrüstung mitzunehmen.

Kletterzubehör kann man in Japan zwar (recht teuer) kaufen, aber nirgends leihen. Fast überall ist ein 50-Meter-Seil ausreichend. Die Absicherungen sind in der Regel sehr gut. Die meisten Routen sind Sportkletterrouten mit Bohrhaken, allerdings oft weit auseinander; ein Satz Klemmkeile ist für viele Routen nützlich.

Auch **Kayaks** sind nur selten auszuleihen. Am besten ist es, vorher mit einer Kayakschule Kontakt aufzunehmen und glaubhaft zu machen, dass man bereits geübt ist (S. 81).

Die Ausleihe von **Skiausrüstung** ist zwar teuer, aber in den meisten Skigebieten unproblematisch. Viele Wintersportorte verleihen auch Schneeschuhe, danach erkundigt man sich am besten in der örtlichen Touristeninformation.

Zum Wandern s. S. 78.

Gesundheit

Für Japan sind keine speziellen **Impfungen** vorgeschrieben. Die üblichen Impfungen gegen Diphtherie, Tetanus und Polio sind empfehlenswert.

Japanische High-Tech-Toiletten

Auf den ersten Blick wirkt das japanische „Washlet" wie ein ganz normales Klo, doch unter dem Deckel der High-Tech-Toilette steckt mehr. Die Temperatur der beheizten Klobrille lässt sich individuell regulieren. Eine eingebaute Bidetfunktion, die sich zielgenau in der gewünschten Wasserstrahlstärke einstellen lässt, macht Toilettenpapier überflüssig, und ist das Geschäft erledigt, so schließt sich der Klodeckel lautlos wie von Geisterhand. Auf der Damentoilette in Kaufhäusern und öffentlichen Gebäuden sorgt die „Geräuschprinzessin" (otohime) für ein lautes Rauschen ähnlich der Toilettenspülung. Damit sollen eventuelle Körpergeräusche übertönt werden. Das japanische Washlet ist wohl der modernste Toilettentyp weltweit. Aber Vorsicht: Manchmal ist der Spülknopf leicht mit der Bidet-Taste oder dem Notruf zu verwechseln!

Nur wer sich viel im Freien aufhält, sollte eine (mehrteilige) Impfung gegen die Japan-B-Enzephalitis (ähnlich wie FSME) in Erwägung ziehen und sich spätestens vier Wochen vor Reiseantritt gründlich beraten lassen.

Allergien

Im Frühling tragen viele Japaner Gesichtsmasken, um sich vor **Pollen** zu schützen. Der Wetterbericht gibt dann auch Pollenflugwarnungen heraus. Die am weitesten verbreitete Pollenallergie ist die auf Zedernpollen (sugi). Da schnell wachsende Zedern jahrzehntelang in Monokulturen angepflanzt worden sind, können die Pollen enorm hohe Konzentrationen erreichen; starke Allergiker müssen deshalb damit rechnen, auch auf diese Zedern allergisch zu reagieren. Viele andere in Europa verbreitete Pollen stellen dagegen kein Problem dar. Die Umweltauflagen sind recht streng, sodass Luftverschmutzung normalerweise keine Ursache für Allergien ist.

Spezielle Produkte ohne **Gluten oder Laktose** sind noch selten, allerdings kommt beides in der japanischen Küche nur in recht geringem Maße vor (Achtung, Soba – Buchweizen-Nudeln – enthalten meist auch Weizenmehl).

Hygiene

Die Hygienestandards in Japan sind hoch. Allerdings lassen sich angesichts der klimatischen Verhältnisse Schimmel und Ungeziefer nicht ganz vermeiden – **Kakerlaken** (gokiburi) kommen zuweilen in den besten Hotels vor.

Wegen des feuchtheißen Klimas und des häufigen Schuhausziehens in Sehenswürdigkeiten und Restaurants ist **Fußpilz** (mizumushi) verbreitet. Vorsicht also bei Plastikpantoffeln und in öffentlichen Bädern! Sicherheitshalber läuft man nicht barfuß und bringt Socken mit. Im Notfall verkauft jede Apotheke effiziente Medikamente.

Obst und Gemüse, Eis und **Leitungswasser** sind grundsätzlich unbedenklich. In Großstädten wie Tōkyō oder Kyōto schmeckt das Wasser wegen der vielen Zusätze zwar oft miserabel, und Einheimische bevorzugen abgefülltes Wasser oder einen Wasserfilter, gesundheitsgefährdend ist es aber nicht. Auch Quellwasser in den Bergen kann fast immer getrunken werden. Auf Hokkaidō sollte Wasser aus Flüssen wegen des selten vorkommenden, aber potenziell gefährlichen Fuchsbandwurms mehrere Minuten lang abgekocht werden.

Die Verbreitung der traditionellen japanischen Hocktoiletten nimmt ab. Sie sind zwar hygienischer, werden aber auch von Japaner(innen) oft als unbequem empfunden. Öffentliche **Toiletten** gibt es überall reichlich, ob an Sehenswürdigkeiten, in Parks und Bahnhöfen, auf Spielplätzen oder in Geschäften und Supermärkten. Meist ist mindestens eine westliche Schüssel mit Sitz dabei, und fast immer ist auch Klopapier vorhanden. Außer in abgelegenen Berghütten oder an einsamen Stränden gibt es praktisch keine Plumpsklos mehr. Zu finden sind die Toiletten meistens leicht, weil sie entweder durch internationale blaue/rote Symbole oder mit „WC" ausgeschildert sind. Andere verbreitete Hinweisschilder sind:

- 女 / 女性 / 婦人 (für Damen)
- 男 / 男性 / 紳士 (für Herren)
- お手洗い (o-tearai) oder

✕ Reiseapotheke

- ☐ **Antimykotikum** gegen Pilzinfektionen
- ☐ **Augentropfen** gegen Bindehautentzündung
- ☐ **Fieberthermometer**
- ☐ **Heftpflaster**
- ☐ **Ibuprofen** oder **Paracetamol** gegen Schmerzen und Fieber
- ☐ **Lärmstopp**
- ☐ **Loperamid** gegen akuten Durchfall
- ☐ **Mittel gegen Reisekrankheit**
- ☐ **Mückenschutz**
- ☐ **Sonnenschutz**
- ☐ **Wund- und Heilsalbe**

Wer regelmäßig Medikamente nehmen muss, sollte einen Vorrat mitbringen.

■ トイレ *(toire)*.
Die passende Frage lautet „*O-tearai wa?*" („Die Toilette?").

Medizinische Versorgung

Das japanische Gesundheitssystem ist trotz großer Niveau-Unterschiede zwischen öffentlichen Einrichtungen und Privatkliniken gut und zuverlässig, allerdings auch teuer. Eine Auslandskrankenversicherung ist deshalb wichtig. In allen Städten gibt es gute Krankenhäuser und Fachärzte. Viele Ärzte nehmen in kleinen Privatkliniken auch stationäre Patienten auf.

Katholische oder evangelische Krankenhäuser haben oft mehr Erfahrung im Umgang mit Ausländern. In größeren Städten gibt es meist auch eine internationale Klinik oder ein Ärztezentrum mit Ärzten, die gut Englisch oder sogar Deutsch sprechen. Auch die meisten anderen Ärzte und Zahnärzte kennen viele deutsche Fachbegriffe. Im Notfall hilft das Hotel, einen passenden Arzt zu finden.

Reiseapotheke

In die Reiseapotheke gehören neben den üblichen Mitteln für kleine Notfälle (Pflaster, Kopfschmerztabletten, Desinfektionsmittel) Sonnencreme, ein Mückenspray oder -stift und ggf. die Medikamente, die man immer einnimmt. Der lange Flug und die Zeitumstellung können möglicherweise ein paar Tage lang zu Schlafstörungen führen und ungewohntes Essen zu Verdauungsbeschwerden. Alle Arten von rezeptfreien Medikamenten sind aber leicht in Japan erhältlich, auch in kleineren Orten, wenngleich meist zu wesentlich höheren Preisen als vergleichbare Medikamente in Deutschland.

Informationen

Touristeninformation

Japanische Fremdenverkehrszentrale, Kaiserstr. 11, 60311 Frankfurt / Main, ☎ 069-20353, 🖥 www.jnto.de. Zentrale in Tōkyō S. 201. Die JNTO vermittelt in einigen Städten auch freiwillige Fremdenführer, sogenannte Goodwill Guides, die Touristen in Japan unentgeltlich durch ihre Stadt führen. Eine vorherige Anmeldung ist erforderlich: 🖥 www.jnto.go.jp/eng/arrange/essential/guideservice.html.

In allen japanischen Städten und nahezu allen Orten von touristischer Bedeutung gibt es eine Touristeninformation mit Broschüren und Stadtplänen (auf Englisch, seltener auf Deutsch).

Informationen im Internet

Die Homepage der japanischen Fremdenverkehrszentrale **JNTO**, 🖥 www.jnto.de und 🖥 www.jnto.go.jp, hält umfangreiches Informationsmaterial zu verschiedenen Regionen und Themen bereit – u. a. kann man dort PDF-Dateien auf Englisch herunterladen, die auf einigen Seiten z. B. Karten, Öffnungszeiten und Zugpreise für eine Region zusammenfassen.

Die meisten Städte und Touristenziele bieten ähnliche Informationen auf ihrer Homepage an, meist gibt es mindestens eine Seite auf Englisch, oft auch PDF-Material und Stadtpläne. Daneben halten zahlreiche private und kommerzielle Seiten touristische Informationen und Tipps für Ausländer bereit.

Außerdem haben das **Auswärtige Amt**, 🖥 www.auswaertiges-amt.de, und die **Deutsche Botschaft**, 🖥 www.japan.diplo.de, aktuelle Informationen zum Land, einschließlich Reisehinweisen und Wirtschaftszahlen.

Karten

Google Maps, 🖥 maps.google.com
Benutzt japanisches Kartenmaterial, aber mit einigen lateinischen Umschriften.
Mapion, 🖥 www.mapion.co.jp
Nur auf Japanisch, dafür mit besonders vielen Features und Zusatzinformationen.
Mapple, 🖥 map.mapple.net
Nur auf Japanisch; interaktive Karte des Karten- und Reiseführerverlags Shōbunsha mit zahlreichen touristischen Informationen.

Leben in Japan

Deutsche in Japan, 🖥 dinj.de
Mailingliste in Japan lebender Deutscher für Veranstaltungshinweise, Tipps zum Leben in Japan, manchmal auch Stellenangebote.
Doitsunet, 🖥 www.doitsunet.com
Forum v. a. für Sprachaustausch und Veranstaltungen mit Deutschland-Bezug in Japan.

Nachrichten

Japan Today, 🖥 www.japantoday.com
Online-Nachrichtenportal.
Japan Times, 🖥 www.japantimes.co.jp
Online-Ausgabe der englischsprachigen Zeitung.

Sprache

Wadoku, 🖥 www.wadoku.de
Deutsch-japanisches Wörterbuch mit Eingabe in lateinischer Schrift.

Statistiken und offizielle Informationen

Statistikamt Japan, 🖥 www.stat.go.jp
Web Japan, 🖥 www.web-japan.org
Japanisches Außenministerium (Ministry of Foreign Affairs), 🖥 www.mofa.go.jp

Transport

JR (Japan Rail), 7 Regionalgesellschaften mit eigenen Seiten, wie JR East, 🖥 www.jreast.co.jp, und JR Central, 🖥 jr-central.co.jp.

Für die Fahrplanrecherche sind Seiten wie die folgenden geeigneter:
Hyperdia, 🖥 www.hyperdia.com
Suchmaske für Zugverbindungen (einschließlich Privat- und U-Bahnen), auch auf Englisch, mit Preisvergleich. Die Suche nach Bummelzugverbindungen (für billigere Fahrkarten) ist möglich.
Ähnlich sind **Jorudan**, 🖥 www.jorudan.co.jp/english/norikae, und **Ekitan**, 🖥 ekitan.com (nur auf Japanisch, aber mit vielen Busverbindungen).
Nihon Bus Association, 🖥 www.bus.or.jp
Koordinationsseite der Überlandbusse mit Links zu allen großen Busgesellschaften; auf Englisch nur allgemeine Infos zum Busverkehr.

Unterkünfte

Zahlreiche Portale bieten Online-Buchungen für Unterkünfte in Japan auf Englisch, u. a.:
Rakuten Travel, 🖥 travel.rakuten.com (Englisch), 🖥 travel.rakuten.co.jp (Japanisch)
Die englische Seite hat weniger Angebote und manchmal technische Fehler; trotzdem einer der größten und günstigsten Anbieter.
Japan Hotel, 🖥 www.japanhotel.net
Agoda, 🖥 www.agoda.com
Booking, 🖥 www.booking.com
Hostel World, 🖥 www.hostelworld.com

Die folgenden Seiten sind auf die Vermittlung traditioneller Unterkünfte *(ryokan, minshuku)* spezialisiert:
Japanese Guest Houses, 🖥 www.japaneseguesthouses.com
Japan Ryokan Association, 🖥 www.ryokan.or.jp
Japanese Inn Group, 🖥 japaneseinngroup.com

Wetter

Japan Meteorological Agency, 🖥 www.jma.go.jp
Auch Englisch, u. a. mit langfristigen Vorankündigungen der Kirschblüte.
Weathernews, 🖥 weathernews.jp
Auf Japanisch, mit Suchfunktion nach Postleitzahl.

Sonstiges

Japan Vegetarian Society, 🖥 jpvs.org (nur Japanisch, mit Restaurantliste)

Oft gibt es die – nur die richtige Seite zu finden ist schwierig, vor allem, wenn man wenig Japanisch kann oder einen Computer ohne Japanisch-Eingabe benutzt. Ein guter Trick ist, die japanische Telefonnummer (beispielsweise eines Hotels oder einer Sehenswürdigkeit) in einen Suchdienst einzugeben, in der hier angegebenen Form mit Bindestrichen (z. B. 012-345-6789). Gratis-Übersetzungsdienste wie Babel Fish, 🖳 www.babelfish.de, oder Google Translator, 🖳 translate.google.com, oder auch 🖳 www.japanisch-deutsch.org sind für Japanisch zwar noch sehr schlecht, aber manchmal helfen auch kleine Anhaltspunkte. Für etwas Fortgeschrittene gibt es das Wörterbuch 🖳 www.wadoku.de oder das Browser-Plugin Rikaichan mit Übersetzungen einzelner Wörter.

Tōkyō für Vegetarier, 🖳 vegietokyo.com
Outdoor-Aktivitäten, 🖳 www.outdoorjapan.com
Japan Reference, 🖳 www.jref.com
Yes! Tokyo (Tōkyō-Infos auf Deutsch), 🖳 www.yes-tokyo.de; 🖳 facebook.com/TokyoFan Club.de
Japonet (Japan in Deutschland), 🖳 www.japonet.de

Kultur- und Wissenschafts-austausch

Japan und Deutschland unterhalten heute umfangreiche Wirtschafts- und Wissenschaftsbeziehungen sowie einen Kultur- und Jugendaustausch. Eine Vielzahl von Organisationen und Institutionen in Deutschland und Japan belegen dies. Alle folgenden Institutionen haben eine öffentlich zugängliche Bibliothek:
Japanisch-Deutsches Zentrum Berlin
Saargemünder Str. 2, 14195 Berlin,
📞 030-839070, 🖳 www.jdzb.de
Japanisches Kulturinstitut
Universitätsstr. 98, 50674 Köln, 📞 0221-940 5580,
🖳 www.jki.de
DIJ Tōkyō (Deutsches Institut für Japanstudien)

102-0094 Tōkyō, Chiyoda-ku, Kioi-chō 7-1, Jōchi Kioizaka Bldg. 2F, 📞 03-3222-5077,
🖳 www.dijtokyo.org
Goethe-Institut Tōkyō
107-0052 Tōkyō, Minato-ku, Akasaka 7-5-56,
📞 03-3584-3201, 🖳 www.goethe.de/ins/jp/de/tok.html
OAG (Deutsche Gesellschaft für Natur- und Völkerkunde Ostasiens)
107-0052 Tōkyō, Minato-ku, Akasaka 7-5-56,
📞 03-3582-7743, 🖳 www.oag.jp

Landkarten und Stadtpläne

Eine gute Japan-Übersichtskarte und Stadtpläne für die größeren Städte werden umsonst in den Touristeninformationen bzw. über die Japanische Fremdenverkehrszentrale ausgegeben.

Im Handel sind zahlreiche topografisch korrekte Karten erhältlich. Sinnvoll sind zweisprachig beschriftete, die auch die Kanji aufführen, z. B. *Japan: A Bilingual Atlas* von Kodansha.

Wenn man länger in Tōkyō weilt, ist der **Tokyo City Atlas – A Bilingual Guide** (mit farbigen und zweisprachigen Karten und dem kompletten Nummernsystem japanischer Adressen) unerlässlich. Man erhält das Buch für knapp über 2000 ¥ in jedem gut sortierten Buchladen.

GPS-Karten sind fast immer japanisch beschriftet (und laufen nicht auf westlichen Geräten); eine (teure) englisch beschriftete Karte bietet UUD an, 🖳 uud.info/en/map. Auf OpenStreet Map-Daten basierende Gratis-Karten ersetzen die Kanji der Orts- und Straßennamen durch eine automatische und sinnleere (weil chinesische) Transliteration, bei Städten steht aber der richtige Name in Klammern dahinter. Installationsfreundliche **OSM-Karten** bietet 🖳 openmtbmap.org (gratis, Spende erbeten).

Internet und E-Mail

Für die meisten Reisenden ist E-Mail heute das bestgeeignete Mittel der Kommunikation mit den Daheimgebliebenen, aber auch zur Kontaktaufnahme im Reiseland, z. B. für Hotelreservierungen oder allgemeine Informationen. Bei Letzterem stellt sich aber oft das Problem der Sprachbarriere, da Hotels oder Touristeninformationen z. T. einfach nicht antworten, wenn die Anfrage nicht auf Japanisch formuliert ist. Dann bleibt doch nur der Griff zum Telefon, notfalls über einen hilfsbereiten zweisprachigen Bekannten.

Japan hat eine hohe Internetzugangsrate von ca. 80 %, wobei der Internetzugang per Mobiltelefon einen recht großen Teil ausmacht. Die meisten japanischen Handys (also auch gemietete) sind internetfähig. PC-Internetverbindungen sind meistens schnelle Breitbandverbindungen.

Mit dem eigenen Laptop

Wer sein eigenes Endgerät mitbringt, hat gute Chancen, im Hotel oder in Cafés (u. a. Seattle Coffee Company) ein WLAN-Netzwerk zu finden. In Hotelzimmern gibt es manchmal nur Lan-Kabel, für Tablet und Smartphone hilft dann ein Adapter oder Mini-Router (in Japan ab ca. 2000 ¥ erhältlich). In der Lobby gibt es aber meist WLAN, ebenso in vielen Cafés. Für manche WLAN-Hotspots (z. B. im Tokyoter U-Bahnnetz oder in der Café-Kette Tully's) ist allerdings ein Vertrag mit einem Internet-Anbieter erforderlich (nur mit Wohnsitz in Japan) oder man muss (z. B. bei Starbucks) vor der ersten Nutzung für die obligatorische Anmeldung einmal z. B. per Roaming seine Mail abrufen können. Manchmal haben auch Touristeninformationen oder andere öffentliche Einrichtungen einen offenen Hotspot oder geben zeitlich limitierte Gratiskarten für Touristen mit Zugangsberechtigung für einen Anbieter aus. Diese Angebote ändern sich häufig, am besten fragt man in der Touristeninformation nach Optionen.

Internetcafés

Ohne eigenes Endgerät ist man auf Internetcafés oder Internetzugänge im Hotel oder Hostel angewiesen. Die meisten bieten ein paar Terminals mit Gratis-Internetzugang an. In Hotels der gehobenen Kategorie ist der Internetzugang im Businesscenter meist recht teuer. Japanische

Tastaturen haben eine Umschalttaste, mit der sich die Eingabe von japanischen Zeichen ein- und ausstellen lässt.

Internetcafés sind oft mit Manga-Cafés gekoppelt, sehr groß und rund um die Uhr geöffnet. Man kann dort natürlich das Internet benutzen, aber auch Mangas lesen, Videos ansehen oder sogar übernachten. Fast immer gibt es eine im Preis inbegriffene Softdrink-Bar, meistens auch Snacks (gegen Entgelt), eine Dusche (umsonst) und z. T. sogar Waschmaschinen. Das **Preissystem** ist eher unübersichtlich gestaffelt: Für eine Stunde beträgt der Preis z. B. um 400 ¥, für drei Stunden ca. 1000 ¥ und über Nacht für sechs bis acht Stunden 1500–2000 ¥. In manchen Internetcafés fällt eine Mitgliedsgebühr von einigen 100 ¥ an. Dafür bekommt man teilweise auch abgeschlossene Boxen mit Sitzen, Sofas oder schmalen Liegeflächen und Computer/Fernseher. Für Touristen und v. a. Touristinnen sind die normalen offenen Computerarbeitsplätze die beste Wahl, auch weil einige der abgeschlosseneren Bereiche der Internetcafés de facto von Tagelöhnern bewohnt werden, die sich die hohen Umzugs- und Neuanmietungskosten nicht leisten können, wenn sie einmal eine Wohnung verloren haben.

Bibliotheken

In öffentlichen Bibliotheken gibt es meist Terminals, in denen auch Gäste ohne Bibliotheksausweis das Internet benutzen können, in der Regel umsonst. Es gibt eine Zeitbeschränkung, und viele Seiten sind gesperrt. Dazu gehören auch die meisten Webmail-Dienste und Foren.

Jobben in Japan

Viele Ausländer, die ein bisschen dazuverdienen wollen, geben **Sprachunterricht**. Organisiert ist das mit dem JET-Programm (Japanese Exchange and Teaching Programme) des japanischen Außenministeriums möglich. Im Rahmen des Programms werden Sprachlehrer (ohne spezielle Ausbildung; zur Unterstützung regulärer Lehrer an Schulen, z. T. auch Universitäten) und Koordinationsstellen in Kommunen vermittelt. Für solch einen Koordinationsjob sind allerdings japanische Sprachkenntnisse erforderlich. Bewerbungen nimmt die japanische Botschaft entgegen, 🖥 www.de.emb-japan.go.jp/austausch/jet.html.

🔧 Eine nicht gerade einträgliche, aber interessante Möglichkeit, mit einem Job ins japanische Leben einzutauchen, ist das „Wwoofen". Die Abkürzung **WWOOF** steht für World Wide Opportunities on Organic Farms, eine weltweite Bewegung, die auch in Japan vertreten ist. Neben der Farmarbeit werden auch andere Tätigkeiten mit Öko-Bezug angeboten. Die Helfer erhalten für meist nicht besonders schwere Arbeit nur Kost und Logis und reichlich Gelegenheit zum Kulturaustausch, 🖥 www. wwoofjapan.com.

Die Organisationen **ICJA Freiwilligenaustausch weltweit e.V.**, 🖥 www.icja.de, und **Internationale Jugendgemeinschaftsdienste LV Berlin e.V.**, 🖥 www.ijgd.de, vermitteln Japan-Aufenthalte im Rahmen des **Freiwilligen Sozialen Jahres**.

Kinder

Japan hat eine der niedrigsten Geburtenraten der Welt, und Kinder erhalten relativ viel Aufmerksamkeit. Traditionell sind Eltern und die meisten anderen Beteiligten bei kleinen Kindern sehr nachgiebig, denn spätestens ab der Schulzeit müssen sich die Kleinen in das rigorose Gesellschaftssystem einpassen. Auf Mütter mit kleinen Kindern wird ebenfalls viel Rücksicht genommen.

Babywindeln und Babynahrung sind in allen Supermärkten, nicht aber in den konbini erhältlich. In den meisten öffentlichen Toiletten gibt es (auf der Damentoilette oder der oft vorhandenen Behinderten-/Multifunktionstoilette) einen Wickeltisch und Kindersitze. In etwas größeren Restaurants sind in der Regel ebenfalls Kindersitze vorhanden. Schnellzüge und Shinkansen haben oft einen multipurpose room, eine Kammer, die zum Stillen oder Windeln wechseln geeignet ist. Schlecht beraten ist man mit einem

deutschen Kinderwagen oder selbst Buggy, denn oft gibt es an Bahnhöfen keine Fahrstühle und nur begrenzt Rolltreppen. Besser ist ein Tragegurt oder -tuch. In Kaufhäusern stehen oft Kinderwagen zur freien Nutzung bereit.

Viele Unterkünfte sind nicht auf Kinder eingestellt, weil die meisten Japaner nur kurz und dann edel in Urlaub fahren. Die erschwinglicheren Unterkünfte sind oft für Businessleute gedacht. Familien mit Kindern fahren eher auf Campingplätze oder in staatliche Unterkünfte wie Kyūkamura oder Kokuminshuku (S. 94). An Vergnügungen, die auch für Kinder gut geeignet sind, mangelt es dafür nicht. Diverse Vergnügungsparks (wie Tokyo Disneyland), Freilichtmuseen, Outdoor-Aktivitäten (von Schnorcheln bis Skifahren) und alle erdenklichen Schnupperkurse (taiken) können Kinder und Eltern auf Trab halten. Billig sind die meisten dieser Angebote allerdings nicht.

Maße und Elektrizität

In Japan werden metrische Maßeinheiten benutzt. Die Temperaturen werden in Grad Celsius gemessen.

Die Wechselstromspannung beträgt 100 Volt mit 50 Hz in Ostjapan und 60 Hz in Westjapan. Die Stecker sind zweipolige Flachstecker, Typ A, wie in den USA. Viele Hotels haben im Bad auch eine Steckdose für die runden Eurostecker Typ C, aber mit den etwas wuchtigeren Schuko-Steckern (Typ F) wird es schwieriger. Für Ladegeräte (Handy, Computer, Fotoapparat) genügt meist ein Reisestecker-Adapter, andere Elektrogeräte würden einen Transformator auf 220 V erfordern und funktionieren sonst nicht richtig (gehen aber nicht kaputt).

Medien

Zeitungen und Zeitschriften

Die Auflagen der großen überregionalen Zeitungen sind mit jeweils mehreren Millionen im internationalen Vergleich enorm hoch – die meisten Japaner haben mindestens eine überregionale Zeitung plus eine lokale abonniert. Die großen Zeitungen haben auch eine knappe englische Version: *The Japan News (Daily Yomiuri)*, *Asahi Shinbun (Beilage in der International Harald Tribune)*, *Mainichi Daily News*; außerdem gibt es die englischsprachige *Japan Times*.

Der japanische Zeitschriftenmarkt ist ebenfalls groß. Speziell für die ansässigen Ausländer werden in den größeren Städten Zeitschriften auf Englisch, u. a. mit Programmhinweisen und Ausgehtipps, herausgegeben (z. B. *Tokyo Weekender*, 🖳 www.tokyoweekender.com, *Tokyo Notice Board*, 🖳 www.tokyonoticeboard.co.jp, und *Kansai Flea Market*, 🖳 www.kfm.to). Das Magazin *Metropolis* für Tōkyō gibt es nur noch in der Online-Version, 🖳 www.metropolis.co.jp.

In größeren Buchläden in den Städten gibt es auch ausländische Zeitungen und Zeitschriften.

Radio

In Japan gibt es mehrere Hundert Radiosender auf UKW und Mittelwelle. Der Mittelwellenbereich entspricht dem europäischen (530 bis 1600 kHz), der UKW-Bereich mit Frequenzen von 76 bis 90 MHz aber nicht. Mit ausländischen Geräten lassen sich also keine normalen UKW-Sender empfangen. Die meisten japanischen Radiosender senden auf Japanisch, abgesehen von einigen lokalen englischsprachigen Sendern, die für die in Japan stationierten amerikanischen Soldaten gedacht sind.

Der staatliche Sender **NHK** unterhält mehrere Radioprogramme, u. a. den Auslandssender Radio Japan mit Informationen auf Englisch, Französisch, Deutsch, Spanisch usw. Die **Deutsche Welle** strahlt über den Satelliten Asiasat 3S auf 3760 MHz ihr Radioprogramm aus. Auch Deutsche Welle TV ist über den Satelliten zu empfangen. Weitere Informationen: 🖳 www.dw.de.

Fernsehen

Sechs große, landesweite Sendeanstalten bieten eine Vielzahl an teils regionalen Programmen an. Der staatliche Fernsehsender **NHK** ist der größte und hat ein landesweit einheitliches Programm. Außerdem gibt es TV Asahi, TBS, Fuji TV, Nihon TV und TV Tokyo. Dazu kommen die Pay-TV-Sender Wowwow und SkyPerfecTV.

Das Programm besteht größtenteils aus mehr oder weniger humoristischen Variety Shows und japanischen Fernsehserien *(dorama)*. Morgens haben alle Sender Nachrichtenshows, in denen ständig das Wetter eingeblendet wird.

In vielen Hotels gibt es Kabelfernsehen mit ausländischen Sendern, wie BBC und CNN, seltener auch Satellitenfernsehen.

Nationalparks und Reservate

Japan verfügt über 28 Nationalparks und zahlreiche Quasi-Nationalparks, Naturreservate und Präfektur-Schutzgebiete. Der größte Park ist mit über 2000 km² der **Daisetsuzan**-**Nationalpark** auf Hokkaidō (S. 286). Zwei weitere, der **Chūbu-Sangaku-Nationalpark** und der **Jōshin'etsu-Kōgen-Nationalpark**, erstrecken sich über fünf Präfekturen und fast die gesamten Nordalpen.

Vier Gebiete sind Unesco-Weltnaturerbe, nämlich die Halbinsel **Shiretoko** (S. 289) im äußersten Nordosten von Hokkaidō (mit Braunbären und Seevögeln sowie dem Kamuiwakka-Wasserfall mit Thermalwasser), die kleine, aber sehr hohe Insel **Yakushima** (S. 576) südlich von Kyūshū, wo dank eines einzigartigen Klimas viele ungewöhnliche Pflanzen wachsen, die Buchenwälder in **Shirakami Sanchi** (Tōhoku) sowie die **Ogasawara-Inseln** rund 1000 km südlich von Tōkyō, auf denen es über 100 endemische Pflanzen- und 14 Tierarten gibt. Eine Übersicht über alle Nationalparks bietet das Umweltministerium unter 🖳 www.biodic.go.jp.

In den Nationalparks ist wildes Zelten grundsätzlich verboten. Die meisten Parks sind recht gut erschlossen, es gibt ein Besucherzentrum, Infotafeln sowie Spazier- und Wanderwege. Durch die Parks und Reservate sollen die Flora und Fauna der betroffenen Gebiete geschützt werden, doch seltene Tierarten bekommen die Parkbesucher meist nicht zu sehen.

Öffnungszeiten

Kleinere **Läden** sind täglich außer sonntags von 10 bis 20 oder 22 Uhr geöffnet, Kaufhäuser meist täglich 10–20 Uhr, Lebensmittelgeschäfte oft länger, seltener auch früher bzw. rund um die Uhr. Kaufhäuser, Buchläden etc. schließen in unregelmäßigen Abständen etwa einmal im Monat an einem Werktag; die Termine sind im Voraus angekündigt. *Konbini*, in denen man bequem alle Dinge des täglichen Bedarfs erwerben kann, sind rund um die Uhr und 365 Tage im Jahr geöffnet.

Sehenswürdigkeiten sind in der Regel von 10–17 Uhr geöffnet, letzter Einlass ist oft eine halbe Stunde vorher. Viele (staatliche und private) Museen sind montags geschlossen; fällt ein Feiertag auf den Ruhetag der Sehenswürdigkeit, verschiebt sich der Schließtag meistens um einen Tag. Schreine und Tempel sind oft rund um die Uhr zugänglich, aber die berühmteren, für die auch Eintrittsgelder erhoben werden, halten sich an ähnliche Öffnungszeiten wie Museen. Die umliegenden Andenkenläden und Restaurants schließen meistens ebenfalls gegen 17 oder 18 Uhr.

Sehr viele Einrichtungen sind um den **Jahreswechsel** für mehrere Tage geschlossen (S. 59).

Onsen 温泉

Wohlfühl- und Gesundheitsurlaub gehört für Japaner seit Jahrhunderten zum Ferienprogramm, und viele Thermalbadeorte *(onsen)* sind weithin bekannt (S. 27). Ins Onsen fahren v. a. Kurzurlauber für nur eine Nacht und lassen sich in einem guten traditionellen Hotel oder Ryokan richtig verwöhnen. Ein besonderes Erlebnis sind die Freiluftbäder *(rotenburo)*, am besten im Herbst oder Winter, wenn ringsum Schnee liegt oder man aus dem heißen Bad in herbstlich gefärbten Wald blickt. Bessere Hotels haben sowohl Innen- als auch Außenbecken. Normalerweise gibt es in solchen Unterkünften für Männer und Frauen je ein großes Gemeinschaftsbad mit Thermalwasser (s. Kasten), in besseren

Verhalten im Onsen

Fast in jedem Onsen sind die Bereiche für Männer und Frauen deutlich voneinander getrennt. Hier weist ein farbiger Vorhang, blau für Männer (oft mit dem Aufdruck 男) und rot für Frauen (mit dem Aufdruck 女), auch den Sprachunkundigen sicher den Weg.

In jedem Gemeinschaftsbad, im Onsen wie auch im städtischen Sentō (einem öffentlichen Bad ohne Thermalwasser), gelten feste Verhaltensregeln: In einem Vorraum ziehen sich die Besucher als Erstes ganz aus. Für die Kleidung gibt es Körbe, für Wertsachen Schließfächer. Höchstens mit einem kleinen Handtuch, das als Waschlappen benutzt werden kann, geht es dann in den gekachelten Baderaum, aber nicht sofort in die Wasserbecken! Erst setzt man sich auf einen kleinen Plastikhocker oder Holzschemel an einen der Wasserhähne bzw. an eine Dusche und wäscht sich gründlich. Mit dem kleinen Zuber aus Holz oder Plastik kann man sich das Wasser über den Kopf gießen. Das Waschen ist Teil des Badevergnügens und wird sehr ausgiebig gestaltet. Man plaudert dabei, und vielleicht rubbeln sich die Nachbarinnen gegenseitig den Rücken ab. Erst wer ganz sauber ist, steigt vorsichtig in das Wasserbecken, im Idealfall mit den beiden aufeinanderfolgenden Reaktionen: *atsui!* („heiß") und etwas später *kimochi ii* ... („angenehm"). Das Wasser ist meistens um 40 °C warm, manchmal noch heißer. Es gibt zwar einen Kaltwasserhahn zum Nachregulieren, es gilt aber als unhöflich, allzu viel kaltes Wasser nachlaufen zu lassen. Manchmal stehen im Vorraum noch Sessel oder Massagestühle, um sich nach dem Bad zu entspannen.

Ryokans oder großen Onsen-Hotels zusätzlich noch eine Dusche (mit normalem Wasser) im Zimmer.

In den großen Badeorten ist das städtische Thermalbad mit Tageseintritt eine kostengünstigere Alternative. Auch einige Hotels und Ryokans bieten auswärtigen Gästen die Möglichkeit, das Bad für ein paar Stunden zu nutzen *(hikaeri)*. Seltener sind regelrechte

Onsen-Parks, manchmal – wie das Ōedo-Onsen-Monogatari in Tōkyō (S. 200) – mit Themenparks gekoppelt.

Eine praktische (aber nur japanische) Seite, um Onsen-Unterkünfte zu suchen und zu reservieren, ist Yukoyuko, 🖳 www.yukoyuko.net.

In Onsen-Hotels wird oft Este (von „Ästhetik") angeboten, der japanische Begriff für alle Arten von Schönheitspflege und Wellness, z. B. Massagen, Schlammbäder und Aromatherapie.

Post

Die **Japanische Post**, 🖳 www.post.japanpost.jp/english, ist effizient und preiswert. Die Hauptpost befindet sich meist in Bahnhofsnähe, kleinere Postämter überall in der Stadt. Selbst in Dörfern gibt es eine Filiale. In der Post werden fast immer auch Umschläge und Schreibwaren verkauft. Die Briefkästen sind rot und haben einen Extraeinwurf für internationale Post und Expresssendungen. Standardbriefe (bis 25 g) nach Europa kosten 110 ¥, Postkarten 70 ¥. Außer Postämtern verkaufen auch Souvenirgeschäfte, Hotels und *konbini* Briefmarken. Zu erkennen sind Postämter und Briefmarkenverkaufsstellen am Post-Logo, einem roten T mit Doppelstrich (〒). Für die Postbank und die zugehörigen Automaten ist dieses Symbol manchmal in Grün mit einem Kleeblatt kombiniert.

Die normalen **Öffnungszeiten** sind Mo–Fr 9–17 Uhr; Bankautomaten sind separat und länger zugänglich (allerdings nicht unbedingt 24 Stunden). Die Hauptpostämter (in Großstädten mehrere) haben einen 24-Stunden-Schalter, an dem sich fast alle Postgeschäfte erledigen lassen.

Private Paketdienste *(takkyūbin)* sind in Japan eine verbreitete Alternative zur Post. Etliche Firmen wetteifern um Kunden und bieten allerlei Sonderdienstleistungen: von Übergrößen über besonders schnelle Beförderung bis zur Kühl-Lieferung. Sie holen Pakete auch zu Hause ab, ansonsten kann die Abgabe über die Büros der Firmen oder angeschlossene *konbini*-Ketten erfolgen; in Hotels liegen die Formulare oft schon im Zimmer aus. Beim Adressaten wird

Wer z. B. für eine längere Wanderung nicht alles Gepäck herumtragen möchte, aber für den Zielpunkt keine Unterkunft gebucht hat, kann ein Päckchen (Karton in der Post erhältlich) postlagernd *(yūbintome)* vorausschicken. Nötig ist dafür die genaue Adresse des Postamts am Zielort, am besten mit Postleitzahl (im Internet recherchierbar, ggf. jemanden um Hilfe bitten). Dazu schreibt man seinen eigenen Namen und „Yūbinkyoku-tome". Am einfachsten ist es, die Anschrift zu kopieren oder identisch abzuschreiben und am Empfangspostamt mit Ausweis vorzuzeigen, damit klar ist, was man da abholen will. Päckchen innerhalb Japans werden nach Größe (also nicht nach Gewicht) berechnet und sind sehr preiswert.

auf Wunsch zu bestimmten Uhrzeiten angeliefert: Auf jeden Fall muss man eine Telefonnummer angeben. Mit *takkyūbin* kann man auch Gepäck vorausschicken, eine Möglichkeit, die bei den Zügen ohne ausreichende Gepäckablage durchaus zu bedenken ist. Ein großer 20-Kilo-Koffer kostet quer durch Japan ca. 2000 ¥ und sollte am nächsten Tag am Zielort sein. Gepäck kann auch zum Flughafen geschickt werden. Hotels nehmen routinemäßig per *takkyūbin* geliefertes Gepäck für ihre Gäste in Empfang.

Zu den größten *takkyūbin*-Anbietern gehören Yamato, 🖳 www.kuronekoyamato.co.jp, Nippon Express, 🖳 www.nittsu.co.jp, und Sagawa Kyūbin, 🖳 www.sagawa-exp.co.jp/english/main.html. Unter 🖳 www.shipping.jp lassen sich die Angebote der unterschiedlichen Anbieter (einschließlich Post) für konkrete Sendungen vergleichen.

Reisende mit Behinderungen

Angesichts der hohen Bevölkerungsdichte, des Gedränges in allen Städten und Touristenorten und der normalerweise großen Bedeutung von öffentlichen Verkehrsmitteln für Touristen ist das Reisen in Japan für Gehbehinderte gewiss nicht leicht. Zwar haben die meisten Bahnhöfe irgendwo einen Aufzug oder zumindest einen Treppenlift, aber in die Züge führen öfters Stufen, und oft ist schon der Bahnsteig gefährlich voll. Die Umsteigewege in den U-Bahnen sind ebenfalls verschlungen, lang und stufenreich.

Auch Sehenswürdigkeiten (v. a. Schreine und Tempel) haben nicht selten Treppen und recht lange Wege (oft gibt es aber Rollstühle zu leihen). In Tempeln muss man meist die Schuhe ausziehen.

In öffentlichen Gebäuden wie Postämtern, Rathäusern oder auch Kaufhäusern sind behindertengerechte Einrichtungen und Bauweisen weiter verbreitet als in den meisten europäischen Ländern. Rampen und Geländer sind in öffentlichen Gebäuden meist selbstverständlich, ebenso behindertengerechte Toiletten. U-Bahnnetze und Bahnhöfe sind von gelben geriffelten Markierungsstreifen für Sehbehinderte durchzogen, und vor allem die etwas besseren Unterkünfte sind auf (insbesondere ältere) Gäste mit Behinderungen durchaus eingestellt. Da behinderte Kinder oft „normale" öffentliche Schulen besuchen, sind die Berührungsängste in der Gesellschaft gering.

Einige praktische Informationen für Behinderte auf Englisch sind auf den folgenden Seiten zusammengetragen: 🖳 www.tesco-premium.co.jp/aj, 🖳 www.japan-accessible.com.

Reiseveranstalter

Die meisten großen Reiseveranstalter (wie Studiosus, Hauser, Ikarus, Explorer, Dertour etc.) bieten eine Auswahl an Japanreisen an. Saison sind der Frühling mit der Kirschblüte und der Herbst mit der herbstlichen Laubfärbung. Abgesehen von einzelnen Spezialreisen wie Wanderreisen oder Gartentouren sind die meisten Japanreisen eher Studienreisen mit dichtem Besichtigungsprogramm vor allem in und um Kyōto und Tōkyō. Eine gute Wahl ist es, an eine geführte Japanrundreise noch eine Woche „Japan auf eigene Faust" anzuhängen.

Alternativ zur fertigen Gruppenreise kann man sich von Spezialisten eine vorgebuchte Reise, auch mit Transport und ggf. Führern/Dolmetschern, zusammenstellen lassen. Wegen der hohen Personalkosten in Japan ist dies jedoch ziemlich teuer.

Einige auf Japan spezialisierte Reisebüros in Deutschland sind z. B. Fujitours, 🖳 www.fujitours.de, und Koyama Reisen, 🖳 www.koyamajapanreisen.de, in/bei Köln, Hotei Japan Reisen, 🖳 www.hotei-japan-reisen.de, in Berlin sowie HIS mit Büros in Frankfurt, Düsseldorf und München, 🖳 his-germany.de. Die Japanische Fremdenverkehrszentrale, 🖳 www.jnto.de, hält eine Liste mit spezialisierten Reisebüros bereit.

Schwule und Lesben

Homosexualität ist in Japan zwar nicht illegal, wird aber in der Öffentlichkeit weitgehend ignoriert. Es gibt keinerlei rechtliche Anerkennung gleichgeschlechtlicher Lebensgemeinschaften. Die politische Schwulen- und Lesben-Organisation Occur, 🖳 www.occur.or.jp, ist in der Öffentlichkeit kaum präsent. Eine schwul-lesbische Szene gibt es nur in größeren Städten.

Für gemischt- und gleichgeschlechtliche Paare ist es gleichermaßen unüblich, öffentlich Zuneigung zu zeigen; man muss aber nicht mit Anfeindungen rechnen. Hate-Crimes und Gay-Bashing gibt es in Japan praktisch nicht. Außer in manchen expliziten Love Hotels wird es nicht als befremdlich empfunden, wenn sich zwei Frauen oder zwei Männer ein Zimmer teilen wollen. Schwule und lesbische Reisende erwarten also keine Einschränkungen, aber auch kein besonderes Willkommen.

Das größte und offenste Szeneviertel ist Nichōme in Tōkyō. Hier konzentrieren sich in einem Block östlich von Shinjuku Kneipen, Clubs und Saunen.

Im Sommer findet in Tōkyō, Ōsaka, Sapporo und einigen anderen Städten eine Gay Parade statt. Im Vergleich zu CSD-Veranstaltungen in Europa sind diese Paraden eher klein und zurückhaltend. Es gibt im Demonstrationszug normalerweise einen Block, bei dem Filmen und

Fotografieren unerwünscht sind, was die Medien auch beachten. Im Juli findet in Omote Sandō in Tōkyō das Tokyo International Lesbian and Gay Film Festival statt. Die mehrtägige Veranstaltung zieht mehr Besucher an als die Parade. Nähere Informationen unter 🖳 www.tokyo-lgff.org.

Informationen über Treffpunkte, Clubs und Veranstaltungen finden sich in Nichōme, in den dort erhältlichen Zeitschriften oder im Internet auf der Portalseite 🖳 www.gayjapannews.com. *Badi*, 🖳 www.badi.jp, ist das größte Magazin für Schwule; für Lesben gibt es *Anise*, 🖳 www.terra-publications.co.jp/anise. Beide erscheinen nur auf Japanisch.

Sicherheit

Kriminalität

Die Kriminalität in Japan ist sehr gering; trotzdem sind Touristen immer ein beliebtes Ziel für Taschendiebe. Trickdiebstähle sind selten, Raubüberfälle verschwindend gering. Auch Gefahren durch terroristische Anschläge sind bisher nicht gegeben.

Die **Yakuza** sind als japanische Mafia zwar weltweit bekannt, stellen für Touristen aber keine Gefahr dar. Es handelt sich um kriminelle Vereinigungen, die das Glücksspiel und Prostitutionsgewerbe kontrollieren. Ein weiterer „Geschäftszweig" sind Schutzgelderpressungen. Die Banden bekriegen sich z. T. gegenseitig, als Tourist hat man jedoch mit den Yakuza nichts zu tun. Yakuza sind nicht nur an ihrer oft zu grellen Kleidung, sondern auch an ihren großformatigen Tätowierungen zu erkennen. Manche Schwimmbäder und Onsen verbieten deshalb pauschal „Leuten mit Tätowierungen" den Zugang.

Notfallnummern	
Polizei	☎ 110
Feuerwehr	☎ 119
Rettungswagen	☎ 119

Verkehrssicherheit

Auch im Hinblick auf die Verkehrssicherheit ist Japan kein gefährliches Land; die Unfallstatistiken unterscheiden sich nicht groß von europäischen. Der Verkehr in den Städten ist recht dicht, aber meist nicht schnell und auch nicht regellos. Da bei Unfällen häufig nach dem Grundsatz verfahren wird, dass der Stärkere oder Schnellere Schuld hat, fahren die meisten Autofahrer einigermaßen vorsichtig. Nur der **Linksverkehr** ist für Kontinentaleuropäer etwas gewöhnungsbedürftig.

Problematisch ist auch, dass es in den vielen engen Straßen kaum Bürgersteige gibt, sondern in den Städten oft nur weiß markierte Seitenstreifen. **Radfahrer** fahren, wo es ihnen gerade praktisch erscheint, auf der Straße oder auf dem Gehweg, links oder rechts. Telefonieren ist im Auto (aber nicht auf dem Fahrrad) verboten, wird aber trotzdem häufig praktiziert.

Sicherheitsgurte sind grundsätzlich auf allen Sitzen von Pkw verpflichtend, auf Schnellstraßen auch in Bussen.

Es hat in den letzten Jahren kaum größere Schiffs- oder Flugzeugunglücke gegeben; die **Sicherheitsstandards** sind allgemein sehr hoch. Der Druck auf das Zugpersonal, den Fahrplan einzuhalten, führte hingegen 2005 zu einem schweren Zugunglück in Kansai mit über 100 Toten: Der Fahrer hatte versucht, eine kleine Verspätung aufzuholen, und war zu schnell in eine Kurve gefahren. Seitdem sind die Strafmaßnahmen etwas gelockert worden, um das Risiko durch menschliches Versagen zu verringern. Technische Defekte sind gering, und Züge und Streckennetz werden gut gewartet.

Tiere

Die meisten Touristen bewegen sich hauptsächlich in städtischen Regionen und begegnen dort keinen wilden Tieren. Insekten dagegen können auch in den Städten ein lästiges Problem sein. Mücken übertragen in Japan weder Malaria noch Dengue-Fieber, allerdings (in ländlichen Gebieten) die Japanische Enzephalitis.

In den Bergen gibt es wilde **Affen**. Besonders in touristischen Gebieten wie Nikkō leben Horden japanischer Makaken, die an Touristen gewöhnt sind und durchaus zutraulich näher kommen. In Taschen vermuten sie Essbares – Plastiktüten, Handtaschen und locker geschwenkte Fotoapparate werden schnell entwendet. Manchmal werden die Tiere aggressiv, und es gab auch schon Zwischenfälle mit Affen, die auf Autos sprangen, um dort zu betteln.

Wer in den Bergen wandern geht, sollte außerdem auf **Bären** achten und ggf. eine Bärenglocke mitnehmen. Nicht nur auf Hokkaidō, sondern auch in vielen Regionen Honshūs, leben Braun- und Kragenbären, und es kommt zuweilen zu (manchmal sogar tödlichen) Unfällen.

Giftige **Schlangen** und andere wilde Tiere stellen in den meisten Regionen kein Problem dar (Kasten S. 586).

Erdbeben, Taifune und Vulkanausbrüche

In Japan gibt es häufig **Erdbeben**, hin und wieder kommt es dabei zu Personenschäden. Das richtige Verhalten bei einem Erdbeben wird in Schulen und Firmen und auf „Erdbebentagen" regelmäßig geübt (s. Kasten rechts).

Die größte Gefahr besteht dabei einerseits im Ausbrechen von **Feuern** (wie beim Kantō-Erdbeben 1923 mit fast 150 000 Toten), andererseits in **Tsunami** (Flutwellen), die nach Seebeben im gesamten Pazifik entstehen können. Diese Gefahr besteht vor allem auf der Pazifikseite. Bei der Tsunami-Katastrophe von 2011, der über 18 000 Menschen zum Opfer fielen (einschließlich Vermissten), waren die Brandungswellen mehrere Meter, an einigen Stellen wohl über 30 m hoch. Tiefliegende Küstengebiete können also komplett überschwemmt werden. Eigentlich gibt es in Japan ein sehr gutes Frühwarnsystem. Das Meteorologische Amt, 🖥 www.jma.go.jp/en/tsunami, gibt Informationen und Frühwarnungen aus, die schon wenige Minuten nach dem auslösenden Seebeben über Medien oder kommunale Lautsprechersys-

Verhalten bei Erdbeben

Die meisten der sehr häufig stattfindenden Erdbeben sind so schwach, dass man sie kaum oder gar nicht spürt, sondern nur mit hochsensiblen seismografischen Geräten feststellen kann. Es kommt jedoch statistisch mehrmals pro Jahrhundert zu starken Beben, deshalb hier ein paar kurze Hinweise zum richtigen Verhalten im Falle eines Falles:

■ Offenes Feuer (Herd) löschen.

■ Eine Tür oder ein Fenster als Fluchtweg öffnen, falls sich das Gebäude verschiebt und dann keine Tür mehr aufgeht.

■ Den Kopf schützen: Unter einen Tisch kriechen, notfalls unter einen Türsturz, ins WC oder eine enge Kammer. Ein Sitzkissen über den Kopf halten.

■ Keinesfalls Fahrstuhl benutzen.

■ Nicht voreilig auf die Straße laufen: Besonders gefährlich sind fallende Dachziegel, zersplitternde Fensterscheiben, umstürzende Dosenautomaten und Blockstein-Mauern.

■ Autofahrer müssen sofort am Straßenrand halten; ausgewiesene Notfallstraßen sind zu räumen. Wenn die Straße unbefahrbar wird, das Auto nicht abschließen und den Zündschlüssel unbedingt stecken lassen, damit Rettungsdienste es später ggf. bewegen können.

■ Bei Aufenthalt im Freien schnellstmöglich einen freien Platz mit ausreichend Abstand zu Gebäuden, Straßenlampen, Versorgungsleitungen und Bäumen aufsuchen.

■ Am Strand oder in Küstennähe begibt man sich wegen der Gefahr eines Tsunami rasch landeinwärts auf höheres Terrain und wartet dort die offizielle Tsunami-Entwarnung ab.

Genauere **Informationen** hat das Geoforschungsinstitut Potsdam in einem Merkblatt zusammengestellt: 🖥 bib.gfz-potsdam.de/pub/schule/merkblatt_erdbeben_0209.pdf.

teme verbreitet werden können – in den meisten Fällen also rechtzeitig vor der Welle. Je nachdem, wie weit das eigentliche Seebeben von der

Küste entfernt ist, bleiben möglicherweise mehrere Stunden für Evakuierungen. Nach der Katastrophe von 2011 wurden u. a. an allen Briefkästen Hinweise über die Höhe über dem Meeresspiegel angebracht. In Küstengebieten finden sich auch überall Hinweisschilder (mit dem Logo einer großen Welle) zu sicheren hochgelegenen Orten, an die man fliehen kann.

Im Spätsommer können **Taifune** den Verkehr v. a. im Süden lahmlegen. Bei Flügen nach Okinawa müssen Reisende im Sommer damit rechnen, dass sich wegen eines Taifuns der Rückflug verzögert – die Fluggesellschaften erkennen das bei direkten Anschlussflügen an, trotzdem ist es sinnvoll, nicht zu knapp zu planen.

Japan hat viele aktive Vulkane. **Vulkanausbrüche** sind aber eher selten. Die Vulkane werden intensiv beobachtet, und gute Frühwarnsysteme führen ggf. zu einer schnellen Evakuierung. Riskanter sind die giftigen Gase, die mancherorts austreten. Wer in der Nähe von aktiven Vulkanen wandern gehen will, sollte sich vorher erkundigen, ob auf dem Weg derartige Gefahren drohen.

Sport und Aktivitäten

Baseball

Die beliebteste Zuschauersportart in Japan ist Baseball *(yakyū)*. Der Sport kam im 19. Jh. wie viele andere westliche Einflüsse aus den USA nach Japan und erreichte – eher zufällig – eine Popularität, die der von Fußball in Europa gleichkommt. Es ist nicht schwierig, Turniere zu sehen, entweder der großen Teams, die meist die Namen von Firmen und einem Tier (wie Hanshin Tigers oder Seibu Lions) tragen, oder derjenigen von Universitäten oder lokalen Oberschulen.

Die Profis spielen in zwei **Ligen** (der Central und der Pacific League); die Saison dauert von April bis September. Am Saisonende spielen die besten Mannschaften beider Ligen in der Nihon Series gegeneinander.

Bergwandern und Trekking

Wandern ist ein sehr beliebtes Hobby, das Tausende von Japanern – meist Senioren in straff organisierten Gruppen – an Sommerwochenenden in die Berge treibt. Oft werden je nach Jahreszeit Wege ausgesucht, an denen gerade bestimmte Blumen blühen oder die für ihre herbstliche Laubfärbung berühmt sind. Solche Wandergebiete werden in zahlreichen japanischen Zeitschriften und Fernsehsendungen vorgestellt und beworben. Die leichteren Wege sind oft dementsprechend überlaufen, und Hobbyfotografen wuchten riesige Objektive durchs Blumenmeer. Ein Erlebnis also, wenn auch kein ausschließliches Naturerlebnis.

Japans Berge überzieht ein riesiges, gut ausgebautes Wanderwegenetz. Die **Japanischen Alpen** fangen gleich hinter den Ballungsräumen der Kantō-Ebene an – selbst im Stadtgebiet der (Hafen-) Metropole Tōkyō gibt es einen über 2000 m hohen Berg, den Kumotori-san.

Zu den beliebtesten Wandergebieten, die von Tōkyō aus in Tagesausflügen zu erreichen sind, gehören die niedrigeren Berge von Okutama und

Japans 100 berühmte Berge

Bereits in der Edo-Zeit existierte eine Liste von damals nur 90 als besonders schön gerühmten Bergen. Allerdings waren einige davon eher Hügel, und so stellte der Alpinist Fukuda Kyūya 1963 eine neue Liste von 100 berühmten Bergen zusammen, in der er Berge ausschloss, die niedriger als 1500 m waren. Berühmt wurde diese Liste aber erst, als Kronprinz Naruhito sie lobend erwähnte. Heute ist die Liste so bekannt, dass auch auf den Wanderkarten die entsprechenden Berge als *hyakumeizan* („100 berühmte Berge") eingezeichnet sind. Viele Bergfreunde haben es sich zum Ziel gesetzt, alle 100 Berge zu besteigen. Die 100 Berge sind alle für „normale" Bergwanderer erschlossen – manche wurden dafür recht aufwendig mit Leitern und Seilen abgesichert. Der höchste der 100 berühmten Berge ist der Fuji-san; als der schwierigste gilt der Tsurugidake in den Nordalpen.

Wandern auf Japanisch

山	yama, -san	Berg
峰	-mine	Berg
岳	-dake	Berg
岩	iwa	Fels
滝	taki	Wasserfall
沢	zawa	Bachlauf
橋	hashi/bashi	Brücke
水	mizu	Wasser
休	yasumi	Rastplatz (oft überdacht)
急な坂	kyū na zaka	steile Steigung
謎	nazo	Weg schwierig zu finden
右	migi	rechts
左	hidari	links
小屋	koya	Hütte
非常小屋	hijō-goya	Nothütte
山荘	sansō	Hütte
ロッジ	lodge	Hütte
入浴可	nyūyoku-ka	(öffentliches) Bad

die Berge um den Fuji-san in den südlichen Alpen. In den nördlichen Alpen (um Matsumoto und Nagano sind die Berge höher und felsiger, dafür dauert die Anfahrt etwas länger. Die Wandersaison beginnt dort erst im Juli.

Auch auf **Hokkaidō** kann man gut wandern; dort bieten wegen des nördlicheren Klimas auch die 2000er bereits eine Hochgebirgsflora.

Kyūshūs höchster Berg, der 1935 m hohe Miyanoura-dake, liegt auf der vorgelagerten Insel **Yakushima**, die wegen ihres ungewöhnlichen Klimas und der alten Zedern Unesco-Weltnaturerbe ist (S. 576).

Viele Japaner orientieren sich bei der Wahl ihrer Wanderziele an den „100 berühmten Bergen" (hyakumeizan, s. Kasten links).

Wanderwege und -karten

Die **Wanderwege** sind durchgehend gut instandgehalten und ausgeschildert (auf Japanisch), die Wegführung ist oft steiler als in Europa. Es gibt sowohl bewirtschaftete Hütten mit im Vergleich zu Europa eher kostspieligen Schlafmöglichkeiten als auch Schutzhütten, die gratis benutzt werden können. Meist befinden sich in der Nähe einfache Zeltplätze (rund 400 ¥ pro Person).

Gute **Wanderkarten** (auf Japanisch) sind in den Gebirgsdörfern selbst und in gut sortierten Buchläden erhältlich. Die Serie Yama to Kōgen („Berge und Hochebenen") deckt die meisten Wandergebiete ab, vom Rausu-dake ganz im Norden Hokkaidōs bis Yakushima, der tropischen Vulkaninsel südlich von Kyūshū. Die Karten sind im Maßstab 1:50 000 gehalten, kosten etwa 800 ¥ und werden regelmäßig neu aufgelegt. Die Wanderrouten sind mit ungefähren Gehzeiten versehen (Berechnungsmaßstab dafür sind rüstige Senioren), Symbole weisen auf Wasserstellen und Schutzhütten hin; außerdem sind Telefonnummern von Unterkünften, Taxi- und Busunternehmen angegeben.

Ausrüstung

Japanische Wanderer sind bedingungslose Gear-Fetischisten und ziehen auch auf leichte Wanderungen in voller Gore-tex-Montur und mit Gamaschen oder gar Eispickel und Seil los. Davon muss man sich nicht anstecken lassen; zumindest für die Japanischen Alpen sind gute Wanderschuhe aber unabdingbar, denn viele Berge sind felsig, und über der Baumgrenze haben die Wege oft kurze Klettersteigpassagen.

Da die Pfade oft steiler angelegt sind als in Europa, sind Teleskopstöcke für den Abstieg eine gute Idee. Für touristische Stege und Rundwege in Hochmooren etc. reichen leichte Schuhe mit rutschfester Sohle aber völlig aus.

Für Hochgebirgstouren sind je nach Jahreszeit auch Steigeisen, Helme oder Eispickel erforderlich; diese können fast nie vor Ort ausgeliehen werden.

Fußball

Seit der Fußballweltmeisterschaft 2002, die von Japan und Korea gemeinsam ausgerichtet wurde, hat Fußball in Japan mehr Anhänger gewonnen. Die japanische professionelle Liga, die **J-League**, gehört zu den stärksten in Asien. Auch bei den Weltmeisterschaften 2006, 2010 und 2014 konnte sich die japanische Mannschaft qualifizieren. 2006 und 2014 schied sie bereits in der Vorrunde aus, 2010 verloren die Japaner im Achtelfinale gegen Paraguay im Elfmeterschießen. Dafür wurde die Frauenfußballmannschaft 2011 Weltmeister. Als Amateur- und Straßensport wird Fußball zwar zunehmend beliebter, erreicht aber beileibe nicht die Popularität wie in Europa, Südamerika und Afrika. Fußballspiele werden von den öffentlichen Sendern immer noch vergleichsweise selten übertragen.

Kampfsport

Zu den traditionellen Sportarten Japans gehören Kampfsportarten wie Jūdō, Kendō, Karate und Aikidō. Sie alle sind aus dem „Weg des Kriegers", **Bushidō**, geboren und gehen damit auf die Kriegerideale der Kamakura-Zeit (etwa

13. Jh.) zurück. Seit dieser Zeit nahm auch die damals neue buddhistische Richtung des Zen Einfluss auf die Kampfkünste, was sich noch heute in Zeremoniell und Geisteshaltung zeigt. Als Sportarten sind die Kampfkünste aber jüngeren Datums. **Karate** wurde ursprünglich aus China nach Okinawa und von dort nach Japan eingeführt. Auf dem Weg entwickelte es sich zu einer waffenlosen Kampftechnik, denn in Okinawa war das Tragen von Waffen verboten (Kasten S. 81). Auch beim **Jūdō** und **Aikidō** geht es darum, den Gegner ohne Waffen zu besiegen: Mit Geschick wird die Kraft und Bewegungsenergie des Gegners umgelenkt und zum eigenen Vorteil genutzt. Beim **Kendō** dagegen schlagen die Kontrahenten in traditioneller Schutzkleidung mit Bambusstöcken aufeinander ein. Den Kampfsportarten gemeinsam ist der große Wert, der auf das Prozedere, Höflichkeitsformen und die Ehrerbietung gegenüber dem Lehrer gelegt wird.

In der Trainingshalle Budōkan in Tōkyō können manchmal Kämpfe angesehen werden. Wer bei Kampfsportarten mittrainieren möchte, fragt am besten schon im eigenen Dōjō zu Hause nach Kontaktadressen, um für eine reibungslose und freundliche Aufnahme zu sorgen.

Zu den traditionellen Kampfsportarten gehört eigentlich auch **Kyūdō**, die Kunst des Bogenschießens. Anders als (westliches) Sportbogenschießen, das auch in Japan bekannt ist, wird Kyūdō mit alten Langbögen und in traditioneller Kleidung (hakama) ausgeübt.

Eine weitere im Westen eher unbekannte japanische Sportart ist das **Iaidō**, der „Weg des Schwertziehens". Beim Iaidō kämpft man nicht gegeneinander, sondern der oder die Ausübende führt ein partnerloses Kata durch, eine Abfolge von festgelegten Bewegungsabläufen mit einem ungeschliffenen Schwert. Bereits während der Edo-Zeit wurde die Schwerttechnik nicht ausschließlich als Kampftechnik, sondern auch als Instrument zur geistigen Ausbildung angesehen. Mit der Meiji-Restauration wurde das öffentliche Tragen von Schwertern verboten. Wiederbelebt wurde die traditionelle Kunst des Schwertkampfes erst Anfang des 20. Jhs. durch das Engagement von Nakayama Hakudō.

Karate

Die japanische Kampfsporttechnik Karate kommt ursprünglich aus Okinawa. Dort wurden schon mindestens seit dem 15. Jh. zur Selbstverteidigung aus China stammende Nahkampftechniken praktiziert, die *tōde* genannt wurden, in etwa zu übersetzen als „chinesische Hand (-kampftechnik)". In China kamen bei solchen Kämpfen auch Stöcke oder andere Waffen zum Einsatz, da aber auf den Ryūkyū-Inseln das Tragen von Waffen verboten war, wurden die Techniken entsprechend abgewandelt. Nun konnte das Zeichen für „China" (唐) außer „tō" auch „kara" gelesen werden, und „kara" wiederum kann, mit einem anderen Zeichen (空) geschrieben, auch „leer" bedeuten. So entstand die Bezeichnung Karate-dō, der „Weg der leeren Hände", für die neue waffenlose Kampftechnik. Eine Sportart mit festen Regeln wurde daraus erst im 19. Jh.

Die Präfektur Okinawa versteht sich noch immer als Geburtsort des Karate. Hier sind mehrere Karate-Verbände ansässig, die sich rühmen, die „ursprüngliche" Form des Karate zu praktizieren. Regelmäßige Karate-Vorführungen für Touristen gibt es nicht. Karate-Veranstaltungen finden manchmal in der Okinawa Prefectural Hall of Martial Arts in Naha statt.

Auch Karate-Kurse und -Schnupperkurse lassen sich spontan kaum arrangieren; wer Interesse hat, kümmert sich am besten schon vorher darum bzw. fragt in einem Dōjō zu Hause nach einem Kontakt in Japan bzw. Okinawa. Wer solchermaßen vorgestellt ist, wird meist sehr freundlich empfangen. Die folgenden Organisationen in Okinawa bieten manchmal Kurse an oder vermitteln Schulen:

Okinawa Traditional Karatedo Kobudo International Studying Center, Yomitan, ☏ 098-921-1080, 🖥 www.okinawakarate.jp.

Okinawa Traditional Karate Liaison Bureau, Naha, Omoro-machi 2-5-7-205, ☏ 098-943-4334, 🖥 www.okkb.org.

Okinawa Karatedo Kobudo Support Center, Naha, Kumoji 3-13-12-202, ☏ 098-864-5628, 🖥 www. okinawa-karate.jp.

Shureido Shop, Naha, Tomari 1-1-6, ☏ 098-861-5621, 🖥 www.shureido-karate.com. Verkauft Karate- und Kampfsportzubehör.

Kayakfahren und Rafting

Wegen der langen und an vielen Stellen sehr schönen Küste ist Japan für Seekayakfahrer interessant. Außerdem sind kurze Touren auf Seen und Flüssen möglich, allerdings sind die wenigsten Flüsse lang genug für eine ausgedehnte Paddeltour. Ausleihen kann man **Kayaks** fast nirgends. Nur wer eine Kayakschule im Voraus kontaktiert und glaubhaft machen kann, mit dem Kayak auch umgehen zu können, hat Chancen auf ein seegängiges Kayak. Auf manchen familienfreundlichen Seen gibt es einfache Freizeitboote zu leihen. Geführte Kayaktouren oder eintägige Kurse kosten um 10 000 ¥ pro Tag und Person. Auch für Anfänger mit ein paar Japanischkenntnissen sind sie eine gute Möglichkeit, sicher und mit gutem Material ins Kayakfahren hineinzuschnuppern. Auf Okinawa gibt es relativ viele Kayaktouren, die speziell für Anfänger konzipiert sind. Sie lassen sich kurzfristig und auch ab zwei Personen buchen und verwenden kentersichere Sit-on-Kayaks. In der Regel wird bei einer solchen Tour ein schöner Schnorchelplatz angefahren. Zum Ausprobieren sehr empfehlenswert.

Kontaktadressen und Schulen in der Nähe von Tōkyō sind u. a.

With Nature, 🖥 www.wiz-nature.com/pc/home.html. Flusskayak in Okutama.

Gravity, ☏ 0428-76-0981, 🖥 www.gravity-jp.com. Flusskayak in Okutama.

Saltys, ☏ 0470-20-4131, 🖥 www.saltys.info. Seakayak und viele Kurse in Chiba.

Umiushi, ☏ 046-876-2291, 🖥 www.umiushi.jp. Seakayak auf der Miura-Halbinsel in Kanagawa, schöne Touren, manchmal auch Ausleihe möglich.

Rafting ist auf mehreren Flüssen Japans möglich. Beliebt sind der Tone in der Nähe von Tōkyō, der Kisogawa in Chūbu (bei Inuyama, S. 318), der Yoshino auf Shikoku und der Kumagawa in Kyūshū, aber auch in Nagano gibt es Rafting-Touren. Anbieter lassen sich bei Outdoor Japan, 🖥 www.outdoorjapan.com, finden oder sind in den entsprechenden Regionalkapiteln angegeben.

Klettern

Sportklettern ist auch in Japan beliebt. Der Schwerpunkt liegt auf kurzen Sportkletterrouten und Bouldering. Es gibt zahlreiche gute Klettergebiete, viele davon in der Umgebung von Tōkyō. Das japanische Klettermekka ist **Ogawayama**, einige Autostunden westlich von Tōkyō und mit öffentlichen Verkehrsmitteln relativ schlecht zu erreichen. Dort liegen verstreut um einen großen Campingplatz rund 700 Routen an Granitfelsen, darunter auch Mehrseillängen- und Boulder-Routen. Kletterrouten in Japan sind grundsätzlich gut gesichert (meist mit Klebehaken) und instandgehalten; fast immer gibt es oben eine Kette mit Schraubkarabinern. Ein 50-Meter-Seil ist fast überall ausreichend.

Kletterhallen, besonders in den größeren Städten, sind gut ausgestattet und normalerweise bis spät abends geöffnet. Im angeschlossenen Shop kann man Ausrüstung und Topos kaufen oder nach Kletterpartnern suchen. Die meisten Kletterhallen haben große Boulderwände auch mit sehr leichten Routen: Bouldern ist als eigenständiger Sport recht verbreitet, nicht zuletzt, weil es im japanischen Arbeitsalltag nicht leicht ist, Verabredungen zum Klettern einzuhalten.

Klettertopos: Der Verlag Yama to Keikoku, 🖥 www.yamakei.co.jp, gibt Topos für ganz Japan heraus. Die vierbändige Serie *Nihon 100 Iwaba* („100 Felsen Japans") deckt ganz Japan ab (Ogawayama ist z. B. in Nr. 3). Jedem Klettergebiet ist ein Infoteil mit Saison und Anfahrt (auch mit öffentlichen Verkehrsmitteln) vorangestellt, danach kommen Lageskizzen und gezeichnete Topos. Die Schwierigkeitsgrade sind nach dem Yosemite-System angegeben. Die Reihe

ist auf Japanisch geschrieben, aber zumindest an Wochenenden sind die Klettergebiete gut besucht, sodass sich auch immer jemand findet, der behilflich ist.

Laufen

Laufen ist eine beliebte Ausgleichssportart: Sehr viele Menschen nehmen an Marathonläufen teil, und „Pendler-Running" ist eine verbreitete Art, Lauftraining in einen dichten Tagesrhythmus einzubauen. Nach der Arbeit zieht man sich um und läuft vom Bahnhof oder direkt vom Büro nach Hause. Geeignete Laufstrecken in Städten finden sich oft entlang von Flüssen oder Kanälen oder auch in öffentlichen Parkanlagen. In Tōkyō gibt es einen Lauftreff für Ausländer, 🖥 www.namban.org, und einen jährlichen Marathon (S. 201).

Radfahren

Das Fahrrad ist zwar ein weit verbreitetes Verkehrsmittel für kurze Strecken in der Stadt, aber gesonderte Radwege gibt es fast nirgends. Man fährt auf dem Bürgersteig, auf der Straße, eben da, wo gerade eine Lücke ist.

In ländlicheren Gebieten, vor allem in den Bergen, sieht man hin und wieder Rennradler. In den Bergen ist auch Mountainbiken möglich.

Eine Fahrradtour durch Japan empfiehlt sich nur bedingt, da über 80 % des Landes gebirgig sind. An den besiedelten Küsten ist Fahrradfahren dagegen kein Problem (wenngleich nicht unbedingt beschaulich), und als ausländischer Radler wird man auf dem Land bestaunt und bekommt schnell Kontakt zu den Einheimischen. In etwas ländlicheren Regionen lassen sich gute Tagestouren per Rad einrichten. Auf Shikoku bewältigen immer mehr Pilger auf dem 88-Tempel-Weg (S. 498) die Inselumrundung per Rad.

In den Großstädten verkaufen gute Fahrradfachgeschäfte Zubehör in ausgezeichneter Qualität – allerdings können große Räder ein Problem darstellen: So ist es oft schwierig, lange Sattelstangen oder passende Schläuche für 28''-Reifen zu bekommen.

Fahrräder dürfen fast nie in **öffentlichen Ver-kehrsmitteln** mitgenommen werden, außer wenn sie in Transporttaschen verpackt sind oder zusammengeklappt werden können.

Sumō

Eine beliebte Zuschauersportart in Japan ist der Ringkampf Sumō, dessen Wettkämpfe einen interessanten Kontrast zwischen shintō-inspiriertem Ritual und einem oft sehr kurzen Kampf bieten. Der japanische Nationalsport wurde erst zu Beginn der Edo-Zeit eine professionelle Kampfsportart, aber die **Ursprünge** gehen viel weiter zurück. Historisch soll es Ringkämpfe im Stil des Sumō bereits vor 1500 Jahren gegeben haben. Die ersten Sumō-Turniere wurden zusammen mit Tänzen und Theatervorführungen rituell in Schreinen durchgeführt und sollten eine reiche Ernte sichern. Während der Nara-Zeit (8. Jh.) wurde Sumō am Kaiserhof eingeführt. Damals gab es ein jährliches Ringerfest mit Musik und Tanz, aber wenigen Regeln für den eigentlichen Kampf. Dieser war wohl eine Mischung aus Boxen und Ringen, fast alle Griffe waren erlaubt. Nach und nach wurden am Kaiserhof Regeln entwickelt, die bereits denen des heutigen Sumō glichen.

In der sehr militärisch ausgerichteten Kamakura-Zeit war Sumō als Nahkampfsport bei den Samurai beliebt und wurde dementsprechend gefördert. Jiu-Jitsu (Jūjutsu) entwickelte sich als eine Unterart des Sumō. Erst als mit der Machtübernahme durch die Tokugawa in der Edo-Zeit die Bürgerkriege abebbten und Japan einen jahrhundertelangen Frieden erlebte, wurde Sumō zum Zuschauersport mit festem Regelwerk. Auch die heutige Sumō-Vereinigung hat ihre Ursprünge in der Edo-Zeit.

Die Nationalliga ist aufgeteilt in zwei Gruppen, Ost und West. Sechs Mal im Jahr finden **Turniere** *(basho)* statt: Dabei tritt 15 Tage lang jeweils jeder Ringer aus der Ostgruppe gegen einen anderen aus der Westgruppe an. Sieger ist der Ringer mit den wenigsten Niederlagen. Die Rangnamen, wie Yokozuna (der höchste Titel), Ōzeki etc. werden von einer Jury vergeben; ihre Sumō-Namen wählen die Sportler selbst aus, oft

mit Bezug zum Heimatort. Drei der sechs jährlichen Wettkämpfe (im Januar, Mai und September) finden in Tōkyō statt, die übrigen in Ōsaka (März), Nagoya (Juli) und Fukuoka (November).

Ein wichtiger Bestandteil des Wettkampfs ist das **Präsentationsritual**, bei dem die beiden Gruppen, angeführt von ihrem jeweiligen Yokozuna, den Ring umschreiten. Dabei tragen sie prächtig verzierte zeremonielle Schürzen, die auf ihren Herkunftsort hinweisen (meist die Präfektur). Über der Schürze hängende, weiße gefaltete Papierstreifen weisen auf den religiösen Hintergrund des Sports hin. Auch die ersten Gesten vor dem Kampf symbolisieren die Reinigung des Kämpfers, der in die Hände klatscht (wie am Shintō-Schrein), die Handflächen zum Himmel hebt, reinigendes Salz streut und dann auf die Erde stampft, um die Geister zu vertreiben.

Die meisten **Sumō-Ringer** *(rikishi)* beginnen ihre Karriere bereits in der Schulzeit. Sie leben in strenger Trainingsdisziplin zusammen in einem Trainingslager *(dōjō)*. In den letzten Jahrzehnten haben es viele Ausländer an die Spitze der Sumō-Liga geschafft: Von Hawaiianern wie Konishiki und Akebono (seit den 1980er-Jahren) bis zu Mongolen (u. a. Hakuho, Harumafuji und Kakuryū) und vereinzelten Europäern wie dem Bulgaren Aoiyama und sogar einem Ägypter (Ōsuna-arashi).

Karten, Vorverkauf, Plätze und Veranstaltungszeiten sind am besten der ausführlichen Website der **Japan Grand Sumo Association**, 🖥 www.sumo.or.jp, zu entnehmen. Die Seite hat eine komplette englische Version mit detaillierten Informationen zu Wettkämpfen und Eintrittskarten, den einzelnen Sumō-Ringern (wie Herkunft, Gewicht, Häufigkeit, mit der sie bestimmte Techniken anwenden) sowie zu Geschichte und Regeln des Sumō. In Tōkyō gibt es außerdem ein Sumō-Museum (S. 167).

Surfen und Kitesurfen

An der Pazifikküste von Honshū, Shikoku und Kyūshū gibt es etliche Surferstrände – besonders beliebt sind die Wellen in Chiba und Shizu-oka, nicht allzu weit von Tōkyō entfernt. Kamakura ist eine gute Basis. Auch Kyūshū bietet schöne warme Strände mit verlässlichen Surfer-Wellen, während in Okinawa das Ambiente zwar perfekt ist, die richtige Windrichtung zu treffen aber etwas problematischer.

Im Frühjahr bis etwa Juni ist die See meistens noch ruhig und für Anfänger geeignet; hohe Wellen bringen vor allem die Taifune im Hochsommer mit sich. Einen guten Einstieg für Surfer bietet die Website 🖥 www.japan surf.com.

Während die japanischen Kitesurfer sich meistens an zentral gelegenen Orten wie Chiba und der Bucht von Tōkyō vergnügen müssen, schwärmen Insider von den Koralleninseln im Süden Okinawas: Die Winde bei Ishigaki z. B. sollen zu den besten weltweit gehören.

Tauchen

Die Inseln Okinawas liegen mitten in der Japan-Strömung, der größten warmen Wasserströmung der Welt. Ihr ist es zu verdanken, dass die durchschnittliche Wassertemperatur des Meeres auch im Winter nicht unter 20 °C sinkt, im Sommer liegt sie bei bis zu 29 °C. Im klaren Wasser um Okinawa sind Sichtweiten bis 40 oder 50 m keine Seltenheit.

Die südlichen Inseln der Präfektur Okinawa – die Miyako-jima- und Yaeyama-Inseln – bestehen aus Korallenriffen, und entsprechend farbenfroh ist die Unterwasserwelt. Etwa 1000 Arten von Fischen und Meerestieren sind hier anzutreffen, u. a. Seegurken, seltene Meeresschnecken, Schildkröten, Rochen und Wale.

Tauch-Spots

Die meisten Tauch-Spots Okinawas sind am besten mit dem Boot zu erreichen. Einstiege vom Strand sind hauptsächlich von der Okinawa-Hauptinsel, z. B. im Motobu-Bezirk, möglich. Zu den bekanntesten Tauchplätzen gehören die Kerama-Inseln in der Okinawa-Inselgruppe, Irabu-jima in der Miyako-jima-Gruppe und Yonaguni in der Yaeyama-Inselgruppe.

Auf den **Kerama-Inseln** ist das Wasser am klarsten, und weil die Tauchstellen zwischen etlichen kleinen Inseln liegen, ist die Strömung nicht stark.

Auf **Irabu-jima** (bzw. der Teil-Insel Shimoji) bilden die Toriike eine besondere Herausforderung: zwei kleine Teiche, durch Tunnel mit dem offenen Meer verbunden. An der Südküste von **Miyako-jima** selbst finden sich ebenfalls einige gute Tauchreviere.

Wer den weiten Weg bis auf die **Yaeyama-Inseln** nicht scheut, wird besonders reich belohnt: Nördlich von Ishigaki-jima, aber auch bei Iriomote können Manta-Rochen beobachtet werden. Auf der Insel Yonaguni kommen Mystery-Fans zum Zug: Vor der Insel ist eine versunkene, bisher unerklärte und unerforschte Ruine gefunden worden, die als Tauchziel beliebt ist; auch Hammerhaie gibt es hier. Bei Hateruma im äußersten Süden der Inselgruppe stehen Korallen wie Säulen im Meer. Bis auf wenige Ausnahmen sind die meisten Tauchplätze auf den Yaeyama-Inseln auch für Anfänger und Gelegenheitstaucher geeignet.

Tauchen und Schnorcheln

Japan liegt ungefähr auf Höhe des Mittelmeeres im Pazifik und bietet sich für zahlreiche Wassersportarten an. Besonders die südliche Präfektur Okinawa gilt als Tauch- und Schnorchelparadies.

An manchen Küsten besteht die Gefahr von gefährlichen **Strömungen** (*rip currents*, jap. *riganryū*), die parallel zur Küste laufen, um dann kräftig ins offene Meer auszulaufen. Schnorchler und Schwimmer, die hineingeraten, sollten nicht dagegen ankämpfen, sondern sich mittreiben lassen und dann versuchen, die Strömung seitlich zu verlassen.

Auf allen touristisch erschlossenen Inseln gibt es Anbieter für Tauch- und Schnorcheltouren (s. dort).

Wintersport

Japaner sind begeisterte Wintersportler, und in den Japanischen Alpen sowie im Norden Japans gibt es zahlreiche Wintersportorte: Vor allem Abfahrtsski, aber auch Langlauf, Tourenski und Schneeschuhtouren sind beliebt. Die Ski-Resorts bieten sichere Schneeverhältnisse und eine hervorragende Infrastruktur. Viele Pisten sind abends flutlichtbeleuchtet.

Zu den größten und bekanntesten Ski-Resorts zählen **Hakuba** und **Shiga-kōgen** in Nagano sowie **Niseko** und **Furano** auf Hokkaidō. **Yuzawa** in Niigata ist wegen der relativ guten Anbindung an Tōkyō beliebt. Zao in Yamagata ist bekannt für idyllisch verschneite Bäume.

Ausführliche Informationen auch auf Englisch bietet die Website: 🖳 www.snowjapan.com.

Auch auf der **Hauptinsel Okinawa** gibt es etliche bekannte Tauchplätze wie den Hedomisaki-Dom und die Felsen beim Inselchen Ie. Bei Yomitan begleiten ungefährliche Walhaie die Taucher. Manche Korallen in dieser Region leiden inzwischen unter Verschmutzung durch Abwasser.

Tauchreisepakete
Auch von Honshu aus werden Tauchreisen angeboten, meist als Pakettour nach Okinawa. Ein typisches Angebot bestehend aus Flug, Übernachtung mit Frühstück und mehreren Tauchgängen – z. B. drei Übernachtungen und vier Tauchgänge mit Boot – gibt es je nach Jahreszeit ab ca. 50 000 ¥.
Einige japanische (Tour) Anbieter (Websites nur japanisch):
Padi-Club, 🖳 www.pdclub.co.jp
Fun Island Tour, 🖳 www.fun-island.jp
Boston Club, 🖳 www.bostonclub.com

Tauchschulen
Einige Tauchschulen (mehr im Kapitel Okinawa):
Reef Encounters, 🖳 www.reefencounters.org
Kaifu Divers, 🖳 www.kaifu-divers.com
Marine Lodge Marea, 🖳 www.marea-miyako.jp
Ingadi, 🖳 www.irabujima.jp
Umicoza, 🖳 www.umicoza.com/english
Für längere Taucherlebnisse lohnt es sich, auf eigene Faust nach Okinawa zu reisen und vielleicht ein oder zweimal die Insel zu wechseln. Viele Tauchschulen haben entweder eigene Unterkünfte oder sind bei Vermittlung und Transport behilflich. Da die größte Kundengruppe Japaner sind, ist nicht gesagt, dass in allen Tauchschulen Englisch gesprochen wird – das ändert sich mit der Fluktuation der Tauchlehrer. Also lieber frühzeitig anfragen!
Je nach Wetterverhältnissen können auch Tauchanfänger und sogar Schnorchler zu den Plätzen mitfahren, an denen sich die riesigen Rochen aufhalten.

Telefon

Festnetz

Das japanische Telefonnetz ist flächendeckend und sehr zuverlässig. Viele Anschlüsse sind digital. Da die Kosten für die Telefonleitung recht hoch sind, haben heute aber viele Privatpersonen nur noch ein Mobiltelefon.

Mobiltelefon

Einfache europäische Handys funktionieren in Japan nicht, da das Mobilfunknetz über ein anderes System läuft. Ausnahmen sind G3/UMTS-fähige Geräte: Die japanischen Anbieter **NTT DoCoMo**, **SoftBank** und **KDDI** haben Roaming-Abkommen mit den deutschen Anbietern, dabei können allerdings hohe Gebühren (bis zu 3 € pro Minute) anfallen. Am besten informiert man sich vor Abflug über geeignete Auslandsverträge oder benutzt das Handy v. a. über WLAN und nutzt das Roaming nur im Notfall.

Um ein japanisches Telefon oder eine SIM-Karte zu kaufen, braucht man normalerweise eine Alien Registration Card, muss also dauerhaft in Japan gemeldet sein. Es besteht aber die (je nach Nutzung recht kostspielige) Alternative, ein japanisches Telefon oder eine japanische SIM-Karte zu mieten. Bei Anbietern, mit denen ein Roaming-Vertrag besteht, ist es möglich, die eigene SIM-Karte einzusetzen und dann über die eigene europäische Handy-Nummer erreichbar zu bleiben. Auch dabei fallen zusätzlich zu den Leihgebühren die Roaming-Gebühren des Anbieters im Heimatland an.

Das Telefon einschließlich SIM-Karte zu mieten kostet ab 250 ¥ pro Tag plus Gesprächsgebühren (ab 80 ¥/Min., für Auslandsgespräche wesentlich teurer). Informationen z. B. unter 🖳 www.jalabc.com/rental/domestic_eng/index.html, 🖳 www.pupuru.com oder 🖳 www.softbank-rental.jp. Alternativ kann man hier auch WLAN-Router für das Mobilfunknetz mieten (ab 400 ¥ pro Tag je nach Datenmenge).

JNTO hat eine aktuelle Liste der Anbieter unter 🖳 www.jnto.go.jp. Eine Prepaid-Daten-SIM-Karte für Touristen ist geplant.

Internationale Telefonate

Öffentliche Telefone in Japan sind meist grün oder grau (vereinzelt gibt es noch Telefone in anderen Farben, die aber nur für Ortsgespräche funktionieren). Auslandstelefonate sind nur mit den grauen Telefonen möglich, bei diesen steht oft ein Automat für Telefonkarten. Außerdem gibt es IC-Kartentelefone, die andere Karten verwenden.

Billiger ist das **Telefonieren übers Internet**, entweder in speziellen Telefonzellen in Internetcafés (in Japan nicht sehr verbreitet) oder direkt über den Computer. Internettelefon-Anbieter wie Skype, 🖳 www.skype.de, ermöglichen es, von einem Computer mit Mikrofon andere Skype-Teilnehmer gratis anzurufen. Wer über Kreditkarte ein Guthaben bei Skype anlegt, kann damit sehr preiswert auch Festnetznummern anrufen. Die meisten Computer in Internetcafés haben Skype und Kopfhörersets installiert.

Transport

Flüge

Innerjapanische Flüge sind unkompliziert und praktisch, aber meist nicht billig. **Flugtickets** können online gebucht werden; am Flughafen

Internationale Vorwahlen	
Internationale **Vorwahl für Japan**	0081
Von Japan ins Ausland	

Vor die Ländervorwahl muss je nach Anbieter zusätzlich eine internationale Zugangsvorwahl gewählt werden: 001 für KDDI, 0061 für Softbank oder 0033 für NTT. Das heißt, um z. B. nach Deutschland zu telefonieren, muss man 001-01049, 0061-01049 oder 0033-01049 wählen.

Deutschland	01049
Österreich	01043
Schweiz	01041

Japanische Züge sind pünktlich, sauber und gut gewartet.

© JAPAN-PHOTO.DE / HARTMUT PÖHLING

gibt es zum Normalpreis meistens noch ganz kurzfristig Tickets am Automaten. Sonderangebote sind allerdings rar; Rabatte gelten für Frühbucher oder Sammeltickets *(kaisūken)*: normalerweise vier Tickets für die gleiche Strecke. Für häufige Routen verkaufen Discount-Ticketshops oft solche günstigeren Tickets auch einzeln. Für Touristen bieten sich Angebote wie die Yōkoso- oder Welcome-to-Japan-Pässe von JAL (nur gültig bei Anreise mit der Oneworld-Gruppe) oder der Visit-Japan-Pass von ANA (nur gültig bei Anreise mit der Star-Alliance-Gruppe) an. Damit können Besucher aus dem Ausland innerjapanische Flüge zu einem Festpreis von etwa 10 000 (JAL, nicht für alle Strecken) bzw. 13 000 ¥ (komplettes Streckennetz ANA) oder 14 000 ¥ (komplettes Streckennetz JAL) pro Strecke kaufen. Bei den Pässen bucht man schon vor Einreise zwei bis fünf innerjapanische Flugabschnitte. Die Strecken müssen vorher festgelegt sein, das Datum lässt sich aber bis auf den ersten Flug beliebig verschieben. Der Experience-Japan-Tarif (10 800 ¥) von ANA hingegen

kann auch für einzelne Strecken und in Japan gebucht werden, allerdings ist das Kontingent begrenzt und Umbuchungen sind nicht möglich.

Manche Strecken, wie Tōkyō–Kyōto, sind mit dem Shinkansen schneller und günstiger und werden daher seltener als Flugstrecke angeboten.

Die großen japanischen Fluggesellschaften **JAL**, 🖥 www.jal.co.jp, und **ANA**, 🖥 www.ana.co.jp, operieren auf fast allen innerjapanischen Routen. Außerdem gibt es kleinere Tochtergesellschaften wie **JTA**, 🖥 www.jal.co.jp/jta, und **Air Do** (hauptsächlich für Hokkaidō), 🖥 www.airdo.jp. Mehrere Billigfluggesellschaften wie **Peach**, 🖥 www.flypeach.com, **Skymark**, 🖥 www.skymark.co.jp, **Jetstar** 🖥 www.jetstar.com, und **Starflyer**, 🖥 www.starflyer.jp, bieten jeweils nur ein begrenztes Streckennetz mit Minimalkomfort (teils ohne Gepäck, und mit unterschiedlichen Umbuchungsoptionen). Auf manchen Strecken sind diese Anbieter deutlich günstiger als die großen Fluglinien, aber es kommt auch auffällig oft zu Verspätungen und Ausfällen – für Umsteigeverbindungen oder einen kurzen, durchgebuchten Urlaub also etwas riskant.

Eisenbahn

Das japanische Eisenbahnnetz ist dicht und effizient. Die Züge fahren sehr pünktlich, sind sauber, gut gewartet, und es ist bis Minuten vor der Abfahrt möglich, einen Platz zu buchen. Nur billig sind die Züge nicht.

An den Bahnhöfen gibt es elektronische Sperren, und nur mit einer Fahrkarte erhält man Zugang zu den Gleisen bzw. zum inneren Bahnhofsbereich. Über den **Fahrkartenautomaten** hängt ein großer Streckennetzplan; größere oder touristisch relevante Bahnhöfe sind normalerweise auch in lateinischen Buchstaben angegeben. Neben dem Bahnhofsnamen stehen zwei Preise: Der höhere ist der Erwachsenenpreis, der niedrigere der Kinderpreis. Bei Geldeinwurf leuchten auf den Automaten auf dem Touchscreen oder auf einzelnen Tasten die unterschiedlichen Preisstufen auf. Einfach draufdrücken und Karte und Wechselgeld entnehmen.

Im Zug werden die Fahrkarten nicht kontrolliert, aber hin und wieder läuft ein Schaffner durch, bei dem man nachlösen kann. Das ist weder teurer noch unüblich und gerade für Touristen sehr praktisch: Wenn man nicht genau weiß, welche Fahrkarte man braucht, kann man einfach das billigste Ticket lösen und im Zug oder auch noch an der Sperre am Zielbahnhof nachlösen – das gilt nicht als Schwarzfahren, denn man kommt ohne gültiges Ticket ja nicht wieder raus.

Fahrpläne

Wer einen Japan Rail Pass einlöst, bekommt einen Liniennetzplan für die Express- und Shinkansen-Linien. An den Bahnhöfen liegt ein umfangreicher Fahrplan aus, allerdings nur auf Japanisch. Leichter ist es, sich Zugverbindungen am Schalter heraussuchen und aufschreiben zu lassen oder selbst im Internet nachzusehen (siehe auch S. 68).

Shinkansen

Der berühmteste japanische Zug ist der Shinkansen (engl.: *bullet train*), der schon seit 1964 auf einem eigenen Schienennetz durch Japan braust. Heute gibt es mehrere unterschiedlich schnelle Shinkansen. Die schnellste Variante, der *Nozomi* („Wunsch") fährt streckenweise mit rund 300 Stundenkilometern; es ist der einzige Zug, für den der Japan Rail Pass nicht gilt.

Der Shinkansen hat einen eigenen abgetrennten Bahnhofsbereich innerhalb der Bahnhöfe, der nur mit einem entsprechenden Shinkansen-Ticket zugänglich ist. Dieses ist entweder an separaten Fahrkartenautomaten, am Schalter oder in Discountläden (in großen Städten in Bahnhofsnähe) erhältlich. Wer nur für eine kurze Urlaubsreise in Japan ist und einige der Hauptsehenswürdigkeiten ansieht, für den lohnt sich oft schon der Japan Rail Pass.

Schnellzüge

Auf dem normalen Streckennetz gibt es zwei Arten von Schnellzügen: Für den **Tokkyū** (Limited Express), den eigentlichen Schnellzug, ist ein Zuschlag erforderlich, der recht teuer ist (oft ähnlich viel wie die eigentliche Fahrkarte). Der **Kyūkō** oder **Kaisoku** fährt nicht so weit und weniger schnell, dafür zahlt man keinen Schnellzugzuschlag.

Bummelzüge

Die langsamsten Züge heißen *kakueki teisha* („Zug, der an jedem Bahnhof hält"). Für Touristen sind sie interessant, weil man sie mit dem billigen Seishun-Jūhachi-Ticket (S. 89) benutzen kann.

Japan Rail Pass

Für die meisten Touristen lohnt sich der Japan Rail Pass, eine Dauerkarte, die für eine, zwei oder drei Wochen unbegrenzte Fahrten im Netz der staatlichen Bahngesellschaft JR erlaubt (einschließlich der Shinkansen-Züge mit Ausnahme des *Nozomi*). Für sieben aufeinanderfolgende Tage kostet der Pass 29 110 ¥ bzw. 38 880 ¥ für die 1. Klasse (Green Car), für 14 Tage sind es 46 390 ¥ bzw. 62 950 ¥ und für 21 Tage 59 350 ¥ bzw. 81 870 ¥. Kinder zahlen jeweils die Hälfte.

Achtung: Der Japan Rail Pass muss bereits vor Reiseantritt im Ausland gekauft werden und ist nur für Ausländer mit Touristenvisum (oder im Ausland wohnhafte Japaner) erhältlich. Ei-

Shinkansen

N ↑

- ━━ Tôhoku Shinkansen
- ━━ Akita Shinkansen
- ━━ Yamagata Shinkansen
- ━━ Jôetsu Shinkansen
- ━━ Nagano Shinkansen
- ▪▪▪ Hokuriku Shinkansen
- ━━ Tôkaidô Shinkansen
- ━━ San'yo Shinkansen
- ━━ Kyûshû Shinkansen

Hakodate

im Bau

Aomori

Hachinohe

Akita

Morioka

Shinjô

Niigata

Sendai

Fukushima

geplante Fertigstellung Frühjahr 2015 — Nagano

Kanazawa

Kyôto   Nagoya

Hiroshima

Ôsaka

Tôkyô

Fukuoka

Takeo Onsen

Im Bau →

Nagasaki   Yatsushiro

Kagoshima

ne Liste der Vertriebsstellen ist im Internet unter 🖳 www.japanrailpass.net verfügbar. Man erhält einen Gutschein, der dann unter Vorlage des Reisepasses in einem JR-Büro eingelöst werden muss – solche Büros gibt es in den Flughäfen und in allen größeren Bahnhöfen (am Flughafen geht es am schnellsten). Gültig wird der Pass erst, wenn man ihn am ersten Geltungstag an der Bahnhofssperre abstempeln lässt. Man kann sich also auch z. B. am Flughafen Narita schon den Rail Pass für einen bestimmten Zeitraum ausstellen lassen, ein paar Tage in Tôkyô bleiben (ohne längere Zugfahrten) und dann erst zur Japanrundreise aufbrechen. Der Rail Pass muss jeweils an einem bemannten Gate am Bahnhof vorgezeigt werden, denn in den elek-

tronischen Sperren funktioniert er nicht. Weitere Informationen: 🖳 www.japanrail.com.

Ganz ähnlich funktionieren die Regionalpässe für Teilregionen Japans, die jeweils von den regionalen Bahnunternehmen der JR-Gruppe angeboten werden: JR East Pass (S. 229), Hokkaido Rail Pass (S. 272), JR West Rail Pass (S. 374), JR Kyushu Rail Pass (S. 527). Man kann sie auch vor Ort kaufen.

Seishun-Jûhachi-Ticket

€ Dieses preiswerte Ticket (11 500 ¥) gibt es nur in den Semesterferien (etwa im März, August und Dezember). Obwohl der Name „Jugendlichen-18-Karte" bedeutet, gibt es keine Altersbeschränkung. Die Karte besteht aus fünf Abschnitten, von denen jeder für einen ganzen

Tag auf beliebig weiten Strecken, aber nur in Bummelzügen *(kakueki teisha)* gültig ist. Man kann das Ticket entweder an fünf unterschiedlichen Tagen benutzen oder zu mehreren damit fahren. Genaue Infos unter 🖳 www.jnto.go.jp, Suchwort „Seishun 18".

Busse

Für **Stadtbusse** ist meistens ein Liniennetzplan bei der Touristeninformation erhältlich. In Stadtbussen wie auch in regionalen Überlandbussen ist der Einstieg hinten. Bei reinen Innenstadtbussen gilt ein Pauschaltarif, ansonsten gibt ein Automat neben der Einstiegstür eine Nummer aus. Eine Anzeigentafel beim Fahrer zeigt dann den Fahrpreis für die unterschiedlichen Nummern an. Das Geld muss beim Aussteigen passend zusammen mit der Nummer in einen Kasten beim Fahrer eingeworfen werden. Es ist auch möglich, am Wechselautomaten am Ausgang Geld zu wechseln. Also unbedingt beim Einsteigen einen Nummernzettel ziehen!

Für **Fernbusse** sollte das Ticket vorher gekauft werden. Viele fahren über Nacht und sind sehr komfortabel: Liegesitze in drei Einzelreihen (d. h. neben jedem Platz ist ein Gang), Decken und Kissen. Im Vergleich zum Zug sind diese Busse recht preiswert, und manchmal gibt es auch Studentenermäßigungen. Je nach Strecke werden die Busse von unterschiedlichen Gesellschaften betrieben (auch von den JR-Bahngesellschaften), von denen nur wenige eine englische Website haben. Besonders günstig ist die Firma Willer Express, 🖳 willerexpress.com, mit einem japanweiten Netz und eigenem Buspass. In Discount-Ticketläden gibt es manchmal verbilligte Fahrkarten auch für die übrigen Busse.

U-Bahnen und Straßenbahnen

Große Städte wie Tōkyō, Ōsaka, Nagoya, Fukuoka etc. verfügen über gut funktionierende U-Bahn-Netze mit einem Bahnsteigsperrensystem. Fahrkarten werden an Automaten vor der Sperre gekauft; das System funktioniert wie bei der Eisenbahn, S. 88. In den meisten Städten gibt es Tagestickets oder Prepaid-Karten für die U-Bahn.

Die elektronischen Laufschriftanzeigen am Bahnsteig und in den Waggons sind in der Regel auf Japanisch und Englisch. In den U-Bahn-stationen sind gute Umgebungspläne mit der Lage der unterschiedlichen Ausgänge angebracht.

In einigen Städten, wie Sapporo, Hiroshima oder Nagasaki, gibt es auch Straßenbahnen, manchmal nur eine Linie. Die meisten existieren seit Beginn des 20. Jhs., benutzen heute aber z. T. neue, aus Europa eingeführte Bahnen.

Fähren

Die vier Hauptinseln sind alle mit Brücken bzw. einem Tunnel verbunden, auf andere Inseln muss man entweder fliegen oder mit dem Schiff fahren. Für Details zu den Fährverbindungen siehe die einzelnen Regionalkapitel. Etliche Fähren verbinden auch Orte auf den Hauptinseln. Wichtige und landschaftlich äußerst reizvolle Fährverbindungen führen durch die **Inlandsee**, die meisten längeren Strecken werden allerdings über Nacht gefahren, z. B. Ōsaka–Beppu (Kyūshū), rund 12 Stunden. Lohnend ist die kurze Überfahrt von Hiroshima nach Matsuyama. Von mehreren Häfen auf **Hokkaidō** gibt es regelmäßige Fährverbindungen nach Maizuru, Niigata, Sendai und Ōarai auf Honshū. Fähren von Ōsaka bzw. Tōkyō nach **Okinawa** brauchen zwei bis drei Tage.

Mietwagen

Die meisten Touristen kommen gut ohne Auto aus, denn die großen Städte und touristischen Sehenswürdigkeiten sind mit öffentlichen Verkehrsmitteln sehr gut erschlossen. Außerdem sind die Autobahngebühren und Parkplatzkosten innerhalb der Städte hoch, und man muss sich auf Linksverkehr umstellen. In ländlicheren Regionen kann ein Auto aber nützlich sein.

Weder der deutsche **Führerschein** noch der in Deutschland ausgestellte internationale Führerschein reichen in Japan aus, um ein Auto zu fahren oder zu leihen (das Gleiche gilt für

Schweizer Führerscheine). Vielmehr ist zusätzlich zum Führerschein eine japanische Übersetzung erforderlich, die dann für 12 Monate nach Einreise (oder auch Wiedereinreise) zum Autofahren berechtigt. Wer sich länger als 12 Monate in Japan aufhält, muss einen japanischen Führerschein beantragen. Die japanische Übersetzung des Führerscheins ist bei der deutschen Botschaft und den Konsulaten bzw. beim **Japanischen Automobilclub JAF**, 🖥 www.jaf.or.jp, mit Büros in allen größeren Städten erhältlich. Dort kostet sie 3000 ¥ und wird am selben Tag ausgestellt. Die Bearbeitung von Anträgen per Post ist nur innerhalb Japans möglich.

Die großen **Autovermietungen** sind:
Toyota Rentacar, 🖥 rent.toyota.co.jp/en,
Mazda Rentacar, 🖥 www.mazda-rentacar.co.jp,
Nissan Rentacar, 🖥 nissan-rentacar.com,
Nippon Rentacar, 🖥 www.nipponrentacar.
co.jp/english, und
Orix Rentacar, 🖥 car.orix.co.jp.
J-Net, 🖥 www.j-netrentacar.co.jp, gehört meist zu den preiswertesten Anbietern.

Es gibt aber auch unzählige kleinere und oft günstigere Firmen, die Niederlassungen an Flughäfen und Bahnhöfen haben und mit Businesshotels kooperieren. Über diese Businesshotels (oft auch Weekly Manslons) sind meist günstige **Tarife** in Verbindung mit einer Hotelübernachtung zu bekommen; die Autos sind immer ziemlich neu. In Ferienregionen steigen die Tarife in der Hauptsaison merklich an, und Reservierungen sind notwendig. Außerhalb der Saison liegen günstige Angebote auf Flugblättern am Flughafen aus. Meistens wird eine durchaus sinnvolle zusätzliche Versicherung für die sogenannte Non-Operation Charge angeboten, eine eigentümliche, vom Mieter zu tragende Ausfallentschädigung in Höhe von 20 000–50 000 ¥, falls der Leihwagen aus irgendwelchen Gründen (auch Fremdverschulden) bei Rückgabe nicht funktionstüchtig ist. Bei einem **Unfall** mit Mietwagen muss man in jedem Fall sofort die Polizei, den Autovermieter und die Versicherung kontaktieren; ggf. bekommt man sehr schnell einen Ersatzwagen.

Mietautos haben in der Regel ein **Automatikgetriebe** und eingebaute **Navigationssysteme**, die zwar nur Japanisch können, aber mit einer

kurzen Einführung recht leicht zu bedienen sind. Am einfachsten ist es, die Telefonnummer der Zieladresse einzugeben.

Die Höchstgeschwindigkeit beträgt in Städten 40 km/h, auf Landstraßen 60 km/h, oft aber noch weniger. Auf **Autobahnen** gilt eine Höchstgeschwindigkeit von 100 km/h. Die Autobahngebühren sind je nach Fahrzeugtyp unterschiedlich. Von Tōkyō betragen sie nach Kyōto rund 10 000 ¥, nach Aoyama im Norden von Honshū etwa 15 000 ¥ und nach Kagoshima ganz im Süden von Kyūshū etwa 30 000 ¥. Für *keisha* (Leichtautos mit max. 660 cc Hubraum, etwa ein Drittel aller Pkw in Japan, erkennbar am gelben Nummernschild) liegen die Gebühren etwa 20 % niedriger. Trotz der hohen Kosten sind die Autobahnen meistens ziemlich voll. Zahlreiche Autobahnraststätten verfügen über Restaurants und Läden.

Taxi

Alle Taxis haben feste Tarife und einen Taxameter. Je nach Ort beginnen die Tarife bei ca. 500 ¥ (in Tōkyō über 700 ¥) für die ersten 2 km. Bei freien Taxis leuchtet ein rotes Schild vorn innerhalb der Windschutzscheibe. Der Fahrer öffnet die hintere Tür meist automatisch für Kunden

Motorräder

Ausländer kommen normalerweise nicht explizit zum Motorradfahren nach Japan. Bei den einheimischen Fahrern sind die ländlicheren Inseln Hokkaidō und Shikoku beliebt, weil dort die Straßen nicht so voll sind und es schöne Küstenstrecken gibt. Mitunter gibt es „Riders' Homes", sehr günstige Unterkünfte mit Motorradstellplatz. Die Autobahngebühren sind auch für Motorräder ziemlich hoch. Die meisten Japaner fahren relativ kleine Maschinen.

Fahrräder

Das Fahrrad ist ein gutes Verkehrsmittel für kürzere Distanzen, üblicherweise bis zum nächsten Bahnhof. Dort gibt es normalerweise überfüllte

Adressen finden

Japanische Adressen geben meistens keine Straße an, sondern Viertel und Häuserblock. Die japanische Schreibung beginnt mit der Postleitzahl und der größten Einheit (also der Präfektur), dann folgen Stadt, Stadtteil, Viertel, Blocknummer, Hausnummer. Auf Stadtplänen sind diese Blocks farbig markiert und mit Nummern gekennzeichnet. Viele Japaner geben Besuchern vorher Wegskizzen; dank Navigationssystemen finden Taxifahrer und viele Handybesitzer den Weg heute auch ohne Skizze.

Die Zählung von Stockwerken fängt mit dem Erdgeschoss als „erstem Stock" (*ikkai*, 1F) an. Der deutsche 1. Stock ist in Japan also schon der 2. Stock. Untergeschosse werden mit B1, B2 (Basement) abgekürzt.

Manche Restaurants und Unterkünfte schreiben die Homepage oder zumindest die Telefonnummer mit aufs Ladenschild – ein Notnagel, wenn sonst alles Japanisch geschrieben ist.

Fahrradparkplätze, aber auch viele Fahrradparkverbotszonen, aus denen manchmal alle abgestellten Fahrräder gebührenpflichtig abgeschleppt werden.

Es ist auch für Erwachsene üblich, auf dem Bürgersteig zu fahren. Obwohl die Verkehrsregeln grundsätzlich ganz ähnlich sind wie in Europa, geht die Polizei eher nach dem Prinzip vor, dass der „Stärkere" die Verantwortung hat.

Weitere Informationen s. S. 82.

Trampen

Trampen ist unter Japanern nicht sehr verbreitet, aber für ausländische Touristen durchaus möglich. Vielen Autofahrern ist das Prinzip „rausgehaltener Daumen" nicht vertraut, deshalb hilft es, ein Schild mit dem Namen des Zielortes in japanischen Zeichen (Kanji) hoch zu halten, um deutlich zu machen, weshalb man da überhaupt an der Straße steht.

Ein Stück vor der Mautstelle für die Autobahngebühren (und dann an den Raststätten) funktioniert das Trampen oft ganz gut; die Mit-

nehmenden sind manchmal geradezu überbordend freundlich.

Obwohl Japan ein äußerst sicheres Land ist, bleibt beim Trampen ein gewisses Risiko – deshalb möglichst zu zweit fahren, lange Staus einkalkulieren und früh genug aufbrechen, um vor Einbruch der Dunkelheit anzukommen.

Übernachtung

Die meisten Hotels und Ryokan, in denen öfters westliche Ausländer übernachten, haben eine Homepage und können per Internet reserviert werden. Auch die gängigen Hotelsuchportale (S. 68) finden viele Hotels und Hostels.

Westliche Hotels

In allen Städten gibt es westliche Hotels unterschiedlichster Preiskategorien, die oft über das Internet zu buchen sind. Die günstigeren heißen **Businesshotels** und sind meist in Bahnhofsnähe. Sie haben schuhschachtelgroße Zimmer mit einem winzigen „unit bath", (westlichem) Bett und Tischchen, sind aber in der Regel sauber und ordentlich. Zu den beliebtesten und am weitesten verbreiteten Businesshotel-Ketten gehören:

Tōyoko Inn, 🖥 www.toyoko-inn.com,
Hotel Econo, 🖥, www.greens.co.jp,
Alpha 1, 🖥 www.alpha-1.co.jp, und
Super Hotel, 🖥 www.superhotel.co.jp.
Etwas gehobener sind: **Route Inn**, 🖥 www.route-inn.co.jp, **Sunroute**, 🖥 www.sunroute.jp, und **Dormy Inn**, 🖥 www.hotespa.net/dormyinn.

Noch winziger sind die **Kapsel-Hotels**, die in sich abgeschlossene Schlafkojen mit Gemeinschaftsbad (aber oft erstaunlichem Komfort) vermieten. Viele sind nur für Männer geöffnet.

Schickere **Hotels** bieten oft neben dem eigenen größeren Bad im Zimmer noch ein großes Gemeinschaftsbad (geschlechtergetrennt). Zimmer mit „Semi-Doppelbett" (gut 120 cm breit) werden als Economy-Double günstiger als das normale Doppelzimmer vermietet und sind manchmal nur übers Internet zu buchen. In fast allen Hotels gibt es Schlafanzüge bzw. Yukata, die auch im Bett getragen werden können, Pantoffeln, Zahnbürste und Zahnpasta, Shampoo und Seife, Rasierer usw. umsonst. Frühstück ist nicht immer im Preis inbegriffen. Oft gibt es besonders günstige Angebote im Internet.

Die großen japanischen Hotelketten sind hauptsächlich auf japanische Touristen und Geschäftsreisende ausgerichtet. Nicht alle Mitarbeiter an der Rezeption sprechen Englisch. Ein Wasserkocher gehört selbst bei billigen Businesshotels zur Standardausstattung. Fast alle Hotels bieten kostenloses Internet, wobei die Zimmer jedoch mitunter kein WLAN haben, sondern über Ethernetkabel versorgt werden.

Love Hotels

Der Knappheit japanischen Wohnraums und dem entsprechenden Mangel an Privatsphäre ist die weite Verbreitung und Akzeptanz der „Love Hotels" zu verdanken – Hotels, in die sich Pärchen für ein paar intime Stunden zurückziehen können. Manchen sieht man es an: Sie stehen an den Ausfallstraßen, sehen aus wie ein Disneyschloss, haben abgedunkelte Scheiben und Namen wie „Casablanca", „Sugar Castle" oder „Bellevue". Innen gibt es Zimmer mit verspiegelten Decken, kreisrunden Betten und üppigen Badewannen, die vom Zimmer aus durch ein Fenster einsichtig sind. In kleineren Städten ist der Übergang zum Businesshotel aber manchmal fließend. Gemeinsam ist ihnen der diskrete Eingangsbereich. In der älteren Version bezahlt man durch einen Vorhang, in moderneren Häusern per Automat oder mit Haustelefon und Hauspost. Auf dem Parkplatz gibt es kleine Bretter, die vor das Nummernschild gestellt werden. Die Zimmer sind immer ziemlich warm und stets frisch geputzt. Je nach Ort können solche Love Hotels auch für Touristen ein guter Deal im Vergleich zu anderen Unterkünften sein. So ist der Übernachtungstarif ab 23 Uhr bis zum nächsten Mittag (sonst meist 10 Uhr) oft schon ab etwa 5000 ¥ pro Zimmer zu haben. Ein Nachteil ist, dass die Gäste normalerweise keinen Schlüssel bekommen, das Zimmer also nicht noch einmal verlassen können. Man-

che Hotels akzeptieren nur gemischtgeschlechtliche Paare, andere werben inzwischen aber durchaus damit, dass auch Einzelreisende willkommen seien oder dass „Rausgehen ok" sei.

Ryokan und Minshuku

Hotels im japanischen Stil heißen Ryokan, japanische Pensionen, oft familiengeführt, Minshuku. Normalerweise sind die Zimmer im Ryokan mit Tatami ausgelegt. Im Zimmer befinden sich ein niedriger Tisch und Sitzkissen. Abends werden Futons zum Schlafen auf dem Boden ausgebreitet. In Ryokans und Minshukus gelten die Preise nicht pro Zimmer, sondern pro Person. Normalerweise gibt es nur ein Gemeinschaftsbad, und das Abendessen und Frühstück (z. T. im Zimmer serviert) sind im Preis enthalten. Unter Umständen muss für heißes Wasser ein Boiler eingeschaltet werden. Da Japaner eher abends baden, sollte man in ländlichen Minshukus Bescheid sagen, wenn man morgens duschen möchte.

Die in der Liste der **Japanese Inn Group**, 🖳 www.japaneseinngroup.com, aufgeführten Ryokan und Minshuku können online gebucht werden und haben Erfahrung mit ausländischen Gästen, d. h. es spricht jemand Englisch und Informationen zu Essens- bzw. Badezeiten sind auf Englisch erhältlich. Das sollte aber niemanden davon abhalten, auch einmal in einem durch und durch japanischen Ryokan zu übernachten.

Eine besondere Variante ist das Onsen-Hotel, das sowohl westliche als auch japanische Zimmer hat und mindestens je ein großes Gemeinschaftsbad für Männer und Frauen. Manchmal werden diese Bäder tageweise ausgetauscht (weil z. B. eins größer ist oder ein Außenbecken hat), manchmal gibt es auch noch ein separates kleines Bad, das die Übernachtungsgäste jeweils für eine halbe Stunde zugeteilt bekommen. In vielen Onsen-Hotels sind die Bäder rund um die Uhr geöffnet. Ganz schick ist die private Onsen-Wanne im eigenen Zimmer oder auf der Veranda.

Tempelunterkünfte und Erholungsheime

Shukubō sind Gastunterkünfte in Tempelanlagen und eine interessante Alternative zu herkömmlichen Hotels oder Ryokan. Während der Edo-Zeit (1603–1868) nutzten vor allem Reisende und Pilger, die stellvertretend für ihr Heimatdorf auf Pilgerfahrt gehen durften, diese Übernachtungsmöglichkeit. *Shukubō* bieten eine erschwingliche Unterkunft in einfachen Tatami-Zimmern (manche mit eigenem Garten), vegetarische Gerichte *(shōjin-ryōri)* und die Gelegenheit, am Tempelleben und Alltag der Mönche, etwa an den morgendlichen Andachten oder Zen-Meditationen, teilzuhaben. Auch Nicht-Pilger können hier nächtigen. In der Regel gibt es Gemeinschaftsbäder.

Kyūkamura und **Kokuminshuku-sha** sind staatliche Erholungseinrichtungen etwa auf gehobenem Minshuku-Niveau, die oft in Nationalparks oder Erholungsgebieten liegen und relativ günstig sind: 🖥 www.qkamura.or.jp (auch auf Englisch) und 🖥 www.kokumin-shukusha.or.jp (nur Japanisch).

Jugendherbergen und Hostels

Mit 350 **Jugendherbergen** ist das Jugendherbergsnetz in Japan sehr dicht. Japanische Jugendherbergen sind allerdings heute so teuer (meist über 3000 ¥ pro Person), dass sie als Übernachtungsmöglichkeit für westliche Reisende mit knappem Budget am ehesten noch für Einzelreisende in Frage kommen. Private Hostels im westlichen Stil, die es in vielen touristischen Zentren gibt, sind fast immer billiger. Zumindest wer zu zweit reist, findet in den Städten oft preiswertere Businesshotels (oder Love Hotels), und auf dem Land sind Zeltplätze mit Abstand die günstigste Option. Die Publikation *Yasui Yado*, 🖥 www.ringo.ne.jp, führt günstige Übernachtungsmöglichkeiten in ganz Japan auf.

Wer dennoch in Jugendherbergen übernachten möchte, sollte sich schon im Heimatland einen Jugendherbergsausweis besorgen, denn für Nicht-Mitglieder erhöht sich der Preis meist noch einmal um je 600 ¥. In Jugendherbergen sollte man unbedingt vorher anrufen und einen Platz reservieren, die meisten Jugendherbergsväter und -mütter mögen es nicht, wenn man einfach so „hereinschneit". Der Standard in den Jugendherbergen ist sehr unterschiedlich: Manche sind wie einfache Hotels eingerichtet und haben fast nur Doppelzimmer, andere wirken wie muffige Erziehungsanstalten aus vergangenen Zeiten. Meistens gibt es ein Frühstück (um 600 ¥). Das japanische Frühstück ist dabei für Morgenhungrige die bessere Option, da es Reis- und Suppen-Nachschläge gibt. Wirklich empfehlenswert sind generell Jugendherbergen, die in Tempeln untergebracht sind, weil sie die Möglichkeit bieten, den Tempelalltag kennenzulernen. Sie sind meist sehr einfach und entsprechend billiger als andere Tempelunterkünfte.

Private Hostels bieten entweder Schlafsaalbetten (in der Regel geschlechtergetrennt) oder kapselartige Verschläge mit Vorhang an und haben meistens auch ein paar Einzel- oder Doppelzimmer. Sie verfügen über Gemeinschaftsbereiche und oft eine Küche. Meistens gibt es auch ein oder zwei Computer mit Internetzugang, WLAN, eine Waschmaschine sowie Kaffee und Tee gratis. Viele Hostels stellen Seife und Shampoo bereit, aber nicht alle auch Handtücher. Die Bettwäsche in Jugendherbergen und Hostels wird nicht immer nach jedem Gast gewechselt.

Camping

Zelten kann in Japan eine sehr preiswerte Alternative sein, zumal wildes Zelten fast überall erlaubt ist. Es gibt auch Campingplätze, die aber selten in der Nähe von Städten oder Sehenswürdigkeiten, sondern am Meer oder in den Bergen liegen. Sie sind oft recht einfach, ohne warme Duschen (oder ganz ohne Duschen) und mit offenen Feuerstellen. Diese Campingplätze sind dafür mit 400–700 ¥ pro Person billig. Die besser ausgestatteten ziehen viele Tagescamper an, die nur mal mit den Kindern für ein paar Stunden auf einer Wiese sein wollen. Selbst die Gebühren fürs Tagescampen (Day-Camp) sind dort manchmal recht hoch (Tagescamp 1500 ¥/Übernachten bis zu 4000 ¥ pro Person). Auf Wohnwagen oder Wohnmobile sind die wenigsten Campingplätze ausgelegt, und angesichts der Camping- und Autobahngebühren und der engen Straßen (mit Linksverkehr und japanisch-englischer Beschilderung) ist das für die meisten auch keine reizvolle Urlaubsvariante.

Ausrüstung

Wer viel wandern möchte, bringt am besten Zelt und Campingausrüstung mit. In Japan ist es erlaubt, wild zu zelten, auch in den Bergen (bis auf Nationalparks, z. B. Kamikōchi). In den Großstädten gibt es praktisch alles für den Campingbedarf zu kaufen. Die größte japanische Marke für Outdoor-Artikel ist Montbell, oft etwas preiswerter als importierte Marken und qualitativ hochwertig. Eine große und gut sortierte Kette von Outdoor-Läden ist ICI Sports; in Tōkyō konzentrieren sich große Sportgeschäfte in Kanda.

Die in Europa üblichen Campinggas-Kocher sind in Japan nicht verbreitet. Kartuschen sind in Tōkyō zwar erhältlich, aber auf dem Land oder in den Bergen fährt bzw. kocht man besser mit Primus-System. Achtung, weder Post noch private Paketdienste (takkyūbin) transportieren Gaskartuschen. Vorratshaltung per Post ist also (zumindest offiziell) nicht möglich.

Grundsätzlich sind Multifuel-Kocher eine praktische Alternative, weil sie auch mit Tankstellenbenzin laufen. Japanische Fluggesellschaften weigern sich aber oft, Kocherbenzin-flaschen zu transportieren, in denen jemals Benzin war. Wer auf Inlandflügen sichergehen will, kann die leere Flasche per Post (kein Problem!) vorausschicken.

Privatübernachtungen und Weekly Mansion

Die gängigen Internetforen für kostenlose **Privatübernachtungen**, wie Couchsurfing oder Hospitalityclub, haben auch in Japan eine ganze Menge Mitglieder, darunter viele Expats. Ein paar Japanisch-Sprachkenntnisse sind bei der Kontaktaufnahme sicher hilfreich, aber nicht unbedingt notwendig. Einen kommerziellen Markt für Privatübernachtungen gibt es in Japan nicht. Zu Übernachtungen bei Bekannten siehe auch S. 96, Private Einladung.

Es gibt ein recht großes Angebot an **Ferienwohnungen**, die meist wochenweise, manchmal auch schon ab einer Übernachtung gemietet werden können und dann ab fünf Tagen oder ab einer Woche billiger werden. Die typische Einrichtung besteht aus: westlichem Bett, Küchenzeile mit Reiskocher und Mikrowelle, Tisch, Sofa, Fernseher, kleinem Bad. Manchmal finden sich günstige Kombinations-Angebote aus Ferienwohnung und Mietwagen. Für die Buchung sind meist Japanischkenntnisse nötig

Weekly Mansion WMDC, ⌨ www.weekly-mansion.com,
Good Life, ⌨ www.702622.com.

Verhaltenstipps

Japaner sind sehr freundlich, aber selten herzlich. Körperkontakt ist unüblich. Der relativ verbreitete Handschlag zur Begrüßung ist eine Anpassung an westliche Sitten, normalerweise verbeugt man sich nur. In vielen Fällen ist die persönliche Distanz aber geringer, vor allem in vollen U-Bahnen oder auch Aufzügen.

Neuen Bekannten überreichen Japaner als Erstes eine **Visitenkarte** (meishi). Normalerweise werden so die jeweilige Ranghöhe und die Höflichkeitsstufe geklärt, woraus sich wiederum der Grad der anschließenden Verbeugungen ergibt. Man gibt und nimmt die Visitenkarte mit beiden Händen. Auf der Visitenkarte (außer auf der eigenen) sollte man sich keine Notizen machen.

In Gesprächen ist es üblich, seine Aufmerksamkeit durch häufige Einschübe wie „ja, genau" oder „verstehe" deutlich zu machen. Andernfalls wird der Sprecher möglicherweise irritiert nachfragen. Die **Kommunikation** ist manchmal weniger direkt als in Europa, v. a. Ablehnung oder Kritik wird eher durch die Blume geäußert. So kann „Ich werde sehen, was sich machen lässt" auch für „nein" stehen. Als Gast sollte man deshalb ggf. lieber Andeutungen machen, als mit direkter Kritik herauszuplatzen.

Es gilt als unhöflich, sich in der Öffentlichkeit die Nase zu putzen (vor allem laut). Wer **Schnupfen** hat, kann also schniefen oder sich dezent zur Seite (oder ins Treppenhaus etc.) wenden.

In vielen Häusern, Unterkünften, Tempeln, z. T. auch öffentlichen Gebäuden, müssen am Eingang die **Schuhe** ausgezogen werden. Sichtbares Zeichen dafür ist eine kleine Stufe zwischen dem Eingangsbereich *(genkan)* und dem Innenraum; oft stehen auch Pantoffeln bereit. Man stellt die Schuhe entweder ordentlich mit den Spitzen nach außen (also zur Tür) vor der Stufe ab oder in ein dafür vorgesehenes Regal. In manchen Sehenswürdigkeiten werden Plastiktüten ausgeteilt, um die Schuhe mitzunehmen. In Privathäusern und traditionelleren Unterkünften, aber auch in vielen Restaurants, finden sich „Toilet Slippers", d. h. Schlappen, die nur für die Toilette gedacht sind, oft steht groß „WC" darauf. Ausländern passiert es manchmal, dass sie mit den Klo-Schlappen durchs Hotel laufen.

In japanischen Zimmern, die mit **Tatami** ausgelegt sind, werden überhaupt keine Schuhe getragen, auch keine Pantoffeln! Solche Zimmer haben niedrige Tische und Sitzkissen.

Die formelle **Sitzhaltung** (z. B. auch für die Teezeremonie) ist kniend auf den Fußsohlen (Zehenspitzen nach innen). Wenn die Beine einschlafen, darf man sie auch zur Seite falten oder in informelleren Situationen auch mal nach vorn.

Die Füße sollten dabei aber auf niemanden zeigen. Vorsicht beim Aufstehen nach längerem Knien!

Die meisten übrigen Einstellungen zu Höflichkeit, Lautstärke, Pünktlichkeit etc. entsprechen weitgehend westeuropäischen.

Zu den Tischsitten siehe S. 49. Zum Verhalten an Schrein und Tempel S. 128.

Private Einladung

Nur relativ wenige Leute können sich ein großes, repräsentatives Wohn- oder Esszimmer leisten, und so ist es vielen peinlich, Gäste nach Hause einzuladen. Zudem wohnen die wenigsten zentral und müssten den Gästen also eine weite Fahrt in die Vororte zumuten.

Wer eingeladen wird, sollte ein **Geschenk** mitbringen. Es muss nicht unbedingt teuer sein, sollte aber zumindest persönlich ausgesucht sein und hübsch verpackt sein (auch vom Laden) In Japan ist es nicht üblich, Geschenke vor den Gästen auszupacken, der Gastgeber wird sich daher vielleicht nur überschwänglich bedanken und das eingepackte Geschenk weglegen.

Pünktliches Erscheinen ist angemessen; wahrscheinlich kommen die Gastgeber statt einer umständlichen Wegbeschreibung eher zum Bahnhof.

In fast allen Privatwohnungen werden die **Schuhe** am Eingang ausgezogen. Je nach Wohnungseinrichtung findet das Treffen im japanischen Zimmer mit Tatami und einem niedrigen Tisch statt, auch wenn der Rest der Wohnung westlich eingerichtet ist. Übernachtungsgäste bekommen oft das japanische Zimmer angeboten, weil dort auch mehrere Futons ausgelegt werden können, ohne dass man ein eigenes Gästezimmer braucht.

Japaner **baden** meist abends in einer kurzen Sitzwanne mit sehr heißem Wasser. Die Gäste dürfen als Erste ins Bad – hier gelten die gleichen Regeln wie im Onsen (S. 73). Das Wasser wird nach dem Baden nicht ausgelassen, sondern für den nächsten Badenden gut abgedeckt. Wer lieber morgens duschen möchte, sollte das rechtzeitig ansprechen.

Trinkgeld

Trinkgelder sind in Japan weder im Restaurant noch im Hotel üblich. In der Tourismusbranche kommt es vor, dass z. B. Hotelpersonal oder Busfahrer ein Trinkgeld *(chippu)* bekommen; bei Gruppen erledigt das üblicherweise der Reiseleiter.

Falls an der Kasse (vom Restaurant, Supermarkt, *konbini*) eine Spendenbox steht, handelt es sich meistens eher um eine Sammlung für einen guten Zweck.

Versicherungen

Eine Auslandsreisekrankenversicherung ist unbedingt empfehlenswert, da die deutsche Krankenversicherung in Japan nicht gilt und Arztkosten sehr hoch sind. Viele Krankenversicherungen bieten günstige Tarife für Auslandsversicherungen, die das ganze Jahr über für beliebig viele Privatreisen bis zu einer bestimmten Dauer gelten (mehrere Wochen). Wer länger bleiben will oder beruflich fährt, sollte bei mehreren Anbietern nachfragen.

Erste Orientierung geben Internetseiten wie: 🖥 www.auslandstreff.de/laender/auslandskrankenversicherung-japan.html, 🖥 www.travelsecure.de oder 🖥 www.aupair-easy.de.

Visa

Für einen **touristischen oder auch geschäftlichen Aufenthalt** bis zu 90 Tagen in Japan benötigen Deutsche, Österreicher und Schweizer kein Visum. Voraussetzung hierfür ist allerdings, dass sie in Japan weder studieren noch arbeiten oder eine Berufsausbildung machen wollen. Erforderlich ist ein gültiger Reisepass bzw. für Kinder ein Kinderpass.

Bei der Einreise werden von allen Ausländern biometrische Daten (Foto und Fingerabdrücke) erhoben. Ausgenommen sind von dieser Regelung nur Kinder unter 16 Jahren, Diplomaten und Staatsgäste.

Die 90-tägige Aufenthaltserlaubnis kann in Japan für 4000 ¥ um weitere 90 Tage verlängert werden. Dafür muss die **Verlängerung** bei der zuständigen Einwanderungsbehörde (Liste unter 🖥 www.immi-moj.go.jp/english/info) beantragt und im Pass eingetragen werden. Über 180 Tage hinaus lässt sich die Aufenthaltserlaubnis nicht verlängern. Wer länger bleiben möchte, muss kurz ausreisen – beliebt ist die Fähre nach Pusan (Korea) oder ein billiger Shopping-Flug nach Seoul oder Taiwan. Die Erlaubnis zur Wiedereinreise liegt dann im Ermessensspielraum des zuständigen Beamten, läuft aber meist unproblematisch. Insgesamt ist mit Touristenvisum aber nur ein Aufenthalt von 180 Tagen pro Jahr erlaubt.

Für **Arbeit, Studium oder längere Aufenthalte** muss ein Visum beantragt werden. Damit erhält man in Japan auf dem zuständigen Einwohnermeldeamt ein „Certificate of Alien Registration", eine Art Personalausweis mit Lichtbild, der immer mitzuführen ist. In vielen Fällen kümmern sich die Arbeitgeber oder Uni-Austauschprogramme um die notwendigen Formalitäten. Neben dem Arbeits- oder Studentenvisum können nen Interessierte sich auch für ein **Visum für Kulturaustausch** („Cultural Activities") bewerben, das bis zu einem Jahr Gültigkeit hat und z. B. für Ikebana- oder Karate-Unterricht gedacht ist.

Junge Deutsche bis 30 Jahre können sich außerdem um ein **Working Holiday Visum** bemühen, das es ihnen ermöglicht, ein Jahr lang in Japan zu arbeiten.

Eine Liste der möglichen Visatypen und Bedingungen ist auf der Internetseite des japanischen Außenministeriums erhältlich: 🖥 www.mofa.go.jp/j_info/visit/visa.

Zeit und Kalender

Japan liegt in der Zeitzone GMT+9 und hat keine Sommerzeit. Damit beträgt die **Zeitverschiebung** zur Mitteleuropäischen (Winter-)Zeit plus 8 Stunden, zur Sommerzeit plus 7 Stunden: Wenn also in Europa Vormittag ist, wird es in Japan schon dunkel.

In Japan wird neben der westlichen Zeitrechnung weiterhin die japanische Jahreszählung nach der **Regierungszeit des Kaisers** benutzt. Der Kaiser wählt bei seiner Inthronisierung ein Motto für seine Regierungszeit, das die Ära-Bezeichnung wird. Der Amtsantritt des derzeitigen Tennō im Jahr 1989 machte dieses Jahr zum Jahr 1 der Ära Heisei. Entsprechend wird weitergezählt, so ist 2015 z. B. das Jahr Heisei 27.

Auch der **Mondkalender** spielt für die Berechnung mancher japanischer Feste noch eine (wenn auch untergeordnete) Rolle. Das Kalenderjahr beginnt wie in Europa am 1. Januar, das Geschäfts- (und Schul-)jahr am 1. April. In vielen japanischen Kalendern sind buddhistische Glücks- und Unglückstage vermerkt, die sich alle fünf Tage wiederholen. Diese Tage werden ähnlich ernst genommen wie hierzulande ein Freitag, der dreizehnte: Wenn ein Glückstag auf ein Wochenende fällt, sind Bankettsäle von Hochzeitsgesellschaften ausgebucht und besonders teuer.

Das Zeitempfinden entspricht etwa dem deutschen, die Pünktlichkeit öffentlicher Verkehrsmittel der schweizerischen.

Zoll

Zollfrei **nach Japan** eingeführt werden dürfen pro Person bis zu:
- 500 g Tabak, 400 Zigaretten oder 100 Zigarren
- 3 Flaschen Spirituosen à 760 ml

- 75 ml Parfum
- sonstige Waren im Wert von bis zu 200 000 ¥.

Frische Lebensmittel, insbesondere Obst, Gemüse und Fleisch, dürfen nicht importiert werden. Für die Einfuhr von Bargeld gibt es hingegen keine Einschränkungen. Bei Einfuhr von Bargeld oder Reiseschecks im Wert von mehr als einer Million Yen muss allerdings ein zusätzliches Formular ausgefüllt werden.

Für die Einfuhr von Tabak und Alkohol **in die EU** gelten pro Person Freimengen von 200 Zigaretten bzw. 50 Zigarren oder 250 g Tabak; 1 l Alkohol über 22 % Vol. bzw. 2 l bis 22 % Vol. (dazu zählt Sake); außerdem bis zu 4 l Wein und 16 l Bier). Andere Waren dürfen im Wert von bis zu 300 €, bei Flug- und Seereisenden bis 430 € (jeweils einschließlich der ausländischen Umsatzsteuer) zollfrei eingeführt werden. Wenn ein einzelnes Stück mehr kostet, muss der gesamte Wert verzollt werden. Dafür gilt bis 700 € ein Pauschalsatz von 17,5 %; darüber werden alle Abgaben addiert, nämlich jeweils die Einfuhrumsatzsteuer von 19 %, Zoll nach Warenart von 0 bis 17 % (Laptops, Mobiltelefone, Digitalkameras 0 %), ggf. auch noch Verbrauchssteuern wie Tabak- oder Branntweinsteuer. Mehr Infos unter 🖳 www.zoll.de.

Für die **Schweiz** gilt eine Obergrenze von 300 sFr plus persönliche Gebrauchsgegenstände (auch gebrauchte Fotoapparate und Computer); für Tabak und Alkohol gelten Freimengen (250 Zigaretten bzw. 250 g Tabak; 2 l bis 18 % Vol., 1 l über 18 % Vol.). Die Einfuhrumsatzsteuer beträgt 8 %; dazu kommt Zoll je nach Warenart.

Zum zollfreien Einkaufen s. S. 46.

Land und Leute

Geografie S. 100
Flora und Fauna S. 101
Umwelt S. 103
Bevölkerung und Gesellschaft S. 104
Geschichte S. 108
Regierung und Politik S. 120
Wirtschaft S. 124
Religion S. 126
Kunst und Kultur S. 132

Geografie

Fläche: 377 923 km² (Deutschland 357 104 km²)

Küstenlänge: 29 751 km

Nord-Süd-Ausdehnung: 3200 km

Kürzeste Entfernung zum Festland: 200 km (Koreastraße)

Größte Städte: Tōkyō (9 Mio.), Yokohama (3,7 Mio.)

Höchster Berg: Fuji-san (3776 m)

Japan besteht aus einer sich bogenförmig vor der ostasiatischen Pazifikküste erstreckenden Inselgruppe vulkanischen Ursprungs. Der Staat setzt sich von Nord nach Süd aus den vier Hauptinseln Hokkaidō, Honshū, Shikoku und Kyūshū sowie über 3900 kleineren, teils bewohnten, teils unbewohnten Inseln zusammen und wird durch das Japanische Meer vom asiatischen Kontinent getrennt. Die kürzeste Distanz zum Festland beträgt in der Koreastraße etwa 200 km bis zur koreanischen Halbinsel.

Der japanische Archipel erstreckt sich über einen Bereich von 20° bis 45° nördlicher Breite, daher herrschen auf den verschiedenen Inseln vom tropischen Okinawa im Süden bis zum kühlgemäßigten Hokkaidō im Norden höchst unterschiedliche ökologische Bedingungen.

Die nördliche Grenze zu Russland ist noch immer umstritten, da Japan die Rückgabe von vier Inseln der südlichen Kurilen fordert, die 1945 von der Sowjetunion besetzt wurden. Eine Lösung des Konflikts ist derzeit nicht in Sicht.

Im Süden bilden die Ryūkyū-Inseln, zu denen Okinawa gehört, die Grenze zwischen Ostchinesischem Meer und Philippinensee. Die Insel Yonaguni am südwestlichen Ende der Inselgruppe liegt nur gut 120 km von Taiwan entfernt.

Naturräume

Durch alle Inseln ziehen sich Bergketten, knapp drei Viertel der Landesfläche sind gebirgig, und nur etwa ein Viertel besteht aus Ebenen und Tälern. In Zentraljapan laufen mit den Hida-, den Kiso- und den Akashi-Bergen drei Bergketten zusammen und bilden die **Japanischen Alpen**. Besiedelt wurden in erster Linie die Küstenebenen und Täler, die größte Ebene ist mit 13 000 km² die **Kantō-Ebene**, in der Tōkyō liegt.

Da die Hauptinsel Honshū recht schmal und die anderen Inseln nicht sehr groß sind, liegt kein Ort in Japan mehr als 150 km vom Meer entfernt. Honshū, Shikoku und Kyūshū umschließen die **Inlandsee**, ein Binnenmeer, das über vier Meerengen mit dem Japanischen Meer bzw. dem Pazifik verbunden ist.

Japans Flüsse sind zumeist kurz und schnell fließend und damit kaum schiffbar, am längsten ist mit 367 km der **Shinano**, der durch die Präfekturen Nagano und Niigata ins Japanische Meer fließt.

Regionen

Honshū („Hauptprovinz") ist mit 1300 km Länge die größte der vier Hauptinseln und umfasst mit 230 000 km² etwa 60 % der Gesamtfläche Japans. Es wird eingeteilt in die fünf Regionen Chūgoku, Kansai, Chūbu, Kantō und Tōhoku, die wiederum in 34 Präfekturen gegliedert sind. Drei Viertel aller Großstädte befinden sich auf Honshū, allein im Ballungsraum Tōkyō-Yokohama lebt ein Viertel der Gesamtbevölkerung. **Hokkaidō**, die zweitgrößte Insel, ist gleichzeitig die größte und nördlichste Präfektur; ihr Name bedeutet in etwa „Nordmeerbezirk". Sie ist seit 1988 durch den Seikan-Tunnel – mit 53 km derzeit der längste Tunnel weltweit – mit Honshū verbunden. Hokkaidō hat mit seinen 5,6 Mio. Einwohnern eine niedrige Bevölkerungsdichte und ist eher landwirtschaftlich geprägt. **Shikoku** ist mit 18 000 km² die kleinste der japanischen Hauptinseln und gliedert sich in vier Präfekturen. Sie ist über die 13 km lange Seto-Brücke sowie zwei weitere Brücken mit Honshū verbunden. Die 4,1 Mio. Einwohner leben vorwiegend im weniger bergigen Norden der Insel. **Kyūshū** ist die südlichste der vier Hauptinseln und mit 14,7 Mio. Einwohnern die bevölkerungsreichste nach Honshū. Kyūshū ist gleichzeitig der Name einer Region, die außer der Insel Kyūshū noch weitere kleinere Inseln, darunter die Goto- und Ryūkyū-Inselgruppen, umfasst und in acht Präfekturen untergliedert ist, eine davon ist die Präfektur Okinawa, zu der wiederum über die Okinawa-Inselgruppe hinaus noch die Miyako- und die Yaeyama-Inseln gehören.

Erdbeben und Vulkane

Japan liegt in einem Gebiet mit erhöhter tektonischer Aktivität, die dadurch zustande kommt, dass sich im Osten die Pazifische und im Süden die Philippinische Platte unter die Eurasische Platte schieben. Dadurch kommt es einerseits zu vermehrten Erdbeben und andererseits zu Vulkanausbrüchen, denn das Gestein der abtauchenden Platten schmilzt, steigt als Magma wieder auf und durchdringt an dünnen Stellen die obere Platte. Eine Kette von Vulkanen, Teil des sogenannten Pazifischen Feuerrings, sind die Folge. Von 265 Vulkanen in Japan sind 40 noch aktiv. Der mit 3776 m höchste und berühmteste von ihnen, der **Fuji-san**, ist das letzte Mal im Dezember 1707 ausgebrochen. Er gilt als aktiv, aber schlafend, und ist wegen der ebenmäßigen, symmetrischen Form seines Kegels allgegenwärtiges Motiv in Kunst und Literatur sowie ein beliebtes Touristenziel.

Als Nebenwirkung dieser geologischen Besonderheit dampfen und brodeln überall im Land heiße, meist mineralhaltige Quellen, oft in Verbindung mit schwefelhaltigen Dämpfen. Den zahlreichen **Thermalquellen** *(onsen)*, denen oft heilende Wirkung nachgesagt wird, verdankt Japan seine ausgeprägte Badekultur.

Zum Verhalten im Falle eines Erdbebens s. S. 77, Sicherheit.

Landnutzung

Wegen des hohen Anteils an Bergland findet man auf zwei Dritteln der Landesfläche Wald, ein weiteres Achtel entfällt auf landwirtschaftliche Flächen, gut 8 % auf Siedlungs- und Verkehrsflächen und gut 3 % auf Binnengewässer. Da die für Landwirtschaft und Siedlung nutzbaren Flächen in den Ebenen begrenzt sind, fin-

det dort eine intensive Nutzung statt, die mit einer relativ starken menschlichen Überprägung der Landschaft einhergehen, z. B. umfangreiche Maßnahmen zum Küstenschutz und zur Landgewinnung durch Deichbau und Entwässerung, das Anlegen von Reisterrassen, um Landwirtschaft auch in Hanglagen betreiben zu können, oder neuerdings das Schaffen künstlicher Inseln, wie für den Kansai International Airport. Die meisten Flüsse wurden zur Gewinnung von Wasserkraft aufgestaut, um die hohe Reliefenergie zu nutzen.

Flora und Fauna

Pflanzen

Die vielfältigen klimatischen und topografischen Bedingungen ermöglichen einen vergleichsweise großen Artenreichtum mit über 7000 Gefäßpflanzenarten. Die Isolation durch die Insellage führte zur Ausbildung einer sehr eigenständigen Tier- und Pflanzenwelt. Etwa ein Drittel der vorkommenden Pflanzenarten sind endemisch, d. h. sie kommen nur in Japan oder sogar nur auf einzelnen Inseln vor.

Die Abfolge verschiedener Klimazonen spiegelt sich auch in unterschiedlichen Vegetationszonen wider. Auf den südlichen Inseln wachsen semitropische, immergrüne **Wälder** mit Palm- und Baumfarnen sowie Lianen und Färberröte im Unterwuchs. Nach Norden hin, bis nach Zentral-Honshū hinein, schließt sich zunächst die Lorbeerwaldzone mit subtropischen immergrünen Laubwäldern an, mit Kampferbäumen in den Küstenebenen, Scheinkastanien in sonnigen, trockenen Lagen und immergrünen Eichen und Schirmtannen in feuchten Berglagen, im Unterwuchs Farne; auch Fächerpalmen und Banyan-Feigen sind zu finden. Anspruchslose Japanische Rot- und Schwarzkiefern begnügen sich mit den Sandböden der Küstendünen, in Berglagen kommt der höchste japanische Nadelbaum vor, die Sicheltanne oder *sugi* (Cryptomeria japonica), landläufig japanische Zeder genannt, tatsächlich aber ein Zypressengewächs. Einige Exemplare auf der Insel Yakushima südlich von Kagoshima sollen über 2000 Jahre alt sein.

In Nordost-Honshū und Südwest-Hokkaidō folgen sommergrüne Laubwälder der gemäßigten Zone mit Kerbbuchen, Katsurabäumen, Ahorn, Eichen und Birken. Diese Wälder sehen unseren mitteleuropäischen recht ähnlich, wenn man von den verschiedenen Bambusarten im Unterwuchs absieht. Im Südwesten Hokkaidōs nehmen dann Linden und Ahorn die Standorte der Kerbbuche ein und der Koniferenanteil steigt. Im nördlichen Hokkaidō schließlich wachsen boreale Nadelwälder mit Sachalin-Fichte, Ajan-Fichte und Sachalin-Tanne, gemischt mit einigen Birken und Eichen und reichlich Moos und Flechten im Unterwuchs.

Diese horizontale Zonierung wiederholt sich vertikal von den Ebenen bis hinauf in die Hochlagen der Gebirge: Jenseits der Baumgrenze, die nordwärts von etwa 2400 m in Zentral-Honshū auf etwa 1400 m in Zentral-Hokkaidō fällt, findet man Zwergkiefern und alpine Wiesen.

Tatsächlich bedeckt die natürliche Vegetation noch knapp 20 % der Fläche Japans, insbesondere in Form von ursprünglichen Wäldern in schwer zugänglichen Berg- und Inselregionen; der hohe Gesamtwaldanteil von zwei Dritteln setzt sich ansonsten zu etwa gleichen Teilen aus Sekundärwäldern und Forsten, vorwiegend aus Lärche, Scheinzypresse, Hiba-Lebensbaum, Sicheltanne, Kiefern und anderen Koniferen zusammen.

Tiere

Dank der großen Nord-Süd-Ausdehnung über verschiedene Klima- und Vegetationszonen bietet Japan den unterschiedlichsten Tieren einen Lebensraum, darunter auch eine Reihe von Spezies, die nur hier leben. Der Norden teilt subarktische Arten mit Sibirien, die gemäßigte Zone weist hingegen Arten auf, die auch in China oder Korea vorkommen. Im Süden findet man wiederum tropische Arten aus Südostasien.

In den Bergregionen leben große **Landsäuger** wie der Braunbär auf Hokkaidō und der Asiatische Schwarzbär auf Honshū. Hinzu kommen Huftiere wie Wildschwein, Sikahirsch und Japanischer Serau, eine Antilopenart, sowie Marderhunde (tanuki), Japanische Marder und Rotfüchse. Eine Besonderheit sind die **Rotgesichtsmakaken**, deren Lebensraum sich bis hinauf auf die Shimokita-Halbinsel im Norden Honshūs erstreckt – das weltweit nördlichste Vorkommen wildlebender Affen, die sich im harten japanischen Winter zuweilen in heißen Quellen aufwärmen. Nur einzelne Inseln im Süden bewohnen dagegen zwei Arten von **Wildkatzen**: die vom Aussterben bedrohte Iriomote-Katze (s. Kasten S. 620) auf Iriomote und die asiatische Bengalkatze auf Tsushima.

Die japanischen Inseln liegen an einer wichtigen Vogelzugstraße. Es wurden etwa 350 Zugvogel- und 250 Brutvogelarten gezählt, viele davon sind **Wasservögel** wie Möwen, Alke, Taucher, Albatrosse, Sturmtaucher, Reiher, Enten, Gänse, Schwäne, Kraniche und Kormorane. Endemische Vogelarten sind z. B. Japangrünspecht, Kupferfasan und der Nationalvogel kiji, der Japanische Buntfasan. Nur auf einzelnen Inseln kommen die Okinawaralle (Okinawa), die Kurodadrossel (Izu- und Ryūkyū-Inseln) und der Bonin-Honigfresser (Ogasawara-Inseln) vor.

Von den über 70 heimischen Reptilienarten gibt es beinah die Hälfte nur in Japan. Fast alle auf den Hauptinseln vorkommenden Schlangenarten sind ungiftig, so auch die zwischen ein und zwei Metern lange, grün-karierte **Inselnatter** (Elaphe climacophora, jap. aodaishō), der man durchaus auch mal in öffentlichen Parks begegnen kann. Es ist die größte Schlange Japans außerhalb Okinawas (zu Giftschlangen auf Okinawa s. Kasten S. 586). Auch unter den Amphibien gibt es viele, die nur in Japan zu Hause sind: Die Winkelzahlmolche sind mit vielen Arten vertreten. Mit ihnen verwandt ist der urtümliche **Riesensalamander**, mit bis zu 1,50 m die zweitgrößte Salamanderart der Welt.

Vor der japanischen Küste zusammenfließende kalte und warme Meeresströmungen sorgen für ein ausgeprägtes marines Leben. Zusammen mit den Süßwasserfischen kommen über 3000 Arten von **Fischen** vor, außerdem große **Meeressäuger** wie Delfine und Dugong (Gabelschwanzseekuh) sowie Glattschweinswal und Stellerscher Seelöwe, die leider allesamt bedrohte Arten sind.

Umwelt

Jeder Japan-Besucher wird irgendwann mit der japanischen Vorliebe für aufwendige Verpackungen konfrontiert. Wer schon einmal an einer japanischen Schachtel Kekse „gearbeitet" hat, bis er zum eigentlichen Knabbergenuss vordrang, weiß, wovon die Rede ist. Lange Zeit war die japanische Kultur des Verpackens zu Lasten von Müllbergen und damit der Umwelt gegangen, und das völlig unreflektiert – aber vieles ist gerade im Wandel.

Seinen ersten Fall von Umweltverschmutzung hatte Japan bereits 1880 in der Meiji-Zeit ausgehend von einer Kupfermine in Ashio (Präfektur Tochigi). Die unmittelbare Nachkriegszeit war geprägt von vier großen **Umweltskandalen**: der sogenannten Itai-Itai-Krankheit (Krankheit mit starken Schmerzen) durch Cadmium-Vergiftung in Fuchū (Präfektur Toyama) 1950, der Quecksilbervergiftung durch ein Chemiewerk in Minamata auf Kyūshū Mitte der 1950er-Jahre, einem ähnlichen Fall in der Präfektur Niigata 1964 sowie den Asthma-Erkrankungen durch Luftverschmutzung in Yokkaichi (Präfektur Mie) zwischen 1960 und 1972. Die negativen Auswirkungen des schnellen Wirtschaftswachstums wurden auch in Japan offensichtlich, was jedoch anders als in Deutschland nicht zu einer „grünen Bewegung" führte. Per **Umweltgesetzgebung** – quasi von oben – wurden vielfach technische Lösungen gefunden, allerdings ohne einen grundlegenden Bewusstseinswandel in der Bevölkerung hervorzurufen. In den 1990er-Jahren führte die japanische Regierung per Gesetz Recyclingprinzipien ein, und mit ISO-Standards wurden viele Firmen auf Energie- und Ressourcensparkurs gebracht.

Als Deutscher in Japan trifft man möglicherweise auf Bewunderer der deutschen Umweltpolitik. Scharen von Journalisten und Verwaltungsleuten sind in den letzten Jahren nach Deutschland gereist, um sich über Müllvermeidung, Verkehrs- und Energieprojekte zu informieren. Dank intensiver Berichterstattung in den Medien hat es z. B. CARLOS, ein Kompost-Regenwurm aus einem umweltpädagogischen Schulprojekt in Deutschland, in Japan zu einer gewissen Berühmtheit gebracht. Freiburg ist jedem interessierten Japaner als Deutschlands „Umwelthauptstadt" bekannt.

Trotz vieler Bewunderer: Das Konzept der Verkehrsberuhigung von Innenstädten und Wohnvierteln hat sich in Japan nicht durchgesetzt. Wo in Deutschland in sogenannten Spielstraßen längst Kinder mit Kreiden auf die Straße malen, darf man in Japan noch selbstbewusst mit dem Auto durchfahren. Gespenstisch anmutende Autos mit laufenden Motoren, aber ohne Insassen, nur weil man nach der Rückkehr vom Shopping nicht auf den Service von Klimaanlage oder Heizung verzichten will – darüber schütteln nach wie vor nur Deutsche den Kopf. Über Taxis, die bei laufendem Motor mitten auf dem Zebrastreifen auf Fahrgäste warten, beschwert sich kein Passant.

Die **Umweltbewegung** ist auf lokaler Ebene aktiv, aber nicht so gut vernetzt und professionalisiert wie in Deutschland. Den Bewusstseinsschub, den man von der Kyōto-Konferenz hätte erwarten können, erzielte erst der G8-Gipfel in Hokkaidō am Tōya-See 2008 in Kombination mit extrem gestiegenen Kraftstoffpreisen. Dieser Tage möchte jeder in Japan etwas zum Schutz der Umwelt tun. Selbst die gute alte Baumwolltasche hat Einzug in die Alltagsausstattung einer japanischen Hausfrau gehalten. „Mottาาnai" – „zu schade (zum Wegwerfen)" – ist das neue Modewort. Vielerorts fehlen nicht die Ideen, sondern es mangelt an mutigem Engagement zur Umsetzung derselben in Zusammenarbeit von Verwaltung, Bürgern und Firmen. Dennoch könnten Umweltprojekte ein spannendes Lernfeld für demokratische Bürgerbeteiligung werden. Umwelttechnisch hat Japan in manchen Bereichen sogar eine Vorreiterrolle. Solarmodule aus japanischer Herstellung sind in Mengen auf deutschen Hausdächern zu finden. Die Verbreitung von Hybridautos und BHKWs (Blockheizkraftwerken) für Privathaushalte ging ebenfalls von Japan aus. Technikgläubigkeit galt schon immer als typisch japanisch. Der Austausch zwischen Deutschland und Japan auf dem umwelttechnischen Sektor bietet stets ein spannendes Feld.

Seit der Erdbeben- und Tsunami-Katastrophe vom März 2011 wird auch in Japan viel über **Energie** diskutiert. Die Stromnetze wurden libe-

Walfang

Ein international viel diskutiertes Thema ist der Walfang, denn die japanische Regierung und die Walfanglobby bestehen darauf, zu „Forschungszwecken" regelmäßig eine bestimmte Quote an geschützten Walarten zu fangen, deren Fleisch nach der Forschung dann auch auf den Markt kommt. Innerhalb Japans sind aber sowohl die Gegenbewegung als auch die Befürworter des Walfangs kleine Minderheiten. Den meisten Japanern ist das Thema schlicht egal, und sehr viele mögen gar kein Walfleisch. Nach dem Zweiten Weltkrieg war es ein preisgünstiger Proteinlieferant, aber seitdem ist der Konsum auf heute rund 2000 t – nicht mal ein Hundertstel der einstigen Menge – gefallen. Zwar subventioniert Tōkyō den Walfang immer noch, aber angesichts des riesigen Haushaltslochs könnte sich das bald ändern. Andererseits wird die Kritik am Walfang in Japan als überhebliche Einmischung des Auslands wahrgenommen – eine Zwickmühle für die japanische Regierung.

ralisiert und seit 2013 gibt es wie in Deutschland eine Einspeisevergütung für regenerativ erzeugten Strom. Der havarierte Reaktor in Fukushima wird allerdings noch lange für Kopfzerbrechen sorgen. Zehntausende Menschen können wegen der radioaktiven Verseuchung nicht – zumindest wohl nie unbesorgt – in ihre Heimatorte zurück. Nach der Reaktorkatastrophe wurden alle der an die 50 **Atomreaktoren** zur Überprüfung der Sicherheitsstandards vorübergehend stillgelegt, erstaunlicherweise ohne dass es in Gesellschaft und Wirtschaft zu größeren Komplikationen kam. Während die Katastrophe von Fukushima in Deutschland zu einem energiepolitischen Wandel geführt hat, will Japan aber weiterhin auf die Technik der Atomkraft setzen. Leider ist auch die kleine Flamme der Anti-AKW-Bewegung wieder abgeebbt. Ob das überraschende Gerichtsurteil zum AKW Ōi im Mai 2014 – erstmals wurde der Betrieb eines AKWs aus Sicherheitsbedenken untersagt – zu einer grundlegenden Änderung der Energiepolitik in Japan führen wird, bleibt abzuwarten.

Es gibt einige sehr rührende Initiativen zum Schutz der Kinder von Fukushima – Rentner renovieren z. B. am Stadtrand von Sapporo ein altes Bauernhaus, in das Familien aus Fukushima jederzeit kostenlos zur Erholung kommen können. Dennoch ist ein einschlagender Wandel im Verbraucherverhalten nicht spürbar. Auf pädagogischer Ebene regt sich allerdings verstärktes Interesse an regenerativen Energien. Wenn es sich auch nicht in den Wahlen niedergeschlagen hat: Das kritische Bewusstsein in der Bevölkerung ist da – das belegen auch alle Meinungsumfragen –; viele hoffen, dass es bald auch eine gesellschaftspolitische Form findet.

Bevölkerung und Gesellschaft

Japan hat etwa 127 Mio. Einwohner, doch seit einigen Jahren schrumpft die Bevölkerung, wenn auch langsam. Mit einer durchschnittlichen Bevölkerungsdichte von etwa 350 Einwohnern pro Quadratkilometer ist das Land zwar theoretisch ähnlich dicht besiedelt wie Belgien (370) und wesentlich dichter als Deutschland (etwa 230 Einwohner pro Quadratkilometer). Da Japan aber sehr gebirgig ist, konzentriert sich ein Großteil der Bevölkerung in den wenigen breiten Ebenen – besonders um Tōkyō, in der Gegend um Ōsaka und Kyōto, und in Nord-Kyūshū. Hier ist die Bevölkerungsdichte wesentlich höher: Spitzenreiter ist die Präfektur Tōkyō (einschließlich eines Nationalparks und 2000 m hohen Bergen!) mit 6016 bzw. die eigentliche Stadt Tōkyō mit 12 022 Einwohnern pro Quadratkilometer (2010). Zwei Drittel der japanischen Bevölkerung lebt heute in „dicht besiedelten Regionen" auf 3,3 % der Landesfläche – dort beträgt die Bevölkerungsdichte im Durchschnitt 6758 Einwohner pro Quadratkilometer (etwa so viel wie in Hongkong). Allein ein Viertel der Bevölkerung, etwa 30 Mio., lebt im Großraum Tōkyō (mit den Städten Yokohama und Kawasaki). Dieses dichte Zusammenleben auf engem Raum hat natürlich Auswirkungen auf das Verhalten und die gesellschaftlichen Umgangsformen, und manche japanische Eigenheit wird verständlicher, wenn man sich diese Enge klarmacht.

Dagegen sind weite Flächen Hokkaidōs und viele der kleinen Inseln Okinawas nur spärlich besiedelt, in den Bergen sind ohnehin nur die Täler bewohnt. In diesen Tälern haben sich z. T. bäuerliche und traditionelle Lebensweisen bis heute erhalten. Doch auch im Zentrum von Tōkyō kann man mitunter zehn Minuten von den glitzernden Einkaufswelten entfernt in kleine Gassen geraten, in denen Anwohner in Yukata und Holz-Geta mit Seifenbeutel und Handtuch unter dem Arm zum *sentō*, dem öffentlichen Nachbarschaftsbad, laufen.

Über die Herkunft der Japaner ist nichts Genaues bekannt. Die ersten Bewohner der japanischen Inseln waren vermutlich einerseits von Süden her mit Meeresströmungen aus Polynesien eingewandert, andererseits kamen über die koreanische Halbinsel Gruppen aus Nordostasien (China und Korea) und Sibirien (S. 108, Geschichte). Ein jahrhundertelang zentralisiertes Staatswesen hat aber für eine Verschmelzung der ursprünglichen Einflüsse gesorgt, und die Bevölkerung Japans ist heute relativ homogen. In der Neuzeit gab es drei größere Minderheitengruppen, nämlich die Ainu, die Burakumin und die Koreaner.

Minderheiten

Mindestens seit dem 15. Jh. ist die **Ainu**-Kultur auf Hokkaidō und Sachalin belegt. Die Ainu, ein Volk von Jägern und Sammlern, unterscheiden sich ethnisch und kulturell von den Japanern. Sie lebten in den kühleren Regionen Japans, im Norden von Honshū und auf Hokkaidō, und wurden während der Edo-Zeit (1603–1868) wegen ihrer vermeintlichen Unzivilisiertheit verfolgt und unterdrückt. Als Hokkaidō im 19. Jh. erstmals planmäßig von Japanern erschlossen und besiedelt wurde, gliederte man die Ainu in die japanische Gesellschaft ein und zwang sie 1899 per Gesetz zur Assimilation. Ihr Land wurde von der Regierung beschlagnahmt. Wegen rassistischer Diskriminierung fügte sich

die Mehrzahl der Ainu gezwungenermaßen in die japanische Gesellschaft ein und verleugnete nach Möglichkeit ihre Herkunft. Erst seit den 1970er-Jahren begannen die Ainu, sich für den Erhalt ihrer Kultur einzusetzen (S. 282, Hokkaidō). Erst seit 2008 sind die Ainu offiziell als Ureinwohner mit eigenständiger schützenswerter Kultur anerkannt. Ihre Zahl wird offiziell auf etwa 25 000 geschätzt.

Eine weitere noch heute existierende Minderheit sind die Nachkommen der sogenannten **Burakumin** (etwa: „Ghetto-Menschen"), die zusammen mit anderen sozial Ausgeschlossenen in der Klassengesellschaft der Edo-Zeit auch als *hinin*, „Nicht-Menschen", bezeichnet wurden. Bei den Burakumin handelte es sich nicht um eine ethnische, sondern um eine rein gesellschaftliche Ausgrenzung anhand von Berufsständen. So lebten diejenigen, die mit „unreinen" Tätigkeiten wie Bestattungen oder Gerben zu tun hatten, diskriminiert in abgesonderten Siedlungen. Mit der Aufhebung des Klassensystems im 19. Jh. wurden die Burakumin als „Neu-Bürger" klassifiziert (und blieben damit immer noch leicht identifizierbar), zugleich verfiel ihr Monopol auf bestimmte Berufe. Trotzdem haftete ihnen in der Gesellschaft weiterhin der Makel der Unreinheit an. Seit der Nachkriegszeit gibt es Bemühungen um die Assimilierung dieser Minderheit. Der Begriff Burakumin gilt heute im Japanischen als diffamierend, das Schlüsselwort heißt stattdessen *dōwa* („Assimilierung"), wie z. B. in „*dōwa*-Bezirk" oder „*dōwa*-Problem". Die Diskriminierung dieser Minderheit, deren Zahl auf 1–3 Mio. geschätzt wird, ist heute sehr zurückgegangen und weitgehend auf einzelne Regionen (v. a. Kansai) beschränkt. Heiraten außerhalb der Minderheit sind inzwischen üblich, und die Überprüfung potentieller Heiratskandidaten auf etwaige Burakumin-Abstammung ist verboten.

Die dritte große Minderheit sind die Koreaner bzw. **Japaner koreanischer Abstammung**. Besonders während der Zeit der japanischen Besatzung (1910–1945) kamen viele Koreaner nach Japan: zunächst meist als Wirtschaftsmigranten, später als Zwangsarbeiter. Zwar kehrten nach dem Krieg Tausende von ihnen nach Korea zurück, viele blieben aber auch aus unterschiedlichen Gründen in Japan. Einige waren damals bereits in zweiter oder dritter Generation in Japan ansässig; die Verbindung zum koreanischen Heimatland hatten sie verloren. Außerdem waren auf der koreanischen Halbinsel zwei konkurrierende Staaten entstanden, die bald gegeneinander Krieg führten. Viele in Japan lebende Koreaner sympathisierten zunächst unabhängig von ihrer Herkunft eher mit dem kommunistischen nordkoreanischen Regime als mit der autokratischen Militärdiktatur Südkoreas. Diese politische Ausrichtung stand einer „Rückkehr" in die alte Familienheimat, die oft im Südteil lag, im Weg. Stattdessen entstanden in Japan zwei koreanische Interessenverbände: Mindan für die pro-südkoreanischen, Chōsōren für die pro-nordkoreanischen Koreaner in Japan. Beide Verbände unterhalten eigene Schulen und Universitäten und bemühen sich um die Vermittlung der jeweiligen „Heimatkultur".

Viele Koreaner haben inzwischen die japanische Staatsangehörigkeit angenommen. Die Fingerabdruckspflicht für die Ausweise von Koreanern mit Daueraufenthaltsgenehmigung wurde 1992 abgeschafft; in einigen Präfekturen haben Koreaner mit Daueraufenthaltsgenehmigung lokales Wahlrecht. Heute leben außerdem viele südkoreanische Bürger in Japan, die erst nach dem Krieg für Studium oder Beruf nach Japan gekommen sind.

Auch die ursprünglichen Bewohner Okinawas, die **Ryūkyūjin**, bilden eine ethnisch separate Gruppe. Okinawa war bis 1879 formell ein eigener Staat, das Königreich Ryūkyū. Eigene Traditionen, einschließlich einer eigenen Sprache, haben sich dort bis heute erhalten. Im Zweiten Weltkrieg wurden die Ryūkyūer vom japanischen Militär pauschal als potentielle Spione behandelt; unzählige Zivilisten wurden in der Schlacht von Okinawa getötet, und in der Nachkriegszeit war Okinawa jahrzehntelang von den USA besetzt (S. 586). Heute fühlen sich die meisten Einwohner Okinawas nicht explizit als ethnisch diskriminierte Minderheit innerhalb Japans, aber es gibt durchaus Spannungen zwischen der Präfektur Okinawa und der Zentralregierung und in diesem Zusammenhang auch eine Bewegung, die die Rückbesinnung auf die Ryūkyū-Kultur fördert.

Der **Ausländeranteil** liegt in Japan bei etwa 1,5 %, wovon je etwa ein Viertel Koreaner und Chinesen (einschließlich Hongkong und Taiwan) sind. Viele Koreaner sind aber, obwohl offiziell als Ausländer gezählt, völlig assimiliert. **Chinesen und Filipinos** kommen als dringend benötigte Arbeitskräfte, auch wenn ihre Integration wegen der kulturellen Unterschiede nicht leicht fällt. Andere größere Ausländergruppen stammen aus Südamerika. So leben in Japan über 200 000 **Brasilianer**, die meisten davon japanischer Abstammung. Im 19. und 20. Jh. waren viele Japaner wegen der schlechten Wirtschaftslage nach Südamerika ausgewandert. 1990 ermöglichte ein neues Gesetz deren Nachkommen, auch als unqualifizierte Arbeiter ein Arbeitsvisum zu bekommen. Dahinter stand die (oft irrige) Annahme, die japanischstämmigen Rückimmigranten würden sich leichter in die japanische Gesellschaft einfügen als andere Ausländer. Abgesehen davon ist die Immigration nach Japan sehr schwierig; illegale Einwanderung gibt es wegen der Insellage kaum.

Bevölkerungsstruktur

Die strenge Zuwanderungsregelung illustriert bereits ein Dilemma der japanischen Bevölkerungspolitik: Eine höhere Immigrationsrate ist aus Sorge um die Integration der Zuwanderer und die vielbeschworene Homogenität der japanischen Bevölkerung politisch (bisher) nicht gewünscht. Andererseits hat das Land mit einer **Überalterung** der Gesellschaft zu kämpfen, d. h. die Anzahl der älteren Menschen im Verhältnis zu jüngeren steigt schneller an, als das Sozialsystem verkraftet. Gründe für den demografischen Wandel sind die nach wie vor niedrige Geburtenrate von etwa 1,4 % und die steigende Lebenserwartung (für Frauen liegt sie heute bei 88 Jahren). Der Anteil von Menschen über 65 Jahren an der Gesamtbevölkerung liegt inzwischen bei über 24 % (2012) und steigt weiterhin an; Kinder bis zu 14 Jahren machen dagegen unter 13 % der Bevölkerung aus. Statistisch lässt sich errechnen, dass die Japaner bei einer Weiterentwicklung der heutigen Geburtenrate noch vor dem Jahr 3000 aussterben würden.

Eine erleichterte Immigrationspolitik, d. h. der Zuzug jüngerer Menschen, wäre eine mögliche Lösung für die Überalterung der Gesellschaft.

Gleichberechtigung der Frau

Rechtlich sind Frauen heute in Beruf und Privatleben den Männern zwar völlig gleichgestellt, aber im Alltag existieren erhebliche Unterschiede: Mehr junge Frauen als junge Männer besuchen Kurzuniversitäten statt regulärer Hochschulen; sie haben weniger verantwortungsvolle Positionen im Berufsleben und verdienen im Durchschnitt weniger. Noch immer ist es üblich, dass Frauen nach der Heirat oder spätestens nach dem ersten Kind gedrängt werden, den Beruf aufzugeben. Zwar gibt es seit 1986 ein Gesetz, das die Chancengleichheit im Berufsleben regelt, aber erst seit 1997 sind z. B. geschlechtsspezifische Stellenausschreibungen verboten. Dazu gehörte etwa die Tätigkeit als „Büroblume". Deren Hauptzweck war es, männlichen Mitarbeitern die Gelegenheit zu bieten, Heiratskandidatinnen kennenzulernen, ohne das Büro verlassen zu müssen. Heute machen Frauen etwa 42 % der Erwerbstätigen aus.

Bildung

Die Alphabetisierungsrate in Japan gehört zu den höchsten weltweit. Trotz des schwierigen Schriftsystems können 99 % lesen und schreiben. Seit dem Ende des Zweiten Weltkriegs folgt das Bildungssystem dem amerikanischen Modell: Auf eine sechsjährige Grundschulzeit folgen verpflichtend drei Jahre Mittelschule und freiwillig drei Jahre Oberschule. Allerdings besuchen über 90 % eines Jahrgangs die Oberschule. Der Abschluss einer Oberschule berechtigt zwar grundsätzlich zum Besuch eines Colleges oder einer Universität, doch ist für die endgültige Zulassung noch das Bestehen einer Aufnahmeprüfung der jeweiligen Universität erforderlich (s. Kasten).

Etwa die Hälfte aller Oberschulabgänger besucht nach dem Schulabschluss mindestens ein zweijähriges College. Etwa 75 % der Universitä-

LAND UND LEUTE

Prüfungshölle

Durch den Rückgang der Geburtenzahlen und das damit einhergehende Überangebot an Studienplätzen ist der Schrecken der sogenannten „Prüfungshölle" in den letzten Jahren deutlich abgeschwächt worden, aber das System der Eintrittsprüfungen hat nach wie vor Bestand. Am höchsten ist der Stress beim Eintritt in die Universität, denn hier existiert eine elitäre Rangordnung: Wer die Zugangsprüfung für eine der besten Universitäten des Landes (etwa die staatliche Tōdai oder die Privat-Unis Waseda oder Keiō in Tōkyō) besteht, hat später die besten Chancen bei der Stellensuche. Anders als in Europa spielt die Abschlussnote dabei eine geringere Rolle, da die Jobsuche bereits während des letzten Universitätsjahres stattfindet. In geringerem Ausmaß gibt es den Prüfungsdruck auch beim Eintritt in private Oberschulen und z. T. sogar in private Mittelschulen, denn gute private Schulen werben mit ihrer hohen Erfolgsquote bei der Zulassung zu Top-Universitäten. Im Extremfall kann der Prüfungsdruck bereits mit der Aufnahmeprüfung in einen privaten Elitekindergarten anfangen. Da die Vorbereitung in den Schulen oft als nicht ausreichend empfunden wird, wetteifern zahlreiche Nachhilfeschulen (juku und yobikō) um Kunden. Diese Nachhilfeschulen werden von den Schülern in der Regel nach der Schule, am späten Nachmittag oder frühen Abend, besucht und bereiten speziell auf die Aufnahmeprüfungen vor.

ten sind privat geführt; die Mehrheit der Schulen ist hingegen staatlich.

Trotz des für viele Schüler mit großem Stress verbundenen Prüfungsdrucks bietet die Schule den meisten auch Geborgenheit und Gemeinschaft. Fast alle Schulen sind Ganztagsschulen, dazu kommen viele außerschulische Aktivitäten, auch am Wochenende und in den Ferien. Man kann nicht „sitzen bleiben", und eine Schulform gilt für alle Kinder (einschließlich Behinderten), Rücksichtname und Gruppensolidarität werden gefördert. Nur Individualismus hat in diesem Konzept wenig Platz.

Arbeit und soziale Sicherheit

Nach Umfragen in den 1990er-Jahren rechneten sich 90 % der Japaner selbst zur **Mittelschicht**. Zumindest für die Angestellten der großen Unternehmen (wie Toyota oder Sony) und für Staatsangestellte galten jahrzehntelang die Prinzipien der lebenslangen Anstellung und der Seniorität, die stetig wachsendes Einkommen (fast) bis zur Rente garantierten. Dieses System (das im Übrigen nie für alle Berufstätigen in Japan galt) zerfällt inzwischen, und die Einkommens-Schere ist in den letzten Jahren stark auseinandergegangen. Auch in Japan gibt es heute mehr **Arbeitslose** (die offizielle Arbeitslosenquote überstieg im Jahr 2000 erstmals die 5-Prozent-Marke und ist seitdem selten unter 4 % gefallen), mehr Menschen, die um ihre Arbeitsstelle bangen, und mehr sogenannte *freeter*, die sich von Job zu Job hangeln. Der Anteil der „nicht-regulären" Angestellten beträgt inzwischen 38 % (2012), bei Frauen sogar über 50 %. Die meisten dieser Stellen sind lediglich Teilzeitjobs, für die die Arbeitnehmer(innen) durchschnittlich nur 40 % des Stundenlohns von Festangestellten erhielten.

Die relative **Armut** (der Anteil derer, die weniger als die Hälfte des Durchschnittseinkommens zur Verfügung haben) ist in den letzten Jahren auf erschreckende 16 % gestiegen, und auch die Kinderarmut liegt inzwischen deutlich über dem OECD-Durchschnitt.

Noch wird die **soziale Absicherung** weitgehend durch ein allgemein verbindliches staatliches Versicherungssystem mit Kranken- und Rentenversicherung getragen. Beide Systeme gelangen aber durch die demografischen Veränderungen an die Grenzen ihrer Belastbarkeit. Das Rentenversicherungssystem ist dreistufig und besteht aus einer staatlichen Grundversicherung, einer verpflichtenden Firmenversicherung und einem freiwilligen Anteil. Das Krankenversicherungssystem muss auch die Kosten der immer wichtiger werdenden Altenpflege tragen.

Geschichte
Vor- und Frühgeschichte

Archäologische Funde belegen, dass vor mindestens 30 000–40 000 Jahren Menschen auf den japanischen Inseln lebten; 2009 in der Präfektur Shimane gefundene Steinwerkzeuge werden sogar auf ein Alter von 110 000–120 000 Jahren geschätzt. Die genauen Ursprünge des japanischen Volkes sind jedoch unklar. Aus sprachhistorischer Sicht wird Japanisch mit den altaischen Sprachen in Verbindung gebracht, weist also Ähnlichkeiten mit den Türkischen, Mongolischen und Koreanischen auf. Wegen dieser sprachlichen Verwandtschaft und frühen Siedlungsspuren im Norden Japans wird heute angenommen, dass die japanischen Inseln zumindest teilweise von Wandervölkern aus Zentralasien besiedelt wurden, die über damals vorhandene Landbrücken aus Korea und Russland einwanderten. Vermutet wird auch eine etwas spätere Einwanderung polynesischer Seefahrer über Kyūshū.

Ab circa 10 000 v. Chr. vollzog sich in Japan der Wandel von einer Jäger- und Sammler-

---

ZEITLEISTE

Ab ca. 10 000 v. Chr.	Ab ca. 4000 v. Chr.
Erste Keramikfunde zeugen von einer semisesshaften Kultur.	Dank Einwanderungswellen aus China und Korea lernen die Menschen der Jōmon-Kultur neue Technologien kennen.

Kultur zu einer semisesshaften Kultur. Aus dieser Zeit stammen die ersten Keramikfunde, nach denen die Epoche **Jōmon-Zeit** (Schnurmuster-Zeit, 14 000–500 v. Chr.) genannt wird. Mit einer Strohschnur wurden Muster in den noch weichen Ton gedrückt oder mit Tonschnüren auf das Gefäß aufgelegt. Die Jōmon-Keramik zählt weltweit zu den ältesten Keramiken.

Ab etwa 4000 v. Chr. kam es zu einem sprunghaften Bevölkerungsanstieg. In der späten Jōmon-Zeit gelangten über neue Einwanderungswellen aus China fortschrittliche Reisanbaumethoden und erste Kenntnisse der Metallverarbeitung nach Japan. Ausgehend von archäologischen Funden wie Bronzespiegeln und bronzenen Ritualgongs vermuten Archäologen eine weitere Einwanderungswelle, wahrscheinlich aus China und Korea, ab etwa dem vierten vorchristlichen Jahrhundert. Die neuen Einwanderer vermischten sich mit den Jōmon-Menschen.

Verbesserte Anbaumethoden und eine sesshaftere Lebensweise führten während der **Yayoi-Zeit** (etwa 500 v. Chr.–300 n. Chr.) zu einem weiteren Bevölkerungsanstieg. Im Jahr 57 n. Chr. wird Japan erstmals in den chinesischen Annalen erwähnt. Der Staat Wa, ein Königreich im heutigen Japan, erhielt ein goldenes Siegel des chinesischen Kaisers. In den chinesischen Büchern wird dieses Land Wa, manchmal auch als Yamato-Land bezeichnet, als ein loser Sippenverband beschrieben. Die Einwohner ernährten sich wohl hauptsächlich von rohem Fisch, Gemüse und Reis. Sie verehrten Götter, ernannten Priesterinnen und hatten bereits ein einfaches Steuersystem eingeführt. Die einzelnen Sippen führten zum Teil heftige Kriege um die Vormachtstellung im Land. Schon während der Yayoi-Zeit hatte sich die Macht in den Händen einiger großer Familien konsolidiert.

Die folgende Epoche wird als **Kofun-Zeit** (3.–6. Jh. n. Chr.) bezeichnet, nach den großen, schlüssellochförmigen Hügelgräbern. Diesen Brauch hatte die Yamato-Elite vom Festland bzw. der koreanischen Halbinsel übernommen. Die größten dieser Gräber sind bis zu 30 m hoch und 470 m lang. Aufwendige Grabbeigaben aus dieser Zeit sind beispielsweise die Haniwa-Wächterfiguren, die um und auf diesen Gräbern platziert wurden. Die Kleidung der Wächterfiguren verweist auf starke koreanische Einflüsse in dieser Zeit. Aus China gelangte etwa ab dem 3. oder 4. Jh. auch die Schrift in das bis dahin schriftlose Japan.

Die japanischen Epochen	
Jōmon	14 000–500 v. Chr.
Yayoi	500 v. Chr.–300 n. Chr
Kofun	3.–6. Jh. n. Chr.
Asuka	552–710
Nara	710–794
Heian	794–1185
Kamakura	1192–1333
Muromachi	1336–1573
Azuchi-Momoyama	1573–1603
Edo (Tokugawa)	1603–1868
Meiji	1868–1912
Taishō	1912–1926
Shōwa	1926–1989
Heisei	seit 1989

660 v. Chr.

Dem Mythos zufolge soll in diesem Jahr Jimmu, ein Nachfahre der Sonnengöttin Amaterasu, als erster Tennō den Thron bestiegen haben.

57. n. Chr.

In chinesischen Annalen wird das japanische Königreich Wa erwähnt.

405

Der Schriftgelehrte Wani wird vom Hof angestellt und die chinesische Schrift offiziell übernommen. In der Folgezeit wird sie ans Japanische angepasst.

Asuka-Zeit (552–710)

Als Beginn der Asuka-Zeit gilt im Allgemeinen das Jahr 552, in dem der **Buddhismus** offiziell über China und Korea in Japan eingeführt wurde. Zusammen mit dem neuen Glaubenssystem gelangten Kenntnisse chinesischer Verwaltung und Elemente chinesischer Kultur, z. B. die Essstäbchen, nach Japan. Das Land hatte sich unter der Führung der Yamato-Herrscher von einem losen Zusammenschluss untereinander konkurrierender Sippen zu einem einheitlichen Staatsgefüge gewandelt. Nicht alle einflussreichen Familien nahmen den Buddhismus an, und es kam zu Kämpfen zwischen den Mononobe, die am ursprünglichen Götterglauben, dem Shintō, festhielten, und den Sōga, die die neue Religion unterstützten. Die Auseinandersetzung endete mit einem Sieg der Sōga.

Unter Prinzregent **Shōtoku Taishi** (574–622), gläubiger Buddhist und in den chinesischen Klassikern belesen, erhielt Japan erstmals eine Verfassung, die sowohl Artikel zur allgemeinen Ethik als auch zur Politik enthielt. Shōtoku Taishi führte außerdem nach chinesischem Vorbild eine konfuzianische Rangordnung für Beamte und Adel ein, übernahm den chinesischen Kalender und ließ Straßen und buddhistische Tempel errichten. Vorausschauend schickte er Gesandte nach China, die dort Buddhismus und Konfuzianismus studieren sollten.

Ab Mitte des 7. Jhs. gaben Shōtokus Nachfolger Japan mit den sogenannten **Taika-Reformen** (Taika = „Großer Wandel") eine zentralisierte administrative Struktur und einen Strafgesetzkodex nach chinesischem Vorbild.

Die so begonnenen Veränderungen wurden in den **Taihō-Gesetzen** ab 701 noch weiter geführt: Dabei fiel u. a. das gesamte Staatsgebiet an das Kaiserhaus. Japan unterhielt zu dieser Zeit diplomatische Beziehungen sowohl zu China als auch zu Korea. Gegen Ende der Asuka-Zeit wurden in Japan erstmals Münzen geprägt.

Japanische Mythologie

Die japanischen Schöpfungsmythen sind in dem Werk **Kojiki** („Bericht über alte Begebenheiten") schriftlich fixiert. Es wurde 672 von Kaiser Temmu in Auftrag gegeben, aber erst unter Kaiserin Gemmei im Jahre 712 fertiggestellt. Das „Geschichtswerk" sollte den göttlichen Ursprung des Kaisers belegen und die Position Japans im Verkehr mit dem mächtigen China durch eine eindeutige Darstellung seiner Gründung und Geschichte stärken.
Am Ende des Götterzeitalters beginnt der Eroberungsfeldzug des ersten Kaisers Japans, bekannt unter dem posthumen Namen Jimmu (Göttlicher Heldenmut), nach Yamato. Er ist nach diesen Quellen der rechtmäßige Nachkomme der Sonnengöttin.

Nara-Zeit (710–794)

710 wurde Nara (damals Heijōkyō) die erste permanente Hauptstadt Japans, da der Ausbau des Beamtenstaates sowie die Aufnahme diplomatischer Beziehungen mit dem Ausland und die damit verbundenen Repräsentationspflichten einen ständigen Regierungssitz erforderten. Zu-

552	593–622	701
Der Buddhismus wird offiziell eingeführt.	Unter Shōtoku Taishi erhält Japan 603 eine erste Verfassung. Ein konfuzianisches Verwaltungssystem entsteht.	Der Taihō-Kodex reformiert die Verwaltung. Ein hierarchisches Regierungssystem wird etabliert.

Feng Shui

Die klassische Form der Geomantik, Feng Shui (Jap. *fūsui*) war in Japan, wie auch in China und Korea, sehr wichtig für die Ermittlung optimaler Bauplätze: ursprünglich für Grabstätten, später aber auch für Paläste, Wohnhäuser des Adels und die Anlage von Städten. Um Sicherheit und Überleben zu gewährleisten, sollte eine Stadt z. B. im Süden Wasser aufweisen, im Norden schützende Berge und im Westen eine Verkehrsader. Nach solchen Vorgaben richteten sich die Begründer Naras und Kyōtos. Im Nordosten wurden Schutztempel erbaut, da sich böse Mächte und Geister von Nordosten aus nähern.

Feng Shui, wie es heute im Westen bekannt ist, beruht auf einer Vermischung der klassischen Lehren mit neuem Gedankengut aus New Age und Esoterik und wird hauptsächlich zur harmonischen Gestaltung von Wohnräumen angewandt, in denen Energien frei fließen können sollen.

vor war beim Tod eines Kaisers – wegen der im Shintō mit dem Tod verbundenen kultischen Unreinheit – der alte Palast stets aufgegeben worden, doch mit dem Erstarken des Buddhismus war das nicht mehr nötig. Die Stadt Nara wurde nach dem Vorbild der chinesischen Hauptstadt Chang'an (heute Xian) mit einem schachbrettartigen Grundriss und nach Feng-Shui-Prinzipien errichtet.

Schon bald nach Gründung der Hauptstadt überstieg die Einwohnerzahl 200 000 – etwa 4 % der damaligen Bevölkerung Japans.

Ein Straßennetz verband Nara mit den Provinzhauptstädten im ganzen Land. In der Nara-Zeit entstanden die ersten Werke japanischer Geschichtsschreibung, wie das *Kojiki* und das *Nihongi*, mit denen die japanischen Kaiser ihre Macht zu legitimieren suchten: Diesen Schriften zufolge war ihrem Ahnen Jimmu Tennō die Herrschaft per Mandat von der Sonnengöttin Amaterasu übertragen worden (s. Kasten S. 110).

Der Buddhismus war zu Beginn der Nara-Zeit eher noch eine Religion des privilegierten Adels, doch unter **Kaiser Shōmu** (701–756) gewann sie an Einfluss. Ab 741 ließ er in jeder japanischen Provinz einen Staatstempel *(kokubunji)* bauen, in dem zum Schutz des Landes buddhistische Sutren gelesen wurden. Wichtiger waren wohl die administrativen Aufgaben der Tempel. Zentrale dieses staatlichen Buddhismus wurde der Tōdai-ji in Nara (S. 420). Zur Augenöffnungszeremonie der großen Buddha-Statue im Jahr 752 reisten Mönche und Gesandte aus ganz Ostasien an.

Entsprechend gewann der buddhistische Klerus während der Nara-Zeit immens an politischem Einfluss. **Kaiserin Kōken** (reg. 749–758) brachte mehrere Mönche in leitende Hofpositionen. Später geriet sie unter den Einfluss des buddhistischen Wunderheilers Dōkyō, den sie vermutlich zum Kaiser machen wollte. Jedoch verstarb sie vorher.

Die Einmischung des Klerus in Regierungsangelegenheiten, Machtkämpfe innerhalb einflussreicher Adelsfamilien und eine allgemeine zunehmende Destabilisierung und Dezentralisierung der kaiserlichen Macht führten schließlich zu einer erneuten Verlegung der Hauptstadt.

710	752	794
Heijōkyō (Nara) wird die erste permanente Hauptstadt Japans.	Unter Kaiser Shōmu gewinnt der Buddhismus an Bedeutung. In Nara wird der Große Buddha im Tōdai-ji eingeweiht.	Heiankyō (Kyōto) wird neue Hauptstadt.

Heian-Zeit (794–1185)

Zehn Jahre dauerte es, bis nach der Aufgabe Naras ein geeigneter Platz in der Kinki-Ebene für die neue Hauptstadt Heian-kyō (das heutige Kyōto) gefunden war. Klöster durften nur noch außerhalb der Stadtgrenzen errichtet werden. So ließ sich zwar der Einfluss des Klerus eindämmen, doch den Machtbestrebungen des Adels konnte das Kaiserhaus wenig entgegensetzen. Die Familie der **Fujiwara** bestimmte die Geschicke Japans so stark mit, dass sich in der Literatur auch der Begriff Fujiwara-Zeit findet. Die Fujiwara verheirateten traditionell ihre Töchter in das Kaiserhaus. Sie stellten ab der Mitte des 9. Jhs. den Regenten (*sesshō* oder *kanpaku*), erst nur für minderjährige Kaiser, später auch für volljährige Kaiser, während sich der eigentliche Kaiser meistens, de facto entmachtet, in ein buddhistisches Kloster zurückzog. Die Regenten-Ämter waren innerhalb der Fujiwara-Familie erblich. Zwar existierte immer noch ein ausgefeiltes Beamtensystem, doch anders als beim Vorbild China waren diese Positionen nur selten mit tatsächlicher politischer Macht verbunden.

Trotz der innenpolitischen Machtkämpfe erlebten Kunst und Kultur in der Heian-Zeit eine erste Blüte. Es entstanden die ersten japanischen Romane, wie die *Geschichte des Prinzen Genji* und das *Kopfkissenbuch* der Sei Shōnagon (S. 636). Beide wurden von adeligen Hofdamen in einer von der chinesischen Schrift abgeleiteten verkürzten Silbenschrift, den Hiragana, verfasst.

Mit den Taihō-Reformen im 7. Jh. war das gesamte Staatsland in den Besitz des Kaisers gelangt, der es wiederum an loyale Gefolgsleute verschenkte. So war es bis zum 9. Jh. einzelnen Familien gelungen, durch Schenkungen, Vererbung und Erschließung neuen Ackerlandes riesige Landgüter in ihren Besitz zu bringen. Da Reis das übliche Zahlungsmittel war, verlor der Kaiser nicht nur Staatsland, sondern auch die Kontrolle über die Finanzen. Die Familien verfügten auf den Großgütern über die Polizeigewalt und organisierten zu ihrem Schutz starke Privatheere. Hier zeichnen sich die Anfänge des Kriegeradels, der späteren Samurai-Schicht, ab. Von etwa 1155 an gerieten die **Machtkämpfe** zwischen den einflussreichen Familien in Kyōto immer mehr außer Kontrolle. Vor allem die Clans der adligen **Minamoto** (die auch Genji genannt werden) und die **Taira** (auch Heike genannt), einer Seitenlinie des Kaiserhauses, bestimmten das Geschehen. Der Kaiser selbst war machtlos. Gegen Ende der Heian-Zeit wurden die diplomatischen Beziehungen mit China wegen der dortigen Bürgerkriege eingestellt.

Kamakura-Zeit (1192–1333)

Aus den Kämpfen zwischen den Familien Minamoto und Taira gingen die Minamoto nach der entscheidenden **Seeschlacht von Dannoura** im Jahr 1185 als endgültige Sieger hervor. 1192 bekam Minamoto no Yoritomo vom Kaiser den Titel **Shōgun** verliehen, der mit weitreichenden militärischen und politischen Befugnissen verbunden war. Yoritomo verlegte sein Hauptquartier nach Kamakura und regierte von dort aus, durch das Mandat des Kaisers legitimiert. Unter dem Einfluss des Zen-Buddhismus, der ab dem

Ab 1156	1185	1192
Die Clans der Minamoto (auch Genji) und der Taira (auch Heike) kämpfen in mehreren kriegerischen Auseinandersetzungen um die Macht.	Die Minamoto siegen in der Seeschlacht von Dannoura über die Taira.	Minamoto no Yoritomo erhält den Titel Shōgun und wird damit zum militärischen Herrscher des Landes. Er verlegt sein Hauptquartier nach Kamakura.

12. Jh. nach Japan gelangte und ideologisch mit den in der Kamakura-Zeit vorherrschenden Kriegeridealen harmonierte, entwickelte sich eine ritterlich-feudale Gesellschaft.

Der Kaiserhof verblieb in Kyōto und führte dort weiterhin einen höfischen prunkvollen Lebensstil, der durch die Einnahmen aus den kaiserlichen Gütern gedeckt wurde. Obwohl der Titel des Shōguns innerhalb der Minamoto-Familie erblich war, konnte diese ihre Macht nicht dauerhaft halten: Ab dem frühen 13. Jh. regierte die **Hōjō**-Familie – stellvertretend für den (Minamoto-)Shōgun. Die Hōjō richteten einen Staatsrat ein und eröffneten damit erstmals Mitgliedern des Kriegeradels die Möglichkeit politischer Partiziption. Ein erstes militärisches Gesetzbuch nach modernen Rechtsgrundsätzen anstelle konfuzianischer Prinzipien wurde verabschiedet. Außerdem installierten sie einen Zweig der Familie in Kyōto in der Nähe des Kaiserhofs, um dort ihre Machtinteressen besser durchsetzen zu können.

Unter Kublai Khan erschütterten Japan im 13. Jh. zwei **Mongoleninvasionen**. Diese konnten zwar, nicht zuletzt durch günstig auftreffende Taifune, die sogenannten Kamikaze ("göttliche Winde"), zurückgeschlagen werden, doch die militärischen Ausgaben überstiegen die Möglichkeiten des bereits geschwächten Shōgunats (bzw. der Hōjō-Regenten), das nicht in der Lage war, seine Gefolgsleute angemessen zu entlohnen. In dieser schwierigen politischen Situation verbündeten sich die **Ashikaga**-Familie und der Kaiser in Kyōto mit dem Ziel, die imperiale Macht wiederherzustellen. Die glückliche Fügung der „göttlichen Winde" führte gleichzeitig zu einem Wiedererstarken des Shintō.

Samurai, Daimyō und Shōgun

Vom 12. bis zum 19. Jh. lag die Regierungsgewalt in Japan faktisch in den Händen einer feudalen Kriegeraristokratie. Kriegerfamilien gewannen ab dem Ende der Heian-Zeit durch Anhäufung großer Ländereien und damit verbundener Steuereinnahmen immens an Macht. Viele von ihnen unterhielten Privatheere, mit denen sie um mehr Einfluss kämpften. Ab der Kamakura-Zeit hatten sich die Machtverhältnisse stabilisiert. Die Krieger (Samurai) besaßen faktisch die politische Gewalt im Lande. Die Samurai waren sich untereinander durch ein hierarchisches Vasallensystem verpflichtet, das ab dem 17. Jh. starrer wurde. An der Spitze der Samurai stand der Shōgun, der diesen Titel seit 1192 vom Kaiser verliehen bekam. Die Regierung des Shōguns wird auch als Bakufu („Regierung aus dem Zelt") bezeichnet, was auf ihre soldatische Herkunft verweist. Direkt dem Shōgun unterstanden die Provinzgouverneure, *daimyō*, die innerhalb ihrer Provinz absolute Machtbefugnisse hatten. Mit der Meiji-Restauration 1868 wurde der Samurai-Stand abgeschafft und eine moderne Armee eingeführt.

Muromachi-Zeit (1336–1573)

Bald stellte sich heraus, dass die Ashikaga weniger an der Rückgabe der politischen Macht an das Kaiserhaus als an der Festigung ihrer eigenen Position interessiert waren. Sie vertrieben Kaiser Go-Daigo, ihren ehemaligen Verbündeten, aus Kyōto und installierten einen

1203–1333	1274 und 1281	1336–1392
Der Hōjō-Clan übernimmt die Macht und führt 1232 ein modernes Gesetzbuch, den Jōei-Kodex, ein.	Die Mongolen versuchen zweimal vergeblich, Japan zu erobern.	Kaiser Go-Daigo wird aus Kyōto vertrieben. Ashikaga Takauji setzt einen Marionettenkaiser ein und lässt sich zum Shōgun ernennen. Es bestehen zwei Kaiserhöfe.

Marionettenkaiser auf dem Thron. Von diesem ließ sich **Ashikaga Takauji** offiziell zum Shōgun ernennen und verlegte seine Residenz nach Kyōto in das Stadtviertel Muromachi. **Kaiser Go-Daigo** unterhielt in Yoshino südlich von Kyōto einen Gegenkaiserhof. Das 14. Jh. wird daher auch als die Zeit des nördlichen und südlichen Kaiserhofs bezeichnet.

Eine wirtschaftliche und kulturelle Blütezeit folgte unter dem Shōgun **Ashikaga no Yoshimitsu**, dem es 1392 durch geschicktes Verhandeln gelang, den südlichen Thronfolger nach Kyōto zurückzuholen und zur Aufgabe des Thronanspruchs zu bewegen. Ashikaga no Yoshimitsu nahm außerdem wieder offizielle Beziehungen mit China auf (wo die Mongolen inzwischen vertrieben waren) und wurde vom chinesischen Ming-Kaiser als „König von Japan" anerkannt. Die Ashikaga imitierten in Kyōto den prunkvollen verschwenderischen Lebensstil der Adeligen der Heian-Zeit. Vor allem Ashikaga no Yoshimitsu errichtete Prachtbauten wie den Kinkaku-ji in Kyōto (S. 389) und führte das Leben eines Monarchen.

Doch trotz der kulturellen und wirtschaftlich positiven Entwicklung war der Frieden im Land nicht von Dauer. Die mächtigen Kriegerfamilien, deren Landbesitz immer größer wurde, machten sich gegenseitig die Macht streitig. Dem standen die zunehmende Verarmung großer Teile der Landbevölkerung und die finanziellen Schwierigkeiten des Kaiserhauses gegenüber. Im 15. Jh. kam es immer wieder zu bewaffneten **Bauernaufständen**. Der Streit um die ungeklärte Nachfolge für den achten Ashikaga-Shōgun Yoshimasa führte zu blutigen **Bürgerkriegen**, den Ōnin-Kriegen, in den Straßen Kyōtos und der Umgebung der Hauptstadt. Damit beginnt die lange „Zeit der Streitenden Reiche" (Sengoku-jidai). Erst 1568 konnte **Oda Nobunaga**, ein Samurai aus der Provinz Owari (dem heutigen Nagoya), die Stadt einnehmen und bald darauf die Ashikaga-Shōgune vertreiben. Oda Nobunaga stammte ursprünglich aus eher einfachen Verhältnissen und hatte es durch Mut und Geschick geschafft, den Landbesitz der Familie erheblich zu vergrößern.

1543 gelangten mit schiffbrüchigen **Portugiesen** auch die ersten Europäer nach Japan, die einen Handel zwischen Portugal und Japan etablierten. Die Spanier und Holländer folgten bald. Aus Europa wurden Stoffe, Glas, Uhren, Tabak und vor allem Feuerwaffen importiert, die eine neue blutigere Phase in den kriegerischen Auseinandersetzungen einläuteten. Mit den Händlern kamen auch die **Missionare**, vor allem Jesuitenpater aus Macao. Bis 1582 hatten sich etwa 2 % der Bevölkerung zum Christentum bekehrt.

Die Azuchi-Momoyama-Zeit (1573–1603)

Oda Nobunaga hatte zwar die Ordnung in Kyōto wiederhergestellt, der Rest des Landes jedoch rieb sich in zahlreichen brutalen Kriegen zwischen den Heeren der großen Familien auf. Die fast 30 Jahre andauernden **Unruhen** stürzten das Land in eine schwere wirtschaftliche und soziale Krise.

Drei großen Staatsmännern oder „Reichseinigern", nämlich Oda Nobunaga, Toyotomi

1467–1477	Ab 1543	1568
Der Streit um die Nachfolge des 8. Ashikaga-Shōguns führt zum Ōnin-Krieg. Es folgt eine Zeit der politischen Wirren und Bürgerkriege, die bis 1568 andauert.	Die ersten Europäer gelangen nach Japan. In der Folge entstehen Handelskontakte zu Portugal, Spanien und Holland. Mit den Kaufleuten kommen Missionare.	Der Feldherr Oda Nobunaga nimmt Kyōto ein und vertreibt die Ashikaga.

Hideyoshi und Tokugawa Ieyasu, gelang es schließlich, das Reich wieder zu einen und eine gut 250 Jahre während Periode des Friedens einzuleiten. Nach seinem Sieg in Kyōto gelangen **Oda Nobunaga** weitere Gebietsgewinne, nicht zuletzt dank der neuen Feuerwaffen, und er errichtete 1576–1579 an den Ufern des Biwako die siebenstöckige Azuchi-Burg, die nicht nur militärische Festung, sondern auch prunkvolle Residenz war.

Nachdem Oda Nobunaga 1582 von einem seiner Generäle ermordet worden war, führte sein oberster General **Toyotomi Hideyoshi** die Reichseinigung fort, die 1590 mit dem Sieg über die Hōjō (nicht direkt verwandt mit den Hōjō der Kamakura-Zeit) vollendet war. Toyotomi Hideyoshi wurde in die adelige Fujiwara-Familie adoptiert und bekam den Titel *kanpaku* (Regent) verliehen (allerdings nicht den offiziellen Titel des Shōguns). Um die marode Wirtschaft anzukurbeln und die politische Situation zu stabilisieren, führte er Landvermessungen und Volkszählungen durch, entwaffnete die Bauernheere und richtete im ganzen Land Zollstationen ein. Eine seiner letzten großen militärischen Ambitionen war die Eroberung Koreas, die mit großer Grausamkeit durchgeführt wurde. Die dabei nach Japan entführten koreanischen Künstler und Handwerker gaben der japanischen Kultur in der Folge wichtige Impulse. Trotz anfänglicher Erfolge erlitten die Japaner starke Verluste, als China an der Seite Koreas in den Krieg eintrat, und zogen mit dem Tod Hideyoshis 1598 wieder aus **Korea** ab.

Noch auf dem Sterbebett verfügte Hideyoshi, dass ein fünfköpfiger Regentenrat anstelle seines noch minderjährigen Sohnes die Regie-

---

Der weiße Samurai – Anjin-san

Im Jahr 1600 gelangt der englische Händler **William Adams** als Schiffbrüchiger nach Japan. Zu Unrecht der Piraterie verdächtigt, wird sein ohnehin angeschlagenes Schiff beschlagnahmt, er selbst in der Burg von Ōsaka gefangengenommen. **Tokugawa Ieyasu** verhört ihn persönlich und ist begeistert vom umfangreichen Wissen des Engländers in verschiedensten Bereichen wie Geschichte, Mathematik und Nautik. Nach der Schlacht von Sekigahara macht er William Adams zu seinem persönlichen Berater, verbietet ihm, Japan zu verlassen, erhebt ihn in den Samurai-Stand und gibt ihm den japanischen Namen **Miura Anjin**. William Adams sieht Europa nie wieder: Er verstirbt 1620 in der Nähe von Nagasaki auf Kyūshū.

In den 1980er-Jahren lief auch in Deutschland die auf dem Buch von James Clavell basierende Serie *Shogun*, in der Richard Chamberlain in der Rolle des John Blackthorne (der Romanfigur zum historischen William Adams) die Massen begeisterte.

---

rungsgeschäfte übernehmen solle. Als einer der fünf Regenten starb, geriet der ohnehin wackelige Frieden außer Kontrolle.

Tokugawa Ieyasu gelang es, nacheinander seine Konkurrenten auszuschalten. Den entscheidenden Sieg errang er in der **Schlacht von Sekigahara** (Kasten S. 314). Doch erst 1615 wurde Hideyoshis Burg in Ōsaka endgültig zerstört.

1582	1592 und 1597–98	1600
Nach der Ermordung Oda Nobunagas übernimmt sein General Toyotomi Hideyoshi die Führung und befriedet das Land.	Hideyoshi unternimmt Feldzüge nach Korea und entführt Handwerker von dort nach Japan. Mit dem Tod Hideyoshis ziehen die Japaner aus Korea ab.	In der Schlacht von Sekigahara setzt sich Tokugawa Ieyasu gegen seine Konkurrenten durch.

Edo- oder Tokugawa-Zeit (1603–1868)

LAND UND LEUTE

Mit seiner Ernennung zum Shōgun 1603 verlegte Tokugawa Ieyasu die Hauptstadt nach Edo, in das heutige Tōkyō, um fernab der Einmischungen und Einflüsse des Kaiserhofs, der in Kyōto verblieb, zu regieren. Ein kompliziertes System von Verboten und Kontrollen sollte den Frieden im Land sichern, was seinen Nachkommen bis ins 19. Jh. hinein gelang.

Da viele der Samurai im Süden Japans, die sich lange der Vorherrschaft der Tokugawa widersetzt hatten, Christen waren, assoziierten die Tokugawa-Shōgune das **Christentum** mit Aufständen und verboten diese Religion landesweit (S. 131). Die ausländischen (katholischen) Missionare wurden des Landes verwiesen, japanische Christen mussten sich zum Buddhismus bekennen und dem Christentum abschwören. Es kam zu Christenverfolgungen und Massenhinrichtungen. Ab Mitte des 17. Jhs. wurden alle Ausländer des Landes verwiesen und der Außenhandel, bis auf einige wenige Schiffe pro Jahr aus China und Holland, eingestellt. Auf der Insel Dejima vor Nagasaki entstand eine holländische Handelsniederlassung, über die westliches Wissen auch während dieser Jahre der **Landesabschließung** *(sakoku)* nach Japan gelangte (S. 539).

Um die Sicherheit im Inneren zu gewährleisten, nahmen die Tokugawa eine **Neuordnung der Provinzen** vor. Die *daimyō* wurden je nach ihrer Loyalität in Gruppen eingeteilt und die potentiellen Feinde möglichst isoliert. Ab 1635 wurde zudem die Praxis des *sankin kōtai*-Systems gesetzlich festgelegt: Die Familien der *daimyō* mussten in Edo leben, während die Provinzfürsten selbst zwar in ihrer jeweiligen Provinz wohnten, aber regelmäßig nach Edo reisen mussten. Dies zwang die Vasallen zu einer kostspieligen doppelten Hofhaltung; so konnten sie nicht allzu mächtig werden.

Die gesamte Bevölkerung wurde in vier **Stände** eingeteilt. Auf der untersten gesellschaftlichen Stufe befanden sich die Händler, die nach damaligem Verständnis nicht selbst arbeiteten. Dann kamen die Handwerker, und auf der zweithöchsten Stufe des Gesellschaftssystems standen die Bauern, die durch die Landwirtschaft zum Erhalt des japanischen Staates beitrugen. Der Schwertadel (Samurai), als oberster Stand, verwaltete das Land und trieb z. B. Steuern ein, die in Form von Reis bezahlt wurden. Der Kaiserhof in Kyōto stand außerhalb dieses Systems. Ebenfalls ausgeschlossen waren Prostituierte, Schausteller und Berufsgruppen wie Gerber, die als unrein galten.

Trotz Isolierung und starker Kontrollen durch die Tokugawa-Shōgune in allen Bereichen des Lebens erlebte Japan während der Edo-Zeit einen wirtschaftlichen Aufschwung, von dem vor allem die Händler profitierten. Ab dem 19. Jh. betrieben Europäer und Amerikaner eine erzwungene Freihandelspolitik in Asien. Japan blieb davon zunächst verschont, doch 1854 landete der amerikanische Admiral **Matthew Perry** in der Uraga-Bucht und zwang Japan mit seinen kanonenbewehrten schwarzen Schiffen zur Öffnung. Mit Unterzeichnung der **„Ungleichen Verträge"** verpflichtete sich Japan zur Öffnung von Handelshäfen, niedrigen Einfuhrzöllen und zur Gewährung von extraterritorialen Rech-

1603	1614–41	1853–54
Tokugawa Ieyasu wird zum Shōgun ernannt und verlegt die Hauptstadt nach Edo (Tōkyō).	Das Christentum wird verboten. Ausländer werden ausgewiesen und Handelskontakte auf eine Insel vor Nagasaki beschränkt.	US-Admiral Matthew Perry erzwingt mit seinen schwarzen Schiffen die Öffnung Japans. Der Vertrag von Kanagawa beendet die Abschließungspolitik.

ten für die in Japan ansässigen Vertragspartner, d. h. diese unterlagen nicht der japanischen Gerichtsbarkeit. Ein Teil der Samurai empfand diese Verträge als Schmach und vor allem als Versagen eines unfähigen Tokugawa-Shogunats. Mit dem Slogan „Ehret den Kaiser, vertreibt die Barbaren" und mit modernen westlichen Waffen kämpften sie für eine Rückgabe der politischen Macht an den Kaiser. 1868 trat der 15. Tokugawa-Shōgun Yoshinobu zurück und gab die Macht an den damals erst 16-jährigen Kaiser Mutsuhito (Meiji) zurück.

Meiji-Zeit (1868–1912)

Der junge Kaiser verlegte seine Residenz von Kyōto nach Edo, das in Tōkyō („östliche Hauptstadt") umbenannt wurde. Die *daimyō* mussten ihre Ländereien an den Kaiser zurückgeben und erhielten dafür großzügige finanzielle Entschädigungen. Vorrangiges Ziel der neuen Regierung war die Revision der „Ungleichen Verträge". Man glaubte, dies am ehesten durch eine rasche **Industrialisierung und Modernisierung**, durch ein Gleichziehen mit dem Westen erreichen zu können. Japan schickte diplomatische Gesandtschaften in die USA und nach Europa, um Kontakte zu knüpfen, aber auch um Wirtschaft, Forschung, Militär, Staats- und Bildungssysteme zu studieren. Zahlreiche japanische Studenten studierten im Ausland, und in einem groß angelegten Programm wurden bis 1900 tausende europäischer und amerikanischer Experten nach Japan geholt, um beim Aufbau des Landes zu beraten und zu helfen. Nach dem Motto „Ein

reiches Land, eine starke Armee" wurde bereits 1873 eine allgemeine Wehrpflicht eingeführt und das Militärwesen nach westlichem (v. a. preußischem) Vorbild modernisiert. Mit der neugewonnenen Stärke vergrößerte Japan sein Einflussgebiet in Ostasien. So annektierten japanische Truppen 1874 Taiwan, 1876 zwang Japan Korea zur Öffnung von Vertragshäfen und zur Unterzeichnung ähnlicher ungleicher Verträge, wie Japan selbst sie mit dem Westen hatte. Weitere Gebietsgewinne folgten mit den japanischen Siegen im **Chinesisch-Japanischen Krieg** 1894–95 und dem **Russisch-Japanischen Krieg** 1904–05. Damit hatte erstmals ein asiatisches Land eine Westmacht besiegt. Japan wurde zähneknirschend als Großmacht anerkannt und die „Ungleichen Verträge" bis 1911 aufgehoben. 1905 okkupierte Japan **Korea**, um es 1910 offiziell zu annektieren.

Während der Meiji-Zeit entwickelte sich Japan von einer zunächst absoluten zu einer **konstitutionellen Monarchie**. Ab den 1880er-Jahren formierten sich erste Parteien. 1889 erhielt Japan seine erste Verfassung, die neben dem Kaiser als mächtigem Souverän auch ein Parlament mit Ober- und Unterhaus vorsah.

Taishō-Zeit (1912–1926)

Nach dem Tod des Meiji-Tennō regierte sein Sohn Yoshihito unter dem Namen Taishō. In seine Regierungszeit fielen der Erste Weltkrieg und die liberale Zwischenkriegszeit mit der sogenannten **Taishō-Demokratie**. Dank seinem strategischen Kriegseintritt auf der Seite der Alliierten im Ersten Weltkrieg konnte Japan – durch

1868	1894–1895 und 1904–05	1910
Mit der Meiji-Restauration wird das Shogunat bekämpft und die Macht des Kaisers wiederhergestellt. Dieser verlegt seinen Sitz von Kyōto nach Edo (Tōkyō).	Japan siegt im Chinesisch-Japanischen und im Russisch-Japanischen Krieg.	Japan annektiert Korea.

die Übernahme deutscher Gebiete (Tsingtau und die Pazifikinseln der Marianen) und Forderungen an China – seine Gebietsansprüche auf dem asiatischen Festland und im Pazifik ausweiten. 1919 trat Japan dem Völkerbund bei. Japans gewachsene Flottenstärke wurde im **Washingtoner Flottenabkommen** 1922 zwar anerkannt; das Verhältnis, mit dem die Flotten von USA, Großbritannien und Japan festgeschrieben wurden (5:5:3) wurde von vielen in Japan aber als ungerecht und demütigend empfunden.

Innenpolitisch erfuhr das Land eine Belebung der parlamentarischen Demokratie mit allgemeinem **Wahlrecht** und einer großen Anzahl an Parteien; gleichzeitig zeichnete sich bereits eine Tendenz zum Ultranationalismus ab.

Expansionspolitik und Zweiter Weltkrieg

Vor allem aus wirtschaftlichen Gründen suchte Japan seinen Einflussbereich in Asien auszuweiten und geriet gleichzeitig durch eine aggressiv imperialistische Politik zunehmend in Konflikt mit den westlichen Konkurrenten. Ausgelöst und begünstigt durch die **Weltwirtschaftskrise** und empfundene wie tatsächliche Benachteiligungen Japans in der internationalen Diplomatie erstarkten ultranationalistische und expansionistische Kräfte. Das Militär gewann politisch zunehmend an Einfluss.

Erleichtert wurde diese Verschiebung politischer Macht durch die in der Meiji-Verfassung vorgesehene starke Rolle des Kaisers, die es dem Militär ermöglichte, das Parlament immer weiter zu umgehen. Schon während der Meiji-Zeit waren Buddhismus und Shintō offiziell getrennt und die göttliche Abstammung des Meiji-Kaisers von der Sonnengöttin Amaterasu hervorgehoben worden, um die Macht des neuen Herrschers zu stärken und die Bildung eines modernen Nationalstaates zu beschleunigen. Der als Gott verherrlichte Kaiser wurde später zur Legitimierung militaristischer Forderungen nach bedingungsloser Selbstaufgabe im Krieg herangezogen – bestes Beispiel dafür sind die Kamikaze-Piloten.

Mit dem **Mukden-Zwischenfall** (oder mandschurischen Zwischenfall) 1931 begann der fünfzehnjährige Krieg in Asien, der 1941 in den Pazifischen Krieg bzw. den Zweiten Weltkrieg überging: Seit 1905 hatte Japan ein Pachtrecht über eine Eisenbahnlinie in der Mandschurei. Die japanische Armee, die die gemietete Bahnlinie bewachte, inszenierte einen Angriff auf diese Bahnstrecke, machte eine in der Nähe stationierte chinesische Einheit dafür verantwortlich und nahm dies als Vorwand, um in die Mandschurei einzumarschieren und dort ein Marionettenregime unter dem abgedankten chinesischen Kaiser, Pu Yi, einzusetzen. Die Spannungen zwischen Japan und China kulminierten im Juli 1937 im **Zwischenfall an der Marco-Polo-Brücke** in der Nähe von Beijing, einer Schießerei, die zum offenen Kriegsausbruch führte.

Die japanische Armee marschierte in China ein. Wenige Monate später ermordeten japanische Soldaten im **Massaker von Nanking** (heute Nanjing) mehrere Hunderttausend Zivilisten. Ziel der Expansion, die bis nach Südostasien und auf die Philippinen weitergeführt wurde, war laut japanischer Propaganda die Schaffung einer „Großostasiatischen Wohlstandssphäre", ein

1914	1931	7. Juli 1937
Japan kämpft im Ersten Weltkrieg auf Seiten der Alliierten und erobert die deutsche Kolonie Kiautschou.	Japan marschiert unter einem Vorwand in die Mandschurei ein und setzt dort ein Marinettenregime unter dem abgedankten chinesischen Kaiser Pu Yi ein.	Nach einem Zwischenfall kommt es zum offenen Kriegsausbruch mit China und im Dezember zum Massaker von Nanjing.

Euphemismus, dessen negative Besetzung noch heute die Bemühungen um wirtschaftliche Zusammenschlüsse in Asien hemmt. Nur aus strategischen Gründen schlug sich Japan in dem in Europa aufkommenden Konflikt im **Dreimächtepakt** 1940 auf die Seite Deutschlands und Italiens.

Am 7. Dezember 1941 griff Japan wegen sich zuspitzender Konflikte mit den USA unerwartet den amerikanischen Stützpunkt **Pearl Harbour** auf Hawaii an. Nach anfänglichen Erfolgen konnte das japanische Militär das riesige Reich nicht halten; seit der Schlacht bei den Midway-Inseln verlor Japan Territorien. Es folgten heftige Luftangriffe auf fast alle japanischen Großstädte. Japans einzige Bodenschlacht fand im Frühling und Frühsommer 1945 auf Okinawa statt (S. 594). Ausschlaggebend für die Kapitulation am 15. August 1945 waren schließlich die **Atombombenabwürfe** auf Hiroshima und Nagasaki Anfang August (S. 467 und S. 538).

Mit dem Krieg verlor Japan auch Territorialansprüche, insbesondere die Kolonien Korea (seit 1910) und Taiwan (seit 1895). Die Insel Sachalin fiel wieder ganz an Russland, das den Südteil nach dem Japanisch-Russischen Krieg hatte abtreten müssen.

Nachkriegszeit, Wirtschaftsaufschwung und der Weg ins 21. Jahrhundert

Vom Kriegsende bis zum **Friedensvertrag von San Francisco** 1952 war Japan amerikanisch besetzt. In der Kapitulationserklärung am 15. August 1945 entsagte der Shōwa Tennō (Hirohito) öffentlich seinem göttlichen Status. Er blieb jedoch zugunsten der gesellschaftlichen Stabilität symbolisches Staatsoberhaupt und wurde in den Kriegsverbrecherprozessen in Tōkyō nicht zur Rechenschaft gezogen, obwohl er offiziell oberster Befehlshaber der japanischen Truppen gewesen war.

1947 trat eine neue Verfassung in Kraft, die maßgeblich von amerikanischen Besatzungsbeamten mitformuliert war und den berühmten **Friedens-Artikel 9** enthielt (S. 123). Die strenge und anti-militaristische Haltung der USA wandelte sich allerdings vor dem Hintergrund der Spannungen in Korea und China: Japan wurde als starker Verbündeter im Koreakrieg (1951–53) und gegen den chinesischen Kommunismus gebraucht. Im Interesse einer schnellen wirtschaftlichen Erholung schwächte die Besatzungsmacht unter **General Douglas MacArthur** deshalb politische Säuberungen ab. Belastete Politiker und große Handelskonzerne durften bald wieder ins öffentliche Leben zurückkehren.

Ein erster Meilenstein auf dem Weg zur internationalen Anerkennung waren 1964 die **Olympischen Spiele in Tōkyō**. 1972 erhielt Japan die bisher noch von den USA als Militärbasis besetzte Provinz Okinawa zurück. Bis in die 1980er-Jahre hatte das japanische Wirtschaftswunder eine der führenden Wirtschaftsnationen der Welt generiert. Das Platzen der Immobilienblase 1990 mit der darauffolgenden jahrelangen Rezession (S. 125) brachte nicht nur diesen rasanten Aufstieg ins Stocken, sondern veränderte auch Lebensentwurf und -gefühl der nachfolgenden Generationen. Die kollektiv orientierte Arbeitsethik der Nachkriegszeit weicht langsam indivi-

7. Dezember 1941	15. August 1945	1952
Japan greift den amerikanischen Stützpunkt Pearl Harbour auf Hawaii an.	Nach den Atombombenabwürfen auf Hiroshima und Nagasaki kapituliert Japan.	Mit dem Friedensvertrag von San Francisco endet die amerikanische Besatzung. 1972 wird auch Okinawa an Japan zurückgegeben.

Die dreifache Katastrophe von 2011: Erdbeben, Tsunami und Reaktorunfall

Am 11. März 2011 um 14.46 Uhr bebte die Erde im Pazifischen Ozean vor der Küste Japans. In Japan wird die Katastrophe allgemein als **Großes Ostjapanisches Beben** (Higashi-Nihon Daishinsai) bezeichnet, den größten direkten Schaden richtete aber der Tsunami an, und in Europa wurde v. a. der Atomunfall von Fukushima wahrgenommen.

Das Epizentrum des Bebens, mit einer Magnitude von 9,0 auf der Richterskala, lag zwar 130 km östlich von Sendai im Meer, aber auch an Land erreichten die Erdstöße teilweise die Maximalstärke 7 der japanischen Erdbebenskala (die für jeden einzelnen Standort eine Stärke angibt, nicht nur fürs Epizentrum), fast überall in Tōhoku die Stärke 6. Auch weit über Tōkyō hinaus war das Beben vernehmlich zu spüren. Durch das Erdbeben selbst entstanden zahlreiche Schäden an Gebäuden fast im gesamten Gebiet von Tōhoku. Eine **Tsunami**-Warnung über etwa 6 m wurde sofort nach dem Beben ausgegeben, teils aber nicht sehr ernst genommen, da kurz zuvor ein angekündigter Tsunami nicht eingetroffen war. Die Welle fiel dann höher aus als erwartet, mit durchschnittlich 10 m, in einigen Gebieten bis zu 16 m und durch den Brandungsaufprall in Einzelfällen sogar über 30 m Höhe. Diese Welle, die schon Minuten nach dem Beben die ersten Orte erreichte und den schmalen, dicht besiedelten Küstenstreifen überspülte, ist die Hauptursache für die insgesamt etwa 18 500 Todesopfer, von denen über 2000 verschollen blieben. Ganze Ortschaften und die Infrastruktur der Küste wurden zerstört, Tausende mussten evakuiert werden, etwa 1 Mio. Tonnen Schrott treibt noch immer im Pazifik.

dualistischeren Einstellungen. Nach der Erdbenkatastrophe von 2011 (s. Kasten) zeichnete sich kurzfristig ein Wandel in der japanischen Gesellschaft ab, mit verstärktem Umweltbewusstsein, Protestbewegungen und mehr individuellem und politischem Engagement. Dieser Trend erlahmte aber erstaunlich schnell wieder.

Regierung und Politik

Regierungsform

Japan ist eine konstitutionelle Monarchie, formelles Staatsoberhaupt und „Symbol des japanischen Staates" ist der **Kaiser** (Tennō), übrigens heute der einzige Kaiser weltweit. Die Staatsgewalt geht vom Volk aus und liegt bei einer alle vier Jahre vom Parlament gewählten Regierung. Das **Parlament** besteht aus einem Ober- und einem Unterhaus. Beide Kammern werden nach etwas unterschiedlichen Systemen in freien und geheimen Wahlen gewählt: Für das Unterhaus gilt eine komplizierte Mischung aus Mehrheits- und Proporz-Wahlrecht, während das eher beratend tätige Oberhaus im

Proporz-Verfahren über Listen gewählt wird. Wahlberechtigt sind alle japanischen Staatsbürger ab dem Alter von 20 Jahren. Das Parlament ernennt den **Premierminister**, der wiederum sein Kabinett überwiegend, aber nicht notwendigerweise aus Parlamentsabgeordneten bildet.

Innenpolitik

Die Politik Japans nach dem Zweiten Weltkrieg war weitgehend geprägt von einer Vorrangstellung der Wirtschaftsinteressen mit großem Einfluss des Handels- und Industrieministeriums MITI. In den 1950er- und 1960er-Jahren gab es heftige Proteste und **Studentenunruhen**, die sich hauptsächlich gegen die außenpolitische Allianz der Regierung mit den USA und gegen den Vietnamkrieg richteten.

Innenpolitik wurde während der langen **Herrschaft der LDP** hauptsächlich als Klientelpolitik betrieben, was sich z. B. in den riesigen Bauprojekten zugunsten eben solcher Regionen ausdrückte, aus denen einflussreiche Politiker stammten – ein Beispiel ist die Shinkansen-Linie nach Niigata, die ab 1972 von Premierminister Tanaka Kakuei durchgesetzt wurde.

Durch den Tsunami wurde auch das **Kernkraftwerk Fukushima** in Ōkuma an der Küste der Präfektur Fukushima überschwemmt. Obwohl sich die Reaktoren beim Erdbeben automatisch abgeschaltet hatten, kam es in der Folge – teils durch mangelnde Einhaltung der Sicherheitsstandards, Fehler und Missmanagement der Betreiberfirma Tepco – zu Kernschmelzen in mehreren Reaktorblöcken. Zur Kühlung musste schließlich sogar Meerwasser eingesetzt werden, und Teile des radioaktiv verseuchten Kühlwassers wurden ins Meer abgelassen. Dabei kam es für einige Wochen zu Überschreitungen der Grenzwerte für Cäsium- und Iod-Isotope, zeitweise um das 200 000-fache. In einem Umkreis von 20 bis 30 km um die Reaktoren wurde die gesamte Bevölkerung evakuiert. Alle übrigen Atomreaktoren wurden anschließend für verstärkte Sicherheitskontrollen vom Netz genommen – insgesamt 54 Reaktoren, die bis dahin ein Drittel des japanischen Stroms produziert hatten. Einen kompletten Ausstieg aus der Atomenergie plant die Regierung aber nicht.

Gesundheitliche Gefahren ergaben sich außerhalb der Kernzone höchstens durch belastete Lebensmittel. Die Grenzwerte für Lebensmittel wurden aber nach der Katastrophe unter die in Europa gültigen Werte gesenkt, Lebensmittel aus Tōhoku wurden monatelang ganz gemieden. Die größte Gefahr stellte v. a. Fisch dar (weil sich ja kein unbedenklicher Ursprungsort feststellen lässt), das Risiko für Besucher ist aber zu vernachlässigen, denn die Grenzwerte sind auf einen Jahreskonsum von 150 kg ausgelegt. Die Region ringt noch immer mit dem negativen Image, sodass es inzwischen sogar umgekehrt **Solidaritätskampagnen** gibt, die den innerjapanischen Tourismus in der Region fördern sollen.

Die Umwelt- und Gesundheitspolitik wurde in den 1960er- und 1970er-Jahren durch einige große **Umweltskandale** (S. 103) geprägt, die die Regierung zwangen, strenge Umweltauflagen durchzusetzen. Nachdem die Phase des wirtschaftlichen Aufschwungs mit dem Platzen der Bubble Economy 1990 zu einem plötzlichen Ende gekommen war, versuchte die Regierung jahrelang erfolglos, mit immer neuen Konjunkturprogrammen die **Wirtschaft** anzukurbeln. Politische Skandale trugen zu einer Veränderung der Parteienlandschaft und sogar einem kurzfristigen Regierungswechsel bei. Nach und nach traten neue, z. T. globale Probleme zutage, die seitdem die Politik beschäftigen und bislang ungelöst sind: von Arbeitslosigkeit über Klimawandel bis zur Überalterung der Gesellschaft.

Außenpolitik

Auch nach der amerikanischen Besatzungszeit zeigte Japan außenpolitisch wenig Profil, stützte sich auf ein 1952 geschlossenes und 1960 verlängertes **Verteidigungsbündnis mit den USA** und konzentrierte sich auf den Wiederaufbau.

Thronfolgeproblematik des japanischen Kaiserhauses

Die Thronfolge im Kaiserhaus erfolgt verfassungsgemäß in männlicher Erbfolge, was früher unproblematisch war – bis (im 19. Jh.) die Nebenfrauen abgeschafft und (nach dem Zweiten Weltkrieg) die Zugehörigkeit der zahlreichen Seitenlinien zum Kaiserhaus aufgehoben wurden. Da der derzeitige Kronprinz Naruhito 2001 als erstes Kind eine Tochter namens Aiko hatte und es in der Familie auch sonst keinen männlichen Thronfolger gab, wurde einige Jahre lang sehr intensiv über eine Verfassungsänderung in diesem Punkt diskutiert. Der damalige Premierminister berief sogar einen fünfköpfigen Weisenrat ein, der sich mit dem Problem befassen sollte. Aiko wäre nicht die erste Kaiserin der japanischen Geschichte geworden, doch in der Vergangenheit regierten Frauen offiziell nur anstelle ihrer minderjährigen Söhne oder anderweitig verhinderter männlicher Thronerben. Die Idee einer Reform ist aber eingeschlafen, seit Aiko 2006 einen Cousin bekam.

Da Staat und Religion verfassungsmäßig getrennt sein müssen, kommt es regelmäßig zu Skandalen, wenn konservative Politiker in ihrer Funktion als Minister oder Premierminister den umstrittenen Yasukuni-Schrein in Tōkyō (S. 164) besuchen. Dort werden seit der Meiji-Zeit die Seelen derer verehrt, die „für Japan" gestorben sind – einschließlich mehrerer verurteilter und hingerichteter Kriegsverbrecher. Die zuständigen Priester argumentieren, dass deren Seelen, einmal per Zeremonie aufgenommen, nicht mehr aus der spirituellen Verehrungsmasse herausgelöst werden können. Damit werden bei jedem Gebet für verstorbene Familienmitglieder formell auch die Kriegsverbrecher verehrt – vor allem am 15. August, dem Tag der Kapitulation. Dieses brisante Ereignis wird regelmäßig von Aufmärschen Rechtsradikaler und Protesten linker Gruppen begleitet.

wurden. Nun warfen amerikanische Konkurrenten den Japanern vor, als „Trittbrettfahrer" vom Schutzschild der USA zu profitieren, während ihre eigenen Verteidigungsausgaben minimal blieben. In der Folgezeit baute Japan langsam die Beteiligung an **UNO-Friedensmissionen** aus und überdehnte damit den Friedensartikel 9 der Verfassung (s. Kasten) erheblich. Außerdem steuerte die Regierung im zweiten Golfkrieg 1991 etwa 13 Mrd. US$ zu den Kosten der Befreiung Kuwaits aus irakischer Besatzung bei, ein Fünftel der Gesamtkosten. Dass der Beitrag in der Weltöffentlichkeit als „Scheckbuchdiplomatie" lächerlich gemacht wurde, hat viele Japaner tief getroffen und zur Debatte über eine Verfassungsänderung beigetragen. Unter Premierminister Koizumi Jun'ichirō (Amtszeit 2001–2006) entsandte Japan erstmals Truppenkontingente in ein Kriegsgebiet. Für den Einsatz im Irak von 2004 bis 2006 mussten eigens mehrere neue Gesetze erlassen werden, die die Verfassung großzügig uminterpretieren.

Parteienlandschaft

Erste Parteien bildeten sich in Japan bereits während der Meiji-Zeit gegen Ende des 19. Jhs., doch bis 1945 war der Einfluss politischer Parteien eher gering. Mit dem Ende des Zweiten Weltkriegs verboten die amerikanischen Besatzer alle bis dahin bestehenden Parteien, und viele Politiker wurden zumindest vorübergehend von der Politik ausgeschlossen. Als dann Parteineugründungen bzw. Wiedergründungen zugelassen waren, konnten aufgrund der inzwischen durch den Koreakrieg veränderten politischen Lage auch die belasteten Politiker in die Politik zurückkehren. 1955 vereinigten sich zwei der wichtigsten Parteien, die Liberale Partei und die Demokratische Partei, die beide aus Vorkriegsparteien hervorgegangen waren, zur **Liberaldemokratischen Partei (LDP)**, die fortan die japanische Politik bestimmte.

Die Aussöhnung mit den asiatischen Nachbarländern beschränkte sich auf finanzielle Unterstützungen und Entwicklungshilfeleistungen, die letztendlich japanischen Exportfirmen zugute kamen – und fing bei den entfernteren Ländern Südostasiens an. Korea, die ehemalige Kolonie, spaltete sich unterdessen im Koreakrieg 1950–53 in einen Nord- und einen Südteil. Erst 1965 nahmen Japan und Südkorea offiziell diplomatische Beziehungen auf. Mit Nordkorea gibt es bis heute keinen Friedensvertrag. Die wirtschaftliche Unterstützung asiatischer Länder wurde in der japanischen **Entwicklungspolitik** während der gesamten Nachkriegszeit weitergeführt und sicherte japanischen Firmen Absatzmärkte und später auch Auslandsstandorte.

In der westlichen Welt blieben die USA mit weitem Abstand vor Europa der wichtigste Partner, vor allem durch das Verteidigungsbündnis, das dem pazifistischen Japan im Austausch gegen Truppenstützpunkte einen „atomaren Schutzschirm" durch amerikanische Waffen garantierte. Allerdings kam es bald zu Konflikten, je mehr die japanischen **Exporte** vor allem auf den Gebieten der Automobilindustrie und neuer Technologien als Preisdrücker empfunden

Die Herrschaft der LDP schien nach lange gewachsener Unzufriedenheit 2009 gebrochen, als die bisherige größte Oppositionspartei, die **Demokratische Partei Japans** (DPJ, jap. Minshu-tō) einen überwältigenden Wahlsieg mit

Artikel 9 und die Selbstverteidigung

Die heute gültige Verfassung (Nihon Koku Kenpō) ist unter Mitwirkung der amerikanischen Besatzungsmacht nach dem Zweiten Weltkrieg formuliert worden und am 3. Mai 1947 in Kraft getreten. Der bekannteste Abschnitt darin ist der Artikel 9, der Krieg als legitimes Mittel der Politik ausschließt. Daraus ergibt sich folgerichtig das Verbot, eine Armee zu unterhalten. Seit 1954 verfügt Japan aber (auch unter dem Druck der amerikanischen Regierung, deren Einstellung zur japanischen Bewaffnung sich unter dem Einfluss des Koreakriegs gewandelt hatte) über sogenannte **Selbstverteidigungsstreitkräfte (SDF)** – de facto eine durchaus schlagkräftige Armee, deren Budget aber nach einer ungeschriebenen Richtlinie unter 1 % des BIP gehalten wird. Die Angehörigen der Selbstverteidigungsstreitkräfte sind formell Zivilisten, und es gibt auch kein Militärgericht.

Umstritten ist insbesondere die Entsendung der SDF ins Ausland, hauptsächlich bei **UNO-Blauhelmeinsätzen** (seit 1992). Ein Hauptproblem auch bei rein friedenssichernden Einsätzen ohne Kampfhandlungen ist, dass in vielen Fällen Waffen zur Selbstverteidigung mitgeführt werden müssen oder logistische Operationen für bewaffnete Truppen anderer Nationen durchgeführt werden. Je nach Interpretation der Verfassung widerspricht das dem Grundsatz, der im Ausland selbst den Waffeneinsatz einzelner SDF-Angehöriger zum Schutz der Gruppe unterbindet.

Bis 2007 gab es auch kein Verteidigungsministerium, sondern nur ein Amt für Verteidigung, das inzwischen aber zum Ministerium aufgewertet worden ist.

über 60 % der Sitze errang und zusammen mit der **Sozialdemokratischen Partei** (SDPJ, jap. Shakai Minshu-tō) und der **Neuen Volkspartei** (PNP jap. Kokuminshin-tō) eine Koalitionsregierung bildete.

Die DPJ, die 1998 unter der Führung von Ozawa Ichiro aus mehreren Oppositionsparteien fusioniert war, hatte zwar schon mehrmals Erfolge verbucht, aber noch nie deutliches politisches Profil gewonnen. Das mag zum Teil daran liegen, dass die DPJ von Anfang an keine wirklich neue politische Kraft in Japan war. Viele ihrer Mitglieder, einschließlich der Spitzenpolitiker Ozawa Ichirō und Hatoyama Yukio, waren ursprünglich LDP-Mitglieder, die in den 1980er- und 1990er-Jahren selbst einflussreiche Positionen in der LDP-dominierten Politik bekleidet hatten. Ähnlich wie die LDP hatte aber auch die DPJ als Regierungspartei mit zahlreichen Skandalen zu kämpfen und verschliss von 2009 bis 2012 drei Premierminister. So musste Kan Naoto, einst einer der beliebtesten Politiker Japans, 2011 wegen eines Spendenskandals zurücktreten – aber auch wegen seines zögerlichen Umgangs mit dem Fukushima-Reaktorunfall.

Bei der nächsten Parlamentswahl 2012 erlangte die LDP einen Erdrutschsieg. Seitdem regiert sie, wie schon mehrfach zuvor, in Koalition mit der kleineren **Kōmeitō** („**Gerechtigkeitspartei**"), dem politischen Flügel der Religionsgemeinschaft Sōka Gakkai (S. 132). Kritische Stimmen sehen darin eine laut Verfassung verbotene Mischung von Religion und Politik.

Premierminister Abe Shinzō, ein Hardliner aus einer konservativen Politikerdynastie, steht für eine nationalistischere und selbstständigere Außenpolitik, die Abschaffung von Artikel 9 (s. Kasten), den weiteren Ausbau der Kernenergie, für Deregulierung und eine expansive Geldpolitik (s. auch Wirtschaft, S. 125).

Verwaltungsstruktur und juristisches System

Japan ist insgesamt in 47 **Präfekturen** *(ken)* unterteilt. Innerhalb dieser Verwaltungseinheiten gibt es eine weitere Unterteilung für Städte *(shi)*, Kleinstädte (*chō* bzw. *machi*) und Landkreise *(son)*. Die Verwaltung erfolgt weitgehend zentralistisch von Tōkyō aus. Präfekturen und Kommunen haben über gewählte Gremien eine vergleichsweise begrenzte Verfügungsgewalt in Bereichen wie Gesundheit, Stadtplanung und Müllbeseitigung.

Die LDP

Die 1955 entstandene Liberaldemokratische Partei (jap. Jiyū Minshu-tō) hat mit kurzen Ausnahmen (1994–96, dabei zeitweise als Teil der Regierungskoalition, und 2010–2012) immer den Premierminister gestellt. Trotz der allgemein konservativen Einstellung der Partei werden Kandidaten eher nach persönlichen Loyalitäten als anhand einer klaren Parteilinie gewählt. So ist es auch zu erklären, dass etwa die Hälfte der LDP-Abgeordneten bereits in zweiter, dritter oder gar vierter Generation Abgeordnete für ihren Wahlkreis sind. Die LDP selbst ist in zahlreiche innerparteiliche Gruppierungen, sogenannte Faktionen, gespalten, an deren Spitze ein einflussreicher Patron steht und die oft eher gegen- als miteinander arbeiten. Lange Zeit erlaubte es das Wahlsystem sogar, dass LDP-Kandidaten unterschiedlicher Faktionen bei Wahlen gegeneinander antraten.

Die LDP wählt traditionsgemäß alle zwei Jahre einen neuen Parteivorsitzenden, der dann fast automatisch zum Premierminister gewählt wurde, d. h. auch der Premierminister wechselte sehr häufig. Zu den längsten Amtszeiten in den letzten Jahrzehnten gehörte die von Koizumi Jun'ichirō, 2001–2006.

Das japanische **Rechtssystem** wurde nach der Meiji-Restauration im 19. Jh. nach deutschem und französischem Vorbild als kodifiziertes Recht gestaltet. Recht wird also nur anhand von Gesetzen und nicht nach Präzedenzfällen gesprochen.

Die 14 Mitglieder des Obersten Gerichtshofs werden vom Kabinett ernannt. Unter dem Obersten Gerichtshof gibt es noch vier juristische Ebenen. In Japan dauern Gerichtsverfahren oft sehr lange, da es nicht genügend Richter gibt (insgesamt nur gut 3000). Vor allem in zivilrechtlichen Konflikten sind deshalb außergerichtliche Schlichtungsverfahren üblich. Zu Gerichtsverhandlungen kommt es letztendlich fast nur bei eindeutigen Fällen. Strafrechtsverfahren enden in den weitaus meisten Fällen (über 99,9 %) mit einer Verurteilung des oder der Angeklagten. Ein Angeklagter, der trotzdem auf seiner Unschuld beharrt, macht sich gewissermaßen gesellschaftlich zur Unperson, indem er behauptet, dass Polizei und Staatsanwaltschaft einem Irrtum unterliegen.

In Japan besteht die **Todesstrafe**, die mit kurzen Unterbrechungen auch regelmäßig ausgeübt wurde. Seit dem Zweiten Weltkrieg sind etwa 700 Personen hingerichtet worden. Die Hinrichtung muss in jedem Einzelfall vom Justizminister genehmigt werden und erfolgt durch Erhängen, prägnant dargestellt in Ōshima Nagisas Film *Kōshikei* (auch: Death by Hanging; 1968). 2014 wurde der zum Tode verurteilte Hakamada Iwao nach 48 Jahren im Gefängnis entlassen, nachdem DNA-Tests ihn entlastet hatten; die öffentliche Zustimmung für die Todesstrafe ist dennoch nach wie vor hoch.

Wirtschaft

Wachstum: 2 %

Inflation: 0,2 %

BIP nominal: 4729 Mrd. US$

BIP pro Kopf (PPP): 37 100 US$

Agrarsektor: 1,1 %

Industriesektor: 25,6 %

Dienstleistungen: 73,2 %

Export: 697 Mrd. US$

Import: 766,6 Mrd. US$

Alle Daten von 2013 *(geschätzt, Quelle CIA – The World Factbook)*

Japan ist die fünftgrößte Exportnation der Welt. Im Bereich der Elektronikindustrie nimmt das Land in vielen Bereichen die weltweite Führungsrolle ein.

Aufstieg zur Wirtschaftsmacht

Die **Industrialisierung** begann in Japan nach der Meiji-Restauration in der zweiten Hälfte des 19. Jhs., als sich die ersten Firmenkonglomerate *(zaibatsu)* bildeten. Nach dem Zweiten Weltkrieg wurden diese einflussreichen monopolistischen

Familienunternehmen von der amerikanischen Besatzungsmacht weitgehend zerschlagen bzw. reformiert. Die Unternehmensgruppen nennt man heute *keiretsu* (bekannte Namen sind Mitsui, Sumitomo und Mitsubishi).

In der Nachkriegszeit erlebte Japan mit teilweise zweistelligen Wachstumsraten einen beachtlichen wirtschaftlichen Aufschwung und vollzog endgültig einen Wandel zu einer modernen Industrienation. Als Ursache für diesen beispiellosen **Aufstieg** werden innovative Fertigungsmethoden wie beispielsweise die Just-in-Time-Produktion – die Fertigung genau nach Bedarf, um längere Lagerungszeiten zu vermeiden –, das Streben nach Qualität und kontinuierlicher Verbesserung sowie die hohe Leistungsbereitschaft der Angestellten mit langen Arbeitszeiten, das exzellente Ausbildungsniveau und hohe Investitionsraten genannt. Kritiker behaupten aber, dass auch Marktabschottung und Preisdumping beim Export eine gewisse Rolle spielten. Dabei übte das Industrieministerium MITI (Ministry of International Trade and Industry) einen gewissen Einfluss aus.

Ein weiterer Faktor ist die effiziente **duale Wirtschaftsstruktur**. Im Ausland bekannt sind vor allem die Großunternehmen wie Hitachi, Honda, Panasonic, Sony, Tōshiba und Toyota, doch sind circa 80 % der Japaner in unzähligen abhängigen klein- und mittelgroßen Zulieferbetrieben beschäftigt.

Der führenden Rolle in der **Elektronikindustrie** kommt sicherlich die große Aufgeschlossenheit der japanischen Bevölkerung für alle technischen Neuerungen zu Gute. Der heimische Markt treibt durch das Bedürfnis nach immer neuen technischen Produkten die Konkurrenz unter den Firmen an und führt somit zu ständigen Neu- und Weiterentwicklungen. Sehr weit entwickelt und umkämpft ist auch der **Mobilfunkmarkt**. Handys mit Kameras, E-Mail und Internet gab es in Japan schon weitaus früher als in Deutschland. Weil der Mobilfunkstandard in Japan jedoch nicht mit GSM in Europa kompatibel war, konnten sich die japanischen Handyhersteller bis heute auf internationaler Ebene nicht richtig durchsetzen, und mittlerweile hat Apple in Japan den größten Marktanteil bei Mobiltelefonen.

Die Zeit der „Bubble Economy" und danach

Bedingt durch die beiden Ölkrisen verlangsamte sich das Wachstum in den 70er-Jahren etwas, bevor dann in den 80er-Jahren eine erneute Boomphase einsetzte, die jedoch hauptsächlich auf Spekulationen mit Grundstücken und Aktien basierte. Auf dem Höhepunkt dieser „Bubble Economy" war das Grundstück des Kaiserpalastes im Stadtzentrum von Tōkyō mehr wert als ganz Kalifornien.

1990 platzte die Blase und stürzte das Land in eine zehn Jahre andauernde Deflationsphase. Unter den westlichen Industrienationen ist Japan heute das Land mit der höchsten **Staatsverschuldung**. Während 2012 in Deutschland die Verschuldung bei 78 % des Bruttoinlandsprodukts lag, war in Japan der Wert mit 238 % dreimal so hoch. Diese Schulden sind Altlasten einer endlosen Folge von **Konjunkturprogrammen** zur Bewältigung der Krise in den 90er-Jahren. Dabei wurde vorwiegend die bereits stark subventionierte Bauwirtschaft unterstützt. Anfang des Jahres 2009 wählte Japan einen anderen Weg und bemühte sich, den privaten Konsum anzukurbeln, indem der Staat jedem Bürger einen Betrag von 12 000 ¥ auszahlte. Im Januar 2013 versuchte der neu gewählte Premierminister Abe durch weitere Konjunkturprogramme, flankiert von einer Geldschwemme und der Deregulierung des Finanzsektors, die Krise zu bewältigen, die Maßnahmen wurden unter dem Schlagwort „Abenomics" bekannt. Die Anhebung der Mehrwertsteuer am 1. April 2014 von 5 % auf 8 % ließ die japanische Wirtschaft stark schrumpfen, so sank das Bruttoinlandsprodukt im 2. Quartal 2014 um 6,8 %.

Während der Boomphase gab es in Japan Vollbeschäftigung, doch seit den 90er-Jahren sind die **Arbeitslosigkeit** sowie der steigende Anteil von freien Mitarbeitern ohne feste Anstellung ein Problem. Zwar ist die Arbeitslosenrate inzwischen von über 5 % (2010) auf unter 4 % (2014) gesunken, dennoch stehen die sozialen Sicherungssysteme angesichts der zunehmenden Überalterung der Gesellschaft vor großen Herausforderungen (s. auch S. 108).

Tourismusindustrie in Japan

Im Jahr 2013 kamen fast 8 Mio. Touristen aus dem Ausland nach Japan (zum Vergleich: nach Thailand fahren rund 14 Mio.). Diese Zahl ist erfreulich, denn aufgrund der Erdbebenkatastrophe hatte es in den Jahren 2011 und 2012 einen großen Einbruch bei den Besucherzahlen gegeben. Langfristiges Ziel ist es, durch großangelegte Werbekampagnen eine Besucherzahl von 20 Mio. zu erreichen. Die Zahl der Touristen aus China und Korea ist bereits sprunghaft gestiegen. Der Umsatz mit ausländischen Touristen macht aber nur einen einstelligen Prozentbetrag des gesamten Tourismusumsatzes in Japan aus, da die Japaner selbst auch Reiseweltmeister im eigenen Land sind. Die Infrastruktur für Touristen ist daher hervorragend ausgebaut, und es gibt vielfältige Angebote für jeden Geschmack.

Japan im Welthandel

Da Japan ein relativ rohstoffarmes Land ist, müssen Öl und viele andere **Rohstoffe** importiert werden. Beim Import führen China (19,7 %), USA (15,6 %), Südkorea (4,7 %) und Indonesien (4,3 %) die Liste an. Über die Hälfte der Nahrungsmittel werden eingeführt, wobei jedoch der **Reisanbau** subventioniert wird, um hier die Eigenversorgung zu gewährleisten. Parallel gibt es beim Reis noch Importbeschränkungen, um die japanischen Bauern vor billigem Reis aus dem Ausland zu schützen. Zur Versorgung mit **Fisch** betreibt Japan eine große Fischfangflotte, die fast 15 % des jährlichen Fangs in den Weltmeeren verantwortet.

Die wichtigsten **Exportgüter** Japans sind Kraftfahrzeuge, Halbleiter, Büro- und Heimelektronik sowie chemische Produkte. Der wichtigste Exportpartner sind die USA (24,8 %) gefolgt von China (12,1 %), Südkorea (7,3 %) und Taiwan (6,6 %). In Summe wird etwa die Hälfte in den asiatischen Raum exportiert. Die wohl bekanntesten Produkte im Elektronik-Bereich sind digitale Fotokameras, hier kommt Firmen wie Canon, Nikon, Sony und Panasonic die weltweite technologische Führungsrolle zu. Die Firmen versuchen sich mit jeder neuen Modellgeneration ihrer digitalen Profikameras hinsichtlich der Leistung gegenseitig zu überbieten.

Religion

Etwa 80 % der Japaner sind Shintoisten. Etwa 70 % der Japaner sind Buddhisten. Diese häufig zitierte Statistik, die sich auf die Angaben verschiedener religiöser Organisationen bezieht, zeigt bereits ein wichtiges Charakteristikum der Religion in Japan: Viele Japaner betrachten sich sowohl als Buddhisten als auch als Shintō-Anhänger und empfinden beides eher als Brauchtum. Obwohl die meisten Japaner regelmäßig Schrein und Tempel aufsuchen und viele Familien zu Hause sowohl einen buddhistischen Altar als auch einen kleinen Shintō-Hausschrein haben, gaben zum Beispiel in einer Umfrage unter jungen Erwachsenen gerade mal 30 % an, dass Religion für sie irgendeine Bedeutung habe. Religiöse Aktivitäten werden allgemein sehr pragmatisch gesehen: Wer öfter mal am Shintō-Schrein betet oder an Shintō-Zeremonien teilnimmt, gilt damit als Shintoist. Und auch ausländische Besucher sind sowohl in Shintō-Schreinen als auch an buddhistischen Tempeln willkommen, auch zu Zeremonien.

Frühe Religionen

Über die frühesten Religionen in Japan gibt es kaum Hinweise. Archäologische Funde lassen einerseits Rückschlüsse auf Mutterkulte zu, andererseits scheinen auch schon sehr früh Steine und Bäume kultisch verehrt worden zu sein. Grabschmuck aus den ersten nachchristlichen Jahrhunderten (ca. 3.–6. Jh.) sollte vermutlich dem Wohl der verstorbenen Seele oder auch als Wächter dienen. Wegen der häufigen Vogeldarstellungen nehmen Wissenschaftler an, dass die frühe Bevölkerung glaubte, die Seele ginge in einen Vogel über. Dargestellt wurden auch Schamaninnen, und Funde schamanistischer Ritualgegenstände und Krummjuwelen (Halbedelsteine in Kommaform) weisen ebenfalls auf eine frühe Verbreitung des Schamanismus in Japan hin. Schamanismus spielt heute in Japan (außer in der einheimischen Religion Okinawas) aber keine Rolle mehr.

Shintō

Shintō – der Weg der Götter – ist die einheimische Religion Japans. Der Begriff Shintō für die japanische Naturreligion kam erst mit der Einführung des Buddhismus aus China auf, um die alte einheimische Religion gegen die neue importierte Lehre abzugrenzen.

Der Shintō ist eine polytheistische Religion. Entsprechend umfasst das Shintō-Pantheon Tausende von Göttern *(kami)*, die das japanische Inselreich beschützen. Bei der überwiegenden Mehrzahl dieser Götter handelt es sich um namenlose **Naturgötter**, deren Wohnsitz sich in besonders auffällig geformten Steinen, in Quellen oder auf Bergen, wie dem Fuji-san, befindet. Diese Naturorte gelten in Japan als Göttersitz und sind damit heilig.

Eine zweite Gruppe bilden die **Familiengötter und Clan-Ahnengottheiten**, meist ebenfalls ohne Namen. Die Ahnengeister der Familie wohnen im Herd oder in der Tür. Viele Familien haben einen kleinen Ahnenschrein oben an einer Wand aufgehängt; früher war der Dorfschrein der Ahnenschrein für den gemeinsamen Ahnherrn des Clans. Auch heute hat der Nachbarschaftsschrein eine große Bedeutung fürs Dorf- (oder auch Stadtteil-) -leben. Die Ahnherren einzelner Familien, die traditionsgemäß einen bestimmten Beruf ausübten, konnten zu Schutzgottheiten des ganzen Berufsstandes werden. So wird der Gelehrte Sugawara no Michizane (S. 534) seit seinem Tod als Gott der Gelehrsamkeit, Tenjin, verehrt.

Eine weitere, recht kleine Gruppe sind die **mythischen Götter**, die ähnlich wie die griechischen Götter personalisiert wurden. Die Göttermythen sind in den alten Überlieferungen des *Kojiki* und *Nihongi* (etwa 8./9. Jh. n. Chr.) aufgezeichnet und gehen auf noch ältere mündliche Überlieferungen zurück. Nicht immer sind Ahnengötter und mythische Götter klar voneinander abzugrenzen: So verehrte die einflussreiche

Die bekanntesten Shintō-Götter

- **Izanagi und Izanami**: mythisches Urgötterpaar, dessen Kinder die japanischen Inseln und deren Götter sind (S. 567).
- **Amaterasu**: Sonnengöttin, aus dem Auge von Izanagi geboren. Sie ist die Urahnin des mythischen Jimmu Tennō, der als Vorfahr der japanischen Kaiserfamilie gilt. Bei einem Streit mit Susanoo versteckt sie sich in einer Höhle, aus der die übrigen Götter sie wieder herauslocken müssen (S. 567).
- **Susanoo**: Meeresgott und Bruder Amaterasus, aus der Nase von Izanagi geboren. Zum Zeichen der Unterwerfung überreicht er Amaterasu nach dem Streit sein Schwert (S. 310).
- **Ninigi**: Enkel Amaterasus. Er bekommt von der Sonnengöttin die „drei Kleinodien", die später als Symbole der kaiserlichen Herrschaft galten: einen Spiegel, ein Schwert und einen Edelstein. Damit soll er auf die Erde hinabsteigen und Japan besiedeln.
- **Jimmu Tennō**: Enkel von Ninigi, also Nachfahre Amaterasus und der legendäre erste Kaiser Japans (660 v. Chr.).
- **Yamato no Takeru**: mythischer Sohn des zwölften Kaisers, der das Reich Yamato ausweitet und zahlreiche Heldentaten vollbringt.

Kriegerfamilie Minamoto (S. 112) den Kriegsgott Hachiman als ihren „Urahn".

Frühgeschichtliche Grabbeigaben lassen vermuten, dass man sich das **Leben nach dem Tod** einerseits als eine Art Paradies vorstellte, andererseits aber auch glaubte, dass die Toten in die Unterwelt abstiegen. Das Leben der Ahnen im Jenseits konnte durch Grabbeigaben und tägliche Ahnenopfer positiv beeinflusst werden. Unzufriedene Totengeister konnten hingegen in der Welt der Lebenden Unruhe stiften. Gründe für Unzufriedenheit konnten z. B. Rache für ein noch im Leben erlittenes Unrecht sein oder auch eine schlampig ausgeführte Zeremonie nach dem Tod. Einige der heute landesweit bekannten Feste, wie das Gion Matsuri (S. 388) in Kyōto, sind nur zur Beruhigung der Totengeister entstanden.

Shintō-Riten

Der frühe Shintō kannte keine Kultidole. Erst mit der Einführung des Buddhismus und dessen Kultbildern im 6. Jh. wurden vereinzelt auch Shintō-Götter bildlich dargestellt. Selbst die mythologischen Götter stellte man sich ursprünglich nicht figürlich vor, sondern als allgegenwärtig in der Gesamtheit der Natur. Zu bestimmten Zeiten, an bestimmten Orten, wie bei einem religiösen **Fest** *(matsuri)* konnte die Anwesenheit der Götter bestenfalls anhand von Indizien angenommen werden. Bei diesen Fruchtbarkeits- und Erntefesten brachte sich der Priester mit kultischen Tänzen und Reiswein in eine religiöse Ekstase, und die Zeremonialgegenstände (wie Spiegel oder Schwerter) konnten dann vorübergehend Wohnsitze der Götter werden. Ursprünglich waren Kostüm und Musik vom Schamanismus geprägt, und auch die „Schreinmädchen" *(miko)* gehen auf die Tradition der Schamaninnen zurück.

Auch wenn heute die bekannten *matsuri* zu straff durchorganisierten, großen Touristen-Events geworden sind, lässt sich die Ekstase und wilde Rhythmik noch bei den unzähligen lokalen *matsuri* beobachten: Dutzende gleichgekleideter, von Stimmung und Sake berauschter Männer (oder auch Frauen), die singend und rufend durch die Straßen des Viertels ziehen und einen schweren *o-mikoshi* (einen tragbaren Schrein) immer wieder rhythmisch in die Luft werfen. Darin befindet sich vorübergehend der Gott, der Freude an der ihm erteilten Aufmerksamkeit hat. Neben dem Umzug gehören zu einem typischen *matsuri* kultischer Tanz, Gebetsrezitationen und Opfergaben von Pflanzen oder Sake am Schrein.

Shintō ist keine Religion, die bewusst angenommen wird oder für die ein Aufnahmeritual nötig ist. Für freudige Anlässe und Familienfeste, wie Hochzeiten, Neujahr und das Kinderfest zum 3., 5. und 7. Geburtstag, werden oft Shintō-Rituale gewählt.

Insgesamt existieren ca. 80 000–90 000 **Schreine** in Japan, die meisten davon sind privat geführt. Historisch bedingt gibt es aber auch einen **Staats-Shintō** mit eigenen Schreinen, denn der Tennō als Abkömmling Amaterasus ist ja religiöses Oberhaupt.

Einige wichtige und bekannte Schreine

- **Atsuta-Schrein** in Nagoya (S. 309): Hier wurde früher das Schwert des Susanoo aufbewahrt.
- **Dazaifu Tenman-gū** bei Fukuoka (S. 534): Hauptschrein für den zum Gott der Gelehrsamkeit, Tenjin, erhobenen Dichter, Gelehrten und Politiker Sugawara no Michizane.
- **Ise-Schrein** in Ise (S. 433): Schrein der Sonnengöttin Amaterasu.
- **Itsukushima-Schrein** bei Hiroshima (S. 471): Sitz der drei Töchter des Sturmgotts Susanoo, berühmt wegen seines fotogenen, im Wasser stehenden roten Torii.
- **Izumo-Schrein** bei Matsue (S. 485): Sehr alter Schrein, in dem sich einmal im Jahr alle Shintō-Götter versammeln.
- **Meiji-Schrein** in Tōkyō (S. 174): 1920 eingeweihter Schrein, in dem der Meiji-Kaiser und seine Frau Shōken-kōtaigo verehrt werden. Am Neujahrstag kommen mehrere Millionen Menschen hierher und bitten um ein glückliches neues Jahr.
- **Tōshō-gū** in Nikkō (S. 206): Sehr prachtvoll gestalteter, synkretistischer Schrein in Nikkō, in dem Tokugawa Ieyasu als Gott verehrt wird.
- **Yasukuni-Schrein** in Tōkyō (S. 122 und 164): Hier werden die Seelen der für den japanischen Kaiser gefallenen Krieger verehrt.

Verhalten am Schrein

Reinheit ist eines der Grundprinzipien im Shintō. Zur rituellen Reinigung der Schreinbesucher findet sich im Eingangsbereich ein Wasserbecken mit Schöpfkellen. Man nimmt die Kelle in die rechte Hand und füllt sie mit (am besten fließendem) Wasser. Mit einem Viertel des Wassers spült man nun die linke Hand, dann die Kelle in die linke Hand wechseln und mit einem weiteren Viertel die rechte Hand spülen. Jetzt wieder zurück in die rechte Hand wechseln, etwas Wasser in die hohle linke Hand gießen und damit den Mund ausspülen (auf den Boden ausspucken). Den letzten Wasserrest lässt man am Stil der Schöpfkelle herunterlaufen, um diese von der Berührung der Hände zu reinigen.

Am Schreingebäude selbst hängt meist eine Blechglocke mit Seil. Wer möchte, kann die **Glocke** anschlagen und/oder scheppernd einige kleine Münzen in den Holztrog werfen (die Fünf-Yen-Münze bringt familiäres Glück), um die Götter auf sich aufmerksam zu machen. Die korrekte Reihenfolge für das **Gebet** ist fast überall: zweimal verbeugen, zweimal in die Hände klatschen, noch einmal verbeugen.

Am Schrein gibt es kleine **Orakelzettel** (o-mikuji) und **Votivtäfelchen** (ema) zu kaufen. Auf die ema schreibt man eine Bitte und hängt sie an vorgesehenen Ständern auf. Die o-mikuji mit schlechten Vorhersagen werden zur Schadensbegrenzung im Schreingelände festgeknotet.

Buddhismus

Die Einführung des Buddhismus in Japan

Der Buddhismus entstand zwischen dem sechsten und vierten vorchristlichen Jahrhundert in Indien als eher philosophische Schule, die auf dem Glauben an den ewigen Kreislauf von Wiedergeburten beruhte. Da Leben aber Leiden sei, lehrte **Buddha**, solle man diesem Kreislauf zu entkommen versuchen. Weil das Leiden durch Begierden, die nicht gestillt werden können, verursacht wird, müssen diese Begierden durch Verzicht und Loslassen überwunden werden. Die neue Religion verbreitete sich von Indien aus zunächst nach Südostasien und dann in veränderter Form – als Mahayana-Buddhismus offener für die Partizipation von Laien – in Zentralasien und von dort nach China und Ostasien.

In **Japan** wurde der Buddhismus im 6. Jh. über Korea eingeführt und gewann im 8. Jh. unter Shōmu Tennō an Einfluss. Ein flächendeckendes System von **Staatstempeln** (kokubunji) wurde eingeführt, in denen Rituale zum Wohl des Staates und des Kaiserhauses durchgeführt wurden, die aber gleichzeitig auch administrative Aufgaben übernahmen. Um die Akzeptanz zu erhöhen, wurde die neue Religion bewusst nicht als Kontrahent des bestehenden Götterglaubens (also des Shintō) dargestellt, sondern eher als eine andere Darstellungsform der gleichen Götter. Denn auch im buddhisti-schen Pantheon gab es eine Vielzahl von Buddhas, also Erleuchteten, Boddhisatvas (die eigentlich die Erleuchtung erlangt haben und als Buddha ins Nirvana eingehen könnten, aber aus Mitleid bewusst in der Welt bleiben, um anderen zu helfen) und untergeordneten Schutz- und Wächtergottheiten oft indischer Herkunft (S. 140), die kurzerhand den einheimischen *kami* zugeordnet wurden. Damit waren Überlagerungen von Buddhismus und Shintō, aber auch das Nebeneinanderbestehen beider Religionen angelegt, was sich bis heute bemerkbar macht.

Die Entwicklung japanischer buddhistischer Schulen

Die frühen buddhistischen Schulen des 8. Jhs. hatten jeweils einen großen Zentraltempel in der Hauptstadt Nara, in dem sie vor allem Adlige zu Mönchen ausbildeten. Der Buddhismus war damals keine Religion für das einfache Volk, sondern dem Kaiserhaus und den höheren Schichten vorbehalten. Als einzige der sechs sogenannten Nara-Schulen existiert heute nur noch die **Kegon-Schule**.

Anfang des 9. Jhs. gelangten dann die Lehren des esoterischen Buddhismus aus China nach Japan: die **Tendai-Schule** durch den Mönch Saichō und die **Shingon-Schule** durch den Mönch Kūkai. Die esoterischen Schulen vertraten die Meinung, dass die Erlösung aus dem ewigen Kreislauf der Wiedergeburt für jeden möglich sei, nicht nur für Mönche. Gleichzeitig waren aber geheime Riten und Kulthandlungen zentral für diese Glaubensrichtungen, womit Nichteingeweihte auf die Vermittlung durch Priester angewiesen waren.

Chinesische numerische Spekulationen hatten den Beginn des buddhistischen Endzeitalters auf das 11. Jh. datiert. Eine Folge der allgemeinen Stimmung des Untergangs und der Vergänglichkeit war die Einführung der **Amida-Schulen** des Buddhismus (Jōdō-Schule und Neue Jōdō-Schule). Diese neuen Schulen hoben gegenüber der strengen Mönchsaskese und Meditation den Gnadenaspekt als Weg zum Heil hervor. Auch ohne geheime Rituale, so die Versprechung, können normale Gläubige zur Erlösung kommen, selbst wenn die Selbstdisziplin nicht reicht, um strenge Regeln und Askese einzuhalten oder um sich von irdischen Wünschen zu befreien. Amida, ein himmlischer Buddha, hatte nämlich gelobt, allen Menschen bei ihrem Streben nach Erlösung zu helfen. Wer sich also gläubig mit diesem Wunsch an ihn wendet, wird nach dem Tod im „Reinen Land" im Westen wiedergeboren, einer Art Paradies, über das Amida herrscht. Dort sind die Bedingungen ideal, um Sutren zu studieren und die Gebote einzuhalten. Vor das weiterhin bestehende Fernziel, aus dem Wiedergeburtskreislauf auszuscheiden, schiebt sich in diesen Schulen also das unmittelbare Ziel, Aufnahme ins „Reine Land" zu erhalten.

Zen-Buddhismus

Als eine Art Gegenbewegung wurden bald darauf die japanischen Zen-Sekten gegründet. Schon vorher hatten japanische Mönche von ihrem Studium in China auch Elemente des dort entwickelten Zen (Chan = „Versenkung") in Japan eingeführt, aber die starke japanische Ausprägung der Zen-Schulen entstand erst im 12./13. Jh.

Die Zen-Gründer **Eisai** und **Dōgen** waren beide ursprünglich buddhistische Mönche der esoterischen Tendai-Schule, die nach einem Studium in China von dort die zen-buddhistischen Lehren mitbrachten.

Beim Zen-Buddhismus steht wieder mehr die Selbsterlösung als Weg zum Heil im Mittelpunkt, allerdings weniger durch Askese als durch Meditation und Versenkung. Vor allem in der Kriegergesellschaft der Kamakura-Zeit (1185–1333) kam dieses Konzept gut an, ging es dabei doch um geistige Disziplin und Loslösung des Ichs von vergänglichen Phänomenen und Gewinnstreben. Für die elitären Samurai übersetzte sich diese Loslösung als Mut und Schicksalsergebenheit im Kampf.

Insbesondere die von Eisai gegründete **Rinzai-Schule** stand der Regierung des Kamakura-Regimes nahe. Die Rinzai-Schule ist heute in 14 Unterlinien gegliedert, die alle nach ihrem jeweiligen Haupttempel benannt sind (z. B. Myōshin-ji, Nanzen-ji, Daitoku-ji, Engaku-ji). Die 1228 von Dōgen gegründete **Sōtō-Schule** gilt als volksnäher und weniger elitär als die Rinzai-Schule. Dōgen lehnte nicht nur eine Zusammenarbeit mit anderen buddhistischen Schu-

len (auch mit der Rinzai-Schule) ab, sondern auch jegliche Regierungsnähe. Er baute seinen Haupttempel Eihei-ji deshalb in einem abgelegenen Tal auf der Japanseeseite, der auch heute noch als einer der strengsten Zen-Tempel gilt (S. 357).

Grundsätzlich wird im Sōtō-Zen mehr Wert auf das Sitzen in Meditation *(zazen)* und den Zustand der Leere gelegt, in dem man auf die Erleuchtung *(satori)* wartet. Die Rinzai-Schule betont dagegen mehr das *kōan*, eine philosophische, oft irrationale, Frage, die den Geist so beschäftigt, dass er plötzlich ausschnappt und begreift – möglichst nicht nur die Lösung der Frage, sondern gewissermaßen alles. Diese Unterschiede zwischen Sōtō und Rinzai sind allerdings nicht absolut – in beiden Schulen wird jeweils auch die andere Meditationstechnik praktiziert.

Schließlich gründete im 13. Jh. der Mönch **Nichiren** eine weitere buddhistische Schule, die nach ihm benannte Nichiren-Schule. Sie konzentrierte sich auf die Rezitation eines einzigen Sutras als Weg zum Heil.

Die verschiedenen buddhistischen Schulen (und viele Splittergruppen) bestehen heute nebeneinander, und so ist Buddhist eigentlich nicht gleich Buddhist. Praktisch wissen allerdings viele Japaner, die sich einem Haustempel zugehörig fühlen, gerade einmal, zu welcher Schule er gehört, aber nicht so genau, wie sich „ihr" Buddhismus von dem der anderen Schulen unterscheidet.

Zahlreiche buddhistische **Pilgerwege**, wie der 33-Kannon-Weg in Kansai oder der 88-Tempel-Weg auf der Insel Shikoku (s. Kasten S. 498), erfahren in den letzten Jahren ein Revival, ganz unabhängig von der Zugehörigkeit zu einer bestimmten buddhistischen Schule.

Vermischung von Shintō und Buddhismus

Bei der Einführung des Buddhismus in Japan wurde keine starke Trennlinie zwischen dem Buddhismus und der einheimischen Religion gezogen, und die daraus resultierende Vermischung beider Religionen (Synkretismus) setzte sich auch später fort. So entstanden zahlreiche Varianten, wie **Ryōbu-Shintō** oder **Hokke-Shintō**, die Shintō-*kami* als Manifestationen von Buddhas interpretieren. Was als intellektuelle oder theologische Spielerei gelten mag, hat allerdings den praktischen und für Touristen irritierenden Effekt, dass Symbolik und Architektur in vielen Tempeln und Schreinen vermischt sind. Zwar wurde in der Meiji-Zeit ab dem späten 19. Jh. offiziell eine Trennung von Buddhismus und Shintō vollzogen, doch auch heute finden sich auf Tempelgeländen oft kleine Schreine in einer Ecke, und Schreine können auch Tempeltore haben.

Christentum

Das Christentum kam 1549 durch den Jesuitenpater Francisco de Xavier (Franz Xaver) nach Japan. In einer von Bürgerkriegen geprägten Zeit wurden die Missionare zunächst begrüßt, denn wie Jahrhunderte früher der Buddhismus brachten die Jesuiten neben der Religion neue Anstöße für Kultur, Wirtschaft und Wissenschaft mit und fungierten als Vermittler des lukrativen Handels mit den Portugiesen. Bis 1600 soll die Zahl der Gläubigen auf rund eine halbe Million angestiegen sein. Die Tokugawa-Regierung sah in den christlichen Missionaren Unruhestifter, waren doch die südlichen *daimyō*, die bis zur entscheidenden Schlacht von Sekigahara gegen Tokugawa Ieyasu kämpften, mehrheitlich Christen. Seit 1597 wurden die Christen daher zunehmend verfolgt. 1614 wurden Christen und Ausländer per Edikt ausgewiesen, und 1640 verbot die Tokugawa-Regierung endgültig nicht nur die christliche Religion, sondern auch den Kontakt mit Ausländern. Nur einzelne kleine Gemeinden überlebten im Untergrund als sogenannte *kakure kirishitan* („versteckte Christen") bis ins 19. Jh. Ab 1854 durften zwar vereinzelt wieder christliche Missionare das Land betreten, aber die Verfolgung endete offiziell erst 1873; Religionsfreiheit besteht seit 1889.

Mit der Aufhebung des Christenverbots kamen erstmals auch protestantische Missionare; 1864 wurde der erste protestantische Konvertit getauft. Die christlichen Missionare waren oft gleichzeitig als Ärzte tätig oder betätigten sich sozial: Sie bauten Aussätzigenstationen, Waisenhäuser etc., besonders aber auch Mädchenschulen, die Ende des 19. Jhs. fast ausschließlich in christlichen Händen lagen.

Heute gibt es in Japan fast zwei Millionen Christen, darunter auch eine kleine russisch-orthodoxe Gemeinde. Die christlichen Kirchen sind weiterhin im Bildungssektor stark engagiert – einige christliche Universitäten gehören zu den renommiertesten des Landes.

Neue Religionen

Unter den sogenannten Neuen Religionen versteht man in Japan religiöse Gemeinschaften, die im 19. und frühen 20. Jh. entstanden. Davon abgesetzt sind noch einmal die „Neuen Neuen Religionen", die etwa ab Mitte des 20. Jhs. aufkamen. Viele dieser Gemeinschaften sind durch einen charismatischen Religionsgründer entstanden; die Glaubensinhalte vermischen oft buddhistische Ideen mit christlichen und Shintō-Einflüssen.

Bereits 1838 gegründet wurde die Religionsgemeinschaft **Tenrikyō**. Sie betont eine positive Einstellung zum Leben, das als ständiges Geben und Nehmen verstanden wird. In der Nähe von Nara hat die Tenrikyō eine eigene Stadt mit einem bedeutenden Religionszentrum und Universität.

Manche der neueren religiösen Gruppen sind sehr groß und einflussreich, wie die **Sōka Gakkai** („Wertevermehrungsgesellschaft"). Sie wurde 1951 ausgehend von einer 1937 gegründeten Laienorganisation der Nichiren-Schule gebildet. Die Gruppe ist sehr (bisweilen aggressiv) missionarisch, ihre buddhistische Philosophie sehr praxisorientiert: Materieller Gewinn gilt als positives Ziel. Die Sōka Gakkai ist mit mehreren Millionen Anhängern eine der größten Religionsgemeinschaften Japans. 1964 wurde eine Flügelorganisation zur politischen Partei, der Kōmeitō (S. 123). Deren englischer Name „Clean Government Party" steht für die Ablehnung von Korruption: Wegen der buddhistischen, moralischen Prinzipien wären ihre Mitglieder gegen Bestechung und Korruption immun, argumentierte die Partei. Gleichzeitig ist die Sōka Gakkai auch stramm antikommunistisch ausgerichtet und plädiert für mehr Nationalstolz, aber auch für die Beibehaltung einer pazifistischen Politik.

Zu den größeren (und reichsten) unter den neuen Religionen gehört außerdem die Organisation **Kōfuku no Kagaku** (etwa: „Wissenschaft vom Glück"), die als Weg zum Glück u. a. die Selbstreflexion propagiert. Sie gibt viele sehr beliebte Manga heraus und hat fast eine Million Mitglieder. Ähnlich in Lehre und Größe ist die **PL Kyōdan**, die alles Leben als Kunst betrachtet und nach Weltfrieden strebt. Die Organisation **Seichō no Ie** („Haus des heiligen Lebens") lehnt sich nah an das Christentum an; zu ihren religiösen Schriften gehört u. a. das Johannesevangelium. Einen gewissen Bekanntheitsgrad im Ausland haben auch Tempel wie der Kichiden-ji oder Pokkuri-ji bei Nara erreicht, die sich darauf spezialisiert haben, für einen friedlichen und plötzlichen Tod *(pokkuri)* zu beten und damit Senioren anziehen, die ihren Kindern nicht lange zur Last fallen wollen.

Touristen kommen mit neuen Religionen am ehesten in Kontakt, insofern sie von diesen eingerichtete Museen besuchen, wie das Miho-Museum bei Shigaraki (S. 413), das von Koyama Mihoko, der Gründerin der **Shūmeikai**, initiiert wurde. Die Shumeikai geht wie mehrere andere Organisationen auf die Lehren von Okada Mokichi (1882–1955) zurück und strebt Glück und Wohlergehen im Diesseits durch Schönheit und spirituelle Heilungsriten an.

Einige der Neuen Religionen (besonders Sōka Gakkai und Tenrikyō) sind auch in anderen Ländern erfolgreich (v. a. in Südamerika, wo sie durch japanische Auswanderer Verbreitung fanden).

Ins Kreuzfeuer gerieten die Neuen Religionen 1995, als die **Aum-Sekte** (heute Aleph) in der Tōkyōter U-Bahn Sarin-Giftgasanschläge verübte. Dabei starben 12 Menschen, etwa 1000 wurden verletzt.

Aberglaube

Viele Japaner sind abergläubisch. Für das Leben unmittelbar relevant ist das System der „guten" und „schlechten" Tage (S. 98, Zeit und Kalender), das mit dem Buddhismus in Verbindung gebracht wird. Eher zum Shintō gehören die beliebten *o-mikuji* (Orakelzettel), die an den Schreinen (oft auch an Tempeln) verkauft werden und kryptische Zufallsaussagen zum Schicksal treffen. Handlesen (und seltener Kartenlegen) ist verbreitet und wird in belebten Einkaufsstraßen vor allem nach Anbruch der Dämmerung öffentlich praktiziert. Die Dienstleister sitzen auf Schemeln am Straßenrand, neben sich eine Papierlaterne mit einer aufgemalten Hand. Wer daran Interesse hat, sollte etwas Japanisch verstehen oder einen Dolmetscher mitnehmen. Das chinesische Horoskop ist nicht nur für die Gestaltung von Neujahrskarten mit dem jeweiligen Jahres-Tier wichtig, und anhand von Blutgruppen werden Persönlichkeitstypen bestimmt.

Kunst und Kultur

Die traditionelle japanische Kultur übt auf Europa seit Jahrhunderten eine große Faszination aus, vermutlich gerade weil sie sich von der des Westens so deutlich abhebt: Nicht das Streben nach Originalität steht hier im Vordergrund, weniger Provokation als Harmonie *(wa)*, Ästhetik – besonders die Schönheit alles Vergänglichen *(mono no aware)*, wie sie in der Kirschblüte zum Ausdruck kommt – und der Ehrgeiz, Altbekanntes immer wieder, aber wenn möglich eine Idee besser als zuvor, neu zu erschaffen. Deshalb verwundert es nicht, dass sich die japanische Malerei auf wenige, immer wiederkehrende Motive konzentrierte und das Repertoire der darstellenden Künste vergleichsweise schmal ist.

Wer heute durch Japan reist, wird möglicherweise Mühe haben, inmitten lärmender Großstädte, greller Neonreklamen, hektisch umhereilender Menschen sowie Kitsch und Kommerz huldigender Warenhäuser aufzuspüren, was die japanische Kultur so anziehend macht: schlichte Eleganz, Naturverbundenheit und Zurückhaltung. Doch hin und wieder kommen diese Reize ganz unvermutet zum Vorschein, zum Beispiel als kleiner, ruhiger Tempel, versteckt zwischen Häuserfluchten, als aparte Japanerin im Brokat-Kimono in einer grauen Menge von Geschäftsleuten oder als raue, formschöne Teeschale. Man lernt zudem, den Blick so zu fokussieren und den japanischen Garten zu genießen, ohne sich an den Oberleitungen zu stören.

Architektur

Shintō-Schreine

Die Shinto-Schreine bieten alle einen höchst würdigen Anblick. In einem alten Forst oder sonst weit abgelegen und verborgen (…) atmen sie göttliche Entrücktheit.

Yoshida Kenkō (1283?–1350),
Betrachtungen aus der Stille

Shintō-Schreine beeindrucken nicht so sehr durch ihr Alter, denn da sie aus Holz sind, werden sie regelmäßig (in Ise alle 20 Jahre) neu gebaut. Es ist vielmehr ihre Einbettung in die Natur, die ihnen mancherorts eine geradezu mystische Ausstrahlung verleiht.

Man betritt den heiligen Bezirk durch ein oder mehrere **Torii**, jene charakteristischen Torbögen, die die spirituelle von der säkularen Welt trennen. Sie waren ursprünglich durchweg aus Holz, später wurden sie aber auch aus Stein, Metall, Beton oder gar aus Porzellan (wie in

Arita, S. 535) angefertigt. Weltberühmt ist der rote, (bei Flut) im Wasser stehende Torii von Miyajima (S. 471).

Ein Weg, den – vom Buddhismus übernommen – Steinlaternen säumen, führt zum Schreinkomplex, vor dem man sich an einem Wasserbecken reinigt. Die Schreingebäude umfassen den **Hauptschrein** *(honden)*, die Gebetshalle *(haiden)*, die Halle für Opfergaben und Rituale *(heiden)* und bei größeren Schreinen außerdem Nebenschreine, Schreinbüros und eine Bühne für rituelle Tänze. Der Hauptschrein birgt das Allerheiligste, den Sitz des *kami*, z. B. einen Spiegel, der normalerweise nicht gesehen werden darf. Ebenso auffallend wie stimmungsvoll ist das dicke **Strohseil** *(shimenawa)*, das das Heiligtum als Ort der *kami* ausweist.

Die frühesten Schreine haben ihren Ursprung in prähistorischer Zeit und erinnern an Reisspeicher. Einer der ältesten Schreine ist der Izumo-taisha in der Präfektur Shimane (S. 485), der dem **Taisha-Stil** *(taisha-zukuri)* seinen Namen gab. Typisch dafür ist ein quadratischer Pfahlbau mit vier Eck- und einem Zentralpfeiler und einem vorspringenden, mit Zypressenrinde gedeckten Satteldach, das *chigi* (einander kreuzende Giebelsparren) und *katsuogi* (auf dem Dachfirst quer aufliegende Holzzylinder) zieren. Der Eingang befindet sich hier in der rechten Hälfte der einen Giebelseite, ist also asymmetrisch.

Im **Shinmei-Stil** *(shinmei-zukuri)* ab dem 3. Jh. – zu sehen am Ise-Schrein (S. 433), einem der bedeutendsten Heiligtümer Japans – ist der Bau rechteckig und symmetrisch mit dem Eingang in der Mitte der Längsseite.

In der Heian-Zeit dringt der Einfluss des Buddhismus auch in die Shintō-Architektur vor: Belege dafür sind mehrstöckige Tortürme und die neu eingeführte Bemalung der Schreine.

In der Kamakura-Zeit werden – kaum überraschend – **Hachiman-Schreine** (wie der Tsurugaoka-Schrein in Kamakura) beliebt, denn Hachiman, der Gott der Krieger, wurde vom Herrschergeschlecht der Minamoto als Ahnherr verehrt. Hier besteht der Hauptschrein aus zwei miteinander verbundenen Gebäuden.

Aufs Engste miteinander verwoben sind Shintō und Buddhismus in Nikkō (S. 205). Der

© JAPAN-PHOTO.DE / HARTMUT POHLING

Der Atsuta-Schrein von Nagoya, einer der ältesten Schreine Japans, wurde 1893 im Shinmei-Stil umgebaut.

hiesige Tōshōgū-Schrein (errichtet 1610–17, heutige Form von 1636) bildet mit seinen reichen Verzierungen einen scharfen Kontrast zu den sonst schlichten, archaisch anmutenden Shintō-Schreinen. Die Gebetshalle steht hier vor der Haupthalle und ist über einen Korridor mit dieser verbunden. Dieser Stil ist als **Gongen-Stil** *(gongen-zukuri)* bekannt.

Ein landesweit sehr verbreiteter Baustil, der auch einen der letzten Schreine, den 1920 erbauten Meiji-Schrein in Tōkyō, charakterisiert, ist der **Nagare-Stil** *(nagare-zukuri)*. Das Dach ist hier auf der Eingangsseite portikusartig verlängert und leicht nach außen geschwungen.

Buddhistische Tempel

Mit der Einführung des Buddhismus in Japan im 6. Jh. entstehen noch in der Asuka-Zeit (552–710) die ersten buddhistischen Tempel. 593 wird der Shitennō-ji in Ōsaka vollendet, angeordnet nach festländischem Vorbild auf der Nord-Süd-Achse – ein Prinzip, das beim Hōryū-ji in Nara, dem ältesten erhaltenen Holzgebäude der Welt (7. Jh., S. 426), bereits aufgegeben ist. Die An-

lage umfasst eine fünfstöckige **Pagode** *(gojū-no-tō)*, deren fünf Dächer die Elemente Erde, Wasser, Feuer, Wind und Himmel repräsentieren; die **Haupthalle** *(hondō oder kondō)* mit Andachtsbild, das man im Uhrzeigersinn umwandelt; einen Glockenturm *(shōrō)* und eine Lehr- und Lesehalle *(kōdō)*. Diese Gebäude charakterisieren buddhistische Tempelanlagen allgemein. Es gibt aber auch dreistöckige Pagoden und *tahōtō* („Vielschatzpagode") mit nur einem Ober- und einem Untergeschoss. Ein Beispiel für Letztere ist die Pagode des Kongōbu-ji auf dem Kōya-san (S. 429). Häufig ist der Tempelkomplex von einer Mauer umgeben, die in alle vier Himmelsrichtungen von einem **Tor** *(mon)* durchbrochen wird. Die Tempel stehen auf Steinsockeln und haben oft Fußwalmdächer *(irimoya)*, wie der Hōryū-ji bei Nara und der Shitennō-ji in Ōsaka.

Das goldene Zeitalter des Buddhismus ist die späte Nara-Zeit (710–94). Es entsteht mit der Daibutsu-den des **Tōdai-ji**, der Halle mit dem Großen Buddha, das größte Holzgebäude der Welt (S. 420). Mit ihrer Größe und Pracht soll die

Tempelanlage die neue Einheit der Nation unter dem Buddhismus versinnbildlichen.

In der Heian-Zeit kommt es teilweise zu einer Vermischung von Shintō und Buddhismus: Die *kami* werden dabei als Manifestationen von Buddhas und Bodhisattvas betrachtet. So werden auf Shintō-Schreingelände Pagoden errichtet und bei Tempeln Shintō-Schreine aufgestellt. Mit Aufkommen des Amida-Kults lassen Adelige nicht selten ihre Paläste in Tempel umwandeln, wie Fujiwara Yorimichi, der 1053 die berühmte Phönixhalle (Hōōdō, S. 417) in Uji in Auftrag gibt, eine im Grundriss an einen Vogel erinnernde dreiflügelige Anlage, die sich in einem Teich spiegelt.

In der Kamakura-Zeit (1192–1328) gelangt der Zen-Buddhismus nach Japan. Die Klöster und Tempel orientieren sich nun an chinesischen Vorbildern der Tang-Zeit, weshalb man von Kara-yō („chinesischem Stil") spricht. Schlichtheit, Strenge, Symmetrie und natürliche Materialien werden bevorzugt. Herausragende Beispiele sind der Daitoku-ji in Kyōto (S. 389) und die Tempel von Kamakura (S. 222).

In der Muromachi-Zeit (1338–1573) entwickelt sich ein japanisch-chinesischer Mischstil, wie er im Kinkaku-ji in Kyōto zum Ausdruck kommt (S. 389). Dieser dreistöckige „Goldene Pavillon" wurde 1397 auf dem Gelände eines alten Tempels errichtet, diente aber ursprünglich als Ruhesitz für Shōgun Yoshimitsu, bevor er in einen Zen-Tempel umgewandelt wurde.

Mit dem Bedeutungsverlust des Buddhismus in der Folgezeit kam die Entwicklung der Tempelarchitektur zum Stillstand.

Burgen

Die ersten Burgen Japans waren noch von grasbedeckten Wällen umgebene Fachwerkbauten. Steinburgen entwickelten sich in der zweiten Hälfte des 16. Jhs., als mit der Verbreitung von Feuerwaffen ein stärkerer Schutz notwendig wurde. Die erstarkten Feudalfürsten wollten zudem ihre Macht und ihren Reichtum zur Schau stellen. Sie errichteten ihre Burg daher gern auf einem Berg oder Hügel. Als Baumaterial diente oft Granit oder Andesit, ein Ergussgestein aus austretender Lava. Um die

Den Hōryū-ji bei Nara ziert das typische Fußwalmdach *(irimoya)*.

© JAPAN-PHOTO.DE / HARTMUT PÖHLING

Burg wurden nun Gräben angelegt. Im Zentrum der Burgstädte *(jōka-machi)* stand natürlich die Burg des *daimyō*. Um sie herum residierten die Samurai. Hinter der Außenmauer siedelten die Kaufleute und Handwerker.

Charakteristisch für die japanische Burg ist der mehrstöckige **Hauptturm** *(tenshukaku)* auf einer steinernen, rechteckigen Basis mit einem Fußwalmdach *(irimoya)*, einer Mischung aus Sattel- und Walmdach. Von außen scheint er oft mehr Stockwerke zu besitzen als er im Innern hat. Eine steinerne Mauer mit Türmen an strategisch wichtigen Punkten umgibt die Burg. Zickzackwege und überdachte Gänge führen zum Hauptkomplex, dem *honmaru*. Meist befand sich hier neben dem Hauptturm auch ein **Palast** mit Empfangsräumen, ein flacher Holzbau mit Umgängen und prachtvoll dekorierten Schiebetüren, besonders in der Eingangshalle, wo der Burgherr auf einer erhöhten Sitzfläche Audienz hielt. In Kumamoto wurde er eindrucksvoll rekonstruiert (S. 558).

Obwohl viele japanische Städte auf Burgstädte zurückgehen, sind heute leider nur wenige Burgen im Original erhalten. Einige der berühmtesten und größten Burgen Japans –

die Burgen von Ōsaka (1582), Nagoya (1612) und Kumamoto (1601–07) – sind Rekonstruktionen aus den 50er- und 60er-Jahren. Die vielleicht schönste Burg, jene von Himeji (1581), ist dagegen eines der seltenen Originale, ebenso wie die sechsstöckige Burg von Matsumoto (1594–97), die im Unterschied zu Himeji in der Ebene steht.

Moderne Architektur

Nach der erzwungenen Öffnung Japans wurden auch in der Architektur westliche Einflüsse absorbiert. Einer der Ersten, der den neuen Baustil umsetzte, war **Tatsuno Kingo** (1854–1919), der die Bank von Japan (1896) und den Hauptbahnhof in Tōkyō (1914) entwarf. In den 30er-Jahren ließen sich **Maekawa Kunio** (1905–1956) und **Sakakura Junzō** (1904–69) von Le Corbusier inspirieren und **Yoshida Tetsurō** (1894–1956) schuf mehrere Post- und Telefonämter. Letzterer war mit Bruno Taut befreundet und bemühte sich, die japanische Architektur im Ausland bekannt zu machen.

Nach dem Zweiten Weltkrieg besannen sich die japanischen Architekten wieder mehr der eigenen Tradition. Eingeleitet wurde die ein-

---

Traditionelles Wohnen

Die Grundlage der klassischen japanischen Wohnhausarchitektur ist der Baustil *shoin-zukuri*, für den die Kaiservilla Katsura in Kyōto ein Paradebeispiel ist. Ihn charakterisieren all jene Merkmale, die traditionelle japanische Häuser so anziehend machen:

Undurchsichtige **Schiebetüren** *(fusuma)* als flexible Raumteiler machen es möglich, je nach Bedarf unterschiedlich große Räume zu schaffen. Mit weißem Japanpapier bespannte Rasterholz-Schiebetüren *(shōji)* lassen viel Licht herein. Zur Veranda hin können sie beiseite geschoben werden und sorgen so im Sommer für erfrischenden Durchzug. Holzwände und **Tatami-Matten** verströmen Wohlgeruch und viel Natürlichkeit.

In den Zimmern bieten **Schmucknischen** *(tokonoma)* Gelegenheit, Blumengestecke, Rollbilder oder Kalligrafien auszustellen. Solche Zimmer gehen auf die Studierzimmer *(shoin)* der Zen-Priester zurück und gaben dem Baustil seinen Namen. In Einbauschränken werden die Futons aufbewahrt, die man zum Schlafen heraushalt. Auf dem buddhistischen **Hausaltar** (eine Minderheit bevorzugt einen Shintō-Hausschrein) stehen die Bilder der Ahnen.

Im **Eingangsbereich** *(genkan)* werden die Schuhe ausgezogen, bevor man den erhöhten Wohnbereich betritt.

Auch wenn heutzutage zumindest in den Städten die Mehrheit im westlichen Stil wohnt – die Möbel sind allerdings wegen des Platzmangels kleiner und leichter als im Westen –, legen doch viele Japaner Wert darauf, wenigstens ein Tatami-Zimmer zu haben, und die meisten schlafen nach wie vor auf Futons auf dem Boden.

---

heimische Moderne von dem großen Architekten **Tange Kenzō** (1913–2005). Er schuf u. a. den Friedenspark mit Museum in Hiroshima (1946–56), die Sportstadien für die Olympischen Spiele in Tōkyō 1964 und die Präfekturverwaltung von Tōkyō im Bezirk Shinjuku (1991), laut eigenem Bekunden ein Sinnbild der modernen Informationsgesellschaft.

Tange beeinflusste einen der international bekanntesten japanischen Architekten: **Isozaki Arata** (geb. 1931), der z. B. das Los Angeles Museum of Contemporary Art schuf. Viele Projekte verwirklichte er aber auch auf seiner Heimatinsel Kyūshū, etwa den Bahnhof von Yufuin, und die Konzerthalle von Kyōto (1992–95) ist ebenfalls sein Werk. Isozakis Kennzeichen sind einfache geometrische Formen und ungewöhnliche Kombinationen aus Stein, Metall und Holz.

Kurokawa Kishō (1934–2007) wurde ebenfalls von Tange beeinflusst. Er ist einer der Begründer des Metabolismus, einer japanischen Architekturbewegung, die sich 1959 gründete, um nach neuen, flexiblen städtebaulichen Konzepten zu suchen. Kurokawa schuf u. a. das Museum für zeitgenössische Kunst der Stadt Hiroshima (1984–88) und das Japanisch-Deutsche Zentrum in Berlin (1988).

Ein weiteres Gründungsmitglied der Metabolisten ist **Maki Fumihiko** (geb. 1928), der für seine eigenwilligen Formen bekannt ist. Hervorstechende Bauten sind z. B. das Nationalmuseum für moderne Kunst in Kyōto (1986) und der Hauptsitz des Fernsehsenders TV Asahi in Tōkyō (2003). Maki schuf auch das Four World Trade Center in New York (2013).

Hara Hiroshi (geb. 1936) entwarf zwei berühmte moderne Bauten in Japan: das 40 Stockwerke hohe Umeda Sky Building in Ōsaka (1988–1993) – zwei durch eine Stahlbrücke im 22. Stock miteinander verbundene Türme – und den neuen Bahnhof von Kyōto (1991–97). Bei beiden kam es ihm darauf an, den Besuchern viel Bewegungsfreiheit zu gewähren.

Einer der erfindungsreichsten zeitgenössischen Architekten ist **Andō Tadao** (geb. 1941), der von sich behauptet, ein Autodidakt zu sein. Kennzeichnend sind lichtdurchflutete, massive Betonbauten, nicht selten mit indirekten Zugangswegen. Sie sollen nicht nur funktional

Ikebana

Die japanische Kunst des Blumenarrangements Ikebana ist 1300 Jahre alt und bis heute ein beliebtes Hobby vieler Japaner(innen) aller Altersgruppen. Anders als hierzulande, wo das Hauptaugenmerk auf Form und Farbe der Blüten liegt, spielt in Japan die Linie der Zweige eine zentrale Rolle, und Stängel, Blätter, Zweige sowie Vase werden ins Gesamtbild einbezogen. Ursprünglich standen die Arrangements in enger Verbindung zum Buddhismus und waren rituelle Opfergaben im Tempel.

Während Ikebana in den ersten Jahrhunderten noch auf buddhistische Tempel beschränkt blieb, wurde es im 15. Jh. dank dem Ashikaga-Shōgun Yoshimasa (1436–1490), der zusammen mit dem Künstler Somai die Regeln vereinfachte, im Volk populär.

Grob gesagt, besteht jedes Gesteck aus drei Teilen:

- Der stärkste und höchste Zweig *(shin)* bildet die zentrale Linie und repräsentiert den Himmel.
- Der Nebenzweig *(soe)* ist etwa um ein Drittel kürzer und geht seitlich von dieser Linie ab. Er steht für den Menschen.
- Der kürzeste Zweig *(hikae)* wird vor bzw. gegenüber den anderen platziert und symbolisiert die Erde.

Bis heute gibt es vorgeschriebene Arrangements zu bestimmten Feiertagen. So werden z. B. zu Neujahr Kiefernzweige und Chrysanthemen verwendet.

Die moderne Form des Ikebana heißt *moribana* und entwickelte sich im 20. Jh. Sie gewährt mehr Freiheit bei der Wahl der Pflanzen und deren Arrangements als die älteren Varianten.

sein, sondern auch inspirierend. Einige seiner ungewöhnlichsten Werke sind der Honpuku-ji auf Awajishima von 1991, ein Tempel, der völlig überraschend unter einem Seerosenbecken liegt, und das Naoshima Museum und Hotel (1989–92) auf Shikoku.

Itō Toyō (geb. 1941) und **Hasegawa Itsuyo** (geb. 1941) stehen demgegenüber für eine Architektur der Leichtigkeit, die viel Aluminium und Glas verwendet, während **Takamatsu Shin** (geb. 1948) mit futuristischen, maschinenartigen Entwürfen bekannt wurde.

Unter den „jüngeren" Architekten stechen besonders **Aoki Jun** und **Sejima Kazuyo** (beide geb. 1956) hervor. Aoki entwarf mehrere Louis-Vuitton-Geschäfte, u. a. in Tōkyō (Omote Sandō, 2002) und Fukuoka (2011), sowie das Aomori-Kunstmuseum (2006). Sejima zeichnet ein neomoderner, nüchterner Stil aus, wie in ihrem Museum des 21. Jhs. in Kanazawa zu sehen. Zusammen mit **Nishizawa Ryūe** (geb. 1966) gründete sie das renommierte Architekturbüro SANAA.

Architektur, die die Natur einbindet, ohne sie zu dominieren, entwirft **Kuma Kengo** (geb. 1954): „Meine Architektur ist eine Art Rahmen für die Natur", drückt er sein Konzept aus. Erst gar nicht von Dauer sind viele Arbeiten von **Ban Shigeru** (geb. 1957), der etwa in Christchurch nach dem schweren Erdbeben 2011 die Transitional Cathedral (2013) aus Kartonröhren und auf den Philippinen Notunterkünfte für Opfer des Taifuns Haiyan schuf (2014).

Der Kenroku-en in Kanazawa gilt als einer der schönsten Gärten Japans.

Gartenbau

In einem japanischen Garten wird nichts dem Zufall überlassen. Er bildet auf kleinstem Raum natürliche Landschaften idealtypisch ab – unter Verwendung der Gestaltungselemente Wasser, Bäume, Steine, Büsche und Moos. Man unterscheidet zwischen begehbaren Landschaftsbildern und Betrachtungsgärten, die man von einem bestimmten Punkt aus, meist einer Veranda, anschaut.

Die ältesten erhaltenen Gärten stammen aus der Heian-Zeit. In dieser Ära kamen mit der Amida-Verehrung **Paradiesgärten** (jōdo-teien) auf. Sie sollten das Reine Land, die Vorstufe zum Nirwana, repräsentieren und als Ort der Kontemplation dienen. Die Insel im Teich steht dabei für den Mittelpunkt der Welt, den Sitz Buddhas auf der Lotusblüte im paradiesischen Teich der Gnade. Ihren Höhepunkt erreichte diese Gartenform im 11./12. Jh., z. B. im Byōdo-in in Uji (S. 417) und im Mōtsū-ji in Hiraizumi (S. 249).

In der Muromachi-Zeit waren **Stein- und Kiesgärten** beliebt. Sie sind die extremste Form der Betrachtungsgärten. Diese Trockengärten (karesansui) dienten im Zen-Buddhismus der Kontemplation. Hier taucht das Wasser nur durch ordentlich in Furchen geharkte Kieselsteine auf, die das Meer mit seinen Wellen symbolisieren können, Flächen aus Moos stehen für das Alter, dazu gesellen sich ein paar Gesteinsbrocken und vielleicht ein bis zwei kleine Büsche, über deren Symbolik der Meditierende sinnieren kann. Für die Priester, die solche Gärten nicht selten entwarfen, darunter der große Zen-Meister Musō Sōseki (1275–1351), war die Gartengestaltung eine spirituelle Übung. Der berühmteste dieser Gärten ist der Ryōan-ji in Kyōto (S. 390), aber Steingärten sind bis heute beliebt.

Wer übrigens glaubt, es gäbe nicht viele Möglichkeiten, Kies zu arrangieren, irrt: Kleine Wellen, große Wellen, Fischschuppen, Spiralen, Zickzacklinien sind nur einige der bekannten

Vom Weg des Tees

Buddha lebt in der Teezeremonie.
Zen-Priester Ikkyū Sojun (1394–1481)

Tee kam ungefähr im 8. Jh. aus China nach Japan. Er war damals sehr kostbar und wurde in erster Linie als Arzneimittel geschätzt. Das Teetrinken verbreitete sich zuerst unter den Zen-Mönchen und in der Oberschicht. Es wurde zum Zeitvertreib, Tee aus unterschiedlichen Anbaugegenden zu kosten und das Herkunftsgebiet zu erraten. Daraus entwickelte sich eine gesellige Runde mit Teegenuss und chinesischer Kunst – die Grundlage der Teezeremonie (*sadō*, „Weg des Tees", oder *cha-no-yu*, etwa „heißes Wasser für Tee").

Hinter der auf den ersten Blick simplen Handlung der Teezubereitung und -darreichung verbirgt sich ein kompliziertes Ritual, für dessen Erlernen gut und gern zehn Jahre nötig sind. Die Teezeremonie, deren Grundlagen im 16. Jh. von **Sen no Rikyū** festgelegt wurden, wurzelt im Zen-Buddhismus, der im 12. Jh. aus China kam. Vereinfacht gesagt, offenbart sich der Geist des **Zen** in der Teezeremonie, indem der Teemeister sich ruhig und mit der gebotenen Ernsthaftigkeit ganz auf den Handlungsablauf konzentriert. Jeder Schritt und jede Geste sind genau festgelegt, die wenigen Worte, die fallen, sind vorgeschrieben. Nichts ist dem Zufall überlassen. Mit dem Eintritt ins Teezimmer betritt man eine andere Welt. Idealerweise streift man vor der Tür alle weltlichen Sorgen ab, erblickt die Schönheit des Einfachen im Augenblick und verlässt die Zeremonie geläutert.

Die Teezeremonie hatte großen Einfluss auf den japanischen Gartenbau (S. 139), die Architektur, Kunst, Küche und Keramik.

Ablauf

Eine traditionelle Teezeremonie dauert rund vier Stunden und läuft folgendermaßen ab:
Der Gastgeber geleitet die Gäste auf dem Gartenweg bis zum Eingang des Teehauses, wo man sich am Bassin Mund und Hände wäscht. Man betritt den Teeraum und kniet vor der Schmucknische nieder, um Bildrolle oder Blumenschmuck zu bewundern. Nach dem Einnehmen der Plätze und der Begrüßung wird das Essen *(kaiseki-ryōri)* serviert. Nach einer Ruhepause im Garten folgt das *goza-iri*, der Hauptteil mit dem Genuss von *koicha* („dickem Tee"). Der Teemeister bereitet mit dem Teequirl aus Bambus den *matcha* (pulverisierter grüner Tee) zu. Der Gast nimmt die Teeschale entgegen, würdigt die schöne Keramik, trinkt einen Schluck, lobt den Geschmack, wischt den Schalenrand mit einer kleinen Papierserviette ab und reicht dann die Schale an den Nächsten weiter. Den Abschluss bildet dasselbe Ritual mit *usucha* („dünnem Tee"), wobei jeder Gast eine eigene Portion *matcha* bekommt. Für ausländische Touristen werden in verschiedenen Orten sehr viel kürzere Versionen der Teezeremonie geboten.

Muster. Überhaupt spielen Steine eine wichtige Rolle im japanischen Garten, nicht zuletzt weil manche Steine und Felsen im Shintō-Glauben als Sitz von *kami* betrachtet werden.

In der Edo-Periode wurden feudale **Wandelgärten** *(kaiyūshiki)* populär: Beim Flanieren auf gewundenen Pfaden um einen See, dessen Form manchmal ein Schriftzeichen darstellt, bieten sich dem Betrachter immer neue Anblicke. Hierbei wird auch die Umgebung z. B. in Form von Bergen, Buchten oder Flüssen als „geliehe-

ne Landschaft" *(shakkei)* einbezogen – ein Versuch, den Garten auszudehnen.

Ihr eigentlicher Vorläufer ist der **Teegarten** *(chaniwa* oder *roji)*, den man auf dem Weg zum Teehaus durchschreitet (s. auch Kasten „Vom Weg des Tees"). Klassische Elemente sind ein Pfad aus Trittsteinen (nie gerade angeordnet), ein steinernes Wasserbecken zur Reinigung sowie Steinlaternen.

Eine besondere Gartenform, die ebenfalls schon vor der Edo-Zeit verbreitet war, ist der

Ein kurzer Überblick über ihre Darstellung in der japanischen Kunst:

Buddhas (Nyorai) tragen schlichte Gewänder, haben lange Ohrläppchen, entspannte Gesichtszüge, ein Stirnmal und einen Schädelauswuchs als Sitz ihrer spirituellen Fähigkeiten. Meist sitzen sie im Lotussitz auf einer Lotusblüte, dem Symbol für Reinheit und Erleuchtung.
- **Shaka Nyorai** (Shakyamuni): der historische Buddha; typisch ist folgende Mudra (Geste): die rechte Hand ist erhoben, die Handfläche nach außen gekehrt (Bedeutung: „Fürchtet euch nicht"); die linke Hand weist nach unten, die Handfläche ist ebenfalls nach außen gekehrt (Bedeutung: „Ein Wunsch wird gewährt").

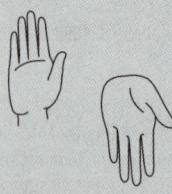

- **Dainichi** (Mahavairocana): Sonnen- oder kosmischer Buddha, der wichtigste Buddha der esoterischen Schulen; Mudra der Weisheitsfaust: Die rechte Faust umfasst den Zeigefinger der linken Hand, eine Geste, die für die Einheit aller Erscheinungen steht.

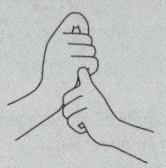

- **Amida** (Amitabha): Herrscher über das Westliche Paradies; meist in tiefer Meditation beide Hände im Schoß gefaltet oder mit der Mudra des Ingangsetzens des Rads der Lehre. Letztere symbolisiert die erste Lehrrede des historischen Buddha.

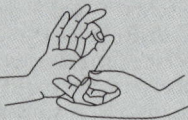

- **Yakushi** (Bhaishajya): der heilende Buddha, mit Medizinbehälter in der linken Hand.
- **Miroku** (Maitreya): Buddha der Zukunft, der letzte irdische Buddha und kommende Weltlehrer, meist dargestellt als Bodhisattva (s. u.).

Bodhisattvas (Bosatsu) sind prächtiger gekleidet als Buddhas. Sie tragen Schmuckstücke und andere Gegenstände bei sich. Manchmal haben sie mehrere Köpfe und Arme.
- **Kannon** (Avalokiteshvara): Bodhisattva der Barmherzigkeit, mit androgynen Zügen; es gibt viele verschiedene Erscheinungsformen, z. B. Batō-kannon (Hayagriva), die pferdeköpfige Kannon, und Senju Kannon, die „tausendarmige Kannon" (tatsächlich sind es 42 Arme).
- **Monju** (Manjushri): Bodhisattva der Weisheit, Attribute: Schwert der Weisheit (mit dem er das Dunkel der Unwissenheit zerteilt) und Buch (Sutren).
- **Jizō** (Kshitigarbha): Beschützer der Kinder, Frauen und Reisenden; Begleiter der toten Seelen; dargestellt als Mönch mit Pilgerstab oder Wunscherfüllungsperle; oft mit kindlichen Gesichtszügen.

Hügelgarten *(tsukiyama-teien)*. Er bildet real existierende Landschaften aus China oder Japan als Miniatur ab und kann entweder als Wandelgarten oder als Betrachtungsgarten angelegt sein. Immer gehören dazu ein Teich und künstlich aufgeschüttete Hügel als Berge. Schildkröten- und Kranichformen versinnbildli-chen Langlebigkeit. Ein schönes Beispiel ist der Suizenji in Kumamoto (S. 561).

In Japan selbst gelten der **Kōraku-en** in Okayama (S. 459), der **Kenroku-en** in Kanazawa (S. 360) und der **Kairaku-en** in Mito (Präfektur Ibaraki) als die drei schönsten Gärten des Landes (Nihon Sanmeien, die „drei berühmten Gärten Japans").

- **Miroku** (Maitreya): Buddha der Zukunft, der als Nachfolger Shakas auf die Erde kommen wird, um die Welt zu retten; meist dargestellt in sinnierender Haltung mit rechter Hand am Kinn und rechtem Fuß auf linkem Knie; manchmal mit einem Stupa auf dem Kopf oder in der Hand.
- **Fugen** (Samantabhadra): Schützer all jener, die die Lehre darlegen; oft zusammen mit Shaka und Monju, reitet auf einem sechszähnigen weißen Elefanten (der die alle Hindernisse überwindende Kraft der Weisheit symbolisiert).

Vidyaraja (Myōō) sind Licht- oder Weisheitskönige, zornige Erscheinungen von Buddhas und Bodhisattvas. Sie tragen Waffen, haben Raubtierzähne und manchmal ein drittes Auge.

- **Aizen-myōō** (Ragaraja): Lichtkönig der Liebe, der die irdischen Leidenschaften in spirituelle Erkenntnis verwandelt; feuerrot; mit sechs Armen, Pfeil und Bogen und Krone.
- **Fudō-myōō** (Acala): Feuergott, schwarz oder blau, mit einem Schwert in der einen und einem Seil (zum Einfangen von Dämonen) in der anderen Hand; ihn umgibt eine Aureole von Flammen.

Devas (Tenbu oder -ten, „Himmelskönige") sind Schützer des Dharma und nicht so mächtig wie die Myōō.

- **Niō** („zwei Devas"): Sie sitzen als Torwächter in Nischen zu beiden Seiten von Tempeltoren: A-gyō = Beschützer des Tageslichts, rot, offener Mund; Un-gyō = Verteidiger der Nacht, schwarz, zusammengebissene Zähne; der eine sagt „A" (offener Mund), der andere „Un" (geschlossener Mund), also A-Un, was für Anfang und Ende, die Gesamtheit aller Dinge, steht.
- **Shitennō** („vier Himmelswächter"): Schützer der vier Himmelsrichtungen: **Zōchōten** (Virudhaka), Wächter des Südens, rot; **Kōmoku-ten** (Virupaksa), Wächter des Westens, weiß; **Tamon-ten** (auch Bishamon-ten; Vaisravana), Wächter des Nordens, schwarz; **Jikoku-ten** (Dhrtarastra), Wächter des Ostens, grün; oft stehen sie auf bezwungenen Dämonen und tragen chinesische Rüstungen.

Die sieben Glücksgötter (Shichi Fukujin) sind eine Mischung aus taoistischen, buddhistischen und Shintō-Gottheiten und kamen als Gruppe in der Edo-Zeit auf. Häufig werden sie in einem Schatzschiff dargestellt.

- **Benzai-ten** (Sanskrit: Sarasvati, eine Flussgöttin): Göttin der Musik, Redekunst und des Wissens; mit Biwa (Laute).
- **Daikoku-ten**: Gott des Reichtums, mit Reissack und Glückshammer (Symbol für Fleiß), Botentier: Maus.
- **Ebisu**: Gott des Fischfangs; mit Angel und Roter Meerbrasse *(tai)*, besonders beliebt bei Ladenbesitzern.
- **Hotei**: Gott der Zufriedenheit und des Glücks, rundlich und lachend; geht auf einen legendären chinesischen Mönch zurück.
- **Bishamon-ten** (Sanskrit: Vaisravana): Glücksgott, einer der Shitennō (s. o.); Feldherr mit Rüstung, Dreizack und kleiner Pagode; hilft, Wünsche zu erfüllen.
- **Fukurokuju und Jurōjin**: Beide sind Götter des langen Lebens, alte Männer, begleitet von Schildkröte, Kranich oder Hirsch – Symbolen für Langlebigkeit.

Kunst

Buddhistische Kultplastik

Japanische Bildhauerei begann mit dem Wunsch, Werke der Andacht für die buddhistischen Tempel zu schaffen. Die frühesten buddhistischen Skulpturen sind die Shaka-Triade aus Bronze des **Hōryū-ji** in Nara (S. 426), die der koreanisch-chinesische Einwanderer Tori Bushii 623 schuf – der erste namentlich bekannte Bildhauer Japans. Sie zeigt den historischen Buddha Shaka mit Yakushi und Amida. Die Kultplastik befindet sich für gewöhnlich in der Haupthalle auf einer erhöhten Plattform, die den Weltenberg Sumeru symbolisiert. Die Buddha-Figuren sitzen meist auf einer Lotusblüte, dem Symbol der Reinheit, da der Lotus sich aus dem Sumpf erhebt.

Während die frühesten Skulpturen noch flächig und auf Frontalansicht ausgerichtet waren, wurden sie im Laufe der Nara-Zeit plastischer und anmutiger. Ein Beispiel ist die Yakushi-Trinität im **Yakushi-ji** bei Nara (S. 426), die ebenfalls aus Bronze ist. Yakushi wird hier flankiert von Nikkō (Suryaprabha), dem Bodhisattva des Sonnenglanzes, und Gakkō (Candraprabha), dem des Mondglanzes. Das größte Bronzebildwerk der Erde, der sitzende Dainichi (Vairocana) des **Tōdai-ji** (S. 420), stammt ebenfalls aus dieser Zeit. Allein sein Daumen misst 1,64 m.

In die späte Nara-Zeit fällt der Anfang der Porträtplastik. So entstand 763 im **Tōshōdai-ji** von Nara (S. 426) ein herausragendes Sitzbild des Priesters Ganjin. Hergestellt wurde es im damals beliebten Trockenlackverfahren. Dabei wurde ein Holz- oder Tonmodell in mehreren Schichten mit Tüchern beklebt, die in Naturlack getränkt waren.

In der Heian-Zeit wurden die Skulpturen im Aussehen fremdartiger und sinnlicher; immer häufiger waren sie nun aus Holz statt aus Bronze oder Trockenlack, z. B. der vergoldete Amida-Buddha vom **Byōdō-in** in Uji (S. 417) des überragenden Bildhauers Jōchō (gest. 1057). Dabei wurden die Figuren nach der *yosegi*-Methode aus mehreren ineinander verzapften Holzblöcken geschaffen. Mit den esoterischen Schulen wurde auch die Senju Kannon („tausendarmige Kannon") beliebt. In der Tempelhalle **Sanjūsangendō** in Kyōto (S. 379) sind sage und schreibe 1001 vergoldete Figuren dieses Bodhisattvas versammelt.

Die großen Bildhauer der Kamakura-Zeit sind **Unkei** und **Kaikei**, die u. a. 1203 die individuell gestalteten, kolossalen Wächterfiguren des Tōdai-ji in Nara schufen. Die Bildhauereien wurden in dieser Epoche realistischer und volksnäher, und Porträtstatuen kamen in Mode. In der Folgezeit verlor der Buddhismus an Bedeutung und es entstanden kaum noch großartige religiöse Statuen, abgesehen vielleicht von den Holzfiguren des Mönchs **Enkū** (ca. 1620–1695), der in Erfüllung eines Gelöbnisses über 100 000 Skulpturen schnitzte.

Yamato-e

Die japanische Malerei wurde stark von China beeinflusst, aber in der späten Heian-Zeit, als der offizielle Kontakt zum Reich der Mitte abbrach, entfaltete sich allmählich eine Malerei im japanischen Stil, die im Unterschied zur Kara-e (Malerei im chinesischen Stil) Yamato-e genannt wird. Dargestellt wurden nun nicht mehr berühmte Orte in China, sondern in Japan, und Szenen aus Werken der japanischen Literatur.

Yamato-e zierten nicht nur Schiebetüren und Stellwände, sondern auch *emaki-mono*, **Bildrollen**, die von rechts nach links aufrollend zu lesen sind. An ihrer Herstellung war neben mehreren Illustratoren auch ein Kalligraf beteiligt. Berühmt ist die Querrolle aus dem 12. Jh., die das *Genji Monogatari* („Die Geschichte vom Prinzen Genji") darstellt. Sie wird Fujiwara no Takayoshi zugeschrieben und befindet sich heute im Tokugawa-Museum in Nagoya (S. 307). Originell ist, dass auf den *emaki-mono* das Innere von Wohnungen aus der Vogelperspektive gezeigt wird. *Emaki-mono* konnten auch durchaus humorvoll sein, wie die *Chōjū Giga* des Priesters **Toba Sōjō** (1053–1114) beweisen: Sie karikieren Mönche in Gestalt von Tieren und gelten als Vorläufer der Manga (S. 145).

Seine Blütezeit erlebte das *emaki-mono* in der Kamakura-Zeit. Thema war nun oft die Entstehung und Geschichte bestimmter Tempel und Schreine sowie Heldenepen.

Die Tradition des Yamato-e wurde von **Tosa Mitsunobu** (gest. ca. 1525) fortgeführt. Er gründete die Tosa-Schule, die bis zum Beginn der Edo-Zeit vom Kaiserhof favorisiert wurde. In leuchtenden Farben und mit Liebe zum Detail malte sie für den Hof Szenen aus literarischen Werken wie dem *Genji Monogatari*.

Kalligrafie

Shodō – der „Weg der Schrift" – ist eine Kunst, die in Japan einen hohen Stellenwert genießt. Die Schreibweise der Schriftzeichen, d. h. die Reihenfolge der Striche, ist zwar festgelegt, nicht aber die Linienführung. In ihr kommen die Persönlichkeit und der Seelenzustand des Künstlers zum Ausdruck.

Die Kunst der Kalligrafie entwickelte sich in der Kamakura-Zeit, als der Zen-Buddhismus der Kultur starke Impulse gab. Im 14. Jh. wurden die Klöster die Triebfedern in der Entwicklung der Schriftkunst. Federführend war hier **Musō Sōseki** (1275–1351), der auch maßgeblichen Einfluss auf Teezeremonie und Gartengestaltung hatte.

Was die Kalligrafie von anderen Künsten unterscheidet, ist der Umstand, dass ein kalligrafisches Werk immer in einem Stück innerhalb weniger Sekunden erschaffen wird. Nachbesserungen sind nicht zulässig.

Zu den „vier Kostbarkeiten" des Kalligrafen zählen:

- der Pinsel *(fude)* aus Tierhaaren, in verschiedenen Größen und Härten
- die Tusche *(sumi)* in Form eines länglichen Blocks aus Ruß und Leim in Schwarz bis Grau
- der Reibstein *(suzuri)* aus Stein oder Ton. Auf ihn wird der Tuscheriegel unter Zugabe von Wasser gerieben.
- dünnes Papier *(washi)* mit einem leichten Glanz auf der Vorderseite. Die übliche Größe ist 24x34 cm *(hanshi)*, es gibt aber auch größere Formate.

Davon abgesehen braucht jeder Kalligraf einen Stempel, mit dem sein Werk signiert wird – sei es mit dem Namen, einem Pseudonym oder einem Motto.

Auch wenn (oder vielleicht gerade weil) man seit der Meiji-Zeit in Japan üblicherweise nicht mehr mit dem Pinsel schreibt, wird die Kalligrafie weiterhin geschätzt, in der Schule gelehrt und schon im Kindesalter in Wettbewerben gepflegt.

Tuschemalerei

Als in der Muromachi-Zeit der Kontakt zu China wieder aufgenommen wurde, gelangten chinesische Kunstobjekte nach Japan und beeinflussten auch die hiesigen Maler. Unter Zen-Mönchen verbreitete sich die Pinselmalerei mit schwarzer Tusche, **Sumi-e**. Sie war eigentlich ein Hilfsmittel zur Befreiung des Geistes; die Hängerollen wurden im Kloster zur Meditation aufgehängt. Die Zeichnungen waren meist von einem Gedicht inspiriert, die Landschaft eine Illustration der lyrischen Stimmung. Die Darstellung ist auf das Wesentliche reduziert. Bekannte

Vertreter dieser Kunstrichtung sind der chinesische Einwanderer **Josetsu** (aktiv 1394–1428), sein Schüler **Shūbun** (gest. Mitte 15. Jh.), offizieller Maler des Shōgun, und vor allem dessen Schüler **Sesshū Tōyō** (1420–1506), ein Zen-Mönch und Gartengestalter. Sesshū brach mit der monochromen Tradition der Zen-Malerei und löste das Bild vom Gedicht. Als Erster malte er Landschaften um ihrer selbst willen, z. B. das berühmte Amanohashidate (S. 415).

Ein Zeitgenosse Sesshūs war **Kanō Masanobu** (1434–1530), der die renommierte Kanō-Schule gründete. Sie pflegte sowohl die monochrome Tuschemalerei als auch farbige Yamato-e (S. 142), ebenso wie der mit den Kanō-Malern konkurrierende **Hasegawa Tōhaku** (1539–1610).

Die Tuschemalerei bestand auch in der Edo-Zeit fort, denn insbesondere die Dichter und Gelehrten in Kyōto lehnten die damals populären kommerziellen Holzschnitte ab. Die Zen-Priester **Hakuin** (1685–1768) und **Sengai** (1750–1837) etwa schufen weiterhin Zen-Malereien *(zenga)*, und der Haiku-Dichter **Yosa Buson** (1716–83) versah seine Gedichte mit Tuschemalereien.

Dekorative Kunst

Mit dem Erblühen der städtischen Kultur in der Momoyama-Zeit (1573–1603) wuchs das Interesse an Malereien auf Schiebetüren und Wandschirmen, *shōhoiga* genannt. Sie zeigten neben berühmten Orten und Landschaften gern die vier Jahreszeiten. Unter reichen Kaufleuten waren besonders Wandschirme mit Genredarstellungen beliebt, vor allem solche, die Europäer („Südbarbaren", *nanban*) zeigten. In dieser Zeit kehrten Gold und Farbe in die Malerei zurück.

Auch die Kanō-Schule war weiterhin aktiv. **Kanō Tan'yū** (1602–1674) bemalte u. a. die Wände und Schiebetüren im Nijō-Schloss in Kyōto mit Tigern, Vögeln und Pflanzen (S. 384). Dabei verwendete er, dem Zeitgeist entsprechend, großzügig Goldblatt, das Glanz und Licht in die dunklen Zimmer von Burgen, Tempeln und Palästen brachte.

Ein Zeitgenosse Kanō Tan'yūs war **Tawaraya Sōtatsu** (gest. um 1643), der insbesondere Wandschirme und Fächer dekorierte. Er arbeitete lange mit dem Kalligrafen **Hon'ami Kōetsu**

(1558–1637) zusammen. Dieser vielseitige Künstler tat sich auch als Lackmeister, Maler, Teemeister und vor allem als Töpfer hervor. Kōetsu und Sōtatsu gelten als Gründer einer Schule, die in der Regel als **Rinpa** bezeichnet wurde. Deren Tradition der „goldlastigen" Yamato-e wurde später von **Ōgata Kōrin** (1638–1716) und **Itō Jakuchū** (1716–1800) aufgegriffen. Kōrin verzierte auch die Keramik seines Bruders Kenzan.

Im Verlauf der Edo-Zeit wendete sich die Kunst immer mehr dem Alltag der Städter *(chōnin)* zu. Das **Kunsthandwerk** (S. 46) blühte, besonders Keramik, Lackwaren und Schmiedekunst, und der Holzschnitt *(ukiyoe)* wurde populär.

Holzschnitt

Die „Bilder aus der flüchtigen Welt" *(ukiyoe)* stellen die städtische Kultur von Edo und Ōsaka dar, insbesondere die Welt der Vergnügungsviertel: Kurtisanen, Theaterszenen, Schauspieler, Geishas, Sumō-Ringer. Beispielhaft dafür ist **Kitagawa Utamaro** (1753/54–1806), ein begnadeter Maler von Geishas und Kurtisanen, bekannt für seine Halbfigurenporträts und seine fließende Linienführung. **Torii Kiyonobu** (1664–1729), der Begründer der Torii-Schule, spezialisierte sich ganz auf Schauspielerporträts und Theaterplakate. Durch die Arbeiten von Torii kam auch der Maler **Okumura Masanobu** (1686–1764) zum *ukiyoe*. Er porträtierte ebenfalls Schauspieler, schuf aber auch Interieurs. Es war jedoch

Katsukawa Shunshō (1726–1792), der erstmals realistische Porträts individueller Schauspieler, keine Stereotypen mehr, erstellte.

1765 wandte **Suzuki Harunobu** (1725–1770) zum ersten Mal den Vielfarbendruck an und steigerte damit die Qualität der Holzdrucke erheblich. Offenbar hatte er ein Faible für schöne Frauen und für *shunga* („Frühlingsbilder"), erotische Holzschnitte.

Erst die später tätigen Künstler **Katsushika Hokusai** (s. Kasten) und **Andō Hiroshige** (1797–1858), die im Westen wohl berühmtesten Vertreter dieser Kunst, wandten sich Landschaften und ländlichen Szenen zu, Hokusai insbesondere dem heiligen Berg Fuji und dessen Umgebung, Hiroshige Ortsansichten entlang des alten Handelsweges Tōkaidō an der Ostküste von Honshū. Sein Alterswerk sind die „Hundert berühmten Ansichten von Edo" (1856–58).

Die Farbholzschnitte, die in Europa Künstler wie Monet, Gauguin, Manet, Degas, van Gogh oder Toulouse-Lautrec beeinflussten, waren in Japan so billig und zahlreich, dass man sie oft wegwarf oder als Packpapier benutzte, insofern waren sie also tatsächlich im doppelten Sinne „flüchtiger Natur".

Moderne Kunst

Mit dem Ende der Isolation begann in Japan ab Mitte des 19. Jhs. die Malerei im westlichen Stil *(yōga)* Fuß zu fassen. Zu den Künstlern, die

---

Hokusai – ein Meister des japanischen Holzschnitts

Einer der bekanntesten und produktivsten japanischen Holzschnittkünstler ist Katsushika Hokusai. Geboren wurde er 1760 bei Edo (Tōkyō). Als Kind wurde er von der Familie eines Spiegelschleifers adoptiert. Mit 18 Jahren begann er sich der Malerei zu widmen und wurde ein Schüler des Katsukawa Shunshō. Nach dessen Tod musste er die Katsukawa-Schule jedoch 1786 als „Verräter" verlassen. (Er hatte heimlich Unterricht bei einem Meister der Kanō-Schule genommen.) 1789 gründete er sein eigenes Atelier. Hokusai nannte er sich erst seit 1798, nachdem er seinen Künstlernamen zuvor unzählige Male gewechselt hatte. Bis zu seinem Tod schuf er über 1000 Gemälde, mehr als 500 Buchillustrationen und etwa 30 000 Holzschnitte! Allein den Fuji bildete er über 100 Mal ab, darunter die berühmte *Große Welle vor Kanagawa* (um 1831), die heute im Sumida Hokusai Museum in Tōkyō ausgestellt ist. Neben Landschaften malte er gern Menschen aus dem einfachen Volk wie Fischer, Handwerker, Hausierer und Schauspieler. Sein 15-bändiges Holzschnittwerk *Manga* (ab 1814) umfasst Karikaturen und realistische Darstellungen aus dem Alltag.

Zwar blieb es ihm nicht vergönnt, über 100 Jahre alt zu werden, wie er es sich gewünscht hatte, aber immerhin entschlief er 1849 im stolzen Alter von 89 Jahren in Sumida (heute ein Teil von Tōkyō).

Manga

Manga-Workshops, Cosplay-Wettbewerbe, Manga-Zeichenbücher und Fan-Blogs beweisen es: Japanische Comics haben längst auch den deutschsprachigen Markt erobert. In Japan selbst sind im Jahresdurchschnitt über ein Drittel aller neuen Druckerzeugnisse Mangas. Der erste Manga, der in Deutschland veröffentlicht wurde (1982), war die bewegende autobiografische Geschichte *Barfuß durch Hiroshima* von **Nakazawa Kenji**. Die erste komplette Manga-Serie, die auf Deutsch erschien, war *Akira* von **Otomo Katsuhiro** (1991, Original 1982–90), ein 2019 in Neo-Tokio angesiedeltes Science-Fiction-Drama.

Der Urvater des Manga ist aber **Tezuka Osamu** (1928–1989), der bereits in den 50er-Jahren mit *Kimba, der weiße Löwe* und *Astro Boy* zwei Manga-Klassiker schuf. In den 60er-Jahren wurde die Roboterkatze *Doraemon* geboren, die noch heute jedes japanische Kind kennt.

Inzwischen ist die Gruppe der Manga-Künstler (Manga-ka) schier unüberschaubar, und auch ausländische Zeichner versuchen sich in diesem Genre. Beliebte, überwiegend auch ins Deutsche übersetzte und teilweise bis heute fortlaufende **Serien** sind *Dragon Ball, Ghost in the Shell, Sailor Moon, Detektiv Conan, One Piece, Kochikame, Naruto* und *Golgo 13*. Die **Themen** sind vielfältig und reichen von Science-Fiction- und Fantasy-Geschichten über Krimis bis zu Pornografie. Viele Mangas erreichen als **Zeichentrickfilme** (Anime) einen noch größeren Bekanntheitsgrad und sorgen für den Absatz aller möglichen Merchandising-Produkte – von Videospielen bis zu Waschlappen.

sich in der neuen Technik versuchten, gehören **Kuroda Seiki** (1866–1924) und **Asai Chū** (1856–1907). Daneben pflegten andere Künstler die Malerei im japanischen Stil *(nihonga)*, z. B. **Yokoyama Taikan** (1868–1958). Einer der Künstler, der beide Stile vereinte, war der Landschaftsmaler **Higashiyama Kaii** (1908–1999), dem in Nagano eine eigene Galerie gewidmet ist (S. 346).

Unter den zeitgenössischen Künstlern sind viele von der Pop Art beeinflusst. **Murakami Takashi** (geb. 1962) etwa studierte zwar ursprünglich *nihonga*, fand diese Kunst aber für das moderne Leben irrelevant. Stattdessen ließ er sich von Manga und Anime inspirieren und schuf verschiedene comicartige Figuren wie Mr. DOB. In seiner Arbeit verbindet er Kunst mit Computertechnik und hat auch keinerlei Berührungsängste mit dem Kommerz – im Gegenteil: Sein Werk umfasst nicht nur Bilder und Skulpturen, sondern auch T-Shirts, Mousepads und Handtaschen.

Nara Yoshitomo (geb. 1959), der u. a. in Düsseldorf studierte, ist ebenfalls ein Kind der japanischen Pop-Art-Bewegung der 90er-Jahre. Seine Skulpturen und Bilder stellen oft Kinder oder Tiere dar – mit unerwartet bösen Zügen (so tragen sie z. B. kleine Waffen in der Hand).

Schwerer zugänglich ist die Konzeptkunst von **On Kawara** (1933–2014), zumal der Künstler keine Interviews gab. Nicht einmal ein Foto findet sich von ihm. In seinem Langzeitprojekt ab 1966, den *Date Paintings*, verarbeitete er seine individuelle Erfahrung mit Zeit und Raum: Auf meist schwarzem Grund steht auf einer rechteckigen Bildtafel jeweils nur das Entstehungsdatum in der am Ort der Entstehung üblichen Schreibweise.

Der Kunstfotograf **Sugimoto Hiroshi** (geb. 1948) fühlt sich ebenfalls der Konzeptkunst verpflichtet. Seine Schwarz-Weiß-Serien wie *Seascapes*, minimalistische Meeresansichten, oder *Theaters*, amerikanische Kinosäle, sind klar und präzise. Als Performance-Künstler hat sich **Orimoto Tatsumi** (geb. 1946) einen Namen gemacht. Er band sich oft Baguettestangen vor sein Gesicht, weshalb er auch als „Bread Man" bekannt ist. Orimoto selbst sieht seine Performances, Fotos und Videos, die häufig sein Leben mit seiner an Alzheimer erkrankten Mutter zum Thema haben, als „Kunst der Kommunikation".

Ein weiterer Paradiesvogel in der japanischen Kunstwelt ist die psychisch kranke **Kusama Yayoi** (geb. 1929), bekannt für ihre Polka Dots, große bunte Punkte. Mit ihren Happenings in den 60er-Jahren ebnete sie den Grund für die

Performance-Kunst. Ihr Werk umfasst aber auch Skulpturen, Fotografien, auf denen sie selbst posiert, und Mode.

Zu den jüngeren, auch im Westen bekannten Künstlern gehört **Mori Mariko** (geb. 1967). Das ehemalige Model spielt in Fotos und Videos gern mit Kitsch und Klischees, beispielsweise jenem von der unterwürfigen japanischen Frau. Oft inszeniert sie sich auf computerbearbeiteten Fotos in verschiedenen Verkleidungen selbst oder greift japanische religiöse Kunst in Pop-Art-Manier auf.

Ozawa Tsuyoshi (geb. 1965) ist für satirische Arbeiten bekannt, die sich mit der zeitgenössischen Kultur auseinandersetzen, etwa *The Museum of Soy Sauce Art (1999),* klassische japanische Kunstwerke, die er mit Sojasoße nachgemalt hat, oder *Vegetable Weapons* (seit 2001), Fotografien junger Frauen aus verschiedenen Ländern, die eine aus Gemüse konstruierte Waffe tragen.

Dichtkunst

Was … Himmel und Erde bewegt, die den Augen nicht sichtbaren Geister und Gottheiten zu Mitgefühl rührt, die Beziehungen zwischen Mann und Frau noch zärtlicher macht und auch das Herz des ungestümen Kriegers besänftigt, das ist das Gedicht.

Ki Tsurayuki (882–945) in seinem Vorwort
zur Gedichtsammlung *Kokinwakashū*

Die Dichtkunst ist so etwas wie die Krone der japanischen Literatur. Selbst im berühmten *Genji Monogatari,* dem klassischen Roman aus der Heian-Zeit, tauchen rund 800 Gedichte auf, von unzähligen zitierten Gedichten ganz zu schweigen. Die erste Anthologie, das **Man'yōshū,** entstand bereits im 8. Jh. und umfasst über 4500 Gedichte, die große Mehrheit darunter **Tanka**, Kurzgedichte in Wortgruppen von 5-7-5-7-7 Silben. Geschrieben waren sie von Männern und Frauen aller Schichten, vom Kaiser bis zum Bauern. Das Tanka war auch in der Folgezeit die dominante Gedichtform. In der Heian-Zeit war es nicht nur unter Liebenden üblich,

einander anspielungsreiche Verse zu schicken. Gedichte schreiben zu können, war unerlässliches Bildungsgut der Aristokratie. 905 entstand auf kaiserlichen Befehl die Anthologie **Kokinwakashū,** der bis 1205 noch sieben weitere folgten. Eine Vielzahl der Tanka in diesen Sammlungen gibt persönlichen Empfindungen Ausdruck, sei es der Liebe oder der Rührung angesichts der Schönheit einer Landschaft.

Tennō und Hofadel veranstalteten regelrechte Dichterwettstreite. Dabei improvisierte der erste Dichter die Oberstrophe von 5-7-5 Silben, das sogenannte *hokku.* Zur Antwort verfasste der zweite Dichter die Unterstrophe zu 7-7 Silben usw. So entstand das **Kettengedicht**, *renga.* Im 16. Jh. spalteten sich die ersten drei Zeilen des Kettengedichts, also das *hokku,* zu einer eigenständigen Gedichtform ab, die später als **Haiku** bezeichnet wurde. Das Haiku fängt eine augenblickliche Stimmung ein, ausgelöst durch die Beobachtung der Natur, wobei es wegen seiner Kürze von der Suggestion lebt. Eine der Regeln des Haiku ist, dass durch bestimmte Schlüsselwörter *(kigo)* die Jahreszeit erkennbar werden muss. Eine Schwalbe steht z. B. für den Frühling, das Kohlebecken für den Winter. Mit diesen *kigo* werden wiederum bestimmte Stimmungen assoziiert.

Matsuo Bashō (S. 243) führte das Haiku im 17. Jh. zu seiner ersten Blüte. Er besang keine dichterischen Orte, sondern reiste tatsächlich durchs Land und entdeckte die Natur neu. Er war das Vorbild des anderen großen Haiku-Dichters, **Yosa Buson** (1716–1783), der ebenfalls weit herumkam und seine Gedichte mit Malereien versah. Der dritte unter den großen Haiku-Dichtern war der zeit seines Lebens bettelarme, aber dennoch alles andere als bittere **Kobayashi Issa** (1763–1828), der in seinen Haiku selbst den kleinsten Lebewesen Achtung zollte. So dichtete er beispielsweise „Kleine Schnecke! Musst du denn den Fuji besteigen? Dann aber ganz langsam!"

Die Berührung mit der westlichen Kultur in der Meiji-Zeit brachte Gedichte mit freier Versund Silbenzahl hervor *(shintaishi)* und führte insbesondere dank der Dichterin **Yosano Akiko** (1878–1942) zu einer neuen Blüte des Tanka. **Shiki Masaoka** (1867–1902) reformierte das Haiku, indem er es von seinem starren Metrik-

Muster befreite. Streng genommen handelt es sich übrigens bei Tanka und Haiku gar nicht um Silben, sondern Moren, aber wen interessiert das schon, solange das Gedicht berührt? Und Poeten genießen schließlich ohnehin, ob Amateure oder Profis, dichterische Freiheit.

Kostproben japanischer Poesie finden sich u. a. in den beiden Reclam-Heftchen: *Tanka. Japanische Fünfzeiler* (1996) und *Haiku. Japanische Dreizeiler* (1995), beide herausgegeben von Jan Ulenbrook. Weitere Literaturempfehlungen siehe Bücherliste S. 637.

Theater

Das traditionelle japanische Theater verbindet Musik, Tanz und Drama. Jede Theaterform ist eigenständig und hat eigene Bühnen – und jede ist einzigartig.

Nō

Von Mishima Yukio bis Bertolt Brecht ließen sich moderne Dramatiker vom japanischen Nō-Theater inspirieren. Diese im 14. Jh. von dem Vater-Sohn-Gespann Kan'ami Kiyotsugu (1333–1384) und Zeami Motokiyo (1363–1443) entwickelte Theaterform hat religiöse Wurzeln und ist daher von eher meditativem Charakter. Dahinter steht der Gedanke, die Spannung zwischen Vergangenheit und Gegenwart, Diesseits und Jenseits zu lösen, anders gesagt, die Fesseln irdischer Zeit- und Raumvorstellung zu sprengen. Folglich wird jeder Realismus vermieden: Das Nō verzichtet fast gänzlich auf Bühnenbild und Requisiten – von den berühmten Masken einmal abgesehen. Die Bühne bleibt hell erleuchtet, selbst wenn es Nacht sein soll. Die Bewegungen sind äußerst stilisiert. So wird Trauer nur durch eine zur Stirn geführte Hand angedeutet. Dramatische Gefühlsausbrüche sind dem Nō fremd. Alle Rollen werden von männlichen Darstellern verkörpert. Die Darsteller einer Frauenrolle versuchen auch nie, die weibliche Stimme zu imitieren. Die **Masken** sollen die Individualität des Darstellers auslöschen.

Der **Hauptdarsteller** *(shite)* stellt entweder den (Rache-)Geist eines Verstorbenen, einen Besessenen oder ein wildes Tier dar und trägt eine Maske. Sein Begleiter *(tsure)* trägt nur eine Maske, wenn er eine Frau verkörpert. Die Nebenrolle *(waki)* ist ein Vertreter der Gegenwart; mitunter hat auch er einen Begleiter *(waki-zure)*. Beide sind stets unmaskiert. Manchmal tritt auch ein *kokata* auf, der Darsteller eines Kindes. Das Kostüm des Hauptdarstellers ist immer das prächtigste, ganz gleich welche Rolle er verkörpert. Da das Gewand sehr steif ist, nimmt der Darsteller eine etwas vorgebeugte Haltung ein.

Die überdachte **Nō-Bühne** aus Zypressenholz ragt in den Zuschauerraum hinein. Die Rückwand, vor der die Musiker sitzen, ziert eine stilisierte Kiefer. Auf der linken Seite der Bühne führt ein Laufsteg *(hashigakari)* bis zum verhängten Eingang. Dahinter befindet sich das „Spiegelzimmer" *(kagami-no-ma)*, wo der Hauptdarsteller sich auf seine Rolle vorbereitet. Auf der rechten Seite der Bühne sitzt in zwei Reihen der einstimmig singende **Chor** von 5–12 Personen, der zum Tanz des Hauptdarstellers singt oder dessen Gedanken zum Ausdruck bringt. Begleitet wird er von einem Flötenspieler und drei Trommlern.

Unterteilt werden die **Nō-Stücke** in verschiedene Kategorien, je nachdem ob es sich etwa um im Kampf gefallene Krieger, in den Wahnsinn getriebene Frauen oder Göttergeschichten handelt.

Ursprünglich setzte sich eine Nō-Vorstellung aus fünf Stücken zusammen, unterbrochen von drei oder vier **Kyōgen** – possenartigen Zwischenspielen, die einen Kontrast zum Nō bilden. Heute werden meist nur zwei Nō-Stücke und ein Kyōgen aufgeführt, und Kyōgen werden mittlerweile auch als eigenständige Kunstform gezeigt.

Es gibt insgesamt 240 Nō-Spiele, von denen fast ein Drittel aus der Feder Kan'amis und Zeamis stammt. Von den fünf **Nō-Schauspielschulen** ist die bereits im 14. Jh. gegründete Kanze-Schule die größte.

Bunraku

Das japanische Puppenspiel war während seiner Blütezeit Anfang des 18. Jhs. populärer als Nō und Kabuki. **Chikamatsu Monzaemon** (1653–1724), der „japanische Shakespeare", schrieb zusammen mit dem Sänger Takemoto Gidayū

(1651–1714) unzählige Stücke für diese Theaterform. Die ersten Puppenspiele sollen auf das 7./8. Jh. zurückgehen. Im 16. Jh. wurden Puppenspiele auf religiösen Festen zur Unterhaltung der Tempelbesucher dargeboten. Sie wurden schließlich im späten 16. Jh. mit *jōruri*, der musikalischen Rezitation blinder Mönche, zu einer neuen Theaterform verbunden.

Bei den **Puppen** handelt es sich weder um Marionetten noch um Stabpuppen, sondern um 1–1,50 m große Puppen mit Holzkopf, Rumpf, Armen und Beinen, die von jeweils drei vermummten **Puppenspielern** bedient werden. Die wichtigste Rolle von den dreien hat dabei der *omo-zukai*, denn er trägt mit seinem linken Arm das ganze Gewicht der Puppe – immerhin zwischen 6 und 20 kg – und bewegt mit seinem rechten Arm den rechten Puppenarm sowie über Drähte Augen, Mund und Brauen der Puppe. Der Puppenspieler, der den linken Arm der Puppe bewegt, heißt *hidari-zukai*, der dritte Spieler *(ashi-zukai)* schließlich hat die undankbare Aufgabe, die Füße der Puppe zu bewegen. Selbstredend müssen die drei sich genauestens abstimmen, zugleich aber auch auf den **Erzähler** *(tayu)* und den **Shamisen-Spieler**, der das Stück musikalisch begleitet, achtgeben.

Der Name Bunraku kam erst im 19. Jh. auf, als **Uemura Bunrakuken** in Ōsaka ein Puppentheater namens Bunrakuken-Theater, später Bunraku-za, eröffnete, um das Puppenspiel wiederzubeleben. Heute gibt es nur noch zwei Bunraku-Theater, in Tōkyō und Ōsaka.

Kabuki

Das Kabuki-Theater wurde Anfang des 17. Jhs. zur Unterhaltung der bürgerlichen Kaufmannsschicht entwickelt. Es lebt von ausdrucksstarken Gesten, der Körpersprache, dem Tanz, prachtvollen Bühnenbildern, Make-up und Kostümen (Masken gibt es im Kabuki nicht) und der so erzeugten Stimmung. Die Zuschauer kommen und gehen im Laufe der mehrstündigen Aufführungen; sie haben Essen und Trinken dabei und begrüßen ihren Lieblingsschauspieler durch laute Zurufe, sobald er die Bühne betritt. Der **Schauspieler** ist hier gefeierter als der Autor. Mitunter wurden Stücke eigens für ihn geschrieben. Es gibt bekannte Schauspieler-

Takarazuka

Eine einzigartige Form des Musicaltheaters wurde 1913 in der japanischen Provinz geboren, als Kobayashi Ichizō (1873–1957) in Takarazuka bei Kōbe das Takarazuka-Revuetheater, 🖥 kageki.hankyu.co.jp/english, gründete. Das Besondere ist, dass hier analog zu Kabuki und Nō alle Rollen von Frauen gespielt werden, wobei bestimmte Schauspielerinnen auf die *otoko-yaku* (männliche Rolle) festgelegt sind. Das Takarazuka-Theater ist vom französischen Revuetheater beeinflusst. Dementsprechend heißen die Schauspielerinnen hier *takarajiennu*, angelehnt an „Parisienne". Die Bandbreite der Shows reicht von historischen Dramen über Manga-Adaptionen bis zu westlichen Musicals (z. B. *Oklahoma* oder *West Side Story*).

Viele junge Mädchen träumen davon, an der 1919 gegründeten Takarazuka-Musikakademie angenommen zu werden. Und das, obwohl in dem Internat Drill und eiserne Disziplin herrschen. Doch wenn sie nach zweijähriger Ausbildung ihr Ziel erreicht haben, winkt ihnen landesweiter Ruhm und die Verehrung ganzer Fan-Clubs.

dynastien, die teilweise bis ins 17. Jh. zurückgehen. Die Stücke sind ohnehin bekannt – Grundthema ist oft ein Konflikt zwischen Menschlichkeit und feudalistischem System –, sodass sich das Publikum ganz auf die Kostüme, das Makeup, die Ausstattung und vor allem die Qualität der Darbietung konzentrieren kann. Wie beim Nō strebt das Kabuki nicht nach Realitätsnähe, sondern nach vollendeter Ästhetik. Ein Beispiel dafür ist das *mie*, eine malerische Pose, die der Darsteller bei Höhepunkten und Schlussszenen einnimmt. Seine Redeweise ist idealisiert, und die Gestik erinnert eher an Tanz als an Schauspiel.

Die ersten Kabuki-Vorstellungen wurden von Frauentruppen dargeboten. Um die öffentliche Moral besorgt, erließ das Shogunat jedoch 1629 ein Verbot weiblicher Schauspieler. Eine Zeitlang wurden die weiblichen Rollen daraufhin von Jungen gespielt, aber auch das untersagten die Hüter der öffentlichen Moral bald. Seitdem spielen im Kabuki nur Männer. Die Darsteller, die Frauen verkörpern – und zwar ausschließlich –, heißen *onnagata*. Neben den Kabuki-Darstellern gehören auch die *kurogo* zum Ensemble: **Bühnenarbeiter**, die ganz in Schwarz gekleidet und mit Kapuze bei geöffnetem Vorhang ihre Arbeit verrichten und ggf. auch soufflieren.

Für die **musikalische Begleitung** sorgen in erster Linie Shamisen und Holzklappern. Letztere zeigen u. a. Beginn und Ende eines Stückes an. Das Kabuki erfand übrigens die Drehbühne – für den schnellen Szenenwechsel. Eine Besonderheit ist der lange Steg *(hanamichi)*, der von der **Bühne** zwischen den Zuschauern hindurch bis zum Ausgang des Saals führt und integraler Bestandteil der Bühne ist.

Das Kabuki ist heute die beliebteste klassische Theaterform in Japan. Es gibt rund 300 **Stücke**, die sich in drei Themengruppen gliedern: *Shosagoto* sind Tanzdramen, die ihren Ursprung meist im Nō oder Kyōgen haben. *Jidaimono* sind historische Dramen, meist Tragödien und häufig vom Bunraku übernommen. *Sewamono* schließlich werden bürgerliche Dramen genannt, die in der Regel eigens fürs Kabuki geschrieben wurden. In ihrem Mittelpunkt stehen ganz gewöhnliche Menschen, ihr Leben, Lieben und Leiden.

Shingeki und moderner Tanz

Das Sprechtheater nach westlichem Vorbild hielt in Japan erst Anfang des 20. Jhs. Einzug und wurde daher als „neues Theater", **Shingeki**, bezeichnet. Eine führende Rolle spielte dabei das Tsukiji Shogekijō, das 1924 von Osanai Kaoru (1881–1928) gegründet wurde. Die älteste noch existierende Truppe ist die Bungaku-za von 1937. Bekannte Dramatiker, deren Stücke auch schon im Ausland aufgeführt wurden, sind Betsuyaku Minoru und Noda Hideki.

Im Westen bekannter als in Japan selbst ist **Butoh**, der japanische Beitrag zum modernen Tanz. Als Anfang der 60er-Jahre auch in Japan der Druck der Modernisierung parallel zur allgemeinen Verunsicherung und Zerrissenheit stieg, entstand eine experimentelle Stimmung, die insbesondere in der Studentenszene neue Theatergruppen hervorbrachte. Tänzer wie **Ōno Kazuo**

(1906–2010) und **Hijikata Tatsumi** (1928–1986) studierten in Tōkyō modernen Tanz. Sie brachen mit ihren Choreographien bewusst Regeln und wandten sich vom westlichen Realismus ab. Energieflüsse sollten spürbar werden und der Körper für sich selbst sprechen. Für Hijikata bedeutete Tanzen die „Enthüllung seines Innenlebens". Der Tanz sollte Wahrheiten offenbaren, der Mensch in seiner Groteskheit und Banalität aufgedeckt werden. Heute ist Butoh weniger provokativ als früher; die Betonung liegt mehr auf der Körpererfahrung.

Ein international renommierter Tänzer und Choreograph ist **Teshigawara Saburō** (geb. 1953), der einen ganz eigenen Stil schuf, aber wie die Butoh-Künstler keine Geschichten erzählt, sondern den Körper in Bezug zu äußeren Elementen setzt.

Musik

Klassische japanische Musik

Klassische japanische Musik ist für Europäer – vorsichtig ausgedrückt – gewöhnungsbedürftig. Selbst der große Japankenner Basil Hall Chamberlain urteilte Ende des 19. Jhs.: „Die japanische Musik besänftigt das europäische Herz nicht, sondern reizt es bis zur Unerträglichkeit".

Vermutlich hatte er dabei die japanische **Hofmusik** *(gagaku)* im Ohr, die heute zum immateriellen Weltkulturerbe der Unesco zählt. Sie hat ihren Ursprung im 5. und 6. Jh. und kam vom chinesischen Hof nach Japan. Sie verbindet Orchestermusik mit Tanz, wobei das Orchester sich aus Saiten-, Schlag- und Blasinstrumenten zusammensetzt. Dazu gehören u. a. die Bambus-Mundorgel **Shō**, die selbst moderne Musiker aus dem Westen wie John Cage zu einigen Kompositionen anregte, und die Gakusō, eine Vorläuferin der **Koto**, der langen, 13-saitigen japanischen Zither, die vermutlich im 8. Jh. aus China nach Japan kam. Die Koto ist auch als Kammermusik mit Shamisen und Shakuhachi zu hören. Die **Shamisen** ist eine dreisaitige Laute, die aus China über Okinawa (hier heißt sie Sanshin) nach Japan gelangte, die **Shakuhachi** eine Bambusflöte mit vier Löchern vorn und einem hinten. Beide werden auch als Soloinstrumente geschätzt. Die Shakuhachi hat mit ihrem naturhaften Klang ein klassisches buddhistisch inspiriertes Repertoire hervorgebracht, das z. B. Tajima Tadashi (geb. 1942), Yamamoto Hōzan (1937–2014) und dessen Schüler Tanabe Shozan (geb. 1961) auch im Ausland bekannt machten.

In und außerhalb Japans sehr beliebt sind **Taiko**, große Trommeln, die mit zwei Stöcken geschlagen werden. Sie kommen seit jeher auf Shintō- und anderen traditionellen Festen zum Einsatz, sind aber auch im *gagaku*-Orchester vertreten. Heute gibt es eine Reihe bekannter Taiko-Gruppen wie Kodō, Wadaiko Yamato oder TAO, die Auftritte, Fans und Nachahmer in der ganzen Welt haben.

Weniger populär ist ein weiteres Instrument der klassischen Hofmusik, die **Biwa**, eine birnenförmige, ursprünglich aus China stammende Laute mit 4–5 Saiten. Bis in die Meiji-Zeit war sie das Begleitinstrument durchs Land ziehender, meist blinder Balladensänger. Der Komponist **Takemitsu Tōru** (1930–1996) brachte sie in seinem Werk *November Steps* wieder in Erinnerung. Überhaupt entdeckt die moderne Musik die alten Instrumente wieder – und umgekehrt. So erfreut sich die Shamisen wachsender Beliebtheit, besonders in Nordjapan, wo **Kinoshita Shin'ichi** ihr Jazz- und Rockklänge entlockt. Zugleich greift er dabei auf **Min'yō** zurück, die traditionelle japanische Volksmusik. Jede Region hat ihre eigenen Volkslieder, die ursprünglich zu Tänzen, auf Festen oder bei der Arbeit gesungen wurden.

Moderne japanische Musik

Wenn man einen älteren Japaner in einer Karaokebar voller Inbrunst ein langsames, schwermütiges Lied von Liebesleid oder Sehnsucht nach dem Heimatort singen hört, kann man davon ausgehen, dass es sich dabei um einen *enka* handelt, einen balladenartigen japanischen **Schlager**, geboren in der Nachkriegszeit. Die unbestrittene Enka-Königin ist **Misora Hibari** (1937–1989), die über 500 Platten einspielte. In ihre Fußstapfen trat Miyako Harumi, die mit *Sayonara Ressha* und *Ōsaka Shigure* japanische Evergreens schuf. Weitere bekannte Interpreten sind Mori Shin'ichi, Hashi Yukio, Aki Yashiro, Kobayashi Sachiko, Kitajima Saburō und Hikawa Kiyoshi.

In den 50er- und 60er-Jahren machten japanische **Tango-Orchester** wie die Tokyo Cuban Boys Furore, und das Orquesta de la Luz verhalf der Salsa-Musik zu neuen Anhängern.

Ende der 70er-Jahre gründete sich die Gruppe Yellow Magic Orchestra, zu der auch **Sakamoto Ryūichi** (geb. 1952) gehörte. Sie machte in Japan den elektronischen Pop à la Kraftwerk bekannt und war seinerzeit sehr einflussreich. Der vielseitige Komponist und Pianist Sakamoto schrieb auch die Musik zu einer Reihe von Filmen. Seine Konzerte sind in Deutschland schon Monate im Voraus ausverkauft.

Die moderne japanische **Popmusik** ist dagegen massenproduziert. Neben den üblichen Boygroups wie SMAP, Exile und Arashi oder Girlie-Bands wie AKB48 und Momoiro Clover Z sind derzeit die Band Yuzu und die exzentrische, etwas schrille Sängerin Kyary Pamyu Pamyu populär. Rockiger sind die Gruppen Tokio und Ikimono Gakari. Die erfolgreichsten Musiker treten bei der jedes Jahr am Silvesterabend ausgestrahlten Musikshow *Kōhaku Uta Gassen* im Fernsehen gegeneinander an.

Die **Jazzszene** ist sehr viel interessanter und qualitativ besser. Bereits zu Lebzeiten eine Legende ist die Arrangeurin und Pianistin Akiyoshi Toshiko (geb. 1929), die 2006 ihr 60-jähriges Bühnenjubiläum feierte. Sie brachte japanische Klänge in den Jazz ein und feierte große Erfolge in den USA. Auch der von Gary Burton beeinflusste Pianist Ozone Makoto pendelt wie viele japanische Jazzmusiker zwischen Japan und den USA. Die Pianistin Ōnishi Junko, die Ellington und Monk zu ihren Vorbildern zählt, brachte 2009 nach fast zehn Jahren wieder ein neues Album heraus. Wie viele japanische Jazzgrößen tritt sie im Blue Note in Tōkyō auf. In seinem Stil sehr variabel ist der große Trompeter Hino Terumasa. Ihm verdankt der experimentierfreudige Miyake Jun gewissermaßen seine Karriere: Nachdem er Hino vorgespielt hatte, überredete dieser Miyakes skeptische Eltern, den Sohn zum Jazzstudium in die USA gehen zu lassen. Inzwischen lebt er in Paris. Eine große Bereicherung für die europäische Jazzszene ist schließlich die seit 1987 in Berlin lebende Pianistin Takase Aki, die sich besonders der Avantgarde verschrieben hat. Wer sich für die japanische Jazzszene interessiert, findet auf der Website ⬚ www.jazzinjapan.com eine Einführung ins Thema.

Interessante Töne kommen aus **Okinawa**: Die Rinken Band mischt z. B. *min'yo*, Pop und Sanshin-Klänge. Ryūkyū Underground verbindet die heimische Musik mit Electronica, und Kina Shōkichi verquickt Rock mit *min'yō*.

Film

Die Zeiten, in denen Filme aus Japan bei uns als Geheimtipps für Cineasten galten, sind lange vorbei. Heute genießen japanische Filmemacher wie Kitano Takeshi, Miike Takashi oder Koreeda Hirokazu Kultstatus bei ihrer Fangemeinde im Westen. Kleine und große Festivals zeigen klassische Regisseure wie Ozu Yasujirō oder Mizoguchi Kenji, und auch die Programmkinos spielen neben japanischen Horrorstreifen und skurrilen Gewalt- oder Sexfilmen gern Retrospektiven alter oder neu entdeckter Regisseure aus Japan.

Eine besondere Rolle spielen die japanischen Zeichentrickfilme, ganz besonders die Produktionen von Studio Ghibli, das der Filmemacher **Miyazaki Hayao** 1985 gründete. Seit Miyazakis *Chihiros Reise ins Zauberland* 2003 einen Oscar gewann, finden sich seine Werke wie *Prinzessin Mononoke* oder *Mein Nachbar Totoro* auch hier in vielen DVD-Regalen. Miyazakis Filme brechen in Japan mit schöner Regelmäßigkeit die jeweils von ihm selbst aufgestellten Kassenrekorde. So ist *Chihiros Reise ins Zauberland* immer noch der erfolgreichste Film aller Zeiten, den auch Hollywood-Blockbuster wie *Harry Potter* nicht schlagen konnten. Miyazaki begann seine Karriere in den 1960er-Jahren. Ab 1974 wirkte er an der in Deutschland überaus populären TV-Serie *Heidi* mit. Im Sommer 2014 kam sein letztes, wiederum Oscar-nominiertes Werk *Wie der Wind sich hebt* in die deutschen Kinos, wo er allerdings wenig Erfolg hatte. Der Film handelt von dem jungen Flugzeugkonstrukteur Horikoshi, der davon träumt, schöne Flugzeuge zu erschaffen – die sein Arbeitgeber Mitsubishi dann im Auftrag der Marine zu Kriegszwecken produziert. Miya-

zaki selbst engagiert sich politisch gegen nationalistische Tendenzen in der japanischen Politik. So sprach er sich sehr deutlich gegen das Bestreben der Regierung Abe aus, den Artikel 9 der Verfassung zu ändern, der kriegerische Aktivitäten und den Unterhalt von Streitkräften verbietet – und geriet damit ins Kreuzfeuer der nationalistischen Rechten.

Seltener als japanische Animationsfilme finden klassische Spielfilme den Weg nach Deutschland. Eine Ausnahme ist *Okuribito (Nokan – Die Kunst des Ausklangs)* von **Takita Yōjirō**, der 2009 den Oscar als bester ausländischer Film gewann. Die Hauptfigur des Films ist ein junger Mann, der seinen Job als Cellist in der Großstadt verliert und mit seiner Frau ein neues Leben als Leichenwäscher auf dem Lande beginnt. Ein ungewöhnlicher Film, dessen Hintergrund die Umbrüche der japanischen Wirtschaft bilden, in der das alte Modell der lebenslangen Anstellung in einer Firma zusehends an Bedeutung verliert.

Die anhaltende Wirtschaftskrise in Japan hat – verstärkt durch die Katastrophe von Fukushima – dafür gesorgt, dass in den letzten Jahren insgesamt wesentlich weniger Filme produziert wurden. Dabei hatte es noch zu Anfang des Jahrtausends eine ganze Reihe von japanischen Filmen gegeben, die so erfolgreich waren, dass US-Studios eilig Remakes produzierten. So wurde Suo Masayukis *Shall We Dance?* 2004 unter demselben Titel mit Jennifer Lopez und Richard Gere in den Hauptrollen nachgedreht. Nakata Hideos Horrorfilm *Ringu* von 1998, der in Asien ein Millionenpublikum in seinen Bann gezogen hatte, kam 2002 in der Regie von Gore Verbinski als *The Ring* mit Naomi Watts in die Kinos. Nachwuchsregisseur **Shimizu Takashi** konnte seinen überaus erfolgreichen Horrorfilm *Juon* 2004 unter dem Titel *The Grudge* in Hollywood sogar persönlich gleich noch einmal drehen.

Das Abkupfern von Japan hat in Hollywood tatsächlich eine lange Tradition. Wer ahnt schon, dass die Western-Klassiker *Für eine Handvoll Dollar* und *Die glorreichen Sieben* auf Filmen von **Kurosawa Akira** *(Yojimbo der Leibwächter* bzw. *Die sieben Samurai)* basieren? Kurosawa selbst, der Altmeister des japanischen Films, bezog seine Inspiration gern aus dem Westen, allerdings wurde er eher in der Literatur und im Schauspiel fündig. So verfilmte er Shakespeares *Macbeth* und *King Lear (Das Schloss im Spinnwebwald, Ran)* ebenso wie Dostojewskis *Der Idiot* (jap. *Hakuchi*) und Gorkis *Nachtasyl* (jap. *Donzoko*).

Die **Nähe zum Theater** ist eine der Besonderheiten des frühen japanischen Kinos. Anders als im Westen, wo „die Bilder laufen lernten", Film also als eine Art Fortentwicklung der Fotografie gesehen wurde, galt das Kino in Japan als Bühnenkunst und wurde ebenso präsentiert. Wie das Kabuki und das Nö-Theater hatte das Kino einen Erzähler, der mit im Kinosaal saß und den Zuschauern das Gesehene erklärte und kommentierte. Diese Filmerklärer *(benshi)* waren oft beliebter als die Filme selbst, sodass die Zuschauer eher ins Kino gingen, um einen berühmten *benshi* zu erleben als einen bestimmten Film zu sehen. Die daraus resultierende Macht der *benshi* war einer der Gründe, warum der Tonfilm in Japan erst ab 1931 Fuß fasste.

Seit den 1920er-Jahren entwickelte sich auch eine andere Eigenheit des japanischen Kinos, die Aufteilung der Filmproduktion in die zwei Sparten **Historiendrama** und **Gegenwartsfilm**. Während die zeitgenössischen Filme lange Zeit nur einen sehr geringen Teil der Produktion ausmachten, erfreuten sich die Samuraifilme mit ihren Schwertkampfszenen großer Beliebtheit. Bis zum Ende des Zweiten Weltkriegs boten diese historischen Stoffe zudem die Möglichkeit, die Obrigkeit unter dem Deckmantel des historischen Settings zu kritisieren – eine Kritik, die die Zuschauer wohl verstanden, der die Zensur aber wenig anhaben konnte.

Nach 1945 verbot die amerikanische Militärregierung zunächst alle Filme, die eine feudalistische Gesinnung fördern und der demokratischen Umerziehung der Japaner abträglich sein könnten. Diese Zensur traf vor allem die Historiendramen, so auch *Die Männer, die dem Tiger auf den Schwanz traten* von Kurosawa.

Der Film erzählt die Geschichte eines treuen Vasallen, der seinen Herrn mit List und großem Mut vor seinen Verfolgern rettet. 1945 gedreht, war der Film zunächst von den japanischen Zensoren kritisiert worden, weil Kurosawa das zugrunde liegende Kabuki-Stück verballhornt habe und überdies eine komische Figur eingefügt hatte, die das Missfallen der Zensoren erregte, weil sie die Autoritäten in Frage stellte. Nachdem der Krieg mitten in der Produktion mit der Kapitulation Japans endete, waren es dann aber die Amerikaner, die den Film verboten. So kam er erst 1952 in die Kinos. Zu dieser Zeit, dem Ende der amerikanischen Besatzung, erlebte das Historiendrama erneut einen großen Aufschwung.

Das Ende der Besatzung brachte auch ein Geschöpf ganz anderer Art in die japanischen Kinos, nämlich **Godzilla** (Regie: Honda Ishirō), den Urvater aller Leinwandmonster. Seit über 50 Jahren treibt dieses Ungeheuer nun schon sein Unwesen auf den Leinwänden der Welt. Entstanden als kritische Antwort auf die amerikanischen Wasserstoffbombentests nahe dem Bikini-Atoll war Godzilla ein Lebewesen aus der Dinosaurierzeit, das durch die Erschütterungen von Atomexplosionen aufgeschreckt und verstrahlt wurde. Ein Opfer der Atombombe sozusagen (aber auch eine atomare Bedrohung), das in seiner Wut Tōkyō dem Erdboden gleichmachte, indem es radioaktives Feuer spuckte. Godzilla erfuhr in den folgenden Filmen viele Wandlungen. Während er zu einer Kinderfilmfigur mutierte, kamen ihm seine antiamerikanische und Anti-Atomwaffen-Botschaft abhanden. In den heutigen Zeiten der Computeranimation muten die frühen Godzilla-Filme, in der die Riesenechse von einem Schauspieler im Gummianzug gespielt wird, unfreiwillig komisch an. Seit Fukushima ist noch kein neuer Godzilla-Film entstanden – vielleicht ein Indiz dafür, wie sehr die Dreifachkatastrophe das Land und damit auch die Filmbranche erschüttert hat.

(Ein Beitrag von Janine Hansen)

© AXEL SCHWAB

Tōkyō und Umgebung

3 HIGHLIGHT

Stefan Loose Traveltipps

JP Tower Vom Dach der alten Zentralpost blickt man auf den renovierten Hauptbahnhof. S. 155

Hama-Rikyū-Park Der schöne Garten aus dem 17. Jh. liegt direkt an der Tōkyō-Bucht. S. 161

Roppongi Hills Ein hochmoderner Wolkenkratzer mit grandiosem Blick auf Tōkyō. S. 162

Asakusa Eine lange Ladenzeile führt vom eindrucksvollen Donnertor zum mit Weihrauch erfüllten Sensō-ji. S. 164

Tōkyō Skytree Town Souvenirs einkaufen und dazu tolle Aussichten genießen. S. 165

Shibuya Schrille Läden und schicke Cafés locken die Tokyoter Jugend an. S. 173

4 **Tōshō-gū, Nikkō** Malerisch in einem Gebirgstal liegt das Grabmal des ersten Tokugawa-Shōguns. S. 206

5 **Großer Buddha, Kamakura** Eine 750 Jahre alte, riesige Bronzestatue sitzt in Meditation versunken vor einem Tempelhain. S. 222

GROSSRAUM TŌKYŌ

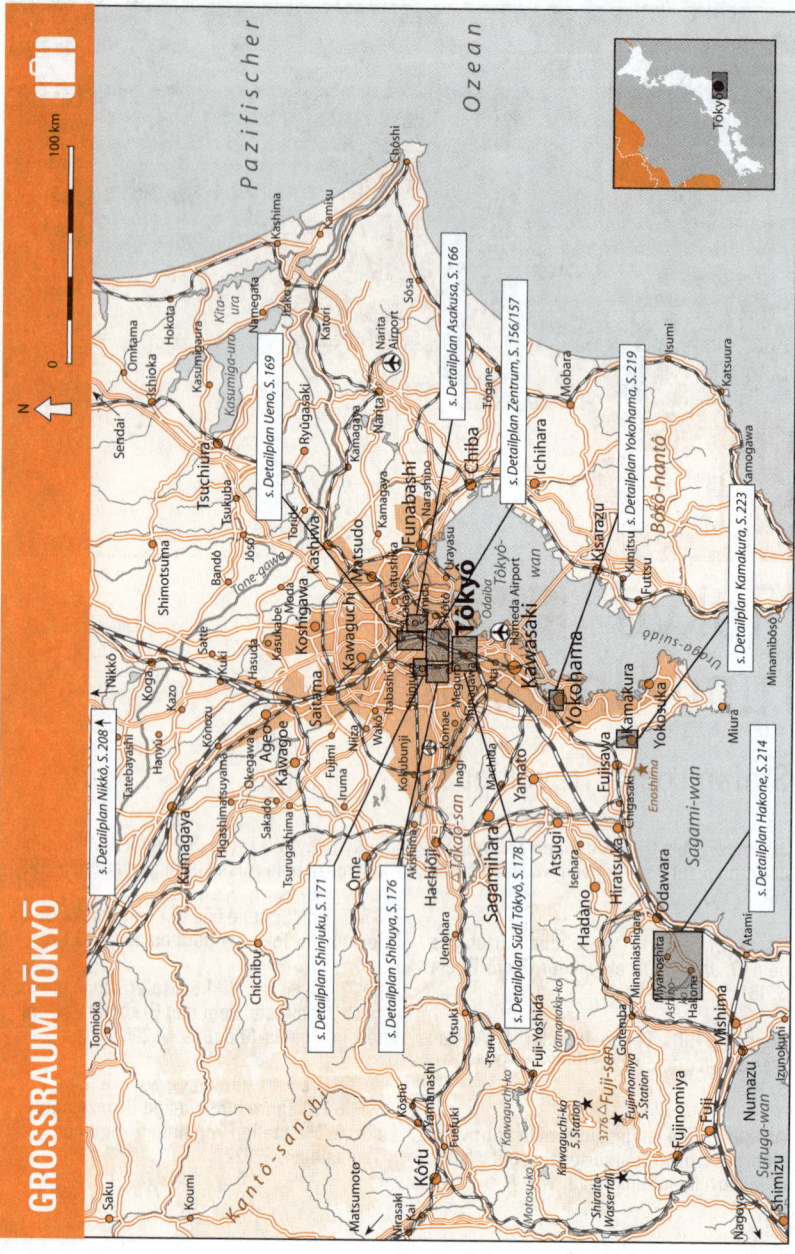

s. Detailplan Nikkō, S. 208

s. Detailplan Ueno, S. 169

s. Detailplan Asakusa, S. 166

s. Detailplan Zentrum, S. 156/157

s. Detailplan Yokohama, S. 219

s. Detailplan Kamakura, S. 223

s. Detailplan Shinjuku, S. 171

s. Detailplan Shibuya, S. 176

s. Detailplan Südl. Tōkyō, S. 178

s. Detailplan Hakone, S. 214

Pazifischer Ozean

Tōkyō

100 km

0

N

Tōkyō 東京

Tōkyō ist in vieler Hinsicht eine Stadt der Superlative. Bereits in den 23 Bezirken der Kernstadt leben 9 Mio. Menschen auf einer Fläche, die nur doppelt so groß wie München ist. Mit 35,7 Mio. Einwohnern handelt es sich um die größte Metropolregion der Welt.

Der Aufstieg des ehemaligen Fischerdorfes **Edo** begann 1603, als Tokugawa Ieyasu es zur Hauptstadt seines Shogunats bestimmte. Erst zu Beginn der Meiji-Restauration 1868 wurde die Stadt in Tōkyō umbenannt, was so viel wie „östliche Hauptstadt" bedeutet. In seiner langjährigen Geschichte wurde Tōkyō oftmals von Erdbeben und Feuern heimgesucht. Die letzten großen Zerstörungen gab es 1923 durch das große Kantō-Beben und 1944/45 durch die Luftangriffe im Zweiten Weltkrieg. Von den betroffenen Häusern und Tempeln blieb lediglich ein wenig Asche zurück, doch baute man sie danach schnell in der bewährten Holzbauweise wieder auf. Durch den späteren wirtschaftlichen Aufschwung wichen allerdings die meisten Gebäude neuen, zweckmäßigeren Stahlbetonbauten. Lediglich einige Tempel und Gärten verteilen sich wie Inseln im endlosen Häusermeer.

In keiner anderen Stadt der Welt existieren heute Tradition und Gegenwart in so enger Nachbarschaft. Für unsere europäischen Augen mag dieses Nebeneinander oft hässlich erscheinen. Japaner sind jedoch toleranter, wenn es darum geht, neben einem alten Shintō-Schrein einen postmodernen Wolkenkratzer zu bauen. Schon allein wegen der hohen Grundstückspreise gibt es ohnehin kaum Alternativen. Einige in den 80er-Jahren geplanten Neubauprojekte wurden glücklicherweise durch das Platzen der damaligen Spekulationsblase (S. 125) verhindert.

Nach dem schrecklichen Tōhoku-Erdbeben, der darauffolgenden Tsunami-Katastrophe und dem Unfall im Kernkraftwerk Fukushima im März 2011 ist man im 230 km davon entfernten Tōkyō wieder zur Normalität zurückgekehrt. Die seither eingeführten Energieeinsparungen führen zu keinerlei Beeinträchtigungen: Selbst dort, wo die Hälfte der Leuchtmittel entfernt wurde, ist es immer noch heller beleuchtet, als man es in anderen Ländern gewohnt ist. Außerdem gibt es nach Informationen des Fremdenverkehrsamtes durch die ständige Überwachung keine Gefahr einer erhöhten Strahlenbelastung.

Zentrum 東京中心部

Wenn man einen Japaner nach dem Stadtzentrum von Tōkyō fragt, bekommt man oft unterschiedliche Antworten. Ein Banker wird Marunouchi sagen, Jugendliche meistens Shibuya oder Harajuku, und wieder andere halten Shinjuku für das Zentrum. Oft wird auch das gesamte Gebiet innerhalb der Ringlinie Yamanote und die Umgebung der Yamanote-Bahnhöfe als Stadtzentrum angesehen. Wenn man sich jedoch auf einen eng begrenzten Ort einigen müsste, würde es wohl auf das Gebiet um den Kaiserpalast hinauslaufen, das auch historisch gesehen das Zentrum darstellt.

Tōkyō Hauptbahnhof 東京駅

Der laute und stets gut besuchte Hauptbahnhof ist ein guter Ausgangspunkt für den Kaiserpalast und weitere Attraktionen. Verlässt man den Bahnhof über den **Marunouchi Central Entrance**, bekommt man einen guten Eindruck von dem altehrwürdigen, roten Backsteingebäude. Als Vorbild für den 1914 erbauten Bahnhof diente dem Architekten Kingo Tatsuno der Zentralbahnhof in Amsterdam. 2012 wurden umfangreiche Renovierungen am Gebäude abgeschlossen und die sehenswerte Ausstellungsfläche für zeitgenössische Kunst **Tōkyō Station Gallery**, ▢ www.ejrcf.or.jp/gallery, beim Marunouchi-Nordausgang wiedereröffnet. ◷ tgl. 10–18, Fr bis 20 Uhr, Eintritt variiert.

Vom Dachgarten (6F) des **JP Tower** (früher das zentrale Postamt) hat man einen herrlichen Blick über den Hauptbahnhof und die einfahrenden Züge. Drinnen gibt es vielfältige Shoppingmöglichkeiten und das kostenfreie Museum **Intermediatheque**, ▢ www.jptower.jp, www.intermediatheque.jp/en, ein Sammelsurium von

TŌKYŌ UND UMGEBUNG

Übernachtung:
1. Tōkyō Central Youth Hostel
2. Mandarin Oriental Tōkyō
3. Marunouchi Hotel
4. The Tokyo Station Hotel
5. Monterey Ginza Hotel
6. Imperial Hotel Tōkyō
7. Ajia Kaikan – Asia Center of Japan
8. ANA InterContinental Tōkyō
9. Courtyard by Marriott Tōkyō Ginza
10. Tōkyū Stay Higashi-Ginza
11. Shinbashi Atagoyama Tōkyū Inn
12. Royal Park Shiodome Tower
13. Park Hotel Tōkyō
14. Grand Hyatt Tōkyō
15. Tōkyō Prince Hotel
16. Shiba Park Hotel

Essen:
1. Serafina New York
2. Ichiya Ichiya, Kamakura Issa-an Murayama, Numazu Uogashizushi
3. Midori-zushi
4. Sankame
5. Ginza Satō Yōsuke
6. Mutsukari Ginza
7. Nataraj
8. Dorobushi
9. Yabaton
10. Isomura
11. Soba Sasuga
12. Matakoiya
13. Sushi-Zanmai (Tsukiji)
14. Magurodon Segawa
15. Caretta, Hibiki
16. Hanasanshō, Tateru Yoshino Bis
17. Sushi-Zanmai (Roppongi)
18. Hard Rock Cafe Roppongi
19. Keyakizaka

Sonstiges:
1. Ozu-Washi
2. Coredo Muromachi
3. Mitsukoshi-Stammhaus
4. OAZO-Kaufhaus
5. Nationaltheater
6. Daimaru-Kaufhaus
7. MUJI Hauptgeschäft
8. Bic Camera
9. Japan Traditional Crafts Aoyama Square
10. OAG und Goethe-Institut
11. Itō-ya
12. Matsuya
13. Kimuraya
14. Mitsukoshi Ginza
15. Natsuno
16. Uniqlo Ginza
17. Kabuki-za
18. Hakuhinkan Toy Park
19. St. Luke's International Hospital
20. Motown House
21. Gas Panic
22. BAUHAUS
23. Paddy Foley's Irish Pub
24. Bernd's Bar
25. Super Deluxe
26. Tōkyō Medical and Surgical Clinic
27. Chinesische Botschaft
28. Österreichische Botschaft

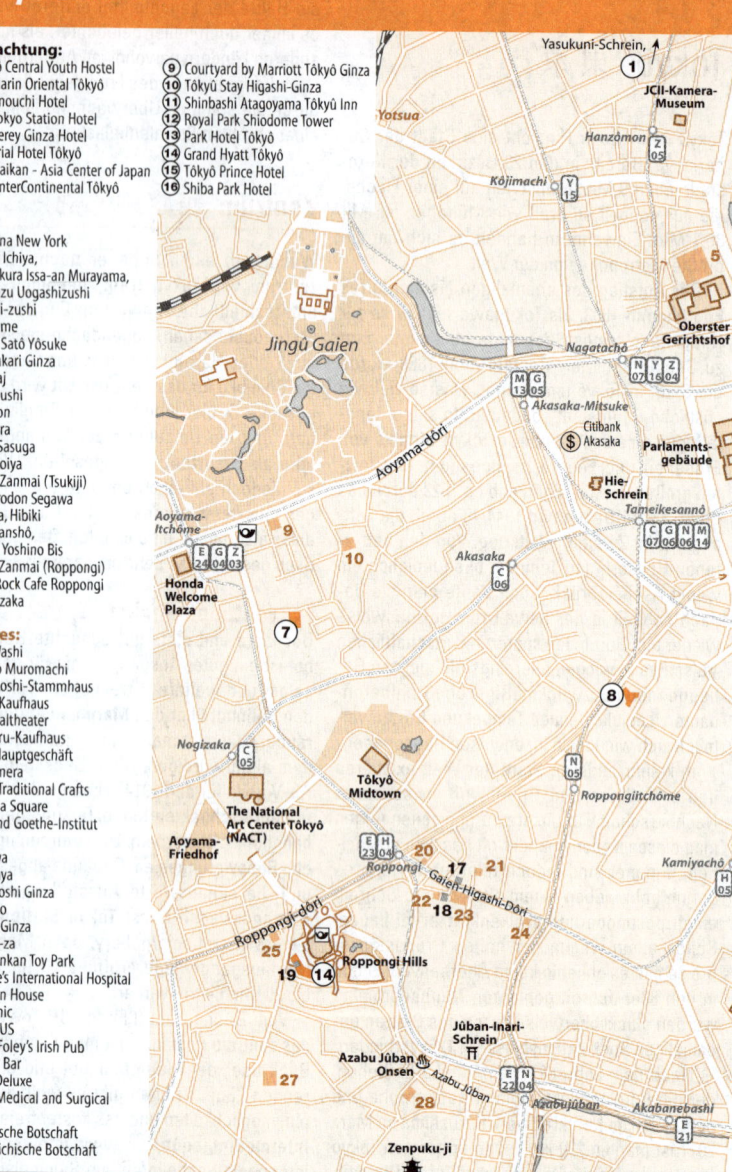

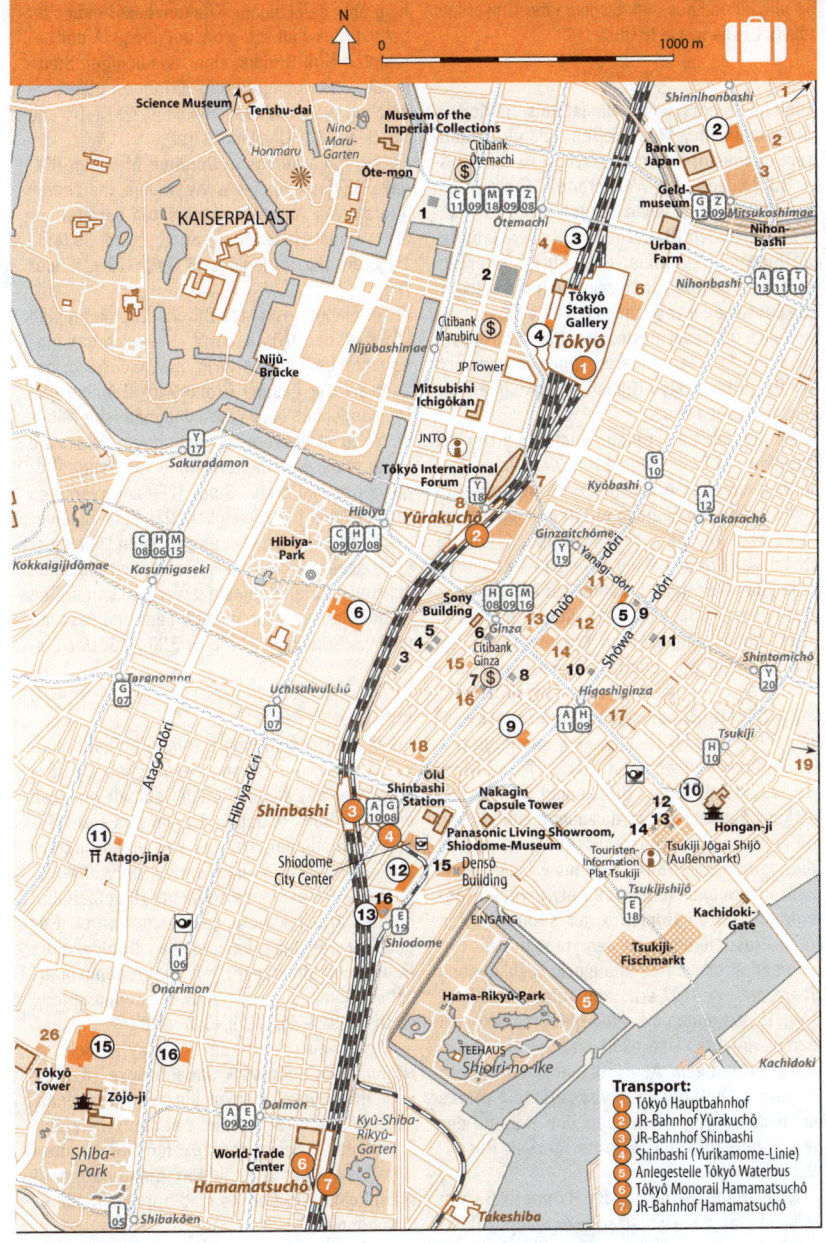

N
0   1000 m

Science Museum Tenshu-dai
KAISERPALAST
Honmaru   Nino-Maru-Garten
Museum of the Imperial Collections
Shinnihonbashi
Öte-mon
Citibank Ötemachi
Bank von Japan
Geld-museum
Mitsukoshimae
Nihon-bashi
C I M T Z 11 09 18 09 08 Ötemachi
Urban Farm
Nihonbashi
A G T 13 11 10
Tôkyô Station Gallery
Nijû-Brücke
Citibank Marubiru
JP Tower
Mitsubishi Ichigôkan
Tôkyô
Nijûbashimae
Sakuradamon
JNTO
Tôkyô International Forum
Y 17 18
Kyôbashi
G 10
Takaracho
A 12
Yûrakuchô
Hibiya
Ginzaitchôme
Y 19
Yanagi-dôri
Kokkaigijidômae
Kasumigaseki
C H M 08 06 15
C H I 09 07 08
Hibiya-Park
Sony Building
H G M 08 09 16
Ginza
Chûô
Showa-dôri
G 5 9
Shintomichô
Taranomon
G 07
Uchisaiwaichô
I 07
Citibank Ginza
Higashiginza
A H 11 09
Y 20
H 10
Tsukiji
Atago-dôri
Hibiya-dôri
Shinbashi
A G 10 08
Old Shinbashi Station
Nakagin Capsule Tower
Panasonic Living Showroom, Shiodome-Museum
Tsukiji Jôgai Shijô (Außenmarkt)
Hongan-ji
Atago-jinja
Shiodome City Center
Denso Building
Touristen-Information Plat Tsukiji
Tsukijishijô
E 18
Kachidoki-Gate
Shiodome
E 19
EINGANG
I 06
Onarimon
Tsukiji-Fischmarkt
Hama-Rikyû-Park
Kachidoki
Tôkyô Tower
Zôjô-ji
Shiba-Park
A 09 20
Dalmon
Kyû-Shiba-Rikyû-Garten
TEEHAUS
Shiori-no-Ike
World-Trade Center
Hamamatsuchô
I 05 Shibakôen
Takeshiba

Transport:
1 Tôkyô Hauptbahnhof
2 JR-Bahnhof Yûrakuchô
3 JR-Bahnhof Shinbashi
4 Shinbashi (Yurikamome-Linie)
5 Anlegestelle Tôkyô Waterbus
6 Tôkyô Monorail Hamamatsuchô
7 JR-Bahnhof Hamamatsuchô

Gegenständen aus den Archiven der Universität Tōkyō. ⏰ Di–So 11–18 Uhr.

Kaiserpalast 皇居

Auch heute noch wohnt die japanische Kaiserfamilie auf dem 7,4 km² großen Gelände im Zentrum des historischen Edo, wo einst die größte Burganlage der Welt stand. Möchte man dem Kaiser selbst einen Besuch abstatten, sollte man sich den 23. Dezember (Kaiser-Geburtstag) und den 2. Januar (Neujahr) vormerken. An diesen beiden Tagen zeigt sich die kaiserliche Familie dem Volk, zeitgleich ist ein bestimmter Teil des Kaiserpalastes der Öffentlichkeit zugänglich. An allen anderen Tagen ist lediglich der Ostgarten **Kōkyo Higashi-kōen** zugänglich, dessen Besuch lohnt.

Am besten startet man gleich um 9 Uhr am **Ōte-mon** mit einer Tour durch den Ostgarten, noch bevor der Ansturm der Touristengruppen beginnt. Am Eingang erhält man eine Plastikmarke, die man beim Verlassen wieder abgibt. Als Erstes kommt ein kleines Kunstmuseum, das **Museum of the Imperial Collections** (Sannomaru-Shōzōkan). Im überschaubaren Ausstellungsraum werden Kunstgegenstände und Gemälde aus ehemals kaiserlichem Besitz gezeigt. Vorbei an den beiden Wachhäusern **Dōshin-Bansho** und **Hyakunin-Bansho** geht es rechter Hand weiter zum im frühen 17. Jh. hübsch angelegten Garten **Ni-no-Maru** mit See, Steinlaternen, Brücke und dem großen Teehaus **Suwano-chaya**, das aber leider nur von außen zu bewundern ist. Anschließend geht es über den Anstieg **Bairin-zaka** (im Frühjahr herrliche Pflaumenblüten) in den etwas höher gelegenen Garten **Honmaru** mit seiner weiten freien Rasenfläche und dem **Tenshu-dai**. Dabei handelt es sich um die einzig verbliebenen Überreste des 1607 erbauten Turmes der Edo-Burg. Besteigt man die alten Mauern, bekommt man einen guten Überblick über den Honmaru-Garten. Der beste Aussichtspunkt im ganzen Ostgarten liegt jedoch etwas versteckt rechts hinter dem kleinen Rasthaus, das sich auf der gegenüberliegenden Seite der großen Rasenfläche befindet.

Nach dem Rundgang im Honmaru-Garten verlässt man den Ostgarten in nördlicher Richtung über den Eingang **Kitahanebashi-mon** oder geht zurück zum Ōte-mon, um noch vor der berühmten **Nijū-Brücke**, einer zweibogigen Steinbrücke, das obligatorische Erinnerungsfoto zu machen. 🖥 www.kunaicho.go.jp, ⏰ Di–Do und Sa–So 9–16.30 Uhr, Eintritt frei.

Das nahe gelegene **Science Museum** (Kagaku Gijutsu-kan), 🖥 www.jsf.or.jp, mit seinen interaktiven Ausstellungsobjekten bereitet vor allem Kindern jede Menge Spaß. ⏰ Do–Sa 9.30–16.50 Uhr (letzter Einlass 16 Uhr), 720 ¥, Kinder 260 ¥.

Ein interessantes Bürokonzept kann man in der **Urban Farm**, 🖥 www.pasona-nouentai.co.jp/urban-farm, bewundern. In der Zentrale der Pasona Group wird Gemüse und Obst angebaut, um das Wohlbefinden der Mitarbeiter zu verbessern; der angebaute Salat wird sogar in der Mitarbeiterkantine verköstigt. Erdgeschoss und erster Stock (2F) sind werktags für Besucher frei zugänglich. Das Café ist leider nur für Mitarbeiter, aber es gibt einen Laden, der unter anderem Produkte verkauft, die zusammen mit Behinderten hergestellt werden. Von außen ist das Gebäude durch seine begrünte Fassade leicht zu erkennen. ⏰ Mo–Fr 9.30–17.30 Uhr, Eintritt frei.

Nihonbashi 日本橋

Rund 1 km östlich vom Ōte-mon befindet sich kurz nach Unterquerung der Hochstraße (Expressway) das altehrwürdige Gebäude der 1896 erbauten **Bank of Japan**. Es war das erste Gebäude westlicher Art, das von einem japanischen Architekten allein entworfen wurde. Es geht wie der eingangs erwähnte Hauptbahnhof auf den Architekten Kingo Tatsuno zurück. Gegenüber der Japanbank ist das **Geldmuseum** (Kahei Hakubutsukan) mit einer numismatischen Sammlung, 🖥 www.imes.boj.or.jp/cm, ⏰ Di–So 9.30–16.30 Uhr, Eintritt frei.

Nicht weit entfernt davon befindet sich die **Nihonbashi**, übersetzt „Japanbrücke". Früher eine Holzbrücke, stammt die heutige steinerne Brücke von 1911. Sie ist seit der frühen Edo-Zeit Anfangspunkt des Tōkaidō, eines alten Handelsweges. Die beiden Einkaufstempel **Mitsukoshi** und **Coredo** sind auf S. 197 näher beschrieben.

Tōkyō International Forum
東京国際フォーラム

Direkt neben dem Bahnhof Yūrakuchō befindet sich das Tōkyō International Forum. Neben Tagungen werden hier verschiedene Ausstellungen, Konzerte sowie Theatervorführungen geboten. Zudem gibt es eine schöne Kunstgalerie und einige Läden. Allein schon wegen der modernen Architektur des amerikanischen Architekten Rafael Vinoly lohnt sich eine Besichtigung dieses eindrucksvollen Gebäudes, das 1997 für umgerechnet 1 Milliarde Euro fertiggestellt wurde, 🖥 www.t-i-forum.co.jp/english. Jeden ersten und dritten Sonntag im Monat findet der **Ōedo-Antikmarkt** statt, ein großer Flohmarkt mit zum Teil hochwertigen Antiquitäten, 🖥 www.antique-market.jp.

Mitsubishi Ichigōkan
三菱一号館美術館

Das 1894 vom englischen Architekten Josiah Conder entworfene Gebäude wurde 1968 abgerissen und 2010 nach den Originalplänen an gleicher Stelle neu gebaut. Es beherbergte damals die Zentrale der Mitsubishi-Bank. Heute gibt es hier ein Museum mit Kunstausstellungen, den Museumsshop Store 1894, das Café 1894 und dahinter einen Rosengarten. 🖥 www.mimt.jp/english, ⏰ Museum und Shop Di–So 10–18 Uhr, Fr bis 20 Uhr, Eintritt je nach Ausstellung; Restaurant ⏰ tgl. 11–23, Fr bis 2 Uhr.

Ginza 銀座

Ein Bummel durch diese bekannte Einkaufsmeile beginnt beispielsweise am nördlichen Ende an der Straßenkreuzung von Yanagi und Chūō-dōri. An beiden Straßenseiten befinden sich viele alteingesessene Geschäfte. Sonntags wird die Straße für den allgemeinen Autoverkehr gesperrt, sodass sich der ansonsten dicht gedrängte Gehwegverkehr auf die Straße entladen kann. Neben den exklusiven japanischen Geschäften sind in der Ginza auch die bekannten ausländischen Nobelmarken mit eigenen Filialen vertreten. In den Seitenstraßen haben sich seit Anfang der 90er-Jahre viele kleine Kunstgalerien angesiedelt. Auf jeden Fall lohnt sich der Besuch eines der großen Kaufhäuser, die auch bezahlbare Souvenirs für Touristen anbieten.

Das **Kabuki-za**, 🖥 www.kabuki-za.co.jp, besteht seit 1889 und ist ein Kabuki-Theater (S. 195). Wer eine komplette Vorstellung sehen will, muss allerdings Geduld aufbringen – mit Pausen zwischen den einzelnen Stücken dauert diese bis zu fünf Stunden. Möchte man nur ein einzelnes Stück sehen, kann man mit etwas Glück kurz vor Beginn noch eine günstige Restkarte ergattern. Für eine ganze Vorstellung sollte man besser frühzeitig über die Website 🖥 www.kabuki-bito.jp/eng Tickets kaufen. ⏰ Vorstellungen meistens tgl. ab 11 und 16.40 Uhr.

An der Sukiyabashi-Kreuzung befindet sich im Sony Building der stark frequentierte **Sony Showroom**, 🖥 www.sonybuilding.jp/e. Hierhin zieht es häufige Tōkyō-Besucher immer wieder, weil Sony dort seine Neuigkeiten ausstellt. Dabei kann man die vielen Produkte nicht nur betrachten, sondern auch ausprobieren – kaufen kann man sie dort nicht. In dem achtstöckigen Gebäude gibt es außerdem Geschäfte, Cafés und Restaurants. ⏰ tgl. 11–19 Uhr, Eintritt frei.

Tsukiji 築地

Um das bunte Treiben auf dem **Tsukiji-Fischmarkt**, 🖥 www.tsukiji-market.or.jp, hautnah zu erleben, muss man früh aufstehen. Die Fischauktion beginnt jeden Tag außer Sonntag bereits um 5 Uhr morgens. Inzwischen ist es Touristen lediglich in einem speziell abgesperrten Bereich erlaubt, die Thunfischauktion zu beobachten (nur 5–6.15 Uhr). Aufgrund des hohen Besucherandrangs sollte man bereits um 4.30 Uhr am Kachidoki-Tor sein, um einen Platz für die Führung zu bekommen. Im Frühjahr 2017 soll der Fischmarkt allerdings ins 2,5 km entfernte Toyosu umziehen.

Über 400 verschiedene Arten von Meeresfrüchten aus aller Welt werden täglich zum Verkauf angeboten. Wer kein Frühaufsteher ist, kann auch noch ab 9 Uhr im Bereich der Zwischenhändler einige Eindrücke vom Fischmarkt mitnehmen. Auf dem Gelände des Fischmarkts ist wegen zahlreicher Elektrokarren besondere Vorsicht geboten. Es empfiehlt sich, nicht mit der besten Kleidung, dafür aber mit festem Schuhwerk zu kommen.

Im Außenmarkt **Tsukiji Jōgai Shijō**, 🖥 www.shijou.metro.tokyo.jp/english, kann Otto Normalverbraucher günstig frischen Fisch und andere Lebensmittel einkaufen. Dort gibt es auch eine englischsprachige Touristeninformation „Plat Tsukiji". ⏱ Mo–Sa 8–14, So 10–14 Uhr. Es sind zahlreiche Restaurants vorhanden, die preiswerte und leckere Gerichte verkaufen. Am besten stellt man sich dort an, wo es eine lange Schlange gibt – das Warten lohnt sich.

Der nahe, 1617 gegründete **Hongan-ji**, 🖥 www.tsukijihongwanji.jp, ist einer der größten buddhistischen Tempel in Tōkyō und fällt durch seine indische Architektur ins Auge. Im mit Weihrauch erfüllten Tempel verliest der Priester seine Sutren. Verehrt werden hier Amida Buddha und Prinz Shōtoku (574–622). Sehenswert ist der prächtige goldene Hauptaltar, der ein Abbild des Amida Buddha enthält. Das aktuelle Gebäude stammt wegen des Kantō-Bebens von 1934. ⏱ Andachten tgl. um 7 und 16.30 Uhr, in Englisch am vierten Sa im Monat ab 17.30 Uhr.

Shinbashi 新橋

Zunächst scheint dies nur ein langweiliger und lauter Bahnhof entlang der Yamanote-Linie zu sein. Doch auf östlicher Seite erheben sich hinter einem alten, grauen Gebäude die modernen Wolkenkratzer des Shiodome-Gebietes, und noch etwas weiter (aber immer noch in Spaziernähe) liegt der herrliche Hama-Rikyū-Park direkt an der Tōkyō-Bucht. Von Shinbashi aus gelangt man außerdem mit der führerlosen Bahn Yurikamome („Seemöwe") nach Odaiba.

Shiodome 汐留

Sehenswert ist das wieder aufgebaute **Old Shinbashi Station Building**, 🖥 www.ejrcf.or.jp/Shinbashi, in dessen Untergeschoss es eine Dauerausstellung mit zahlreichen Ausgrabungsfundstücken von 1869–1900 und freiem Blick auf die Originalfundamente des Bahnhofs gibt. Im ersten Stock werden wechselnde Ausstellungen zur Eisenbahngeschichte Japans gezeigt. Im Erdgeschoss ist ein Restaurant untergebracht. ⏱ Di–So 10–17 Uhr, bei Ausstellungswechsel zeitweise geschlossen, Eintritt frei.

Interessante Einblicke in die neuste japanische Haustechnik gibt es im direkt neben dem

---

Der alte Bahnhof Shinbashi

Dem Bahnhof Shinbashi kommt in der japanischen Geschichte eine ganz besondere Bedeutung zu. Er war nicht nur der erste Bahnhof in Japan überhaupt, sondern zugleich das erste in Japan errichtete westliche Gebäude. Dieser Bau stand allerdings nicht an der heutigen Stelle des Bahnhofs Shinbashi, sondern etwa 300 m östlich davon.

Bereits 1869 begann Japan mit Unterstützung britischer Eisenbahningenieure mit dem Bau einer 29 km langen „Musterstrecke" zwischen Tōkyō (Station Shinbashi) und Yokohama (heute Station Sakuragichō). Am 14. Oktober 1872 konnte Kaiser Meiji die Strecke feierlich mit einer Jungfernfahrt einweihen. Von dieser ersten Eisenbahnfahrt in Japan erzählt man sich übrigens folgende Anekdote: Da Japaner gewohnt sind, beim Betreten geschlossener Räume ihre Schuhe auszuziehen, ließen die ersten Fahrgäste beim Besteigen des Zuges in Yokohama ihre Schuhe auf dem Bahnsteig stehen und wunderten sich, in Tōkyō angekommen, wo ihre Schuhe geblieben waren.

Das Bahnhofsgebäude wurde schließlich durch das große Kantō-Beben 1923 zerstört. Das Gebiet um den Bahnhof nutzte man bis 1986 noch intensiv für den Güterverkehr – der Personenverkehr war schon 1914 mit dem Bau des Hauptbahnhofs Tōkyō zum heutigen Bahnhof Shinbashi verlegt worden. Im Zuge der Neubebauung des Shiodome-Gebietes wurden bei Ausgrabungen Überreste des alten Bahnhofs entdeckt und man entschied sich für einen Wiederaufbau mit neuen Materialien, aber weitgehend in der ursprünglichen Form. Dank dieser Tatsache ist es seit 2003 möglich, den geschichtsträchtigen Bahnhof in neuem Glanz und von modernen Gebäuden umringt zu sehen.

---

historischen Bahnhof Shinbashi gelegenen **Panasonic Living Showroom Tōkyō**. Am interessantesten ist die Ausstellung im Erdgeschoss mit dem Thema „Reform Park". Die Ausstellungen in den beiden Untergeschossen dienen vorwiegend der Beratung japanischer Kunden bei der Auswahl von Beleuchtung und Einrichtung für Küche und Bad. ⏰ Do–Di 10–17 Uhr, Eintritt frei. Im selben Gebäude (4F) befindet sich außerdem die **Rouault-Galerie des Shiodome-Museums**. Einige Werke von Georges Rouault sind hier dauerhaft ausgestellt, aber es gibt auch wechselnde Ausstellungen mit Bezug zu Rouault oder zu Tätigkeiten der Firma Panasonic. ⏰ Do–Di 10–18 Uhr, Eintritt variiert.

Hinter dem Bahnhof liegt das moderne **Shiodome City Center** mit Geschäften, Restaurants und Büros. Dort gibt es wenig wirklich Sehenswertes, und der phänomenale Ausblick bei Nacht, mit dem die Homepage wirbt, versperrt sich leider dem normalen Touristen: Herrliche Ausblicke bleiben den Besuchern der exklusiven und entsprechend teuren Restaurants im 41. und 42. Stock vorbehalten. Eine Reservierung und angemessene Kleidung sind unabdingbar. Mehr Glück hat man dagegen im weiter zur Tōkyō-Bucht hin gelegenen **Densō Building**. Die Geschäfts- und Restaurantzeile mit Namen **Caretta** bietet vor allem in den oberen Stockwerken auch zur Mittagszeit einen Zugang zu nicht ganz so teuren Restaurants mit herrlicher Aussicht.

Direkt an der Hochstraße befindet sich auf dem Weg zum Hama-Rikyū-Park nahe der großen Kreuzung ein etwas merkwürdig anmutendes Gebäude. Der sogenannte **Nakagin Capsule Tower** des Architekten Kurokawa Kishō besteht aus 140 einzelnen Betonkästen, die an zwei vertikalen Türmen aufgehängt sind.

Hama-Rikyū-Park 浜離宮恩賜庭園

Der Park wurde ursprünglich im 17. Jh. als Wohnort eines Feudalherrn angelegt und als Jagdgebiet der Tokugawa-Shōgune genutzt. 1704 wurde er zum Zweitwohnsitz der Tokugawa-Shōgune. Besonders eindrucksvoll erscheint eine 300-jährige Pinie in der Nähe des Eingangs. Diese größte Pinie in Tōkyō wurde angeblich im 17. Jh. vom 6. Shōgun Ienobu persönlich gepflanzt. Erwähnenswert ist auch der Teich **Shioiri-no-ike**, bei dem der Wasserpegel den Gezeiten folgt, da er über einen Kanal mit der Tōkyō-Bucht verbunden ist. In der Mitte des Sees gibt es eine Insel mit einem **Teehaus**, das Grüntee mit Süßigkeiten serviert.

Der Park ist am schönsten zur Kirschblüte im Frühjahr; es gibt dort sehr viele verschiedene Kirschbaumarten. ⏰ tgl. 9–17 Uhr, 300 ¥. Zusätzlich gibt es im Frühling zur Kirschblüte spezielle Nachtbeleuchtungen, bei denen der Park bis 21 Uhr geöffnet ist (letzter Einlass 20.30 Uhr). Wer auf Nummer sicher gehen will, sollte sich vorab telefonisch unter ☎ 03-3541-0200 erkundigen.

Hamamatsuchō 浜松町

Vom Bahnhof Hamamatsuchō startet die **Tōkyō Monorail**, die zum Flughafen Haneda führt. Im östlich vom Bahnhof gelegenen **Kyū-Shiba-Rikyū-Garten** kann man ein wenig dem Großstadttrubel entfliehen. Es handelt sich um einen der ältesten traditionellen japanischen Gärten in Tōkyō. Angelegt ist er im Stil eines typischen *daimyō*-Gartens der frühen Edo-Zeit. ⏰ 9–17 Uhr, 150 ¥.

Wer Stadtaussichten liebt und Fotofan ist, sollte das Gebäude des **World Trade Center**, 🖥 www.wtcbldg.co.jp, direkt neben dem Bahnhof besuchen. Es ist eines der ersten in Tōkyō erbauten Hochhäuser und bietet eine sehr gute Aussicht sowohl auf die Tōkyō-Bucht als auch in Richtung Stadtzentrum auf den Tōkyō Tower und die Wolkenkratzer von Roppongi. In diese in die Tage gekommene Einrichtung verirren sich heute nur noch wenige Besucher, weil es inzwischen modernere Gebäude gibt (z. B. Roppongi Hills), wo man aber oft mehr als das Doppelte bezahlen muss und die Verwendung eines Fotostativs nur eingeschränkt möglich ist. Auf dem Aussichtsstockwerk des World Trade Center hingegen ist die Verwendung von Stativen erlaubt. ⏰ tgl. 10–20.30 Uhr, 620 ¥.

Knapp 700 m westlich des Bahnhofs liegt der **Shiba-Park** mit der ausgedehnten Tempelanlage des **Zōjō-ji**, 🖥 www.zojoji.or.jp/en. Dieser Tempel wurde 1393 gegründet und vertritt die buddhistische Lehre des Jōdo-shū. Der Zōjō-ji ist bis heute der Hauptsitz dieser Schule. Die Tempelanlage war einst ähnlich prunkvoll mit vielen Holzschnitzereien versehen wie in Nikkō, aber leider wurden die Gebäude im 2. Weltkrieg zerstört. Der Prunk kam daher, dass es sich am Anfang der Edo-Zeit um den Familientempel der Tokugawa-Shōgune handelte. Bis heute befinden sich die Gräber von sechs Shōgunen innerhalb der Anlage. Der beste Zeitpunkt, den Tempel zu besuchen, ist übrigens zur Kirschblüte oder zu einem der Tempelfeste.

Man betritt den Tempel durch das imposante Haupttor Sanedatsu-mon und läuft dann direkt auf das Hauptgebäude Daiden bzw. Hondō zu. Die Gräber der Shōgune sind gewöhnlich nur bei besonderen Anlässen wie dem Tempelfest Anfang April zugänglich. Verlässt man die Tempelanlage über den Ausgang in Richtung Norden, fallen kleine steinerne Figuren auf, die mit Strickkäppchen und Lätzchen geschmückt sind. Dabei handelt es sich um sogenannte *jizō*, Steinfiguren des Bodhisattva Jizō, die für totgeborene, abgetriebene oder früh verstorbene Kinder geopfert werden. Laut einer Legende des Jōdo-Buddhismus steht Jizō ihnen in der Hölle bei, wo sie Steintürme bauen müssen, welche von bösen Dämonen wieder zerstört werden. ⏲ durchgehend, Eintritt frei.

Tōkyō Tower 東京タワー

Unübersehbar steht seit 1958 der rot-weiß gestreifte Tōkyō Tower, 🖥 www.tokyotower.co.jp/english, in Tōkyō und erinnert irgendwie an eine Kopie des Pariser Eiffelturms. Wenn nun in Japan etwas kopiert wird, dann muss es selbstverständlich in allen Punkten besser sein als das Original. So ist der Tōkyō Tower mit 333 m um 13 m höher als der Eiffelturm und wiegt mit 4000 t nur die Hälfte des Originals. Möglich ist dies aufgrund von fast 70 Jahren Fortschritt im Stahlskelettbau Die Hauptplattform in 150 m Höhe ist über einen Fahrstuhl zu erreichen, der Eintritt kostet 900 ¥. Es gibt noch eine weitere Plattform bei 250 m, die man über die 150-m-Plattform erreicht (dort werden auch die Extra-Tickets für 700 ¥ verkauft). Die bessere Fotoperspektive hat man bei 150 m. ⏲ tgl. 9–22 Uhr.

Roppongi 六本木

Auf den ersten Blick ist Roppongi nicht schön. Entlang der Roppongi-dōri hallt der Straßenlärm unterhalb der Hochstraße und es reiht sich eine bunte Mischung zumeist alter, mehrstöckiger Gebäude aneinander. Doch wandelt sich das Stadtbild inzwischen durch einige neue Hochhausbauten. Am Abend erwacht das Nachtleben im Tokyoter „Ausländerviertel" – so genannt, weil sich dort viele Kneipen, Restaurants und Diskotheken befinden, die von Nicht-Japanern besucht werden.

Eine Hauptattraktion ist die 2003 fertiggestellte hochmoderne Neubaukomplex **Roppongi Hills**. Im 238 m hohen **Mori Tower** gibt es eine Aussichtsplattform namens Tōkyō City View sowie das Mori Art Museum. Daneben verteilen sich auf die 54 Stockwerke eine Vielzahl von teuren Restaurants, Geschäften und Büros. Für zahlreiche wechselnde Veranstaltungen lohnt ein Blick auf die Homepage von Roppongi Hills, die auch in Englisch immer auf dem neusten Stand gehalten wird, 🖥 www.roppongihills.com/tcv. Der Eintritt für die Aussichtsplattform ist mit 1500 ¥ teuer, und leider ist das Fotografieren mit Stativ auf dem Sky Deck untersagt. ⏲ Mo–Do sowie So und feiertags 10–23 Uhr, Fr–Sa und vor einem Feiertag 10–1 Uhr, Sky Deck (im Freien) nur 11–20 Uhr. Das Mori Art Museum hat keine permanente Ausstellung, deshalb ist es mitunter geschlossen, weil die Wechselausstellungen nicht immer nahtlos aufeinanderfolgen. ⏲ Mi–Mo 10–22 Uhr und Di 10–17 Uhr, Eintritt variiert je nach Ausstellung.

Hinsichtlich der Höhe wird der Mori Tower vom nahe gelegenen Wolkenkratzer im Gebäudekomplex **Tōkyō Midtown**, 🖥 www.tokyo-midtown.com/en, überragt. Letzterer ist mit seinen 54 Stockwerken und einer Höhe von 248 m der höchste Wolkenkratzer in Tōkyō. Die Einkaufsmeile ist aber eher durchschnittlich, dafür entschädigt ein kleiner Park hinter dem Gebäudekomplex. Sehenswert ist der **Fujifilm Square**, 🖥 fujifilmsquare.jp/en. Hier finden Fotoausstellungen statt, und es gibt ein kleines Fotomuseum mit alten Kameras und Aufnahmen. ⏲ tgl. 10–19 Uhr, Eintritt frei. Außerdem befindet sich innerhalb des Gebäudekomplexes Tōkyō Midtown das **Suntory Museum of Art**, 🖥 www.suntory.com/sma, und im Park davor das von Andō Tadao entworfene Museumsgebäude **21_21 Design Sight**, 🖥 www.2121designsight.jp. Die Wechselausstellungen zu den unterschiedlichsten Themen sind didaktisch sehr gut aufbereitet. ⏲ Mi–Mo 11–20 Uhr, 1000 ¥.

Kunstinteressierte sollten einen Besuch im neuen **NACT (National Art Center Tōkyō)**, www.nact.jp, einplanen. Auf drei Stockwerken präsentiert das Museum keine permanente, sondern wechselnde Ausstellungen mit Schwerpunkt auf moderner Kunst und Gemälden des 20. Jhs., wobei hier auch Sammlungen aus den renommiertesten Museen der Welt gezeigt werden. Sollte gerade keine interessante Ausstellung stattfinden, lohnt es sich, das NACT wegen des tollen Glasbaus zu besichtigen, in einem der Cafés zu verweilen oder im Museumsshop nach einem schönen Souvenir zu suchen. Die Museumsbibliothek ist der Öffentlichkeit zugänglich und besitzt über 50 000 Ausstellungskataloge aus aller Welt. ☼ Sa–Mo und Mi–Do 10–18 Uhr, Fr 10–20 Uhr, Bibliothek Mi–Mo 11–18 Uhr, Eintritt je nach Ausstellung.

Der **Aoyama-Friedhof** (Aoyama Reien) ist der größte Friedhof im Zentrum Tōkyōs. Viele berühmte japanische Persönlichkeiten und auch deutsche Professoren aus der Meiji-Zeit liegen hier begraben. Wegen der vielen Kirschbäume lohnt sich ein Besuch besonders im Frühjahr. Japaner feiern selbst auf einem Friedhof ihre Hanami-Partys, denn aus japanischer Sicht ist ein öffentlicher Friedhof so etwas wie ein Park.

Auto- und Motorradbegeisterte werden sicherlich die **Honda Welcome Plaza**, ⌨ www.honda.co.jp/welcome-plaza, besuchen. Neben den aktuellen Produkten gibt es eine Ecke mit Fan-Artikeln, aber was man auf keinen Fall versäumen sollte, ist die Vorführung des humanoiden Roboters Asimo um 13.30 und 15 Uhr (am Wochenende zusätzlich 11 Uhr). Der Showroom in der Honda-Zentrale befindet sich an der Aoyama-dōri direkt bei der U-Bahnstation Aoyama-Itchōme, ☼ tgl. 10–18 Uhr, Eintritt frei.

Ab der Honda-Zentrale lädt die **Aoyama-dōri** in westlicher Richtung zu einem kleinen Schaufensterbummel bis zur Omote Sandō (S. 174) ein. Hier gibt es Designerboutiquen, edle Einrichtungshäuser und einige Cafés.

Azabu 麻布

Einen ganz eigenen Charme hat die von Bäumen gesäumte Straße **Azabu Jūban**. Hier ist Tōkyō nicht so überfüllt wie in Shinjuku oder Shibuya, und es gibt eine gute Mischung von alteingesessenen und neuen Restaurants sowie Läden mit lokalen Köstlichkeiten. Zu nennen ist beispielsweise gegrillter Aal (unagi), Soba und taiyaki (mit süßer Bohnenpaste gefüllte Küchlein in Fischform).

Das **Azabu Jūban Onsen** ist das einzige Bad innerhalb der Yamanote-Linie, das seine eigene heiße Quelle hat. Das Wasser kommt aus 500 m Tiefe. Das Onsen befindet sich im 1. Stock des Gebäudes. ☼ Mi–Mo 11–21 Uhr, 1260 ¥. Im Erdgeschoss ist ein einfaches und günstiges Bad mit dem Namen **Koshi-no-yu** angesiedelt. ☼ Mi–Mo 15–23.30 Uhr, 400 ¥.

Der **Jūban-Inari-jinja** ist ein kleiner, zwischen zwei Häusern eingeklemmter Schrein, berühmt für einen steinernen Frosch, der Menschen vor Feuer bewahren soll. Nach einer Legende hatte der Frosch einst ein großes Feuer mit Wasser aus einem nahen Teich gelöscht. Am Schrein kann man deshalb einen Talisman kaufen, der den Träger vor Feuer schützt.

Der ehrwürdige Tempel **Zenpuku-ji**, ⌨ www.azabu-san.or.jp/zenpukuji, ist zum einen für seinen 750 Jahre alten Gingko-Baum bekannt, zum anderen ist dort das Grab des berühmten Gelehrten und Gründers der Keiō-Universität Fukuzawa Yukichi, der auf der 10 000-¥-Note abgebildet ist. Der Tempel war außerdem die erste Residenz des amerikanischen Konsuls Townsend Harris nach der Öffnung Japans. Im weiteren Geschichtsverlauf haben sich im Gebiet Azabu und Hiro-o zahlreiche andere Konsulate sowie Botschaften niedergelassen.

Der **Prince Arisugawa Memorial Park** (Arisugawa-no-miya Kinen-kōen, siehe Karte Südliches Tōkyō, S. 178) diente im 19. Jh. als Tōkyō-Residenz des gleichnamigen Prinzen. Auf dem Gelände befindet sich außerdem die **Zentralbibliothek der Stadt Tōkyō** (Tōkyōtoritsu Toshokan). Diese öffentliche Präsenzbibliothek umfasst auch 160 000 nicht-japanische Titel. ☼ Mo–Fr 10–21 Uhr, Sa–So und feiertags 10–17.30 Uhr, jeden 1. Do und 3. So im Monat geschlossen.

Akasaka 浅草

Ein guter Startpunkt ist der Akasaka-Mitsuke-Bahnhof oder auch der Tameike-sannō-Bahnhof, wo sich vier U-Bahn-Linien kreuzen. Der beschauliche Schrein **Hie-jinja** liegt auf einem kleinen Hügel, der Hoshi-ga-oka genannt wird.

Er wurde für Ōyamakuni-no-kami, den Schutzgott des Hie-Bergs in der Präfektur Shiba errichtet (daher auch Hie-no-kami genannt). Ursprünglich wurde der Schrein von Ōta Dōkan, Fürst von Kawagoe, 1478 beim Bau der Burg von Edo auf dem Burggelände errichtet. An seinem heutigen Standort ist dieser Shintō-Schrein „erst" seit 1659. Während der Edo-Zeit war er der bekannteste Schrein in der Hauptstadt. Am Schreinfest, dem Sannō Matsuri, das Mitte Juni zelebriert wird, nahmen selbst die Tokugawa-Shōgune teil. Höhepunkt des Festes ist die Parade Shinkō Gyōretsu am 15. Juni. An diesem Tag werden zwei kaiserliche *mikoshi* von einem 400-köpfigen Gefolge in Kostümen der Heian-Zeit (9.–12. Jh.) durch die Straßen getragen. Das Sannō Matsuri findet alternierend mit dem Kanda Matsuri nur alle zwei Jahre in ungeraden Jahren statt. 🖳 www.hiejinja.net, 🕐 tgl. 6–17 Uhr.

Im eher sterilen Regierungsviertel Kasumigaseki steht das **Parlamentsgebäude** (Kokkai Gijidō), das 1936 fertiggestellt wurde. Mit 65 m Höhe war es einst das höchste Gebäude Japans. Es hat zwei Flügel, im linken ist das Unterhaus *(shūgi-in)* und im rechten das Oberhaus *(sangi-in)* untergebracht.

Der **Oberste Gerichtshof** (Saikō Saibansho) besteht aus einem monumentalen Granitgebäude, das 1974 durch den Architekten Okada Shin'ichi fertiggestellt wurde. Neben dem Obersten Gerichtshof steht das 1966 eröffnete **Nationaltheater** (Kokuritsu Gekijō). Es beinhaltet ein großes Theater für Kabuki-Vorstellungen und ein kleineres für Bunraku.

Das **JCII-Kamera-Museum**, 🖳 www.jcii-cameramuseum.jp, besitzt mehrere tausend Kameras und widmet sich in seiner Ausstellung ganz der Geschichte der Fotografie. Des Weiteren gibt es wechselnde Ausstellungen von Fotografien sowie eine Bibliothek. JCII steht für Japan Camera Industry Institute, das ursprünglich die Qualität exportierter Kameras sicherstellen sollte und somit zum weltweiten Erfolg der japanischen Fotoindustrie beitrug. 🕐 Di–So 10–17 Uhr, Eintritt frei.

Yasukuni-Schrein 靖国神社

Der **Yasukuni-Schrein** (übersetzt „friedliches Land") ist seit 1869 den 2,5 Mio. Menschen geweiht, die im Kampf für Japan gefallen sind. Er beheimatet die Seelen einiger Führer der Meiji-Restauration von 1868, Soldaten der beiden Bürgerkriege 1869 und 1877, der Kriege gegen China (1894–95) und Russland (1904–05) und der beiden Weltkriege. Familien, die in den Kriegen Vermisste zu beklagen hatten, dient der Yasukuni-Schrein somit als Ersatz einer Grabstätte. Die Kamikaze-Piloten des Zweiten Weltkriegs sollen sich von ihren Kameraden mit den Worten „Man sieht sich in Yasukuni" verabschiedet haben. Weil unter den toten Seelen auch die einiger Kriegsverbrecher des Zweiten Weltkriegs sind, löst der Schreinbesuch ranghoher Politiker in den Nachbarstaaten Korea und China jedes Mal Proteste aus (S. 122). Vor dem Schrein steht eine Bronzestatue von Ōmura Masujirō, Japans erstem Kriegsminister, der 1869 einem Anschlag zum Opfer fiel. Jährlich finden vom 21. bis 23. April und vom 17. bis 19. Oktober auf dem Gelände Schreinfeste statt.

Neben dem Schrein befindet sich das **Militärmuseum** (Yūshūkan) und hinter dem Schrein noch ein schöner kleiner Garten. Beeindruckende Exponate des seit 1882 bestehenden Museums sind der Nachbau eines Kamikaze-Flugzeugs sowie ein bemannter Torpedo. Die nächstgelegene Bahnstation ist Kudanshita (Hanzōmon-, Tōzai und Toei-Shinjuku-Linie). 🖳 www.yasukuni.or.jp, 🕐 9–16.30 Uhr, Eintritt Museum 800 ¥. Der Schrein selbst öffnet um 6 Uhr und schließt im Mai–Aug. um 19 Uhr, Nov.–Feb. um 17 Uhr und während der restlichen Monate um 18 Uhr.

Asakusa und Shitamachi
浅草・下町

„Downtown" trifft nicht den Kern der Bedeutung von *shita-machi*, auch wenn es wörtlich „Unterstadt" heißt. Früher lebten im flachen Gebiet nahe dem Sumida-Fluss, zwischen Ueno, Asakusa und Ryōgoku, hauptsächlich einfache Leute, Händler und Handwerker. Die höheren Stände wohnten in Yamanote, d. h. der zum Berg gewandten Seite von Edo. Die belebten Wohn- und Vergnügungsviertel von Shitamachi waren unter den Bewohnern von Edo beliebt, doch ist der alte Charakter nach dem Kantō-Beben und den Luftangriffen des 2. Weltkriegs nicht erhalten geblieben. Auch das einstige Prostituiertenviertel Yoshiwara nördlich des Tempelbezirks von Asakusa ist verschwunden. Am ehesten ist die alte Atmosphäre noch im Gebiet um den Sensō-ji und in den Nebenstraßen der Nakamise-dōri zu erahnen.

Asakusa 浅草

Die **Nakamise-dōri** – übersetzt „Straße zwischen Geschäften" –, 🖥 www.asakusa-naka mise.jp, beginnt gleich hinter dem **Kaminari-mon** („Donnertor"). Das Eingangstor des Sensō-ji fällt durch eine übergroße Papierlaterne auf. In der 250 m langen Fußgängerzone gibt es fast 90 Geschäfte, die Souvenirs, Süßigkeiten und vieles mehr anbieten.

Nach Passieren der Einkaufsbuden nähert man sich der mit Weihrauch geschwängerten Luft des **Sensō-ji**, der auch **Asakusa-Kannon-Tempel** genannt wird. Die Geschichte geht zurück bis ins Jahr 628, als zwei Fischer eine Kannon-Statue aus dem Fluss zogen. Eigentlich wollten die beiden die Statue wieder zurück in den Fluss werfen, was jedoch misslang. Sie brachten sie daraufhin ihrem Herrn, der für die Kannon ein Gebäude errichten ließ. An Stelle dieses Baus wurde 1692 der Asakusa-Kannon-Tempel erbaut.

Neben dem buddhistischen Sensō-ji steht der kleinere Shintō-Schrein **Asakusa-jinja**, der von Tokugawa Iemitsu errichtet wurde. Hier steigt am Wochenende des 3. Sonntags im Mai das Sanja Matsuri, das größte Schreinfest in Tōkyō. Als Höhepunkt werden über 100 *mikoshi* durch die Straßen getragen. Das Ganze wird von Tänzen, Trommeln und Flötenmusik begleitet. Im südwestlich vom Sensō-ji gelegenen **Denbō-in** wohnen die Mönche des Sensō-ji; er ist der Öffentlichkeit normalerweise nicht zugänglich. 🕐 Tempelgelände durchgehend, Haupthalle Sensō-ji 6.30–17 Uhr, Eintritt frei.

Beim **Hanayashiki-Park**, 🖥 www.hanaya shiki.net/e, handelt es sich um einen reizenden kleinen Vergnügungspark, der auf einer sehr begrenzten Fläche versucht, alles herauszuholen. Für Kinder wie auch jung gebliebene Erwach-

sene sind die 24 verschiedenen Attraktionen sicher sehenswert. 🕐 tgl. 10–18 Uhr, 1000 ¥ (Kinder 500 ¥).

Im **Edo-Kunsthandwerksmuseum** (Edo Shitamachi Dentō Kōgei-kan) dreht sich alles um traditionelle Gegenstände und Kunst aus der Edo-Zeit sowie deren Herstellung. Nach Besuch der Nakamise-dōri ist dieses kleine Museum eine Besichtigung wert, weil man dort einen sehr guten Überblick über Holz-, Eisen- und Lackwaren bekommt. Am Wochenende finden Vorführungen traditioneller Handwerkskünste statt. 🕐 tgl.10–20 Uhr, Eintritt frei.

Südlich vom Handwerksmuseum beginnt der **Rokku Broadway**. Hier gibt es zahlreiche Kinos, und einige Statuen bekannter japanischer Sänger säumen die Straße. Ein großer Shoppingkomplex mit 24 Stunden geöffnetem Supermarkt ist im **Rox Building** untergebracht. Im 7. Stock befindet sich das Bad **Matsuri-yu** mit Whirlpools, Außenbad, Sauna und Restaurant. Biegt man vom Rox Bldg. nach links ab, führt eine 500 m lange, überdachte Einkaufsstraße, die Shin-Nakamise-dōri, bis zum Bahnhof Tōbu-Asakusa. Hier gibt es neben weniger interessanten Geschäften auch einige günstige Souvenirläden und Restaurants.

Etwas weiter westlich erstreckt sich die **Kappabashi-dōri**, an der sich Läden mit Küchen- und Restaurantbedarf aneinander reihen. Für Touristen dürften vor allem die Geschäfte mit den Plastikmodellen für Sushi und andere japanische Köstlichkeiten interessant sein.

Zum Abschluss eines Besuchs in Asakusa sollte man den **Sumidagawa** überqueren, um ein interessantes Gebäude aus der Nähe zu betrachten. Die 1989 errichtete **Asahi Beer Hall** wurde vom Stardesigner Philippe Starck entworfen. Die goldene Verzierung soll eine Flamme darstellen, deshalb der Name La Flamme. Japanische Spötter nennen das ganze „Goldenes Häufchen".

Tōkyō Skytree Town
東京スカイツリータウン

Westlich vom Bahnhof Oshiage wurde 2012 das große Erlebnisareal Tōkyō Skytree Town eröffnet. Weithin sichtbares Highlight ist der mit 634 m weltweit höchste frei stehende Fernseh-

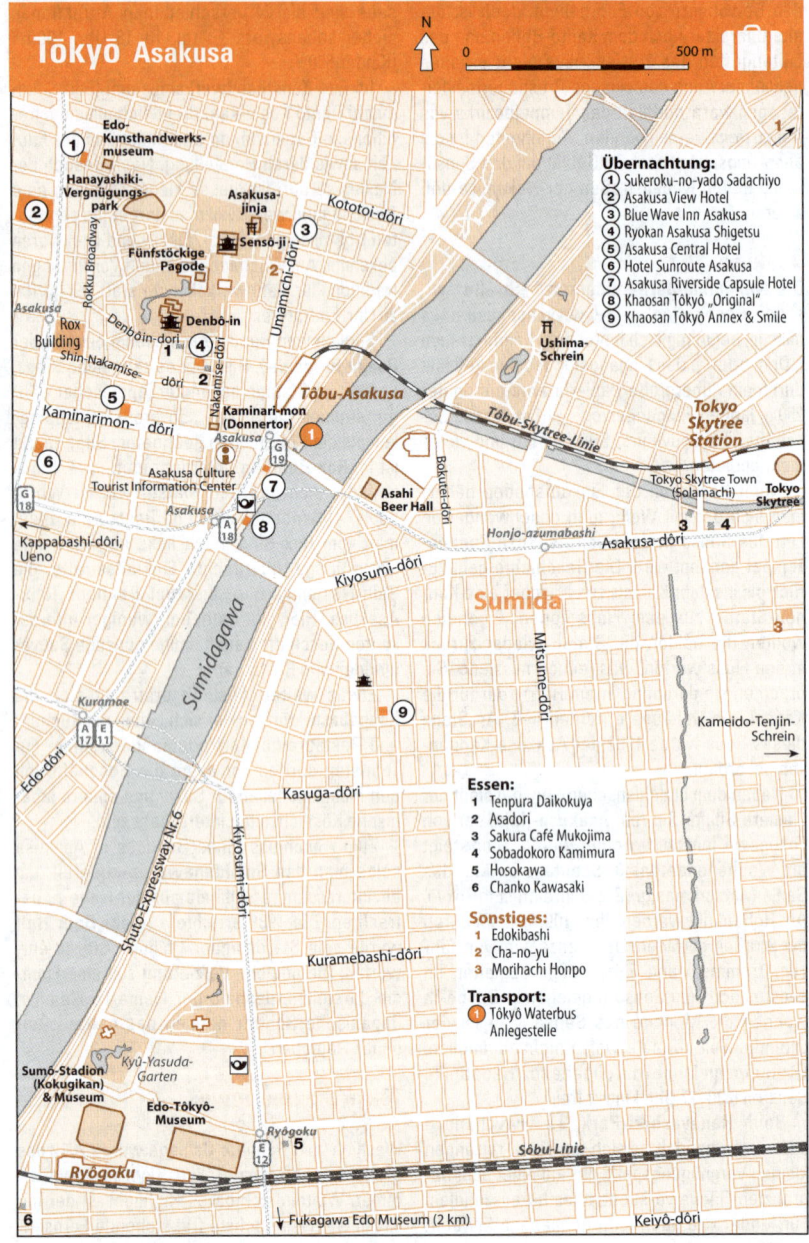

N

0   500 m

TŌKYŌ UND UMGEBUNG

Edo-Kunsthandwerks-museum

Hanayashiki-Vergnügungs-park

Rokku Broadway

Asakusa-jinja

Kototoi-dōri

Fünfstöckige Pagode

Sensō-ji

Umamichi-dōri

Asakusa

Rox Building

Denbō-dōri

Shin-Nakamise

Denbō-in

Nakamise-dōri

dōri

Kaminarimon-

dōri

Kaminari-mon (Donnertor)

Asakusa

Tōbu-Asakusa

Ushima-Schrein

Tokyo Skytree Station

Tōbu-Skytree-Linie

Asakusa Culture Tourist Information Center

Asahi Beer Hall

Bokutei-dōri

Tokyo Skytree Town (Solamachi)

Tokyo Skytree

Kappabashi-dōri, Ueno

Asakusa

Honjo-azumabashi

Asakusa-dōri

3   4

Kiyosumi-dōri

Sumida

3

Sumidagawa

Mitsume-dōri

Kameido-Tenjin-Schrein

Kuramae

Shuto-Expressway Nr. 6

Kasuga-dōri

Kiyosumi-dōri

Kuramebashi-dōri

Sumō-Stadion (Kokugikan) & Museum

Kyū-Yasuda-Garten

Edo-Tōkyō-Museum

Ryōgoku

Edo-dōri

5

Ryōgoku

Sōbu-Linie

6

↓ Fukagawa Edo Museum (2 km)

Keiyō-dōri

Übernachtung:
1 Sukeroku-no-yado Sadachiyo
2 Asakusa View Hotel
3 Blue Wave Inn Asakusa
4 Ryokan Asakusa Shigetsu
5 Asakusa Central Hotel
6 Hotel Sunroute Asakusa
7 Asakusa Riverside Capsule Hotel
8 Khaosan Tōkyō „Original"
9 Khaosan Tōkyō Annex & Smile

Essen:
1 Tenpura Daikokuya
2 Asadori
3 Sakura Café Mukojima
4 Sobadokoro Kamimura
5 Hosokawa
6 Chanko Kawasaki

Sonstiges:
1 Edokibashi
2 Cha-no-yu
3 Morihachi Honpo

Transport:
1 Tōkyō Waterbus Anlegestelle

turm **Tōkyō Skytree**, 🖥 www.tokyo-skytree.jp/ english, der den Tōkyō Tower um fast das Doppelte überragt. Bei klarem Wetter hat man von den beiden Aussichtsplattformen in 350 m und 450 m Höhe eine tolle Weitsicht bis Yokohama und zum Berg Fuji. Doch selbst wenn man nicht die Geduld zum mehrmaligen Anstehen für Ticketkauf und Fahrstühle aufbringt, lohnt ein Besuch im Einkaufsparadies **Solamachi**. In einem der 300 Geschäfte findet sich sicher ein passendes Souvenir. Technikfreaks besuchen vor 18 Uhr im 8F den **Tōkyō Skytree Town Campus**, eine kostenlose Dauerausstellung des Chiba Institute of Technology. 🕐 tgl 8–22 Uhr, Eintritt Aussichtsplattform auf 350 m 2060 ¥ und für die auf 450 m nochmals 1030 ¥.

Ryōgoku 両国

Das **Edo-Tōkyō Museum** (Edo-Tōkyō Hakubutsukan), 🖥 www.edo-tokyo-museum.or.jp/eng lish, ist durch sein markantes Gebäude bereits von der Plattform des Bahnhofs Ryōgoku aus unübersehbar. Für die äußere Form standen die früher üblichen, auf Stelzen erbauten Lagerhäuser Pate. Die maximale Höhe von 62 m entspricht ungefähr der Höhe der alten Edo-Burg. Das Museum ist über eine lange Rolltreppe zu betreten. Die Dauerausstellung ist in drei Hauptbereiche unterteilt: Die Edo-Zone widmet sich dem Lebensstil, dem Wirtschaftssystem und der Kultur der Edo-Zeit. In der Tōkyō-Zone geht es um die Wandlung von Edo zu Tōkyō durch den amerikanischen und europäischen Einfluss in Japan. Die Zeit während und nach dem Zweiten Weltkrieg wird ebenfalls betrachtet. Zu guter Letzt gibt die Geschichts-Zone einen schnellen Überblick über die Entwicklung von der Steinzeit bis in die Neuzeit. 🕐 Di–So 9.30–17.30, Sa 9.30–19.30 Uhr, 600 ¥.

Im **Sumō-Stadion Kokugikan** finden drei der jährlich sechs offiziellen Sumō-Wettkämpfe Japans statt. Diese werden auch im Fernsehen übertragen (Tōkyō Grand Sumō Tournament). Wer einmal live als Zuschauer dabeisein möchte, sollte sich vorab ein Ticket reservieren. Auskünfte gibt die Homepage der japanischen Sumō-Vereinigung auch auf Englisch: 🖥 www. sumo.or.jp/en. Alternativ bietet es sich an, das kleine **Sumō-Museum** zu besuchen. Dort be-

kommt man einen Überblick über mehrere Jahrhunderte Sumō-Geschichte. 🕐 Mo–Fr 10–16.30 Uhr, Eintritt frei. Während der Zeit der drei jährlichen Wettkämpfe hat das Museum auch am Wochenende geöffnet, ist dann aber nur den zahlenden Zuschauern zugänglich. Etwas Ruhe findet man hinter dem Sumō-Gelände im **Kyū-Yasuda-Garten**, der 1691 von einem Feudalherrn angelegt wurde.

Möchte man außerhalb der Zeiten offizieller Sumō-Wettkämpfe Sumō-Ringer in Aktion erleben, gibt es die Möglichkeit, in einem Sumō-Haus beim Morgentraining zuzuschauen. Bucht man dies über einen Tourveranstalter, kann man zusätzlich an einer Sumō-Mahlzeit teilnehmen.

Im **Fukagawa Edo Museum**, 🖥 www.kcf. or.jp/fukagawa, wurde ein Stadtteil im Edo-stil des 19. Jhs. originalgetreu aufgebaut. In einer Straßenzeile gibt es Läden, Lagerhäuser, einen Bootssteg und einen Feuerturm, während sich die Beleuchtung im Tagesrhythmus ändert. 🕐 tgl. außer 2. und 4. Mo 9.30–17 Uhr, 300 ¥. Das Museum liegt zwei Minuten vom U-Bahnhof Kiyosumi Shirakawa (Hanzōmon- und Ōedo-Linie) entfernt.

Kameido-Tenjin-Schrein 亀戸天神

Wer zwei weitere Stationen mit der Sōbu-Linie fährt, erreicht vom Nordausgang des Kameido-Bahnhofs in einer Viertelstunde den schön angelegten Kameido-Tenjin-ja, 🖥 www.kameido tenjin.or.jp/english. Dieser Schrein ist berühmt für seine Glyzinienblüte und eine Rundbogenbrücke.

Seit 1820 findet dort jedes Jahr am 24. und 25. Januar (ab 8.30 Uhr) das Schreinfest Usokae Shinji statt. *Uso* ist der japanische Name für den Dompfaff, heißt aber auch Lüge bzw. Unwahrheit, *kae* steht für Wechsel. Die Besucher bringen ihre Holzfigur eines Vogels vom Vorjahr zurück und kaufen eine neue. Man glaubt, durch dieses Ritual das Pech des letzten Jahres in eine Lüge zu verwandeln und es durch Glück im neuen Jahr zu ersetzen. Weitere Feste im Jahresverlauf sind das Pflaumenblütenfest (Ume Matsuri) von Mitte Februar bis Mitte März, das Fuji Matsuri von Mitte April bis Anfang Mai – Fuji hat hier nichts mit dem Berg zu tun, sondern bezieht sich auf die Glyzinienblüte – und das Chrysanthemenfest (Kiku-Matsuri) vom 4. Sonntag im Oktober bis zum 4. Sonntag im November. Das Hauptfest Kameido Tenjin Sai findet jährlich Ende August statt. Unglücklicherweise nur alle vier Jahre wird dieses Fest von einer großen Prozession begleitet. Die nächste steht 2018 an.

Ueno und Yanaka 上野・谷中

In diesen beiden Stadtvierteln ist das Flair des alten Tōkyō noch am ehesten erhalten geblieben. Ueno-Park, Tempel und Friedhöfe stehen im Kontrast zum geschäftigen Treiben in den engen Gassen um den Ueno-Bahnhof, der Tōkyō mit dem Norden Japans verbindet. Auf diesem großen Bahnhof kann man sich leicht verlaufen. Mit der Yamanote-Linie vom Tōkyō-Hauptbahnhof kommend, empfiehlt es sich daher, den Bahnsteig im hinteren Bereich des Zuges zu verlassen und dann den Shinobazu-Ausgang anzusteuern. Direkt unter der Eisenbahnbrücke donnert der Verkehr, doch betritt man nach etwa 50 m über zwei Steintreppen den mit Vogelgezwitscher erfüllten Ueno-Park.

Ueno-Park 上野公園

Die beste Jahreszeit, den Ueno-Park zu besuchen, ist zur Kirschblüte im April sowie zum Sommerfest, das jährlich zwischen Mitte Juli und Anfang August (zur Lotusblüte) gefeiert wird. Parallel findet zu diesen Zeiten ein Antikmarkt statt. Am Eingang des Ueno-Parks steht rechter Hand eine Statue des einflussreichen Samurai Saigō Takamori (S. 569). Sie soll an die letzte Schlacht zur Vernichtung des Tokugawa-Shogunats und Einsetzung der Meiji-Regierung 1868 erinnern. Am Ort dieses blutigen Gemetzels ließ Kaiser Meiji 1873 den Ueno-Park errichten. Die erste Anlaufstelle ist der auf einer Insel im See **Shinobazu-no-ike** gelegene Tempel **Benten-dō**, der zu Ehren der Gottheit Benten errichtet wurde. Während des Spaziergangs um den See fallen einem sofort die kitschig bunten **Tretboote** auf. Einige davon haben die Form eines riesigen Schwans. Eine 30-minütige Bootsfahrt kostet 600 ¥ bzw. (mit Schwanenboot) 700 ¥, ⏰ Do–Di 9–18 Uhr.

Der **Tōshō-gū** wurde 1627 zu Ehren von Tokugawa Ieyasu, dem Gründer des Tokugawa-Shogunats, errichtet. Er besticht durch sein Haupt-Torii sowie eine Vielzahl den Weg säumender Stein- und Bronzelaternen. Der Eintritt für den inneren Schreinbezirk und das Hauptgebäude beträgt 200 ¥. Während sich die 200 ¥ Eintritt für den Tōshōgū-Schrein lohnen, kann man dies vom **Ueno-Zoo** nur bedingt sagen. Mit Ausnahme der Pandabären handelt es sich um einen eher mittelmäßigen Zoo. ⏰ Di–So 9.30–16 Uhr, 600 ¥ (Kinder 200 ¥).

Das **Tōkyō Nationalmuseum** (Tōkyō Kokuritsu Hakubutsukan), 🖥 www.tnm.jp, ist zweifelsfrei eines der besten Museen in ganz Japan. Es besitzt die weltweit größte Sammlung asiatischer Kunst. Die Ausstellungsobjekte gehen weit zurück in die Erdgeschichte. Für die umfangreichen Sammlungen sollte man viel Zeit mitbringen. Neben der Dauerausstellung gibt es immer wieder interessante wechselnde Ausstellungen. ⏰ Di–So 9.30–17 Uhr (letzter Einlass 16.30 Uhr), 620 ¥.

Das **Kunstmuseum der Stadt Tōkyō** (Tōkyō-to Bijutsukan), 🖥 www.tobikan.jp, bietet wechselnde Ausstellungen zeitgenössischer japanischer Künstler. ⏰ Di–So 9.30–17.30 Uhr.

Im **Museum für Alltagskultur in Shitamachi** (Shitamachi Fūzoku Shiryōkan), 🖥 www.taitocity.net/taito/shitamachi, bekommt man einen guten Eindruck, wie die Menschen um die Jahrhundertwende in Tōkyō lebten. Dazu wurde unter anderem eine kleine Straßenszenerie aus der Taishō-Zeit nachgebildet. ⏰ Di–So 9.30–16.30 Uhr, 300 ¥.

Gegenüber dem Shinobazu-Ausgang am Ueno-Bahnhof befindet sich die **Ameyoko-dōri**, 🖥 www.ameyoko.net, die zwischen Bahnlinie und Häuserblock eingepfercht ist. Nach dem 2. Weltkrieg war hier ein Schwarzmarkt. Heute kauft man günstig Bekleidung, Taschen, Kosmetik, Lebensmittel wie frischen Fisch, Gewürze und allerlei Getrocknetes.

Etwas südwestlich vom Shinobazu-no-ike liegt der **Yushima-Tenjin**, 🖥 www.yushimatenjin.or.jp. Dieser Schrein ist Tenjin gewidmet, dem Gott des Lernens und der Wissenschaft. Zum Schrein kommen viele japanische Schüler, um dem Gott ein Opfer zu bringen, in der Hoffnung, an einer angesehenen Universität die Aufnahmeprüfung zu schaffen. Üblicherweise schreibt man seine Wünsche auf eine Holztafel (japa-

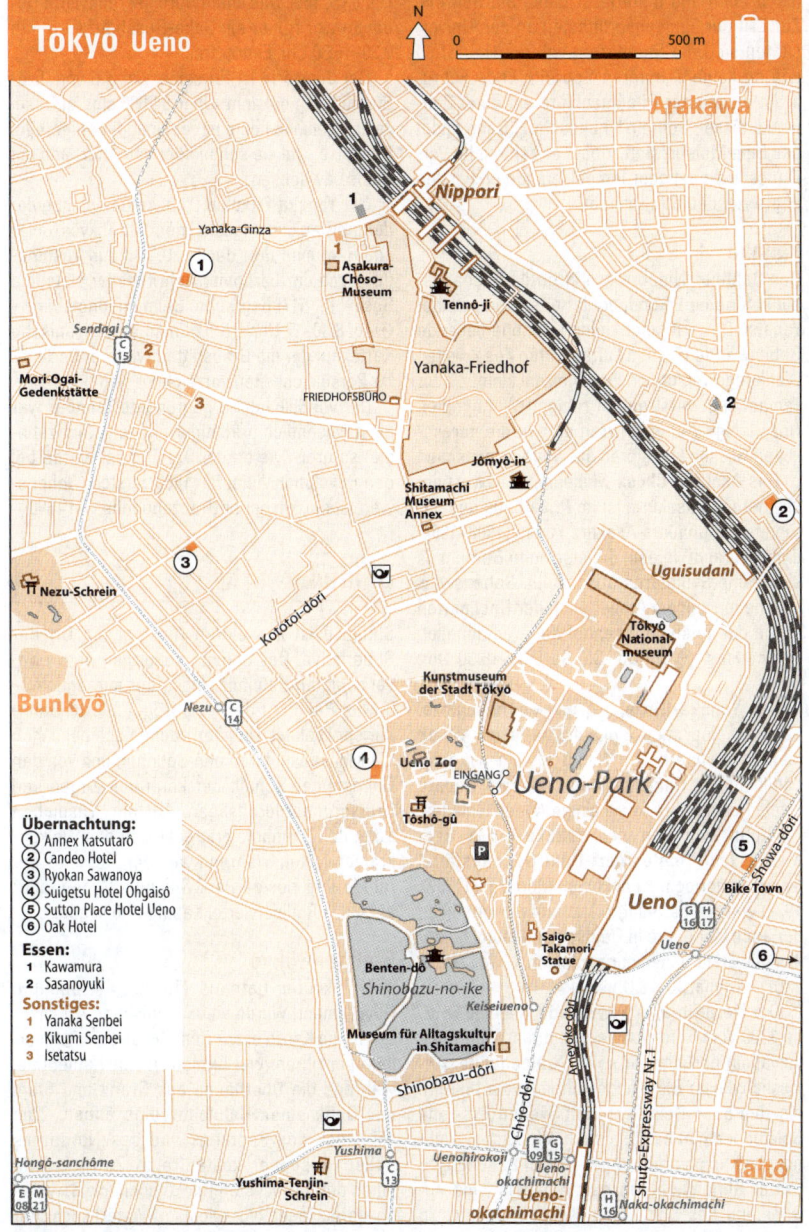

Arakawa

Nippori

Yanaka-Ginza

1

1

(1)

Asakura-Chōsō-Museum

Tennō-ji

Sendagi

C 15

2

Mori-Ogai-Gedenkstätte

3

Yanaka-Friedhof

FRIEDHOFSBÜRO

2

Jōmyō-in

Shitamachi Museum Annex

(3)

(2)

Uguisudani

Nezu-Schrein

Tōkyō National-museum

Kototoi-dōri

Kunstmuseum der Stadt Tōkyō

Bunkyō

Nezu   C 14

(1)   **Ueno Zoo**

EINGANG

Ueno-Park

Tōshō-gū

P

(5)   Snowa-dōri

Bike Town

Ueno

G 16   H 17

Ueno

(6)

Saigō-Takamori-Statue

Übernachtung:
(1) Annex Katsutarō
(2) Candeo Hotel
(3) Ryokan Sawanoya
(4) Suigetsu Hotel Ohgaisō
(5) Sutton Place Hotel Ueno
(6) Oak Hotel

Essen:
1 Kawamura
2 Sasanoyuki

Sonstiges:
1 Yanaka Senbei
2 Kikumi Senbei
3 Isetatsu

Benten-dō

Shinobazu-no-ike

Keiseiueno

Museum für Alltagskultur in Shitamachi

Shinobazu-dōri

Hongō-sanchōme

E 08   M 21

Yushima   C 13

Uenohirokoji

Chūo-dōri

E 09   G 15   Ueno-okachimachi

Yushima-Tenjin-Schrein

Ueno-okachimachi

Ameyoko-dōri

Shuto-Expressway Nr.1

H 19   Naka-okachimachi

Taitō

nisch *ema*) und hinterlässt diese am Schrein. Zur Zeit der Eingangsprüfungen an den Universitäten sind die Ständer so voll mit Holztafeln wie an keinem anderen Schrein. Ende Februar ist wegen der Pflaumenblüte ein guter Zeitpunkt, diesen Schrein zu besuchen. Dann findet das Ume Matsuri statt, wobei es zahlreiche Verkaufsstände auf dem Tempelgelände und in den angrenzenden Straßen gibt.

Yanaka 谷中

Der Bahnhof Nippori ist ein guter Ausgangspunkt für eine Erkundung der alten Tempelstadt Yanaka. Das auf einer kleinen Anhöhe liegende Gebiet wurde von den Luftangriffen des Zweiten Weltkriegs verschont. Eine Vielzahl kleiner, alter Tempel liegt verstreut im ruhigen Wohngebiet. Nur wenige Autos verirren sich in die verwinkelten Gassen und stören das Vogelgezwitscher.

Das **Asakura-Chōso-Museum**, 🖥 www.taito city.net/taito/asakura, ist im Privathaus des berühmten Bildhauers Asakura Fumio (1908–1964) untergebracht. In dem dreistöckigen Betonhaus sind seine Skulpturen ausgestellt. Sehenswert sind neben seinem Atelier auch der Dachgarten sowie der Teich im Innenhof des traditionellen Holzhauses. 🕐 Di–Do, Sa–So 9.30–16.30 Uhr, 500 ¥.

Die **Yanaka-Ginza**, 🖥 www.yanakaginza. com, ist eine enge Einkaufsstraße mit vielen kleinen Häusern. Dort gibt es vorwiegend Lebensmittel, Dinge für den täglichen Bedarf, kleine Restaurants sowie einige Andenkenläden.

Nicht weit von der Yanaka-Ginza liegt die 2012 eröffnete **Mori-Ōgai-Gedenkstätte**, 🖥 www.moriogai-kinenkan.jp. Mori Ōgai (1862–1922) war ein berühmter Arzt und Schriftsteller, der auch vier Jahre in Deutschland lebte. Leider sind die Erklärungen nur japanisch. 🕐 tgl. außer 4. Di im Monat 10–18 Uhr, 300 ¥.

Der **Nezu-jinja**, 🖥 www.nedujinja.or.jp, wurde 1706 vom 5. Tokugawa-Shōgun erbaut. Er ist vor allem berühmt für seine Azaleenblüte. Anlässlich dieser Blüte findet jährlich vom 14. April bis zum 5. Mai ein Fest statt. Neben Ess- und Spielbuden gibt es dann auch öffentliche, traditionelle Kampfvorführungen (Budō) zu sehen.

Das **Shitamachi Museum Annex** ist eine Außenstelle des Shitamachi-Kultur-Museums in Ueno (S. 168). Das altehrwürdige, renovierte Gebäude war früher ein Sake-Geschäft. 🕐 Di–So 9.30–16.30 Uhr, Eintritt frei.

Der **Jōmyō-in** ist für seine Vielzahl von Jizō-Steinfiguren bekannt. Über 84 000 sind auf dem Tempelgelände heute nebeneinander aufgereiht. Teilweise sind sie schon sehr verwittert und mit Moos bewachsen.

Der **Yanaka-Friedhof** (Yanaka Reien) ist einer der größten und ältesten Friedhöfe Tōkyōs; unter anderem sind dort der letzte Shōgun Yoshinobu sowie der berühmte Schriftsteller Natsume Sōseki (S. 517) begraben. Beim Friedhofsbüro – 🕐 tgl 8.30–17 Uhr – erhält man eine japanische Karte, auf der die Grabstätten weiterer berühmter Persönlichkeiten verzeichnet sind.

Der vor 500 Jahren gegründete **Tennō-ji** war einst wesentlich prächtiger und ungefähr zehnmal so groß wie heute. Der Tempel wurde bei den Revolutionskämpfen 1868 zerstört. Sehenswert ist ein 5 m hoher Bronzebuddha von 1690.

Shinjuku 新宿

Shinjuku ist in vielerlei Hinsicht ein Ort der Superlative. Das beginnt schon mit dem weitverzweigten Bahnhof selbst, der mit täglich 2–3 Mio. Pendlern der meistfrequentierte Bahnhof der Welt ist. Ununterbrochen schieben sich die Menschen durch den Bahnhof, und von den Bahnsteigen schallt der Lärm von Zügen und Lautsprecherdurchsagen. Auf der westlichen Seite des Bahnhofs erstreckt sich das Wolkenkratzerviertel, während auf der Ostseite der ruhige und riesige Park Shinjuku Gyoen, aber auch das Rotlichtviertel Kabuki-chō liegen.

Rathaus Tōkyō 東京都庁

Das Tokyoter Rathaus (Tōkyō Metropolitan Government) wurde vom japanischen Architekten Tange Kenzō entworfen. Die äußere Form erinnert mit ihren zwei Türmen an eine Kathedrale, während die Oberfläche aus Granit und Stahl der Optik eines Halbleiterchips ähnelt. Zum 45. Stock des Südturms und des Nordturms haben Besucher kostenfreien Zutritt sowie einen der herrlichsten Blicke über Tōkyō, wobei an klaren Tagen (vor allem im Winter) sogar der

Tōkyō Shinjuku

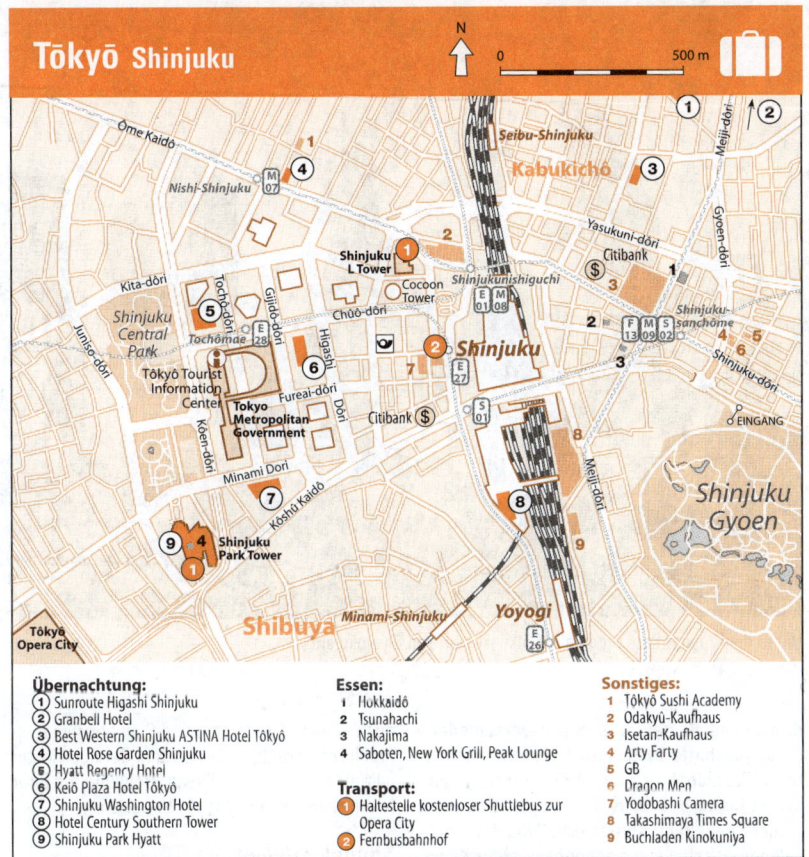

N
0   500 m

Übernachtung:
1. Sunroute Higashi Shinjuku
2. Granbell Hotel
3. Best Western Shinjuku ASTINA Hotel Tōkyō
4. Hotel Rose Garden Shinjuku
5. Hyatt Regency Hotel
6. Keiō Plaza Hotel Tōkyō
7. Shinjuku Washington Hotel
8. Hotel Century Southern Tower
9. Shinjuku Park Hyatt

Essen:
1. Hokkaidō
2. Tsunahachi
3. Nakajima
4. Saboten, New York Grill, Peak Lounge

Transport:
1. Haltestelle kostenloser Shuttlebus zur Opera City
2. Fernbusbahnhof

Sonstiges:
1. Tōkyō Sushi Academy
2. Odakyū-Kaufhaus
3. Isetan-Kaufhaus
4. Arty Farty
5. GB
6. Dragon Men
7. Yodobashi Camera
8. Takashimaya Times Square
9. Buchladen Kinokuniya

Fuji-san zu sehen ist. Die Öffnungszeiten beider Türme variieren, aber zwischen 9.30–23 Uhr ist immer mindestens einer der beiden Türme geöffnet. Nur zum Jahreswechsel (29. Dez–3. Jan) sind beide Aussichtsplattformen geschlossen.

Shinjuku Park Tower
新宿パークタワー

Der Shinjuku Park Tower wurde ebenfalls von Tange entworfen. Das Gebäude beherbergt auch das Hotel **Park Hyatt**, bekannt durch den Kinofilm *Lost in Translation*. Der Shinjuku Park Tower hat für jeden etwas zu bieten. Im Untergeschoss befinden sich normalpreisige Restau-

rants, während man im 52. Stock beim **New York Grill** die allerbeste Aussicht, allerdings mit entsprechend hohen Preisen hat. Ein guter Kompromiss ist es, einen Kaffee in der **Peak Lounge** im 41. Stock zu trinken. Außerdem sollte man dem **Living Design Center Ozone** einen Besuch abstatten. Neben traditionellen japanischen Einrichtungsgegenständen gibt es dort einen großen **Conran Shop**.

Tōkyō Opera City 東京オペラシティ

500 m vom Shinjuku Park Tower entfernt befindet sich die Tōkyō Opera City, 🖳 www.opera city.jp/en. Neben Theatern und Opernhaus sind

Hinter dem Yoyogi-Park ragen die Wolkenkratzer von Shinjuku auf.

dort einige Restaurants sowie verschiedene Modegeschäfte angesiedelt. Am sehenswertesten ist jedoch das **ICC (NTT Inter Communication Center)**, 🖥 www.ntticc.or.jp, eine recht modern gehaltene Kunstausstellung mit wechselnden Ausstellungen zeitgenössischer Künstler. Zusätzlich gibt es dort eine Dauerausstellung mit Hightechkunst zum Anfassen. ⏰ Di–So 11–18 Uhr, Eintritt zur Dauerausstellung frei. Wenn man nicht den ganzen Weg zum Shinjuku-Bahnhof zurücklaufen will, kann man einen kostenlosen Shuttlebus nutzen. Der Bus wartet am südlichen Ausgang des Shinjuku Park Tower und hält in Bahnhofsnähe vor dem Shinjuku L Tower.

Shinjuku L-Tower 新宿エルタワー

Im 28. Stock des L-Tower hat Nikon einen Ausstellungsraum, den **Nikon Salon**, 🖥 www.nikon-image.com/support/showroom/servicecenter/shinjuku, der nicht nur Fotografien zeigt, sondern auch Kameras, Fernrohre und Scanner zum Ausprobieren bereithält. Das dortige Service-Center hilft auch Touristen, falls sie Probleme mit ihrer Nikon-Kamera haben. ⏰ 10.30–18.30 Uhr.

Shinjuku Gyoen 新宿御苑

Tōkyōs grüne Lunge bietet zu jeder Jahreszeit Erholung vom lauten und hektischen Großstadtleben. Die weitläufige Parkanlage umfasst neben einem traditionellen Japangarten auch Gärten im europäischen Stil sowie weitläufige Rasenflächen, auf denen sich Familien mit Kindern vergnügen und Rentner im Schatten der Bäume dem Vogelgezwitscher lauschen. 🖥 www.env.go.jp/garden/shinjukugyoen, ⏰ Di–So 9–16.30 Uhr, 200 ¥.

Ghibli Museum
三鷹の森 ジブリ美術館

Ein absolutes Muss für Fans der Zeichentrickfilme von Miyazaki Hayao ist das Ghibli Museum,

© AXEL SCHWAB

www.ghibli-museum.jp. Berühmt wurde Miyazaki in Deutschland mit seinen Filmen *Prinzessin Mononoke* und *Chihiros Reise ins Zauberland*. Weitere unter Anime-Fans längst bekannte Filme sind *Nausicaä aus dem Tal der Winde*, *Mein Nachbar Totoro* und *Kikis kleiner Lieferservice*. Sehenswert sind einige Originalmodelle und -entwürfe, das Saturn-Kino und Miyazakis altes Designstudio. Auf dem Dach ist ein riesiger Roboter aus dem Film *Ein Schloss im Himmel* zu bewundern, vor dem Schulklassen gerne zum Gruppenfoto posieren. Kinder werden vom riesigen Katzenbus aus Plüsch aus *Totoro* begeistert sein. Wegen des immer noch großen Andrangs auf das 2001 eröffnete Museum ist die tägliche Zahl der Eintrittskarten, die man nur im Voraus über die *konbini*-Kette Lawson kaufen kann, begrenzt. Die Tickets geben außerdem eine bestimmte Eintrittszeit vor.

Das Museum liegt etwas außerhalb des Stadtzentrums, ist aber mit der Chūō-Linie von Shinjuku aus in 20 Minuten Zugfahrt und 15 Minuten Fußweg gut zu erreichen. Die vom Museum vorgeschlagene Route geht über den Bahnhof Mitaka; von dort besteht auch eine Busverbindung. Schöner ist es jedoch, vom Bahnhof Kichijō-ji aus durch den Inokashira-Park zu laufen. Der Weg durch den Wald versetzt Besucher bereits in die richtige Stimmung und erinnert ein wenig an den *Totoro*-Film. ⏰ Mi–Mo 10–18 Uhr, 1000 ¥ (Kinder 4–6 J. 100 ¥, 7–12 J. 400 ¥, 13–18 J. 700 ¥).

Harajuku und Shibuya
原宿・渋谷

Harajuku und Shibuya sind bei japanischen Jugendlichen sehr beliebte Treffpunkte. Dabei ist Harajuku noch etwas abgedrehter als Shibuya, was man vor allem auch am Outfit man-

Ein Bummel durch Harajuku

Die sogenannte **Killer Street** ist eine Mischung aus Galerien, Boutiquen, stylischen Restaurants und Wohnanlagen. Besonders zu empfehlen ist das **Watarium Museum**, ein Museum für zeitgenössische Kunst, das sich kurz nach dem Einbiegen in die Killer Street befindet, ⌨ www.watarium.co.jp, ⏲ Di–So 11–19 Uhr, Mi 11–21 Uhr, 1000 ¥. Über die **Cat Street** nähert man sich langsam dem verrückten Harajuku, wie man es weit über seine Grenzen hinaus kennt. Die Cat Street bietet kleinere Geschäfte und coole Cafés in einer relativ ruhigen Umgebung. In früheren Zeiten war diese Straße ein Bach, der nun kanalisiert ist. Abschließend biegt man nach rechts in die **Takeshita-dōri** ein, wo das „originale Harajuku" mit seinen verrückten Kids und total ausgeflippten Modeläden angesiedelt ist und neue Trends erzeugt und verbreitet werden. Früher gaben sich hier viele Livebands ihr Stelldichein, was heute nur noch sehr vereinzelt zu sehen ist. Umso interessanter sind dagegen die Kostüme mancher Mädchen, die sich wie ihre Comic-Idole verkleiden.

cher Passanten erkennen kann. Cosplay ist das Wochenendvergnügen einer kleinen Gruppe von Japanerinnen und Japanern, und die Straßen von Harajuku sind ihre Bühne.

Meiji-Schrein 明治神社

Der von einem Wald umgebene Meiji-Schrein wurde 1920 zu Ehren von Kaiser Meiji und seiner Frau Shōken errichtet. Am Eingang der Anlage wird man vom ersten Tor, **Ichi-no-Torii**, begrüßt. Das Originalgebäude des Schreins wurde 1945 durch einen Luftangriff zerstört und 1958 wieder im gleichen Stil aufgebaut. Als Baumaterial wurde vorwiegend japanisches Zypressenholz verwendet. Das ganze Jahr über gibt es verschiedene Veranstaltungen und Feste. Die aktuellen Termine kann man auf der Homepage des Schreins einsehen, ⌨ www.meijijingu.or.jp/english, ⏲ nur bei Tageslicht, im Sommer bis 18.30, im Winter bis 16 Uhr. Der meiste Betrieb herrscht zu Neujahr: In der Silvester-

nacht begeben sich Japaner nach Mitternacht zum Schrein, um für Glück im neuen Jahr zu beten. Anfang Juni lohnt es sich, den **Irisgarten** vorbeizusehen. Optional kann man ein Stück in nördliche Richtung weiter wandern. Dort befindet sich das weniger interessante **Schatzhaus** (Hōmotsuden), das Besitztümer des Meiji-Kaiserpaares ausstellt. Es ist nur am Wochenende, an Feiertagen und während der Schreinfeste von 9–16 Uhr zugänglich, 500 ¥.

Yoyogi-Park 代々木公園

Der Yoyogi-Park ist der größte Park in Tōkyō. Er wurde auf dem Gelände errichtet, wo 1964 ein Großteil der Olympischen Spiele abgehalten wurde. Er ist einer der wenigen Parks in Tōkyō, in denen das Betreten der Grünflächen erlaubt ist, was zu einem Picknick einlädt. Am südlichen Ende befinden sich zwei der von Tange Kenzō entworfenen Stadien. Das National Yoyogi Stadium wird im Sommer unter anderem als Schwimmbad und im Winter zum Eislaufen genutzt.

Omote Sandō 表参道

Vor dem Park- und Schreingelände liegt die Straße Omote Sandō, was übersetzt „Straße vor dem Schrein" heißt. An dieser Straße reihen sich einige exklusive Läden, Restaurants sowie Cafés aneinander. Dank des breiten Gehwegs und der vielen Bäume, die im schwülheißen Sommer Schatten spenden, ist dies eine bevorzugte Einkaufsmeile. Sehenswert ist der Komplex **Omote Sandō Hills**, ⌨ www.omotesandohills.com/english. Die vom berühmten Architekten Andō Tadao entworfenen Gebäude beherbergen Shops für Mode, Lifestyle, Einrich-

Earth Day Market

Einmal im Monat findet an einem Sonntag in der Keyaki-dōri beim Yoyogi-Park der **Earth Day Market**, ⌨ www.earthdaymarket.com (nur Japanisch), statt. Neben Gemüse und Obst, das von lokalen Bauern selbst verkauft wird, sind auch Handwerker, Künstler, NPOs und Recycling-Initiativen vertreten. ⏲ 10–16 Uhr.

© AXEL SCHWAB

Der Meiji-Schrein am frühen Morgen

tung und Kunst sowie trendige Cafés und Restaurants. Am südlichen Ende befindet sich der sogenannte Dōjun Wing. Hier wurde ein Teil der 1927 erbauten Dōjunkai Aoyama Apartments erhalten, die sich ehemals über die gesamte Front der heutigen Omotesandō Hills erstreckten.

Kunstliebhaber besuchen das kleine **Okamoto Tarō Museum** im ehemaligen Wohnhaus des Künstlers (1911–1996), 🖥 www.taro-okamoto.or.jp, ⏰ Mi–Mo 10–18 Uhr, 600 ¥. Eines seiner größten Gemälde ist aber auch kostenfrei am Bahnhof Shibuya im Übergang zwischen den JR-Linien und der Inokashira-Linie (2F) zu bewundern.

Das **Ōta Ukiyo-e Museum**, 🖥 www.ukiyoe-ota-muse.jp, zeigt die private Holzschnittsammlung von Ōta Seizō. ⏰ Di–So 10.30–17.30 Uhr, 700 ¥, Sonderausstellungen 1000 ¥.

Neben ausgezeichneten Ausstellungen alter asiatischer Kunst ist das **Nezu-Museum**, 🖥 www.nezu-muse.or.jp/en, wegen seines traditionellen japanischen Gartens und der modernen, zeitlosen Architektur einen Besuch wert. ⏰ Di–So 10–17 Uhr, 1000 ¥, Sonderausstellungen 1200 ¥.

Shibuya 渋谷

Stößt man vom nordwestlichen Hachikō-Ausgang in das Getümmel auf dem Bahnhofsvorplatz, steuert man direkt auf den beliebten Treffpunkt an der bronzenen Statue des Hundes **Hachikō** zu. Dieser Hund lebte Anfang des 20. Jhs. und holte jeden Tag sein Herrchen, einen Universitätsprofessor, vom Bahnhof ab. Nachdem der Professor starb, ging der treue Hund weiterhin jahrelang jeden Tag zur üblichen Zeit zum Bahnhof Shibuya und wartete auf sein Herrchen. Dem treuen Hund zu Ehren wurde 1934 dieses Denkmal errichtet.

Entlang der **Kōen-dōri** (übersetzt „Parkstraße"), 🖥 www.koen-dori.com, befinden sich Modeboutiquen und mehrere Gebäude des **PARCO-Kaufhauses**. Diese gehören, wie das **Seibu Department Store** an der Ecke, zur Eisenbahngesellschaft Seibu. In der engen Straße **Center Gai**, 🖥 www.center-gai.jp, reihen sich Kleider-, Musikläden und Videospielhöllen aneinander. Neben der Takeshita-dōri in Harajuku ist auch diese Straße eine Brutstätte neuer Trends. Beobachtet man für eine Weile die Passanten, lässt sich immer wieder ein extravagantes Outfit entdecken.

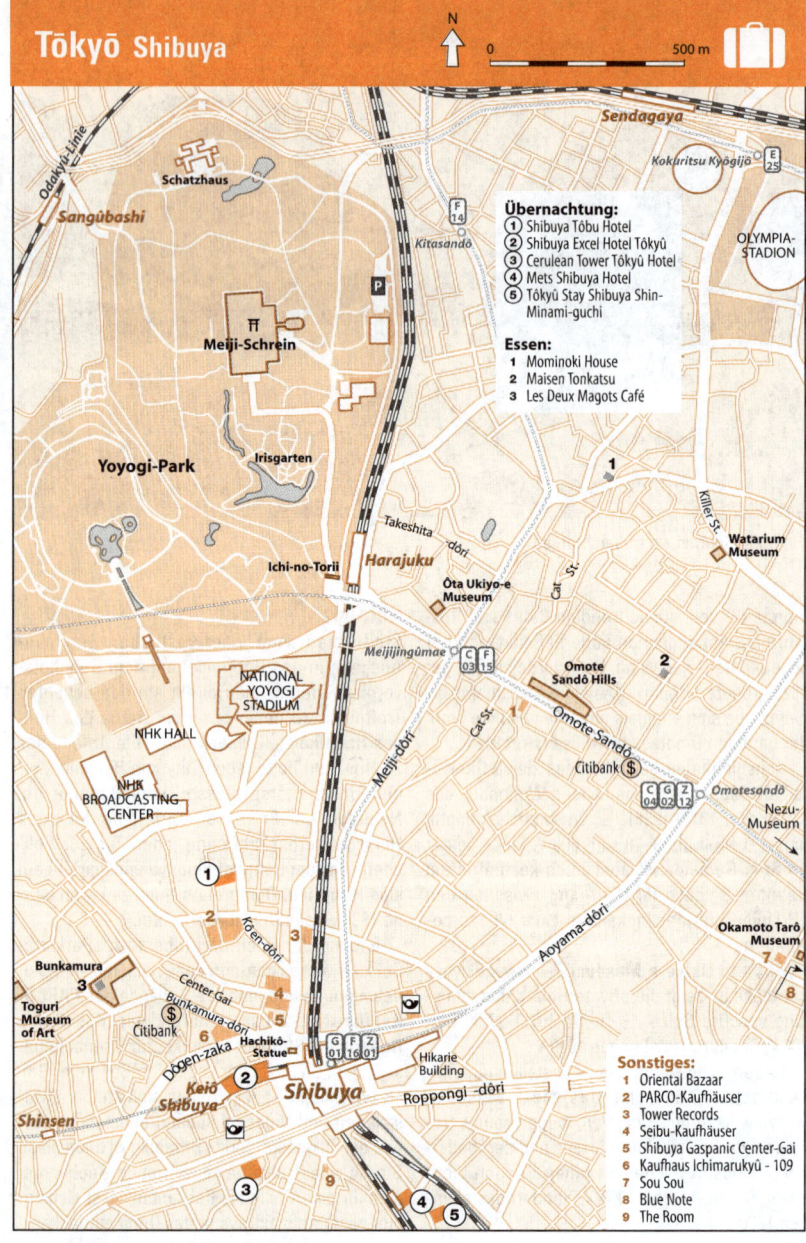

N
0   500 m

TŌKYŌ UND UMGEBUNG

Sendagaya

Odakyū-Line

Schatzhaus

Sangūbashi

Kokuritsu Kyōgijō E 25

OLYMPIA-
STADION

F 14

Kitasandō

Übernachtung:
1 Shibuya Tōbu Hotel
2 Shibuya Excel Hotel Tōkyū
3 Cerulean Tower Tōkyū Hotel
4 Mets Shibuya Hotel
5 Tōkyū Stay Shibuya Shin-
  Minami-guchi

Meiji-Schrein

P

Essen:
1 Mominoki House
2 Maisen Tonkatsu
3 Les Deux Magots Café

Irisgarten

Yoyogi-Park

1

Killer St.

Watarium
Museum

Takeshita -dōri

Ichi-no-Torii   Harajuku

Ōta Ukiyo-e
Museum

Cat St.

Meijijingūmae C 03 F 15

Omote
Sandō Hills

2

NATIONAL
YOYOGI
STADIUM

Omote Sandō

Cat St.

NHK HALL

Meiji-dōri

Citibank $

G 04 Z 02 12

Omotesandō

Nezu-
Museum

NHK
BROADCASTING
CENTER

Okamoto Tarō
Museum

1

Kō-en-dōri

2

3

7

8

Aoyama-dōri

Bunkamura

Center Gai

3

4

Toguri
Museum
of Art

Bunkamura-dōri

$
Citibank

5

6

Hachikō-
Statue

G 03 F 16 Z 01

Hikarie
Building

Dōgen-zaka

2

Keiō
Shibuya

Shibuya

Roppongi -dōri

Shinsen

3

9

4   5

Sonstiges:
1 Oriental Bazaar
2 PARCO-Kaufhäuser
3 Tower Records
4 Seibu-Kaufhäuser
5 Shibuya Gaspanic Center-Gai
6 Kaufhaus Ichimarukyū - 109
7 Sou Sou
8 Blue Note
9 The Room

Das **Toguri Museum of Art** (Toguri Bijutsukan) 🖥 www.toguri-museum.or.jp, richtet sich an Liebhaber von altem bemaltem Porzellan, das in zwei Räumen im oberen Stockwerk ausgestellt wird. ⏰ Di–So 10–17 Uhr, 1000¥.

Das Kulturzentrum **Bunkamura**, 🖥 www.bunkamura.co.jp/english, beherbergt eine große Konzerthalle (2000 Sitze), das Cocoon-Theater, das exzellente Bunkamura-Kunstmuseum, ein Kino, verschiedene Geschäfte, Restaurants und Cafés. Hervorzuheben sind die Kunstbuchhandlung Nadiff Modern sowie das Les Deux Magots Café – beide vom französischen Innenarchitekten Jean-Michel Wilmotte gestaltet.

Auf dem Rückweg zum Bahnhof über die Bunkamura-dōri führt rechter Hand die Straße **Dōgen-zaka** hinauf zum gleichnamigen Hügel mit einer großen Anzahl von Love-Hotels.

Die östliche Seite des Bahnhofs ist seit Fertigstellung des großen **Hikarie Buildings**, 🖥 www.hikarie.jp, stark im Aufwind begriffen. Dort lohnt ein Besuch im **d47 Museum** und **d47 Design Travel Store** (Design und Alltagskunst) sowie in der Holzpuppen-Ausstellung **Puppet Master** (alle im 8F). Von der **Sky Lobby** (11F) hat man eine gute Sicht auf die berühmte Shibuya-Kreuzung und die Skyline von Shinjuku. ⏰ tgl. 10–21 Uhr.

Der Süden Tōkyōs 東京南部

Viele Reiseführer gehen über den südlichen Teil von Tōkyō hinweg, doch gibt es hier einiges Interessantes zu sehen. Gerade das Gebiet um den Bahnhof Shinagawa hat sich in den letzten Jahren sehr positiv verändert.

Ebisu 恵比寿
Über den Ostausgang des Bahnhofs Ebisu gelangt man direkt zum **Skywalk**, der an ein Flughafenlaufband erinnert und den weiten Weg zum **Ebisu Garden Place**, 🖥 www.gardenplace.jp, verkürzt. An der Stelle des Ebisu Garden Place war früher das Industrieareal der Bierbrauerei Yebisu beheimatet. Nun befinden sich dort unter anderem die Zentralverwaltung der Sapporo-Brauerei, ein Einkaufszentrum von Mitsukoshi, ein Kino, zahlreiche

Restaurants und sogar eine große Bierhalle sowie einige Museen.

Fährt man im **Garden Place Tower** mit dem Fahrstuhl bis zum 37. oder 38. Stockwerk, kann man eine kostenlose Aussicht über Tōkyō genießen. Eine reiche Auswahl unterschiedlichster Restaurants lädt zum längeren Verweilen ein.

Ein etwas kurioses Museum ist das **Biermuseum** von Yebisu, 🖥 www.sapporobeer.jp/yebisu/museum. Hier geht es nur um Bier und die Geschichte der Yebisu-Brauerei. Zwar ist der Eintritt frei, die Bierprobe ist aber leider nicht gratis. ⏰ Di–So 11–19 Uhr, Einlass bis 18.30 Uhr.

Das gut ausgestattete **Museum für Fotografie** (Tōkyō-to Shashin Bijutsukan), 🖥 www.syabi.com, widmet sich ganz der Fotografie und lockt das fotobegeisterte Publikum mit ausgezeichneten, immer wieder wechselnden Ausstellungen an. Geboten wird ein breites Spektrum von historischen Aufnahmen aus den Anfängen der Fotografie in Japan über international anerkannte Fotografen bis hin zu modernster Computer- und Videokunst. ⏰ Di–So 10–18 Uhr, Do–Fr 10–20 Uhr, wechselnder Eintritt.

Daikan'yama 代官山
Daikan'yama ist nicht nur ein exklusives Wohnviertel um den gleichnamigen Bahnhof mitten in Tōkyō, sondern auch ein Stadtteil, der viele edle Modegeschäfte und Designerstores beheimatet. Daneben gibt es kleine Kunstgalerien und Musikläden. Bei einem Spaziergang durch Daikan'yama kommt man zunächst zur Hachiman-dōri. Hier sind die neueren Einkaufskomplexe **Daikan'yama Place**, **Daikan'yama Address** und **La Fuente** beheimatet. Danach bietet es sich an, ein paar kleine Seitenstraßen zu durchstreifen, um das besondere Flair dieses Viertels besser zu spüren. Abschließend lohnt ein Bummel durch die breite Kyū-Yamate-dōri. Am berühmtesten ist seit 1969 über einen Zeitraum von 30 Jahren entstandenen Gebäude der **Hillside Terrace**, 🖥 www.hillsideterrace.com. Sie wurden vom Architekten Maki Fumihiko entworfen. Neben Geschäften, Cafés und Restaurants sind hier auch einige Galerien angesiedelt. Etwas weiter die Kyū-Yamate-dōri entlang kommt man zum Straßencafé **Caffè Michelangelo** mit französischem Flair. Hier trifft

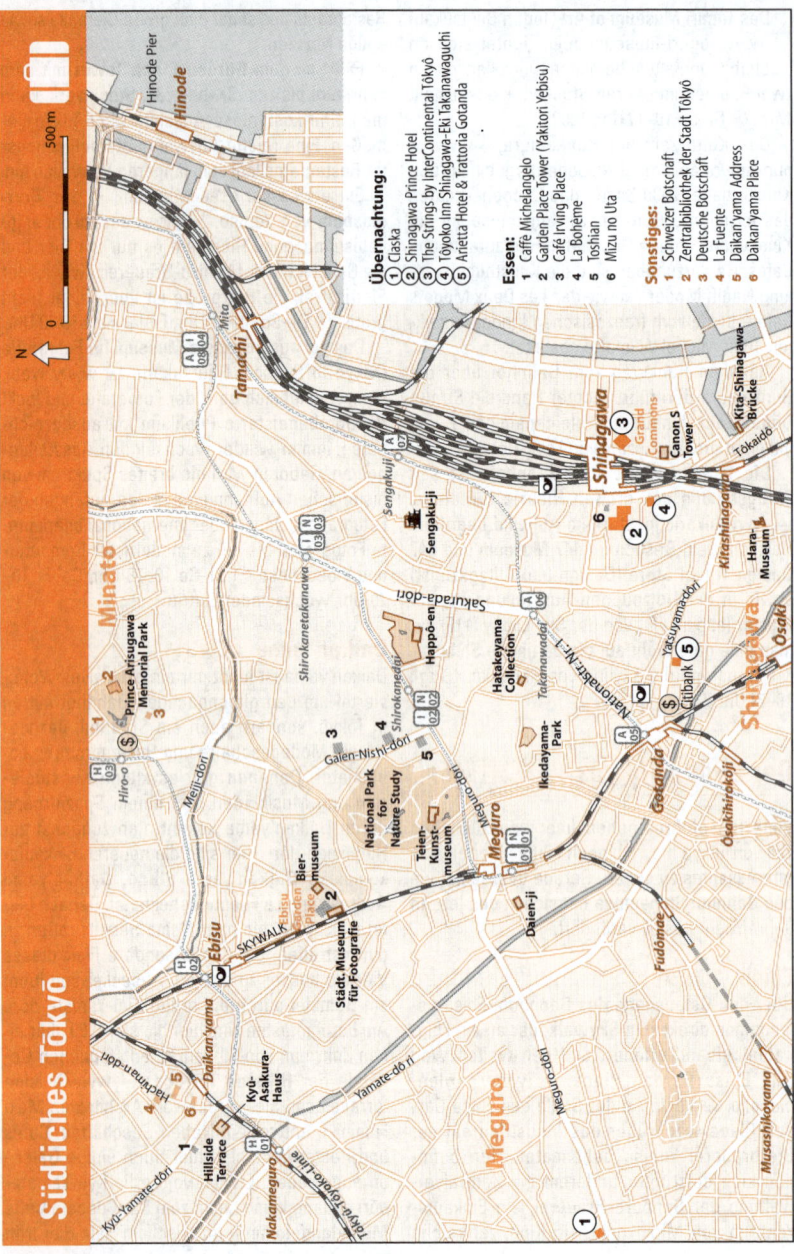

Südliches Tōkyō

500 m

N

Übernachtung:
1. Claska
2. Shinagawa Prince Hotel
3. The Strings by InterContinental Tōkyō
4. Toyoko Inn Shinagawa-Eki Takanawaguchi
5. Arietta Hotel & Trattoria Gotanda

Essen:
1. Caffè Michelangelo
2. Garden Place Tower (Yakitori Yebisu)
3. Café Irving Place
4. La Bohème
5. Toshian
6. Mizu no Uta

Sonstiges:
1. Schweizer Botschaft
2. Zentralbibliothek der Stadt Tōkyō
3. Deutsche Botschaft
4. La Fuente
5. Daikan'yama Address
6. Daikan'yama Place

sich die Schickeria von Tōkyō. Sehen und gesehen werden heißt das Motto. Ein Ort der Ruhe ist das etwas versteckte **Kyū-Asakura-Haus** (Kyū Asakura-ke Jūtaku), 🖳 www.city.shibuya.tokyo.jp/est/asakura.html, ein wichtiges kulturelles Denkmal aus der Taishō -Zeit. Das Haus liegt in einem hübsch angelegten Garten. ⏱ Di–So 10–16.30 Uhr, 100 ¥.

Meguro 目黒

Vom Meguro-Bahnhof gelangt man nach 600 m Fußweg entlang der Meguro-dōri zu einer großen, umzäunten Parkanlage. Darin befindet sich das **Teien-Kunstmuseum**, 🖳 www.teien-art-museum.ne.jp. Einst wohnte hier Prinz Asaka. Er hatte mit seiner Frau (Prinzessin Nobuko, 8. Tochter des Kaisers Meiji) Europa bereist und sogar drei Jahre in Paris gelebt. Beeindruckt vom Art-déco-Stil ließ er sich 1933 eine prunkvolle Villa in diesen schön gelegenen Park bauen. Entworfen wurde die Villa vom Franzosen Henri Rapin. Teile des Innenausbaus wurden extra von Frankreich eingeführt. Weil aber das kaiserliche Hofamt die Planung und Innenausstattung durchführte, ist das Gebäude bemerkenswert für seine Kombination von Stilelementen des Art déco mit traditioneller japanischer Architektur. Seit 1983 dient das Gebäude als Raum für verschiedene wechselnde Kunstausstellungen. Ein Besuch lohnt schon allein wegen der schönen Parkanlage mit See und japanischem Garten. Nach langer Renovierung wurde das Museum im November 2014 wiedereröffnet. ⏱ tgl. 10–18 Uhr. Der Eintritt variiert je nach Ausstellung. Das Museum wurde um einen neuen Anbau mit zusätzlicher Ausstellungsfläche, einem modernen Café sowie einem Museumsshop erweitert.

50 m weiter liegt der Eingang des **National Park for Nature Study** (Fuzoku Shizen Kyōikuen), 🖳 www.ins.kahaku.go.jp. Einst war Tōkyō ein Urwald – irgendwie so fängt wohl die Stadtgeschichte an, und hier ist tatsächlich das einzige Stück Wald in seiner ursprünglichen und wenig vom Menschen beeinflussten Form erhalten geblieben. Das 200 000 m² große, zum National Science Museum gehörige Gebiet dient Studienzwecken und ist Naturfreunden gegen Zahlung eines Eintrittsgeldes zugänglich. Es gibt

dort über 8000 Bäume, von denen einige bis zu 500 Jahre alt sind. Die Anzahl der Besucher, die sich gleichzeitig im Park aufhalten dürfen, ist auf 300 begrenzt. Auf dem Gelände gibt es neben viel Wald einen See, Tümpel und Moore. ⏱ Di–So 9–16.30 Uhr (Mai–Aug 9–17 Uhr), 310 ¥.

Keine 200 m vom Eingang des Parks entfernt beginnt die **Gaien-Nishi-dōri**. Die von viel Grün umgebene, breite Straße mit Modeboutiquen, exklusiven Restaurants und Cafés zieht sich 4 km lang über Hiro-o und Aoyama bis nach Shinjuku. Bei gutem Wetter kann man teilweise in Straßencafés sitzen und das Geschehen beobachten. Gerade am Wochenende bestimmen hier teure Nobelkarossen das Bild.

Rund 200 m westlich vom Bahnhof Meguro befindet sich der 1624 erbaute **Daien-ji**. Weil im Tempel 1772 ein Feuer ausbrach, das ein Drittel von Edo in Schutt und Asche legte, durfte der Tempel erst 1848 wieder aufgebaut werden. Die Sehenswürdigkeiten des Tempels sind 519 Steinstatuen Buddhas und seiner Schüler, die zur Buße für das ausgebrochene Feuer errichtet wurden. Keine der Statuen gleicht der anderen. Außerdem gibt es eine hölzerne Buddhastatue von Shaka Nyorai, die aber nur bei speziellen Anlässen (wie zum Jahresanfang) gezeigt wird. ⏱ 9–17 Uhr, Eintritt frei.

Shinagawa 品川

Vor der Industrialisierung Japans war Shinagawa eine Vorstadt von Tōkyō und zugleich die erste Poststation auf dem **Tōkaidō**, dem Handelsweg nach Ōsaka. Solch eine Poststation zeichnete sich durch eine Anzahl von Herbergen und Kaufläden aus, weshalb es hier bis heute viele Hotels gibt. Am östlichen Bahnhofsausgang (Kōnan Exit) ist durch zahlreiche Neubauprojekte eine moderne und geschäftige Bürostadt mit dem Namen **Grand Commons** entstanden. Im **Canon S Tower** ist die Vertriebszentrale des bekannten Drucker- und Fotoherstellers untergebracht. Im unteren Stockwerk zeigt die Canon Gallery wechselnde Fotografie-Ausstellungen. Für Technikfreaks dürfte die Canon Plaza sehr interessant sein: Hier kann man die aktuellen Produkte ausgiebig testen. ⏱ Canon Gallery und Canon Plaza Mo–Sa 10–17.30 Uhr, Eintritt frei.

Von der Kita-Shinagawa-Brücke aus blickt man auf alte Holzhäuser.

Die alte Stadt Shinagawa lag etwa 1 km südlich des heutigen Bahnhofs, und obwohl sich das Stadtbild durch viele Neubauten gewandelt hat, ist dort bis heute die Atmosphäre der guten alten Zeit zu spüren. Von der **Kita-Shinagawa-Brücke**, die sich über einen leicht modrigen Kanal spannt, blickt man auf Fischerboote und Reihen alter Holzhäuser. Es heißt, dies sei eine der schönsten Aussichten in Shinagawa. Selbst der alte Tōkaidō besteht in Abschnitten heute in seiner Originalbreite, während er teilweise von den verschiedensten Läden gesäumt wird.

Das **Hara-Museum**, 🖵 www.haramuseum. or.jp, widmet sich seit über 25 Jahren der zeitgenössischen Kunst. Das in einem ruhigen Wohngebiet liegende Museumsgebäude wurde 1938 als Privathaus in Anlehnung an den Bauhausstil errichtet. Außer der ständigen Sammlung gibt es Ausstellungen verschiedenster Künstler, die alle ein bis zwei Monate wechseln. Neben einem ansprechend dekorierten Museumsshop ist zusätzlich ein schönes Gartencafé vorhanden. 🕐 Di und Do–So 11–17, Mi 11–20 Uhr, 1100 ¥.

Sengaku-ji 泉岳寺

Der Bahnhof Sengakuji liegt an den Linien Toei-Asakusa und Keihin-Kyūkō. Berühmt geworden ist dieser buddhistische Tempel durch die Geschichte der 47 *rōnin*, eine der bekanntesten Samuraigeschichten überhaupt. Es war 1701, als der temperamentvolle Asano, der junge Fürst von Akō (bei Kōbe), wegen einer Kränkung in der Burg von Edo sein Schwert gegen den Fürsten Kira zog. Da das Ziehen eines Schwertes in der Burg von Edo eine Verletzung des Hofprotokolls darstellte, wurde er zum Tode durch *seppuku* (rituelle Selbsttötung durch Bauchaufschlitzen) verurteilt. Durch diesen Vorfall wurden die Gefolgsleute von Asano zu herrenlosen Samurai *(rōnin)*, die ihre Ehre nur durch Ermordung von Fürst Kira wiederherstellen konnten. Um diesen in Sicherheit zu wiegen, zerstreuten sich die 47 *rōnin* in alle Winde und lebten fast zwei Jahre lang ein lasterhaftes Leben. Dann fanden sie sich wieder zusammen, um Fürst Kira zu töten, der inzwischen gar nicht mehr mit einem Angriff rechnete. Den abgeschlagenen Kopf brachten die Samurai ans Grab von Asano – die Ehre war wieder hergestellt. Die 47 *rōnin* wurden zum Tod verurteilt und begingen rituellen Selbstmord. Im Sengaku-ji befindet sich die Grabstätte von Fürst Asano samt seinen treuen 47 Samurai. 🖵 www.sengakuji. or.jp, 🕐 tgl. 7–18 Uhr.

Shirokanedai 白金台

Einer der schönsten japanischen Gärten im Herzen Tōkyōs ist der **Happō-en**, ☎ 03-3443-3111, 🖥 www.happo-en.com/english, nahe dem U-Bahnhof Shirokanedai. Der Garten gehört zum Happō-en Yōkan, das neben Restaurants schwerpunktmäßig Hochzeiten betreibt. Jedes Jahr im Oktober wird hier das Tōkyō Oktoberfest veranstaltet. Es gibt außerdem oberhalb des Teiches ein historisches Teehaus, wo man auch ohne Voranmeldung für 860 ¥ einen *matcha* mit Süßigkeit bekommt. Es lohnt sich, den schön gestalteten Garten, den Teich mit vielen Koi-Karpfen und vor allem die alten Bonsai in aller Ruhe zu erkunden und zum krönenden Abschluss einen *matcha* im Teehaus Muan einzunehmen oder eines der beiden Restaurants zu besuchen. Sollte man am Eingang gefragt werden, wohin man möchte, antwortet man am besten „zum Teehaus Muan". ⏰ tgl. 11.30–22 Uhr (Küche schließt um 21 Uhr), Teehaus Muan 11–16.30 Uhr.

Seit 1964 besteht die **Hatakeyama Collection** (Hatakeyama Kinen-kan), 🖥 www.ebara. co.jp/csr/hatakeyama, mit dem Zweck, chinesische, koreanische und japanische Kunstgegenstände zu erhalten sowie deren Anerkennung zu fördern. Die Sammlung des reichen Industriellen Hatakeyama Issei (1881–1971) besteht aus Kunstgegenständen mit Bezug zur Teezeremonie, im Wesentlichen Kalligrafien, Porzellan- und Lackarbeiten. Außerdem gibt es einige Nō-Kostüme zu bewundern. Im oberen Stockwerk widmet sich ein Raum der Teezeremonie. Entsprechend der vier Jahreszeiten wechseln die Ausstellungsstücke. Die Beschreibung der Objekte ist nur auf Japanisch, es gibt aber eine Liste mit einer kurzen englischen Übersetzung. ⏰ Okt–März Di–So 10–16.30, April–Sep 10–17 Uhr, 500 ¥.

Der kleine **Ikedayama-Park** fügt sich besonders hübsch in die vorhandenen geografischen Begebenheiten von Berg und Tal ein (Chisen-Kaiyu-Stil). Der Garten gehörte früher zur Edo-Residenz der Familie Ikeda (*daimyō* von Bizen, heute Okayama-Präfektur). Besonders schön ist er im Herbst, wenn sich die Blätter der Ahornbäume rot verfärben. ⏰ tgl. 7.30–17 Uhr, im Juli und August bis 18 Uhr.

Bunkyō 文京

Der nördlich vom Zentrum gelegene Stadtteil Bunkyō ist geprägt von Wohnhäusern und kleinen Industriebetrieben, vor allem Druckereien. Daneben sind hier einige Universitäten, Gärten und das bekannte Stadion Tōkyō Dome angesiedelt. Um hin zu gelangen, fährt man mit der Toei-Mita- oder Toei-Ōedo-Linie bis zum Kasuga-Bahnhof oder aber mit der Marunouchi- oder Nanboku-Linie bis zum nahe gelegenen Kōrakuen-Bahnhof.

Folgt man der Beschilderung am Ausgang der beiden genannten U-Bahnhöfe, so führt der Weg direkt ins Untergeschoss des **Bunkyō Kuyakusho** oder Bunkyō Civic Center, der Stadtverwaltung von Bunkyō-ku, einem der 23 Stadtbezirke von Tōkyō. Die Aussichts-Lobby im 25. Stockwerk bietet eine herrliche Rundumsicht, und bei klarem Wetter kann man sogar den Fuji-san eingerahmt von den Wolkenkratzern in Shinjuku sehen. ⏰ tgl. 8.15–22 Uhr, Eintritt frei.

Südlich der Bunkyō-Stadtverwaltung liegt die **Tōkyō Dome City**, berühmt durch den Tōkyō Dome, 🖥 www.tokyo-dome.co.jp/e, der wegen seines Aussehens auch Big Egg genannt wird. Dort finden Großveranstaltungen wie Baseball, Konzerte usw. statt. Neben dieser Großhalle sind hier noch jede Menge andere Vergnügungsstätten angesiedelt, darunter La Qua mit großem Bad (teuer: je nach Wochentag und Zeit 2565–5295 ¥) und Fitnessclub, das Big O, ein Riesenrad ohne Mittenaufhängung, und die Achterbahn Thunder Dolphin. Weiter südlich befindet sich ein weiterer Vergnügungspark. ⏰ Fahrgeschäfte tgl. 10–22 Uhr, das Bad schließt nur von 9–11 Uhr.

Ein Besuch des herrlichen Gartens **Koishikawa Kōrakuen** sollte unbedingt eingeplant werden. Seine Geschichte beginnt im Jahre 1629, als er von Tokugawa Yorifusa angelegt wurde. Abgeschlossen wurde der Garten vom Tokugawa-Shōgun Mitsukuni, der sich vom chinesischen Gelehrten Shun-Sui beeinflussen ließ. Dadurch mischen sich im Garten japanische und chinesische Stilelemente. So ist der See inmitten des Gartens typisch für japanische Landschaftsgärten, während die Nachahmung berühmter Landschaften auf chinesische Vorbilder zurückgeht. Der Garten ist besonders schön zur Kirschblüte im Frühjahr sowie zur Laubfärbung im Herbst. In der Zeit dazwischen blühen unter anderem Glyzinien, Azaleen und Iris. Der Garten gehört zu den sieben offiziell als besonders sehens- und schützenswert klassifizierten Naturdenkmälern in Japan. ⏱ Di–So 9–17 Uhr, 300 ¥.

Das **Druckereimuseum** (Insatsu Hakubutsukan), 🖥 www.printing-museum.org/en, wird von der Firma Toppan Printing betrieben. Die Dauerausstellung gibt einen sehr guten Überblick über die gesamte Geschichte der Druckerei. Dabei werden Technologien, gesellschaftliche Auswirkungen und Arten künstlerischer Ausdrucksformen berücksichtigt. Neben der Dauerausstellung werden wechselnde Ausstellungen mit recht interessanten Themen abgehalten. Zusätzlich findet alljährlich eine Ausstellung der schönsten japanischen und deutschen Bücher statt. ⏱ Di–So 10–18 Uhr, 300 ¥.

Ikebukuro 池袋

Ikebukuro ist ein großer Umsteigebahnhof für die zahlreichen Pendler, die nordwestlich von Tōkyō wohnen. Zwei private Bahnlinien – Seibu Ikebukuro und Tōbu Tōjō – enden hier. Über diesen Kopfbahnhöfen haben die Bahnbetreiber zwei riesige Einkaufszentren erschaffen. Über den Ostausgang geht man durch eine schmale Einkaufsstraße mit dem Namen **Sunshine 60** in Richtung Sunshine City. Der Weg ist gesäumt von typisch japanischen Warenhausketten.

Sehenswert ist das neue **Sega-Spielecenter** auf der linken Seite, bevor man den Sunshine-City-Komplex am oberen Ende der Sunshine 60 Street erreicht. Auf acht Stockwerken warten die neusten Videospiele, Ufo Catcher, Printclub (*purikura*) und vieles mehr. Schräg gegenüber von Sega liegt eine Filiale von Tōkyū Hands und der Eingang zum großen **Sunshine-City-Komplex**, 🖥 www.sunshinecity.co.jp. Letzterer ist vor allem wegen seines Wolkenkratzers, des 245 m hohen Sunshine 60 Building, nicht zu übersehen. In Sunshine City ist für jeden etwas geboten: Es gibt den Alpa-Einkaufskomplex, ein Theater, ein Planetarium, ein Aquarium und das Orientmuseum. Eine **Aussichtsplattform** bietet

eindrucksvolle Blicke über Tōkyō. Da man auf das umzäunte Dach kann, sind schöne Fotos ohne störende Fensterscheiben möglich. ⏱ tgl. 10–21.30 Uhr, 620 ¥. Das **Aquarium** zeigt, neben den verschiedensten Meeres- und Süßwasserfischen, Frösche, Schlangen, Pinguine, Robben und Otter. Es befindet sich im 10. Stock des World Import Mart Building. ⏱ Mo–Fr 10–18, Sa–So und feiertags 10–18.30 Uhr, 1800 ¥. Es gibt ein Kombiticket für Aussichtsplattform und Aquarium zu 2100 ¥. Das **Museum zum Alten Orient** (Kodai Oriento Hakubutsukan) zeigt unter anderem Artefakte aus dem alten Ägypten und Mesopotamien. ⏱ tgl. 10–17 Uhr, 500 ¥.

Odaiba お台場

Die künstlich im Meer aufgeschüttete Insel ist am leichtesten über die führerlose Bahnlinie Yurikamome, die am Bahnhof Shinbashi beginnt, zu erreichen. Beabsichtigt man Hin-, Rück- und eine weitere Fahrt innerhalb Odaibas damit, lohnt der Kauf eines One-day Open Pass für 820 ¥. Die Fahrt führt über die berühmte Rainbow Bridge am künstlichen Strand vorbei (Baden im Meer verboten). Zu erreichen ist Odaiba aber auch auf dem Wasserweg (S. 203).

Am Eingang von Odaiba befindet sich **Decks Tōkyō Beach**, 🖥 www.odaiba-decks.com. Der Stil des Gebäudes und vor allem die holzbeplankten Balkone erinnern an ein Schiffsdeck. In diesem Komplex gibt es jede Menge unterschiedlichster Geschäfte, Cafés und Restaurants. Außerdem befindet sich im 3.–5. Stockwerk das Joypolis, der größte Vergnügungspark des Unternehmens Segas, 🖥 tokyo-joypolis. com. ⏱ tgl. 11–21 Uhr, einige Restaurants und Joypolis bis 23 Uhr.

Auch **Aqua City**, 🖥 www.aquacity.jp/en, lädt vorwiegend zum Einkaufen und Schlemmen ein. Geworben wird mit einer 300 m langen Mall (Japans größte am Meer gelegene Einkaufspassage). Hochwertige Restaurants sowie ein großes Multiplexkino laden zum Verweilen ein. Im Seapark vor dem Gebäude steht eine kleine Kopie der amerikanischen Freiheitsstatue. Auf der gegenüberliegenden Seite befindet sich das futuristische Gebäude von **Fuji-TV**.

Weiter südlich ist das **National Museum of Emerging Science and Innovation (Mirai-kan)**, 🖥 www.miraikan.jst.go.jp/en. Sehenswert ist vor allem das 3D-360° Theater – am besten gleich ein Ticket für die nächste Vorstellung holen, um Wartezeiten zu vermeiden. Die Ausstellungen richten sich eher an ein jüngeres Publikum, was schon die Montagehöhe der Ausstellungsstücke und der interaktiven Monitore verrät. ⏰ Mi–Mo 10–17 Uhr, 620 ¥.

Venus Fort ist ein Einkaufsparadies der Superlative. In der Shoppingzeile sind Brunnen, Statuen und sogar eine Piazza vorhanden. Auf den ersten Blick erinnert es daher an einen Themenpark, der das Flair einer italienischen Stadt nachahmt. Es gibt dort über 100 Modegeschäfte und Juweliere sowie rund 30 Restaurants. ⏰ tgl. 11–21 Uhr, Sa bis 22 Uhr, Restaurants bis 23 Uhr.

Gleich nebenan hat Toyota mit **Mega Web**, 🖥 www.megaweb.gr.jp, kein einfaches Autohaus, sondern eine technologische Erlebniswelt erschaffen. Es gibt eine Ausstellung historischer wie allerneuester Modelle. Auf der eigenen Teststrecke, die ums Gebäude führt, können Kunden eine Testfahrt machen. Selbst an Kinder und Führerscheinlose wurde mit motorunterstützten Tretautos und selbstfahrenden Elektroautos gedacht. ⏰ tgl. 11–21 Uhr, Eintritt frei.

Tōkyō Big Sight (offiziell auf Englisch Tokyo International Exhibition Center), 🖥 www.bigsight.jp/english, ist ein großes Messezentrum. Das ganze Jahr über finden hier verschiedenste Messen statt. Die Architektur des 1995 erbauten Hauptgebäudes (es beherbergt das Kongresszentrum) soll den Betrachter in seiner Form an eine Bohrinsel erinnern. Die meisten Messen sprechen ein Fachpublikum an, es gibt aber auch etwas stärker verbraucherorientierte Messen wie beispielsweise die Photo Imaging Expo für Fotobegeisterte und die Super Comic City für Comicfreunde.

Zentrum
Karte S. 156/157

Untere Preisklasse
Ajia Kaikan – Asia Center of Japan, Minato-ku, Akasaka 8-10-32, 📞 03-3402-6111, 🖥 www.

asiacenter.or.jp. Das Hotel liegt in einer ruhigen Seitenstraße in Akasaka, ca. 5 Min. vom U-Bahnhof Aoyama Itchōme. Ideal für Nachteulen, weil in Gehweite zu Roppongi. Preiswertes Hotel ohne Luxus. Zimmer ohne Bad sind günstiger. Die DZ im neuen Gebäudeteil sind begehrt, daher am besten schon mehrere Monate vorher buchen. Bei ausländischen Gästen ist das Frühstück im Zimmerpreis inbegriffen. ❷

Tōkyō Central Youth Hostel, Shinjuku-ku, Kagurakashi 1-1, Central Plaza 18F, 📞 03-3235-1107, 🖥 www.jyh.gr.jp/tcyh. Eine der günstigsten Gelegenheiten, in Tōkyō zu übernachten; keine Altersbeschränkung. Wer Jugendherbergen gewohnt ist, wird sich hier wohlfühlen. Das Hostel ist im 18. und 19. Stock eines Bürohochhauses untergebracht, das sich in der Nähe des Bahnhofs Iidabashi befindet. Mitglieder 3450 ¥ p. P., sonst 4050 ¥.

Mittlere Preisklasse
Courtyard by Marriott Tōkyō Ginza, Chūō-ku, Ginza 6-14-10, 📞 03-3546-0111, 🖥 www.marriott.com/TYOCY. Das Hotel liegt rückseitig von der Ginza und ist vor allem bei amerikanischen Pauschaltouristen beliebt. ❹

Monterey Ginza Hotel, Chūō-ku, Ginza 2-10-2, 🖥 www.hotelmonterey.co.jp/ginza/eng. In einer ruhigen Seitenstraße gelegenes Hotel in unmittelbarer Nähe der Ginza. Zur gleichen Kette gehört auch das nahe gelegene Hotel Monterey La Soeur, das sich speziell an Frauen richtet. ❹

🧳 **Park Hotel Tōkyō**, Minato-ku, Higashi Shin-bashi 1-7-1, 📞 03-6252-1111, 🖥 www.parkhoteltokyo.com. Das 2003 eröffnete Designerhotel befindet sich im 25.–34. Stockwerk des Shiodome Media Tower und ermöglicht somit einen herrlichen Blick auf Tōkyō Tower, Tōkyō-Bucht oder Ginza. Als besonderen kostenlosen Service kann man sich den Kopf vermessen lassen und bekommt dann ein passendes Kissen. Im Atrium wird morgens ein warmes Frühstücksbuffet serviert. Sowohl ein japanisches als auch ein französisches Restaurant wurden bereits mit einem Michelin-Stern ausgezeichnet. Berücksichtigt man Zimmergröße und Lage, so ist das Hotel auf jeden Fall seinen Preis wert. Man sollte auf spezielle Frühbucherrabatte achten. ❹

© AXEL SCHWAB

LOOSE AKTIV

Wanderung auf den Takao-san

- **Länge:** 7 km
- **Dauer:** 3 Stunden (ohne Cable Car)
- **Schwierigkeitsgrad:** leicht
- **Informationen:** 🖥 www.takaosan.or.jp/ english, www.takaotozan.co.jp
- **Hinweis:** Generell empfiehlt sich die Tour zum Takao möglichst an einem Werktag, weil die Wochenenden noch stärker frequentiert sind und man u. U. über eine Stunde an der Talstation der Seilbahn warten muss. Werktags sind in der Hauptsache Rentner unterwegs. Der Berg wird jedes Jahr von 2,6 Mio. Menschen besucht.

Die Gegend um den lediglich 599 m hohen Berg Takao ist Tōkyōs nächstgelegenes Wandergebiet. Man erreicht es in knapp einer Stunde von Shinjuku. Zunächst geht es mit der Keiō-Linie (390 ¥) Richtung Westen durch die Vororte Tōkyōs. Ab Nakagawara erscheint auf der rechten Seite bereits der Fuji-san und nach Takahata-fudo wird es langsam hügeliger, doch erst hinter Takao lichtet sich das Häusermeer, bevor man schließlich den Bahnhof Takaosan-guchi erreicht. Der Bahnhof ist der Ausgangspunkt der Wanderung. Gute kostenlose Wanderkarten und Infomaterial gibt es im Info-Büro, das sich linker Hand auf dem Bahnhofsvorplatz befindet.

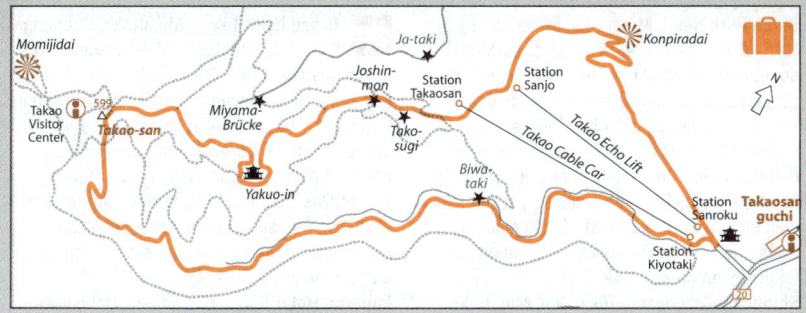

Der Aufstieg

Auf den Berg kommt man entweder komplett zu Fuß, oder man wählt zunächst die bequeme Seilbahn bis zur ersten Station (470 ¥). Bereits von der Bergstation der Seilbahn kann man einen herrlichen Blick zurück auf die fernen Wolkenkratzer von Tōkyō genießen. Weiter geht es zu Fuß auf einem gut befestigten Weg, der abgesehen von einer großen Treppe zunächst fast ebenerdig weiter verläuft, bis zum **Yakuo-in**. Für den Weg vom Tempel zum Berggipfel empfiehlt sich jedoch gutes Schuhwerk, vor allem wenn es zuvor geregnet hat und der Boden etwas aufgeweicht ist. Am Gipfel angekommen entschädigt der Anblick des bis auf wenige Sommermonate schneebedeckten Fuji-san. Die dortigen Holzbänke sind stets gut besucht und laden zu einer Verschnaufpause ein.

Der Rückweg

Zurück empfiehlt sich der **Rückweg Nr. 6**, der durch Wald geht. Der Pfad ist stellenweise wegen eines kleinen Baches etwas feucht und rutschig, was aber mit Wanderschuhen oder anderem festen Schuhwerk kein Problem darstellt. Der Abstieg zurück bis zum Bahnhof Takaosan-guchi dauert circa 70 Minuten. Vom Bahnhof Takaosan-guchi kann man ruhig die nächste Lokalbahn nehmen, falls der Semi-Express erst später fährt (der Semi-Express benötigt lediglich 55 Min. bis Shinjuku). Am Bahnhof Kitano wechselt man dann in den nächsten Express oder Semi-Express.

© AXEL SCHWAB

Shiba Park Hotel, Minato-ku, Shiba-kōen 1-5-10, ☎ 03-3433-4141, 💻 www.shibaparkhotel.com/en. Das Hotel liegt – wie am Namen unschwer zu erkennen ist – in der Nähe des Shiba-Parks, allerdings ohne Blick auf denselben. Nähert man sich dem Hotel über die U-Bahnstation Onarimon, gibt es nur ein Schild auf Japanisch, d. h. man muss aufpassen, dass man nicht daran vorbeiläuft. Die Zimmer sind ruhig und sauber. Freundliche Rezeption mit Englischkenntnissen. ❹

Shinbashi Atagoyama Tōkyū Inn, Minato-ku, Atago 1-6-6, ☎ 03-3431-0109, 💻 www.atagoyama-i.tokyuhotels.co.jp. Das Hotel liegt unterhalb des Schreins Atago-jinja direkt an der vielbefahrenen Atago-dōri. Sehr gutes Preis-Leistungs-Verhältnis mit für japanische Begriffe und in dieser Preisklasse großen Zimmern. Leider ist die Rezeption nicht immer englischsprachig besetzt und die nächsten U-Bahnhöfe Onarimon, Toranomon und Kamiyachō sind etwas weiter entfernt. ❹

Tōkyō Prince Hotel, Minato-ku, Shiba-kōen 3-3-1, ☎ 03-3432-1111, 💻 www.princehotels.com/en/tokyo. Das Hotel wurde zu den Olympischen Spielen 1964 erbaut und ist leider ein wenig in die Jahre gekommen. Dafür liegt es direkt beim Tōkyō Tower und Zōjō-ji und ist von viel Grün umgeben. Hier steigen hauptsächlich japanische Reisegruppen ab. ❹

Tōkyū Stay Higashi-Ginza, Chūō-ku, Tsukiji 4-11-5, ☎ 03-5551-0109, 💻 www.tokyustay.co.jp/e/hotel/HIG. Kleines, günstiges Hotel nahe am Tsukiji-Fischmarkt und in Gehweite zur Ginza. Zimmergrößen zwischen 15 und 26 m². Durch den riesigen Karpfen an der Fassade kann man das Hotel gar nicht verfehlen. ❸

Obere Preisklasse

ANA InterContinental Tōkyō, Minato-ku, Akasaka 1-12-33, ☎ 03-3505-1111, 💻 www.anaintercontinental-tokyo.jp/e. Günstige Lage direkt an der Roppongi-dōri und eine gute Bäckerei im Erdgeschoss zeichnen das Hotel aus. Die etwas düstere Lobby im Stil der 80er-Jahre und die Modegeschäfte im Erdgeschoss lassen darauf schließen, dass sich das Hotel vor allem auf ältere japanische Damen sowie auf Hochzeitsfeierlichkeiten spezialisiert hat. ❹–❺

Grand Hyatt Tōkyō, Minato-ku, Roppongi 6-10-3, ☎ 03-4333-1234, 💻 www.tokyo.grand.hyatt.com. Das 2003 eröffnete Hotel im Roppongi Hills-Komplex ist die beste Adresse in Roppongi. Aus den großzügigen Zimmern erblickt man bei klarem Wetter den Fuji-san oder hat eine herrliche Sicht auf den Tōkyō Tower. Das moderne Hotel verfügt über einige exklusive Restaurants und hat ein Fitnesszentrum mit schickem Poolbereich, Entspannungszone und Sauna. ❻

Imperial Hotel Tōkyō, Chiyoda-ku, Uchisaiwai-chō 1-1-1, ☎ 03-3504-1111, 💻 www.imperial-hotel.co.jp. Ein Hotel mit einer langen Geschichte: Das ursprünglich vom Architekten Frank Lloyd Wright entworfene Gebäude steht heute allerdings im Freilichtmuseum Meijimura bei Nagoya (S. 317). Im Hotel wird eine günstige Teezeremonie angeboten, die man auch buchen kann, ohne im Hotel untergebracht zu sein. ❻

Mandarin Oriental Tōkyō, Chūō-ku, Nihonbashi Muromachi 2-1-1, ☎ 03-3270-8800, 💻 www.mandarinoriental.com/tokyo. Luxushotel der Extraklasse entsprechend dem Standard, wie man ihn weltweit von einem Mandarin Oriental Hotel gewohnt ist. Zum Einkaufen befindet sich das Edelkaufhaus Mitsukoshi in unmittelbarer Nähe. ❻

Marunouchi Hotel, Chiyoda-ku, Marunouchi 1-6-3, ☎ 03-3217-1111, 💻 www.marunouchi-hotel.co.jp. Ein 2004 erbautes Hotel nahe dem Hauptbahnhof. Geschmackvoll mit natürlichen Materialien eingerichtet, bietet es den gewohnt guten Service eines typisch japanischen Hotels. ❻

Royal Park Shiodome Tower, Minato-ku, Higashi-Shinbashi 1-6-3, ☎ 03-6253-1111, 💻 www.rps-tower.co.jp/en. Dieses Geschäftshotel liegt im Shiodome-Viertel und damit sowohl günstig zur Ginza als auch zur Yurikamome-Linie nach Odaiba. Achtung: die billigeren „Standard Double" liegen alle zur Glasfront des Nachbargebäudes. ❺–❻

The Tokyo Station Hotel, Chiyoda-ku, Marunouchi 1-9-1, ☎ 03-5220-1111, 💻 www.thetokyostationhotel.jp. Das wieder eröffnete Hotel im aufwendig restaurierten historischen Bahnhofsgebäude feiert 2015 sein hundertjähriges Bestehen. Als Gast sollte man sich

Ein besonderes Erlebnis verspricht ein Aufenthalt in einem Ryokan. Wer sich nicht scheut, mit Futon auf hartem Tatami-Boden zu schlafen und nur Tōkyō besucht, sollte es sich nicht entgehen lassen, einmal in einem Ryokan in Asakusa oder Yanaka zu übernachten.

Ryokan Sawanoya, Taitō-ku, Yanaka 2-3-11, ☎ 03-3822-2251, 🖥 www.sawanoya.com. Wer etwas abseits vom Großstadttrubel das typische japanische Leben in einem ruhigen Wohngebiet erfahren will, ist in diesem kleinen und familiären Ryokan hervorragend aufgehoben. ❷

Annex Katsutarō, Taitō-ku, Yanaka 3-8-4, ☎ 03-3828-2500, 🖥 www.katsutaro.com. Neues und modern im japanischen Stil eingerichtetes Ryokan direkt in einem Wohngebiet in Yanaka. ❷

Ryokan Asakusa Shigetsu, Taitō-ku, Asakusa 1-31-11, ☎ 03-3843-2345, 🖥 www.shigetsu.com/e. Mitten in Asakusa in einer Seitenstraße der Nakamise-dōri befindet sich dieses nette kleine Ryokan. Man kommt hier auch mit Englisch gut zurecht und kann vom kleinen japanischen Bad aus Holz die 5-stöckige Pagode sehen. Neben Tatami-Räumen gibt es auch westlich eingerichtete Zimmer. ❹

Sukeroku-no-yado Sadachiyo, Taitō-ku, Asa-kusa 2-20-1, ☎ 03-3842-6431, 🖥 www.sadachiyo.co.jp. Dieses Ryokan bietet geschmackvoll eingerichtete Tatami-Räume und liegt in einer angenehm ruhigen Seitenstraße in Asakusa. Das Personal ist äußerst hilfsbereit und spricht Englisch. ❸–❹

unbedingt auch das reichhaltige Frühstücksbuffet im Atrium gönnen. ❺–❻

Asakusa und Ueno
Karte S. 166 und S. 169
Asakusa liegt etwas abseits vom Zentrum, weshalb es hier viele günstige Hotels gibt. Ueno ist ebenfalls keine Gegend für Luxushotels und zeichnet sich durch seinen besonderen Charme aus. In diesem Stadtteil befinden sich außerdem einige gute und bezahlbare Ryokans.

Untere Preisklasse
Asakusa Riverside Capsule Hotel, Taitō-ku, Kaminari-mon 2-20-4-B, ☎ 03-3844-5117. Ab 2100 ¥ gibt es hier eine Schlafkapsel für eine Person. Eventuell auch nur der Erfahrung wegen kann man sich mit wenig Gepäck für eine Nacht einbuchen und sein großes Reisegepäck im anderen Hotel lassen.

Khaosan Tōkyō, Taitō-ku, Kaminari-mon 2-1-5, ☎ 03-3842-8286, 🖥 www.khaosan-tokyo.com. Eine der wenigen Möglichkeiten, in Tōkyō günstig zu übernachten. Direkt am Sumida-gawa, die U-Bahn ist gleich um die Ecke und der Tempelbezirk auch nur 5 Min. entfernt. Zwei weitere Filialen. Ab 2200 ¥ p. P.

€ **Oak Hotel**, Taitō-ku, Higashi-Ueno 6-1-2, ☎ 03-5828-0551, 🖥 www.oakhotel.co.jp/english. Ein vor allem bei jungen Leuten und

Rucksacktouristen beliebtes Budgethotel. Es gibt auch Zimmer, in denen man im japanischen Stil auf dem Boden schlafen kann. ❶

Mittlere Preisklasse
Asakusa Central Hotel, Taitō-ku, Asakusa 1-5-3, ☎ 03-3847-2222, 🖥 www.pelican.co.jp/asakusa centralhotel/eng. Günstig für Erkundungen in Asakusa. Neben westlichen Zimmern sind auch Räume mit Tatami verfügbar. ❷–❸

Asakusa View Hotel, Taitō-ku, Nishi-Asakusa 3-17-1, ☎ 03-3847-1111, 🖥 www.viewhotels.co.jp/asakusa/english. Von diesem großen Hotel lässt sich Asakusa gut zu Fuß erkunden, wobei man von den Restaurants im 27. Stock den besten Blick auf Asakusa genießt. Teilweise machen die Zimmer einen etwas schäbigen Eindruck, und die Klimaanlage ist älteren Datums. Im Erdgeschoss gibt es im renovierten Restaurant ein gutes und reichhaltiges Frühstücksbuffet für 1880 ¥. ❸–❹

Blue Wave Inn Asakusa, Taitō-ku, Asakusa 2-33-7, ☎ 03-5828-4321, 🖥 www.bluewaveinn.jp/asakusa. Direkt hinter der Tempelanlage Asakusa hat man mit etwas Glück ein Zimmer mit Blick auf den Asakusa-jinja. American Breakfast. ❹

🛄 **Candeo Hotel Ueno Park**, Taitō-ku, 1-2-13 Negishi, ☎ 03-5808-6100, 🖥 www.candeohotels.com/ueno. In Spazierweite zum

JR-Bahnhof Uguisudani bekommt man für wenig Geld ein Hotelzimmer, das für diese Preiskategorie größer als üblich ist. Zwar gibt es keinen Kleiderschrank, dafür sind die Matratzen nicht so hart wie in anderen Businesshotels. Die zweisprachige Beschilderung ist hilfreich und das Counter-Personal spricht Englisch. Vorwiegend Gäste aus anderen asiatischen Ländern beim reichhaltigen japanischen Frühstücksbuffet. ❸
Hotel Sunroute Asakusa, Taitō-ku, Kaminari-mon 1-8-5, ✆ 03-3847-1511, 🖥 www.sunroute-asakusa.co.jp/english. Businesshotel mit kleinen Zimmern, daher sonntags günstiger. ❸
Sutton Place Hotel Ueno, Taitō-ku, Ueno 7-8-23, ✆ 03-3842-2411, 🖥 www.thehotel.co.jp/en/sutton_ueno. Günstiges Hotel, das jedoch direkt an einer Tag und Nacht vielbefahrenen Hochstraße liegt. Kleine Räume, dafür für japanische Verhältnisse ein großes Badezimmer. ❸

Obere Preisklasse
Suigetsu Hotel Ohgaisō, Taitō-ku, Ikenohata, ✆ 03-3822-4611, 🖥 www.ohgai.co.jp. Liegt direkt neben dem Ueno-Park und ist ein traditionsreiches Haus mit eigenem Spa und einem schönen alten Garten. Das Hotelgebäude wurde neu gebaut und bietet neben 30 japanischen Räumen auch 84 Zimmer im westlichen Stil. ❺

Shinjuku
Karte S. 171

Untere Preisklasse
Granbell Hotel Shinjuku, Shinjuku-ku, Kabuki-chō 2-14-5, ✆ 03-5155-2666, 🖥 www.granbellhotel.jp/en. Das Ende 2013 eröffnete Hotel ist umringt von Love-Hotels, bietet günstige Preise und für diese Preiskategorie verhältnismäßig geräumige Bäder. ❷
Sunroute Higashi Shinjuku, Shinjuku-ku, Shinjuku 7-27-9, ✆ 03-3529-3610, 🖥 www.hotelsunroutehigashishinjuku.jp/en. Businesshotel direkt am U-Bahnhof Higashi-Shinjuku, von wo man mit der Ōedo- und Fukutoshin-Linie sehr schnell an viele Orte in Tōkyō kommt. ❷–❸
Sakura Hotel Hatagaya, Shibuya-ku, Hatagaya 1-32-3, ✆ 03-3469-5211, 🖥 www.sakura-hotel-hatagaya.com. Das Budget-Hotel liegt zwei U-Bahnstationen vom Bahnhof Shinjuku entfernt. Im Zimmerpreis ist ein kleines Frühstück enthalten. ❷
Shinjuku Washington Hotel, Shinjuku-ku, Nishi-Shinjuku 3-2-9, ✆ 03-3343-3111, 🖥 www.shinjyuku-wh.com. Eher ein günstiges Hotel für Geschäftsreisende und Pauschaltouristen am südlichen Ende des Wolkenkratzerviertels von Shinjuku. Neben dem Hauptgebäude gibt es noch einen später erbauten Annex. ❷–❸

Mittlere Preisklasse
Best Western Shinjuku ASTINA Hotel Tōkyō, Shinjuku-ku, Kabuki-chō 1-2-9, ✆ 03-3200-0220, 🖥 www.bw-shinjuku.com/eng. Das Hotel der bekannten Kette liegt in Kabuki-chō und ist daher auch zu Fuß vom Bahnhof Shinjuku schnell zu erreichen. ❸–❹
Hotel Century Southern Tower, Shibuya-ku, Yoyogi 2-2-1, ✆ 03-5354-0111, 🖥 www.southerntower.co.jp/english. In unmittelbarer Nähe zum Bahnhof Shinjuku. Von der Lobby im 20. Stock hat man einen weiten Blick über den Bahnhof und den Shinjuku-kōen in der Ferne. ❹
Hotel Rose Garden Shinjuku, Shinjuku-ku, Nishi-Shinjuku 8-1-3, ✆ 03-3360-1533, 🖥 www.hotel-rosegarden.jp. Gemütliches, kleines Hotel in direkter Nähe zum Wolkenkratzerviertel in Shinjuku. ❹
Hyatt Regency Hotel, Shinjuku-ku, Nishi-Shinjuku 2-7-2, ✆ 03-3348-1234, 🖥 www.tokyo.regency.hyatt.com. Direkt neben dem Rathaus gelegen, kostet dieses Hyatt „nur" ungefähr halb so viel wie das nahe Park Hyatt. ❹

Obere Preisklasse
Keiō Plaza Hotel Tōkyō, Shinjuku-ku, Nishi-Shinjuku 2-2-1, ✆ 03-3344-0111, 🖥 www.keioplaza.com. Das Hotel befindet sich gegenüber dem Tokyoter Rathaus und bietet Zimmer in verschiedenen Preiskategorien. Von Tripadvisor wurde ihm das Zertifikat für Exzellenz 2013 verliehen. ❹–❺
Shinjuku Park Hyatt, Shinjuku-ku, Nishi-Shinjuku 3-7-1-2, ✆ 03-5322-1234, 🖥 tokyo.park.hyatt.com. Eines der teuersten Hotels in Tōkyō, das vielen durch den Kinofilm *Lost in Translation* bekannt sein dürfte. Einen besseren

Service und eine schönere Aussicht wird man in Tōkyō nicht finden. **6**

Shibuya
Karte S. 176

Untere Preisklasse
Tōkyū Stay Shibuya Shin-Minami-guchi, Shibuya-ku, Shibuya 3-26-21, ☎ 03-5466-0109, 🖳 www.tokyustay.co.jp/e/hotel/SIM. Günstige Zimmer mit kleiner Küche und Waschmaschine, der kostenfreie Kaffee in der Lobby schmeckt glücklicherweise besser als im Jonathan's Cafe, für das die Frühstückcoupons gelten. **2**–**3**

Mittlere Preisklasse
Mets Shibuya Hotel, Shibuya-ku, Shibuya 3-29-17, ☎ 03-3409-0011, 🖳 www.jrhotelgroup.com/eng/hotel/eng126.htm. Preiswertes Hotel direkt am südöstlichen Ausgang des Bahnhofs Shibuya, gehört zur Hotelgruppe der Japanischen Eisenbahn JR. **4**

Shibuya Tōbu Hotel, Shibuya-ku, Udagawa-chō 3-1, ☎ 03-3476-0111, 🖳 www.tobuhotel.co.jp/shibuya. Businesshotel im Zentrum des Geschehens in Shibuya. Kleine Zimmer und harte Matratzen. **4**

Obere Preisklasse
Cerulean Tower Tōkyū Hotel, Shibuya-ku, Sakuragaoka-chō 26-1, ☎ 03-3476 3000, 🖳 www.ceruleantower-hotel.com/en. Dieses exzellente, neuere Luxushotel liegt in der Nähe des Bahnhofs Shibuya. Englischsprachige, sehr hilfsbereite Rezeption, außerdem gibt es einige hervorragende Restaurants und Bars. Außergewöhnlich ist das (kostenpflichtige) Betreuungsangebot für Familien mit kleinen Kindern im Alter von 2 Monaten–12 Jahren durch den Poppins Kids Room. Die Internetnutzung ist kostenpflichtig. **6**

Shibuya Excel Hotel Tōkyū, Shibuya-ku, Dōgenzaka 1-12-2, ☎ 03-5457-0109, 🖳 www.tokyuhotelsjapan.com/en/TE/TE_SHIBU. Direkt am Bahnhof gelegenes, modernes Businesshotel. Erfreulich große Zimmer und Betten, leider etwas harte Matratzen. Eine schöne Aussicht hat man nur von den Zimmern auf der Nordseite. Aufgrund des wenigen Personals im kleinen

Check-in-Bereich kann man nicht den gleichen Service wie im nahe gelegenen Cerulean Tower derselben Hotelgruppe erwarten. **5**

Südliche Stadtteile
Karte S. 178

Untere Preisklasse
Arietta Hotel & Trattoria Gotanda, Shinagawa-ku, Higashi-Gotanda 2-5-2, ☎ 03-5448-9111, 🖳 www.thehotel.co.jp/en/arietta_gotanda. Neues Hotel in der Nähe des Bahnhofs Gotanda. Kleine Räume, dafür aber statt einer Klaustrophobie verursachenden Nasszelle ein durch eine Schiebetür abgetrenntes Badezimmer, wodurch sich der Eingangsbereich ein wenig vergrößern lässt und somit Platz für Gepäck ist. Harte Matratzen und wegen der einfachen Metalltüren leider etwas hellhörig. Das Frühstückstoast auf Einweggeschirr in der Hotellobby ist im Preis inbegriffen. Im Erdgeschoss gibt es außerdem ein gutes italienisches Restaurant. **1**

Tōyoko Inn Shinagawa-Eki Takanawaguchi, Minato-ku, Takanawa 4-23-2, ☎ 03-3280-1045, 🖳 www.toyoko-inn.com. Günstiges Businesshotel in Bahnhofsnähe. Einchecken erst ab 16 Uhr, auschecken bis 10 Uhr. **2**

Mittlere Preisklasse
Claska, Meguro-ku, Chūō-chō 1-3-18, ☎ 03-3719-8121, 🖳 www.claska.com. Das Design-Hotel ist ein Hotel der besonderen Art, leider liegt es verkehrstechnisch nicht so günstig, doch wird man durch die tolle Innenausstattung und den herrlichen Blick von der Dachterrasse mehr als entschädigt. **4**

Shinagawa Prince Hotel, Minato-ku, 10-30 Takanawa 4-chōme, ☎ 03-3440-1111, 🖳 www.princehotels.co.jp/shinagawa. Mit 3679 meist recht klein geschnittenen Zimmern handelt es sich um das „größte" Hotel in Tōkyō. Im gesamten Gebäudekomplex gibt es auch Kinos, ein Bowling-Center und viele andere Freizeitangebote. **2**–**3**

Obere Preisklasse
The Strings by InterContinental Tōkyō, Minato-ku, Kōnan 2-16-1, Shinagawa East One Tower

26F–32F, ✆ 03-5783-1111, 🖥 www.inter continental-strings.jp. Die beeindruckende hohe Lobby erstreckt sich atriumartig zwischen dem 26. und 32. Stock des Shinagawa East One Tower. Quasi direkt am Bahnhof Shinagawa, sodass man von hier aus die ganze Stadt über die Yamanote-Linie erkunden kann. ❺–❻

ESSEN

Zentrum
Karte S. 156/157

Beim Hauptbahnhof

Ichiya Ichiya, Chiyoda-ku, Marunouchi 2-4-1, Marunouchi Building 6F, ✆ 03-5293-1818. Die Spezialität dieses Restaurants ist *ichiya-boshi*: Frischer Fisch wird hierzu leicht gesalzen und über Nacht getrocknet. Zur Mittagszeit gibt es günstige Menüs mit leckerer Miso-Suppe.

Kamakura Issa-an Murayama, Chiyoda-ku, Marunouchi 2-4-1, Marunouchi Building 6F, ✆ 03-3201-0755. Wer keinen Fisch mag, kann hier leckere Soba und Udon essen. Tipp: *sanshoku tenpura soba*, bestehend aus drei verschiedenen Soba und Tenpura.

Numazu Uogashizushi, Chiyoda-ku, Marunouchi 2-4-1, Marunouchi Building 6F, ✆ 03-5220-5550. Allen Thunfisch-Freunden sei hier das *tekkadon* empfohlen – oder die verschieden fetten Thunfischstücke *kiwami-tekkadon* (nicht auf der englischen Karte).
Es befinden sich über 20 weitere Restaurants im 5. und 6. Stock des Marunouchi Building, 🖥 www.marunouchi.com/marubiru, 🕐 Mo–Sa 11–14.30 und 17–23, So und Feiertage 11–15 und 17–22 Uhr.

Serafina New York, Chiyoda-ku, Marunouchi 1-1-1, Palace Building B1F, ✆ 03-5220-5522, 🖥 www.serafina-marunouchi.jp. Leckere, knusprige Pizza aus dem Steinofen. Das Restaurant befindet sich im Untergeschoss des Palace Hotel. 🕐 tgl. 11–14.30 und 17–23 Uhr.

Ginza

🟧 **Dorobushi**, Chūō-ku, Ginza 5-8-16, FANCL Square Bldg. B1F, ✆ 03-5537-0812, 🖥 www.dorobushi.com. Hier gibt es werktags für 900 ¥ ein veganes Currygericht. Es ist aber kein rein vegetarisches Restaurant. Alle hier verwendeten Zutaten sind aus biologischem Anbau. Das schmale Gebäude ist leicht durch den Schriftzug FANCL über dem Eingang zu erkennen. 🕐 tgl. 11–20 Uhr.

Ginza Satō Yōsuke, Chūō-ku, Ginza 6-4-17, ✆ 03-6215-6211, 🖥 www.sato-yoske.co.jp. In dem schicken Restaurant gibt es *inaniwa-udon* – dünne Udon-Nudeln, wie sie in Akita zubereitet werden. Das Restaurant befindet sich in einem Gebäude mit Ziegelfassade in einer Seitenstraße; der Eingang fällt durch einen traditionellen weißen Vorhang auf. Abends besser reservieren. 🕐 Mo–Fr 11.30–14.45 und 17–1.30, Sa–So 11.30–14.45 und 17–20.45 Uhr.

Isomura, Chūō-ku, Ginza 4-10-3, Central Bldg. B1F, ✆ 03-3546-6964. Dieses Kushiage-Restaurant liegt nahe der Ginza und ist ein Geheimtipp. Die frittierten Spieße schmecken nicht fettig und werden immer frisch und heiß serviert. Reservierung empfohlen! Abends nicht ganz billig, aber man isst so lange, bis man satt ist, und bekommt dann die verzehrte Menge berechnet. 🕐 tgl. 11.30–15 und 17–22 Uhr.

Midori-zushi, Chūō-ku, Ginza 7-108, Ginza Corridor-dōri 1F, ✆ 03-5568-1212. Sehr gutes Sushi zu noch akzeptablen Preisen, immer sehr voll mit entsprechender Wartezeit. Sollte die Schlange doch zu lang sein, gibt es eine Filiale von **Sushi-Zanmai** gleich um die Ecke. 🕐 tgl. 11–14 und 16.30–22 Uhr.

Mutsukari Ginza, Chūō-ku, Ginza 5-5-19, Pony Bldg. 6F und 7F, ✆ 03-5568-6266 (Reservierungen 10–17 Uhr), 🖥 www.mutsukari.com. Sehr exklusive, traditionelle japanische Küche modern interpretiert. Die Preise sind entsprechend, ein Menü kostet mindestens 12 000 ¥, und man sollte sich dafür Zeit nehmen (mind. 1 1/2 Std.). Zu finden ist das Restaurant einen Steinwurf vom Ausgang B5 der Tōkyō Metro Ginza Station. An der nahe gelegenen Straßenecke („Matsumoto Kiyoshi Health & Beauty" steht auf der Fassade) biegt man links ab, es ist dann gleich das nächste schmale Gebäude. 🕐 Mo–Sa 17.30–23 Uhr, letzte Bestellungen bis 20.30 Uhr.

Nataraj, Chūō-ku, Ginza 6-9-4, ✆ 03-5537-1515, 🖥 www.nataraj.co.jp. Indisches vegetarisches Restaurant, das viel Wert auf die Qualität der verwendeten Lebensmittel legt. Der Eingang des Restaurants befindet sich im 7. Stock des I-Primo-Gebäudes, das durch seine Fassade aus rosafarbenen Fliesen direkt an der Ginza unweit der Citibank nicht zu übersehen ist. ⏰ tgl. 11.30–22 Uhr.

Sankame, Chūō-ku, Ginza 6-4-13, ☎ 03-3571-0573, 🖥 www18.ocn.ne.jp/~sankame. Nicht weit vom Restaurant Ginza Satō Yōsuke entfernt. Berühmt für seine saisonalen Gerichte im Kansai-Stil, für die es mit einem Stern von Michelin ausgezeichnet wurde. Mittags gibt es ein günstiges 2-Gänge-Menü für 1750 ¥. ⏰ Mo–Fr 12–14 und 17–22 Uhr.

Soba Sasuga, Chūō-ku, Ginza 2-13-6, Higashini Building 2F, ☎ 03-3543-0404. Hier gibt es vorzügliche Sobanudeln, aber auch andere Gerichte. Zu empfehlen ist *kamo-negi soba* (Soba mit Lauch und Entenfleisch) im Winter und *mori* (kalte Soba) im Sommer. Das Restaurant hat eine reiche Auswahl an gutem Sake und Wein und eignet sich dank seiner Öffnungszeiten auch für ein spätes Abendessen (unbedingt reservieren). ⏰ Mo–Sa 11.30–14 und 17.30–22 Uhr, So und Feiertage geschlossen.

Yabaton, Chūō-ku, Ginza 2-11-2, ☎ 03-3546-8810, 🖥 www.ginza.yabaton.com. *Miso-katsu* ist ein typisches Gericht aus Nagoya, die frittierten Schnitzelstücke mit köstlicher Soße schmecken aber natürlich auch in Tōkyō. Die Köche helfen anhand der zwar bebilderten, aber rein japanischen Karte gerne mit der Bestellung. Das Restaurant befindet sich an einer Straßenecke der Shōwa-dōri und ist dank eines großen Schweins auf der Fassade nicht zu verfehlen. ⏰ Di–So 11–22 Uhr.

Tsukiji

€ **Magurodon Segawa**, Chūō-ku, Tsukiji 4-9-12, ☎ 03-3542-8878, 🖥 www.tsukiji-monzeki.com/shop/segawa. In dem alteingesessenen Laden gibt es das leckerste *magurodon* in ganz Tsukiji: roher, in Soße eingelegter Thunfisch auf Reis (800 ¥). Es macht Freude, den beiden Damen bei der Zubereitung des Essens und Tees zuzusehen, während man auf den kleinen, roten Hockern wartet. ⏰ Mo–Di, Do–Sa 7.30–12.30 Uhr (schließt früher, wenn ausverkauft).

Matakoiya, Chūō-ku, Tsukiji 4-8-7, ☎ 03-3541-7311. Preisgünstiges und hervorragendes

Restaurant für *tekkadon* – eine Reisschale, auf die viele Scheiben roher Thunfisch gebettet sind. Der hochwertigste, fette Thunfisch befindet sich auf dem *ōtoro-tekka*, den gibt es hier für 1550 ¥; für eine Schale mageren Thunfisch zahlt man nur 700 ¥. Von Weitem fällt das Gebäude durch einen riesigen Thunfisch auf dem Dach auf, befindet man sich bereits in der überdachten Ladenzeile, erkennt man es an dem großen roten Schild mit einem schwarzen Kreis darauf. Zunächst muss man am Automaten ein Ticket (Taste ganz links oben für *ōtoro-tekka*) kaufen. ⏰ tgl. 8–15 Uhr und 17–21.40 Uhr.

Sushi-Zanmai, Chūō-ku, Tsukiji 4-10-2, ☎ 03-5550-8010, 🖥 www.kiyomura.co.jp. Ingesamt betreibt Kimura Kiyoshi, Eigentümer der Kette Sushi-Zanmai, sechs Restaurants in Tsukiji. Empfehlenswert und preiswert ist die Tsukiji Revolving Sushi Bar, die sich direkt im Zentrum der Läden und Restaurants von Tsukiji befindet. ⏰ Mo–Fr 11–22 Uhr, Sa–So und Feiertage 9–22 Uhr.

Shinbashi

Hibiki, Minato-ku, Higashi-Shinbashi 1-8-1, Caretta Shiodome 46F, ☎ 03-6215-8051. Eine gute Empfehlung für ein günstiges japanisches Mittagessen mit atemberaubender Aussicht über die Tōkyō-Bucht, Odaiba und die Rainbow-Brücke. Das Mittagessen gibt es ab 1200 ¥, doch am Abend wird die Rechnung wesentlich höher, weshalb man sich zumindest einen guten Fensterplatz reservieren lassen sollte. ⏰ tgl. 11.30–14.30 und 18–22 Uhr.

Hanasanshō, Minato-ku, Higashi-Shinbashi 1-7-1, Shiodome Media Tower 25F, im Park Hotel, ☎ 03-6252-1177. Traditionelle japanische *kaiseki*-Menüs gibt es hier, wobei mittags die Lunch Box *shōkado* empfehlenswert ist. Das Restaurant hat eine reichhaltige Auswahl an Shōchū (japanischem Schnaps). ⏰ tgl. 11.30–14 und 17.30–21 Uhr.

Tateru Yoshino Bis, Minato-ku, Higashi-Shinbashi 1-7-1, ☎ 03-6252-1111, 🖥 www.tateruyoshino.com. Ebenfalls im 25. Stock des Park Hotel Tōkyō gelegen. Man kann nicht nur die exzellente, mit einem Michelin-Stern ausgezeichnete französische Küche genießen, sondern hat auch einen schönen Blick auf die Tōkyō-Bucht. Die Kellner sprechen sowohl Englisch als auch Französisch, und für ein 4-gängiges Mittagsmenü ab 3500 ¥ sollte man sich etwa 1 1/2 Stunden Zeit nehmen. Abends sind die Preise natürlich höher, und die beindruckende Skyline Tōkyōs spiegelt sich in der Fassade des Nachbargebäudes. ⊕ tgl. 11.30–14 und 18–21.30 Uhr.

Roppongi
Hard Rock Cafe Roppongi, Minato-ku, Roppongi 5-4-20, ℅ 03-3408-7018, 🖳 www.hardrock japan.com. In einer kleinen Seitenstraße bietet das Restaurant des Hard Rock Café bis spät in die Nacht die weltweit bekannten Gerichte, falls man einmal das Bedürfnis verspüren sollte, der japanischen Küche zu entfliehen. ⊕ So–Do 11.30–2 Uhr, Fr–Sa 11.30–4 Uhr.
Keyakizaka, Minato-ku, Roppongi 6-10-3, ℅ 03-4333-8782. In dem exklusiven Teppanyaki-Restaurant bereiten die Köche mit flinken Händen sämtliche Speisen vor den Augen der Gäste zu. Die Zutaten sind marktähnlich im Hintergrund arrangiert. Das Essen ist teuer, ein Mittagsmenü kostet allerdings lediglich ein Drittel im Vergleich zu abends. Das Restaurant ist im 4. Stock des Grand Hyatt Hotel zu finden und wurde mit einem Michelin-Stern ausgezeichnet. ⊕ Mo–So 11.30–14.30 und 18–22 Uhr.
Sushi-Zanmai, Minato-ku, Roppongi 3-14-11, ℅ 03-5771-2440, 🖳 www.kiyomura.co.jp. Vom Tresen dieses für japanische Verhältnisse großräumigen Restaurants kann man die Fische im Aquarium beobachten. Mit großem Showeffekt wird den Gästen gelegentlich ein noch zappelndes Exemplar präsentiert und dann fachgerecht zerlegt. Für den knappen Geldbeutel ist das *chirashi-don* (verschiedene rohe Fischstücke auf dem Reisbett) zu empfehlen, eine Riesenschüssel Miso-Suppe gibt es mit dazu. ⊕ tgl. 24 Std., das Rauchverbot gilt nur von 10–15 Uhr.

Asakusa und Shitamachi
Karte S. 166
Das Gebiet um den Sensō-ji und die Ladenzeile ist ideal, um die verschiedenen Ausprägungen der japanischen Küche kennenzulernen.

Asadori, Taitō-ku, Asakusa 1-31-2, ℅ 03-3844-8527. Empfehlenswert ist hier die Spezialität *kama-meshi*, im Eisentopf gedünsteter Reis, darüber wahlweise Lachs, Hühnchen, Garnelen, Muscheln, Krabbenfleisch oder Pilze. Da es immer frisch zubereitet wird, beträgt die Wartezeit 20–30 Min. Sehr lecker ist die braune Reiskruste. ⊕ tgl. 11–21.30 Uhr (letzte Bestellung 21 Uhr).
Chanko Kawasaki, Sumida-ku, Ryōgoku 2-13-1, ℅ 03-3631-2529. Chanko Nabe ist das nahrhafte, typische Eintopfgericht der Sumō-Ringer. Tische ab 4 Personen gibt es nur mit Reservierung. Das Restaurant befindet sich in einem schwarzen Holzhaus und trägt ein auffälliges Schild, das den Kopf eines Sumō-Ringers zeigt. Das Restaurant hat nur abends geöffnet. Gerichte ab rund 3000 ¥. ⊕ Mo–Sa 17–22 Uhr.
Hosokawa, Sumida-ku, Kamezawa 1-6-5, ℅ 03-3626-1125, 🖳 www.edosoba-hosokawa. jp. Eines der besten Soba-Restaurants in Tōkyō und mit einem Michelin-Stern ausgezeichnet. Leider gibt es keine ausliegende Speisekarte und keine Bilder; am besten bestellt man die Spezialität *anago-ten-seiro*. Man erhält dann vorzügliche und bissfeste Sobanudeln und Tenpura aus Gemüse, Fisch und Kräutern. In diesem im nüchternen Edo-Stil geschmackvoll eingerichteten Restaurant sitzt man an großen Holztischen und schaut auf einen kleinen Garten vor dem Fenster. Das Restaurant befindet sich in einer schmalen Seitengasse. ⊕ Di–So 11.45–15 und 17.30–21.30 Uhr.
Sakura Café Mukōjima, Sumida-ku, Narihira 1-17-5, ℅ 03-6658-8435. Leckeres Grüntee-Softeis zum Mitnehmen (300 ¥). Falls ein Platz frei ist, kann man zu zweit den 63,4 cm hohen Eisbecher „Iki" genießen (1800 ¥). ⊕ tgl. 10–19 Uhr.
Sobadokoro Kamimura, Sumida-ku, Narihira 1-18-13, ℅ 03-3625-1325. Kuriose Spezialität ist „Tendon Tower Style" – drei aufrecht gestellte frittierte Garnelen auf Reis (1800 ¥). Günstiger sind Soba oder Oden. ⊕ Mo–Sa 11–20, So 11–15 Uhr.
Tenpura Daikokuya, Taitō-ku, Asakusa 1-38-10, ℅ 03-3844-2222, 🖳 www.tempura.co.jp/ english. Hier wird das für Asakusa typische Tenpura serviert. Günstig ist *tendon*, bestehend

aus frittierter Garnele und Fisch auf Reis. Sollte das Hauptgeschäft überfüllt sein, gibt es noch das Nebengebäude. ⊕ tgl. 11.30–20.30 Uhr.

Ueno und Yanaka
Karte S. 169

Kawamura, Arakawa-ku, Nishi-Nippori 3-2-1, ✆ 03-3821-0737. Das Soba-Restaurant passt seine Gerichte an die saisonal erhältlichen Zutaten an. Im Winter sind die Austern sehr beliebt, im Frühling gibt es beispielsweise Soba mit Rapsblüten. Preise um 1000 ¥. ⊕ Fr–Mi 11.30–20.30 Uhr.

Sasanoyuki, Taitō-ku, Negishi 2-15-10, ✆ 03-3873-1145, 🖥 www.sasanoyuki.com. Das bekannte Tōfu-Restaurant serviert mehrgängige Menüs ab 2000 ¥. Nachdem man sich am Eingang der Schuhe entledigt hat, betritt man den Gastraum, um auf Tatami-Matten Platz zu nehmen. Die freundliche Bedienung bringt die einzelnen Gänge und erklärt dabei die verschiedenen warmen, kalten und frittierten Tōfu-Arten und Soßen anhand der bebilderten Karte. ⊕ Di–So 11–21 Uhr.

Shinjuku
Karte S. 171

In Shinjuku gibt es unzählige Restaurants mit japanischer und internationaler Küche. Der **Shinjuku Park Tower**, 🖥 www.shinjuku parktower.com, bietet für jeden etwas. Im Untergeschoss befinden sich viele eher günstige Restaurants, z. B. **Saboten** mit *tonkatsu* für Schnitzelfreunde, während man im 52. Stock beim **New York Grill** die allerbeste Aussicht, allerdings bei entsprechend hohen Preisen hat (Reservierung notwendig). Ein guter Kompromiss ist es, einen Kaffee in der **Peak Lounge** im 41. Stock zu trinken.

Nakajima, Shinjuku-ku, Shinjuku 3-32-5, ✆ 03-3356-4534, 🖥 www.shinjyuku-nakajima. com. Vom Südausgang des Bahnhofs kommend, biegt man am IDC links in die Seitenstraße ein. Das Restaurant liegt kurz vor BEANS rechts unten im Keller. Der Koch bereitet vor allem Fischgerichte zu und wurde für sein Können mit einem Michelin-Stern bedacht. Mittags gibt es Menüs bereits ab 900 ¥, und es

wird darauf Wert gelegt, dass der Gast auch satt wird. ⊕ Mo–Sa 11.30–14 und 17.30–22 Uhr.

€ **Hokkaidō**, Shinjuku-ku, Shinjuku 3-13-3, ✆ 03-5367-5441. Diese große und günstige *izakaya* liegt im Untergeschoss. Es gibt keine englische Speisekarte, dafür kann man in den Tatami-Zimmern aber über Webpads selbst bestellen – die übliche *izakaya*-Kost. ⊕ tgl. 16–24 Uhr.

Tsunahachi, Shinjuku-ku, Shinjuku 3-31-8, ✆ 03-3352-1012, 🖥 www.tunahachi.co.jp. Eines der besten Tenpura-Restaurants der Stadt. Wie die Gäste am Tresen schauen auch die Garnelen auf dem Grund des Aquariums den Köchen bei der Arbeit zu und sehen so ihrem nahen Ende entgegen. Vegetarier können das Set „Tenpura Zen" für 2268 ¥ auch nur mit Gemüse haben, lediglich die Miso-Suppe gibt es nicht ohne kleine Muscheln. ⊕ tgl. 11–22 Uhr.

Harajuku und Shibuya
Karte S. 176

Les Deux Magots Café, Shibuya-ku, Dōgen-zaka 2-24-1, Bunkamura B1F, ✆ 03-3477-9124. In dieser Zweigstelle des berühmten Pariser Cafés kann man ein wenig die französische Lebensart genießen. ⊕ tgl. 11–22.30 Uhr.

Maisen Tonkatsu, Shibuya-ku, Jingū-mae 4-8-5, ✆ 03-3470-0071. Das Maisen ist berühmt für sein leckeres *tonkatsu*. Wer allerdings kein Schweinefleisch möchte, kann auch frittierte Austern, Shrimps oder Hühnchen bestellen. Das Restaurant ist immer gut besucht, Eilige können außen am Verkaufsstand auch eine Lunchbox kaufen. ⊕ tgl. 11–22 Uhr.

🌳 **Mominoki House**, Shibuya-ku, Jingū-mae 2-18-5, YOU Bldg., ✆ 03-3405-9144. Seit über 30 Jahren betreibt Yamada Eichirō, ein Meister für makrobiotisches Kochen, dieses gemütliche Naturkostrestaurant. Alle Zutaten sind garantiert aus hochwertigem biologischem Anbau, es gibt vegane und vegetarische Gerichte und für alle Nichtvegetarier beispielsweise Gerichte mit Fleisch von freilaufenden Hühnern. Werktags stehen einige günstige Mittagsmenüs (12–15 Uhr) zur Auswahl. ⊕ tgl. 12–22.30 Uhr.

Südliche Stadtteile

Karte S. 178

Caffè Michelangelo, Shibuya-ku, Sarugaku-chō 29-3, ☎ 03-3770-9517, 🖥 www.hiramatsu.co.jp/michelangelo. Ein Café in Daikan'yama mit französischem Flair. Hier trifft sich die Schickeria von Tōkyō. Sehen und gesehen werden heißt das Motto. Besonders schön lässt es sich auf der Straße sitzen. ⏰ tgl. 11–22.30 Uhr.

Café Irving Place, Minato-ku, Shirokanedai 4-6-44, ☎ 03-5449-7720, 🖥 www.biotop.jp. Weiter unten an der Gaien-Nishi-dōri befindet sich im 3F des Biotop-Geschäfts das Café mit Blick auf das Baumhaus des Künstlers Kobayashi Takashi. Auf dem gegenüberliegenden mit viel Grün umgebenen Balkon sitzt es sich sehr schön. Lecker ist der Käsekuchen mit Apfel. ⏰ tgl. 11–23 Uhr.

La Bohème, Minato-ku, Shirokanedai 4-19-17, ☎ 03-3442-4488, 🖥 www.boheme.jp/shirogane. Das italienische Restaurant befindet sich die Gaien-Nishi-dōri hinunter (noch hinter dem Toshian) auf der rechten Seite. Mittags gibt es Pasta ab 650 ¥. ⏰ tgl. 11.30–3.30 Uhr.

Mizu no Uta, Minato-ku, Takanawa 4-10-18, Wing Takanawa, ☎ 03-3473-2343, 🖥 www.mizu-no-uta.com. Stylisches japanisches Restaurant mit einigermaßen akzeptablen Preisen, günstiges Mittagsmenü. Große Auswahl an Shōchū und Sake; die Spezialitäten sind Thunfisch aus Misaki und am Tisch gegrillte Rinderzunge. ⏰ tgl. 11.30–23 Uhr.

Toshian, Minato-ku, Shirokanedai 5-17-2, ☎ 03-3444-1741. Sehr bekanntes Soba-Restaurant, weshalb sich am Wochenende immer lange Schlangen am Eingang bilden. Gerichte gibt's bereits ab 1000 ¥. Die Inneneinrichtung passt perfekt zu den traditionell zubereiteten Buchweizennudeln. Das Restaurant befindet sich in der Gaien-Nishi-dōri ca. 200 m vom Eingang des National Park for Nature Study entfernt. ⏰ Mi–So 11.30–19.30 Uhr.

Yakitori Yebisu, Shibuya-ku, Ebisu 4-20-3, Yebisu Garden Place Tower 39F, ☎ 03-5420-1161, 🖥 www.gardenplace.jp. Leckeres Yakitori (Spieße mit Hühnchenfleisch), dabei hat man einen schönen Blick über Ebisu. ⏰ tgl. 11.30–15 und 16.30–23 Uhr.

Kneipen, Bars und Clubs

Roppongi

Karte S. 156/157

In Roppongi trifft sich Japan mit der internationalen Community. Hier gibt es deshalb auch die meisten Bars und Clubs in Tōkyō, zu denen Ausländer ohne Einschränkungen Zutritt haben.

BAUHAUS, Minato-ku, Roppongi 5-3-4, ☎ 03-3403-0092, 🖥 www.e-bauhaus.jp. Eine Musikbar für Liebhaber von Rockmusik aus den 70ern. Die Liveband besteht aus den Barangestellten, die abwechselnd in der Küche stehen, Getränke ausschenken und in unterschiedlichen Besetzungen auf der Bühne auftreten. Sobald die Jungs und Mädels in die Saiten bzw. Tasten hauen, bebt der rund 10x10 m große Raum. Gelegentlich dürfen Gäste auf Wunsch mit auf die Bühne, und so mancher berühmte Schlagzeuger hatte hier schon einen spontanen Sonderauftritt, wovon die Fotos von beispielsweise Lars Ulrich und Carmine Appice an der Wand zeugen. Die Bar liegt im 1. Stock und fällt von außen durch das große, aus Deutschland bekannte Logo einer Baumarktkette auf. ⏰ Mo–Sa 19–1 Uhr, Eintritt 2835 ¥.

Bernd's Bar, Minato-ku, Roppongi 5-18-1, ☎ 03-5563-9232, 🖥 www.berndsbar.biz. Wen das Heimweh packt, der trifft sich hier mit in Tōkyō alteingesessenen Deutschen, um bei deutschem Bier und Wein ein wenig zu plaudern. Die Fotos an der Wand dieser urigen Kneipe bezeugen, dass hier schon so mancher Promi zu Gast war. Zudem bietet das dazugehörige Restaurant ein reichhaltiges Angebot typisch deutscher Speisen. ⏰ Mo–Sa ab 17 Uhr.

Gas Panic, Minato-ku, Roppongi 3-15-24, 2F und 3F, ☎ 03-3405-0633, 🖥 www.gaspanic.co.jp. Aufgrund der günstigen Drinks ist das Niveau entsprechend – viele Gäste wollen sich einfach nur volllaufen lassen und es ist immer sehr laut. Das Geschehen verteilt sich auf eine Bar und zwei Clubs. Es wird Wert darauf gelegt, dass man nicht mit leerem Glas in der Hand herumläuft. ⏰ tgl. 18–5 Uhr.

Motown House, Minato-ku, Roppongi 3-11-5, Com Roppongi Bldg. 2F, ☎ 05474-4605, 🖥 www.motownhouse.com. Die Bar ist fast schon eine Institution. Hier wird typische Disco-Musik gespielt, und zum Wochenausklang herrscht am langen Tresen dichtes Gedränge, was die Kontaktaufnahme erleichtert. Drinks ab 800 ¥. ⏱ tgl. 18–5 Uhr.

Paddy Foley's Irish Pub, Minato-ku, Roppongi 5-5-1, Roi Bldg. B1F, ☎ 03-3423-2250, 🖥 www.paddyfoleystokyo.com. Typisch irischer Pub, in dem bei Sportübertragungen mit viel Guinness-Bier der erfolgreiche Wochenabschluss begossen wird. Man kann hier auch gut essen, auf Wunsch sogar vegetarisch. ⏱ Mo–Sa 17–2.30, So 16.30–0.30 Uhr.

Super Deluxe, Minato-ku, Nishi-Aazabu 3-1-25, B1F, 🖥 www.super-deluxe.com. Einmal im Monat findet hier die legendäre „Pecha-Kucha Night" statt, bei der meist Künstler, Designer und Architekten Kurzvorträge mit 20 Bildern halten. Für weitere Musik und Tanzveranstaltungen einfach die Website besuchen.

Shinjuku

Östlich des Bahnhofs Shinjuku befindet sich das Rotlichtviertel **Kabuki-chō** mit vielen Nachtclubs, Hostessen-Bars und anderen Unterhaltungslokalen, die für gewöhnlich nur Japanern Zutritt gewähren. Es gibt hier aber auch einige Kinos, unzählige Restaurants und Karaoke-Bars. Etwas weiter östlich liegt im Stadtteil Shinjuku Ni-chōme das Gay-Viertel.

Gaybars

(Karte S. 171)
Arty Farty, Shinjuku-ku, Shinjuku 2-11-7, ☎ 03-5362-9720, 🖥 www.arty-farty.net. Hier ist immer Party. Das vorwiegend junge Publikum tummelt sich auf der Tanzfläche. ⏱ So–Do 18–3, Fr–Sa 18–5 Uhr.

Dragon Men, Shinjuku-ku, Shinjuku 2-11-4, ☎ 03-3341-0606. Die Bar ist vielleicht auch deshalb bei Frauen beliebt, weil die Kellner am Wochenende nur Unterwäsche tragen. ⏱ Mo–Do, So 19–3, Fr–Sa 19–5 Uhr.

GB, Shinjuku-ku, Shinjuku 2-12-3, B1F, ☎ 03-3352-8972. In diese kleine Bar im Keller haben nur Männer Zutritt. Das Alter ist gemischt, und es gibt sowohl japanische Stammgäste als auch ausländische Besucher. ⏱ tgl. 20–2 Uhr.

Shibuya
Karte S. 176
Blue Note Tōkyō, Minato-ku, Minami-Aoyama 6-3-16, ☎ 03-5485-0088, 🖥 www.bluenote.co.jp. Jazz-Fans sollten unbedingt rechtzeitig den Spielplan prüfen und Karten buchen, um sich die einmalige Gelegenheit, bekannte Musiker in diesem hervorragenden Ambiente zu erleben, nicht entgehen zu lassen.

Shibuya Gaspanic Center-Gai, Shibuya-ku, Udagawa-chō 21-7, B1F, ☎ 03-3462-9099, 🖥 www.gaspanic.co.jp. Der kleine Ableger der berüchtigten Bar in Roppongi zieht hauptsächlich ein jüngeres Publikum an. Happy Hour 18–22 Uhr, Do kosten die Getränke immer nur 300 ¥. ⏱ So–Do 18–5, Fr–Sa 18–8 Uhr.

The Room, Shibuya-ku, Sakuragaoka-chō 15-19, Daihachi-Totō Bldg. B1F, ☎ 03-3461-7167, 🖥 www.theroom.jp. Wie der Name nahelegt, nur ein Raum, der in eine Bar und die Bühne aufgeteilt wurde. Am Abend kommen hier Freunde des Jazz, House und Crossover voll auf ihre Kosten. Ein einfacher Club für Leute, die Wert auf gute Livemusik legen und ein wenig abrocken möchten. Das aktuelle Programm und die Öffnungszeiten sollte man vorher auf der Internetseite überprüfen.

Kulturveranstaltungen

Bunkamura, Shibuya-ku, Dōgenzaka 2-24-1, 🖥 www.bunkamura.co.jp/english. Das Bunkamura ist ein großes Kulturzentrum in Shibuya. Hervorzuheben ist die Orchard Hall für Konzerte, Opern und Ballett, das Cocoon Theater und ein Kino. Daneben gibt es ein Museum, eine Galerie sowie Restaurants und Cafés.

Kabuki-za, Chūō-ku, Ginza 4-12-5, 🖥 www.kabuki-za.co.jp, Tickets: 🖥 www.kabuki-bito.jp/eng (S. 159). Hier wird das volkstümliche Kabuki-Theater gespielt, in dem nur männliche Schauspieler auftreten.

Nationaltheater, Chiyoda-ku, Hayabusa-chō 4-1, 🖥 www.ntj.jac.go.jp/english. Das Nationaltheater unweit des Regierungsviertels Nagata-chō beinhaltet ein großes Theater mit 1610 Sitzen vorwiegend für Kabuki-Vorstellungen und ein kleines Theater mit 590 Sitzen für Bunraku.

Tōkyō Opera City, Shinjuku-ku, Nishi-Shinjuku 3-20-2, 🖥 www.operacity.jp. Im Gebäude der Tōkyō Opera City gibt es einen großen und kleinen Konzertsaal (1632/286 Sitze). Schwerpunktmäßig steht hier klassische Musik auf dem Spielplan.

FESTE

Januar

1.: Neujahrsbesuch eines Schreins, Empfehlung: Meiji-Schrein (S. 174)
2.: Neujahrsempfang am Kaiserpalast durch die Kaiserfamilie (S. 158)
24./25.: Schreinfest **Usokae Shinji** am Kameido-Tenjin-ja (S. 167)

Februar

8. Feb–8. März: Pflaumenblütenfest, **Ume Matsuri**, am Yushima-Tenjin-Schrein in Kanda (S. 168)

März

Ende: Messe **Photo Imaging Expo** in Odaiba, Tōkyō Big Sight (S. 183)
Ende: Internationale **Anime-Messe** in Odaiba, ebenfalls im Tōkyō Big Sight.

April

Anfang: Tempelfest **Gyokidaie** am Zōjō-ji mit großem Umzug (S. 161)
9.–18.: Nachtbeleuchtung und Musik im Hama-Rikyū-Park (S. 161)
Mitte: **Reiterspiel** (Yabusame) im Sumida-kōen in Asakusa
14. April–5. Mai: Fest zur **Azaleenblüte** am Nezu-Schrein (S. 170)
Mitte April–Anfang Mai: **Glyzinienblütenfest** am Kameido-Tenjin-Schrein (S. 167)
Ende April–Anfang Juni: **Frühlingsfest** im Meiji-Schrein (S. 174)

Mai

3. Sonntag: **Sanja Matsuri** des Asakusa-Schreins in Asakusa mit über 100 Trageschreinen (S. 165)
Ende: Hafenfest **Tōkyō Minato Matsuri** in Harumi, am Terminal für Passagierschiffe (Harumi Futō) mit eindrucksvoller Vorführung der Hafenfeuerwehr.

Juni

Anfang–Mitte: Die **Irisblüte** kann u. a. an folgenden Orten bewundert werden: Koishikawa Kōraku-en, Meiji-Schrein und Yasukuni-Schrein.
10.–16.: **Sannō Matsuri** am Hie-Schrein (S. 163)
15.: Parade **Shinkō Gyōretsu** während des Sannō Matsuri am Hie-Schrein

Juli

7.: Sternenfest **Tanabata**, wird an verschiedenen Orten gefeiert. Besonders zu empfehlen ist das Tanabata-Fest in Hiratsuka (1 Std. vom Hauptbahnhof Tōkyō mit der Tōkaidō-Linie).
Mitte Juli–Anfang Aug: Sommerfest, **Natsu Matsuri**, am Shinobazu-no-ike in Ueno (S. 168)
Letzter Samstag: Spektakuläres Feuerwerk **Sumidagawa Hanabi Taikai** am Sumida-Fluss bei Asakusa. Bei starkem Regen wird der Termin verschoben.

August

Erster Dienstag: **Feuerwerk** am Katase-Strand in Enoshima (S. 224, Tōkyō Umgebung)
Ende: Sommerfest **Nōryō Matsuri** in Azabu-Jūban

September

3.–12.: Nachtbeleuchtung und Musik im Hama-Rikyū-Park (S. 161)
Ende: **Nezu Gongen Matsuri** am Nezu-Schrein in Yanaka (S. 170)

Oktober

2. Montag: **Reiterspiel** (Yabusame) des Ana-Hachiman-Schreins im Toyama-Park in der Nähe des Bahnhofs Takadanobaba (Yamanote-Linie)

November

4. Sonntag im Okt–4. Sonntag im Nov: **Chrysanthemenfest** am Kameido-Tenjin-Schrein (S. 167)

Dezember

14.: **Gishi-sai**: Fest am Sengaku-ji zu Ehren der 47 Samurai (S. 180)
17.–19.: Jahrmarkt der Federballschläger, **Hagoita-Ichi**, am Sensō-ji in Asakusa (S. 165)

23.: Empfang am Kaiserpalast zum Geburtstag des Kaisers

EINKAUFEN

Zentrum

In Spaziernähe zum Hauptbahnhof Tōkyō gibt es eine Vielzahl von großen Kaufhäusern. Bücherfreunde steuern gleich das Kaufhaus **Oazo** am nördlichen Marunouchi-Ausgang an, weil dort neben verschiedensten Geschäften die Buchhandlung **Maruzen** den meisten Platz einnimmt. Mit ungefähr 1,2 Mio. verfügbaren Titeln ist es der größte Buchladen in Tōkyō. Auf der anderen Seite wurde am Yaesu-Ausgang des Hauptbahnhofs 2007 das Hochhaus **Gran Tōkyō North Tower** mit dem Kaufhaus **Daimaru** fertiggestellt. Von dort sind es nur knapp 10 Min. Fußweg zum Stammhaus von **Mitsukoshi**, ☐ www.mitsukoshi.co.jp. Das Mitsukoshi ist das wohl exklusivste japanische Kaufhaus mit über 400-jähriger Geschichte, manche sprechen sogar vom „Harrods Japans". Erst 2010 erfuhr es eine umfangreiche Erweiterung und Renovierung, um verstärkt jüngere Kunden anzulocken. Besonders zu empfehlen ist die Feinkostabteilung im Untergeschoss. Imposant ist auch eine kunstvoll aus einer 500 Jahre alten Zypresse geschnitzte riesige Statue im Atrium. Im obersten Stockwerk gibt es wechselnde Kunstausstellungen. Ein Besuch des Dachgartens ist im Sommer wegen des vielen Grüns und der Ruhe sicher lohnend. Wer bereits am Morgen kurz vor Öffnung da ist, kann die alltägliche Begrüßungszeremonie erleben. ⏲ tgl. 10–19 Uhr.

Coredo Muromachi schräg gegenüber wurde 2010 eröffnet, im März 2014 kamen Coredo 2 und 3 hinzu. Neben den Restaurants (2F–4F) lohnt es sich, die Läden Kiya, Ninben und Tsuruya Yoshinobu im Erdgeschoss zu besuchen. Der Eisenwaren- und Messerhändler **Kiya**, ☐ www.kiya-hamono.co.jp, ist seit 1792 in dieser Straße und der *katsuobushi*-Händler **Ninben**, www.ninben.co.jp, sogar schon seit 1699. Bei Ninben kann man an einem Take-out Counter (Dashi-Bar) verschiedene Suppen und Gerichte mit diesen getrockneten Thunfischflocken bestellen. **Tsuruya Yoshinobu** aus Kyōto stellt seit 1803 japanische Süßigkeiten her; im

Tōkyō Mise, ☐ www.tokyo-mise.jp, kann man den Meistern an einem Tresen bei der Herstellung zuschauen. ⏲ tgl. 10–20 Uhr. Das Hauptgeschäft der Elektronikkette **Bic Camera** direkt am Bahnhof Yūrakuchō ist an Wochenenden stark frequentiert. Das Geschäft gewährt beim Einkauf Rabatte auf den nächsten Einkauf. Dazu muss man die angebotene Kundenkarte annehmen. Die gewährten Punkte kann man übrigens noch am selben Tag einlösen. ⏲ tgl. 10–22 Uhr. Läuft man vom Bahnhof Yūrakuchō in Richtung Ginza, kommt man am Hauptgeschäft der Handelskette **MUJI** vorbei. MUJI ist die Kurzform von Mujirushi Ryōhin, was übersetzt „Qualitätsprodukte ohne Markennamen" bedeutet. Der Schwerpunkt der Produktpalette liegt auf Büroartikeln, Einrichtungsgegenständen und Kleidung. In diesem Hauptgeschäft gibt es sogar ein großes Selbstbedienungsrestaurant mit günstigen Menüs. Mitterweile gibt es auch MUJI-Läden in Deutschland.

Ginza

Die Chūō-dōri ist in der Ginza auf beiden Straßenseiten von einer Vielzahl Geschäften gesäumt. Hervorzuheben sind das Schreibwarengeschäft **Itō-ya** sowie die Warenhäuser **Matsuya** und **Mitsukoshi**. Ein Geheimtipp ist die 1874 gegründete Bäckerei **Kimuraya**, wo man leckeres Brot und Kuchen kaufen kann. Am südlichen Ende wartet auf Kinder der **Hakuhinkan Toy Park**, ein riesiges Spielwarengeschäft über mehrere Stockwerke. Essstäbchen kauft man bei **Natsuno**, in einer Seitenstraße (6-7-4 Ginza). Auf keinen Fall sollte man es verpassen, dem sehr modern und futuristisch eingerichteten Bekleidungsgeschäft **Uniqlo Ginza** einen Besuch abzustatten.

Roppongi

Eine große Auswahl an traditionellen japanischen Handwerksprodukten findet man im **Japan Traditional Crafts Aoyama Square**, ☐ kougeihin.jp/english. Neben gewebten und gefärbten Stoffen sowie traditionellen Puppen gibt es viele Produkte aus Holz, Papier, Ton, Porzellan, Lack, Bambus und Metall. ⏲ Fr–Mi 11–19 Uhr.

Akihabara 秋葉原

„Akihabara Electric Town" begrüßt einen bereits das Schild zum Ausgang auf dem engen Bahnsteig in Akihabara (Yamanote-Linie). Dieser Stadtteil ist vielen bekannt als das Elektronikmekka, in dem man in über 500 Geschäften schlichtweg alles kaufen kann, angefangen vom kleinsten Ersatzteil bis hin zu Klimaanlagen, Waschmaschinen und anderen Großgeräten.

Direkt in Bahnhofsnähe konzentrieren sich Duty-Free-Geschäfte wie **Laox** oder **Takarada**. Das Personal spricht häufig Englisch, und es werden ausländische Varianten elektronischer Produkte geführt.

Meist sind die angebotenen Produkte trotz Zollfrei-Rabatt teurer als die Originalprodukte für den japanischen Heimmarkt. Wer also nach Akihabara kommt, um ein Schnäppchen zu machen, sollte wissen, was er sucht, und die Preise in Deutschland kennen. Unproblematisch sind beispielsweise Digitalkameras der führenden Hersteller. Die Menüsprache der japanischen Version lässt sich meist auf Deutsch umstellen (einfach im Geschäft probieren oder vom Personal zeigen lassen). Besondere Schnäppchen sind übrigens bei Auslaufmodellen zu machen. Diese werden oftmals zu einem Bruchteil des Normalpreises verramscht. Zwei wichtige Sachen muss man beim Kauf von Elektronikgeräten auf jeden Fall bedenken: Die Garantie wird teilweise nur in Japan gewährt, d. h. zurück in Deutschland steht man ggf. ohne Garantie im Regen. Außerdem muss für Waren über einem Wert von 430 € bei der Einreise in Deutschland die Einfuhrumsatzsteuer und Zollgebühr entrichtet werden.

Aki-Oka Artisan (2k540), 🖳 www.jrtk.jp/2k540, ist eine Ansammlung von Geschäften mit Schmuck, Kunsthandwerk und schönen Dingen aus Holz. Hier findet sich manch ausgefallenes Mitbringsel. Die Geschäfte liegen unterhalb der Eisenbahnlinie gleich nach Überquerung der breiten Straße Kuramaebashi-dōri. ⏰ Do–Di 11–19 Uhr.

Entlang der breiten Hauptstraße **Chūō-dōri** sind verschiedene Händler mit einem großen Spektrum an Produkten sowie bekannte Computerketten angesiedelt. Die Anzahl der Geschäfte mit Computerspielen und Anime-Produkten hat in den letzten Jahren stark zugenommen. Diese haben leider einige alteingesessene Geschäfte für gebrauchte Kameras und Fotoobjektive verdrängt. Wer Anime-Sammlerobjekte sucht, wird oft in den Obergeschossen einiger Elektronikhändler in Bahnhofsnähe fündig. Am Wochenende ist die Chūō-dōri sehr stark frequentiert, weshalb sich ein Besuch an einem Werktag empfiehlt.

In den Seitenstraßen nordwestlich des Bahnhofs konzentrieren sich kleine **Computerläden**, die neben Neuware oftmals gebrauchte Geräte und Computerteile verkaufen. Häufig unterscheiden sich die Preise sehr von Geschäft zu Geschäft, sodass sich ein Preisvergleich lohnt. Elektronikbegeisterte besuchen noch den direkt am Bahnhof unter der Bahntrasse liegenden Kleinteilemarkt **Radio Center** mit seinen kleinen, über enge Gassen erreichbaren Geschäften.

Jinbō-chō 神保町

Entlang der Yasukuni-dōri erstreckt sich die sogenannte **Kanda Shōtengai** mit unzähligen kleinen Buchläden. Hier bekommt man angefangen von teuren, raren alten Büchern bis hin zu billigen, gebrauchten Groschenheften einfach alles. Außerdem finden Liebhaber von Holzschnitten alteingesessene Geschäfte mit reicher Auswahl und im Vergleich zu Europa

Maid Cafes

In den Straßen von Akihabara werben junge Frauen in Dienstmädchen- oder Schulmädchenuniformen für sogenannte Maid Cafes, 🖳 www.moeten.info/maidcafe (japanisch). Dort werden den Gästen Getränke und kleine Gerichte angeboten. Die „Maids" bedienen die Gäste sehr zuvorkommend, man bekommt beispielsweise den Kaffee umgerührt. Extra bezahlt werden müssen Polaroid-Fotos mit den Bedienungen. Die Maid Cafes sind nichts Anrüchiges, weshalb auch Anime-Fans und an Cosplay interessierte ausländische Besucher diese Cafés gerne besuchen. Hinweis: Die Maids möchten auf der Straße nicht fotografiert werden.

günstigeren Preisen. **Hara Shobō** gibt es seit 70 Jahren. Ein weiterer Händler mit großer Holzschnittauswahl ist **Ōya Shobō**. Ganz in der Nähe befindet sich außerdem der Laden **Sanseidō Bookstore**. Er bietet im obersten Stockwerk aktuelle ausländische Bücher an. Am einfachsten erreicht man die Buchläden vom Bahnhof Jinbōchō aus. ⏰ Di–Sa, üblicherweise 10–18 Uhr.

Asakusa und Shitamachi

Die Einkaufstraßen **Nakamise** und **Kappabashi-dōri** (S. 165) sind ideal zum Kauf von Souvenirs und japanischen Gebrauchs–gegenständen in eher traditionellem Ambiente. Im Kontrast dazu findet sich im **Solamachi (Tokyo Skytree Town)**, das einem riesigen Megastore gleicht, am Tōkyō Skytree (S. 165) für jeden Geschmack etwas: Süßigkeiten, Kleidung, Schmuck, Spielzeug, Räucherstäbchen, Porzellan, Plastiksushi und Baseball-Fanartikel, um nur einige zu nennen. ⏰ tgl. 10–21 Uhr.

🛍 **Edokibashi Daikokuya**, Sumida-ku, Higashi-Mukōjima 2-4-8, 🖥 www.edokibashi.com. Hier wird man gut beraten, um das passende Paar hochwertiger Essstäbchen (hashi) zu finden. Der Laden liegt im ruhigen Wohngebiet und ist etwas schwer zu finden, weshalb man am Bahnhof Hikofune auf dem Vorplatz am Westausgang einen Blick auf den dortigen Plan werfen sollte, auf dem der Laden markiert ist. ⏰ Mo–Sa 10–17 Uhr, 2. und 3. Sa im Monat geschlossen.

Morihachi Honpo, Sumida-ku, Narihira 1-3-6, 🖥 www.morihati.co.jp. Leckere, mit roter Bohnenpaste und Kastanien gefüllte Süßigkeiten sind hier die Spezialität. Das Geschäft erinnert von außen an eine japanische Burg. ⏰ tgl. 9–18 Uhr (außer 3. Mo im Monat).

Ueno und Yanaka

Östlich vom Bahnhof Ueno erstreckt sich unter der Stadtautobahn entlang der Shōwa-dōri die sogenannte Motorcycle Town oder kurz **Bike Town**. Hier reihen sich Läden mit Motorrädern, Rollern sowie Zubehör dicht an dicht. Für Interessierte ein wahres Paradies.

Die **Ameyoko-dōri** verläuft parallel zu den Bahngleisen der Yamanote-Linie in Richtung

Bahnhof Okachi-machi. Nach dem 2. Weltkrieg war hier ein Schwarzmarkt. Heute kauft man günstig Bekleidung, Taschen, Kosmetik und Lebensmittel wie frischen Fisch, Gewürze und allerlei Getrocknetes.

Die enge Einkaufsstraße **Yanaka Ginza** besteht aus winzigen Kaufläden wie schon vor 100 Jahren. Es gibt japanischen Tee, Süßigkeiten, Reiskräcker (senbei), getrockneten Fisch, Seetang und eingelegtes Gemüse.

🛍 **Isetatsu**, Taitō-ku, Yanaka 2-18-9, 📞 03-3823-1453. Papierladen etwas weiter abseits der Yanaka-Ginza. Man kann hier die unterschiedlichsten, im alten japanischen Stil bedruckten Papierbögen kaufen. ⏰ Mo–So 10–18 Uhr.

Kikumi Senbei, Taitō-ku, Sendagi 3-37-16. Eine reichhaltige Auswahl an japanischen Reiskräckern. Das Gebäude ist ein typischer japanischer Kaufladen aus Holz mit offener Front und blickt auf eine über hundertjährige Geschichte zurück. ⏰ Di–So 10–19 Uhr.

Yanaka Senbei, Taitō-ku, Yanaka 7-18-18, 📞 03-3821-6124. Hier gibt es die typischen Reiskekse (senbei). ⏰ Mi–Mo 9.30–18.20 Uhr.

Ikebukuro

Über den Kopfbahnhöfen der privaten Bahnlinien Seibu Ikebukuro und Tōbu Tōjō haben die Bahnbetreiber zwei riesige Einkaufszentren erschaffen. Das Kaufhaus **Seibu** mit 11 Stockwerken ist eines der größten Kaufhäuser in Tōkyō, eine Zeit lang konnte es sich sogar das größte Kaufhaus der Welt nennen. Am südlichsten Zipfel befindet sich das **Book Center Libro**. Einen Besuch wert ist der Dachgarten des Kaufhauses. Auf dem Dach des ebenfalls zu Seibu gehörenden Boutiquen-Kaufhauses **PARCO** ist ein Biergarten. ⏰ Kaufhaus tgl. 10–21 Uhr, Biergarten Mo–Fr 17–23, Sa 16–23, So 16–22 Uhr.

Auch das Kaufhaus **Tōbu** hat eine Dachterrasse mit Biergarten und zählt zu den größten Kaufhäusern in Tōkyō. Durch seine große Lebensmittelabteilung sticht es besonders hervor. Hier wird ein wenig versucht, Mitsukoshi nachzueifern. Obendrein gibt es ein Stockwerk mit wechselnden Kunstausstellungen, um zusätzliche Kunden ins Haus zu locken. ⏰ Kaufhaus und Kunstausstellung tgl. 10–20 Uhr, Biergarten Mo–Fr 17–23, Sa 16–23 Uhr, So 16–22 Uhr.

Shinjuku

In der näheren Umgebung des Bahnhofs gibt es jede Menge Einkaufsgelegenheiten. Neben dem Kaufhaus **Odakyū** empfiehlt es sich, das Hauptgeschäft der Elektronikkette **Yodobashi Camera** zu besuchen. Die Läden sind, nach Themen sortiert, auf mehrere Gebäude verteilt (Multimedia, Kamera, Drucker, Videospiele und Service).

Südöstlich vom Bahnhof Shinjuku gibt es den **Takashimaya Times Square**. Auf 10 Stockwerke verteilt kann man hauptsächlich Kleidung kaufen. Außerdem finden sich dort Restaurants und eine Filiale von **Tōkyū Hands**, wo es alles für den Heimwerker gibt. Etwas weiter südlich davon liegt der große, gut sortierte **Buchladen Kinokuniya** mit englischsprachigen Büchern im 6. Stock. **Isetan** östlich vom Bahnhof ist ein exklusives Kaufhaus, in dem man unbedingt auch die Lebensmittelabteilung im Untergeschoss aufsuchen sollte. Im Seitengebäude Isetan Men's gibt es Herrenbekleidung auf allen Stockwerken.

⏲ alle Kaufhäuser tgl. 10–20 Uhr, Yodobashi Camera tgl. 9.30–22 Uhr.

Harajuku und Shibuya

Die Straße Omote Sandō bietet gute Einkaufsmöglichkeiten. Vom Bahnhof Harajuku kommend, befindet sich auf der linken Seite der breiten Straße der **Oriental Bazaar** (Jingū-mae 5-9-13) mit günstigen asiatischen Souvenirs. ⏲ Fr–Mi 10–19 Uhr. Der gegenüberliegende **Omotesandō-Hills-Komplex** ist unter Sehenswürdigkeiten ausführlich beschrieben (S. 174).

🧳 **Sou Sou**, gleich um die Ecke vom Okamoto Tarō Museum (S. 175) 🖥 www.sousou.co.jp, aus Kyōto bietet herrlich bedruckte Stoffe und die beliebten Socken und Schuhe. ⏲ tgl. 11–20 Uhr.

AKTIVITÄTEN

Ōedo Onsen Monogatari

Kein Onsen im herkömmlichen Sinne ist das Ōedo Onsen Monogatari, 🖥 www.ooedoonsen.jp, in Odaiba. Dort wurde eine Erlebniswelt im Stile des alten Edo erbaut. In einer großen Halle gibt es Restaurants, Souvenirstände und Attraktionen, z. B. Wahrsager und Wurfbuden. Die inneren Bäder sind nach Geschlechtern getrennt, ein Außenbad kann im Yukata auch gemeinsam betreten werden – dort watet man durch kleine Flüsschen. Im Obergeschoss kann man sich in Ruhesälen auf Liegen entspannen. ⏲ tgl. 11–9 Uhr, Eintritt Mo–Fr 2480¥, Sa–So 2680¥, nach 18 Uhr 500¥ günstiger. Innerhalb des Onsen zahlt man mittels eines registrierten Armbands; abgerechnet wird am Ende beim Hinausgehen an der Kasse. Anfahrt mit der Yurikamome-Linie ab Shinbashi in 18 Min. bis zum Bahnhof Telecom Center Station, dann 3 Min. Fußweg.

Rundflüge

Durch einen kurzen Helikopterflug über Tōkyō bekommt man einen ganz neuen Blickwinkel auf die dicht bebaute Stadt. Leider liegen die Terminals für Hubschrauberrundflüge etwas außerhalb, sind aber mit der JR Keiyō-Linie vom Hauptbahnhof Tōkyō aus gut zu erreichen. Die günstigste Tour findet tagsüber statt und kostet 20 400 ¥ (15 Min.). Wenn das Wetter mitspielt, empfiehlt sich die Tour zum Sonnenuntergang oder in der Nacht für 23 700 ¥ (15 Min.). Näheres unter 🖥 www.excel-air.com/english/cruising.

Taiken

Die japanische Kultur lässt sich in Tōkyō auf vielfältige Weise erleben. Eine ganze Reihe von

Eindrucksvolle Bonsai

Das **Shunkaen Bonsai Museum**, 🖥 www.kunio-kobayashi.com, ist der beste Platz in Tōkyō, um etwas über die Philosophie des Bonsai zu erfahren. In einem eindrucksvollen japanischen Haus mit vielen Zimmern werden die wertvollen Bonsai traditionell in der Schmucknische *(tokonoma)* präsentiert. Der Eigentümer Kobayashi Kunio ist einer der größten japanischen Bonsai-Meister. Sonntags finden zusätzlich Lehrgänge statt. Das Museum liegt leider etwas außerhalb und ist deshalb nicht leicht zu finden. ⏲ Di–So 10–17 Uhr, 800 ¥.

Hotels bietet eine traditionelle Teezeremonie. Für andere Dinge empfiehlt es sich oft, die Angebote der verschiedenen Tourveranstalter zu vergleichen. Einige empfehlenswerte Touren sind hier beispielhaft aufgeführt:

Cha-no-yu, Taitō-ku, Asakusa 2-34-3, ✆ 090-5333-6943. Der Teeraum befindet sich im 4F des Amuse Museum. Man kann hier nicht nur bei der Teezeremonie zuschauen, sondern auch gleich unter Anleitung des Teemeisters den *matcha* selbst zubereiten. ⏰ Di–So 10–17 Uhr, 3000 ¥ p. P.

Hato Bus, Minato-ku, Hamamatsu-chō 2-4-1, World Trade Center Building, ✆ 03-3435-6081, 🖥 www.hatobus.com/en. Bei der „Dynamic Tokyo Tour" (12 000 ¥) wird auch der Happo-en besucht, wo man nach einer traditionellen Teezeremonie die schönen Bonsai betrachten kann.

Sunrise Tours, ✆ 03-5796-5454, 🖥 www.jtb-sunrisetours.jp. Dieser Tour-Provider hat zahlreiche unterschiedliche Programme mit englischsprachigen Führern zur Auswahl.
Bei **Ozu-Washi**, Chūō-ku, Nihonbashi-Honchō 3-6-2, ✆ 03-3662-1184, 🖥 www.ozuwashi.net, kann man sein eigenes Japan-Papier unter Anleitung selbst herstellen. Der 1-stündige Kurs kostet lediglich 1000 ¥, eine Reservierung ist notwendig. Es gibt einen großen Verkaufsraum sowie im Obergeschoss ein kleines Museum. ⏰ Mo–Sa 10–18 Uhr. 5 Min. Fußweg von der U-Bahnstation Mitsukoshi-mae und 2 Min. Fußweg vom Bahnhof Shin-Nihonbashi.
Bei der **Tōkyō Sushi Academy**, Shinjuku-ku, Nishi-Shinjuku 8-2-5, West Bldg. 4F, 🖥 www.sushitokyo.jp, lernt man, Sushi zu machen. Es handelt sich um eine richtige Schule, die Sushi-Profis ausbildet. Touristen können hier zweistündige Kurse buchen.

🌳 **One Nature**, (leider) etwas außerhalb in Mitake-Okutama, ca. 90 Min. Zugfahrt von Tōkyō, ✆ 0428-74-9235, 🖥 www.treecruising.jp. Bietet ein Baumkletterabenteuer, bei dem man einen großen Baum am Fluss Tamagawa mit Seilsicherung erklettert und von oben in einer Hängematte die Aussicht genießt. Die Website ist aktuell leider nur auf Japanisch verfügbar, aber der Firmeninhaber Herr Endō spricht etwas Englisch.

Tōkyō Marathon

Seit 2007 findet einmal jährlich im Februar der große Stadtmarathon mit über 30 000 Teilnehmern aus der ganzen Welt statt. Details zu den Bewerbungs- und Teilnahmebedingungen findet man im Internet, 🖥 www.tokyo42195.org.

SONSTIGES

Botschaften

In Tōkyō befinden sich im Stadtteil Azabu die Botschaften von Deutschland, Österreich, der Schweiz und weiterer Staaten, Details S. 43, Karte S. 156/157 und 178.

Geld

Am einfachsten und günstigsten kommt man mit der Kreditkarte am **Geldautomaten** der Postämter oder im 7-Eleven-Shop an Bargeld. Außerhalb der Postöffnungszeiten sind die Geldautomaten der Citibank als Anlaufstelle zu empfehlen. Die Geldautomaten der Hauptpostämter in Shinjuku und Shibuya sind Mo–Sa 24 Std. verfügbar. Lediglich an Sonn- und Feiertagen kann man nur bis 20 Uhr Geld abheben.

Informationen

Tōkyō Tourist Information Center, Tōkyō Metropolitan Government Building Main Office 1F, ✆ 03-5321-3077, 🖥 www.tourism.metro. tokyo.jp. Die Stadtverwaltung von Tōkyō betreibt im Rathaus von Shinjuku eine Touristeninformation. Hier kann man sich über aktuelle Veranstaltungen informieren, und es gibt sehr viele Unterlagen, z. B. den *Minkuru Guide* (Toei Bus Route Guide) und einen Führer für den Tōkyō Shitamachi Bus. ⏰ tgl. 9.30–18.30 Uhr.
Tourist Information Center (TIC), Chiyoda-ku, Marunouchi 3-3-1, Shin-Tōkyō Bldg., ✆ 03-3201-3331, 🖥 www.jnto.go.jp. Im Shin-Tōkyō Building, vom Tōkyō International Forum in Richtung Kaiserpalast gelegen, ist die Touristeninformation der Japanischen Fremdenverkehrszentrale (JNTO) untergebracht. Hier gibt es reichlich Informationen zu einzelnen Reisezielen in Japan und kostenlose Lektüre. ⏰ tgl. 9–17 Uhr.
Asakusa Culture Tourist Information Center, Taitō-ku, Kaminari-mon 2-18-9, ✆ 03-3842-5566. Direkt an der Kreuzung am Eingang zur Naka-

mise-dōri fällt das Informationszentrum durch seine außergewöhnliche Architektur auf. Ganz oben gibt es ein Café und eine kostenlose Aussichtsplattform mit toller Sicht über Asakusa und hinüber zum Skytree. ⏰ tgl. 9–20 Uhr.
Narita Tourist Information Center (TIC), New Tōkyō International Airport Narita, Arrival Floor, Passenger Terminal 1+2 Bldg., ☏ 0476-30-3383 und 0476-34-5877. Die Japanische Fremdenverkehrszentrale betreibt in den Ankunftshallen beider Flughafenterminals eine Touristeninformation. Besonders empfehlenswert ist ein kostenloser, faltbarer deutscher Reiseführer, der neben Stadtplan und Bahnnetzkarte auch Coupons enthält, für die es 20 % Ermäßigung in einigen städtischen und nationalen Museen gibt. ⏰ tgl. 8–20 Uhr.

Internet

Fast alle Hotels und Jugendherbergen bieten zumeist kostenlosen Internetzugang. In jedem Bahnhof, bei Starbucks und McDonald's gibt es WLAN. Kostenlose Internetzugänge lassen sich im Internet unter 🖥 www.freespot.com (nur auf Japanisch) herausfinden.

Kulturinstitute

OAG (Deutsche Gesellschaft für Natur- und Völkerkunde Ostasiens), Minato-ku, Akasaka 7-5-56, OAG-Haus, ☏ 03-3582-7743, 🖥 www.oag.jp. Die OAG ist ein Treffpunkt für alle Deutschsprachigen, die an Japan und Ostasien interessiert sind. Regelmäßig finden Vorträge, Seminare und Gesprächsabende statt.
Goethe-Institut, Minato-ku, Akasaka 7-5-56, ☏ 03-3584-3201, 🖥 www.goethe.de/tokyo. Bietet Veranstaltungen und eine Bücherei.

Medizinische Hilfe

Tōkyō Metropolitan Health Medical Information Center, ☏ 03-5285-8181. Für Informationen über das japanische Gesundheitssystem und zu Ärzten, die Ausländer behandeln, kann man hier (nur) telefonisch in Kontakt treten. ⏰ tgl. 9–20 Uhr.
Tōkyō Medical and Surgical Clinic, Minato-ku, Shiba-kōen 3-4-30, 32 Shiba Kōen Bldg. 2F, ☏ 03-3436-3028, 🖥 www.tmsc.jp. In dieser Arztpraxis direkt unter dem Tōkyō Tower

praktizieren international erfahrene Ärzte, u. a. auch der deutsche Arzt Dr. Peter Seez. ⏰ Mo–Fr 8.30–17.30, Sa 8.30–12 Uhr.
St. Luke's International Hospital (Seiruka Kokusai Byōin), Chūō-ku, Akashi-chō 9-1, ☏ 03-3541-5151, 🖥 hospital.luke.ac.jp. Eine große Klinik für ambulante wie stationäre Behandlung und Notfälle.

Post

Postämter in Tōkyō haben üblicherweise Mo–Fr 9–17 Uhr geöffnet, einige Hauptpostämter aber auch länger. Einen besonderen Service bieten die Hauptpostämter in Shinjuku und Shibuya. Diese sind täglich, d. h. auch am Sonntag und an Feiertagen, von 9–21 Uhr geöffnet, in Shibuya schließt das Hauptpostamt am Wochenende bereits um 19 Uhr.

NAHVERKEHR

Tōkyō hat ein weltweit einmalig ausgebautes S- und U-Bahnnetz. Tages-, Wochen- oder Monatskarten lohnen wegen der vielen unterschiedlichen städtischen, staatlichen und Privatlinien nur in besonderen Fällen. Bequem bezahlt man mit den wiederaufladbaren Karten *Suica* oder *Pasmo*. Diese Karten kauft und lädt man am Fahrkartenautomaten und bezahlt die Fahrt durch kontaktlose Berührung am Ein- und Ausgang des Bahnhofs.
Wegen des hervorragenden öffentlichen Nahverkehrs und der teuren Parkplätze macht ein Mietwagen für Touristen in Tōkyō keinen Sinn. Größere, schwer zu transportierende Einkäufe lässt man sich einfach direkt vom Geschäft nach Hause oder ins Hotel schicken. Die dafür berechneten Gebühren sind gering, und der Service ist schnell und zuverlässig.

Ringbahn

Die beste Bahnlinie für eine erste Tōkyō-Erkundung ist die zwischen 1885 und 1925 erbaute **Ringlinie Yamanote**. Für die ca. 35 km lange Strecke benötigt man eine knappe Stunde, während man 29 Bahnhöfe passiert. Die Züge der Yamanote-Linie fahren während der morgendlichen und abendlichen Rushhour im 2-Minuten-Takt, tagsüber ansonsten alle 3–4 Min., wodurch sich ein Fahrplan erübrigt.

Nach Mitternacht fahren üblicherweise keine Züge mehr, und man ist dann auf die teuren Taxis angewiesen.

U-Bahnen

In Tōkyō gibt es 13 U-Bahnlinien, die von Toei und Tōkyō Metro betrieben werden, 🖳 www.tokyometro.jp/en. Um die Nutzung zu vereinfachen, haben die Betreiber zusätzlich zum Namen der U-Bahn-Stationen einen Bezeichnungscode eingeführt. Er besteht aus einem Buchstaben für die Linie und zwei Ziffern für die Station. Für eine Kurzstrecke zahlt man am Automaten 170 ¥ bzw. mit *Suica* oder *Pasmo* nur 165 ¥. Je nach Station und Linie fährt die letzte Bahn zwischen Mitternacht und 0.30 Uhr.

Busse

Eine einfache Busfahrt kostet immer einheitlich 210 ¥ (Kinder 110 ¥), unabhängig von der Fahrtdauer. Außerdem gibt es den *Toei Bus One-day Pass* für 500 ¥ (Kinder 250 ¥). Man zahlt den Fahrpreis beim Einstieg in den Bus entweder mit Münzen, einem 1000-¥-Schein oder mit der *Suica*- bzw. *Pasmo*-Karte. Da die Busschilder und Fahrpläne normalerweise nur auf Japanisch sind, sollte man sein Busabenteuer nicht ohne den *Toei Bus Route Guide (Minkuru Guide)* starten, den man im Tōkyō Tourist Information Center bekommt.

Ein Service für Touristen ist der **Tōkyō Shitamachi Bus**. Die Preise sind mit dem normalen Bus identisch, jedoch gibt es hier auch Ansagen und Anzeigen auf Englisch. Einen Führer kann man auf der Homepage von Toei Bus herunterladen, 🖳 www.kotsu.metro.tokyo.jp/bus/shitamachi/english. Der Bus fährt täglich von 9.30–18.40 Uhr circa alle 30 Min. von Ueno Matsuzakaya bis zum Bahnhof Oshiage beim Tōkyō Skytree. Die Route führt über Asakusa entlang vieler Sehenswürdigkeiten. Nur am Wochenende starten manche Busse vom Hauptbahnhof Tōkyō (Haltestelle vor dem OAZO am Marunouchi-Nordausgang) und fahren dann über Kanda und Nihonbashi weiter die Route über Ueno. Somit ergibt sich mit einer Tageskarte zu 500 ¥ eine günstige Möglichkeit, das Gebiet um Tōkyō Shitamachi zu erkunden.

Tōkyō Waterbus

Die Sehenswürdigkeiten entlang des Sumidagawa und der Tōkyō-Bucht lassen sich sehr gut über eine Fahrt mit dem Tōkyō Waterbus erkunden. Am besten startet man seine Tour von Asakusa aus. Die Bootsanlegestelle liegt direkt vor Ausgang 5 am Bahnhof Asakusa der Ginza-Linie. Von dort kann man eine Rundfahrt unternehmen, oder man bucht die etwas günstigere einfache Fahrt zum Hama-Rikyū-Park. Telefonische Reservierung gebührenfrei auf Englisch, ☎ 0120-977311 (9.30–17.30 Uhr), 🖳 www.suijobus.co.jp.

Taxis

Der Mindestbetrag für eine Taxifahrt ist 730 ¥ und beinhaltet die ersten 2 km. Der Preis steigt dann in 80-¥-Schritten alle 274 m. Zusätzlich zahlt man von 22–5 Uhr einen Nachtzuschlag von 30 %. Somit ist das Taxifahren in Tōkyō ein recht teures Vergnügen: Eine Fahrt vom Flughafen Narita kostet bis zu 30 000 ¥.

Busse

Einige Überland- und Nachtbusse verbinden Tōkyō mit anderen japanischen Städten, wobei die Fahrpreise kaum geringer sind als mit der Bahn. Die Strecke Tōkyō–Kyōto kostet z. B. ab 6000 ¥, Nachtbus ab 7000 ¥ (Wochenende und Feiertage 1000 ¥ Aufschlag), und dauert etwa 7 1/2 Std. Die Busse fahren vom Bahnhof Tōkyō (Yaesu-Ausgang) und Shinjuku (Westausgang) ab. Am ehesten lohnt sich noch die Verbindung zwischen Shinjuku und der 5. Bergstation des Fuji-san (S. 213, Fuji-san).

Eisenbahn

Der Hochgeschwindigkeitszug Shinkansen verbindet Tōkyō mehrmals stündlich mit allen Landesteilen. Die Züge werden von **JR** (Japan Railways Group) betrieben. Alle Schnellzugverbindungen starten vom Hauptbahnhof Tōkyō, wobei es Richtung Süden auch Zusteigemöglichkeiten in Shinagawa gibt bzw. einige Züge nach Kyōto und Ōsaka in Shinagawa starten. Tōhoku- und Jōetsu-Shinkansen halten noch am Ueno-Bahnhof. Fahrpläne und weitere Infos: 🖳 www.jrpass.com.

Fahrplan Eisenbahn

Ziel	Zug	Fahrtdauer	km von Tōkyō	Preis (Grundpreis + Express-Zuschlag)
AKITA	Akita-Shinkansen	4 Std.	663 km	9830 ¥ + 8310 ¥
HAKATA	Tōkaidō-San'yō-Shinkansen	5 Std. 10 Min.	1175 km	13 820 ¥ + 7990–9330 ¥
HAKONE	S. 217			
HIROSHIMA	Tōkaidō-San'yō-Shinkansen	4 Std.	894 km	11 660 ¥ + 6380–7620 ¥
KAMAKURA	S. 226			
KANAZAWA	Jōetsu-Shinkansen	.		
über Yonehara		4 Std. 20 Min		9610 ¥ + 5620–6700 ¥
über Kyōto		4 Std. 40 Min.		10480 ¥ + 6060–7450 ¥
über Echigo-Yuzawa		4 Std. 7 Min.		7770 ¥ + 4400–5580 ¥
KŌBE	Tōkaidō-San'yō-Shinkansen	3 1/4 Std.	590 km	9290 ¥ + 4870–5900 ¥
KYŌTO	Tōkaidō-San'yō-Shinkansen	2 1/2 Std.	514 km	8210 ¥ + 4870–5900 ¥
MORIOKA	Tōhoku-Shinkansen	2 1/2 Std.	535 km	8420 ¥ + 6520 ¥
NAGANO	Nagano-Shinkansen	1 3/4 Std.	222 km	4000 ¥ + 3680–4400 ¥
NAGOYA	Tōkaidō-San'yō-Shinkansen	1 3/4 Std.	366 km	6260 ¥ + 4100–5030 ¥
NIIGATA	Jōetsu-Shinkansen	2 Std.	334 km	5620 ¥ + 4430–5150 ¥
NIKKŌ	Tōbu Nikkō-Linie	1 Std. 50 Min.	136 km	1358 ¥ + 1440 ¥
ŌSAKA	Tōkaidō-San'yō-Shinkansen	2 3/4 Std.	553 km	8750 ¥ + 4870–5900 ¥
SAPPORO	Nachtzug Hokutosei	16 1/4 Std.	1100 km	18 440 ¥ + 3060 ¥ + 6480–17 670 ¥ (Nachtabteil)
SENDAI	Tōhoku-Shinkansen Hayabusa	1 Std. 40 Min.	352 km	5940 ¥ + 5460 ¥
	Tōhoku-Shinkansen Yamabiko	2 Std.	352 km	5940 ¥ + 4430–5150 ¥
YAMAGATA	Yamagata Shinkansen	2 3/4 Std.	360 km	5940 ¥ + 4510–5740 ¥
YOKOHAMA	Tōkaidō-Linie	25 Min.	29 km	464 ¥

Anmerkung: Die Zeiten beziehen sich immer auf die schnellste Verbindung. So kann beispielsweise der *Nozomi* die Strecke Tōkyō–Ōsaka in 2 Std. 40 Min bewältigen, während der *Kodama* aufgrund der vielen Zwischenstopps fast 4 Std. benötigt. Die Zuschläge für den Tōkaidō-San'yō-Shinkansen sind abhängig von der Zugart. Am günstigsten ist ein „Non-Reserved Seat" im *Kodama*, am teuersten eine Reservierung für den *Nozomi*.

Der Flughafen liegt 70 km östlich des Stadtzentrums. Am bequemsten und gleichzeitig relativ günstig kommt man mit dem **Airport Limousine Bus**, 🖥 www.limousinebus.co.jp/en, zu seinem Hotel. Die Tickets gibt es zu 3100 ¥ direkt am Schalter in der Ankunftshalle; der Bus fährt innerhalb von 1–2 Std. zu den wichtigsten Hotels und Verkehrsknotenpunkten.

€ Ungefähr gleich viel kostet der Zug **Narita Express**, 🖥 www.jreast.co.jp/e/nex, der bis zum Bahnhof Tōkyō (3020 ¥) oder Shinjuku (3190 ¥) fährt (ca. 1 Std.), doch muss man sich immer selbst um sein Gepäck kümmern. Ausländische Touristen erhalten nur für die Strecke vom Flughafen Narita in die Stadt die Fahrkarte circa 50 % günstiger und zahlen gegen Vorlage des Reisepasses lediglich 1500 ¥. Allerdings ist nicht sicher, wie lange es dieses Angebot geben wird.

Sollte man in einem Hotel in der Gegend um Ueno oder Nippori übernachten, ist die Verbindung nach Ueno mit dem **Keisei Skyliner**, 🖥 www.keisei.co.jp/keisei/tetudou/skyliner/us, für 2470 ¥ (bzw. 2200 ¥ bei vorherigem Online-Kauf über die Website) in nur 41 Min. sehr gut geeignet. Die teuerste Variante mit dem **Taxi** kostet bis zu 30 000 ¥.

Es gibt außerdem unzählige Privatlinien, die überwiegend Pendler in die Wohngebiete des riesigen Einzugsgebietes von Tōkyō bringen. **Tōbu**, 🖥 www.tobu.co.jp/foreign, verbindet Asakusa mit Nikkō. **Odakyū**, 🖥 www.odakyu.jp/english, verkehrt zwischen Shinjuku, Hakone und Enoshima.

Flüge
Die meisten internationalen Flüge gehen über den **Narita-Flughafen**, 🖥 www.narita-airport.jp/en, doch wird inzwischen der stadtnahe **Haneda-Flughafen**, 🖥 www.tokyo-airport-bldg.co.jp/en, nicht nur als Drehscheibe für die meisten nationalen Flüge, sondern auch für internationale Flüge japanischer Fluglinien genutzt. Seit April 2014 fliegt auch die Lufthansa den Flughafen Haneda direkt an. Vom internationalen Terminal des Flughafens Haneda führt die **Tōkyō Monorail**, 🖥 www.tokyo-monorail.co.jp/english, in nur 14–18 Min. zum Bahnhof Hamamatsuchō an der JR-Yamanote-Linie (490 ¥). Alternativ gibt es den Service des **Airport Limousine Bus** sowohl ins Stadtgebiet als auch zum Narita Airport (65–80 Min., 3100 ¥) und die private Bahnlinie **Keihin Kyūkō** über Shinagawa.

Die Umgebung von Tōkyō 東京周辺

Will man der Hektik von Tōkyō entkommen, bieten sich in der näheren Umgebung vielfältige Möglichkeiten und Orte, die man leicht mit dem Zug erreichen kann.

Nördlich von Tōkyō liegt in den Bergen **Nikkō**, wo sich eingebettet in einen Zedernwald der Tōshōgū-Schrein, die schönste Schreinanlage Japans, befindet. In der Umgebung liegen der beeindruckende Kegon-Wasserfall und der Chūzenji-See, in dessen Nähe der Onsen-Ort Yumoto und ein Sumpfgebiet mit erschlossenen Wanderwegen locken.

Der heilige Berg **Fuji-san** (nicht Fuji-yama, wie hierzulande oft fälschlicherweise genannt) südwestlich von Tōkyō kann nur in den Sommermonaten erklommen werden. Das ganze Jahr über ist aber seine Umgebung mit den fünf Seen ein beliebtes Naherholungsgebiet.

Für intensive Naturerlebnisse eignet sich das Gebiet um **Hakone** besser. Hier erwartet Besucher neben dem Blick auf den Fuji-san noch eine schöne Berglandschaft, und nach einer Wanderung kann man in heißen Quellen entspannen.

Die pulsierende Hafenstadt **Yokohama** liegt südlich von Tōkyō und bietet Gelegenheit zum Einkaufen und zu einem Bummel im berühmten Hafen. Den Tag kann man dann mit einem ausgiebigen Abendessen in Chinatown abschließen.

In **Kamakura** geht es dagegen gemächlich zu. Neben den vielen Tempeln ist der beeindruckende große Buddha, eine 750 Jahre alte, riesige Bronzestatue, unbedingt sehenswert. Die nahe gelegene Halbinsel **Enoshima** lohnt ebenfalls einen Besuch.

TŌKYŌ UND UMGEBUNG

Nikkō 日光

Nikkō ist eine im 17. Jh. erbaute Schreinanlage 125 km nördlich von Tōkyō. Über 40 herrliche Tempel, Schreine und Mausoleen liegen hier in einem malerischen Gebirgstal. Ein japanisches Sprichwort lautet: „Nikkō wo minakeraba, kekkō to iu na", was so viel heißt wie: „Sage nicht prachtvoll, bevor du nicht Nikkō gesehen hast."

Ein Tag genügt, um die Hauptattraktionen zu besichtigen. Möchte man sich zusätzlich die nähere Umgebung wie den Chūzenji-See und den Kegon-Wasserfall ansehen, ist eine Übernachtung zu empfehlen. Selbst wenn zu den Hauptreisezeiten mit Fähnchen bewaffnete Reiseleiter die Touristengruppen im Minutentakt durch die Tempelanlagen schleusen, ist Nikkō ein guter Ort, um etwas Ruhe zu finden und der Sommerhitze von Tōkyō zu entfliehen. Die Bedeutung mehrerer Tempel und Schreine hat die Unesco durch die Ernennung zum Weltkulturerbe gewürdigt.

Die Stadt Nikkō 日光門前町

Die Schreinanlagen erreicht man vom Bahnhof aus nach gut 20 Minuten Fußweg, der durch die Kleinstadt Nikkō führt. Entlang des Weges befinden sich Restaurants und Souvenirgeschäfte.

Die lokale Spezialität ist *yuba-soba*, eine Buchweizennudelsuppe mit y*uba*, das aus der Haut der Sojamilch gewonnen wird. *Yuba* ist sehr proteinreich und eine typische Nahrung für die vegetarischen Mönche. Die Stadt Nikkō wird von den Schreinanlagen durch den Gebirgsbach **Daiyagawa** getrennt. Beim Überqueren des Baches liegt linker Hand gleich die erste Sehenswürdigkeit, die **Shinkyō** genannte heilige Brücke, 🖳 www.shinkyo.net/english. Sie durfte früher nur vom japanischen Kaiser oder einem kaiserlichen Abgesandten betreten werden und gehört zu den drei schönsten Brücken in ganz Japan. Inzwischen kann sie für ein Eintrittsgeld betreten und aus der Nähe besichtigt werden. ⏰ April–Sep 8–17 Uhr, Okt–März 9–16 Uhr, 500 ¥.

Tōshō-gū 東照宮

Dieser Schrein wurde zu Ehren und als letzte Ruhestätte des Shōguns Tokugawa Ieyasu (1542–1616) erbaut. Er war der Gründer des über 250-jährigen Tokugawa-Shogunats (1603–1868), der längsten Friedenszeit in Japans Geschichte. Sein Sohn Hidetada gründete den Schrein 1617, aber 1636 ließ der dritte Shōgun, Tokugawa Iemitsu, die Anlage erheblich umbauen.

Geht man die breite Straße den Berg hinauf, stößt man zunächst auf das **steinerne Torii** *(ichi-no-torii),* das mit seinen 9 m Höhe Japans größtes Stein-Torii ist. Links steht die **fünfstöckige Pagode** *(gojū-no-tō).* Nach Durchschrei-

Sieh nichts Böses, sage nichts Böses und höre nichts Böses...

© AXEL SCHWAB

ten eines hölzernen Eingangstors gelangt man zunächst in einen Vorhof. Hier befinden sich rechts drei Lagerhäuser für den Tempelschatz, die **Sanjinko**. Auf der Stirnseite des einen Gebäudes ist eine berühmte Schnitzerei zu sehen, die auf einer Zeichnung des Künstlers Kanō Tan'yū basiert. Sie werden „Elefanten der Fantasie" genannt, weil der Künstler nie einen echten Elefanten gesehen hat, aber die beiden Elefanten trotzdem sehr realistisch dargestellt sind. Beim ersten Gebäude links im Vorhof handelt es sich um den **heiligen Pferdestall**. Berühmt ist er für seine **Affenschnitzereien**, welche die Prinzipien der Tendai-Sekte widerspiegeln: „Sieh nichts Böses, sage nichts Böses und höre nichts Böses".

Links von einem Bronze-Torii *(ni-no-torii)* reinigen sich die Besucher Mund und Hände an der heiligen Quelle, bevor sie über das **Yōmei-mon** („Sonnenlicht-Tor") den inneren Schreinbezirk betreten. Das Tor wird auch „Dämmerungstor" genannt, weil man es so lange betrachten will, bis man von der Dämmerung übermannt wird. Das Yōmei-mon ist ein Wunderwerk japanischer Baukunst und gleichzeitig das kostbarste Bauwerk innerhalb der Schreinanlage von Nikkō. Zum Verbinden der Balken wurde kein einziger Nagel verwendet; alle Teile sind sorgfältig zusammengefügt. Um böse Geister abzuhalten und zu verwirren, wurde eine Säule bewusst falsch herum montiert. Bemerkenswert ist die Schnitzerei zweier Tiger. Die Streifen des Tigerfells sind nicht geschnitzt, sondern werden von der natürlichen Maserung des Holzes gebildet.

Den inneren heiligen Schrein erreicht man durch das **Sakashita-mon**, ein Tor, das eine von Hidari Jingorō geschnitzte schlafende Katze ziert. 207 Treppenstufen führen zunächst zum heiligen Schrein, hinter dem sich das eigentliche Grabmal Tokugawa Ieyasus befindet. Die menschlichen Überreste des Shōguns sind in einer kleinen bronzenen **Pagode** aufbewahrt. Vor dieser Pagode befinden sich die *mitsu-gusoku*, drei Gegenstände, die den traditionellen buddhistischen Altarschmuck bilden: eine Blumenvase (in Lotusblütenform), ein Räuchergefäß (mit einem chinesischen Löwen) und ein Kerzenhalter (mit einem Storch, der auf einer Schildkröte steht).

Verlässt man den Hauptschreinbezirk über das Yōmei-mon, führt rechts ein kurzer Weg zum buddhistischen Tempel **Yakushi-dō**. In dessen Tempelhalle *(honji-dō)* kann ein an die Decke gemalter Drache bewundert werden, der *naki-ryū* („Heulender Drache") genannt wird: Klatscht man in die Hände oder schlägt zwei Holzstücke zusammen, so entsteht ein Echo, das sich anhört, als würde der Drache aufheulen. 🖳 www.toshogu.jp, 🕐 April–Okt 8–17 Uhr, Nov–März 8–16 Uhr, Eintritt Tōshō-gū mit schlafender Katze, Ieyasus-Mausoleum und Yakushi-dō 1300 ¥. Kombiticket für 1300 ¥ mit Rinnō-ji, Futarasan-Schrein und Daiyū-in, aber ohne Katze und Mausoleum – die dann zusätzlich 520 ¥ kosten. Leider wird unter anderem das Yōmei-mon aufgrund von Restaurierungsarbeiten erst wieder ab Frühjahr 2019 ohne Gerüst zu sehen sein.

Futarasan-Schrein 二荒山神社

Der Futarasan-Schrein, 🖳 www.futarasan. jp, befindet sich nur wenige Gehminuten vom Tōshō-gū entfernt. Am Eingang steht ein großes Kupfer-Torii. Der Hauptschrein wurde 1619 erbaut. Er ist nicht so stark verziert und steht für den eher schlichten Stil der frühen Edo-Zeit. Wie schon beim Tōshōgū-Schrein befinden sich auf dem Gelände des Futarasan-Schreins zahlreiche Stein- und Bronzelaternen. Sie sind besonders schön, wenn sie bei Tempelfesten beleuchtet werden. Eine sagenumwobene, 2,30 m hohe Bronzelaterne steht rund 50 m hinter dem Ticketschalter zum Schreingarten Shin-en auf der rechten Seite und ist von einem roten Holzzaun umrahmt. Sie wurde 1292 im späten Kamakura-Stil erstellt und heißt Bakedōrō. Der Sage nach nahm diese „Geisterlaterne" bei Dunkelheit eine unheimliche Gestalt an und wurde einst von einem Samurai, der ihr nachts begegnete, verwundet. Daraufhin verschwand der Geist, und es blieb nur die Bronzelaterne zurück. Bis heute kann man die tiefen Kerben sehen, die der Samurai mit dem Schwert geschlagen hat. 🕐 April–Okt 8–17, Nov–März 9–16 Uhr, 200 ¥ Shin-en mit Bakedōrō.

Taiyū-in (Iemitsus Schrein) 大猷院

Begibt man sich vom Futarasan-Schrein weiter in den Wald, so kommt man zum **Taiyū-in**, dem

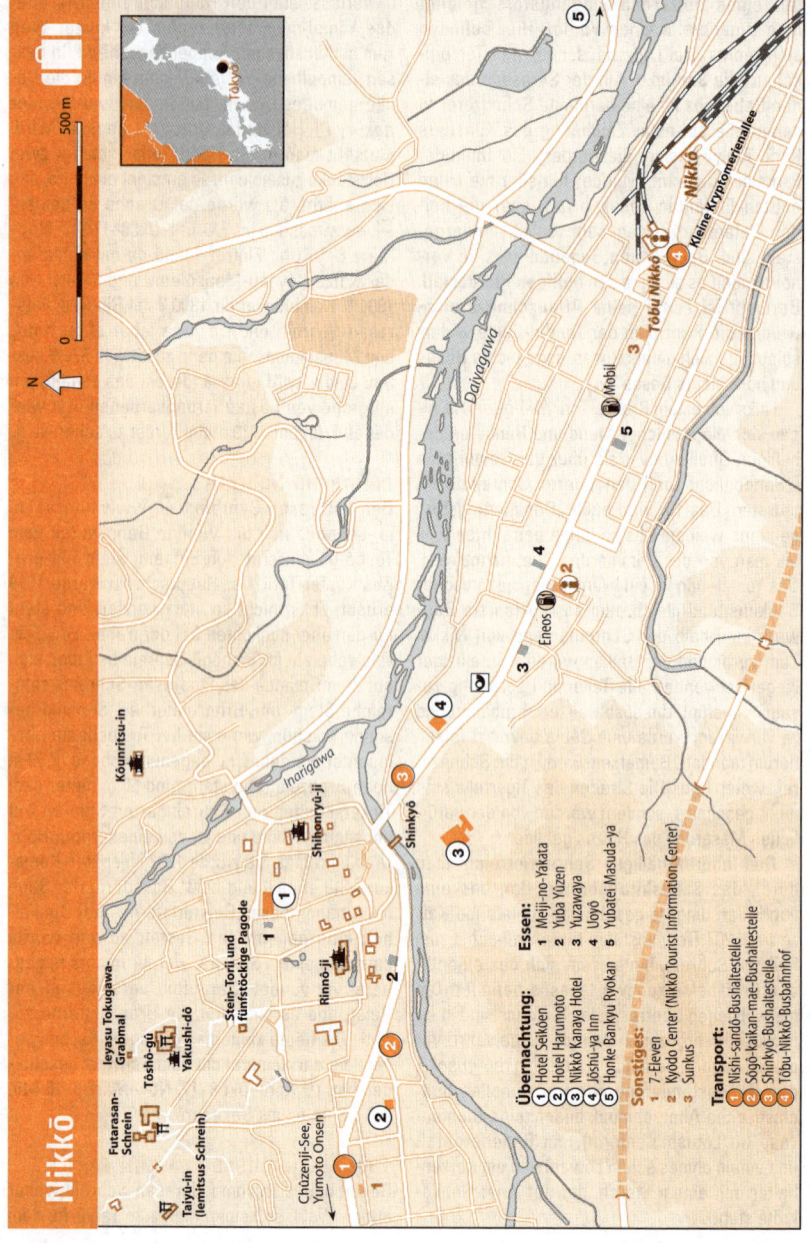

Nikkō

Übernachtung:
1. Hotel Seikōen
2. Hotel Harumoto
3. Nikkō Kanaya Hotel
4. Jōshū-ya Inn
5. Honke Bankyu Ryokan

Essen:
1. Meiji-no-Yakata
2. Yuba Yūzen
3. Yuzawaya
4. Uoyō
5. Yubatei Masuda-ya

Sonstiges:
1. 7-Eleven
2. Kyōdō Center (Nikkō Tourist Information Center)
3. Sunkus

Transport:
1. Nishi-sandō-Bushaltestelle
2. Sogo-kaikan-mae-Bushaltestelle
3. Shinkyō-Bushaltestelle
4. Tōbu-Nikkō-Busbahnhof

Futarasan-Schrein
Tōshō-gū
Yakushi-dō
Taiyō-in (Iemitsus Schrein)
Ieyasu Tokugawa-Grabmal
Stein-Torii und fünfstöckige Pagode
Rinnō-ji
Shihonryō-ji
Kōunritsu-in
Shinkyō
Chūzenji-See, Yumoto Onsen

Daiyagawa
Inarigawa
Tōbu Nikkō
Kleine Kryptomerienallee
Nikkō
Nikkō
Eneos
Mobil

500 m

N

Mausoleum für Iemitsu. Er war der 3. Shōgun des Tokugawa-Shogunats und Enkel Ieyasus; Iemitsu hatte den Bau des Tōshōgū-Schreins veranlasst. Besonders erwähnenswert ist das **Niten-mon** („Zwei-Himmel-Tor"), das auch **Kaminari-mon** („Donner-Tor") genannt wird, denn in den hinteren Seitenflügeln des Tores befinden sich die beiden Statuen der himmlischen Schutzgötter für Wind und Donner. 🕐 April–Okt 8–17, Nov–März 8–16 Uhr, 550 ¥.

Rinnō-ji 輪王寺
Sollte auf dem Rückweg zum Eingang des Schreinbezirks noch Zeit bleiben, empfiehlt sich eine Besichtigung des Rinnō-ji mit Museum und Garten. Das Hauptgebäude des Tempels heißt **Sanbutsu-dō** und ist das größte Tempelgebäude im Nikkō-Gebiet. Der Name Sanbutsu-dō bedeutet „Drei-Buddha-Halle" und steht für die drei Statuen im Inneren: die tausendhändige Kannon (Göttin der Barmherzigkeit), Amida Buddha und die Pferdekopf-Kannon. Der Garten **Shōyō-en** ist im typischen Edo-Stil angelegt und zu jeder Jahreszeit verlockend. 🖥 www.rinnoji.or.jp, 🕐 tgl. 8–17, Nov–März 8–16 Uhr, Eintritt Rinnō-ji 400 ¥, Museum und Garten 300 ¥, Kombiticket für Taiyū-in, Rinnō-ji und Museum mit Garten 900 ¥.

Shihonryū-ji 四本竜寺
Ein Geheimtipp ist der Shihonryū-ji, zu dem sich kaum Touristen verirren. Vom ersten Tempel in Nikkō sind nur die Halle Kannon-dō (807) und die dreistöckige Pagode Sanjū-no-tō (13. Jh.) mit ihren hübschen Schnitzereien der zwölf chinesischen Tierkreiszeichen übrig geblieben.

Chūzenji-See und Kegon-Wasserfall 中禅寺湖・華厳の滝
Zu den Naturschönheiten des Nikkō-Gebiets zählt der Chūzenji-See mit dem **Kegon-Wasserfall**, 45 Busminuten von Nikkō entfernt. Die Basis des fast 100 m hohen Wasserfalls erreicht man über einen in den Felsen gehauenen Fahrstuhl (550 ¥). Im Sommer besticht der Kegon-Wasserfall durch seine in einen Wassernebel gehüllte Schönheit, im Winter durch die vielen Eiszapfen. Bei schlechtem Wetter ist der Wasserfall leider oft nicht sichtbar. 🕐 Mai–Sep 7.30–18, Dez–Feb 9–16.30 Uhr.

Der **Chūzenji-See** liegt 1269 m über dem Meeresspiegel. Er erhielt seinen Namen vom Tempel Chūzenji, der 784 vom Mönch Shōtō gegründet wurde. Besonders schön ist die Gegend Anfang Mai zur Kirschblüte und im Oktober zur Herbstlaubfärbung. Eine Bootsfahrt auf dem See beginnt am Ojiri-Pier (5 Min. Fußweg von der Bushaltestelle Chūzenji Onsen) und geht in 20 Min. bis nach Shōbugahama (nur April–Nov, 570 ¥).

Yumoto Onsen 湯本温泉
Tiefer in den Bergen (1478 m) befindet sich der Onsen-Ort Yumoto. Es gibt einen See, den **Yuno-ko**, der von prächtig bewaldeten Bergen umgeben und nur von der südlichen Seite zugänglich ist. Hier haben sich einige luxuriöse Onsen-Hotels angesiedelt. Zwischen den beiden Seen Chūzenji und Yuno-ko erstreckt sich ein großes Sumpfgebiet, das über erschlossene Wanderwege zur Erkundung einlädt.

ÜBERNACHTUNG
Honke Bankyū Ryokan, Yunishigawa 749, 📞 0288-98-0011, 🖥 www.bankyu.co.jp/en. Eins der exklusivsten und teuersten Ryokans im Nikkō-Gebiet. Die rotenburo versprechen ein ganz besonderes Naturerlebnis, was einen für die weite Anfahrt (ca. 80 Min. von Nikkō) entschädigt. Ab 14 000 ¥ p. P. (bei 4 Pers. im Raum) und ab 16 000 ¥ p. P. (bei 2 Pers. im Raum), jeweils mit HP.
Hotel Harumoto, Yasukawa-chō 5-13, 📞 0288-54-1133, 🖥 www.hotel-harumoto.com. Man spricht hier zwar nur wenig Englisch, doch ist dieses Hotel etwas persönlicher und zudem günstiger als das gegenüberliegende Senhime-monogatari Inn. 9870 ¥–12 030 ¥ p. P. mit HP, je nach Saison.
Hotel Seikōen, Sannai 2350, 📞 0288-53-5555, 🖥 www.hotel-seikoen.com/en. In unmittelbarer Nähe des Schreinbezirks liegt dieses saubere und schöne traditionelle Onsen-Hotel. Neben den vielen Tatami-Räumen gibt es 3 Zimmer mit Betten. Das Essen besteht wie für Ryokans typisch aus mehreren Gängen und ist vorzüglich. Ab 8000 ¥ p. P. (bei 4 Pers. im Raum) mit HP.
Jōshū-ya Inn, 911 Nakahatsuishi, 📞 0288-54-0155, 🖥 www.johsyu-ya.co.jp/en. Das einfache

und kleine Ryokan hat 8 Räume und liegt bequem direkt an der Hauptstraße keine 300 m von der heiligen Brücke entfernt. Ab 6450 ¥ p. P. mit HP, nur Übernachtung ab 3900 ¥ p. P. Das Essen kann auch separat bestellt werden (Abendessen 2000 ¥), und es gibt sogar westliches Frühstück (1000 ¥).

Nikkō Kanaya Hotel, Kamihatsuishi-machi 1300, ☎ 0288-54-0001, 🖳 www.kanayahotel.co.jp. Das geschichtsträchtige Hotel wurde 1873 eröffnet und war damit das erste Hotel Japans im westlichen Stil. Wenn man sich in einem der alten Ledersessel in der Lobby niederlässt, erhält man für einen Augenblick den Eindruck, dass hier die Zeit stehen geblieben ist. Das besondere Flair dieses Hotels, in dem schon Albert Einstein nächtigte, sollte man sich auf keinen Fall entgehen lassen. ❹

ESSEN

Meiji-no-Yakata, ☎ 0288-53-3751, 🖳 www.meiji-yakata.com. Das empfehlenswerte, aber nicht gerade günstige Restaurant liegt nahe den Schreinen direkt gegenüber dem Hotel Seikōen. Ganz im Stil der Meiji-Zeit ist die Inneneinrichtung, und die Karte hat einen westlichen Einschlag mit Steaks in verschiedenen Qualitäten und Preislagen. ⏰ wechselnde Ruhetage.

Uoyō, Gokō-machi 593, ☎ 0288-54-0333, 🖳 www.uoyou-soba.com. in der Hauptstraße in Richtung des Schreinbezirks, kurz vor der Eneos-Tankstelle auf der gegenüberliegenden (rechten) Straßenseite. Hier gibt es vorzügliches *yuba-soba*, wobei die Nudeln aus selbstgemahlenen Buchweizen hergestellt werden. Die Mühle ist im Restaurant zu bewundern, und als Andenken gibt es zur Visitenkarte gleich ein paar Samenkörner mit dazu. ⏰ 11–15 und 17–19 Uhr, Ruhetage unregelmäßig.

Yuba Yūzen, ☎ 0288-53-0355, 🖳 www.nikko-yubayuzen.com. Unterhalb der Schreinanlage gibt es – wie der Restaurantname schon verrät – Menüs aus *yuba*. ⏰ Do–Di 11.30–16 Uhr.

Yubatei Masuda-ya, ☎ 0288-54-2151, 🖳 www.nikko-yuba.com. Läuft man vom Bahnhof Tōbu Nikkō 10 Min. entlang der Hauptstraße in Richtung des Schreinbezirks, liegt das Restaurant kurz hinter der Mobil-Tankstelle auf der ande-

ren (linken) Straßenseite. Hier gibt es *yuba* in verschiedenen Variationen. Ein komplettes Menü heißt *kaiseki-ryōri* und kostet um 4000 ¥. Vegetarier sollten die gegrillte Forelle *masu-no-shioyaki* weglassen. Das Restaurant schließt, sobald das *yuba* ausverkauft ist. ⏰ Fr–Mi 11–15 Uhr.

Yuzawaya, Gokō-machi 946, ☎ 0288-54-0038, 🖳 www.yuzawaya.jp. Gut 100 m hinter der Eneos-Tankstelle in der Hauptstraße ist links ein Geschäft für *manjū* (mit Bohnenpaste gefüllte kleine Kuchen) und ein dazugehöriges Café angesiedelt. Man sitzt dort rustikal auf Holzstümpfen und kann zwischen den verschiedensten japanischen Süßspeisen wählen.

SONSTIGES

Einkaufen

Der Weg vom Bahnhof Tōbu Nikkō zum Schreinbezirk ist von mehreren Souvenirgeschäften gesäumt. Mehr dieser ganz auf den Geschmack japanischer Touristen ausgerichteten Läden finden sich zwischen dem Kegon-Wasserfall und der Bushaltestelle Chūzenji Onsen.

Feste

Yayoi Matsuri (16.–17.4.): Bei diesem Frühlingsfest in Nikkō werden mit Kirschblüten verzierte Schreinwagen *(hana-yatai)* durch die Straßen von Nikkō und zum Futarasan-Schrein hinaufgezogen.

Tempelfest am Tōshō-gū (17.–18.5.): Der Höhepunkt des Festes zu Ehren des Shōguns Tokugawa Ieyasu ist die Parade **Hyakumonozoroi Sennin Musha Gyōretsu** am 18.5. in Nikkō.

Herbstfest (17.10.): Parade am Tōshō-gū in Nikkō.

Informationen und Internet

Das **Tōbu Sightseeing Service Center** befindet sich 135 m hinter dem Bahnhof Tōbu-Asakusa in Tōkyō und hilft Touristen auf Englisch. ⏰ tgl. 7.45–17 Uhr.

Am Schalter der Touristeninformation im **Bahnhof Tōbu-Nikkō** gibt es ebenfalls etwas Unterstützung und einige Unterlagen. ⏰ tgl. 8.30–17 Uhr.

Das **Nikkō Tourist Information Center** im Kyōdo Center befindet sich nahe der Hauptstraße gegenüber der Eneos-Tankstelle, ☎ 0288-53-3795. Internetzugang 100 ¥ für 30 Min. ⏲ tgl. 9–17 Uhr.

Das Hauptpostamt befindet sich in der Hauptstraße zum Schreinbezirk ca. 400 m vor der Brücke über den Daiyagawa. Hier kann man mit Kreditkarte Bargeld abheben, Bargeld tauschen und Reiseschecks einlösen. ⏲ Mo–Fr 8.45–18, Sa 9–17 Uhr.

NAHVERKEHR

Vom Bahnhof Tōbu-Nikkō fährt man in 5 Min. mit dem Bus zum **Schreingelände**, Abfahrt direkt vor dem Bahnhof an den Bushaltestellen Nr. 1 und 2, Ausstieg an der Haltestelle Shinkyō, Sōgō-kaikan-mae oder Nishi-sandō. Alternativ läuft man in gut 20 Min. zur Schreinanlage und erhält dabei einen guten Überblick über die vorhandenen Geschäfte und Restaurants.
Zum **Chūzenji-See und Kegon-Wasserfall** fährt man in 45 Min. bis zur Bushaltestelle Chūzenji Onsen (Aufschrift am Bus: „Chūzenji Onsen" oder „Yumoto Onsen"). Die Busse halten auf ihrem Weg vom Tōbu-Bahnhof

Nikkō-kaidō

Fährt man mit der Nikkō-Linie von Utsunomiya nach Nikkō, erblickt man kurz nach dem Bahnhof Shimotsuke Ōsawa, wenn man links aus dem Fenster schaut, riesige japanische Zedern *(sugi)* entlang einer Straße. Bevor die Eisenbahn Japan eroberte, kamen die Reisenden gewöhnlich auf dieser alten Straße, Nikkō-kaidō, hierher. Von Utsunomiya aus führte die Kryptomerien-Allee rund 30 km bis nach Nikkō zur heiligen Brücke. Die 300 Jahre alten Bäume waren den Reisenden ein willkommener Schattenspender im Sommer und verbreiteten gleichzeitig eine mystische Stimmung auf dem Pilgerweg nach Nikkō. Einige Zedern stehen auch entlang der Hauptstraße unterhalb des Busbahnhofs Tōbu-Nikkō, doch sind diese leider kleiner und nicht so alt.

Nikkō an der Shinkyō-Brücke und unterhalb des Schreinbezirks an der Haltestelle Nishi-sandō. Die Busse verkehren etwa alle 30 Min. (1150 ¥). Von der Bushaltestelle Chūzenji Onsen sind es 5 Min. zu Fuß zum Kegon-Wasserfall. Die Busse mit der Aufschrift „Yumoto Onsen" fahren nach Ankunft am Chūzenji Onsen in 30 Min. weiter zum **Yumoto Onsen** (880 ¥).

TRANSPORT

Die Anreise aus TŌKYŌ erfolgt am besten mit der Nikkō-Linie der **Tōbu Railway**, 🖳 www.tobu.co.jp/foreign, vom Bahnhof Tōbu Asakusa (stdl., 2 Std. 22 Min., 1358 ¥). Es gibt außerdem einen Limited Express mit reservierten Sitzen (1 Std. 50 Min., 2798 ¥).
Alternativ fährt man mit **JR** vom Hauptbahnhof Tōkyō oder Shinjuku nach Utsunomiya (Shinkansen 50 Min., Rapid von Shinjuku 1 3/4 Std.). Von dort sind es nochmals 45 Min. nach Nikkō. Diese Variante ist jedoch teurer als mit der Tōbu-Linie und lohnt sich daher nur, wenn man einen Japan Rail Pass besitzt.

€ Mit dem *World Heritage Pass* von Tōbu Railway kann man Geld sparen. Der 2 Tage gültige Pass für 3600 ¥ umfasst die Zugfahrt von Asakusa nach Nikkō sowie alle Busfahrten im Nikkō-Gebiet. Außerdem ist der Eintritt zum Rinnō-ji, Tōshōgū- und Futarasan-Schrein inbegriffen. Der Aufschlag für den Limited Express in Höhe von 1358 ¥ (einfach) muss extra bezahlt werden.

Fuji-san 富士山

Der Fuji-san (3776 m) ist der höchste Berg in Japan und gleichzeitig der symmetrischste Vulkankegel der Welt. Geologisch gilt der Berg als noch aktiv – bei seinem letzten Ausbruch im Jahre 1707 verstreute er seine Asche bis nach Tōkyō. Die Unesco nahm den Berg aufgrund seiner Bedeutung für Kunst, Poesie und Religion 2013 in die Liste des Weltkulturerbes auf.
Die Umgebung des Fuji-san ist wegen ihrer landschaftlichen Reize ein beliebtes Naherholungsgebiet für die Bevölkerung von Tōkyō. Ein Besuch der Gegend lohnt sich das ganze Jahr über. Für einen Tagesausflug leiht man sich

am besten einen Mietwagen oder bucht rechtzeitig über 🖥 www.japanican.com eine organisierte Bustour. Für die Besteigung des Fuji-san nimmt man besser von Shinjuku aus einen Linienbus. Die offizielle Saison zur Gipfelbesteigung geht vom 1. Juli bis zum 27. August, dieser Zeitraum sollte auch eingehalten werden, da es außerhalb der Saison schon Todesfälle unter ausländischen Bergsteigern gegeben hat.

Yamanaka-ko 山中湖

Fährt man von Tōkyō auf dem Chūō-Expressway, dann ist der Yamanaka-See der erste Stopp im Gebiet um den Fuji-san. Der See ist mit 6,7 km² der größte der fünf Fuji-Seen. Es bietet sich an, dort Boot zu fahren oder am Ufer zu zelten. Am 1. August findet ein Fest mit großem Feuerwerk statt. Im Winter ist der See fürs Eislochangeln (Gründlinge) und Schlittschuhlaufen bekannt.

Fujinomiya 5. Station 富士宮五合目

Die 5. Bergstation von Fujinomiya ist mit 2380 m die höchste mit dem Auto erreichbare Station. Bei klarem Wetter hat man einen herrlichen Blick in die Ferne. Ist der Fuji aber in Wolken gehüllt, beträgt die Sicht oft nur 50 m. Wer nicht den Gipfel besteigen möchte, kann von hier einen Rundweg laufen, der 50 Minuten dauert.

Shiraito-Wasserfall 白糸の滝

Südwestlich vom Fuji-san liegt dieser zwar nur 26 m hohe, aber durch seine Breite (200 m) recht schöne Wasserfall. *Shira-ito-no-taki* heißt übersetzt „Weiße-Fäden-Wasserfall". Er wird vom Regen- und Schmelzwasser des Fuji-san gespeist.

Kawaguchi-ko 河口湖

Vom Nordufer des Kawaguchi-Sees hat man angeblich den schönsten Blick auf den Fuji-san, und mit etwas Glück spiegelt sich der Berg im Wasser. Alternativ kann man vom Ostufer des Sees mit einer Seilbahn den 1080 m hohen Berg Tenjō erklimmen und von dort die schöne Aussicht genießen. Die Seilbahnfahrt kostet 720 ¥. 🕘 Seilbahn tgl. 9–17.20 Uhr (Dez–Feb 9.30–16.40 Uhr).

Besteigung des Fuji-san 富士登山

Ein japanisches Sprichwort besagt, dass es weise sei, den Fuji einmal zu besteigen; wer ihn aber zweimal besteige, sei ein Dummkopf. Der eigentliche Grund, weshalb Japaner den Berg erklimmen, ist eigentlich nicht, um ihn zu bezwingen, sondern es handelt sich eher um eine Art Wallfahrt, denn der Berg gilt als heilig.

Den Aufstieg beginnt man üblicherweise von der 5. Bergstation **Kawaguchi-ko Gogōme**. Aufgrund seiner Höhe ist auf dem Gipfel eine um 20° C geringere Temperatur als auf Meereshöhe zu erwarten. Hinzu kommen zum Teil sehr starke Winde. Selbst im Sommer wird deshalb unbedingt warme Kleidung (wind- und regendichte Jacke, Mütze und Handschuhe) benötigt. Zusätzlich sollte man auf jeden Fall genügend Flüssigkeit (Empfehlung: 3 Liter) und auch etwas Verpflegung mitbringen. Man kann sich zwar etwas in den Hütten kaufen, dort ist es allerdings teuer. Bei der Besteigung des Fuji können bei einigen Menschen durchaus Symptome der Höhenkrankheit auftreten. In dem Fall sollte man besser wieder hinabsteigen. Am beliebtesten sind die Nachtaufstiege, wozu eine Taschenlampe mit Ersatzbatterien empfehlenswert ist. Kommt man rechtzeitig zum Sonnenaufgang am Gipfel an, erwartet einen bei gutem Wetter ein unvergessliches Naturschauspiel.

Für den Aufstieg sind je nach Verfassung 4–6 Stunden zu veranschlagen, der Abstieg kann in 2–3 Stunden bewältigt werden, wobei man wegen des weichen Lava-Sandes regelrecht den Berg „hinunterrutschen" kann. Bei guter Fernsicht lohnt es sich, auf jeden Fall zusätzlich noch den Kraterrand zu umrunden (ca. 1 Stunde). Auf dem Gipfel gibt es einen Shintō-Schrein, ein Postamt, eine Wetterstation sowie mehrere Lokale.

ÜBERNACHTUNG UND ESSEN

Fujikyū Unjō-kaku, ✆ 0555-72-1355, 🖥 www.fujiyama-navi.jp/unjyokaku. Haus im Fachwerkstil direkt an der Kawaguchi-ko 5. Station, mit großem Souvenirladen und Restaurant in 2305 m Höhe. Hier kann man vom 30. Juni bis 15. Sep übernachten. 6480 ¥ p. P. im Mehrbettzimmer (8–15 Pers.) und 7560 ¥ p. P. im Kapselhotel, 1 Zimmer für max. 3 Pers. 21 600 ¥ und 1 Zimmer für max. 8 Pers. 43 200 ¥.

Fujiyoshida Youth Hostel, Fujiyoshida-shi, Shimo-yoshida-honchō 2-339, ✆ 0555-22-0533, 🖥 www.jyh.or.jp. Die Herberge befindet sich in einer kleinen Seitenstraße in einem alten Haus, knapp 10 Min. Fußweg vom Bahnhof Shimo-Yoshida und 20 Min. vom Bahnhof Fuji-Yoshida entfernt. Einen tollen Blick auf den Fuji-san hat man von einem nahe gelegenen Hügel. Vom 30. Dez–31. Jan geschlossen. 2900 ¥ p. P., Frühstück 600 ¥, Nichtmitglieder zahlen 600 ¥ Aufpreis.

€ **Kawaguchi-ko Youth Hostel**, Minami-Tsu-ru-gun, Fujikawaguchiko-machi, Funatsu 2128, ☏ 0555-72-1431, 🖥 www.jyh.or.jp. Von hier aus lassen sich gut die verschiedensten Unternehmungen am Kawaguchi-See starten. Den Fuji-san sieht man vom Garten aus. Knapp 10 Min. zu Fuß vom Bahnhof Kawaguchi-ko. Vom 6. Nov–19. März geschlossen. 3360 ¥ p. P., Frühstück 760 ¥, Nichtmitglieder zahlen 600 ¥ Aufpreis.

INFORMATIONEN

Fuji-Kawaguchi-ko Tourist Information, ☏ 0555-72-6700, 🖥 www.fujisan.ne.jp. Das Touristeninformationszentrum befindet sich direkt vor dem Bahnhof Kawaguchi-ko (Fuji-Kyūkō-Linie). ⏱ tgl. 9–17 Uhr.
Fuji-Yoshida Tourist Information Service, ☏ 0555-22-7000. Touristeninformation am Bahnhof Fuji-Yoshida (Fuji-Kyūkō-Linie). ⏱ tgl. 9–17.30 Uhr.

NAHVERKEHR

Vom Bahnhof Kawaguchi-ko startet der sogenannte „Retro-Bus" eine Rundtour um die Seen Kawaguchi-ko und Sai-ko. Mit einer Zweitagekarte kann man beliebig oft ein- und aussteigen (1000 ¥).

TRANSPORT

Zur Besteigung des Fuji-san empfiehlt sich eine direkte **Busverbindung** ab TŌKYŌ (2 1/2 Std., einfach 2600 ¥), die zwischen dem Shinjuku Highway Bus Terminal und der 5. Bergstation Kawaguchi-ko besteht. Mehr Verbindungen gibt es zwischen Shinjuku und Kawaguchi-ko (1 3/4 Std., einfach 1700 ¥).
Mit dem **Zug** fährt man länger und teurer mit der JR-Chūō-Linie von Shinjuku nach Ōtsuki (Express: 1 Std., 2970 ¥; normal: 1 1/2 Std., 1320 ¥) und steigt dort in die Fuji-Kyūkō-Linie um, die über Fuji-Yoshida nach Kawaguchi-ko (50 Min., 1140 ¥) fährt.

Hakone 箱根

Ein Ausflug nach Hakone gehörte wegen der schönen Berglandschaft, der heißen Quellen und verschiedenen Sehenswürdigkeiten schon im 19. Jh. zu einem Japanbesuch unbedingt dazu. Das Hakone-Gebiet liegt 90 km westlich von Tōkyō und erstreckt sich innerhalb eines Dreiecks, dessen Eckpunkte durch den **Fuji-san** sowie die Städte **Odawara** und **Atami** gebildet werden. Besonders in diesem Gebiet besteht die Möglichkeit, die Aktivitäten der Erdkruste anschaulich zu erleben.

Hakone-Yumoto 箱根湯本

Hakone-Yumoto ist der erste Stopp und zugleich das Tor zu den heißen Quellen des Hakone-Gebietes. Vom Bahnhof dieses Thermalbadeortes aus reihen sich jede Menge Restaurants und Souvenirshops entlang der Straße den Berg hinauf. Berühmt ist Yumoto für seine vielen Herbergen mit eigenem Onsen. Es gibt außerdem einige Onsen nur für Tagesausflügler. Direkt hinter dem Bahnhof liegt das etwas in die Jahre gekommene **Kappa Tengoku Notenburo**, ⏱ tgl. 10–22 Uhr, 750 ¥. Ein sehr schönes Onsen, aber leider etwas weiter entfernt, ist das **Tenzan**, 🖥 www.tenzan.jp/tenzan. Man kann aber einen kostenlosen Shuttlebus vom Bahnhof nutzen. ⏱ tgl. 9–22.30 Uhr, 1300 ¥.

Ein Onsen zum Entspannen

Yu-no-Sato, 191 Yumoto-chaya, Hakone-machi, ☏ 0460-85-3955, 🖥 www.yunosato-y.jp/english. Das große und saubere Onsen besitzt einen sehr schönen Außenbereich mit unterschiedlichen Bädern, z. B. kann man sich von einem aus 2 m Höhe hinabfallenden Wasserstrahl die Schulter massieren lassen. Das Restaurant Yamabiko hat gemäßigte Preise, und vom Wartebereich im 4. Stock hat man einen schönen Blick über das Flusstal.
Man erreicht das Onsen vom Bahnhof Hakone-Yumoto entweder nach halbstündigem Fußweg entlang des Flusses oder mit dem Shuttlebus (100 ¥) bis zum Hotel Okada. ⏱ 11–23 Uhr, Eintritt 1450 ¥, Leihgebühr für Handtücher 200 ¥.

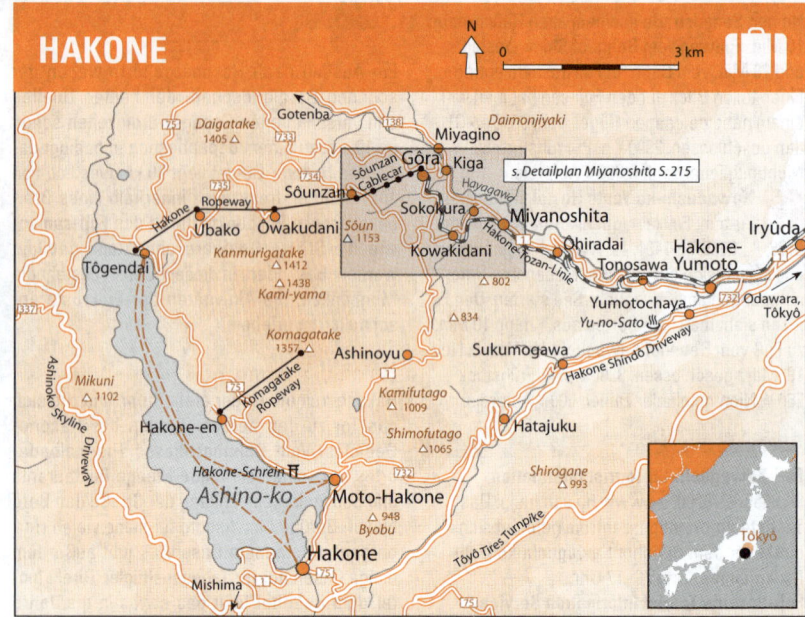

HAKONE

N
0   3 km

s. Detailplan Miyanoshita S. 215

Miyanoshita 宮ノ下

Der Gebirgsort Miyanoshita ist leicht mit der Hakone-Tozan-Linie zu erreichen. Da er einige empfehlenswerte Restaurants und Hotels bietet, empfiehlt es sich, hier eine Übernachtung einzuplanen, um die Läden entlang der Hauptstraße und die Landschaft der Umgebung näher zu erkunden.

Gōra 強羅

Nach Gōra gelangt man ebenfalls mit der Hakone-Tozan-Linie. Eine Station vor Gōra, am Bahnhof Chōkoku-no-mori, zeigt das **Hakone-Freiluftmuseum**, 🖥 www.hakone-oam.or.jp, Werke in- und ausländischer Bildhauer des 19. und 20. Jhs., darunter Rodin, Bourdelle, Moore, Zadkine und Picasso. ⏰ tgl. 9–16.30 Uhr, 1600 ¥. Mit einer Drahtseilbahn (Sōunzan Cablecar) geht es weiter bis zum Gipfel Sōunzan.

Sōunzan und Ōwakudani
早雲山・大涌谷

Sōunzan ist der Umsteigeort auf die Hakone Ropeway. Zunächst empfiehlt es sich, mit dieser

Seilbahn bis nach **Ōwakudani** zu fahren, um dort die Schwefelquellen zu besuchen. Ōwakudani liegt im alten Krater des Berges Kami-yama. Schon von der Seilbahn aus sieht man die zahlreichen brodelnden Quellen, es riecht unangenehm nach Schwefelverbindungen. Eine Spezialität sind Eier, die in dem heißen, brodelnden Schlamm gekocht werden. Dabei wird die Schale der Eier schwarz. Angeblich soll sich das Leben pro verzehrtem Ei um sieben Jahre verlängern. Neben einem Restaurant und dem obligatorischen Souvenirladen gibt es hier noch das neue Hakone Geomuseum, 🖥 www.hakone-geomuseum.jp/english. Es ist auf die Erdgeschichte des Hakone-Gebietes und Vulkanologie spezialisiert. ⏰ tgl. 9–16.30 Uhr, Eintritt 300 ¥.

Tōgendai 桃源台

Die Seilbahn endet in Tōgendai am See von Hakone, dem **Ashino-ko**, in dem man bei gutem Wetter das Spiegelbild des Fuji sieht. Der See hat sich in einem alten Vulkankrater gebildet und ist reich an Forellen und Brassen. Von

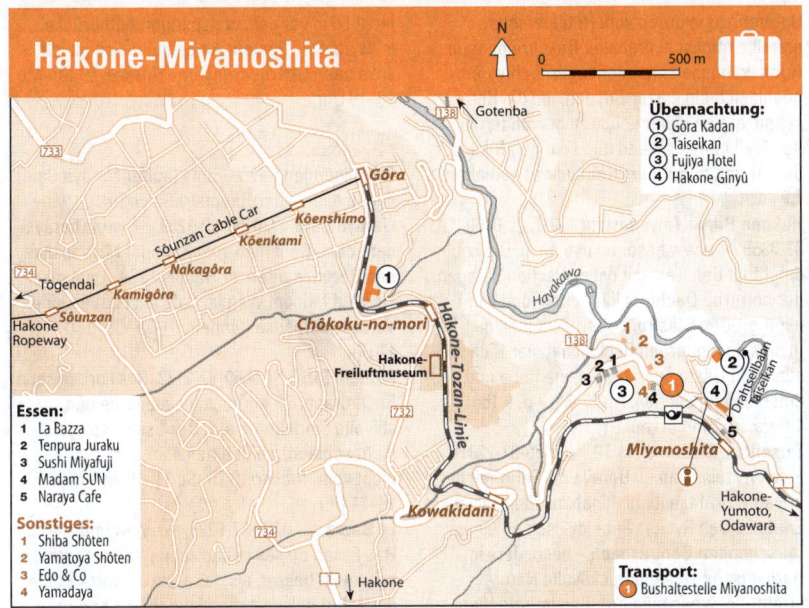

Übernachtung:
1. Gôra Kadan
2. Taiseikan
3. Fujiya Hotel
4. Hakone Ginyû

Gotenba

Gôra

Sôunzan Cable Car

Kôenshimo

Kôenkami

Nakagôra

Tôgendai

Kamigôra

Sôunzan

Hakone
Ropeway

Chôkoku-no-mori

Hakone-
Freiluftmuseum

Hakone-Tozan-Line

Hayakawa

Drahtseilbahn

Taiseikan

Miyanoshita

Hakone-
Yumoto,
Odawara

Essen:
1. La Bazza
2. Tenpura Juraku
3. Sushi Miyafuji
4. Madam SUN
5. Naraya Cafe

Sonstiges:
1. Shiba Shôten
2. Yamatoya Shôten
3. Edo & Co
4. Yamadaya

Kowakidani

Hakone

Transport:
1. Bushaltestelle Miyanoshita

Tôgendai aus kann man mit dem Boot quer über den See bis nach **Moto-Hakone** fahren. Bei Moto-Hakone steht der **Hakone-Schrein** (ca. 15 Min. Fußweg; das rote Torii ist bereits während der Bootsfahrt zu sehen), 🖥 www.hakone jinja.or.jp. Von Moto-Hakone aus geht es dann am besten mit dem Hakone-Tozan-Bus zurück nach Hakone-Yumoto, um dort den Tag mit einem Abendessen und dem Besuch eines Onsen ausklingen zu lassen.

Komagatake 駒ヶ岳

Etwas abseits der touristischen Hauptroute liegt der Komagatake. Auf den 1357 m hohen Berg gelangt man mit einer Seilbahn von Hakone-en aus. Auf dem Berggipfel steht der **Hakone-Motomiya-Schrein**, und man hat einen herrlichen Blick über See und Fuji-san. Von der oberen Seilbahnstation des Komagatake blickt man in nördlicher Richtung zum **Kami-yama**, der mit 1438 m der höchste Berg im Hakone-Gebiet ist. Zur Seilbahnstation Hakone-en gelangt man entweder mit dem Boot von Tôgendai aus, oder man fährt direkt mit dem Bus von Ha-

kone-Yumoto zum Hakone-en-Aquarium. Da nur wenige Busse verkehren, empfiehlt es sich, die Abfahrtszeiten vorher herauszusuchen.

ÜBERNACHTUNG

Die Hotels und Ryokan in Hakone sind alle teuer, weil sie vorwiegend auf japanische Touristen ausgerichtet sind, die nur wenige Tage oder ein Wochenende hier verbringen. Für ausländische Touristen bietet sich der Ort **Miyanoshita** an. Im Hakone-Gebiet gibt es auch Jugendherbergen, die aber etwas abseits liegen und trotzdem mindestens 5000 ¥ p. P. kosten. Für Budget-Reisende ist es daher in der Summe meist günstiger, in Yokohama zu übernachten (S. 220) und in 90 Min. mit dem Zug anzureisen.

Fujiya Hotel, Miyanoshita 359, ☏ 0460-82-2211, 🖥 www.fujiyahotel.jp. Ein geschichtsträchtiges Hotel in hervorragender Lage, das sowohl von Japanern als auch ausländischen Touristen aufgrund seines vorzüglichen Service gerne besucht wird. Bei der Planung für die Hakone-Erkundungen erhält man eine vorbildliche

Unterstützung durch vom Hotelpersonal erstellte englischsprachige Beschreibungen. Auch wenn man hier nicht übernachtet, empfiehlt sich ein kurzer Besuch, um die Holzschnitzereien in der Lobby zu bewundern und in der Tea Lounge sitzend den schönen Blick auf den Garten hinter dem Gebäude zu genießen. ❹–❻

Hakone Ginyū, Miyanoshita 100-1, ☎ 0460-82-3355 🖥 www.hakoneginyu.co.jp. Die Lobby empfängt den Gast mit balinesischen Klängen, der hölzerne Dachfirst liegt offen, und von einer großen Glasfront überblickt man das Tal. In diesem modernen Ryokan hat man sich vor allem auf Gäste spezialisiert, die Ruhe und Entspannung suchen. Ab 27 000 ¥ p. P. (bei 4 Pers. im Zimmer) mit HP.

Taiseikan, Miyanoshita 72, ☎ 0460-82-2281, 🖥 www.taiseikan.jp. Bereits die Fahrt mit der privaten Drahtseilbahn hinab ins tiefe Tal ist ein Erlebnis. Das Ryokan liegt idyllisch an einem rauschenden Gebirgsbach – besonders im Herbst ist es eine eindrucksvolle Naturerfahrung, wenn man draußen im *rotenburo* aus Zypressenholz sitzt, um Wasserfall und Laubfärbung zu bewundern. Ryokan-typisch übernachtet man auf Tatami, doch wenn Geld keine Rolle spielt, bucht man eines von zwei Cottages, die zusätzlich neben einem Tatami-Raum mit westlichen Betten ausgestattet sind. Müde Wanderer, die nicht im Ryokan übernachten, dürfen ihre Füße im heißen Fußbad *(ashiyu)* erfrischen und durch die Kieselsteine massieren lassen. Die Benutzung der Drahtseilbahn bleibt aber leider zahlenden Gästen vorbehalten. Ab 17 850 ¥ p. P. (bei 2 Pers. im Zimmer) mit HP.

Yumoto

Hatsuhana Soba, Yumoto 635, ☎ 0460-85-8287, 🖥 www.hatsuhana.co.jp. Eine reichhaltige Auswahl an Soba-Gerichten (englische Karte) bietet Hatsuhana Soba. Wie der Name verrät, ist die Spezialität Soba mit geriebenen Yamswurzeln, aber auch das Set aus Soba und Tenpura ist sehr lecker. Zu finden ist das Restaurant wie folgt: Vom Bahnhof Hakone-Yumoto läuft man 300 m den Berg hinauf und

biegt 50 m vor der zweispurigen Autobrücke links ab. Das Restaurant befindet sich gleich links nach Überquerung des Flusses. ⏰ Mi–Mo 10–19 Uhr.

Miyanoshita

Die folgenden Restaurants (außer Naraya Cafe) liegen alle an der Hauptstraße im Ort.

Naraya Cafe, ☎ 0460-82-1259, 🖥 www.naraya-cafe.com. Geht man vom Bahnhof Miyanoshita den Berg hinunter zur Hauptstraße, kann man sich auf halbem Weg im Café mit Fußbad eine Verschnaufpause gönnen. ⏰ Do–Di 10.30–17 Uhr.

Madam SUN, ☎ 0460-82-2122. Das koreanische Restaurant fällt durch seine moderne und stilvolle Einrichtung auf. Das Essen ist nicht schlecht, reißt einen aber auch nicht vom Hocker. ⏰ Di–So 11–15 und 18–21 Uhr.

La Bazza, ☎ 0460-87-9223, 🖥 www.labazza.jp. Das Essen dieses italienischen Restaurants schmeckt besser, als der erste Eindruck der in die Jahre gekommenen Einrichtung erwarten lässt. ⏰ Mi–Mo 11–20.30 Uhr.

Tenpura Juraku, ☎ 0460-82-2318. Hier wird traditionelles Tenpura serviert; die Zutaten wechseln abhängig von den Jahreszeiten. ⏰ Di–So 11–14 und 17–20 Uhr.

Sushi Miyafuji, Miyanoshita 310, ☎ 0460-82-2139. Der nette, familiäre Sushi-Laden liegt in der kleinen Seitenstraße an der Ecke des Tenpura Juraku. Seine Spezialität ist *aji-don* – die Makrelenart *aji* kommt immer frisch aus der nahe gelegenen Sagami-Bucht. Es gibt eine englische Speisekarte. ⏰ Do–Mo 11.30–14.30 und 17.30–19.30 Uhr.

Gōra

Gōra Kadan, Gōra 1300, ☎ 0460-82-3331, 🖥 www.gorakadan.com. Das exklusive Ryokan entstand um ein Fachwerkhaus, das 1930 von einem Mitglied der kaiserlichen Familie als Sommerhaus errichtet wurde. Das Gebäude wird heute noch als Restaurant für Tagesgäste genutzt – falls man sich ein Mehrgängemenü gönnen möchte, ohne hier gleich zu übernachten, was sehr teuer ist. ⏰ tgl. ab 18.30 Uhr.

EINKAUFEN

Yumoto

Manjūya Nanohana, Hakone-machi, Yumoto 705, ✆ 0460-85-7737, 🖥 www.nanohana.co.jp. Regional und saisonal wechselnde *manjū* und andere leckere Süßigkeiten findet man hier. Es handelt sich gleich um das erste Geschäft auf der rechten Seite der Ladenzeile, wenn man vom Bahnhof Hakone-Yumoto kommt.

Miyanoshita

Edo & Co., Hakone-machi, Miyanoshita 363, ✆ 0460-82-2725, 🖥 www.inouye-art.com/shop/hakone.html. Schon wegen der tollen Atmosphäre sollte man diesem Antiquitätenladen einen Besuch abstatten. ⏰ Fr–Mi 10–18 Uhr.

Shiba Shōten, Hakone-machi, Miyanoshita 223, ✆ 0460-82-2120. Der große Laden direkt an der Straßenkreuzung hat ein reichhaltiges Angebot an unterschiedlichsten Antiquitäten. ⏰ Do–Di 10–18 Uhr.

Yamadaya, Hakone-machi, Miyanoshita 368, ✆ 0460-82-2019. Gleich neben der Auffahrt zum Fujiya Hotel sollte man hier die Gelegenheit nutzen und beispielsweise eine *karakuri bako* (eine hölzerne Schachtel, die sich nur mit einem Trick öffnen lässt) oder einen anderen schön verzierten und für die Region typischen Holzartikel erwerben. ⏰ tgl. 8–19 Uhr.

Yamatoya Shōten, Hakone-machi, Miyanoshita 223, ✆ 0460-82-2101. Interessiert man sich für Holzschnitte, so erhält man hier eine sehr fachkundige Beratung. ⏰ tgl. 10–17.30 Uhr.

SONSTIGES

Feste

Hakone Daimyō Gyōretsu (3.11.): Feudalherren-Prozession in Yumoto. Der Umzug beginnt um 10 Uhr am Sōun-ji und endet um 14 Uhr am Yumoto Fujiya Hotel.

Informationen

Hakone Town Tourist Information, Yumoto 256, ✆ 0460-85-7410, 🖥 www.hakone.or.jp/en. Das Touristeninformationszentrum befindet sich in Hakone-Yumoto im oberen Bereich der Ladenzeile auf der linken Seite. Um sich lediglich eine Karte und Broschüre von Hakone zu besorgen, reicht aber der kleine Schalter direkt im Bahnhof Hakone-Yumoto links neben dem Fahrkartenverkaufsschalter vollkommen aus.

Miyanoshita Tourist Information Center, ✆ 0460-82-2508, zwei Häuser vom Postamt in Miyanoshita entfernt.

Post und Geld

Das Postamt in Hakone-Yumoto (mit Geldautomat) befindet sich leider etwas weit entfernt vom Bahnhof, dafür gibt es aber eine kleine Filiale in Miyanoshita direkt im Ort nahe der Touristeninformation – allerdings ohne Geldautomat. ⏰ Mo–Fr 9–15.30 Uhr.

TRANSPORT

Um nach Hakone zu kommen, fährt man von TŌKYŌ zunächst mit dem Zug nach ODAWARA. Dafür bietet sich die JR-Tōkaidō-Linie ab Tōkyō (Hauptbahnhof) oder die private Odakyū-Linie ab Shinjuku an. Bei Fahrt mit der Tōkaidō-Linie steigt man in Odawara (Tōkyō–Odawara 1 Std. mit Express, sonst 1 1/2 Std.) in die Hakone-Tozan-Linie um und fährt dann bis Hakone-Yumoto (15 Min.) – diese Variante ist aber nur für Inhaber des Japan Rail Passes günstiger. Vorteil der Odakyū-Linie ist, dass manche Züge sogar bis Hakone-Yumoto durchfahren. Besonders bequem reist man mit dem **Odakyū Romance Car**, der ohne viele Zwischenstopps von Shinjuku nach Hakone-Yumoto fährt (05 Min.; 890 ¥ Aufschlag zum regulären Ticketpreis von 1190 ¥ für die einfache Fahrt). Neben sehr geräumigen, reservierungspflichtigen Sitzen gibt es einen Bordservice, der Getränke und Snacks verkauft. Der Odakyū Romance Car ist am Wochenende und zur Hochsaison häufig ausgebucht, weshalb sich eine Reservierung empfiehlt. Man kann aber auch sein Glück versuchen und beispielsweise als Inhaber des Hakone Free Pass (s. u.) nach einer anstrengenden Wanderung den komfortableren Romance Car kurzentschlossen am Bahnhof nur für die Rückfahrt buchen.

€ Für eine Rundreise im Hakone-Gebiet empfiehlt sich der **Hakone Free Pass**. Ein zwei Tage gültiger Pass kostet für Erwachsene ab Shinjuku 5140 ¥ (3 Tage 5640 ¥) und beinhaltet neben der Anfahrt mit der Odakyū-Linie folgende weitere Verkehrsmittel: Hakone

Tozan Bus, Sōunzan Cablecar, Hakone Rope-way, Hakone Sightseeing Cruise (Schiff auf dem Hakone-See) sowie die weiteren Buslinien Odakyū Hakone Highway Bus und Numazu Tozan Tōkai Bus. Für die typische Rundfahrt in Hakone mit Bahn, Zahnradbahn, Seilbahn, Schiff und Bus spart man durch den Hakone Free Pass bei Anfahrt von Shinjuku circa 1300 ¥. Den Hakone Free Pass kauft man sich am besten am Schalter von **Odakyū** in Shinjuku, 🖥 www.odakyu.jp/english, ⏰ 8–18 Uhr.

Yokohama 横浜

Im Jahr 1859 wurde in Yokohama, einem bis dahin unbedeutenden Fischerdorf, der Hafen für ausländische Schiffe geöffnet, und man erlaubte bald auch die Ansiedlung von Ausländern, wovon die größte Chinatown in Asien bis heute zeugt. In der Gegend um den Ausländerfriedhof und Harbour View Park sind noch einige westliche Holzgebäude mit großen Gärten erhalten geblieben. Am ehesten findet man die Hafen-Atmosphäre noch am Pier im Yamashita-Park.

Der Bahnhof **Sakuragichō** hieß zur Meiji-Zeit „Bahnhof Yokohama"; die Strecke ging nach Tōkyō bis zum Bahnhof Shinbashi. Leider ist vom alten Bahnhof nichts mehr erhalten: An der gleichen Stelle steht ein neues Bahnhofsgebäude. Der Bahnhof Sakuragichō ist ein guter Ausgangspunkt für den Hafen und weitere Sehenswürdigkeiten. Der heutige Bahnhof Yokohama liegt eine Station weiter nördlich.

Geschichtsmuseum der Präfektur Kanagawa 神奈川県立歴史博物館

Verteilt auf mehrere Stockwerke im Gebäude der früheren Yokohama Shōkin Bank gewinnt man einen guten Überblick über die Geschichte der Gegend um Yokohama (heute die Präfektur Kanagawa). Das Museum ist in fünf Hauptbereiche gegliedert. Beginnend mit den Ureinwohnern der Sagami-Bucht (30 000 v. Chr.) über die Kamakura- und Edo-Zeit bis zur Öffnung des Hafens Yokohama und der damit beginnenden Modernisierung. Der letzte Bereich widmet sich der Zeit von 1923 bis heute. 🖥 ch.kanagawa-museum.jp, ⏰ Di–So 9.30–17 Uhr, 300 ¥.

Akarenga Sōko 赤レンガ倉庫

Diese knapp 100 Jahre alten, reizvollen Backsteingebäude wurden 2002 innen umfassend modernisiert. Im kleineren, rechten Gebäude (Nr. 1) finden Ausstellungen, Messen und diverse andere Veranstaltungen statt. Im größeren linken Gebäude (Nr. 2) sind über 30 Geschäfte, Cafés, Restaurants und ein Biergarten untergebracht. Es lohnt sich auf jeden Fall, das Gebäude Nr. 2 einmal in seiner vollen Länge zu durchlaufen. 🖥 www.yokohama-akarenga.jp, ⏰ Geschäfte tgl. 11–20 Uhr, Restaurants 11–23 Uhr.

Minato Mirai 21 みなとみらい21

Das Gebiet von Minato Mirai 21 ist das größte Stadtentwicklungsprojekt in Yokohama, das nach dem Platzen der Immobilienblase jedoch ein wenig ins Stocken geriet. Neben einem Konferenzzentrum gibt es Hotels, Shopping-Malls und Restaurants. Früher waren hier die Docks und Hafenanlagen der Schiffswerften zu finden. Ein Teil ist dem Meer abgerungenes Neuland.

Yokohama-Kunstmuseum 横浜美術館

Kunstinteressierten sei ein Besuch im Yokohama-Kunstmuseum empfohlen. Das Museum zeigt vorwiegend moderne Kunst des 20. Jhs. Sehenswert ist außerdem die umfangreiche Fotoausstellung. Das Museumsgebäude wurde von Tange Kenzō entworfen. 🖥 www.yaf.or.jp/yma, ⏰ Fr–Mi 10–18 Uhr, 500 ¥.

Landmark Tower Yokohama ランドマークタワー横浜

Japans höchster Wolkenkratzer hat 70 Stockwerke und ist 296 m hoch. 1993 fertiggestellt, löste er das Rathaus von Tōkyō als bis dahin höchstes Gebäude ab. Untergebracht sind Büros, ein Hotel sowie ein sich über fünf Stockwerke erstreckender Einkaufskomplex. Mit dem schnellsten Aufzug in Japan gelangt man in 40 Sekunden zum sogenannten **Sky Garden** im 69. Stock und hat dort eine herrliche Aussicht auf Yokohama samt Hafen; bei klarem Wetter sieht man sogar bis nach Tōkyō und bis zum Fujisan. 🖥 www.yokohama-landmark.jp, ⏰ tgl. 10–21 Uhr (Sa und Juli–Aug 10–22 Uhr), Eintritt zum Sky Garden 1000 ¥.

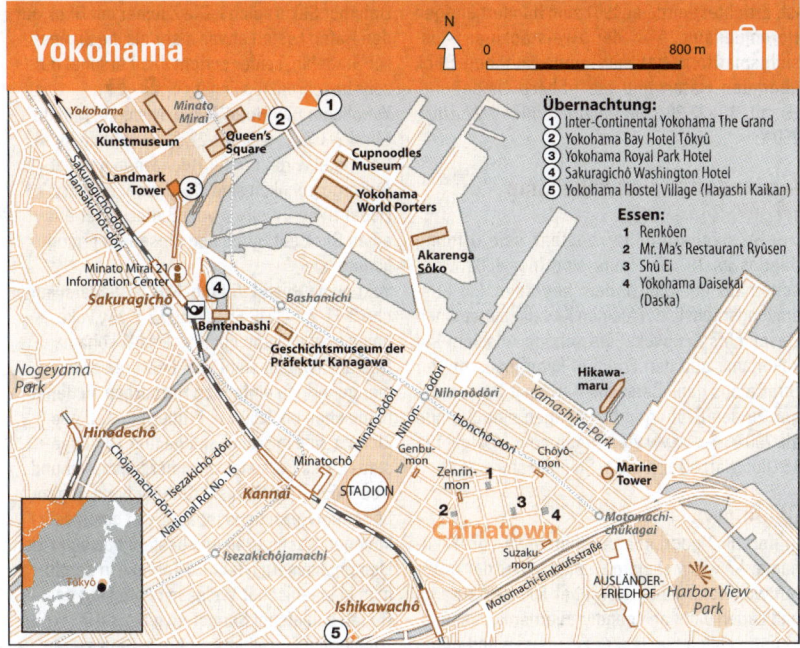

Yokohama

N
0   800 m

Übernachtung:
① Inter-Continental Yokohama The Grand
② Yokohama Bay Hotel Tōkyū
③ Yokohama Royal Park Hotel
④ Sakuragichō Washington Hotel
⑤ Yokohama Hostel Village (Hayashi Kaikan)

Essen:
1 Renkôen
2 Mr. Ma's Restaurant Ryûsen
3 Shū Ei
4 Yokohama Daisekai (Daska)

Queen's Square Yokohama
クイーンズスクエア横浜

Vom Landmark Tower bis zum Messezentrum Pacifico kann man die Reihe der Gebäude in Minato Mirai durchschreiten, ohne auch nur ein Mal den Himmel zu sehen. In der Mitte liegt der Queen's Square, 🖥 www.qsy-tqc.jp, mit einer Auswahl an Geschäften und Restaurants. Fährt man im Atrium mit der Rolltreppe nach oben, sieht man Worte Schillers auf Deutsch und Japanisch an die Wand geschrieben. 🕐 Geschäfte tgl. 11–20 Uhr, Restaurants 11–23 Uhr.

Cupnoodles Museum
カップヌードルミュージアム

Wer sich für Instant-Nudelsuppen interessiert, kann hier seine eigenen Cupnoodles kreieren und als Souvenir mit nach Hause nehmen. Ansonsten zeigt die Ausstellung die Geschichte und Hintergründe zur Erfindung der Cupnoodles durch Andō Momofuku. 🖥 www.cupnoodles-museum.jp, 🕐 Mi–Mo 10–18 Uhr, 500 ¥.

Yamashita-Park 山下公園

Der direkt am Ufer gelegene Yamashita-Park, 🖥 www.yamashitapark.net, bietet eine herrliche Sicht auf die **Bay Bridge**, das neue Passagierterminal sowie das Treiben im Hafen von Yokohama. Der Park wurde zum Gedenken an die Opfer des großen Kantō-Bebens 1923 angelegt. Im Park sind zahlreiche Statuen ausgestellt. 🕐 10–19 Uhr, Eintritt frei.

Direkt vor dem Park befindet sich das umfassend sanierte Passagierschiff **Hikawa-maru**, 🖥 www.nyk.com/rekishi/e, früher auch bekannt als *The Queen of the Pacific*. Das Schiff, das die gute alte Zeit der Ozeanriesen wieder aufleben lässt, war 1930–60 in Betrieb, wobei Charlie Chaplin einer der bekanntesten Passagiere war. Man kann das Schiff besichtigen. Besonders schön sind die im Art-déco-Stil ausgestatteten Kabinen der 1. Klasse. 🕐 Di–So 10–17 Uhr, 200 ¥.

In Spazierweite befindet sich der **Marine Tower**, 🖥 www.marinetower.jp, der mit 106 m Höhe einer der höchsten Leuchttürme Japans ist. Errichtet wurde er 1961 zum hundertjährigen Hafenjubiläum. Von der zweistöckigen Aussichtsplattform hat man einen schönen Blick über den Hafen und die nähere Umgebung. ⊕ tgl. 10–22.30 Uhr (letzter Einlass 22 Uhr), 750 ¥.

Ausländerfriedhof Yokohama
横浜外国人墓地

Der Ausländerfriedhof besteht seit Öffnung Japans im 19. Jh. Heute sind hier 4500 Menschen aus über 40 Ländern begraben. Ein Ausstellungsraum in der kleinen Kapelle bietet einen Geschichtsrückblick. Eine schöne Aussicht auf Yokohama und den Friedhof kann man von der Straße aus genießen. Eine Karte mit Bemerkungen zu den Gräbern gibt es gegen eine Spende ab 200 ¥. 🖥 www.yfgc-japan.com. ⊕ tgl. 12–16 Uhr, März–Dez nur Sa, So und Feiertage.

Chinatown 中華街

In der 1863 gegründeten Chinatown von Yokohama, 🖥 www.chinatown.or.jp, einer der größten weltweit, reihen sich über 500 Restaurants und Läden dicht aneinander. Hierher kommt man hauptsächlich, um lecker zu speisen und günstig einzukaufen. Heute leben hier rund 2000 Chinesen und geben diesem Stadtteil von Yokohama sein besonderes Flair. Am Wochenende schaffen es nur wenige Autos, sich in den engen Straßen ihren Weg durch die Menschenmassen zu bahnen, und unzählige Maronenverkäufer versuchen an jeder Ecke mit Kostproben Kunden anzulocken. Sehenswert sind auch die insgesamt zehn Eingangstore von Chinatown, wobei das Zenrin-mon das prächtigste ist.

ÜBERNACHTUNG

Inter-Continental Yokohama The Grand, Nishi-ku, Minato Mirai 1-1-1, ☎ 045-223-2222, 🖥 www.interconti.co.jp/yokohama. Das Hotel mit seinem auffälligen dreieckigen Gebäude dominiert das Messe- und Kongresszentrum Pacifico Yokohama. Hervorzuheben sind ein großes Fitness- und Wellnesszentrum. ❸–❹
Sakuragichō Washington Hotel, Naka-ku, Sakuragichō 1-1-67, ☎ 045-683-3111, 🖥 en.washington-hotels.jp. Das typische Businesshotel liegt bequem direkt vorm

Bahnhof Sakuragichō. Die Zimmer mit Blick auf den Hafen kosten etwas mehr als die Zimmer zur Stadt hin. Leider spricht das Personal nur sehr beschränktes Englisch. ❷–❸
Yokohama Bay Hotel Tōkyū, Nishi-ku, Minato Mirai 2-3-7, ☎ 045-682-2222, 🖥 ybht.co.jp/en. Das Hotel wird gern für Hochzeiten genutzt. Außergewöhnlich sind die Zimmer „Luxury Ocean Twin", weil sie vom Badezimmer aus einen Blick auf Hafen und Riesenrad ermöglichen. ❻
Yokohama Hostel Village, Naka-ku, Matsukage-chō 3-11-2, ☎ 045-663-3696, 🖥 www.yoko hama.hostelvillage.com/en. Das Yokohama Hostel Village besteht aus mehreren zusammengehörigen einfachen Herbergen, in denen man schon ab 2250 ¥ p. P. übernachtet. Alle Zimmer sind mit Klimaanlage und TV ausgestattet. Das Personal ist immer hilfsbereit und freundlich. Das **Hayashi Kaikan** direkt gegenüber dem Rezeptionsgebäude hat einen sehr schönen Dachgarten und besteht aus einzelnen kleinen Zimmern (Fläche 3 Tatami), in denen man in japanischer Weise mit Futon auf dem Boden schläft. Im **Suimei-sō** gibt es 6 m² große Zimmer mit Einzelbetten, und im **Shin'ei-kan** übernachtet man als Alleinreisender besonders günstig im Etagenbett. Die Herbergen liegen nur 5 Min. entfernt vom Bahnhof Ishikawachō (Negishi-Linie) und somit auch in Spazierweite zur Chinatown.
Yokohama Royal Park Hotel, Nishi-ku, Minato Mirai 2-2-1-3, ☎ 045-221-1111, 🖥 www.yrph. com/en. Im oberen Teil des Landmark Towers (52.–67. Stock) bietet das Hotel Luxus pur mit einer vor allem bei Nacht atemberaubenden Sicht. Im 68. Stock befinden sich drei exklusive Restaurants (japanische, chinesische und französische Küche). ❻

ESSEN

Chinatown

€ **Mr. Ma's Restaurant Ryūsen**, Naka-ku, Yamashita-chō 218-5, ☎ 045-651-0758, 🖥 www.ma-fam.com. Bei Mr. Ma ist es immer sehr voll, denn es ist lecker, günstig und man wird satt. Der rüstige Herr Ma sitzt mit seinen über 90 Jahren am Abend noch höchstpersönlich am Eingang und macht sich hin und wieder einen Spaß daraus, sich mit Ausländern und seinen beiden Kunststoffchinesen ablichten zu lassen. ⊕ tgl. 7–3 Uhr.

Renkōen, Naka-ku, Yamashita-chō 150, ☎ 045-228-1288. Mehrgängige Menüs ab 2 Personen mit bekannten chinesischen Spezialitäten wie Dim Sum und Dumplings gibt es hier ab 1380 ¥ p. P. Die bebilderte englische Karte erleichtert die Auswahl. ⊕ tgl. 10–23 Uhr.

Shū Ei, Naka-ku, Yamashita-chō 190, ☎ 045-212-5132. Hier gibt es typische kantonesische Gerichte. Empfehlenswert ist *kaisen-soba* mit viel Fisch oder das „Variety Set", das es aber, wie in vielen Restaurants in Chinatown üblich, erst ab 2 Personen gibt. ⊕ Di–Fr 11.30–15 und 17–21.30, Sa–So 11.30–21.30 Uhr.

Yokohama Daisekai (Daska), Naka-ku, Yamashita-chō 97, ☎ 045-681-5588, 🖥 www.daska.jp. Ein chinesischer Themenpark mit einem Museum im 7. und 8. Stock, einem Theater und dem Chinese Food Court im 3.–5. Stock mit Gerichten aus Shanghai und Kanton. Außerdem gibt es noch den DASK Market mit vielen Souvenirshops im unteren Bereich des Gebäudes. Das Ganze ist ziemlich kitschig. ⊕ Mo–Fr 10–21, Sa–So 10–22 Uhr.

SONSTIGES
Einkaufen
Das **Yokohama World Porters** auf der künstlich im Meer aufgehäuften Insel ist mit 150 Geschäften eines der größten Einkaufszentren Japans. Hier bekommt man alles, angefangen von Einrichtungsgegenständen bis hin zu einer riesigen Auswahl an Lebensmitteln aus der ganzen Welt. Kein Einkaufszentrum ohne die obligatorischen Cafés und Restaurants. Obendrein gibt es im 5. Stock noch ein großes Kino mit 8 Sälen, die Warner MY-CAL Cinemas. 🖥 www.yim.co.jp, ⊕ tgl.; Geschäfte 10–21 Uhr; Restaurants 11–21 Uhr; Kino 9.30–24 Uhr.

Die **Motomachi-Einkaufsstraße**, 🖥 www.motomachi.or.jp, besteht seit Öffnung des Hafens Yokohama im Jahre 1858. Heute sind dort vorwiegend Kleiderläden sowie Haushaltswarengeschäfte angesiedelt. Ausverkäufe werden im Februar und September abgehalten.

Feste
Sehenswert ist jedes Jahr am 3. Mai ein internationaler Trachtenumzug, der während des Hafenfestes **Yokohama Minato Matsuri** stattfindet, um den Jahrestag der Hafeneröffnung zu feiern.

Informationen
Minato Mirai 21 Information Center, Naka-ku, Sakuragi-chō 1-1-62, ☎ 045-211-0111, 🖥 www.welcome.city.yokohama.jp/eng/travel. Diese Touristeninformation befindet sich vor dem nördlichen Ausgang des Bahnhofs Sakuragichō. ⊕ tgl. 10–18 Uhr.

Post und Geld
Das Yokohama Sakuragi-Postamt liegt südlich vom Bahnhof Sakuragichō und ist am einfachsten über den östlichen Ausgang zu erreichen. ⊕ Post nur Mo–Fr 9–18 Uhr, Geldautomat Mo–Fr 8–21, Sa–So 9–19 Uhr.

NAHVERKEHR
Die im Jahr 2004 in Betrieb genommene **Minatomirai-Linie** erleichtert das Fortkommen innerhalb von Yokohama. Diese U-Bahn startet am Bahnhof Yokohama und führt zum Bahnhof Motomachi-Chūkagai, der sich in der Nähe der Chinatown und Motomachi-Einkaufsstraße befindet (220 ¥).

TRANSPORT
Von TŌKYŌ kommt man am schnellsten ohne viele Zwischenstopps mit der **JR-Tōkaidō-Linie** vom Hauptbahnhof Tōkyō nach Yokohama (25 Min., 470 ¥). Möchte man jedoch ohne umzusteigen bis nach Sakuragichō durchfahren, empfiehlt es sich, gleich die **Keihin-Tōhoku-Linie** in Tōkyō oder spätestens in Shinagawa zu besteigen (Tōkyō–Sakuragichō: 45 Min., 550 ¥). Kommt man von Shibuya, nimmt man die günstigere Privatbahn **Tōkyū-Tōyoko-Linie** (30 Min., 270 ¥), bei der manche Züge auch bis Motomachi-Chūkagai durchfahren. Neuerdings kann man mit der **Fukutoshin-Linie** sogar von Ikebukuro oder Shinjuku ohne umzusteigen bis zur Endstation der Minatomirai-Linie (Motomachi-Chūkagai) gelangen.

Vom FLUGHAFEN NARITA fährt man entweder mit dem Narita Express (90 Min., 4490 ¥) oder dem Airport Limousine Bus bis zum Bahnhof Yokohama (110 Min., 3600 ¥).
Vom FLUGHAFEN HANEDA ist die beste Verbindung mit der Keihin-Kyūkō-Linie bis zum Bahnhof Yokohama (26 Min., 450 ¥).

Kamakura 鎌倉

Kamakura liegt an der Sagami-Bucht, am Fuße der Halbinsel Miura, und hat ein recht mildes Klima. Während des Kamakura-Shogunats (1185–1333) war es die Hauptstadt Japans. Von hier aus regierte der Minamoto-Clan über ganz Japan. Wer sich etwas mehr für die Geschichte Japans interessiert, dem sei das Museum für Geschichte der Präfektur Kanagawa in Yokohama empfohlen (S. 218).

Am Wochenende wimmelt es in der stimmungsvollen Stadt mit ihren vielen Tempeln von Tagesausflüglern aus Tōkyō, und unzählige Busse und Taxis beleben den sonst eher tristen Vorplatz des Bahnhofs Kamakura. Will man es etwas ruhiger angehen, sollte man bereits am Bahnhof Kita-Kamakura aussteigen und mit der Besichtigung des Engaku-ji beginnen. Der größte Ansturm herrscht am Tsurugaoka Hachimangū, beim Großen Buddha und entlang der Straßen Komachi-dōri und Wakamiya-Ōji.

Engaku-ji 円覚寺
Dieser Tempel wurde 1282 von Hōjō Tokimune, dem 8. Regenten (Shikken) des Kamakura-Shogunats erbaut. Beim großen Erdbeben 1923 wurden viele Gebäude zerstört. Die beiden Pavillons **Shariden** und **Kaizendō** sind die beiden einzigen noch original erhaltenen Gebäude und damit die ältesten Zen-Gebäude in Japan. Die Shariden (Reliquienhalle) enthält einen aus China stammenden Zahn Buddhas. Außerdem ist eine schöne Tempelglocke von 1301 erhalten, es handelt sich um die größte Glocke in Kamakura.

🖥 www.engakuji.or.jp, 🕐 tgl. 8–16.30 Uhr (Dez–Feb nur bis 16 Uhr), 300 ¥.

Kenchō-ji 建長寺
Vom Engaku-ji läuft man einen knappen Kilometer zum Kenchō-ji, dem bedeutendsten der fünf großen Zen-Tempel in Kamakura. Er wurde 1253 vom 7. Regenten, Hōjō Tokiyori, für den aus China geflohenen Priester Tao Lung gegründet. Neben den beeindruckenden Gebäuden (leider wurden die meisten 1415 durch einen Brand zerstört und nur teilweise wieder aufgebaut) gibt es vier über 700 Jahre alte Wacholderbüsche, die angeblich von Tao Lung aus China mitgebracht und gepflanzt wurden. Hinter der Haupthalle Hōjō befindet sich ein großer, vom Zen-Meister Musō Kokushi entworfener Garten. Darin befindet sich ein See in der Form des chinesischen Schriftzeichens für „Seele". Der Tempel hat außerdem eine lange Tradition für Zen und bietet sogar Zazen-Training in Englisch für Ausländer an. Details und Termine findet man auf der Homepage 🖥 www.kenchoji.com. 🕐 tgl. 8.30–16.30 Uhr, 300 ¥.

Tsurugaoka Hachimangū 鶴岡八幡宮
Der Tsurugaoka Hachimangū, 🖥 www.hachimangu.or.jp, ist der wichtigste Schrein in Kamakura, was schon seine exponierte Lage am Ende einer vom Meer kommenden Allee zeigt. Der Schrein ist Kaiser Ōjin (270–310) gewidmet, der auch als Kriegsgott Hachiman verehrt wurde, obwohl er zu Lebzeiten recht friedfertig war. Der Minamoto-Clan, Begründer des Kamakura-Shogunats, verehrte Hachiman als seinen mythischen Ahnen und in der Folge wurde er zum Schutzgott der Krieger (bushi), die in der Kamakura-Zeit eine so zentrale Rolle spielten. 🕐 tgl. 6–20.30 Uhr, Eintritt frei, Schreinmuseum 200 ¥.

Hōkoku-ji 報国寺
Hat man genügend Zeit, empfiehlt sich wegen des hübschen Bambushains ein Besuch des Hōkoku-ji. Der Tempel gehört wie der Kenchō-ji zur Zen-Sekte Rinzai. Im Bambusgarten gibt es ein Teehaus, das Matcha-Tee mit Süßigkeiten verkauft. 🕐 tgl. 9–16 Uhr, 200 ¥. Zum Tempel führt ein schöner Fußweg am Bach entlang.

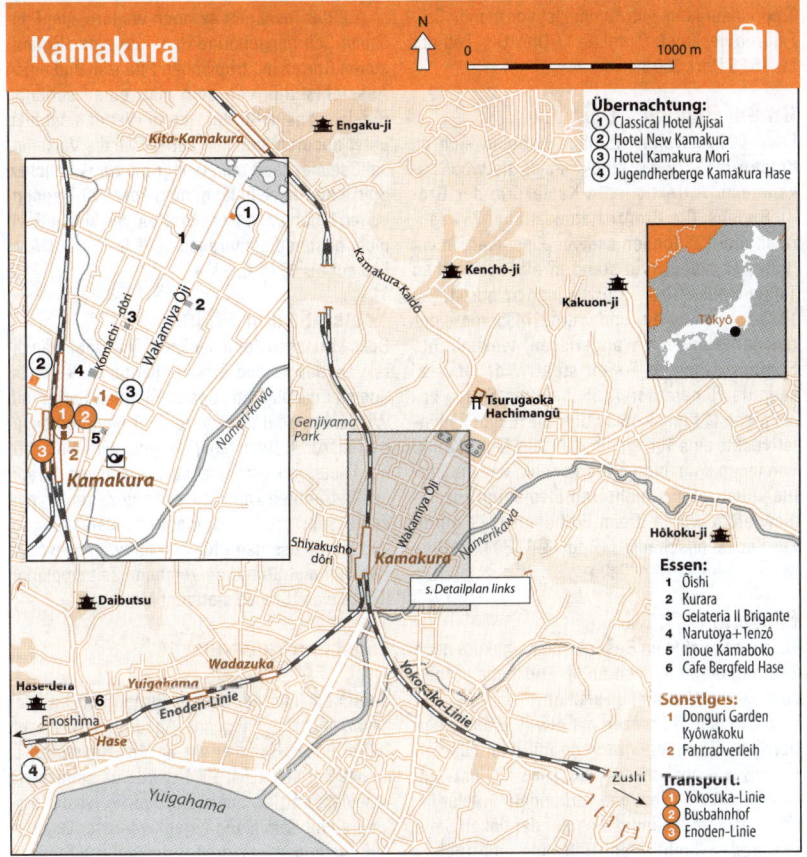

Kamakura

N

0   1000 m

Übernachtung:
1. Classical Hotel Ajisai
2. Hotel New Kamakura
3. Hotel Kamakura Mori
4. Jugendherberge Kamakura Hase

Kita-Kamakura

Engaku-ji

Kenchō-ji

Kakuon-ji

Tōkyō

Komachi-dōri

Wakamiya Ōji

Nameri-kawa

Kamakura

Kamakura Kaidō

Genjiyama Park

Tsurugaoka Hachimangū

Shiyakusho-dōri

Wakamiya Ōji

Kamakura

Namerikawa

Hōkoku-ji

s. Detailplan links

Daibutsu

Wadazuka

Yuigahama

Yokosuka-Linie

Hase-dera

Enoshima

Yuigahama

Hase

Zushi

Enoden-Linie

Essen:
1. Ōishi
2. Kurara
3. Gelateria Il Brigante
4. Narutoya + Tenzō
5. Inoue Kamaboko
6. Cafe Bergfeld Hase

Sonstiges:
1. Donguri Garden Kyōwakoku
2. Fahrradverleih

Transport:
1. Yokosuka-Linie
2. Busbahnhof
3. Enoden-Linie

Wakamiya-Ōji 若宮大路

Wakamiya-Ōji, die knapp 2 km lange Hauptstraße durch Kamakura, beginnt am Meer und endet am Eingang des Hachimangū. Die Straße ist gesäumt von vielen Souvenirgeschäften und Restaurants. Besonders hervorzuheben sind die Kamakura-bori, d. h. Schnitzereien im Kamakura-Stil. In der Mitte der breit angelegten Straße verläuft ein von Kirschbäumen gesäumter Fußweg. Vom Ende dieses mittleren Weges am 2. Schreintor *(ni-no-torii)* sind es etwa 100 m bis zum Bahnhof Kamakura. Von hier fährt man mit der bedächtigen, nostalgischen Schmalspurbahn Enoden drei Stationen bis Hase, Aus-

gangspunkt für den Hase-dera und den Großen Buddha.

Hase-dera 長谷寺

Der Hase-Tempel, 🖳 www.hasedera.jp, ist berühmt für die sogenannte Hase Kannon, die mit über 9 m eine der größten und schönsten Kannon-Statuen in ganz Japan ist. Diese elfköpfige Holzstatue stammt aus dem Jahre 721, die Vergoldung wurde aber erst 1342 aufgebracht. Der Tempel mit dieser hölzernen Gottheit der Barmherzigkeit liegt an einem Hügel. Von dort hat man einen sehr schönen Blick über Kamakura sowie den nahe gelegenen Meeresstrand. Der

Treppenaufgang zum Tempel ist von vielen Jizō-Figuren gesäumt. ⏰ tgl. 8–17 Uhr (Okt–Feb nur bis 16.30 Uhr), 300 ¥.

Großer Buddha – Daibutsu 大仏

Etwa 600 m weiter nördlich befindet sich im **Kōtoku-in**, 🖥 www.kotoku-in.jp, die wohl bekannteste Attraktion von Kamakura: der Große Buddha. Die Bronzestatue ist über 750 Jahre alt und 121 Tonnen schwer. Einst war sie mit Blattgold belegt und stand in einer hölzernen Tempelhalle. Diese stürzte jedoch bereits im 14. Jh. zweimal ein und wurde 1498 von einer riesigen Flutwelle weggerissen, weshalb die Statue seither im Freien steht. Wer möchte, kann das Innere der 13,35 m hohen Statue besichtigen (⏰ tgl. 8–16.30 Uhr), dazu gibt es hinten rechts eine Tür, an der man 20 ¥ Eintritt zahlt. Von innen kann man gut erkennen, wie die Statue kunstvoll aus mehreren Elementen zusammengefügt wurde. Beim Erdbeben 1923 wurde der Sockel beschädigt. ⏰ tgl. 8–17.30 Uhr (Okt–März nur bis 17 Uhr), 200 ¥.

Enoshima 江ノ島

Falls man nach dem Besuch von Kamakura noch Zeit hat, bietet es sich an, in Enoshima vorbeizuschauen. Von dieser kleinen Insel aus kann man zu jeder Jahreszeit mit etwas Glück einen herrlichen Sonnenuntergang mit dem Fuji-san genießen. Enoshima ist über eine 600 m lange Brücke mit dem Festland verbunden. Auf der Insel angelangt, befindet sich auf der linken Seite ein großer Jachthafen. Hält man sich rechts, durchschreitet man zunächst ein **Torii**. Ein von Läden, Restaurants sowie kleinen Hotels flankierter Weg führt den Berg hinauf. Alternativ kann man drei Rolltreppen benutzen (330 ¥).

Oben angelangt, stößt man auf den **Enoshima-Schrein**, 🖥 www.enoshimajinja.or.jp. Gewidmet ist er der weiblichen Gottheit Hadaka-Benten; sie ist die Gottheit der Liebe, des Glücks und der Schönheit. Deshalb lockt dieser Schrein vor allem Liebespaare nach Enoshima. An einem großen Baum, dem **Musubi-no-ki**, können Verliebte eine Wunschtafel *(ema)* anbringen. Im Schrein wird eine 600 Jahre alte Benten-Statue ausgestellt, die ungewöhnlicherweise nackt ist. ⏰ tgl. 9–17 Uhr, 200 ¥.

Auf der Insel gibt es noch weitere zum Enoshima-Schrein gehörige Gebäude, einen **Botanischen Garten** mit tropischen Pflanzen und einen **Aussichtsturm**, von dem man einen schönen Rundblick genießt. Bei klarem Wetter sieht man unter anderem den Fuji-san sowie die Vulkaninsel Ōshima. Läuft man weiter bis zur westlichen Spitze der Insel, gelangt man über 220 Treppenstufen hinunter zu zwei **Grotten**. Sie sind jedoch nicht besonders interessant. ⏰ 9–17 Uhr (Nov–Feb nur bis 16 Uhr), 500 ¥.

Katase-Strand 片瀬海岸

Beim Verlassen der Insel Enoshima stößt man direkt auf den Katase-Strand. Hier tummelt sich im Sommer die Jugend Japans im Meer; Surfer und Windsurfer sind das ganze Jahr hindurch anzutreffen. Am 1. Dienstag im August wird ein schönes Feuerwerk veranstaltet, das man vom Strand aus betrachten kann. Zu solchen Zeiten kommt es zu sehr großen Menschenansammlungen, und man muss dann für den Fußweg zwischen Bahnhof und Strand ausreichend Zeit einplanen (bis zu einer Stunde statt fünf Minuten).

Enoshima-Aquarium
新江ノ島水族館

Überquert man am Katase-Strand den Katasegawa, liegt das Enoshima-Aquarium etwa nach 200 m linker Hand direkt an der Hauptstraße. Es besteht seit 1954; 2004 wurde es umfassend renoviert und erneuert. Einzigartig ist die umfangreiche Sammlung verschiedenster Quallen. Außerdem gibt es eine Ausstellung von Studienobjekten des jetzigen und des vorherigen Kaisers – beide studierten Meeresbiologie. 🖥 www.enosui.com, ⏰ 9–17 Uhr (Dez–Feb 10–17 Uhr), 2100 ¥.

ÜBERNACHTUNG

Classical Hotel Ajisai, Yukinoshita 1-12-4, ☎ 0467-22-3492, 🖥 www.hotel-ajisai.com. Neben dem Geschäft für Kekse und andere Mitbringsel aus Kamakura betreibt die Familie dieses Hotel am oberen Ende der Wakamiya-Ōji kurz vor Beginn des Schreinbezirks des Hachimangū. Die Zimmer sind einfach, mit etwas Glück hat man aber einen schönen Blick auf die mit Bäumen bewachsene Wakamiya-Ōji oder den Schrein. Ab 7000 ¥ p. P. im DZ.

Hotel Kamakura Mori, Ko-machi 1-5-21,
📞 0467-22-5868, 🖥 www.kamakuramori.net.
Typisches Businesshotel in zentraler Lage
unweit vom Bahnhof Kamakura. Ab 8611 ¥ p. P.
Hotel New Kamakura, Onari-machi 13-2,
📞 0467-22-2230, 🖥 www.newkamakura.com.
Ein stilvolles Hotel mit Geschichte, das noch vor
dem Krieg errichtet wurde. Von außen fallen die
schönen hölzernen Sprossenfenster sofort auf,
und auch innen wurde versucht, den unver-
wechselbaren Stil beizubehalten. Zimmer im
westlichen Stil. ❷–❸
Jugendherberge Kamakura Hase, Sakanoshita
5-11, 📞 0467-24-3390, 🖥 www1.kamakuranet.
ne.jp/hase_yh/main_eng.htm. Die gemütliche
und saubere Jugendherberge mit hölzernen
Stockbetten wird von netten Leuten betrieben.
Zwar nur 3 Min. vom Bahnhof Hase (Enoden-
Linie) entfernt, ist sie trotzdem etwas schwierig
zu finden, weshalb man sich unbedingt die
Karte ansehen sollte. 4000 ¥ p. P. im Mehrbettzimmer, Mitglieder 3000 ¥.

ESSEN

Cafe Bergfeld Hase, Hase 2-13-47, 📞 0467-
24-9843, 🖥 bergfeld-kamakura.com. Leckeren
Kuchen und Sandwiches kann man bei Kaffee
und Tee genießen, im Laden wird außerdem
deutsches Brot verkauft. Im Café selbst sitzt
man an schönen alten Holztischen; die Decke
ist mit Holzbalken gestaltet. ⏱ tgl. 10.30–
18.30 Uhr.
Gelateria Il Brigante, Ko-machi 2-9-6, 📞 0467-
55-5085, 🖥 www.ilbrigantejapan.co.jp. Da sich
nur Wenige das leckere und echt italienische
Eis von Emiliano entgehen lassen möchten,
bildet sich hier oft eine lange Schlange (ab
500 ¥). ⏱ tgl. 11–18.30 Uhr.
Inoue Kamaboko, Ko-machi 1-4-4, 📞 0467-
23-3111, 🖥 www.inouekamaboko.co.jp.
Kamaboko, „Fischkäse", wird in diesem Laden
im Erdgeschoss in vielen Variationen verkauft;
im Obergeschoss befindet sich ein Restaurant.
Menüs mit *kamaboko*, Reis und einer klaren
Suppe gibt es schon ab 650 ¥. ⏱ Di–So
10–18 Uhr.
Kurara, Ko-machi 2-13-2, 📞 0467-55-5001. Das
Kurara ist in einem kleinen Holzhaus untergebracht und lockt die Kunden zunächst in

seinen Shop mit hochwertigen Souvenirs.
Um ins hinten gelegene gemütliche Café zu
gelangen, muss man seine Schuhe ausziehen.
⏱ Mi–Mo 11–18 Uhr.
Narutoya+Tenzō, Ko-machi 1-6-12,
Kotobuki Bldg. 2F, 📞 0467-23-7666,
🖥 www.narutoya-tenzo.com. Mit Gemüse
aus ausschließlich ökologischem, lokalem
Anbau wird in der offenen Küche ruhig und
konzentriert, ja fast schon meditativ, ein sehr
schmackhaftes Menü kreiert. Bei gedämpftem
Licht und einfacher, geschmackvoller
Inneneinrichtung isst man aus schönen,
handgefertigten Keramikschalen. Da es nur
eine japanische Karte ohne Bilder gibt,
empfiehlt es sich, das aktuelle Monatsmenü
zu wählen, das man leicht an der Monatszahl
im Menü-Namen erkennt. ⏱ Mi–Mo 11–15
und 17–21 Uhr.
Ōishi, Yukinoshita 1-9-24, Koike Bldg. 2F,
📞 0467-23-7500. Teures Restaurant, in dem man
in schönem Ambiente hervorragend Tenpura
essen kann. 8 verschiedene Tenpura-Stücke
auf Reis bekommt man mittags am günstigsten
als *tendon*, abends kann man nur zwischen
zwei Menüs wählen (5250 ¥ oder 8400 ¥). Das
Restaurant liegt im hinteren Bereich des Ober-
geschosses des unscheinbaren Koike Bldg.,
das nur durch eine große britische Flagge an
der Fensterfront auffällt. ⏱ Do–Di 11.30–14 und
17–20 Uhr.

SONSTIGES

Einkaufen
Souvenirgeschäfte mit den immer gleichen
Mitbringseln gibt es in Kamakura genug.
Filmfans des Studio Ghibli dürften sich aber
wegen der vielen Fan-Artikel über den kleinen
Laden **Donguri Garden Kyōwakoku** freuen.
Neben Totoro aus Stoff in allen Größen und
den bekannten Figuren als Kühlschrankmagnet
gibt es weitere unzählige Dinge zu den Filmen
von Miyazaki Hayao. Der Laden befindet
sich gleich am Beginn der Komachi-dōri,
die vom Busbahnhofsvorplatz Richtung
Norden führt. Nachdem man unter dem
großen roten Torii durchgelaufen ist,
liegt der Shop auf der rechten Seite im
Keller.

Fahrradverleih

Station Rent-A-Cycle, ☎ 0467-24-2319. Am südlichen Ende des Busbahnhofs werden Fahrräder verliehen. Die Preise beginnen bei 600 ¥ für 1 Std., pro Tag kostet ein einfaches Rad ohne Gangschaltung 1600 ¥, mit Gangschaltung 200 ¥ Aufschlag. Informationen sind auch auf Englisch verfügbar. ⏱ tgl. 8.30–17 Uhr.

Feste

Kamakura ist bekannt für das Reiterspiel Yabusame, das im Frühjahr und Herbst vor dem Hachimangū-Schrein während eines Schreinfestes vorgeführt wird. Dabei wird im vollen Galopp mit Pfeil und Bogen auf eine Zielscheibe geschossen.

Kamakura Matsuri (2.–3. Sonntag im April) am Hachimangū: Am 2. Sonntag Tanz „Shizuka no mai", am 3. Sonntag Reiterspiel (Yabusame)
Reitaisei des Hachimangū (14.–16.9.): Am 15. Parade mit 3 *mikoshi*, am 16. Reiterspiel (Yabusame).

Informationen

Kamakura City Tourist Information Center, ☎ 0467-22-3350. Wenn man im Bahnhof durch die Ticketgates geht, befindet sich gleich rechts – noch bevor man das Gebäude Richtung Busvorplatz verlässt – ein Schalter mit der Aufschrift „Tourist Information Service". ⏱ tgl. 9–17.30 Uhr (Okt–Mai 9–17 Uhr).

Post und Geld

Die Hauptpost befindet sich knapp unterhalb des Bahnhofs Kamakura direkt an der Wakamiya-Ōji. Es besteht dort die Möglichkeit, mit Kreditkarte Bargeld abzuheben. ⏱ Mo–Fr 9–19 Uhr und Sa 9–15 Uhr. Geldautomat Mo–Fr 8–21 und Sa–So 9–19 Uhr.

Innerhalb von Kamakura pendelt man mit der Schmalspurbahn **Enoden-Linie** zwischen dem Bahnhof Kamakura und Hase (5 Min., 190 ¥). Außerdem gibt es **Busse**, doch lässt sich die Gegend besser zu Fuß oder mit dem Rad erkunden.

Kamakura

Mit der **JR-Yokosuka-Linie** fährt man von TŌKYŌ nach Kita-Kamakura (52 Min., 800 ¥) oder bis Kamakura (55 Min., 920 ¥). Alternativ kann man auch mit der **JR-Tōkaidō-Linie** Richtung Odawara fahren und in Totsuka (oder Ōfuna) in die Yokosuka-Linie umsteigen (bis Kita-Kamakura 800 ¥; bis Kamakura 920 ¥).
Verbindung vom Bahnhof YOKOHAMA mit der Yokosuka-Linie: Kita-Kamakura (21 Min., 310 ¥) und Kamakura (25 Min., 340 ¥).

Enoshima

Vom Bahnhof Kamakura fährt man mit der Enoden-Linie bis zum Bahnhof Enoshima (24 Min., 260 ¥). Wer direkt von TŌKYŌ aus anreist, nimmt die **JR-Tōkaidō-Linie** bis Fujisawa (50 Min., 970 ¥), von dort sind es 5 Min. zu Fuß zur Enoden-Linie, mit der man noch 5 Stationen bis nach Enoshima fährt (11 Min., 220 ¥). Von Shinjuku aus kann man mit der **Odakyū-Linie** bis Katase-Enoshima fahren (70 Min., 630 ¥). Hierbei muss man jedoch darauf achten, den richtigen Zug (z. B. den Express nach Katase-Enoshima) zu erwischen und in den richtigen Zugteil einzusteigen, da dieser auf der Fahrt unter Umständen abgetrennt wird.

© KATHARINA GRIMM

Sendai
Tōkyō

Tōhoku 東北

Stefan Loose Traveltipps

6 **Matsushima** Einer der drei schönsten Anblicke Japans. S. 239

7 **Dewa Sanzan** 2446 Stufen auf den Spuren der Yamabushi. S. 244

Nyūtō Onsen Eine Zeitreise für alle Sinne. S. 256

Hanami in Hirosaki Kirschblütenparty vor dem schneebedeckten Iwaki-Gipfel. S. 265

N

0   100 km

HOKKAIDŌ

Ō-SHIMA   Fukushima
Matsumae

Tōkyō

Japanisches

Meer

Ōma   Shimokita-hantō
Sai   879
Hotokegaura   Ōhata
Minmaya   Kawauchi   Mutsu
Kanita   Osore-zan
Wakinosawa   Yokohama
Hiranai   Rokkasho
Noheji
Jusan-ko   Ogawara-ko
Nakasato   Shichinoe   Misawa
Goshogawara   Hakkōda-san   △1585
Ajigasawa   Namioka   Towada   Hachinohe
Fukaura   1625 △ Iwaki-san   Kuriosi   Gonohe   Taneichi
HIROSAKI   Towada-ko   Sannohe   Kuji
Hachimori   Takko   Karumai
Takanosu   Ninohe   Kuzumaki   Fudai
Noshiro   Odate   Iwate
Kazuno   Ashiro
Oga-hantō   Gojōme   Iwate-san   Iwaizumi
Oga   Tazawa-ko   2041 △   Morioka   Miyako
AKITA   Kawabe   Nyūtō   Kawai
Kakunodate   2237 △ Hayachine-san   Yamada
Ōmagari   Hanamaki   Tōno   Kamaishi
Honjō   Yokote   Kitakami   Esashi   1341 △
Kisakata   Yashima   Yuzawa   Mizusawa   Ōtunato
TOBI-SHIMA   Chōkai-san   Ogachi   Hiraizumi   Rikuzen-Takata
△2237   Kuakomu-yama   Ichinoseki   Kesenuma
Sakata   Kaneyama   1628   Hasama   Shizugawa
Tsuruoka   Shinjo
Atsumi   Haguro   Obanazawa   Ishinomaki   Oshika-
Sanpoku   Gas-san   Furukawa   hantō
AWA-SHIMA   △1980   Murayama   Tagajō   Matsushima
Higashine   Shiogama
Murakami   Sagae   Tendo   Yamadera   SENDAI
SADO   Nagai   YAMAGATA   Natori   Sendai-
Aikawa   Ryōtsu   Arakawa   Nan'yō   Kaminoyama   Iwanuma   wan
Ogi   Shiroishi   Kakuda
Akadomari   Shibata   Yonezawa   Sōma
NIIGATA   Toyosaka   Iide-san   Haramachi
Niitsu   Tsugawa   △2105 Bandai   FUKUSHIMA
Tsubame   Shirone   Kamo   Azuma-san △2035
Sanjō   Kitakata   Namie   Kernkraftwerk Fukushima Daiichi
Nagaoka   Mitsuke   Nihonmatsu   Tomioka
Tochio   1538 △   Aizu-   Kōriyama   Pazifischer
Kashiwazaki   Ojiya   Wakamatsu   Sukagawa
Inawashiro-   Ozean
Tōkamachi   Koide   ko   Ishikawa
Jōetsu   Muika   Tajima   Shirakawa   Iwaki
Itoigawa   Hirichiga-take   Kuroiso   Kita-Ibaraki
2440 △   Arai   △2346   Ōtawara
Iiyama   Shirane-san   Nikkō   Yaita   Takahagi
Nagano   Nakano   2578   Imaichi   Daigo

„Hinter den Bergen liegt ein anderes Japan" lautet ein Ausspruch des Japanologen und ehemaligen US-Botschafters Edwin Reischauer. Er bezog sich dabei auf die Präfektur Yamagata, aber letztlich ist es eine treffende Beschreibung für ganz Tōhoku. Obwohl heutzutage in wenigen Stunden von Tōkyō aus erreichbar, scheinen zwischen Tōhoku und dem dicht bevölkerten Süden Welten zu liegen. Die sechs Präfekturen Fukushima, Miyagi, Yamagata, Iwate, Akita und Aomori sind vorwiegend von Natur und Landwirtschaft geprägt, Nationalparks warten mit Wanderwegen durch vulkanische Berglandschaften und ursprüngliche Wälder auf, eingestreut sind Kraterseen, Moore und heiße Quellen. Es gibt heilige Gipfel, entlegene Bergtempel und spektakuläre Küstenlandschaften zu entdecken.

In der Bergregion mit ihren harten, schneereichen Wintern haben sich Traditionen erhalten, die Menschen sind bodenständiger und zurückhaltender als im südlichen Japan, entpuppen sich aber – sind sie erst einmal aufgetaut – als ebenso warmherzig und gastfreundlich. Englisch sprechen hier allerdings nur Wenige.

Der Osten Tōhokus wurde durch die dreifache Katastrophe vom April 2011 – Erdbeben, Tsunami und Atomkatastrophe von Fukushima – schwer getroffen, wobei in Japan vor allem der Tsunami mit seinen geschätzt etwa 20 000 Opfern und zeitweise Millionen Betroffenen am nachdrücklichsten in Erinnerung bleibt. Die meisten Schäden sind inzwischen beseitigt, die ohnehin strukturschwache Region kämpft nun aber auch noch mit dem Rückgang des Tourismus. Bedenklich ist inzwischen nur noch ein Aufenthalt in unmittelbarer Nähe des Atomkraftwerks (die offizielle Evakuierungszone hat einen Radius von 20–30 km); in diesem Umkreis und noch ein ganzes Stück weiter gab es ohnehin nie touristische Highlights.

Transport

Der **Tōhoku-Shinkansen** von Tōkyō über Sendai und Morioka fährt bis Aomori. Von der Strecke zweigen in Fukushima eine Zweiglinie Richtung Yamagata und in Morioka eine nach Akita ab. Ergänzt wird das Shinkansen-Netz durch zahl-

reiche **Regionalzüge**, die allerdings z. T. nur in größeren Abständen verkehren. Informationen zu Fahrplänen und Routen auf Englisch (ohne Sitzplatzreservierung) gibt's von 10–18 Uhr bei der JR East Infoline, ☎ 050-2016-1603, oder bei Hyperdia (S. 68). Einige Züge sind reservierungspflichtig, auch mit JR-Pass muss man also vorher am Schalter eine Fahrkarte holen.

Zusätzlich zu den Zügen gibt es ein relativ dichtes Netz von **Fernbusverbindungen**, für Reisende ohne Rail Pass eine kostengünstigere Alternative zum Shinkansen. Die Busbahnhöfe befinden sich fast immer in Bahnhofsnähe. Noch billiger sind Charterbusse wie Willer Express oder Orion Tour, die ein paar interessante Strecken zwischen Tōkyō und Zielen in Tōhoku anbieten (in der Regel als Nachtbus). Sie müssen vorab unter 🖥 willerexpress.com bzw. 🖥 www.orion-tour.co.jp (nur Jap.) gebucht werden. Die relevanten Strecken werden jeweils bei den beschriebenen Orten gelistet. Abgelegene Orte sind oft nur mit **Nahverkehrsbussen** zu erreichen, und das, vor allem in den Bergen, auch nur von Mitte April bis Anfang November. Viele fahren nur ein paar Mal am Tag, man sollte sich also vorab bei der Touristeninformation genau über die Abfahrtszeiten informieren.

Autovermietungen findet man an fast jedem Bahnhof, mit Englischkenntnissen darf aber nicht gerechnet werden. Man sollte bedenken, dass im Winter (teilweise bis in den Mai hinein) diverse Straßen wegen Schneefalls gesperrt sind und zu Miete, Versicherung und Kraftstoff hier und da noch Mautgebühren hinzukommen.

Aizu Wakamatsu 会津若松

Die unaufgeregte alte Burgstadt ist in gut 2 1/2 Std. von Tōkyō aus erreichbar und damit ein beliebtes Wochenendziel für Tokyoter. Dabei wartet sie weniger mit hochkarätigen Sehenswürdigkeiten als mit ihrer angenehm ruhigen Atmosphäre und ihrer bewegten Geschichte auf – sie war eine der letzten Bastionen der Samurai im Kampf gegen die Meiji-Restauration. Dank mehrfacher Thematisierungen in beliebten Fernsehserien ist dieser geschichtliche Hintergrund sehr vielen Japanern vertraut: Zuletzt wurde 2013 ganz bewusst eine Story aus der Präfektur Fukushima für die populäre historische Serie des Staatsfernsehens NHK ausgewählt, die jeweils ein ganzes Jahr läuft. Diese Serien führen nämlich stets zu einem Anstieg der „Drehort-Touristen".

Eingestreut in die moderne Bebauung findet man noch diverse spät-edozeitliche Kaufmannshäuser und alte Speicher. Die Nanukamachi-dōri war einst die Hauptgeschäfts- und Ausgehstraße; heute werden viele der traditionellen Holzhäuser hier wieder für den Verkauf von lokalen Produkten oder als Cafés genutzt. Die Region ist allgemein für die Produktion von hochwertigem Sake und eleganten Lackwaren bekannt.

limori-yama 飯盛山

Ein Hauptgrund für Aizus Berühmtheit ist die tragische Geschichte einer Gruppe junger Samurai, deren Gräber man auf dem Berg limori-yama, ca. 3 km östlich des Bahnhofs immer geradeaus, findet. Diese 20 byakko-tai, gerade mal 17 Jahre alt, wurden im Boshin-Krieg 1868 in der Schlacht gegen die kaiserlichen Truppen von ihrer „Weißen Tiger-Brigade" getrennt und fanden Zuflucht auf dem Berg limori-yama. Von dort meinten sie, die Burg in Flammen aufgehen zu sehen, und begingen daher kollektiv *seppuku*. Einer von ihnen überlebte, weshalb sich nur 19 **Heldengräber** auf dem Berg befinden. Das Ganze war ein tragisches Missverständnis, denn das Feuer loderte nur außerhalb und die Burg war (noch) nicht eingenommen. Die Gräber sind ganz offensichtlich noch immer ein Ort der Ehrerbietung, und es brennen stets frische

Räucherstäbchen für die jungen Männer. Als Europäer nimmt man überrascht zwei Geschenke aus unrühmlichen Zeiten zur Kenntnis: einen Adler der faschistischen Partei Italiens von 1928 und eine Gedenktafel des deutschen Attachés von 1935, die das Heldentum der 20 *byakko-tai* würdigen.

Biegt man dahinter links ab, gelangt man zu einer merkwürdigen Holzstruktur, dem **Sazae-dō** („Schneckenhaus"), das 1796 als Teil eines buddhistischen Tempelkomplexes gebaut wurde. Eine spiralförmige Rampe lässt einen zur Spitze hinauf- und wieder hinabgehen, ohne umzukehren. Die Achse bildet einen Schrein für 33 (nicht sichtbare) Kannon-Statuen. ⏰ April–Nov tgl. 8.15 Uhr bis Sonnenuntergang, Dez–März 9–16 Uhr, 400 ¥.

Tsuruga-jō 鶴ヶ城

Folgt man vom Bahnhof aus der Chūō-dōri (2. Straße rechts) etwa 3 km, gelangt man zur Tsuruga-jō. Die „Kranich-Burg" geht auf das Jahr 1384 zurück, wurde aber über die Jahrhunderte vielfältig verändert, umgebaut und ergänzt. Sie spielt eine Rolle in der NHK-Serie um eine Waffenhändlertochter, die im **Boshin-Krieg** 1868 mit den neuen amerikanischen Gewehren erfolgreich auf Seiten der Shogunatstreuen kämpfte. Die Burg hielt so zunächst einer einmonatigen Belagerung stand, wurde jedoch schließlich von den Restaurationstruppen zusammen mit großen Teilen der Stadt zerstört – nur die mächtigen Festungsmauern und -gräben blieben erhalten. Die heutige Burg ist ein realistischer Beton-Nachbau von 1965. Seit 2004 beherbergt sie eine Art **Heimatmuseum** mit einigen kunsthistorischen Exponaten, einer Ausstellung und „Geschichte zum Anfassen und Ausprobieren". Im 5. Stock befindet sich eine Aussichtsplattform. Im Burgpark kann man auf den Festungsmauern herumkraxeln. Der **Rinkaku**, der Teepavillon der Feudalherren, 🖥 www.tsurugajo.com, soll ab 2015 nach Renovierung wieder zugänglich sein. ⏰ tgl. 8.30–17 Uhr, 410 ¥.

Buke-yashiki 武家屋敷

Da die meisten Samurai-Häuser in Aizu den Bürgerkriegswirren zum Opfer gefallen waren, rekonstruierte man 1975 nach Originalplänen das **Buke-yashiki**, die Residenz des ersten Gefolgsmannes des Aizu-Clans mit 38 Zimmern. Das Anwesen umfasst neben Wohngebäuden auch Speicher, Gebäude zur Seidenraupenzucht, eine 150 Jahre alte Reismühle aus Shirakawa und einen Nachbau des Rinkaku. Mit lebensgroßen Puppen werden das Alltagsleben der Samurai – und ein weiterer *seppuku* – nachgestellt: Als der Hausherr in den Krieg zog, begingen seine Frau und Töchter, um nicht dem Feind in die Hände zu fallen, Selbstmord, während er den Krieg und seine Familie noch um 35 Jahre überlebte. ⏱ tgl. 8.30–17 Uhr, 850 ¥. Vom Burgeingang nach Osten, bis die Straße links abknickt, dort rechts abbiegen.

Tōyoko Inn, Byakko-machi 222-1, ✆ 0242-32-1045, 🖳 www.toyoko-inn.com. Das 11-stöckige Hotel der Budget-Businesskette direkt gegenüber vom Bahnhof ist einer der Neuzugänge in Aizu und bietet den üblichen Standard. Im Winter Preisnachlass. Inkl. japanischem Frühstück. ❶–❷
Washington Hotel, Byakko-machi 201, ✆ 0242-22-6111, 🖳 www.wh-rsv.com/english/index.html, 5 Min. vom Bahnhof Richtung Iimori. Etwas teurer als die Konkurrenten, dafür sind die Zimmer ein bisschen geräumiger, ansonsten übliche Ausstattung. ❷–❸

Die Region ist bekannt für Ramen (speziell aus dem nahe gelegenen Ort Kitakata), außerdem Pferdefleisch und zunehmend „B-Gourmet"-Küche (Typ simpel und sättigend) wie Currynudeln. Die meisten Restaurants finden sich in der Umgebung von Nanukamachi-dōri und Chūō-dōri.

🌳 **Kagota**, Sakae-machi 8-49, ✆ 0242-32-5380, 🖳 www.kagota.co.jp, 2 Blocks östlich vom Rathaus auf der gegenüberliegenden Seite. *Izakaya* mit lokalen Spezialitäten von Pferde-Sashimi bis zu Kartoffel-*dengaku*, regionale Zutaten, z. T. aus Öko-Anbau. ⏱ Mo–Sa 17–23 Uhr, So manchmal geöffnet.
Takino, Sakae-machi 5-31, ✆ 0242-25-0808. Hübsches altes Bauernhaus in den Neben-

straßen zwischen Hauptpost und Rathaus, *die* Institution für *wappa meshi*, im Holzkörbchen gedünsteter Reis mit Beilagen, leckere Menüs z. B. mit Lachs, Pilzen oder Farn ab 1420 ¥. Zur Zeit der Recherche gab es keine englische Karte; wer keine Überraschungen erleben möchte, kann auf der zumindest teilweise englischen Website 🖳 www.takino.jp nachschauen. ⏱ tgl. 11–21 Uhr.

Einkaufen

Souvenirjäger werden insbesondere in der **Nanukamachi-dōri** und ihren Seitenstraßen fündig. Es gibt Lack- und Töpferwaren, bemalte Kerzen und natürlich das Aizu-Maskottchen *aka-beko*, die örtliche Variante des Wackeldackels: eine rote Kuh, die Krankheiten abwehren soll. Außerdem Süßigkeiten und Sake.

Informationen

Die **Touristeninformation** im Bahnhof, ✆ 0242-32-0688, ⏱ tgl. 9–17 Uhr, und die Touristeninformation Tsuruga-jō auf dem Burggelände, ✆ 0242-29-1151, ⏱ tgl. 8.30–17 Uhr, halten beide Karten und Infomaterial auf Englisch bereit.

Post und Geld

Post, Chūō 1-2-17, in der Chūō-dōri auf halber Strecke zur Burg, mit internationalem **Geldautomaten**.

Ein praktischer **Sightseeing-Bus** dreht von Bussteig 6 vor dem Bahnhof alle 30 Min. (April–Nov nur stdl.) seine Runde über Nanukamachi-dōri, Tsuruga-jō, Buke-yashiki und Iimori-yama, Tageskarte 500 ¥, einfache Fahrt 200 ¥.

Busse

Vom Busbahnhof gegenüber dem Bahnhof fahren u. a. tgl. 8 Busse nach SENDAI, 2 1/2 Std., 2900 ¥, und etwa stdl. nach TŌKYŌ (Shinjuku), 4 1/2 Std., 4800 ¥ (Vorverkauf ab 2500¥).

Eisenbahn

Mit dem Bummelzug stdl. nach KORIYAMA (1 Std., 1140 ¥), von dort Anschluss mit dem Shinkansen nach SENDAI, 45 Min., 4860 ¥, TŌKYŌ, 1 1/4 Std., 7680 ¥, und YAMAGATA, 1 1/4 Std., 3960 ¥.

Sendai 仙台市

Sendai ist mit etwa einer Million Einwohnern die größte Stadt, das politische und wirtschaftliche Zentrum Tōhokus und zugleich Hauptstadt der Präfektur Miyagi, die von dem Tsunami 2011 besonders stark verwüstet wurde. Wahrscheinlich stammte die Hälfte der etwa 20 000 Toten und Vermissten aus der Präfektur. Sendai selbst liegt etwas zurückversetzt vom Meer und war von der Katastrophe nicht so stark betroffen, aber in den Vororten näher am Meer sind ganze Viertel neu bebaut, und die Küstenregionen – früher war der Rikuchū-Kaigan-Nationalpark ein beliebtes Ausflugsziel – haben sich noch immer nicht von den Zerstörungen erholt. Die damals komplett weggespülte Bahnlinie von Matsushima nach Norden etwa (von der mehrere Regionalzüge im Meer verschwanden) soll frühestens 2015 wieder in Betrieb genommen werden.

Das zerstörte Kernkraftwerk Fukushima liegt in der nächsten Präfektur etwa 100 km südlich von Sendai. Die doppelte Katastrophe hat vorübergehend, v. a. wegen der Infrastrukturschäden, auch den (insbesondere innerjapanischen) Tourismus in der Region geschädigt; inzwischen gibt es aber eine Solidaritätsbewegung für die Tsunami-Opfer und damit neben Aufbauhilfen auch durchaus viele Touristen. Über Standort und Details einer in Zukunft zu errichtenden Gedenkstätte oder eines Tsunami-Museums besteht noch keine Einigkeit.

Die Stadt Sendai hat eine recht hohe Lebensqualität. Die Bewohner sind stolz auf ihre „Stadt der Bäume" und fühlen sich hier sehr wohl. Es gibt reichlich Einkaufs- und Ausgehmöglichkeiten, und das alles bei gemäßigten Preisen und einem gut ausgebauten Nahverkehrsnetz. Die Stadt hat auch ein paar Sehenswürdigkeiten zu bieten, die meisten davon hängen mit dem noch heute sehr verehrten Stadtgründer **Date Masa-**mune zusammen, der u. a. für die Beauftragung der Keichō-Mission (s. Kasten S. 233) bekannt ist. Der *daimyō* hatte von Shōgun Tokugawa Ieyasu für seine Unterstützung ein großes und ertragreiches neues Lehen zugeteilt bekommen, woraufhin er das zentral gelegene Fischerdorf Sendai an der Handelsstraße nach Edo wählte, um eine neue Burg und eine Stadt dazu anlegen zu lassen. 1604 verlegte er zusammen mit über 50 000 Gefolgsmännern und deren Familien seinen Sitz hierher.

Der „einäugige Drache" *(dokuganryū)*, so sein Spitzname, da ihm seit einer Pockeninfektion in Kindheitstagen ein Auge fehlte, war ein gefürchteter Feldherr und geschickter Stratege und erweiterte seinen Einflussbereich stetig. Gleichzeitig förderte er Wirtschaft und Kultur und hinterließ architektonische Spuren. Leider haben Erdbeben, Brände, Meiji-Restauration und schließlich der Zweite Weltkrieg dafür gesorgt, dass von den unter seiner Herrschaft entstandenen Bauten in Sendai nicht viel erhalten ist – Ausgrabungen und originalgetreue Rekonstruktionen erlauben aber einen Einblick in die einstige Pracht.

Zuihō-den 瑞鳳殿

Quasi als Antrittsbesuch empfiehlt sich zunächst eine Visite beim **Date-Mausoleum** Zuihō-den, 🖥 www.zuihoden.com, das 1637 nach Masamunes Tod seinem letzten Willen entsprechend im Momoyama-Stil gebaut wurde. Nachdem es 1945 Luftangriffen zum Opfer gefallen war, wurde es 1979 wieder aufgebaut und 2001 der Originalzustand mit geschnitzten Figuren, Vögeln und Blumen sowie reichlich Gold und kräftigen Farben rekonstruiert. Man erreicht das Gelände über eine alte Steintreppe mit mächtigen Sicheltannen. Im nur japanisch beschrifteten Museum dominieren die verschiedenen von den Date benutzten plakativen Wappen. 🕑 tgl. 9–16.30, Dez–Jan 9–16 Uhr, 550 ¥.

Aoba-jō 青葉城

Von hier erreicht man zu Fuß in etwa einer halben Stunde das **Burggelände**. An dieser Stelle, in etwa 130 m Höhe, ließ Date 1604 seine neue Burg Aoba-jō anlegen, mit dem Hirosegawa als natürlichem Festungsgraben. Zu sehen sind jedoch nur noch die Außenmauern sowie ein rekonstruierter Wachturm, da im Zuge der Kämpfe während der Meiji-Restauration 1869 sämtliche Gebäude zerstört wurden. Ein Blick auf das Burgmodell im (nur japanisch beschrifteten) **Museum**, ⏰ tgl. 9–16.30 Uhr, 700 ¥, zeigt, dass die Festung ohne Donjon auskam – angeblich wollte Masamune vor dem ohnehin misstrauischen Tokugawa Ieyasu nicht zu sehr protzen. Vom Reiterstandbild des *daimyō* von Sendai hat man eine gute Aussicht auf die Stadt, bei gutem Wetter sogar bis zum Pazifik.

Museen
仙台市博物館・宮城県美術館

Das **Stadtmuseum Sendai** (Sendai-shi Hakubutsukan) am Fuß des Aoba-yama stellt Geschichte und Künste von Stadt und Region mit Schwerpunkt des Erbes der Date-Familie sowie der Keichō-Mission nach Europa (s. Kasten) dar. Englischer Flyer und Audioguide; die englischen Beschriftungen sind ein bisschen knapp, aber okay. Sehenswert sind auch die Jōmon-Töpferwaren und Haniwa-Figuren. ✆ 022-225-3074, ⏰ Di–So 9–16.45 Uhr, 400 ¥. Erreichbar mit den Bussen 710–720 (außer 718) von Bussteig 9, westlicher Busterminal, 180 ¥.

Einen knappen Kilometer weiter nördlich bietet das moderne, von Architekt Maekawa Kunio entworfene **Kunstmuseum Miyagi** (Miyagi-ken Bijutsukan), ✆ 022-221-2111, 🖥 www.pref.miyagi.jp/site/mmoa/, mit seiner Sammlung japanischer Malerei mit regionalem Bezug ab der Meiji-Periode eine willkommene Abwechslung von Date & Co. Mit Klee oder Kandinsky sind hier auch europäische Expressionisten vertreten. ⏰ Di–So 9.30–17 Uhr, 300 ¥.

Schreine und Tempel
大崎八幡・輪王寺

Die interessantesten Heiligtümer Sendais liegen nicht sehr zentral, sind aber mit öffentlichen Bussen gut erreichbar. Seit 2004 erstrahlt der **Ōsaki Hachiman-gū** mit seiner bunten Bemalung und goldenen Beschlägen auf schwarzem Lack wieder im alten Glanz. Den Schrein für die Schutzgottheit Sendais und des Date-Clans ließ Masamune 1607 im prächtigen Momoyama-Stil bauen, als Modell diente der Toyokuni-Schrein

in Kyōto. Besonders hübsch sind die Pflanzenmalereien auf der vergoldeten Kassettendecke des *ishinoma*, der Verbindung zwischen Haupt- und Gebetshalle. ⏰ 8–17 Uhr, Eintritt frei, englischer Flyer. Vom Bahnhof erreichbar u. a. mit Bus 840, 870 und 880, 20 Min., 230 ¥.

Ein Besuch beim Familientempel der Dates, dem **Rinnō-ji**, lohnt sich vor allem wegen seines ausgesprochen hübschen Wandelgartens mit einem Lotusteich, knorrigen Kiefern, Bambus, Azaleen und Iris sowie einem Teepavillon. Der Tempel selbst, nach mehreren Umzügen mit dem Date-Clan seit 1602 an dieser Stelle, brannte 1876 beinah vollständig ab – nur das Tempeltor blieb erhalten. Nach und nach wurden die einzelnen Gebäude wieder aufgebaut. ⏰ tgl. 8–17 Uhr, 300 ¥. 10 Min. vom Bahnhof Kita-Sendai.

Expedition ins exotische Europa

Gegen Ende der Keichō-Ära (1596–1615) schickte Date Masamune 1613 eine Gesandtschaft nach Europa, offiziell, um weitere christliche Missionare nach Japan einzuladen, tatsächlich wohl, um Handelsbeziehungen zu spanischen Kolonien wie Mexiko und den Philippinen aufzubauen. Geführt wurde die Expedition vom Date-Gefolgsmann **Hasekura Tsunenaga**. Als Berater war der spanische Franziskanermönch **Luis Sotelo** an Bord der *San Juan Bautista*. Man segelte über Mexiko nach Spanien und Rom, wurde freundlich empfangen, erhielt eine Audienz bei Papst Paul V. und bekam die römische Staatsbürgerschaft verliehen, blieb aber gänzlich erfolglos in Bezug auf die ursprünglichen Ziele der Reise. Die Rückreise führte über die Philippinen, wo man Sotelo zurückließ, und endete nach beinahe sieben Jahren wieder in Japan. Dort hatte sich inzwischen das politische Klima gänzlich verändert, die isolationistische Politik des Tokugawa-Shogunats hatte Christentum und Auslandshandel unter Strafe gestellt, und Sotelo, der 1624 heimlich wieder einreiste, wurde hingerichtet. Dennoch ging diese Expedition in die Annalen ein und Hasekura Tsunenaga gilt als erster Botschafter Japans in Europa und Amerika.

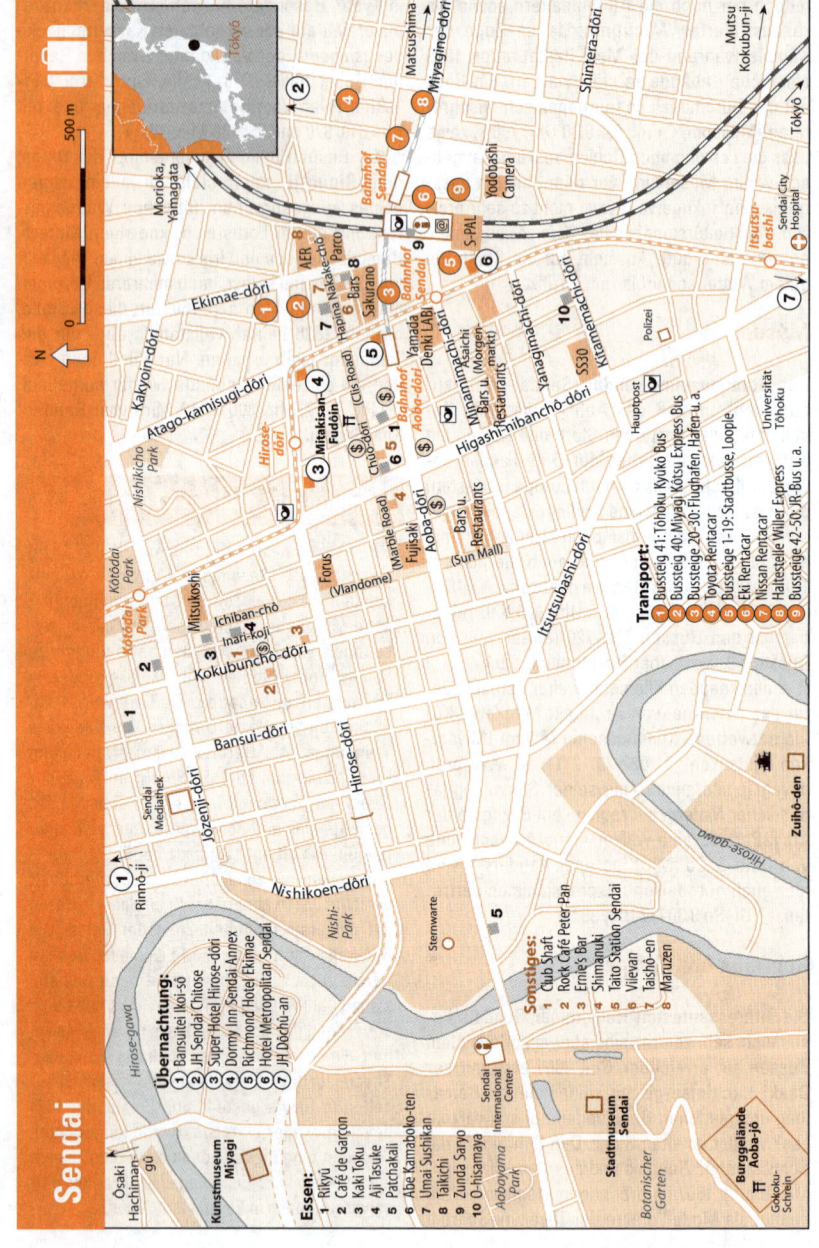

Sendai

TŌHOKU

500 m

Übernachtung:
1 Bansuitei Ikoi-sō
2 JH Sendai Chitose
3 Super Hotel Hirose-dōri
4 Dormy Inn Sendai Annex
5 Richmond Hotel Ekimae
6 Hotel Metropolitan Sendai
7 JH Dōchū-an

Essen:
1 Rikyū
2 Café de Garçon
3 Kaki Toku
4 Aji Tasuke
5 Patchakali
6 Abe Kamaboko-ten
7 Umai Sushikan
8 Taikichi
9 Zunda Saryo
10 O-hisamaya

Sonstiges:
1 Club Shaft
2 Rock Café Peter Pan
3 Ernie's Bar
4 Shimanuki
5 Taito Station Sendai
6 Vlewan
7 Taishō-en
8 Maruzen

Transport:
1 Bussteig 41: Tōhoku Kyukō Bus
2 Bussteig 40: Miyagi Kōtsu Express Bus
3 Bussteige 20-30: Flughafen, Hafen u.a.
4 Toyota Rentacar
5 Bussteige 1-19: Stadtbusse, Loopie
6 Eki Rentacar
7 Nissan Rentacar
8 Haltestelle Willer Express
9 Bussteige 42-50: JR-Bus u.a.

Kunstmuseum Miyagi

Stadtmuseum Sendai

Burggelände Aoba-jō

Zuihō-den

Sendai Mediathek

Sendai International Center

Sternwarte

Botanischer Garten

Aobayama Park

Nishi Park

Kōtōdai Park

Nishikicho Park

Atago-kamisugi-dōri

Ekimae-dōri

Hirose-dōri

Bansui-dōri

Nishikōen-dōri

Kokuchō-dōri

Kokubunchō-dōri

Ichiban-chō

Inari-kōji

Mitsukoshi

Fōrus
(Vlandome)

Fujisaki
(Marble Road)
Aoba-dōri

Bars u. Restaurants
(Sun Mall)

Chuō-dōri
(Clis Road)

Mitakisan-Fudōin

Bahnhof Aoba-dōri

Hirose-dōri

Hana Nakake-chō

Sakurano

Parco

AER

S-PAL

Bahnhof Sendai

Yodobashi Camera

Yamada Denki LABI

Asaichi

Minamimachi-dōri
Bars u. (Morgen-markt)
Restaurants

Higashi-nibanchō-dōri

Itsutsubashi-dōri

Kitamemachi-dōri

Yanagimachi-dōri

SS30

Hauptpost

Polizei

Sendai City Hospital

Universität Tōhoku

Shintera-dōri

Miyaginodōri

Mutsu Kokubun-ji

Matsushima

Itsutsu-bashi

Tōkyō

Rinnō-ji

Jōzenji-dōri

Hirose-gawa

Hirose-gawa

Gokoku-Schrein

Ōsaki Hachiman-gū

Morioka, Yamagata

Kakyōin-dōri

Tōkyō

N

0

Hotels

Bansuitei Ikoi-sō, Aoba-ku, Kimachi-dōri 1-8-31, ☎ 022-222-7885, 🖥 www.ikoisouryokan.co.jp. Hübsches und einladendes Ryokan mit sehr sauberen Zimmern ohne Bad, dafür gibt's natürlich ein Gemeinschaftsbad. Etwas ab vom Schuss in der Nähe der U-Bahnstation Kita-Yobanchō, vorwiegend japanisches Publikum. Wochenendzuschlag. ❸

Dormy Inn Sendai Annex, Chūō 2-11-26, ☎ 022-715-7077, 🖥 www.hotespa.net/hotels/sendai_ax.html. Günstigeres Businesshotel, ziemlich knapp bemessene, aber vernünftig eingerichtete Zimmer, die billigsten haben ein Bad ohne Dusche, dafür gibt's ein prima Gemeinschaftsbad mit hübsch gestaltetem Außenbecken und Sauna – in der zentralen Lage ein echtes Highlight! ❷

Hotel Metropolitan Sendai, Chūō 1-1-1, ☎ 022-268-2525, 🖥 www.s-metro.stbl.co.jp. Gehobenes Hotel der JR-East-Gruppe, praktisch direkt am Bahnhof gelegen. Verhältnismäßig geräumige, sehr saubere Zimmer, nicht alle im gleichen Renovierungszustand, zuvorkommender Service, 3 Restaurants, Teesalon, Bar. Ermäßigung mit Rail Pass. ❹, japanische Zimmer ❻

Richmond Hotel Premier Sendai Ekimae, Chūō 2-1-1, ☎ 022-716-2855, 🖥 www.richmondhotel.jp. Im Juli 2008 eröffnet, bietet dieses gehobenere, sehr westliche Businesshotel geschmackvoll eingerichtete Zimmer mit gekacheltem Bad und liegt praktisch in Bahnhofsnähe. Inkl. westlichen Frühstücks. Sehr unterschiedliche Preise. ❷ – ❺

Super Hotel Hirose-dōri, Chūō 2-9-23, ☎ 022-224-9000, 🖥 www.superhotel.co.jp. Die Businesskette ist zwar keine besonders stilvolle, aber dafür eine der günstigsten zentral gelegenen Unterkünfte, besonders, wenn man sich einen „Superroom" mit einem breiten Einzelbett *(semidouble)* und quer darüber einem schmalen Hochbett teilt. Kleine, aber voll ausgestattete Zimmer (ohne Telefon), Gemeinschaftsbad, reichhaltiges Frühstücksbuffet (japanisch und westlich) inkl. ❷

Jugendherbergen

JH Dōchū-an, Taihaku-ku, Ōnoda, Kita-yashiki 31, ☎ 022-247-0511, 🖥 www.jyh.or.jp. Hübsches Fachwerkhaus mit 8 Tatami- und 2 westlichen

TŌHOKU

Der Ōsaki Hachiman-gū ist der Schutzgottheit Sendais geweiht.

© KATHARINA GRIMM

Zimmern, Holzbadewanne, Internet, Fahrradverleih, zuvorkommender, etwas Englisch sprechender Herbergsvater. Leider ziemlich jwd: von der Endhaltestelle der U-Bahn Tomizawa (12 Min.) noch gute 10 Min. ostwärts laufen, die Hauptstraße überqueren und die nächste rechts und gleich wieder links (ausgeschildert), (englisches) Frühstück (630 ¥ extra). Mitglieder ab 3150 ¥.

JH Sendai Chitose, Odawara 6-3-8, ✆ 022-222-6329. Ebenfalls nicht besonders zentral, aber etwas näher am Bahnhof und relativ gut besucht. 13 Tatami-Zimmer, Münzinternet und -waschmaschine, Torschluss 22.30 Uhr, freundlicher Betreiber, eine Mitarbeiterin spricht sogar Deutsch! 20 Min. zu Fuß vom Bahnhofsostausgang oder 10 Min. per Bus Nr. 17/19 vom westlichen Busterminal bis Miyamachi 2-chōme. JH-Mitglieder 3255 ¥ p. P.

ESSEN

Lokale Spezialitäten sind *gyūtan*, gegrillte Rinderzunge, *sasa-kamaboko*, eine Art längliche Fischfrikadelle, und *zunda*, eine süße, knallgrüne Bohnenpaste. Die Fischfrikadellen kann man z. B. bei **Abe Kamaboko-ten** in der Chūō-dōri, ◷ tgl. 10–19 Uhr, probieren, die Rinderzunge in der **Gyūtan-dōri** im Bahnhof oder in einem der zahlreichen hierauf spezialisierten Restaurants (s. u.). *Zunda mochi*, in *zunda* eingehüllte Reisküchlein, gibt's bei **Zunda Saryo** im Bahnhof, ◷ tgl. 9–21 Uhr.

Die meisten Restaurants und Cafés sind in der Chūō-dōri, Ichiban-chō, Kokubun-chō und Nebenstraßen angesiedelt. Wer dringend einen Koffeinschub braucht, findet allein in der Ichiban-chō drei Filialen der heimischen Kaffee-Kette **Doutor**. Selbstversorger können sich z. B. auf dem Morgenmarkt, **Asa-ichi**, eindecken, ◷ Mo–Fr ca. 8–18 Uhr.

Aji Tasuke, Ichiban-chō 4-4-13, ✆ 022-225-4641, neben dem kleinen Schrein. Sehr beliebtes *gyūtan*-Restaurant – hier wurde die Sendaier Spezialität „erfunden", *teishoku* mit auf Holzkohle gegrillter Rinderzunge, Pickles, Ochsenschwanzsuppe und einer Schale Reis mit Gerste. ◷ Mi–Mo 11.30–22 Uhr.

Café de Garcon, Kokubun-chō 3-2-2, ✆ 022-224-5783. Café mit angenehmer Atmosphäre

und sehr gutem Kaffee. ◷ Mo–Fr 11–23, Sa 12–23, So 12–19 Uhr.

Kaki Toku, Ichiban-chō 4-9-1, 5F, ✆ 022-222-0785. Die Bucht von Miyagi ist berühmt für ihre Austern, das Kaki Toku für seine Austerngerichte. Es gibt Austern in allen erdenklichen Variationen, in Sake gegart, frittiert, gratiniert, vom einfachen kleinen Schälchen bis zum ausgefeilten Menü. ◷ Mo–Fr 11.30–14, 17–20, Sa–So 11.30–15, 16.30–21 Uhr.

🌳 **O-hisamaya**, Chūō 4-8-17, ✆ 022-224-8540. Eine Oase für Vegetarier ist dieser nette kleine Bioladen, der ausschließlich vegane Gerichte führt (abgesehen von Keksen mit Honig). Die Chefin hat ein makrobiotisches Kochbuch veröffentlicht und bietet Kochkurse an. ◷ Mo–Fr 11.30–14.30, 17–19.30, Sa 11–16 Uhr, Laden durchgehend.

🧳 **Patchakali**, Ōtemachi 7-20, ✆ 022-224-7776. Takuma Sato, der Betreiber des gemütlichen, klitzekleinen Restaurants, ist 4 Jahre durch Indien gereist, um dort kochen zu lernen. Eine leckere Abwechslung zu Sushi & Co sind die mit verschiedenen vegetarischen Currys gefüllten Naan-Brote, auch zum Mitnehmen. ◷ Mo–Sa 11.30–14.30, 17.30–20, So bis 19 Uhr.

Rikyū, Chūō 2-2-16, ✆ 022-716-9233. Die *gyūtan*-Restaurantkette betreibt inzwischen 20 Filialen in Sendai. Günstige *teishoku*, abends etwas teurer, es gibt auch Sushi und Sashimi, ◷ tgl. 11.30–14.30, 17–23 Uhr, die Filiale im Bahnhof (3. Ebene) ist durchgehend bis 22.30 Uhr geöffnet.

Taikichi, Chūō 2-1-30, neben dem Eingang zur Clis Road, ✆ 022-224-7233. Süße Taiyaki in fast industrieller Fertigung, sehr beliebter Stand.

Umai Sushikan, Ichiban-chō 4-5-6, ✆ 022-722-0300. Empfehlenswerter Sushi-Laden, zentral gelegen, frische und schmackhafte Sushi, große Auswahl zu vernünftigen Preisen, frisch gerollte Sushi à la carte oder als Set, ◷ Mo–Sa 11.30–23, So bis 22 Uhr.

UNTERHALTUNG

Neben dem klassischen Ausgehviertel **Kokubun-chō**, wo sich Restaurants, Bars und Clubs im wahrsten Sinne des Wortes stapeln, gibt es ein paar versteckte kleine Seitenstraßen, die es sich zu erkunden lohnt, wie **Bunka Yoko-chō** und **Iroha Yoko-chō** am Südende der Ichiban-chō, die namenlose Gasse hinter dem Kaufhaus Sakurano in Bahnhofsnähe oder der Bereich zwischen Asa-ichi-Markt und Higashi-nibanchō-dōri.

Club Shaft, Kokubun-chō 2-10-11, Yoshiokaya Bldg. 4F, 🖥 www.clubshaft.com. Der von Engländern eröffnete DJ- und Livemusik-Club mit kleiner Tanzfläche, Bar und abgetrenntem Loungebereich wird inzwischen in einheimischer Regie betrieben, Musikrichtung variierend, Publikum individuell, Eintritt je nach Event ab 1000 ¥ inkl. 1 Freigetränk, die meisten Veranstaltungen beginnen ab 21 oder 22 Uhr.

Ernie's Bar, Kokubun-chō 2-1-11, Social Bldg. 1F. Die vom britischen DJ Ernie betriebene, kleine Stehbar ist *der* Treffpunkt für Expats und englischsprechende Einheimische. Bei Jazz, Soul oder House herrscht eine kommunikative Atmosphäre, ab und zu Partys. ⏰ Di–So 18–5 Uhr.

Rock Café Peter Pan, Kokubun-chō 2-6-1, Takemaru Bldg. 3F. Gemütliche Wohnzimmerbar mit gemischtem Publikum von 15–50 Jahren. Der Chef, der nebenher mit Platten handelt, liebt

---

---

britische und amerikanische Rockmusik und nennt eine umfangreiche Musiksammlung sein Eigen. ⏰ tgl. außer Mo 15–22, am Wochenende bis 24 Uhr.

Taito Station Sendai, Chūō 2-3-25. Spielhalle auf 5 Etagen mit einer kompletten Etage *purikura*-Kabinen, hier kann man es japanischen Schulmädchen gleichtun und lustige, verzierte Fotosticker produzieren – hoher Spaßfaktor garantiert! ⏰ tgl. 9–24 Uhr.

Vilevan, Chūō 1-8-22, Sunsquare-Shōji Bldg. 3F, ☎ 022-225-2222. Die Einrichtung ist gediegen, und die Kellner tragen in dieser Jazzbar Fliege. Speisekarte und Publikum sind international (Sprachlehrer kriegen Ermäßigung), samstags und am letzten So im Monat gibt's Livemusik, ⏰ Mo–Do 17–1, Fr–Sa bis 2, So bis 24 Uhr.

SONSTIGES

Autovermietungen

Mehrere Anbieter am Bahnhofsostausgang, z. B. **Eki Rentacar**, ☎ 022-292-6501, ⏰ tgl. 7.30–21 Uhr, **Nissan Rentacar**, ☎ 022-257-4123, ⏰ tgl. 7–23 Uhr, oder **Toyota Rentacar**, ☎ 022-291-0100, ⏰ tgl. 8–20 Uhr. Auch am Flughafen in der Ankunftshalle für Inlandsflüge betreiben diverse Autovermietungen einen Schalter, ⏰ tgl. 8–20 Uhr.

Einkaufen

Sendai ist das Konsumparadies Tōhokus. Gleich am Bahnhof gibt es diverse Shoppingcenter und Kaufhäuser; Haupteinkaufsstraßen sind die überdachten **Chūō-dōri** und **Ichiban-chō**. Frisches (englisches) Lesefutter bekommt man bei **Maruzen** im Erdgeschoss des AER-Gebäudes, ⏰ tgl. 10–21 Uhr (Wochenende bis 17 Uhr); Elektronikartikel z. B. bei **Yamada Denki LABI** gegenüber vom Bahnhof, ⏰ tgl. 10–22 Uhr. Wer Souvenirs sucht, wird evtl. bei **Taishō-en** mit *matcha*, Teeutensilien und Kunsthandwerk, ⏰ tgl. 10.30–18.30 Uhr, oder **Shimanuki** mit regionaltypischem Kunsthandwerk, ⏰ tgl. 10.30–19.30 Uhr, fündig (beide in der Chūō-dōri); gegenüber ist auch ein Daisō-100-¥-Laden.

Feste

Matsutaki Matsuri, 14.1., anderswo als Dontosai bekannt: Spärlich bekleidete Männer mit

Laternen und Glocken marschieren in einer Prozession zum Schrein Ōsaki Hachiman-gū, wo als Abschluss der Neujahrsfeierlichkeiten Neujahrsdekorationen und Amulette verbrannt werden, um Körper und Geist zu reinigen und für ein gesundes und erfolgreiches neues Jahr zu sorgen.

Aoba Matsuri, 3. Mai-Wochenende: Samstags nimmt die halbe Stadt am „Spatzentanz"-Wettbewerb teil, der auf den Freudentanz der Steinmetze nach Fertigstellung der Burg zurückgehen soll. Am Sonntag lässt man mit einer Samurai-Prozession und Festwagen die feudale Vergangenheit wieder aufleben.

Tanabata Matsuri, 6.–8.8.: Das jährliche Zusammentreffen der Sterne Wega und Altair, des verhinderten Liebespaars der chinesischen Sage, wird mit Dekorationen aus farbenfrohen, an Bambusstangen befestigten *washi*-Streifen und abendlichen Paraden gefeiert. Am Vorabend großes Feuerwerk im Nishi-Park.

Jōzenji Street Jazz Festival, 2. September-wochenende: Freiluft-Musikfestival mit über 500 Bands rund um die Jōzenji-dōri.

Informationen und Internet

Die **Touristeninformation** im Bahnhof, 2F, ✆ 022-222-4069, hat Englisch sprechende Mitarbeiter, Karten, Broschüren und Busfahrpläne und hilft bei Hotelbuchungen. ⏲ tgl. 8.30–20 Uhr, nebenan 2 Münz-Internetterminals (15 Min./100 ¥).

Auch in der Kōryū Corner im **Sendai International Center**, ✆ 022-265-2471, 🖥 www.sira.or.jp, erhält man Broschüren und Auskünfte, ausländische Zeitungen und 30 Min. kostenlosen Internetzugang. ⏲ tgl. 9–20 Uhr, englischsprachige Hotline ✆ 022-224-1919 für Auskünfte und Notfälle.

Medizinische Versorgung

Sendai City Hospital, Wakabayashi-ku, Shimizu-kōji 3-1, ✆ 022-266-7111.

Post und Geld

In der Aoba-dōri gibt es mehrere Banken, die Reiseschecks und Geld tauschen, z. B. **77** oder **Sendai Bank**. Die Hauptpost liegt südlich des Zentrums nahe dem Uni-Campus, im Bahnhof

eine Zweigstelle mit internationalem Geldautomaten.

NAHVERKEHR

Sendai hat bisher nur eine in nord-südlicher Richtung verlaufende **U-Bahnlinie**, eine zweite, west-östlich verlaufende ist im Bau und soll 2015 fertiggestellt werden. Der Grundtarif ist 200 ¥. **Stadtbusse** fahren vom westlichen Busterminal vor dem Bahnhof ab, einige Linien sind bei den Sehenswürdigkeiten erwähnt, ansonsten hilft die Touristeninformation beim Finden des richtigen Busses. Grundtarif innerhalb der Innenstadt 100 ¥, ansonsten 150–170 ¥. Ebendort, von Bussteig 15-3, startet auch der **Loople Bus** (Sightseeingbus) seine Rundtour über Mausoleum, Stadtmuseum, Burggelände, Kunstmuseum, Mediathek, tgl. 9–16 Uhr, alle 15–20 Min., Tageskarte 620 ¥, einfache Fahrt 260 ¥.

TRANSPORT

Busse

Der **Busbahnhof Sendai** besteht aus einer Vielzahl von Bussteigen rings um den Bahnhof mit 4 verschiedenen Informationsbüros. An welchem Steig man abfährt, hängt weniger vom Ziel als von der genutzten Busgesellschaft ab (s. Karte S. 234), dabei gibt es außer nach Tōkyō kaum Preisunterschiede zwischen den verschiedenen Anbietern.

AIZU WAKAMATSU, 8x tgl., 2 1/2 Std., 2900 ¥
MORIOKA, häufig, 2 1/2 Std., 2980 ¥
AKITA, 10x tgl. (nur tagsüber), 4100 ¥
TŌKYŌ, häufig, 5 1/2–6 Std., ca. 3000–5000 ¥
YAMAGATA, häufig, 1 1/4 Std., 900 ¥
Die Discount-Busgesellschaft **Willer Express** bietet die Strecke SENDAI–SHINJUKU / TŌKYŌ ab 2480 ¥ an, 6–8 Std. (als Nachtbus), buchbar auf der englischen Website 🖥 willerexpress.com oder Mo–Fr von 12–18 Uhr unter ✆ 050-5805-0383, Haltestelle vorm Yoyogi-Seminar am Bahnhofs-Ostausgang.

Eisenbahn

Sendai liegt an der Tōhoku-Shinkansen-Strecke. Die superschnellen Shinkansen *Komachi* (von/nach AKITA, 2 Std. 20 Min., 10030 ¥) und *Hayate* (von/nach AOMORI, 1 Std. 40 Min., 11010 ¥) sind reservierungspflichtig. Beide halten auch in

TŌHOKU

MORIOKA (40 Min., 6470 ¥). Langsamere Shinkansen enden dort (75 Min., 5940 ¥ ohne Reservierung) und halten auch in ICHINOSEKI (dort umsteigen nach HIRAIZUMI). In die andere Richtung fahren alle weiter nach TŌKYŌ, 1 1/2–2 1/2 Std., ab 10 370 ¥. Häufige Regionalzüge fahren nach MATSU-SHIMA-KAIGAN, 1/2 Std., 410 ¥. Etwa stdl. geht's nach YAMAGATA, 1 1/4 Std., 1140 ¥ (über YAMADERA, 1 Std., 840 ¥).

Flüge
Der **Flughafen Sendai**, 🖥 www.sdj-airport.com, liegt 18 km südlich des Stadtzentrums, zu erreichen zwischen 6 und 23 Uhr alle 30–40 Min. mit der Sendai Airport Access Line, 17–25 Min., 650 ¥.
Flugverbindungen u. a. nach
FUKUOKA, 6x tgl., 1 3/4–2 Std. (auch Skymark)
ŌSAKA, mindestens stdl., 1 1/4 Std.
SAPPORO, etwa stdl., ab 1 1/4 Std. (auch Skymark)
Außerdem internationale Flüge u. a. nach BEIJING (3 1/4–7 Std.) und SEOUL (2 1/4–2 1/2 Std.).

Schiffe
Taiheiyō Ferry, ☎ 022-259-0211, 🖥 www.taiheiyo-ferry.co.jp, betreibt tgl. eine abendliche Autofähre vom Hafen Sendai nach TOMA-KOMAI auf Hokkaidō, 15 Std., ab 6400 ¥ (im „Schlafsaal" mit Teppich; auch reine Frauenschlafsäle), und alle 2 Tage eine morgendliche Fähre nach NAGOYA, 21 Std., ab 6400 ¥ (im Winter Ruhetage). Zum Hafen Sendai-kō gelangt man mit dem selten fahrenden Bus 306, 30 Min., 500 ¥, oder mit dem Nahverkehrszug auf der Senseki-Linie bis Tagajō und von dort 10 Min. im Taxi.

6 HIGHLIGHT

Matsushima 松島

Direkt vor den Toren Sendais, nur eine gute halbe Stunde mit dem Zug entfernt, liegt eine der „drei schönsten Landschaften" Japans *(Nihon sankei)*: die Bucht von Matsushima, deren Name mit *matsu* (Kiefer) und *shima* (Insel) schon auf ihre Besonderheit hinweist, nämlich die über 250 mit Kiefern bewachsenen Felsen und Inselchen. Die Bucht, eine untergetauchte Küstenlandschaft, erstreckt sich 17 km in west-östlicher und 13 km in nord-südlicher Richtung. Sie ist nur wenige Meter tief und wird seit über 300 Jahren zur Austernzucht genutzt. Haiku-Dichter Bashō (S. 243) soll vom Anblick dieser malerischen Küstenlandschaft derart begeistert gewesen sein, dass es ihm förmlich die Sprache verschlug und er das Dichten seinem Begleiter Sora überlassen musste.

Obwohl die umliegende Küste 2011 von meterhohen Wellen überflutet wurde, blieb die berühmte Bucht nahezu unversehrt: Die vielen vorgelagerten Inseln hatten die Wucht des Tsunami anscheinend abgebremst. An den Pavillons der Ausflugsboote am Hafen sind Hochwassermarkierungen angebracht und Fotos von den Überschwemmungen ausgestellt. Inzwischen macht der Touristen-Ort längst wieder *business as usual*, nur von den früheren „klassischen" Aussichtspunkten sind mehrere noch nicht wieder zugänglich. Und irgendwie hat man wohl beim Aufräumen vergessen, der stark befahrenen Küstenstraße wieder ein paar Zebrastreifen aufzumalen …

Der kleine Ort Matsushima ist insbesondere an Wochenenden und Feiertagen gut mit Touristenbussen gefüllt. Auch wenn sich heute alles um die Touristen dreht: Anfang des 18. Jhs. war hier ein bedeutendes religiöses Zentrum mit über 30 Tempeln, von denen man noch einige bewundern kann.

Zuigan-ji 瑞巌寺
Der bedeutendste Tempel ist der heute zum zenbuddhistischen Rinzai-Orden gehörige Zuiganji 5 Min. zu Fuß nördlich des Bahnhofs Matsushima-kaigan. Tendai-Mönch Ennin soll ihn 828 gegründet haben. Der Feudalherr von Sendai, Date Masamune, ließ das zwischenzeitlich zerstörte Gebäude 1604–09 im *shoin-zukuri*-Stil als Familientempel wieder aufbauen und engagierte dafür Handwerker und Künstler aus Kyōto. Das Tempelhauptgebäude wird (voraussichtlich bis 2018) renoviert und ist daher komplett umbaut;

MATSUSHIMA

N

0   2 km

FISCH-MARKT

Zuigan-ji

Entsū-in

Godai-dō

Kanrantei

Matsushima-kaigan

Fukuura-shima

Ōshima

Namiuchi-hama-Park

0   300 m

Sanriku Expressway

Rikuzen-Ono

Tōkyō

Atago

Matsushima

s. Ausschnitt

Fukuura-shima

Matsushima-kaigan

Ōgidani

Rikuzen-Hamada

Sōkanzan

3

Bucht von Matsushima

Higashi-Shiogama

Shiogama

Sendai

Hon-Shiogama

Übernachtung:
① Hotel Daimatsusō
② Taikansō

Essen:
1 Ungai
2 Donjiki-chaya
3 Taritsuan

Sonstiges:
1 Kangetsuro

Transport:
① Anleger für Sightseeingboote

u. a. soll das gesamte Gebäude mehrere Meter angehoben werden, um die Fundamente zu erneuern. Derzeit sind nur die enorme Tempelküche mit einer großartigen Deckenkonstruktion und einige Wohnräume geöffnet, in denen vorübergehend die Buddhastatuen aus der Haupthalle residieren (so sieht man sie immerhin besser), außerdem als Ersatz das **Hoge-den**, das sonst geschlossene Mausoleum von Date Masamunes Frau.

Die schönsten Kunstschätze sind aber ohnehin im Tempelmuseum **Seiryū-den** aufbewahrt, u. a. mit chinesischer Landschaftsmalerei gestaltete *fusuma* (Schiebetüren), ein wolkenförmiger Küchengong *(unpan)* aus dem 14. Jh. – in brandgefährdeten Tempelküchen suggeriert das Wolkenbrett Regen, also Schutz vor dem Feuer – und eine fast lebensgroße Holzstatue von Date Masamune in kompletter Rüstung.

Spannend für Europäer ist auch das Rollbild von Hasekura Tsunenaga (s. Kasten S. 233) in portugiesischer Kleidung mit Kreuz.

In der Felswand mit den moosbewachsenen Kannon-Skulpturen nördlich des mit 400-jährigen Sicheltannen gesäumten Zugangs befinden sich Höhlen, in die sich die Zen-Mönche zum Meditieren zurückzogen. ◷ Sommer tgl. 8–17 Uhr, Winter gestaffelt kürzer, 700 ¥ inkl. Tempelmuseum.

Entsū-in 円通院

Hauptsehenswürdigkeit auf dem Gelände dieses Tempels ist **Sankeiden**, das Mausoleum für den Date-Enkel Mitsumune, das Masamunes Sohn und Nachfolger Date Tadamune 1646 erbauen ließ, nachdem sein Sohn im Alter von nur 19 Jahren in Edo gestorben war. Mitsumune soll ein hochbegabter und militärisch geschickter junger Mann gewesen sein, weshalb gemutmaßt wird, er sei vom Tokugawa-Shogunat vergiftet worden. Die Innenwände des Schreins sind vollständig vergoldet, hinter Mitsumunes Reiterstandbild kann man die Statuen des Boddhisattva Kannon sowie sieben Gefolgsleuten erkennen, die *seppuku* begingen, um ihrem Herrn in den Tod zu folgen.

Bemerkenswert sind neben Rosen- und Narzissenmotiven auch versteckte christliche Symbole wie diagonal verbundene Kreuze. Die Dates waren dem christlichen Abendland gegenüber sehr aufgeschlossen und hatten auch einen Gesandten nach Europa geschickt (Kasten S. 233). Auch hier gibt es Felshöhlen zur Meditation, in denen heute Buddhastatuen stehen, und der Garten ist besonders im Herbst zur Laubfärbung sehr sehenswert. ⊕ Sommer tgl. 8.30–17, Dez–Feb 8.30–16 Uhr, im Herbst manchmal abends Sonderöffnungszeiten bei Beleuchtung, 300 ¥.

Uferpromenade

Ebenfalls eine Date-Rekonstruktion einer viel älteren, ursprünglich Bishamon gewidmeten Gebetshalle ist der kleine Tempel **Godai-dō** auf einem über zwei kurze rote Brücken mit der Uferpromenade verbundenen Inselchen direkt gegenüber dem Zuigan-ji. Die Gruppe der *godai myōō* (Fünf Weisheitskönige), die Ennin hier anlässlich der Gründung des Zuigan-ji eingeschlossen haben soll, kann man zwar erst 2039 wieder bewundern – der Tempel wird nur alle 33 Jahre geöffnet –, aber auch von außen ist er sehr hübsch und gilt als *das* Wahrzeichen Matsushimas. ⊕ tgl. 8 Uhr bis Sonnenuntergang. Auch die östliche Nachbarinsel **Fukuura-jima** ist per Brücke erreichbar. Hier kann man dem Trubel ein bisschen entfliehen und durch einen hübschen Garten spazieren. ⊕ Sommer tgl. 8–17, Winter 8–16 Uhr, 200 ¥ Brückenmaut.

Der Teepavillon **Kanrantei** auf der kleinen Felsklippe südlich des Anlegers war ein Geschenk Toyotomi Hideyoshis an Masamune, dessen Sohn Tadamune ihn 1645 von Kyōto hierher umsetzen ließ. Heute kann man es den Feudalherren von einst gleichtun und die gekräuselten Wellen und die herrlich bemalten *fusuma* betrachten. Angeschlossen ist das

Museum **Matsushima Hakubutsukan** mit Alltagsgegenständen der Date-Familie, ⊕ Sommer tgl. 8.30–17, Winter 8.30–16.30 Uhr, 200 ¥.

Am besten lässt sich die Inselwelt natürlich auf einer Bootstour durch die Bucht genießen, idealerweise bis zu den etwas entfernteren Inseln von Oku-Matsushima. Alternativ gibt es mehrere Aussichtspunkte am Ufer. Derzeit sind der Aussichtspunkt Sōkanzan (etwa 2 km südlich auf einem Fußweg) mit einem netten Nudelrestaurant und die Ōgidani-Plattform noch ein kleines Stück weiter (aber 500 m direkt auf der Straße) einigermaßen gut zu erreichen. Weitere **Aussichtspunkte** werden mit der Verbesserung der Infrastruktur an der Küste in den nächsten Jahren sicher wieder leichter zugänglich.

ÜBERNACHTUNG

Übernachtungen in Matsushima sind vor allem in der Hauptsaison von Mai bis Oktober nicht billig, und zu den Festen im August ist oft schon 6 Monate im Voraus alles ausgebucht.
Hotel Daimatsusō, gleich am Bahnhof, ☏ 022-354-3601, ✆ 354-6154. Sichtlich nicht mehr das Neuste, aber dafür vergleichsweise günstig. Die billigsten Zimmer, westliche wie japanische, haben weder Bad noch Aussicht, aber ansonsten die übliche Ausstattung, in den höheren Stockwerken gibt es auch ein paar geräumigere mit Balkon. Ab 6500 ¥ p. P.
Taikansō, ☏ 022-354-2161, 🖳 www.taikanso.co.jp. Das größte (Ryokan-) Hotel in Matsushima mit 256 Zimmern, etwas abseits in den mit Kiefern bewachsenen Hügeln gelegen, japanische, westliche und Kombi-Zimmer, Erstere alle mit Meerblick, die billigsten 1- und 2-Bett-Zimmer gehen nach hinten raus. 6 Restaurants, 3 Bars, Café, Innen- und Außenbadebereich mit Aussicht, Wochenend- und Saisonzuschläge. Mit HP ab 12 000 ¥ p. P.

ESSEN

Die meisten Restaurants sind eher auf Busreisegruppen ausgerichtet. Mitte Oktober bis Mitte März ist Austernsaison, dann gibt's die glibbrige Delikatesse in diversen Zubereitungen, von roh bis frittiert oder als Eintopfbestandteil. Oder wie wär's mal mit einem

TŌHOKU

Austernburger, den man z. B. auf dem Fischmarkt **Matsushima Sakana Ichiba**, ◷ 8–17 Uhr, bekommt?

Donjiki-chaya, ✆ 022-354-5855. Rustikales altes Nudelrestaurant mit Reetdach und englischer Karte, gleich gegenüber vom Entsū-in. Im Angebot sind Soba und *dango* (Reisklößchen). ◷ April–Nov tgl. 9–17, Dez–März 9–16 Uhr (dann nur am Wochenende).

Taritsuan, ✆ 022-366-3328, etwas abseits gelegen, aber der Bahnhof Rikuzen Hamada ist in der Nähe. Zum Nobelhotel Ichinobo gehörendes Fischrestaurant mit feiner, saisonaler Küche (im Winter Austern, im Sommer Seeohren) und schöner Aussicht auf die Bucht, ◷ tgl. 11–16 Uhr.

🌳 **Ungai**, ✆ 022-353-2626, auf dem Gelände des Entsū-in. Buddhistische vegetarische Menüs mit Blick auf den hübschen Tempelgarten zu gehobenen Preisen (4000–8000 ¥), einen Tag im Voraus reservieren. ◷ tgl. 11–14 Uhr.

SONSTIGES

Einkaufen

Kangetsuro, am Anfang der Zuiganji-Allee, ✆ 022-354-2175, ◷ tgl. 8.30–17 Uhr. Große Auswahl an Tenugui (bedruckten Handtüchlein) und Teezubehör, insbesondere gusseiserne Teekessel.

Fahrradverleih

Aihara Shōten, ✆ 022-354-2621, nahe dem Bahnhof, hat 2014 wiedereröffnet und verleiht 10 pastellgelbe Räder, 500 ¥ für 2 Std., Kaution 1000 ¥. ◷ tgl. 8–17 Uhr.

Feste

Matsushima Kaki Matsuri, 1. Februar-Wochenende: Austernfest mit Austern bis zum Abwinken.

Zuigan-ji Tōdō, 6.–8. Aug: Zum Tempelfest wird die Allee vor dem Tempel mit unzähligen Kerzen erleuchtet, dazu erklingt die *shakuhachi* (Bambusflöte).

Matsushima Tōrō Nagashi Hanabi Taikai, 15. Aug: Zum Matsushima O-bon gibt's ein großes Feuerwerk, und auf dem Meer schwimmen 8000 Papierlaternen.

Informationen

Sehr engagierte **Touristeninformation** vor dem Bahnhof Matsushima-kaigan, ✆ 022-354-2263. Es gibt auch Informationen auf Deutsch. ◷ Mo–Fr 9.30–16.30, Sa–So 8.30–17 Uhr. Nebenan ist ein Hotelbuchungsschalter, ein weiterer Informationsschalter befindet sich am Schiffsanleger, ◷ tgl. 8.30–17 Uhr (im Winter bis 16 Uhr).

Touren

Verschiedene Anbieter führen Bootstouren durch die Bucht von Matsushima durch. Sie starten von 9.30–16 Uhr (im Winter bis 15 Uhr) vom Touristenanleger Matsushima, 50-minütige Rundfahrten kosten 1400 ¥. Alternativ kann man auch nach Shiogama an derselben Bahnlinie fahren (d. h. mehr unterschiedliche Landschaft), s. u. Für 2500 ¥ geht die Rundtour 1 Std. 40 Min. etwas weiter in die Außenbezirke der Bucht zu den Inseln von Oku-Matsushima.

TRANSPORT

Eisenbahn

Die Senseki-Linie verkehrt alle 30 Min. zwischen SENDAI und Matsushima-kaigan (Achtung, der Bahnhof Matsushima ist ein ganzes Stück entfernt), 35 Min., 410 ¥.

Schiffe

Im Sommer alle 30 Min., im Winter stdl. von 9.30–15 Uhr von SHIOGAMA nach Matsushima-kaigan, 50 Min., 1400 ¥. Von Sendai fährt man mit der Senseki-Linie in etwa 25 Min. zum Bahnhof Hon-Shiogama (320 ¥), von dort sind es 10 Min. zu Fuß zum Hafen.

Yamadera und Yamagata
山寺・山形

Ein weiterer lohnender Tagesausflug führt von Sendai in die entgegengesetzte Richtung, in das Örtchen Yamadera gleich bei der Präfekturhauptstadt Yamagata. Die Attraktionen hier sind der Bergtempel **Risshaku-ji** und das **Bashō Memorial Museum**. Von Yamagata aus kann man auch weiterfahren nach Dewa Sanzan.

Risshaku-ji 立石寺

Sehenswert ist der Tempelkomplex Hoju-san Risshaku-ji insbesondere wegen seiner fantastischen Lage an einem mit Klippen durchsetzten Berghang, daher auch sein Name („stehender Fels"). Der Komplex wurde 860 vom buddhistischen Mönch Ennin als Ableger des Enryaku-ji in Kyōto als Haupttempel des Tendai-Ordens in Tōhoku gegründet und besteht heute aus 40 Gebäuden, die entlang einer sich über 1000 Stufen zwischen Bäumen emporwindenden Treppe verstreut liegen – insbesondere zur Laubfärbung im Herbst ein wunderschöner Anblick. Um zum Risshaku-ji zu gelangen, überquert man vom Bahnhof aus die Brücke und folgt rechts der Straße etwa 5 Min.; der Eingang zum Tempelkomplex ist ausgeschildert.

Gleich als Erstes passiert man das Hauptgebäude **Konpon Chūdō**. Drinnen befinden sich die Ewige Flamme, die vor Jahrhunderten aus dem Tempel Enryaku-ji hierher gebracht worden sein und ursprünglich aus China stammen soll, und eine 800-jährige Holzstatue des heilenden Buddha Yakushi Nyorai. Gleich nebenan erinnern ein Gedenkstein und Statuen von **Bashō** und seinem Schüler Sora an den Besuch des Wanderpoeten (s. Kasten), der hier anno 1689 schwärmte: „Stille…! / Tief bohrt sich in den Fels / das Sirren der Zikaden …". Die meisten Tempelschätze, buddhistische Statuen und steinerne Sutren, werden in der **Hihokan** gleich nebenan aufbewahrt, ◷ Ende April–Nov tgl. 8.30–16.30 Uhr, 200 ¥.

Vorbei an einigen weiteren Gebäuden gelangt man zum eigentlichen Eingang (✆ 023-695-2002, ◷ 8–17 Uhr, 300 ¥), hier beginnt der Aufstieg vorbei an majestätischen Sicheltannen, bemoosten Jizō-Figuren, Steinlaternen und *sotoba* (Grabhölzer) mit Gebetsmühlen hinauf zum höchstgelegenen **Oku-no-in** (inneren Tempel). Kurz vorher biegt links ein Weg zur **Godai-dō** ab (Halle der Fünf Gesandten Buddhas), von de-

Auf schmalen Pfaden durchs Hinterland

Matsuo Munefusa, so der bürgerliche Name Bashōs, wird 1644 als Sohn einer niederrangigen Samurai-Familie in Ueno geboren. Als Junge tritt er in die Dienste der herrschenden *daimyō*-Familie ein. Sein junger Herr verfasst unter dem Künstlernamen Sengin Verse und nimmt ihn mit zu seinem Dichterlehrer Kigin in Kyōto, aber erst nachdem Bashō 23-jährig die Familie nach Sengins plötzlichem Tod verlassen hat, beschließt er, ein ernsthafter Dichter zu werden. Er zieht nach Edo, schlägt sich mit Gelegenheitsjobs durch, findet einen Förderer und feilt an seinem Stil. Sein Ruf als Dichter und Lehrer verbreitet sich, und die Zahl seiner Anhänger wächst. 1680 zieht er nach Fukugawa. Ein Schüler schenkt ihm eine Bananenstaude *(bashō)*, die vor seine Hütte gepflanzt wird und die er offenbar sehr schätzt – so kommt er zu seinem endgültigen Künstlernamen.

Bei allem Erfolg verspürt er aber eine Unruhe, die ihn zunächst zur Zen-Meditation führt und ihn ab 1684 zu immer neuen Wanderungen aufbrechen lässt. Sein größtes Abenteuer ist schließlich die fünfmonatige Reise „durchs Hinterland", nach Tōhoku, die ihn 1689, begleitet von seinem Schüler Kawai Sora u. a. nach Nikkō, Matsushima, Hiraizumi, Yamadera, Dewa Sanzan und Kanazawa führt. Die beiden legen auf den Spuren des Wanderdichters Saigyō (1118–90) 2400 km zurück.

Das Reisetagebuch, das dabei entsteht, kombiniert Prosa mit eingestreuten Haiku von Bashō und Sora; Bashō bearbeitet und redigiert es nach der Rückkehr fünf Jahre lang, bevor er es zur Abschrift an einen Freund weitergibt. Die erste gedruckte Fassung erscheint erst 1702, acht Jahre nach Bashōs Tod durch ein Magenleiden, der ihn 1694 auf einer neuerlichen Reise in Ōsaka ereilt. Das Buch wird sofort ein großer Erfolg. Es wird auch heute noch als sein wichtigstes Werk betrachtet, als dasjenige, in dem er seinen Stil vollendet und durch die Beschreibung des Alltäglichen den Geheimnissen des Seins nachspürt. Erst seit der Entdeckung von Soras Tagebüchern 1943 ist allerdings bekannt, dass es durchaus auch fiktionale Elemente enthält.

ren Veranda man eine herrliche Aussicht auf das Tal hat.

Bashō-Museum 山寺芭蕉記念館

Abrunden kann man den Ausflug mit einem Besuch im Yamadera Bashō Kinenkan, ✆ 023-695-2221, 🖳 www.yamadera-basho.jp, auf der gegenüberliegenden Seite des Tals. Hierzu geht man zurück über die Brücke und folgt einfach der Straße den Hang hinauf. Das Museum zeigt Materialien mit Bezug zu Bashōs Leben. Daneben finden Haiku-Wettbewerbe statt – kürzlich zum ersten Mal auf Englisch! –, und es gibt Räume für Teezeremonien. Um das Museum und Bashō einem internationalen Publikum zugänglich zu machen, hat man eine amerikanische Übersetzerin beauftragt, einen englischen Katalog und Bashōs Reisekarte zu erstellen. ☉ Di–So 9–16.30 Uhr, 400 ¥.

In Yamadera selbst gibt es einige Ryokan und Minshuku, die allerdings weitgehend auf einheimische und vor allem angemeldete Gäste ausgerichtet sind.

Ansonsten findet man in Yamagata diverse Businesshotels gleich am Bahnhof, besonders vor dessen Westausgang. Die Preise liegen hier niedriger als in Sendai (z. B. **Tōyoko Inn**, ✆ 023-644-1045, ❶, und **Superhotel**, ✆ 023-647-9000, ❷. Oder man steigt im schicken **JR-Hotel Metropolitan** direkt über dem Bahnhof ab, ✆ 023-628-1111, 🖳 www.metro-yamagata.jp, Ermäßigung mit Rail Pass. ❷–❹.

Informationen

Touristeninformation der Präfektur Yamagata, Erdgeschoss des Kajō Central Bldg. hinter dem Bahnhof, ✆ 023-647-2333, 🖳 www.yamagatakanko.com. Infos zur ganzen Präfektur, u. a. Dewa Sanzan. Ausgesprochen hilfsbereite, Englisch sprechende Mitarbeiter. ☉ tgl. 10–18 Uhr.

Post und Geld

77 Bank, 200 m vom Bahnhof Yamagata (Ostausgang) geradeaus in der Ekimae-dōri, auf der rechten Seite. **Hauptpost** mit internationalem Geldautomat in der Hauptgeschäftsstraße.

Busse

Der Busbahnhof von Yamagata befindet sich in der Ekimae-dōri, die meisten Busse halten zusätzlich am Bahnhof.
SENDAI, sehr häufig, 1 1/4 Std., 930 ¥ (Zweier- und Viererkarten sind günstiger)
TŌKYŌ (Shinjuku), tgl. 1 Nachtbus, 5 3/4 Std., 6500 ¥ (im Voraus ab ca. 2800 ¥)
TSURUOKA (für Dewa Sanzan), 8x tgl., 2 Std., 2470 ¥

Eisenbahn

Shinkansen stdl. von Yamagata nach TŌKYŌ, 2 1/2 Std., 10 450 ¥.
Regionalzug von Yamagata über YAMADERA, 1/4 Std., 240 ¥, nach SENDAI, 80 Min., 1140 ¥.

7 HIGHLIGHT

Dewa Sanzan 出羽三山

Bei Dewa Sanzan, den drei Bergen der historischen Provinz Dewa, handelt es sich um ein ganz besonderes Fleckchen Erde. Abgesehen von der relativ unberührten Berglandschaft, die Teil des Bandai-Asahi-Nationalparks ist, gilt es als heiliger Ort und ist weithin bekannt für den hier ansässigen Zweig des Shugendō, des synkretistischen Bergasketen-Ordens der sogenannten *yamabushi* (s. Kasten S. 246). Der **Haguro-san** (414 m) ist der niedrigste der drei Gipfel und damit als einziger das ganze Jahr über zugänglich, der **Gas-san** (1984 m) ist der höchste und versinkt im Winter unter meterhohen Schneemassen, während der **Yudono-san** (1504 m) als das Herz und der heiligste der drei gilt.

Der Hauptschrein **Sanshin Gōsai-den** befindet sich auf dem Haguro-san. Hier werden praktischerweise die Gottheiten aller drei Berge gemeinsam verehrt. Nur den Sommer über geöffnet und zugänglich sind die Schreine **Gassan-jinja** und **Yudonosan-jinja** auf den beiden anderen Gipfeln. Am Fuß des Haguro-san befindet sich der Ort Haguro, dessen hinterster Teil als eine Art Basislager für Pilger und Touristen fungiert. Auch wenn die Anreise über Tsuruoka etwas langwierig ist, lohnt sie sich allein für den wunderbar atmosphärischen Aufstieg zum Haguro-san, den man idealerweise mit einer Nacht in einer *shukubō* kombiniert.

Haguro-san 羽黒山

Direkt vor dem Eingang zum Haguro-san kann man sich zunächst im Museum **Ideha Bunka Kinenkan** ausführlich über die Geschichte von Dewa Sanzan und Shugendō (s. Kasten S. 246) informieren. Es gibt englischen Text und auch eine englischsprachige Information. ⏱ Mi–Mo (Juli, Aug tgl.) 9–16.30, Dez–März bis 16 Uhr, 400 ¥.

Nachdem man dann das Tor **Zuishin-mon** durchquert hat, geht's erst mal ein paar Stufen abwärts zur leuchtend roten Brücke über den Haraigawa. Kurz danach taucht geheimnisvoll die fünfstöckige Pagode **Gojū-no-tō** aus dem 14. Jh. zwischen den majestätischen Sicheltannen auf, und dann beginnt der Aufstieg über 2446 unerwartet freundliche steinerne Stufen, deren Anlage den 50. Hauptpriester Ten'yu Bettō im 17. Jh. ganze 13 Jahre kostete. In die Stufen sollen insgesamt 33 Symbole wie Sake-Tassen oder Lotusblätter eingemeißelt worden sein (viele sind verwittert, dafür vielleicht neue dazugekommen). Wer alle findet, dessen Wünsche sollen in Erfüllung gehen. Etwa auf halber Strecke lädt der **Teepavillon** Nidan-no-chaya zur Rast mit Aussicht ein, dazu gibt es *matcha* und süße *chikara dango* („Kraftklößchen") aus Klebreis, ⏱ Mai–Okt 8.30–17 Uhr. Vor dem dritten und letzten Treppenabschnitt führt ein kleiner Abstecher nach rechts zur Stätte des ehemaligen Tempels, in dem Haiku-Dichter Bashō (s. Kasten S. 243) einst Quartier nahm: „Dankbar genießt man im Südtal / den Wind: er weht seinen Duft / über den Schnee …"

Auf dem Gipfel schließlich beeindruckt der 1818 rekonstruierte, leuchtend rote Drei-Götter-Schrein **Sanshin Gōsai-den** mit seinem gewaltigen, 2,10 m dicken Reetdach. An einem der vielen kleinen Schreine dahinter werden dem Schutzgott der Reisenden Schuhe und Strohsandalen geopfert, sehr fotogen! Unweit davon befindet sich das Historische Museum **Dewa Sanzan Rekishi Hakubutsukan**, das als Tempel-Schatzkammer fungiert und u. a. Buddha-Statu-

en und Schriftstücke zeigt, ⏱ Ende April–Mitte Nov Fr–Mi (Juli, Aug tgl.) 8.30–16.30 Uhr, 300 ¥. Von dort führt der alte Pilgerweg wieder bergab zum stimmungsvollen **Kannon-Tempel Kōtaku-ji**, der auch als „Hinterer Tempel" *(okunoin)* des Dewa Sanzan fungiert, und wo die asketischen Praktiken des Shūgendō im 6. Jh. begründet wurden. Hier kreuzt der Pilgerweg auch wieder die Straße, Bushaltestelle Gassan Visitor Center-mae.

Shugendō – Selbsterfahrung für Hartgesottene

Shugendō – in etwa „Weg der Übungen zum Erreichen spiritueller Kräfte" – ist ein lockerer Zusammenschluss von Mönchen und Laien, der animistisch-shintoistische und esoterisch-buddhistische Elemente kombiniert und seine Anhänger mit asketischen Riten auf den Pfad der Erleuchtung bringen will. Die Gläubigen werden *shugenja* oder *yamabushi*, „die sich in den Bergen verbergen", genannt, und Berge spielen eine große Rolle, einerseits als Sitz der *kami*, andererseits als Ort, an dem auf Pilgerwanderungen „sportliche" Übungen zu absolvieren sind. Durch Schlafentzug, Fasten und körperliche Grenzerfahrungen – man steht unter eiskalten Wasserfällen oder läuft barfuß durch glühende Asche – sollen Angst, Schmerz und Müdigkeit überwunden werden. Zu jeder Jahreszeit sind Pilger in der Gegend unterwegs, und die einwöchigen bzw. dreitägigen, vom Tempel in Haguro organisierten Pilgerwanderungen im Spätsommer erfreuen sich trotz hoher körperlicher Anforderungen größter Beliebtheit.

Wer sich den etwa einstündigen Aufstieg (oder den Abstieg) ersparen möchte, erreicht den Gipfel auch per Bus über eine Mautstraße; die Bushaltestelle befindet sich am großen Parkplatz.

Gas-san und Yudono-san
月山・湯殿山

Wer im Sommer zum Dewa Sanzan kommt und gut zu Fuß ist, kann an einem weiteren Tag in der Nähe auch noch eine separate Wanderung auf die anderen beiden Gipfel unternehmen. Die klassische Reihenfolge der Pilger ist Haguro-san, Gas-san, Yudono-san, da die Berge Geburt, Tod und Wiedergeburt repräsentieren. Der Schildvulkan des Gas-san ist wegen seiner winterlichen Schneemassen nur von Juli bis etwa Mitte Oktober zum Wandern geöffnet, und auch dann liegt noch Schnee – die Skisaison geht von April bis Juli. Von der 8. Station **Hachi-gōme**, die man über Haarnadelkurven per Bus von Tsuruoka oder Haguro erreicht, führt ein relativ lockerer, etwa 3-stündiger Wanderweg über alpine Wiesen und Moore bis zum Gipfel des **Gas-san**, von dem man bei gutem Wetter eine fantastische Aussicht auf die Shōnai-Ebene und die umliegenden Berge hat.

Von hier kann man entweder zur 8. Station zurück oder wandert weiter am Yudono-san vorbei – es gibt keinen Weg auf den eigentlichen Gipfel – zum **Yudonosan-jinja**, ⏲ von etwa Mai–Okt 9–17 Uhr, 500 ¥. Hierfür benötigt man noch mal etwa 2 1/2 Std., die Strecke ist anspruchsvoller, weil es z. T. steil bergab geht. Von hier ist

es nicht mehr weit zur Bushaltestelle, von der aus Busse die Mautstraße hinunter zum Yudono-san Hotel und weiter nach Tsuruoka fahren.

ÜBERNACHTUNG UND ESSEN

Dewa Sanzan

Für die ultimative Tempelbergerfahrung kann man eine Übernachtung in einer der über 30 *shukubō* in Haguro buchen, die eigentlich für Pilger gedacht sind, aber auch (angemeldete) Touristen aufnehmen. In den meisten von ihnen wird kein Englisch gesprochen, aber mit schriftlichen Anfragen kann man in der Regel umgehen. Alle verköstigen ihre Gäste mit *shōjin-ryōri*, äußerst delikater, vegetarischer buddhistischer Küche (z. T. ist Fisch dabei), und alle sind an einen Schrein angeschlossen; die meisten erwarten Beteiligung bzw. Interesse an den religiösen Zeremonien. Die Unterkünfte sind alle in einer Gasse am Bergfuß beim Zuishinmon, dort gibt es auch zwei Andenkenläden mit einfachen Gerichten, ansonsten keine Verpflegung. Auf dem Parkplatz am Gipfel dagegen stehen etliche Lunch-Lokale.

Kyūkamura, ☎ 0235-62-4270, 🖥 www.qkamura. or.jp. Etwas in die Jahre gekommene Freizeit-Unterkunft nicht weit vom Gipfel in der Nähe des Kōtakuji (eigene Bushaltestelle), guter Blick. Dazu gehört ein großer Campingplatz. Zimmer ab 8000 ¥ p. P. mit HP, Camping ab 1030 ¥ pro Zelt, plus 410 ¥ p. P., Dusche 200 ¥. Auch fest installierte Zelte für 4630 ¥.

Saikan, ☎ 0235-62-2357, 🖥 www.dewasanzan. jp/shuku/saikan.html. Das Beste an dieser vom

Hauptschrein betriebenen *shukubō* ist die Lage direkt auf dem Haguro-Gipfel. Wer hier übernachtet, kann nach dem Aufstieg die abendliche Ruhe genießen und zuhören, wenn die Muschelhörner der *yamabushi* zum Einsatz kommen. Das weitläufige Holzgebäude von 1697 ist die einzige erhaltene Pilgerunterkunft auf dem Haguro-san – in der Edo-Zeit, also bevor mit der Meiji-Restauration Shintō und Buddhismus voneinander getrennt wurden, gab es hier noch 30 *shukubō*. Die Inneneinrichtung ist eher spartanisch, das Essen ein wahres Geschmackserlebnis, allerdings herrscht keine übermäßig familiäre oder spirituelle Atmosphäre, man überlässt die Gäste ganz sich selbst – wer sich für die Teilnahme an der Morgenzeremonie im Sanshin Gōsai-den interessiert, muss Bescheid sagen. Mit HP ab 7560 ¥ p. P.
Sankō-in, ✆ 0235-62-2302, ✉ 0235-62-2274. Einladende und komfortable *shukubō* im Ortsgebiet Haguro, gleich am Eingang zum Haguro-san. Zimmer mit TV und AC, angenehmes, großes Gemeinschaftsbad, freundliche Atmosphäre. ⏰ April–Okt. Mit HP 7500 ¥ p. P. Für diejenigen, die das fromme Treiben lieber mit etwas Distanz beobachten möchten, gibt es auch weltliche Unterkünfte in Haguro, z. B. das **Tamonkan Ryokan**, ✆ 235-62-2201, in der *shukubō*-Gasse am Bergfuß (an der nächsten Ecke ca. 600 m hinter dem Sankō-in). Der Inhaber spricht etwas Englisch. Mit HP ab 8100 ¥ p. P., auch *shōjin-ryōri*.

Tsuruoka
Stay In, direkt am Bhf. Tsuruoka, ✆ 0235-24-3666, 🖥 www.ytbldg.com/stayin. Einfaches Businesshotel, Semidouble 6500 ¥ nur per Internet buchbar. ➊–➋
Tōkyō Dai-ichi Hotel Tsuruoka, ✆ 0235-24-7611, 🖥 www.tdh-tsuruoka.co.jp. Das Highlight in diesem Hotel ist das *rotenburo* auf dem Dach, auch eine Sauna ist dabei; 4 Restaurants, Bar. ➋

Autovermietungen
Direkt im Bahnhof Tsuruoka **JR East Rental**, ✆ 0235-24-2670, oder 5 Min. geradeaus nach der ersten Ampel: **Nippon**, ✆ 0235-23-5573, und **Toyota**, ✆ 0235-28-0100.

Feste
Hassaku Matsuri, 31.8.-1.9.: Das Feuerritual der *yamabushi* auf dem Haguro-sanchō soll für reiche Ernten ohne Taifune und andere Kalamitäten sorgen.
Shōrei-sai, 31.12.–1.1.: Eins der drei größten Feuerfeste Japans, riesige Sandflöhe aus Stroh werden verbrannt – für den Schutz vor Insektenbefall und eine gute Ernte.

Informationen
Bei der **Touristeninformation** am Bahnhof in Tsuruoka, ✆ 0235-25-7678, bekommt man Infos zum Dewa Sanzan und Busfahrpläne und kann sich eine Unterkunft organisieren lassen, kein Englisch. Gratis-Leihräder. ⏰ tgl. 9.30–17 Uhr. Am Empfang des Ideha Bunka Kinenkan (S. 245) kann man sich ebenfalls bei der Suche nach einer *shukubō* helfen lassen. Online: 🖥 www.dewasanzan.jp.

Ab TSURUOKA, Bussteig 2, etwa stdl. Busse nach **Haguro**, 40 Min., 700 ¥, die meisten fahren weiter bis zum Gipfel Haguro-Sanchō, 55 Min., 1180 ¥.
Juli, Aug und an Wochenenden im Sep 4x tgl. von Haguro-Sanchō bis **Gas-San Hachi-Gōme**, 55 Min., 2000 ¥ ab Tsuruoka. Der letzte Bus zurück fährt um 16 Uhr, mit Anschluss von/nach Tsuruoka.
Nur Ende April bis Anfang Nov 3x tgl. von Tsuruoka zum **Yudono-San**, 1 1/4 Std., 1550 ¥. Der letzte Bus zurück fährt um 16.45 Uhr. Vom Torii gibt's einen Shuttlebus direkt zum Schrein, 5 Min., 150 ¥.
Da der Busverkehr zu Gas-san und Yudono-san recht spärlich ist, sollte man vor Aufbruch auf jeden Fall die aktuellen Abfahrtszeiten in Erfahrung bringen!

Busse
Der Busbahnhof Tsuruoka liegt 5 Min. westlich vom Bahnhof hinterm Dai-ichi-Hotel, die meisten Busse halten aber auch am Bahnhof.

SENDAI 8x tgl., 2 1/2 Std., 3000 ¥
TŌKYŌ (Ikebukuro) 1x tgl. (Nachtbus), 9 Std.,
7540 ¥
YAMAGATA 5x tgl., 1 3/4 Std., 2470 ¥.

Eisenbahn
3x tgl. direkt von Tsuruoka nach AKITA,
1 3/4 Std., 3610 ¥, ansonsten mit Umsteigen in
SAKATA, 2 1/2 Std., 2270 ¥. 8x tgl. mit dem
Limited Express nach NIIGATA, 2 Std., 3930 ¥
(z. T. mit dem Kirakira-Sonderzug).

Hiraizumi 平泉

Das heute beschauliche Kleinstädtchen war in
der völlig auf Kyōto fokussierten Heian-Zeit das
kulturelle Zentrum des nördlichen Japans. Fujiwara Kiyohira, ein erfolgreicher Kriegsherr aus
Iwate, wählte diese strategisch günstige Stelle als Sitz der von ihm begründeten Herrscher-
dynastie der Ōshū (Nördlichen) Fujiwara, die die
Stadt vier Generationen lang, von 1087–1189,
zu Ansehen und Bedeutung verhalf. Die Ōshū-
Fujiwara waren wegen der enormen Entfernung
recht autonom von Kyōto, wo der Hauptzweig
der Fujiwara-Familie zur gleichen Zeit eine maß-
gebliche Rolle spielte. Vom alten Glanz zeugen
heute noch das Kronjuwel buddhistischer Kunst,
die **Goldene Halle Konjiki-dō**, die allein schon
einen Abstecher nach Hiraizumi wert ist, sowie
einige weitere Überreste der beiden Tempelkomplexe **Chūson-ji** und **Mōtsū-ji**.

Chūson-ji 中尊寺
Vom Bahnhof aus an der zweiten Ampel rechts
und immer geradeaus erreicht man zu Fuß in einer halben Stunde, mit dem Bus in 10 Min., die
Hauptattraktion von Hiraizumi, die Tempelanlage
Chūson-ji. Der Aufstieg über den von 300-jähri-
gen Sicheltannen gesäumten Weg **Tsukimi-zaka**
(„Hang zur Betrachtung des Mondes") stimmt
auf eines der bedeutendsten architektonischen
Zeugnisse der Heian-Zeit ein. 850 vom Tendai-
Mönch Ennin gegründet, wurde der Chūson-ji
1108–1126 von Fujiwara Kiyohira zu einem Komplex mit 40 Tempeln und Pagoden sowie Dormitorien für 300 Mönche erweitert. 1337 brannten
beinahe sämtliche Gebäude nieder, nur die Gol-

dene Halle Konjiki-dō und die Sutrenhalle Kyōzō
blieben damals erhalten.

Gleich das zweite Gebäude links ist Benkei,
dem sagenhaft treuen Gefolgsmann Yoshitsu-
nes, des berühmten Feldherrn aus dem 12. Jh.,
gewidmet und enthält neben Statuen der beiden eine Jizō-Skulptur von 1571. Vorbei an Hondō, Glockenturm und diversen kleineren Tempeln gelangt man zum **Schatzhaus Sankōzō**, wo
man Eintritt bezahlen muss, das Ticket gilt auch
für die Konjiki-dō. Im Schatzhaus werden große Buddhastatuen, eine 1000-armige Kannon-
Statue, Sutren und Objekte aus den Gräbern der
Fürsten gezeigt, fast alles aus dem 12. Jh.

Dahinter liegt das Kleinod von Chūson-ji, die
Konjiki-dō, die Goldene Halle. Diese 1124 vollendete Halle zu Ehren Amidas ist komplett mit
Blattgold überzogen, versetzt mit etwas schwarzem Lack, Perlmuttintarsien und filigranen
Bronzereliefs; auf drei Altären steht eine ganze
Kompanie von Buddhas und Boddhisattvas, darunter waren die Gräber der bedeutendsten Fürsten. Die Halle wurde schon im 13. Jh. mit einem
größeren Holzgebäude vor Witterungseinflüs-
sen geschützt (Kyū-Ōidō, ein Stück weiter hinten auf dem Gelände noch zu sehen), und ist seit
der Restaurierung in den 1960er-Jahren von einer Hülle aus Beton und Glas umgeben.

Das älteste erhaltene Gebäude, die Sutrenhalle **Kyōzō** von 1108, wirkt im Vergleich sehr
schlicht. Sie enthielt jedoch einst mit 5300 Schriftrollen eine der größten Sutrensammlungen Japans. Einige dieser mit goldener und silberner
Tusche auf Indigopapier geschriebenen Rollen
werden im Sankōzō (s. o.) gezeigt. ⏰ März–Okt
8–17, Nov–Feb 8.30–16.30 Uhr, 800 ¥.

Weiter hinten auf dem Gelände kommt
man noch an einer Statue des Dichters Bashō
(s. Kasten S. 243) vorbei und zu einem Aussichtspunkt mit einer (zuweilen noch verwendeten) Nō-Bühne, einer Kantine und einem Dutzend kleinen Schreinen.

Folgt man der Treppe, die gegenüber der
Haupthalle abzweigt, gelangt man auf einem
hübschen, 3 km langen Wanderweg durch bewaldete Hügel oberhalb des Ortes, der zum
Mōtsū-ji (s. u.) führt. Manchmal wird wegen
Bären und Wildschweinen in den Wäldern davon abgeraten, ihn zu benutzen, also lieber vor-

Ausflug zur Schlucht Geibikei

Ein sehr japanisches Erlebnis ist ein Ausflug zur 2 km langen Schlucht Geibikei rund 20 km östlich von Hiraizumi, die der Fluss Satetsu in den Kalkstein gegraben hat. Sie ist nicht zu verwechseln mit der ebenfalls hübschen, aber weniger spektakulären Schlucht Genbikei südwestlich von Hiraizumi. Am Bootsanleger mit ein paar Restaurants und Souvenirläden wartet man zusammen mit Schulklassen, Familien und Rentnergruppen auf die nächste Abfahrt zu einer 90-minütigen Tour durch die Schlucht. Die Boote werden von einem hinten stehenden Bootsmann (oder einer Bootsfrau) gestakt, der gleichzeitig seine Fahrgäste (auf Japanisch) mit allerlei Anekdoten unterhält und sogar ein Liedchen zum Besten gibt. Auch wer nichts versteht, kann sich an der hübschen Landschaft und der Vogelwelt erfreuen und sich als vermutlich einziger *gaijin* der Neugier seiner Mitreisenden sicher sein. Je nach Wetter an Sonnenschutz denken! ⏲ tgl. 8.30–16.30 Uhr, im Winter gestaffelt kürzer, 1600 ¥.

Man erreicht die Schlucht entweder mit der ca. stdl. fahrenden Bahn von Ichinoseki bis Geibikei, 1/2 Std., 480 ¥, oder mit dem Bus von der Haltestelle vorm Bahnhof Ichinoseki bis Geibikei, stdl., 40 Min., 620 ¥. Zum Anleger geht man vom Bahnhof die schmale Straße rechts hinunter und am Ende wieder rechts unter der Bahnbrücke hindurch.

---

her fragen. Alternativ kann man durch den Ort westlich der Hauptstraße nach Süden gehen und kommt noch an **Hiraizumi Cultural Heritage Center** vorbei, einem neuen Ausstellungsgebäude zur Geschichte Hiraizumis, mit wenigen Exponaten, aber vielen detaillierten Infotafeln auch auf Englisch, eher zur Vertiefung denn als Überblick geeignet. ⏲ tgl. 9–17 Uhr, Eintritt frei.

Takadachi Gikeidō 高館義経堂

Der kleine Pavillon auf einem Hügel auf der anderen Seite der Bahnlinie ist nicht alt, sondern einfach eine Gedenkstätte für den historischen Helden Minamoto no Yoshitsune, der hier Harakiri beging, mit gutem Ausblick und einer Bashō-Stele: „Sommergras…! / Von all den Ruhmesträumen / die letzte Spur…", sann der Dichter über den verlorenen Glanz der Nördlichen Fujiwara. ⏲ April–Okt tgl. 8.30–16.30, Nov–März bis 16 Uhr, 200 ¥.

Mōtsū-ji 毛越寺

Im Südwesten des Ortes, 700 m vom Bahnhof, liegt der Tempel Mōtsū-ji, 🖳 www.motsuji.or.jp. Seine Gründung wird ebenfalls Ennin zugeschrieben. Im 12. Jh. wurde er von den Fujiwara Motohira und Hidehira zum größten Tempelkomplex des Nordens mit 40 Pagoden und Hallen sowie Dormitorien für über 500 Mönche erweitert. Am Eingang steht das Schatzhaus mit überwiegend japanisch beschrifteten Objekten aus dem 12.–16. Jh., dahinter die eigentlichen Tempelgebäude mit Gründerhalle (Kaizandō). Das Highlight des Mōtsū-ji ist allerdings der wunderbare Paradiesgarten **Jōdo-teien**, der mit einem zentralen Teich und einem künstlichen Bach verschiedene Landschaften Japans wie Felsküste, Strand oder Halbinsel nachbildet und dabei den Berg Toyama im Hintergrund als Kulisse mit einbezieht. Gleich vorn am Eingang darf auch das Bashō-Denkmal nicht fehlen, 1689 besuchte der Haiku-Dichter (s. Kasten S. 243) den geschichtsträchtigen Ort. ⏲ April–Okt tgl. 8.30–17, Nov–März 8.30–16.30 Uhr, 500 ¥.

Takkoku no Iwaya Bishamon-dō 達谷の窟毘沙門堂

Etwa 5 km südöstlich des Mōtsū-ji an der Straße, die zur Schlucht Genbikei führt, befindet sich der Höhlentempel **Takkoku no Iwaya Bishamon-dō**. Die in den Fels hinein gebaute Holzkonstruktion ist ein originalgetreuer Nachbau von 1961 des wiederholt durch Feuer zerstörten Tempels. Sakanoue no Tamuramaro hatte im 9. Jh. die einheimischen Ezo für den japanischen Hof unterworfen. Zum Dank ließ er an der Stelle, wo zuvor der Ezo-Herrscher residiert hatte, nach dem Vorbild des berühmten Kiyomizudera in Kyōto einen Tempel errichten und widmete ihn Bishamon, dem Schutzgott der Krieger.

Ein paar Schritte weiter starrt aus der Felswand heraus ein riesiges Gesicht herab – die Überbleibsel des **Ganmen Daibutsu**, des Nördlichen Felsbuddha, eines der fünf großen Buddha-Felsbilder Japans, dessen Körper leider 1896 einem Erdbeben zum Opfer fiel. ⏲ April–Nov tgl. 8–17, Dez–März 8–16.30 Uhr, 300 ¥.

ÜBERNACHTUNG

Onsen-Hotel Musashibō, 15 Ōsawa, ☎ 0191-46-2241, 🖥 www.musasibou.co.jp. Zentral zwischen Mōtsū-ji und Chūson-ji gelegen. Das etwas klobige Äußere täuscht: Das Musashibō überzeugt mit geräumigen (Tatami-)Zimmern, eigenem Onsen und exzellentem Essen, an der Rezeption wird Englisch gesprochen. Mit HP 16 500 ¥ p. P.

Ryokan Maizurusō, 23-1 Shirayama, ☎ 0191-46-3375, ✉ maidurusou@tuba.ocn.ne.jp, vom Bahnhof geradeaus und vor dem Mōtsū-ji rechts. Die günstigste Unterkunft in Hiraizumi mit 11 Tatami-Zimmern und Blick auf den Garten Kyūkanjizaiō-in inkl. Froschkonzert. Die Betreiberin spricht Englisch. Inkl. Frühstück ab 4000 ¥ p. P.

Ryokan Shirayama, 139-8 Shirayama, ☎ 0191-46-2883, vom Bahnhof an der 2. Ampel rechts und dann die 3. Straße links. Etwas gediegener als das Maizurusō ist das hübsche und saubere Shirayama mit 8 Tatami-Zimmern und auch entsprechend teurer. Sehr gute lokale Küche. Inkl. Frühstück 6000 ¥ p. P.

ESSEN

Die meisten Restaurants in Hiraizumi, insbesondere die in der Nähe des Chūson-ji, sind auf Tagesausflügler eingestellt und schließen spätestens um 17 Uhr. Günstige *soba teishoku* oder *zaru soba* gibt es tagsüber z. B. im **Bashō-kan**, eine Filiale vorm Bahnhof, eine um die Ecke in der Hauptstraße zum Chūson-ji, ⏲ tgl. 10–17 Uhr, oder bei **Izumi Sobaya**, gegenüber dem Bashō-kan beim Bahnhof, ⏲ tgl. 9–17 Uhr, bzw. solange die Soba reichen.

SONSTIGES

Fahrradverleih

Swallow Tours, vorm Bahnhof, 2 Std./500 ¥, ganzer Tag/1000 ¥; Pedelec 600 bzw. 1300 ¥.

⏲ April, Juni, Juli und Nov tgl. 9–16, Mai und Aug–Okt 9–17 Uhr.

Feste

Gokusui-no-en: Am 4. So im Mai wird im Mōtsū-ji eine heianzeitliche Party nachgestellt, mit prächtigen Kostümen und einem Dichtwettbewerb, bei dem die Teilnehmer für die nächste Zeile so viel Zeit haben wie ein Floß mit Sakebecher auf dem Wasserlauf treibt, an dem sie sitzen.

Gepäckaufbewahrung

€ Keine Schließfächer am Bahnhof, aber der Andenkenladen Asadaya gegenüber nimmt Gepäckstücke für 100–200 ¥ in Verwahrung.

Informationen

Die **Touristeninformation Hiraizumi** vor dem Bahnhofsgebäude, ☎ 0191-46-2110, hält einiges Material auf Englisch bereit und hilft bei der Unterkunftssuche, ⏲ tgl. 8.30–17 Uhr.

Post und Geld

Iwate-Bank mit Geldwechsel 5 Min. vom Bahnhof Richtung Mōtsū-ji, die Post mit internationalem Geldautomaten ist in der nächsten Straße rechts.

Sightseeingbusse

Von Ende April bis Anfang September zwischen 10 und 16 Uhr dreht ein Loop Bus seine Runde vom Bahnhof über Mōtsū-ji zum Chūson-ji und zurück, einfache Fahrt 140 ¥, Tageskarte 300 ¥.

TRANSPORT

Von SENDAI erreicht man mit dem Shinkansen stdl. ICHINOSEKI, 1/2 Std., 4020 ¥ (ohne Reservierung), dort umsteigen nach Hiraizumi, 10 Min., 200 ¥, oder mit dem etwa halbstdl. verkehrenden Bus von Bussteig 10 via Bahnhof Hiraizumi direkt zum Chūson-ji, 20 Min., 350 ¥.

Von Ichinoseki nach MORIOKA mit dem Tōhoku Shinkansen, stdl., 40 Min., 4020 ¥ (ohne Reservierung), oder mit der Tōhoku-Linie, stdl., 1 1/2 Std., 1660 ¥.

Morioka 盛岡

Auch wenn die Unistadt wenige Sehenswürdigkeiten aufzuweisen hat, herrscht dank radelnder und ausgehfreudiger Studenten eine angenehme Atmosphäre, zudem ist der Verwaltungssitz von Tōhokus größter Präfektur Iwate ein Verkehrsknotenpunkt, sodass Morioka sich als Standort für Ausflüge in die Umgebung anbietet.

Gegründet wurde die Stadt vom örtlichen *daimyō* Nanbu Nobunao, der 1597 am Zusammenfluss von Nakatsugawa und Kitakamigawa mit dem Bau einer neuen Burg begann. Durch den Handel mit Gold und Pferden wurde die Stadt bald zu einem wichtigen wirtschaftlichen und politischen Zentrum. Während der Meiji-Restauration wurde die Burg 1874 bis auf die Grundfesten geschliffen. Heute befindet sich an ihrer Stelle der Park **Iwate-kōen** mit ein paar übrig gebliebenen Festungsmauern und -gräben und dem **Geschichts- und Kulturmuseum**, ✆ 019-681-2100, 🖥 www.morireki.jp, dessen Dauerausstellung neu und anschaulich (mit digitalem Wandbild und lebensgroßen Installationen), aber nur japanisch beschriftet ist. Ausländer führt der Kurator daher schon mal selbst auf Englisch. 🕐 tgl. 9–19 Uhr, 300 ¥. Im Erdgeschoss gibt es eine Gratis-Ausstellung zu den lokalen Festen.

Nordöstlich davon, auf der anderen Seite des Nakatsugawa, liegt das alte Handwerkerviertel **Konya-chō**. Hier werden *nanbu totcubin* (Gusseisernes wie Teekannen) und *nanbu shikonzome* (mit Naturfarben rot oder violett gefärbter Batikstoff) produziert, Sake gebraut, und in der Senbei-Bäckerei Shirasawa kann man 30 verschiedene Reiscrackersorten erwerben, 🕐 tgl. 9–17.40 Uhr. Die meisten Läden schließen früh und viele sind ein bisschen versteckt.

Nördlich des Zentrums liegt das Tempelviertel Teramachi mit Moriokas Sightseeinghighlight, dem Tempel **Hōon-ji**. Der Zen-Tempel ist für seine stimmungsvolle Rakan-dō bekannt, die Halle der 500 Buddha-Jünger – tatsächlich sind es nur 499. Die etwa 50 cm hohen, reich verzierten Holzfiguren wurden alle 1735 von mehreren namentlich bekannten Künstlern geschnitzt, ein damals großer (und kostspieliger) Auftrag. Ungewöhnlich sind auch die durchaus unterschiedlichen Posen und Gesichtszüge der Figuren: Viele erscheinen albern, mürrisch oder verschroben, einige wirken chinesisch oder gar europäisch. Die Moral ist: Jeder kann ein Heiliger sein. 🕐 tgl. 9–16 Uhr, 300 ¥. Zurück im Zentrum gibt es in der Chūō-dōri noch den **Stein spaltenden Kirschbaum** zu bewundern, der mitten in einem großen Granitblock wächst und an die 400 Jahre alt sein soll.

Iwate-san 岩手山

Moriokas Hausberg, der Schichtvulkan **Iwate-san** (2041 m), der besonders von Osten betrachtet eine wunderbar symmetrische Kegelform zeigt, ist der höchste Berg Tōhokus und einer der „100 berühmten Berge". Meist ist er begehbar, man sollte sich aber nach vulkanischer Aktivität erkundigen. Allerdings ist er wegen des winterlichen Schneereichtums jeweils nur von Juli bis Oktober geöffnet. Viermal täglich fährt ein Bus ab Morioka nach **Amihari Onsen** (1 Std., 1140 ¥), von dort kann man an Sommerwochenenden mogeln und einen Teil des Aufstiegs per Lift zurücklegen. Genauere Infos, auch zur aktuellen Situation, gibt's bei der Touristeninformation Nord-Tōhoku.

ÜBERNACHTUNG UND ESSEN

Ryokan Kumagai, Ōsawakawara 3-2-6, ✆ 019-651-3020, 🖥 kumagairyokan.com, 10 Min. vom Bahnhof. In dem einfachen, sehr gemütlichen Ryokan mit 8 Tatami-Zimmern ohne Bad fühlt man sich eher wie in einem Privathaus. Die freundlichen Betreiber sprechen etwas Englisch. Ab 4500 ¥ p. P.

Hotel Metropolitan Morioka, Ekimae-dōri 1-44, ✆ 019-625-1211, 🖥 www.metro-morioka.co.jp. Zu JR East gehörendes Hotel mit direktem Zugang zum Bahnhof, dezent gestaltete und saubere Zimmer. Mit Rail Pass Preisnachlass. ❹

Route Inn Morioka-ekimae, ✆ 019-604-3100, 🖥 www.route-inn.co.jp, 5 Min. vom Bahnhof. Etwas gehobenes Businesshotel, man kann im schicken Gemeinschaftsbad entspannen und über Nacht ein Notebook mieten, Frühstücksbuffet inkl. ❷

SONSTIGES

Informationen

Touristeninformation Nord-Tōhoku, ✆ 019-625-2090, im Bahnhof Morioka, 2F, umfangreiches

Dreimal Nudeln

Morioka ist berühmt für *wanko soba*: Man leert um die Wette so viele Lackschüsselchen mit jeweils einem Happen Soba, wie man schafft, während immer wieder aufgefüllt wird – spaßig in einer größeren Gruppe. Der Rekord soll bei 559 Schälchen liegen! Lokale Spezialitäten sind ansonsten *reimen*, kalte bissfeste, koreanische Nudeln mit scharfem *kimchi*, hart gekochtem Ei, Gurke, 1–2 Scheiben Fleisch und einem Stück Wassermelone, oder *ja-ja-men*, Udon-artige Nudeln mit würziger Miso-Soße mit Hackfleisch, Gurke und Ingwer; wer fertig ist, verrührt die Reste mit einem rohen Ei, ein Kellner gießt kochendes Wasser auf – fertig ist das Süppchen. *(Wanko) soba* gibt's z. B. im geschichtsträchtigen **Azumaya**, Nakanobashi dori 1-8-3, ✆ 019-622-2252, 🖥 www.wankosoba-azumaya.co.jp, ◷ tgl. 11–20 Uhr (ab 2700 ¥ je nach Anzahl der unterschiedlichen Sorten); *reimen* z. B. im **Shokudō-en**, 1-8-2 Ōdōri, ✆ 019-651-4590, ◷ tgl. 11.30–15.30, 17–23.30 Uhr; *ja-ja-men* schließlich wurden im **Pairon** erfunden, dort steht man oft Schlange, weil's so lecker ist, 5-15 Uchimaru, ✆ 019-624-2247, ◷ Mo–Sa 11.30–21 (So bis 19) Uhr. Alle entlang der Ōdōri (Azumaya: 2. Straße hinter dem Fluss links, Shokudō-en: 1. Straße links nach der Eigakan-dōri, Pairon: gegenüber Saurayama-Schrein, Iwate-kōen, zwischen den Torii, rot-weißes Schild).

Material und Infos über die ganze Region, fließend Englisch, sehr hilfreich. ◷ tgl. 9–17.30 Uhr.

Post und Geld
Iwate und Tōhoku Bank mit Geldwechsel gleich gegenüber vom Bahnhof, Postfiliale mit internationalem Geldautomat am Bahnhof in der Seitenstraße hinter dem R&B-Hotel, 7-Eleven mit Geldautomat in der Ōdōri und in der Saien-dōri.

Touren
Der Touristenbus Dendenmushi mit Schneckensymbol dreht eine Runde im Uhrzeigersinn von Bussteig 15 am Bahnhof, gegen den Uhrzeigersinn von Bussteig 16, Mai–Nov 9–19 Uhr, 100 ¥ pro Fahrt. Zum Hōon-ji: Haltestelle Iwate Idai Mae, 10 Min. zu Fuß, oder Bus 327, Bussteig 11, nach Kitayama (nur 6x tgl.).

Zazen
Donnerstags von 19–21 Uhr findet im Hōon-ji ein offenes Zazen-Treffen statt, Interessierte sind willkommen (Einführung ab 18.30 Uhr).

TRANSPORT
Busse
Die meisten Busse fahren vom Busbahnhof am Ostausgang des Bahnhofs ab, einige aber auch am neueren Terminal am Westausgang; Informations- und Ticketschalter am Ostterminal.

HACHIMANTAI-CHŌJŌ, 1x direkt, 2x mit Umsteigen im Higashi Hachimantai Kōtsū Center, Mai–Okt, 2 Std., 1320 ¥
SENDAI, stdl., 2 1/2 Std., 2980 ¥
TŌKYŌ, 2 Nachtbusse, 7 1/2 Std., 7800 ¥. Auch der Willer Express Charterbus von AOMORI nach Tōkyō, Buchung unter 🖥 www.willer express.com, hält (nachts) am Bahnhof Morioka, 7 Std., ab 3900 ¥.

Eisenbahn
Morioka liegt an der Tōhoku-Shinkansen-Strecke. AKITA Komachi-Shinkansen,1 1/2 Std., 4620 ¥, über TAZAWA-KO, 30 Min., 2030 ¥, und KAKUNODATE, 50 Min., 2840 ¥
SHIN-AOMORI Hayate-Shinkansen, 50 Min., 6130 ¥, über HACHINOHE (für Towada-ko, Shimokita-Halbinsel), 35 Min., 4020 ¥
Diese Shinkansen sind reservierungspflichtig. In die andere Richtung fahren beide weiter nach TŌKYŌ, ebenso wie die langsameren Yamabiko-Shinkansen, ab 2 1/4 Std., ab 14 740 ¥, über SENDAI, 3/4 Std., 6670 ¥.

Akita 秋田

Mit nur ein paar eigenen Sehenswürdigkeiten ist die Präfekturhauptstadt Akita Eingangstor und Basis für eine der entlegensten Regionen Japans, mit wilden Küsten, uralten Buchenwäldern, Bergen und Reisfeldern. Hier ist das „Schneeland", wo jeden Winter Greisinnen beim Schneeschippen von den Dächern rutschen und Dutzende Brauereien hochgerühmten Sake herstellen, wo im Sommer alles gleichzeitig blüht und bombastische Matsuri gefeiert werden. Dank Shinkansen ist Akita selbst eigentlich recht gut zu erreichen; von hier geht es mit knuffigen Lokalzügen weiter, die Attraktionen in sich sind (Panoramawagen, Dampfloks …).

Die Stadt Akita ist recht weitläufig, das administrative Zentrum liegt ein paar Kilometer westlich, die touristischen Einrichtungen näher am Bahnhof. Im **Stadtpark** sind Teile der Provinzburg (ohne Steinwälle und richtigen Burgturm) wieder aufgebaut, südlich davon steht das neue **Kunstmuseum**, ✆ 018-853-8686, gebaut vom Star-Architekten Andō Tadao. Ausgestellt sind Werke von Fujita Tsuguharu, der in den 1920er-Jahren in Paris recht bekannt wurde und später für einen Akitaer Mäzen malte. Insbesondere ein enormes Wandbild mit Festen und Traditionen aus Akita ist sehenswert. ⏱ tgl. 10–18 Uhr, 310 ¥.

Noch etwas westlich am Fluss liegt das Kneipenviertel mit der **Neburinagashi-kan**, ✆ 018-866-7091, einer Ausstellungshalle zum Kantō Matsuri. Bei diesem Matsuri werden bis zu 12 m hohe und 50 kg schwere Bambusstangen mit etlichen Papierlaternen durch die Straßen balanciert. Zum Museum gehört außerdem das gut erhaltene Handelshaus eines Kimonohändlers. ⏱ tgl. 9.30–16.30 Uhr, 100 ¥; Sammelticket mit dem Backsteinhaus **Akarenga-kan** 250 ¥.

Etwas weiter entfernt kann man die **Sake-Brauerei Takashimizu**, Kawamoto Mutsumi-chō 4-12, ✆ 018-864-7331, besichtigen, die während des Krieges aus Ressourcenmangel als Zusammenschluss von 24 Familienbrauereien entstanden ist. Möglichst mit Anmeldung, dann ist auch eine kurze deutsche Führung möglich, sonst gibt es einen englischen Film, eine Ausstellung traditioneller und moderner Braugeräte und Verkostung. ⏱ Mo–Fr 9–11, 13–16.30 Uhr, Eintritt frei; Bus 720–723 nach Shiritsu Byōin Nishiguchi.

ÜBERNACHTUNG

Alpha One, Naka-dōri 4-16-2, ✆ 018-836-5800. Preiswertes Businesshotel gegenüber vom Bahnhof. ❶

Metropolitan, Naka-dōri 7-2-1, ✆ 018-831-2222. Gutes Hotel direkt am Bahnhof mit tollem Blick über die Stadt und den Bahnhof. ❺

Naniwa, Naka-dōri 6-18-27, ✆ 018-832-4570, 🖥 www.hotel-naniwa.jp. In einer Wohngegend 5 Min. südlich vom Bahnhof. ❶

ESSEN

Eine lokale Spezialität der Region Akita ist *kiritanpo nabe*, ein leckeres (eher winterliches) Eintopfgericht mit Huhn und Pilzen, Gemüse der Saison und vor allem natürlich *kiritanpo* – hierfür wird klebriger, gekochter Reis auf Spieße gedrückt und über Holzkohlefeuer festgebacken. Andere lokale Gerichte sind **Inaniwa Udon** (vergleichsweise dünne, stabile Weizennudeln) und der „B-Gourmet"-Klassiker **Yokote Yakisoba** (gebratene Buchweizennudeln mit Spiegelei).

Akita Kawabata Isariya Sakaba, Omachi 4-2-35, ✆ 018-865-8888. Die Kneipe mit der Strohpuppe vorm Haus wirbt mit 36 unterschiedlichen Sakesorten aus der Präfektur und allen lokaltypischen Spezialitäten. ⏱ tgl. 17–24 Uhr.

Don Ōgiya, Topico Kaufhaus im Bahnhof, 3F, ✆ 018-887-4535. Akita-Spezialitäten wie *kiritanpo* und *yokote yakisoba*, preiswert. ⏱ tgl. 10–22 Uhr.

Restaurant Platz & Bier-Kaffee Aqula, gegenüber der Neburinagashi-kan, ✆ 018-883-4366, 018-864-0141, 🖥 www.aqula.co.jp. Uriges Restaurant in einem über 160 Jahre alten Speicherhaus, daneben Biergarten und Kneipe über der Mikrobrauerei. Craftbier nach deutschem Rezept. ⏱ beide tgl. 17–23 Uhr.

Shimin Shijō, im Zentrum. Besonders morgens lebhafter, sehr billiger Bauernmarkt mit mehreren Restaurants (u. a. ein Fließband-Sushilokal). ⏱ tgl. 5–18 Uhr.

SONSTIGES

Feste
Kantō Matsuri, mehrere Tage Anfang Aug: tägliche Paraden und Wettbewerbe.

Kamakura Matsuri, 15.–16. Feb: Im Ort Yokote, 70 km südöstlich von Akita, werden etwa

Die Kunst des *kabazaiku*

Als *kabazaiku* bezeichnet man die äußerst aufwendige Herstellung von Produkten mit Kirschbaumrindenfurnier, von Essstäbchen über Teedosen bis zu kompletten Schränken. Der Legende nach lernte Fujimura Hikoroku, ein Samurai aus Kakunodate, in den 1780er-Jahren von Mönchen aus den umliegenden Bergen das traditionelle Handwerk und gab die Fertigkeit innerhalb seines Standes, der einen kleinen Zuverdienst gut gebrauchen konnte, weiter. Wer noch ein Mitbringsel für die Lieben daheim braucht – lokaltypischer wird es nicht mehr. Neben den Museumsshops im Aoyagi-ke und im Denshōkan bieten auch diverse Souvenirläden in der Bukeyashiki-dōri *kabazaiku*-Produkte an.

100 Schneehütten gebaut, in denen Kinder Süßigkeiten und süßen Sake anbieten.

Informationen

Touristeninformation im Bahnhof, ✆ 018-832-7941. Bietet teils englisches Material zur ganzen Region. Am hilfreichsten, wenn man konkrete Fragen und Anliegen hat. ⊕ tgl. 9–19 Uhr.

Touren

Ogashi kankō kyōkai, ✆ 0185-24-9141. Sightseeing-Busse auf die urige Oga-Halbinsel fahren im Sommer tgl. auf zwei Halbtages-Routen, die sich auch kombinieren oder auf zwei Tage verteilen lassen (dann übernachtet man dort und steigt am nächsten Tag wieder zu). Ab 3000 ¥.

TRANSPORT

Eisenbahn

AOMORI, über HIROSAKI, 8x tgl., 2 1/2 Std., 5080 ¥
NIIGATA, mit Inaho-Express, 3 1/2 Std., ab 6690 ¥
TŌKYŌ, stdl. per Shinkansen, reservierungspflichtig, knapp 4 Std., 17 800 ¥, nach MORIOKA mit demselben Zug, 1 1/2 Std., 4620 ¥
TSURUOKA (für Dewa Sanzan), 2–2 1/2 Std., ab 2270 ¥.

Kakunodate 館角

Das Burgstädtchen Kakunodate, das sich als „kleines Kyōto" vermarktet, ist mit seinen altehrwürdigen Samuraihäusern v. a. zur Zeit der Kirschblüte gegen Ende April einen Abstecher wert. Die Stadt wurde 1620 nach den Plänen des Feudalherrn Ashina Yoshikatsu gegründet, der sich die günstige Lage am Fluss und im Schutze der umliegenden Hügel zunutze machte, und war in ein **Samurai**- und ein **Kaufmannsviertel** aufgeteilt, deren Grenze in etwa auf Höhe der heutigen Yokomachi-Brücke lag. Während von der Burg auf dem Berg Furushiro und vom südlich gelegenen Kaufmannsbezirk nur wenig erhalten blieb, ist der nördliche Samuraibezirk noch weitgehend intakt und steht seit 1976 unter Denkmalschutz.

Ende April stehen die zahlreichen, über 300-jährigen Hängenden Nelkenkirschen in der Bukeyashiki-dōri in voller Blüte und bilden einen hübschen Kontrast zum dunklen Holz der alten Häuser. Zusätzlich pflanzte man 1934 zur Geburt des Kronprinzen und jetzigen Kaisers Akihito am Ufer des Flusses Hinokinai eine 2 km lange Allee aus Yoshino-Kirschen, die inzwischen mit ihren herunterhängenden Ästen einen regelrechten Tunnel bilden.

Samuraihäuser 武家屋敷

Sechs Samuraihäuser sind öffentlich zugänglich, das älteste von ihnen ist das **Ishiguro-ke**. Das reetgedeckte Hauptgebäude und das Tor werden auf das Jahr 1809 datiert, daneben befinden sich einige Speicherhäuser und ein kleiner Steingarten. Die Ishiguros leben noch heute in Teilen des Anwesens. ⊕ April–Nov tgl. 9–17, Dez–März 9–16.30 Uhr, 300 ¥, der Eintrittspreis beinhaltet eine kleine Führung (auch auf Englisch).

Aus der zweiten Hälfte des 19. Jhs. stammt das **Rekishimura Aoyagi-ke**, 🖳 www.samuraiworld.com. Nachdem bis 1985 noch Nachkommen der Aoyagis das Hauptgebäude bewohnt hatten, eröffnete 1989 der heutige Komplex aus diversen Museen und Galerien mit Restaurant und Teestube. Neben Ausstellungsstücken aus der Samurai-Vergangenheit werden vor Ort auch *kabazaiku* (s. Kasten S. 251) und *itaya*

(Ahornrindenflechtwerk) gefertigt. ⏲ April–Nov tgl. 9–17, Dez–März 9–16.30 Uhr, 500 ¥.

Darüber hinaus öffnen den Sommer über noch vier weitere Samuraihäuser ihre Tore: **Matsumoto-ke, Iwahashi-ke, Kawarade-ke** und **Odano-ke**. Diese Museumshäuser sind nicht leicht von den normalen Häusern an der Straße zu unterscheiden, am besten orientiert man sich an den japanischen Touristen. ⏲ Mitte April–Nov tgl. 9–16.30 Uhr, Eintritt frei.

Kirschrindenmuseum und Kaufmannshaus
樺細工伝承館・安藤家

Im Kirschrindenmuseum **Kabazaiku Denshōkan**, ungefähr auf halber Strecke durch das Samuraiviertel, sind weitere Beispiele dieses Gewerbes inkl. Live-Demonstration zu sehen, daneben gibt es Keramik und Ausstellungsstücke zur Lokalgeschichte. ⏲ April–Nov tgl. 9–17, Dez–März 9–16.30 Uhr, 300 ¥.

Am entgegengesetzten Ende Kakunodates im ehemaligen Kaufmannsbezirk befindet sich Tōhokus ältestes erhaltenes *kura-zashiki* (kombiniertes Wohn- und Lagerhaus). Es gehörte dem Sojasoßenhersteller **Andō** und wurde 1891 aus Ziegeln gebaut, nachdem wiederholt Feuer im Viertel die Holzhäuser zerstört hatte. Hier werden heute noch nach traditioneller Methode produzierte Sojasoße und Miso verkauft. ⏲ tgl. 8.30–17 Uhr, Eintritt frei.

Wer sich nicht daran stört, dass am Spätnachmittag die Bürgersteige hochgeklappt werden, hat in Kakunodate eine Handvoll Übernachtungsoptionen, die Preise ziehen insbesondere zu Hanami stark an. Kakunodate ist aber bequem in einem Halbtagesausflug von Akita aus zu erreichen.

Folkloro Kakunodate, Nakasuga-zawa 14, direkt am Bahnhof, ☎ 0187-53-2070, 🖳 www.folkloro-kakunodate.com. Schlichte, helle und sehr saubere Zweibett- oder Familienzimmer, inkl. einfachem Frühstücksbuffet. ❸–❹

Tamachi Bukeyashiki Hotel, Tamachi-Bukeyashiki-dōri, ☎ 0187-52-1700, 🖳 www.bukeyashiki.jp, hinter dem Bahnhofsvorplatz die 3. Straße links. Elegantes kleines Hotel, das sich mit dunklen Balken und weiß getünchten Wänden perfekt in die Umgebung einfügt. Japanische und westliche Zimmer, stilvolles Restaurant mit Gartenblick. Mit Frühstück ❺, mit HP ab 16 740 ¥ p. P.

Die lokale Süßspeise Narutomochi – ursprünglich wohl eine Nachahmung eines Originals aus Kyōto – gibt es in mehreren Fachgeschäften nur in der Bahnhofstraße. In der **Bukeyashiki-dōri** befinden sich diverse günstige Nudelläden. Das Restaurant auf dem Gelände des **Aoyagi-ke** bietet u. a. *inaniwa udon* (Udon mit Berggemüse) an, englische Karte. ⏲ tgl. 11–16 Uhr, im Winter nur am Wochenende.

Hyakusui-en, Kawaramachi 23, ☎ 0187-55-5715. In einer Parallelstraße der Bukeyashiki-dōri am äußersten Rand des Samuraiviertels befindet sich in einem alten Holzhaus ein weithin bekanntes Restaurant, in dem man äußerst gediegen zwischen dunklen Balken und Perserteppichen speisen kann, z. B. ein *teishoku* mit *kuri-okowa* (Kastanienreis), eingelegtem Gemüse und Misosuppe. ⏲ tgl. 11–15 Uhr.

Tohachi-dō, Yokomachi 20, ☎ 0107-53-2610. An der Ampel am Eingang zum Samuraiviertel links und gleich auf der rechten Seite. Wer bisher noch kein *kiritanpo* probiert hat, kann es hier tun, englische Karte. ⏲ tgl. 11–15 Uhr.

Fahrradverleih

Der Taxistand am Bahnhofsvorplatz verleiht Räder für 300 ¥ pro Std., einschließlich Gepäckaufbewahrung. Riksha im Samuraiviertel ca. 3000 ¥ für 20 Min.

Informationen und Gepäckaufbewahrung

€ **Touristeninformation** vor dem Bahnhof Kakunodate, ☎ 0187-54-2700. Mit englischem Ortsplan. Hier bekommt man umsonst den „Tōhoku Passport" für kleine Ermäßigungen in den Sehenswürdigkeiten und kann Gepäck abstellen (200 ¥ pro Stück; es gibt auch Schließfächer). ⏲ April–Sep tgl. 9–18, Okt–März tgl. 9–17.30 Uhr.

Post und Geld

Post mit Geldautomat 10 Min. vom Bahnhof entfernt an der T-Kreuzung der Ekimae-dōri mit der Bukeyashiki-dōri.

Kakunodate liegt am Akita-Zweig der Tōhoku-Shinkansen-Strecke. Die superschnellen, reservierungspflichtigen Komachi-Züge fahren stdl. über TAZAWA-KO (15 Min., 1590 ¥; billigere Option s. u) und MORIOKA (55 Min., 2840 ¥) nach TŌKYŌ, 3 Std., 16 810 ¥, und in die andere Richtung nach AKITA, 3/4 Std., 3020 ¥. Zwischen Kakunodate und TAZAWA-KO verkehren auch 6x tgl. Regionalzüge, 20 Min., 320 ¥, von dort weiter nach MORIOKA 4x tgl., 1 Std., 740 ¥.

Nyūtō Onsen 乳頭温泉

Der in Japan weithin bekannte Kurort Nyūtō mit einer guten Handvoll *rotenburo* und angeschlossenen Ryokan liegt an den Hängen des Nyūtō-san. Während sich die Straße vom Tazawa-ko an Obstwiesen vorbei das Tal hinaufarbeitet, hat man eine herrliche Aussicht auf den See und passiert die großen Ski-Hotels von Tazawa-Kōgen. Nyūtō Onsen selbst ist eigentlich kein Ort, sondern besteht nur aus sieben Onsen-Hotels höchst unterschiedlichen Alters und Standards, die jeweils einige hundert Meter voneinander entfernt liegen.

Zu einem ordentlichen Besuch in Nyūtō gehört für Japaner das *yu-meguri* (Onsen-Hopping) – fast alle *rotenburo* kann man auch als Tagesgast besuchen, während man in einem der Ryokan Quartier nimmt oder auf dem Zeltplatz oder in der Stadt absteigt. Allerdings verpasst man dann einen guten Teil der Atmosphäre und das fantastische Essen im Ryokan, das oft aus gegrilltem Fisch, Jakobsmuscheln, Wild und „Berggemüse" (diverse Wildkräuter, Farne und Knollen aus den umliegenden Wäldern) besteht. Der Eintritt für die Tagesnutzung beträgt meist 500 ¥, als Gast eines der Ryokan kann man auch eine Sammelkarte für 1000 ¥ erwerben.

Nyūtō Onsen liegt im südlichen Teil des Towada-Hachimantai-Nationalparks, und die verschiedenen Onsen sind durch Wanderwege miteinander verbunden (meist 5–20 Min., nur Tsurunoyu ist 60 Min. zum nächsten Onsen entfernt). Wer sich darüber hinaus sportlich betätigen möchte, kann auf einem 10 km langen Rundweg den Hausberg **Nyūtō-san** (1478 m) erklimmen oder im Sommer sogar eine Wanderung durch alpine Moore vom Akita **Komagatake** (1637 m) zum Nyūtō-san unternehmen.

Im Gegensatz zum sehr unterschiedlichen Standard der Ryokans in Nyūtō sind die Preise ziemlich einheitlich. Wer also mehr Wert auf urige Atmosphäre legt, geht ins Tsurunoyu, Kuroyu oder Magoroku, wer auf einen gewissen Komfort nicht verzichten möchte, ist in den übrigen vier Ryokan besser aufgehoben, 🖳 www.nyuto-onsenkyo.com.

Ganiba Onsen, 📞 0187-46-2021, modernes Ryokan am Ende der Straße, mit dem Bus fährt man bis zur Endhaltestelle. Hübsch am Waldrand gelegen, großes *rotenburo im Wald* für beide Geschlechter (19.30–20.30 nur für Frauen), mehrere getrennte Innenbecken, die über einen gemeinsamen Flur zu erreichen sind (man muss sich zwischen unterschiedlichen Becken also anziehen). Tatami- oder westliche Zimmer mit Bad. Tagesgäste ⏰ 9–16.30 Uhr, 500 ¥. Mit HP ab 11 000 ¥ p. P.

Kuroyu Onsen, 📞 0187-46-2214, zweitältestes Onsen Nyūtōs am Ende der Nebenstraße, die am Kyūkamura Nyūtō-Onsen-kyō abzweigt. Diverse Außen- und Innenbäder, einfache Unterkünfte vom spartanischen Tatami-Zimmer bis zum umgebauten Bauernhaus. Anfang Nov–Mitte April geschlossen. Tagesgäste ⏰ 9–16 Uhr, 510 ¥. Mit HP 12 030 ¥ p. P.

Kyukamura Nyūtō-Onsen-kyō, 📞 0187-46-2244, moderneres großes Haus, ein bisschen wie ein Sanatorium, üppige Buffets, großes Bad und *rotenburo*, aber nicht so atmosphärisch. Tagesgäste ⏰ 11–17 Uhr, 510 ¥. Mit HP ab 11 000 ¥ p. P.

Magoroku Onsen, 📞 0187-46-2224, etwas versteckt an einem Fußweg zwischen Kuroyu und Hauptstraße. Einfache Ansammlung von Holzhütten, ländliche Atmosphäre, diverse Bäder, darunter ein großes *rotenburo* für Frauen. Tagesgäste ⏰ 8–16 Uhr, 500 ¥. Mit HP ab 8550 ¥ p. P.

Ōgama Onsen, ☎ 0187-46-2438, an der Hauptstraße. Hübsches altes Holz-Schulgebäude, moderne Ausstattung, getrennte Onsen-Bereiche jeweils mit Innen- und Außenbädern. Im Sommer gibt's vorne zur Erfrischung müder Wanderer kostenlose *ashiyu* (Fußbäder). Tagesgäste ⊙ 9–16.30 Uhr, 510 ¥. Mit HP ab 10 000 ¥ p. P.

Taenoyu Onsen, ☎ 0187-46-2740, ⌨ www.taenoyu.com, kurz vor dem Ōgama, eigene Bushaltestelle. Modernes Ryokan im stilvoll eingerichteten Fachwerkhaus, gemischtes Außenbecken direkt am Flüsschen Sendatsu, getrennte Innenbereiche, ⊙ Tagesgäste 10–15 Uhr, 720 ¥. Mit HP ab 11 000 ¥ p. P.

Tsurunoyu Onsen, ☎ 0187-46-2139, ⌨ www.tsurunoyu.com. Das mit gut 350 Jahren älteste Gasthaus in Nyūtō schmiegt sich ein paar Kilometer von der Hauptstraße entfernt in ein kleines Seitental. Hier fühlt man sich direkt in die Edo-Zeit zurückversetzt – dunkle Holzgebäude drängen sich um einen Bach, gleich am Eingang eine alte Wassermühle, überall huschen Gestalten in blau-weiß karierten *yukata* über knarrende Holzdielen und knirschenden Kies, und über allem hängt ein leichter Schwefelgeruch. Die Bäder – vier Außen- und diverse kleine Innenbecken mit milchig-weißem Quellwasser – kann man rund um die Uhr nutzen, im Schein von Mond und Öllampen ist es nachts besonders stimmungsvoll. Ebenso wie das gemeinschaftliche Esszimmer sind auch einige der einfachen Tatami-Zimmer mit *irori*, offenen Feuerstellen, ausgestattet, etwa die Hälfte hat ein eigenes WC. Übernachtungsgäste werden an der Bushaltestelle Alpa Komakusa abgeholt. Die jüngeren Mitarbeiter sprechen etwas Englisch. Tagesgäste 500 ¥, ⊙ Di–So 10–15 Uhr. Mit HP ab 8790 ¥ p. P.

Campingplatz des Kyūkamura Nyūtō-Onsen-kyō (s. o.) Anmeldung dort; der Campingplatz liegt ca. 2 km unterhalb an der Straße. 1000 ¥ pro Platz plus 500 ¥ p. P. ⊙ offiziell nur Anfang Juli–Anfang Okt; den Rest des Jahres wird das Wasser abgestellt.

Wer vorab noch keine Unterkunft organisiert hat, kann sich in der freundlichen **Touristeninformation** am Bahnhof Tazawa-ko, ☎ 0187-43-2111, ein Zimmer reservieren lassen. Die überaus bemühten Mitarbeiter sprechen ein wenig Englisch und helfen auch mit Busfahrplänen weiter. Kostenloser Internetzugang. ⊙ tgl. 8.30–18.30 Uhr.

Bis 18.20 Uhr stdl. **Busse** vom Bahnhof TAZAWA-KO nach ALPA KOMAKUSA, 1/2 Std., 600 ¥, bzw. NYŪTŌ ONSEN, 3/4 Std., 800 ¥. Die nicht direkt mit dem Bus erreichbaren Ryokan holen angemeldete Übernachtungsgäste von der nächsten Bushaltestelle ab. Es gibt auch 5x tgl. einen Shuttleservice zwischen den verschiedenen Onsen.

Im Juli und Aug tgl. sowie im Juni, Sep und Okt an Wochenenden und Feiertagen etwa halbstdl. Busse vom KOMAKUSA bis zur 8. Station des KOMAGA-TAKE, 1000 ¥.

Der **Bahnhof** Tazawa-ko stammt übrigens vom Pritzker-Preisträger Ban Shigeru und zeigt im Obergeschoss eine Ausstellung zur koreanischen Fernsehserie Iris, die hier spielt und erstaunlich viele koreanische Touristen in die Region bringt.

Hachimantai 八幡平

Im Gegensatz zum Iwate-san mit seiner klassischen Kegelform handelt es sich beim Hachimantai um einen **Schildvulkan**, d. h. ein ausgedehntes Lava-Plateau, aus dessen hügeliger Moorlandschaft etwa 40 einzelne Gipfel herausragen. Überall machen sich noch Reste geologischer Aktivität in Form von Schlammtöpfen, Austritten von Wasser- und Schwefeldampf und heißen Quellen bemerkbar, die traditionell in Form von Onsen genutzt werden. In der ansonsten weitgehend unbesiedelten Berglandschaft, die zusammen mit dem See Towada-ko den **Nationalpark Towada-Hachimantai** bildet, gibt es noch ursprüngliche Wälder, alpine Wiesen und Moore. Diverse **Wanderwege**, z. B. auf die Gipfel von Hachimantai (1613 m), Genta-mori (1595 m) und Mokkō-dake (1578 m), um den See Hachiman-numa oder durch das Kuroyachi-Moor, laden zur Erkundung ein.

TŌHOKU

Im Winter verwandelt reichlich Schnee das Ganze in ein beliebtes Skigebiet und es gibt *juhyō* („gefrorene Bäume"), auch Schneemonster genannt, zu bewundern: Bei Temperaturen unter -5° C „kämmen" die Tannen mit ihren Nadeln die feuchten Luftmassen, die vom Japanischen Meer aufsteigen, aus und bilden einen dicken Schneepanzer. Vor Aufbruch sollte man sich in der Touristeninformation Nord-Tōhoku im Bahnhof Morioka über Wandermöglichkeiten, Unterkünfte und vor allem über die genauen Abfahrtszeiten der seltenen Busse informieren.

TRANSPORT

Von Morioka aus führen zwei mautpflichtige Straßen zum Hachimantai, die Aspite und die Jukai Line. Die **Aspite Line** mündet im Westen in die Nationalstraße 341 (Aspite Entrance), die südlich zum Tazawa-ko und nördlich zum Towada-ko führt. Die meisten Straßen sind im Winter wegen der großen Schneemengen gesperrt.

Busse
Busse fahren nur von Mitte April–Anfang Nov von/nach Hachimantai-Chōjō.

Nach MORIOKA 3x tgl., 2 Std., 1320 ¥, um 9.35 Uhr direkt, plus 2x mit Umsteigen im Higashi Hachimantai Kōtsū Center, zum TAZAWA-KO 3x tgl., 2 1/4 Std., 1990 ¥.

Towada-See 十和田湖

Der größte Caldera-See Honshūs ist besonders im Sommer und Herbst einer der wenigen Besuchermagneten Tōhokus. Viele einheimische Touristen kommen extra zum *momiji-gari*, dem Betrachten der herbstlichen Laubfärbung, an den Towada-ko. Dann bilden die leuchtenden Gelb- und Rottöne von Kerbbuchen, Katsurabäumen, Ahorn und Japanischen Eichen mit dem tiefblauen Wasser des Sees einen wunderschönen Kontrast. Aber auch zu anderen Jahreszeiten lohnt sich ein Ausflug an den mit 327 m dritttiefsten See Japans mit seinem glasklaren Wasser, vor allem, wenn man gern in schöner Umgebung ein bisschen wandern möchte, ohne sich um Weg und Orientierung Sorgen machen zu müssen. Die touristische Infrastruktur ist auf den Urlaubsort **Yasumi-ya** am Südostende des Sees konzentriert, dort gibt es Hotels und Res-

Schwanenboote warten am Towada-See auf Fahrgäste.

© KATHARINA GRIMM

taurants, dort befindet sich der Busbahnhof und starten die Sightseeing-Boote, gewandert wird allerdings (fast) nur im Oirase-Tal.

Gut 10 km nördlich von Yasumi-ya liegt **Nenokuchi**, kaum mehr als Bushaltestelle und Souvenirladen, am Eingang des **Oirase-Tals**. Der Oirasegawa ist der einzige Abfluss aus der Caldera. Die ersten 14 km des Baches in der oft feuchten und nebligen Schlucht bis **Yakeyama** sind mit ihren moosbewachsenen Felsen und zahlreichen Wasserfällen im frischen Laubwald landschaftlich besonders reizvoll; auf der ganzen Strecke verläuft ein Fußweg parallel zum Bach.

Die beliebteste Wanderung ist die von **Ishigedo** („Steinhütte") nach **Nenokuchi** (9 km), bei nur gut 100 m Höhenunterschied schöner gegen die Flussrichtung des Bachs, weil man die Stromschnellen und Wasserfälle besser sieht. Wer mehr gehen will, steigt schon in Yakeyama ein, als kurze Spaziergänge empfehlen sich das Teilstück zwischen Makado und Kumoi (1,3 km) mit vielen Stromschnellen oder das Stück zwischen Kumoi und Chōshi–Ōtaki (5 km) mit etlichen Wasserfällen im Oirasegawa selbst und seitlichen Zuflüssen. Der Weg ist gut ausgebaut, aber nicht asphaltiert und oft etwas schlammig. Unterwegs gibt es außer einem WC auf halbem Weg keine Infrastruktur. Ein Laden beim Infozentrum Ishigedo verkauft Nudelsuppen und Snacks.

Alle Busse nach Aomori und Hachinohe fahren durch das Oirase-Tal (8 Bushaltestellen im Tal) bis Yakeyama, erst dort teilt sich die Route. Mit kleinem Gepäck ist es sehr gut möglich, die Wanderung auf dem Weg zu machen und in Nenokuchi wieder in einen Bus nach Yasumi-ya zu steigen. Die Busstrecke nach Aomori ist länger, aber landschaftlich reizvoller über das bei Wanderern beliebte Bergmassiv des **Hakōdasan**, mit einem über 1000 m hohen Pass, alten Buchenwäldern und historischen Onsen. Im April wird die im Winter heftig verschneite Straße als „Schneetunnel" mit meterhohen Schneewänden wiedereröffnet.

ÜBERNACHTUNG UND ESSEN

Bis 1903 Rotlachse aus Hokkaidō ausgesetzt wurden, war der Towada-ko wegen seiner isolierten Lage fischfrei, heute sind die *himemasu* („Prinzessinnen-Forellen") genannten Fische die wichtigste lokale Spezialität. Am Seeufer gibt es ein paar Cafés und Restaurants, die aber eher nur mittags öffnen, von daher empfiehlt es sich, die Unterkunft inkl. Verpflegung zu buchen.

Minshuku Nagomi, gegenüber vom Lakeview Hotel, am See, ☎ 0176-75-2418, 🖥 www.kohannoyado-nagomi.com. Alle Zimmer mit Seeblick, Gemeinschaftsbad mit natürlichem Onsen. Hauseigenes Café. Ab 4520 ¥ p. P., mit HP 6680 ¥ p. P.

€ **Towadako Backpackers**, ☎ 0176-75-2606, im Ort etwas abseits vom See. Geräumiges Hostel mit mehreren Küchen und Aufenthaltsräumen, Sechserschlafsäle mit Stockbetten oder japanische Zimmer mit je zwei Betten. Zeltwiese hinterm Haus mit Nutzung der Küchen und Bäder. Bett 2000 ¥, DZ 5000 ¥, Zelt 1000 ¥.

Towada-ko Grand Hotel, Yasumi-ya, ☎ 0176-75-1111, 🖥 www.itoenhotel.com/hotel/towada, 5 Min. vom Busbahnhof Richtung westlichen Ortsausgang. Etwas in die Jahre gekommen, aber dafür relativ günstig. Große Tatami-Zimmer mit Bad, Gemeinschaftsbad, Internetzugang, 2 Restaurants, Buffetfrühstück, sogar die Nutzung der Karaokebox ist inbegriffen. Mit HP 7800 ¥ p. P.

Oide Camp-jō, 3 km westlich von Yasumi-ya, ☎ 0176-75-2368. Teils neue Einrichtungen. ⊕ Ende April–Anfang Nov 300 ¥ pro Zelt plus 200 ¥ p. P.

Marine Blue, ☎ 0176-75-3025. Café mit Seeterrasse knapp außerhalb des Ortes. Apfelkuchen und ein paar kleine Gerichte, ⊕ tgl. 8–18 Uhr.

Der einzige Laden ist **Kimura Store**, schräg gegenüber von Towadako Backpackers, ⊕ tgl. 7–21 Uhr.

SONSTIGES

Boote und Fahrräder

Towadako Yūransen, ☎ 0176-75-2909. Das Ausflugsboot unternimmt je nach Saison (im Herbst mehr) etwa 9–15 Uhr stdl. oder halbstündliche Fahrten in die nächste Bucht, 50 Min., 1440 ¥.

Tretboote verleihen mehrere ähnliche Anbieter, meist um 1000 ¥ für 20–30 Min.; u. a. **Towadako Marina**, ☏ 0176-75-2156, mit gemütlichem Café direkt am See. Auch Fahrräder (500 ¥ pro Std.) und Ruderboote (1000 ¥ pro Std.).

Informationen

Touristeninformation Towada-ko, am Busbahnhof Yasumi-ya, ☏ 0176-75-2425, hilft bei der Unterkunftssuche, begrenzte Ressourcen, kein Englisch. ⏱ tgl. 8–17 Uhr.

Taxis

Kohan Taxi, Yasumi-ya, ☏ 0176-75-2617; **Oirase Taxi**, Yakeyama, ☏ 0176-74-2206.

TRANSPORT

Von MORIOKA aus mit der Bahn nach HACHINOHE, von dort um 9, 11.20 und 13.30 JR-Bus zum Towada-ko (2 1/4 Std., 2600 ¥), Rail Pass gültig, JR-East-Pass nicht. Möglichst Sitzplatz reservieren (an jedem JR Bahnhof möglich, dort gibt es auch den Fahrplan). Von AOMORI um 7.50, 9.50, 11.20 und 13.30 Uhr JR-Bus (2 3/4 Std., 3090 ¥). In der Hochsaison (Golden Week, mehrere Wochen im Sommer und zur Herbstlaubfärbung) ein Bus mehr; außerdem fahren immer Busse zwischen Takeyama und Yasumi-ya.

Shimokita-Halbinsel 下北半島

Den nördlichsten Zipfel Honshūs bildet die Halbinsel Shimokita-hantō mit ihrer rauen, von Wind und Wellen geprägten Landschaft. Die axtförmige Landzunge zwischen Pazifik und Tsugaru-Straße hat durch ihre Abgeschiedenheit und dünne Besiedlung einige ökologische Besonderheiten aufzuweisen. An ihrer westlichen Klippenküste lebt eine Affenkolonie in ihrem weltweit nördlichsten Habitat, und auch den Japanischen Serau, einen Verwandten der Ziege mit einem eleganten silbergrauen Zottelfell, kann man hier beobachten. Vor allem aber befindet sich im Zentrum der Halbinsel der Geisterberg **Osore-zan**, ein 879 m hoher Vulkan, der oft als einer der drei heiligsten Orte Japans genannt wird, neben den Bergen Hiei und Kōya.

Mutsu むつ

Mutsu ist das wirtschaftliche und administrative Zentrum Shimokitas – und ein ziemlich graues, unspektakuläres Städtchen. Es dient jedoch als Verkehrsknotenpunkt, von hier fahren Busse zum Osore-zan, nach Wakinosawa und an die Nordküste.

Osore-zan 恐山

Schon bei der Anreise mit dem Bus über waldreiche und oft nebelverhangene Serpentinen wird man mit traurigen Gesängen vom Band und einem Halt an einer reinigenden Quelle auf die Bedeutung des Zielorts eingestimmt. Inmitten einer kargen Mondlandschaft mit schütterer Vegetation liegen umringt von acht Gipfeln (symbolisch für die Blütenblätter des Lotus) der Kratersee **Usori-yama** und nahe seinem Ufer der Tempel **Osore-zan Bodai-ji**. Überall dringen Schwaden stinkenden Schwefeldampfes und giftig-gelbe Ausblühungen aus dem Boden – 108 Quellen sollen es sein analog zu den 108 weltlichen Begierden und den ihnen zugeordneten Höllen; zwischen Tempel und Seeufer stößt man auf kleine Steinhäufchen – Hunderte von traurig aussehenden Jizō-Figuren in allen Größen, oftmals mit roten Lätzchen –, daneben in seltsamem Kontrast bunte Plastikwindrädchen. Der Ort hat eine besondere Atmosphäre, und man kann gut nachvollziehen, warum er als eine Art Vorhölle und der See als Übergang in die Totenwelt gilt.

Auf diese unwirtliche Szenerie stieß der Legende nach der Gründer des Tempels Osore-zan Bodai-ji, Tendai-Mönch Ennin, im Jahr 862, als er einem prophetischen Traum folgte, in dem ihm aufgetragen wurde, von Kyōto aus 30 Tage gen Osten zu wandern, bis er einen heiligen Berg fände, dort eine Jizō-Figur zu schaffen und von hier aus den Buddhismus zu verbreiten. Zweimal im Jahr, im Juli und im Oktober, bieten *itako*, blinde Medien (s. Kasten S. 261), ihre Dienste an, um Kontakt zu verstorbenen Verwandten herzustellen. Diese müssen nämlich solange am steinigen Flussufer *(sai-no-hawara)* herumirren und Steinhäufchen aufschichten, bis Jizō sich ihrer erbarmt und sie mit hinüber nimmt. ⏱ Mai–Okt 6–18 Uhr, 500 ¥.

Yagen Onsen 薬研温泉

Keine 10 km nördlich des Osore-zan, von diesem aber nur über eine mindestens ebenso gewundene und einsame Gebirgsstraße wie dessen andere Zufahrt zu erreichen (oder 9 km talaufwärts vom Küstenort Ōhata), liegen die heißen Quellen von Yagen Onsen: eigentlich kein Ort, sondern eine Ansammlung von ein paar Onsen-Hotels in einem steilen Tal.

€ Der Clou ist **Kappa-no-yu**, ein direkt in bzw. über dem Bach gebautes *rotenburo*, das mehrere heiße Rinnsale aufstaut, die dort aus dem Felsen sprudeln. Es gibt einen einfachen Umkleideraum, sogar mit Schließfächern, und ein Waschbecken, sonst aber keine Bad-Einrichtungen, der Gebrauch von Shampoo und Seife ist verboten. Seit nach Geschlechtern getrennte Badezeiten eingeführt worden sind, ⊙ Männer 7–9, 11–13, 15–17, Frauen 9–11, 13–

Sprachrohr für die Unterwelt

Itako sind von Geburt an blinde Frauen, die sich einem langen Training unterziehen, an dessen Ende eine Pilgerfahrt und die symbolische Heirat mit einem *kami*, einer ihre Tätigkeit als Medium unterstützenden Gottheit, steht. Früher eine Institution in nordjapanischen Dörfern, wurden sie während der Meiji-Restauration verfolgt und suchten Zuflucht in einer der entlegensten Ecken Japans, am Osore-zan. Obwohl eher einer shintō-animistischen Tradition zugehörig, haben sie Gastrecht am Tempel Bodai-ji und schlagen hier (mindestens) zweimal im Jahr zu den Tempelfesten vom 20.–24. Juli und am Wochenende vor dem 2. Montag im Oktober ihre grünen Zelte auf. Dann heißt es Schlange stehen, denn der Andrang ist groß. Zunächst wird die gewünschte Seele auf der Grundlage von ein paar Details wie Name und Geburtsdatum herbeigerufen. Dann folgt ein auch für Japaner schwer verständlicher Sprechgesang, in dem sich der Verstorbene über das Medium artikuliert – oder wahlweise, in dem eine psychologisch geschulte Frau dem Klienten ein paar wirklich gut verpackte Lebensweisheiten mitgibt …

15 Uhr, Eintritt frei, bietet das nahe gelegene **Fūfu Kappa-no-yu** eine ähnliche Alternative mit zwei separaten Becken für Männer und Frauen, ⊙ tgl. 8.30–18 Uhr, 200 ¥.

Die Nordwestküste

Wakinosawa ist ein sympathisches kleines Örtchen an der Südwestspitze der Halbinsel und am nächsten an Aomori gelegen. Von hier gibt es deshalb Fähren nach Aomori und Kanita. Nach Norden erstreckt sich eine spektakuläre Klippenküste mit steilen Straßen, allerdings ohne öffentlichen Verkehr. Auf halbem Weg bildet sie bei **Ushitaki** eine besonders eindrucksvolle Felsformation, die **Hotokegaura** oder Buddha-Küste genannt wird, weil die Felsen wie riesige Figuren aufragen. Sowohl von Wakinosawa als auch vom näher gelegenen Hafenort **Sai** und von Ushitaki werden Bootstouren angeboten, und die Sii-Fährlinie passiert die Felsen auf dem Weg von Wakinosawa nach Sai ebenfalls. Alternativ gibt es einen stufenreichen Weg von der Küstenstraße zu den Buddha-Felsen hinunter.

Das nördliche **Kap Ōma** ist windumtost und der einzige Ort Japans, an dem Thunfische mit der Angel gefangen werden, weshalb gleich mehrere Restaurants am nördlichsten Zipfel von Honshū mit Thunfisch Donburi aufwarten.

ÜBERNACHTUNG

Murai Ryokan, Mutsu, Tanabu-chō 9-30, ✆ 0175-22-5581, günstig gleich neben dem JR-Busbahnhof gelegenes Ryokan, geräumige Zimmer mit Gemeinschaftsbad. Ab 4450 ¥ p. P.
Plaza Hotel Mutsu, Shimokitacho 2-46, ✆ 0175-23-7111. Solides Hotel am Bahnhof Shimokita, mit Bar. ❷
JH Wakinosawa, Wakinosawa, Senokawame 41, ✆ 0175-44-2341, 🖥 www.jyh.or.jp, 10 Min. vom Fähranleger nach Westen, dann rechts. Bodenständige JH, betrieben von einem Fotografen und Naturfreak. Vor Aufbruch nach Wakinosawa anrufen, da die JH manchmal kurzfristig geschlossen ist und es wenig Alternativen gibt. Ab 3300 ¥ p. P. im Schlafsaal, Nichtmitglieder zahlen 600 ¥ mehr.
Shukubō Osore-zan, Osore-zan, Tanabe 3-2, ✆ 0175-22-3825. Großzügige, luxuriöse (und

teure) *shukubō* des Osore-zan-Tempels, in der man mit mindestens eintägiger Vorankündigung nächtigen und sich an der leckeren vegetarischen Tempelkost laben kann (und den Schwefelgeruch ertragen muss). Mit HP 12 000 ¥ p. P. **Yoshie Maru**, Sai, am Hafen, ✆ 0175-38-2248. Eins von mehreren Minshuku im Ort, ab 4000 ¥ p. P.

Camping: Direkt am Kap Ōma, mit Küche/Aufenthaltsraum und WCs, umsonst und recht beliebt. Gankake, bei Sai, einfach, aber mit großartigem Blick, 1000 ¥ pro Zelt. Yagen Onsen, einfacher Waldcampingplatz, 500 ¥ p. P.

SONSTIGES

Autovermietungen

Mehrere Autovermietungen direkt am Bahnhof Shimokita. **J-Net** in Mutsu, ✆ 0175-22-0511, 🖥 www.j-netrentacar.co.jp, hat gute Angebote und holt vom Bahnhof ab.

Informationen

Die **Touristeninformation** im Erdgeschoss des Masakari Plaza gegenüber dem JR-Busbahnhof von Mutsu, ✆ 0175-22-0909, ist sehr bemüht, gibt Auskünfte über die ganze Halbinsel und hilft bei der Unterkunftssuche, hat aber leider keinerlei Material auf Englisch vorrätig. ⏰ tgl. 9–17 Uhr.

Touren

Hotokegaura: Sightseeing-Boote ab Sai mit **Sai Teiki Kankō**, ✆ 0175-38-2255, 🖥 www.saiteikikanko.jp. 90 Min. einschließlich Fotostopp in Hotokegaura, tgl. um 9, 10.40, 13.30 Uhr, 2500 ¥.

Von Wakinosawa bis Hotokegaura und zurück, Mitte April–Mitte Okt bei gutem Wetter tgl. um 10.45 und 14.55 Uhr, 2 Std. inkl. 30 Min. Halt, 3800 ¥.

NAHVERKEHR

Zwei getrennte **Busbahnhöfe in Mutsu** bedienen unterschiedliche Ziele.

Vom zentralen Busbahnhof fahren von Mai–Okt 3 Busse tgl. zwischen 9.05 und 14 Uhr zum **Osore-zan**, 35 Min., 750 ¥. Diese Busse starten 10 Min. früher am Bahnhof Shimokita. Von dort fährt außerdem der JR-Bus um 16.50 Uhr.

Nach **Sai** (über die Ostküste, Ōhata und das Kap Ōma) fahren zwischen 6.40 und 17.10 Uhr 8 Busse tgl., die Hälfte davon ab Bahnhof Shimokita (gut 2 Std.).

Vom meist verlassenen JR-Busbahnhof Mutsu, ein paar Minuten nach Osten am Ende derselben Straße, fahren tgl. zwischen 6.50 und 17.45 Uhr (10 Min. später am Bhf. Shimokita) 4 Busse nach **Wakinosawa**, 1 1/2 Std., 1790 ¥. Hier ist der Rail Pass gültig. Der Fährterminal Wakinosawa ist gleich der 1. Halt im Ort.

TRANSPORT

Busse

Von Mutsu nach AOMORI 3x tgl., 2 3/4 Std., 2520 ¥.

Eisenbahn

Das Zentrum von Mutsu liegt fast 3 km vom **Bahnhof Shimokita** (vorletzter Halt der Linie) entfernt. Viele Busse fahren aber direkt vom Bahnhof ab.

Von Süden kommend mit dem Hayate-Shinkansen bis HACHINOHE (Reservierungspflicht!), dort umsteigen Richtung Aomori bis NOHEJI, 30–45 Min., 1340 ¥, und noch mal umsteigen in die Ōminato-Linie bis Shimokita, 50–60 Min., 1140 ¥. Meistens gibt es eine sehr knappe Umsteigeverbindung, manche Züge fahren durch.

In Richtung AOMORI steigt man wiederum in NOHEJI um und braucht von dort noch 30–45 Min., 1040 ¥.

Schiffe

Mit der **Sii Line**, 🖥 www.sii-line.co.jp, 2x tgl. von Wakinosawa nach AOMORI, 8.30 und 14 Uhr, 1 Std., 2610 ¥. Nach SAI tgl. 10.40 Uhr, April–Okt auch 16.20 Uhr, 80 Min., 2720 ¥ einfach.

Mutsuwan-Ferry, 🖥 www.mutsuwan-ferry.jp, betreibt 2–3 Autofähren tgl. von Wakinosawa nach KANITA auf halber Strecke zwischen Aomori und Hokkaidō (mit der Bahn 3/4 Std. bis Aomori), 1 Std., 1470 ¥.

Für die Weiterfahrt nach Hokkaidō: 2–4 Fähren tgl. von Ōma nach HAKODATE, 90 Min., ab 1810 ¥, 🖥 www.tsugarukaikyo.com.

Aomori 青森

Aomori ist eine neue (aber nicht unbedingt moderne) und recht große Stadt. Die Hauptsehenswürdigkeiten, das Kunstmuseum und die Jōmon-Ausgrabungsstätte, befinden sich etwa 4 km außerhalb der Innenstadt, näher am Shinkansen-Bahnhof Shin-Aomori. In der Nähe des JR-Bahnhofs Aomori gibt es im Zentrum Hotels und eine touristische Infrastruktur. Hauptattraktion ist hier das **Wa rasse Nebuta Museum**, 🖥 www.nebuta.or.jp/warasse, eine Ausstellungshalle zum bekannten Nebuta Matsuri. Auch wenn man nicht beim Fest im August dabei sein kann, hat man hier Gelegenheit, etliche der beleuchteten Festwagen anzusehen, die ähnlich wie Karnevalswagen jedes Jahr neu gestaltet werden. Dank digitaler Technik kann man eine riesige leuchtende Gesichtsmaske mit dem eigenen Entwurf versehen. 🕐 Mai–Aug 9–19, Sep–April 9–18 Uhr, 600 ¥.

In der Markthalle **A Factory** nebenan an der Promenade gibt es offene Restaurant-Stände und regionale Andenken, in die andere Richtung kommt man zur markanten dreieckigen Tourismusbehörde der Präfektur, ebenfalls mit reichlich lokaltypischen Verkaufsständen. Besonders beliebt ist der „Apple Kuchen", ein ganzer Apfel im Baumkuchen-Schlafrock.

Das gegenüber vertäute gelbe **Fährschiff Hakkoda-Maru** war bis 1988 als Eisenbahnfähre nach Hokkaidō im Einsatz und kann jetzt besichtigt werden. 🕐 tgl. 9–19, Nov–März bis 17 Uhr, 500 ¥.

Sannai-Maruyama-Jōmon-Ausgrabungsstätte 山内丸山遺跡

Etwa 4 km südwestlich des Zentrums (6 km auf der Straße) befindet sich die größte und bedeutendste Fundstätte von Siedlungen aus der gesamten Jōmon-Zeit, der japanischen Steinzeit, die für ungewöhnliche Tontöpfe bekannt ist: Mit Schnüren wurden aufwendige Verzierungen in die Keramik gedrückt. Die Funde von Sannai Maruyama sind etwa zwischen 5200 und 4000 Jahre alt und in einem modernen Museum ausgestellt. Die englische Beschriftung ist sehr knapp, aber die Objekte sind hochkarätig. Neben Steinwerkzeugen und scharfen Obsidian-

klingen sind natürlich zahlreiche Keramiktöpfe ausgestellt, darunter solche, die für Kinderbestattungen benutzt wurden. Es gibt schamanistische Amulette in Form von Tigerkrallen und Figurinen, die wie Printenmänner aussehen.

Besonders spannend ist aber das Außengelände, wo die Ausgrabungen so anschaulich gemacht werden, wie das eben bei frühgeschichtlichen Funden geht: mit überdachten Gruben und Querschnitten, aber auch rekonstruierten Langhäusern und halb eingegrabenen Hütten. Wofür das turmähnliche Gebäude gedacht war, das man rekonstruieren konnte, ist noch ungeklärt. 🖥 www.sannaimaruyama.pref.aomori.jp, 🕐 Golden Week bis Sep tgl. 9–18, Okt–April 9–17 Uhr, Eintritt frei, Neujahr geschlossen. Anfahrt Nebutango-Bus, Haltestelle Sannai Maruyama, oder Stadtbus 6 Richtung Unten Menkyo Center.

Kunstmuseum der Präfektur Aomori 青森県立美術館

Gleich neben der Ausgrabungsstätte (zu Fuß 10 Min.) steht das neue Kunstmuseum der Präfektur, große weiße kubische Räume vom Architekten Aoki Jun. Die Bauweise halb im Boden nimmt Bezug auf die Jōmon-Architektur nebenan. Sammlungshighlights sind Werke des einheimischen expressionistischen Holzschnittkünstlers Munakata Shikō und des bekannten japanischen Künstlers Nara Yoritomo, dessen riesige Hundeskulptur ein Wortspiel aus „Aomori-Präfektur" und „Aomori-Hund" ist (beides heißt Aomori-ken). Außerdem gibt es oft gute Sonderausstellungen. 🖥 www.aomorimuseum.jp, 🕐 Juni–Sep tgl. 9–18, Okt–Mai 10–17 Uhr, jeden 2. und 4. Mo geschlossen (bei Feiertagen der folgende Di), 500 ¥. Anfahrt wie nach Sannai Maruyama (Bushaltestelle Kenritsu Bijutsukan-mae).

ÜBERNACHTUNG

€ **APA Hotel**, Yasukata 1-11-2, 📞 017-722-1100. Nach einer Teilrenovierung 2014 sind die kleinen Zimmer mit großen Plasmafernsehern ausgestattet, wirken ansonsten aber immer noch etwas verbraucht. Dafür oft sehr günstige Angebote (DZ ab 4000 ¥). ❶

© WESTWARDS

Im Wa rasse Nebuta Museum kann man die imposanten Festwagen das ganze Jahr über bewundern.

Hyper Hotels Passage, Shinchō 1-8-6, ☎ 017-721-5656. Ordentliches zentrales Hotel. Frühstücksbuffet inkl. ❷

€ **Iroha Ryokan**, Yasukata 1-3-21, ☎ 017-722-8689. In einer Gasse gegenüber vom Bahnhof gleich neben dem Grand Hotel. Einfaches Ryokan mit japanischen Zimmern, Gemeinschaftsbad und -WC oben. ❶

Aki, Shinchō 2-1-16, ☎ 017-722-3961. Uriges, etwas altmodisches Lokal für *tonkatsu* (Schweinekotelett) und Steak. Große Portionen.
Passage Hiroba, Shimachi-dōri nicht weit vom Bahnhof. Im Sommer beliebter Platz mit mehreren Kneipen, Bars und Tapas-Stuben, alle auch mit Tischen draußen und ohne Cover Charge.
Ringobako, Shinchō 1-3-7, ☎ 017-763-5155, 🖥 www.auga-ringobako.com. Neben dem Markt im UG des Auga-Kaufhauses. Rustikale Kneipe mit täglich Livemusik, v. a. Tsugaru-Shamisen und Volkslieder aus der Region.
Taji, Shinchō 1-12-11, Maruyama Bldg, ☎ 017-752-6271, in der Nikoniko-dōri (eine Parallelstraße südlich der Shinchō-dōri). Freundliches indisches Restaurant mit günstigen Angeboten und unterschiedlichen Schärfestufen. Set ab 800 ¥. 🕐 tgl.11–15, 17–22 Uhr.

Einkaufen
Murata Kōgei, Shincho-dōri, 🖥 www.mkougei. jp. Gut sortierter Andenkenladen u. a. mit der lokalen Stickerei Kogin sashi, Kokeshi-Puppen, Tsugaru-Lack und Kanayama-Keramik. 🕐 Mo–Fr 9.30–18.30, Sa 10–18.30, So 10–18 Uhr.

Fahrradverleih
Nördlich vom Bahnhof in Richtung A Factory, ☎ 017-777-1101, 300 ¥ pro Tag, 🕐 nur 27.04.–31.10. von 9–17 Uhr (Ausleihe bis 16 Uhr).

Feste
Nebuta Matsuri: 2–7. August. Parade von beleuchteten Festwagen, S. 263. Wa rasse Nebuta Museum.

Informationen
Sehr hilfreiche **Touristeninformation**, ☎ 017-723-4670, mit Englisch sprechenden Mitarbeitern und einer Liste aller Unterkünfte vor dem Bahnhof Aomori, links vom Bahnhofsausgang. 🕐 tgl. 8–19 Uhr.
Am Bahnhof Shin-Aomori gibt es direkt im Bahnhofsgebäude eine **Information**, Shin-Aomori 2F, ☎ 017-52-6311, mit vielen (auch englischen) Prospekten. Wegen der spärlichen

Busverbindungen fragt man am besten als Erstes nach dem Bus.

NAHVERKEHR

Der **Nebutango Shuttle Route Bus** fährt nur alle ein bis zwei Stunden, verbindet aber die beiden Bahnhöfe (in Shin-Aomori: Südausgang Bussteig 1, Aomori: Bussteig 7) mit dem Kunstmuseum und der Jōmon-Ausgrabungsstätte. 200 ¥ pro Fahrt, Tagesticket 500 ¥.

TRANSPORT

Eisenbahn

HAKODATE (Hokkaidō), Schnellzug etwa stdl., 2 Std., ab 4320 ¥.
HIROSAKI, 50 Min., 670 ¥,
nach SHIMOKITA (Mutsu) über NOHEJI knapp 2 Std., 2180 ¥. Die Aoimori-Privatbahn darf man dafür mit dem JR-Rail-Pass benutzen, sofern man an deren Bahnhöfen nicht aussteigt.
TŌKYŌ, etwa stdl. ab Shin-Aomori mit dem Shinkansen Hayabusa, gut 3 Std., 17 150 ¥.

Busse

Verschiedene Fernbusverbindungen weitgehend entlang der Shinkansen-Strecke; nach TŌKYŌ ab 5000 ¥, MORIOKA ab 3300 ¥, SENDAI ab 4115 ¥. Auch Willer Express Busse, 💻 willerexpress.com.

Schiffe

HAKODATE (Hokkaido), mit der Fähre, 📞 017-766-4733, 💻 www.tsugarukaikyo.co.jp, 8x tgl., 3 Std. 40 Min., ab 2220 ¥, in der Hauptsaison ca. 30 % teurer.

Hirosaki 弘前

Auch wenn es nicht so verkehrsgünstig liegt wie sein moderner Nachbar Aomori, hat Hirosaki neben seiner fotogenen Burg, zwei Tempelbezirken und ein paar erhaltenen Samuraihäusern eine gemütliche Atmosphäre, auf die man vor Ort stolz ist. Besonderes Highlight für Einheimische wie Touristen sind die örtlichen *matsuri*, insbesondere das **Sakura Matsuri** im Frühjahr und das **Neputa Matsuri** Anfang August. Da die Kirschblüte in Hirosaki mit der Golden Week zu-

sammen fällt, nutzt jährlich über eine Million Menschen die Feiertage für einen Besuch – man sollte also auf jeden Fall vorher eine Unterkunft organisieren. Dafür kann man dann zusehen, wie sich das Burggelände in eine große *hanami*-Wiese mit picknickenden Familien und Gruppen von Jugendlichen verwandelt. Abends treffen sich alle in den *tsugaru jamisen*-Lokalen (Kasten S. 266).

Hirosaki-jō 弘前城

Der öffentliche Park ist in seiner ursprünglichen Anlage mit drei konzentrischen Befestigungsringen aus Gräben und Erdwällen weitgehend erhalten geblieben. Zu Beginn der Meiji-Periode wurden 2600 Zierkirschen gepflanzt, die für die hübsche *hanami*-Kulisse sorgen; speziell der Burggraben ist auch zur herbstlichen Laubfärbung sehr sehenswert. Der ursprünglich fünfstöckige *tenshukaku* (Donjon) der Burg wurde 1627 durch Blitzschlag zerstört, der dreistöckige Ersatz, heute das Symbol der Stadt, stammt von 1811 und ist einer der wenigen erhaltenen edozeitlichen *tenshukaku* Japans. Er beherbergt ein Museum mit Schwertern und Rüstungen. Erhalten sind noch drei *yagura* (Wachtürme) und fünf Burgtore. ⏰ tgl. 9–17 Uhr (23.4.–5.5. 7–21 Uhr), April–Nov 300 ¥ Eintritt für *honmaru* (innerster Befestigungsring), Museum und Arboretum, für das restliche Burggelände Eintritt frei.

Um die Burg

Wer nicht zur passenden Zeit für das Neputa Matsuri nach Hirosaki kommt, kann sich im „Neputa-Dorf" **Tsugaru-han Neputa-mura** einen Eindruck von den Dimensionen des Festumzugs verschaffen. Festwagen, Trommeln, Drachen und andere Utensilien beziehen, sofern sie nicht in der Neputa-Halle am Ōtemon-Platz gezeigt werden, in diesem umgebauten edozeitlichen Miso-Speicher zwischen den Umzügen ihr Quartier. Nebenbei gibt es lokaltypisches Kunsthandwerk zu bewundern und zu erwerben sowie Taiko- und Shamisen-Demonstrationen. Das Museum liegt direkt nordöstlich des Burgparks. ⏰ tgl. 9–17, Dez–März 9–16 Uhr, 500 ¥.

Gegenüber dem Ōtemon-Burgtor befindet sich das Sightseeing Information Center in einem umfangreichen Komplex, zu dem eine weitere kleine **Neputa-Ausstellung** mit einigen Festwagen gehört, dazu wiederum Ausstellung und Verkauf lokalen Kunsthandwerks wie *tsugaru nuri*-Lackwaren. ⏰ tgl. 9–18 Uhr.

Schräg gegenüber dem Ōtemon-Burgtor ließ der wohlhabende Geschäftsmann Fujita Ken'ichi 1919 eine Villa im europäischen Stil der Taishō-Zeit bauen und dazu einen eleganten, 21 800 m² großen Garten anlegen, der seit den 1990er-Jahren als **Fujita Kinen Tei-en** öffentlich zugänglich ist. ⏰ 1.4.–23.11. tgl. 9–17 Uhr, 310 ¥.

Samuraiviertel Naka-chō 仲町

Nördlich des Burgparks steht ein kleines Wohnviertel unter Denkmalschutz. Hier befand sich eines der Wohngebiete der direkten Gefolgsleute des Feudalherrn, der mehrere Wohnquartiere für Samurai-Familien vor der Burg anlegen lassen hatte, um das Nordtor, damals das Haupttor, zu schützen. Leider sind nur drei der edozeitlichen Samuraihäuser erhalten geblieben, die **Iwata-**, **Ito-** und **Umeda-Residenz**, zu den drei reetgedeckten Holzhäusern ist ein Rundgang ausgeschildert. ⏰ im Sommer ist tgl., im Winter nur am Wochenende von 10–16 Uhr jeweils mindestens eins der Häuser geöffnet, April–Juni und zu den *matsuri* haben alle drei tgl. auf, Eintritt frei.

Im selben Viertel, direkt gegenüber dem Nordtor der Burg, findet man auch das **Haus der Kaufmannsfamilie Ishiba** aus der späten Edo-

Zeit. Die Ishiba handelten mit Haushaltswaren und Strohwaren und produzieren heute leckeren Sake und Obstwein, den man probieren sollte, wenn man schon mal vorbeikommt. ⏰ tgl. 9–17 Uhr, 100 ¥.

Zenrin-gai 禅林街

Ein paar Minuten südwestlich des Burgparks befindet sich das Tempelviertel Zenrin-gai, das aus einer geraden, beiderseits mit Tempeln und Sicheltannen gesäumten Straße besteht. Die 33 Tempel der zen-buddhistischen Soto-Richtung sorgen seit dem Bau der Burg für deren geistlichen Schutz. Der **Chōshō-ji** am Ende der Straße diente dem Tsugaru-Clan als Familientempel. Auf seinem Gelände befinden sich die Mausoleen von fünf der Feudalherren. Obwohl das Eingangstor beeindruckende 16,20 m hoch ist, wirken die Furcht einflößenden Wächtergötter darin ziemlich beengt. Vorbei an einer bronzenen Tempelglocke aus dem 14. Jh. gelangt man links zur Halle der 500 *rakan*, in der sich rund 100 farbenfrohe Statuen der Buddha-Jünger befinden.

Das Gebäude gegenüber beherbergt ein Esszimmer aus der früheren Ōura-Burg von 1502 und einige Familien-Erinnerungsstücke der Tsugaru, darunter eine lebensgroße Statue des ersten Tsugaru-Herren Tamenobu. Wer die Klingel an der Schiebetür betätigt, erhält eine kleine Führung, allerdings nur auf Japanisch. ⏰ Ap-

---

Hundehaut-Musik

Tsugaru jamisen ist die nordostjapanische Variante der Shamisen (S. 149). Sie ist größer und mit Hunde- statt Katzenhaut bespannt, Hals und Saiten sind dicker – all das führt zu einem tieferen, kräftigeren Klang. Mit dem hier maurerspachtelgroßen *bachi* werden die Saiten kräftig angeschlagen, die Spielweise ist dynamisch und perkussiv, und es wird viel improvisiert. Die Entstehung dieser besonders intensiven, energetischen Variante wird gern auf das unwirtliche Klima im Norden zurückgeführt, dem die Menschen etwas entgegensetzen mussten. Es wird gewöhnlich als Soloinstrument, mit Taiko und Gesang oder im Shamisen-Ensemble gespielt.

Zu einem regelrechten *Tsugaru-jamisen*-Boom beigetragen hat nicht zuletzt **Yamada Chisato**, der 1964 das Livehaus Yamauta eröffnete und dort bis zu seinem Tod 2004 mit seinen Schülern auftrat. Er rief 1982 einen nationalen Wettbewerb in Hirosaki ins Leben, der wachsende Teilnehmerzahlen verzeichnet, besonders seitdem einige der jungen, virtuosen Gewinner es durch die Verbindung mit modernen Musikstilen wie Pop und Jazz und auch durch ein flotteres Auftreten zu landesweiter Berühmtheit und internationaler Aufmerksamkeit gebracht haben, z. B. **Kinoshita Shin'ichi**, **Agatsuma Hiromitsu** oder die **Yoshida Brothers**.

---

ril–Okt tgl. 8–17, Nov–Mitte Dez 9–16 Uhr, Mitte Dez–März geschlossen, nur mit Voranmeldung: ℡ 0172-32-0813, 300¥.

ÜBERNACHTUNG

Best Western Hotel Newcity Hirosaki, Ōmachi 1-1-2, ℡ 0172-37-0700, 🖵 www.bestwestern. co.jp/hirosaki. Modernes, gehobenes Business-hotel direkt am Bahnhof, im selben Gebäude ist ein nobles Shopping Center mit Fitness-Studio und Pool, den man mitnutzen kann. 141 stilvoll eingerichtete Zimmer mit Bad, EZ trotz Preis-lage etwas beengt. Schickes Restaurant mit französischer Küche und Teppanyaki-Ecke im hinteren Bereich, Café, Bar. Frühstück inkl. ❸–❺

Ishiba Ryokan, Mototera-machi 55, ℡ 0172-32-9118, 🖵 www.ishibaryokan.com, 5 Min. vom Osttor der Burg neben einer historischen Kirche der United Church of Japan. Dieses traditions-reiche Ryokan wurde 1879 eröffnet und ist ein kleines Labyrinth aus dunklem Holz und *shōji* mit einem hübschen kleinen Garten dahinter. Je 9 geräumige Tatami-Zimmer mit/ohne Bad. Der freundliche junge Betreiber spricht Englisch. Leih-Fahrräder. Ab 4700 ¥ p. P.

JH Hirosaki, Mori-chō 11, ℡ 0172-33-7066, 🖵 www.jyh.or.jp, etwas versteckt in einer Wohnstraße nicht weit vom Ōtemon-Burgtor, ab Bahnhof Hirosaki mit Buslinie 6 bis Daigaku-byōin-mae (15 Min.), von dort 400 m bis zur JH. Altgediente Herberge mit gemütlicher Atmo-sphäre, großem Gemeinschaftsraum und zwei Haustigern. Platz für 24 Gäste in Tatami- und Etagenbettzimmern, Münzwaschmaschine, Fahrradverleih, Frühstücksbuffet, Abendessen (nur in der Nebensaison), kein Englisch. Für JH-Mitglieder ab 3240 ¥ p. P.

Route Inn Hirosaki Ekimae, Ekimae-chō 5-1, ℡ 0172-31-0010, 🖵 www.route-inn.co.jp, direkt gegenüber dem Bahnhof. 212 sehr ordentliche, aber etwas düster eingerichtete Zimmer. Ketten-Businesshotel mit der üblichen Ausstattung, 2 PCs im Foyer, alle Zimmer mit Internet, Laptop-verleih, großes Gemeinschaftsbad im obersten Stockwerk. Inkl. Frühstücksbuffet. ❷

€ **Super Hotel Hirosaki**, Dote-machi 148, ℡ 0172-35-9000, 🖵 www.superhotel.co. jp. Das Hotel der Budgetkette ist eine der günstigsten Unterkünfte in Hirosaki, EZ und Super Rooms (Queensize-Bett, quer darüber Einzelhochbett), viele Spezialangebote z. B. für Senioren oder Studenten (EZ ab 3500 ¥), immer inkl. Frühstücksbuffet. ❶–❷

ESSEN UND UNTERHALTUNG

In einigen Restaurants und Kneipen kann man sein Abendessen mit *Tsugaru-jamisen*-Musik (S. 266) genießen. Auch wenn man kein einge-fleischter Volksmusik-Fan ist – ein solcher Abend ist auf jeden Fall ein eindrückliches Erlebnis.

Anzu, Oyakata-machi 1-44, ℡ 0172-32-6684, 5 Min. südöstlich des Burgparks: Vom Bahnhof an der Post vorbei an der 1. Ampel nach der Brücke links, nach der nächsten Ampel auf der rechten Seite. Regionale Spezialitäten der Saison, Fischgerichte und Eintöpfe, dazu um 19.30 und 21.30 Uhr jeweils halbstündige *Tsugaru-jamisen*-Vorführungen, reichhaltige Menü-Optionen, gehobene Preise. Keine englische Karte, in der Hauptsaison reser-vieren. ◷ Mo–Sa 17–24 Uhr.

🌳 **Himawari**, Sakamoto-chō 2, ℡ 0172-35-4051, im „Sonnenblumen"-Café gleich neben dem Kikufuji (s. u.) kann man gemütlich in Retro-Atmosphäre bei klassischer Musik selbst gerösteten Kaffee und hausgemachten Kuchen genießen. Überwiegend regionale Zutaten. ◷ tgl. 10.30–20 Uhr.

Kikufuji, Sakamoto-chō 1, ℡ 0172-36-3300, etwa auf halber Strecke zwischen Bahnhof und Burg, nach der Hauptpost links, dann kurz vor Ende der Seitenstraße auf der rechten Seite. *Die* Institution für kreative Tsugaru-Küche, im Angebot sind regionale und saisonale Gerichte, von winterlichen Eintöpfen wie *kenoshiru* über frischen Fisch und Meeres-früchte bis zu Eigenkreationen wie Apfel-Hühnchen-Curry. Es gibt diverse Menü-Varianten, mittags wie üblich günstiger als abends. ◷ tgl. 11–15, 17–22 Uhr, manchmal Di geschl.

Live House Yamauta, Ō-machi 1-2-4, ℡ 0172-36-1835, 🖵 www.yamauta.com, 5 Min. vom Bahnhof, gleich hinterm Best Western Hotel Newcity. In dieser *izakaya* sind die Kellner gleichzeitig Musiker, abendlich zwei *Tsugaru-*

jamisen-Vorführungen ab etwa 19 Uhr, dazu gibt's leckere *yakitori*, *sashimi*, gegrillten Fisch usw. ab etwa 500 ¥, englische Karte vorhanden. Auch wenn das Yamauta vorwiegend auf (japanische) Touristen ausgerichtet ist, die Musik ist mitreißend und es herrscht eine äußerst freundliche und offene Atmosphäre. ⊕ Di–So 17–23 Uhr.

Einheimische trifft man vermutlich eher im **Aiya**, Tomita 2-7-3, ✆ 0172-32-1529, einer weiteren *Tsugaru jamisen izakaya*, vom Bahnhof etwa 15 Min. am Yamauta vorbei immer geradeaus, auf der rechten Seite. ⊕ tgl. 17–23 Uhr.

Suimeisō, Motodera-machi 69, ✆ 0172-32-8281, 🖥 www.suimeiso.co.jp. Vornehmes traditionelles Restaurant mit Kaiseki und lokalen Spezialitäten, japanische Séparées, Menü ab 8400 ¥. ⊕ tgl. 11–22 Uhr.

Takasago, Oyakata-machi 1-2, ✆ 0172-32-8025. Beliebtes Soba-Restaurant in Burgnähe, 5 Min. südöstlich vom Ōtemon-Tor, im hübschen alten Holzhaus. Erfrischend im Sommer: kalte *zaru soba* mit *nori*-Schnipseln, Menü ab 1000 ¥, mittags ist manchmal Schlangestehen im Vorgarten angesagt. ⊕ Di–So 11–18 Uhr.

SONSTIGES
Einkaufen
Typische Produkte der Region sind die eleganten *Tsugaru nuri*-Lackwaren, bei deren Herstellung in einem langwierigen Prozess 40 Schichten Lack aufgetragen werden, *akebi*-Korbwaren aus wildem Wein oder *kogin*-Stickereien, geometrische Muster, die ursprünglich als Verstärkung für Arbeitskleidung verwendet wurden. Man findet sie z. B. beim Neputa-mura und im Sightseeing Information Center (s. u.).

Fahrradverleih
€ Mitte Mai–Anfang Nov sind kostenlose Leihräder bei den Touristeninformationen erhältlich. ⊕ tgl. 9–16 Uhr.

Informationen und Internet
Touristeninformation im Bahnhof Hirosaki, ✆ 0172-26-3600. 30 Min. Kostenlose Internetnutzung, ⊕ tgl. 8.45–18 Uhr.
Hirosaki Sightseeing Information Center am Ōtemon-Platz, ✆ 0172-37-5501. Kostenloser Internetzugang, ⊕ tgl. 9–17 Uhr.
Beide haben ein paar englische Karten und Broschüren vorrätig, und einige der freundlichen Mitarbeiter sprechen etwas Englisch.

Post und Geld
Hauptpost, Kita Kawarake-chō 18-1, mit internationalem Geldautomat, auf halber Strecke zwischen Bahnhof und Burg, Filiale im Gebäude des Best Western Hotel Newcity.

NAHVERKEHR
Der 100-¥-Dotemachi-Loop-Bus dreht eine praktische Runde zwischen Bahnhof und Burg (Haltestelle Shiyakusho-mae am Ōtemon-Burgtor und Haltestelle Bunka Center-mae am Osttor). Zum Tempelviertel Zenrin-gai kommt man gut mit dem 200 ¥ Tamenobu Bus, der allerdings nur von April–Nov fährt.

TRANSPORT
Eisenbahn
AKITA, 8x tgl. mit dem Express, 2 1/4 Std., 3930 ¥
AOMORI, mit der Ou-Linie, 50 Min., 670 ¥, von dort Anschluss zum Shinkansen, nach Hokkaidō, zur Shimokita-Halbinsel oder zum Towada-See.

Busse
Der **Busbahnhof** liegt hinter dem Kaufhaus Itō Yōkadō, 5 Min. westlich vom Bahnhof.
MORIOKA, stdl., 2 1/4 Std., 3000 ¥
SENDAI, 9x tgl., 4 1/4 Std., 5400 ¥
TŌKYŌ, Nachtbus, 9 Std., ab 5000 ¥.

Hokkaidō

Stefan Loose Traveltipps

Winter in Hokkaidō Schneevergnügen ist garantiert. S. 273

Pirka Kotan Begegnung mit der Kultur der Ainu. S. 280

Rishiri-tō Auf der Insel lässt sich der majestätische Rishiri-dake rundum bewundern. S. 284

8 **Shiretoko-Nationalpark** Auf einer Bootsfahrt entlang der Küste sieht man grandiose Wasserfälle und seltene Tierarten. S. 289

Akan-Nationalpark Der Blick auf Mashū-See und Akan-See ist unvergesslich. S. 293

Tōya-See Ein malerischer See vor der Kulisse eines aktiven Vulkans. S. 296

La Perouse-Straße

REBUN-TŌ
Oshidomari Hafen
Wakkanai
Rishiri Rebun Sarobetsu-Nationalpark
Sarufutsu
Hamatonbetsu
Toyotomi
Nakatonbetsu
Esashi
Ōmu
Teshio
Nakagawa
Okoppe
Monbetsu
Enbetsu
Otoineppu
Bifuka
Yūbetsu
Shosanbetsu
YAGASHIRI-TŌ
Nayoro
Teshio-sanchi
Tokoro
Haboro
TEURI-TŌ
Takinoue
Engaru
Saroma
Tomamae
Shibetsu
Kitami-sanchi
Horokanai
Wassamu
Shiraki
Kitami
Obira
Numata
Kamikawa
Rubeshibe
Rumoi
Fukagawa
Asahikawa
Sōunkyo Onsen
Tsubetsu
Mashike
Akabira
Asahi-dake 2290
Mt. Kurodake 1984
Rikubetsu
Hamamasu
Takikawa
Shibetsu
Biei
Tenninkyō Onsen
Daisetsuzan-Nationalpark
Akan Onsen
Atsuta
Sunagawa
Utashinai
Tokachi-dake 2077
Tokachi Onsen
1499 Meakan
Tsukigata
Bibai
Mikasa
Furano
s. Detailplan Daisetsuzan NP S. 287
Kami-Shihoro
Ashoro
Ishikari-wan
Tōbetsu
Iwamizawa
Honbetsu
Furubira
Otaru
Ishikari
Yūbari
Shintoku
Shiranuka
Kamuennai
Ebetsu
Hidaka
Shimizu
Obihiro
Onbetsu
Iwanai
Sapporo
Jōzankei
Eniwa
Oiwake
Ikeda
Urahoro
Kutchan
Chitose
Niseko
Kimobetsu
Shikotsuko
Nibutani (Ainu-Dorf und Museum)
Nakasatsunai
Yōtei-zan 1893
Tōya-ko
Shikotsu-Tōya-Nationalpark
2052
Taiki
Suttsu
Kunomatsunai
Toyoura
Tomakomai
Biratori
Hiroo
1520
Abuta
Ōshamanbe
Shiraoi (Ainu-Dorf)
Shizunai
Mitsuishi
Samani
Imagane
Date
Noboribetsu
Setana
Kunnui
s. Detailplan Shikotsu-Tōya NP S. 298
Urakawa
Erimo
Katahiyama
Yakumo
Uchiura-wan
Muroran
Taisei
Mori
Shikabe
OKUSHIRI-TŌ
Nanae
Minami-Kayabe
Kumaishi
Yokotsu-date 1167
Kamiiso
Esashi
Hakodate
Kaminokuni
Kikonai
Ō-SHIMA
Fukushima
Ōma
Oshima-hantō
Matsumae
Ōhata
Shimokita-hantō
Mutsu
Osore-san 879
Tsugaru-kaikyō
Kawauchi
Minmaya
Wakinosawa
Yokohama
Kanita
Mutsu-wan
Rokkasho
Jusan-ko
Nakasato
Hiranai
Goshogawara
Aomori
Noheji
Ogawara-ko

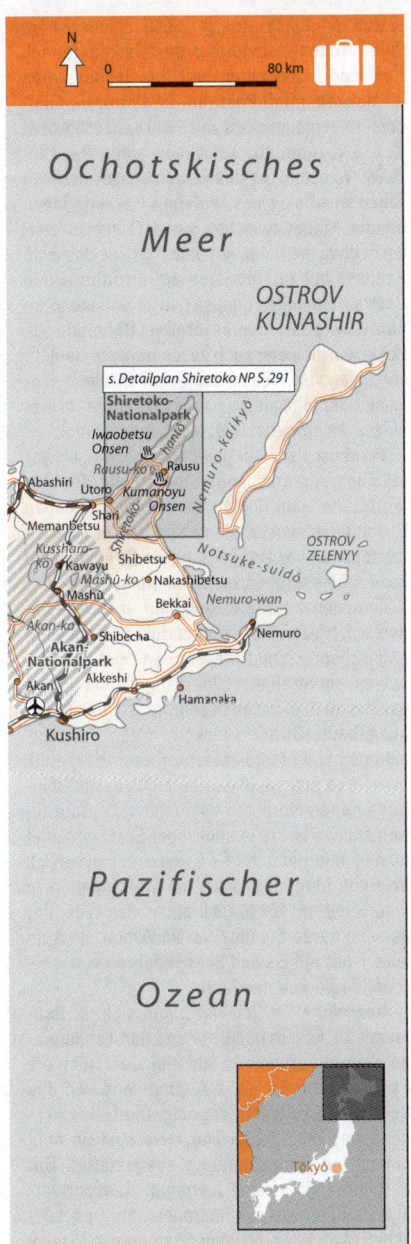

Ochotskisches

Meer

OSTROV
KUNASHIR

s. Detailplan Shiretoko NP S. 291

Shiretoko-
Nationalpark
Iwaobetsu
Onsen
Rausu-ko   Rausu
Abashiri Utoro Kumanoyu
              Shari   Onsen
Memanbetsu
                        OSTROV
Kussharo-   ZELENYY
ko Kawayu Shibetsu
    Mashū-ko Nakashibetsu
    Mashū
        Bekkai Nemuro-wan
Akan-ko
    Shibecha   Nemuro
Akan-
Nationalpark
Akan   Akkeshi
              Hamanaka
Kushiro

Pazifischer

Ozean

Tōkyō

Japaner, die in Hokkaidō zu Gast sind, fühlen sich meist wie im Ausland, Deutsche wie in Amerika, Amerikaner wie in Europa. Wie kommt das? In Hokkaidō, so könnte man meinen, hätten Amerikaner die Städte geplant, Bayern und Skandinavier die Landschaft gestaltet und Japaner alles mit Leben gefüllt. Einen Hauch von Freiheit und Anderssein meint man hier zu spüren und denkt im nächsten Moment wieder: „typisch Japan".

Hokkaidō, mit 83 456 km² Fläche die zweitgrößte Insel Japans, wurde erst vor rund 140 Jahren von den Japanern „erschlossen". Hier siedelten sich Menschen an, die ihre Heimatregion verlassen wollten oder mussten. Vor der offiziellen Besiedlung durch die Japaner in der Meiji-Zeit war die Insel vom Volk der Ainu bewohnt und wurde *Ezo* genannt. Auch heute leben hier unter 5,7 Mio. Einwohnern noch rund 25 000 Ainu. Fast alle sind in der japanischen Gesellschaft aufgewachsen, versuchen aber, ihre Tradition so gut es geht zu bewahren oder auch neu zu entdecken (S. 282).

Die von Landwirtschaft und Dienstleistung geprägte Insel ohne nennenswerte Industrie bietet einmalige Blicke auf Berge, klare Flüsse, Seen, Küsten, wild lebende Tiere und aktive Vulkane. Hokkaidōs höchster Berg ist mit 2291 m der Asahi-dake.

Sechs Nationalparks laden zu einmaligen Naturerlebnissen ein, obwohl Hokkaidō auch sonst überall mit den vielfältigen Bildern seiner Landschaft verzaubert.

Frische Nahrungsmittel vom Feld und aus dem Meer runden das Vergnügen kulinarisch ab. Zahlreiche Onsen bieten allerlei Gelegenheit für Wellness-Genüsse.

Reisezeit

Hokkaidō hat vier ausgeprägte Jahreszeiten: Einem angenehmen Sommer folgt der bunte Herbst. Nach schneereichem Winter wartet ein farbenfroher Frühling.

Die atemberaubenden Naturspektakel locken viele Besucher hierher, zunehmend auch aus anderen asiatischen Ländern. Die beste Reisezeit sind aber der Winter (Jan/Feb) sowie die „grüne" Jahreszeit von Ende Mai bis Anfang Oktober.

Der Hokkaidō-Kürbis

Der Begriff Hokkaidō ist in Form eines kleinen Speisekürbis mit weich kochender Schale und nussigem Geschmack inzwischen auf jedem deutschen Wochenmarkt vertreten. Wahrscheinlich wurde er in Hokkaidō aus einer Sorte, die aus den USA dorthin kam, gezüchtet. Als Hokkaidō-Kürbis ist er aber vor Ort nicht bekannt. Wer einen Kürbis sucht, sollte nach *kabocha* fragen. Die deutsche Betonung auf dem „i" von Hokkaidō wirkt auf Japaner übrigens erheiternd – richtig heißt es *kai* wie im gleichlautenden deutschen Namen.

Outdoor-Tipps

Auf Hokkaidō wird es im Sommer sehr früh hell. Im Juni geht die Sonne gegen 4 Uhr früh auf, dunkel wird es aber schon um 19 Uhr. Europäische Urlauber müssen sich daher umstellen, wenn sie z. B. vor Einbruch der Dunkelheit noch ein Zelt aufstellen möchten. In jedem Fall ernst nehmen sollte man Bärenwarnungen und bei Aktivitäten in der Natur entsprechende Vorsichtsmaßnahmen treffen (Glöckchen am Gepäck bei Bergtouren, Essen verpacken beim Zelten etc.).

Essen

Zu den kulinarischen Spezialitäten aus dem Meer gehören die Riesenkrebse **Kani** und der rote Kaviar **Ikura** (eigentlich ein russisches Wort – was vielen Japanern nicht bewusst ist) sowie **Hokke-Makrelen** und die **Hotate-Kammmuscheln** auf Sushi wie auch vom Grill. Mit frischem, lokalem Gemüse wird pikantes **Soup-Curry** bereitet, das sich als neues Gericht in der japanischen Küche etabliert hat.

Dauerbrenner der Hokkaidō-Küche sind **Hokkaidō-Rāmen** (Nudelsuppen) sowie ein als **Dschinghis Khan** bekanntes Gericht: am Tisch über Sojasprossen und Gemüse gegrilltes Lammfleisch.

Transport

Eine stark frequentierte **Flugstrecke** verbindet die Präfekturhauptstadt Sapporo in anderthalb Stunden mit Tōkyō.

Zur Hauptinsel Honshū besteht eine 54 km lange Tunnelverbindung, der Seikan-Tunnel. Hokkaidō bietet einen eigenen Railpass, den **JR Hokkaidō Rail Pass**, an. Es gibt Drei-, Fünf- oder Siebentagetickets zu 15 430 ¥, 20 060 ¥ bzw. 22 630 ¥. Alternativ kann man einen Pass für 20 060 ¥ kaufen, der das Fahren an vier flexiblen Tagen innerhalb eines Zeitraums von zehn Tagen erlaubt. Kinder zwischen 6 und 11 Jahren zahlen in etwa die Hälfte. Erhältlich ist der Hokkaidō Railpass nur für Touristen am JR Information Desk am Flughafen Chitose und im Bahnhof Sapporo sowie an anderen großen Bahnhöfen in Hokkaidō. JR bietet auch ausgearbeitete Routenvorschläge für Winter- und Sommerziele in englischer Sprache an. Ein handlicher englischsprachiger *Train Timetable* ist recht übersichtlich.

Fernbusse sind für gewöhnlich etwas billiger als Züge und erschließen mehr Ziele. Die Abfahrtszeiten und Routen der unterschiedlichen Busunternehmen erhält man in den Touristeninformationen vor Ort. Für längere Strecken sind komfortable Nachtbusse zu empfehlen.

Touristen mit **Mietwagen oder -motorrad** finden sich trotz Linksverkehr in Hokkaidō mit einer englischsprachigen Straßenkarte gut zurecht, obwohl die Straßenschilder längst nicht durchgehend auch englisch beschriftet sind. Sehr gut ausgebaute Straßen locken in den Sommermonaten viele Motorradfahrer nach Hokkaidō. Eine Reise entlang einer der sechs ausgearbeiteten Panoramarouten empfiehlt sich. Gute Informationen hierzu in englischer Sprache findet man im Internet unter 🖥 www.scenicbyway.jp. Vorsicht: Man neigt dazu, die Entfernungen zu unterschätzen! Für 40 km braucht man in der Regel eine ganze Stunde. Wer im Winter ein Auto leiht, muss auf Eis und Schnee fahren können – es wird kein Salz gestreut.

Das Wetter im Sommer bietet sich für **Radtouren** an. Es gibt Radwege und Radwanderwege, die aber oft holprig und eng sind. Auch die Beschilderung ist nicht durchgehend und das Kartenmaterial wenig ergiebig. Die Leihfahrräder haben keine Topqualität, meist sind sie nicht einmal mit Gangschaltung ausgestattet. Gut durchorganisiert sind hingegen Radsportveranstaltungen wie das Radrennen am Ochotskischen Meer oder Mountainbiketouren in Niseko.

Winter in Hokkaidō: Traum in Weiß

Von Januar bis März und länger prägt die Farbe Weiß das Bild der ganzen Insel. An den Wegrändern türmen sich hohe Schneeberge, die sogar das sonst asphaltgraue Stadtbild Sapporos märchenhaft verzaubern: festgefahrene Schneedecke auf vielen Straßen, Hohlwege in scheinbar unberührtem, reinem Weiß, dazu trockene Schneeluft. Ein Spaß zumindest für alle, die nicht selbst fürs Schneeräumen verantwortlich sind. Glücklich darf sich schätzen, wer dies als Winterurlauber auf der Piste, beim Eisfischen oder Hundeschlittenfahren genießen und den Tag bei einer Rāmen-Suppe und/oder im Onsen ausklingen lassen darf.

Sapporo ist die schneereichste Großstadt der Welt. Jährliche Schneemengen von durchschnittlich 6,30 m stellen eine Herausforderung für den Räumdienst und somit für den Etat der Stadt dar. Doch das Leben pulsiert trotz Eis und Schnee. Allein ein Blick auf die professionelle Arbeit der Räumdienste und die Vielseitigkeit der Fahrzeugflotte sind einen Besuch auf Hokkaidō im Winter wert. Der Schnee muss auf Lastwagen aus der Stadt hinaustransportiert werden. Wer es sich leisten kann, gönnt sich eine Straßenheizung vor dem Haus. Die meisten Dächer sind mit Schneeschmelzanlagen ausgestattet, was aber nur bei Flachdächern möglich ist. Wer ein Haus mit Giebeldach bevorzugt, braucht im Garten Platz genug, um den sich auftürmenden Schnee vom Dach zu lagern.

Was den **Wintersport** anbelangt, wird Hokkaidō gern als „Aspen Japans" bezeichnet. Geschätzt für seine Schneesicherheit und den Pulverschnee sind in den Skigebieten um Niseko (S. 300) inzwischen längst nicht mehr nur Japaner unterwegs. Der Winter in Hokkaidō lockt Neuseeländer und Australier, die ohne Zeitverschiebung anreisen, sowie Asiaten aus Taiwan, China, Singapur und Korea an. Die weiße Jahreszeit – insbesondere der Februar – ist in Hokkaidō daher Hochsaison, obwohl auch hier die Erderwärmung jüngst manchen Streich spielt.

Praktische Hinweise

Wer mit dem Auto in einen Schneesturm geraten ist, hält sich an die roten Pfeile, die über den Straßen angebracht sind, um den Fahrbahnrand zu markieren. Außerdem auf Wintersperren für Pässe oder Bergstraßen achten, die mancherorts sogar bis Mai andauern! Zur Vorbeugung von Verletzungen auf Eisplatten bieten Schuhgeschäfte Winterschuhe mit ausklappbaren Spikes oder an die Schuhe zu schnallende Anti-Rutsch-Grips *(supaiku-bisu)* an. Wenn auch allerorts Taschenheizungen *(kairo)* feilgeboten werden, warme Kleidung ist nötig, um Eis- und Schneefeste (S. 278, 295) richtig genießen zu können. Man trifft zwar mit hochhackigen Schuhen im Minirock durch die Kälte stolzierende Schönheiten – das Geheimnis dieser Kältetauglichkeit bewahren sie allerdings für sich.

Sapporo 札幌

Als Sapporo 1972 mit den Olympischen Winterspielen erstmals weltweit im Rampenlicht stand, war es noch überschaubar klein. Heute ist es mit 1,8 Mio. Einwohnern die fünftgrößte Stadt Japans. Durch Zuwanderer vom Land hatte Sapporo in den Nachkriegsjahren ein beispiellos rasantes Bevölkerungswachstum zu bewältigen. Heute ist es eine moderne Großstadt mit geraden, breiten Straßen, viel Verkehr, modernen Geschäften und gut besuchten Kneipen.

Zusätzlich befindet sich hier der Verwaltungssitz der Präfektur Hokkaidō.

Sapporo pflegt seit den Olympischen Spielen von 1972 eine Städtepartnerschaft zu München. Ein Maibaum im Ōdōri-Park, eine sogenannte Münchner Brücke und eine Straßenbahn aus München sind materielle Zeichen dieser Verbindung. Seit 2002 findet im Dezember auch regelmäßig ein Münchner Weihnachtsmarkt im Ōdōri-Park statt.

Sapporo ist beliebt für seinen trockenen, moderaten Sommer. Die Bürger selbst sind stolz auf ihr klares Wasser und ihr gutes Bier.

Orientierung

Das Stadtzentrum Sapporos ist flach und schachbrettartig angelegt. Mit den Koordinaten der Himmelsrichtungen, deren ungefähren Mittelpunkt der Fernsehturm Terebi-tō bildet, findet man sich leicht zurecht. Mit den Abkürzungen der englischsprachigen Himmelsrichtungen werden Ortsangaben im Stadtkern angegeben: N – Nord (Kita), W – West (Nishi), E – Ost (Higashi) und S – Süd (Minami). Das Rathaus findet man z. B. an der Ecke Nord 1 und West 2, abgekürzt N1 W2. Der Ōdōri-Park bildet die Nord-Süd-Grenze, der Soseigawa-Kanal trennt Ost und West.

Das Zentrum

Das Wort Sapporo kommt aus der Ainu-Sprache *(sat poro pet)* und bedeutet „trockenes, breites Flussbett". Die klassischen Sehenswürdigkeiten der Stadt sind jedoch Gebäude aus der Zeit, als die Japaner mit der Besiedelung Hokkaidōs begannen (1869).

Der Uhrturm **Tokeidai** (N1 W2) ist das Wahrzeichen Sapporos. Er wurde 1878 als Trainingseinrichtung der landwirtschaftlichen Universität gebaut und wird heute für Konzerte und Versammlungen genutzt. Neben dem 1881 aus Boston importierten Uhrwerk sind hier Exponate zur Stadtgeschichte zu sehen. ☉ tgl. 9–17 Uhr außer am 4. Mo im Monat, 200 ¥.

Das alte Regierungsgebäude Hokkaidōs, **Akarenga** (N3 W6), ist ein roter Ziegelbau, der 1888 nach amerikanischem Vorbild errichtet wurde. Er birgt Schriftstücke und Dokumente aus der Zeit der Erschließung und wird heute für Veranstaltungen genutzt. ☉ tgl. 9–17 Uhr, Eintritt frei.

Das **ehemalige Oberlandesgericht** (Shiryōkan), ein Steinbau am Westende des Ōdōri-Parks (Ōdōri W13), ist heute das Dokumentationszentrum der Stadt mit Räumen für wechselnde Ausstellungen. ☉ 9–17 Uhr.

Keines dieser Bauwerke mutet japanisch an, vielmehr zeigen Sapporos Sehenswürdigkeiten den starken westlichen Einfluss in der Meiji-Zeit (1868–1912). Japaner aus Honshū fühlen sich hier nicht von ungefähr wie im Ausland. Ein interessantes Beispiel für die Kombination von japanischem und amerikanischem Baustil ist

das **Seikatei** von 1880 (N7 W7), ein Haus zum Empfang von Ehrengästen. ☉ tgl. 9–16 Uhr, Eintritt frei.

Der **Ōdōri-Park** – ein Grünstreifen, der die Stadt in Nord und Süd teilt – ist Schauplatz vieler Veranstaltungen im Jahreskalender, darunter das weltberühmte Schneefest (S. 278), das fröhlich farbenfrohe Yosakoi-Tanzfest Anfang Juni und das sommerliche Bierfest im August. Auch sonst lädt der Park mit Wasserspielen, Grünanlagen, Maiskolbenverkauf etc. zum Bummeln und Flanieren ein.

Einen tollen Blick über Stadt und Umgebung – bei gutem Wetter sogar bis ans Meer – bekommt man vom 147,20 m hohen Fernsehturm **Terebi-tō**. ☉ tgl. 9–22 Uhr, Auffahrt 720 ¥. Kostenlos gibt es die Aussicht vom 19. Stock des **Rathauses** (N1 W1, geöffnet nur im Sommer während der Bürozeiten).

Für kleine Großstadtpausen im Grünen empfehlen sich der nahe gelegene **Botanische Garten** (Hokkaidō Shokubutsu-en, N3 W6) mit einer kleinen Ainu-Ausstellung, ☉ 9–16 Uhr, 400 ¥, und der Campus der **Hokkaidō Universität** (N9 W5) mit Pappelallee und historischem Furukawa Kinenkan, dem ersten im Neo-Renaissance-Stil erbauten Gebäude Hokkaidōs. Der **Nakajima-Park** liegt südlich des Zentrums am unteren Ende der Ekimae-dōri (S9 W3). Im Park befindet sich auch das Hōheikan, ein Gebäude von 1880 im westlichen Stil. ☉ Juni–Okt tgl. 9–17 Uhr, Eintritt frei, U-Bahn (Nanbokusen) bis Nakajima-kōen.

Der Westen

Bei einem Besuch des **Hokkaidō-Schreins** im Maruyama-Park (U-Bahnhof Maruyama-kōen, Tōzai-Linie) mit seinen 1200 japanischen Kirschbäumen kann man mit etwas Glück eine japanische Hochzeit oder eine Autoweihe durch einen Shintō-Priester erleben. Hier zeigt sich Sapporo von traditionell japanischer Seite.

Ebenfalls im Bezirk Maruyama liegt die **Okurayama-Schanze**, die Sportfreunden als Austragungsort für Skisprungwettkämpfe ein Begriff sein dürfte. Sie lohnt aber auch im Sommer einen Besuch wegen ihres grandiosen Blicks über Sapporo (Auffahrt im Sessellift 500 ¥). Hier befindet sich auch das modern gestalte-

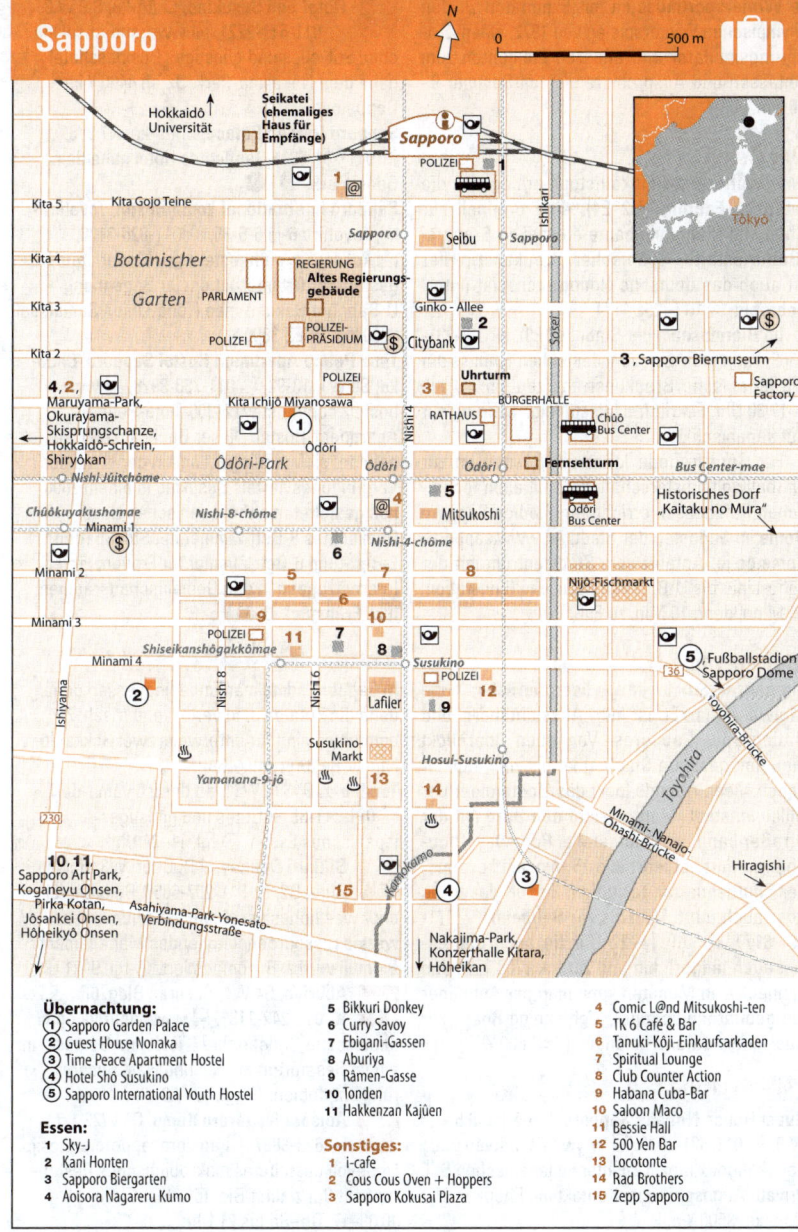

Sapporo

N

0   500 m

Hokkaidō Universität

Seikatei (ehemaliges Haus für Empfänge)

Sapporo

POLIZEI

Kita 5
Kita Gojo Teine

Kita 4

Botanischer

Kita 3

Garten   PARLAMENT

REGIERUNG
Altes Regierungsgebäude

Kita 2   POLIZEI

POLIZEI-PRÄSIDIUM   Citybank

Sapporo   Seibu   Sapporo

Ginko - Allee

2

3, Sapporo Biermuseum

Sapporo Factory

4, **2**,
Maruyama-Park, Okurayama-Skisprungschanze, Hokkaidō-Schrein, Shiryōkan

POLIZEI

Kita Ichijō Miyanosawa   **3**

Ōdori

Uhrturm

BÜRGERHALLE

RATHAUS   Chūō Bus Center

Ōdōri-Park   Ōdōri   Ōdōri   Fernsehturm   Bus Center-mae

Nishi Jūitchōme

Chūōkuyakushomae   Nishi-8-chōme   **4**   **5**
Mitsukoshi

Ōdōri Bus Center

Historisches Dorf „Kaitaku no Mura"

Minami 1

Nishi-4-chōme

Minami 2   **6**
Nijō-Fischmarkt

Minami 3   **5**
7   **8**

9   **10**

POLIZEI   **11**   **7**
8
Shiseikanshōgakkōmae

Minami 4   Susukino   POLIZEI   **12**

Lafiler   **9**

5 Fußballstadion Sapporo Dome

Ishiyama

Susukino-Markt

Hosui-Susukino

Yamanana-9-jō   **13**

14

Minami-Nenajo-Ōhashi-Brücke

Hiragishi

10, **11**
Sapporo Art Park, Koganeyu Onsen, Pirka Kotan, Jōsankei Onsen, Hōheikyō Onsen

Asahiyama-Park-Yonesato-Verbindungsstraße

15

4   **3**

Nakajima-Park, Konzerthalle Kitara, Hōheikan

Tōkyō

Übernachtung:
① Sapporo Garden Palace
② Guest House Nonaka
③ Time Peace Apartment Hostel
④ Hotel Shō Susukino
⑤ Sapporo International Youth Hostel

Essen:
1 Sky-J
2 Kani Honten
3 Sapporo Biergarten
4 Aoisora Nagareru Kumo

5 Bikkuri Donkey
6 Curry Savoy
7 Ebigani-Gassen
8 Aburiya
9 Rāmen-Gasse
10 Tonden
11 Hakkenzan Kajūen

Sonstiges:
1 i-cafe
2 Cous Cous Oven + Hoppers
3 Sapporo Kokusai Plaza

4 Comic L@nd Mitsukoshi-ten
5 TK 6 Café & Bar
6 Tanuki-Kōji-Einkaufsarkaden
7 Spiritual Lounge
8 Club Counter Action
9 Habana Cuba-Bar
10 Saloon Maco
11 Bessie Hall
12 500 Yen Bar
13 Locotonte
14 Rad Brothers
15 Zepp Sapporo

te **Wintersportmuseum** mit Exponaten zu den Olympischen Winterspielen von 1972, einem Skisprungsimulator und anderen Elementen zum Anfassen und Ausprobieren. ⏱ im Sommer 9–18 Uhr, 600 ¥.

Der Osten
Eine wetterfeste Einkaufstour ermöglicht die **Sapporo Factory** (N2 E4), eine originell zur Shopping Mall umgebaute ehemalige Brauerei (Geburtsstätte japanischer Braukunst). Hier ist auch das deutsche Honorarkonsulat untergebracht, ✆ 011- 251 4174.

Im **Biermuseum** der Stadt (N7 E9), ✆ 011-731-4368, kann man sich vom deutschen Einfluss auf die japanische Braukunst überzeugen. ⏱ tgl. 9–17.30 Uhr, Eintritt frei (einstündige Führung nur auf Japanisch).

Für Sportfreunde lohnt ein Besuch im zur Fußballweltmeisterschaft 2002 mit allen technischen Raffinessen errichteten Stadion **Sapporo Dome** im Südosten der Stadt, 🖥 www.sapporo-dome.co.jp. Anfahrt vom Stadtzentrum mit der Tōhō-Linie bis U-Bahnhof Fukuzumi (Endstation, 15 Min.), dann 10 Min. zu Fuß.

Moiwa-yama 藻岩山
Ein ganzes Stück südlich liegt der 531 m hohe Moiwa-yama. Er ist der Aussichtsberg und Dating-Spot Sapporos. Von oben überblickt man das gesamte Stadtgebiet bis zum Japanischen Meer. Abends lockt das Lichtermeer der Millionenstadt. Man erreicht den Berg mit der Straßenbahn bis Haltestelle Ropeway Iriguchi; von dort verkehrt alle 15 Min. ein kostenloser Shuttlebus zur Talstation. Zu Fuß dauert es aber auch nur 5 Min. bis zur **Seilbahn**, ✆ 011-561-8177, ⏱ tgl. 11–22 Uhr (je nach Jahreszeit auch länger), hin und zurück 1700 ¥. In den schneefreien Monaten kann man per Auto über die gebührenpflichtige „Sightseeing Road" zur Aussichtsplattform gelangen (Pkw 660 ¥).

Guest House Nonaka Sapporo, Chūō-ku, S 5 W 9, ✆ 011-521-1010, 🖥 www.healingweb.net/nonaka/index.htm. 6 Zimmer im japanischen Stil. Private Atmosphäre im Kontakt mit Ehepaar Nonaka. 3500 ¥ p. P.

€ **Hotel Shō Susukino**, Chūō-ku, S 9 W 3, ✆ 011-511-2221, 🖥 www.sho-susukino.com. Stilvolles und günstiges Businesshotel nahe dem Nakajima-Park. DZ ab 4400 ¥ im Doppelbett.

Sapporo Garden Palace, Chūō-ku, N1 W6, ✆ 011-261-5311.Gepflegtes Hotel nahe dem Ōdōri-Park. ❷–❸

Sapporo International Youth Hostel, Toyohira-ku, Toyohira 6-jō 6-5-35, ✆ 011-825-3120, ✉ kokusai@youthhostel.or.jp. Modern ausgestatteter Ort internationaler Begegnung. U-Bahnhof Gakuen-mae (Tōhō-Linie). Schlafsaal 3200 ¥ p. P., EZ 3800 ¥.

Time Peace Apartment Hostel Sapporo, Chūō-ku, S8 W1, 13-92, ✆ 011-788-3928, 🖥 www.hostelz.com/hostel/121306-Time-Peace-Apartment-Hostel. Dieser Backpacker-Treff befindet sich in ruhiger Lage in der Nähe des Vergnügungsviertels Susukino in einem 2008 neu gestalteten alten japanischen Haus. Gemischte 8-Bett-Zimmer mit Stockbetten, 2-Bett- und 6-Bett-Zimmer für Frauen. Freier Internetzugang in den Gemeinschaftsräumen. Inkl. Frühstück. 3000 ¥ p. P.

In Sapporo sollte man unbedingt essen gehen, denn die Zutaten sind verlockend frisch. Zu empfehlen sind für unterwegs zwei Hokkaidō-Family-Restaurantketten:

Tonden, z. B. S16 W11, an der Ishiyama-dōri, ✆ 011-511-3811. Gutes und günstiges japanisches Essen. ⏱ tgl. 11–24 Uhr.

Bikkuri Donkey, z. B. Ōdōri W3, Hokuyō Bldg. B2, ✆ 011-207-6065. Bekannt für eher westliches Essen und sein bemerkenswertes ressourcenschonendes Management. Biomüll wird z. B. kompostiert. ⏱ tgl. 9–21 Uhr.

Aburiya, S4 W4, Suzuran Bldg. 6F, ✆ 011-242-1131, 🖥 www.aburiya.com. Japanische Grillgerichte (Fisch und Gemüse) in einem Restaurant mit Stil und Flair. Reservierung empfohlen. ⏱ tgl. 17– 23 Uhr.

Aoisora Nagareru Kumo, S1 W22 1-7, ✆ 623-3887, 🖥 aoisorasapporo.stores.jp. Liebevoll gestaltetes makrobiotisches Restaurant mit Spezialität Bio-Tōfu-Eis. ⏱ So–Mi 10.30–17, Do–Sa bis 21 Uhr.

Gegen Katerstimmung

Rāmen-Lokale findet man überall. Sie wirken übrigens hervorragend einem Kater entgegen, weshalb so manche Trinkrunde mit dem Besuch in einer Rāmen-Bar ihren Abschluss findet. Beliebt bei Einheimischen wie Touristen ist ein Besuch in der **Rāmen-Gasse** in Susukino, S5 W3 (ca. 800 ¥).

Curry Savoy, S1 W5, gegenüber dem Lawson im Untergeschoss, ✆ 011-219-7810. Serviert das Modegericht soup curry für rund 1000 ¥. ⊕ tgl. 11.30–21 Uhr.

Wenn man sich etwas Besonderes gönnen möchte, empfehlen sich die „King Crabs" – etwas vornehm als Menüfolge z. B. bei **Kani Honten**, N3 W2, ✆ 011-222-0018, Nähe JR-Bahnhof Sapporo, Exit 13, Lunch-Menü ab 3000 ¥, und **Ebigani-Gassen**, S4 W5, F-45 Bldg. 12 F, ✆ 011-210-0411, im 90-minütigen tabehōdai (all you can eat)-Arrangement für rund 4000 ¥; Reservierung nötig! ⊕ tgl. 16–24 Uhr.

Auf dem Fischmarkt **Nijō-ichiba**, O1 S3, erhält man ein üppiges und frisches ikura-don (Reistopf mit rotem Kaviar) für rund 1500 ¥. ⊕ ungefähr 7–18 Uhr.

Sapporo Biergarten, N7 O9, ✆ 0120-150-550, am Biermuseum, bietet das für Hokkaidō typische, am Tisch gebratene Lammfleischgericht Dschingis Khan für rund 3000 ¥. Günstiger bekommt man es in der Ausflugsatmosphäre eines Bauernhofs am Stadtrand, dem **Hakkenzan Kajüen** unweit vom Koganeyu Onsen, ✆ 011-596-2280, 🖳 www.hakkenzan.jp, wo man gelegentlich auch Deutsche antrifft. Erreichbar mit dem Auto vom Stadtkern in 40 Min., mit dem Bus rund 1 Std.

Sky-J, im JR Tower beim Bahnhof, Reservierung nötig unter ✆ 011-251-2222, 🖳 www.jrhotels.co.jp/tower/english/restaurant.html. Ein romantisches Erlebnis ist ein vornehmes modern-japanisches Menü in diesem Restaurant mit Blick auf das Lichtermeer Sapporos. Dinner-Menü ab 5000 ¥. ⊕ Essen 17.30–21 Uhr, Barbetrieb bis 23 Uhr.

UNTERHALTUNG

Nach Einbruch der Dunkelheit beginnt das Treiben in **Susukino**, dem größten Vergnügungsviertel nördlich von Tōkyō. Viele der Bars und Kneipen befinden sich auf etlichen Etagen mehrstöckiger Häuser. In Sapporo geht man häufig gleich nach der Arbeit, also für deutsche Verhältnisse recht früh gegen 18 oder 19 Uhr zum Essen und anschließend zur sog. „zweiten Runde" (nijikai) in Bars und Kneipen. Gegen Mitternacht stellen die öffentlichen Verkehrsmittel ihren Betrieb ein. Bis nach Mitternacht geöffnet haben Discos und Snackbars sowie Rāmen-Buden.

500 Yen Bar, S4 W2, King Bldg 1F, ✆ 011-521-5731. Beliebt bei Studenten und Ausländern, alle Drinks und Essen je 500 ¥. ⊕ tgl. 18–3 Uhr.

Habana Cuba-Bar, S3 W6, in der Tanuki-Einkaufspassage, ✆ 011-219-8870. Mit kubanisch-karibischem Essen und Tanzfläche. ⊕ tgl.18–3 Uhr.

Locotonte, S7 W4, Susukino Kaikan Bldg. 4F, ✆ 011-533-3728. Disco-Tanzbar mit Dachterrasse: Oldies, Reggae, Soul. ⊕ tgl. 20–5 Uhr.

Rad Brothers, S7 W3, ✆ 011-561-3601. Bekannte Shot Bar mit vielen westlichen Gästen und lauter Musik. Hier geht's erst spät ab.

Saloon Maco (auch bekannt unter dem Namen „Curtain Call"), S3 W4, Nakadōri Minami muki, ✆ 011-222-4828. Shot Bar in Susukino im Western-Stil mit gelegentlichen Live-Konzerten. ⊕ tgl. 19–24 Uhr.

TK6 Cafe and Bar, S2 W6, ✆ 011-272-6665, 🖳 tk6.jp/en. Treffpunkt von sportinteressierten, englischprachigen Ausländern in der Tanuki Kōji. ⊕ 16–1 Uhr (am Wochenende länger).

Bekannte Live-Häuser sind: **Bessie Hall**, S4 W6, ✆ 221-6076, 🖳 bessiehall.jp, **Club Counter Action**, S2 W1, ✆ 011-222-1413, **Spiritual Lounge**, S2 W4, ✆ 011-221-9199, 🖳 spiritual lounge.jp, und **Zepp Sapporo**, S9 W4, ✆ 011-532-6969, 🖳 zepp.co.jp.

Freunde klassischer Musik kommen in der **Konzerthalle Kitara**, ✆ 011-520-2000, 🖳 www.kitara-sapporo.or.jp, die sich im Nakajima-Park befindet, voll auf ihre Kosten. Sie hat neben einer hervorragenden Akustik auch eine eigens aus Frankreich importierte Orgel zu bieten, die jeweils ein Organist aus Frankreich musikalisch betreut.

SONSTIGES

Einkaufen

Vielfältige Einkaufsmöglichkeiten bieten sich in Bahnhofsnähe rund um den JR Tower, in den Untergrundpassagen und in der überdachten Einkaufspassage **Tanuki Kōji** (S3 W1-7). Die großen **Kaufhäuser** befinden sich zwischen Ōdōri-Park und Susukino (S2 W4).

 Cous Cous Oven + Hoppers, S2 W23, in der Einkaufsstraße Ura Sandō, ☏ 011- 614-2753, 🖳 couscoushoppers.com. Der Bioladen mit leckeren, selbstgemachten Kuchen ist ein Umschlagplatz für jede Art von Umweltinfos. ⊕ tgl. außer Mo 11–18 Uhr.

Feste

Schneefest, 5.–11. Feb, siehe Kasten.

Schneefest in Sapporo

Ende Januar beginnen professionelle Teams mit der Gestaltung der Schnee- und Eisburgen für das **Sapporo Yuki Matsuri** (Schneefest), das inzwischen auf eine über 60-jährige Tradition zurückblickt und jährlich rund 2 Mio. Besucher in die Stadt lockt. Auf dem 1,5 km langen „Grünstreifen" im Stadtkern, dem Ōdōri-Park, werden über 200 Schneekunstwerke, darunter rund zehn riesige Skulpturen (15 x 25 x 25 m), gebaut. Eine japanische Burg aus Eis, die Dresdner Frauenkirche aus Schnee … jedes Jahr wechseln die Motive. Diese Schneeburgen dienen als Kulisse für Eventbühnen, auf denen Popstars und traditionelle Trommelkünstler ein buntes Programm darbieten. Abends in bunten Lichtern angestrahlt, wirkt die künstliche Welt aus Schnee und Eis zusätzlich noch romantisch. Für das kulinarische Wohl ist ausreichend gesorgt. Programmheft und Erklärungen der Skulpturen auf Englisch erhältlich bei der Touristeninformation: ☏ 011-213-5088 (englisch). Infos im Netz: 🖳 www.snowfes.com.

Fliederfest (Sapporo Lilac Matsuri), Ende Mai: Mit bunten Veranstaltungen und kulinarischen Angeboten untermalte Blütenschau unter 400 Fliederbäumen im Ōdōri-Park.

Yosakoi-Tanzfest, Anfang Juni: Farbenfrohe, rhythmisch-pulsierende Tanzparade mit traditionellen und modernen Elementen. Dieses junge Festival motiviert Jung und Alt in Teams aus ganz Japan und inzwischen auch aus dem Ausland zum Tanzen. Getanzt wird in einer Parade auf der Straße und pro Team je einmal auf der Hauptbühne im Ōdōri-Park, wo die Jury die Sieger des Jahres bestimmt.

Hokkaidō-Schreinfest, 14.–16. Juni: Bunter traditioneller Umzug vom Nakajima-Park zum Hokkaidō-Schrein. Im Nakajima-Park herrscht dann Volksfeststimmung, und am Hokkaidō-Schrein werden Buden und Stände aufgebaut.

Pacific Music Festival (PMF), Anfang Juli bis Anfang Aug: Gegründet 1990 von Leonard Bernstein. Klassische Konzerte mit über 100 Musikern aus rund 20 Ländern, 🖳 www.pmf.or.jp.

Sommerfest (Sapporo Natsu Matsuri), Ende Juli–Mitte Aug: Eigentlich ein „Bierfest", auf dem zahlreiche Brauereien neben verschiedenen Biersorten und kulinarischen Spezialitäten ein Musik- und Bühnenprogramm im Ōdōri-Park bieten.

White Illumination, Nov–Feb: Romantische Beleuchtung und Lichtskulpturen vom Bahnhof via Ōdōri-Park bis Susukino.

Weihnachtsmarkt, Ende Nov–24. Dez: Auf dem „Deutschen Weihnachtsmarkt" (Ōdōri-Park W2) gibt es neben Glühwein, Würstchen und Verkaufsständen ein buntes Rahmenprogramm auf der Open-Air-Bühne und im Weihnachtspavillon sowie einen Nikolaus.

Informationen

Ein breites Angebot an englischsprachigen Prospekten erhält man bei der **Touristeninformationen** am Flughafen und im Bahnhof Sapporo, 🖳 www.welcome.city.sapporo.jp/english, sowie beim **Sapporo Kokusai Plaza** gegenüber dem Uhrturm, MN Bldg., 🖳 www.plaza-sapporo.or.jp/en. Letzteres kann bei vielen Fragen in englischer Sprache weiterhelfen. Hier arbeitet auch stets ein Deutscher

als „Koodinator für internationale Beziehungen"
im Team mit.
Allgemeine Informationen zu Hokkaidō auch im
Internet unter 🖳 en.visit-hokkaido.jp.

Internet

i-cafe, Chūō-ku, N5 W5, 2-12, ✆ 011-221-3440,
🖳 www.i-cafe.ne.jp/sapporocrh, im Century
Royal Hotel in Bahnhofsnähe. 30 Min./200 ¥.
Comic L@nd Mitsukoshi-ten, Chūō-ku, S1 W4,
Hinode Bldg. 2F, ✆ 011-200-3003, 🖳 www.i-comic
land.com/mitsukoshimap.html. 30 Min./270 ¥.
Kostenloser Internetzugang im Internationalen
Kommunikationszentrum **Sapporo Kokusai
Plaza** (siehe „Informationen").

NAHVERKEHR

Fast alle Sehenswürdigkeiten können mit
öffentlichen Verkehrsmitteln erreicht werden.
Sapporo verfügt über drei **U-Bahnlinien**, eine
Straßenbahn und mehrere **Busunternehmen**.
Die praktischste Art zu zahlen ist die SAPICA,
eine Plastik-Geldkarte, die man für 2000 ¥ am
Schalter kaufen kann. Sie errechnet den jeweils
günstigsten Tarif und zieht ihn automatisch
vom Guthaben ab. Allerdings kostet sie 500 ¥
Pfand. Bei Rückgabe der Karte wird eine
Bearbeitungsgebühr von 200 ¥ erhoben. Eine
Tageskarte für Busse, U- und Straßenbahnen
im Innenstadtgebiet kostet 1000 ¥ (Kinder 500 ¥).

TRANSPORT

Busse

Verschiedene Busunternehmen organisieren
den Transport zwischen den größeren Städten
Hokkaidōs. Oft sind sie billiger als die Bahn und
erschließen bequem auch andere Ziele. Im
Winter unterliegen sie allerdings stärker den
Wetterverhältnissen. Wegen Schneesturms
wird hin und wieder eine Autobahn gesperrt.
Für Nachtbusse ist eine Reservierung erforder–
lich. Informationen unter 🖳 www.japan-guide.
com/e/e2366_sapporo.html.
Dōnan Bus, ✆ 011-865-5511, **Hokutō Kōtsu**,
✆ 011-377-3855, **Jōtetsu Bus**, ✆ 0120-372615,
Hokkaidō Chūō Bus, ✆ 011-231-0500,
JR Hokkaidō Bus, ✆ 011-221-5984.
ABASHIRI, 8x tgl. sowie 1 Nachtbus, 6 Std.,
6210 ¥

ASAHIKAWA, 37x tgl., 2 Std., 2000 ¥
FURANO, 10x tgl., 2 1/2 Std., 2100 ¥
HAKODATE, 7x tgl. sowie 1 Nachtbus, 5 1/2 Std.,
4810 ¥
KUSHIRO (Starlight Kushiro), 1x tgl. sowie
1 Nachtbus, 6 1/2 Std., 5610 ¥
NOBORIBETSU ONSEN, 1x tgl., 1 1/2 Std.,
1900 ¥

Eisenbahn

Vom **Bahnhof Sapporo** verkehren die Nachtzüge
Hokutosei und *Kashiopeya* nach TŌKYŌ/Ueno,
Abfahrt Sapporo 17.12 bzw. 16.12 Uhr, Ankunft
Tōkyō/Ueno 9.38 bzw. 9.25 Uhr. Fahrpreise in der
Royal-Klasse 37 170 ¥ , im Viererabteil 27 980 ¥.
Eine Shinkansen-Verbindung von Aomori bis
Hakodate ist in Bau und soll 2016 fertiggestellt
sein. Eine Verlängerung der Strecke bis
Sapporo ist bis 2035 vorgesehen. Dann würde
man die 370 km nach Tōkyō in knapp 4 Std.
zuücklegen können. **JR-Informationen**:
✆ 011-222-7111, 🖳 www2.jrhokkaido.co.jp/
global/index.html.
Lokale Schnellzüge nach:
ABASHIRI, 5 1/2 Std., 9390 ¥
ASAHIKAWA, 1 1/4 Std., 4290 ¥
HAKODATE, 3 Std., 8310 ¥
KUSHIRO, 3 3/4 Std., 8050 ¥
OBIHIRO, 2 1/2 Std., 6700 ¥
WAKKANAI, 5 Std., 9930 ¥

Schiffe

Sapporo hat keinen eigenen Hafen.
Vom Hafen Otaru (S. 281) aus verkehren
Fähren nach Akita, Maizuru, Niigata und
Tsuruga. Näheres bei **Shin Nihonkai Ferry**,
✆ 011-241-7100, 🖳 www.snf.jp/pdf/
english.pdf.

Flüge

Sapporo verfügt zwar über einen innerstädtischen Flughafen (Okadama), von dem aus
man in einer Stunde diverse Ziele in Hokkaidō
erreichen kann, der Hauptverkehr wird jedoch
über den Flughafen **Shin Chitose Airport**,
🖳 www.new-chitose-airport.jp/en, abge-
wickelt.
Nach TŌKYŌ (1 1/2 Std.) besteht eine stark
frequentierte Flugverbindung, die inzwischen

auch von „Billigfluglinien" angeboten wird. Internationale Flüge gehen nach Seoul, Busan, Juschno-Sachalinsk, Taipei, Hongkong, Shanghai, Peking, Shenyang, Guam und Honululu.

Vom/zum Flughafen verkehrt alle 15 Min. der Zug *Rapid Airport*, 37 Min., 1100 ¥.

Die Umgebung von Sapporo

Sapporo Ainu Culture Promotion Center Pirka Kotan ピリカコタン

Dieser touristisch interessante Ort zur Begegnung mit der Ainu-Kultur liegt im Südwesten Sapporos, gleich neben dem Koganeyu Onsen, Minami-ku, Koganeyu 27, ☎ 011-596-5961, 🖥 www.city.sapporo.jp/shimin/pirka-kotan/en. Hier kann man nachgebaute *chise* (Ainu-Häuser) sowie eine Ausstellung mit rund 200 Exponaten besichtigen und darf alles anfassen. Es gibt Holzschnitzerei, Ainu-Stickerei oder Mukkuri-Spiel zum Ausprobieren, und man kann Ainu-Kimonos anprobieren. Auch Tanz-, Sprach- oder Kochkurse sind möglich.

🕐 Di–So außer feiertags und jeden letzten Di im Monat 8.45–22 Uhr (Ausstellung bis 17 Uhr), Eintritt 200 ¥. Anfahrt mit dem Jōtetsu Bus Nr. 7 und 8 vom Bahnhof Sapporo in Richtung Jōsankei (Haltestelle bei Koganeyu Hakkenzan Tozanguchi, 1 Std., 650 ¥) oder von der Endstation Makomanai der U-Bahn-Linie Nanboku aus mit Bus Nr. 12 (ca. 40 Min., 490 ¥).

Jōsankei Onsen 定山渓温泉

Im Kurort Jōsankei, rund eine Stunde vom Zentrum Sapporos in südwestliche Richtung, auf dem Weg zum Nakayama-Pass, drängeln sich am Toyohira-Fluss zahlreiche Hotelanlagen; auch kostenlose Fußbäder im Freien warten auf Besucher.

Der Kurort liegt inmitten von bewaldeten Bergen mit Möglichkeiten für kleine Wanderungen und Spaziergänge. Zu erreichen ist Jōsankei Onsen mit dem Pkw in einer knappen Stunde, vom Bahnhof Sapporo mit dem öffentlichen Jōtetsu Bus in 1 1/2 Std. oder von der U-Bahn-Endstation Makomanai in rund 40 Min. (Abfahrt ca. alle 1/2 Std.).

Hōheikyō Onsen 豊平峡温泉

Zehn Autominuten hinter Jōsankei Onsen lädt Hōheikyō Onsen zu einem Tagesausflug ein – oder zu einem spontanen Besuch auf dem Weg zum Tōya-See oder nach Niseko. Vom riesigen Außenbecken hat man zu allen Jahreszeiten einen bezaubernden Ausblick in die Natur.

Es ist eines der wenigen Onsen Japans mit 100 % Thermalwasser ohne Temperaturveränderung. Im dazugehörigen Restaurant gibt es neben der Hokkaidō-Spezialität Dschinghis Khan auch japanische Nudelgerichte oder nepalesisches Curry. 🕐 tgl. 10–24 Uhr (Sa–So und Feiertage ab 9 Uhr), Eintritt Onsen 1000 ¥ (Kinder 500 ¥).

€ Nur an Werktagen verkehrt ein kostenloser Shuttlebus vom U-Bahnhof Makomanai (Nanboku-Linie), Abfahrt 10 Uhr gegenüber dem Taxistand am Zaun des Sportplatzes, Rückfahrt 15 Uhr, ☎ 011-598-2410, 🖥 www.hoheikyo. co.jp/en. Ansonsten nimmt man den Jōtetsu Bus vom Bahnhof Sapporo (Abfahrt tgl. 9–17 Uhr jede volle Stunde) oder von der U-Bahn-Station Makomanai (unregelmäßig) nach Hōheikyō Onsen (verbilligte Rückfahrkarte als sogenannter *Onsen Pack* erhältlich).

Sapporo Art Park 札幌芸術の森

Kunstfreunde sollten einen Ausflug zum Sapporo Geijutsu no Mori, ☎ 011-591-5111, 🖥 www.art park.or.jp, machen, einem Kunstpark, der auf 7,5 ha Fläche mit vielen Angeboten im Grünen aufwartet. Neben einem Kunstmuseum, diversen Ateliers, einer Töpferwerkstatt, Glasbläserei etc. gibt es einen Konzertsaal und eine Open-Air-Bühne, auf der alljährlich das PMF (Pacific Music Festival) eröffnet wird, sowie ein Freilicht-Skulpturenmuseum, das in ganz Japan seinesgleichen sucht. 🕐 Di–So 9.45–17 Uhr (im Sommer tgl.), Eintritt Skulpturengarten im Sommer 630 ¥, im Winter frei (da dann vieles unter dem Schnee versteckt ist) und kostenloser Verleih von Schneeschuhen. Anfahrt mit Art Park Bus ab U-Bahnhof Makomanai (Nanboku-Linie) von Bussteig Nr. 2 (Takinosen), alle 15 Min. (20 Min. Fahrt, Bus 290 ¥, U-Bahn und Bus ab Sapporo ca. 490 ¥).

Kaitaku no Mura 開拓の村

In diesem historischen Museumsdorf östlich von Sapporo, Konopporo, Atsubetsu-chō 50-1,

☎ 011-898-2692, 🖥 www.kaitaku.or.jp/info/info.
htm, sind unter freiem Himmel rund 60 Gebäude
aus verschiedenen Orten Hokkaidōs aufgebaut
und nach den Themen Stadt, Bergdorf, Fischerdorf gegliedert. Es verkehrt eine von Pferden
gezogene Straßenbahn. Anschaulich werden historische Berufe vorgestellt. ⏰ tgl. 9–
16.30 Uhr, Okt–April Mo geschlossen, Eintritt
830 ¥ (Senioren ab 65 J. und Kinder frei). Anfahrt
vom Bahnhof Sapporo mit der JR-Hakodate-
Linie bis Shinrin-kōen Eki (20 Min., 280 ¥), von
dort 5 Min. mit dem Bus oder 15 Min. zu Fuß.
Auch vom U-Bahnhof Shin-Sapporo (Endstation
der Tōzaisen-Linie) mit Bus Nr. 22 erreichbar.

Otaru 小樽

Die Stadt (140 000 Einwohner) 30 km nördlich
von Sapporo war im 19. Jh. ein bedeutender
Fischereihafen und bis in die 1950er-Jahre das
ehemalige wirtschaftliche und kulturelle Zentrum Hokkaidōs. In der nördlichen **Wall Street**
finden sich noch heute Gebäude damals wichtiger Banken und Handelsvertretungen. Heute
ist Otaru touristisch geprägt. Den 1,4 km langen
Kanal aus den 1920er-Jahren säumen alte, steinerne Lagerhäuser, die zu urigen Restaurants
umgestaltet wurden. Weit über die Stadtgrenzen
hinaus bekannt für ihr Hefe-Weizen und dunkles Bier ist die lokale Brauerei **Otaru Beer** (mit
deutschem Braumeister). Heute werden in Otaru
u. a. Gebrauchtwagen nach Russland gehandelt,
weshalb es schon mal sein kann, dass man als
Tourist einen russischsprachigen Stadtplan in
die Hand gedrückt bekommt.

In Otaru gibt es Kunsthandwerk aus Glas und
Spielorgeln. Eine dampfbetriebene Uhr gehört
zu den touristischen Treffpunkten an der Flanier-
meile **Denuki Kōji**. Auch hier prägen die alten
Lagerhäuser die Atmosphäre.

Im Hafennähe findet sich ein riesiges, modernes Shopping- und Vergnügungszentrum
namens **Maical**. Auf gleicher Höhe an der Aus-
fahrtstraße Richtung Sapporo bietet die **Sake-
Brauerei Tanaka Kikkōgura**, Nobuka-chō 2-2,
☎ 0134-230390, 🖥 www.tanakashuzo.com, im
netten Ambiente eines alten, steinernen Lager-
hauses die Möglichkeit, sich über die Kunst der

Vom Hafen Otaru verkehren Boote nach Shukutsu (25 Min., 550 ¥). In diesem ca. 6 km entfernten Hafenort befinden sich zwei interessante Sehenswürdigkeiten. Über den
historischen Fischfang und das Leben der
Fischer informiert eindrucksvoll das **Nishin
Goten**, eine alte Fischverarbeitungsanlage
von 1897 am Meer, ☎ 0134-22-1038, 🖥 www.
otaru-kihinkan.jp/index.shtml, ⏰ April–Nov
tgl. 9– 17 Uhr, Eintritt 300 ¥. Den Untergang des
Heringreichtums hat die Fischindustrie übrigens selbst verursacht: Für die Verarbeitung
des Fisches wurde Holz gebraucht, so wurden nach und nach die umliegenden Wälder
abgeholzt – und damit die Küstengewässer
ihrer Nährstoffspender beraubt. Den ehemaligen Reichtum Otarus durch den Herings-
fang erahnt man beim Besuch der ehemaligen
Aoyama Villa (Otaru Kihinkan) von 1923, einem
Unternehmer-Wohnhaus mit lackierten Dielen
und Türen im japanischen Stil unweit des Nishin Goten, ☎ 0134-240024. ⏰ tgl. 9–17 Uhr, Eintritt 1000 ¥. Hier werden auch sehr vornehm
Heringsgerichte im japanischen Stil angeboten
(Mittagessen ab 1000 ¥).
Zu erreichen ist Shukutsu auch auf dem Land
weg mit dem Chūo Bus Nr. 11 vom Bahnhof
Otaru oder mit dem Pkw in 10 Min. (durch drei
Tunnel).

Sakeherstellung zu informieren. ⏰ tgl. 9–18 Uhr,
Eintritt frei.

Bei schönem Wetter ist eine Rundfahrt mit
dem **Ausflugsboot** entlang der steilen Felsen-
küste reizvoll. Abfahrt im Hafen Otaru an Pier 3
in der Nähe des Kanals, ☎ 0134-293131, Ende
April–Anfang Okt 5x tgl., 115 Min., 2050 ¥; Hafen-
rundfahrt Sa–So und feiertags jeweils um 11.30,
13.30 und 15.30 Uhr, 40 Min., 850 ¥.

Die **Touristeninformation** Otaru befindet sich
am Bahnhof, ☎ 0134-33-2510.

Von Sapporo ist Otaru mit der JR-Bahn in einer halben Stunde zu erreichen (hin und zurück
1900 ¥). Der *Sapporo Otaru Welcome Pass* für
1500 ¥ schließt die freie Nutzung der JR-Strecke
bis Otaru und die U-Bahnlinien in Sapporo ein.

Nibutani 二風谷

Zwei Autostunden südlich von Sapporo liegt der kleine Ainu-Ort Nibutani, in dem sich zwei Ainu-Museen befinden. Das **Nibutani Museum zur Ainu-Kultur** (Ainu Bunka Hakubutsukan), Biratori-chō, ☏ 01457-22892, 🖳 nibutani.jp/link, ist eine stän-dige Ausstellung mit rund 1000 Exponaten zur Kultur und Geschichte der Ainu (Sprach- und Kunsthandwerkskurse möglich). 🕐 tgl. außer Mo 9–16.30 Uhr, 400 ¥.

Die **Kayano Shigeru: Nibutani Ainu Shiryō-kan**, Biratori-chō, ☏ 01457-23215, 🖳 nibutani.jp/link, ist eine private Sammlung von wichtigen

Die Ainu

© BIRGIT BIANCA FÜRST

Deutsche kennen sie vom Kreuzworträtsel als „Urvolk Japans mit vier Buchstaben" – Ainu. In der Ainu-Sprache heißt das schlicht „Mensch". Nichtsdestotrotz wurde es viele Jahre auch als Schimpf-wort benutzt. Denn mit vielen Urvölkern teilen die Ainu eine lange Geschichte der Diskriminierung und erzwungenen Assimilation.

Die Ainu besiedelten seit Jahrhunderten die Kurilen, Sachalin, Hokkaidō und Nord-Honshū (Tōhoku). Mit der **Kolonialisierung** der Insel Hokkaidō durch die Japaner vor rund 140 Jahren wurden den Ainu u. a. japanische Namen aufgezwungen und die Ainu-Sprache verboten. Man nahm ihnen die Jagd- und Fischfangrechte und machte so aus Jägern und Sammlern kurzerhand Bauern. Viele Ainu starben an Armut oder Krankheiten. Noch heute sind die Ainu sozial häufig schwächer gestellt als der Durch-schnitt der japanischen Bevölkerung. Bis in die 1980er-Jahre leugnete die Regierung gar die Existenz von Ureinwohnern in Japan; die Ainu-Tradition wurde lediglich zu touristischen Zwecken gepflegt. Mit Aufkommen der Diskussion um Umweltthemen in den 1990er-Jahren entstand jedoch ein neues Inte-resse und Respekt für den traditionellen Lebensstil der Ainu im Einklang mit der Natur. Nach Jahren des Versteckens ist unter den Ainu ein **neues Selbstbewusstsein** erwacht, und immer mehr junge Menschen trauen sich, zu ihrer Identität zu stehen. Der Austausch mit anderen indigenen Völkern ermutigt die Ainu dazu, in Vergessenheit geratene Traditionen wiederzubeleben.

Im Juni 2009 wurden die Ainu vom japanischen Parlament als **indigenes Volk** anerkannt. Ein Exper-tengremium berät seitdem über Förderungsmaßnahmen. In Hokkaidō leben noch rund 25 000 Ainu – sagen die Statistiken. Tatsächlich dürften es weit mehr sein. Auf dem sogenannten „Ainu-Gipfel" im Rahmen des G8-Gipfels auf Hokkaidō 2008 kamen junge Menschen zu Wort, die erst jüngst erfahren

Kulturgegenständen, Handarbeiten, landwirtschaftlichen Gebrauchsgütern der Ainu und anderer Urvölker weltweit. ⏲ tgl. 9–17 Uhr (Dez–März nach Anmeldung), 400 ¥.

Nach Nibutani gelangt man von Sapporo aus am besten mit dem eigenen Pkw. Die Anreise mit öffentlichen Verkehrsmitteln geht am unkompliziertesten mit dem Dōnan-Bus Richtung Hidaka Terminal (Haltestelle Shiryōkan-mae), 2090 ¥. Es verkehrt nur ein durchgehender Bus um 15.45 Uhr ab Sapporo (2 Std.). Dieser empfiehlt sich, wenn man vorhat, in Nibutani zu übernachten. Wer echtes Interesse an der Ainu-Kultur mitbringt, wird hier nicht enttäuscht werden.

hatten, dass sie Ainu-Blut in sich trugen. Eltern und Großeltern hatten in der Hoffnung auf bessere Berufs- oder Ausbildungschancen versucht, die Ainu-Identität durch Umzüge etc. zu verschleiern. Die **Ainu-Kultur** wurde u. a. von Musikerinnen wie Sakai Mina neu belebt, Sängerin der Ainu Rebels, die die Ainu-Tradition mit positiven Bildern belegten. Diese Fusion-Band warb bis zu ihrer Auflösung 2010 mit einer Mischung aus traditioneller Kleidung, Tänzen, Sprache, Techno und Rap für ein neues Verständnis für die Tradition der Ainu und machte v. a. jungen Menschen Mut, zur eigenen Herkunft zu stehen.

Ainu-Traditionen

Typisches **Kunsthandwerk** sind Schnitzereien und gewebte Kleidungsstücke mit verschlungenen, symmetrischen Mustern in Blau, Rot und Weiß. Diese schmuckvollen Muster auf Gewändern sollen u. a. böse Geister abwehren.
Traditionelle **Ainu-Häuser** *(chise)* sind aus reinen Naturmaterialien wie Holz und Stroh gebaut und innen mit einer Feuerstelle ausgestattet.
Mit Tänzen und Liedern wird den Göttern gedankt und gehuldigt. Mit **rituellen Handlungen**, genannt *kamuy-nomi*, bitten die Ainu die Götter um Unterstützung für ein friedliches Leben. Kunstvoll geschnitzte Stöcke *(inaw)* gehören zu den typischen Opfergaben bzw. Kultgegenständen.

Ainu-Sprache

Die Ainu-Sprache, die heute nur noch von einer Handvoll Menschen als Muttersprache gesprochen wird, erlebt in Sprachkursen eine neue Blüte. Sie zeichnet sich durch eine lebendige Erzähltradition aus und kennt keine Schrift. Als Reisender findet man viele Wörter der Ainu-Sprache in Ortsnamen wieder:

Kamuy	Gott
Nupuri	Berg
Pet, Nai	Fluss
Poro	Brücke
Kotan	Dorf, Siedlung
Wakka	Wasser
Iyairaikere	Danke
Rankarapte	Guten Tag
Saranpa	Auf Wiedersehen

Informationen

Informationen zur Ainu-Kultur bekommen Touristen in Sapporo im Sapporo Ainu Culture Promotion Center Pirka Kotan (S. 280), im Shiraoi Ainu Museum Poroto Kotan (S. 299), im Nibutani Ainu Culture Museum und im Kayano Shigeru: Nibutani Ainu Shiryōkan (S. 282) sowie im Museum der Völker des Nordens in Hakodate (S. 303).

Rishiri-Rebun-Sarobetsu-Nationalpark

利尻礼文サロベツ国立公園

An der Nordspitze Hokkaidōs liegen die beiden Inseln Rishiri und Rebun, die mit Sarobetsu den nördlichsten Nationalpark Japans (24 166 ha) bilden. Die Insel Rishiri ist geprägt vom majestätischen Rishiri-san (1718 m), der wegen seiner perfekten Kegelform auch „Rishiri Fuji" genannt wird. Die Insel Rebun ist ein Paradies für Pflanzenfreunde, da viele seltene alpine Pflanzen auf der Insel zu bewundern sind. Den dritten Teil des Parks bildet das touristisch wenig erschlossene Feuchtgebiet um die Mündung des Sarobetsu-Flusses auf dem Festland von Hokkaidō.

Die Insel Rishiri 利尻島

Auf der Insel Rishiri leben 5800 Menschen. Rishiri-tō teilt sich in den Westteil Rishiri mit dem Hafen Kutsugata und den Ostteil Rishiri-Fuji mit dem Haupthafen Oshidomari. Auf der rund 60 km langen Küsten-Ringstraße kann man den Berg Rishiri-san von allen Himmelsrichtungen aus betrachten. Bei einer Inselrundfahrt im Auto kommt man an fast allen Sehenswürdigkeiten vorbei. Sportlich Aktive nehmen ein Fahrrad. Hierfür sollte man 6–10 Std. einplanen. Saison ist von Mai bis Oktober. Viele Touristen genießen die Reize der Insel auch von einem Onsen aus. **Rishiri-Fuji Onsen**, ☎ 0163-82-2388, liegt 30 Min. zu Fuß vom Hafen Oshidomari und ist ein moderner Badetempel mit vielfältigen Becken und tollem Blick auf den Rishiri-san. ⏲ im Sommer tgl. 11–21.30 Uhr, 500 ¥.

Der **Rishiri-san** ist im Juli und August ein beliebtes Ziel für alpine Bergsteiger. Zwei Routen führen auf den Gipfel, die zehnstündige, etwas einfachere Kutsugata-Tour (Einstieg bei Mikaeridai) und die elfstündige, schwierigere Oshidomari-Tour. Der Einstieg befindet sich am Campingplatz Hokuroku (300 ¥), einem beliebten Treff für Bergsteiger inmitten eines der schönsten Wälder Japans. Man erreicht den Campingplatz vom Oshidomari-Hafen aus in 30 Min. mit dem Fahrrad oder in 10 Min. mit dem Taxi. In unmittelbarer Nähe des Campingplatzes befindet sich die Mineralquelle Kanrō Sensui, deren Mineralwasser zum besten in Japan gekürt wurde.

Vom Gipfel des Rishiri-san hat man einen spektakulären Ausblick auf Sachalin und das Festland Hokkaidōs.

Das östliche Zentrum Rishiris ist **Rishiri Fuji** mit dem Hafen Oshidomari, wo die Fähren aus Wakkanai einlaufen. Ein kleiner, etwas steiler Spazierweg führt zur Aussichtsplattform am **Kap Peshi** (20 Min.). Etwas nördlich des Hafenstädtchens liegt der Aussichtspunkt **Yūhigaoka**, der bei klarem Wetter der ideale Ort zum Betrachten des Sonnenuntergangs ist.

Immer weiter südlich reisend kommt man durch den kleinen Hafen Oniwaki und weiter zum **Otatomari-See**, dem größten See auf Rishiri. Jeder Besucher spekuliert auf ein Foto, wenn sich der Berg Rishiri im See spiegelt und quasi Kopf steht. Einen guten Blick hat man vom Aussichtspunkt **Numaura Tenbōdai**.

Folgt man der Küstenstraße weiter Richtung Süden, erreicht man das Hochmoor **Minamihama Shitsugen**. Ein weiterer Augenschmaus wartet im Park am **Kap Senpōshi**, hier bietet sich der schönste Blick auf den Rishiri-san. Etwas weiter nördlich trifft man auf die Quelle **Reihō Yūsui** mit klarem Wasser, das sich 30 Jahre lang einen Weg durch die Felsschichten gebahnt hat. Der Küstenstraße weiter nördlich folgend erreicht man die Küste **Kamui-kaigan** mit bizarr geformten Felsen wie dem Neguma no Iwa („schlafender-Bär-Fels"), wo sich auch der Kita no Itsukushima Benten Jingū befindet, ein Schrein für Benten, den Gott der Seefahrer.

Der Hafen von **Kutsugata** hat eine Fährverbindung zu Rebun. Außerdem kann man vom Hafen aus in der Saison (Juni–Mitte Sep) einen 40-minütigen Ausflug mit dem Glasbodenboot für 1200 ¥ buchen, ☎ 090-1640-3025. Vom Park am **Kap Kutsugata** sieht man die Insel Rebun und hat einen eindrucksvollen Blick auf den Rishiri-san. Hier befinden sich auch ein Besucherzentrum und ein Campingplatz (300 ¥) mit Meerblick.

Wer in Rishiri zu Gast ist, sollte so mutig sein, Seeigel *(uni)* zu kosten. Der schmeckt zwar recht ungewöhnlich, gilt aber als absolute Spezialität unter den Seafood-Delikatessen.

Die Insel Rebun 礼文島

Rebun liegt rund 60 km westlich von Wakkanai und bietet zahlreiche seltene alpine Blumen und Hochgebirgspflanzen – über 300 wilde Arten sollen hier wachsen – sowie spektakuläre Aussichten über Berge und Küsten. Der Hochgebirgspflanzen-Garten **Kōzan Shokubutsu-en** stellt Besuchern bei freiem Eintritt alpine Pflanzen vor. Der Momo-iwa („Pfirsich-Fels") und Neko-iwa („Katzen-Fels") sind beliebte **Aussichtspunkte** für Blicke über bizarre Küstenfelsen. Die wilde Orchideenkolonie **Atsumorisō** im Westen und die Edelweißkolonie **Usuyukisō** im Süden locken Pflanzenliebhaber an. Die Hauptsaison ist im Juni und Juli.

Rebuns höchste Erhebung ist der **Rebundake** (490 m). Die ganze Insel ist mit Wanderwegen durchzogen, die sich unterschiedlich kombinieren lassen. Vom Hafen Kafuka aus empfiehlt sich eine vierstündige Tour um den Momo-iwa, auf dem man im Juni/Juli viele Hochgebirgspflanzen bewundern kann, oder eine Wanderung auf den Rebun-dake (8 Std., ab Nairo 4 Std.). Auch im Sommer ist windfeste Kleidung angeraten. Ein Blumenkalender aus der Touristeninformation kann hilfreich sein.

Rishiri-tō

Green House Fuji Inn, Rishiri-chō, Honchō Senhōshi-aza, ☏ 0163-85-1030. Familiäres Ryokan einer Fischerfamilie gegenüber dem Rishiri Museum. Üppiges Essen mit frischem Seafood. 8640 ¥ p. P. mit HP.

Oyado Maruzen, Rishiri Fuji, ☏ 0163-82-2295, 🖳 maruzen.com/tic/oyado. 20 Min. zu Fuß vom Fährhafen Oshidomari. Platz für 29 Gäste in japanischen Zimmern. Spezialität ist *uni* (Seeigel). Autovermietung, Inselführer. Auf Anfrage kostenlose Abholung vom Hafen. Übernachtung ohne Essen möglich. 9800 ¥ p. P. mit HP.

Rishiri Green Hill Youthhostel, am nördlichen Ortsausgang von Oshidomari, ☏ 0163-82-2507. Jugendherberge mit geselliger Atmosphäre. 30 Betten. Bei Voranmeldung Abholung am Hafen. 3800 ¥ p. P.

Rebun-tō

Momoiwa-sō, ☏ 0163-86-1421. Jugendherberge im japanischen Stil in einem über 100 Jahre alten Haus mit *irori*. 10 Min. vom Hafen (Abholung möglich). Die Jugendherberge kann über

den „Momoiwa Hiking Course" auf diversen Routen auch erwandert werden. 3800 ¥ p. P.

Die lokalen Spezialitäten *uni* (Seeigel), z. B. als *unidon* (Seeigel auf Reis), und andere Gerichte aus frischem Fisch, Meeresfrüchten und *konbu* (Algen) findet man in den folgenden kleinen Lokalen auf Rishiri:

Kobushi, Rishiri Fuji-chō, Oshidomari Honchō (gegenüber der Feuerwehr), ☏ 0163-82-1891, überwiegend von Einheimischen frequentiert; und **Rikimaru**, Oshidomari Sakai-machi, ☏ 0163- 82-2488, neben dem *konbini* Seikomato.

Autovermietungen

Kameya Rent-a-Car, ☏ 0163-84-2252, und **Rishiri Rent-a-Car**, ☏ 0163-82-2551, beide auf Rishiri-tō beim Fährterminal. Ein Kleinwagen kostet für 3 Std. inkl. Benzin 7000 ¥.

Fahrrad- und und Motorradverleih

Diverse Fahrradverleihe findet man direkt beim Fährteminal. Auf Rishiri-tō verleihen zudem das **Ryokan Yukiguni**, ☏ 0163-82-1046, Fahrräder (400 ¥/Std., 1500 ¥/Tag) und Motorräder.

Geld und Post

Auf der Insel Rishiri gibt es 6 Postämter mit Geldautomat.

Informationen

Touristeninformation im Hafen Oshidomari, ☏ 0163-82-2201, 🕑 Mitte April–Mitte Okt., im Kutsugata-Fährterminal, ☏ 0163-84-3622, 🕑 Mai–Sep, und im Hafen von Kafuka (Rebun), ☏ 0163-86-2655, 🕑 April–Okt.

Infos im Netz unter 🖳 kankou.rishiri.jp/eng und 🖳 www.town.rebun.hokkaido.jp.

Taxis

Rishiri Haya, ☏ 0163-84-2252. Ein Taxi zum Campingplatz Hokuroku kostet ca. 1800 ¥.

Die Inseln erreicht man entweder mit dem Flugzeug von SAPPORO aus in 50 Min. oder mit der Fähre von WAKKANAI. Nach Wakkanai kommt

HOKKAIDŌ

man von Sapporo mit der JR-Bahn in 5 Std. (10 170 ¥) oder mit dem Sōya Bus in knapp 6 Std. (6000 ¥). Alternativ mit Hokutō Bus (6200 ¥). **Heart Land Ferry**, 🖥 www.heartlandferry.jp, verkehrt von Wakkanai im Sommer 4x tgl. nach Rishiri (1 3/4 Std., 2340 ¥) und nach Kafuka auf Rebun (2 Std., 2570 ¥). Es gibt auch tgl. 3 Fähr–verbindungen zwischen den beiden Inseln.

Daisetsuzan-Nationalpark
大雪山国立公園

„Spielplatz der Götter" (Kamuy-mintara) nannten die Ainu die Daisetsuzan-Gegend, die die höchste Berggruppe Hokkaidōs umfasst. Die alpine Landschaft hat diese Bezeichnung wohl verdient, denn auf 226 000 ha Fläche finden sich in diesem größten Nationalpark Japans atemberaubende Landschaftspanoramen und Bergketten mit vielen Hochgebirgspflanzen, Wäldern, Seen, spektakulären Wasserfällen, Wildtieren, phänomenalen Schluchten sowie zahlreichen heißen Quellen. Im Park entspringen zwei Hauptflüsse Hokkaidōs, der Ishikari und der Tokachi. Außerdem ragt hier der höchste Berg Hokkaidōs empor, der **Asahi-dake** (2290 m). Südwestlich erstreckt sich die Tokachi-Bergkette mit dem **Tokachi-dake** (2077 m), einem aktiven Vulkan, als höchstem Gipfel. Der japanische Name Daisetsuzan bedeutet denn auch „große schneebedeckte Berge". Das Gebirge ist das „Dach Hokkaidōs" und lockt jährlich rund sechs Millionen Besucher an.

Im Daisetsuzan-Nationalpark gibt es mehrere touristische Zentren: **Omote Daisetsu**, die Gegend um die Seilbahnen zum Asahi-dake und zum Kuro-dake in der Sōunkyō-Schlucht, und die Gegend um den **Tokachi-dake**. Der östliche Teil des Parks, **Higashi Daisetsuzan**, umfasst die Seen Shikaribetsu-ko und Nukabira-ko sowie dichte Wälder und Berge mit alpinen Pflanzen und eindrucksvollen Aussichten auf das Tokachi-Plateau und die Hidaka-Bergkette.

Sōunkyō 層雲峡

Von Asahikawa via Kamikawa erreicht man auf der Route 39 in ca. 2 Std. Sōunkyō On-

sen, einen Thermalbadeort im Nordosten des Parks inmitten der **Sōunkyō-Schlucht**, durch die sich der Ishikari, einer der Hauptströme Hokkaidōs, schlängelt. Die hohen, steilen Felswände und die zahlreichen Wasserfälle entlang der Schlucht sind ihr unverwechselbares Kennzeichen. Der Fahrradverleih vor Ort bietet Gelegenheit, eine Strecke zu erradeln.

Im Kurort **Sōunkyō Onsen** sorgt ein Besucherzentrum in der Nähe der Seilbahn für Informationen aller Art. Die Seilbahn, ✆ 01658-5-3031, ⏰ tgl. 6–19 Uhr (schwankt nach Jahreszeit), bietet für 1950 ¥ bequemen Zugang zum **Kuro-dake** (1984 m) und seinen fantastischen Ausblicken über das Daisetsuzan-Gebirge sowie erleichterten Zugang zu einigen Bergtouren der Region.

Rund 50 Autominuten von Sōunkyō liegt 10 km entfernt von der Straße Nr. 273 auf 1260 m Höhe **Kōgen Onsen**, 🖥 daisetsu-kogen.com/default.htm, das insbesondere im Herbst für seinen Rundwanderweg (4 Std.) durchs Sumpfgebiet, Numa-meguri, bekannt ist. Ein Bäreninformationszentrum – eine schlichte Hütte – informiert über die nötigen Schutzmaßnahmen. Es besteht keine Verbindung mit öffentlichen Verkehrsmitteln, aber das Onsen-Quartier Taisetsu Kōgen Sansō, ✆ 01658-5-3818 (ab 10 950 ¥ p. P. mit HP), bietet 2x tgl. einen Abholservice für Übernachtungsgäste.

Asahi-dake 旭岳

Von Richtung Asahikawa erreicht man via Higashikawa den Ort Asahidake Onsen. Von diesem kleinen Kurort führt die Seilbahn **Asahidake Ropeway**, ✆ 0166-689111, zur Sugatami Station auf 1600 m Höhe (in der Hochsaison 2900 ¥ hin und zurück). Von dort sieht man direkt vor sich den Gipfel des Asahi-dake (2290 m). Oben kann man wahlweise einen 30 oder 60 Min. dauernden Rundweg gehen. Bergsteiger machen sich hier auf zum Gipfel oder auch zur zweitägigen Wanderung über den Asahi-dake bis zum Kuro-dake. Für Onsen-Freunde empfehlen sich das beeindruckende *rotenburo* der Lodge Nutapu-Kaushipe oder das riesige Indoorbad des Ezomatsu-sō, die beide für 600 ¥ auch Tagesgästen offen stehen.

Die **Tenninkyō-Schlucht** liegt am Endpunkt eines Abzweigs der Straße Nr. 160 und wird

(map labels)

Kamikawa
Kamikawa
RANGER OFFICE
Ishikari
Doo-Schnellstraße
Ishikari
Niseikaushuppe
Chōyo
Kurodake-
Seilbahn
Sōunkyō
Onsen
Ryusei-
und-Ginga-Wasserfall
Byobu
Mundake
Hirayama
Mukayama
Asahikawa
Asahikawa
Higashikawa
Aibetsu
Rippu
Ryōun
Hokuchin
kuro-dake
Akadake
Hakuun
Daietsu-Kō
Sekihoku-Pass
Chūbetsu
AIRPORT
Onuma-und-
Konuma-Sumpf
Asahidake-Seilbahn
Asahidake-
Besucherzentrum
Asahi-dake
(2290)
Braunbār-
Informationszentrum
Kōgen Onsen
Rubeshinai
Tenninkyo Onsen
Hagoromo-
Wasserfall
Pohchubetsu
Chūbetsu-
ko
Ponkaun
Chubetsu
Mikuni-Pass
Mikuni
Shohoku-Pass
Biei
Biei
Kaun
Otofuke
Io-Sumpf
Hisago-Sumpf
Ishikari
Nishikumaneshiri
Maruyama
Tomuraushi
Numanohara
Biei
Shirogane Onsen
Aussichtsplattform
Bōgakudai
Oputatashike
Kami-Furano
Kami-Furano
Fukiage Onsen
Tokachidake Onsen
Biei-dake
Tokachi-dake
Nipesotsu
Horoka
Furano-Linie
Takisato-
ko
Furano
Kamihorokamettoku
Maruyama
Upepesanke
Higashi-
Daisetsu-
Museum
Nukabira-
ko
Naka-Furano
Naka-Furano
Maefurano
Shimohorokamettoku
Nipesotsu
Nukabira
Onsen
Furano
Furano
Tokachi
Shikaribetsu
Naitai
Shikaribetsu
Onsen
Shikaribetsu-ko
Tenbosan
Ashoro
Higashi-
Daisetsu-ko
Pishikachinai
Hakuun
Higashi-Nupakaushinupuri
Sakhoro
RANGER OFFICE

Tōkyō

---

vom Chūbetsu-Fluss, einem Zufluss des Ishikari, geformt. Das Tenninkyō Onsen ist eines der ältesten Thermalbäder Hokkaidōs. Mit seinem schwefelhaltigen Wasser blickt es auf eine über hundertjährige Tradition zurück und bietet einen idealen Ausgangspunkt für Erkundungen der Schlucht. Ein kurzer Fußpfad führt zum **Hagoromo-Wasserfall**.

Tokachi-Bergkette 十勝山脈

Besonders zur Zeit der Herbstfärbung ist die Gegend ein beliebtes Ausflugsziel für Fotografen und Ausgangspunkt für Wanderungen und Bergtouren. Das auf 1200 m Höhe gelegene **Tokachidake Onsen** bietet anschließend die verdiente Entspannung. Das **Fukiage Onsen**, ein frei zugängliches „wildes" Onsen in der Natur, liegt direkt am Rand der Passstraße zum Tokachidake Onsen und ist ein Wellness- und Naturerlebnis besonders uriger Art. In den Sommermonaten führt eine Panoramastraße von Tokachi Onsen über die Bōgakudai-Aussichtsplattform zum **Shirogane Onsen**. Dort oben kann man den rauchenden Krater des Tokachi-dake bestaunen und auf sandigem, vulkanischem Gestein spazieren gehen. Hier kann man auch Bergtouren zum Tokachi-dake und Biei-dake beginnen.

Higashi Daisetsu 東大雪

Der **Nukabira-Stausee** auf 600 m Höhe mit dem am See gelegenen Nukabira Onsen ist ein beschauliches Ausflugsziel. 23 km weiter südwestlich trifft man auf den 798 m hoch gelegenen **Shikaribetsu-See**, der mitten im Wald liegt und daher zur Zeit der Herbstfärbung im September bei Wanderern und Onsen- Urlaubern beliebt ist. Er ist auch von der Stadt Obihiro aus in 2 Std. zu erreichen.

ÜBERNACHTUNG UND ESSEN

Sōunkyō

Hotel Kumoi, 2 Min. von der Talstation der Bergbahn, ☎ 01658-5-3553. Onsen-Hotel mit 35 Zimmern. Ab 8800 ¥ p. P. mit HP.

Onsen Pension Ginga, Nähe Talstation der Berg- bahn, ☎ 01658-5-3775, ⌨ pension-ginga.com. Erbaut 2001; 18 Zimmer für 50 Gäste. Gemüse aus eigenem Anbau. Unbehandeltes Onsen im Haus. 7500 ¥ p. P. mit HP (EZ mit Aufschlag).

Jugendherberge Sōunkyō, am Hang in der Nähe des Prince Hotels, ☎ 01658-5-3418, ⌨ youthhostel.or.jp/sounkyo/en/index.html. Ideal für Bergwanderer, 8-Bett-Zimmer mit Stockbetten und Tatami-Zimmer für 4–8 Per- sonen, Gemeinschaftsbad, aber kein Onsen. ☉ Juni–Okt. Ab 3800 ¥ p. P. im Schlafsaal.

Beer Grill Canyon, im Ortszentrum, ☎ 01658-5-3361. Gerichte mit Forelle und Rehfleisch. Originell, gut und günstig. ☉ Mai– Okt tgl. 11.30–21 Uhr.

Rest House Kurodake, an der Gipfelstation der Seilbahn, ☎ 01658-5-3031. Rāmen mit Maitake- Pilztopping – toller Blick. ☉ tgl. 8.30–16 Uhr.

Asahi-dake

Ezomatsu-sō, Asahidake Onsen, ☎ 0166- 97-2321. Holzhaus mit großem Giebeldach, 30 Zimmer, bekannt für sein Indoor-Onsen, das rund 100 Leute fasst. Vorzügliches Essen mit Bergkräutern und frischem Seafood. DZ werktags ab 8800 ¥ p. P. mit HP – zur Hoch- saison das Doppelte. Nur Onsenbesuch 1080 ¥.

Lodge Nutapu-Kaushipe, Yukomanbetsu, 500 m von der Asahidake-Ropeway entfernt, ☎ 0166-97-2150. Im ganzen Haus gilt Rauch- verbot. Die Lodge hat 5 Zimmer und bietet von Mai bis Okt ein *rotenburo*, von dem man einen tollen Blick über die Bergwelt genießen kann. Ab 6000 ¥ p. P. mit HP.

Tokachi

Kokuminshuku-sha Kamihoro-sō, Tokachidake Onsen, an der Fukiage–Kamifurano-Straße,

☎ 0167-45-2970. Bergsteigerquartier, 29 Zimmer, mit kulinarischen Spezialiäten und Onsen, *rotenburo* mit Blick auf das Tokachi-Gebirge.Im DZ ab 9500 ¥ p. P. mit HP.

SONSTIGES

Geld

In Sōunkyō gibt es eine Post und *konbini* mit Geldautomaten.

Informationen

Sōunkyō Besucherzentrum in Sōunkyō Onsen an der Seilbahn, ☎ 01658-94400.

Sōunkyō Touristeninformation auf der anderen Flussseite am Busterminal, ☎ 01658-5-3350, ⌨ www.sounkyo.net/english.

Asahidake Besucherzentrum in Asahidake Onsen, ☎ 0166-97-2153.

Websites zum Nationalpark: ⌨ www.welcome- higashikawa.jp/global/english und ⌨ www. asahikawa-tourism.com.

TRANSPORT

Selbstfahrer

Asahidake Onsen erreicht man mit dem Auto von FURANO aus in 80 Min. und vom Bahnhof ASAHIKAWA aus in 70 Min.

Busse und Taxis

Asahikawa Denki Kidō Bus, ☎ 0166-23-3355, verkehrt 3x tgl. zwischen ASAHIKAWA und Asahi-dake Onsen (1 3/4 Std., 1320 ¥). Ein **Taxi** verlangt für die Strecke rund 7000 ¥.

Dōhoku Bus, in Asahikawa ☎ 0166-23-4161, in Sōunkyō ☎ 01658-5-3321, fährt 7x tgl. von ASAHIKAWA via KAMIKAWA (30 Min., 800 ¥) nach Sōunkyō (1 Std. 50 Min, 2100 ¥).

Kamifurano Chōei Bus, ☎ 0167-45-6985, bedient 3x tgl. die Strecke vom JR-Bahnhof KAMI- FURANO nach Tokachidake Onsen (3/4 Std., 500 ¥) .

Eisenbahn

JR-Züge aus SAPPORO fahren nach Asahikawa (1 1/4 Std.; 4290 ¥) und Kamikawa (2 1/4 Std., 5830 ¥).

Furano und Biei 富良野・美瑛

Das Städtchen **Furano** im Zentrum Hokkaidōs ist bekannt als Skigebiet im Winter. Im Juli, wenn ganze Hügel mit Lavendel erblühen, ist es ein beliebtes Ziel für Tagesausflügler aus Sapporo. Der Reiz Furanos liegt in der Landschaft rundum. Grandios gepflanzte Land-Art-Blumenfelder entzücken die Insassen ganzer Reisebusse ebenso wie der in Japan seltene Blick auf den Horizont zu Land (*chiheisen*). Zwei Shuttlebus-Linien verbinden im Sommer die touristisch interessanten Punkte miteinander.

Der Ort **Biei** inspiriert mit seiner hügeligen Landschaft viele Künstler. Galerien, wie die Maeda-Shinzō-Galerie mit Werken des 1998 verstorbenen Fotografen, locken zahlreiche Besucher an. Zu einer deutsch-japanischen Rast lädt das Land Café (s. Essen).

ÜBERNACHTUNG UND ESSEN

YuiGaDokuSon, Furano, ✆ 0167-23-4784. Dieses Curry-Lokal in einem alten Haus direkt am Bahnhof kennt selbst in Sapporo jeder. Es ist Treffpunkt von lokalen Musikern, Künstlern und Reisenden aus aller Welt. Der Eigentümer Miyata-san hat in Deutschland die Wurstherstellung studiert und sitzt als „bunter Hund" im Stadtrat. Curry mit Wurst nach Wahl. ⏰ tgl. außer Mo 11–21 Uhr.

Land Café, Aza Mita Dai 2, ✆ 0166 92-5800, 🖥 www.biei-landcafe.com. Hier kann man im Rahmen eines Kuchen-Sets (*keki setto*) auf der Terrasse Obsttorten der Saison oder deutschen Käsekuchen genießen. Ein hauseigener Wanderweg von 2 km führt durch das 20 ha große Gelände des ökologisch bewirtschafteten Hofs. Das Ehepaar Koester-Hirose bietet auch einen Mittagstisch sowie jahreszeitlich variierende Gerichte. ⏰ tgl. außer Di und Mi 10–17 Uhr. Auch ein Cottage (pro Nacht 12 000 ¥) für Feriengäste (bis 6 Personen, ab 3 Nächten) steht zur Verfügung. Ab Bahnhof Biei 10 Min. mit dem Auto (Taxi ca. 2000 ¥).

SONSTIGES

Informationen

Nähere Informationen zu Furano bekommt man bei der **Touristinfo** im JR-Bahnhof Furano, ✆ 0167-23-3388, und im **Internet** unter 🖥 www.furanotourism.com/en.

Touren

Organisierte Sightseeingtouren gibt es von Juni bis August ab Bahnhof Furano („Twinkle Bus Furano Go", 4 Std., 1500 ¥) und ab Bahnhof Biei („Twinkle Bus Biei Go", 50 Min., ab 500 ¥), ✆ 0167-22-0909.

TRANSPORT

Der Furano-Zug verbindet Furano und ASAHI-KAWA (1 Std., 1040 ¥) mit Halt an vielen pittoresken Orten. Im Sommer verkehrt eine Touristenbahn („Noro Kogo") mit offenen Fenstern. Anreise aus SAPPORO mit dem Zug (3620 ¥) oder Autobahnbus (11x tgl., 2 1/2 Std., 2260 ¥). Von Furano fahren JR-Züge (3x tgl., 1 Std., 640 ¥) und Busse (ab Bahnhof Furano, 8x tgl., 3/4 Std., 620 ¥) nach Biei.

8 HIGHLIGHT

Shiretoko-Nationalpark 知床国立公園

Im Jahr 2005 wurde die rund 70 km lange, schmale Halbinsel von Shiretoko wegen ihrer einmaligen Biodiversität und des intakten Ökosystems sowie für ihren Bestand an wilden Tieren zum Unesco-Weltnaturerbe erklärt. Der Ortsname Shiretoko leitet sich von Sir Etok ab, was in der Ainu-Sprache „Ende der Welt" bedeutet. Vor der Küste wird das Treibeis aus Russland angetrieben. Der **Riesen-Fischuhu** (*Bubo blakistoni*), eine der größten Eulenarten der Welt, in der Ainu-Sprache *kamuy* („Gott") genannt, lebt hier. Wilde **Braunbären**, die größten Landtiere Japans, laufen auf Fischfang an der Meeresküste entlang. **Seeadler** (*Haliaeetus albicilla*) leben und brüten hier rund ums Jahr, andere kommen zum Überwintern aus Russland zu Gast. In den reichen Küstengewässern des Ochotskischen Meeres leben die großen **Stellerschen Seelöwen** (*Eumetopias jubatus*, auf Japanisch *todo*). Sie sind auf der Roten Liste der

Ausflugsboote

Shiretokos 100–200 m hohe Steilküste, von der sich Wasserfälle ins Meer stürzen, können ebenso wie der Rausu-dake vom Ausflugsboot bewundert werden. Verschiedene Unternehmen bieten Bootstouren (1–4 Std.) ab Utoro und Rausu.

vom Aussterben bedrohten Tiere, fügen aber andererseits den lokalen Fischern Schäden an den Netzen zu, sodass ein friedliches Zusammenleben gefunden werden muss. Auch 10 m lange **Orcas**, die mit ihrem stolzen Gewicht von zehn Tonnen 80 km/h schnell schwimmen können, leben ganzjährig in den Gewässern von Shiretoko. Die kleinsten bewunderten Lebewesen sind die **Clione** (Schnecke ohne Haus), die unter den Eisschollen schwimmen und liebevoll als „See-Engelchen" bezeichnet werden.

Shiretoko-goko und Kamui Wakka
知床五湖・カムイワッカの滝

Auf einem Spaziergang durch das Gebiet der fünf Seen von Shiretoko, der **Shiretoko-goko**, bieten sich unvergessliche Blicke auf landschaftliche Schönheiten (15 Min. zum Aussichtspunkt auf rollstuhlgeeigneten Holzwegen). Für die 3 km lange Wegstrecke, die alle Seen umschließt, braucht man etwa 1 1/2 Stunden. Am besten vorher erkundigen, ob die Wege geöffnet sind, da sie bei Braunbärenwarnungen manchmal gesperrt werden.

Wer gut zu Fuß ist, sollte sich unbedingt die kleine Wanderung zum **Kamui Wakka-Wasserfall** vornehmen – ein Onsen in freier Natur, dessen warmes Quellwasser sich als Bach den Weg ins Meer sucht. Das Onsen ist nur durchs Flussbett zu erreichen. Barfuß ist die Kletterei über große Steine recht glitschig, aber die Mühe lohnt. Am Ziel angekommen kann man dann in Naturbottichen ein heißes Bad genießen. Seit Jahren ist wegen Steinschlags allerdings nur die 20-minütige Strecke bis zum ersten Wasserfall begehbar (bis zu den Bottichen ganz nach oben wären es weitere 20 Min.).

Zum Ausgangspunkt der Wanderung gelangt man nur über den von Anfang August bis Ende September alle 20 Min. verkehrenden Shuttlebus (1300 ¥). Dieser startet am Naturzentrum des Nationalparks (an der Küstenstraße, kurz bevor die Passstraße Nr. 334 nach Rausu abbiegt). Er fährt über die fünf Seen Shiretoko-goko bis zum Wasserfall von Kamui Wakka (20 Min. bis zu den Seen, weitere 20 Min. bis Kamui Wakka, Zustieg auch schon in Utoro Onsen möglich; 1960 ¥). Rutschfeste Schuhe, Badeanzug und Rucksack sind hilfreich.

Shiretoko-Passstraße 知床峠

Die Shiretoko-Passstraße von Utoro nach Rausu bietet eindrucksvolle Panoramablicke. An ihr liegt auch das Natur-Onsen **Kumanoyu** („Bären-Onsen"). Auf Rausu-Seite ist ein Besuch im **Seseki Onsen** – bei Flut im Meer – ein Erlebnis. Der **Rausu-dake** (1660 m) ist von beiden Seiten der Shiretoko-Passhöhe her für Geübte in einer Tagestour zu besteigen und gehört zu den 100 schönsten Bergen Japans (Ausgangspunkte der Touren sind Rausu Onsen und Iwaobetsu Onsen). Man braucht 4 Std. für den Aufstieg und 2 1/2 Std. für den Abstieg (13 km Wegstrecke). Auch andere Wanderungen zu Seen und Wasserfällen sind möglich. Von November bis April ist die Passstraße nicht passierbar!

ÜBERNACHTUNG

Shiretoko-Campingplatz, ☎ 0152-24-2722, 15 Min. zu Fuß von Utoro zum Campingplatz bei der Aussichtsplattform Yūhidai mit schönem Blick auf den Sonnenuntergang im Ochotskischen Meer. ⏱ 20. Juni–10. Sep, 400 ¥.
Rausu Onsen-Campingplatz, ☎ 0153-87-2126, 3 km Richtung Shiretoko-Pass, gegenüber von Kumanoyu Onsen, nahe dem Aufstieg zum Rausu-dake. ⏱ Juni–Sep, 300 ¥.
Shiretoko Yūhi-no-ataru-ie, Utoro Onsen, ☎ 0152-24-2764, 🖥 www.yuuhinoataruie.com. Vornehmes Onsen-Hotel auf einer Anhöhe mit Blick über den Hafen von Utoro. 23 Zimmer (westlich oder japanisch). DZ nur mit WC, 7020 ¥ p. P. Onsen mit tollem *rotenburo*. Abendessen im Buffetstil im benachbarten Gebäude (4320 ¥).

ESSEN

Spezialität ist *chan-chan-yaki* – auf Kohlgemüse gegarter Lachs mit Miso-Soße: Lecker!

0   10 km

N

HOKKAIDŌ

Kap Shiretoko

Ochotskisches

Meer

S h i r e t o k o - h a n t ō

△ 1254
Shiretoko-dake

Aidomari

Seseki

★ *Kamui Wakka-Wasserfall*

Shiretoko-goko

Iō-zan
1562 △   *Higashi-dake*
△1520

1520 △
Chienbetsu-dake

Iwaobetsu Onsen

Okkabake-dake
1450 △

Turepe Wasserfall
Nature Center

△ 1564
Sashiru-dake

Misakichō

1509 △
Mitsumine-dake

Utoro
Michi-no-eki

1660 △
Rausu-dake

Kaiganchō

Tobinitai

Shokuji-dokoro Shiokaze

Shiretoko Camping

Wintersperrung ab Rausu Visitor Center

★ *Oshinkoshin-Wasserfall*
Shari

Rausu-ko

Kumanoyu Onsen

Campingplatz

Yunosawachō

1317 △
Chinishibetsu-dake

Kumagoe-Wasserfall

Rausu
Michi-no-eki

Rausu Visitor Center

△ 1331
Onnebetsu-dake

Shibetsu

Matsunorichō
Chishōchō
Shunshō

- - - Routen der Ausflugsboote

Shokuji-dokoro Shiokaze, Utoro-shi, Kagawa 222, ✆ 0152-24-3368. Familiäres Lokal im japanischen Stil neben dem Prince Hotel, bereitet nach telefonischer Vorbestellung auch für kleine Gruppen *chan-chan-yaki* zu. ⏲ tgl. außer So, nur abends.

Im Restaurant in der **Raststätte** *(michi no eki)* an der Nationalstr. 334 bei Utoro, Utoro Nishi 186 banchi, ✆ 0152-22-5000, werden diverse Gerichte aus lokalen Zutaten nach heimischen Rezepten angeboten, z. B. *shake no oyakodon* (Lachs und roter Kaviar auf Reis für 1300 ¥).

Unterwegs sind keine Geschäfte, deshalb sollte man Einkäufe bereits in Shari oder Utoro erledigen.

SONSTIGES

Aktivitäten
Eistauchen (2 Std., 23 000 ¥) und Eisschollen-Wanderungen (1 1/2 Std., 5000 ¥) in Shari: Ende Jan–Anfang März. Reservierung erforderlich über **Shiretoko Shari Town Tourist**, ✆ 0152-22-2125.

Geld
Geldwechsel ist in Utoro nicht möglich, aber beim *konbini* 7-Eleven kann man am Automaten Geld abheben.

Informationen
Shiretoko Nature Center, ✆ 0152-24-2114, am Eingang zum Nationalpark an der Küstenstraße, kurz bevor die Straße Nr. 334 einen Knick zur Passhöhe bzw. nach Rausu macht. ⊕ 8–17 Uhr (im Winter 9–16 Uhr).
Touristeninformation Utoro Shiretoko, 15 Min. hinter Utoro an der Hauptstraße im Michi no eki Utoro Shiretoko, ✆ 0152-24-2639. ⊕ 8.30–18.30 Uhr (im Winter 9–17 Uhr).
Rausu Visitor Center, von Rausu kommmend an der Passstraße 334 rechts, kurz vor dem Gate, an dem von Nov–Mai die Straße gesperrt wird, ✆ 0153-87-2828, ⊑ www.shiretoko.or.jp/en. ⊕ Sommer 9–17, Winter 10–16 Uhr.

Reisezeit
Die Reisezeit ist von Ende Mai bis Mitte Okt, die Hochsaison mit Shuttlebusverkehr von Anfang Aug bis Mitte Sep. Das Treibeis landet meist im Februar an der Küste.

Leuchtende Nächte

Als Highlight in der weißen Saison gelten die Lasershows am winterlichen Nachthimmel vom 5. Feb bis 21. März tgl. um 20 Uhr im Ryūhyō Shizen-kōen in Utoro Onsen (300 ¥). Hier werden mit Lasertechnik unter dem Namen „Aurora Fantasy" oder „Shiretoko Fantasia" Bilder vergangener Nordlichter reproduziert.

Touren
Anbieter von **Bootsausflügen** (u. a. zur Tierbeobachtung) ab Hafen Utoro:
Gojiraiwa Kankou, ✆ 0153-89-2036, ⊑ kamuiwakka.jp/english-booking.php.
Ab Hafen Rausu:
Hamanasu Kankou, ✆ 0153-87-3830, ⊑ rausu-cruise.com,
Marumi, ✆ 0153-88-1313, ⊑ shiretoko-rausu.com.
Ab Busterminal Utoro Onsen startet von Ende April bis Ende Okt tgl. die **Bustour** „Shiretoko Roman Fureaigo" (10–14 Uhr, 4 Std., 3200 ¥, auf Japanisch), die die Hauptsehenswürdigkeiten, auch die Passhöhe, einschließt. Tickets dafür kann man auch im Hotel Shiretoko kaufen.

TRANSPORT

Selbstfahrer
Nach Utoro von SAPPORO ca. 430 km (9 Std.), von SHARI 40 km (50 Min.), vom FLUGHAFEN MONBETSU 100 km (2 Std.). Von Rausu nach Utoro 30 km (50 Min.).

Busse
Zwischen Shari und Utoro verkehrt der **Shari Bus**, ✆ 0152-23-3145, ungefähr stdl. von 8–18 Uhr (50 Min., 1650 ¥).

Eisenbahn
Um nach Shari zu gelangen, nimmt man den *Super Sōya* von ASAHIKAWA bis ABASHIRI (3x tgl., 5 Std.) und von dort die Lokalbahn (50 Min.), 8100 ¥, oder auf der südlichen Route via OBIHIRO bis KUSHIRO fahren (7x tgl., 3 1/2 Std.), von dort mit der Lokalbahn (2 1/2 Std.), 6870 ¥.

Monbetsu und Abashiri
紋別・網走

Die beiden Hafenstädte am Ochotskischen Meer sind touristisch bekannt für das Treibeis aus Russland. Wer Hokkaidō im Sommer kennt, wird es kaum glauben: Vom Fluss Armur angespült, treiben alljährlich breite Matten von Eisschollen im Ochotskischen Meer. Die Eisbrecher *Garinko II* und *Aurora* bieten von Mitte Januar bis Ende März Ausflugstouren durch das Treibeis an. Reservierung erforderlich (1 Std. 3000 ¥); ab Monbetsu: Ohotsuku Garinko, ✆ 0158-24-8000, ab Abashiri: Dōtō Kankō Kaihatsu, ✆ 0152-43-6000, 🖥 ms-aurora.com/abashiri/en.

Anreise von Sapporo nach Monbetsu per Bus ca. 5 Std., 6210 ¥; Inlandsflüge nach Monbetsu oder Memanbetsu Airport.

Akan-Nationalpark
阿寒国立公園

Der Akan-Nationalpark ist der älteste Nationalpark Hokkaidōs. Er umfasst auf 90,481 ha Fläche dichte Laub- und Mischwälder, die zu den ursprünglichsten Wäldern Japans zählen, aktive Vulkane und drei heiße Quellen, die Besucher die Erdenergie spüren lassen. Der Akan-Nationalpark beheimatet außerdem zahlreiche fantastische Vulkanseen, z. B. den **Mashū-ko**, der für seine Wasserklarheit bekannt ist, den **Akan-ko**, den sechstgrößten See Japans, mit seinen grünen Mooskugeln *(marimo)* und den **Kussharo-ko**, von dem aus der Fluss Kussharo in den Kussharo-Nationalpark fließt. Heiße Quellen laden allerorts zu Wellness-Vergnügen ein. **Kawayu** und **Akan** sind die beiden zentralen Ausgangspunkte für Exkursionen im Park.

Akan-ko 阿寒湖

Am Akan-See geben Ainu Einblick in ihre Kultur und verkaufen Kunsthandwerk. Man hat hier auch die Möglichkeit, die Besonderheiten der seltenen Algenbälle *(marimo)* zu bestaunen. Auf dem Akan-See bietet ein Ausflugsboot 50-minütige Rundfahrten an. Der See gilt als ein interessanter Platz für Fischfang in Japan – Angeltouren sind über das Visitor Center buchbar.

Lohnend ist auch ein Besuch im Onsenbad eines großen Hotels. Das Hotel New Akan z. B. lässt ab Mittag auch Tagesgäste in seine luxuriöse Badelandschaft mit Blick auf den See (1000 ¥).

Mashū-ko 摩周湖

Der Mashū-ko ist weltbekannt für seine hohe Wasserklarheit – neben dem Baikal-See in Russland soll er der See mit der höchsten Un-

Marimo

Im Akan-See des Akan-Nationalparks wachsen eigenartige Algenbälle bzw. Mooskugeln, auf Japanisch *marimo*, die sonst weltweit nur in Island und Estland gefunden wurden. Es handelt sich um fadenförmige Algengewächse, die sich durch sanfte Wellenbewegung zu grünen Kugeln mit samtiger Oberfläche verweben. Entdeckt wurden sie 1898 von Kawakami Tasuhiko. Heute stehen sie unter Naturschutz. Ihr Wachstum beträgt 5 mm im Jahr. Auf dem Grund des Akan-Sees leben ganze *marimo*-Kolonien. Der bislang größte Algenball mit rund 30 cm Durchmesser wurde 1997 entdeckt. Informationen und eine Ausstellung zu den *marimo* findet man im **Akan Lakeside Eco-Museum** im Kurort Akan Onsen nahe dem Hotel Akankosō, ✆ 0154-67-4100, 🕐 tgl. außer Di 9–17 Uhr, Eintritt frei, und im **Marimo Exhibition and Observation Center** auf der Insel Churui im Akan-See – erreichbar nur mit dem Boot (1 1/2 Std., 1900 ¥); Ausflugsboote verkehren von Ende April bis Mitte Nov und starten im Sommer jede Stunde, ✆ 0154-67-2511 (die Öffnungszeiten des Museums sind an den Schiffsverkehr angepasst).

terwassertransparenz sein. Er liegt 315 m über dem Meeresspiegel und entstand durch eine Vulkaneruption vor rund 7000 Jahren. Er hat keinen Zu- oder Abfluss, ist weder befahrbar noch zugänglich, weshalb seine Oberfläche sich oft beeindruckend glatt zeigt. Der Mashū-ko wurde von den Ainu als *kamuy tou*, „See der Götter", verehrt und auch heute noch gilt er als geheimnisvoll, weil er sich oft in Nebel hüllt.

Um den See gibt es drei Aussichtspunkte mit Souvenirständen. Im August herrscht an diesem touristischen Highlight intensiver Reisebusverkehr. Gleich in der Nähe liegt der **Io-zan** (oder Atsoe-nuppuri), ein gelber Schwefelberg (512 m), an dem es kocht und brodelt und natürlich auch riecht – ein Ort also, an dem man die Vulkantätigkeit der Region hautnah spüren kann.

Wanderungen

Zum Bergsteigen mit Panoramablicken über die Landschaft empfehlen sich der Meakan und der Oakan in der Akan-Region sowie der Nishibetsu und der Mokoto in der Kawayu-Region. Zudem bieten acht ausgearbeitete Spazier- und Wanderrouten die Möglichkeit, die Naturschönheiten zu Fuß zu erkunden. Bei den Touristeninformationen gibt es Bergsteiger- und Wanderkarten, die teilweise sogar in Englisch erhältlich sind. Die Wege sind gepflegt und ausgeschildert.

Der Einstieg zum **Oakan** (1370 m) befindet sich ca. 5 km (10 Autominuten) an der Nationalstraße Nr. 241 östlich von Akan am Seeufer. Für die Tour muss man rund 6 Std. einplanen. Bei klarem Wetter kann man bis auf die Bergkette von Daisetsuzan blicken.

Zum **Meakan** (1499 m) gibt es zwei mögliche Aufstiegsrouten: Die Tour vom Meakan Onsen dauert etwa 5 1/2 Std., bei der anstrengenderen Tour vom Onneto-See aus benötigt man ca. 4 1/2 Std., wird aber nach dem steilen Aufstieg mit wunderbaren Ausblicken über aktive Vulkane belohnt.

Knapp 2 Std. dauert die Tour auf den **Mokoto** (1000 m). Zum Einstieg kommt man entlang der Präfekturstraße Nr. 102, dem Schild nach *Highland Koshimitsu 725* folgend. Von oben blickt man auf den Kussharo-See, die Bergkette von Shiretoko sowie aufs Ochotskische Meer.

Die 1 1/2-stündige Bergtour auf den **Nishibetsu** (800 m) ist bekannt für die alpine Pflanzenwelt und eignet sich auch für Anfänger.

ÜBERNACHTUNG

Campingplätze

Akan Lakeside Campsite, ☎ 0154-67-3263, am Seeufer des Akan-Sees in direkter Nähe des Onsen-Kurortes Akan. Mit eigenem Fußbad. 630 ¥.

Sunayu Campsite, ☎ 0154-84-2254, um eine heiße Quelle am Sandstrand des Kussharo-Sees. Zelte dürfen am Strand oder im Wald aufgeschlagen werden. 400 ¥.

Wakoto Lakeside Campsite, ☎ 0154-84-2350, in unmittelbarer Onsen-Nähe auf einer kleinen Insel – man kann nach einem Bad im Kussharo-See direkt ins Onsen. 450 ¥.

Sonstige

Alle folgenden Unterkünfte inkl. Onsen-Nutzung.

Hotel Kawayu Park, Nähe Busstation Kawayu Onsen, ☎ 0154-83-2611. 28 Zimmer im japanischen Stil. 6800 ¥ p. P. mit HP.
Kannō Ryokan, am Bahnhof Masshū, ☎ 01548-2-2203. Pension mit 10 Zimmern im japanischen Stil, Japanischkenntnisse erwünscht. 6000 ¥ p. P. mit HP.
Minshuku Ryōgoku, 3 Min. vom Akan-See, ☎ 0154-67-2773. Zimmer im japanischen Stil nahe dem Busterminal. Übernachtung ohne Essen möglich. 6000 ¥ p. P. mit HP.

ESSEN

Akan Kiten Shōji, im Stockwerk über dem gleichnamigen Souvenirladen, ☎ 0154-67-2819. Bietet lokale Spezialitäten mit Zutaten aus der Gegend, z. B. *wakasagi tendon* (frittierter Fisch auf Reis) und *shikadon* (Rehfleisch auf Reis). Um 1400 ¥. ⏱ 11–19 Uhr.
Ryogoku, an der Hauptstraße von Akan Onsen, Nähe Busterminal, ☎ 0154-67-2773. Spezialitäten aus Rehfleisch und Tenpura von frischem Fisch *(wakasagi)*. ⏱ 11–19 Uhr.
Auf dem Bihoro-Pass befindet sich das Rasthaus **Sunayu**, in dem man *imo-dango* (Kartoffelkuchen) und *age-imo* (frittierte Kartoffeln) bekommt.
Am Bahnhof von Mashū bietet das kleine Lokal **Happo-tei** *buta-don* (Schweinefleisch auf Reis) an.

INFORMATIONEN

Akankohan Eco-Museum Center, in Akan Onsen nahe dem Hotel Akanko-sō, ☎ 0154-67-4100. ⏱ tgl. außer Di 9–17 Uhr.
Kawayu Eco-Museum Center, in Kawayu Onsen in der Nähe der Post, ☎ 0154-83-4100. ⏱ tgl. 8–17 Uhr.
Infos im Netz: ⌨ www.lake-akan.com/en/index.html.

TRANSPORT

Akanko und Kawayu liegen 60 km (ca. 1 1/2 Std.) voneinander entfernt. Zwischen beiden Zentren besteht keine Verbindung mit öffentlichen Verkehrsmitteln. Die Kawayu am nächsten liegenden Flughäfen sind Memanbetsu und Nakashibetsu.

Selbstfahrer

Akanko erreicht man von SAPPORO aus in knapp 7 Std. (330 km), vom Flughafen KUSHIRO in 1 Std. (50 km) und vom Flughafen OBIHIRO in gut 3 Std. (160 km) mit dem Auto.

Busse

Nach KUSHIRO kommt man mit dem regulären Bus 3x tgl. in 2 Std. (2700 ¥) von Akan.
Nach ASAHIKAWA verkehrt 2x tgl. (9.30 und 17 Uhr) via Sōunkyō ein reservierungspflichtiger *Sunrise Bus* (5 Std., 4710 ¥), ab Asahikawa um 8 und 15.30 Uhr.
Beide Strecken bedient **Akan Bus**, ✆ 0154-37-2221, 🖥 www.akanbus.co.jp.

Eisenbahn

Nach Mashū bzw. Kawayu Onsen verkehrt die JR-Senmō-Linie, die Kushiro mit Shari verbindet. Von KUSHIRO nach Mashū oder Kawayu Onsen 7x tgl. (1 1/2 Std., 1840 ¥). Von SHARI nach Kawayu Onsen 4x tgl. (1 Std., 930 ¥).

Shikotsu-Tōya-Nationalpark
支笏洞爺国立公園

Der Shikotsu-Tōya-Nationalpark liegt im Südwesten Hokkaidōs und teilt sich in zwei Hauptregionen um die zwei Seen Shikotsu-ko, der im Winter nördlichste eisfreie See Japans, und Tōya-ko, ein doughnut-förmiger Kratersee am hochaktiven Vulkan Usu-zan.

Shikotsu-ko 支笏湖

Der Shikotsu-See entstand vor 30 000 Jahren durch vulkanische Eruptionen und ist mit 360 m der zweittiefste See Japans. Er ist umrankt von imposanten aktiven Vulkanen wie dem Eniwadake und dem Tarumae-zan. An seiner Küste finden sich heiße Quellen.

Aus Sapporo empfiehlt sich die Anreise über die Nationalstraße Nr. 453. Kurz nachdem man den Sapporo Art Park hinter sich gelassen hat, taucht man in eine unberührte Berglandschaft ein. Knorrige Silberbirken lassen auch bei bestem Wetter ihren Kampf mit dem rauen Winterklima ahnen. Ein rund 2 km langer Abstecher

---

Eisfest am Shikotsu-See

Das Eisfest *(hyōtō matsuri)* am Ufer des Shikotsu-ko gehört zu den bekanntesten Winter-Attraktionen Hokkaidōs. Skurrile Anblicke bieten sich in dieser künstlichen Landschaft aus bläulichem Eis. Bereits im Dezember beginnt man mit Sprenkelanlagen das klare Seewasser zu Rutschen, Tunneln, Monumenten etc. gefrieren zu lassen. Die rund 40 Eis-Bauwerke sind eingerahmt von der vulkanischen Landschaft des Nationalparks Shikotsuko. Abends werden sie in bunten Farben angestrahlt.

Datum: Ende Januar bis Mitte Februar, ⏱ 8.30-22 Uhr, am Wochenende mit Feuerwerk um 19 Uhr. Allgemeine Info: ✆ 0123-23-8288.
Anreise: Vom Flughafen Chitose 40 Min. im Taxi (7000 ¥), mit dem Bus 55 Min. (1000 ¥). Von Sapporo aus mit dem Auto 90 Min. Vorsicht: Bei schwerem Schneefall wird die Passstraße nach Sapporo nachts gesperrt! An Wochenenden ist die einspurige Zugangsstraße von Chitose aus häufig hoffnungslos verstopft.

---

auf der Straße 76 rechter Hand zum **Okotanpe-ko**, einem türkisblauen Kratersee, lohnt sich in jedem Fall. Vorsicht, die Straße führt nicht durch zum Bifue-Pass, sondern endet am Campingplatz Okotan. Einst ging sie zum Pass weiter, aber durch einen Erdrutsch ist sie seit Jahren verschüttet. Zurück auf der Nationalstraße 453 erhält man am Fuße des Berges **Eniwadake** den ersten Blick auf den Shikotsu-See, bevor man die Serpentinen hinab fährt, wo die beiden abgeschiedenen Bäder **Marukoma Onsen** und **Itō Onsen** liegen. Bis zum frühen Nachmittag erhält man auch als Tagesgast Zutritt zu den herrlichen *rotenburo* (Freiluftbädern) direkt am Seeufer mit schönem Panorama.

Nach 15-minütiger Fahrt am nördlichen Seeufer entlang erreicht man den kleinen Kurort **Shikotsuko Onsen** am Ostufer. Hier informiert ein Besucherzentrum, ✆ 0123-25-2404, über die Entstehung des Sees und die typische Tier- und Pflanzenwelt. Zahlreiche Restaurants und Souvenirläden bieten Fischgerichte und Holzschnitzereien an. Von Shikotsuko Onsen starten in den Sommermonaten **Ausflugsboote**. Im Winter lockt das Eisfest Hyōtō Matsuri (Kasten S. 295) zahlreiche Besucher an. Der Ort Shikotsuko Onsen ist auch vom Flughafen Chitose gut zu erreichen (siehe Transport).

Der Straße Nr. 276 ans südliche Seeufer folgend, findet man linker Hand das Hinweisschild „Tarumae-zan Tozanguchi". Wer sich die Zeit nimmt, rund 7 km bis zum Parkplatz beim Beginn des Wanderwegs zu fahren und dort nur wenige Minuten zur **Aussichtsplattform** aufzusteigen, wird mit einem unvergesslichen Blick auf den Shikotsu-ko belohnt.

Weiter westwärts auf der 276 kommt man zum **Koke-no-dōmon**, einer bemoosten Schlucht, die man in rund einer Stunde durchwandern kann, wenn sie nicht gerade wegen Steinschlaggefahr gesperrt ist. Über den Bifue-Pass gelangt man via Otaki in etwa 1 1/2 Std. zum Tōya-See.

Tōya-ko 洞爺湖

Der Tōya-See ist ein runder Kratersee mit einer runden Insel mitten im See. Sein Name kommt aus der Ainu-Sprache und bedeutet „Seehügel". Er ist einer der wenigen Seen Hokkaidōs, die selbst im Winter nicht gefrieren.

Um den See führt eine 38 km lange Straße, die liebevoll mit 58 Kunstobjekten versehen ist. Hier verkehrt mit und gegen den Uhrzeigersinn ein öffentlicher 100-¥-Bus. Der Autoverkehr hält sich in Grenzen, sodass sich als Tagesausflug eine etwa fünfstündige Umrundung des Sees per Fahrrad anbietet. Die Leihräder sind für den deutschen Geschmack zwar eine Herausforderung an Arme und Beine, das Natur-Erlebnis entschädigt aber die Mühe. Fünf Campingplätze sowie einige Erlebnisfarmen verteilen sich um den See (S. 299). Auf den vielen Obstfarmen der Gegend werden Äpfel, Pflaumen, Trauben u. a. kultiviert, darunter viele ökologische Betriebe, auch solche der Permakultur.

Umrankt von Bergen verwöhnt der See mit überwältigenden Anblicken, ganz gleich von welcher Seite. Vom Thermalbad Tōyako Onsen im Süden des Sees blickt man über den See und darüber hinaus bis zum Yōtei-zan, dem Hokkaidō- oder Ezo-Fuji. Von der Nordseite des Sees, am Ort Tōya, wo sich ein kleineres Onsen

befindet, sieht man den noch rauchenden **Usuzan**, einen der aktivsten Vulkane Hokkaidōs. Bei seinem Ausbruch im Jahr 2000 veränderte er die Landschaft und das Bild von Tōyako Onsen abermals.

An der Westseite des Sees thront oben auf dem Berg **Poromai** (625 m) das futuristisch anmutende Windsor Hotel, in dem sich anlässlich des G8-Gipfels 2008 die Staatsoberhäupter der Großmächte berieten. Das vornehme Hotel ist übrigens öffentlich zugänglich. Ohne einen Yen auszugeben, kann man die Aussicht genießen und die luxuriöse Konferenz-Atmosphäre schnuppern.

Zu den faszinierenden Anblicken um den Tōya-See gehört zudem der **Shōwa Shinzan** (290 m), ein erst 1943 durch ein Erdbeben neu gewachsener, rötlicher Berg. Vom Fuße des Shōwa Shinzan führt eine Seilbahn, ☎ 0142-75-2401, in 7 Minuten (1500 ¥) auf den Usu-zan. Von oben aus überblickst man alle Schönheiten des Sees und gleichzeitig die Meeresbucht Uchiura. Von Tōyako Onsen ist die Seilbahnstation mit dem 100-¥-Bus in 10 Min. erreichbar.

Tōyako Onsen ist ein Kurort, der jährlich über 3 Mio. Besucher anzieht. Ein modern gestaltetes Besucherzentrum gibt kostenlos Einblicke in die Entstehung der vulkanischen Region sowie ihre Flora und Fauna, ☎ 0142-75-2558, 🖥 www.toyako-vc.jp/en, 🕐 tgl. 9–17 Uhr. Im selben Gebäude ist ein wissenschaftliches Vulkanmuseum untergebracht. Gleich hinter dem Haus beginnt die **Konpira-Promenade**, ein kostenloser, sehr eindrucksvoller Rundweg durch das ehemalige Katastrophengebiet des Vulkanausbruchs von 2000. Der zweistündige **Nishiyama-Wanderweg** führt vom Visitor Center zu den Kraterseen. 🕐 beide Trails: 20. April bis 10. Nov.

Ein Ausflugsboot verkehrt in den Sommermonaten alle halbe Stunde, im Winter stündlich, und ermöglicht einen Besuch auf der Insel **Nakajima**. Sie lädt zum Wandern, einem Besuch im Waldmuseum und zur Begegnung mit zahlreichen Rehen ein.

Von Ende April bis Ende Oktober steigt vom Boot aus an der Küste vor Tōyako Onsen jeden Abend um 20.45 Uhr ein 20-minütiges, imposantes Feuerwerk in den Himmel, das von überall am See zu sehen ist.

Shikotsu-ko

Daiichi Hotel Shikotsuko Suizantei, Shikotsuko Onsen, ☎ 0123-25-2323, 🖥 www.shikotsuko-daiichi.com/rooms. Ruhiges Hotel mit Onsen und kulinarischem Verwöhnprogramm. 16 000 ¥ p. P. mit HP.

Kyūkamura Shikotsuko, ca. 20 Min. Fußweg vom Onsen-Ort Shikotsuko auf der Anhöhe, ☎ 0123-25-2201, 🖥 www.qkamura.or.jp/shikotsu. Moderner Bau mit westlichen und japanischen Zimmern. 8540 ¥ p. P. mit HP.

Marukoma Onsen, ☎ 0123-25-2341, 🖥 www.marukoma.co.jp. Onsenhotel in romantischer Lage am See mit *rotenburo* direkt am nördlichen Seeufer. 11 800 ¥ p. P. mit HP.

Misu no Uta, Shikotsuko Onsen, ☎ 0123-25-2211, 🖥 www.mizunouta.com. Vornehmes Hotel mit luxuriösem Bad, auch auf Mittagessengäste eingestellt (Lunch 3024 ¥). 19 440 p. P. mit HP.

Shikotsuko Youth Hostel, Shikotsuko Onsen, ☎ 0123-25-2311, 🖥 www.jyh.or.jp/info.php?jyhno=330. Dorms mit Etagenbetten und Zimmer im japanischen Stil. 3426 ¥ p. P., 5800 ¥ mit HP.

Camping

Morappu-Campingplatz, direkt am östlichen Seeufer, ☎ 0123-25-2201. Mit Bootsverleih. ⏱ April–Okt, 720 ¥.

Bifue-Campingplatz, im Wald Kyoboku no Mori am Westufer des Sees, ☎ 0123-25-2752. Zeltverleih 1500 ¥. Selbstversorger 1000 ¥ p. P.

Tōya-ko

Daiwa Ryokan, Tōyako Onsen, ☎ 0142-75-2415, 🖥 daiwa-ryokan.jp. 10 Min. zu Fuß vom Busterminal in Richtung Berg. Private Atmosphäre. Innenbad mit 100 % Thermalwasser, als Tagesgast 400 ¥. 4000 ¥ p. P. ohne Essen.

Tōya Onsen Hotel, ☎ 0142-75-2111, 🖥 travel.rakuten.com/hotel/info/12539. Eines der vielen Luxushotels am Seeufer in Tōyako Onsen. Tagesgäste im Onsen 800 ¥. 9800 ¥ p. P. mit HP.

Camping

Nakatōya-Zeltplatz, an der östlichen Seeseite, ☎ 0142-66-7022. ⏱ Mai–Okt, 420 ¥. Bushaltestelle Nakatōya.

Takarada-Zeltplatz, an der nördlichen Seeseite, ☎ 0142-82-5777. ⏱ April–Mitte Okt, 700 ¥ für den Platz und ¥ 800 p. P. Bushaltestelle Takarada oder Mizu-no-eki. Mit Fahrradverleih und Tennishalle.

Tōya Kohan, an der Nordseite des Sees bei der Schiffsanlegestelle Mizu-no-eki, ☎ 0142-82-5111. ⏱ Mai–Mitte Okt, 500 ¥. Bushaltestelle Ukimido-mae.

Shikotsuko Onsen

Shikotsuko-sō, gleich am Parkplatz von Shikotsuko Onsen, ☎ 0123-25-2718. Kleines, unscheinbares Lokal mit urigen Holzbänken und günstigem Essen, z. B. „Himemasu Lunch" (900 ¥), kleine Seelachse aus dem Shikotsu-See. ⏱ tgl. 11–18 Uhr.

Tōya-ko

Hyumoa-tei, Tōyako Onsen, ☎ 0142-75-2156. Lokale Fisch-Spezialitäten wie *sakuramasu* und *himemasu* (Lachsarten) aus dem Tōya-ko. Reservierung erforderlich.

Restaurant SENDOAN Kawanami, Tōya Onsen, an der Promenade nahe dem Bootssteg, im 2. Stock über einem Souvenirladen, ☎ 0142-75-4111. Einfache, preiswerte Gerichte, mit Seeblick. ⏱ tgl. 11–19 Uhr.

Sobakura, Tōyako Onsen, ☎ 0142-75-2345. Handgemachte Soba. ⏱ tgl. 11–17 Uhr (oder früher, wenn die Nudeln ausverkauft sind).

Lake Hill Farm, am westlichen Seeufer, ☎ 0142-83-3376. Exotische Eissorten und duftendes Curry in Panorama-Lage. ⏱ tgl. 9–17 Uhr.

Holzofen-Bäckerei Lamyado, direkt gegenüber der Schiffsanlegestelle Mizu-no-eki am Nordufer des Sees, ☎ 0142-87-2250. Ausgezeichnetes Bio-Brot!

Sakkuru, unweit vom Michi-no-eki an der Nordseite des Sees, ☎ 0142-87-2521, 🖥 www.sakkuru.jp/index.html (Anfahrtsskizze). Slow-Food-Restaurant mit biologisch angebautem Gemüse. vom eigenen Hof. Mittagstisch oder Abendessen für 1500 ¥. Reservierung empfohlen. Bei klarem Wetter mit Blick auf den Yōtei-zan. ⏱ 11.30–14 und 18–21 Uhr.

HOKKAIDŌ

SHIKOTSU-TŌYA-NATIONALPARK

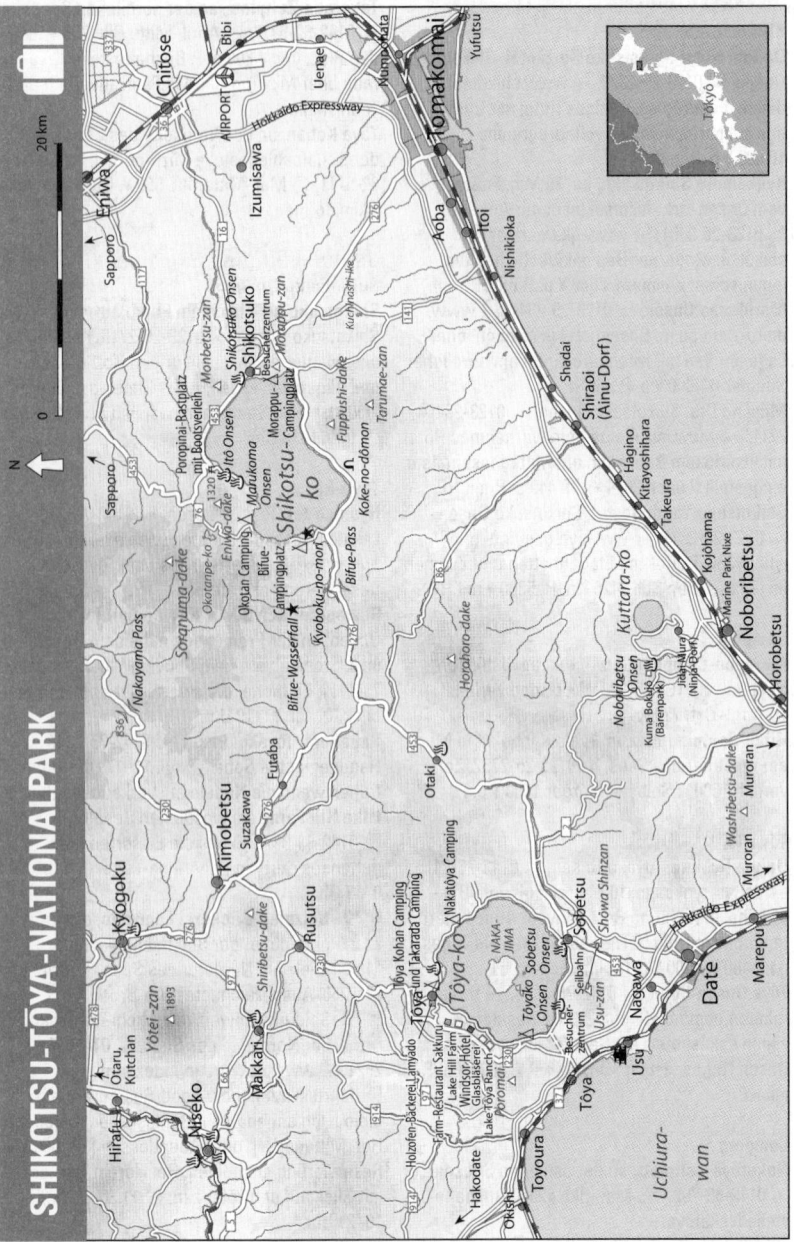

N
↑

20 km

0

www.stefan-loose.de/japan

Außer den Souvenirläden in Shikotsuko Onsen und vereinzelten *konbini* gibt es so gut wie keine Geschäfte um den Shikotsu-ko, auch keine Geldautomaten.

Bootstouren

Ausflugsboote **ab Shikotsuko Onsen**, ✆ 0123-25-2404, 2x stdl., 30 Min., 1200 ¥. Nur in den Sommermonaten.
Ausflugsfahrten **ab Tōyako Onsen**, ✆ 0142-75-2137, 🖥 www.toyakokisen.com, von der Südseite des Sees im Sommer alle 30 Min. von 8–16.30 Uhr und eine Nachtfahrt zum Feuerwerk um 20.30 Uhr, im Winter stdl. von 9–16 Uhr, Tourdauer 50 Min., 1420 ¥. Lunchkreuzfahrten für 2500 ¥ mit Halt auf der Insel Nakajima.

Informationen

Shikotsuko-Besucherzentrum, Shikotsuko Onsen, ✆ 0123-25-2404, 🖥 www15.ocn.ne. jp/~sikotuvc.

Erlebnistourismus am Tōya-See

Tōya Guide Center, ✆ 0142-82-5002, 🖥 www. toya-guide.com, bietet geführte Wanderungen, Kanufahrten u. a. Erlebnistouren rund ums Jahr an. Bootstour zur Insel Nakajima: 40 Min., 1200 ¥. Kanufahrt: 90 Min., 3500 ¥.
Tōya Takarada Shizen Taiken Haus, am nördlichen Seeufer, ✆ 0142-82-5999. Japanische Nudeln u. a. Kochkurse: 2 Std., 800 ¥. Bushaltestelle Takarada oder 20 Min. zu Fuß von Mizuno-eki (am Takarada-Campingplatz).
Lake Hill Farm, am westlichen Seeufer, ✆ 0142-83-3376. Von hier hat man einen grandiosen Blick auf den Yōtei-zan. Kostenloser Spiel- und Sportgeräteverleih an der Wiese. Eisherstellung: 1 Std., 700 ¥, Butterherstellung 1 Std., 700 ¥, Kühe melken: 1 Std., 1200 ¥. Köstliches Bauernhofeis in exotischen Geschmacksrichtungen! Hier geht's hoch zum Windsor Hotel.
Lake Tōya Ranch, am westlichen Seeufer, ✆ 0142-73-2455. Reiten, z. B. 40 Min. 4860 ¥.
Glas cafe gla_gla, ✆ 0142-75-3262. Glasbläserei; 30 Min. 3000 ¥. Bushaltestelle Tsukiura.

Touristeninformation Tōyako, Tōyako Onsen, ✆ 0142-75-2446, 🖥 www.laketoya.com.

Nach Shikotsuko Onsen

Von SAPPORO mit dem Hokkaidō Chūō Bus vom Busbahnhof am JR-Bahnhof in 1 1/2 Std. für 1500 ¥, vom NEW CHITOSE AIRPORT in knapp 1 Std. für 980 ¥. Nur von Juni–9. Okt.

Nach Tōyako Onsen

Mit dem JR Limited Express *Hokutō* oder *Super Hokutō* von SAPPORO bis Bahnhof Tōya (9x tgl., 2 Std., 5920 ¥), von dort weiter mit dem Dōnan Bus bis Tōyako Onsen (25 Min., 340 ¥).
Direkt vom Busbahnhof am Bahnhof Sapporo mit dem Dōnan Bus (7x tgl., 2 3/4 Std., 2780 ¥), vom NEW CHITOSE AIRPORT 2 1/2 Std., 2140 ¥ (nur von Juni bis Mitte Okt).

Shiraoi 白老

Mit dem Lokalzug von Sapporo Richtung Hakodate erreicht man in rund einer Stunde den Bahnhof Shiraoi. Ein kleiner Fußmarsch führt zum Ainu-Dorf **Shiraoi Poroto Kotan**, Wakakusachō 2-3-4, ✆ 0144-82-3914, 🖥 www.ainu-museum.or.jp. In den traditionellen Stroh-Häusern kann man bei Stickereien und Holzschnitzarbeiten zuschen. Es werden regelmäßig Ainu-Tänze vorgeführt und die Ainu-Sprache rezitiert. Die ständige Ausstellung umfasst 5000 Exponate. ⏱ tgl. 8.45–17 Uhr, Eintritt 800 ¥.

Noboribetsu Onsen 登別温泉

Dieses in ganz Japan bekannte traditionelle Onsen ist von Sapporo über die Autobahn oder mit der JR in eineinhalb Stunden zu erreichen. Ein typischer Schwefelgeruch prägt den ganzen Ort. Im sogenannten „Höllental" **Jigoku no tani** entspringt 200 m über dem Meeresspiegel eine der wasserreichsten Thermalquellen: zehntausende Tonnen zwischen 45 und 90 °C heißes Wasser pro Tag, mit dem die Hotels und Badehäuser gespeist werden. Das Besondere ist, dass die Quellen ganz unterschiedliche Mineralien enthalten – eine Vielfalt, die weltweit ihresgleichen sucht und den Kurort so bekannt gemacht hat.

Rund um Noboribetsu Onsen laden mehrere Spazierwege dazu ein, die Naturschönheiten zu erkunden. Für den **Funamiyama-Rundweg** benötigt man 40 Min., für den **Oyunuma-Rundweg** eine halbe Stunde und für den **Jigoku Dani-Rundweg** nur 10 Min. Entlang der Wege befinden sich Aussichtsplattformen. Auf rund 11 ha Fläche toben Gas und Rauch und brodelndes Wasser.

Neben den heißen Quellen bietet Noboribetsu drei Themenparks. Im **Noboribetsu Date Jidai Mura**, Naka-Noboribetsu-chō 53-1, ✆ 0143-83-3311, 🖥 www.edo-trip.jp, wurde ein Dorf mit 94 Holzgebäuden aus der Edo-Zeit authentisch rekonstruiert. Hier kann man im Ninja-Theater die Kunst der Ninja-Kämpfer bewundern. ◷ April–Okt tgl. 9–17, Nov–März 9–16 Uhr, 2900 ¥.

Im Bären-Park **Noboribetsu Kuma Bokujō**, Noboribetsu Onsen-chō 224, ✆ 0143-84-2225, leben 140 Braunbären, die teilweise dazu dressiert wurden, Kunststücke vorzuführen. Zum Komplex gehören das weltweit einzige Braunbären-Museum und ein Ainu-Dorf namens Yukara Village. ◷ tgl. 8–17.20 Uhr, 2592 ¥.

Im **Noboribetsu Marine Park Nixe**, Noboribetsu Higashi-chō 1-22, ✆ 0143-83-3800, 🖥 www.nixe.co.jp, sind ein Ozeanmuseum und Aquarium untergebracht. Haie und Lachse schwimmen direkt über die Köpfe der Besucher hinweg. Delfin- und Seehundshows sowie Pinguinparaden sind zweifelhafte Attraktionen. ◷ tgl. 9–17 Uhr, 2400 ¥.

Hotel Mahoroba, Noboribetsu Onsen-chō, ✆ 0143-84-2211, 🖥 www.h-mahoroba.jp. Das Luxushotel hat über 30 Bäder, darunter das größte *rotenburo* in Noboribetsu. Nicht für Tagesgäste offen.13 000 ¥ p. P. mit HP.
Izumi Villa, 3-17 Noboribetsu Higashi-chō, ✆ 0143-831331, 🖥 www.izumi-noboribetu.com. Minshuku – schlicht, aber herzlich. 6650 ¥ p. P. mit HP.

Touristeninformation Noboribetsu, Nähe Dōnan-Busterminal, ✆ 0143-84-3311, 🖥 www.noboribetsu-spa.jp. ◷ tgl. außer So 9–18 Uhr.

Busse
Vom Busbahnhof SAPPORO mit Dōnan Bus oder Hokkaidō Chūō Bus 3x tgl., 3 Std., 1950 ¥. Vom NEW CHITOSE AIRPORT mit dem Dōnan Bus 2x tgl., 1 1/4 Std., 1370 ¥.

Eisenbahn
Mit der JR *(Hokutō/Super Hokutō/Susuran)* von SAPPORO zum Bahnhof Noboribetsu 14x tgl., 1 1/4 Std., 4480 ¥. Von dort mit dem Dōnan-Bus in einer guten Viertelstunde bis Noboribetsu Onsen, 330 ¥.

Niseko ニセコ

Bekannte Skigebiete auf Hokkaidō gibt es viele: Furano, Kiroro, Rusutsu, Tomamu, Sapporo Kokusai, Teine und andere Berge um Sapporo. Das größte und bekannteste aber ist unbestritten **Niseko Grand Hirafu** mit 34 Pisten und der längsten Abfahrt (5700 m), auch das „Aspen Japans" genannt. Das Skigebiet Niseko setzt sich aus den in der Gipfelregion miteinander verbundenen Resorts Niseko Annupuri, Niseko Village, Niseko Grand Hirafu, und Hanazono zusammen. Kutchan, auch K-Town genannt, ist das zweite Zentrum neben Niseko (10 Busminuten entfernt). Es bietet die meisten Unterhaltungsangebote.

Eine atemberaubende Entwicklung hat die Gegend in den letzten Jahren vollzogen. Tagestouren von Tōkyō (Hinflug, Bustransfer, Tageskarte, Bustransfer, Rückflug) erfreuen sich schon lange großer Beliebtheit. Inzwischen trifft man als Wintersportler überwiegend Westler. Australier reisen aus ihrem Sommer ohne Zeitverschiebung an und schätzen die schneesicheren Pisten in Kombination mit heißen Quellen und japanischer Küche. Als kleine Gemeinde von rund 5000 Einwohnern am Shiribetsu-Fluss empfängt Niseko inzwischen rund 1,5 Mio. Besucher jährlich – eine Herausforderung und Chance zugleich. In den letzten Jahren wurde viel investiert, vor allem von Geschäftsleuten aus Hongkong, China und Australien. Überall in Niseko-Hirafu finden sich Beschriftungen in Englisch. Eine bunte Mischung aus jungen Australiern und weltoffenen Japanern schafft ein internationales Flair. Cafés, Kneipen und Restaurants beleben die Straßen im Ort.

Die Landschaft ist geprägt von einem grandiosen Blick auf den Berg Yōtei-zan (1898 m), auch Ezo-Fuji genannt. Von Mai bis Oktober ist Niseko Ziel für Rafter, Mountainbiker, Bergwanderer und Kletterer. In dieser Jahreszeit wirkt die Gegend ländlich verträumt – den Besuchersturm der „weißen Saison" kann man sich im Sommer kaum vorstellen.

ÜBERNACHTUNG

Alpen Hotel, Kutchan, Yamada 204, ✆ 0136-22-1105, 🖥 www.grand-hirafu.jp/hotel_nisekoalpen. Großes Sporthotel mit westlichen Zimmern, Swimming-Pool und Onsen direkt am Skilift von Grand Hirafu. ❹ mit Frühstück, ❺ mit HP

Black Diamond Lodge, Higashiyama 24-3, ✆ 0136-441144, 🖥 www.bdlodge.com. Abholservice vom JR-Bahnhof Niseko. Englisch okay. Treffpunkt junger aktiver Leute am Skigelände Niseko Higashiyama. Mit Frühstück. 3000 ¥ p. P.

Kōgen Hotel, Kutchan, Yamada 204, ✆ 0136-22-0117, ✆ 0136-22-2229. Sporthotel mit westlichen und japanischen Zimmern direkt am Skilift von Grand Hirafu. ❹ mit HP

Pension Sharōmu, Niseko-chō, Niseko 431-5, ✆ 0136-58-3190, ✆ 0136-58-3142. Sehr persönliche Atmosphäre in einem Blockhaus bietet das Ehepaar Morita. Die Betten sind schlicht, die Bewirtung ist herzlichst und das Ambiente verzaubernd. Zur Talstation vom Skigebiet Annupuri bringt einen der Gastvater in ein paar Minuten im Pkw, auf Wunsch auch am Abend zum Onsen. Ohne Japanischkenntnisse könnte es hier schwierig werden. 8000 ¥ p. P. mit HP.

ESSEN UND UNTERHALTUNG

Bäckerei A-Bu-Cha, Kutchan-chō, Yamada 190-13, ✆ 0136-22-5295. Köstliche Brot- und Backwaren aus Hokkaidō-Mehl und Naturhefe. Laden-Café mit 40 Sitzplätzen für Frühstück und Mittagessen. ⏰ tgl. 8–16 Uhr.

BangBang, Kutchan-chō, Niseko-Hirafu Ski Ground, ✆ 0139-22-4292. Sehr beliebte *izakaya*. Yakitori aus 5 verschiedenen lokalen Fleischsorten auf Kohle gebraten. Reservierung empfohlen. ⏰ tgl. 17.30–23 Uhr.

€ Jam Bar, in Hirafu. In-Treff mit lockerer Atmosphäre und günstigen Preisen. Chili con carne, Pizza, Teriyaki-Burger. Happy Hour 17–19 Uhr (alle Getränke 100 ¥). DJs machen Musik. ⏰ tgl. 17–2 Uhr.

Java Bar, Kutchan-chō, Yamada 170-180, ✆ 0136-23-0788. Après-Ski-Treff für junge Leute mit Cocktails, Espresso, DJ und Livemusik sowie Snowboarder-Filmen. ⏰ tgl. ab 16 Uhr bis spät.

JoJo's Cafe & Bar, Kutchan-chō, Yamada 179-53, ✆ 0136-23-2220. Leicht zu finden, an der Straße 343 über dem NAC (Nature Adventure Center). Einer der In-Treffpunkte in Kutchan/Niseko. Es gibt amerikanisches Essen mit Burgern, Pizza oder Steaks und hausgemachte Kuchen. Terrasse mit Blick auf den Yōtei-zan. ⏰ tgl. 11–23 Uhr.

Yummies, Restaurant im Ortsgebiet von Hirafu, ✆ 0136-21-2239. Pizza, Gratins, Tacos und vegetarische Gerichte. Barbetrieb ab 18 Uhr bis spät. ⏰ tgl. 17–23.30 Uhr.

SONSTIGES

Informationen

Touristeninformation, Niseko-chō, im View Plaza (Promotion & Verkaufsstand von lokalen Produkten) und in Kutchan-chō vor dem Bahnhof, ✆ 0136-21-2551, 🖥 www.nisekotourism.com/en.

Infos im Netz: 🖥 www.skiing-hokkaido.com, 🖥 www.powderlife.com, 🖥 www.grand-hirafu.jp.

Lifttickets und Ausrüstung

Lifttickets: Tageskarte 4800 ¥, 5-Stunden-Ticket 3800 ¥.

€ Interessante Lift-Ticket-Angebote z. B. in Kombination mit Restaurant-Gutscheinen findet man häufig an den Geldautomaten der *konbini*.

Ski- oder Snowboardausrüstung kann man teils an den Liftstationen leihen, sonst z. B. bei **Niseko 343**, direkt an der Bushaltestelle Niseko, ✆ 0136-23-0343, 🖥 www.niseko343.com, z. B. Ski inkl. Liftticket 7500 ¥ pro Tag oder nur Skiausrüstung-Set 3900 ¥/Tag. ⏰ tgl. 8–21 Uhr (Dez–Ende März).

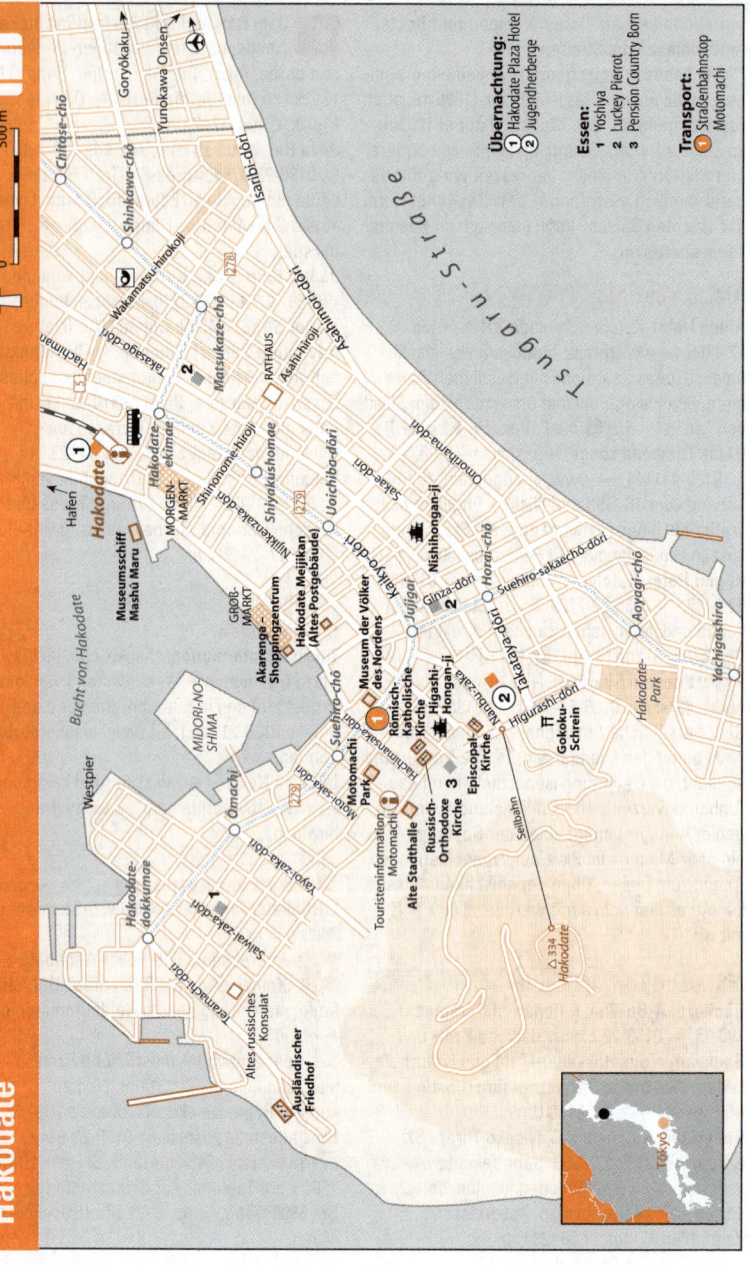

Hakodate

HOKKAIDŌ

Übernachtung:
1 Hakodate Plaza Hotel
2 Jugendherberge

Essen:
1 Yoshiya
2 Luckey Pierrot
3 Pension Country Born

Transport:
Straßenbahnstop
Motomachi

Tsugaru-straße

Gonyōkaku

Yunokawa Onsen

Chitose-chō

Shinkawa-chō

Wakamatsu-shirokoji

Takasago-chō

Matsukaze-chō

Hachiman-dōri

Asahi-hiroji

Isaribi-dōri

Asaichimori-dōri

RATHAUS

Hakodate-ekimae

MORGEN-MARKT

Shinonome-hiroji

Nijukkenzaka-dōri

Shiyakushomae

Uoichiba-dōri

Kaikyo-dōri

Sakae-dōri

Nishihongan-ji

Horai-chō

Omorihama-dōri

Hakodate

Hafen

Museumsschiff
Mashū Maru

GROẞ-MARKT

Akarenga –
Shoppingzentrum

Hakodate Meijikan
(Altes Postgebäude)

Museum der Völker
des Nordens

Suehiro-chō

Jūjigai

Ginza-dōri

Suehiro-sakaechō-dōri

Aoyagi-chō

Yachigashira

Hakodate-
Park

Bucht von Hakodate

MIDORI-NO-
SHIMA

Westpier

Ōmachi

Yayoi-zaka-dōri

Motoi-zaka-dōri

Hachimanzaka-dōri

Römisch-
Katholische
Kirche

Motomachi
Park

Higashi-
Hongan-ji

Nanbu-zaka

Takataya-dōri

Higurashi-dōri

Gokoku-
Schrein

Touristeninformation
Motomachi

Alte Stadthalle

Russisch-
Orthodoxe
Kirche

Episcopal-
Kirche

Seilbahn

△ 334
Hakodate

Hakodate-
dokkumae

Sawai-zaka-dōri

Teramachi-dōri

Altes russisches
Konsulat

Ausländischer
Friedhof

500 m

0

N

TŌKYŌ

Touren und Aktivitäten

Für **Tages-Skiausflüge** nach Niseko von Sapporo aus gibt es einige interessante Angebote. JR bietet Tagestouren unter dem Namen *Tebura Skip* oder *Higaeri Skip* inklusive Zugfahrt, Tageskarte, Ski- oder Snowboard-verleih (rund 5500 ¥), in der Hochsaison mit dem *Niseko Ski Express*. Info über JR Twinkle Plaza am Bahnhof Sapporo, ✆ 011-222-6133.
Idealer Ansprechpartner für betreute Outdoor-Aktivitäten aller Art, wie privaten Skiunterricht, Schneeschuhwanderungen oder Klettern, ist das **NAC** (Nature Adventure Centre), ✆ 0136-23-2093, 🖥 www.nac-web.com. Geführte Touren oder Skiunterricht: 2 Pers. 2 Std. 16 000 ¥.

TRANSPORT

Vom FLUGHAFEN CHITOSE mit dem Skibus 8x tgl., 2 1/2 Std., 2300 ¥, nur im Winter.
Von SAPPORO via Otaru mit Chūō-Bus, ✆ 011-231-0500, 3x tgl., 3 Std., 2180 ¥, oder mit der JR-Bahn bis Kutchan (10x tgl, 2 Std., 1840 ¥ mit dem Bummelzug), von dort 30 Min. Busfahrt.
Zur Hochsaison mit dem *Niseko Ski Express* 1 1/2 Std., 3600 ¥, oder im Rahmen einer Tour (s. oben).

Hakodate 函館

Die Hafenstadt Hakodate liegt in einer Bucht in der Meerenge von Tsugaru im Südwesten Hokkaidōs und ist die älteste japanische Siedlung der Insel. Bereits im 15. Jh. gab es hier einen befestigten japanischen Außenhandelsposten. Hakodate ist bekannt für seine zahlreichen westlichen Einflüsse – von denen noch heute historische Gebäude und Kirchen zeugen. Mit rund 272 000 Einwohnern ist Hakodate die drittgrößte Stadt Hokkaidōs nach Sapporo und Asahikawa. Berühmt ist die eindrucksvolle Nachtansicht vom Hakodate-Berg auf das Lichtermeer der Stadt.

Das historische Schiff **Mashū Maru**, das einst Honshūs nördlichste Stadt Aomori mit Hokkaidō verband, ist heute ein Museum, in dem man Technik und Luxus vergangener Zeiten bewundern kann. ⏰ tgl. 8.30–18 Uhr, 500 ¥. Im roten Ziegellagerhaus **Akarenga Sōko** vom Anfang des 20. Jhs. befindet sich heute ein belebtes Shopping Center.

Der Morgenmarkt, **Asa-ichi**, ein Fischmarkt in Bahnhofsnähe, stellt jeden Morgen von 6–12 Uhr mit rund 360 Ständen und vielen Restaurants eine Pracht von Meeresfrüchten zur Schau. Es empfiehlt sich, hier die Spezialität Hakodates, *ika-somen* (dünn geschnittener roher Tintenfisch), zu probieren.

Im Viertel **Motomachi** befindet sich die alte Stadthalle von Hakodate, **Kyū Hakodate Kōkaidō**, ein westliches Holzgebäude von 1910 (heute mit Kostümverleih für Fototermine), ✆ 0138-22-1001, ⏰ tgl. 9–19 Uhr, 300 ¥. In diesem Viertel findet man zudem fast nebeneinander die **Russisch-Orthodoxe Kirche**, die erste orthodoxe Kirche Japans, aus dem 19. Jh., ⏰ 10–17 Uhr, Spende von 200 ¥ erbeten, die **Römisch-Katholische Kirche**, ⏰ tgl. 10–16 Uhr, Eintritt frei, die **Episcopalkirche**, die nur von außen zu besichtigen ist, und den **Higashi-Hongan-ji**, ⏰ 9–16.30 Uhr, Eintritt frei.

Der ausländische **Friedhof** ist frei zugänglich und liegt etwas außerhalb im Westen.

Der **Hakodate-yama** ist der Hausberg – von hier aus kann man das Lichtermeer der Stadt bei Nacht genießen. Man sagt, es sei nach Hongkong und Neapel das drittschönste. Den Hakodate kann man in rund 1 1/2 Std. besteigen oder mit Pkw oder Bus hinauffahren. Reizvoll ist auch die Fahrt mit der Seilbahn. Die Talstation befindet sich 10 Min. von der Straßenbahnhaltestelle Jūji-gai. ⏰ tgl. 10–22 Uhr, Berg- und Talfahrt 1200 ¥.

Das **Museum der Völker des Nordens** (Hakodate-shi Hoppō Minzoku Shiryōkan), ✆ 0138-22-4128, beherbergt interessante Exponate zur Ainu-Kultur. ⏰ tgl. außer Mi 9–19 Uhr, 300 ¥. Straßenbahnhaltestelle Suehiro-chō.

Etwas abgelegen in östlicher Richtung befindet sich der **Goryōkaku**, ein sternförmiger Park mit Aussichtsturm und Museum. Er birgt die Reste des ersten modernen Forts in Japan von 1853. Im Zuge der Auseinandersetzungen um die Meiji-Restauration, die das Edo-Shogunat stürzte, flohen die Shogunstruppen nach Hokkaidō und errichteten im Fort Goryōkaku ihr Hauptquartier nach westlichen Vorbildern. Die

Festung war damit ehemals Regierungssitz der kurzlebigen Republik Ezo. Mit der Seeschlacht von Hakodate 1869 ging die Macht endgültig an die Kaiserlichen Truppen zurück. Heute ist die Festung ein beliebter Ort zur Kirschblüte. ⏱ tgl. 8–19 Uhr (im Winter bis 18 Uhr), Aussichtsturm 840 ¥. Straßenbahnhaltestelle Goryōkaku Kōen-mae. Keine Parkplätze für Pkw.

ÜBERNACHTUNG

Hakodate Plaza Hotel, Wakamatsu-chō 19-11, ☎ 0138-22-0121. Günstiges Businesshotel frisch renoviert in Bahnhofsnähe. Ab 5000 ¥ p. P.
Jugendherberge Hakodate, Horai-chō 17-6, ☎ 0080-4503-9044 ⌨ hakog.cloud-line.com/room. Ein- bis Dreibettzimmer mit westlichen Betten. In der Nähe der Seilbahnstation am Berg. 3400 ¥ p. P.
Pension Country Born, Motomachi 6-14, ☎ 0138-22-7759, ⌨ www.tabi-hokkaido.co.jp/p.countryborn. Privatpension, in der man vom Zimmer aus das Lichtermeer von Hakodate sehen kann. 8 Zimmer. Auf Anfrage kann ein Abendessen serviert werden. Bei der katholischen Kirche den Berg hoch. Ab 3900 ¥ p. P.

ESSEN

Luckey Pierrot ist eine lokale Kette von 14 Hamburgerlokalen in Hakodate mit recht auffälligen Designs. In ungezwungener Atmosphäre werden günstig lokale Kreationen von Hamburgern und Currygerichte mit Zutaten aus der Region angeboten. ⏱ tgl. 10–0.30 Uhr. Filialen: BayArea Honten, Suehiro-chō 23-18, ☎ 0138-26-2099; Hakodate Ekimae-ten, Wakamatsu-chō 17-12, ☎ 0138-26-8801; Motomachi-ten, Motomachi 4-18, ☎ 0138-56-4469.
Yoshiya, Benten-chō 5-6, ☎ 0138-22-1365. Diese über die Stadtgrenzen hinaus bekannte, typische *izakaya* bietet u. a. die Spezialität *ika no sashimi* (roher Tintenfisch). Nähe Straßenbahnhaltestelle Dokku-mae. Reservierung empfohlen. ⏱ tgl. außer Mi 10–23 Uhr.

INFORMATIONEN

Touristeninformation im Bahnhof Hakodate, ☎ 0138-23-5440, und in Motomachi, ☎ 0138-27-3333, ⏱ beide tgl. 9–19 Uhr.
Infos im Netz, ⌨ hakodate-kankou.com/en.

NAHVERKEHR

In Hakodate erreicht man die meisten Sehenswürdigkeiten gut zu Fuß von den jeweiligen Straßenbahnhaltestellen. Eine Tageskarte für die **Straßenbahn** gibt es für 600 ¥, eine für Busse und Straßenbahn für 1000 ¥, Einzelfahrt 210–250 ¥.

TRANSPORT

Busse
Dōnan Bus/Chūō Bus, ☎ 0138-22-3265, in Sapporo ☎ 011-231-0600, 5x tgl. sowie ein Nachtbus von SAPPORO, 5 Std., 4810 ¥. Reservierungspflicht!

Eisenbahn
AOMORI, mit JR (durch den Seikan-Tunnel) rund 2 Std., 5490 ¥
SAPPORO, mit JR 4 Std., 8830 ¥
TŌKYŌ, mit Nachtzug *Hokutosei* (reservierungspflichtig) 11 1/2 Std., 25 390 ¥

Schiffe
Fähre nach AOMORI, 4 Std., 1840 ¥, mit **Seikan Ferry**, ☎ 0138-42-5561, ⌨ www.seikan-ferry.co.jp, oder 2220 ¥ mit **Tsugaru Kaikyo Ferry**, ☎ 0138-43-4545, ⌨ www.tsugarukaikyo.co.jp/global/english.

Flüge
ŌSAKA, 1x tgl., 1 1/2 Std.
SAPPORO, 1x tgl., 45 Min.
TŌKYŌ, 9x tgl., 1 1/4 Std.
Internationale Flugverbindung nach Seoul und Taipei.
Airport-Bus vom Bahnhof Hakodate bis zum Flughafen 20 Min., 400 ¥, von 7.30–18.30 Uhr alle 15 Min.

Chūbu 中部

Stefan Loose Traveltipps

9 **Shirakawa und Gokayama**
Steile, dicke Strohdächer schützen die historischen Häuser der Bergdörfer vor winterlichen Schneemassen. S. 325

Tsumago und Magome In den wunderbar erhaltenen Straßendörfern lässt sich das Leben der Feudalzeit nachempfinden. S. 330

Matsumoto Die freundliche Kleinstadt mit Burg ist die ideale Sommerfrische. S. 334

Skifahren in Hakuba Das große Skigebiet der Nordalpen ist durch die Olympischen Spiele von Nagano bekannt geworden. S. 338

Kamikōchi Wenn im Tal längst Sommer ist, leuchtet von den Bergen der Nordalpen noch der Schnee. S. 339

Kanazawa Die Samurai-Stadt mit dem berühmten Garten Kenroku-en, gilt als das „Kyōto der Krieger". S. 359

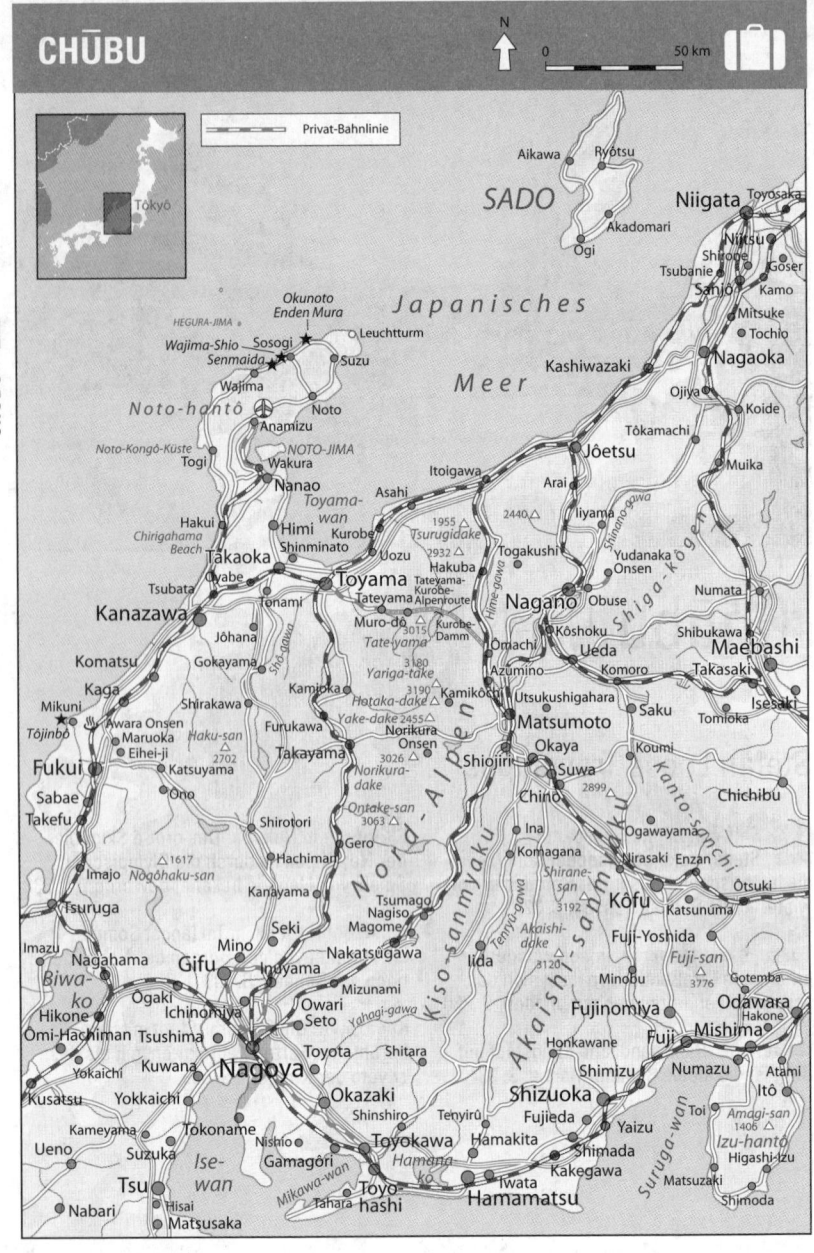

CHŪBU

N
0   50 km

Privat-Bahnlinie

Tōkyō

Aikawa Ryōtsu
SADO
Akadomari
Ōgi

Niigata Toyosaka
Niitsu
Shirone Gosen
Tsubanie Kamo
Sanjō Mitsuke
Tochio
Kashiwazaki Nagaoka
Ojiya Koide
Tōkamachi Muika

Japanisches

HEGURA-JIMA
Okunoto
Enden Mura
Leuchtturm
Wajima-Shio Sosogi
Senmaida Suzu
Wajima
Noto-hantō Noto
Anamizu
Noto-Kongō-Küste NOTO-JIMA
Togi Wakura
Nanao

Meer

Jōetsu
Itoigawa Arai
Asahi Iiyama
1955 Tsurugidake 2440△ Shinano-gawa
Togakushi
Kurobe Yudanaka
Himi 2932△ Hakuba Onsen
Shinminato Uozu Tateyama- Obuse Numata
Toyama Kurobe- Nagano
Ōyabe Tōnami Alpenroute
Kanazawa Tateyama Kōshoku Shibukawa
Muro-dō Kurobe- Ōmachi Ueda Maebashi
Jōhana Damm Azumino Komoro Takasaki
Komatsu Gokayama 3015 Tate-yama Saku Tomioka Isesaki
Kaga Shirakawa Kamioka Yariga-take Kamikōchi Utsukushigahara Kōumi
Mikuni 3190 Hotaka-dake△ Matsumoto Chichibu
Tōjinbō Awara Onsen Haku-san Yake-dake 2455△ Okaya
Maruoka 2702 Furukawa Norikura Shiojiri Suwa 2899△
Fukui Eihei-ji Takayama Onsen Chino Ogawayama Ōtsuki
Katsuyama 3026 △ Norikura- Ina Hirasaki Enzan
Sabae Ōno dake Komagane Kōfu Katsunuma
Takefu Shirotori Ōntake-san Shiranesan Fuji-Yoshida
Gero 3063 △ 3192△ Fuji-san
Imajo △1617 Hachiman Iida Minobu 3776 △ Gotemba
Nōgōhaku-san Kanayama Akaishi- Gotemba
Tsuruga Tsumago dake Fujinomiya Odawara
Imazu Seki Nagiso 3120△ Hakone
Nagahama Mino Magome Fuji Mishima
Biwa-ko Gifu Nakatsugawa Honkawane Numazu Atami
Hikone Ōgaki Inuyama Tenyū-gawa Shimizu Toi Itō
Ōmi-Hachiman Ichinomiya Mizunami Fujinomiya Amagi-san
Yokaichi Tsushima Owari Yahagi-gawa Shizuoka 1406 △
Kusatsu Kuwana Seto Fujieda Izu-hantō
Yokkaichi Toyota Shitara Yaizu Higashi-Izu
Ueno Kameyama Nishio Tenyirū Hamakita Shimada
Suzuka Tokoname Okazaki Shinshiro Kakegawa Matsuzaki
Nabari Ise-wan Gamagōri Shimoda
Tsu Toyokawa Iwata
Hisai Tahara Toyo-hashi Hamamatsu
Matsusaka Mikawa-wan Hamana-ko Suruga-wan

Ōyama
Chirigahama Beach
Toyama-wan

Shō-gawa

Kiso-sanmyaku

Akaishi-sanmyaku

Kanto-sanchi

Shiga-kōgen

Nord-Alpen

Hida-gawa

Der zentrale Teil der Hauptinsel Honshū ist von Bergen geprägt. Den Einstieg von der typischen Touristenroute Tōkyō–Kyōto bildet die Großstadt **Nagoya** mit den Sehenswürdigkeiten der Umgebung wie der Burg **Inuyama** oder – schon tiefer in den Bergen – die Kleinstadt **Takayama**.

Zwischen Pazifikküste und Japanischem Meer liegt das große Massiv der **Japanischen Alpen** mit traditionellen Bergdörfern wie **Shirakawa** und **Gokayama** und hochalpinen Wander- oder Skigebieten wie **Tateyama**, **Hakuba** oder **Kamikōchi**. Das klare Bergwasser ist der Rohstoff für viele Sake-Brauereien in den Alpen. Zugangsorte sind die Olympia-Stadt **Nagano** und **Matsumoto** mit seiner gut erhaltenen Burg.

Die wichtigste Stadt auf der dem Japanischen Meer zugewandten Seite ist die alte Burgstadt **Kanazawa**, ein kulturelles Zentrum in der ansonsten ländlichen Abgeschiedenheit dieser Region. Auf der „Rückseite Japans" gibt es alte Bergtempel wie den **Eihei-ji**, wilde Küstenformationen, Morgenmärkte und Reisterrassen auf der **Noto-Halbinsel** und überall viel Fisch und Krabben.

Tōkai – Die Pazifikseite
東海地方

Nagoya 名古屋

Die alte Burgstadt Nagoya war bis zur Meiji-Restauration 1868 Sitz einer der drei Zweigfamilien der herrschenden Tokugawa-Dynastie und entwickelte sich danach zu einer bedeutenden Industriestadt. Im Krieg sehr zerstört, wurde das gesamte Stadtzentrum mit bis zu 100 m breiten Boulevards und rechtwinkligem Straßenmuster wieder aufgebaut. Unter vielen Hauptstraßen befinden sich ausgedehnte unterirdische Einkaufszentren. Neben viel Kommerz gibt es aber auch mehrere Industrie- und Technikmuseen, ein pralles Nachtleben und gar nicht wenig Kunst.

Nagoya-jō 名古屋城
Die etwas nördlich der Innenstadt gelegene Burg von Nagoya, die der erste Shōgun Tokugawa Ieyasu 1612 für seinen neunten Sohn Yoshinao bauen ließ, ist direkt nach dem Krieg komplett wieder aufgebaut worden. Die Betonburg mit Aufzügen beherbergt ein historisches Museum. ⏲ tgl. 9–16.30 Uhr, 500 ¥, Bushaltestelle Shiyakusho. Auf dem Gelände liegt außerdem das 1997 gebaute Nō-Theater mit einem kleinen Museum.

Tokugawa Bijutsukan 徳川美術館
Unbedingt sehenswert ist das **Tokugawa-Kunstmuseum**, Higashi-ku, Tokugawa-chō 1017, ☎ 052-935-6262, 🖥 www.tokugawa-art-museum.jp. Es beherbergt eine der größten und bekanntesten Sammlungen Japans: 1935 gegründet, umfasst diese insbesondere die Waffen und Rüstung sowie private Gegenstände Tokugawa Ieyasus sowie die Sammlung seines Sohnes Tokugawa Yoshinao. Dessen Familie hatte später als Owari-Zweig der Tokugawa-Sippe Anspruch auf den Shōgun-Titel. In weitläufigen Ausstellungsräumen sind u. a. das Teezimmer eines *daimyō*, ein Empfangszimmer der Burg Nagoya und eine Nō-Bühne nachgebaut. Die berühmte illustrierte Schriftrolle des *Genji-Monogatari* (S. 637) aus dem 12. Jh. wird nur in kurzen Sonderausstellungen gezeigt, aber Reproduktionen und Videos vermitteln einen guten Eindruck. Das Museum liegt neben dem Landschaftsgarten **Tokugawa-en**. ⏲ Di–So 10–17 Uhr, 1200 ¥, Kombiticket mit Hosa-Bibliothek und Tokugawa-en 1350 ¥, Eintritt nur für den Garten: 300 ¥. Anfahrt: Mēguru-Sightseeingbus von Meitetsu (Busterminal im 3. Stock des Meisa-Gebäudes am Bahnhof) oder Stadtbus „Kikan No 2" in Richtung Hikarigaoka oder Idaka Shako bis Haltestelle Tokugawa-en Shindeki. Alternativ mit JR oder U-Bahn bis zum Ozone-Bahnhof, dann ca. 15 Min. Fußweg.

Sakae 栄え
Im Zentrum der modernen Stadt liegt die belebte Kreuzung Sakae mit Kaufhäusern und vielen Restaurants. Im Süden und Westen erstreckt sich das Kneipen- und Barviertel. Nördlich der Kreuzung steht der markante, 180 m hohe **TV Tower**, Nishiki 3-6-15, ☎ 052-971-8546, eine Stahlkonstruktion im Stil des Eiffelturms. Gebaut wurde der Turm 1954 vom Tokyoter Architekturprofessor Tachū Naitō, der später auch für den Bau

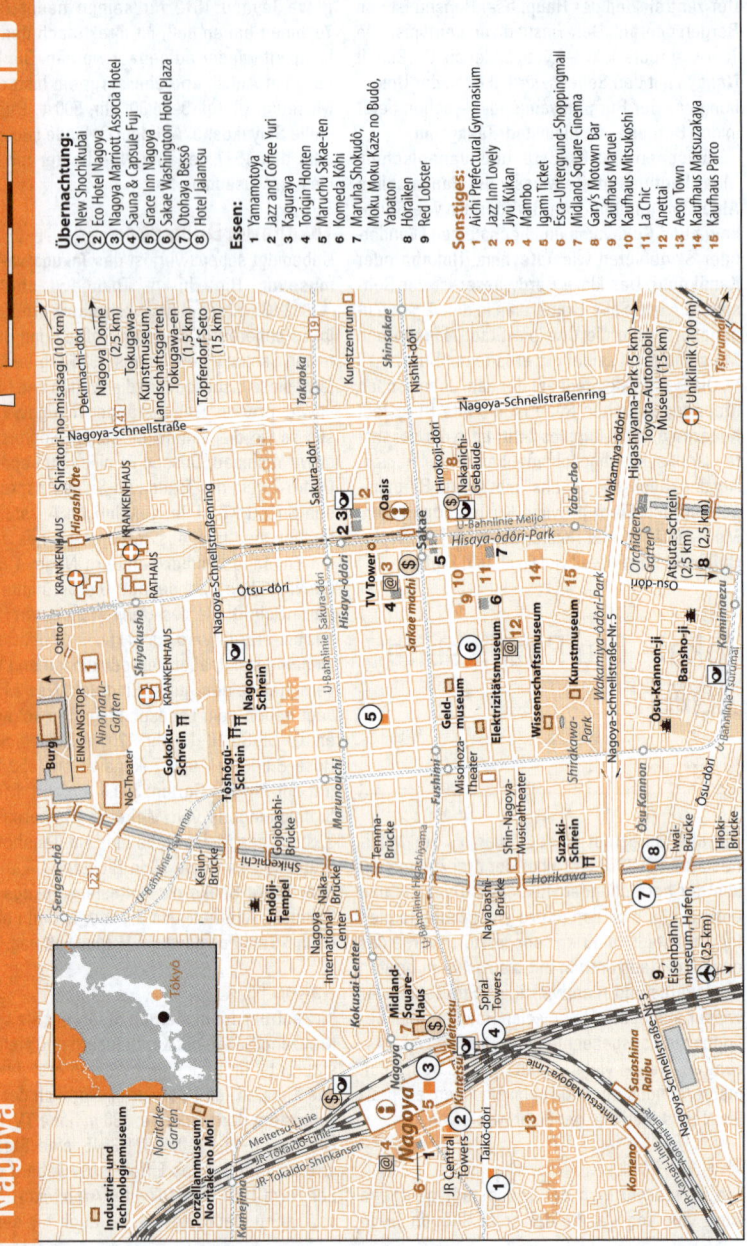

Nagoya

CHŪBU

Übernachtung:
1. New Shochikubai
2. Eco Hotel Nagoya
3. Nagoya Marriott Associa Hotel
4. Sauna & Capsule Fuji
5. Grace Inn Nagoya
6. Sakae Washington Hotel Plaza
7. Otohaya Bessō
8. Hotel Jalantsu

Essen:
1. Yamamotoya
2. Jazz and Coffee Yuri
3. Kaguraya
4. Torijin Honten
5. Maruchu Sakae-ten
6. Komeda Kōhi
7. Maruha Shokudō,
   Moku Moku Kaze no Budō,
   Yabaton
8. Hōraiken
9. Red Lobster

Sonstiges:
1. Aichi Prefectural Gymnasium
2. Jazz Inn Lovely
3. Jiyū Kūkan
4. Mambo
5. Igami Ticket
6. Esca-Untergrund-Shoppingmall
7. Midland Square Cinema
8. Gary's Motown Bar
9. Kaufhaus Maruei
10. Kaufhaus Mitsukoshi
11. La Chic
12. Anettai
13. Aeon Town
14. Kaufhaus Matsuzakaya
15. Kaufhaus Parco

des Tōkyō Towers verantwortlich war. Bei klarem Wetter lohnt sich die Fahrt auf die 90 bzw. 100 m hohen Aussichtsplattformen. ⏰ tgl. 10–22, Jan–März nur bis 21 Uhr, 700 ¥.

Bahnhof 名古屋駅

Fans moderner Architektur werden auch in der Bahnhofsgegend fündig: Hier steht der größte Bahnhof Japans. Die JR Central Towers mit Doppelturm sind 245 m hoch; das Midland-Square-Haus östlich davon ist mit 247 m das höchste Gebäude der Stadt. Es wartet im obersten Stockwerk mit einer Sky Promenade auf, ⏰ tgl. 11–22 Uhr, 700 ¥. Die gedrehten Spiral Towers etwas südlich davon beherbergen mehrere Universitäten.

Porzellanmuseum ノリタケの森

Nördlich des Bahnhofs liegt das Porzellanmuseum **Noritake no Mori**, Noritake Square, Nishiku, Noritake Shinmachi 3-1-36, 📞 052-561-7114, 🖥 www.noritake.co.jp. In einer ausgedehnten Gartenanlage befinden sich diverse Ausstellungsräume und Museen zu Keramik und zur Geschichte der Firmengruppe Noritake. Zur Noritake-Gruppe gehört auch die Firma TOTO, von der fast alle Sanitärkeramik in Japan stammt. Alle Erklärungen sowie die Untertitel der Filme gibt es auch auf Englisch.

Im Craft Center mit Old-Noritake-Museum sind neben Art-déco-Stücken aus der Noritake-Sammlung und -Produktion auch die eigentlichen Werkstätten zu besichtigen. Wer möchte, kann hier selbst Porzellan bemalen. ⏰ tgl. 10–17 Uhr, Eintritt für die Bereiche Canvas und Morimura-Okura Museum frei; Craft Center 500 ¥, Teller bemalen 1800 ¥, Figuren bemalen bis 3500 ¥.

Industrie- und Technologiemuseum 豊田テクノミュージアム

Nicht weit davon hat die Toyota-Gruppe in Industriehallen aus dem frühen 20. Jh. ein Industrie- und Technologiemuseum (Toyota Tekuno Museum) eingerichtet. Wie zu erwarten dreht sich hier fast alles um das Automobil. Nishiku, 1-35 Noritake Shinmachi 4-chome, 📞 052-551-6115, 🖥 www.tcmit.org, ⏰ tgl. 9.30–17 Uhr, 500 ¥. Meitetsu-Bahnhof Sako.

Um den Ōsu Kannon-Tempel 大須観音寺

Der älteste Teil Nagoyas liegt südlich der Innenstadt. Hier befindet sich auch der Ōsu Kannon-Tempel, den Tokugawa Ieyasu 1612 von Gifu an den heutigen Standpunkt versetzte. Besonders praktisch sind die Amulette *(o-mamori)* zum Kombinieren: Beutel und Inhalt werden separat verkauft, so lassen sich auch mehrere Wünsche in einem Beutel in der Lieblingsfarbe unterbringen. Besonders wirksam sind hier angeblich die *o-mamori* für erfolgreiche Prüfungen. Östlich vom Tempel schließen sich mehrere überdachte Ladenstraßen an. Das Angebot reicht von leckeren Snacks über gebrauchte Kimonos und Yukatas bis hin zum 100-Yen-Shop. Der kleine Schrein Susaki Jinja (von hier in Richtung Bahnhof) soll für geschäftlichen Erfolg und gute Noten nützlich sein – dafür muss man durch ein Miniatur-Torii krabbeln.

Atsuta-jingū 熱田神宮

Einer der ältesten erhaltenen Schreine Japans ist der Atsuta-Schrein. Er soll schon im 6. Jh. gegründet worden sein und ist dem Reichsschwert *Kusanagi no tsurugi* (s. Kasten S. 310) geweiht. Auf dem waldbestandenen Gelände sind mehrere beeindruckende Schreingebäude (den innersten Schrein darf man allerdings nicht betreten) und ein Schatzhaus mit diversen Kultgegenständen – jedoch nicht dem berühmten Schwert – zu sehen. Schatzhaus: ⏰ tgl. 9–16.30 Uhr, 300 ¥.

Eisenbahnmuseum リニア・鉄道館

Das neue Eisenbahnmuseum Linia Tetsudōkan, Kinjō-Futō 3-2-2, Tel. 050-3772-3910, 🖥 museum .jr-central.co.jp, ist ein Traum für große und kleine Kinder: In einer riesigen Halle stehen fast 40 Originalzüge und -waggons, darunter etwa zehn unterschiedliche Shinkansen-Modelle, alle mit Erläuterungen und reichlich Zusatzinfos zu Antrieb, Spurweite, automatischen Bremssystemen etc. Schön präsentiert mit vielen fahrenden Modellbahnen, Multimedia, Simulatoren und einem Fahrtfilm aus dem Testbetrieb des superschnellen Magnetschwebezugs Maglev. Im Café gibt's natürlich *eki-ben* (Bahnhofssnacks auf S. 57). ⏰ Mi–Mo 10–17.30 Uhr,

1000 ¥, Simulatoren extra. Das Museum liegt direkt am Bahnhof Kinjō-Futō der Aonami-Privatlinie.

Nagoya Hafen 名古屋港

Nach Yokohama und Kōbe ist Nagoya der drittgrößte Hafen Japans. Mehrere Museen, eine Aussichtsplattform und ein Aquarium lassen sich in einem Halbtagsausflug bequem per U-Bahn (Endhaltestelle Meikō-Linie) von Nagoya aus erkunden. Das **Nagoya Aquarium** (Nagoyakō Suisokukan), 🖳 www.nagoya aqua.jp, begeistert vor allem mit seinen zahlreichen Vorführungen der Killer- und Belugawale, einer Delfinshow und der Pinguinfütterung. ⏰ Di–So 9.30–17.30 Uhr, 2000 ¥, engl. Audioguide 300 ¥. Von der 52 m hohen Aussichtsplattform des Observatoriums hat man einen guten Blick über das gesamte Hafengelände, und im Sommer sind im Hafenbecken oft Delfine zu sehen. Im selben Gebäude ist das **Hafenmuseum** mit ausschließlich japanischer Beschilderung untergebracht. Auf dem **Eisbrecher Fuji** bekommt man einen guten Eindruck von den frühen Tagen der japanischen Antarktisforschung. Über Lautsprecher werden Originalmotorengeräusche eingeblendet, und in Frisörsalon, Kantine und OP-Saal sind Alltagssituationen mit lebensgroßen Puppen nachgestellt. Einer der

---

Das Reichsschwert Kusanagi no tsurugi

Das Reichsschwert gehört neben dem Spiegel der Amaterasu und einem Edelstein zu den drei Schätzen des Kaiserhauses und wurde traditionell im Atsuta-Schrein in Nagoya aufbewahrt. Der Sage nach hatte Susanoo (S. 127), einer der japanischen Urgötter, eine riesige Schlange getötet und dieses Schwert aus dem Schwanz der Schlange gezogen. Eine Priesterin des Ise-Schreins gab das Schwert später dem mythischen Helden Yamato no Takeru, der damit das Land im Osten erobern sollte. Seine Feinde zündeten das Grasland um ihn an, aber Yamato no Takeru überlebte den Anschlag, indem er das brennende Gras mit dem Schwert abmähte. Das Schwert verschwand 1945 auf ungeklärte Weise.

---

drei Versorgungshubschrauber steht noch auf dem Deck. ⏰ Observatorium, Hafenmuseum, Eisbrecher Di–So 9.30–17 Uhr, je 300 ¥, Kombiticket für alle drei 700 ¥, Kombiticket mit Aquarium 2400 ¥. Am Wochenende fährt ein Boot *(suijōbus)* auf die andere Seite des Hafens zum Eisenbahnmuseum Linia Tetsudōkan (S. 309, 6x tgl., 600 ¥).

ÜBERNACHTUNG

€ **Eco Hotel Nagoya**, Nakamura-ku, Tsubaki-chō 14-5, ✆ 090-3159-6743. Sehr kleine, aber saubere Zimmer mit Stuhl, Tisch und Fernseher gleich gegenüber vom Bahnhof. Wasserkocher und Waschbecken auf dem Flur. Die Gemeinschaftsduschen befinden sich im Untergeschoss, pro Flur (8–10 Zimmer) gibt es nur eine Herren- und eine Damentoilette. EZ/DZ schon ab 2100 ¥, DZ 4000 ¥.

Grace Inn Nagoya, Naka-chō, Nishiki 2-6-30, ✆ 052-201-0011, 🖳 www.graceinn.jp. Kompaktes, ordentliches Businesshotel, Nichtraucherzimmer, Internet, Parkplatz. DZ ab 5980 ¥ mit Frühstück.

Hotel Jalantsu (nur Katakana bzw. in lateinischen Buchstaben nur Schriftzug „Inn"), Naka-ku, Ōsu 1-16-10, ✆ 052-221-7809. Love Hotel, das damit wirbt, dass auch Einzelgäste willkommen sind und man das Zimmer zwischendurch verlassen kann. „Stay": 21–12 Uhr. In der Nähe mehrere ähnliche Hotels. ❶

Nagoya Marriott Associa Hotel, Nakamura-ku, Meieki 1-1-4, ✆ 052-584-1111, 🖳 www.associa.com/nma. Top-Hotel in den oberen Stockwerken des Bahnhofsgebäudes. ❺

€ **New Shochikubai**, Nakamura-ku, 4-1-17 Taiko, ✆ 052-451-4130. Schuhschachtel trifft es: Die Zimmer sind kaum größer als ein Bett, aber es passt noch ein Tischchen mit Fernseher hinein, Wasserkocher, Waschbecken und Toiletten gibt es im Flur, Dusche nur auf manchen Etagen. EZ ab 2100 ¥.

Otohaya Bessō, Nakagawa-ku, Meieki-Minami 3-3-2, ✆ 080-6969-6726, 🖳 www.otohaya.com, südöstlich vom Bahnhof. Gedrängtes, aber recht gemütliches Gästehaus/Hostel, 2er- oder 4er-Zimmer mit Stockbetten, jeweils mit eigenem Bad, allerdings nur mit Badewanne,

also ohne Duschschlauch. Gemeinschafts-Münzdusche 200 ¥, Leihfahrräder. Ab 2400 ¥ p. P.
Sakae Washington Hotel Plaza, Naka-ku, Sakae 3-1-32, ✆ 052-243-0410. Sehr zentrales Mittelklassehotel an der Hauptstraße zwischen Bahnhof und Sakae (gleicher Block wie Tokyu Inn, Westseite). 308 kompakte, aber adäquate Zimmer; überwiegend Raucherzimmer. ❸
Sauna & Capsule Fuji, Naka-ku, Nishiki 3-22-31, ✆ 052-962-5711. Kapselübernachtung 16–11 Uhr 3200 ¥, einschließlich Bad/Sauna von 14–13 Uhr. Nur im Liegesessel im Ruheraum über Nacht 2530 ¥. Nur für Männer.
Mehrere weitere **Kapselhotels** in Bahnhofsnähe und in Sakae, nur für Männer. Ab ca. 2500 ¥; 3500 ¥ inkl. Bad/Sauna.

Nagoya ist berühmt für Schweinekotelett, für *tenmusu* (kleine Reis-Onigiri mit Shrimp-Tenpura) und für *kishimen*, ziemlich bissfeste dicke Nudeln in einer würzigen (und recht fischigen) Sauce. Weitere Spezialitäten sind Cochin-Huhn (eine Rasse, die ursprünglich aus Cochinchina stammt) und *hitsumabushi* (gegrillter Aal mit Reis). Wer gern Süßes mag, sollte auch die *uirō* versuchen, süße, klebrige Reisküchlein. Außerdem gibt es in der ganzen Region *goheimochi*, flache gegrillte Reiskuchen mit Miso-Sauce, z. T. mit Zitrusfrucht, Walnuss oder Sesam.
Hōraiken, Atsuta-ku, Kōbe-chō 503, ✆ 052-671-8686, 🖥 www.houraiken.com. *Hitsumabushi* und *kaiseki-ryōri*. Eher teuer. Lunch-Menü ab 2250 ¥. ⏱ tgl. 11.30–14, 16.30–20.30 Uhr.
Jazz and Coffee Yuri, Higashi-ku, Higashi-Sakura 1-10-40. ✆ 052-951-7800. Mal was anderes als Starbucks: Kleines, ziemlich verrauchtes Café, das seit 1960 guten Kaffee zu Jazz-Platten serviert. ⏱ Di–Sa 12–14, So 12–22.30 Uhr.

🟧 **Kaguraya**, Higashi-ku, Higashi-Sakura 1-10-6, ✆ 052-971-6203, 🖥 www.kaguraya-sasuke.com. Gediegenes traditionelles Restaurant mit Innenhof, auch Separees. Vegetarische *kaiseki-ryōri* mittags ab 3000 ¥, abends 5000–12 000 ¥. Auch ohne Reservierung möglich. ⏱ Mo–Sa 11.30–14.30, 18–22.30, So 17–22 Uhr.

Komeda Kōhi, ein bei Einheimischen sehr beliebtes Café mit Filialen in der ganzen Stadt. Zum (recht ordentlichen) Kaffee wird immer ein kleines Gebäckstück serviert. ⏱ meist 7–23 Uhr.
Maruchu Sakae-ten, in der Unterführung unter der Ōtsu-dōri, zwischen Nishiki-dōri und Hiro-koji- dōri, ✆ 052-962-7772. Kleiner Fließband-Sushiladen mit großer Auswahl und vegetarischen Kreationen, wie *yuba-nigiri* (*yuba* ist die „Sahnehaut" der Sojamilch). ⏱ tgl. 11–21 Uhr.
Maruha Shokudō, Sakae 3-6-1, La Chic 8F. Guter Ort, um frittierte Garnelen zu probieren, auch *tenmusu*. ⏱ tgl. 11–15, 17–23 Uhr.

🟧 **Moku Moku Kaze no Budō**, Sakae 3-6-1, La Chic 8F, 🖥 www.moku-moku.com. Bio-Buffet mit regionaler Küche, vegetarierfreundlich, Seniorendiscount. ⏱ Mo–Fr 11–16, 17–23 Uhr, Sa–So 11–16.30 Uhr.
Red Lobster, Minato-chō 1-7, im Jetty-West Foodcourt, ✆ 052-654-7151. Gutes und beliebtes Hummerrestaurant im Hafen von Nagoya mit gutem Blick über die Hafenanlagen. Lunchmenüs gibt es bereits ab 1000 ¥, Hummer (frisch zubereitet) ab 5000 ¥. ⏱ tgl. 11–22 Uhr.
Torigin Honten, Naka-ku, Nishiki 3-14-22, ✆ 0120-367-788. Spezialität dieses bekannten Restaurants ist Cochin-Huhn in allen Variationen, als Sashimi, in Sake gedämpft, gegrillt und gebraten. Menüs ab 4000 ¥. ⏱ tgl. 17–24 Uhr. U-Bahnhof Sakae.
Yabaton, Naka-ku, Ōsu 3-6-18, ✆ 052-252-8810, 🖥 www.yabaton.com. Authentisches Restaurant für Schweinekotelett mit Miso-Sauce. Mehrere Filialen, u. a. im Kaufhaus La Chic, Sakae. ⏱ tgl. 11–23 Uhr.
Yamamotoya, mehrere Geschäfte, u. a. in der Esca-Untergrundmall am Bahnhof, ✆ 052-452-1889, 🖥 www.yamamotoyahonten.co.jp. Beliebte Udon-Nudelkette; auch *kishimen*. ⏱ tgl. 10–22 Uhr.

Livemusik

Gary's Motown Sound, Sakae 4-2-10, Koasa Bldg. B2F, ✆ 052-263-4710, 🖥 www.garys.jp. Musikkneipe mit wechselnder Livemusik, Eintritt 2100 ¥, bis 21 Uhr auch 3700 ¥ (Eintritt und unbegrenzte Drinks). ⏱ Mi–Mo 6.30–2 Uhr.

CHŪBU

Jazz Inn Lovely, Higashi-ku, Higashi-Sakura 1-10-15, ☎ 052-951-6085, 🖥 www.jazzinnlovely. com. Jazzkneipe, täglich Livemusik, Guiness und Cocktail-Auswahl. ⏲ 18–2 Uhr, Last Order 1.15 Uhr.

Sumō

Sumō findet einmal im Jahr, Mitte Juli, in Nagoya statt, im **Aichi Prefectural Gymnasium**, Naka-ku, 1-1 Ninomaru, U-Bahnhof Shiyakusho. Sitze ab 2800 ¥ (Viererbox A 45 200 ¥). Tickets ab Juni am Stadion oder unter ☎ 052-962-9300.

SONSTIGES

Discount-Tickets

€ Discount-Tickets für die Weiterfahrt, für Kino, Theater etc. gibt es in etlichen Läden in Bahnhofsnähe, u.a. **Igami Ticket**, Esca Mall B1, mit Automaten und Theke, auch Geldwechsel. ⏲ tgl. 7–22 Uhr.

Einkaufen

In der **Esca-Untergrund-Shoppingmall**, westlich des Bahnhofs, finden sich mehrere Dutzend Restaurants, Andenken- und Spezialitätenläden und ein Bankautomat (UFJ).
Weitere Einkaufszentren südwestlich vom Bahnhof – **Aeon Town** – oder am JR-Bahnhof Kanayama im Süden: **Daiei**. Traditionelle Andenken um den **Ōsu Kannon-Tempel** (S. 309).

Feste

Atsuta-Schreinfest, 5.6.: Wettkämpfe in Sumō, Jūdō und Tauziehen, abends großes Feuerwerk und beleuchtete Boote auf dem nahen Fluss.
Nagoya Matsuri, 10.–20.10.: nach dem Krieg eingeführtes historisches Kostümfest um die drei Reichseiniger Oda Nobunaga, Toyotomi Hideyoshi und Tokugawa Ieyasu (S. 114). Start gegen Mittag vom Hauptbahnhof durch die Innenstadt.

Geld

Geldwechsel in der Hauptpost am Bahnhof oder bei Igami Ticket (s. o.). Citibank-Filiale in Sakae. Eine Wechselstube, die auch schnell und unproblematisch Travellerschecks tauschen kann, befindet sich im Nakanichi-Gebäude (2F) in Sakae (U-Bahnausgang 12/13), ⏲ tgl. 10–19 Uhr, jeden 3. Mi im Monat geschlossen.

Informationen

Touristeninformation im JR-Bahnhof, ☎ 052-541-4301, ⏲ tgl. 9–19 Uhr, und im Oasis 21, Higashi-ku, Higashi-zakura 1-11-1, ☎ 052-963-5252, ⏲ tgl. 10–20 Uhr.
Stadtverwaltung mit **Online-Informationen** auch auf Englisch: 🖥 www.city.nagoya.jp/en.
Das **Nagoya International Center**, 🖥 www. nic-nagoya.or.jp, an der U-Bahn-Station Kokusai Center berät Ausländer, führt Veranstaltungen und Gratis-Führungen durch und gibt ein monatliches Programmheft für Nagoya und Umgebung heraus. Umsonst erhältlich z.B. in der Touristeninformation.

Internet

Anettai, Naka-ku, Sumiyoshi-chō, Sakae 3-11-12, ☎ 052-252-7477. Zentral gelegen, mit Getränkebar, ab 60 ¥ für 10 Min.; über Nacht im Verschlag ab 2380 ¥. ⏲ durchgehend.
Jiyū Kūkan, Nishiki 3-14-21, ☎ 052-950-6667. Ab 290 ¥ für 30 Min., danach 84 ¥ pro 10 Min. Nachts 18–4 Uhr für 8 Std. 1436 ¥. Duschen, Karaoke und ein Frauenstockwerk.
Mambo, hinter BIC Camera am Westausgang des Bahnhofs. Mehrstöckiges Internet/Manga-Café (ein Stockwerk nur für Frauen). Softdrink-Bar, Duschen, Waschmaschine. Prepaid ab 100 ¥/30 Min. für Frauen, 200 ¥/30 Min. für Männer; über Nacht ab 1230 ¥. Mehrere ähnliche Internetcafés in der Nähe. ⏲ durchgehend.

Medizinische Hilfe

Nagoya-Universitätsklinik, Shōwa-ku, Tsurumai-chō 65, ☎ 052-741-2111, 🖥 www. med.nagoya-u.ac.jp.

NAHVERKEHR

Das praktischste Verkehrsmittel ist die **U-Bahn**, 🖥 www.kotsu.city.nagoya.jp, deren 6 Linien das Stadtgebiet recht gut abdecken und z. T. in Vorortlinien der Meitetsu-Bahn übergehen. Tickets ab 200 ¥.
Stadtbusse kosten pro Fahrt 200 ¥; der Busbahnhof im Bahnhof Nagoya befindet sich im Obergeschoss.
Tagesticket für die U-Bahn 740 ¥, für Busse 600 ¥, für Bus und Bahn 850 ¥, Wochenend-Tagesticket 600 ¥.

CHŪBU

Der **Sightseeingbus Mēguru**, 🖥 www.nagoya-info.jp/en/routebus, ist eigentlich ein normaler Stadtbus, dessen Route eine Runde an verschiedenen Sehenswürdigkeiten vorbei beschreibt: vom Bahnhof zum Industriemuseum, Noritake no Mori, Burg, Tokugawa-Museum, Sakae und zurück. Di–Fr stdl., Sa–So alle 20–30 Min., montags fährt der Bus nicht; 200 ¥ pro Fahrt, Tagesticket 500 ¥.

Busse

Meitetsu Bus, ☎ 052-582-0489; **JR Tokai Bus**, ☎ 052-563-0489; **Hankyū Bus**, ☎ 06-6866-3147, fahren vom Busbahnhof beim Bahnhof.
KYŌTO, häufig mit Meitetsu oder Hankyū, 2 1/2–3 Std., 2550 ¥
MATSUMOTO, mit Meitetsu 8x tgl. (7.10–20.10 Uhr), 4 Std., ab 2600 ¥
TŌKYŌ, häufige Verbindungen mit Keiō Highway Bus, ☎ in Tōkyō: 03-5376-2222, und Meitetsu Bus nach Shinjuku oder JR-Bus zum Hauptbahnhof Tōkyō, 6 Std., 5250 ¥

Eisenbahn

Nagoya ist ein Knotenpunkt von Shinkansen, JR-Tōkaidō-Linie und den privaten Meitetsu- und Kintetsu-Linien. In die nähere Umgebung (z. B. Inuyama, Ise) sind die Privatbahnen meist billiger.
Shinkansen:
KYŌTO, 35 Min., 5070 ¥
SHIN-ŌSAKA, 50 Min., 5830 ¥
TŌKYŌ, 1 3/4 Std., 10 360 ¥
JR:
GERO ONSEN, 1 1/2 Std., 4100 ¥ (Express); 3 Std., 2280 ¥ *(futsū)*
GIFU, 20–30 Min., 470 ¥
MATSUMOTO, 2 Std., 5510 ¥
NAKATSŪGAWA (für Magome), 3/4 Std., 2500 ¥ (Express), 1 1/4 Std., 1320 ¥ *(futsū)*
TAKAYAMA, 2 1/2 Std., 5510 ¥
Meitetsu:
INUYAMA, ab Meitetsu-Nagoya 1/2 Std., 550 ¥
OWARI-SETO, ab Sakae-machi (Meitetsu-Bahnhof, Innenstadt) 35 Min., 450 ¥
Kintetsu:
ISE, 1 1/4 Std., 2770 ¥ (Express), 1 3/4 Std., 1450 ¥

Schiffe

Taiheiyō Ferry, 🖥 www.taiheiyo-ferry.co.jp, steuert 3x wöchentl. SENDAI (21 Std., ab 6400 ¥) und TOMAKOMAI auf Hokkaidō (ca. 40 Std., ab 9700 ¥) an.

Flüge

Vom Flughafen **Centrair**, 🖥 www.centrair.jp/en, u. a. nach NIIGATA (1 Std.), SAPPORO (2 Std.), FUKUOKA (1 1/2 Std.). Internationale Flüge v. a. nach Korea und China (SEOUL ca. 2 Std., BEIJING ca. 4 Std.), aber auch tgl. nach FRANKFURT (12 1/2 Std.).
Zum Flughafen fährt die Privatbahn Meitetsu: ab Meitetsu-Bahnhof Nagoya 30 Min. (Haltestelle: Chūbu International Airport), 870 ¥.
Für ganz wenige Inlandsflüge wird auch noch der alte Flughafen, **Nagoya Airport**, 🖥 www.nagoya-airport-bldg.co.jp, genutzt. Flughafenbus ab Bahnhof Nagoya: 25 Min., 700 ¥.

Die Umgebung von Nagoya

Nagoya ist die Heimat des Automobilkonzerns Toyota. Autofans können mit der Vorortlinie Linimo (10 Min. ab U Bahnhof Fujigaoka) in die Außenbezirke zum **Toyota Automobile Museum**, Nagakute-chō, Nagakute-yokomichi 41-100, ☎ 0561-63-5155, fahren. Neben einer riesigen Sammlung von Oldtimern aus aller Welt ist hier auf fast 20 000 m² die Geschichte des japanischen Automobils ausgebreitet. ⏰ 9.30–17 Uhr, 1000 ¥. Audioguide (auch auf Englisch) 200 ¥, deutsche Infobroschüre.

Etwa 15 km östlich von Nagoya liegt das Töpferdorf **Seto**, heute ein Pendlervorort. Hier wurde seit etwa 1200 Keramik gebrannt. Zu besichtigen gibt es gleich mehrere Töpfermuseen, in denen die Geschichte der japanischen Keramik und speziell der Seto-Keramik erklärt wird, einige alte Brennöfen und eine alte Töpferstraße. Die Touristeninformation im Parti Seto-Gebäude am Bahnhof Owari-Seto hat ausführliches Informationsmaterial auf Englisch. Für die Besichtigung (und das Shoppen!) sollte man einige Stunden einplanen. Von Nagoya (Meitetsu-Station Sakae-machi) mit Meitetsu, 35 Min., 450 ¥.

CHŪBU

Gifu und Umgebung 岐阜・
大垣・関ヶ原・関・美濃

In der Ebene westlich von Nagoya erstreckt sich die Stadt **Gifu**, Hauptstadt der gleichnamigen Präfektur. Touristen kommen hierher, um das traditionelle Kormoranfischen zu erleben und das nahe gelegene Inuyama zu erkunden. Der JR-Bahnhof (südlich) und der private Meitetsu-Bahnhof (östlich) schließen über Eck ein Viertel mit altmodischen Ladenpassagen ein. Die Burg auf einem Hügel im Nordosten wurde nach dem Krieg wieder aufgebaut. Zwischen niedrigen Häusern ragen zwei Hochhäuser auf; vom obersten Stock des Gifu City Tower 43 hat man einen guten Blick bis zu den Bergen und nach Nagoya. Das eigenwillige Gebäude auf halbem Weg nach Nagoya ist der Twin Arch 138-Aussichtsturm in Ichinomiya.

In **Ōgaki** zwischen Sekigahara und Gifu erinnert ein Denkmal an den Dichter Matsuo Bashō (s. Kasten S. 243). Außerdem stehen hier eine wiederaufgebaute Burg und ein historisches Museum mit Informationen zur Schlacht von Sekigahara (s. Kasten).

In **Sekigahara** sind an den Schauplätzen der berühmten Schlacht Gedenksteine aufgestellt; ein kleines Museum gibt (auf Japanisch) Erläuterungen zur Geschichte. ⏲ Di–So 9–16.30 Uhr (im Winter bis 16 Uhr), 350 ¥.

Die Stadt **Seki** östlich von Gifu ist seit der Kamakura-Zeit ein Synonym für Qualitätsschwerter. In der Ausstellungshalle für Traditionelle Schmiedekunst, Seki Kaji Denshō-kan, sind Messer und Schwerter ausgestellt, und der Herstellungsprozess wird anschaulich erklärt. ✆ 0575-23-3825, ⏲ Di–So 9–16.30 Uhr, 200 ¥. Auch in Seki gibt es die Möglichkeit, einer Vorführung der Kormoranfischer beizuwohnen.

Mino, ebenfalls östlich von Gifu an der Nagaragawa-Eisenbahn gelegen (Umsteigen in Minoōta), ist eine Kleinstadt mit einem relativ intakten alten Stadtbild. Einige der historischen Häuser im Zentrum können besichtigt werden: die ehemaligen Häuser der Papierproduzentenfamilie Imai und die ehemalige Sake-Brauerei der Familie Kosaka (in den 1770er-Jahren erbaut). Sehenswert sind vor allem die Dächer: Über den Zwischenwänden der Reihenhäuser sind kleine Dächer angebracht, deren Abschlussziegel *(udatsu)* sehr dekorativ sind. Auch heute wird in Mino noch Papier aus Maulbeerbaumrinde hergestellt. Wer also auf der Suche nach japanischen Schirmen, Shōji oder Papier ist, wird in den zahlreichen Andenkenläden bestimmt fündig.

Weekly-Shō, 🖥 www.weekly-sho.jp/en, betreibt mehrere Hotels und Hostels in Gifu und Umgebung. Schlichte, ordentliche Zimmer, auch tageweise, bei längerem Aufenthalt billiger, Rezeption nicht durchgehend geöffnet. Dem Bahnhof am nächsten liegt das **Daiichi Monthly Shō**, Fukuzumi-chō 2-5, ✆ 058-251-2111,

---

Die Schlacht von Sekigahara

In den frühen Morgenstunden des 21. Oktobers 1600 standen sich in der Ebene von Sekigahara die Truppen von Ishida Mitsunari und Tokugawa Ieyasu gegenüber. Die Armee Tokugawa Ieyasus befand sich leicht in der Überzahl, konnte dies jedoch nicht zu ihrem Vorteil nutzen. Tokugawa Ieyasu hatte einigen *daimyō* in der Armee des Feindes großzügige Ländereien zugesichert, sollten sie zu ihm überlaufen. Einer dieser *daimyō* war Kobayakawa Hideyaki, der auf einem Hügel im Südwesten eine strategisch wichtige Stellung einnahm. Hätte er sich entschieden, doch auf Seiten Ishidas weiterzukämpfen, wäre die Armee von Tokugawa Ieyasu auf drei Seiten vom Feind eingekesselt und ihr Schicksal damit besiegelt gewesen. Doch Kobayakawa Hideyaki wartete ab, bis ein Angriff Tokugawas ihn schließlich zwang, sich zu entscheiden. Als er auf der Seite Tokugawas in das Geschehen eingriff, löste dies eine regelrechte Überläuferwelle aus.

Mit dem Sieg in der Schlacht von Sekigahara konnte Tokugawa Ieyasu den langen blutigen Bürgerkrieg beenden und seine eigene Vormachtstellung festigen. Es folgten über 250 Jahre Frieden.

CHŪBU

ms-daiichi@weekly-sho.jp, die Hauptstraße vor dem JR-Bahnhof Gifu nach links geradeaus, dann hinter der Post in der nächsten etwas größeren Querstraße rechts. Nichtraucherzimmer mit Bad, WLAN-Kabel, Wasserkocher. Mit Frühstück. Nur EZ, ab 1900 ¥.
New Gifu Hotel Plaza, Nagazumi-chō 3-4, ☎ 058-263-0011, nordwestlich vom Meitetsu-Bahnhof. WLAN, Parkplatz, familiäre Atmosphäre, mit Frühstück. ❶

ESSEN

In den Ladenstraßen am Bahnhof Gifu gibt es einige Restaurants und Kneipen.
Forty-three, Gifu City Tower 43, 43F, ☎ 058-265-7577, 🖥 r.gnavi.co.jp/n002920. Gehobenes westliches Restaurant mit super Blick, Mittagsmenü ab 3000 ¥, Dinner 5500 ¥.
Yogata, Sumida-machi, gleich westlich gegenüber dem Meitetsu-Bahnhof in der Gasse hinter Ticket-Plaza. Sehr authentischer Takoyaki-/ Teppanyaki-Stand mit kleiner Innentheke plus Straßenverkauf.

TOUREN

Von Mitte Mai bis Mitte Oktober Bootsfahrten zum **Kormoranfischen** um 18.15, 18.45 und 19.15 Uhr, ab 3100 ¥, Tickets auch kurz vor Abfahrt an der Kasse am Bootsanleger (Brücke Nagara-bashi / Bushaltestelle Nagarabashi) erhältlich. Das eigentliche Fischen beginnt um 19.30 Uhr.

€ Wer nicht so viel Geld für eine Tour ausgeben möchte, hat je nach Anzahl der Boote für Fischer und Touristen auch eine Chance, das Schauspiel vom Ufer aus beim Hotel Park anzusehen.

SONSTIGES

Einkaufen
Beliebte Gifu-Andenken sind **Papierschirme und -lampen**. Angeboten werden Modelle vom einfachen Lampion bis zum teuren Designerstück.
Ozeki, Oguma-chō 1-13, ☎ 058-263-0111, 🖥 www.ozeki-lantern.co.jp (an der Hauptstraße östlich der Straßenbahnhaltestelle Daigaku Byōin). Hier werden die berühmten Gifu-Papierlaternen hergestellt, viele nach

Maß. Eine kleinere Auswahl ist fertig im Laden erhältlich.

€ **Discount-Tickets**: Ticket Plaza, gegenüber vom Meitetsu-Bahnhof, ☎ 058-263-5181, ⏰ Mo–Sa 9–19 Uhr.

Fahrradverleih
Städtischer Verleih an vier Orten in der Stadt Gifu, u. a. südlich vom JR-Bahnhof gegenüber der Bushaltestelle, ☎ 090-5875-3196 oder 058-262-0104, ⏰ tgl. 9–19 Uhr, Dez–Feb nur 9–18 Uhr. Die anderen Ausleihstellen befinden sich bei der Stadtverwaltung, dem Geschichtsmuseum im Gifu-kōen und neben dem Kormoran-Büro (kürzere Öffnungszeiten). 100 ¥ pro Tag, Ausleihe bis zu 2 Tage.

Informationen
Touristeninformation im Obergeschoss des JR-Bahnhofs **Gifu**, ☎ 058-262-4415, 🖥 www.gifucvb.or.jp. Sehr informativ und hilfreich, englischsprachig. ⏰ tgl. 9–19 Uhr. Touristeninformation im Bahnhof **Ōgaki**, ☎ 0584-75-6060, ⏰ tgl. 10–16 Uhr. Gegenüber vom Bahnhof **Sekigahara** ist im Sommer eine Touristeninformation geöffnet, 🖥 www.kanko-sekigahara.jp, ⏰ tgl. 9–14 Uhr.

Internet
Hana Cafe, gleich westlich gegenüber vom Meitetsu-Eingang, 3F, über dem Sukiya-Lokal. ⏰ 24 Std., ab 300 ¥/Std.

NAHVERKEHR

Stadtbusse in Gifu verkehren von Bussteig 11 oder 12 am JR-Bahnhof bzw. vom Meitetsu-Bahnhof Bussteig 4 oder 5 nach Gifu-kōen (Fußweg zur Burg) in 15 Min., Nagarabashi (Kormoranfischen-Bootsanleger) in 20 Min. für 200 ¥ pro Fahrt; bei der Touristeninformation gibt es einen Streckenplan.

TRANSPORT

Busse
Gifu Bus, ☎ 058-266-8822, 🖥 gifubus.co.jp, betreibt Regionalbusse und Autobahnbusse ab Bahnhof Gifu.
SEKI, 1 Std., 800 ¥

CHŪBU

MINO, ab Nagoya mit Gifu Bus, 1 1/2 Std.,
1230 ¥
TŌKYŌ (Shinjuku) 7 Std., 6800 ¥

Eisenbahn
Von **Gifu** nach NAGOYA, 25 Min., 470 ¥, mit JR;
INUYAMA, 40 Min., 450 ¥, mit Meitetsu, FLUG-
HAFEN CENTRAIR, 55 Min., 1340 ¥, mit dem
Meitetsu-Express.
Von **Mino-shi** (über Gifu) nach Nagoya
1 1/2 Std., umsteigen in Minoōta, 1770 ¥ –
besser per Bus (s. u.).
Von Nagoya nach **Ōgaki**, 30 Min., 760 ¥, und
Sekigahara, 1 Std., 970 ¥, mit JR in Richtung
Kyōto.

CHŪBU

Inuyama 犬山

Inuyama wird von einer kleinen, aber wohl-
proportionierten malerischen Burg überragt, der
ältesten erhaltenen in Japan. Der Altstadtkern
unterhalb der Burg ist seit der Edo-Zeit weitgehend unverändert. Hier reihen sich in wenigen Straßen Holzhäuser aneinander; in vielen
von ihnen befinden sich kleine Geschäfte, die
traditionelle Handwerksartikel verkaufen.

Die Burg **Inuyama-jō**, ☏ 0568-61- 1711, gilt als
eine der schönsten Burgen Japans. Sie gehört
zu den nur 12 Burgen, deren Donjon (Hauptturm)

noch mehr oder weniger im Original erhalten
ist. Eine erste Burg wurde hier bereits im 15. Jh.
erbaut. Die heutige Konstruktion stammt von
1537 und wurde von Oda Yojirō Nobuyasu, einem
Onkel des Kriegsfürsten Oda Nobunaga (S. 114),
in Auftrag gegeben. Das innen vierstöckige
Schloss ist weitgehend leer; vom obersten
Stockwerk bietet sich ein schöner Blick auf die
Stadt und den Fluss und im Westen bis zur Burg
von Gifu. ⊕ Di-So, 9–17 Uhr, 500 ¥.

In den alten innerstädtischen Gassen unterhalb der Burg fallen die „Garagen" für die **Festwagen des Inuyama Matsuri** auf. Die hohen,
schmalen Gebäude stammen zwar ursprünglich aus dem 17. Jh., sind aber zwischenzeitlich
alle erneuert worden. Einzig die „Garage" für
den Festwagen des Ortsteils Honmachi in der
Hauptstraße ist aus Holz und von 1909. Vier der
13 prächtigen Festwagen sind im **Dondenkan-
Museum**, ☏ 0568 -65-1728, ausgestellt. Dort
kann man auch eine der marionettenartigen
Karakuri-Puppen, die auf den Wagen aufmon-
tiert sind, ausprobieren. ⊕ 9–17 Uhr, 200 ¥. Noch
ausführlicher wird die Tradition der Marionetten
im **Karakuri-Museum** erklärt. Am Wochenende
zeigt ein Meister die Herstellung und Puppen-
führung. ⊕ Di–So 9–17 Uhr, 100 ¥. Im **Museum
für Stadtgeschichte** befindet sich ein gutes
Modell des edozeitlichen Inuyama, leider sind
die Erklärungen ausschließlich auf Japanisch.

Kormoranfischen

Das traditionelle Fischen mit Kormoranen *(ukai)* wird in Japan seit Jahrhunderten praktiziert. Heute
findet es allerdings nur noch für Touristen während der Saison von Mitte Mai bis Mitte Oktober statt.
Gefischt wird nachts mit flachen, 13 m langen Booten. Ein Feuer aus Kiefernholz lockt die Fische an,
die ins flache Wasser getrieben werden. Der Meisterfischer des Bootes führt zehn bis zwölf See-
kormorane an Schnüren mit sich, die nun leichtes Spiel mit den Fischen haben. Ein Ring am Hals der
Vögel verhindert, dass sie diese hinunterschlucken. Bisweilen sieht es recht brachial aus, wenn der
Meister die Kormorane „zwingt", die Fische wieder auszuspucken. Einige kleine Fische fallen natürlich als Belohnung für den Kormoran ab, und das nächtliche Spektakel der Fischer in der traditionellen schwarzen Kleidung mit ihren Vögeln beim Schein der lodernden Flammen ist wirklich etwas
Besonderes.
Die Kormoranfischerei wurde in Gifu und Inuyama wohl im Altertum von China übernommen, wo
diese Technik seit 1300 Jahren praktiziert worden sein soll. Gefangen wird hauptsächlich die Fluss-
forellenart *ayu*.
Informationen zum Gifu Kormoranfischen: Cormorant Fishing Sightseeing Office, Minato-machi 1-2,
Gifu, ☏ 058-262-0104, 💻 www.ukai-gifucity.jp/ukai.

⊕ tgl. 9–17 Uhr, 100 ¥. Warumaru-Sammelticket für die Burg und alle drei Museen 600 ¥.

Wer Zeit hat, sollte auch über den hübschen **Morgenmarkt** der Altstadt bummeln, ⊕ tgl. 6.30–8 Uhr.

Von Mai bis August wird auf dem Kiso-Fluss das traditionelle **Kormoranfischen** durchgeführt (s. Kasten S. 316).

Neben der Burg gehört das 1965 von der Privatbahnfirma Meitetsu gebaute **Meijimura**, Uchiyama 1, ✆ 0568-67-0314, 🖥 www.meiji mura.com, ein großes und sehr sehenswertes Freilichtmuseum mit über 60 historischen Gebäuden aus der Meiji-Zeit, zu den Hauptsehenswürdigkeiten der Stadt. Nicht nur für Fans moderner Architektur ein Highlight ist hier die Eingangshalle des Imperial Hotel von Frank Lloyd Wright. Als eines der ersten westlichen Hotels in Japan stand es in Tōkyō und fiel in den 1960er-Jahren der Stadtsanierung zum Opfer (nachdem es das schwere Kantō-Erdbeben von 1923 unversehrt überstanden hatte). Die mehr oder weniger erhaltene Eingangshalle wurde in Inuyama wiederaufgebaut und restauriert. Zu sehen sind außerdem Post und Telegrafenämter, Bürogebäude, Brauereien, Schulen, Privathäuser und mehrere Kirchen sowie Versammlungshäuser japanischer Emigranten in Hawaii und Brasilien. Interessant ist vor allem die Mischung japanischer und westlicher Architekturelemente. Mehrere (historische) Bahnen und Busse fahren durch das Freilichtmuseum (ab 300 ¥). ⊕ tgl. 9.30–17 Uhr (Nov–Feb bis 16 Uhr), 1700 ¥. Bus vom Bahnhof Inuyama (20 Min.).

Der Garten **Uraku-en** neben dem Meitetsu Inuyama Hotel ist bekannt für das hierher versetzte Teehaus Jōan. Gebaut wurde es im frühen 17. Jh. von Oda Uraku, einem jüngeren Bruder von Oda Nobunaga. Uraku, ein Schüler des berühmten Teemeisters Sen-no-Rikyū, war selbst ein General, zog sich aber später aus der Politik zurück und widmete sich im Kenninji-Tempel in Kyōto der Teezeremonie, wofür er das Jōan-Teehaus baute. Besichtigen kann man es allerdings nicht, vom Garten aus ist gerade mal der ein oder andere Blick von außen zu erhaschen. Einen Spaziergang durch den Garten kann man aber mit einer Schale japanischen Tees im neu gebauten Teehaus Kōan abschließen. ⊕ tgl. 9–17 Uhr (15. Juli–Ende Aug bis 18 Uhr), Eintritt 1000 ¥, Tee 600 ¥.

Eher für Familien mit Kindern interessant ist das „Süßigkeitenschloss" **Okashi-no-Shiro**, Arakawa 1-11, ✆ 0568-67 8181, 🖥 www.okashino shiro.jp. Hier gibt es eine Ausstellung von Zuckerbäckerarchitektur: Europäische Schlösser und diverse Sehenswürdigkeiten von nah und fern, alle aus Zucker, Schokolade und Gebäck nachgebaut. Weitere Attraktionen sind ein Süßigkeitenbuffet und Backkurse. ⊕ Mo, Di und Fr 9.30–17 Uhr, Sa, So und Feiertage 9–18 Uhr, Eintritt 1200 ¥, Backkurse 800 ¥. Bahnhof Gakuden (Meitetsu Komaki-Linie).

Südlich von Inuyama, eine halbe Stunde zu Fuß vom Bahnhof Gakuden, liegt das kleine **Aotsuka-Hügelgrab**, dessen Schlüssellochform sehr gut zu erkennen ist.

Ebenfalls südlich von Inuyama stehen zwei der bekanntesten Fruchtbarkeitsschreine Japans: Der Männerschrein **Tagata-jinja** und der Frauenschrein **Ōgata-jinja**. Am Tagata-jinja werden Phallus-Symbole in allen Größen zur Schau gestellt und als Andenken (Lutscher und Schlüsselanhänger!) verkauft. Eine Bahnstation nördlich liegt der Ōgata-jinja, bei dem Frauen durch einen großen Stein mit Loch kriechen sollen, um schwanger zu werden. Haltestelle Tagatajinja-mae bzw. für den Ōgata-jinja Meitetsu Gakuden (Meitetsu). Wer im März hierherkommt, hat Gelegenheit, das Fruchtbarkeitsfest Hōnen Matsuri anzusehen.

ÜBERNACHTUNG

Central Hotel Inuyama, Takami-chō 13-2, westlich des Bahnhofs Inuyama, ✆ 0568-61-6611, 🖥 www.inuyama-central-h.co.jp. Solides Businesshotel. ❶

Inuyama City Hotel, Higashi-Koken 337, ✆ 0568-61-1600, 🖥 www.inuyama-hotel. co.jp. Internet, Satelliten-TV, behindertengerecht. ❷

Inuyama JH, Oaza, Tsugao, Himuro 162-1, ✆ 0568-61-1111. Moderne Jugendherberge mit Hotel-Atmosphäre (japanische und westliche Zimmer), außerhalb der Stadt. Bahnhof Inuyama Yūen, von dort 30 Min. zu Fuß. Ab 2900 ¥ p. P., EZ 3800 ¥.

Rinkōkan, Nishidaimonsaki 8-1, ☎ 0568-61-0977, 🖥 www.rinkokan.jp. Etwas größeres, hotelartiges Ryokan mit *rotenburo*. Zwischen Bahnhof Inuyama Yūen und Burg. Ab 10 800 ¥ p. P. mit HP, Onsen mit Lunch ohne Übernachtung ab 4500 ¥.

ESSEN

Spezialitäten, nach denen man in Inuyama Ausschau halten kann, sind *dango* (süße Reisklößchen) und *dengaku*, gegrillter Tōfu mit süßer, dicklicher Misosauce. Außerdem sind die dicken weißen Nudeln *(kishimen)* beliebt.
Kotobukiya, gegenüber der Burg. Andenkenladen mit Restaurant, die Spezialität sind *kishimen*. 🕐 tgl. bis 18 Uhr.
Die seit 1998 in Inuyama ansässige **Loreley-Brauerei**, Haguro-Aza Narumi 70, ☎ 0568-67-6767, 🖥 www.loreleybeer.co.jp, hat ein Restaurant, in dem Pils, Weizen und jahreszeitliche japanische Spezialitäten gekostet werden können. Lunchbuffet 1500 ¥, plus Bier bis zum Abwinken noch mal 1500 ¥. 🕐 tgl. 11.30–15, 17–22 Uhr.

📖 **Shōwayokochō**, gegenüber vom Dondenkan-Museum. Eigentlich war ein shōwazeitliches Museum geplant, doch als die Besucher ausblieben, wandelten die findigen Initiatoren das Ganze in eine Restaurantgasse um. An mehreren Ständen werden Spießchen, Pizza, gebratene Nudeln und andere Kleinigkeiten verkauft. Eine alte Telefonzelle, überirdische Leitungen und Lampions sorgen für das historische Filmkulissenambiente. Im Obergeschoss kann man sogar in einem shōwazeitlichen Wohnzimmer speisen. 🕐 tgl. 11–17 und 21–24 Uhr.
Yamada-Mochi, neben dem Honmachi-Festwagenspeicher, beliebt für traditionelle Süßigkeiten.

AKTIVITÄTEN

Der Kisogawa zwischen Imawatari und Inuyama gilt wegen der felsigen Umgebung und der vom Fluss aus zu sehenden Burgen von Inuyama und Gifu als „Japanischer Rhein". Die Schiffsausflüge sind 2013 aufgrund sinkender Besucherzahlen nach einem tödlichen Unfall eingestellt worden, es gibt aber weiterhin Angebote für Rafting:
Youth Holiday Adventures (Büro am Fluss beim Momotarō-kōen, hinter der JH), ☎ 0568-67-3910, 🖥 www.yha.gr.jp. Halbtagstour 9000 ¥.

SONSTIGES

Feste
Hōnen Matsuri, 15.3.: Fruchtbarkeitsfest am Tagata-Schrein: Ein 280 kg schwerer und 2,50 m hoher, hölzerner Phallus wird in einer Prozession herumgetragen. Etwas weniger spektakulär am Ōgata-jinja.
Inuyama Matsuri, 1. Wochenende im April in Inuyama. Stadtfest, das erstmals 1635 vom

---

Frank Lloyd Wright in Japan

Seine erste Auslandsreise überhaupt führte den amerikanischen Architekten Frank Lloyd Wright 1905 nicht etwa nach Europa, sondern nach Japan. Wright war sehr an japanischer Kunst interessiert und erwarb in Japan Hunderte von Holzschnitten, die er in den USA gewinnbringend verkaufte. Er galt als Kenner japanischer Kunst und war ein Mitorganisator der ersten Hiroshige-Ausstellung im Ausland. Gerüchte über gefälschte Holzschnitte, die er an Kunden verkauft haben soll, bereiteten seiner Karriere als Kunsthändler in den 1920er-Jahren ein Ende. Ab 1917 lebte er für sechs Jahre teilweise in Japan. In dieser Zeit entwarf er insgesamt 14 Gebäude, von denen allerdings fast alle Projekte auf dem Papier blieben, und von den realisierten Projekten sind heute nur noch wenige zu besichtigen. Neben der Lobby des Imperial Hotels im Meijimura ist auch das Gebäude der Jiyū Gakuen-Schule in Tōkyō für das Publikum geöffnet. Das Yamamura-Tozaemon-Haus in der Nähe von Kōbe, ursprünglich als Sommervilla für einen reichen Sakebrauer konzipiert, öffnet seine Tore einige Tage im Jahr für Besucher. Als Privathaus hingegen wird das Hayashi-Aisaku-Haus in Tōkyō genutzt. Gebaut für die Großfamilie des Managers des Imperial Hotels, existiert heute vom ursprünglichen Gebäude nur noch das Wohnzimmer. Inwieweit Wright an der Planung des JR-Bahnhofs in Nikkō beteiligt war, ist umstritten.

Durch Inuyama schlendern und dabei die verschiedensten Arten von Spießchen ausprobieren: Von unterschiedlichen gegrillten Würstchen über frittiertes Huhn bis zu Ananas und Kuchen ist für jeden Geschmack etwas dabei. 40 Restaurants und Läden haben sich zusammengetan und promoten Inuyama als Stadt der Spießchen. Es gibt über 50 saisonal unterschiedliche Varianten, viele auch auf die Hand. Die Touristeninformation hält eine Karte bereit, ⌨ www.kushimono.jp, pro Spieß 150–550 ¥.

Haritsuna-Schrein ausgerichtet wurde. Heute ist der Höhepunkt die Parade der historischen 13 dreistöckigen Festwagen mit aufmontierten Marionetten (karakuri).

Informationen
Touristeninformation im Bahnhof, ☏ 0568-61-6000, ⌨ www.inuyama.gr.jp, in der Altstadt und unterhalb der Burg. Dort ist auch ein guter Stadtplan erhältlich.

Internet
Media Cafe Poppey, Nakayama-chō 1-45, ☏ 0568-63-2778. Südlich des Bahnhofs Inuyama an der 2. Ost-West-Querstraße über die Brücke. Für die ersten 30 Min. 170 ¥ im Café, 240 ¥ in der Einzelkabine, danach 90 ¥/100 ¥ für 15 Min. Günstige Lunchangebote.

NAHVERKEHR

In der Kleinstadt Inuyama sind fast alle Sehenswürdigkeiten gut zu Fuß zu erreichen. Kein Fahrradverleih.

TRANSPORT

Von Inuyama fährt die Privatlinie Meitetsu nach NAGOYA, 35 Min., 540 ¥, und GIFU, 40 Min., 450 ¥.

Gero Onsen 下呂温泉

Gero Onsen, am Zufluss des kleinen Atano in den Hida-Fluss gelegen, gehört zusammen mit Arima Onsen in der Nähe von Kōbe und Kusatsu Onsen in der Präfektur Gunma zu den drei besten Onsen-Orten Japans (Nihon Sanmeisen). So zumindest befand der Gelehrte Hayashi Razan Anfang der Edo-Zeit. Ein Besuch empfiehlt sich besonders im Herbst zur Laubfärbung.

Der eigentliche Ort liegt nördlich des Bahnhofs auf der gegenüberliegenden Seite des Flusses Hida. Das Thermalwasser ist offiziell 84° C warm, alkalisch und soll gegen Rheuma helfen. Eine neue Entwicklung sind die vielen öffentlichen **Fußbäder**, die sich oft vor Läden oder Hotels befinden, um Kunden anzulocken.

Auf der Shirasagi-Brücke steht eine Statue von Hayashi Razan, während gegenüber Charlie Chaplin sitzt. Der war zwar einmal in Japan, aber nie in Gero Onsen.

Am Hang im Nordteil des Ortes bietet das **Onsen-Museum**, ☏ 0576–25 3400, ⌨ www.gero.jp/museum, ein paar Ausstellungsräume zu heißen Quellen und Onsen-Kultur allgemein, ein Fußbad und einen Raum, in dem die Gäste den pH-Wert des Wassers bestimmen können. ⏱ Fr–Mi 9–17 Uhr, 400 ¥.

Etwas außerhalb liegt das **Gasshō-mura**, Mori 2369, ☏ 0576-25-2239, ⌨ gero-gassho.jp, ein Park mit vier hierher versetzten alten Häusern in der typischen Gasshō-Bauweise mit den spitzen Strohdächern, die es auch in Shirakawa und Gokayama (S. 325 und 327) gibt. Um die Häuser herum befinden sich ein Schattentheater und ein kleines Koma-inu-Museum mit jenen Steinhunden, die vor Shintō-Schreinen Wache halten. Außerdem kann man töpfern und Papier schöpfen. ⏱ tgl. 8.30–17 Uhr, 800 ¥. Bus ab Bahnhof Gero Onsen, stündlich zwischen 9 und 16.40 Uhr, 6 Min., 140 ¥. Eine Haltestelle weiter (Endstation, dann 10 Min. zu Fuß) liegt das **Geschichtsmuseum** (Furusato Rekishi Kinenkan), ☏ 0576-25 4174, im Jōmon-Park. Hier sind Siedlungsreste aus der Jōmon- und Yayoi-Zeit entdeckt worden: Ein paar Fundstücke sind im Museum ausgestellt, außerdem wurde ein Höhlenhaus aus der Jōmon-Zeit nachgebaut. ⏱ 9–17 Uhr (Dez–Feb bis 16.30 Uhr), Eintritt frei.

ÜBERNACHTUNG

Die Übernachtung in einem der zahlreichen Onsen-Hotels ist für die meisten Gäste Grund des Aufenthalts in Gero. Übernachtungen im

Ryokan (ab ca. 7000 ¥ mit Halbpension) vermittelt die **Ryokan-Vereinigung**, ✆ 0576-25-2541, 🖥 gero-spa.or.jp (auch Englisch). Die billigeren Unterkünfte befinden sich in der Nähe des Bahnhofs.

Gero Kankō Hotel, 1113 Kōden, ✆ 0576-25 3161. Großes Onsen-Hotel im Ort. Ab 14 700 ¥ p. P. mit HP.

€ **Minshuku Shōen**, Kōden, ✆ 0576-25-2110, 🖥 h6.dion.ne.jp/~syoen, kleine Pension mit einem preiswerten Restaurant im Erdgeschoss, Englisch okay. 4000 ¥ p. P., mit Frühstück 5500 ¥.

Yunoshimakan, Yunoshima 645, ✆ 0576-25-3131, 🖥 www.yunoshimakan.co.jp. Schickes altes Onsen-Hotel oberhalb des Ortes mit viel dunklem Holz und gutem Blick. Ab 17 850 ¥ p. P. mit HP.

CHŪBU

ESSEN

Die meisten Touristen essen in ihrer Unterkunft, und so schließen die ohnehin eher spärlichen Restaurants früh. Die Spezialität der Region Hida-Takayama ist das Hida-Rindfleisch. Es wird z. B. relativ preiswert im **Heianraku** angeboten, weiter oben im Atano-Tal, auf der rechten Seite vor dem Park, Mori 1225-1, ✆ 0576-25-5226, ⊕ Fr–Mi 11–14, 17–23 Uhr.

€ Billigere Nudelrestaurants befinden sich eher in der Bahnhofsgegend oder in Flussnähe, z. B. **Kikyōya**, an der Brücke rechts (östlich des Flusses), Mori 1032-5, ✆ 0576-25-2479, günstige Soba mit Aal oder Hida-Rindfleisch. ⊕ tgl. 10.30–20 Uhr.

In der Gegend wird außerdem traditionell Miso hergestellt. Miso in Shisoblätter eingewickelt gibt es als Mitbringsel z. B. im Andenkenladen **Yamakawa**, gegenüber dem Minshuku Shōen.

SONSTIGES

Einkaufen

Gyōkai ist ein kleiner Supermarkt im Süden des Ortes gegenüber der Post; noch etwas weiter südlich ist der COOP, **JA Hida**.

Am Parkplatz vor dem Gasshō-mura findet im Sommer (März–Nov) tgl. ab 8 Uhr ein **Morgenmarkt** statt. Verkauft werden lokale Erzeugnisse, besonders Gemüse, Sake, Miso, und Kunsthandwerk. Im Juli und August gibt es an derselben Stelle samstagabends einen **Nachtmarkt** mit Essensständen.

Informationen

Die **Touristeninformation** am Bahnhof hat einen englischen Ortsplan.

Onsen

Wer nicht in einem Ryokan übernachtet, kann zwischen drei Onsen für Tagesgäste wählen. Das edelste ist das weitläufige Onsen **Kurgarden**, Kaga-dōri, ✆ 0576-24-1182, mit *rotenburo* und Wasserstrahl. ⊕ Fr–Mi 8–21 Uhr, 600 ¥.

€ **Shirasagi-no-yu**, Shirasagi-zaka, ✆ 0576-25-2462, hat ein schickes Retro-Gebäude, aber nur eine Holzwanne. ⊕ Do–Di 10–22 Uhr, 300 ¥, auch Kombitickets mit dem Onsen-Museum.

Sachi no yu, Sakaemachi-dōri, ✆ 0576-25-2157, ist heller und moderner. ⊕ Mi–Mo 10–23 Uhr, 350 ¥.

TRANSPORT

Busse

Nōhi Bus, ✆ 0577-32-1688, 🖥 www.nouhibus. co.jp, fährt nach TAKAYAMA (stdl., 1 Std., 1040 ¥).

Eisenbahn

Gero Onsen liegt an der JR-Takayama-Linie zwischen NAGOYA (3 Std./2270 ¥ bzw. 1 1/2 Std./4100 ¥ Express) und TAKAYAMA (1 Std./980 ¥ bzw. 3/4 Std., 1620 ¥ Express).

Takayama 高山

Die kleine Stadt Takayama mitten in den Bergen ist in den letzten Jahren von ausländischen und einheimischen Touristen gleichermaßen entdeckt worden. Die Gründe hierfür liegen auf der Hand: Die Stadt bezaubert mit ihren alten Holzhäusern, zahlreichen Sake-Brauereien, einem Tempelbezirk und einem Freilichtmuseum. Wer nach qualitativ hochwertigen Souvenirs sucht, wird in den Läden der Altstadt garantiert fündig. Zweimal im Jahr findet das japanweit berühmte Takayama Matsuri mit wunderschönen alten Festwagen statt.

Ende des 16. Jhs. wurde die Stadt Sitz des Kanemori-Clans, der Familie eines Generals unter Toyotomi Hideyoshi. Bald entwickelte sich um die Familienburg eine typische Burgstadt. Die einheimischen Händler und das hochwertige Zypressenholz machten die Stadt reich, und 1692 wurde sie direkt dem Shogunat unterstellt, das sich so die Holzrechte sicherte. In ganz Japan bekannt sind die Tischler und Holzschnitzer aus Takayama, die an Bauprojekten im ganzen Land mitwirkten, u. a. am Tōdai-ji in Nara und am Tōshō-gū in Nikkō.

Takayama Jin'ya 高山陣屋

Östlich vom Bahnhof erstreckt sich zunächst über einige Straßenblocks die neue Stadt Takayama. Geht man zu Fuß etwa zehn Minuten die Hirokoji-Straße entlang, gelangt man zum Takayama Jin'ya, Hachiken-machi 1-5, 🖥 www.pref.gifu.lg.jp/s27212, dem einzig erhaltenem Verwaltungssitz aus der Edo-Zeit in Japan (insgesamt gab es mehr als 60). Von hier aus tätigten die Vertreter des Shōguns ihre Regierungsgeschäfte. Auch nach der Meiji-Restauration 1868 blieben die Bauten bis 1969 Sitz der Bezirksverwaltung. Die heutigen Gebäude stammen von 1816 und sind im Inneren weitgehend im Originalzustand erhalten.

Eine Ausstellung im ehemaligen Reisspeicher (für die Steuereinnahmen in Naturalien) informiert über die Geschichte und das Verwaltungssystem. ⏰ tgl. 8.45–17, Aug bis 18, Nov–Feb nur bis 16.30 Uhr, 420 ¥.

Morgenmärkte 朝市

€ Gleich vor dem Jin'ya wird morgens ein kleiner Markt abgehalten, der **Jin'ya-mae-Morgenmarkt**. Beeindruckender ist aber der **Miyagawa-Morgenmarkt** am anderen Ufer des Miyagawa weiter nördlich. Bauern aus der Region verkaufen dort saisonales Obst und Gemüse. Spaß macht es auch, sich hier durch die essbaren Andenken zu probieren, wie frisch zubereitete *genkotsu* (eine Art Kaubonbon aus Sojamehl), unzählige Reiscrackervarianten von süß bis scharf-salzig und *hoba miso*, auf einem Magnolienblatt gegrillte Miso-Paste. Beide Märkte finden täglich statt. ⏰ April–Okt 6 Uhr bis mittags, sonst 7 Uhr bis mittags.

Kaufmannshäuser 民芸館

Nördlich des Miyagawa-Morgenmarktes befindet sich das **Kusakabe-Haus**, Ōshin-machi 1-52, 🖥 www.kusakabe-mingeikan.com, eines von mehreren alten Kaufmannshäusern in Takayama, die für Besucher geöffnet sind. Erbaut wurde es 1876 von der erfolgreichen Händlerfamilie der Kusakabe. Strenge Gesetze verboten während der Edo-Zeit die Zurschaustellung von Reichtum, besonders für die Händler, die – unabhängig vom Wohlstand – formell die unterste gesellschaftliche Schicht bildeten. So verbergen sich hinter der relativ schlichten, niedrigen Front großzügige Räumlichkeiten. Das Treppenhaus ist aus bestem Zypressenholz gearbeitet, und in den Zimmern sind Alltags- und Luxusgegenstände ausgestellt. ⏰ März–Nov tgl. 9–16.30 Uhr, Dez–Feb nur Mi–Mo 9–16 Uhr, 500 ¥.

Einige Meter weiter nördlich liegt das ähnliche **Yoshijima-Haus**, Ōshin-machi 1-51, ⏰ März–Nov tgl. 9–17, Dez–Feb Mi–Mo 9–16.30 Uhr, auch während des Sannō Matsuri geöffnet, 500 ¥.

Um den Sakurayama Hachiman-gū 桜山八幡宮

Ganz im Norden befindet sich der **Sakurayama Hachiman-gū**, der Schrein, an dem das Herbstfest stattfindet. Auf dem Gelände sind in der **Takayama Yatai Kaikan** einige der Festwagen

Takayama

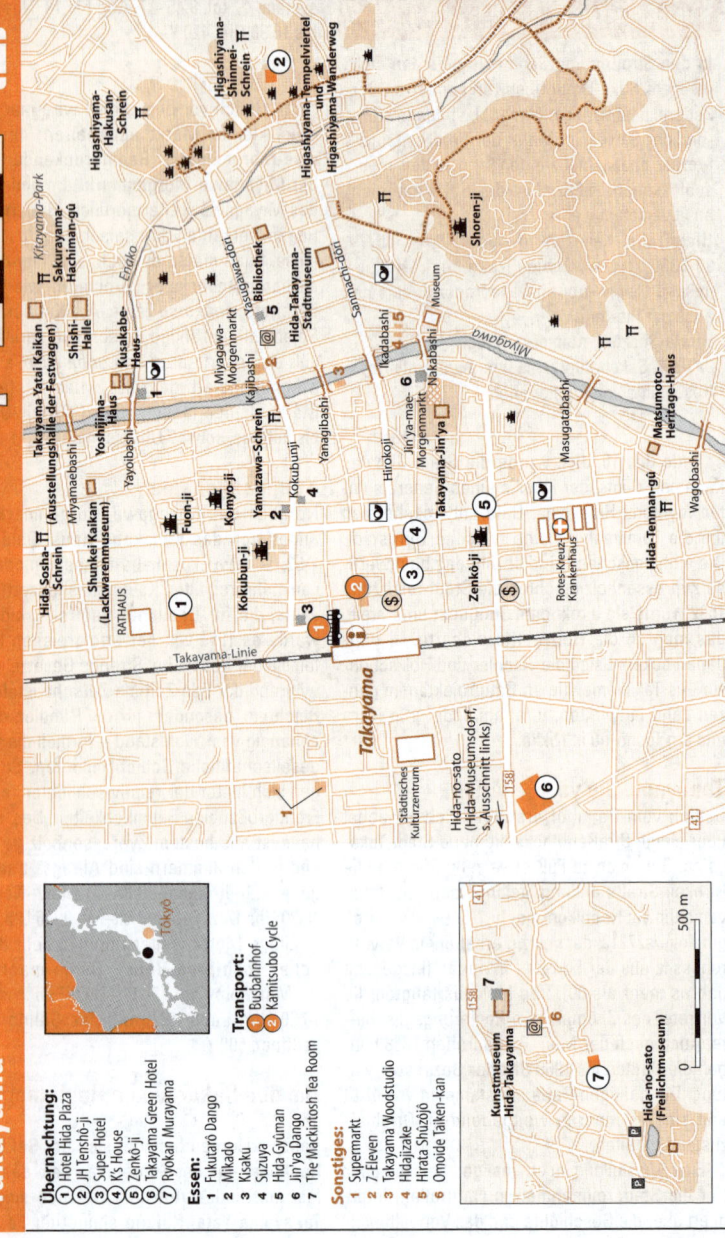

Übernachtung:
1. Hotel Hida Plaza
2. JH Tenshō-ji
3. Super Hotel
4. K's House
5. Zenkō-ji
6. Takayama Green Hotel
7. Ryokan Murayama

Essen:
1. Fukutarō Dango
2. Mikado
3. Kisaku
4. Suzuya
5. Hida Gyūman
6. Jin'ya Dango
7. The Mackintosh Tea Room

Transport:
1. Busbahnhof
2. Kamitsubo Cycle

Sonstiges:
1. Supermarkt
2. 7-Eleven
3. Takayama Woodstudio
4. Hidajizake
5. Hirata Shūzōjō
6. Omoide Taiken-kan

Map labels:

Kitoyama-Park
Higashiyama-Shinmei-Schrein
Higashiyama-Schrein
Higashiyama-Hakusan-Schrein
Higashiyama-Schrein
Higashiyama-Tempelviertel
Higashiyama-Wanderweg
Sakurayama-Hachiman-gū
Shoren-ji
Enako
Takayama Yatai Kaikan (Ausstellungshalle der Festwagen)
Shishi-Halle
Kusakabe-Haus
Bibliothek
Yasugawa-dōri
Sanmachi-dōri
Miyagawa-Morgenmarkt
Hida-Takayama-Stadtmuseum
Kajibashi
Miyamaebashi
Shunkei Kaikan (Lackwarenmuseum)
Yoshijima-Haus
Kakabashi
Museum
Masugatabashi
Hida Sōsha-Schrein
Yayoibashi
Yamazawa-Schrein
Kokubunji
Yanagibashi
Hirokōji
Jin'ya-mae-Morgenmarkt
NakaBashi
Matsumoto-Heritage-Haus
RATHAUS
Fuon-ji
Komyo-ji
Kokubun-ji
Kokubun-ji
Takayama-Jin'ya
Miyagawa
Wagobashi
Hida-Tenman-gū
Zenkō-ji
Rotes-Kreuz-Krankenhaus
Takayama-Linie
Takayama
Städtisches Kulturzentrum
Hida-no-sato (Hida-Museumsdorf, s. Ausschnitt links)

Tōkyō

Kunstmuseum Hida Takayama
Hida-no-sato (Freilichtmuseum)

500 m

für das Frühjahrs- und Herbstfest zu besichtigen. In einem Extragebäude gibt es auch ein riesiges begehbares Modell des Tōshō-gū in Nikkō zu sehen, an dessen Bau Handwerker aus Takayama beteiligt waren. ⏱ tgl. März–Nov. 8.30–17, Dez–Feb 9–16.30 Uhr, 820 ¥.

Von dort westlich des Flusses liegt das **Lackwarenmuseum** (Shunkei Kaikan), 🖥 www.nande.com/shunkei, das zwar nur minimale englische Erklärungen, aber dafür sehr schöne Shunkei-Lackschalen bietet. Diese Lackwaren sind eine Besonderheit der Region: Sie sind mit einem dünnen, hellen Lack überzogen, der die Holzmaserung durchscheinen lässt. ⏱ tgl. 9–17 Uhr, 300 ¥.

Hida-Takayama-Stadtmuseum 飛騨高山まちの博物館

Am Ostrand der Altstadt befindet sich das lokale Geschichtsmuseum (Hida Takayama Machi no Hakubutsukan), Kami-ichino-machi 75, ☎ 0577-32-1205. Das Gebäude selbst besitzt eine schöne Holzkonstruktion. Im Innern befindet sich eine Heimatausstellung. Zu sehen sind u. a. Gerätschaften für die Sakeherstellung und das Schreinerhandwerk. Interessant sind vor allem die großen, fast expressionistischen Enkū-Buddhafiguren. Der Mönch Enkū (1632–1695) hatte sich zum Ziel gesetzt, 120 000 Buddhas zu schnitzen. Auch wenn ihm das nicht gelungen ist, zeugen die Statuen von einem sehr ungewöhnlichen, schnellen Schnitzstil. Im Obergeschoss wird die Geschichte der Stadtgründerfamilie Kanamori dargestellt. Insgesamt wenig englische Erklärungen, aber die meisten Ausstellungsstücke sprechen für sich, und es gibt ein englisches Faltblatt. ⏱ tgl. 9-19 Uhr, Eintritt frei.

Higashiyama Teramachi 東山寺町

Noch weiter östlich der Altstadt, vom Bahnhof über die Yasugawa-dōri oder die Sanmachi-dōri zu Fuß in etwa 20 Minuten, erreicht man das Tempelviertel Higashiyama Teramachi. Der von Kyōto begeisterte *daimyō* der Region, Kanamori Nagachika, ließ die Tempelanlage in Anlehnung an die Higashiyama-Tempelgebiete von Kyōto anlegen. Auf schönen Spazierwegen entlang der östlichen Berge lässt sich hier die lange

Geschichte der Stadt entdecken. In einem der Tempel ist auch die Jugendherberge untergebracht.

Hida-no-sato 飛騨の里

Etwas abseits des Stadtkerns im Südwesten befindet sich das unbedingt sehenswerte Freilichtmuseum Hida-no-sato, Kami-Okamoto-machi 1-590, 🖥 www.hidanosato-tpo.jp. Seit 1959 werden hier alte Bauernhäuser zusammengetragen. Damals wurde ein traditionelles Dorf durch einen Staudammbau geflutet, und nach und nach wurde ein gutes Dutzend der alten Häuser hierher versetzt. Viele Gebäude sind im sogenannten Gasshō-zukuri-Stil erbaut, d. h. mit Steildächern, an denen die Schneemassen, die die Region im Winter erlebt, gut abrutschen können. Wenn das Erdgeschoss völlig eingeschneit war, konnten die Bewohner auch durch eine Tür im 1. Stock in den Schnee hinaustreten. Während der Edo-Zeit wurden unter dem Dach oft Seidenraupen gezüchtet. Im Sommerhalbjahr gibt es Vorführungen traditionellen Handwerks, z. B. von Lack- oder Webarbeiten. ⏱ tgl. 8.30–17 Uhr, im Winter länger beleuchtet, 700 ¥. 10 Min. mit dem Bus vom Bahnhof.

In der Nähe des Hida-Freilichtmuseums ist das Kunstmuseum **Hida Takayama Bijutsukan**, 🖥 www.htm-museum.co.jp/info/english.html, mit Fokus auf Jugendstilkünstlern wie Emile Gallé und Charles Rennie Mackintosh angesiedelt. Abgesehen von Jugendstil-Ausstellungen bietet es im Sommer auch einen Biergarten mit schönem Blick über die Stadt. ⏱ tgl. 9–17 Uhr, 1300 ¥.

ÜBERNACHTUNG

Hotel Hida Plaza, 2-60 Hanaoka-chō, ☎ 0577-33-4600, 🖥 www.hida-hotelplaza.co.jp. Luxuriöses Hotel mit Swimmingpool, *rotenburo* auf dem Dach; die japanischen Zimmer sind weitläufig und geschmackvoller. ❹–❺
JH Tenshō-ji, 83 Tenshōji-machi, ☎ 0577-32-6345. Einfache, stilvolle Unterkunft im Tempel, reichhaltige Mahlzeiten. 2800 ¥ p. P. inkl. Schlafsaal, ohne Frühstück.
K's House, Tenman-chō 4-45-1, ☎ 0577-34-4410, zwischen Bahnhof und Altstadt in der Nähe der Post. Modernes Hostel in einem geschmackvoll

renovierten Haus, gute Gemeinschaftsräume. Schlafsaalbett ab 2900 ¥, auch DZ. ❶

Ryokan Murayama, Nishi-no-isshiki-chō 829-3, ☎ 0577-32-5856. Schönes traditionelles Ryokan in der Nähe des Freilichtmuseums Hida-no-Sato, englischsprachig. ❶–❷ ohne Bad und Frühstück; bessere Zimmer mit Mahlzeiten 8000–12 000 ¥ p. P.

Super Hotel, Tenman-chō 4-76, ☎ 0577-32-9000, 🖳 superhotel.co.jp/s_hotels/takayama. Zentral gelegenes Kettenhotel mit natürlichem Onsen. ❷

Takayama Green Hotel, Nishi-no-isshiki-machi 2-180, ☎ 0577-33-5500, 🖳 takayama-gh.com. Das beste Hotel in Takayama, mit großzügigem Gemeinschaftsbad und einem großen Andenkenladen, in dem abends oft Bingo gespielt wird. Ab ❹

€ **Zenkō-ji**, Tenman-chō 4-3, ☎ 0577-32-8470, 🖳 www.geocities.jp/zenkoji takayama, südlich vom Bahnhof in Richtung Altstadt. Fast ausschließlich auf Ausländer ausgerichtete Tempelunterkunft mit 15 Zimmern für 2–6 Personen, große Gemeinschaftsküche, Kaffee/Tee, Internet. 2500 ¥ im Schlafsaal, auch EZ und DZ. ❶

ESSEN

Die Gegend um Takayama ist besonders für das zarte Hida-Rindfleisch bekannt, Kenner vergleichen es sogar mit dem exquisiten Kōbe-Rindfleisch. *Oyaki*, gebratene Mehlklöße mit meist pikanter Füllung, gelten als typisch regionale Hausmannskost. Die Region Hida-Takayama gehört zu den klassischen Herstellungsorten für Miso-Pasten und süß eingelegte Gemüse und Pilze. Die hiesige Miso ist ebenfalls eher süß. *Hoba-miso* ist eine spezielle Variante davon: gewürzte Miso-Paste wird auf einem Magnolienblatt gegrillt. *Tochi-senbei* sind Reiscracker mit Kastanienmehl. Frisch zubereitet werden *genkotsu*, eine Kaubonbon-ähnliche Süßigkeit aus Sojabohnenmehl in verschiedenen Geschmacksrichtungen. Der Teig wird in dünne Rollen gewalzt und dann zentimeterbreit abgeschnitten.

🧳 **Fukutarō Dango**, Shimosan-no-machi 58, ☎ 0577-35-6777. Sehr leckere *mitarashidango*, Reisklößchen, die in süße Sauce getunkt und auf einem Spieß gegrillt werden.

Hida Gyūman, Kamini-no-machi 53, Yasugawadōri, ☎ 0577-36-0264. Bekannter Imbiss für *niku-manjū*, mit Hida-Rindfleisch gefüllte, gedämpfte Klöße. Außerdem *oyaki* (pikant oder süß).

Jin'ya Dango, Hachiken-chō 1-1-4 , ☎ 0577-34-9139. Zentral gelegener Stand für *mitarashidango*.

Kisaku, Hanasato-machi 6-51, ☎ 0577-62-9120. Gediegene *izakaya* mit lokalen Spezialitäten und englischer Karte, nah am Bahnhof.

Mikado, Suehiro-chō 58, ☎ 0577-34-6789. Lokale Spezialitäten, besonders *hoba-miso* und Rindfleischgerichte. ⊕ tgl. außer Mi 11–15, 17–23 Uhr.

Suzuya, Hanakawa-chō 24, ☎ 0577-32-2484. Traditionelles Haus mit Spezialitäten der Region, u. a. Berggemüse und Rindfleisch. ⊕ Mi–Mo 11–15 und 17–21 Uhr.

The Mackintosh Tea Room, Kamiokamoto-chō 1-124-1, ☎ 0577-35-3535, im Kunstmuseum (außerhalb). Westliches Café-Restaurant mit schönem Garten und Ausblick. ⊕ tgl. 9–17.30 Uhr.

EINKAUFEN

In den alten Häusern der Altstadt befinden sich zahlreiche Geschäfte, die nicht nur typische Andenken wie Süßigkeiten verkaufen, sondern auch traditionelles Kunsthandwerk, Lackwaren und Holzspielzeug. Etliche Läden haben sich auf Holzwaren aus dem hiesigen Zypressenholz spezialisiert.

Takayama Woodstudio, westlich vom Fluss Hida, verkauft schönes Holzspielzeug aus hiesigem Holz, auch Webrahmen. ⊕ Mi–Mo 10–18 Uhr.

Zwei Blocks hinter dem Bahnhof befinden sich zwei größere **Supermärkte**, Value und Asumo (mit 100 ¥ Shop), ⊕ tgl. 10–21 Uhr.

AKTIVITÄTEN UND TOUREN

Bustour zu den Unesco-Weltkulturerbestätten in Gokayama und Shirakawa (S. 325, 327), tgl., 6 1/2 Std., 6690 ¥, Reservierung am Busbahnhof bei **Nōhi Bus**, 🖳 www.nouhibus.co.jp.

Omoide Taiken-kan, Kamioka Motomachi 1-123 (im Freilichtmuseum Hida-no-sato), ☎ 0577-35-5093, bietet verschiedene Programme zum

CHŪBU

Selbermachen, wie Puppen oder Web-
deckchen. Lustig ist die Herstellung von Reis-
crackern *(senbei taiken)*. Ab 600 ¥.

SONSTIGES

Fahrradverleih
Kamitsubo Cycle, am Bahnhof, ab 300 ¥/Std.,
1200 ¥/Tag. ⊕ Mo–Sa 8–19 Uhr.
K's House vermietet Fahrräder an Gäste für
150 ¥ pro Std.

Feste
Das berühmte Fest von Takayama findet gleich
2x im Jahr statt: Das Frühlingsfest **Sannō
Matsuri** am 14. und 15. April, das Herbstfest
Hachiman Matsuri am 9. und 10. Oktober. Bei
beiden fahren prachtvolle Festwagen durch
die Altstadt.

Geld
Geldautomat an der Hauptpost und bei
7-Eleven.

Informationen
Touristeninformation am Bahnhof, mit vielen
Broschüren und einem auf Deutsch erhältlichen
Stadtplan, ⊕ tgl. 8.30–19, im Winter bis 17 Uhr.
Umfangreiche Informationen, auch auf Deutsch,
auf der **Website der Stadt**, ⬚ www.hida.jp.

Internet
Im **Kankakokan**, einer Bürgerhalle in der
Yasugawa-dōri, 30 Min. für 100 ¥, ⊕ tgl.
10–17 Uhr.

NAHVERKEHR

Stadtbusse in die Altstadt (Takayama Jin'ya,
100 ¥) und zum Freilichtmuseum Hida-no-Sato
(210 ¥) fahren vom Bussteig 6 am Bahnhof.

TRANSPORT

Busse
KANAZAWA, 3 1/4 Std., 3390 ¥ (Hokutetsu oder
Nōhi Bus)
MATSUMOTO, über Norikura (Abzweigung
nach Kamikōchi), 2 1/4 Std., 3190 ¥ (Nōhi Bus)
ŌSAKA, 5 1/2 Std., 5500 ¥ (Kintetsu Bus)
SHIRAKAWA, 50 Min., 2470 ¥ (Nōhi Bus)
TŌKYŌ, 5 1/2 Std., 6500 ¥ (Nōhi oder Keiō Bus)

€ Für die Region zwischen Takayama
und Matsumoto (einschließlich
Kamikōchi und Shin-Hotaka Onsen) gibt es
von mehreren Busgesellschaften günstige
Mehrtagespässe:
Nōhi Bus, ✆ 0577-32-1688, ⬚ www.nouhibus.
co.jp;
Keiō Bus (Tōkyō), ✆ 03-5376-2222;
Kintetsu (Ōsaka), ✆ 06-6618-5301;
Hokutetsu (Kanazawa), ✆ 076-234-0123;
Alpico (Matsumoto), ✆ 0263-32-0910.

Eisenbahn
Takayama liegt auf der JR-Strecke zwischen
NAGOYA (2 1/2 Std., 5510 ¥ JR Express) und
TOYAMA (1 1/2 Std., 2840 ¥ JR Express).

9 | HIGHLIGHT

Shirakawa-gō 白川郷

Zusammen mit Gokayama in der Nachbarprä-
fektur hat das Dorf Shirakawa seit 1995 wegen seiner einzigartigen Hauskonstruktionen im
Gassho-Stil Unesco-Weltkulturerbe-Status. Die
steilen Dächer, die nach der Form zum Gebet
gefalteter Hände benannt sind, werden in dieser schneereichen Bergregion seit Jahrhunderten gebaut, damit der Schnee von den Dächern
heruntergleitet. Anders als in den Freilichtmuse-
en, z. B. in Takayama, sind die meisten Häuser in
Shirakawa und Gokayama noch bewohnt. Manche können gegen Entgelt besichtigt werden,
und in einigen von ihnen können Touristen sogar übernachten. Mit 1,5 Mio. Besuchern jährlich (von denen aber die wenigsten über Nacht
bleiben) sind die Bergdörfer inzwischen beliebte
Touristenziele.

Im Zwei-Straßen-Dorf Shirakawa sind noch
etliche Häuser im Ortskern erhalten. Zu besichtigen sind u. a. das **Wada-Haus** und das **Nagase-
Haus**. Beide haben im Dachgeschoss eine kleine Ausstellung zur Seidenraupenzucht, die in
der Region bis zum Zweiten Weltkrieg betrieben wurde. Als das Dach des Nagase-Hau-
ses 2001 neu gedeckt werden musste, halfen

CHŪBU

Freiwillige aus ganz Japan mit, da es im Dorf nicht mehr genügend Helfer gibt. Die Fotos von den 500 Dachdeckern auf dem riesigen Strohdach werden im ganzen Ort ausgestellt, im Nagase-Haus ist hierzu ein NHK-Dokumentarfilm (nur auf Japanisch) zu sehen. Unter dem Dach zeigt ein Familienmitglied beim Rundgang gern die Seile, mit denen die Balken am Dach befestigt sind: Nicht alle sind perfekt festgezogen, denn natürlich fehlte den Freiwilligen Erfahrung mit diesem Dachtyp. Im Erdgeschoss sind alte Arztinstrumente ausgestellt, da Vorfahren der Nagase-Familie Ärzte der Fürstenfamilie Maeda aus Kanazawa waren. Heute wohnt in diesen Häusern nur noch eine Kernfamilie, früher boten sie bis zu 40 Familienmitgliedern Platz. Wada-Haus, ⏱ tgl. 9–17 Uhr, 300 ¥; Nagase-Haus, ⏱ tgl. 9–17 Uhr, 300 ¥.

Auch der im 18. Jh. errichtete Dorftempel **Myōzen-ji** ist mit einem dicken Strohdach gedeckt und hat ein ungewöhnlich schmales, hohes Tempeltor, das Shoro-mon. ⏱ April–Nov. tgl. 8.30–17 Uhr, Dez–Feb tgl. 9–16 Uhr, 300 ¥.

Noch etwas weiter südlich liegt der 1300 Jahre alte **Shirakawa Hachiman-Schrein**, an dem jedes Jahr Ende September oder Anfang Oktober das Doburoku Matsuri stattfindet: Nach einigen Shintō-Zeremonien mit Drachentanz wird ein großer Bottich frisch gebrauter Sake etwa eine Stunde lang gratis an die Besucher ausgeschenkt. Wer es nicht zum eigentlichen Matsuri schafft, kann sich im angeschlossenen **Doburoku-Museum** (Doburoku Matsuri no Yakata) ein Video über das Fest und einige der benötigten Utensilien ansehen. Zum Abschluss gibt es noch eine Kostprobe des milchigen Alkohols. ⏱ April–Nov. tgl. 9–17 Uhr, 300 ¥. Seit einigen Jahren ist der Schrein zum Pilgerziel für Anime-Fans (der Web-Serie *Higurashi no naku koro ni*, dt.: „Zur Zeit der zirpenden Zikaden") geworden, die hier aufwendig gestaltete Ema aufhängen.

Auf der gegenüberliegenden Flussseite steht ein Freilichtmuseum, das **Gasshō Zukuri Minka-en**, ✆ 05769-61231, 🖥 www.shirakawago-minkaen.jp. Es wurde 1972 nach einer Landfluchtwelle eingerichtet, die etliche traditionelle Häuser unbewohnt ließ. In den Häusern sind alte landwirtschaftliche und handwerkliche Geräte sowie Gegenstände aus dem Alltag der Bergbauern ausgestellt. Tafeln erklären Architektur und Kultur der Region. Mit Voranmeldung ist die Teilnahme an Soba- oder Mochi-Herstellung (ab 1800 ¥) oder Strohsandalen-Flechten (ab 700 ¥) möglich. ⏱ tgl. 8.40–17 Uhr, im Winter Do geschlossen und kürzere Öffnungszeiten, 500 ¥.

Auf der Nordseite des Ortes führen eine kleine Straße und ein steilerer Waldweg zum Aussichtspunkt **Shiroyama Tenbōdai**, von dem aus sich ein hervorragender Blick auf die Gasshō-Häuser bietet. Shuttlebus zum Aussichtspunkt alle 20 Min. (9–15.40 Uhr, 200 ¥) vom zentralen Parkplatz an der Touristeninformation im Ort.

Für zwei Wochen im Februar werden die Häuser abends beleuchtet. Übernachtungen während dieser Zeit sind meist schon sehr lange im Voraus ausgebucht.

ÜBERNACHTUNG

Wer in Shirakawa übernachten will, sollte versuchen, in einem richtigen Gasshō-Haus unterzukommen. Die Unterkünfte sind alle sehr ähnlich, die Übernachtung beinhaltet immer Frühstück und Abendessen, die normalerweise gemeinsam mit den anderen Gästen am *irori*, der offenen Feuerstelle, eingenommen werden. Japanischsprechenden Gästen erzählt der Hausherr abends vom Leben im Gasshō-Haus, und manchmal werden am *irori* gemeinsam *mochi* über offenem Feuer gebraten. Reservierung auf Englisch am besten über die Touristeninformation von Shirakawa-go, ✆ 05769-61716, 🖥 www.shirakawa-go.gr.jp. Alle um 8000–9000 ¥ p. P. mit HP.

Das preisgünstigste Minshuku ist **Hisamatsu**, Ogichō 585, ✆ 05769-6-1551, ab 7700 ¥ p. P. mit HP. Mitten im Ort, am Myōzen-ji, mit *irori*.

Minshuku Gensaku, ✆ 05769-6-1176. Eins der größten Gasshô-Häuser, gute Küche.

Minshuku Yoshiro, ✆ 05769-6-1175. Die betagte Inhaberin greift abends schon mal zur Shamisen, um ihre Gäste zu unterhalten. **Shirakawa-gō-no-yu**, Ogi 337, ✆ 05769-6-0026. Kein Gasshō-Haus, dafür mit Onsen.

ESSEN

Da die meisten Touristen Tagesausflügler sind und die anderen in der Regel in ihrer Unterkunft essen, sind fast alle Restaurants nur von 9–17 Uhr geöffnet.

Shirakawa-gō Teuchi-soba Dōjō, Ogi 2499, neben dem Freilichtmuseum. Handgemachte Soba in einem Gasshō-Haus.

Shiraogi, Ogi 155, im Zentrum. Fischgerichte und Berggemüse.

Tanakaya, hinter dem Wada-Haus. Nette Atmosphäre, traditionelle Gerichte wie *hoba-miso*, Hida-Rindfleisch und Nudeln mit Berggemüse an niedrigen Tischen in einem Gasshō-Haus.

SONSTIGES

Geld

Im Ort selbst gibt es keinen Geldautomaten, die Post (mit Geldautomat) ist im modernen Ortsteil ca. 2 km nördlich der Gasshō-Siedlung.

Informationen

Touristeninformation am Parkplatz des Freilichtmuseums und auf dem Hauptplatz im Ort. Hier gibt es für die Weiterfahrt auch begrenzt Infomaterialien zu Takayama und Kanazawa. Gegen Gebühr kann man in der Touristeninformation Gepäck abstellen. ⏱ tgl. 9–17 Uhr.

Internet

WLAN-Freespot in der Touristeninformation am Freilichtmuseum und der Raststätte (Michi no eki) etwas nördlich von Shirakawa. Einige Restaurants und Minshuku bieten ebenfalls WLAN an.

Onsen

Shirakawa-gō-no-yu, Ogi 337, ✆ 05769-6-0026. Das öffentliche Bad hat ein *rotenburo* auf einer Terrasse zum Fluss. 700 ¥ (bei Übernachtung im Ort 200 ¥ Ermäßigung – im Minshuku fragen). ⏱ tgl. 9–21.30 Uhr.

TRANSPORT

Selbstfahrer

Shirakawa liegt ca. 50 km nordwestlich von Takayama. Nach Norden führt die Landstraße 156 weiter nach Gokayama, die neue Tōkai-Hokuriku-Autobahn nach Kanazawa. Zentraler Parkplatz beim Freilichtmuseum – das Dorf ist autofrei.

Busse

Expressbusse halten am Parkplatz des Freilichtmuseums direkt bei der Touristeninformation, Lokalbusse nach Toyama und Gokayama an der Hauptstraße gegenüber vom Hachiman-Schrein.

Nach GOKAYAMA 4x tgl., 40 Min., 1250 ¥, und weiter nach TAKAOKA, 3 Std., 2350 ¥, letzter Bus um 16.30 Uhr. Am Wochenende tgl. 4 weitere Busse nach Gokayama. Expressbusse nach KANAZAWA 6x tgl., 1 1/4 Std., 1850 ¥; TAKAYAMA 11x tgl., 1 Std., 2470 ¥.

Gokayama 五箇山

Etwas schwieriger zu erreichen, dafür aber auch etwas weniger touristisch als Shirakawa, ist Gokayama. Die Gasshō-Häuser liegen hier über mehrere Ortsteile verstreut.

Ainokura 相倉

Am schönsten ist das kleine Dorf Ainokura an einem Berghang, in dem man auch übernachten kann. Der kleine Tempel rechts der einzigen Zufahrtsstraße bietet einen schönen Blick über das Dorf. Ganz hinten im Ort liegt das kleine Museum **Ainokura Minzoku-kan**, ✆ 0763-66 2732, das sich auf zwei Gasshō-Häuser verteilt: Im ehemaligen Haus der Familie Osaki lässt sich an einem Hausmodell die Dachkonstruktion gut erkennen. Dazu gibt es Fotos vom Bau und weitere Erklärungen direkt in der Dachkonstruktion. Im Nakaya-Haus befindet sich eine Ausstellung zum Gokayama-Papier, das bis heute aus der Rinde von Maulbeerbäumen hergestellt wird. Außerdem sind einige heimische Musikinstrumente ausgestellt – besonders interessant sind die Holzklotzketten (*kokiriko* oder *sasara*), Musikinstrumente, die ein ratschendes Geräusch machen. Englische Faltblätter sind in beiden Häusern am Eingang erhältlich. ⏱ tgl. 8.30–17 Uhr, 350 ¥.

© WESTWARDS

Die strohgedeckten Häuser von Shirakawa und Gokayama sind Unesco-Weltkulturerbe.

Suganuma 菅沼

Im Ortsteil Suganuma, ca. 8 km südwestlich von Ainokura, sind im Flusstal zwischen Reisfeldern eine Hand voll schöner Gasshō-Häuser erhalten. Auch hier gibt es ein kleines **Volkskundemuseum** (Mingei-kan), ✆ 0763-67-3652. Ausgestellt sind unter anderem eine Korbgondel, edozeitliche Stroh-Umhänge und ein *yogi*, ein dicker Steppkimono, der gleichzeitig als Schlafgewand und Futon diente. Im Vorraum stehen Geräte zur Papierherstellung. Zum Museum gehört das äußerst interessante **Schießpulvermuseum** (Enshō-no-kan) nebenan. Anders als Shirakawa zählte Gokayama zum Gebiet des Maeda-Clans, der Fürsten von Kanazawa. Die Maeda waren sehr auf Autonomie von der Zentralregierung in Edo bedacht und unterhielten in den abgelegenen Bergdörfern eine nicht ganz legitime Schießpulverproduktion. So konnten die Bewohner der landwirtschaftlich kargen Region auf die Herstellung von Schießpulver, Seide und Papier ausweichen: Die Ausscheidungen der hier gezüchteten Seidenraupen wurden mit Asche und Blättern eingegraben, um Salpeter herzustellen. Mit diesem Schießpulver konnten die Steuern an die Maeda bezahlt werden. Nebenbei wurde die Rinde der Maulbeerbäume, von deren Blättern sich die Seidenraupen ernährten, zum Rohstoff für die Papierherstellung. ⊕ tgl. 9–16 Uhr, Eintritt (für beide Häuser) 300 ¥.

Noch weiter südlich auf dem Weg nach Shirakawa ist das **Haus der Familie Iwase** zu besichtigen, das größte der Gasshō-Häuser in der Region, ✆ 0763-67-3338, ⊕ tgl. 8–17 Uhr, 300 ¥.

€ **Ainokura Kyanpu-jō**, 200 m hinter dem Ortsteil Ainokura, ✆ 0763-66-2123. Kleine Wiese zum Zelten, mit WC, Kochstelle und gutem Blick über das Tal. Anmeldung am Informationsschalter von Ainokura, beim Parkplatz. 500 ¥ p. P.

Gasshō-no-Sato, in Suganuma, ✆ 0763-66-3300. Nachgebaute kleine Gasshō-Häuser für Selbstversorger, 21 600 ¥ pro Haus, bis 10 Personen. Schlicht, aber urig, mit eigenem *irori*. Nebenan gibt es auch einen Campingplatz, der zwar eher von Jugendgruppen frequentiert wird, auf dem aber auch Einzelreisende übernachten können. **Kokuminshuku Goka Sansō**, Nanto-shi Tamukai 333-1, ✆ 0763-66-2316, ⌨ www.gokasansou.

com, im Ortsteil Kaminashi südlich des Flusses. 2009 renovierte staatliche Ferienunterkunft. Bad: 10–21 Uhr, 500 ¥. Ab 13 000 ¥ p. P. mit HP.
Kura Ryokan, Soyama, ca. 8 km nördlich von Ainokura, ☎ 0763-66-2649. Stilvolle japanische Zimmer in einem *kura*, also einem alten Speicherhaus. Ab 6300 ¥ p. P. mit HP.

ESSEN

Spezialitäten der Region sind *tochi-mochi*, mit süßen Bohnen gefüllte Klößchen mit Kastanienmehl. Die *gohei-mochi* (S. 332, Magome), die überall verkauft werden, sind meist nicht selbst gemacht.
Sowohl in Ainokura als auch in Suganuma kann man in den Andenkenläden mittags eine Kleinigkeit essen. Restaurants, die auch abends geöffnet sind, gibt es nicht.

SONSTIGES

Feste
Kokiriko Matsuri, 25./26. Sep: im Ortsteil Kaminashi. Dabei werden Tänze in ungewöhnlichen, bunten Kostümen aufgeführt. Der Name des Festes kommt von den hölzernen Rhythmusgeräten, die im Museum von Ainokura ausgestellt sind.

Geld
In der Nähe von Ainokura (Ortsteil Shimonashi) und Suganuma (Ortsteil Kamitaira) gibt es eine Post mit Geldautomaten.

Informationen
Touristeninformation, Shimonashi 1135, ☎ 0763-66-2468, 🖳 www.shokoren-toyama. or.jp/~gokayama und 🖳 www.gokayama-info. jp. In Ainokura gibt es auch einen Infostand am Parkplatz.

Internet
Außer im Ruheraum des Kuroba Onsen an der Straße zwischen Ainokura und Suganuma, das über WLAN verfügt, besteht keine Möglichkeit, ins Internet zu kommen.

NAHVERKEHR

Abgesehen von den wenigen Bussen, die zwischen Takaoka und Shirakawa fahren

📖 Familienanschluss

Die schönsten Unterkünfte in der Gokayama-Region liegen im Ortsteil Ainokura. In Gasshō-Häusern kostet die Übernachtung mit Halbpension ab 7300 ¥ p. P. Bei folgenden Familien kann man wohnen, eine Reservierung ist unbedingt nötig:
Yusuke, ☎ 0763-66-2555, **Choyomon**, ☎ 0763-66-2755, **Shōshichi**, ☎ 0763-66-2206, **Yomoshiro**, ☎ 0763-66-2377, **Goyomon**, ☎ 0763-66-2154, **Nakaya**, ☎ 0763-66-2457, alle ab etwa 9000 ¥ p. P. mit HP, 🖳 gokayama-info.jp/en/accommo_gassho.html.

(s. Transport und S. 327, Shirakawa), gibt es keinen öffentlichen Nahverkehr zwischen den einzelnen Ortsteilen. Allgemein herrscht wenig Verkehr, weshalb Trampen schwierig ist. Wer ohne eigenes Fahrzeug unterwegs ist, muss also gut planen und/oder viel Zeit mitbringen.
Gokayama Taxi, ☎ 0763-66-2046, 🖳 gokayama-taxi.com, verlangt für die Strecke Ainokura–Suganuma ca. 4000 ¥.

TRANSPORT

Selbstfahrer
Gokayama liegt an der Landstraße 156 zwischen Shirakawa und Toyama.

Busse
Von Ainokura nach TAKAOKA (Anschluss an das JR-Bahnnetz), 4x tgl., 1 3/4 Std., letzter Bus ca. 16 Uhr (umgekehrt ähnlich), 1000 ¥. Am Wochenende tgl. 4 weitere Expressbusse (1500 ¥). Nach SHIRAKAWA s. S. 327.

Japanische Alpen
日本アルプス

Über den gesamten Zentralteil der Insel Honshū – etwa zwischen Niigata, Toyama, Nagoya und Tōkyō – erstrecken sich mehrere Bergketten mit bis zu 3000 m hohen Bergen (einzig der Fuji-san ist deutlich höher). Der Name „Japanische Alpen" geht auf einen britischen Missionar zurück, der die Berge bei Kamikōchi (S. 339) bewundernd mit den Schweizer Alpen verglich.

Kiso-Tal 木曾谷

Das Kiso-Tal ist ein langgestrecktes Tal am Fuß der japanischen Alpen nordöstlich von Nagoya. In der Edo-Zeit verlief hier der **Nakasendō**, einer der Fernwege, die Edo (das heutige Tōkyō) mit den weiter entfernten Provinzen verbanden. Entlang dieser Straßen lagen in regelmäßigen Abständen Poststationen, an denen die Reisenden übernachten konnten und die Pferde gewechselt wurden. Zwei dieser Poststationen, die Orte Magome und Tsumago, sind weitgehend restauriert und vermitteln einen Eindruck vom Leben auf dem Nakasendō. Zwischen den beiden Orten ist der alte Handelsweg als Wanderweg ausgebaut (s. Loose Aktiv S. 331), und etwas westlich von Magome ist ein längerer Abschnitt des originalen Steinpflasters erhalten.

Tsumago 妻籠

Tsumago war von Edo aus die 42. der insgesamt 69 Stationen des Nakasendō. In Tsumago kreuzte außerdem der Ina-dō, ein weiterer Fernverkehrsweg. Der Ort war daher recht wohlhabend. Die Bedeutung des Verkehrsweges Nakasendō blieb auch nach der Meiji-Restauration 1868 erhalten, bis dann 1911 die Chūō-Eisenbahnlinie im Kiso-Tal gebaut wurde. Damit war der Niedergang der alten Poststationen besiegelt.

Bereits 1968 gab es erste Bestrebungen, die historischen Strukturen zu erhalten: 20 Häuser wurden restauriert. 1971 einigten sich die verbliebenen Einwohner auf verbindliche Baubestimmungen, um Tsumago für den Tourismus attraktiv zu machen. Die Rechnung ging auf: Seit 1976 steht der Ort unter Denkmalschutz, und heute sind keine Stromleitungen oder Fernsehantennen zu sehen, dafür reichlich Geschäfte mit traditionellem Kunsthandwerk sowie japanische und neuerdings auch taiwanesische Reisegruppen. Trotzdem ist Tsumago keine historische Attrappe, sondern ein lebendiges Dorf.

Gleich oberhalb der Bushaltestelle befindet sich das aus drei Teilen bestehende

Nagiso-Stadtmuseum (Nagiso-machi Hakubutsukan), Tsumago 2190, ✆ 0264-57-3322. Teil 1, der **Honjin**, war früher das offizielle Gästehaus für reisende Beamte oder auch Provinzfürsten, *daimyō*, und der Inhaber war von der Regierung angestellt, um die hohen Gäste zu bewirten. Das Honjin-Gebäude von Tsumago wurde bereits im 16. Jh. errichtet. Das heutige Gebäude ist allerdings eine Reproduktion von 1995 im Zustand der späten Edo-Zeit.

Neben dem Honjin gab es noch ein zweites offizielles Gästehaus, den **Wakihonjin**, eine Art Ausweichunterkunft für den jeweils rangniederen Gast. Das heutige Gebäude, mit 170 Matten Wohnfläche, wurde 1877 aus heimischem Zypressenholz gebaut. Bei einer kurzen Führung zeigen ehrenamtliche Guides das versteckte Tee- und Konferenzzimmer im Obergeschoss und die mit Tatami ausgelegte Toilette, die eigens für den Besuch des Meiji-Tennō 1880 eingebaut wurde. Der Kaiser war aber nur kurz in Tsumago und hat die Toilette nie benutzt. Zum Museum gehören auch ein alter Speicher und ein neues **Museumsgebäude** (Rekishishiryōkan) mit einem Modell des alten Honjin und Ausstellungsstücken u. a. zur lokalen Holzindustrie. ☉ tgl. 9–17 Uhr, Eintritt für den Honjin 300 ¥, für Wakihonjin und Rekishishiryōkan 600 ¥, Kombiticket 700 ¥. Führung auf Japanisch, aber kurze englische Infos.

Östlich vom Museum steht an der Straße ein rekonstruiertes **Kōsatsu-ba**, eine edozeitliche Anschlagtafel mit Gesetzen und Ankündigungen. Die Tafeln waren besonders hoch aufgehängt, um die Untertanen zum Aufschauen zu zwingen. Auf der Westseite passiert die Straße die Touristeninformation und macht dann einen Doppelknick, der potentielle Angreifer (oder vielleicht auch nur unverbesserliche Raser) zum Bremsen zwingen sollte. Hier steht auch der **Enmei Jizō**, die große steinerne Statue eines Jizō-Boddhisattvas, die erst 1810 im Fluss gefunden wurde, dahinter der um 1500 gegründete **Kōtoku-Tempel**.

Magome 馬籠

Das Straßendorf Magome zieht sich entlang einer bis auf einen strategischen Schlenker schnurgeraden gepflasterten Straße ziemlich steil den

CHŪBU

Auf historischen Pfaden von Tsumago nach Magome

- **Start:** Tsumago
- **Ziel:** Magome
- **Länge:** knapp 9 km (Tsumago–Wasserfälle 3,6 km, Wasserfälle–Magome-Pass 1,7 km, Pass–Magome 3 km).
- **Dauer:** 2 1/2–3 Std.
- **Infos:** In den Touristeninformationen von Magome und Tsumago werden (nach Meinung der Autorinnen überflüssige) Bärenglocken verliehen (Rückgabe im anderen Ort ist möglich): 1200 ¥ Pfand. Nützlicher sind die einfachen gezeichneten **Karten**, die für diese Wanderung völlig ausreichend sind.
- **Gepäcktransport:** zwischen Tsumago und Magome 500 ¥ pro Stück, Anfrage ebenfalls bei der Touristeninformation. Alternativ kann man das Hauptgepäck per *takkyūbin* von Hotel zu Hotel vorschicken (S. 74).
- **Transport:** Sowohl Tsumago als auch Magome sind nur per Bus zu erreichen (S. 334). Obwohl der Anstieg zum Pass (auf 800 m) von Tsumago aus etwas höher ist,

empfiehlt es sich, von Tsumago aus nach Magome zu gehen, da die Busverbindungen von Magome aus besser sind und man nicht so genau planen muss. Wer sich auf die seltene Busverbindung nach Tsumago trotzdem nicht einlassen möchte, kann auch einfach direkt vom Bahnhof Nagiso zu Fuß gehen, dadurch verlängert sich der Weg um etwa 4 km; auch hier ist der Weg schon fußgängerfreundlich und ausgeschildert.

Der Weg zwischen den beiden Orten Tsumago und Magome ist als Wanderweg ausgebaut und führt durch schöne Natur. Zugleich verläuft er aber parallel zur Straße, auf der auch der Bus verkehrt, sodass die Wanderung an vielen Punkten zwischendurch abgebrochen werden kann (nur muss man dann auf den nächsten Bus warten). Der Weg ist hervorragend ausgeschildert, und unterwegs gibt es mehrere Rastplätze und Toilettenhäuschen.

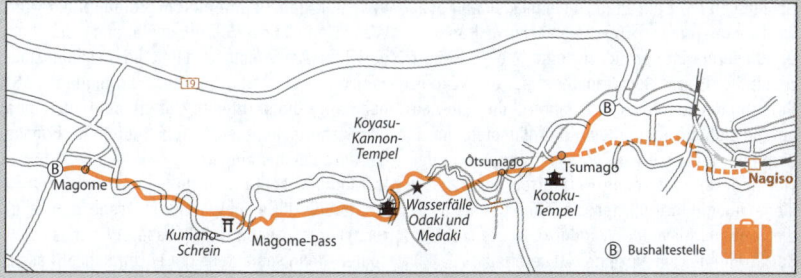

Tsumago war die 42. Station auf dem alten Fernweg Nakasendō.

Zu den Wasserfällen

Von Tsumago windet sich der Weg zunächst zwischen Obstbäumen hindurch und an einem alten Friedhof vorbei durchs Tal und passiert noch den Weiler **Ōtsumago** mit einem letzten Soba-Restaurant, bevor an einer Weggabelung die Wasserfälle Odaki-Medaki angekündigt werden.

Man folgt dem historischen Nakasendō, der auf dem rechten, unteren der beiden Wege unterhalb der Wasserfälle **Odaki** („Männerwasserfall", links) und **Medaki** („Frauenwasserfall", rechts) verlief. Die kühlen Wasserfälle waren immer ein bekannter Rast- und Orientierungspunkt für die Händler, Beamten und Geschäftsreisenden, die hier auf dem Nakasendō unterwegs waren. Sie werden auch von Yoshikawa Eiji in seinem bekannten historischen Roman *Musashi* erwähnt.

Über den Pass

Schließlich führt der Pfad zu einem kleinen **Koyasu-Kannon-Tempel**: Der hier verehrte Kannon-Boddhisattva ist speziell für eine leichte Geburt zuständig. Hinter dem Tempel steigt der Weg in Serpentinen zum Pass an. Während der Edo-Zeit befand sich am Tempel ein Kontrollposten, um zu verhindern, dass etwa Zypressen (oder eine der vier anderen wertvollen Holzsorten der Region) illegal ausgeführt würden; daneben gab es auch ein Teehaus für müde Wanderer. Heute steht an der Straße nur ein einzelnes Bauernhaus.

Zwanzig Minuten später ist schon die **Passhöhe** erreicht; der gesamte Höhenunterschied ab Tsumago beträgt nicht einmal 400 m. Am Pass kreuzt der Weg schon wieder die Straße. Ein kleiner Laden verkauft *oyaki*, gebratene Teigknödel mit Gemüse. Daneben steht ein Haiku-Gedicht von Masaoka Shiki: „Weiße Wolken – unter jungen grünen Blättern – 30 Meilen".

Hinter dem Pass geht der Weg recht sanft bergab, zunächst nur durch Wald und Felder, aber schon bald tauchen die ersten Häuser auf, ein kleiner Kumano-Schrein, ein altes Wasserrad.

Am Ziel

Der Beginn des eigentlichen historischen Straßendorfs **Magome** ist dann gar nicht zu verfehlen: Zwar kommt der Wanderweg von der gegenüberliegenden Seite der normalen Touristenroute, von oben, ins Dorf, aber die Häuser links und rechts des hier ganz authentisch steingepflasterten Wegs sind alle mit Holz verkleidet und schön hergerichtet. Am Ortseingang (mit einer kleinen Zickzackkurve als frühe Verkehrsberuhigungsmaßnahme für die berittenen Boten) steht auch eine der wiedererrichteten Anschlagtafeln für Erlasse der edozeitlichen Regierung.

In Magome sollte man unbedingt *gohei-mochi*, flache Reisklöße mit warmer Nusssauce, probieren. Wer jetzt noch richtig essen will, muss sich sputen, denn spätestens um 17 Uhr schließt alles.

Berghang hinauf. Die Bushaltestelle und der Parkplatz liegen ganz unten, Post und Touristeninformation auf halbem Weg, weiter nach oben geht es auf den Pass und nach Tsumago.

Auch in Magome stellt ein kleines **Museum** (Shiryō-kan) in zwei Ausstellungsräumen Objekte aus der Edo-Zeit aus: Hauptsächlich handelt es sich um Rüstungen, Bergsänften und ähnliche Gerätschaften, die *daimyō* mit sich führten, wenn sie von ihren Herrschaftssitzen in der Provinz nach Edo oder zurück reisten. ⏱ tgl. 9–17 Uhr (im Winter kürzer und Mi geschlossen), 500 ¥.

Westlich von Magome geht der ausgebaute Wanderweg noch mehrere Tagesetappen bis **Mitake**, knapp 60 km entfernt, weiter. Eine Stunde hinter Magome erreicht man bei **Ochiai** die originale, sehenswerte Pflasterung, nach weiteren zwei Stunden **Nakatsūgawa**, eine Kleinstadt mit Bahnhof.

ÜBERNACHTUNG

Tsumago

In mehreren der historischen Häuser kann man übernachten:

Sakamotoya, zentral neben der Touristeninformation gegenüber der Post, ✆ 0264-57-3111. 7500 ¥ p. P. mit HP.

Shimosaga-ya, Terashita 005-1, ✆ 0264 57-3124, 🖥 www.takenet.or.jp/~sagaya. Die Besitzer sprechen auch Englisch. 7500 ¥ p. P. mit HP.

Magome

Übernachtungen im **Minshuku** kosten ab ca. 5000 ¥ bzw. ab ca. 8000 ¥ mit Halbpension. Bei der Reservierung ist die Touristeninformation vor Ort behilflich. Eine vorherige Buchung ist in der Regel nicht notwendig.

Magomechaya, mitten im Ort, ✆ 0573-69-2038. Die meisten Ausländer bleiben in diesem Ryokan, das Zimmer für bis zu 5 Personen anbietet und eine gut ausgestattete Gemeinschaftsküche sowie Internet hat. Ab etwa 3500 ¥ p. P. (je nach Gruppengröße), ab 7900 ¥ mit HP.

Nakatsūgawa

€ **Silk Hotel**, Sakae-chō 2-7, gleich am Bahnhof, ✆ 0573-66-7474. Durchschnittliches Businesshotel. ❶–❷

Plaza Hotel Yodogawa, Yodogawa-chō 1-17, ✆ 0573-66-8282, vom Bahnhofsvorplatz geradeaus, an der 3. Kreuzung links, vor der Apita-Mall. Zentral gelegenes Businesshotel. ❷

ESSEN

Spezialitäten im Kiso-Tal sind *gohei-mochi* (S. 332) und *kurikowameshi*, Klebreis mit Kastanie daruntergemischt, schmeckt süßlich. In der Region wird außerdem viel *hoba-miso* gegessen, also auf einem Magnolienblatt gegrillte Misopaste. Versuchen kann man auch die *hoba-maki*, süße Mochi-Rollen mit Misopastenfüllung. Manche Restaurants verkaufen kleine, auf Holzstäbchen aufgespießte ganze Fische, die über dem *irori* gegrillt wurden.

Tsumago

Die Andenkenläden und zahlreiche Soba-Restaurants sind nur bis 17 Uhr geöffnet. Das Angebot ist in der Regel recht ähnlich und reicht von einfachen Snacks bis zu kleineren typischen japanischen Gerichten.

Sofu-tei, auf der Ostseite des Ortes in Richtung Nagiso, ✆ 0264-57-2594, bekannt für rohes Pferdefleisch *(basashi)*.

Tawaraya, gegenüber der Post, ✆ 0264-57-2257, verkauft leckere *gohei-mochi*, ebenso **Yuya**, im westlichen Ortsteil, ✆ 0264-57-4343.

Wachinoya, neben der Post, ✆ 0264-57-2487. Dicke *oyaki*, z. T. mit Fleischfüllung.

Magome

Oben auf der Passhöhe können hungrige Wanderer in einem kleinen Lädchen Soba und *oyaki* essen, ⏱ tgl. 9–16 Uhr.

Cafe Minoru, etwas oberhalb der Touristeninformation. Auf der Terrasse mit Ausblick kann man einen frisch gepressten Saft genießen. ⏱ tgl. 7–17 Uhr.

Den Kastanienreis *kurikowameshi* kann man im **Daikokuya**, im **Iwatake** und **Magomechaya** probieren.

🎁 **Omiya**, am oberen Ende von Magome. Wer noch keine *gohei-mochi* probiert hat, sollte es hier tun. Die hausgemachte Sauce aus Sesam und Walnüssen ist großartig. Die hiesigen *gohei-mochi* sind nicht klassisch flach, sondern zu kleinen Klößchen geformt. ⏱ tgl. 7–17 Uhr.

CHŪBU

EINKAUFEN

Die Region ist bekannt für **Lackwaren** *(Kiso-shikki)*, die in unterschiedlichen Ausführungen verkauft werden, und natürlich für das qualitativ hochwertige **Zypressenholz**. Ein Fachgeschäft für Holzartikel am unteren Ende der Hauptstraße in Magome verkauft Waschbottiche und anderes Badezimmerzubehör aus Zypressenholz. ⏰ tgl. 10–17 Uhr.

Gegenüber der Bushaltestelle in Magome bietet der **Coop** eine begrenzte Auswahl an Lebensmitteln. ⏰ tgl. 9–17 Uhr.

SONSTIGES

Feste

Bunka-Bunsei, 23.11.: historische Parade mit Samurai, Sänftenträgern, Mönchen und einer nachgestellten Hochzeitsprozession von Tsumago nach Ōtsumago.

Taimatsu-Fackelfest, 4. Sa im Aug, bei den Ruinen von Tsumago-jō, mit Signalfeuer und Tanzvorführung.

Gepäckaufbewahrung

Schließfächer am Parkplatz und am Fremdenverkehrsbüro Tsumago, im Fremdenverkehrsbüro Magome und im Bahnhof Nakatsūgawa.

Informationen

Touristeninformation Tsumago, Nagiso-machi, Azuma 215-2, ☎ 0264-57-3123, 🖥 www.town.nagiso.nagano.jp/foreign/en und 🖥 www.tumago.jp. Hier sind u. a. Karten und Broschüren auf Englisch erhältlich, es gibt einen kleinen Aufenthaltsraum und WLAN. ⏰ tgl. 9–17 Uhr.

Nagiso: Nagiso-machi, ☎ 0264-57-2001, ⏰ tgl. 9–17 Uhr.

Magome: ☎ 0264-59-2336, 🖥 kiso-magome.com (nur Japanisch, aber mit Kartenmaterial). Hier ist auch ein großes Faltblatt „Gifu-ken 17 juku" erhältlich (auf Japanisch) mit guten Karten des gesamten Nakasendō im Gebiet der Präfektur Gifu, d. h. von Magome nach Westen.

Internet

Nur WLAN im Fremdenverkehrsamt von Tsumago (s. o.), Internet-Terminal im Ryokan Magomechaya in Magome.

TRANSPORT

Selbstfahrer

Autobahnausfahrt Kamizaka oder von Nakatsūgawa auf der Nationalstraße 7.

Eisenbahn

Von **Nakatsūgawa** nach NAGOYA häufig, 1 Std., 1280 ¥; MATSUMOTO 2 1/4 Std., 1890 ¥ bzw. 75 Min., 4380 ¥ (Express).

Von **Nagiso** (fast keine Schnellzüge) nach MATSUMOTO 2 Std., 1450 ¥ bzw. 1 3/4 Std., 3330 ¥ (Express); NAGOYA 1–2 1/2 Std., 1620–3480 ¥, fast immer mit Umsteigen in Nakatsūgawa.

Busse

Busfahrpläne für Magome gibt es im Internet unter 🖥 rosenzu.com/ontake/magome.html. Busse zwischen Nakatsūgawa (Bahnanschluss) und Magome verkehren etwa stdl. bis ca. 18 Uhr, 25 Min., 560 ¥.

Von Nagiso nach Tsumago/Magome mit **Ontake Kōtsū**, ☎ 0264-57-2346, nur etwa alle 2 Std. von 8.15–18 Uhr; nach Tsumago (10 Min.) 300 ¥, manchmal weiter nach Magome (40 Min.), 800 ¥. Der letzte Bus von Tsumago zurück fährt um 17.41 Uhr.

Matsumoto 松本

Die kleine Universitätsstadt in einem Haupttal der Japanischen Alpen – Partnerstadt von Grindelwald – ist für viele Touristen nur ein Durchgangsort auf dem Weg in die umliegenden Bergdörfer, sei es zum Wintersport oder zum Wandervergnügen. Dabei bietet Matsumoto durchaus einige Sehenswürdigkeiten.

Die Honmachi-dōri bildet die Nord-Süd-Achse der Stadt. Sie überquert im Norden das Flüsschen Metobagawa. Ihre Verlängerung (Daimyōchō-dōri) führt auf die Burg und das Städtische Museum zu.

Schon von Weitem ist der sechsstöckige Hauptturm der **Matsumoto-jō**, ☎ 0263-32-8974, in der weiten Ebene der Stadt sichtbar. Die Burg wurde Ende des 16. Jhs. von der Ishikawa-Familie an der Stelle einer älteren Anlage von 1504 erbaut. Während der Meiji-Restauration verfielen große Teile des Gebäudes und wurden durch das persönliche Engagement zweier Lehrer aus Matsumoto wieder aufgebaut. Der Hauptturm (Donjon) gehört zu den wenigen erhaltenen aus der Edo-Zeit. Wegen ihres schwarzen Anstrichs wird die Burg auch „Krähenburg" (karasujō) genannt. Gut zu sehen sind die Verteidigungsanlagen wie die ishi-otoshi, kleine Luken, aus denen die Verteidiger Steine auf angreifende Feinde werfen konnten. Auf der Veranda zur Mondbetrachtung (tsukimi yagura), einem Vorbau im nördlichen Vorwerk, der vom Hauptturm aus nicht zu sehen ist, tranken die daimyō bei Vollmond (natürlich nur in Friedenszeiten) Sake und ergaben sich Gedichten und Emotionen. ⊕ tgl. 8.30–17 Uhr, 610 ¥. Bushaltestelle Shiyakusho-mae. Die Eintrittskarte für die Burg gilt auch für das **Städtische Museum** (Shiritsu Hakubutsukan) auf dem äußeren Gebiet der Burganlage. Es informiert, allerdings überwiegend auf Japanisch, über Geschichte und Brauchtum der Stadt. U.a. sind Keramikgefäße aus der Jōmon-Zeit ausgestellt. Außergewöhnlich sind die flachen, reliefierten Papierpuppen oshiebina im Untergeschoss. Diese Puppen aus Japanpapier waren für ärmere Leute ein Ersatz für die teuren „echten" Puppen beim Puppenfest am Mädchentag (S. 61). Guter Museumsshop. ⊕ tgl. 8.30–17 Uhr, 610 ¥ (einschließlich Burg).

Etwas weiter nördlich steht eine der ältesten Grundschulen Japans, die **Kyū Kaichi Gakkō**, Kaichi 2-4-12, ☎ 0263-32-5725. Sie wurde 1876 im westlichen Stil erbaut. Nach der Schließung 1963 wurde das Gebäude hierher versetzt und bereits ein Jahr später das kleine Geschichtsmuseum mit Schwerpunkt Erziehung eröffnet. Zu sehen gibt es neben einer Ausstellung zur Schulgeschichte Japans auch einige rekonstruierte Klassenzimmer aus der Meiji-Zeit. Englisches Faltblatt. ⊕ tgl. 8.30–17 Uhr (Dez–Feb nur Di–So), 300 ¥. Bushaltestelle Takajōmachi.

Beim Spaziergang durch die Stadt fallen allenthalben die **Steinfiguren von Stadt- und Wegegöttern** ins Auge, die oft als Paar dargestellt sind. Insgesamt sollen es etwa 500 sein. Besonders nett zum Bummeln sind die Nakamachi-dōri und Nawate-dōri südlich der Burg, wo sich in alten Häusern nette Läden aneinanderreihen.

Etwas außerhalb im Westen der Stadt liegt das sehenswerte **Ukiyo-e-Museum** (JUM), 2206-1 Koshiba, Shimadachi, ☎ 0263-390-0852, 🖥 www.japan-ukiyo-museum.com, das mit über 100 000 Holzschnitten die weltgrößte Sammlung von Ukiyoe-Holzschnitten beherbergt. Zusammengetragen wurde sie im späten 18. Jh. von dem Papierfabrikanten und Mäzen Sakai Yoshiaki. Viele der Holzschnitte sind von herausragender Qualität und werden in wechselnden Ausstellungen gezeigt. Nicht immer sind Bilder berühmter Meister wie Hiroshige oder Utamaro dabei – es lohnt sich also, vorher den Ausstellungskalender (per Internet) zu konsultieren. Außer Holzschnitten gibt es Druckstöcke sowie eine Diashow zur Herstellung von Ukiyoe zu sehen. Bemerkenswert ist auch das moderne Gebäude selbst, entworfen von dem japanischen Architekten Shinohara Kazuo. Netter Museumsladen. ⊕ Di–So 10–17 Uhr, 1200 ¥. Zum Museum gelangt man am besten mit der Privatbahn Matsumoto Dentetsu bis Ōniwa, von dort (ab dem Bahnhof ausgeschildert) ca. 20 Min. zu Fuß.

In der Nähe liegt das **Gerichtsmuseum (Rekishi-no-sato)**, Shimadachi 2196-2, das im ältesten hölzernen Gerichtsgebäude des Landes von 1908 untergebracht ist. Die Ausstellung behandelt die Geschichte der Rechtsprechung in Japan, ein Zimmer erinnert an das Kriegsverbrechertribunal in Tōkyō nach dem Zweiten Weltkrieg. Außerdem sind auch Polizeiwaffen und Folterwerkzeuge ausgestellt. ⊕ Di–So 9–17 Uhr, 400 ¥.

ÜBERNACHTUNG

Hotel Welcome, Chūō 1-5-15, ☎ 0263-32-0072, 🖥 hotel-welcome-matsumoto.jp. Sehr zentral zwischen Bahnhof und Honmachi-dōri, beim Kaufhaus Parco. ❶
Kazenoyasuyado, Tsukuma 4-7-40, beim Tsukuma-jinja, ☎ 0263-27-0476, 🖥 www.geocities.jp/kazenoyasuyado. Günstige Schlafsaalbetten etwas außerhalb der Innenstadt. 3150 ¥ p. P.
Matsumoto City Hotel, Fukashi 2-3-16, ☎ 0263-32-8828, 🖥 breezbay-group.com/matsumoto-city. Kleineres, ein bisschen altmodisches Businesshotel in Bahnhofsnähe, mit Bad und Frühstück. ❶

Richmond Hotel, Chūō 1-10-7, ✆ 0263-37-5000. Gutes, sehr zentrales Hotel, gleich neben Parco. **②–③**

🧳 **Ryokan Marumo**, Chūō, 3-3-10, ✆ 0263-32-0115, drei Blocks östlich der Honmachi-dōri südlich des Flusses. Stimmungsvolles Ryokan in einem historischen Gebäude, das seit der Meiji-Zeit als Gasthaus genutzt wird. Im gleichen Gebäude befindet sich auch das Café Marumo. 6480 ¥/5400 ¥ p. P. mit/ohne Frühstück.

€ **Ryokan Matsukaze**, Chūjō 11-2, ✆ 0263-25-7318. Großes Familienhaus in ruhiger Wohngegend direkt an einem kleinen Fluss, ca. 10 Min. Fußweg südlich vom Bahnhof. Japanische Zimmer, auch Nichtraucherzimmer, großes Gemeinschaftsbad. 3000 ¥ p. P.

Tourist Hotel, Fukashi 2-4-24, ✆ 0263-33-9000, 🖥 www.trist.co.jp. Direkt an der Honmachi-dōri. Großes, sauberes, wenn auch etwas unpersönliches Businesshotel, großes Frühstücksbuffet westlich und japanisch 650 ¥. **①–②**

Tōyoko Inn, Chūō 2-1-23, ✆ 0263-36-1045, 🖥 www.toyoko-inn.com, in der Honmachi-dōri gegenüber der Hauptpost. Businesshotel im gewohnten Standard dieser Kette. **②**

ESSEN

Matsumoto hat seine eigene Variante der Buchweizen-Soba. Kulinarisch Aufgeschlossene können auch das rohe Pferdefleisch, eine Delikatesse der Region, probieren.

Café Marumo, im Ryokan Marumo, s. o. Café in einem Gebäude von 1888. Rustikal mit Holzmöbeln und Volkskunst. Die Speisekarte ist eher überschaubar mit kleinen Snacks, Kaffee und Kuchen. ⏱ tgl. 8–18 Uhr, im Winter 9–18 Uhr.

Celts Irish Sports Bar, Chūō 1-5-1, ✆ 0263-31-8055. Klassische Bierbar mit Sportsendern, Guiness und Pizza. Bier ab 300 ¥. ⏱ tgl. 17–2 Uhr, Sa–So ab 15 Uhr.

Gelato Hatchi, Nawate-dōri, verkauft selbst gemachtes Eis für 300 ¥.

€ **Iidaya Shinshū Soba**, unten im Hotel Iidaya am Bahnhof, ✆ 0263-35-9814. Sehr billig, Soba und Udon bereits ab 300 ¥. ⏱ 10–20.30 Uhr.

Katsugen, Ōte 4-9-7, ✆ 0263-32-2430, einen Block südöstlich des Städtischen Museums.

Rustikales Tonkatsu (Schweineschnitzel)-Restaurant in einer netten Wohngegend südlich der Burg. Große Portionen, *teishoku* 900–2000 ¥. ⏱ tgl. 11.30–14.30, 17–21 Uhr.

Miyota, in einer Passage neben dem Tōyoko Inn. Kleines, recht bekanntes Soba-Restaurant, in dem Studenten, Hausfrauen und Geschäftsleute ihre Nudeln schlürfen. ⏱ Mo–Sa 11.30–15, 17–22, So nur 11.30–15 Uhr.

Okinadō, Chūō 2-4-10, ✆ 0263-32-0975, am Fluss, einen Block östlich der Honmachi-dōri. Altes „westliches" Café mit gleichbleibender Einrichtung und Speisekarte. Berühmt ist es in Japan, weil hier Kawashima Yoshiko, eine nach Japan adoptierte mandschurische Prinzessin, oft Kaffee trank. Später wurde sie als Spionin entlarvt und angeblich nach dem Krieg hingerichtet. Eine andere Variante geht von einer falschen Leiche aus, die echte Kawashima Yoshiko soll bis in die 1970er-Jahre gelebt und vielleicht hier Kaffee getrunken haben. Eher westliches Essen: Curry, Steak, Om(elette-)reis und Pasta, guter Bio-Kaffee. ⏱ Mo–Sa 9–21, So 10–18 Uhr.

Shinmiyoshi, Chūō 1-7-17, ✆ 0263-39-0141. Pferdefleischrestaurant in Bahnhofsnähe. Fleischtopf *(sakura-nabe)* um 2000 ¥. Erkennbar am Pferdelogo auf den Laternen. ⏱ Mo–Fr 9–21, Sa–So 9–18 Uhr.

Taiyaki Furusato, Nawate-dōri, besonders leckere süße, gefüllte Teigfische *(taiyaki)*, unterschiedliche Sorten, pro Stück 150 ¥.

Tourist Hotel, s. o. Auch wer nicht hier übernachtet, kann für 850 ¥ das westliche und japanische Frühstücksbuffet im Hotelrestaurant einnehmen. Gutes Preis-Leistungs-Verhältnis.

EINKAUFEN

ICI Sports, Chūō 2-13-17, Honmachi-dōri, gegenüber der Nakamachi-dōri, 🖥 www.ici-sports.com. Verkauft Outdoor- und Trekkingzubehör. ⏱ tgl. 10–18 Uhr.

Kaiundō, Chūō 2-2-15, Honmachi-dōri, nördlich der Hauptpost. Köstliche Süßigkeiten, täglich wechselndes Softeis, etwas teurer. ⏱ tgl. 9–18 Uhr.

Kanzan, Chūō 3-4-21, Nakamachi-dōri, ✆ 0263-34-1413, Antiquitätenladen mit sehr schönen Art-déco-Lampen aus der Taishō-Zeit. Der

Laden ist gleichzeitig ein Schauraum für Holzmöbel auf Bestellung. ⊕ Fr–Di 10.30–18 Uhr.
Nakamachi Kimono-kan, Chūō 2-5-15,
Nakamachi-dōri, ✆ 0263-34-3119, 🖥 kimono.
cnet.jp. Gebrauchte Kimonos, farbige Yukatas
(ab ca. 3000 ¥) und Zubehör, auch Stoffe.
⊕ tgl. 10–18 Uhr.

Wasabi-ya, am Bahnhof. Das klare
Wasser aus den umliegenden Bergen
macht die Gegend zum besten Wasabi-
Anbaugebiet Japans. Bei Wasabi-ya kann man
die grüne Paste in allen nur erdenklichen
Variationen kaufen: Wasabi-Würstchen und
Wasabi-Schokolade. ⊕ tgl. 10–18 Uhr.

SONSTIGES

Autovermietungen
J-Net Rentacar, Honjō 1-12, ✆ 0263-35-0154,
🖥 www.j-netrentacar.co.jp, südöstlich des
Bahnhofs in der westlichen Parallelstraße zur
Honmachi-dōri. Manchmal gute Angebote.
⊕ tgl. 9–19 Uhr.

Discount-Tickets
La Festa, Tickets für Zug, Bus und
Veranstaltungen im Einkaufszentrum
MWing nördlich des Bahnhofs am Fluss
(drei Blocks westlich der Honmachi-dōri).
⊕ 10–18.30 Uhr. Kleinerer Ticketshop gegenüber vom Bahnhof.

Fahrradverleih
An mehreren Orten der Stadt kann man
sich kostenlos ein Fahrrad ausleihen. Die
Fahrräder sind generalüberholte Gebrauchträder mit Schloss und müssen an der Ausleih-
stelle wieder zurückgegeben werden. Zentrale
Ausleihorte sind z. B. beim Stadtmuseum an der
Burg (9–16.30 Uhr) oder beim Uhrenmuseum,
eine komplette Liste mit allen Verleihplätzen ist
bei der Touristeninformation erhältlich.

Feste
Yasaka-sama Matsuri, 14. Juli: Kinder opfern
Banner aus Schilf an den Schreinen.
Taiko-Festival, letztes Wochenende im Juli: mit
großen Trommeln am Schloss.
Tsukimi-(Mondbetrachtungs-) Bankett, Sep
oder Okt zu Vollmond: im Park des beleuchteten

Matsumoto-jō. Traditionelle Musikvorführungen
und Essensstände/Teezeremonie. Eintritt frei.
Taimatsu Matsuri, Mitte Okt: Nächtlicher
Umzug in Asama Onsen, bei dem die Teilnehmer
riesige Fackeln auf dem Rücken tragen.

Geld und Post
Geldwechsel in der Hauptpost in der Honmachi-
dōri oder in mehreren Banken nördlich davon.

Informationen
Touristeninformation direkt im Bahnhof,
✆ 0263-32-2814. Sehr hilfreiches und nettes
Personal, ⊕ tgl. 9–17.45 Uhr. Filiale an der
Chūō-dōri gleich südlich der Burg.

Internet
Es gibt im Stadtzentrum kein Internetcafé. In der
Touristeninformation in der Chūō-dōri steht ein
frei zugänglicher Terminal, allerdings kann man
dort weder E-Mails noch Blogs abrufen, dafür
Gratis-WLAN. Auch im Toko City Hotel am Bahnhof WLAN für 350 ¥ pro Std. mit Softdrinkbuffet.

Shamisen-Konzerte
Geiyū-kan, Nakamachi-dōri, ✆ 0263-32-1107.
So und feiertags ca. halbstündige Shamisen-
konzerte um 13.30 Uhr, Eintritt 700 ¥ inkl. Tee und
japanischer Süßigkeit.

NAHVERKEHR

Im Stadtzentrum verkehrt der **Townsneaker Bus**
auf vier Routen, 9–18 Uhr, halbstündlich, Busse
auf der Westrunde nur alle 40 Min. Pro Fahrt
200 ¥, Tagesticket 500 ¥. Mit dem Busticket gibt
es Ermäßigung auf die wichtigen Sehenswürdigkeiten Matsumotos, 🖥 www.alpico.co.
jp/traffic/matsumoto/townsneaker/en.

TRANSPORT

Selbstfahrer
Parkplätze nordwestlich der Burg oder am Fluss
nahe Parco. Nach NAGANO auf der Nagano-
Autobahn oder Nationalstraße 19, die alte
Nishi-Kaidō, am Fluss Sai entlang.

Busse
Matsumoto-Highwaybus, ✆ 0263-26-7000,
🖥 www.alpico.co.jp/mrc.

NAGOYA, 3x tgl., 3 1/2 Std., ab 2600 ¥
ŌSAKA, 3x tgl. (auch über Nacht), 5 1/2 Std.,
ab 4500 ¥
TŌKYŌ, ständig, 3 Std., ab 2400 ¥
TAKAYAMA, 6x tgl., 2 1/2 Std., 3190 ¥, auch mit
Nōhi Bus, 🖳 nouhibus.co.jp.

In die Berge um Matsumoto
Busfahrplan für sämtliche Busse im Internet
unter 🖳 www.alpico.co.jp/access (Japanisch
mit Farbcode). Um nach Norikura, Kamikōchi
und Shirahone Onsen zu gelangen, fährt man
zunächst mit dem Zug der Matsumoto Dentetsu
Kamikōchi-Linie bis zur Endhaltestelle SHIN-
SHIMASHIMA, von dort mit dem Bus weiter.
Die Züge aus Matsumoto haben in der Regel
einen direkten Anschluss an die Busse, durch-
gehende Tickets.
KAMIKŌCHI, etwa stdl., 2 Std. ab Matsumoto,
2650 ¥
NORIKURA KŌGEN, 7x tgl., im Hochsommer
(Juli/Aug) 8x tgl., 1 3/4 Std., 1750 ¥
SHIRAHONE ONSEN, 4x tgl., 1 1/2 Std., 1950 ¥

Eisenbahn
NAGANO, 1 1/4 Std., 1140 ¥ (JR-Express 2320 ¥)
NAGOYA, 2 1/4 Std., 5510 ¥ (JR-Express)
ŌSAKA, 3 1/2 Std., über Nagoya, 9820 ¥
TŌKYŌ (Shinjuku), 2 1/2 Std. (JR-Express),
6380 ¥

Hakuba 白馬

Das kleine Bergdorf Hakuba gilt als einer der
großartigsten Wintersportorte Japans und ist
entsprechend touristisch erschlossen. Sieben
zusammenhängende Skigebiete bedecken die
westlich gelegenen Berghänge. Am bekanntesten davon ist **Happō One** (Aussprache: o-ne,
nicht etwa Englisch) mit vielen leichteren Routen, und es gibt Kombipässe für alle Gebiete
(z. B. 2 Tage 8500 ¥).
   Der Ort, der aus zahlreichen Hotels, Onsen-
Hotels und Pensionen besteht, erstreckt sich
über mehrere Kilometer am Hang, ein paar Kilometer vom Bahnhof Hakuba entfernt und unterhalb eines überwältigenden Bergpanoramas.
Bis weit in den Frühsommer hinein sind die Ber-

ge hier schneebedeckt, und die Ski-Saison geht
bis Anfang Mai.
   Für Ski-Muffel werden auch Schneeschuh-
touren z. B. zum **Naturpark Tsugaike Shizen-en**
angeboten, und im Sommer laden die Berge zu
schönen Wanderungen ein.

Zimmervermittlung für Pensionen und Minshuku
z. B. im Shukuhaku Annaijo am Bahnhof,
📞 0261-72-6900, 🖳 www.hakuba1.com,
🕐 tgl. 9–18 Uhr. Ab etwa 7000 ¥ p. P. mit HP.
Einige preiswertere Unterkünfte mit Schlafsälen
ziehen viele ausländische Skifahrer und Snow-
boarder an:
B&B Snowbeds Backpackers, Hokujo 2937-304,
📞 090-7310-4032, 🖳 www.skijapantravel.com/
hakuba/accommodation/b-b-snowbeds-
backpackers. Bei jüngeren Snowboardfahrern
sehr beliebt. Schlafsaalbett ab 3900 ¥ p. P.

€ **K's House Hakuba Alps**, Kamishiro
22201-36, 📞 0261-75-4445, 🖳 kshouse.jp/
hakuba-e/index.html. Hostel am Bahnhof
Kamishiro mit Küche und Internet. Bett ab
2900 ¥, DZ ab 8200 ¥.
Hakuba Greensports no mori, 📞 0261-72-4755,
🖳 hakubakousha.com. Südlich von Hakuba in
der Nähe des JUSCO-Supermarkts. Familien-
freundlicher Campingplatz mit Sportanlagen.
Ab 550 ¥ p. P.

In Hakuba wird rosafarbener Reis hergestellt
(murasaki-mai), auch als Reiscracker erhältlich.
Shōya Maruhachi, Hokujo 11032-1, 📞 0261-
75-5008. Etwas schickeres Restaurant westlich
vom Bahnhof Shinanomori-ue, mit Fusion-
Küche und Café. 🕐 Mi–Mo 11–17, 17.30–
19.30 Uhr.
Soba-jin, am Bahnhof, 📞 0261-72-2055.
Beliebtes Lokal mit handgemachten Soba.
Ein **Supermarkt** am Bahnhof Hakuba, ein
größerer JUSCO ca. 2 km südlich. Im Ort selbst
gibt es kaum Geschäfte.

Gepäckaufbewahrung
Am Bahnhof, ab 300 ¥, auch für Übergrößen
okay.

Informationen

Touristeninformation: **Hakuba Kankōkyoku**, am Bahnhof ☎ 0261-72-7100, 🖥 www.vill.hakuba. nagano.jp/english/index.html.

Internet

Im **Shukuhaku Annaijo** am Bahnhof, 10 Min. 100 ¥.

Skischulen und -verleih

Iwatake, ☎ 0261-72-7382, 🖥 www. iwatakeskischool.com.
Hakuba 47, 🖥 www.hakuba47.co.jp (auch Englisch).

TRANSPORT

Busse

Nach NAGANO mit Alpico, 1 1/4 Std., 1600 ¥. Der Bus fährt auch direkt zu den Resorts Tsugaike und Hakuba-Norikura. Etwa von 17 bis 21 Uhr verkehrt ein Shuttlebus auf drei Linien und verbindet den Bahnhof mit Hotels und Restaurants.

Eisenbahn

Auf der hier vorbeiführenden Ōito-Linie von Matsumoto nach Toyama fahren nicht ganz stündlich Züge, davon 3 Expresszüge am Tag. Nach MATSUMOTO 1 1/2 Std. 1140 ¥ (Express 1 Std., 2320 ¥).

Azumino und Hotaka
安曇野・穂高

Die Region Azumino nördlich von Matsumoto ist eine bei Japanern beliebte Ausflugs- und Erholungsregion mit Ferienhauskolonien, hügeliger Landschaft und Milchwirtschaft.

Das **Rokuzan-Kunstmuseum**, Rokuzan Bi-jutsukan, Hotaka 5095-1, ☎ 0263-82-2094, 🖥 www.rokuzan.jp, in einem architektonisch interessanten Gebäude stellt Skulpturen des japanischen Bildhauers Rokuzan (der Künstlername soll von „Rodin" inspiriert sein) aus. ⏰ 9–17.10 Uhr (im Winter nur Di–So 9–16.10 Uhr), 700 ¥.

Auf jeden Fall interessant ist ein Besuch der **Daiō-Wasabi-Farm** im Osten, Hotaka 1692,

☎ 0263-82-2118, 🖥 www.daiowasabi.co.jp. Neben der Besichtigung der Wasabi-Felder und diverser Infotafeln rund um den grünen Meerrettich können Besucher für 1000 ¥ auch selbst *wasabi-zuke*, eingelegten Wasabi, zubereiten. ⏰ tgl. 9–17.20, Nov–Feb bis 16.30 Uhr, Eintritt frei. Ca. 3 km östlich des JR-Bahnhofs Hotaka, 10 Min. mit dem Taxi.

Der Bahnhof von Azumino heißt Hotaka und liegt an der JR-Ōito-Linie, ca. 30 Min. nördlich von Matsumoto (nicht auf dem Weg nach Nagano), 320 ¥.

Kamikōchi 上高地

Der touristische Bergort Kamikōchi liegt zu Füßen der Berge Hotaka (3190 m) und Yake-dake (2455 m). Ab Mitte April verkehren Busse nach Kamikōchi, dann werden auch die Hotels geöffnet. Die eigentliche Wandersaison beginnt erst im Juli nach der Regenzeit, wenn die Berge schneefrei sind. Der Ort Kamikōchi ist kein Dorf im eigentlichen Sinn, sondern eine Ansammlung von Hotels, Pensionen, Läden und Informationszentren, die saisonal geöffnet sind. Dauerhaft wohnt hier niemand. Zentrum des „Ortes" ist der Busbahnhof mit gleich zwei Besucherzentren, einigen Läden und einfachen Lokalen.

Von Matsumoto und dem Umsteigebahnhof Shin-Shimashima kommend passiert der Bus den erst 1915 durch einen Vulkanausbruch des Yake-dake entstandenen Teich **Taishō-ike** und das teuerste Hotel in Kamikōchi, das Imperial Hotel. Vom Busbahnhof ausgehend erschließen breite, ausgetretene Spazierwege und Bohlendämme das Tal. Vor allem im Hochsommer kann es hier enorm voll sein. Geboten wird dafür ein wunderschöner Blick über den Fluss auf die Berge. Beliebtes Fotomotiv ist die Brücke **Kappabashi**. Erstmals 1892 über den Azusagawa gebaut, ist die heutige hölzerne Hängebrücke mit Stahlseilen (36,60 m lang und 3,10 m breit) bereits die fünfte Brückenkonstruktion an dieser Stelle.

Auf der anderen Flussseite, südlich zum Talausgang hin, ist die kleine **Weston-Gedenkplakette** am Fels angebracht. Der englische Missionar Walter Weston, ein passionierter Wanderer und Bergsteiger, kam 1891 nach Kamikōchi und war von der Schönheit der Landschaft schwer begeistert. 1896 schrieb er eine

Wanderungen um Kamikōchi

Von Kamikōchi aus lassen sich einige schöne Wanderungen in die Berge der Umgebung unternehmen. Als Tagestour ist die Besteigung des 2455 m hohen **Yake-dake** in etwa acht Stunden möglich. Vom Busbahnhof geht man zunächst auf breiten Fahrwegen talauswärts. Etwa zehn Minuten hinter dem Teikoku-Hotel zweigt ein Wanderweg nach rechts ab. Der Weg führt anfangs relativ eben durch einen lichten Mischwald und steigt nach etwa einer halben Stunde steil zur Yakedake-Hütte an. Hinter der Hütte passiert der Weg eine Senke und einen Hügel, dann folgt der felsige Gipfelanstieg. Ab hier, und vor allem kurz unterhalb des Gipfels, tritt aus mehreren Bergspalten mit lautem Zischen schwefeliger Dampf aus.

Eine schöne Zweitagetour ist die Besteigung des 3190 m hohen **Hotaka-dake**. Gehzeit Kamikōchi–Yokoo ca. 2 1/2 Std., Yokoo–Motodani-bashi 1 Std., Motodanibashi–Karasawa-Hütte knapp 2 Std. Von dort sind es am folgenden Tag bis zum Gipfel je nach Jahreszeit und Wegzustand noch etwa 2–3 Stunden.

Wer „nur" gemütlich spazieren möchte, bleibt einfach auf den gut ausgebauten Wegen im Tal. Vom Zentrum Kamikōchi bis zum Campingplatz Myōjinkan geht man ca. 35 Minuten, weiter bis Tokusawa noch einmal rund 50 Minuten. Von Tokusawa bis Yokoo am Ende des Tals läuft man ca. eine Stunde.

kleine Abhandlung über die japanischen Berge *(Mountaineering and Exploration in the Japanese Alps)*, in der er erstmals den Begriff „Japanische Alpen" benutzte. Heute heißt die Region auch im Japanischen so.

Zu Fuß gut eine halbe Stunde weiter talaufwärts liegt der **Myōjin-ike**, ein kleiner Teich hinter dem lokalen Shintō-Schrein **Hotaka-Okumiya**, 🖳 www.hotakajinja.com. Dieser ist dem Gott Hotakami-no-Mikoto gewidmet, dem Schutzgott der Japanischen Alpen und zugleich Onkel des legendären Jimmu-Tennō, des ersten Kaisers von Japan. ⏲ 9-16 Uhr, 300 ¥.

Gleich neben dem Schrein liegt die Berghütte **Kamonji-goya**, 1880 von dem lokalen Bergführer Walter Westons, Kamonji Kamijo, gegründet. Stolz ist man auf die Eisaxt, die Walter Weston dem Bergführer für gute Dienste schenkte. Spezialität des Hauses sind kleine Stockfische, mit Salzkruste über dem Feuer gegrillt.

ÜBERNACHTUNG

Abgesehen von den Campingplätzen sind die Unterkünfte in und um Kamikōchi eher teuer. Übernachtungskosten schließen in der Regel zwei vornehme Mahlzeiten mit ein. Im Sommer sollte man unbedingt reservieren.

Kamikōchi

Gosenjaku Hotel und Lodge, auf beiden Seiten der Kappa-bashi. ☎ 0263-95-2111 (Hotel), 0263-95 2221 (Lodge), 🖳 www.gosenjaku.co.jp. Oben sehr guter Ausblick. Geschmackvolle westliche Zimmer, europäisches Dinner mit mehreren Gängen. Ab 28 600 ¥ p. P. mit HP. Etwas preisgünstiger ist die Lodge mit japanischen Tatami-Zimmern. Japanisches Dinner-Buffet. Ab 17 500 ¥ p. P. bzw. 10 000 ¥ im „Skier's Bed" (winziges Zweibettzimmer mit Stockbett).

Nishiitoya Sansō, westlich der Kappa-bashi, ☎ 0263-46-1358, 🖳 www.nishiitoya.com. Schlichtere „Berghütte" mit Schlafsaalbetten und Zweibettzimmern. Großes Gemeinschaftsbad mit Panoramafenster zum Berg Hotaka-dake. Ab 9720 ¥ p. P. mit HP.

Campingplatz Konashidaira, 10 Min. nördlich der Kappa-bashi, ☎ 0263-95-2321, 🖳 www.nihonalpskankou.co.jp. Keine Duschen; auch Leihzelte und Hütten. 800 ¥ p. P., Hütte für 2 Personen ab 9000 ¥. ⏲ Ende April–Ende Nov.

Weiter außerhalb

Wer Ruhe sucht, übernachtet besser in einer der Unterkünfte etwas weiter vom Zentrum entfernt. **Hotakadake Sansō**, ☎ 090-7869-0045, 🖳 hotakadakesanso.com. Exponierte Berghütte hoch oben auf dem Pass, nur noch knapp eine Stunde vom Okuhotaka-dake entfernt. 9600 ¥ p. P. mit HP (nur Übernachtung 6500 ¥).

Karasawa-Hütte, ☎ 090-9002-2534, 🖳 karasawa-hyutte.com. Rustikale, große Berghütte, nur Schlafsäle. Speisesaal mit

Panoramablick. Öko-Trenntoiletten, Trocken-
raum, große Terrasse. 9500 ¥ p. P. mit HP,
Camping (frühestens ab Juli schneefrei) 700 ¥
p. P., Lunchbox 1000 ¥.
Myōjin-kan, Kamikōchi 4468, ☏ 0263-95-2036,
🖥 myojinkan.co.jp. 9000 ¥ p. P. im Schlafsaal,
12 500 ¥ p. P. im DZ, jeweils mit HP.
Tokusawa Lodge, ca. 1 1/2 Std. Fußweg vom
Zentrum (hinter dem Myōjin-kan), ☏ 0263-95-
2508, 🖥 www.tokusawaen.com. Schön gelegen
und friedlich, mit großer Wiese (auch Camping,
700 ¥). 10 000 ¥ p. P. im Schlafsaal, ab 14 900 ¥
p. P. mit HP.
Yokoo-Hütte, ☏ 0263-95-2421, 🖥 yokoo-sanso.
co.jp. Schön am Fluss gelegen. Bis hierher führt
ein recht breiter Spazierweg, gute Ausgangs-
basis für Bergtouren. 9800 ¥ p. P. mit HP im
Schlafsaal, Camping 700 ¥.

ESSEN

Café Five-Horn, im Erdgeschoss des Gosenjaku-
Hotels: Ein richtiges Kaffeehaus mit Blick auf
die Berge. Traumhaft sind der Käsekuchen und
die Schokoerdbeertorte. Kuchen und Torten um
700 ¥. Im Obergeschoss gibt es im Restaurant
Kappa-Shokudō kleine Mittagsgerichte (Nudeln
ab 900 ¥). ⏱ tgl. 10–15 Uhr.

€ Preiswert für Kamikōchi ist die Kantine
am **Konashidaira-Campingplatz**, Coupon-
Automat, Soba ab 500 ¥, japanisches Frühstück
ab 700 ¥. ⏱ 7–18 Uhr (Last Order 17.20 Uhr).
Restaurant Konashi, im Hotel Shirakaba-sō (auf
der Nordseite der Kappa-bashi), ☏ 0263-95-2131.
Sandwiches und Soba mit Garnitur zum Selber-
zusammenstellen. ⏱ tgl. 8–16 Uhr. Im angeschlossenen Café (⏱ tgl. 10.30–14.30 Uhr) essen
die japanischen Touristen vornehmlich „Riesen-
Montblanc" *(janbō-monburan),* ein üppiges
Schlemmer-Baiser-Dessert mit Kastaniencreme.
In der Lobby des **Kamikōchi Onsen Hotels** (s. u.)
gibt es nachmittags auch für Nichtgäste Kaffee,
so viel man möchte, für 200 ¥.
Im holzgetäfelten Restaurant des vornehmen
Teikoku Hotels, ☏ 0263-95-2001, wird abends
zünftig Käsefondue angeboten.

FESTE

Eröffnungszeremonie, 27. April: Saisonbeginn
mit Alphörnern und Volksfeststimmung, doch
bis nach der Regenzeit im Juni sind die höheren
Berge noch schneebedeckt.
Weston-Festival, 1. Wochenende im Juni:
An diesem Tag wird des „Erfinders" der
Japanischen Alpen, Reverend Westons,
gedacht. Kindergruppen wandern auf
historischen Pfaden über den Pass, und an
der Gedenkplakette gibt es Livemusik.
Hotaka-Schreinfest, 8. Okt: Bootspartie
in Heian-zeitlichen Gewändern auf dem
Teich.

EINKAUFEN

Shirokabasō, an der Brücke, Andenkenladen
mit großer Auswahl. Verkauft außerdem auch
Pflaster, Wanderkarten und -stöcke und eine
kleine Auswahl an Wanderbekleidung.
In der Kantine des Konashidaira-Camping-
platzes gibt es einen kleinen Laden, der eine
begrenzte Auswahl an **Lebensmitteln** verkauft:
Reis, Sojasauce, Salz etc. Je nachdem, was in
der Kantine übrig ist, gibt es auch Tōfu oder
Gemüse. Außerdem Schraub-Gaskartuschen,
Sonnencreme usw. Davon abgesehen sind
in Kamikōchi keine Lebensmittel zu kaufen.
Camper und Wanderer sollten also alles Nötige
aus Matsumoto mitbringen.

SONSTIGES

Geld und Post
Neben dem Busterminal gibt es eine Post, aber
nur für Postsendungen: Kein Bankschalter und
kein Geldautomat.

Gepäckaufbewahrung
Auf der Rückseite des Busterminals, je nach
Größe 350–600 ¥ pro Tag und Gepäckstück.
⏱ tgl. 6–17 Uhr.

Informationen
Am Busbahnhof gibt es eine **Touristen-
information**, ⏱ tgl. 8–17 Uhr, und ein
Natur-Informationszentrum mit **Wetter- und
Berginformationen**, ⏱ tgl. 8–16 Uhr.

Internet
WLAN nur im Kamikōchi Onsen Hotel (vor
dem Ort, andere Flussseite) und im Nishiitoya
Sansō.

CHŪBU

Onsen

Ein richtiges Onsen hat nur das **Kamikōchi Onsen Hotel** (mit *rotenburo*), ⏰ tgl. 7–9, 12.30–15 Uhr, 800 ¥, und das danebenliegende **Lemeiesta Hotel**, ⏰ tgl. 11–13 Uhr, 1070 ¥. Im Informationszentrum am Busbahnhof gibt es **Münzduschen** für 100 ¥.

TRANSPORT

Selbstfahrer

Die Straße nach Kamikōchi zweigt bei Nakanoyu von der Straße 158 (Matsumoto–Takayama) ab. Von Matsumoto kommend, passiert man den Nagawa-Stausee mit einem ausführlichen Besucherzentrum (die durch-gelöste Busfahrkarte erlaubt es nicht, hier auszusteigen). Privatautos dürfen nicht bis nach Kamikōchi fahren, sondern ab Sawando muss ein Shuttlebus benutzt werden (2050 ¥ für Hin- und Rückfahrt, ab 4 Personen günstiger). Der letzte Bus fährt gegen 17 Uhr.

Busse

Von und nach MATSUMOTO über Shin-Shimashima, S. 338, Matsumoto.

Norikura Onsen 乗鞍温泉

Von Kamikōchi aus führt eine Panoramastraße nach Norikura (bis 3036 m). Die Region ist im Sommer bei Wanderern und im Winter bei Skifahrern beliebt. Norikura ist sehr weitläufig. Ortskerne gibt es um das **Shizenhogo-Sentā** (Naturschutz-Zentrum) und um **Suzuran**, das Hauptskigebiet. Von Matsumoto aus passiert der Bus zunächst Ichinose und fährt dann weiter das Tal hinauf, über Suzuran, Skijō-mae (Norikura-Skipiste), Suzuran-bashi bis Kyūkamura. Einige Busse fahren noch weiter – die Buslinie bis **Tatamidaira** ist die höchstgelegene in Japan und schon wegen des Ausblicks lohnend. Einen Besuch wert ist auch das etwas nördlich gelegene **Shirahone Onsen** mit seinen weißen Radiumquellen und einem öffentlichen *rotenburo*.

ÜBERNACHTUNG

€ Budget-Reisende sind in Norikura mit seinen vielen Privatunterkünften besser aufgehoben als in Kamikōchi.

Bell Suzuran-goya, Norikura 4284-1, ✆ 0263-93-2001, 🖥 www6.plala.or.jp/bell-suzuran. Reines Nichtraucherhotel, direkt an der Bushaltestelle Suzurangoya-mae. Japanische und westliche Zimmer. 10 950 ¥ p. P. mit HP. Das Hotel betreibt auch die **Berghütte Katanokoya** weiter oben, ✆ 0263-93-2002. 9000 ¥ p. P. mit HP.

Ichinose Kyanpujō, Ichinose ✆ 0263-93-2304, 🖥 www.qkamura.or.jp/norikura. Campingplatz etwas außerhalb, von der Bushaltestelle Kyūkamura 40 Min. Fußweg, von der Bushaltestelle Yonaki-tōge (weniger Busverbindungen) gut 30 Min. Fußweg. 1030 ¥/Zelt, 410 ¥ p. P., auch fest installierte Zelte für 3090 ¥. ⏰ nur Juli und Aug.

Norikura-kōgen Onsen JH, Azumi-Suzuran 4275, ✆ 0263-93-2748. 3510 ¥ p. P. für Mitglieder.

SONSTIGES

Einkaufen

Außer ein paar Andenkenläden gibt es keine Geschäfte. Selbstversorger sollten Vorräte mitbringen.

Informationen

Touristeninformation Norikura: in Suzuran, ✆ 0263-93-2147.
Touristeninformation Shirahone Onsen: neben der Bushaltestelle, ✆ 0263-93-3251.

TRANSPORT

Selbstfahrer

Von Norikura aus führen nur im Sommer befahrbare **Panoramastraßen** über die Berge: der Norikura Sūpā-Rindō nach Shirahone Onsen und die Norikura-Echo-Line in Richtung Takayama.

Busse

Zur Anfahrt nach Norikura S. 338, Matsumoto. Von Kyūkamura weiter nach TATAMIDAIRA fährt im Mai und Juni 3x tgl., dann bis Oktober etwa stdl., ein Bus, 1 Std., hin und zurück 2500 ¥. Außerdem etwa zweistündlich Busse nach HIRAYU ONSEN, dort umsteigen nach TAKAYAMA oder SHINJUKU, mit **Nōhi Bus**, ✆ 0577-32-1688.

CHŪBU

Suwa 諏訪

Suwa am gleichnamigen See besteht aus zwei Ortskernen: Kami-Suwa und Shimo-Suwa. Der See liegt im Tal malerisch eingerahmt von den Bergen der Zentralalpen. Suwa ist von Tōkyō aus ein beliebtes Sommerfrische-Ziel.

Zu den wichtigen Sehenswürdigkeiten gehört der über 1200 Jahre alte **Suwa-Schrein** (Suwa-taisha), der aus vier verstreut liegenden unterschiedlichen Schreinen besteht: „Haupt-" und „Vor-Schrein" (Hon-miya und Mae-miya) in der Nähe von Kami-Suwa sowie Frühlings- und Herbstschrein (Haru-miya und Aki-miya) bei Shimo-Suwa. Der Schrein ist wegen des spektakulären Onbashira-Matsuri (s. „Feste") japanweit bekannt. Die hier verehrte Shintō-Gottheit Tateminakata-no-Mikoto war ursprünglich ein Jagdgott und stieg später zum Beschützer ganz Japans auf. Heute gibt es in Japan über 10 000 kleinere Suwa-Schreine.

Die kleinen Museen im Ort haben z. T. recht gute Sammlungen, die in Wechselausstellungen präsentiert werden, allerdings sind sie auf japanische Wochenendtouristen ausgelegt und die Erklärungen daher ausschließlich auf Japanisch. Das **Kitazawa Bijutsukan**, Kogandōri 1-13-28, am Seeufer, ✆ 0266-58-6000, 💻 kitazawamuseum.kitz.co.jp, zeigt Art nouveau und Art déco. ⏰ tgl. 9–18, Nov–März 9–17 Uhr, 1000 ¥. Das **Sunritz (Sanritsu) Hattori Dijutsukan**, Kogandōri 2-1-1, ✆ 0266-57-3311, 💻 www.shinshu-online.ne.jp/museum/sanritsu, präsentiert unterschiedliche Ausstellungen, meist asiatische Kunst. ⏰ Di–So 9–16.30 Uhr, 800 ¥.

In Shimo-Suwa ist neben dem Frühlings- und Herbstschrein auch ein **Uhrenmuseum** (Suwako Toki no Kagakukan Gijōdō), ✆ 0266-27-0001, zu besichtigen. Die Gegend um Suwa ist bekannt für Präzisionsinstrumente, und etliche Uhren- und Computerfirmen (wie Seiko oder Oki) haben hier ihren Hauptsitz oder unterhalten große Werke. ⏰ tgl. 9–17, Dez–Feb Fr–Mi 9–16.30 Uhr, 800 ¥.

Da Suwa ein bekannter Onsen-Ort ist, besteht das Hauptvergnügen darin, entweder in einem hübschen Ryokan mit eigenem Onsen abzusteigen oder die verschiedenen öffentlichen Onsen auszuprobieren, mehrere davon mit Art-

déco-Ambiente. Ein besonderes Flair hat das **Katakura-kan**, Kōgan-dōri 4-1-9, ✆ 0266-52-0604, 💻 www.katakurakan.or.jp. Bereits 1927 wurde es vom Seidenfabrikanten Katakura Kanetarō als gemeinnütziges Bad gebaut. Sowohl im Männer- als auch im Frauenbereich gibt es nur jeweils ein großes Wasserbecken, das dafür stilvoll mit dunklen Kieseln ausgelegt ist (eine Wohltat für die Füße!). Für das stimmungsvolle Art-déco-Ambiente sorgen Glasfenster und eine Opalglas-Trennwand. ⏰ 10–21 Uhr, 2. und 4. Di im Monat geschlossen, 650 ¥, Handtuchverleih 200 ¥. Kantine im Obergeschoss.

Nach Osten in die Berge zu den Hochebenen von Tateshina-Kōgen und Kirigamine, im Sommer bis Matsumoto, führt die **Venus-Line**, eine bekannte Panoramastraße. Benannt ist sie nach der „Jōmon-Venus", einer prähistorischen Frauenfigur, die in der Gegend gefunden wurde.

ÜBERNACHTUNG

Eine allgemeine **Zimmervermittlung** für Pensionen und Hotels betreibt die Stadtverwaltung, ✆ 0266-52-7155, 💻 www.suwako-onsen.com. Die meisten Onsen-Hotels und -Ryokan sind sehr teuer (ab ca. 20 000 ¥ p. P.), bieten dafür aber schönes Ambiente und exquisites Essen.

Onsen unterwegs

Wer nicht gleich ins Onsen möchte, sollte zumindest unterwegs ein heißes Fußbad nehmen. Ein ungewöhnliches **Fußbad** befindet sich innerhalb des Bahnhofs, direkt an Gleis 1, ⏰ 9–21 Uhr. Für die Benutzung ist eine Fahrkarte erforderlich – durchaus beliebt ist das Fußbad bei Pendlern im Anzug, die in Kami-Suwa umsteigen müssen.

Handtuch vergessen? Handtücher werden gegen Entgelt bei einem weiteren Fußbad in der Nähe des Bootsanlegers von Suwako Kankō verliehen. ⏰ tgl. 9–18.30 Uhr, Eintritt frei.

Die ganz Eiligen müssen noch nicht einmal richtig anhalten in Suwa: Auch an der Raststätte Suwako können Autofahrer sich auf beiden Seiten der Fahrbahn in heißen Thermalbecken des **Autobahn-Onsen**, ✆ 0266-53-7115, vom Fahrstress erholen. ⏰ tgl. 10–21 Uhr, 595 ¥.

Hama no Yu, Kogan-dōri 3-3-10, ☎ 0266-58-8000, 🖳 www.hamanoyu.co.jp. Großes Onsen-Hotel in Bahnhofsnähe mit sehr gutem Essen. Ab 21 500 ¥ p. P. mit HP.

Kosen-sō, Kogan-dōri 1-13-8, ☎ 0266-53-6611. Solides Ryokan etwas nördlich von Kamisuwa. Ab 11 500 ¥ p. P. mit HP.

€ **Hotel Lupia Inn Nanko**, Kogan-dōri 3-3-4, ☎ 0266-52-0401, 🖳 lupia-inn.com. Eher westliches Hotel mit Onsen (kein *rotenburo*), nur Frühstück. ❷

ESSEN

Izumiya, vom Bahnhofsvorplatz Kami-Suwa ca. 30 m nach rechts (vor dem *konbini*, blau-weißes Schild). Preiswertes, beliebtes japanisches Restaurant mit Tōfu-Spezialitäten wie *yuba-sashimi*, *dengaku*, *tōfu-shūmai*, Tōfu-Eis. Auch ein guter Ort, um das in der Region bekannte Pferdefleisch auszuprobieren. ⏰ tgl. 11–15 und 17–21.30 Uhr.

Kurasuwa, Kogan-dōri 3-1-30, ☎ 0266-52-9630. Gehobenes Lokal mit angeschlossener Bäckerei und Dachterrasse direkt am See. ⏰ tgl. 11–14 und 17–22 Uhr.

Marumitsu-Kaufhaus, gegenüber vom Bahnhof Kami-Suwa, hat eine Lebensmittelabteilung. Zentral, etwas teurer. ⏰ tgl. 9–19 Uhr.

Tully's, im Bahnhof. Wenn man mal einen Milchkaffee braucht. ⏰ 7.30–20 Uhr.

AKTIVITÄTEN

Baden

Suwakko Land, Daiji Toyota 732, ☎ 0266-54-2626, 🖳 www.city.suwa.nagano.jp/suwakko. Riesen-Onsen, das eher wie eine europäische Therme aufgebaut ist, mit Schwimmbad, Fitnessraum und 50-m-Außenbecken. ⏰ tgl. 10–22 Uhr, 610 ¥ (ab 20 Uhr 300 ¥).

Bootsfahrten

Bootsfahrten auf dem See in großen Schwanenbooten werden von zwei Gesellschaften in Kami-Suwa angeboten, **Suwakōen**, Kogan-dōri 5-2-10, ☎ 0266-52-1625, **Suwako-Kankō**, Kogan-dōri 3, ☎ 0266-52-2660. Je nach Saison verkehren die Schiffe von 9–16.30 Uhr mindestens stdl. für 900 ¥, 25 Min. Suwako-Kankō verleiht auch Tretboote

(ebenfalls in Schwanenform) und Ruderboote ab 1000 ¥/Std.

Sake-Brauereien

Südlich vom Bahnhof Kami-Suwa gibt es dicht nebeneinander fünf Sake-Brauereien, die ihren selbstgebrauten Sake im angeschlossenen Laden verkaufen und sich für ein gemeinschaftliches Sake-Verkostungsangebot zusammengeschlossen haben: Für 1800 ¥ kauft man einen Sakebecher und kann damit durch alle Läden spazieren und sich überall durchprobieren. Den Becher behält man am Schluss als Andenken – und wahrscheinlich kommt noch die ein oder andere Sakeflasche dazu (alle Brauereien verkaufen auch kleine Flaschen). Einen Lageplan zum Brauerei-Hopping gibt es in der Touristeninformation oder unter 🖳 www.nomiaruki.com. Vom Bahnhof aus hinter der dritten Ampel kommt man als erstes zu **Maihime**, ☎ 0266-52-0078, 🖳 www.maihime.co.jp, einer kleineren und – 1895 gegründet – auch neueren Sake-Brauerei. ⏰ Do–Di 9–12, 13–18 Uhr.

Reijin gleich daneben, ☎ 0266-52-3121, 🖳 www.reijin.com, ist deutlich größer und bietet eine beachtliche Auswahl, inkl. saisonaler Sondereditionen. Für etwaige Sake-Muffel in der Gruppe gibt es sogar selbstgebrautes Bier im Becher (100 ¥). ⏰ Mo–Sa 9–18, So 9–16 Uhr. Nicht weit dahinter folgen **Yokobue**, ☎ 0266-52-0108, 🖳 www.yokobue.co.jp, ⏰ Mo–Fr 8.30–17, Sa–So 10–17 Uhr, und **Honkin**, ☎ 0266-58-0161, 🖳 www.honkin.net, ein kleinerer Familienbetrieb in neunter Generation; ⏰ Mo–Sa 8.30–17 Uhr.

Bis zur ältesten Brauerei von Suwa muss man dann noch 300 m weiter wanken. **Masumi**, ☎ 0266-52-6161, 🖳 www.masumi.co.jp, ist stolz auf seine bis 1662 zurückreichende Geschichte und das ständige Bemühen um Qualität: Aus den Beständen von Masumi wurde nach dem Krieg die „Hefe Nr. 7" isoliert, die die japanische Brauereivereinigung heute noch hütet und weiterverbreitet. ⏰ tgl. 9–18 Uhr.

SONSTIGES

Fahrradverleih

Mehrere Anbieter, u. a. am Bahnhofsvorplatz: **Eki-Rentacar**, bis 2 Std. 500 ¥, bis 4 Std. 1000 ¥,

CHŪBU

ganzer Tag 1500 ¥. In 2 Std. kann man gemütlich um den See radeln, das ganze Ufer ist fahrrad- (und jogging-) freundlich ausgebaut.

Feste

Onbashira-Matsuri: Alle 7 Jahre findet eine symbolische Neuerrichtung des Suwa-Schreins statt. Einheimische Männer rutschen auf 17 m langen und 12 t schweren Baumstämmen 10 km den Berghang zum Schrein in Suwa hinab. Das Onbashira-Matsuri wird seit 1200 Jahren gefeiert; es kommen 2 Mio. Zuschauer aus ganz Japan – also früh buchen. Das nächste Fest findet im April/Mai 2017 statt.

Im Sommer ist das größte Event das **Feuerwerk auf dem See** am 15. August. Auch dann sind die Zimmer schnell ausgebucht.

Im Winter überfriert der Suwa-See, und durch den Druck und vulkanische Aktivität im See- boden entstehen manchmal – meist im Januar – wellenähnliche Verwerfungen. Dieses Phäno- men, das **Omiwatari**, gilt als gutes Omen und wird mit einer Shintō-Feierlichkeit begangen: Man denkt, dass sich dabei die Götter der einzelnen Schreine gegenseitig besuchen.

Informationen

Touristeninformation am Bahnhof Kami-Suwa, ☎ 0266-58-0120. ⏰ tgl. 9–18 Uhr.

NAHVERKEHR

Die Tageskarte für das lokale Busnetz kostet 300 ¥ und gilt für die ganze Region um den See. Wegen der geringen Anzahl an Bussen ist gute Planung nötig. Einzelfahrt 150 ¥.

TRANSPORT

Shimo-Suwa und Kami-Suwa liegen an der JR-Linie von TŌKYŌ (2–2 1/2 Std., 5830 ¥ Express) nach MATSUMOTO (1/2 Std., 580 ¥). In Kami-Suwa halten auch die Expresszüge.

Nagano 長野

Die Präfekturhauptstadt Nagano, zwischen den nördlichen, zentralen und südlichen Alpen ge- legen, sieht sich gern als „Dach Japans". 1998 fanden die Olympischen Winterspiele in Nagano statt, geblieben sind eine hervorragende Win- tersport-Infrastruktur und ein kleines Olympia- Museum. Das regionale Maskottchen Arukuma, ein apfelgrüner Bär mit Silberblick, ist allgegen- wärtig.

Zenkō-ji 善光寺

Ein Must-See der Stadt Nagano ist der Zenkō-ji, ☎ 026-234-3591, 🖥 www.zenkoji.jp. Der Tempel gehört keiner einzelnen buddhistischen Schule an, dennoch ist er für viele ein wichtiges Pilger- ziel. Gegründet wurde er 642 von Honda Yoshi- mitsu, der – so heißt es – hier im Fluss eine klei- ne Statue des Amithaba Buddha fand. Durch die Figur gelangte er zur Erleuchtung und nahm den Namen Zenkō an. Der Legende nach schuf der Buddha selbst die Statue für einen frommen in- dischen Händler, der ihm sein Leben lang seine Verehrung erweisen wollte. Schon im Jahr 522 geriet das Bildnis zusammen mit Schriften und Ritualgegenständen über Korea nach Japan. Zu- nächst befand es sich im Besitz der Kaiserfami- lie und ging dann verloren, bis Honda es fand und den Tempel baute. Die eigentliche Statue gilt als geheim und wird nie öffentlich gezeigt. Unter den Altar führt ein stockfinster, sehr schmaler und gewundener Gang (Einbahnsys- tem). Ganz hinten rechts ertastet man idealer- weise den „Schlüssel zum Paradies", dort soll hinter einem Türchen die geheime Buddhastatue verborgen sein. Wer den Schlüssel berührt, soll sicher ins Reine Land kommen.

Die **Haupthalle** von 1707 ist mit 30 m Höhe und 54 m Länge eines der größten Holzgebäude Ja- pans. Im Innern ist die blankgeriebene Holzsta- tue des Mönchs Binzaru-ten interessant. Die- ser Schüler Buddhas (ursprünglich ein Arzt und Magier) hilft bei körperlichen Beschwerden aller Art: Einfach der Statue über das betroffene Kör- perteil streichen und an sich selbst wiederholen.

Nach Möglichkeit sollte man morgens (je nach Jahreszeit gegen 6 Uhr) kommen, wenn der Abt aus seinem Kloster zur Morgenandacht geht und auf dem Weg die Pilger segnet, die schon am Rand seiner Route knien. Wer möch- te, kann sich gern dazugesellen; die japanischen Pilgergruppen haben meist einen Reiseleiter da- bei, der zeigt, wo man sich hinknien soll. Nach

Der Zenkō-ji ist einer der ältesten Tempel Japans.

der ersten Andacht kommt in gleicher Weise die Äbtissin aus einem anderen Kloster, denn am Zenkō-ji teilen sich der Abt der Tendai-Klöster und die Äbtissin der Jōdō-Klöster den Vorsitz.

🕐 je nach Jahreszeit wird das Tor zwischen 4.30 und 6 Uhr geöffnet. Der Tempel schließt mit dem Schlag einer Tempelglocke. Innenbereich und Gang: ca. 6.30–16.30 Uhr, 500 ¥. Das 20 m hohe **Haupttor** *(sanmon)* von 1750 kann separat besichtigt werden, 500 ¥.

Nagano-ken Shinano Bijutsukan
長野県信濃美術館

Etwas östlich vom Zenkō-ji befindet sich das **Kunstmuseum der Präfektur Nagano**, Kakoshimizu 1-4-4, 📞 026-232-0052, 🖥 www.npsam. com, mit der Higashiyama-Kaii-Galerie. Das Museum wurde 1966 eröffnet und zeigt neben einer kleinen Sammlung einheimischer Künstler über 950 Werke von Higashiyama Kaii (1908–1999). Dieser studierte in den 1930er-Jahren in Berlin Kunst und malte hauptsächlich Landschaften. 🕐 Do–Di 9–17 Uhr, 500 ¥.

Olympia-Museum
長野オリンピック記念館

Die Eissporthalle der Olympischen Winterspiele in Nagano 1998, **M-Wave**, Kita-Nagaike 195, 📞 026-222-3300, 🖥 www.nagano-mwave. co.jp/english, ist heute öffentliches Eisstadion. Hier ist auch das kleine **Olympische Museum** untergebracht. Museum: 🕐 Mi–Mo 10–17 Uhr, 700 ¥. Eisbahn: 🕐 Okt–März, tgl. 10–18 Uhr, 1540 ¥, Verleih von Schlittschuhen 610 ¥. Bushaltestelle M-Wave-mae.

ÜBERNACHTUNG

Hotel Abest, 📞 026-227-2122, 🖥 www.ikemon. com. Unauffälliges Businesshotel direkt am Bahnhofsvorplatz mit Parkplatz und Internet (LAN). Als günstigstes Hotel in Nagano bekannt, daher Reservierung unbedingt empfohlen. ❶
Chisun Grand Nagano, am Bahnhof, 📞 026-264-6000. Zentrales westliches Hotel. ❷
Jal City, Toigosho-machi 1221, 📞 026-225-1131, 🖥 nagano.jalcity.co.jp. Nicht mehr ganz neues Mittelklassehotel mit großen

Zimmern. Ausgezeichnetes Frühstück im obersten Stockwerk, mit vielen Spezialitäten der Region (auch vegetarisch) und tollem Bergblick. ❸

Metropolitan, Minami-ishido-chō 1346, ☎ 026-291-7000, 🖥 metro-n.co.jp. Großes und grundsolides Kettenhotel direkt am Bahnhof. ❹

€ **Moritomizu Backpackers**, Nakagosho 1-6-2, ☎ 026-217-5188, 🖥 moritomizu.net/backpackers.html. Einfaches internationales Hostel an den Bahngleisen. Schlafsaalbett ab 2200 ¥, EZ 4000 ¥, DZ ab 5000 ¥.

Shimizuya Ryokan, Daimon-chō 49, ☎ 026-232-2580, ✉ shimizuya.ryokan@gmail.com. Zentral gelegenes, ordentliches Ryokan an der Chūō-dōri, nah am Zenkō-ji. Internet. Die Besitzerin spricht Englisch. Viele ausländische Gäste. Ab 6600 ¥ p. P.

Zenkō-ji Kyōjū-in JH, im Zenkō-ji, ☎ 026-232-2768. Tempeljugendherberge. 3360 ¥ p. P. für JH-Mitglieder.

Andere Tempelunterkünfte am Zenkō-ji können über die Shukubō-Vereinigung arrangiert werden, um 7000 ¥ mit 2 Mahlzeiten, etwas Japanisch nötig: **Zenkōji Shukubō Kumiai**,

Motozenchō 491, ☎ 026-234-3591, Bürozeiten 9.30–16.30 Uhr.

ESSEN

In der Nakamise-dōri, dem Teil der Chūō-dōri, der auf dem Tempelgelände liegt, werden traditionelle Snacks und Softeis in allen Geschmacksrichtungen verkauft.

Asian Night Market, Higashigo-chō 2-1, ☎ 026-214-5656, 🖥 asian-night-market.net. Authentische und günstige thailändische Gerichte, Cocktails und Wasserpfeife. Mit englischer Karte. ⏰ tgl. 12–23 Uhr.

Bunbun, Minami-Agata-machi 1041, ☎ 026-232-0180. Nur an der roten Laterne und der Aussage „Soba is a popular noodle in Japan" zu erkennendes Lokal bei der Präfekturverwaltung. Sehr frisches Gemüse und echtes, frisch geriebenes Wasabi. ⏰ 11–14, 17–mind. 21 Uhr.

Daimaru Soba, Daimon-chō 504, ☎ 026-232-2502. Alteingesessenes Soba-Restaurant, bei dem die Soba im Schaufenster geschnitten werden, frisch und fest. ⏰ tgl. 9–18.30 Uhr.

Irohadō, im Tōkyū-Kaufhaus (B1F) gegenüber dem Bahnhof, ☎ 026-223-2101. *Oyaki*-Traditionsgeschäft aus Kinsa, einem Dorf westlich von Nagano. Zum Glück gibt es hier eine Filiale. ⏰ tgl. 10–19 Uhr.

Kushiage Tadaima, Minami-chitose-machi 865, ☎ 026-223-2312, 🖥 www.tadaima.co.jp. Sehr beliebtes und immer volles Kushi-Restaurant (Spießchen) mit guter Stimmung. ⏰ Mo–Sa 17–22 Uhr.

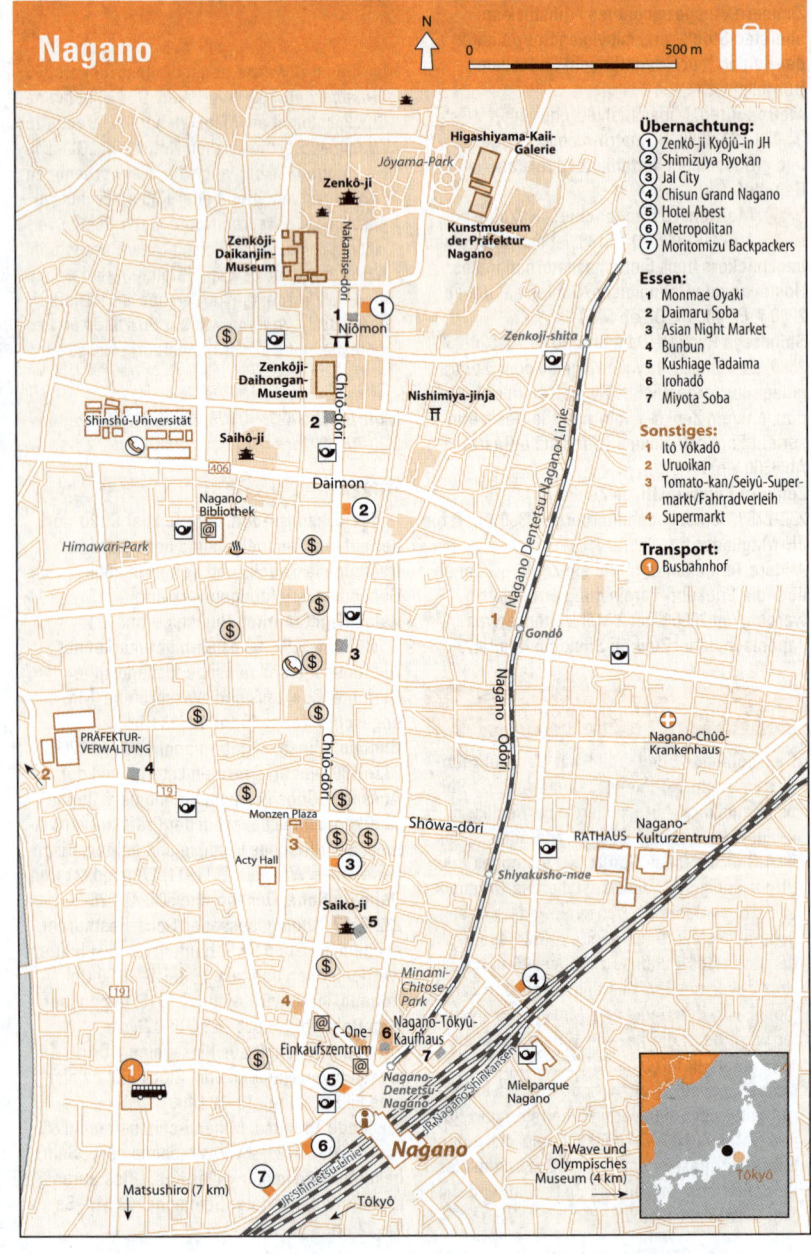

Nagano

N
0   500 m

CHŪBU

Higashiyama-Kaii-Galerie

Jōyama-Park

Zenkō-ji

Zenkoji-Daikanjin-Museum

Kunstmuseum der Präfektur Nagano

Niômon

Zenkoji-shita

Zenkōji-Daihongan-Museum

Nishimiya-jinja

Shinshû-Universität

Chūō-dōri

Saihō-ji

Daimon

Nagano-Bibliothek

Himawari-Park

Gondō

Nagano Dentetsu Nagano-Linie

Nagano-Chūō-Krankenhaus

PRÄFEKTUR-VERWALTUNG

Chūō-dōri

Monzen Plaza

Shōwa-dōri

RATHAUS

Nagano-Kulturzentrum

Acty Hall

Shiyakusho-mae

Saiko-ji

Minami-Chitose-Park

Nagano-Tōkyū-Kaufhaus

C-One-Einkaufszentrum

Nagano-Dentetsu-Nagano

Mielparque Nagano

Nagano

Matsushiro (7 km)

Tôkyô

M-Wave und Olympisches Museum (4 km)

Tôkyô

Übernachtung:
1. Zenkō-ji Kyōjū-in JH
2. Shimizuya Ryokan
3. Jal City
4. Chisun Grand Nagano
5. Hotel Abest
6. Metropolitan
7. Moritomizu Backpackers

Essen:
1. Monmae Oyaki
2. Daimaru Soba
3. Asian Night Market
4. Bunbun
5. Kushiage Tadaima
6. Irohadō
7. Miyota Soba

Sonstiges:
1. Itō Yōkadō
2. Uruoikan
3. Tomato-kan/Seiyū-Supermarkt/Fahrradverleih
4. Supermarkt

Transport:
1. Busbahnhof

Miyota Soba, Nagano Daiichi Hotel 1F, ✆ 026-227-9161. Gute handgemachte Soba, etwas gehobene Atmosphäre, viele Kombinationen mit Berggemüse und Meeresfrüchten. ◷ Mo–Fr 11–15, 17–22, Sa 11–15, 17–21 Uhr.

Monmae Oyaki, bekannter und sehr beliebter Stand für *oyaki*, Teigklößchen mit pikanter Füllung wie Berggemüse oder auch Kürbis (140 ¥). ◷ 10–17.30 Uhr.

EINKAUFEN

Die Region ist für Äpfel, Soba und Miso berühmt, dementsprechend werden diese Produkte in allen Restaurants und Andenkenläden in den unterschiedlichsten Varianten verkauft. Vor allem die süßen Klößchen *misomanjū* sind zu empfehlen. Besonders scharf und würzig ist *monmae-miso*, eine Spezialität, die in der Nakamise-dōri verkauft wird. Wer es gern scharf mag, sollte sich ein Päckchen des lokalen Chili-Pfeffers *(tōgarashi)* mitnehmen.

Tōkyū, großes Kaufhaus nördlich vom Bahnhof, mit Lebensmittelabteilung im Untergeschoss. ◷ tgl. 10–21 Uhr.

Seiyu-Supermarkt, Chūō-dōri, in Bahnhofsnähe. ◷ tgl. 10–22 Uhr.

SONSTIGES

Fahrradverleih

€ Gratis-Leihräder gibt es an der Service-Theke im **Supermarkt Tomato-kan** in der Chūō-dōri. Bei den Fahrrädern handelt es sich um wieder flottgemachte Schrottmodelle, schwimmbadgrün angestrichen, die aber ihren Zweck erfüllen. ◷ tgl. 10–16 Uhr. Falls alle verliehen sind: Ähnliche Fahrräder gibt es in der Präfektur- und Stadtverwaltung am Parkplatz.

Feste

Nagano Binzuru, 1. Sa im Aug, Chūō-dōri: Matsuri mit Tänzen, bei denen Reislöffel geschwungen werden.

Informationen

Touristeninformation direkt im Bahnhof, ✆ 026-226-5626. Viele Broschüren (auch auf Englisch), aber wenig kompetente Beratung. ◷ tgl. 9–18 Uhr.

Internet

In der Touristeninformation gibt es für Touristen gratis WLAN-Zugangskarten für verschiedene Hotspots.

Café Planet, Kitaishidō-chō 1375, Kinryūhan Bldg. B1F, in einer Gasse gegenüber vom Bahnhof, ✆ 026-228-5433. Mit Softdrink-Bar und Dusche. Ab 400 ¥ pro Std. nachts 8 Std. ab 1900 ¥. ◷ 24 Std.

Internet-Café Chari-Chari, bahnhofsnah neben dem Restaurant Indian Spice. ✆ 026-226-0850, ab 390 ¥ pro Std., nachts ab 1480 ¥ (für 7 Std.). ◷ 24 Std.

Sentō

Uruoikan, Tsumashina 98, ✆ 026-237-4126, 🖥 www.uruoikan.com. Städtische Einrichtung mit Thermalwasser, etwas abgelegen am Fluss. Großes Bad mit Jacuzzi, Jetstream, verschiedenen Saunas, *rotenburo*, Ruheraum, Massagen. Tickets und Massagetickets (ab 1900 ¥) am Automaten. Nur Eintritt 670 ¥, Handtuchleihe 200 ¥. ◷ tgl. 6–9, 10–23 Uhr, Ruheraum, Restaurant 11–20.30 Uhr, Bäckerei 10–20 Uhr.

NAHVERKEHR

Der Busbahnhof befindet sich etwa 500 m westlich des Bahnhofs; die meisten **Busse** fahren auch von Bussteigen beiderseits des Bahnhofs. In der Innenstadt fährt der bunte Besucherbus Gururin-go (150 ¥) alle 15 Min. eine Runde vom Bahnhof zum Zenkō-ji und zurück. Nach Matsushiro (S. 350) verkehrt Bus 30 von Bussteig 2, 30 Min., 650 ¥. Tageskarte für den gesamten Bereich vom Zenkō-ji bis zum Vorort Matsushiro im Süden 1500 ¥. Mehr Informationen bei **Alpico Bus**, ✆ 026-254-6000, 🖥 www.alpico. co.jp.

TRANSPORT

Busse

Sämtliche Langstreckenbusse starten und enden am Busbahnhof, die meisten halten auch am Bahnhof, 🖥 www.alpico.co.jp und 🖥 www.nagadenbus.co.jp.
HAKUBA (Expressbus Hakuba), 8x tgl., Bussteig 6, 1 1/4 Std., 1600 ¥

SHINANO-ŌMACHI / OGIZAWA (zur Tateyama Kurobe-Alpenroute), Expressbus, 6x tgl., Bussteig 5, 1 1/4 Std., 2100 ¥
TOGAKUSHI, Nr. 70 oder 71, Bussteig 7, ca. 1 Std., 1250 ¥; 2-Tage-Pass 2600 ¥
TOYAMA, NIIGATA, TŌKYŌ, je 3 1/4 Std., 3000–4000 ¥

Eisenbahn
2015 soll die neue Shinkansen-Hokuriku-Linie eröffnet werden, bis dahin ist die Verbindung zur Japansee (nach Jōetsu, von dort Richtung Toyama oder Niigata) langsam und malerisch.
NAGOYA, 3 Std., 6810 ¥ (Express)
MATSUMOTO, 1 1/4 Std., 1140 ¥ (Express 2320 ¥)
OBUSE, mit Nagano Dentetsu (Nagaden), 35 Min., 650 ¥ (manchmal Schnellzugzuschlag 100 ¥)
TŌKYŌ, 1 1/2 Std., 7680 ¥ (Shinkansen)

Matsushiro 松代

Der verschlafene Vorort Matsushiro 10 km südlich von Nagano war in der Edo-Zeit Sitz der hiesigen Daimyō-Familie Sanada und sollte im Zweiten Weltkrieg einmal eine noch wesentlich bedeutendere Rolle erhalten: Ab November 1944 wurden in drei Hügeln **Bunker für das gesamte kaiserliche Hauptquartier** (Zōzan Chikagō) einschließlich kaiserlicher Wohngebäude und Schrein angelegt. Tatsächlich fertiggestellt wurden aber nur 8 km grob ausgegrabene Stollen, von denen man 500 m betreten kann (mit Helm). Ein Denkmal erinnert an die Bergleute, überwiegend koreanische Zwangsarbeiter, von denen viele starben. ⊕ 9–16 Uhr, Eintritt frei.

In der Nähe sind die teilweise restaurierten Überreste der Burg zu sehen (Eintritt frei) – im Wesentlichen Mauern und das Haupttor mit der Taiko-Brücke –, die **Residenz der Sanada** (Sanada Yashiki), 200 ¥, ein Schatzhaus (Hōmotsukan), 300 ¥, und die ehemalige Militärschule **Kyū Bunbu Gakkō**, 160 ¥, alle ⊕ 9–17 Uhr. Letztere wurde 1855 als Schule gebaut, ursprünglich für die Kinder der Daimyō-Familie Sanada, die über das Gebiet Matsushiro-han herrschte. Das strohgedeckte Samurai-Haus eines Gefolgsmanns des Sanada-Clans, das **Kyū Yokota-ke**

Jūtaku, ist ebenfalls zu besichtigen, ☎ 026-278-2274, ⊕ tgl. 9–16.30 Uhr, 200 ¥.

Bus ab Nagano, S. 349. Die Bahnlinie ist seit einigen Jahren stillgelegt.

Obuse 小布施

Obuse ist das Landidyll Tokyoter Bildungsbürger: ein schnuckeliger Ort zwischen Bergen und Apfelbaumplantagen, der sich zu Recht als Stadt der Blumen bewirbt, neben europäisch wirkenden Cafés und Gassen auch ein kulturelles Highlight aufweist und dank Nagano-Shinkansen gar nicht so abgelegen ist.

In der Edo-Zeit war Obuse, das an Handelswegen lag, durchaus wohlhabend, und ein reicher Kaufmann, Takai Kōzan, lud im 19. Jh. den betagten Hokusai Katsushika (S. 144) hierher ein. Japans wohl bekanntester Ukiyoe-Künstler war in seinen letzten Lebensjahren mehrfach in Obuse und konnte dank der großzügigen Förderung in einer neuen Technik arbeiten, nämlich mit dem Pinsel: So entstand u. a. 1848 ein 35 m^2 großes Deckenbild eines Phönixes, das immer noch im Zen-Tempel **Ganshō-in** zu bewundern ist. Von den 4400 Blatt Goldfolie ist nur noch hier und da ein Schimmer zu sehen, aber die kräftigen Farben – allein die Pigmente sollen so viel gekostet haben wie 2 kg Gold – leuchten noch immer. Der Tempel liegt etwa 30 Min. östlich des Bahnhofs. ⊕ 9–17 Uhr, im Winter kürzer, 300 ¥.

Nach Süden führt ein hübscher Weg am Bach zum 500 m entfernten, sehr malerischen Shingon-Tempel **Jōkō-ji** mit Reetdach und langer Steintreppe. Amulette für Glück in der Liebe gibt es auch.

Zurück im Ort ist die Hauptsehenswürdigkeit das **Museum Hokusai-kan**, ⊟ hokusai-kan.com, mit zwei weiteren Deckenbildern des Meisters in Shintō-Tragschreinen und anderen Werken (sowohl Holzschnitten als auch Malereien), die z. T. hier entstanden, aber überwiegend aus dem Ausland zurückgekauft werden mussten. ⊕ 9–17 Uhr, 500 ¥.

ÜBERNACHTUNG

Obuse ist leicht als Halbtagsausflug von Nagano machbar, es gibt aber auch mehrere

Onsen-Hotels und zwei Unterkünfte gleich beim Hokusai-kan: **Obuse no Kaze JH**, 🖥 jyh.or.jp/english/hokushinestu/obuse, ab 3670 ¥ p. P. für Mitglieder, und **Guesthouse Obuse**, 📞 026-247-5050, ❸.

ESSEN UND EINKAUFEN

Um das Museum werden interessante lokale Spezialitäten verkauft, es gibt Kastaniendesserts und Apfelkuchen. Im Andenkenladen vor dem Ganshō-in Maronen- und Kürbis-Eiscreme.
St. Cousair Winery, im Zentrum, 📞 026-247-7390, 🖥 www.stcousair.jp. Delikatessengeschäft mit europäisch inspirierten Brotaufstrichen, Pastasaucen und lokalen Weinen. 🕐 tgl. 9–17, Dez–Feb nur Fr–Mi 10–17 Uhr.
Matsubaya, Obuse 778, 📞 026-247-2019, 🖥 www.matsubaya-honten.co.jp. Eine von mehreren alteingesessenen Sake-Brauereien, sehr guter Daiginjō-Sake. 🕐 tgl. 9–18 Uhr.

SONSTIGES

Touristeninformation am Bahnhof, mit Café. Auch englische Pläne und Tipps für die Besichtigung. 🕐 9–17 Uhr.
Fahrräder kann man gleich neben dem Ticketschalter am Bahnhof leihen, 400 ¥/2 Std. Ein **Shuttlebus** verbindet stündlich die Sehenswürdigkeiten, 300 ¥.

TRANSPORT

Nach NAGANO mit Nagano Dentetsu, S. 350. Für JR-Rail-Pass-Inhaber: Der nächste JR-Bahnhof liegt 4 km entfernt in Toyono; von dort gibt es aber keine Busse nach Obuse.

Yudanaka Onsen 湯田中温泉

Die Nagaden-Bahnlinie führt bis Yudanaka Onsen. Hauptgrund für einen Besuch ist der **Jigokudani Monkey Park** (Yaen-kōen), 📞 0269-33-4379, 🖥 www.jigokudani-yaenkoen.co.jp, mit seinen badenden Affen. Die Japan-Makaken wurden seit den 1960er-Jahren von Forschern angefüttert, hatten dadurch mehr Freizeit und begannen, wie die Menschen in den heißen Quellen zu baden – sehr fotogen und besonders

gut, wenn ringsum Schnee liegt. Inzwischen haben die Affen eigene Badebecken, zu denen man Eintritt bezahlt. Auch wenn das Rudel recht groß ist (um 160 Tiere), sind es wilde Affen, es gibt also keine Garantie, sie jeden Tag anzutreffen. Die Wahrscheinlichkeit ist recht groß, aber man bringt besser etwas Zeit mit. 🕐 tgl. 8.30–17 (Nov–März 9–16) Uhr, 500 ¥.

Von Nagano fährt man mit der Nagaden-Privatbahn bis Yudanaka (1 1/4 Std., 1160 ¥; 5x tgl. Expresszüge ca. 50 Min., 1260 ¥). Von dort verkehren seltene Busse nach Kanbayashi, von wo es 1,6 km zu Fuß (sonst 5 km ab Yudanaka) auf einem schönen Waldweg sind.

Togakushi 戸隠

Togakushi ist eine Hochebene nördlich von Nagano und bekannt für fantastische Soba. Im Sommer, etwa von Mitte Juli bis Mitte September, blüht hier überall der Buchweizen. Hauptattraktion und Pilgerziel sind die drei Gebäude des Togakushi-Schreins, Hōkō-sha, Chū-sha und Oku-sha, bei denen Gebete für erfolgreiches Studium und Geschäfte gut aufgehoben sind.

Auf der Straße passiert man aber als Erstes das **Togakushi Soba Hakubutsukan**, 🖥 www.togakushi-tq.jp, das als Buchweizennudel-Museum eigentlich nur etwas hergibt, wenn man etwas Japanisch kann. Dafür kann man hier stündlich Soba selbst machen (Soba-*taiken*, 3240 ¥ pro Bund Nudeln, ca. 50 Min., englisches Infoblatt) und sich dann auch gleich zubereiten lassen (plus 250 ¥ pro Person, ein Bund reicht für 4 Personen). 🕐 tgl. 9–17 Uhr, am 3. Mi des Monats geschlossen, Museum 200 ¥. Bushaltestelle Soba-Hakubutsukan.

1,5 km dahinter führt eine steile Treppe zum **Hōkō-sha**, dem ältesten der drei Schreine. 1861 machte man noch keine strenge Unterscheidung zwischen Buddhismus und Shintō – der Schrein sieht daher ein bisschen wie ein Tempel aus und hat großartige Holzschnitzereien an den Balken. Am „Mittel-Schrein" **Chū-sha** gibt es einige Läden, Andenken, Soba-Restaurants und Unterkünfte. In Richtung **Oku-sha** fährt der Bus noch einmal zehn Minuten weiter, dann sind bis zum hinteren Schrein aber noch 40 Min. zu Fuß zu bewältigen. Der Oku-sha war früher ein Trainingsort für die Kriegermönche des Shugendō (S. 246). Hier erwarten viel Natur, kleine Teiche, Felsen und alte Zedernreihen die Besucher. Die Gegend ist sowohl als Wintersportort (schöne Schneeschuh-Touren!) als auch zum Wandern beliebt, mehrere Wanderwege verbinden die drei Schreine.

Gegenüber dem Eingang zum Oku-sha liegt an der Straße das **Volkskundemuseum** (Minzoku-kan), ✆ 026-254-2395, mit einem angeschlossenen Ninja-Museum und einem nachgebauten Ninja-Haus: Durch geheime Türen und Treppen muss man selbst den Rundweg durchs Haus finden – werktags bzw. mit wenigen Besuchern sehr vergnüglich. ⏱ tgl. 9–17 Uhr, 500 ¥.

Minshuku Torimitei, ✆ 026-254-3867, etwas unterhalb des Chū-sha. Von einem etwas exzentrischen Seefahrer geführte Pension. 7000 ¥ p. P. mit HP.
Oshi Ryokan, ✆ 026-254-2007, 🖥 www. oshiryokan.com. Schönes altes Haus gleich rechts vor den Stufen zum Hōkō-sha. 9130 ¥ p. P. mit HP.
Shukubō Gokui, ✆ 026-254-2044, direkt neben dem Chū-sha. Malerische Tempelunterkunft. 12 000 ¥ p. P. mit HP.
Anfragen für eine **Tempelübernachtung** richtet man ansonsten direkt an die Tempel selbst: Chū-sha ✆ 026-254-2580, und Hōkō-sha ✆ 026-254-2005. Um 10 000 ¥ p. P. mit HP.
Togakushi-Campingplatz, Togakushi 3694, letzte Haltestelle 1,5 km hinter dem Eingang zum Oku-sha, ✆ 026-254-3581, 🖥 www. togakusi.com/camp. Gute Basis für Wanderungen, guter Blick, teils moderne Anlagen. Ab 1000 ¥ pro Zelt, außerdem unterschiedliche Hütten und Bungalows ab 5000 ¥.

Jedes Restaurant bereitet Soba selbst zu, immer und überall sehr gut, meist um 1000 ¥ pro Portion.
Yamaguchiya, an der Hauptstraße unterhalb des Chū-sha. Nussig schmeckendes Soba-Softeis, 350 ¥.

Das einzige Lädchen in Togakushi befindet sich an der Haltestelle Chū-sha Daimon, ⏱ Mo–Sa 9–19 Uhr.

Touristeninformation etwas unterhalb des Hōkō-sha, Togakushi Toyo-oka 1554, ✆ 026-254-2888, 🖥 www.togakushi-21.jp. ⏱ tgl. 9–16 Uhr.

Von NAGANO 1 Std. per Bus (Nr. 70 und 71). Der Bus fährt erst am Soba Hakubutsukan (50 Min.) vorbei, dann am Hōkō-sha und Chū-sha Iriguchi (Eingang) bis zum Campingplatz.

Tateyama-Kurobe-Alpenroute
立山黒部アルペンルート

Die Tateyama Kurobe-Alpenroute führt über den unwegsamen Kamm der japanischen Nordalpen: In einer Abfolge von acht unterschiedlichen Verkehrsmitteln lässt sich das über 2500 m hohe Gebirge an einem Tag überwinden. Besser ist eine Übernachtung unterwegs, so bleibt genügend Zeit, um die spektakuläre Natur zu erkunden.

Im April wird per GPS-Sondierung die Straße geräumt; links und rechts bleiben bis zu 20 m hohe Schneewände stehen: die **Schneewand von Murodō**. Einstiegspunkt in die Tour von Westen aus ist der kleine Ort **Tateyama** am Ende der Privatbahnlinie von Toyama. Am Bahnhofsvorplatz lohnt das kleine **Kratermuseum** (Tateyama Caldera Sabo Museum), ✆ 076-481-1160, 🖥 www.tatecal.or.jp, mit geologischen Erklärungen (allerdings nur auf Japanisch) einen kurzen Blick: Der westliche Teil der Alpenroute verläuft entlang eines vorzeitlichen Kraterrands. Noch während der Edo-Zeit befand sich am Grund des (heute abgesperrten) kilometerbreiten Kraters ein kleiner Onsen-Ort, der bei einem Erdrutsch völlig verschüttet wurde. Im frei zugänglichen Erdgeschoss des Museums steht ein großes Modell des Kraters und der umliegenden Berge. ⏱ Di–So 9.30–17 Uhr, 400 ¥.

Von Tateyama bringt eine Zahnradbahn Besucher nach **Bijōdaira**. (Alternativ führt ein steiler,

Murodô ist bis in den Frühsommer hinein verschneit.

überwachsener Fußweg in rund 2 Std. den Grat hinauf). Von dort geht es per Bus auf einer Hochebene am Kraterrand entlang durch Hochmoore. Der Bus passiert **Midagahara** und **Tengūdaira**, wo es jeweils Unterkünfte und Spazierwege gibt, und erreicht vor dem eigentlichen Bergkamm **Murodō**. Der „Ort" besteht aus etwa einem Dutzend verstreut liegender Hotels und Berghütten. Die Bushaltestelle befindet sich im Untergeschoss des Hotels Tateyama, direkt nebenan ist die Bergwacht. In den oberen Stockwerken ist auch ein kleines Naturkundemuseum, das **Shizen Center**, untergebracht. Die durchaus sehenswerte Ausstellung ist zwar auf Japanisch, aber die kurzen Filme über einheimische Pflanzen und die hier lebenden Schneehühner *(raichō)* sollte man unbedingt ansehen. Das Büro des Museums gibt auch Informationen zum Bergsteigen und zur aktuellen Schneesituation. ⊙ tgl. 8.30–17 Uhr.

Vom Busterminal führen Spazierwege zum türkisblauen Vulkansee **Mikurigaike** und zum **Jigoku-dani**, einem Tal mit hoher vulkanischer Aktivität. Hier dampfen Schwefelschwaden aus dem Bachlauf. Manchmal ist der Weg durchs Tal wegen der Dämpfe gesperrt, dann bleibt nur

der immer noch sehr eindrucksvolle Blick von oben. Etwas östlich auf einer Anhöhe steht Japans älteste Berghütte, die **Tateyama Murodō**. Sie wurde 1726 als Unterkunft für Pilger gebaut, die auf den heiligen Berg Tateyama steigen wollten.

Von Murodō führen zahlreiche Wanderwege in das Hochmoor und die umliegenden Berge. Der 3015 m hohe Gipfel des **Tate-yama** ist für geübte Wanderer in wenigen Stunden zu erreichen. Für den **Tsurugi-dake**, der als schwierigster Berg der Japanischen Alpen gilt, sind dagegen mehrere Tage einzuplanen. Mit einem Elektrobus fährt man dann von Murodō durch einen langen Tunnel unter dem Tate-yama hindurch zur Seilbahnstation **Daikanbō**, von dort geht es per Seilbahn weiter nach **Kurobedaira** und mit der Zahnradbahn zum **Kurobe-Staudamm**. Das zugehörige Kraftwerk ist aus Naturschutzgründen erst einige Kilometer weiter flussabwärts in den Berg gebaut. Ein zehnminütiger Fußweg über den Damm führt zur nächsten Elektrobusstation. Hier informiert ein kleiner Ausstellungsraum über den Bau des 186 m hohen Kurobe-Damms. Erste Planungen für einen Staudamm zur Energiegewinnung gab es schon

Reisezeit

Murodō liegt auf 2400 m Höhe, und die gesamte Route ist auch im Sommer recht kühl. Die durchschnittliche Höchsttemperatur im August beträgt gerade mal 16 Grad. Die sumpfige Hochebene von Murodō ist bis etwa Juni noch verschneit. Im Juli/August ist **Hochsaison**, denn dann blühen hier rare alpine Pflanzen wie die Japanische Mantelblume (*mizubashō*). Besonders eindrucksvoll ist ein Besuch auch im Oktober, wenn die Natur in herbstliche Rottöne getaucht ist. Im Winter ist die Route wegen des hohen Schnees nicht passierbar.

1917. Fertiggestellt wurde er dann aber erst 1963, weil für den Staudammbau zunächst ein Tunnel durch die steile Bergkette nach Osten gesprengt werden musste, um Material heranzuschaffen. Durch diesen Tunnel fahren die Touristen heute mit einem weiteren Elektrobus nach **Ogisawa**. Auf der anderen Seite verkehrt dann ein Stadtbus, der die Ausflügler die letzten 15 km nach **Shinano-Ōmachi** zum JR-Bahnhof bringt.

ÜBERNACHTUNG

Angegeben ist jeweils der günstigste Preis (im Frühling) mit Halbpension, pro Person. Fast alle Unterkünfte sind im Sommer etwa 50 % teurer.

Tateyama

Senzan-sō, ✆ 076-482-1726, Ryokan. Sehr günstig neben dem Bahnhof der Zahnradbahn gelegen. 7000 ¥.

Midagahara

Kokuminshuku-sha Tateyamasō, ✆ 076-442-3535, 🖥 www.alpenmura.co.jp/tateyamasou. Einfache Unterbringung in Stockbetten. Gratisverleih von Stöcken, Gummistiefeln und Schneeschuhen, vorrangig an Gäste. Gelegentlich Vorträge zur Flora und Fauna der Umgebung. 10 800 ¥.
Midagahara Hotel, ✆ 076-442-2222, 🖥 www.alpen-route.co.jp/midagahara-h. Gleich gegenüber und wesentlich vornehmer. Vorträge und geführte Wanderungen. 16 200 ¥.

Murodō

Hotel Tateyama, ✆ 076-465-3333, 🖥 www.alpen-route.co.jp/h-tateyama. Das beste Hotel am Platze und das höchstgelegene Japans. 19 440 ¥.
Murodō Sansō, neben der alten Berghütte Tateyama Murodō, ✆ 076-465-5763. Urige Bergunterkunft mit DZ. 9070 ¥.
Raichō-sō Onsen, ✆ 076-465-5777. Etwas weiter vom Busterminal entfernt. Thermalbad mit gutem Blick auf die umliegenden Berge. Ab 9200 ¥. Nur Onsen (bis 18 Uhr) 500 ¥.
€ **Raichōzawa-Campingplatz**, im Tal hinter dem Raichō-sō, ca. 40 Min. vom Busterminal zu Fuß. Sehr schöne Landschaft, karge Sanitäranlagen, keine Duschen, ⏰ März–Okt, allerdings frühestens ab Juni schneefrei, 500 ¥.

Kurobe-Damm

Lodge Kuroyon, ✆ 076-465-5776. Rund 30 Min. Fußweg vom Damm am Seeufer entlang. Schlichte Berghütte in einsamer Landschaft am See, beliebt bei Anglern. Selbstbedienungskantine, DZ, Bettwäsche gegen Gebühr. 10 260 ¥ p. P. mit HP. Nebenan einfacher Zeltplatz, gratis.

ESSEN

An allen Bus-und Bahnstationen werden kalte und warme Snacks, wie Nudelsuppen und Hefeklößchen, sowie Getränke verkauft; ansonsten keinerlei Läden. Ein richtiges, eher teures Restaurant befindet sich im ersten Stock des Hotel Tateyama in Murodō.

AKTIVITÄTEN

Auf der gesamten Strecke zwischen Bijodaira und Murodō sind schöne **Spazierwege**, z. T. auf Bohlenwegen übers Hochmoor angelegt, die entweder als Rundwege oder als Alternative zum Bus gegangen werden können. Im Frühsommer sind die gleichen Strecken auch als **Schneeschuh- oder Skitouren** geeignet. Von Murodō aus sind **Bergtouren** in die Nordalpen möglich, von Tagesausflügen zum Tateyama oder der Besteigung des Tsurugi-dake bis zu längeren Touren über die Bergkämme. Wer im Frühsommer die Berge besteigen will, muss die komplette **Ausrüstung** (Steigeisen und Pickel) mitbringen, vor Ort gibt es keinen Verleih.

INFORMATIONEN

Die **Touristeninformationen** der umliegenden Orte (bis Toyama und Nagano) und das **Naturkundemuseum in Murodō** haben (japanische) Broschüren, Informationen zu Bussen und Seilbahnen und sind auch bei praktischen Fragen behilflich.

NAHVERKEHR

Die Strecke von Tateyama bis Ogisawa ist für Privatfahrzeuge gesperrt. Die gesamte Tour mit den unterschiedlichen Verkehrsmitteln kostet 9490 ¥, wenn die Fahrkarte auf einmal durchgelöst wird, und erfordert mindestens einen vollen Tag. Das Ticket ist 5 Tage gültig und kann schon in Toyama gekauft werden, bei **Dentetsu Toyama** an einem speziellen „Alpenroute"-Schalter. Einzeltickets für Teilabschnitte sind etwas teurer. Achtung: Auf der Strecke Bijōdaira–Murodō ist nur ein Zwischenhalt erlaubt. Der Bus für die Weiterfahrt muss dann reserviert werden, beliebiges Ein- und Aussteigen ist nicht möglich.

TRANSPORT

Busse

Von Ogisawa nach Shinano-Ōmachi etwa stdl. mit Alpico, 🖥 www.alpico.co.jp/access/hakuba/ogizawa, 1360 ¥.
Von Shinano-Ōmachi fahren JR-Expressbusse nach NAGANO, ca. 1 Std., 1800 ¥, und TŌKYŌ, 4 Std., 4100 ¥.

Eisenbahn

Von Tateyama nach TOYAMA 1 Std., 1170 ¥.
Von Shinano-Ōmachi nach MATSUMOTO 1 Std., 650 ¥., nach TŌKYŌ (mit Expresszug) 3 1/2 Std., 7440 ¥. Nur wenige Züge halten in Shinano-Ōmachi.

Kurobe-Schlucht 黒部峡

Vor allem Eisenbahnfans kommen in der Kurobe-Schlucht auf ihre Kosten, denn von Unazuki nach Keyakidaira schlängelt sich eine 762-mm-**Schmalspurbahn** durch die enge, v-förmige Schlucht (die größte in Japan) und überquert dabei einige sehr fotogene Brücken. Auf einer Strecke von etwa 20 km überwindet das Bähnchen in 1 Std. 20 Min. dabei einen Höhenunterschied von fast 400 m.

Die 1923 als Materialbahn für Wasserkraftwerke gebaute Bahn befördert heute fast ausschließlich Touristen. Der Kurobe-Fluss hat hier ein durchschnittliches Gefälle von 36 Grad und führt besonders nach der Schneeschmelze im Frühjahr sehr viel Wasser. Erst 1953 wurde die Werksbahn in einen regulären Zug umgewandelt, der auch Passagiere befördern durfte.

An der Strecke verlocken **Spazierwege** und mehrere **Onsen** zu einem Zwischenstopp. Die Hotels in der Kurobe-Schlucht sind meist exklusive Onsen-Hotels mit entsprechenden Preisen (ab 9000 ¥ p. P. mit HP). Die Fahrt lässt sich aber auch als Tagesausflug von Toyama (S. 371) bewältigen.

TRANSPORT

In der eigentlichen Schlucht zwischen Unazuki und Keyakidaira fährt nur die **Schmalspurbahn**, 🖥 kurotetu.co.jp, 20. April–30. Nov; Züge ab Unazuki 7.32–15.40 Uhr, ab Keyakidaira 9.16–17.25 Uhr, 1710 ¥; Teilstrecken ab 570 ¥. Von TOYAMA nach Unazuki ab 1 1/2 Std. mit Umsteigen in Uozu, ab dort Privatbahn: JR 500 ¥, Toyama Chihō-Bahn 930 ¥.

Hokuriku 北陸地方

Weil sie von den politischen und wirtschaftlichen Zentren Japans durch hohe Bergketten getrennt und sehr strengen Wintern ausgesetzt ist, blieb die Küste am Japanischen Meer strukturschwach. Doch gerade das macht ihren Reiz aus. Neben unberührter Natur und ursprünglichen Dörfern finden sich in der Hokuriku („Nordland") genannten Region aber auch kulturelle Highlights wie die Burgstadt Kanazawa.

Fukui 福井

Fukui ist die Hauptstadt der gleichnamigen Präfektur, die traditionell Echizen heißt. Japaner assoziieren mit der Gegend vor allem leckere Krabben. Touristen übernachten hier auf dem Weg nach Tōjinbō (S. 359) oder zum Eiheiji, dem Haupttempel der zen-buddhistischen Sōtō-Schule. Die städtischen Sehenswürdigkeiten sind eher unspektakulär.

Von der zentral gelegenen **Burg** von Fukui sind nur noch die Burgmauern und einige Fundamente erhalten. Einen Besuch lohnt der nahe gelegene kleine, aber schmucke **Yōkōkan-Garten**, 🖳 www.history.museum.city.fukui.fukui.jp/yokokan. Er existierte bereits während der Edo-Zeit, wurde im Krieg aber vollständig zerstört und erst 1982 einschließlich einer kleinen Daimyō-Residenz wieder aufgebaut. Fachzeitschriften zählen ihn inzwischen zu den schönsten Gärten Japans. ⏰ tgl. 9–19 Uhr, 210 ¥, Kombiticket mit dem Geschichtsmuseum nebenan (englischer Gratis-Audioguide) 340 ¥.

Östlich außerhalb der Stadt im **Ichijō-dani** hatte früher der Asakura-Clan seine Paläste. Auf den Grundmauern ist eine Gasse mit Samuraihäusern rekonstruiert worden. ⏰ 9–17 Uhr, 210 ¥.

€ **Econo Hotel**, Hinode 1-1-17, ✆ 0776-23-5300, 🖳 greens.co.jp/hefukui. Günstiges Businesshotel direkt am Bahnhof. ➊
Fukui Palace Inn, Junka 1-12-17, ✆ 0776-23-3801. Schlichtes Businesshotel westlich des Rathauses, auch mit japanischen Zimmern. Das Schwesterhotel Fukui Palace Hotel nebenan hat ein optionales Gemeinschaftsbad und ist etwas teurer. ➋
Fukuiken Seinenkan Jugendherberge, Ōte 3-11-17, westlich des Rathauses, ✆ 0776-22-5625, 🖳 www.jyh.or.jp/english/hokushinestu/fukuike. Etwas abgewohnt. 3360 ¥ p. P. für Mitglieder.
Hotel Route Inn, Ōte 2-1-14, am Bahnhof, ✆ 0776-30-2130, 🖳 www.route-inn.co.jp. Kettenhotel mit großem Gemeinschaftsbad, LAN-Kabel, Internet-Terminals, Waschmaschine, kostenloser Parkplatz. ➋

Neben Krabben ist die Region für *oroshi-soba* bekannt, Buchweizennudeln in einer Suppe mit geriebenem frischem Rettich. *Rakkyō*, eine Art

Schalotte, wird meist wie Silberzwiebeln eingelegt gegessen.
Preiswerte Restaurants konzentrieren sich in den Einkaufsstraßen südwestlich des Bahnhofs.
Hokuriku Gyokō Kita no Oyaji, im Prism-Einkaufszentrum, JR-Bahnhof, ✆ 0776-28-5550. Beliebtes Fließband-Sushirestaurant mit Tellern ab 108 ¥. ⏰ tgl. 11–22 Uhr.

€ **Nakau**, Galeria Motochō, Ecke Chūō-dōri. Beliebtes, sehr preisgünstiges Nudelrestaurant. ⏰ 24 Std.

Fahrradverleih
In der Stadt gibt es ein städtisches Fahrradverleihsystem mit mehreren Miet- und Rückgabestationen (4 Std./200 ¥, Tag/500 ¥).

€ Außerdem bietet die Privatbahn Echizen Tetsudō an 10 Bahnhöfen Leihfahrräder für 50 ¥ pro Tag an: u. a. Fukui-guchi (innenstadtnah), Miguni (für Tōjinbō) und Eiheijiguchi (für Eihei-ji). Details in der Touristeninformation, ⏰ tgl. 7–20 Uhr, Rückgabe am gleichen Bahnhof.

Geld
Geldwechsel am besten in der Hauptpost, 2 Blocks westlich des Bahnhofs in einer Querstraße der Chūō-dōri.

Gepäckaufbewahrung
Bei **Echizen Tetsudō** kann großes Gepäck für 300 ¥ pro Tag abgegeben werden (billiger als große Schließfächer).

Informationen
€ **Touristeninformation** im Bahnhof, Chūō 1-1-1, ✆ 0776-20-5348. Hier gibt es Ermäßigungscoupons für Sehenswürdigkeiten. ⏰ tgl. 8.30–19 Uhr.
Im Internet: 🖳 www.fukuicity-navi.com (mit automatischer Übersetzung).

Internet
Im Stadtzentrum gibt es kein Internetcafé. Das **Seattle Best Coffee Cafe** in Bahnhofsnähe bietet WLAN für Gäste. Ebenso einige der Kettenhotels (Tōyoko Inn, Hotel Econo etc.) in der Lobby.

Selbstfahrer

Fukui liegt an der Hokuriku-Autobahn zwischen Kyōto und Kanazawa. Wer will, kann von Kyōto aus auch auf der beschaulicheren Westseite des Biwa-ko (Nationalstraße 161) fahren.

Busse

Keifuku Bus, ☎ 0776-77-2046, 💻 bus.keifuku. co.jp.

Zum EIHEI-JI fährt man von Fukui aus am besten mit dem Bus. Direktbusse vom JR-Bahnhof Fukui (1/2 Std., 720 ¥) fahren 6x tgl., am Wochenende 7x tgl. Achtung: Die Bushaltestelle für die Rückfahrt befindet sich nicht am Tempel, sondern am Ende der Einkaufsstraße auf der rechten Seite.

€ Für mehrere Fahrten in der Region lohnt sich der **2-Tage-Pass** für 2000 ¥. Der Pass gewährt auch 10–20 % Rabatt auf Eintrittspreise, Andenken und Bootsrundfahrten.

Eisenbahn

Zum EIHEI-JI: Mit Echizen Tetsudō bis Eiheijiguchi, 1/2 Std., 450 ¥. Von dort mit Bus 88 (410 ¥) oder Fahrrad weiter – Fahrradverleih am Bahnhof, zum Eihei-ji ca. 5 km nach Süden, leicht hergauf.

Nach TŌJINBŌ: Von Fukui nach Mikuniminato, 50 Min., 770 ¥, von dort mit dem Bus (190 ¥) oder Leihfahrrad weiter. Achtung: Der Bus fährt eine Runde, immer abwechselnd links und rechts herum, manchmal ist es daher besser, schon in Awarayu umzusteigen (am Bahnhof nachfragen, Bus 570 ¥). Tagespass für das ganze Echizen-Privatbahnnetz 1200 ¥.

Schiffe

Von der nahe gelegenen Hafenstadt Tsuruga fährt **Shin Nihonkai Ferry**, 💻 snf.jp, tgl. via NIIGATA (ab 5350 ¥) und AKITA (6990 ¥) nach TOMAKOMAI auf Hokkaidō, 19 Std., ab 9570 ¥.

Flüge

Der nächstgelegene Flughafen ist **Komatsu**. Von dort Anschluss mit dem Bus nach Fukui (1 Std, 1250 ¥).

Fast stdl. Flüge nach TŌKYŌ (1 Std.), seltener nach Fukuoka, Sapporo, Naha sowie Seoul und Shanghai.

Eihei-ji 永平寺

Der Tempel Eihei-ji, 17 km östlich von Fukui, wurde 1244 von Dōgen gegründet (s. Kasten S. 358). Die Gebäude selbst sind relativ neu, aber die Anordnung und die Position an einem steilen Hang sind noch genauso wie von Dōgen vorgegeben. Vom Eingang aus ist das Tor **Chokushimon** (von 1839) zu sehen, das allein kaiserlichen Boten vorbehalten war. Am Haupttor **San-mon** (1749) erhalten jedes Jahr die Tempelnovizen nach langer Wartezeit Einlass. Die Anlage, durch die Besucher auf einem vorgegebenen Rundweg geführt werden, ist recht weitläufig. Bemerkenswert ist die Decke des **Sanshōkaku**, die erst 1920 von unterschiedlichen Künstlern bemalt wurde. Vor der Küche ist eine **Statue von Daikuin**, dem Gott des Feuers, aufgestellt. Der riesige Gong, mit dem die Mahlzeiten angekündigt werden, hat die Form eines Fisches: Die assoziative Verbindung zum Wasser soll helfen, die in Holzgebäude natürlich recht hohe Brandgefahr zu mindern. Die **Butsuden-Halle** mit den Buddhas der drei Zeitalter ist 420 Tatami-Matten groß.

Die Gründerhalle, **Jōyōden**, ist mit Fliesenfußboden im chinesischen Stil des 13. Jhs. ausgestattet; das Feuer davor (im Weihrauchfass) brennt seit Dōgens Zeit ununterbrochen. Von der Quelle nebenan soll schon Dōgen täglich getrunken haben. Interessant ist auch der Film über das Leben der *unsui*, der Tempelnovizen, der im Erdgeschoss gezeigt wird.

Am Eingang gibt es auf Anfrage eine englische Broschüre. Mit Voranmeldung (möglichst einen Monat vorher) kann eine englischsprachige Führung durch einen Mönch arrangiert werden. Es gibt auch für Laien die Möglichkeit, an einem Zazen-Training teilzunehmen (siehe Sonstiges). ⏰ tgl. 8–16.30 Uhr, 500 ¥.

Touristen sind willkommen, die Tempelanlage zu besichtigen, zugleich betonen die Mönche aber, dass es sich bei dem Tempel weder um einen Zoo noch um ein schöngeistiges Ausflugsziel handelt.

Schlafgelegenheiten im Tempel sind knapp und werden vorrangig an Laienmitglieder der Sōtō-

CHŪBU

Dōgen und der Weg zur Wahrheit

Im Jahr 1227 kommt der Mönch Dōgen (Jōyō-Daishi) von einem Studienaufenthalt in China zurück und bringt eine radikal neue Form des Buddhismus mit: den Zen-Buddhismus. In den nächsten Jahren begründet er mit Sōtō-Zen eine der beiden japanischen Hauptrichtungen des Zen-Buddhismus. 1243 verlässt Dōgen die Hauptstadt Kyōto und gründet in den Bergen weitab der Zivilisation seinen Haupttempel Eihei-ji.

Heute ist der Eihei-ji ein Zentrum der spirituellen Ausbildung. Jährlich durchlaufen ca. 100 Novizen *(unsui)* hier ein strenges Training, das stundenlange Meditation im Lotussitz, Sutrenrezitation und viel körperliche Arbeit beinhaltet. Ein minutiös durchorganisierter Tagesablauf und Arbeit bis zur körperlichen Erschöpfung, kombiniert mit Schlaf-und Essensmangel, sollen Entschlossenen den Weg zur Erleuchtung erleichtern. Wer mehr über das Leben als *unsui* im Eihei-ji erfahren will, dem sei das Buch *Eat, Sleep, Sit – My year at Japan's Most Rigorous Zen Temple* von Nonomura Kaoru (Kodansha) empfohlen.

© WESTWARDS

Der Eihei-ji ist einer der strengsten Zen-Tempel in ganz Japan.

Zen-Schule vergeben. Wenn Plätze frei sind, können auch auswärtige Gäste dort übernachten. **Ryokan Tōkiya**, Eiheiji-chō Monmae, Ladenstraße vor dem Tempel, ✆ 0776-63-3043, 🖥 www.zen-eiheiji.jp/shop/entry-45.html. Einfache japanische Unterkunft. Ab 8400 ¥ p. P. mit HP.

Happa-zushi sind Sushi, die in die Blätter einer lokalen Magnolienart eingewickelt sind. Sie werden traditionell im August zu *o-bon* am Eihei-ji gegessen. Die zahlreichen Andenkenläden in der Ladenstraße vor dem Tempeltor verkaufen auch Nudelsuppen und kleine Snacks. ⏰ tgl. 8.30–17 Uhr oder kürzer.

Sankō, nahe am Tempeltor, ✆ 0776-63-3350, grillt auf Holzkohle *riyaku-dango* (wörtlich „Profit-Klößchen"): eine Leckerei aus Reis mit Misosauce am Spieß. ⏰ tgl. 9–16 Uhr. **Sanrakutei**, am unteren Ende der Ladenstraße. Die Soba werden im Laden frisch vor den Augen der Gäste zubereitet. ⏰ tgl. 10–16 Uhr.

Tanakaya, am unteren Ende der Ladenstraße, ✆ 0776-63-3320, hat einen hübschen Innenhof, um den die Tische arrangiert sind. Gerichte um 1000 ¥. ⏰ tgl. 8–17 Uhr.

Feste

O-bon (Totenfest), Mitte August: Nach einer Zeremonie für die Toten treiben 10 000 Lampions den Fluss hinunter.

Zazen

Zazen-Exerzitien (Sitz-Exerzitien) mit Übernachtung: Anreise bis 17 Uhr, Bad, Übernachtung, Mahlzeiten, morgens und abends Zazen und Predigt, 8000 ¥. Der Tagesablauf entspricht dem Tempelleben, mit Aufstehen um 3.20 Uhr. Die Meditation wird im vollen Lotussitz durchgeführt und ist sehr anstrengend; wer sich für einen Probetag interessiert, sollte das bedenken. Anmeldung erforderlich, freie Plätze werden zunächst an Affiliierte der Sōtō-Schule vergeben. Nur mit Japanisch-Kenntnissen.

Eihei-ji Sō-uke, 5-15 Shihi, Eiheiji-chō, Yoshida-gun, Fukui-ken 910-1294, ✆ 0776-63-3102, ✉ 0776-63-3115.

TRANSPORT

Selbstfahrer
Von FUKUI ca. 15 Min. über Nationalstraße 165 und 364. Nach KANAZAWA 45 Min. über Fukui. Zum Flughafen KOMATSU ca. 1 Std.

Busse und Eisenbahn
Siehe Fukui, S. 357.

Maruoka 丸岡

Die kleine Burg von Maruoka, auch Kasumi-ga-jō („Nebelburg") genannt, liegt 12 km nördlich von Fukui. Sie ist eine der ältesten erhaltenen Burganlagen Japans. Auf einem unscheinbaren Hügel gelegen, hat sie eher die Größe eines befestigten Wohnhauses, mit zwei Stockwerken außen, dreien innen. Die Familienburg wurde in den 1570er-Jahren von Shibata Katsutoyo gegründet, einem Adoptivsohn des Generals Shibata von Fukui. Den Beinamen Nebelburg trägt sie heute nicht mehr zu Recht, denn durch Veränderungen in der Bebauung und Landwirtschaft ziehen nur noch selten Nebelschwaden um die Burg. Im Frühling versinkt die Burg dafür in einem Meer von Kirschblüten. Im Donjon selbst ist außer einigen Fotos nichts zu sehen. Ein winziges Museum am Fuß des Hügels zeigt ein anschauliches Modell der Burg, ein paar Rüstungen und Alltagsgegenstände aus dem Leben eines *daimyō*. Interessant ist der historische Taschenalmanach, der detailliert Namen, Wappen und Kontaktadressen für *daimyō* und andere Würdenträger auflistet. ⏱ tgl. 8.30–17 Uhr, Eintritt Burg und Museum 300 ¥. Die Burg ist 5 km vom JR-Bahnhof Maruoka entfernt; vom Bahnhof verkehren sehr wenige Busse (Taxi ca. 1000 ¥).

Im Infozentrum unterhalb der Burg ist ein kleines Restaurant untergebracht, im Ort selbst finden sich auch einige Cafés und Supermärkte.

Mit öffentlichen Verkehrsmitteln ist Maruoka am besten per Keifuku-Bus auf der Tōjinbō-Eiheiji-Route zu erreichen (Haltestelle Shiroiriguchi).

Tōjinbō 東尋坊

Die imposanten Felsformationen an der Küste von Tōjinbō, ca. 30 km nordwestlich von Fukui, sind ein beliebtes Ausflugsziel. Die bis zu 90 m hohen Basaltformationen bilden einen Teil des Echizen-Kaga-Kaigan-Quasi-Nationalparks. Die Klippen sind aber auch als Ziel für Selbstmörder bekannt geworden. Vor allem vom Meer aus bilden sie eine schöne, zerklüftete Kulisse. Bootsfahrten (1200 ¥) werden mindestens halbstündlich am Küstenende der Andenkenstraße angeboten.

ESSEN

Bei den Klippen von Tōjinbō gibt es eine Andenkenladengasse mit kleinen Restaurants und Fischgeschäften, die vor allem Krabben verkaufen. Im Sommer sollte man das Grüntee- oder das Kastaniensofteis probieren.

INFORMATIONEN

Touristeninformation im JR-Bahnhof Awara Onsen, ⏱ tgl. 9–18 Uhr, eine kleinere im Bahnhof Awarayu (Echizen Tetsudō). ⏱ tgl. 9–18 Uhr.

TRANSPORT

Selbstfahrer
Tōjinbō liegt an der Küste zwischen Fukui und Kanazawa und ist ab Awara Onsen / Autobahnausfahrt Kanazu ausgeschildert.

Busse und Eisenbahn
Siehe Fukui, S. 357.

Kanazawa 金沢

Mit etwa 500 000 Einwohnern ist Kanazawa das wirtschaftliche und kulturelle Zentrum an der Nordküste Honshūs. In der historisch bedeutenden Burgstadt mischen sich Tradition und Moderne sehr lebendig.

Als Stadtgründer gilt Maeda Toshiie, der 1583 die Herrschaft über Kanazawa erhielt. Als Familienresidenz baute er eine fünfstöckige Burg, um die bald eine rasch wachsende Stadt entstand, die dank der guten landwirtschaftlichen Bedingungen in der Region reich wurde: In der Edo-Zeit war Kanazawa die einzige Stadt in Japan, die eine Million *koku* Reis erntete. Ein *koku* (ca. 180 l) war in etwa die Menge Reis, die ein erwachsener Mann pro Jahr benötigte. Und mit dem wirtschaftlichen Reichtum entwickelte sich auch eine eigene künstlerische Ausprägung und Ästhetik in der Stadt an der Peripherie. Heute ist die Region mit mehreren bekannten Werkzeugmaschinenherstellern und einer jährlichen Modemesse ein bedeutender Wirtschaftsstandort. Gleichzeitig hat sich Kanazawa aber seinen edozeitlichen Charme bewahrt. Mit der Eröffnung der neuen Shinkansen-Strecke nach Nagano und Tōkyō im Frühjahr 2015 wird die Besucherzahl weiter steigen.

Um Burg und Kenroku-en
金沢城・兼六園

Die Burg **Kanazawa-jō** ist zwar von weither sichtbar, aber nur wenige Gebäudeteile sind original. Das Hauptgebäude ist nicht mehr vorhanden, und die markantesten sichtbaren Bauten sind erst seit den 1990er-Jahren wiederaufgebaut worden. Im Original erhalten sind nur das Ishikawa-mon, das östliche Tor, das zum Kenroku-en führt, sowie der um 1631 gebaute Hishi Yagura-Turm, der Hashizume-mon Tsuzuki Yagura-Turm und der Speicher Gojukken Nagaya. Maeda Toshiie errichtete 1592 eine erste Burg, die später weiter ausgebaut wurde. Militärische Überlegungen spielten dabei stets eine entscheidende Rolle, weil die Maeda weitgehend autonom von der Zentralregierung in Edo bleiben und immer für einen etwaigen Krieg gerüstet sein wollten. So bestehen z. B. die glänzenden hellen Ziegel des Ishikawa-Tors aus Blei, aus dem im Notfall Munition gegossen werden konnte. Nach der Meiji-Restauration benutzte die japanische Armee das Gelände; nach dem Zweiten Weltkrieg zog schließlich die Universität Kanazawa ein und blieb bis in die 1990er-Jahre in der Burg. Danach wurde das Gelände in einen öffentlichen Park umgewandelt, und die alten Gebäude wurden nach und nach rekonstruiert. Für einen Wiederaufbau des Donjon gibt es hingegen noch keine Pläne. Erhaltene Burggebäude: 📞 076-234-3800, 🕐 tgl. 9–16.30 Uhr, 310 ¥, Park: 🕐 7–18 Uhr, im Winter 8–17 Uhr, Eintritt frei.

Die meisten japanischen Touristen besuchen Kanazawa, um den **Kenroku-en** zu besichtigen, den Garten der Maeda-Familie, der sich östlich an die Burg anschließt und früher zum Burgbezirk gehörte. Ein erster Garten wurde 1676 unter dem 5. Maeda-Fürsten Tsunanori angelegt, und danach scheute die Familie jahrhundertelang keine Kosten, um den Park zu perfektionieren. Im Garten finden sich nicht weniger als 183 unterschiedliche Baum- und über 70 Moosarten, aber unter Gartenkennern berühmt ist der Garten, weil er „sechs erstrebenswerte Eigenschaften vereint" (so etwa lautet die Übersetzung des Namens), die aus den folgenden drei Gegensatzpaaren bestehen: 1. Wasser und Ausblick (Wasserflächen befinden sich sonst meist im Tal, wo es keinen Ausblick gibt); 2. Weite und Geborgenheit; 3. Gestaltung und Unberührtheit (kunstvolle Eingriffe in die Natur im Gegensatz zu natürlicher Patina). Tatsächlich ist nichts an diesem Garten „natürlich" im Sinne von ungeplant: Selbst das Wasser wird über eine 10 km lange Leitung hergebracht!

Der älteste Teil ist der Bereich um den Teich Hisago-ike, direkt beim Schloss, rechts vom Eingang. Dort saß der *daimyō* im noch immer bestehenden Yugaotei-Teehaus und blickte auf den gegenüberliegenden Wasserfall und seinen Garten. Im Shiguretei-Teehaus können es ihm heute die Besucher gleichtun.

Von hier geht es nach schräg links hinauf, an einer Fontäne vorbei, die noch in der Edo-Zeit ohne Pumpe gebaut wurde und nur durch den Wasserdruck sprudelt, und durch sehr gepflegte Moosflächen zum Teich Kasumi-ga-ike. Hier bieten sich die berühmtesten Ausblicke des Parks: auf die Steinlaterne und die Insel im Teich; einen Hügelzug östlich als „geliehene Landschaft", eine riesige Kiefer mit kunstvoll vergrößerten Wurzeln, die Kirschbaum-Brücke und einen Wasserlauf mit Zehntausenden von Irissen. Hinter dem Bronzedenkmal des mythischen Yamato Takeru, der ältesten Bronzestatue Japans, wird es stiller; man kann einen kleinen Hügel erklimmen und durch den neuesten Gartenteil zurückgehen. An jeder Biegung, jeder Brücke ändert sich die Stimmung, Abwechslung ist das A und O. Der Garten gilt neben dem Kōraku-en in Okayama und dem Kairaku-en in Mitō als ei-

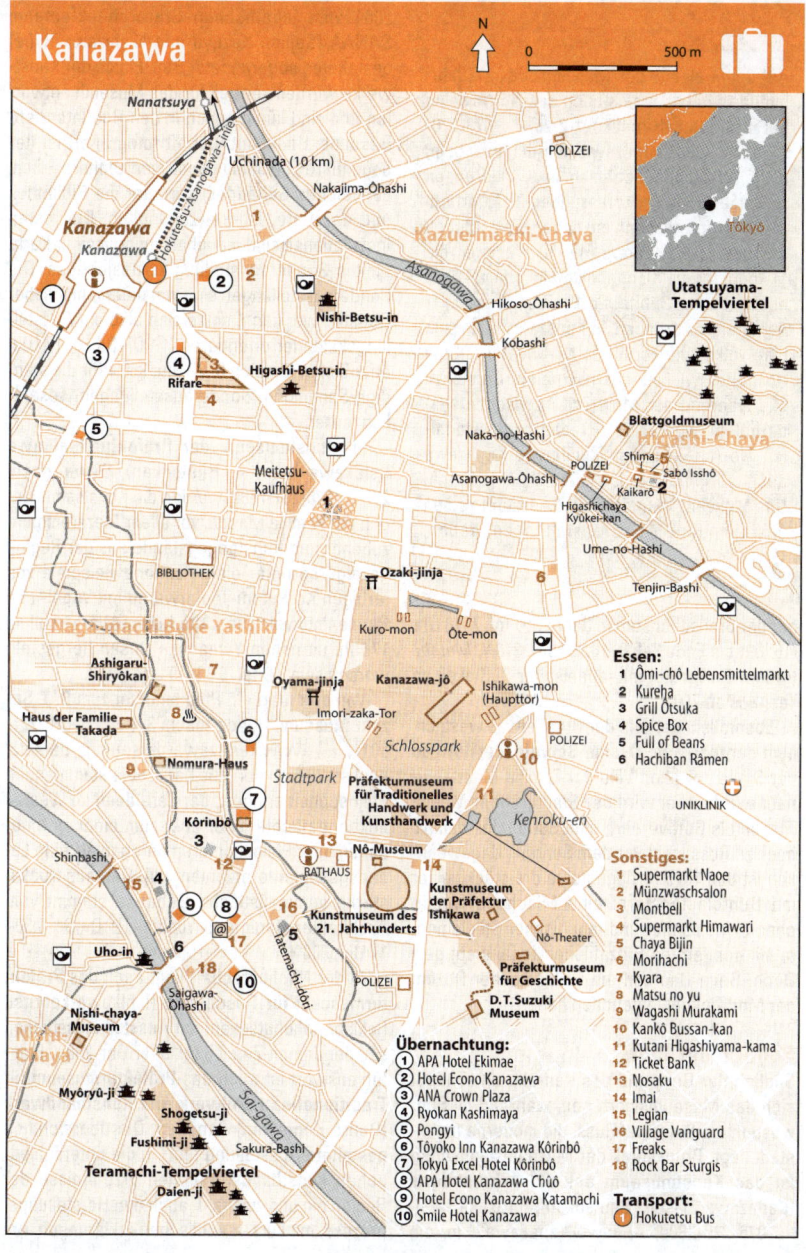

Kanazawa

N

0 — 500 m

Nanatsuya

Uchinada (10 km)

Nakajima-Ōhashi

POLIZEI

Kazue-machi-Chaya

Kanazawa
Kanazawa

Asanogawa

Hikoso-Ōhashi

Nishi-Betsu-in

Kobashi

Utatsuyama-
Tempelviertel

Rifare

Higashi-Betsu-in

Naka-no-Hashi

Blattgoldmuseum

Higashi-Chaya

Shima

Meitetsu-
Kaufhaus

Asanogawa-Ōhashi

POLIZEI

Sabō Isshō

Kaikarō

Higashichaya
Kyūkei-kan

BIBLIOTHEK

Ozaki-jinja

Ume-no-Hashi

Tenjin-Bashi

Naga-machi Buke Yashiki

Kuro-mon

Ōte-mon

Ashigaru-
Shiryōkan

Oyama-jinja

Kanazawa-jō

Ishikawa-mon
(Haupttor)

POLIZEI

Haus der Familie
Takada

Imori-zaka-Tor

Schlosspark

Nomura-Haus

Stadtpark

Kōrinbō

Präfekturmuseum
für Traditionelles
Handwerk und
Kunsthandwerk

Kenroku-en

UNIKLINIK

Shinbashi

Nō-Museum

RATHAUS

Kunstmuseum
der Präfektur
Ishikawa

Uho-in

Kunstmuseum des
21. Jahrhunderts

Nō-Theater

Saigawa-
Ōhashi

Präfekturmuseum
für Geschichte

POLIZEI

Nishi-chaya-
Museum

D. T. Suzuki
Museum

Nishi
Chaya

Myōryū-ji

Shogetsu-ji

Fushimi-ji

Sakura-Bashi

Teramachi-Tempelviertel

Daien-ji

CHŪBU

Essen:
1 Ōmi-chō Lebensmittelmarkt
2 Kureha
3 Grill Ōtsuka
4 Spice Box
5 Full of Beans
6 Hachiban Rāmen

Sonstiges:
1 Supermarkt Naoe
2 Münzwaschsalon
3 Montbell
4 Supermarkt Himawari
5 Chaya Bijin
6 Morihachi
7 Kyara
8 Matsu no yu
9 Wagashi Murakami
10 Kankō Bussan-kan
11 Kutani Higashiyama-kama
12 Ticket Bank
13 Nosaku
14 Imai
15 Legian
16 Village Vanguard
17 Freaks
18 Rock Bar Sturgis

Übernachtung:
1 APA Hotel Ekimae
2 Hotel Econo Kanazawa
3 ANA Crown Plaza
4 Ryokan Kashimaya
5 Pongyi
6 Tōyoko Inn Kanazawa Kōrinbō
7 Tōkyū Excel Hotel Kōrinbō
8 APA Hotel Kanazawa Chūō
9 Hotel Econo Kanazawa Katamachi
10 Smile Hotel Kanazawa

Transport:
1 Hokutetsu Bus

Auf dem Gelände des Museums des 21. Jahrhunderts befindet sich auch das **Nō-Museum** der Präfektur, Hirosaka 1-2-25, ✆ 076-220-2790, ⌨ www.kanazawa-noh-museum.gr.jp, mit historischen Schätzen und Erklärungen zu dieser schwer zu fassenden Theaterform (S. 147). Interessant ist neben dem Modell des alten Nō-Theaters (gut zu erkennen die 11 Töpfe für die Klangeffekte) die original groß nachgestellte Bühne mit Positionierung aller Akteure als Attrappen. In Kanazawa hatte sich eine volksnahe Form des Nō-Theaters (Kaga Hōshō) entwickelt, das nach einer Durststrecke während der Meiji-Zeit inzwischen wiederbelebt worden ist. Neben professionellen Nō-Aufführungen spielen in Kanazawa auch vergleichsweise viele Laiengruppen. Das Museum kann detailliert Auskunft zu den anstehenden Nō-Veranstaltungen geben. ⏲ Di–So 10–18 Uhr, 300 ¥.

ner der drei schönsten in Japan. ⏲ tgl. 7–18 Uhr (16. Okt bis Ende Feb 8–16.30 Uhr), 310 ¥. *Matcha* (grüner Pulvertee) mit japanischer Süßigkeit im Teehaus ab 700 ¥.

Ebenfalls unterhalb der Burg, etwas westlich, liegt der markante **Oyama-Schrein**, der 1873 an der Stelle der alten Villa der Familie Maeda gebaut wurde. Hier wird der Stadtgründer Maeda Toshiie als Gott verehrt, eine Statue des *daimyō* hoch zu Ross steht vor dem Schrein. Ungewöhnlich ist das 1875 fertiggestellte dreistöckige Tor mit Buntglasfenstern: eine Mischung westlicher, chinesischer und japanischer Stilelemente mit dem ersten Blitzableiter Japans auf dem Dach. Beim Bau soll ein holländischer Dozent der Medizinschule geholfen haben.

Südlich der Burg

Südlich der Burg und des Kenroku-en schließt sich das Museumsviertel an, während im Südwesten, am Saigawa-Fluss, die moderne Innenstadt liegt. Prunkstück der Museumslandschaft ist das **Kunstmuseum des 21. Jahrhunderts** (Kanazawa 21-seiki Bijutsukan), Hirosaka 1-2-1, ✆ 076-220-2800, ⌨ www.kanazawa21.jp, ein

2004 vom japanischen Stararchitektenteam SANAA (Sejima Kazuyo und Nishizawa Ryūe) gestalteter, abgerundeter Bau. Einige der Kunstwerke wurden speziell für das Museum entworfen und sind künstlerisch in den Bau integriert. Besonders bekannt und oft fotografiert ist der begehbare „Swimmingpool" von Leandro Erlich. Ein Teil des Gebäudes, darunter die Bibliothek und das Café, ist frei zugänglich. Die festen Installationen sind manchmal nur mit einer Karte für die Sonderausstellung zu besichtigen. Die Sonderausstellungen sind von unterschiedlicher Qualität, wer kann, sollte sich also am Ausstellungskalender orientieren. ⏲ Di–So 10–18 Uhr, öffentlicher Bereich 9–22 Uhr, 350 ¥ für die ständige Sammlung. Sonderausstellungen wesentlich teurer.

Im **Kunstmuseum der Präfektur Ishikawa** (Ishikawa Kenritsu Bijutsukan), Dewa-machi 2-1, ✆ 076-231-7580, werden die Kunstsammlungen der Familie Maeda, vor allem Teezeremoniezubehör und Kunstgegenstände aus der Region gezeigt. darunter einige schöne Beispiele von farbigen Ko-Kutani-Töpferwaren mit Vogel- und Blumenmotiven. Die „Alte Kutani-Ware" soll im 17. Jh. im nahen Yamanaka Onsen hergestellt worden sein. ⏲ tgl. 9.30–19 Uhr, 350 ¥.

Von dort führt ein Pfad hinunter zum **D. T. Suzuki Museum**, Honda-machi 3-4-20, ✆ 076-221-8011, ⌨ www.kanazawa-museum.jp/daisetz/english, das an den aus Kanazawa stammenden Philosophen erinnert, der Zen-Ideen im Westen bekannt machte, aber eher zum eigenen Innehalten und Philosophieren anregen als eine Lebensgeschichte erzählen will. Das ausdrucksstarke minimalistische Gebäude stammt vom Architekten Taniguchi Yoshio. ⏲ Di–So 9.30–17 Uhr, 300 ¥.

In der Nachbarschaft liegt auch das **Präfekturmuseum für Geschichte** (Ishikawa-kenritsu Rekishi Hakubutsukan) mit Ausstellungsstücken seit der Jōmon-Zeit. ⏲ tgl. 9–17 Uhr, 250 ¥. Empfehlenswert ist auch das **Präfekturmuseum für Traditionelles Handwerk und Kunsthandwerk** (Dentō Kōgei-kan) daneben. Die übersichtlich gestaltete Ausstellung führt in die unterschiedlichen kunsthandwerklichen Erzeugnisse der Region ein und zeigt z. T. auch den Herstellungsprozess, mit kurzen englischen Erklärungen. Am

„Swimmingpool" von Leandro Erlich im Kunstmuseum des 21. Jahrhunderts

Wochenende finden immer Schnupperkurse zu wechselnden traditionellen Handwerkstechniken, z. B. Töpfern, Blattgold- oder Papierherstellung, statt. Eine Teilnahme ist ohne Voranmeldung möglich, 10–15 Uhr, je nach Aktivität 700–1000 ¥ p. P. mit Material. ⊕ tgl. 9–17 Uhr, Museumseintritt 260 ¥.

Westlich der Burg

Westlich der Burg liegt das **Nagamachi-Viertel** mit seinen steingepflasterten Gassen und gut erhaltenen Samurai-Häusern. Die glänzenden Ziegeldächer sollten den Schnee, der hier im Winter sehr reichlich fällt, rascher zum Schmelzen bringen. Trotz kleiner Balustraden auf dem Dach, die den Schnee auffangen sollten, kam es öfters zu Unfällen, wenn große Schneemengen an sonnigen Tagen ins Rutschen gerieten. Vorsicht also im Frühling! Auch die kleinen Vordächer an den Hauswänden sind als Schneeschutz gedacht; die hölzernen Gitter hielten den Wind ab. Im Winter werden die alten Häuserfronten zum Schutz der Lehmmauern mit Bastmatten verhängt. An einem Informationsstand

können Touristen ausruhen und in Kanazawa-Broschüren blättern.

Einige der alten Häuser sind zu besichtigen. Vom **Haus der Familie Takada** (Kyū Kagahanshi Takada-ke-ato), Nagachō 2-6-1, ☎ 076-263-3640, einem Gefolgsmann der Maeda-Fürsten, sind nur noch ein langes Holztor und der Gartenteich erhalten. Eine kleine Ausstellung erläutert das Leben der Soldaten, die für einen solch mächtigen Samurai arbeiteten. ⊕ tgl. 9.30–17 Uhr, Eintritt frei.

Das **Nomura-Haus** (Buke Yashiki-ato Nomura-ke) in der Nähe, Nagamachi 1-3-32, ☎ 076-221-3553, 🖥 www.nomurake.com, suggeriert zwar in Namen und Werbebroschüre, es handle sich um eine Samurai-Villa, jedoch ist vom früheren Anwesen der reichen Samurai-Familie Nomura nichts erhalten. Das zu besichtigende Haus gehörte vielmehr einem wohlhabenden Händler aus der Region, der es Anfang des 20. Jhs. vom Familienstammsitz hierher überführte. Die Schiebetüren im etwas erhöhten VIP-Zimmer wurden von Sasaki Senkei aus der Kanō-Schule bemalt, und alle Nägel sind mit

Im Higashi-Chaya Viertel genießt man Tee in stilvoller Umgebung.

Knöpfen aus Kaki-Holz verkleidet. Besonders schön ist auch der Garten. ⊕ tgl. April–Sep 8.30–17.30, Okt–März 8.30–16.30 Uhr, 500 ¥. Im Obergeschoss wird in kleinen japanischen Teezimmern Tee serviert (300 ¥).

Zwei kleine Häuser von Fußsoldaten des Maeda-Clans sind in der Nähe zu besichtigen: **Ashigaru Shiryō-kan**, ⊕ tgl. 9.30–17 Uhr, Eintritt frei.

Higashi-Chaya und Teramachi
東茶屋・寺町

Das Viertel **Higashi-Chaya** erstreckt sich von der Flussniederung des Asano-Flusses bis zu den Hügeln im Osten. Die leicht geschwungene Umeno-hashi, eine alte Brücke über den Asano-Fluss, wurde 1978 vorbildlich restauriert. Wie das Nishi-Chaya-Viertel auf der Westseite der Stadt lag die Gegend jenseits des Flusses und damit außerhalb der eigentlichen Stadt. Beide Viertel wurden daher 1820 als Vergnügungsviertel designiert, und es entstanden viele kleine Bordelle und Teehäuser – Letztere bestehen z. T. heute noch. Hin und wieder sind auch noch Geishas in den Straßen unterwegs. Am belebtesten ist es hier zwar abends, aber auch tagsüber sind einige Teehäuser geöffnet. Zu den schönsten gehört das 180 Jahre alte Teehaus **Kaikarō**

in der Hauptstraße von Higashi-Chaya, ✆ 076-253-0591. Die Einrichtung – vieles ist aus dem frühen 20. Jh. – kombiniert Moderne und Tradition. In den Räumen ist moderne Kunst ausgestellt, die auch erworben werden kann. ⊕ tgl. 9–17 Uhr, 700 ¥, mit *matcha* 1260 ¥. Ein ähnliches Konzept haben das Teehaus **Shima** gegenüber, ein im Originalzustand erhaltenes Gebäude von 1820, ✆ 076-252-5675, ⊕ tgl. 9–18 Uhr, 400 ¥, mit *matcha* 1100 ¥, und das Teehaus **Sabō Isshō** am Ende der Straße, ✆ 076-251-0108, ⊕ Di–So 10–18 Uhr, mit *matcha* 1080 ¥. Im **Higashichaya Kyūkei-kan**, einem restaurierten alten Haus, können Touristen eine Pause machen. ⊕ tgl. 9–17 Uhr, Eintritt frei).

Hinter den Gassen mit den Teehäusern beginnt der **Tempelbezirk** mit etwa 50 Tempeln. Die meisten gehören zur Nichiren-Schule und wurden vom *daimyō* Maeda Toshitsune Anfang des 17. Jhs. hier eingerichtet – nicht zuletzt, um im Fall eines Konflikts mit dem Shogunat notfalls mehr Soldaten in loyalen Tempeln innerhalb der Burgstadt verstecken zu können.

In Higashi-Chaya befindet sich auch das interessante **Blattgoldmuseum** (Yasue Kinpaku Kōgei-kan), Higashiyama 1-3-10, ✆ 076-251-8950, das einen guten Einblick in die Herstellung von Blattgold ermöglicht. Das Blattgoldhandwerk wurde von den Maeda-Fürsten bewusst gefördert, um von den damals dominierenden Handwerkern aus Kyōto unabhängig zu werden und ein krisensicheres Gewerbe in Kanazawa anzusiedeln. Heute werden in der Stadt 98 % des japanischen Blattgolds produziert. Neben einem Video über den Herstellungsprozess (auf Japanisch) wird live demonstriert, wie die überstehenden Ränder der hauchdünnen Goldblätter abgeschnitten werden. Außerdem sind Werkzeuge und Kunstgegenstände mit Blattgoldverzierung ausgestellt. ⊕ tgl. 9.30–17 Uhr, 300 ¥.

Südlich des Saigawa

Wie im Osten der Stadt schließen sich auch im Süden jenseits des Flusses ein Tempelbezirk und ein Vergnügungsviertel an. Das westliche Teehausviertel **Nishi-Chaya** ist wesentlich kleiner und nicht so beeindruckend wie die Teehäuser im Osten. In einer hübsch restaurierten Gasse befinden sich mehrere Cafés und Restaurants, die erst abends richtig belebt sind.

Im anschließenden Tempelbezirk steht der Nichiren-Tempel **Myōryū-ji**, Nomachi 1-2-12, ✆ 076-241-0888, 🖳 www.myouryuji.or.jp, der wegen seiner verschachtelten Anlage mit 23 Räumen, 26 Treppen und zahllosen teils versteckten Türen und Gängen manchmal auch als **Ninja-Tempel** bezeichnet wird. Tatsächlich sollte eher der *daimyō*, der sich hier manchmal aufhielt, vor etwaigen Feinden geschützt werden. Eine Besichtigung ist nur mit japanischer Führung (nach Anmeldung) möglich; es gibt ein Heft mit Informationen auf Englisch. Der Tempel ist nicht leicht zu finden, am besten fragt man sich durch. Mehrere Läden in der Nähe verkaufen Ninja-Andenken wie Holzschwerter und Wurfsterne. ⊕ tgl. 9–16.30 Uhr, 800 ¥.

Einige Hotels finden sich in der Nähe des Hauptbahnhofs, wesentlich mehr sind im Bezirk Katamachi angesiedelt.
ANA Crown Plaza, Shōwa-machi 16-3, am Bahnhofsvorplatz, ✆ 076-224-6111, 🖳 www.anacrowneplaza-kanazawa.jp. Sehr großzügig geschnittene Zimmer. ❷–❸
APA Hotel Ekimae, Hirooka 1-9-28, auf der Bahnhofsnordseite, ✆ 076-231-8111. Sehr

großes neues Hotel, mit Sauna und Onsen. Weiteres Hotel der Kette im Zentrum, **APA Hotel Kanazawa Chūō**, Katamachi 1-5-24, ✆ 076-235-2111, mit Onsen und *rotenburo* auf dem Dach (nur Onsen 1000 ¥). ❷–❸
Hotel Econo Kanazawa, Konohana-chō 8-8, am Bahnhofsvorplatz, ✆ 076-223-2600, 🖳 www.greens.co.jp. Etwas schickeres Businesshotel mit Flachbildschirm und Hosenpresse auf dem Zimmer, WLAN, Parkplatz. Ein älteres Hotel dieser Kette im Zentrum: Katamachi 2-23-7, ✆ 076-223-2131, 🖳 www.greens.co.jp/kanakata. „Einzelzimmer" können auch zu zweit gebucht werden. ❶

📖 **Pongyi**, Roku-machi 2-22, ✆ 076-225-7369, 🖳 pongyi.com. Nettes, winziges Hostel in einem ehemaligen Kimono-Speicherhaus mit nur 3 Zimmern, davon eins auch als EZ oder DZ. Waschmaschine, Fahrradverleih. 2700–4000 ¥ p. P.
Ryokan Kashimaya, Hon-machi 2-19-13, ✆ 076-221-0187, 🖳 www.kashimaya.sakura.ne.jp. Etwas altmodisches, aber sehr sauberes und gemütliches Familien-Ryokan mit gutem Preis-Leistungs-Verhältnis. Englisch okay, relativ viele Ausländer. Ab 10 800 ¥ p. P. mit HP.
Smile Hotel Kanazawa, Kata-machi 1-10-18, ✆ 076-263-0011, 🖳 www.smile-hotels.com. Neues und sauberes Businesshotel. ❶
Tōkyū Excel Hotel Körinbō, Körinbō 2-1-1, ✆ 076-231-2411, 🖳 kanazawa-e.tokyuhotels.co.jp. 2013 komplett renoviertes gehobenes Mittelklassehotel. Sehr geschmackvolle große Zimmer, gute Lage, viele Reisegruppen. ❹–❺
Tōyoko Inn Kanazawa Körinbō, Körinbō 2-4-28, ✆ 076-232-1045. Preiswertes Innenstadt-Hotel, Gratis-Shuttle zum Bahnhof. ❶

Ein während der Meiji-Zeit in Kanazawa erfundenes „europäisches Gericht" ist der Hanton-Reis: Butterreis mit Ketchup, darüber weiches Rührei, weißer Fisch oder auch Fischkrokette und Tartarsauce. Der Name kommt von HUNgary + Thon (=Thunfisch).

🌳 **Full of Beans**, Satomi-chō 41-1, ✆ 076-222-3315, 🖳 www.fullofbeans.jp. Gemütliches Bio-Café in Körinbō. ⊕ Mo–Fr 11.30–15.30, 17–22, Sa–So 11–22 Uhr.

CHŪBU

Grill Ōtsuka, Kata-machi 2-9-15, ✆ 076-221-2646. Alteingesessenes Lokal für „westliche Speisen", wo man echten Hanton-Reis in Retro-Atmosphäre bekommt. ⏰ tgl. 11.15–20 Uhr.

Hachiban Rāmen, Kata-machi 2-21-12, ✆ 076-232-1238, 🖥 www.hachiban.co.jp. Beliebte Nudelsuppenkette mit mehreren Filialen in der Stadt. Klassische Rāmen und jahreszeitliche Angebote. ⏰ 11.30–6 Uhr (morgens).

🧳 **Spice Box**, Kata-machi 2-30-8, ✆ 076-234-3313. Indisches Restaurant mit Spezialitäten aus Sri Lanka und Südindien, leckere *dosa*, die hauchdünnen indischen Pfannkuchen, und gemäßigte Preise. Englische Karte. ⏰ tgl. 18–3 Uhr.

Japanische **Cafés** finden sich in der ganzen Stadt, besonders lohnend ist aber ein Besuch in den Teehausvierteln in Nagamachi und Higashi-Chaya (S. 364). Dort erholen sich Touristen in geschmackvoller, traditioneller Umgebung bei Tee und japanischen Süßigkeiten wie Softeis mit Grüntee-Geschmack, Azukibohnen und Reisklößchen *(mochi)* vom anstrengenden Besichtigungsprogramm.

Kureha, Higashiyama 1-24-3, ✆ 076-253-9080. Nettes Teehaus, ruhiger als die Besuchermagneten mit Museum. Im Erdgeschoss Tische und Andenken, oben Tatamimatten. ⏰ Do–Di 10–18 Uhr.

Sabō Isshō, Higashiyama 1-26-13, ✆ 076-251-0108. Berühmtes altes Teehaus mit interessanter Atmosphäre: Äußerst gelungene Mischung aus traditionell und klassisch modern. Etwas teurer. ⏰ Di–So 10–18 Uhr.

UNTERHALTUNG

Kneipen und Bars

Japanische Kneipen *(izakaya)* sind vor allem in den Gassen westlich von Kōrinbō in Kata-machi zu finden. Viele sind nur wohnzimmergroß und erfordern etwas Mut, um als „Außenstehender" einzutreten.

Legian, Kata-machi 2-31-30, ✆ 076-262-6510. Thailändisches und südostasiatisches Essen, gute Cocktails, entspannte Atmosphäre am Fluss. Der Barkeeper spricht Englisch und hält viele unterschiedliche Biere bereit. ⏰ Do–Di bis 0.30 Uhr, am Wochenende länger.

Rock Bar Sturgis, Kata-machi 1-7-15, Kirin Bldg. 4F, ✆ 076-262-9577. Bei Expats und Sprachstu-

denten beliebte Rock-Kneipe mit sehr familiärer Atmosphäre. Jam-Sessions beginnen eher etwas später am Abend. 1000 ¥ Eintritt. ⏰ tgl. 20–5 Uhr.

Nō

Das Nō-Theater der Präfektur liegt hinter dem Kenroku-en. Hier finden professionelle Aufführungen bekannter Ensembles statt. Am Wochenende gibt es oft auch Aufführungen von Laiengruppen, die man kostenlos ansehen kann. Eine gute Gelegenheit, um Hobby-Nō-Spieler zu treffen, die in der Regel auch gern davon erzählen. Informationen im Nō-Museum (S. 362).

EINKAUFEN

Schon seit dem 19. Jh. wird in Kanazawa traditionelles Handwerk gefördert; entsprechend gehört die Stadt mit Kyōto und Takayama zu den Top-Orten, um traditionelle Gegenstände des täglichen Gebrauchs und schönes Kunsthandwerk einzukaufen. Kanazawa ist bekannt für die Seidenproduktion *(yūzen)*. Die bekannte **Kaga-Yūzen** gibt es nur in Kyōto und Kanazawa; in beiden Städten führte der Färber Miyazaki Yūzensai sie im 17. Jh. ein.

Süßes

Ishikawa-ken Kankō Bussan-kan, ✆ 076-222-7788, ⏰ tgl. 10–18 Uhr, nördlich des Kenroku-en, verschiedene Läden im Erdgeschoss. Mehrere Fachgeschäfte verkaufen traditionelle Süßigkeiten *(wagashi)*, u. a. die berühmten *morihachi*, eine Art trockener Bonbon, der für die Teezeremonie von großer Bedeutung ist und wie gepresster Puderzucker schmeckt. Im Obergeschoss können Besucher selbst *wagashi* herstellen: Sa–So/feiertags 10–15 Uhr, 1230 ¥ für 4 Stück plus Ermäßigungen auf Einkäufe.

Morihachi, Ōtemachi 10-15, ✆ 076-262-6251, 🖥 www.morihachi.co.jp. Seit 1625 bestehendes Familiengeschäft für die Original-*morihachi*.

🧳 **Wagashi Murakami**, Nagamachi 2-3-32, ✆ 076-264-4223. Tolle japanische Süßigkeiten gegenüber vom Nomura-Haus. ⏰ tgl. 8.30–17 Uhr.

Blattgold und Weihrauch

Als Alternative zu teuren Blattgold-Wandschirmen (oder vergoldetem Nippes) bieten sich

schlicht ein paar Blätter Goldfolie zur Dekoration eines besonders guten Essens oder Goldkonfetti für Tee oder Sake an.
Chaya Bijin, Higashiyama 1-26-17, ☎ 076-253-8883, 🖥 hakuza.co.jp. Verkauft werden Kosmetikprodukte mit Goldfolie bzw. aus der Goldfolienproduktion. ⊕ tgl. 9.30–18 Uhr.
Imai, Hirosaka 1-2-36, in der Nähe des Kunstmuseums des 21. Jhs., ☎ 076-221-1109. Fachgeschäft für Blattgold und vergoldete Produkte. ⊕ Di–So 10–18 Uhr.

📖 **Kyara**, Takaoka-chō 19-17, ☎ 076-233-0477, 🖥 ww3.et.tiki.ne.jp/~kyara. Weihrauch-Fachgeschäft mit zahlreichen Weihrauchsorten und Zubehör. Einmal pro Monat findet hier eine „Weihrauch-Sitzung" statt, bei der die Teilnehmer unterschiedliche Weihrauchsorten erriechen müssen. Nach Voranmeldung können Gäste daran teilnehmen, geringe Japanischkenntnisse nötig. (2000 ¥ p. P. ab 2 Personen). ⊕ 10–18.30, So nur bis 18 Uhr.

Töpfer- und Lackwaren
Bei der allerorten verkauften **Kutani-Töpferware** handelt es sich um die eher grelle Keramik der Region, die heute meist in der Fabrik als Massenware hergestellt wird. Mit etwas Suchen finden sich aber auch schöne Stücke.
Kutani Higashiyama-kama, Kenroku-machi 1-16, neben dem Eingang des Kenroku-en, verkauft vor allem edles Toozubehör, nicht nur Kutani-Keramik. Stäbchenbänke ab 1500 ¥, Tassen ab 10 000 ¥, für Teeschalen ist die Skala nach oben offen. ⊕ tgl. 10–18 Uhr (im Winter bis 17 Uhr).
Nosaku, Hirosaka 1-1-60, beim Nō-Museum, ☎ 076-263-8121, 🖥 www.kanazawa.gr.jp/nosaku. Schöne Lackschalen und Essstäbchen. ⊕ Do–Di 10–19 Uhr.

Verschiedenes
Vom Rifare-Gebäude etwas nach Süden gelegen ist der **Supermarkt Himawari**, ⊕ 7–24 Uhr.
Der überdachte **Markt** in Ōmi-chō (zwischen Bahnhof und Zentrum) ist ideal für frische Lebensmittel – und für Fotos!
Montbell, Honmachi 1-5-3, im Rifare-Gebäude in der Nähe des Bahnhofs, ☎ 076-260-2561.

Outdoor-Zubehör und -Kleidung der gleichnamigen japanischen Marke. ⊕ tgl. 10–20 Uhr.
Village Vanguard, Tate-machi 45-2, Patio B1, ☎ 076-222-1381. Buchladenkette, die außer Büchern viel bizarren Kram verkauft. ⊕ tgl. 11–20 Uhr.

SONSTIGES

Discount-Tickets
€ **Ticket Bank**, in der Porte-Mall im JAL-Nikkō-Hotel, B1, ☎ 076-234-0009, ⊕ Mo–Fr 10–19.30, Sa 10–17 Uhr, in Kōrinbō neben der Post, ☎ 076-231-1944, ⊕ Mo–Sa 10–19, So 10–18 Uhr.

Fahrradverleih
Zwei Anbieter verleihen Gebrauchträder an automatischen Leihstationen in der Stadt, der größere ist **Machinori**, 🖥 machi-nori.jp. Man muss sich registrieren (in vielen Hotels möglich) und kann dann für 200 ¥ pro Tag beliebig oft und rund um die Uhr für jeweils 30 Min. ein Fahrrad leihen (dann muss das Rad wieder in irgendeine Leihstation zurückgebracht werden, sonst werden zusätzliche Gebühren fällig). Infos in der Touristeninformation am Bahnhof.

Festo
Hyakumangoku Matsuri, 13.–15.Juni: Mit diesem großen Fest feiert die Stadt die Einführung von Maeda Toshiie als Burgherr von Kanazawa. Zu sehen sind ein farbenfroher historischer Kostümumzug und Akrobatik.

Geld
Geldautomat direkt im Bahnhof oder an der Hauptpost in Bahnhofsnähe. Außerdem gegenüber vom Oyama-jinja und im Rathaus.

Informationen
Touristeninformation im Bahnhof, Hyakubangai, Ro-1, ☎ 076-231-6311. Viele Informationen zur Region und ehrenamtliche englischsprachige Mitarbeiter. ⊕ tgl. 9–19 Uhr.
Infostelle auch etwas westlich des Nō-Museums, ⊕ tgl. 9–19 Uhr.
Englische Broschüren online: 🖥 www.kanazawa-tourism.com.

CHŪBU

Internet
Freaks, Chūō-dōri, Internetcafé in Kata-machi an der Hauptstraße, rechts neben dem APA Hotel, ab 650 ¥/Std., Mitgliedsystem. ⊕ 24 Std.

Medizinische Hilfe
Kanazawa University Hospital, 13-1 Takara-machi, ✆ 076-265-2000, 🖥 web.hosp. kanazawa-u.ac.jp.

Sentō und Wäschereien
Matsu no yu, im Viertel Naga-chō, 420 ¥, angeschlossen ist ein Waschsalon. ⊕ tgl. 12–23.30 Uhr (außer am 16. jedes Monats). Ein **Münzwaschsalon** liegt günstig östlich des Bahnhofs.

NAHVERKEHR
Kanazawa ist ziemlich weitläufig. Um die zum Teil weit auseinanderliegenden Sehenswürdigkeiten zu besuchen, empfiehlt sich der öffentliche Nahverkehr oder das Fahrrad (s. o.). In der Innenstadt fahren die blumig dekorierten **Furatto-Shoppingbusse** werktags auf drei verschiedenen, am Wochenende auf mehr Routen (pro Fahrt 100 ¥). Normale **Hokutetsu-Stadtbusse** kosten je nach Entfernung 200–300 ¥. Der Retro-**Kanazawa Loop Bus**, ✆ 076-237-5115, 🖥 www.hokutetsu.co.jp, dreht von ca. 8.30–18 Uhr 5x stdl. eine große Runde vom Bahnhof, über Higashi-Chaya (Haltestelle Moriyama 1-chōme oder Hashiba-chō), Kenroku-en, Museum des 21. Jhs. (Haltestelle Hirosaka), Kata-machi, Kōrinbō (für die Buke Yashiki) und zurück zum Bahnhof. Mit dem Tagesticket (500 ¥) darf man auch die anderen Hokutetsu-Stadtbusse in etwas weiterem Umkreis (aber z. B. nicht bis Nishi-Kanazawa) benutzen. **Routenpläne** sind in der Touristeninformation am Bahnhof erhältlich.

TRANSPORT

Busse
Die lokale Busgesellschaft **Hokutetsu Bus**, ✆ 076-234-0123, hat japanweite Verbindungen. NAGOYA, 10x tgl., 4 Std., ab 4180 ¥ ŌSAKA, 2x tgl., 5 Std., ab 4400 ¥

TAKAYAMA, 4x tgl., über SHIRAKAWA (1 1/4 Std., 1850 ¥), 2 1/2 Std., 3390 ¥ TŌKYŌ, 2x tgl., 7 1/2 Std., ab 5240 ¥ (länger im Voraus reservieren) WAKURA ONSEN, 3x tgl., 2 Std., 1400 ¥ Je nach Zielort fahren auch JR Bus Kantō, JR Tōkai Bus, Nihon Chūō Bus. Alle Busse fahren vom Bahnhofsvorplatz ab.

Eisenbahn
FUKUI, JR-Express, 50 Min., 2500 ¥ KYŌTO, JR-Express, 2 Std., 6380 ¥ NAGOYA, Express und Shinkansen, stdl., 2 1/2 Std., 7240 ¥ TŌKYŌ, Shinkansen, ca. 2 1/2 Std. (ab Frühjahr 2015) WAKURA ONSEN, JR-Express, 1 Std., 2290 ¥

Flüge
Der nächste Flughafen ist **Komatsu**, 🖥 www.komatsuairport.jp, zu erreichen per Flughafenbus (40 Min., 1130 ¥). Nach TŌKYŌ 6x tgl., 1 Std.

Noto-Halbinsel 能登半島

Die gebogene Halbinsel auf der Nordseite der Präfektur Ishikawa ist als Quasi-Nationalpark designiert und bietet wenige herkömmliche Sehenswürdigkeiten. Die Verkehrsverbindungen sind eher spärlich; wer dennoch hierher kommt, wird mit einem Stück ursprünglichem, unverfälschtem Japan und landschaftlicher Schönheit belohnt.

Wajima 輪島
Vor allem bei japanischen Besuchern beliebt ist der **Morgenmarkt** im Zentrum von Wajima: Jeden Vormittag reihen sich auf der Asaichi-dōri Stände aneinander, manch alte Bäuerin verkauft ihr Gemüse von einer Plane auf dem Boden. Es gibt viel Fisch, riesige Krabben und ein paar süße *manju* (Teigklößchen) auf die Hand. ⊕ tgl. 8–12 Uhr, außer am 2. und 4. Mittwoch des Monats.

Wajima ist in Japan außerdem für seine exquisite Lackindustrie bekannt: Die Wajima-Lackwaren werden in einem aufwendigen, etwa sechs Monate dauernden Prozess in über 80 Arbeitsschritten hergestellt. Immer wieder wird

Lack aufgetragen und glatt poliert. Entsprechend teuer sind die Stücke auch, aber für wirklich edles Understatement liegt man hier richtig (ein paar hundert Euro für eine Salatschüssel sollte man einplanen). Bei mehreren Herstellern, darunter **Shioyasu** etwas außerhalb, 🖥 www.shioyasu.com, kann man die Fertigung beobachten. Im **Wajima Shitsugei Bijutsukan** (Wajima Museum of Urushi Art), Mitomori-machi, Shijugari 11, ✆ 0768-22-9788, gibt es Wechselausstellungen wunderbarer Lackobjekte. ⏱ 9–17 Uhr, 620 ¥. Die zentraler gelegene **Wajima Shikki Kaikan** (Wajima Lacquer Hall) am Fluss, Kawai-machi 24-55, 🖥 www.wajimanuri.or.jp, mit Ausstellung, Informationen und Verkauf soll 2015 wieder eröffnen. In einigen alten Langhäusern, **Kōbō Nagaya**, östlich der Asaichi-dōri sind außerdem verschiedene traditionelle Handwerksbetriebe speziell für Touristen versammelt, ⏱ meist 10–16 Uhr. Daneben ist ein öffentliches **Fußbad** frei zugänglich, denn seit ein paar Jahren ist Wajima dank Tiefbohrungen ein Onsen-Ort. Am frühen Abend kommen die Einheimischen auf einen Schwatz hierher.

Östlich von Wajima
千枚田・曽々木・禄剛崎

10 km östlich von Wajima liegen auf kleinen Terrassen zwischen Küste und Straße die gern und oft fotografierten „1000 Reisfelder", **Senmaida**. In Wirklichkeit sollen es 1004 sein. Ein halbstündiger Spaziergang führt durch die Felder, die als Kulturlandschaft geschützt sind und heute von Förderpaten betreut werden. Ein Bus (zur Haltestelle Shirayone) verkehrt 8x tgl. ab Wajima.

Noch 10 km östlich sind im Ort **Sosogi** zwei große alte Häuser von Dorfältesten/Landadligen aus der Edo-Zeit zu besichtigen, beide Zweige der Tokikuni-Familie, die ihren Stammbaum noch auf Gefolgsleute der Taira (S. 112) zurückführt. Das 18 m hohe **Kamitokikuni-ke**, Machino-chō, Minami-Tokikuni 13-4, ✆ 0768-32-0171, wurde 1831 fertiggestellt und hat einen sehr prächtigen Empfangsraum. ⏱ tgl. 8.30–17.30 Uhr, Okt–Juni bis 17 Uhr.

An dieser Küste sieht man auch öfters die traditionelle Meersalzgewinnung, ein aufwendiges Verfahren, bei dem man das Meerwasser auf Sandflächen oben auf den Klippen verdun-

ten lässt. Die Tradition stammt aus der Edo-Zeit, als der mächtige *daimyō* von Kanazawa seine Autarkie wahren wollte (Salz war zur Haltbarmachung von Lebensmitteln extrem wichtig) – in anderen Landesteilen mit stärkeren Gezeiten konnte man eigentlich viel billiger Salz herstellen. Zu besichtigen sind **Wajima-Shio** zwischen den Reisterrassen und Sosogi, 🖥 www.wajimashio.com, ⏱ tgl. 8–17.30 Uhr, Eintritt frei, und **Okunoto Enden Mura**, ✆ 0768-87-2040, 🖥 www.okunoto-endenmura.jp, ⏱ tgl. 8.30–17.30 Uhr, im Winter kürzer, 100 ¥. Im Sommer kann man nach Anmeldung jeden Nachmittag selbst Salz gewinnen (nicht viel mehr als eine Prise), 2000 ¥.

Der **Mado-iwa** oder „Fensterfels" mit einem recht fotogenen natürlichen Loch ist bei Sosogi einigermaßen gut zu erreichen, dahinter wird die wildromantische Küste noch einsamer, zum Leuchtturm am Kap **Rokkō-zaki** kommt man nur per Auto. Die vorgelagerte kleine Insel Mitsuke weiter südlich an der Küste heißt wegen ihrer markanten Form „Kriegsschiff-Felsen": **Gunkan-iwa**.

Südlich von Wajima
千里浜・能登金剛・和倉温泉

Die Noto-Halbinsel ist im Südteil erstaunlich dicht besiedelt und touristisch nicht sehr attraktiv. Wer mit dem Auto von Kanazawa anreist, kann einen Abstecher zum **Chirigahama Beach** machen, einem langen platten Sandstrand, auf dem ganz offizielle Fahrspuren sind und durchaus auch Verkehr. Von hier kann man entlang der immer einsamer werdenden **Noto-Kongō-Küste** mit sehr schönen Felsformationen in Richtung Wajima fahren.

Wakura Onsen auf der Ostseite ist ein beliebter Onsen-Ort mit guter Busanbindung ins nahe Nanao (JR). Außer teuren Onsen-Hotels und einem öffentlichen Bad (⏱ tgl. 7–21.30 Uhr, 420 ¥) gibt es hier nicht viel, aber organisierte Bustouren ab Wakura bieten wegen der kürzeren Anfahrt mehr Programm zu besseren Preisen als jene ab Kanazawa.

ÜBERNACHTUNG

Wajima und die Nordküste
Kaigan Dōri, Kawai-machi, Wajima, ✆ 0768-22-5622, 🖥 www.wajima.or.jp/shiotani.

Einfaches modernes Minshuku gleich am Morgenmarkt. 3500 ¥ p. P.

Pension Mado-iwa, Sosogi Kaigan, ☎ 0768-32-0143. Größeres, recht professionelles Minshuku am Mado-iwa. Westliche und japanische Zimmer mit und ohne Bad, ab 8000 ¥ p. P. mit HP.

Kokuminshuku Notojisō, am Gunkan-iwa, ☎ 0768-84-1621, 🖥 www.notojiso.com. Großes, modernes Kokuminshuku mit Onsen, einige Zimmer mit eigenem *rotenburo*, gutes Preis-Leistungs-Verhältnis. Gestaffelte Preise (nach Saison, Zimmer, Menü, Personenzahl) ab 5700 ¥ p. P. mit Frühstück. April–Sep auch Camping (1000 ¥ pro Zelt, 300 ¥ p. P.).

Ranpu no yado, Yoshigaura-Onsen, Nordostküste, ☎ 0768-86-8000, 🖥 www.lampnoyado.co.jp. Sehr edles Onsen-Hotel mit *rotenburo* und eigenem Onsen im Zimmer. 18 000–100 000 ¥ p. P. mit HP.

Route Inn Wajima, Marine Town 1-2, ☎ 0768-22-7700. Zentral gelegenes Businesshotel mit gewohntem Route-Inn-Standard. ❷

Sodegahama Camping, am Strand westlich vom Wajima-Hafen, ☎ 0768-23-1146, 🕐 Mitte Juli–Mitte Aug. Duschen und Kochgelegenheiten. 1000 ¥.

Wakura und Nanao

Alivio, Shinmei-chō 1, Nanao, ☎ 0767-53-0123, 🖥 hotel-alivio.jp. Solides Hotel am Bahnhof mit eigenem Fitnesscenter und Sashimi zum Frühstück. ❷–❸

Biwansō, Wakura Onsen, ☎ 0767-62-2323, 🖥 biwanso.com. Typisches Onsen-Hotel mit japanischen und westlichen Zimmern. Ab 9000 ¥ p. P. mit HP.

€ **Idaya**, Shinmei-chō, Nanao, ☎ 0767-52-0708, 🖥 po3.nsknet.or.jp/~idaya/index.html. Sehr schlichtes, aber sauberes Businesshotel. ❶

ESSEN

Kaisen-Jaya, Asaichi-dōri, Wajima, ☎ 0768-22-1199. Auf *donburi* mit rohem Fisch spezialisiertes einfaches Restaurant am Morgenmarkt, auch zum Frühstück beliebt. *Kaisen-donburi* ab 1000 ¥, kleine Gerichte ab 600 ¥. 🕐 tgl. 8–15 Uhr.

Shinpuku Sushi, Kawai-machi 5-41-23, Wajima, in Wajimas bescheidenem Kneipenviertel

östlich des Fußbads, ☎ 0768-22-8133. Fangfrische Sushi. Besonders üppig ist die „Morgenmarkt-Schüssel" *(asa-ichi donburi*, 2700 ¥). 🕐 tgl. bis 23 Uhr.

🏨 **Shōya no Yakata**, Suzu, Mauramachi-ka 6-1, ☎ 0768-32-0372, 🖥 syouya-yakata.com. Östlich von Sosogi hinter dem Tunnel. Frische Fischspezialitäten und lokale Gerichte in einem alten Bauernhaus am Meer, sehr bekannt und am Wochenende oft voll. 🕐 tgl. 11–14, 17–20 Uhr.

TOUREN

Tagestouren werden von Kanazawa (Transport und Mittagessen ab 7410 ¥) und von Wakura Onsen (ab 3390 ¥) aus angeboten und müssen reserviert werden. Manche Touren ermöglichen es, Ausgangs- und Zielpunkt unterschiedlich zu wählen (also z. B. von Kanazawa über Wajima nach Wakura Onsen zu fahren oder am Flughafen Noto auszusteigen).

Hokutetsu Tourbus, am Bahnhofsvorplatz von Kanazawa, Schalter 3, ☎ 076-234-0123, 🖥 www.hokutetsu.co.jp, in Wakura Onsen ☎ 0767-62-2840, in Wajima ☎ 0768-22-2314. Etwa 20-minütige **Bootsfahrten** an der Noto-Kongō-Küste starten vom Aussichtspunkt Ganmon, Anbieter: **Noto Kongō Yūkansen**, ☎ 0767-48-1233, Fahrt 1000 ¥, Zeiten je nach Wetter.

SONSTIGES

Feste

Gojinjō Daiko, 31. Juli und 1. August: Trommelfest in Nafune östlich von Wajima, zur Erinnerung an Fischer, die Feinde vom Meer erfolgreich abschreckten, indem sie zottige Perücken aufsetzten und wild trommelten.

Hoto Matsuri, 1. Samstag im August: In Ishizaki bei Wakura Onsen wird um erfolgreichen Fischfang gebeten. Beeindruckend sind die sehr hohen beleuchteten Festwagen.

Monterey Jazz Festival in Noto, im Juli in Nanao, 🖥 www.mjfinnoto.jp.

Informationen und Fahrradverleih

Touristeninformation in Wajima, am Busbahnhof, ☎ 0768-22-1503, 🕐 tgl. 8–19 Uhr. Dort auch **Fahrradverleih** 400 ¥/Std., 1500 ¥/Tag.

Filiale „Umi no eki" am Morgenmarkt. In Nanao im Mina.cle-Gebäude gegenüber vom Bahnhof, ⏱ tgl. 9–16 Uhr, auch Fahrradverleih.

TRANSPORT

Gute Ausgangspunkte für die Noto-Halbinsel sind Kanazawa und Toyama. Grundsätzlich ist es zwar möglich, in einem Tag einen Eindruck zu gewinnen, eine Übernachtung lohnt jedoch, um die ländliche Atmosphäre mit mehr Ruhe zu genießen und ohne Stress frühzeitig beim Morgenmarkt in Wajima zu sein. Da man mit der Bahn nur bis Anamizu kommt und die lokalen Busverbindungen eher sporadisch sind, empfiehlt sich entweder eine organisierte Tour (s. o.) oder ein Mietwagen.

Selbstfahrer
Bis Anamizu führt eine Autobahn, von dort beschreibt die Straße 249 einen Bogen um den Nordteil der Halbinsel.

Busse
Hokutetsu-Expressbusse fahren 5x tgl. von KANAZAWA nach Wajima, 2 Std., 2200 ¥. Innerhalb von Wajima fährt der Noranke-Bus stdl. zwei Rundstrecken ab (100 ¥ pro Fahrt). Alle anderen Orte werden nur sehr sporadisch von Bussen bedient (max. 8x tgl.). Wer eine Rundtour mit dem Bus plant, braucht etwas Zeit.

Eisenbahn
Die JR-Linie führt nur bis Nanao – ab KANA-ZAWA 50 Min. im Schnellzug, 2530 ¥. Von Nanao fährt die Privatbahn Noto-sen bis Anamizu (44 Min., 810 ¥), ab dort nur noch Busse.

Flüge
Südlich von Wajima liegt der Noto-Flughafen. Nach TŌKYŌ 2x tgl., 1 Std.

Toyama 富山

Die Präfekturhauptstadt Toyama (400 000 Einwohner) ist ein Verkehrsknotenpunkt und einer der beiden Ausgangspunkte für die Tateyama-Kurobe-Alpenroute. Ein auffälliges Element im Stadtbild sind die aus Europa importierten Straßenbahnen.

Der Vorort **Yatsuo** im Süden der Stadt ist für sein Sommer-Matsuri mit Volkstänzen, Owara-kaze-no-bon (1.–3. Sep), bekannt. Jeweils am 2. und 4. Samstag gibt es um 13.30 Uhr eine Show mit den Tänzen; das kleine Yatsuo Owara Museum, Higashi-machi 2105-1, ✆ 076-455-1780, zeigt u. a. Filme der Tanzvorführung. ⏱ tgl. 9–17 Uhr, 200 ¥.

ÜBERNACHTUNG

Tōyoko Inn, Sakura-machi 1-4-5, am Bahnhofsvorplatz, ✆ 076-405-1045. Hotel der Tōyoko-Kette, unaufdringlich ressourcensparend. ❶

Princess, Takara-machi 1-6-6, ✆ 076-471-7660. Einfaches Businesshotel in der Nähe des Bahnhofs. Am Haus steht noch „Vivre 10". Die billigste Möglichkeit zu übernachten (DZ 4800 ¥), daher oft ausgebucht, besser reservieren. ❶

ESSEN

Die Einheimischen schwören besonders auf ihre Kaitenzushi-Restaurants, die allerdings überwiegend an den Ausfallstraßen liegen. *Masu-no-sushi* ist eine in runde Kuchen gepresste Variante aus Reis und Forelle. **Shiroebisu Kō Sushi**, Iwase Tenjin-machi 48, ✆ 076-438-4112. Gleich an der Straßenbahn-haltestelle Iwasehama am Meer.

Kito Kito Sushi, Tarōmaru-ten, ✆ 0120-22-1999. 🖥 www.kitokitozushi. com. Frisch, günstig und bei Einheimischen beliebt. Riesenauswahl, auch vegetarische Sushi. 3 km südlich vom Bahnhof, Bus von Bussteig 5 nach Tarōmaru-guchi, gleich gegenüber etwas zurückversetzt. ⏱ So–Do 11–21.30, Fr–Sa bis 22 Uhr.

SONSTIGES

Einkaufen
Während der Edo-Zeit kamen fast alle fliegenden Arzneimittelhändler aus Toyama. Auch heute wird noch viel **traditionelle Medizin** verkauft, und viele der Kräuter, Tinkturen und Tees sind in hübsche Retrotütchen verpackt, erhältlich u. a. im Iki-iki-kan (s. Kochkurse).

CHŪBU

Auch die hier hergestellten Glasperlen sind ein nettes Andenken.

Fahrradverleih
Automatische Ausleihstationen an 15 Stellen von **Cyclocity**, 🖥 cyclocity.jp, 300 ¥/Tag für jeweils 30 Min. Mit Ausweis umsonst bei der **Touristeninformation** am Bahnhof. Rückgabe an vier Stellen im Stadtgebiet möglich.

Informationen
Touristeninformation für Toyama-Stadt am Südausgang des Bahnhofs, ✆ 076-432-9751, ⊙ tgl. 8.30–20 Uhr (Dez–Feb bis 19 Uhr). Gute Informationen zur Region (einschließlich Alpenroute) im Kulturzentrum Iki-iki-kan, s. u.

Kochkurse
Im **Iki-iki-kan**, CIC Toyama Bussan Center 4F, Bahnhofsvorplatz, ✆ 076-444-7120, 🖥 www.ikiikikan.or.jp, werden unterschiedliche Kochkurse angeboten: z. B. *masu-sushi*, Sa 14–15 Uhr, 1200 ¥, Soba, Mi 10.30–12.30 und 14–16 Uhr, ab 1500 ¥, Anmeldung jeweils bis 2 Tage vorher. Kräutermahlen ohne Anmeldung (300 ¥). ⊙ tgl. 10–20 Uhr.

Straßenbahn-Einzelfahrschein 200 ¥. Nach Yatsuo mit der JR-Takayama-Linie bis Bahnhof Etchū-yatsuo, 320 ¥.

Eisenbahn
KANAZAWA, 40 Min., 2150 ¥ (Express)
NIIGATA, 3 Std., 7350 ¥ (Express)
TAKAYAMA, 1 1/2 Std., 2840 ¥ (Express), oder 2 Std., 1660 ¥
TŌKYŌ, 3 1/2 Std., 11 030 ¥ (Express und Shinkansen, über Echigo-Yuzawa)

Flüge
Toyama hat einen eigenen Flughafen, zu erreichen per Flughafenbus vom Bahnhof (25 Min., 410 ¥). Nach TŌKYŌ 1 Std.

Takaoka 高岡

Bisher ein Geheimtipp ist der **Zuiryū-ji**, ein majestätischer Zen-Tempel 700 m südlich vom Bahnhof. Der mächtige *daimyō* von Kaga (Kanazawa) ließ ihn für seinen verstorbenen Bruder und Vorgänger Maeda Toshinaga bauen; fertiggestellt wurde er erst 1659 nach jahrzehntelanger Bauzeit. Die große schlichte Anlage ist fast so eindrucksvoll wie die Eihei-ji (S. 357), aber viel leichter zugänglich. ⊙ tgl. 9–16.30 Uhr (Dez–Jan bis 16 Uhr), 500 ¥.

Auf der anderen Seite der Stadt kann man durch zwei kleine Areale mit traditionellen Häusern streifen: **Yamachosuji** und **Kanaya-machi**, wo auch ein kleines Museum über die Kupferschmiedetradition von Takaoka informiert.

Die große, im Freien sitzende **Buddhastatue** im Stadtzentrum wird gerne in einem Atemzug mit den Buddhas von Nara und Kamakura genannt, ist aber neuer und weit weniger beeindruckend. Die knapp 16 m hohe Figur wurde 1933 fertiggestellt. Der Sockel des Buddhas ist begehbar, darin befindet sich eine kleine Ausstellung. ⊙ tgl. 6–18 Uhr, Eintritt frei.

Ramen Jigen, Suehiro-machi 1-8, gegenüber vom Bahnhof im Gebäude des Hotels Manten, ✆ 0766-25-2598. Preiswertes Nudelgeschäft, ideal für die lokale Spezialität „Black Ramen" mit schwarzer Sauce (mit Tintenfischtinte). ⊙ Di–Sa 11.30–22, So bis 18 Uhr.
Touristeninformation im Bahnhof gleich am JR-Ausgang, verleiht Fahrräder für 200 ¥/Tag. ⊙ tgl. 9–17 Uhr.

Takaoka liegt auf der JR-Linie zwischen KANAZAWA (40 Min., 740 ¥) und TOYAMA (20 Min., 320 ¥). Ab 2015 soll der Hokuriku-Shinkansen an der etwas südlich gelegenen Station Shin-Takaoka halten. Vom Bahnhofsvorplatz fahren 4x tgl. um 8, 9.30, 11, 13 Uhr Busse nach GOKAYAMA (S. 327) ab.

Kyōto Tōkyō

Kansai 関西

Stefan Loose Traveltipps

10 **Kyōto** Beeindruckende Tempel wie der Kiyomizu-dera und der Goldene Pavillon Kinkaku-ji, Inbegriff japanischer Ästhetik, Schreine und Paläste, darunter die prunkvolle Residenz des Shōguns, Nijō-jō, locken Millionen Besucher in die alte Kaiserstadt. S. 374

Amanohashidate Die „Himmelsbrücke" im Japanischen Meer. S. 415

11 **Nara** Der Monumentalbau des Tōdai-ji beheimatet den Großen Buddha von Nara. S. 417

12 **Kōya-san** Die Klosterstadt hoch oben in den Bergen der Kii-Halbinsel ist das Vermächtnis des Heiligen Kōbō Daishi. S. 428

13 **Himeji** Eindrucksvoll thront die „Burg des Weißen Reihers" über der Stadt. S. 454

Kansai ist eine Region im Westen der Hauptinsel Honshū und bedeutet wörtlich „westlich der Grenze", was sich auf die ehemalige Grenzstation in Hakone am alten Fernweg Tōkaidō bezieht. Die Region Kansai, in Verwaltung und Politik bevorzugt Kinki („nahe der Hauptstadt") genannt, besteht in ihrem Zentrum aus einem Konglomerat aus den drei Millionenstädten Ōsaka, Kōbe und Kyōto – insgesamt über 20 Mio. Menschen.

Kyōto ist das unumstrittene Kulturzentrum der Region, wenn nicht ganz Japans, **Ōsaka** das Handels- und Vergnügungszentrum und **Kōbe** eine moderne Stadt mit internationalem Flair. Südöstlich dieses Ballungsgebietes liegt **Nara**, vor 1300 Jahren die erste zentrale Hauptstadt des Landes. Die dicht bewaldete Kii-Halbinsel birgt bedeutende Pilgerziele wie den Klosterberg **Kōya-san** und die **Ise-Schreine**, während in **Himeji** eine der schönsten Burgen Japans wartet.

Transport

Für Reisende ohne JR Rail Pass gibt es zwei alternative Angebote: Mit dem **Kansai Thru Pass** kann das Schienennetz aller privaten Eisenbahngesellschaften (also ohne JR) sowie alle Busse und U-Bahnen in Kansai genutzt werden (3 Tage 5200 ¥, 2 Tage 4000 ¥) – Surutto Kansai Association, ☎ 06-6258-3636, 🖥 www.surutto. com/tickets. Der **Kansai Area Pass** von JR-West, 🖥 www.westjr.co.jp/global/en/travelinformation/pass, gewährt freie Fahrt in allen lokalen JR-Zügen inkl. *Haruka Limited Express* zwischen Kyōto und Kansai-Flughafen (jedoch ohne Sitzplatzreservierung; 1 Tag 2060 ¥, 2 Tage 4110 ¥, 3 Tage 5140 ¥, 4 Tage 6170 ¥). Der **Kansai WIDE Area Pass** von JR-West bietet mehr Strecken und kostet für vier Tage 7200 ¥.

10 HIGHLIGHT

Kyōto 京都

Kyōto ist beinahe perfekt – nur im Hochsommer etwas zu schwül. Das liegt daran, dass die Stadt in einem nur nach Süden hin offenen Talbecken liegt, in dem sich die Hitze staut und erfrischende Winde ausbleiben. Ansonsten kann sich die Stadt nicht beklagen: Sie hatte zwar etliche Feuersbrünste und kriegerische Auseinandersetzungen zu bestehen, blieb aber im Zweiten Weltkrieg von Bombardements verschont, und auch Naturgewalten wie Erdbeben und Taifune scheinen es gut mit der Stadt zu meinen. Heute besuchen jährlich an die 50 Mio. Menschen die stolze Kulturstadt mit ihrer zwölfhundertjährigen Geschichte und ihren etwa 2000 religiösen Stätten. Keine andere Stadt Japans hat eine solche Fülle an Kulturgütern und zeitgeschichtlichen Zeugnissen zu bieten.

Geschichte

Kyōto, früher Heiankyō („Hauptstadt des Friedens") oder auch Miyako („Kaiserliche Residenz") genannt, wurde 794 nach Nara die zweite permanente Hauptstadt Japans. Als der Kaiser seinen Sitz hierher verlegte, begann eine Epoche, die später unter dem Namen Heian-Zeit als Epoche der Blüte von Kunst und Kultur in die Geschichte einging. Die Herrschaft des Kaisers war unangefochten. Erst im 12. Jh. änderten sich die Machtverhältnisse zugunsten des Schwertadels. Das militärische Hauptquartier der neuen Herrscher, der Shōgune, wurde weit weg von Kyōto, in Kamakura, eingerichtet. Im 14. Jh. ging die politische Macht zurück nach Kyōto, und die Zen-Tempel entstanden. Im 15. Jh. begannen die Bürgerkriege, die auch Kyōto in Schutt und Asche legten. Die beiden mächtigen Feldherren Nobunaga und Hideyoshi beendeten die Kriege und wagten einen Neuanfang. Der Kaiserpalast und viele Tempel wurden wieder aufgebaut, die Stadt modernisiert. Nachdem Tokugawa Ieyasu das Tokugawa-Shogunat gegründet hatte, verweilten die Kaiser ohne Macht weitere 250 Jahre in Kyōto. Erst 1868 wurde der Kaisersitz nach Tōkyō verlegt.

1000 Jahre Kaiserstadt hinterließen ein großartiges Erbe. Dank diesem Erbe blieb Kyōto im 2. Weltkrieg von den Bombardements der Alliierten verschont.

Orientierung

Das von der chinesischen Hauptstadt abgeguckte Straßennetz gleicht einem Schachbrett,

Japanisches

Meer

Wakasa-Bucht

2702 △ Haku-san
Fukui   Katsuyama
Sabae   Ōno
Takefu

Shirotori
Nōgōhaku-san
△ 1617 Gujōhachiman

Hamasaka   Kasumi
Tango-
Halbinsel   Amanohashidate   Tsuruga   Imajō
Hyōno-san   Toyooka   Miyazu
△ 1510   Wadayama   Maizuru   Obama   Imazu

Seki
Gifu
Wakasa   Ayabe   Nagahama   Inuyama
Ikuno   Fukuchiyama   Biwa-   Ōgaki   Ichinomiya
Yamazaki   Nishiwaki   Kurama   Ōhara   See   Ōmi- Hikone   Tsushima
Tatsuno   Kasai   Kameoka   Ōtsu   Hachiman   Yōkaichi   Nagoya
Himeji   Ono   Kušatsu   Kuwana   Tōkai
Akō   Kakogawa   Miki   Ōsaka-   Takatsuki   Kyōto   Yokkaichi   Tokoname
Itami-   ★ Miho-   Kameyama
SHŌDO-   Takarazuka   Flughafen   Suita   Uji   Museum   Suzuka   Ise-
SHIMA   Maiko   Kōbe   Hirakata   Ueno   Tsu   Bucht
AWAJI-   Ōsaka-   Ōsaka   Nara   Matsusaka   Hisai
SHIMA   Kansai   Izumiōtsu   Sakai   Tenri   Nabari
International   Kishiwada   Kashihara   △ 1038
Airport   Bucht   Izumi-Sano   Asuka   Kuroso-yama   Ise   Toba
Sumoto   Gojō   Kashikojima
Hiketa   Hashimoto   Ōmine-san
Fukura   Wakayama   Kainan   Kōya-san   1719 △   Ise-ji
Naruto   Arida   Yuasa   △ 1372   Hakken-zan   Kii-Nagashima
Tokushima   Komatsushima   Gomadan-zan   1915 △   Kii-Bergland   Ōwase
Anan   Gobō   Hongū   ⛩   Ise-ji   Pazifischer
SHIKOKU   Nakahechi   Kumano   Ozean
Mugi   Kii-Tanabe   Nakahechi   ⛩ Shingū
Shirahama   ⛩ Nachi
Susami   Ōhechi
Kushimoto

Kii-Kanal

KANSAI

Tōkyō

Kyōto Übersicht

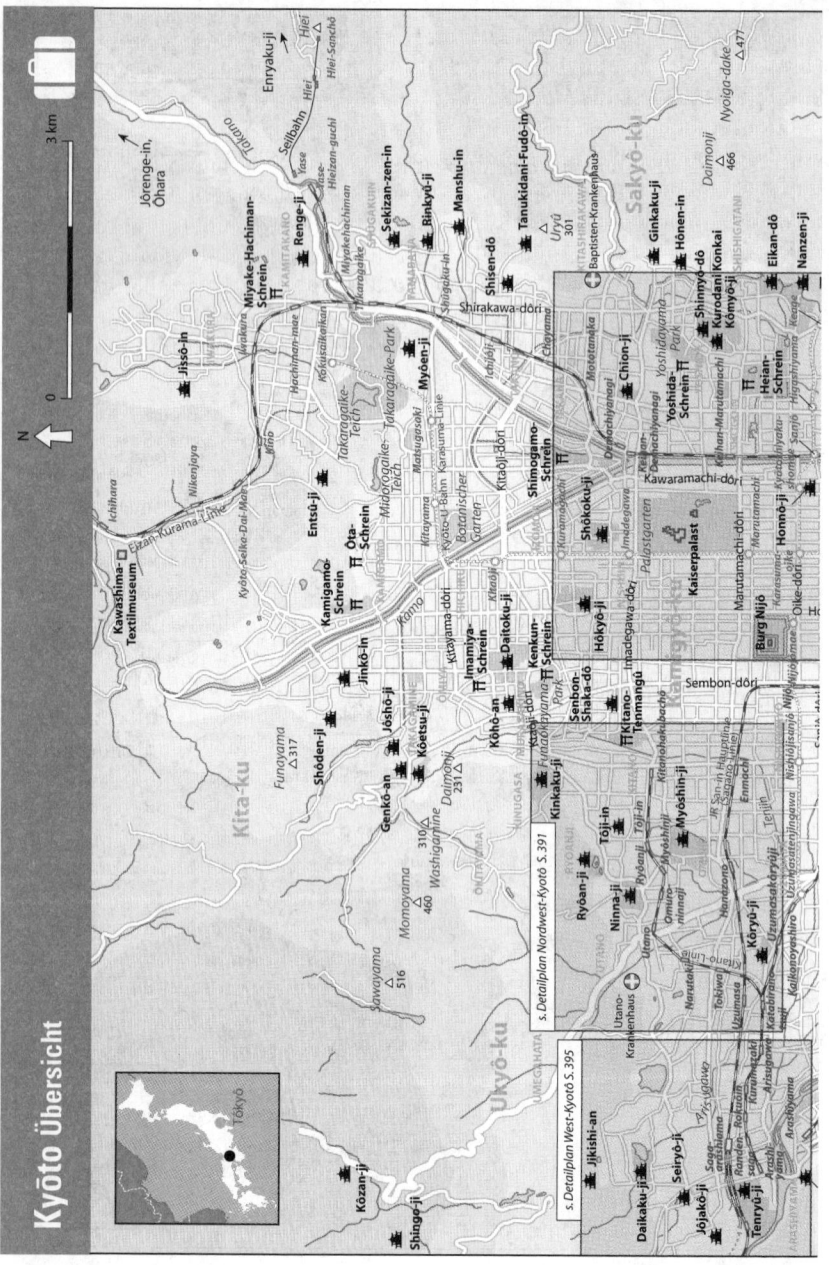

Tōkyō

3 km

0

N

Kita-ku

Ukyō-ku

Kamigyō-ku

Sakyō-ku

Funoyama △317

Momoyama △460

Washigamine △460

Daimonji 231△

310△

Sawayama △516

Daimonji 466

Nyoigo-dake △477

Uryū △301

Jōrenge-in, Ōhara

Enryaku-ji

Hiei △

Hieizan Hiei

Hiei-Sanchō △

Seilbahn Takano

Eizan-Kurama-Line

Ichihara

Nikenjaya

Kyōto-Seike-Dai-Meer

Kawashima-Textilmuseum ▢

Jissō-in

Miyake-Hachiman-Schrein 🜨

Renge-ji

Iwakura

Iwakura-nae

Hachiman-mae

Miyakehachiman

Kōkusaikaikan

Hachiman-guchi

Heizan-guchi

Yase

Sekizan-zen-in

Binkyō-ji

Manshu-in

Tanukidani-Fudō-in

Baptisten-Krankenhaus ✚

Ginkaku-in

Hōnen-in

Eikan-dō

Nanzen-ji

Shisen-dō

Shirakawa-dōri

Ichijōji

Chiyonmi

Modotamka

Chion-ji

Yoshida-Schrein 🜨

Yoshidayama Yoshida Park

Shinnyō-dō

Kurodani Konkai Kōmyō-ji

Heian-Schrein

Kaguraoka

Kita-Shirakawabetto

Kitano-shirakawa

Marutamachi

Keage

Higashiyama

Sanjō

Keihan-Marutamachi

Entsū-ji

Ōta-Schrein 🜨

Kamigamo-Schrein 🜨

Myōen-ji

Matsugasaki

Takaragaike-Takaragaike-Park

Shūgaku-in

Takaragaike-Teich

Midorogaike-Teich

Botanischer Garten

Kyōto-U-Bahn-Karasuma-Line

Kitayama

Kitayama-dōri

Kitaōji-dōri

Shimogamo-Schrein 🜨

Kawaramachi-dōri

Shōkoku-ji

Imadegawa

Palastgarten

Kaiserpalast Kaiserpalast

Honnō-ji

Kyōto

Marutamachi-dōri

Burg Nijō

Oike-dōri

Hō

Jinkō-ji

Imamiya-Schrein 🜨

Daitoku-ji

Kenkun-Schrein 🜨

Hōkyō-ji

Imadegawa-dōri

Karasuma-dōri

Nijō

Kōetsu-ji

Kōhō-an

Genkō-an

Jōshō-ji

Shōden-ji

Kōtsuji

Imamiya-dōri

Funaokayama-Park

Senbon Shaka-dō

Kitano-Tenmangū

Sembon-dōri

Senbon-dōri

Karasuma-dōri

s. Detailplan Nordwest-Kyōto S.391

Kinkaku-ji

Ryōanji

Tōji-in

Ryūan-ji

Myōshin-ji

Ninna-ji

Omuro-ninnaji

Ryōan-ji

Mondono

Utano

Utano Krankenhaus ✚

Kōryū-ji

Uzumasatenjingawa

Uzumasakōryūji

JR San-in Hauptlinie

Tenjin

Enmachi

Nishiōji-dōri

Nishiōjisanjō

Nishiōjigojō

s. Detailplan West-Kyōto S.395

Keifuku-Kitano-Line

Naruta

Tokiwa

Narutaki

Kaikonoyashiro

Katabirano-tsuji

Arashiyama

Randen-Tenjingawa

Arisugawa

Kurumazaki

Uzumasa

Ketabirano-tsuji

Kōzan-ji

Shingo-ji

Daikaku-ji

Seiryō-ji

Jikishi-an

Jōjakkō-ji

Tenryū-ji

Saga-arashiyama

Sagano

Arashiyama

Hozugawa

Ōigawa

Togetsukyō

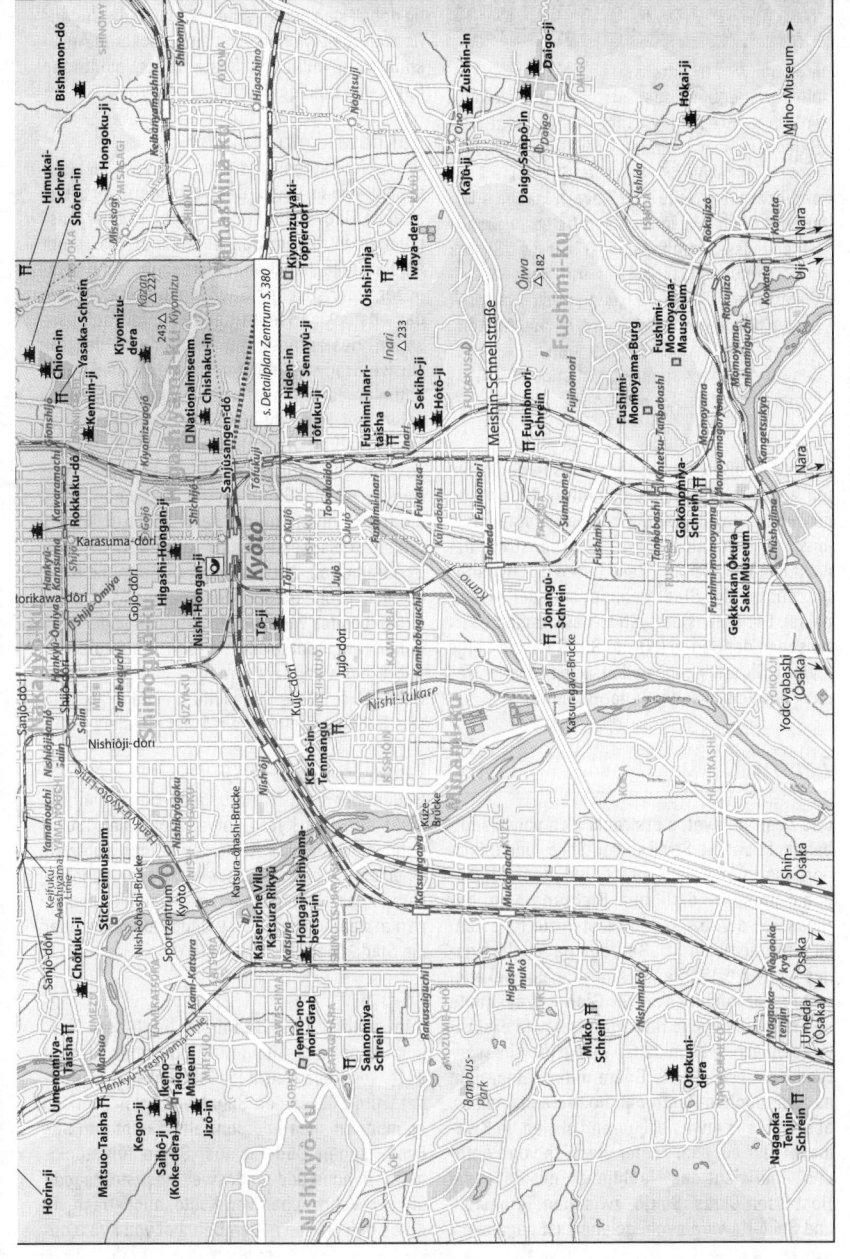

Bishamon-dō

Himukai-
Schrein
Shōren-in
Hongoku-ji

YAMASHINA-KU

Daigo-ji

Zuishin-in
Kajō-ji
Daigo-Sanpō-in

Hōkai-ji

Miho-Museum

Chion-in
Kennin-ji
Yasaka-Schrein
Kiyomizu-
dera
Kiyomizu-yaki-
Töpferdorf

Nationalmuseum
Chishaku-in
Sanjūsangen-dō

Iwaya-dera

Öishi-jinja

HIGASHIYAMA-KU

Kyōto

s. Detailplan Zentrum S. 380

Hiden-in
Sennyū-ji
Tōfuku-ji

Fushimi-Inari-
taisha
Sekihō-ji
Hōtō-ji

Fushimi-ku

Rokkaku-dō

Karasuma-dōri

Higashi-Hongan-ji

Nishi-Hongan-ji

Tō-ji

Meishin-Schnellstraße

Fujinbmori-
Schrein

Fushimi-
Momoyama-Burg

Fushimi-
Momoyama-
Mausoleum

Shimogyō-ku

Gokōnomiya-
Schrein

Gekkeikan Ōkura
Sake Museum

SHIMOGYŌ-KU

Jōnangū-
Schrein

Nishiōji-dōri

Kisshō-in-
Tenmangū

Jujō-dōri

KANSAI

Minami-ku

Nishi-Tukase

Chōfuku-ji
Stickereimuseum

Sporzentrum
Kyōto

Katsura-ōhashi-Brücke

Hongaji-Nishiyama-
betsu-in

Kaiserliche Villa
Katsura Rikyū

Kuze-
Brücke

Mukō-
Schrein

Umeda
Osaka

Kegon-ji
Ikeno-
Taiga-
Museum
Saihō-ji
(Koke-dera)
Jizō-in

Tennō-no-
mori-Grab

Sannomiya-
Schrein

Otokuni-
dera

Nagaoka-
Tenjin-
Schrein

Hōrin-ji

Matsuo-Taisha

Nishikyō-ku

Bambus-
Park

und die Straßen haben, anders als in den meisten anderen japanischen Städten, Namen. Im nördlichen Teil liegen die weltberühmten Pavillons, der Goldene und der Silberne, sowie der nicht minder bekannte Zen-Garten des Ryōan-ji. Im Zentrum der Stadt befindet sich der Kaiserpalast. Die Innenstadt „Shijō-Kawaramachi" ist zwischen der San-jō („Dritte Straße") und Shi-jō („Vierte Straße") angesiedelt. Den südlichen Teil des Zentrums beschließt der Bahnhof.

Zentrum

Das Zentrum Kyōtos erstreckt sich vom Hauptbahnhof über die Straßen von Shijō- und Sanjō-dōri bis zum Kaiserpalast und dem Shimogamo-jinja; in östlicher Richtung von der Higashiōji-dōri bis in den Westen zur Palastanlage Nijō-jō. Viele Straßenzüge haben ihr eigenes Ambiente. Während es im alten und bekanntesten Vergnügungsviertel **Gion** extravagante und teure Clubs und Restaurants sowie exklusive Teehäuser gibt, in denen maiko (Geisha während der „Lehre") die Gäste unterhalten, geht es zwar auch in **Ponto-chō** noch traditionell zu, aber mit teils etwas billigeren Lokalen. In **Kiyamachi**, nur ein paar Meter westlich von Pontochō, überwiegt das Nachtleben mit Bars und Hostessen-Clubs. **Sanjō**, zwischen Teramachi und Shijō-Kawaramachi gelegen, ist gegenwär-

tig dabei, sich neu zu entdecken und die Jugend für sich zu gewinnen – mit einer lockeren Atmosphäre, gemütlichen Restaurants, modernen Cafés und Boutiquen.

Bahnhof Kyōto 京都駅

Hohe Neubauten entstehen in Kyōto nicht so schnell wie in Tōkyō. Das verhindern vor allem strenge Bauvorschriften. Es scheint aber Ausnahmen zu geben: Seit September 1997 steht an der Stelle des alten Hauptbahnhofs ein pompöser, futuristischer Gebäudekomplex, in dem das elfstöckige Isetan-Kaufhaus, Einkaufspassagen, Restaurants, ein Theater und das exklusive Granvia-Hotel untergebracht sind – und natürlich der Bahnhof selbst, durch den die lokalen und Intercity-Züge und auch der Shinkansen fahren. Hara Hiroshi, der Architekt dieses riesigen Atriums aus Glas, entzweite von Beginn an die Gemüter: auf der einen Seite die Bewunderer, die die neue Konstruktion als architektonisches Vorzeige-Kunstwerk der Moderne feierten, auf der anderen Seite die Kritiker, die besonders das Moderne und Monströse des Gebäudes verurteilten, das nicht in die flach gehaltene Stadtstruktur passe. Im Laufe der Jahre hat sich die Aufregung gelegt, und der Bahnhof ist bei den Besuchern einfach als weitere Sehenswürdigkeit der Stadt etabliert.

Kyōto Tower 京都タワー

Gegenüber dem Nordausgang des Bahnhofs steht auf dem Kyōto Tower Hotel der 130 m hohe, schneeweiße Kyōto Tower, der wahlweise einem Leuchtturm, einer Kerze oder einer Rakete ähnelt. Jedenfalls hat man von hier aus einen ersten und zugleich weiten Rundblick über die Stadt. ⏰ tgl. 9–21 Uhr, 770 ¥.

Tō-ji 東寺

Südwestlich des Bahnhofs liegt der Tō-ji, ein Tempel des Shingon-Buddhismus, der im 9. Jh. von Kōbō Daishi (S. 498, Shikoku) gegründet wurde. Zu seinen Schätzen zählen zum Teil atemberaubende und sehr alte Skulpturen des Esoterischen Buddhismus. Seine fünfstöckige, 57 m hohe und landesweit höchste Pagode gilt als Wahrzeichen von Kyōto, auch wenn sie durch den großen neuen Bahnhof von Kyōto op-

Seit 1972 wurden in Kyōto folgende Stätten von der Unesco als Weltkulturerbe registriert: die Shintō-Schreine Kamigamo-jinja, Shimogamo-jinja und Ujigami-jinja, die buddhistischen Tempel Kiyomizu-dera, Nishi-Hongan-ji, Tō-ji, Tenryū-ji, Saihō-ji, Kōzan-ji, Ryōan-ji, Ninna-ji, Kinkaku-ji, Ginkaku-ji, Enryaku-ji, Daigo-ji, Byōdō-in mit Phönixhalle und das Schloss Nijō-jō.

tisch geschrumpft ist. ⏱ 20. März–19. Sep tgl. 8.30–17.30, 20. Sep–19. März bis 16.30 Uhr, 500 ¥ (bei speziellen Anlässen im Frühjahr und Herbst 800 ¥). Etwa 10–15 Min. zu Fuß vom Hauptbahnhof, Bus bis Tōji-Higashimon-mae oder Kintetsu-Zug bis Bahnhof Tō-ji.

Higashi-Hongan-ji 東本願寺

Ganz in Bahnhofsnähe, an der Kreuzung Karasuma- und Shijō-dōri, befindet sich der Higashi-Hongan-ji, das Zentrum des Jōdō-Shinshū, der zu Beginn des 13. Jhs. durch den Mönch Shinran gegründeten „Wahren Schule des Reinen Landes". Die Haupthalle (hondō) und die Gründerhalle (daishi-dō) zählen zu den größten Holzbauten der Welt. In den Hallen des Higashi-Hongan-ji werden u. a. die Statuen des Religionsgründers Shinran und von Amida-Buddha sowie ein Stück Seil gezeigt, das aus den Haaren weiblicher Gläubiger als Hilfsmittel für den Transport von Baumaterial geflochten worden war. Lohnend ist auch ein Besuch im Teichgarten im hinteren Teil, der leicht übersehen wird.

Der Higashi-Hongan-ji ist aufgrund seiner Nähe zum Bahnhof ein guter Ort, um nach einer längeren Zugfahrt eine Entspannungspause einzulegen. In der abgedunkelten und vom Duft der Räucherstäbchen durchdrungenen Gebetshalle kommt man wunderbar zur Ruhe. ⏱ tgl. 5.50–17.30 Uhr (im Winter 6.20–16.30 Uhr), Eintritt frei. Vom Hauptbahnhof 5 Min. zu Fuß.

Nishi-Hongan-ji 西本願寺

Gemeinsam mit dem Higashi-Hongan-ji („östlicher Hongan-Tempel") bildet der gegen En-

de des 13. Jhs. gegründete und 300 Jahre später von Toyotomi Hideyoshi an seinen heutigen Standort versetzte Nishi-Hongan-ji („westlicher Hongan-Tempel") das Zentrum der Jōdō-Shinshū-Schule. Die Tempelhallen und Tore zeichnen sich durch aufwendige Schnitzereien und andere im Stil der Momoyama-Zeit gehaltene Bauelemente aus und unterscheiden sich dadurch von dem etwas karg gehaltenen Bruder-Tempel im Osten. Zu den Schätzen des Tempels zählen u. a. Figuren von Shinran und eine Amida-Statue. Außerdem steht auf dem Gelände eine Nō-Bühne, die zu den ältesten des Landes zählt. Südöstlich der Tempelanlage liegt ein interessanter Trockengarten, der die Gartenästhetik zu Beginn des 17. Jhs. repräsentiert. Beide Hongan-Tempel werden seit 1994 von der Unesco als Weltkulturerbe gelistet. ⏱ tgl. 5.30–17.30 Uhr (im Sommer bis 18 Uhr, im Winter bis 17 Uhr), Eintritt frei. 10–15 Min. zu Fuß oder Stadtbus Nr. 9 vom Hauptbahnhof bis Nishi-Honganji-mae.

Kyōto-Nationalmuseum 京都国立博物館

Das 1895 von Katayama Tōkuma im Barockstil entworfene und mit rotem Backstein erbaute Nationalmuseum, Shijjō-, Ecke Higashiōji-dōri, 📞 075-525-2473, 🖥 www.kyohaku.go.jp, besitzt neben den Nationalmuseen in Tōkyō und Nara die größte Sammlung an antiken Kunstschätzen aus China und Japan: buddhistische und klassische Kunst, Exponate aus Tempeln und Schreinen, archäologische Funde u. v. m. Im September 2014 wurde die Halle für permanente Ausstellungen, die Collections Hall, eröffnet. ⏱ Di–So 9.30–17 Uhr (während der Sonderausstellungen bis 18 Uhr, Fr bis 20 Uhr), Eintritt für permanente Ausstellungen 520 ¥, Sonderausstellungen unterschiedlich. Vom Hauptbahnhof mit Stadtbus 206, 208, 100 bis Hakubutsukan Sanjusangendō-mae.

Sanjūsangen-dō 三十三間堂

Direkt gegenüber dem Nationalmuseum steht ein ungewöhnliches Holzgebäude, die 120 m lange Tempelhalle Sanjusangen-dō, die „Halle mit 33 Nischen zwischen den Säulen". Der Name beschreibt die architektonische Aufgliederung der Halle in ihrem Inneren, wobei sich die Zahl 33 (sanjū-san) auch auf die Anzahl der

KANSAI

KANSAI

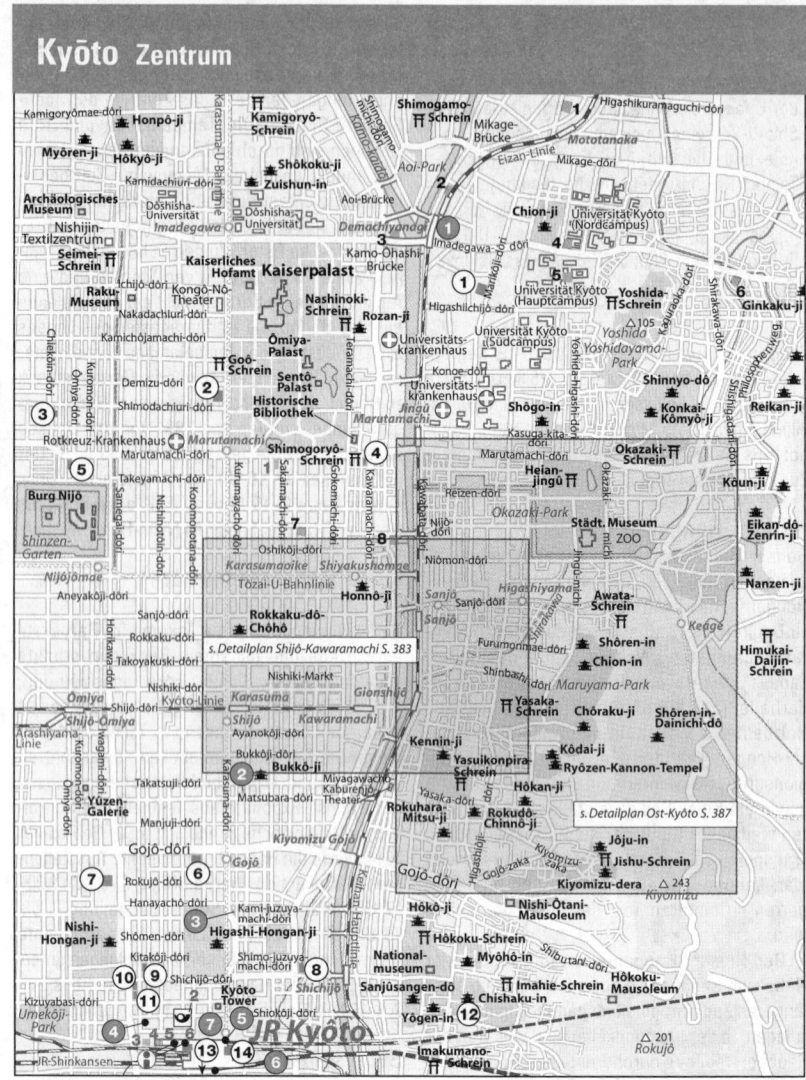

Erscheinungsformen der hier verehrten tausendarmigen Kannon, der Gottheit der Barmherzigkeit, bezieht. Wer gern buddhistische Schnitzkunst betrachtet, kommt in der schummrigen Halle aus dem Staunen nicht mehr heraus: Zu beiden Seiten der über 3 m hohen, elfköpfigen und vierzigarmigen Zentralfigur sind in einer regelmäßigen Anordnung von zehn nach hinten ansteigenden Reihen jeweils 50 lebensgroße Kannon-Figuren nebeneinander aufgestellt. Vor den insgesamt 1001 goldlackierten Statuen wurden 28 Wächterfiguren mit zum Teil ausdrucks-

Übernachtung:
1. Guest House Chikyûgô / The Earthship
2. Palace Side Hotel
3. Hannari Guest House
4. Uno House
5. Hostel Kyótokko - Cheapest Inn
6. Kazariya Guest House
7. Honganji / Monbô-kaikan
8. K's House Kyôto
9. Tour Club
10. Capsule Ryokan Kyôto
11. Budget Inn / Tour Club-Annex
12. Chishaku-in Kaikan
13. J-Hoppers Kyôto
14. Granvia Kyôto

Essen:
1. Didi
2. Falafel Garden
3. Al Sole
4. Shinshindô
5. Kyôto Universität Zentral-Mensa
6. Noanoa
7. Suya
8. Ganko Takasegawa Nijô-en

Sonstiges:
1. Greentour / c.coquet
2. Hauptpost / Japan Post Bank Kyôto
3. Bic Camera
4. Kaufhaus Isetan
5. World Currency Shop (8F), Kyôto Prefectural International Center (9F)
6. Kyôto Tourist Information Center „Kyônavi"

Transport:
1. Rent a cycle EMUSICA
2. J-Cycle
3. Rental Bicycle Kyôto MIYAMIYA
4. Fahrradverleih / Kyôto Cycling Tour Project
5. Bahnhof Kyôto, Taxistand Nord
6. Bahnhof Kyôto, Taxistand Süd
7. Bahnhof Kyôto, Busbahnhof

Gion und Ponto-chō 祇園・先斗町

Während der „Yuka-Saison" im Sommer gelangen Besucher von der engen Gasse **Ponto-chō** aus direkt in die Restaurants *(yuka)*, deren speziell für die heißen Sommermonate angebrachte Terrassen weit über das Ufer des Kamo-Flusses ragen, wo eine kühle Brise den Aufenthalt erträglich macht. Das extravagante Dinieren und die dargebotenen Spezialitäten aus der Kyôto-Küche haben natürlich ihren Preis.

Das gut erhaltene **Gion-Viertel** östlich des Kamo-Flusses ist berühmt für seine kultivierte und traditionelle Kulisse, seine Teehäuser und die elegant vorbeitrippelnden Geisha (in Kyôto *geiko* genannt) und *maiko* auf dem Weg von oder zu einem Termin. Die Gegend entwickelte sich, nachdem die ersten Geisha-Häuser *(o-chaya)* entstanden waren, während der Edo-Zeit rund um den Yasaka-Schrein zu einem Vergnügungsviertel. Heute sind Gion und Ponto-chō die populärsten Vergnügungsviertel in Kyôto und weit über die Stadtgrenze hinaus bekannt. Stadtbus 100 oder 206 vom Hauptbahnhof oder Keihan-Linie bis Gion Shijō.

Im **Gion Corner**, ☎ 075-561-1119, 🖥 www.kyoto-gioncorner.com/global/de.html, der Yasaka-Halle, dem bekannten Veranstaltungshaus inmitten des Gion Viertels, finden neben den offiziellen *maiko*-Tänzen im Frühling und Herbst auch regelmäßige Vorführungen speziell für ausländische Touristen statt, bei denen in einem einstündigen Programm insgesamt sieben traditionelle japanische Kunst- und Unterhaltungsarten auf einer Bühne vorgeführt werden – im Schnelldurchlauf, aber professionell: Teezeremonie *(chadō)*, japanische Harfe *(koto)*, Kyôtoer Tanz-Stil *(kyōmai)*, Komödienspiel *(kyōgen)*, Hofmusik *(gagaku)*, Blumenarrangement *(kadō)* und das japanische Puppenspiel *(bunraku)*. Was viele Besucher besonders entzückt: Man darf fotografieren! Vorführungszeiten tgl. ab 18 und 19 Uhr, aber Dez bis 2. Woche März nur Fr–So und Feiertage, 3150 ¥ (nur Barzahlung möglich).

Shijō-Kawaramachi 四条河原町

Die Shijō-Straße ist die ostwestliche Haupteinkaufsstraße in Kyôto. An ihr befinden sich die meisten und größten Kaufhäuser der Stadt, einige Banken, viele größere und kleinere Läden

starken Gesichtern postiert. An Wochenenden und Feiertagen kann es hier sehr voll werden. Fotografieren ist strengstens untersagt. ⊕ tgl. 8–17 Uhr (16. Nov–31. März 9–16 Uhr), 600 ¥. Stadtbus wie zum Nationalmuseum.

und Kreuzungen, von denen aus man in die beiden Arkaden der Teramachi- und Shinkyōgoku-Straßen laufen kann. Die Kawaramachi-Straße verläuft nordsüdlich, kreuzt die Shijō-Straße und ist voller Unterhaltungs- und (leider mehr und mehr) Fastfood- und Krimskramsläden. Die Gegend um Shijō-Kawaramachi ist der zweifellos belebteste Stadtteil in Kyōto. Stadtbus 4, 17, 205 oder 5 vom Hauptbahnhof oder U-Bahn Karasuma-Linie bis Shijō-dōri, dann etwa 15 Min zu Fuß.

Um die Karasuma-dōri 烏丸通

Die den Norden Kyōtos mit dem Süden verbindende Hauptstraße Karasuma-dōri birgt unterirdisch eine der beiden U-Bahn-Linien der Stadt, die Karasuma-Linie. Fährt man vom Hauptbahnhof in Richtung Norden und verlässt die U-Bahn an der dritten Station, Karasuma-Oike, besteht die Möglichkeit, auf der Oike, der breitesten und modernsten Straße in Kyōto, in einer Viertelstunde rüber zur östlich gelegenenen Kawaramachi-dōri oder aber auf der Karasuma-dōri in Richtung Süden zu laufen. Wenn man die Südroute wählt, kreuzt man die **Sanjō-dōri**, die sich in den vergangenen Jahren zu einem netten Flanierviertel mit kleinen Läden und Cafés entwickelt hat. Hier befinden sich auch die auffällig roten Backsteingebäude der Hauptpost und des Kyōto-Museums. Direkt auf der Karasuma-dōri steht das IkeNobō-Museum und noch ein Stück südlicher kann man nach links in die Nishiki-dōri einbiegen, um zum berühmten Nishiki-Markt zu gelangen.

Die Manga-Gemeinde freut sich, denn seit 2006 gibt es in einem ehemaligen Grundschulgebäude von 1869 das **Kyōto International Manga Museum**, ℡ 075-254-7414, 🖥 www.kyotomm.jp. Manga-Forscher der Seika-Universität Kyōto, die Manga als integralen Bestandteil des japanischen Alltags sehen, sind inhaltlich für die Leitung des Museums verantwortlich. Um dem üblichen Museums-Image entgegenzuwirken, finden regelmäßig Workshops mit Studenten der Seika-Universität statt, die in die Kunst des Manga-Zeichnens einführen. Es gibt eine Kinder-Bibliothek, Ausstellungen, Seminare und eine Sammlung von bisher über 250 000 Manga-Bänden, davon etwa 10 % ausländischer Her-

kunft. Auf der Museumswiese finden öfters Cosjoy, Cosplay-Treffen, statt. ⏰ Do–Di 10–18 Uhr, 800 ¥. Vom Hauptbahnhof mit Karasuma-U-Bahnlinie bis Karasuma-Oike, Eingang an der Karasuma-dōri.

Das **Kyōto-Museum**, ℡ 075-222-0888, 🖥 www.bunpaku.or.jp, zeigt alles zur Kultur und Stadtgeschichte von Kyōto. Im modernen Teil des Gebäudes finden regelmäßig große internationale Kunstausstellungen statt. Man kann sich kostenlos im alten Backsteingebäude und in den verschiedenen Museumsläden umschauen. ⏰ Di–So 10–19.30 Uhr (Sonderausstellung und Annex bis 18 Uhr), 500 ¥ (Dauerausstellung). Vom Hauptbahnhof mit der Karasuma-Linie bis Karasuma-Oike, Ausgang 5, dann auf der Sanjō-dōri Richtung Osten.

Das **Ikenobō Ikebana Museum** befindet sich im modernen Gebäude der Ikenobō-Kaikan in der Karasuma-dōri. Die von dem buddhistischen Mönch Ikenobō Sennō im 15. Jh. gegründete Ikebana-Schule ist die älteste Japans. In einer Bibliothek und Ausstellungshalle im 3. Stock können sich Besucher umfassend über die Kunst des japanischen Blumenarrangements informieren. ⏰ Mo–Fr 10–16 Uhr, Eintritt frei (außer Sonderausstellungen), Reservierung erforderlich, ℡ 075-221-2686 oder ✉ kengaku@ikenobo.jp). U-Bahnhof Karasuma-Oike, Ausgang 5.

Ein gemütlicher Lauf durch den bekannten **Nishiki-ichiba** in der Nishikikōji-Straße, einer geschäftigen und recht engen Gasse zwischen Teramachi- und Takakura-dōri, ist ein Erlebnis der eigenen Art und eine willkommene Abwechslung zu den anderen Sehenswürdigkeiten der Stadt. Der Nishiki-ichiba ist ein lokaler Lebensmittelmarkt mit einer beeindruckenden Vielfalt und Auswahl und wird daher liebevoll auch die „Küche von Kyōto" genannt. Kunden und Besucher finden in den rund 150 Läden und Ständen die besten und frischesten Produkte aus der Region Kyōto. Hier und da gibt es auch kleine Kostproben. ⏰ 9–ca. 17 Uhr, einige Läden bis 18 Uhr.

Im **Japanischen Haarmuseum** (Nihongami Shiryōkan), ℡ 075-551-9071, werden über 100 Beispiele japanischer Haarstile – von *maiko* bis Sumō-Ringer – gezeigt. ⏰ tgl. Do–Di 10–

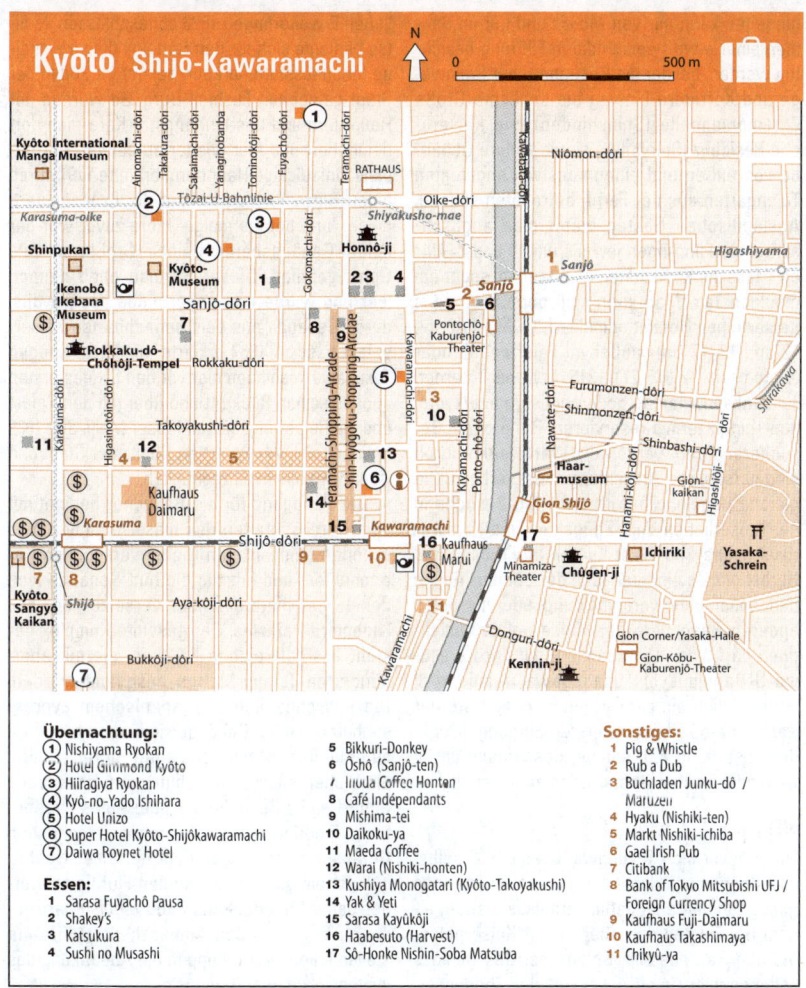

N

0   500 m

Kyōto International Manga Museum

Ainomachi-dōri
Takakura-dōri
Sakaimachi-dōri
Yanaginobanba
Tominokōji-dōri
Fuyachō-dōri

RATHAUS

Niômon-dōri

Tōzai-U-Bahnlinie

Oike-dōri

Karasuma-oike

Shiyakusho-mae

Higashiyama

Shinpukan

Honnō-ji

Kyōto-Museum

1

2 3   4

Sanjō

Sanjō

Ikenobô Ikebana Museum

Sanjō-dōri

Pontochō-Kaburenjō-Theater

Rokkaku-dō-Chôhôji-Tempel

7

8

9

Rokkaku-dōri

Takoyakushi-dōri

3

10

Furumonzen-dōri

Shinmonzen-dōri

Shinbashi-dōri

11

12

4

5

13

6

Haar-museum

Gion-kaikan

Kaufhaus Daimaru

14

15

Gion Shijō

Ichiriki

Yasaka-Schrein

Karasuma

Shijō-dōri

16 Kaufhaus Marui

17

Minamiza-Theater

Chūgen-ji

Kyōto Sangyō Kaikan

Shijō

Aya-kōji-dōri

11

Gion Corner/Yasaka-Halle

Bukkôji-dōri

Donguri-dōri

Kennin-ji

Gion-Kôbu-Kaburenjō-Theater

KANSAI

Übernachtung:
1 Nishiyama Ryokan
2 Hotel Gimmond Kyōto
3 Hiiragiya Ryokan
4 Kyô-no-Yado Ishihara
5 Hotel Unizo
6 Super Hotel Kyōto-Shijôkawaramachi
7 Daiwa Roynet Hotel

Essen:
1 Sarasa Fuyachô Pausa
2 Shakey's
3 Katsukura
4 Sushi no Musashi

5 Bikkuri-Donkey
6 Ôshô (Sanjō-ten)
7 Inoda Coffee Honten
8 Café Indépendants
9 Mishima-tei
10 Daikoku-ya
11 Maeda Coffee
12 Warai (Nishiki-honten)
13 Kushiya Monogatari (Kyōto-Takoyakushi)
14 Yak & Yeti
15 Sarasa Kayûkôji
16 Haabesuto (Harvest)
17 Sô-Honke Nishin-Soba Matsuba

Sonstiges:
1 Pig & Whistle
2 Rub a Dub
3 Buchladen Junku-dô / Maruzen
4 Hyaku (Nishiki-ten)
5 Markt Nishiki-ichiba
6 Gael Irish Pub
7 Citibank
8 Bank of Tokyo Mitsubishi UFJ / Foreign Currency Shop
9 Kaufhaus Fuji-Daimaru
10 Kaufhaus Takashimaya
11 Chikyû-ya

17 Uhr, 600 ¥. Vom Hauptbahnhof mit Stadtbus 100 oder 206 bis Kawaramachi oder Gion.

Kaiserpalast Kyōto Gosho 京都御所

Kyōto Gosho war von 794 bis 1868 die Residenz des Tennō, bis Kaiser Meiji in die 600 km entfernte Hauptstadt Tōkyō umzog. Der von einer hohen und kamera-überwachten Mauer umgebene Palast befindet sich heute im Park **Kyōto-**

Gyōen, der im weiteren Sinne und von den Einheimischen Gosho genannt wird. Die Parkanlage ist die große, grüne Lunge der Stadt. Sie liegt zwischen den vier Hauptstraßen Imadegawa im Norden und Marutamachi im Süden, Karasuma im Westen und Teramachi im Osten. Vom Hauptbahnhof fährt man mit der U-Bahn bis Imadegawa. Der Park bleibt rund um die Uhr geöffnet. Der innere Bereich des Kaiserpalasts hingegen kann nur von Mo–Fr und nur im Rahmen einer etwa zweistündigen Führung besichtigt werden, bei der die Besucher über Steinwege und Korridore hinweg die schlichte Große Zeremonienhalle (Shinshinden), die Kaiserliche Residenz (Seiryōden) sowie andere Gebäude von außen und einen kunstvoll angelegten Teichgarten aus der Ferne betrachten können. Ausländischen Gästen bietet man englischsprachige Führungen jeweils um 10 und 14 Uhr an – falls die Kapazitäten es erlauben, sogar am gleichen Tag. Man kann sich persönlich beim **Kaiserlichen Hofamt** anmelden, ⏰ Mo–Fr 8.45–12 und 13–17 Uhr (außer an Feiertagen), oder telefonisch, ☎ 075-211-1215, bzw. per Internet, 🖥 sankan.kunaicho.go.jp/english/guide/kyoto.html, einen Termin reservieren. Bei großem Besucherandrang werden die Wartezeiten durch eine persönliche Anmeldung meist verkürzt. Die gleiche Regelung betrifft auch die Besuche in der Kaiserlichen Villa Shūgakuin und Katsurarikyū (siehe Süd-West-Kyōto). Im Frühling und Herbst gibt es ein paar Tage der offenen Tür, an denen man ohne Voranmeldung, aber mit vielen anderen Besuchern den Kaiserpalast besichtigen darf. Vom Hauptbahnhof mit der Karasuma-U-Bahnlinie bis Imadegawa, Ausgang 3, dann südlich ein paar Minuten zu Fuß auf der Karasuma-dōri bis zum ersten Eingang links in die kaiserliche Parkanlage; das Hofamt ist im Gebäudekomplex rechter Hand angesiedelt.

Nijō-jō 二条城

Noch bevor sich Tokugawa Ieyasu 1603 selbst zum Shōgun und damit zum Herrscher über das ganze Land ernannt hatte, veranlasste er auf einem Geländeteil des ehemaligen Kaiserpalastes den Bau des Nijō-Schlosses. Das Schloss sollte sowohl als offizieller Sitz der Shogunatsregierung in Kyōto und ganz Westjapan als auch als Residenz der Tokugawa bei Aufenthalten in Kyōto dienen. Die weitläufige Festung mit den wuchtigen Außenmauern und den breiten Wassergräben sollte offensichtlich auch in Sichtweite des kaiserlichen Hofes die Macht der neuen Regierung demonstrieren. Der Bau wurde mehr oder weniger unfreiwillig von allen Landesfürsten mitgetragen und erst unter Ieyasus Enkel Iemitsu, dem dritten Tokugawa-Shōgun, nach et-

lichen Erweiterungen 1626 abgeschlossen. Iemitsu bediente sich für den Bau und die aufwendige Innenausstattung auch bei der im Süden der Stadt gelegenen Fushimi-Burg. So wurden der Hauptturm und das Eingangstor Kara-mon dort demontiert und hier wieder aufgebaut. Der damals fünfstöckige Hauptturm brannte 1791 durch einen Blitzeinschlag bis auf die Grundmauern nieder, und bereits einige Jahre zuvor war der innere Gebäudebereich einem Großbrand zum Opfer gefallen. Dieser Bereich blieb danach leer und wurde erst gegen Ende des 19. Jhs. durch Gebäude aus dem benachbarten Kaiserpalast besetzt. 1867 erklärte der letzte Shōgun Tokugawa Yoshinobu hier vor den Landesfürsten Japans seinen Rücktritt und übergab den Palast und die Regierungsgewalt Kaiser Meiji. Seit 1939 befindet sich der Palast im Besitz der Stadt und ist der Öffentlichkeit zugänglich.

Der Rundgang für die Besucher beginnt mit dem Durchschreiten des massiven, mit einem schönen chinesischen Giebel versehenen Karamon-Tors und führt in die fünf Gebäude (von denen vier hintereinander versetzt sind) des **Ninomaru-Palastes**. Der gesamte Komplex besteht aus zahlreichen Räumen, die mit aberhunderten Tatami-Matten ausgelegt wurden. Die ausschließlich aus japanischem Zypressenholz erbauten Gebäude sind durch Korridore miteinander verbunden, unter deren Böden ein Sicherheitssystem schlummert, dass jeden Schritt eines Besuchers – oder eines ungebetenen Eindringlings – mit einem quietschenden Geräusch quittiert, das dem Ruf einer Nachtigall ähneln soll. Die singenden Flurdielen werden daher **Nachtigallenparkett** (uguisu-bari) genannt. In der großen Audienzhalle **Ō-hiro-ma** stellen lebensgroße Puppen die Abdankung des letzten Tokugawa-Shōguns dar.

Die Gebäude sind alle nach dem gleichen Prinzip gestaltet: Warteraum, versteckter Leibwächterraum und Audienzhalle, in der der Bereich für den Shōgun etwas erhöht ist. Im hinteren Bereich befanden sich Privatgemächer des Shōguns (shiro-shoin) und die Gemächer seiner Frauen.

Die Räume sind zum Teil pompös dekoriert, denn Iemitsu beauftragte keine Geringeren als die besten Maler der Kanō-Schule mit der Gestaltung des Palastes. Die Kanō-Maler waren bekannt für ihre Motive von chinesischen Landschaften, Tieren und Pflanzen. Hier im Palast haben sie ihr größtes künstlerisches Erbe hinterlassen: lebensgroße Leoparden und Tiger in Bambushainen, Pfaue, Fasane, Reiher und Falken, riesige Kiefern, Kirschblüten und Winterlandschaften.

Bei aller Pracht des Gebäudes sollte man sich auch noch etwas Zeit für den weitläufigen **Landschaftsgarten** nehmen, von dem aus die Besucher auch auf die Außenmauer der Anlage emporsteigen können. ✆ 075-841-0096, 🖥 www.city-kyoto.jp/bunshi/nijojo, ⏱ tgl. 8.45–17 Uhr, Einlass bis 16 Uhr (jeden Di im Juli, Aug, Dez und Jan sowie 26.12.–4.1. geschlossen), 600 ¥. U-Bahn Tōzai-Linie bis Nijō-jō-mae, vom Hauptbahnhof mit Stadtbus Nr. 9, 50, 101 oder JR-Sagano-San'in-Linie bis Nijō-jō.

Shimogamo-jinja 下鴨神社

Dieser Schrein befindet sich auf einer Landspitze, direkt am Zusammenfluss von Kamogawa und Takanogawa. Der Schrein könnte bereits im 4. Jh. gegründet worden sein und würde damit zu den ältesten Schreinen des Landes zählen. Die heutigen Gebäude entstanden zwischen dem 17. und 19. Jh. Der „untere Kamo-Schrein" wurde gemeinsam mit dem „oberen Kamo-Schrein", dem Kamigamo-jinja (S. 393), 1994 von der Unesco in die Liste des Weltkulturerbes aufgenommen. Beide Schreine sollen die Stadt vor Unheil bewahren. Das relativ kleine Schreingelände ist selten überlaufen, außer am 15. Mai, zum großen Fest Aoi Matsuri, wenn die Prozession auf dem Weg vom Kaiserpalast zum Kamigamo-Schrein hier im schattigen Tadasu-Wald eine lange Pause einlegt und das Publikum mit Reiterspielen unterhält. ⏱ tgl. 5.30–18 Uhr (Winter 6.30–17 Uhr), Eintritt frei. Stadtbus Nr. 205 oder 4 vom Hauptbahnhof bis zur Haltestelle Shimogamo-jinja-mae.

Ost-Kyōto – Higashiyama 東山

Das Gebiet Higashiyama (*higashi* = Osten, *yama* = Berg) ist ein wahres Ballungszentrum von großen und berühmten Tempeln. Es liegt östlich des Kamogawa am Fuße der Higashiyama-Berge, die Kyōto an der östlichen Flanke begrenzen.

Ginkaku-ji (Silberner-Pavillon-Tempel) 銀閣寺

Etwas nördlich von Higashiyama liegt der Gingaku-ji, die einst private Villa des Shōguns Ashikaga Yoshimasa, die ihm nach dem Rückzug aus dem politischen Leben ab 1482 als Altersruhesitz diente. Während der Goldene Pavillon seines Großvaters (der Kinkaku-ji, S. 389) noch den Höhepunkt der Ashikaga-Herrschaft verkörperte, ist der Ginkaku-ji, der nie vollendet und auch nie, wie geplant, mit Blattsilber verziert wurde, zum Symbol eines im Chaos versinkenden Landes geworden, in dem die Landesfürsten einander aufs Heftigste bekämpften. Besondere Merkmale des um die Halle angelegten Gartens sind das weiße Sandmeer und der einzigartige Sandhügel in der Form des Fuji-san. Sie sollen den dunkel gehaltenen Pavillon nachts, wenn der Mond sich in ihnen reflektiert, hell schimmern lassen. Das nicht vollendete, schlichte Gebäude und sein Garten verkörpern den Höhepunkt von Kunst und Handwerk jener Epoche, aber auch eine dem Untergang geweihte Zeit. ⏱ tgl. 8.30–17 Uhr (Dez–Feb 9–16.30 Uhr), 500 ¥. Stadtbus 5 oder 100 vom Hauptbahnhof bis Ginkakuji-mae.

Tetsugaku no michi (Philosophenweg) 哲学の道

Tetsugaku no michi, der „Pfad der Philosophie", ist ein berühmter Spazierweg, der ausgehend vom Eingang zum Ginkaku-ji runter in den Higashiyama-Distrikt verläuft, bis ganz in die Nähe des etwa 2 km südlich gelegenen Nanzen-ji. Der Name geht vermutlich auf den Philosophen Nishida Kitarō zurück, der auf dem täglichen Weg zum Arbeitsplatz in der nahe gelegenen Kyōto-Universität meist in Gedanken versunken auf der schmalen

Allee am kleinen Kanal entlang schlenderte. Besonders Anfang April, während der Kirschblüte, wird dieser Spaziergang zu einem wahren Erlebnis – sowohl was die Blüten- als auch die Menschenmassen angeht. Restaurants, Cafés und kleine Boutiquen säumen den Weg.

Mit Stadtbus 4 oder 100 vom Hauptbahnhof bis Ginkakuji-mae.

Heian-jingū 平安神宮

Östlich der Higashiōji-dōri und nördlich der Sanjō-dōri liegt der anlässlich der Feier zum 1100-jährigen Bestehen der Stadt Kyōto im Jahr 1894 den Kaisern Kammu und Kōmei geweihte Shintō-Schrein Heian-jingū. Die Gebäude stellen eine 5/8-große originalgetreue Rekonstruktion der ersten kaiserlichen Residenz in Kyōto, damals Heian-kyō, im Jahre 794 dar. Im Westen, Norden und Osten umgibt den Schrein der ansehnliche Teichgarten Shin-en. ⏰ Schrein: tgl. 31. Dez–14. Feb 6–17, 15. Feb–14. März und Okt 6–17.30 Uhr (nur 22. Okt bis 12 Uhr), 15. März–30. Sep 6–18 Uhr, Nov–30. Dez 6–17 Uhr, Eintritt frei. ⏰ Garten: 1.–14. März und Okt 8.30–17 Uhr (nur 22. Okt 9.30–11.30 Uhr), 15. März–30. Sep 8.30–17.30, Nov–Feb 8.30–16.30 Uhr, 600 ¥. U-Bahn Tōzai-Linie bis Higashiyama. Stadtbus 100 oder 5 vom Hauptbahnhof bis Kyōto-kaikan Bijutsukan-mae.

Museumsviertel um den Okazaki-Park 岡崎公園

Der Okazaki-Park mit dem Heian-Schrein liegt im nördlichen Teil von Higashiyama. Läuft man südlich des Schreins auf das riesige Schreintor zu, liegt linker Hand in einem alten Backsteingebäude das **Städtische Kunstmuseum**, ✆ 075-771-4107, 🖥 www.city.kyoto.jp/bunshi/kmma. In dem 1933 eröffneten Museum lagern Werke von in- und ausländischen Künstlern, die nach der Meiji-Zeit (1868–1912) und hauptsächlich mit Bezug zu Kyōto entstanden. ⏰ tgl. außer Mo 9–17 Uhr, Eintritt je nach Ausstellung. Schräg gegenüber liegt das **Nationalmuseum für moderne Kunst**, ✆ 075-761-4111, 🖥 www.momak.go.jp. Das besondere Interesse des Museums gilt der Kunst aus Westjapan, mit dem Schwerpunkt auf der Region Kansai. Zur Sammlung zählen auch zeitgenössische Keramiken aus aller Welt, amerikanische und europäische Textil- und Glaskunst sowie eine Fotosammlung zur Weltgeschichte der Fotografie. ⏰ Di–So 9.30–17 Uhr (April–Okt Fr bis 20 Uhr), Eintritt permanente Ausstellung 430 ¥, Sonderausstellungen unterschiedlich.

Nördlich des Nationalmuseums für moderne Kunst liegt die riesige internationale Ausstellungshalle Miyako-Messe. Ins Untergeschoss (B1) integriert ist das Fureaikan, **Museum für Kunsthandwerk**. In diesem Museum werden Lack- und Bambusarbeiten sowie Farbholzschnitte gezeigt. ⏰ tgl. 9–17 Uhr, Eintritt frei. Vom Hauptbahnhof mit Stadtbus 5 oder 100 bis Kyōto-kaikan Bijutsukan-mae. Vom U-Bahnhof Higashiyama (Tōzai-Linie) 5 Min. zu Fuß.

Nanzen-ji 南禅寺

Südöstlich des Heian-Schreins steht einer der größten Zen-Tempel von Kyōto, der **Nanzen-ji**, Haupttempel der Rinzai-Schule. Kaiser Kameyama (1249–1305) liebte diesen Ort so sehr, dass er sich hier seinen Palast errichten ließ. Er wurde später selbst buddhistischer Mönch und Schüler eines bekannten Zen-Meisters. 1291 ließ er seinen Palast in einen Zen-Tempel umwandeln. Der Tempel ist berühmt für einige seiner Kunstschätze, z. B. die Malereien auf etlichen *fusuma* (Schiebetüren) in der Hōjō-Halle, die von Vertretern der Kanō-Schule stammen. Hōjō-Halle und Sanmon-Tor: ⏰ tgl. (außer 28.–31. Dez) 8.40–17 Uhr (Dez–Feb bis 16.30 Uhr), Eintritt je 500 ¥, Gelände frei. U-Bahn Tōzai-Linie bis Keage und 10 Min. zu Fuß; Stadtbus 5 vom Hauptbahnhof bis Nanzen-ji Eikandō-michi.

Läuft man vom Ginkaku-ji aus auf dem Philosophenweg, führt dieser zwangsläufig bis zum Nanzen-ji. Direkt am Tempelgelände kann die aus rotem Backstein während der Meiji-Zeit erbaute und gut erhaltene Aquäduktbrücke **Suirokaku** besichtigt werden. Von der Brücke aus lässt es sich für etwa 200 m gemütlich am Kanal entlang laufen, der genialerweise in einem Tunnel durch die Berge vom benachbarten Biwa-See bis nach Kyōto fließt.

Eikan-dō 永観堂

Der weitläufige Garten des Nanzen-ji grenzt im Norden ein kleines Stück weit an den Garten des Eikan-dō, auch Zenrin-ji genannt, einer der ältesten Tempel von Kyōto (9. Jh.). Er ist besonders für seine nach hinten blickende Amida-Figur Mikaeri-Amida berühmt. Eikan, der Hauptpriester des Tempels, wurde im Traum von Amida geführt; als Eikan innehielt, wandte sich

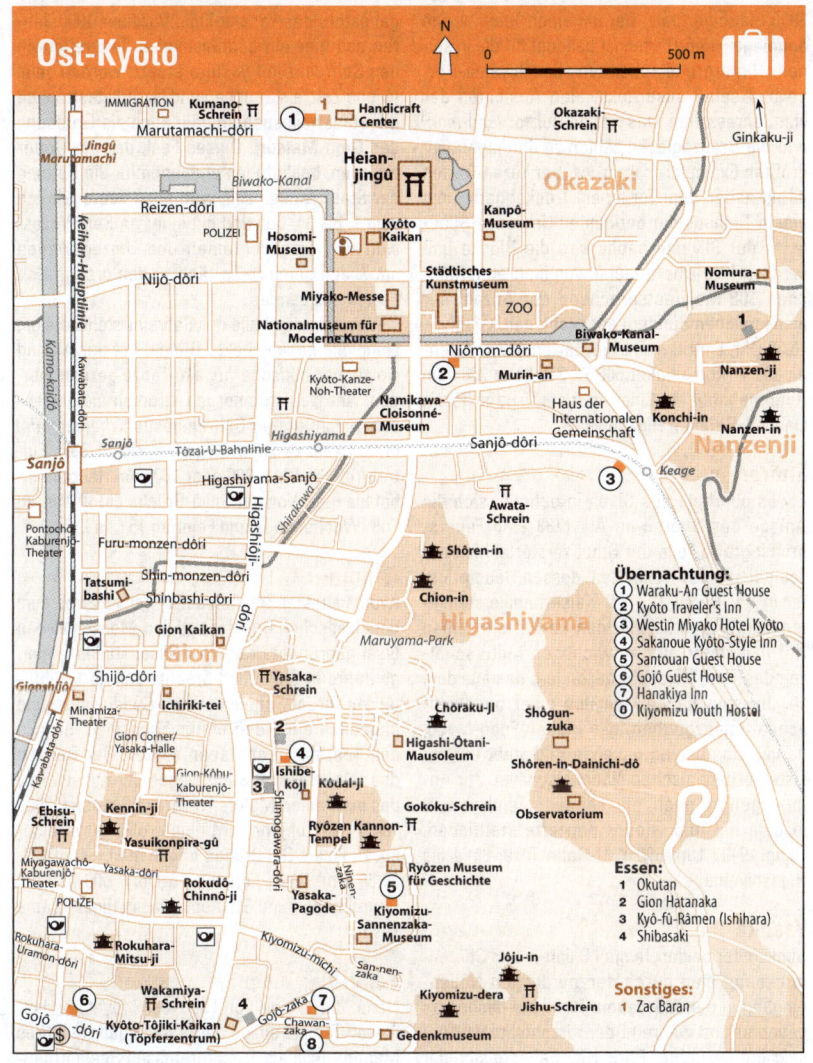

Ost-Kyōto

N
0 — 500 m

IMMIGRATION
Kumano-Schrein
Marutamachi-dōri
① 1 Handicraft Center
Okazaki-Schrein
Ginkaku-ji

Jingū
Marutamachi
Biwako-Kanal
Heian-jingū
Okazaki

Reizen-dōri
Kanpō-Museum

POLIZEI
Hosomi-Museum
Kyōto Kaikan

Nijō-dōri
Städtisches Kunstmuseum
Nomura-Museum

Miyako-Messe
ZOO

Nationalmuseum für Moderne Kunst
Biwako-Kanal-Museum
1

Niōmon-dōri
Nanzen-ji

Kyōto-Kanze-Noh-Theater
②
Murin-an

Namikawa-Cloisonné-Museum
Haus der Internationalen Gemeinschaft
Konchi-in

Higashiyama
Sanjō
Tōzai-U-Bahnlinie
Sanjō-dōri
Nanzen-in

Sanjō
Nanzenji

③ Keage

Higashiyama-Sanjō
Awata-Schrein

Pontochō Kaburenjō-Theater
Furu-monzen-dōri
Shōren-in

Tatsumi-bashi
Shin-monzen-dōri
Shinbashi-dōri
Chion-in

Gion Kaikan
Higashiyama

Gion
Shijō-dōri
Maruyama-Park

Gionshijō
Ichiriki-tei
Yasaka-Schrein

Minamiza-Theater
Chōraku-Ji
Shōgun-zuka

Gion Corner/Yasaka-Halle
2
Higashi-Ōtani-Mausoleum

Gion-Kōbu-Kaburenjō-Theater
④ Ishibe-kōji
Kōdai-ji
Shōren-in-Dainichi-dō

Ebisu-Schrein
Kennin-ji
3
Gokoku-Schrein
Observatorium

Yasuikonpira-gū
Ryōzen Kannon-Tempel

Miyagawachō-Kaburenjō-Theater
Yasaka-dōri
Ryōzen Museum für Geschichte

POLIZEI
Rokudō-Chinnō-ji
Yasaka-Pagode
⑤ Kiyomizu-Sannenzaka-Museum

Rokuhara-Uramon-dōri
Rokuhara-Mitsu-ji
San-nen-zaka
Jōju-in

Wakamiya-Schrein
Kiyomizu-michi
Kiyomizu-dera
Jishu-Schrein

Gojō
⑥
Gojō-zaka
④ ⑦

-dōri
Kyōto-Tōjiki-Kaikan (Töpferzentrum)
Chawan-zaka
⑧ Gedenkmuseum

KANSAI

Übernachtung:
① Waraku-An Guest House
② Kyōto Traveler's Inn
③ Westin Miyako Hotel Kyōto
④ Sakanoue Kyōto-Style Inn
⑤ Santouan Guest House
⑥ Gojō Guest House
⑦ Hanakiya Inn
⑧ Kiyomizu Youth Hostel

Essen:
1 Okutan
2 Gion Hatanaka
3 Kyō-fū-Rāmen (Ishihara)
4 Shibasaki

Sonstiges:
1 Zac Baran

Amida zu ihm um und sagte: „Eikan, du bist langsam".

Im Herbst kommen viele Besucher wegen der Ahornbäume hierher. ⏱ tgl. 9–17 Uhr, 600 ¥. Zu erreichen mit Bus und U-Bahn wie Nanzen-ji, siehe oben.

Chion-in 知恩院

Oberhalb des Maruyama-Parks liegt der geschichtsträchtige Chion-in. Er wurde im 12. Jh. vom Priester Hōnen gegründet und fungierte bald darauf als kaiserlicher Hoftempel. Im Inneren seiner riesigen Haupthalle finden bis zu

3000 Gläubige Platz. Der um einen Teich herum angelegte Hōjō-Garten ist bekannt für die in seinem Hintergrund ruhenden Higashiyama-Berge und seine ausdrucksvollen Ansichten der vier Jahreszeiten. Das riesige Holztor *(san-mon)* und die Bronzeglocke zählen zu den japanweit größten Exemplaren ihrer Art. Der Yūzen-Garten direkt neben dem Tor ist ein Trockengarten mit einem Teehaus der berühmten Urasenke-Schule. In der Silvesternacht wird die Glocke (mit Fernseh-Live-Übertragung) von mehreren Mönchen 108 Mal (entsprechend der Anzahl der menschlichen Sünden) angeschlagen. ⊙ tgl. 9–16.30 Uhr, Eintritt frei, Hōjō-Garten 400 ¥, Yūzen-en 300 ¥ (Kombiticket 500 ¥). Stadtbus 206 vom Hauptbahnhof bis Chion-in-mae; U-Bahn Tōzai-Linie bis Bahnhof Higashiyama.

Shōren-in 青蓮院

Etwas oberhalb des Chion-in befindet sich die Anlage des Shōren-in. Als 1788 eine Feuersbrunst große Teile der Stadt zerstörte, hielt der Tempel aus der Heian-Zeit, dessen Hauptpriester in der Regel aus der Kaiserfamilie stammten, als Zufluchtsort für den Kaiser und seinen Hof her. Unter all den wichtigen Kulturschätzen des Tempels sticht besonders das aus dem 10. Jh. stammende Gemälde einer buddhistischen Schutzgottheit, des Blauen Fudō-Myōō, hervor. Das beeindruckende Bild steht auf der Liste der japanischen Nationalschätze. Zur Anlage gehört auch ein schöner Teichgarten, in dem hin und wieder Konzerte stattfinden. ⊙ tgl. 9–17 Uhr, 500 ¥. U-Bahn Tōzai-Linie bis Higashiyama.

Yasaka-jinja 八坂神社

Südlich der beiden Tempel Chion-in und Shōren-in gelangt man durch den nördlichen Nebeneingang in den **Maruyama-Park**, ein besonders beliebter und während der Kirschblüte im April sehr gut besuchter Park. Hier befindet sich der **Yasaka-Schrein**, auch Gion-Schrein genannt. Der Haupteingang des bei Einheimischen sehr populären Shintō-Heiligtums ist vom Stadtzentrum aus auf der Hauptstraße Shijō-dōri zu erreichen. Diese zieht sich mitten durch das historische Vergnügungsviertel Gion und endet vor der Treppe des orangefarbenen zweistöckigen Eingangstors des Yasaka-jinja. Vor über 1000 Jahren soll hier ein buddhistischer Tempel durch den Schrein Gion-yashiro ersetzt worden sein. In jene Zeit, als Seuchen und Naturkatastrophen die Stadt heimsuchten, fällt auch die Gründung des **Gion Matsuri**. Dieses Fest, das die Götter erfreuen, besänftigen und ihnen für die Rettung der Stadt danken soll, wird noch heute jährlich vom 1. bis 31. Juli und mit einer großen Prozession von Trageschreinen und Umzugswagen am 7. Juli gefeiert. Es zählt zu den drei großen Festen des Landes.

Vor der Haupthalle des Schreins steht eine mit Lampions geschmückte Bühne, auf der Anfang November höfische *bugaku*-Tänze gezeigt werden. Am Neujahrsmorgen strömen viele Menschen zum ersten Schreinbesuch *(hatsumōde)* in den Yasaka-jinja. ⊙ ganzjährig 24 Std., Eintritt frei. Stadtbus 206 oder 100 vom Hauptbahnhof bis Gion. Von der Shijō-Brücke ca. 10 Min. zu Fuß (Wochenende und Feiertag 15 Min.).

Kennin-ji 建仁寺

Kyōtos ältester Zen-Tempel ist der 1202 von dem buddhistischen Priester und Zen-Meister Myōan Eisai gegründete Kennin-ji. Eisai studierte einige Jahre in China und brachte von dort Schriften zur Rinzai-Schule des Zen-Buddhismus (und angeblich auch den ersten Teesamen für grünen Tee) mit nach Japan zurück. Der Besuch des Tempels lohnt auch wegen der Kunstwerke des berühmten Malers Tawaraya Sōtatsu (1600–1643). Im Frühjahr wird eine große Teezeremonie zu Eisais Geburtstag abgehalten. ⊙ tgl. 10–16.30 Uhr (Nov–Feb bis 16 Uhr), 500 ¥. Vom Hauptbahnhof mit Stadtbus 206 bis Higashiyama Yasui.

Kōdai-ji 高台寺

Nene, die Witwe von Hideyoshi Toyotomi, ließ diesen Tempel einige Jahre nach dem Tod ihres Mannes 1605 als Trost für dessen Seele erbauen. In den Gebäuden sind viele persönliche Gemälde und andere Kunstwerke, die sich im Besitz des Ehepaars befanden, ausgestellt. Sowohl die Gründerhalle *(kaisen-dō)* als auch Hideyoshis Mausoleum *(tamaya)* und zwei Teehäuser blieben erhalten. Im Frühjahr und Herbst und zu speziellen Anlässen wird der Garten illuminiert.

KANSAI

⏱ tgl. 9–17 Uhr, 600 ¥. Vom Hauptbahnhof mit Stadtbus 206 bis Higashiyama-yasui. Schöner 15-minütiger Spaziergang vom Maruyama-Park aus in Richtung Kiyomizu-Tempel.

Kiyomizu-dera 清水寺

Der Kiyomizu-dera, „Tempel des Reinen Wassers", zählt zum Unesco-Weltkulturerbe und zu einer der meistbesuchten Sehenswürdigkeiten der Stadt. Verantwortlich dafür ist die schöne Lage über der Stadt, der von Andenkenläden gesäumte Weg hinauf und die Haupthalle des Tempels mit ihrer von hohen Pfeilern gestützten und ohne die Verwendung von Nägeln erbauten Holz-Veranda. Die meisten Besucher beginnen ihren Spaziergang zur Tempelanlage vom Yasaka-Schrein bzw. Maruyama-Park aus. Sie verlassen den Park auf einer kleinen Straße in Richtung Süden und laufen westlich vom Kōdai-ji bis zu einer Fußgängerzone mit Kopfsteinpflaster. Schließlich geht es erst die **Ninenzaka** und dann die **Sannen-zaka** hinauf in Richtung Kiyomizu-dera. Die beiden Gassen erzeugen durch zahlreiche Cafés, kleine Tee- und Antikläden und stilvolle Restaurants in alten Holzhäusern eine romantisch-nostalgische Stimmung – besonders früh morgens oder am späten Abend.

Ursprünglich stammt der Tempelkomplex aus dem Jahr 798, die heutigen Hallen wurden jedoch bis 1633 neu erbaut. Auf dem Gelände steht auch ein Schrein, der **Jishu-jinja**, wo Besucher, die wissen wollen, ob sie auf die Liebe ihres Lebens treffen werden, mit geschlossenen Augen den 18 m weit entfernten „Liebesfels" auf einer Geraden finden müssen. Im unteren Bereich des Tempels, den man auf einer Steintreppe erreicht, stehen die Besucher Schlange am Wasserfall **Otowa-no-taki**, um von dem aus drei Röhren fließenden Wasser mit heilender und wunscherfüllender Wirkung zu trinken. ⏱ tgl. 6–18 Uhr (Sommer bis 18.30 Uhr), 300 ¥. Stadtbus 100 oder 206 vom Hauptbahnhof bis Gojō-zaka.

Nordwest-Kyōto

Im Nordwesten Kyōtos befinden sich einige berühmte Tempel, die auch abgelaufen werden können (reine Laufzeit 1–2 Stunden). Dem **Daitoku-ji** folgen in östlicher Richtung die drei von der Unesco auf die Liste des Weltkulturerbes gesetzten Topsehenswürdigkeiten **Kinkaku-ji** (Goldener Pavillon), **Ryōan-ji** mit Zen-Garten sowie der etwas weniger Besucherströmen ausgesetzte **Ninna-ji**. Unterhalb des Kinkaku-ji bzw. östlich des Ryōan-ji liegt der Shintō-Schrein **Kitano-Tenmangū**.

Daitoku-ji 大徳寺

Einige Tempelkomplexe Kyōtos sind so weitläufig, dass an Tempel und Gärten interessierte Besucher dort problemlos einen halben oder ganzen Tag verbringen könnten. Zu dieser Sorte gehört der Anfang des 14. Jhs. gegründete Daitoku-ji. Obwohl hier viele Bereiche nicht betreten werden dürfen, bleiben noch genügend interessante Tempelbauten, Stein- und Teegärten sowie Kunstschätze übrig.

Der Daitoku-ji entwickelte sich unter dem Patronat des Kaiserhofs und später auch durch finanzielle Unterstützung des Shogunats zu einem der wichtigsten Zen-Tempel Japans. Mehrere der Kulturgüter wurden dem Tempel von Militärführern und Landesfürsten gespendet, auf die der Zen-Buddhismus eine starke Anziehungskraft ausübte. Einige Zen-Meister, die als bedeutende Kalligraphen, Dichter und Teemeister in der Geschichte des Landes verewigt sind, entstammten dem Daitoku-ji, z. B. der große Sen no Rikyū (S. 139). ⏱ durchgehend. Die Anlage umfasst neben dem Haupt- über zwanzig Zweigtempel. Besonders beliebt ist der **Daisen-in**, vor allem wegen seines schönen Gartens.

⏱ tgl. 9–17 Uhr (Dez–Feb bis 16.30 Uhr), Eintritt frei bis auf Daisen-in 400 ¥, Ryōgen-in 350 ¥, Zuihō-in 400 ¥, Kōtō-in 400 ¥. Stadtbus 206, 101 vom Hauptbahnhof bis Daitokuji-mae.

Kinkaku-ji (Goldener-Pavillon-Tempel) 金閣寺

Ashikaga Yoshimitsu (1358–1408) war der dritte Shōgun aus der Ashikaga-Dynastie und ein großer Förderer der Künste. Er ließ sich in einer friedlichen und wirtschaftlich wie politisch stabilen Zeit den Goldenen Pavillon *(kinkaku)* als Alterssitz erbauen. Nach seinem Tod wurde die Villa von seinem Sohn zu einem Zen-Tempel mit dem Namen Rokuon-ji („Rehgarten-Tempel") umfunktioniert.

Der Kinkaku-ji und der ihn umgebende Teichgarten zählen heute nicht nur zum Unesco-Weltkulturerbe, sondern auch zu einer der meistbesuchten Sehenswürdigkeiten Kyōtos, wenn nicht sogar ganz Japans. Egal ob Ruhesitz eines alternden Shōguns oder aber Zen-Tempel, was Besucher bezaubert sind die Ästhetik, die Harmonie von Baukunst und Natur, die schlichte Eleganz des sich im Teich spiegelnden Bauwerks – ein Bild, das viele Betrachter in seinen Bann zieht. Wer sich daran sattgesehen hat, sich die Augen reibt und die Menschenmassen um sich herum wieder registriert, kann bei genauerem Hinblicken feststellen, dass der Pfahlbau architektonisch einem hohen Anspruch gerecht wird, denn im Pavillon wurden drei unterschiedliche japanische Baustile geschickt miteinander kombiniert: der klassisch elegante Palaststil der Heian-Zeit im Erdgeschoss, das Yoshimitsu als privaten Wohnraum nutzte; die kamakura-zeitliche Bauweise der Samurai-Häuser im ersten Obergeschoss, das für Gäste des Shōguns bereitstand; und den Stil chinesischer Zen-Tempel mit halbrunden Fenstern im zweiten Obergeschoss, das religiösen Zwecken diente. Die oberen beiden Stockwerke sind mit Blattgold überzogen, die beiden Dächer sanft nach außen geschwungen. Den Pavillon krönt ein Phönix.

Der Weg für Besucher verläuft entlang des **Spiegelteichs** (kyoko-chi) und führt hoch zu einem **Teehaus**, das gemeinsam mit dem Pavillon von den einstigen Palastgebäuden übrig geblieben ist. 1950 wurde der Goldene Pavillon von einem Mönch, der die Schönheit des Bauwerks nicht ertragen konnte, durch Brandstiftung zerstört.

Der Schriftsteller Mishima Yukio erstellte in seinem Roman Kinkakuji (1956, dt. Der Tempelbrand) anhand der Prozessunterlagen ein interessantes Psychogramm des jungen Brandstifters. 1955 wurde der Kinkaku-ji originalgetreu rekonstruiert. ✆ 075-461-0013, 🖥 www.kinkaku-ji.or.jp, 🕙 tgl. 9–17 Uhr, 400 ¥. Stadtbus 205, 101 vom Hauptbahnhof bis Kinkakuji-michi oder Bus 59 vom U-Bahnhof (Tōzai-Linie) Sanjō-keihan.

Friedensmuseum
立命館大学国際平和ミュージアム

Begibt man sich vom Goldenen Pavillon aus in südwestliche Richtung, führt die Hauptstraße vorbei an der renommierten Ritsumeikan-Universität (linker Hand). Die Universität beherbergt mit dem **Kyōto Museum for World Peace** (Ritsumeikan Daigaku Kokusai Heiwa Museum) eine sehr sehenswerte und aufklärerische Ausstellung, die den Zweiten Weltkrieg aus japanischer Sicht zeigt, sowohl in der Opfer- als auch der Täterrolle – eine Art der Vergangenheitsbewältigung, die in Japan bis heute keine Selbstverständlichkeit ist. Die Ausstellung ist zwar auf Japanisch, aber es gibt eine 25-seitige auf Englisch verfasste Broschüre, die auch auf die Exponate eingeht, und eine ausführliche englische Website, 🖥 www.ritsumei.ac.jp/mng/er/wp-museum/english. 🕙 Di–So 9.30–16.30 Uhr, 400 ¥. Stadtbus 50 vom Hauptbahnhof bis Ritsumeikan Daigaku-mae.

Ryōan-ji 竜安寺

Setzt man den Spaziergang auf der Hauptstraße fort, kommt man nach eineinhalb bis zwei Kilometern am Eingang zum Ryōan-ji (rechter Hand), ✆ 075-463-2216, vorbei. Der Tempel aus dem 15. Jh. birgt den (leider zu) gut besuchten Zen-Garten, in dem sich die berühmtesten Steine Japans befinden. Inmitten einer geharkten Kiesfläche, begrenzt von einer Lehmmauer mit Schindeldach, stehen und liegen dort insgesamt 15 große und kleine schlichte Felssteine, verteilt auf fünf Gruppen. Die Steine sind so angeordnet – von wem, weiß man nicht –, dass sie von keinem Standort der Anlage gleichzeitig gesehen werden können. Die Bedeutung dieser abstrakten Anordnung herauszufinden ist den Besuchern selbst überlassen. Dem Zen-Garten vorgelagert ist ein schöner Teichgarten im Stil der Heian-Zeit (794–1192). 🕙 tgl. 8–17 Uhr (Dez–Feb 8.30–16.30 Uhr), 500 ¥. Stadtbus 50 vom Hauptbahnhof bis Ritsumeikan-Daigaku-mae oder U-Bahn Karasuma-Linie bis Imadegawa und Bus 59.

Ninna-ji 仁和寺

Nur einen kurzen Fußmarsch vom Ryōan-ji entfernt liegt das bereits in der Heian-Zeit von Kai-

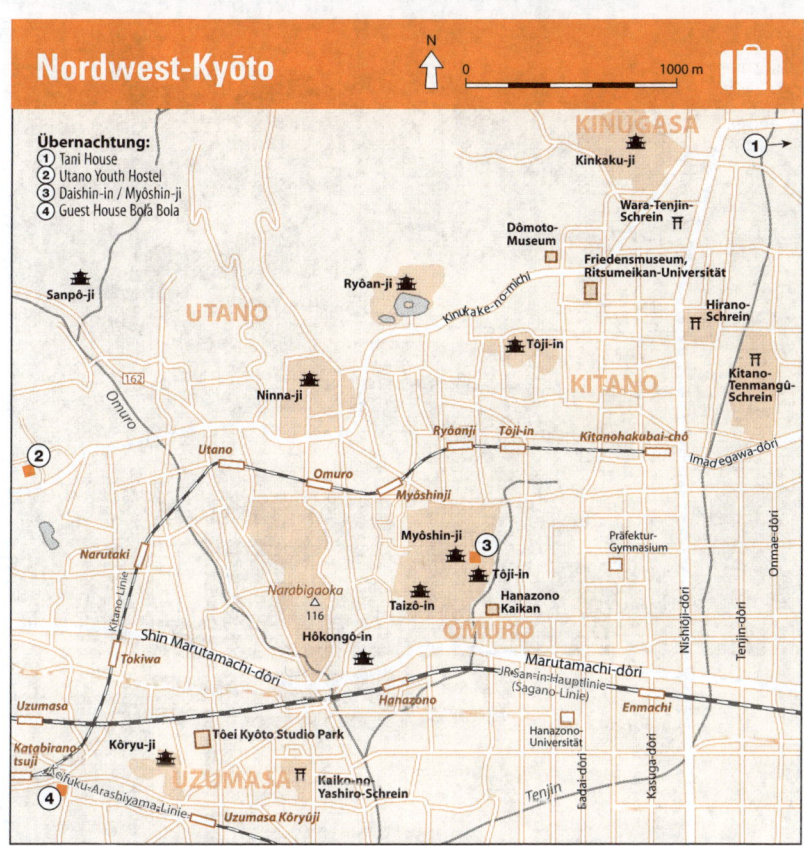

Nordwest-Kyōto

N

0   1000 m

Übernachtung:
1. Tani House
2. Utano Youth Hostel
3. Daishin-in / Myōshin-ji
4. Guest House Bola Bola

KINUGASA

Kinkaku-ji

Wara-Tenjin-Schrein

Dōmoto-Museum

Friedensmuseum, Ritsumeikan-Universität

Sanpô-ji

Ryôan-ji

Kinukake-no-michi

Hirano-Schrein

UTANO

Tôji-in

Kitano-Tenmangû-Schrein

Ninna-ji

KITANO

162

Omuro

Utano

Ryôanji   Tôji-in

Kitanohakubai-chô

Imadegawa-dôri

Omuro

Myôshinji

KANSAI

Narutaki

Myôshin-ji

Präfektur-Gymnasium

Onmae-dôri

Nishiôji-dôri

Tenjin-dôri

Narabigaoka
116

Taizô-in

Tôji-in

Hanazono Kaikan

Shin Marutamachi-dôri

Hôkongô-in

OMURO

Tokiwa

Marutamachi-dôri

JR San-in-Hauptlinie (Sagano-Linie)

Enmachi

Uzumasa

Hanazono

Hanazono-Universität

Katabirano tsuji

Kôryu-ji

Tôei Kyōto Studio Park

Keifuku-Arashiyama-Linie

UZUMASA

Kaiko-no-Yashiro-Schrein

Uzumasa Kôryûji

Tenjin

Kitano-Linie

Badai-dôri

Kasuga-dôri

---

ser Kōkō (830–887) in Auftrag gegebene Tempelgebäude des Ninna-ji mit einer sehr schönen fünfstöckigen Pagode, dem großen Tor Niō-mon und der Haupthalle Kondō, die als Nationalschatz gelistet ist. Zwischen Niō-mon und mittlerem Tor liegt der Gebäudekomplex Ninna-ji Goten, der „Palast" für den höchsten Priester. ⏰ tgl. 9–16.30 Uhr (Dez–Feb bis 16 Uhr), Eintritt frei (während der Kirschblüte 500 ¥), Ninna-ji Goten 500 ¥. Stadtbus 26 vom Hauptbahnhof bis Ōmura-Ninnaji.

Myōshin-ji 妙心寺

Mitte des 14. Jhs. funktionierte der abgedankte Kaiser Hanazono (1297–1348) sei-

nen Palast in diesen Zen-Tempel um. Nur drei der insgesamt 47 auf dem durchgängig geöffneten großflächigen Gelände vorhandenen Sub-Tempel sind heute für die Öffentlichkeit zugänglich: Taizō-in mit wunderschönem Garten, ⏰ tgl. 9–17 Uhr, 500 ¥; Keishun-in, ⏰ tgl. 9–17 Uhr (Winter bis 16.30 Uhr), 400 ¥, und Daishin-in, ⏰ tgl. 9–17 Uhr, 300 ¥. Der **Taizō-in**, der älteste Tempel des Myōshin-ji, bietet ausländischen Besuchern, die mehr über die Zen-Kultur erfahren möchten, eine halbtägige „Zen-Experience-Tour" ab zehn Personen (pünktlich 9–13 Uhr) mit folgendem Inhalt an: Meditation, Kalligraphie, Teezeremonie, vegetarische Lunchbox und eine Tem-

© JAPAN-PHOTO.DE / HARTMUT POHLING

Der Kinkaku-ji ist der „Goldene-Pavillon-Tempel" und das schönste Bauwerk Japans.

pelführung in englischer Sprache; Kostenpunkt 7500 ¥, Reservierungen unter ✆ 075-463-2575, 🖥 www.taizoin.com/en. JR-Sagano-Linie (San-in) bis Bahnhof Hanazono.

Tōei Kyōto Studio Park / Tōei Uzumasa Eiga-mura 東映太秦映画村

Dieser Studiopark, ✆ 0570-064-349, 🖥 www. toei-eigamura.com, hat verschiedene Kulissen speziell für die in Japan äußerst populären Samurai-Filme. Eine weitere Attraktion ist die Kino-Kulturhalle, in der Ausstellungen zum japanischen Film und zu Filmproduktionen gezeigt werden. Besucher können sich in den unterschiedlichsten Kostümen fotografieren lassen. ◷ März–Juli, Sep Mo–Fr 9–17, Sa–So und feiertags bis 18 Uhr, Okt–Nov tgl. 9–17 Uhr, Aug tgl. bis 18 Uhr, Dez–Feb Mo–Fr 9.30–16.30, Sa–So und feiertags bis 17 Uhr; Einlass bis eine Stunde vor Schließzeit, 2200 ¥. Stadtbus 75 vom JR-Bahnhof Kyōto oder 91 von Shijō-Karasuma bis Uzumasa Eigamura-michi; Kyōto-Bus 81, 83 vom Hauptbahnhof bis Tokiwa Nakanochō.

Kitano-Tenmangū 北野天満宮

Der Schrein ist für seine im Februar blühenden Pflaumenbäume und das am 25. Februar stattfindende Blütenfest bekannt. Die Kultstätte stammt aus der Mitte des 10. Jhs., als sie zu Ehren der Seele des Gelehrten Sugawara Michizane gegründet wurde, der durch eine Intrige nach Kyūshū verbannt worden war (S. 534), dann postum rehabilitiert und als Tenman Tenjin, Gottheit der Gelehrigkeit, bis heute verehrt wird. Jeden 25. im Monat findet entlang der Ostseite des Schreins ein **Flohmarkt**, kurz „Tenjin-san" statt. ◷ April–Sep tgl. 5–18, Okt–März 5.30–17.30 Uhr. Vom Hauptbahnhof mit Stadtbus 50 oder 101 bis Kitano Tenmangū-mae.

Textilzentrum Nishijin 西陣

Das Nishijin-Textilzentrum, ✆ 075-451-9231, 🖥 www.nishijin.or.jp, ist wohlbekannt als eines von Japans repräsentativen traditionellen Kunsthandwerkszentren. In dem modernen siebenstöckigen Gebäude können sich Besucher alle Arten von Kimonos und Schärpen (obi), Krawatten, Demonstrationen an den Webstühlen und einmal stündlich (10–16 Uhr) eine Kimo-

no-Modenschau ansehen – kostenlos. Gegen Gebühr können Lernbegierige unter Anleitung selbst etwas weben (1800 ¥, Studenten 1500 ¥), einen „normalen" Kimono anprobieren (9–15.30 Uhr) und damit einige Zeit in Kyōto herumspazieren (3800 ¥) oder in einen 12-schichtigen Kimono schlüpfen, den die maiko oder Geisha (geiko) tragen (10 000 ¥). ◷ tgl. 9–17 Uhr. Stadtbus 9 vom Hauptbahnhof oder 12, 51, 59 von Sanjō-Keihan bis Horikawa-Imadegawa.

Nord-Kyōto

Der Norden der Stadt bietet Reisenden die Chance, neben einigen beeindruckenden Sehenswürdigkeiten den Übergang zu ländlichen Gebieten und die umliegende Bergregion mit dem geschichtsträchtigen Hiei-zan zu erkunden.

Kamigamo-jinja 上賀茂神社

Auf dem Gelände des altehrwürdigen Kamigamo-jinja („oberer Kamo-Schrein") stehen heute 34 Gebäude, die allesamt aus dem 17. Jh. stammen und die Prädikate „nationales Kulturgut" sowie Unesco-Weltkulturerbe tragen. Die Haupthalle (honden) und die Nebenhalle (gonden) sind die berühmtesten Gebäude der Anlage. Aller Wahrscheinlichkeit nach wurde der Schrein noch vor der Heian-Zeit erbaut und gewann dann rasch an Einfluss, da Angehörige des Kaiserhauses hier den Zuspruch der Götter suchten. Bis ins 13. Jh. stellte der kaiserliche Hof die Oberpriesterinnen des Schreins. Gemeinsam mit dem zweiten Kamo-Schrein, dem Shimogamo-jinja (S. 385), sollten die beiden heiligen Stätten Kyōto vor bösen Kräften schützen. Die Prozession des berühmten Aoi-Festes am 15. Mai endet hier. ◷ Schreingelände durchgehend, Eintritt frei. Vom Hauptbahnhof mit Stadtbus 4 bis Kamigamo-jinja-mae.

Botanischer Garten und Garten der schönen Künste 京都府立植物園・京都府立陶板名画の庭

Der **Botanische Garten** von Kyōto liegt am Kamo-Fluss, genau in der Mitte zwischen den beiden Kamo-Schreinen. Der 24 ha weite Park beheimatet etwa 12 000 Pflanzenarten und wurde bereits 1925 gegründet. ⏲ tgl. 9–17 Uhr (Einlass bis 16 Uhr), 200 ¥ (plus 200 ¥ für das Gewächshaus).

Direkt neben dem Nordeingang des Botanischen Gartens befindet sich der recht interessante **Garten der schönen Künste** (Tōban Meiga no Niwa), ☎ 075-724-2188, 🖥 www.kyoto-toban-hp.or.jp, entworfen vom Stararchitekten Andō Tadao. Auf einem Rundgang sind hier acht weltberühmte, auf Kacheln gemalte Kunstwerke zu sehen, u. a. das *Jüngste Gericht* von Michelangelo und die *Seerosen* von Monet. Ein guter Ort, um dem Verkehrstreiben für eine Weile zu entfliehen. ⏲ tgl. 9–17 Uhr, 100 ¥. Direkt am U-Bahnhof Kitayama der Karasuma-Linie.

Hiei-zan 比叡山

Auf dem Gipfel des im Nordosten von Kyōto gelegenen, 848 m hohen Hiei-zan gründete die buddhistische Tendai-Schule im 8. Jh. den **Enryaku-ji**, der die geplante Hauptstadt vor bösen Geistern aus dem Nordosten schützen sollte. In der Blütezeit des Tempels existierten bis zu 3000 Gebäude und Zweigtempel am und auf dem Hiei-zan sowie eine schlagkräftige Mönchsarmee (*sōhei* = „Mönchskrieger"). Letztere setzte die Forderungen und Machtansprüche an den Kaiserhof nicht selten mit Gewalt durch. Oda Nobunaga, sogenannter „Reichseiniger" der ersten Stunde, der sich erfolgreich mit harter Hand um die Einheit Japans bemühte, vernichtete 1571 Armee und Tempelanlage des Enryaku-ji, um den Einfluss der Tendai-Schule zu brechen. Wenige Jahre später ließ sein Nachfolger Toyotomi Hideyoshi die Tempelanlage wieder aufbauen. Heute sind drei Pagoden und über einhundert meist kleinere Tempelhallen erhalten. Die Anlage ist in drei Bereiche unterteilt: **Tōdō**, den „östlichen", **Saitō**, den „westlichen", sowie **Yokawa**, ca. 4 km nördlich von Saitō. Das wichtigste Gebäude ist die Halle **Konpon-chū-dō** (1642), die als Erstes auf dem Hiei-zan gebaut wurde und das Zentrum der gesamten Klosteranlage bildet. Besucher, die alle Bereiche kennenlernen möchten, sollten einen ganzen Tag einplanen. Für eine auf den Ostbezirk beschränkte Besichtigung reicht in der Regel ein halber Tag. ⏲ tgl. März–Nov 8.30–16.30, Dez 9–16, Jan–Feb 9–16.30 Uhr, 700 ¥.

Von Kyōto aus gibt es verschiedene Möglichkeiten, den Hiei-zan zu erklimmen. Die interessanteste Route führt mit der Keihan-Bahn bis zum Bahnhof Demachiyanagi (von Sanjō-Keihan in 3 Min., 210 ¥), dann rüber laufen zum Eizan-Bahnhof und mit der Eizan-Linie (aufpassen, nicht in den Zug Richtung Kurama steigen!) bis zur Endstation Yase-Hieizan-guchi fahren (15 Min., 260 ¥). Von der Yase-Seilbahnstation geht es mit der **Drahtseilbahn** steil nach oben bis zur Hiei-Station (9 Min., 540 ¥). Hier steigt man um in die gegenüber liegende Seilbahn, die bis zur Bergspitzen-Station Hiei-Sanchō hoch schwebt (3 Min., 310 ¥). Von dort verkehren Busse zum Enryaku-ji (6 Min., 160 ¥), oder man läuft etwa eine halbe Stunde durch einen Wald.

Einfacher und billiger ist es, den Kyōto-Bus Nr. 51 vom Kyōto-Hauptbahnhof (65 Min.) oder den Keihan-Bus Nr. 57 von Sanjō Keihan (55 Min.) zu nehmen. Für beide Fahrten zahlt man 820 ¥. Eine andere Möglichkeit wäre, den Kyōto-Bus 17 oder 18 vom Hauptbahnhof oder Nr. 16 von Sanjō Keihan in Richtung Ōhara zu nehmen und dann in Yase-Yūenchi auszusteigen, von wo es nur noch ein kurzer Weg bis zur Yase-Seilbahnstation ist.

West-Kyōto: Arashiyama und Sagano 嵐山・嵯峨野

Ein Ausflug in den Westen der Kaiserstadt ist zu jeder Jahreszeit eine wahre Freude. Schon vor über 1000 Jahren wusste der Adel den Reiz dieser Gegend zu schätzen. Noch heute vergnügen sich die Besucher in Arashiyama und Sagano mit Bootsfahrten auf dem Katsuragawa oder beobachten Affen auf dem Iwata-yama. Sie genießen Spaziergänge durch Bambushaine, auf von Kirschbäumen gesäumten Wegen oder in den zur Herbstzeit bunt verfärbten Wäldern. Und sie besuchen Gärten wie den des Tempels Tenryū-ji, dessen Schöpfer sich die beiden Berge Arashiyama und Kameyama einfach als Bestandteil des Gartens „borgte". Arashiyama und Sagano sind vom Hauptbahnhof aus mit dem Stadtbus 28 erreichbar, ebenso mit der JR-Sagano-Linie bis

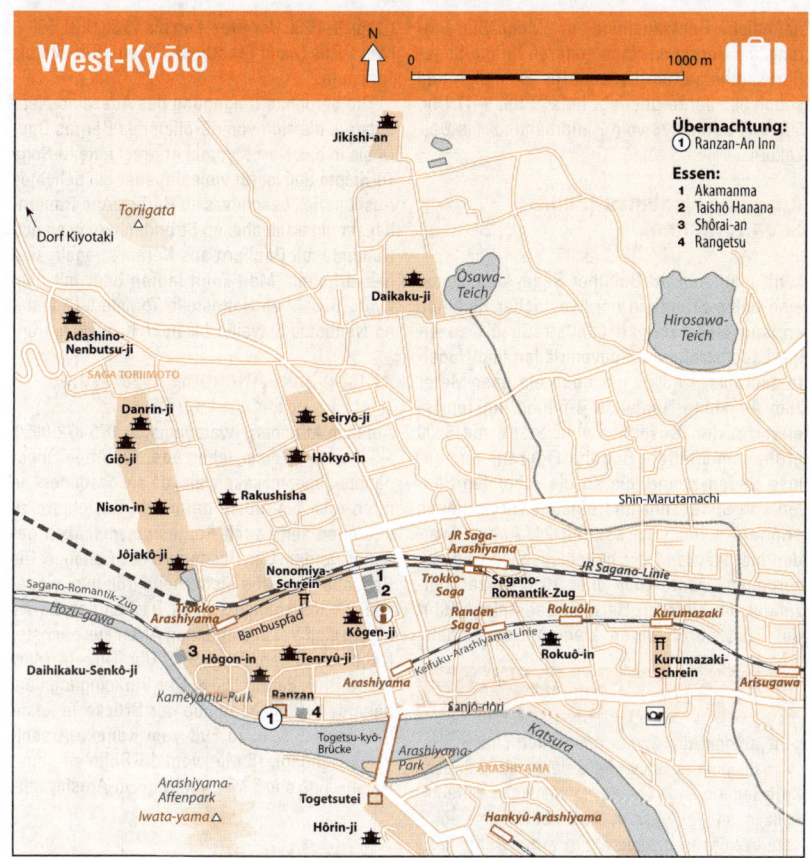

N
0   1000 m

Übernachtung:
① Ranzan-An Inn

Essen:
1 Akamanma
2 Taishō Hanana
3 Shōrai-an
4 Rangetsu

Jikishi-an

Toriigata △
Dorf Kiyotaki

Daikaku-ji

Ōsawa-
Teich

Hirosawa-
Teich

Adashino-
Nenbutsu-ji

SAGA TORIIMOTO

Danrin-ji   Seiryō-ji

Giō-ji   Hōkyō-in

Nison-in   Rakushisha

Shin-Marutamachi

Jōjakō-ji

Nonomiya-
Schrein

JR Saga-
Arashiyama

Trokko-
Saga

Sagano-
Romantik-Zug

JR Sagano-Linie

Sagano-Romantik-Zug

Hozu-gawa

Trokko
Arashiyama

Bambuspfad

Randen
Saga

Rokuōin

Kurumazaki

1
2

Kōgen-ji

Keifuku-Arashiyama-Linie

Rokuō-in

Kurumazaki-
Schrein

Arisugawa

Daihikaku-Senkō-ji

3   Hōgon-in

Tenryū-ji

Arashiyama

Kameyama-Park

Ranzan

①   4

Sanjō-dōri

Katsura

Togetsu-kyō-
Brücke

Arashiyama-
Park

ARASHIYAMA

Arashiyama-
Affenpark
Iwata-yama △

Togetsutei □

Hōrin-ji

Hankyū-Arashiyama

KANSAI

Saga-Arashiyama sowie mit der Keifuku-Arashiyama-Linie von Ōmiya aus bis Arashiyama und
von Ōsaka mit der Hankyū-Arashiyama-Linie bis
Hankyū-Arashiyama.

Tenryū-ji 天龍寺

Der Tenryū-ji wurde 1339 von keinem Geringeren als dem ersten Shōgun der Muromachi-
Zeit (1333–1573), Ashikaga Takauji, gegründet
und der dazugehörige Tempelgarten von einem
großen Zen-Meister elegant in die Landschaft
eingefügt. Der Garten der von der Unesco in
die Liste des Weltkulturerbes aufgenommenen
Anlage bindet die umliegende Berglandschaft

als prächtige Kulisse für seine eigenen Zwe-
cke ein. ⊕ tgl. 8.30–17.30 Uhr (21. Okt–20. März
bis 17 Uhr), 600 ¥ (inkl. Haupthalle); 500 ¥ nur für
den Garten. Stadtbus 28 vom Hauptbahnhof bis
Tenryū-ji-mae oder mit der JR-Sagano-Linie bis
Saga-Arashiyama und 10 Min. zu Fuß.

Daikaku-ji 大覚寺

Der Tempel diente Kaiser Saga (786–842) als Palast und wird daher auch Saga-Gosho genannt.
876 wurde die Villa in einen Tempel umgewandelt. Der östlich gelegene Ōsawa-Teich ist eine
Miniaturausgabe des Dongting-Sees in China.
Der Daikaku-ji ist zum einen ein beliebter Ort für

nächtliche Bootsausflüge zur „Mond-Betrachtung" im Herbst und zum anderen für die Saga-Chrysantheme, ein besonderes Exemplar, das schon 300 Jahre überlebt hat. ☉ tgl. 9–17 Uhr, 500 ¥. Stadtbus 28 vom Hauptbahnhof bis Daikaku-ji.

Adashino Nenbutsu-ji und Saga Toriimoto
化野念仏寺・嵯峨鳥居本

Läuft man vom JR-Bahnhof Saga-Arashiyama eine halbe Stunde in nordwestlicher Richtung entlang einer kleinen Landstraße bis zu einer Ladenstraße mit Souvenirläden und Nudelrestaurants, sind es nur noch ein paar Meter zum **Adashino-Nenbutsu-ji** hinauf. Im Tempel erwartet den Besucher eine Stätte mit 8000 grob gemeißelten Buddha-Figuren, namenlose Gedenksteine, die an die ruhenden Seelen von unbekannt und einsam Verstorbenen erinnern sollen. Am 23. und 24. August werden hier während der buddhistischen Gedenkzeremonie *sento-kuyo* über 1000 Kerzen entzündet. Im hinteren Bereich der Anlage führt ein Pfad durch einen kleinen Bambushain.

Bootstour auf dem Hozugawa

Diejenigen, die etwas abenteuerlicher nach Arashiyama reisen wollen, bleiben im Zug der JR-Sagano-Linie von Kyōto kommend einfach sitzen, steigen nicht in Saga-Arashiyama aus, sondern fahren weiter durch die Berge bis nach Kameoka. Von hier aus läuft man 10 Min. bis zur Bootsanlegestelle. Vor einem liegt eine vergnügliche, 16 km lange und zwei Stunden dauernde Bootsfahrt (kein Rafting) auf dem Hozugawa, der das stabile Touristenboot durch Bergschluchten und auf weniger gefährlichen Stromschnellen von Kameoka bis runter nach Arashiyama trägt. 10. März–Nov tgl. stdl. von 9–14 und um 15.30 Uhr, Dez–9. März tgl. um 10, 11.30, 13 und 14.30 Uhr. Zusätzliche Fahrten an Wochenenden, Feiertagen und während der Sommersaison. Preis 4100 ¥, Kinder 2700 ¥. Vorsicht, manchmal unregelmäßige Abfahrtszeiten! Individuelle Buchungen unter ✆ 0771-22-5846, 🖥 www.hozugawakudari.jp.

☉ tgl. 9–16.30 Uhr (Dez–Feb bis 15.30 Uhr), 500 ¥. Kyōto-Bus (*nicht* Stadtbus) 72 von JR Kyōto bis Toriimoto.

Die berühmte Umgebung des Adashino-Nenbutsu-ji, die sich von nördlich des Berges Ogura bis in das Dorf Kiyotaki erstreckt, heißt **Saga Toriimoto** und ist für viele Japaner ein beliebtes Ausflugsziel, besonders im Herbst. Alte Bauernhäuser mit traditionellen Strohdächern wie auch Gebäude mit Dächern aus Keramikziegeln sind hier erhalten. Man kann laufen oder mit dem Kyōto-Bus 72 ab Haltestelle Toriimoto (Adashino-Nenbutsu-ji) weiter bis nach Kiyotaki fahren.

Arashiyama-Affenpark Iwatayama
嵐山モンキーパークいわたやま

Auf dem Affenberg Iwatayama, ✆ 075-872-0950, 🖥 www.kmpi.co.jp, leben über 170 Affen, sogenannte Japanmakaken, die, da sie besonders an ihren rosa bis rötlich gefärbten Gesichtern zu erkennen sind, auch Rotgesichtsmakaken genannt werden. Das Besondere des Geheges: Die Besucher sind aus Sicherheitsgründen „eingesperrt" und können so das Treiben der um sie herum sich frei bewegenden Affen aus nächster Nähe betrachten. ☉ tgl. 9–17 Uhr (Nov–14. März bis 16 Uhr), Eintritt 550 ¥. Der Parkeingang liegt nahe dem südlichen Ende der Brücke Togetsukyō, etwa 5 Min. zu Fuß vom Keifuku-Arashiyama-Bahnhof, 15 Min. vom JR-Bahnhof Saga-Arashiyama und 5 Min. von Hankyū-Arashiyama.

Südwest-Kyōto

Reisende, die es in den Südwesten von Kyōto zieht, sind in der Regel mehr als andere Besucher an japanischer Garten- oder Baukunst interessiert, denn hier liegen zwei architektonische Höhepunkte, die zu besichtigen aber Gästen mehr als nur ein Eintrittsgeld abverlangt.

Saihō-ji (Koke-dera) 西芳寺（苔寺）

Der Besuch des Saihō-ji ist ein einmaliges Erlebnis, da die Besucher hier ein seltenes Prunkstück altjapanischer Gartenkunst bewundern können, in einem Tempel, der sich eine äußerst ruhige und würdevolle Atmosphäre erhalten konnte. Der Zen-Tempel aus dem 14. Jh. wird wegen seines moosbewachsenen Gartens auch Koke-dera, „Moostempel" genannt. Viele verschiedene Moosarten – angeblich 120 – und ein Teich, der die Form des chinesischen Schriftzeichens für „Herz" hat, machen nicht nur den besonderen Reiz des Gartens aus, sondern beeinflussten auch die Gartenarchitektur Japans. Um die Moosflächen zu schützen, ist die Besucherzahl beschränkt. Ein Antrag (Name, Anschrift, gewünschte Besuchszeit) in Form einer Rückantwort-Postkarte *(ōfuku-hagaki)*, die in jedem Postamt erhältlich ist, muss dem Tempel mindestens eine Woche vorab vorliegen (615-8286 Kyōto-shi, Nishikyō-ku, Matsuo, Jingatani-chō 56, Saihō-ji). Wer dann Einlass erhält, muss eine Spende von 3000 ¥ entrichten und direkt nach dem Eintritt an einer Meditation sowie einer Sutra-Lesung teilnehmen. Nach 90 Min. getaner Arbeit darf der Garten schließlich betreten werden. City Bus 29 vom U-Bahnhof Shijō der Karasuma-Linie bis Kokedera-michi, dann etwa 1 km zu Fuß; Alternative mit dem Kyōto-Bus 73 vom Bahnhof Kyōto via Arashiyama in 60 Min. bis Kokedera/Suzumushi-dera und ein paar Min. zu Fuß (beide Busse je 230 ¥).

Katsura Rikyū 桂離宮
Als der deutsche Architekt und Städteplaner Bruno Taut in den 1930er-Jahren Japan bereiste, entdeckte er in der Schönheit der Villa Katsura Rikyu, 📞 075-211-1215 (Hofamt im Kaiserpalast), die höchste Erfüllung der Architektur. Indem er diese Erkenntnis in das Bewusstsein der japanischen Öffentlichkeit rückte, machte er Katsura Rikyū weltbekannt. Die kaiserliche Villa und ihr Garten im Distrikt Katsura gelten heute unter Kennern als Meisterwerk der japanischen Architektur und Gartenbaukunst. Die aus dem frühen 17. Jh. stammende Villa umgibt ein weitläufiger Landschaftsgarten, in dem Pavillons und Teehäuser, Teiche und Quellen, zahlreiche Steinlaternen, Holz- und Steinbrücken und ein besonderes Wegesystem mit unterschiedlichen Trittsteinen so geschickt angeordnet sind, dass sich dem Betrachter scheinbar unendlich viele Ansichten erschließen.

Ein Besuch in Katsura ist auf jeden Fall lohnend, jedoch für Durchreisende etwas umständlich, da vorab im kaiserlichen Hofamt (im Kaiserpalast Gosho, S. 383) eine schriftliche Genehmigung eingeholt werden muss – kann vorab per Internet organisiert werden, die Entscheidung erfolgt nach einem Lotterie-Verfahren, 🖥 sankan.kunaicho.go.jp/english/guide/katsura.html. Während der einstündigen Führung müssen sich die mindestens 18 Jahre alten Besucher als Gruppe fortbewegen und den Anweisungen des Japanisch sprechenden Guides Folge leisten. 🕐 geschl. an Wochenenden (außer an bestimmten Samstagen), Feiertagen und vom 28. Dez–4. Jan, Eintritt frei. Stadtbus 33 vom Hauptbahnhof bis Katsura-Rikyū-mae und 8 Min. zu Fuß oder von der Shijō-dōri mit Hankyū-Eisenbahnlinie bis Bahnhof Katsura und 20 Min. zu Fuß.

Süd-Kyōto

Der etwas industrialisierte Süden Kyōtos zählt nicht unbedingt zum touristischen Ballungsgebiet, trotzdem finden sich auch hier vereinzelte Sehenswürdigkeiten, die sich als Tages- oder Halbtagesausflugsziel eignen.

Tōfuku-ji 東福寺
Die Anlage des fast 800 Jahre alten Tōfuku-ji, 📞 075-561-0087, 🖥 www.tofukuji.jp/english/index.html, ist mit einer Fläche von 200 000 m² der größte Zen-Tempel Kyōtos. Die für einen Tempel eher seltene Holzbrücke **Tsūten-kyō**, die „Brücke zum Himmel", lockt während der herbstlichen Ahorn-Laubverfärbung, für die der Tempel landesweit berühmt ist, besonders viele Besucher an. Der Tōfuku-ji besteht aus mehreren Sub-Tempeln: Wer sich für japanische Gärten begeistert, sollte die vom Gartenkünstler Shigemori Mirei Ende der 1930er-Jahre entworfenen vier Zen-Gärten im **Hōjō-teien** besuchen. 🕐 April–Okt tgl. 9–16.30, Nov–Dez 8.30–16.30, Dez–März 9–16 Uhr, Eintritt je 400 ¥ für Hōjō-Gärten und Tsūten-Brücke. Stadtbus 208 vom JR-Bahnhof Kyōto bis Tōfuku-ji oder JR-Nara-Linie / Keihan-Linie bis Tōfuku-ji und dann 10 Min. zu Fuß.

Fushimi-Inari-taisha 伏見稲荷大社
Wenn es einen Wettbewerb für die außergewöhnlichsten Shintō-Schreine Japans gä-

be, könnte sich der Fushimi-Inari-taisha, ☎ 075-641-7331, 🖥 inari.jp, wahrscheinlich einen der oberen Plätze sichern. Der Schrein zählt zu den ältesten Kyōtos – er taucht laut schriftlichen Quellen bereits 711 auf – und ist der Hauptschrein von rund 40 000 Inari-Schreinen landesweit. Da hier die Gottheiten für gute Ernte und Geschäfte verehrt werden, ist der Schrein nicht nur zu Neujahr, sondern auch am ersten Tag jedes Monats überlaufen. Die auf den Berg führenden Pfade sind mit tausenden rot leuchtenden, von Gläubigen gespendeten Schreintoren *(torii)* und steinernen Fuchswächtern gesäumt. Die Spender, meist Firmen, erhoffen sich mit Hilfe der Gottheit Inari geschäftlichen Erfolg. ⏱ Schreingelände durchgehend, Eintritt frei. Stadtbus 5 vom Hauptbahnhof bis Inari-taisha-mae oder JR-Nara-Linie bis Inari, dann 8 Min. zu Fuß, oder Keihan-Linie bis Fushimi-inari, dann 10 Min. zu Fuß.

Gekkeikan Ōkura Sake Museum
月桂冠大倉記念館

Seit 1637 wird von der Firma Gekkeikan, Fushimi-ku, Minamihama-chō 247, ☎ 075-623-2056, 🖥 www.gekkeikan.co.jp/english/products/museum/index.html, Reiswein hergestellt. Die Ausstellung zeigt, welche Hilfsmittel für die Produktion notwendig sind. Ein Video und eine Führung dokumentieren den genauen Herstellungsprozess. ⏱ tgl. 9.30–16.30 Uhr, 300 ¥, inkl. Dose mit Reiswein (aber nur für über 20-jährige Besucher). Mit Keihan-Linie bis Chūshojima, dann gut 5 Min. laufen – erst in Richtung Norden, 4. Straße nach rechts, kleinen Fluss überqueren, auf der linken Seite.

Daigo-ji 醍醐寺

Der Tempel aus dem Jahre 874 beherbergt hochkarätige nationale Kulturgüter und steht auf der Weltkulturerbe-Liste der Unesco. Seine fünfstöckige Pagode ist das älteste Holzgebäude Kyōtos (erbaut 951). Der Daigo-ji ist besonders bekannt für seinen vom Feldherrn Toyotomo Hideyoshi kunstfertig angelegten Garten Sanpō-in (auch Sanbō-in). Während der Zeit der Kirschblüte im April sind der Tempel und sein Garten ein gern besuchter Ort. Im Shimo Daigo, dem unteren Teil der Anlage, befinden sich die Kondō-Haupthalle, die 38 m hohe fünfstöckige Pagode aus dem 10. Jh. und die fotogene Benten-Halle. ☎ 075-571-0002, 🖥 www.daigoji.or.jp/index_e.html, ⏱ tgl. 9–17 Uhr (Dez–Feb 9–16 Uhr), Eintritt je 600 ¥ für Sanpō-in, Shimo Daigo und das Tempelmuseum Reihōkan (2er-Ticket 1000 ¥, 3er-Ticket 1500 ¥). U-Bahnlinie Tōzai bis Daigo-ji (Ausgang Nr. 2), 10 Min. zu Fuß Richtung Osten.

Zentrum
Karte S. 380/81 und 383

Untere Preisklasse

€ **Budget Inn / Tour Club-Annex**, Shimogyō-ku, Shichijō-sagaru, Aburanokōji, Aburanokōji-chō 295, ☎ 075-344-1510, 🖥 www.budgetinnjp.com. Bezahlbares und sauberes Gästehaus nahe dem Hauptbahnhof. Der Eigentümer reiste als Student durch viele Länder und lernte selbst Low-Budget-Unterkünfte schätzen. Es wird Englisch gesprochen. 2–5-Bett-Zimmer ab 2700 ¥. Vom Bahnhof 5 Min. zu Fuß.

Capsule Ryokan Kyōto (Tour Club), Shimogyō-ku, Tsuchihashi-chō 204, ☎ 075-344-1510, 🖥 www.capsule-ryokan-kyoto.com. 2010 als Ergänzung zum Budget Inn eröffnet. Weltweit erstes Kapselhotel mit japanischen Tatami-Matten. Im 1. Stock gibt es Duschkabinen. Kapsel und Twins für 1 odet 2 Pers. 7 Min. vom Bahnhof Kyōto. ❶–❹

Guest House Chikyūgo / The Earthship, Sakyō-ku, Yoshida, Naka-Adachi-chō 33-15, ☎ 075-204-0077, 🖥 www.eonet.ne.jp/~earthship. 2007 nahe der Kyōto-Universität eröffnetes preiswertes Gästehaus mit freundlichen Angestellten, lockerer Atmosphäre, sauberen Zimmern, gemeinsamer Küche und Wohnzimmer mit Tatami. Internet frei, Fahrrad 500 ¥ am Tag. Dorm und Zimmer für max. 4 Pers. Vom Hauptbahnhof mit Stadtbus 206 bis Kyōdaiseimon-mae, dann 3 Min. zu Fuß; vom Keihan-Bahnhof in Demachi-yanagi 8 Min. zu Fuß. ❶

Hannari Guest House, Kamigyō-ku, Shimodachiuri-sagaru, Higurashi-dōri, Kushige-chō 693, ☎ 075-803-1300, 🖥 hannari-guesthouse-english.com. 2008 eröffnetes, geschmackvoll eingerichtetes Gästehaus zu guten Preisen nahe Nijō-Schloss. Grüner Tee, Kaffee und Softdrinks kostenlos. Internet und Fahrradleihe möglich. Vom Hauptbahnhof mit Stadtbus 9 oder 50 bis Horikawa-Shimodachiuri, zu Fuß 5 Min. Richtung Westen auf der Shimodachiuri-dōri, dann die 6. Straße, die Higurashidōri, gen Süden. Dorm 2500 ¥ p. P., EZ und Twin. **❶**

€ **Hostel Kyōtokko – Cheapest Inn**, Kamigyō-ku, Marutamachi-Ōmiya-dōri, Sabamatsu-chō 783, ✆ 075-821-3323. Viele internationale Gäste, saubere Zimmer, Kaffee, Tee, kleines Frühstück, Fahrradleihe möglich, Liegestuhl auf dem Dach. Leider zu wenige Duschen. Nördlich der Nijō-jō. Dorm ab 1900 ¥ p. P., EZ ab 2500 ¥, 4er-Bett-Familienzimmer ab 3400 ¥ p. P. Unterschiedliche Preise je nach Wochentag und Saison. Vom Hauptbahnhof mit der JR-Sagano-San'in-Linie bis Nijō-jō, dann 15 Min. zu Fuß, oder Kyōto-Bus 9, 50, 101 vom Hauptbahnhof bis Horikawa-Marutamachi, dann 5 Min. zu Fuß, oder U-Bahnlinie Tōzai bis Nijōjō-mae, 10 Min. zu Fuß.

€ **J-Hoppers Kyōto**, Minami-ku, Higashikujō, Nakagoryō-chō 51-2, ✆ 075-681-2282, 🖥 kyoto.j-hoppers.com. Nettes kleines Hostel mit Backpacker-Atmosphäre. Freundliches und hilfsbereites Personal, viele touristische Infos in der Rezeption, gemeinsame Küchennutzung. Fahrrad für 500 ¥ am Tag, Internet frei, Waschmaschine 200 ¥. Gute Gegend für Lebensmittel, Post, öffentliches Badehaus, günstige Restaurants und Geldumtausch. Dorm (gemischt und nur für Frauen) 2500 ¥ p. P. und Twin. Vom Hauptbahnhof 8 Min. zu Fuß, nahe Süd-Ost-Ecke der Ōishibashi-Kreuzung. **❶**

Kazariya Guest House, Shimogyō-ku, Gojō-Muromachi-nishiiru, Higashi-Kazariya-chō 184, ✆ 075-351-1711, 🖥 www.kazari-ya.com. Kleines Gästehaus mit interessanter Lobby aus den 1950er-Jahren. Internet frei, Fahrrad 500 ¥ pro Tag. Duschen 24 Std. möglich. Öffentliches Badehaus 5 Min. zu Fuß. Kein Frühstück und Abendessen, aber viele preiswerte Restaurants in der Nachbarschaft. Dorm 2500 ¥ p. P. nur für Frauen, Zimmer für 3 oder 4 Pers. und DZ. Vom Hauptbahnhof 15 Min. zu Fuß, vom U-Bahnhof Gojō (Karasuma-Linie) 2 Min. **❶**

K's House Kyōto, Shimogyō-ku, Dotemachi-dōri, Shichijō-agaru, Nayachō 418, ✆ 075-342-2444, 🖥 www.kshouse.jp. Sehr saubere und praktische Pension für Rucksackreisende. Großer Gemeinschaftsraum, sehr freundliches und hilfsbereites Personal, Café und Bar im Erdgeschoss (8–24 Uhr), großzügiges Frühstücksbuffet 680 ¥ (8–12 Uhr); Fahrradverleih 100 ¥ pro Std. bzw. 700 ¥ pro Tag, Münzwaschmaschine und Trockner. Gemischter Dorm (ab 2400 ¥ p. P.), EZ 3800 –4500 ¥. Nahe Kamo-Fluss, in Spaziernähe zu Higashi-Hongan-ji oder Sanjūsangendō. Vom Hauptbahnhof 10 Min. zu Fuß, vom Bahnhof Shichijō der Keihan-Linie 5 Min. zu Fuß.

Tour Club, Shimogyō-ku, Shōmen-sagaru, Higashinakasuji, Momijichō 362, ✆ 075-353-6968, 🖥 www.kyotojp.com. Kleine Pension ganz in der Nähe des Tempels Nishi-Hongan-ji, Bettwäsche 150 ¥ bei nur einer Übernachtung, ab 2. Nacht frei. Supermarkt und öffentliches Badehaus in der Nähe. Waschmaschine, Internet und Fahrradleihe. Kaffee, Tee frei. Dorm 2450 ¥ p. P. und japanische DZ. Billiger bei längerer Verweildauer. Vom Hauptbahnhof 10 Min. zu Fuß. **❶**

€ **Uno House**, Nakagyō-ku, Marutamachi-Shinkarasuma-saqaru 108, ✆ 075-231-7763, 🖥 unohouse.fte.jp. Das alte Kyōto-Haus, das seit der EXPO 1970 in Ōsaka 40 Jahre als Herberge für vor allem ausländische Gäste gedient hatte, wurde dieser Tage durch ein neues mehrstöckiges Gebäude ersetzt. Erfreulicherweise sind die Preise kaum gestiegen. Das Uno House liegt nahe am Kaiserpalast, und man kann mit dem Rad schnell ins Zentrum düsen. Restaurants und *konbini* in der Nähe. Dorm (mit Klimaanlage) 2500 ¥ p. P., EZ (mit Gemeinschafts-WC und -bad) 3000 ¥. Vom Hauptbahnhof mit U-Bahn (Karasuma-Linie) bis Marutamachi, dann 10 Min. zu Fuß, oder vom Hauptbahnhof mit Stadtbus 17, 205 oder 4 bis Kawaramachi-Marutamachi, paar Min. zu Fuß.

Mittlere Preisklasse

Daiwa Roynet Hotel, Shijō-Karasuma, Shimogyō-ku, Karasuma-dōri, Bukkoji-sagaru, Omandokoro-chō 678, ✆ 075-342-1166, 🖥 www.daiwaroynet.jp/kyoto-shijo. Neues, sauberes Hotel mit stimmungsvoller Lobby. DZ, Twin, Standard bis Deluxe. Gutes Frühstücksbuffet für 1000 ¥. U-Bahn Karasuma-Linie bis Shijō, Ausgang Nr. 5, südlich 1 Min. zu Fuß. ❷–❺

Hotel Unizo, Nakagyō-ku, Kawaramachi-dōri, Sanjō-sagaru, ☎ 075-241-3351, 🖥 www.hotel unizo.com. Businesshotel in sehr zentraler Lage. Japanisches und westliches Frühstücksbuffet für 1080 ¥. Große Preisunterschiede bei Standard- und Angebotspreisen! Vom Hauptbahnhof mit Stadtbus Nr. 5 bis Kawaramachi-Sanjō oder Hankyū Kawaramachi, 5 Min. zu Fuß. ❶–❹

Nishiyama Ryokan, Nakagyō-ku, Gokomachi-dōri, Nijō-sagaru, ☎ 075-222-1166, 🖥 www. kyoto-nishiyama.com oder www.ryokan-kyoto. com/german. Ryokan, das sich auf ausländische Gäste vorbereitet hat. Japanische und westliche Zimmer in modernem Gebäude, gemütliches Gemeinschaftsbad. Mahlzeiten werden aus lokalen Produkten Kyōtos zubereitet. Vom Hauptbahnhof mit U-Bahn (Karasuma-Linie) bis Karasuma-Oike, umsteigen in die Tōzai-Linie bis Kyōto Shiyakusho-mae, Ausgang 10, ca. 10 Min. zu Fuß. ❸–❹

Palace Side Hotel, Kamigyō-ku, Karasuma Shimodachiuri-agaru, ☎ 075-415-8887, 🖥 www.palacesidehotel.co.jp. Direkt westlich neben dem Kaiserpalast. Traditionelle Thai-Massage. Gemeinschaftsküche (für Zubereitung einfacher Kost). Im 1. Stock neben der Lobby erhalten Hotelgäste kostenlosen Japanisch-Sprachunterricht. DZ und Twin (mit Mini-Küche möglich). Zimmerpreise je nach Übernachtungsdauer. Vom Hauptbahnhof mit U-Bahn (Karasuma-Linie) bis Marutamachi, Richtung Norden 3 Min. zu Fuß auf der Karasuma-dōri. ❷

Super Hotel Kyōto-Shijōkawaramachi, Nakagyō-ku, Shinkyōgoku-dōri, Shijō-agaru, Nakano-chō 538-1, ☎ 075-255-9000, 🖥 www. superhotel.co.jp. Typisch kleine Super-Hotel-Zimmer, in denen das Semi-Doppelbett fast die gesamte Fläche für sich beansprucht, aber gute Lage im Herzen von Kyōto, mit Waschmaschine, Trockner und sogar gemeinschaftlichem Thermalbad. Vom Hauptbahnhof mit U-Bahn (Karasuma-Linie) bis Karasuma-Shijō,

dann ca. 10 Min. laufen, oder von Hankyū-Kawaramachi Ausgang Nr. 3 ein paar Min. oder vom Keihan-Bahnhof Gion-Shijō gut 5 Min. zu Fuß. ❷

Obere Preisklasse

Granvia Kyōto, Shimogyō-ku, Shiokōji-sagaru Karasuma-dōri, Karasuma Chūō-guchi, JR Kyōto Station, ☎ 075-344-8888, 🖥 www. granvia-kyoto.co.jp. Das Granvia ist Teil des von Stararchitekt Hara Hiroshi entworfenen Bahnhofskomplexes, ein modernes Hotel mit geräumigen Zimmern. Saisonabhängige Angebote (z. B. ab 13 000 ¥ p. P.), ansonsten ❺.

Hiiragiya Ryokan, Nakagyō-ku, Anekōji-agaru, Fuya-chō, Nakahakusanchō, ☎ 075-221-1136, 🖥 www.hiiragiya.co.jp. Seit 1818 existierendes gemütliches und trotz zentraler Lage ruhiges Ryokan, in das sich im Laufe seiner Geschichte viele berühmte Gäste einquartierten – so wie der Schriftsteller und Nobelpreisträger Kawabata Yasunari. Es gibt auch ein westliches Zimmer (mit 2 Betten) für Behinderte und einen mit Tatami ausgelegten Frühstücks-/Konferenzraum, der von einem stimmungsvollen Garten umgeben ist. 32 000–90 000 ¥ p. P. mit HP. Vom Hauptbahnhof mit der U-Bahn (Karasuma-Linie) bis Karasuma-Oike, 8 Min. zu Fuß.

Hotel Gimmond Kyōto, Nakagyō-ku, Takakura-Oike-dōri, ☎ 075-221-4111, 🖥 www.gimmond. co.jp/kyoto/khome-e.htm. Mittelgroßes internationales Hotel mit 140 Zimmern. Italienisches Restaurant im Erdgeschoss und japanisches Restaurant im Untergeschoss. Sehr nahe am Zentrum, gegenüber dem Rathaus. Vom Hauptbahnhof mit U-Bahn (Karasuma-Linie) bis Karasuma-Oike, 2 Min. zu Fuß, vom Hankyū-Bahnhof Karasuma oder Keihan-Bahnhof Sanjō 10 Min. zu Fuß. ❹

Kyō-no-Yado Ishihara, Nakagyō-ku, Yanagino-banba, Anekōji-agaru 76, ☎ 075-221-5612, 📠 075-221-5612. Das dem berühmtesten Regisseur Japans, Kurosawa Akira, seinerzeit in Kyōto ans Herz gewachsene Ryokan befindet sich im Zentrum und trotzdem in ruhiger Lage. Es ist geschmackvoll eingerichtet und erinnert von seiner Größe her an eine Privatwohnung. Leider wird ab 23 Uhr schon die Eingangstür verriegelt. Das Kurosawa-Zimmer gibt es für

Obwohl Kyōto jede Menge Unterkünfte bietet, birgt eine Nacht in einem Tempel (*shukubō* = „Priester-Unterkunft") eine ganz besondere Erfahrung (s. auch S. 94). Die heiligen Stätten sind sehr darauf bedacht, dass die Gäste während des Aufenthalts die Regeln des Tempels befolgen. In einigen Tempeln steht es Besuchern frei, der morgendlichen buddhistischen Zeremonie beizuwohnen oder mit Meditationsübungen und Sutra-Lesungen aktiv daran teilzunehmen. Hier eine Liste der Tempel, die auch Unterkünfte für Touristen anbieten:

Chishaku-in Kaikan, Higashiyama-ku, Higashiōji Shichijō-sagaru, Higashikawara-chō 964, ✆ 075-541-5363, 📠 075-541-4167, Karte S. 380/81. Man spricht etwas Englisch. Übernachtung mit Frühstück und Teilnahme am buddhistischen Gottesdienst. 6000 ¥ p. P. (inkl. Votivkerze). Vom Hauptbahnhof mit Stadtbus 100, 206, 208 bis Higashiyama-Shichijō.

Daishin-in, im Myōshin-ji, Ukyō-ku, Hanazono Myōshinji-chō 57, ✆ 075-461-5714, 🖥 eng.trip.kyoto.jp/spot/db/myoshinji-daishininshukubo, Karte S. 391. Typisch entspannte und friedliche Atmosphäre eines Zen-Tempels. Sehr beliebt bei ausländischen Gästen. Übernachtung mit Frühstück ca. 5000 ¥ p. P. 10 Gästezimmer für max. 50 Leute. Kontakt per Telefon (bitte langsam sprechen!) und Reservierung per Rückantwortpostkarte. Zum Südeingang des Tempels vom Hauptbahnhof mit JR-Sagano-Linie bis Bahnhof Hanazono, dann 10 Min. zu Fuß. Oder vom Hauptbahnhof mit Stadtbus Nr. 26 zum Nordeingang des Tempels, Bushaltestelle Myōshinji-mae, 3 Min. zu Fuß.

Hongan-ji / Monbō-kaikan, Shimogyō-ku, Horikawa-dōri Hanayachō-agaru, ✆ 075-342-1122, Karte S. 380/81. Übernachtung nicht im Tempel selbst, sondern im modernen Gebäude nebenan (japanische und westliche Zimmer). Morgenzeremonie im Nishi-Hongan-ji. Alleinreisende sind willkommen: Übernachtung ohne Frühstück 6300 ¥, mit Frühstücksbuffet 7350 ¥ und/oder Abendessen 9450–11 500 ¥ p. P. Vom Hauptbahnhof 15 Min. zu Fuß oder Stadtbus 9 oder 28 bis Nishi-Hongan-ji-mae, dann 3 Min. Fußweg.

Jōrenge-in, Sakyō-ku, Ōhara, Raigoin-chō 407, ✆ 075-744-2408. Schöner Tempel in der Natur. Relativ weit vom Zentrum entfernt im Nordosten. Teilnahme an Morgenzeremonie, Zazen oder Sutren-Schreiben möglich. Ab 7000 ¥ p. P. Vom Hauptbahnhof mit Kyōto-Bus 17 oder 18 (1 Std. bis Ōhara, dann 10 Min. zu Fuß) oder vom Hauptbahnhof mit Karasuma-U-Bahn 25 Min. bis Kokusai-kaikan, umsteigen in Kyōto-Bus Nr. 19, ca. 20 Min. bis Ōhara, dann 10 Min. zu Fuß.

KANSAI

18 900 ¥. Vom Hauptbahnhof mit U-Bahnlinie Karasuma bis Karasuma-Oike, Ausgang 3–1, 7 Min. zu Fuß. ❻

Ost-Kyōto

Karte S. 387

Untere Preisklasse

Gojō Guest House, Higashiyama-ku, Gojōbashi-higashi 3-396-2, ✆ 075-525-2299, 🖥 www.gojo-guest-house.com. Gästehaus in traditionellem Holzhaus und günstiger Lage. Café im Erdgeschoss, manchmal mit Ausstellung oder kleinem Musikabend. Lockere, familiäre Atmosphäre. Dorm 2000–2600 ¥ p. P., Fahrrad 500 ¥ pro Tag. Vom Hauptbahnhof entweder zu Fuß in ca. 25 Min. (auf der Karasuma-dōri bis

Gojō-dōri, dann rechts in Richtung Osten, 10 Min.) oder eine Station mit U-Bahnlinie Karasuma bis Gojō-dōri oder Stadtbus 100, 206 vom Hauptbahnhof bis Gojō-zaka und 5 Min. zu Fuß gen Westen.

€ **Hanakiya Inn**, Higashiyama-ku, Gojō-bashi, Higashirokuchō-me 583-101, ✆ 075-551-1397, 🖥 www.hanakiya.jp. Seit 2008 bestehendes Gästehaus für hauptsächlich ausländische Gäste. Man spricht Englisch. Twins und 3-Bett-Zimmer – ab mind. 2 Übernachtungen möglich. Kaffee, Tee und Frühstück sind frei. Sehr nah zum Kiyomizu-Tempel und Higashiyama-Bezirk. Vom Hauptbahnhof mit Stadtbus 100 oder 206 bis Gojō-zaka, ca. 5 Min. zu Fuß bis Kiyomizu-dera Kyōto City Parking. Gegenüber dem Parkplatz sieht man unterhalb der Treppen das Schild des Gäste-hauses. **❶**

Kiyomizu Youth Hostel, Higashiyama-ku, Gojōbashi, Higashi 6-539-16, ☎ 075-541-1651, ⌨ kiyomizuyh.web.fc2.com (japanisch), Reservierung nur telefonisch 8–11.30 und 16–22 Uhr. Nette kleine Jugendherberge im Kyōto-Machiya-Stil in der Nähe des Kiyomizu-Tempels. 3960 ¥ p. P. (Mitglieder 3360 ¥). Früh-stück 630 ¥. Vom Hauptbahnhof mit Stadtbus 100 oder 206 bis Gojō-zaka, zu Fuß 5 Min., Straße überqueren, Gojō-zaka (Gojō-Hügel) geradeaus in Richtung Kiyomizu-Tempel, 2. Straße rechts, weiter auf der Chawan-zaka („Teetassenhügel"), dann 3. kleine Straße nach rechts, an der ersten Ecke.

€ **Waraku-An Guest House**, Sakyō-ku, Shōgoin, Sannō-chō 19-2, ☎ 075-771-5575 (10–21 Uhr), ⌨ kyotoguesthouse.net/j/home.html. 2006 eröffnetes, schönes, freundli-ches und sehr gemütliches Guesthouse. Fahr-radleihe 500 ¥ pro Tag. Internet frei. Alle Zimmer im japanischen Stil: DZ, Dorm 2700 ¥ p. P. und Großzimmer mit nettem, kleinem Vorbau für 2 Pers. Vom Hauptbahnhof mit Stadtbus 206 (via Gion) bis Kumano-jinja-mae. **❶**

Kyōto Traveler's Inn, Sakyō-ku, Okazaki, Enshōji-chō 91, ☎ 075-771-0225, ⌨ www.k-travelersinn.com/english. Günstige Lage im Museumsviertel und nahe dem Heian-Schrein, gut für morgendliche Spaziergänge. Japanische und westliche Zimmer. Gegenüber dem Städtischen Kunstmuseum, am großen knall-orangenen Torii des Heian-Schreins. Vom Bahnhof Kyōto entweder U-Bahnlinie Karasuma bis Karasuma-Oike, umsteigen in Tōzai-Linie bis Higashiyama-Station, weiter 7 Min. zu Fuß, oder Kyōto-Stadtbus 5 oder 100 bis Kyōtokaikan Bijutsukan-mae, dann 2 Min. zu Fuß. **❷**

Mittlere Preisklasse

Santouan Guest House, Higashiyama-ku, Sei-kanji-ryōzan-chō 19, ☎ 075-541-2733, ⌨ santouan.com. Kleines, ruhiges Gästehaus, sehr har-monische, japanisch-moderne Atmosphäre. Café und Bar im Haus. Schöner Rundblick vom Früh-stücksraum. Vom Hauptbahnhof mit Stadtbus 206 bis Kiyomizu-michi und ca. 15 Min. zu Fuß oder vom Hauptbahnhof mit Taxi 12 Min. **❷**–**❺**

Obere Preisklasse

Sakanoue Kyōto-Style Inn, Higashiyama-ku, Gion-Shimogawara, Washi-chō, 502, ☎ 075-561-1148, ⌨ www.sakanoue.net/english/index.html (sehr ansprechende Website). Für seine Kochkünste geschätztes Ryokan in schöner Higashiyama-Gegend. Saubere, japanische Zimmer mit Garten. Übernachtung mit HP (saisonabhängige Preise). Vom Hauptbahnhof mit Stadtbus 206 in 25 Min. in Richtung Gion bis Higashiyama-yasui, dann 5 Min. zu Fuß. Vom Bahnhof Hankyū-Kawaramachi oder Keihan-Shijō Richtung Yasaka-Schrein etwa 20 Min. zu Fuß. Taxi vom Bahnhof Kyōto in 10 Min. **❹**–**❻**

Westin Miyako Hotel Kyōto, Higashiyama-ku, Sanjō, Keage, ☎ 075-771-7111, ⌨ www.miyako hotels.ne.jp/westinkyoto. Das Miyako ist eines der namhaftesten Hotels der Stadt und hat in seiner 100 Jahre alten Geschichte schon so manchen Staatsgast beherbergt. Dass hier alles stimmen muss – Zimmer, Essen, Service, Ausstattung, Garten –, kann man sich vor-stellen. Edles Hotel mit edlen Preisen. Es lohnt ein Blick auf die Website, um evtl. attraktive Saisonpreise, Angebote und Nachlässe aus-findig zu machen. Mit dem Hotel-Shuttlebus vom Hauptbahnhof (Rückseite Hachijō-guchi) alle 30 Min. zwischen 9 und 20 Uhr, letzter Bus 21 Uhr. **❺**

Nordwest-Kyōto
Karte S. 391

€ **Guest House Bola Bola**, Ukyō-ku, Uzumasa, Horigauchi-chō 17, ☎ 075-861-5663, ⌨ www.bola-bola.jp. 2006 eröffnetes, gemütliches und preiswertes Gästehaus. Kaffee, Tee und Internet frei, Fahrrad 600 ¥ am Tag. Nahe einer Einkaufsstraße, einem Super-markt, Badehaus und den wichtigen Sehens-würdigkeiten dieser Gegend (u. a. Kinkaku-ji). Selbst kochen möglich. Dorm 2500 ¥ p. P., EZ und Twins. Vom Hauptbahnhof mit JR-Sagano-Linie 15 Min. bis Uzumasa, dann 5 Min. zu Fuß, oder mit Kyōto-Bus 71, 72, 73 und 75 bis Katabira-no-tsuji. **❶**

€ **Tani House**, Kita-ku, Murasakino, Daito-kujiichi 8, ☎ 075-492-5489, ⌨ tanihouse. kansaiconnect.com. Zur EXPO 1970 in Ōsaka begannen die Tanis Gäste aus aller Welt in ihrem traditionellen Familienhaus aufzunehmen. Das Haus ist in die Jahre gekommen – Frau Tani scheint dagegen immer noch sehr fidel, auch wenn nun die Tochter die Herberge leitet. Wem die lockere Atmosphäre egal oder gar willkommen ist, der ist hier gut aufgehoben. Und billiger geht es kaum noch: Dorm 1500 ¥ p. P., kleines EZ 2500 ¥, 6-Tatami-EZ 3000 ¥. DZ mit Bad, WC und Küche. Direkt neben dem Daitoku-ji. Eingang in der Kitaōji-dōri, ein paar Meter westlich des großen Südeingangs zum Tempelgelände. Vom JR-Bahnhof Kyōto mit Stadtbus 205 bis Kenkun-jinja-mae oder mit der U-Bahn (Karasuma-Linie) bis Kitaōji, dann mit Stadtbus 1, 204, 205 oder 206 nach Kenkun-jinja-mae oder 15 Min. zu Fuß.

Utano Youth Hostel, Ukyō-ku, Uzumasa Nakayama-chō 29, ✆ 075-462-2288, 🖥 yh-kyoto.or.jp/utano. Die Herberge am nordwestlichen Rand von Kyōto wurde 2008 einer kompletten Renovierung unterzogen. Die teilweise aus Zypressenholz bestehende Anlage erinnert mehr an ein gemütliches Kurhaus für Menschen aus aller Welt als an eine Jugendherberge. Der Ort strahlt positive Energie und Gemütlichkeit aus. Küche, Gemeinschaftsbad, Liegewiese, Tennis- und Grillplatz, Mieträder, Waschmaschine, Internet etc. vorhanden. Dorms und Twins. Herbergsgäste ab 19 Jahren 3300 ¥, unter 19 Jahren 2800 ¥. Abendessen 950 ¥, Frühstück 600 ¥. Sehr ruhige Lage. Saga und Arashiyama, der Goldene Pavillon und der Ryōan-ji sind einfach zu erreichen. Vom Hauptbahnhof mit Stadtbus 26 (45 Min.) bis Youth-Hostel-mae.

West-Kyōto – Arashiyama und Sagano

Ranzan-An Inn, Ukyō-ku, Susukinobaba-chō, Sagatenryuji 33, ✆ 075-864-0088, 🖥 www.kyoto-ranzan.jp/english/e_top.html, Karte S. 395. Komfortables und gemütliches Gasthaus. EZ und Twins mit Frühstück. Unterschiedliche Saison-Preise. Nähe Togetsu-Brücke. Schöner Ort für Spaziergänge. Vom Hauptbahnhof mit JR-Sagano-Linie bis Saga-Arashiyama, 15 Min. zu Fuß. ❹

ESSEN

Zentrum

Karte S. 380/81

Al Sole, Kamigyō-ku, Kawaramachi, Imadegawa-higashi-iru, ✆ 075-213-8686. Italienisches Restaurant und Bar in ehemaligem Bankgebäude mit Terrasse am Kamogawa, mit Ausblick auf die Higashiyama-Berge. Mittags (12–17 Uhr) ab 900 ¥. Abends (ab 17 Uhr) Gerichte wie Pasta und Pizza. Den passenden Wein können sich die Gäste im Weinkeller selbst aussuchen. 3 Min. vom Keihan-Bahnhof Demachiyanagi, westlich der Brücke Kamo-Ōhashi. ⏰ tgl. 12–22 Uhr.

Didi, Sakyō-ku, Tanaka, Kamiyanagi-chō 15-2, ✆ 075-791-8226. Von Japanern geführtes, kleines indisches Restaurant, etwas abseits der Touristenroute in studentischer Umgebung nahe der Kyōto-Universität. Verschiedene Curry-Gerichte ab 900 ¥. Eizan-Linie bis Mototanaka. ⏰ Do–Di 11–22 Uhr.

Falafel Garden, Sakyō-ku, Tanaka, Kamiyanagi-chō 15-2, ✆ 075-712-1856. Das Café-Restaurant mit dem lebenslustigen Betreiber ist 2014 umgezogen – aber nur um eine Ecke. Gerichte aus Israel bzw. dem Nahen Osten: Falafel-, Hummus-, Avocado- und Hähnchen-Kebab-Sandwiches, jedes für unter oder um die 1000 ¥. Keihan- und Eizan-Linie bis Demachiyanagi, auf der Kawabata-dōri 50 m nördlich laufen. ⏰ tgl. 11–21.30 Uhr, Ruhetag Mi außer im April, Mai, Okt und Nov.

Ganko Takasegawa Nijō-en, Nakagyō-ku, Kiyamachi-dōri, Nijō-sagaru, Higashi Namasu-chō 484-6, ✆ 075-223-3456, 🖥 www.gankofood.co.jp/en. Gut essen in 400 Jahre alter Japan-Atmosphäre. Vor der Kulisse eines eleganten Gartens servieren Frauen im Kimono die verschiedensten japanischen Gerichte (Tenpura, Sushi, Kaiseki usw.). Gäste, die der Sprache nicht mächtig sind, können anhand von Bildern bestellen. Das notwendige Budget liegt bei 4000 ¥, Mittagsmenü ab 3200 ¥. U-Bahn (Tōzai-Linie) bis Kyōto-Shiyakusho-mae, von Nijō-Kiyamachi südlich 4 Min. zu Fuß. ⏰ tgl. 11–21.30 Uhr.

Noanoa, Sakyō-ku, Jōdo-ji, Ishibashi-chō 37, ✆ 075-771-4010. Wer im Nordwesten den Silbernen Pavillon besuchen oder den

Philosophenweg ablaufen möchte, kann hier im Gebäude und Garten im Mittelmeer-Stil die anmutige Atmosphäre mit Pizza und Pasta (ab etwa 1000 ¥, à la carte ab etwa 400 ¥, 11–17 Uhr) und einigen französischen Gerichten genießen – oder einfach nur bei Kaffee oder Tee den Füßen eine Pause gönnen. Alle Speisen sind ohne Zusätze. Abends wird es etwas teurer. Bushaltestelle Ginkaku-ji-mae. ☺ tgl. 11–21 Uhr.
Shinshindō, Sakyō-ku, Kitashirakawa, Oiwake-chō, ✆ 075-701-4121. Akademiker-Café mit Bäckerei. Seit 1930 sitzen hier, oft über Stunden, an großen dunklen Holztischen in Bücher vertiefte Studenten oder grübelnde Professoren aus der benachbarten Kyōdai (Kyōto Universität). Auch andere Gäste sind willkommen und genießen die nostalgische Szenerie. An der großen Imadegawa, gegenüber liegt der Nordeingang zur Universität. ☺ Mi–Mo 8–18 Uhr.

€ **Suya**, Nakagyō-ku, Nijō-dōri, Yanaginobanba-higashi-iru, Seimei-chō 656-1, ✆ 075-212-4466. Teppanyaki-Restaurant (hier wird Fleisch, Gemüse, Nudeln u. a. auf einer heißen Stahlplatte direkt am Tisch zubereitet) im *machiya*-Haus. Spezialität ist *Kyōto-beta-yaki* (Fleisch und Gemüse auf dünnem Teig, ähnlich wie Crêpe zubereitet). Die meisten

Gerichte unter 900 ¥. U-Bahn Karasuma-Linie bis Karasuma-Oike, 6 Min. zu Fuß, Nijō-Yanaginobanba nach Osten, südliche Seite. ☺ tgl. 17–2 Uhr.

Shijō-Kawaramachi
Karte S. 383
Daikoku-ya, Nakagyō-ku, Kiyamachi, Takoyakushi-nishi-iru, Minamikurumaya-chō 281, ✆ 075-221-2818. Das fast hundert Jahre alte Soba-Restaurant bietet entsprechend der Jahreszeit kalte oder warme Soba mit saisonalem Gemüse aus der Umgebung von Kyōto an. Westlich von Kiyamachi-Takoyakushi, von Sanjō-dōri südlich auf der Kiyamachi, 5. kleine Straße gen Westen, neben Kiyamachi-Halle. ☺ Mi–Mo 11.30–21 Uhr.
Bikkuri-Donkey, Nakagyō-ku, Kawaramachi, Sanjō-higashi-iru, Minamigawa, ✆ 075-253-4800. Landesweite Hamburger-Restaurant-Kette mit auffällig schräger Deko, innen wie außen. Saftige und preiswerte Hamburger-Kreationen für 600–800 ¥. Speisekarte mit Fotos. Ein paar Schritte westlich von der Ecke Kawaramachi-Sanjō. ☺ tgl. 11–3 Uhr.

🏠 **Haabesuto (Harvest)**, Shimogyō-ku, Shijō-dōri, Kawaramachi-higashi-iru, Kyōto Marui OIOI Bldg., Etage „Mosaic Dining Shijō-Kawaramachi" im 8F, ✆ 075-229-6101. Günstiges Buffet-Restaurant mit 60 verschiedenen japanischen Speisen, hauptsächlich biologisch angebautes Gemüse, inkl. Getränke und Nachtisch. Shijō-Kawaramachi südöstliche Ecke. ☺ tgl. 11–21 Uhr, Mo–Fr Mittagsbuffet 11–17 Uhr (etwa 1600 ¥), Abendbuffet 17–21 Uhr und Sa–So/feiertags ganztägig (etwa 2100 ¥).
Katsukura, Nakagyō-ku, Kawaramachi-dōri, Sanjō-nishi-iru, ✆ 075-212-3581. Sehr gutes und nicht teures *tonkatsu*-Restaurant mit einigen Niederlassungen in Kyōto. Spezialität: Schweinekotelett mit Ausbacköl (ohne Cholesterin). Gewicht des Fleisches nach Wahl: 80, 120 oder 160 g. ☺ tgl. 11–21 Uhr (Sa bis 21.30 Uhr). Westlich von Kawaramachi-Sanjō, neben dem Lipton-Laden in den Sanjō-Arkaden.
Kushiya Monogatari (Kyōto-Takoyakushi), Nakagyō-ku, Takoyakushi-dōri, Shinkyōgoku-higashi-iru Urateramachi 598, OKI Bldg. 2F, ✆ 075-213-8194. Ein Restaurant, in dem die

Gäste das auf kleine Spießchen gesteckte Fleisch, Gemüse oder Meeresfrüchte selbst frittieren. Dazu gibt es Reis, Nudeln, Suppen und Salate. Das Angebot gilt aber jeweils nur 90 Min. und kostet Mo–Fr 2100 ¥, Sa–So, feiertags 2400 ¥, Mittagsmenü 1600 ¥, Alkohol und Softdrinks für 90 Min. 1050 ¥. Von Shijō-Kawaramachi nach Norden, 1. Ampel nach Osten, über die 1. kleine Straße auf der südlichen Seite. ⏰ Mo–Fr 17–23, Sa–So, feiertags 11.30–23 Uhr.

Mishima-tei, Nakagyō-ku, Teramachi, Sanjō-sagaru, 📞 075-221-0003, 🖥 www.mishima-tei.co.jp. Edles Sukiyaki-Restaurant in einem schönen alten japanischen Holzhaus in der Mitte von Kyōto. Sukiyaki, in Öl gebratene Speisen, und shabu-shabu-Gerichte zwischen 8500 und 12 000 ¥. Ein paar Schritte südlich der Ecke Sanjō-Teramachi. ⏰ Do–Di 11.30–22 Uhr.

€ **Ōshō (Sanjō-ten)**, Nakagyō-ku, Kiyamachi-dōri, Sanjō-sagaru, Ishiya-chō 118-1, 📞 075-221-2873, 🖥 www.ohsho.co.jp/menu/west.html. Seit Jahren expandierende, landesweit vertretene preiswerte China-Fast-food-Kette. 1967 eröffnete das erste Restaurant in Kyōto. Beliebt für schnellen und einfachen Service und die leckere Gyōza. Speisekarte mit Fotos und einfachem Englisch. Von Kiyamachi-Sanjō südlich die 1. kleine Straße nach Westen. ⏰ Mo–Do 11–2, Fr–Sa 11–5, So 11–24 Uhr.

€ **Shakey's**, Nakagyō-ku, Sanjō-dōri, Teramachi-higashi-iru, Ishizumi-Sanjō Bldg. 2F, 📞 075-255-1325. Wer sehr hungrig ist oder einfach nur hemmungslos Pizza essen möchte, geht am besten zu Shakey's in der Sanjō-Arkade. Hier kann sich jeder mit Pizza, Spaghetti, gebratenem Reis und Pommes vollfuttern. Von Sanjō-Teramachi nur ein paar Meter östlich auf der linken Seite im 2. Stock. ⏰ Mittagsbuffet (710 ¥) Mo–Fr 11–17, Abendbuffet (1020 ¥) 17–22, Sa–So, feiertags 11–22 Uhr.

Sō-Honke Nishin-Soba Matsuba, Higashiyama-ku, Shijō-Ōhashi-higashi-iru, Kawabata-chō 192, 📞 075-561-1451. Bei Japanern sehr beliebtes, über hundert Jahre altes Restaurant. Es gibt Kyōto-Spezialitäten, z. B. nishin-soba (Hering-Buchweizennudeln), yurine-soba (frittierte Lilienknollennudeln) oder kalte Soba

mit Tenpura. Preise etwas über 1000 ¥. Von der Brücke Shijō-Ōhashi Richtung Osten, südöstlich der Ecke von Shijō-Kawabata, neben Minamiza-Theater. ⏰ Do–Di 10.30–21.30 Uhr.

€ **Sushi no Musashi**, Nakagyō-ku, Kawaramachi-Sanjō-agaru, 📞 075-222-063. Bei ausländischen Gästen immer beliebter werdendes kaiten-zushi-Lokal (Fließband-Sushi) mitten im Zentrum (weitere Filiale in der Asty-Road im Hauptbahnhof am Eingang Hachijō/Shinkansen-Seite). Jeder Sushi-Teller für 140 ¥. Man kann dem Koch zuschauen und Sushi-Wünsche äußern. Tipp: Oben gibt es zusätzliche, gemütlichere Plätze! Nordwest-Ecke von Kawaramachi-Sanjō. ⏰ tgl. 11–22 Uhr.

🏨 **Warai (Nishiki-honten)**, Nakagyō-ku, Nishiki-kōji, Takakura-nishi-iru, Nishi-uoya-chō 597, 📞 075-257-5966. Sehr beliebtes und empfehlenswertes, von jungen Leuten geführtes Okonomiyaki-Restaurant. Hier versucht man, etwas von den traditionellen Geschmacksrichtungen abzurücken und kreiert modernere Kombinationen. Nördlich vom Daimaru-Kaufhaus, direkt am Westeingang zum berühmten Nishiki-Markt. ⏰ tgl. 11.30–24 Uhr.

Yak & Yeti, Nakagyō-ku, Gokomachi-dōri, Nishikikōji-sagaru, 📞 075-213-7919. Gute Küche und guter Küchenchef aus Nepal. Verschiedene nepalesische Curry- und indische Tandoori-Gerichte zu akzeptablen Preisen. Mittagsmenü bis 1500 ¥. Viele junge Gäste. Südöstliche Ecke von Nishikikōji-Gokomachi. ⏰ tgl. 11.30–14.30 und 17–22 Uhr.

Cafés im Zentrum

Man zahlt hier für eine Tasse Kaffee schon mal bis zu 500 ¥, dafür können sich die Gäste aber stundenlang in meist sehr gemütlicher Atmosphäre im Café aufhalten.

🏨 € **Café Indépendants**, Nakagyō-ku, 1928 Biru B1, 📞 075-255-4312, 🖥 www.cafe-independants.com. Gemütliches Café im dunklen Kellergewölbe eines 1928 erbauten ehemaligen Zeitungsverlags, manchmal Livemusik am Abend. Gute Atmosphäre mit Mittagsmenü ab 630 ¥, Abendessen 500–900 ¥, Südöstliche Ecke von Sanjō-Gokomachi. ⏰ tgl. 11.30–24 Uhr.

Inoda Coffee Honten, Nakagyō-ku, Sakaimachi-dōri, Sanjō-sagaru, Doyū-chō 140, ✆ 075-221-0507. Beliebtes Kyōto-Café seit 1940. Sehr „kultivierte" Atmosphäre für Nostalgiker und wahre Kaffeegenießer. Guter Treffpunkt mit interessantem Garten für Ruhe suchende Menschen. Kaffee ab 500 ¥. Morgenmenü (7–11 Uhr) 1200 ¥. Sakaimachi-Sanjō etwa 50 m südlich. ◷ tgl. 7–20 Uhr.

Maeda Coffee, Nakagyō-ku, Muromachi-dōri, Takoyakushi-sagaru, Yamabushiyama-chō 546-2, ✆ 075-221-2224. Wie Inoda ist auch Maeda ein stilvolles Kyōto-Café mit ein paar Niederlassungen in der Gegend. Hier im Kyōto Art Center in einer ehemaligen Grundschule herrscht eine gute Atmosphäre. Leckerer Kaffee für 350 ¥, Sandwiches, Hot Dogs oder Curry um 1000 ¥. Von Nishikikōji-Muromachi 50 m nach Norden, rechte Seite. Von Shijō-Karasuma 5 Min. zu Fuß. ◷ tgl. 10–21.30 Uhr.

Sarasa Kayūkōji, Nakagyō-ku, Shinkyōgoku-Shijō-agaru, Nakanomachi 565-13, ✆ 075-212-2310. Von außen nicht erkennbares interessantes Inneres, mit gemütlichen Sofas und entspannter Atmosphäre. Tgl. wechselndes Mittagsmenü für unter 1000 ¥, fantasievolle Kleinigkeiten wie Thunfisch-Avocado-Frischkäse-Sandwich und viele asiatische Gerichte um 800 ¥. Von Shijō-Shinkyōgoku ein paar Meter gen Norden, erste ziemlich enge Gasse nach Osten, Eingang nach 20 m rechts. ◷ tgl. 12–23 Uhr, Ruhetag letzter Mi im Monat.

Sarasa Fuyachō Pausa, Nakagyō-ku, Fuyachō-dōri, Sanjō-agaru, Benkei-ishichō 38-1 (2F), ✆ 075-212-2341. Renoviertes Gebäude im *machiya*-Stil. Eingang mit großer blauer Tür. Im Erdgeschoss ist ein Gemischtwarenladen; das Café befindet sich eine Holztreppe höher. Mittagsmenü (12–15 Uhr) 800–1000 ¥, Kaffeezeit (15–18 Uhr) um 500 ¥. Abendessen von der Speisekarte (18–23 Uhr) 2000–3000 ¥. Von Fuyamachi-Sanjō ein paar Schritte nach Norden. ◷ tgl. 12–24 Uhr, Ruhetag letzter Mi im Monat.

Ost-Kyōto – Higashiyama
Karte S. 387

Gion Hatanaka, Higashiyama-ku, Gionmachi-Minamigawa 505 , ✆ 075-541-5315, 🖥 www.kyoto-maiko.jp. Ein Abend mit Kyōto-Cuisine und einer *maiko* war vor einigen Jahren ohne entsprechende Beziehungen für Touristen unvorstellbar. Heute ist ein solcher Abend nicht nur möglich, sondern auch bezahlbar geworden. Das Restaurant Gion Hatanaka bietet unregelmäßig am Mo, Mi, Fr und Sa 18–20 Uhr (Anmeldung bis spätestens Vormittag des gleichen Tages) auch ausländischen Touristen für 18 000 ¥ p. P. ein gemeinsames Abendessen mit einer tanzenden *maiko* an. Vom Hankyū-Bahnhof Kawaramachi 13 Min. oder vom Keihan-Bahnhof Gion-Shijō 10 Min. zu Fuß in Richtung Yasaka-Schrein.

Kyō-fū-Rāmen, Ishihara, Higashiyama-ku, Yasui, Tsukimi-chō 21, ✆ 075-551-2091. Nudellokal mit sehr leckeren Rāmen (Nudelsuppe) im Kyōto-Stil. Südlich vom Yasaka-Schrein, Kreuzung Higashiyama-yasui auf der Higashiōji-dōri, 50 m nach Osten. ◷ Mi–Mo 11.30–20 Uhr.

Okutan, Sakyō-ku, Nanzen-ji, Fukuchi-chō 86-30, ✆ 075-771-8709. Sehr berühmtes Restaurant, in dem man seit 370 Jahren in direkter Nachbarschaft zur Tempelanlage des Nanzen-ji gut essen kann. Für etwa 3000–4000 ¥ erhalten die Gäste den besten Tōfu, so behauptet man. Umgeben von einem schönen Garten. Nordwestlich des Haupttors des Nanzen-ji. ◷ Fr–Mi 11–16 Uhr.

Shibasaki, Higashiyama-ku, Kiyomizu-4-chōme 190-3, ✆ 075-525-3600. Nudelrestaurant mit elegantem Torbau und ansprechender Restauranthalle, das sich auf Soba-Gerichte spezialisiert hat. Die frisch hergestellten kalten oder warmen Nudeln mit Beilagen (ab ca. 1000 ¥) oder Tenpura (ab 1600 ¥) genießen eine gewisse Popularität. Von der Kreuzung Higashiyama-Gojō die Gojō-zaka hoch Richtung Kiyomizu-Tempel. ◷ Do–Mo 11–18 Uhr (während der nächtlichen Sonderöffnungszeiten des Tempels bis 21 Uhr).

West-Kyōto – Arashiyama und Sagano
Karte S. 395

Die Gegend in Arashiyama und Sagano ist für die *yudōfu*-Küche berühmt. *Yudōfu* ist erhitzter Tōfu in Algen-Dashi-Brühe, der mit Soja-Sauce und unterschiedlichen Zutaten serviert wird.

Akamanma, Ukyō-ku, Saga-Tenryū-ji, Setogawa-chō 26, ✆ 075-881-9073. Café-

Restaurant aus den 1970er-Jahren. Guter Ort für eine Pause. Mittagsmenü, Curry-Gerichte, original oder vegetarisch, Pasta mit Kyōto-Zutaten, Saga-Tōfu-Pizza usw. Alles knapp über 1000 ¥. Englische Speisekarte vorhanden. Südwestlich vom JR-Bahnhof Saga-Arashiyama, 10 Min. zu Fuß auf der Hauptstraße, nach der Togetsu-Brücke, gegenüberliegende Seite des Spieldosen-Museums. ⏰ Mo–Fr 10–17.30 Uhr, Sa–So, feiertags 10–21.30 Uhr.

Rangetsu, Ukyō-ku, Saga-Tenryū-ji, Susukino-baba-chō 7, ✆ 075-865-2000. Restaurant und Ryokan in Arashiyama, mit wunderschöner Promenade vom eleganten Eingangstor bis zum Gebäude. Tgl. Mittagstisch (11.30–15 Uhr) mit jahreszeitlichten Gerichten. Sehr geschmackvoll, aber teuer. *Yudōfu*, warme Tōfu-Gerichte für 4500 ¥. Abendliches festliches *kaiseki-ryōri* ab 8000 ¥ (17–19 Uhr). Vom JR-Bahnhof Saga-Arashiyama nach Südwesten Richtung Togetsu-Brücke.

Shōrai-an, Ukyō-ku, Saga-kameno-o-chō, ✆ 075-861-0123, Reservierung ✆ 050-5869-2083, 💻 www.syouraian.jp/info. html. Ein Erlebnis der besonderen Art: Äußerst geschmackvolle Tōfu-Gerichte aus Sagano, die inmitten der wundervollen Natur Arashiyamas in einem ruhigen, alten Holzhaus genossen werden können. Gerichte mittags 3800/4600/5800 ¥ und abends 6300/7800/10 000 ¥. Man muss das Menü auf der Website vorbestellen, da das Restaurant sehr beliebt ist. Von der nördlichen Seite der Togetsu-Brücke aus etwa 10 Min. westlich entlang des Katsuragawa laufen. ⏰ Mo–Do 11–17, Fr–So und feiertags 11–20 Uhr.

Taishō Hanana, Ukyō-ku, Saga-Tenryū-ji, Seto-gawa-chō 26-1, ✆ 075-862-8771. Auf Meer-brasse-*chazuke* (mit Tee übergossene Schale Reis und Meerbrasse) und Kyōto-Gemüse-Meerbrasse-Pasta spezialisiertes Restaurant. Westlich vom JR-Bahnhof Saga-Arashiyama, südlich der Bahnlinie, 5 Min. zu Fuß. ⏰ tgl. 11–17 Uhr bzw. früher, wenn die Meerbrasse ausverkauft ist. Unregelmäßige Ruhetage.

UNTERHALTUNG

Shijō-Kawaramachi
Karte S. 383

Chikyū-ya, Shimogyō-ku, Shijō-Kawaramachi-sagaru, Futasujime-higashi-iru, Shōtoku Bldg.

1F. ✆ 075-344-6159. Sehr lockere und preiswerte *izakaya* im Holzhütten-Stil, die ihre beste (Cross-Culture-)Zeit in den 80er-Jahren hatte. Auch heute noch internationales Publikum. Zwei der drei Eigentümer sind zwischenzeitlich verstorben, *but the show goes on*. Von Shijō-Kawaramachi auf der Kawaramachi etwa 50 m nach Süden, an der 3. kleinen Straße ein paar Meter nach links. ⏰ tgl. 17–24 Uhr.

Gael Irish Pub, Higashiyama-ku, Yamato-ōji-dōri, Shijō-agaru, Nijūikken-chō, Ōto Bldg. 2F, ✆ 075-525-0680. Traditoneller Irish Pub, natürlich mit Guinness und Kilkenny, Fish & Chips, Irish Stew usw., alles zu moderaten Preisen. Jeden Fr ab 20 Uhr irische Musik, 2. und 4. Sa Jazz. Es gibt sechs Monitore für wichtige Sportereignisse. Shijō-Keihan Ausgang Nr. 8, kleine Straße gegenüber vom Minami-za-Theater etwas nördlich laufen, dann auf die Nawate-dōri, wo man eine irische Flagge und das bekannte Guinness-Zeichen sieht. ⏰ tgl. 17–1 Uhr (Fr und Sa mit Verlängerung).

Hyaku (Nishiki-ten), Nakagyō-ku, Nishikikōji, Takakura-nishi-iru, Uoya-chō, ✆ 075-221-0148. Steh-Kneipe mit Fassbier, Glas für 100 ¥ (100 = *hyaku*), Krug für 200 ¥ sowie etwa zehn verschiedene Beilagen für je 100 ¥, die sich die Gäste (meist Büroangestellte nach Feierabend) selbst nehmen können. ⏰ Mo–Fr 16–23, Sa–So und feiertags 15–23 Uhr, Eintritt 100 ¥.

Tagsüber (10–16 Uhr) mutiert der Laden zum Imbiss **Yūshoku-tei**, der Lunch-Boxen zum Mitnehmen ab 500 ¥ verkauft – nur Gerichte ohne künstliche Zusätze oder Farbstoffe. Direkt gegenüber dem Nordeingang vom Kaufhaus Daimaru.

Pig & Whistle, Higashiyama-ku, Sanjō-Ōhashi-higashi-iru, Ōhashi 115, Shōbi Bldg. 2F, ✆ 075-761-6022. 💻 pigandwhistle.org.uk. Englische Kneipe, die sich seit fast 30 Jahren in Higashiyama-Sanjō hält. Populärer Treffpunkt in den 80er-Jahren. Heute schwankt der Pub auf der Beliebtheitsskala. Es gibt Fassbier: Guinness, Kilkenny, Ale und Ebisu – das Pint (0,6 l) für 850 ¥, Half Pint 500 ¥. Die Gäste können Darts spielen. Im ersten Gebäude östlich vom Keihan-Bahnhof Sanjō. ⏰ tgl.

17–2 Uhr (Fr–Sa und vor Feiertagen bis 5 Uhr).

Rub a Dub, Nakagyō-ku, Kiyamachi-Sanjō-sagaru, Ishiya-chō 115, Tsujita Bldg. BF, 📞 075-256-3122. Älteste Reggae-Bar in Kyōto: Reggae mit Bier, Rum oder Cocktail ab 500 ¥, Jamaika-Gerichte je 600 ¥. Von Kiyamachi-Sanjō nach Süden, linke Seite auf der Kiya-machi, kleiner Eingang mit Treppe nach unten. 🕐 tgl. 19–2 Uhr, Fr bis 4, Sa bis 5 Uhr.

Ost-Kyōto – Higashiyama

Zac Baran, Sakyō-ku, Shōgo-in, Sannō-chō 18, Metabo-Okazaki Bldg. B1F, 📞 075-751-9748, Karte S. 387. Eine der alten, bis heute bestehenden Jazz-Kneipen in Kyōto. Es scheint, dass die Pächter oder Besitzer nie reich werden wollten, sondern sich damit begnügten, Spaß mit vielen Gleichgesinnten zu haben und ein paar Jazz-Livekonzerte im Jahr zu organisieren. Von Marutamachi-Higashiōji etwa 100 m nach Osten, auf der linken Seite. 🕐 Mi–Mo 18–4 Uhr.

SONSTIGES

Bücher

Maruzen & Junkudō, Nakagyō-ku, Kawara-machi-Sanjō-sagaru, Yamazaki-chō 251. Bis Herbst 2015 entsteht unter dieser Adresse ein neuer Buchladen im neuen Gebäude. Nähere Daten lagen bei Redaktionsschluss noch nicht vor. Bis zu diesem Zeitpunkt existiert **Junku-dō** noch im Kyōto-Asahi-Kaikan 3F-4F, zwischen Shijō- und Sanjō-dōri, neben der katholischen Kirche aus Beton, 📞 075-253-6460, 🕐 10–20 Uhr.

Einkaufen

Kyōto bietet eine große Auswahl an Shopping-adressen, darunter sowohl traditionelle als auch moderne Geschäfte. Die besten Orte, um Produkte der Stadt zu erwerben, sind Märkte, Einkaufsarkaden und Töpferei-Gegenden, z. B. der Weg hoch zum Kiyomizu-Tempel mit vielen Läden, die *kiyomizu-yaki* („Kiyomizu-Tonware") anbieten. Wer nicht viel Zeit für die Suche nach Kunsthandwerk hat, findet nördlich des Heian-Schreins im **Handicraft Center**, 📞 075-761-8001 oder 761-7000, 🖥 www.kyotohandicraftcenter.

com, auf 5 Etagen alles, was das Herz begehrt, und kann hier und da sogar bei der Herstellung zusehen. 🕐 tgl. 10–19 Uhr.

Die beiden zwischen Sanjō- und Shijō-dōri parallel von Nord nach Süd verlaufenden Arkaden **Teramachi** und **Shin-kyōgoku** bieten jede Menge *kyōmiyage* (Souvenirs aus Kyōto) an – und von hier aus ist der **Nishiki-Markt** (S. 382) mit seinem riesigen kulinarischen Angebot nicht weit.

Flohmärkte, wo alles von Ramsch bis Antikes feilgeboten wird, finden jeweils am 21. des Monats auf dem Gelände des Tempels Tō-ji und am 25. des Monats um den Schrein Kitano-Tenmangū statt.

Fahrradverleih

Rent a cycle EMUSICA, Sakyō-ku, Tanaka Kamiyanagi-chō 24, 📞 075-200-8219, 🖥 emusica-dmcy.com. Netter Laden in der Nähe des Keihan- und Eizan-Bahnhofs in Demachiyanagi. 1 Tag (bis 20 Uhr) 500 ¥, gleicher Tag über Ladenschlusszeit oder bis 10 Uhr des folgenden Tages 750 ¥, 1 Woche 2000 ¥, Kaution 2000 ¥, Verleih von Regenjacken und Kindersitzen. Gepäckaufbewahrung (Tag/300 ¥). 🕐 Mo–Fr 7.30–23.30, Sa–So und feiertags 9–22.30 Uhr.

KCTP (Kyoto Cycling Tour Project), Shimogyō-ku, Aburanokōji-dōri, Shiokōji-sagaru, Higashi-Aburanokōji-chō 552-13, 📞 075-354-3636, 🖥 www.kctp.net/Germany. Günstig in der Nähe des Hauptbahnhofs. Mietpreis: ab 1000 ¥ am Tag (Mountainbikes für 1500 und 2000 ¥). Hier werden auch englischsprachige geführte Radtouren auf Mieträdern angeboten, ca. 5 Std., ab 11 000 ¥ p. P. Wegen reger Nachfrage ist eine Reservierung empfehlenswert. 2 Min. zu Fuß vom Hauptbahnhof, Ausgang Karasuma-guchi, Straße vor dem Busterminal nach links, gerade-aus an der Hauptpost vorbei (linke Seite BIC Camera) bis zum APA Hotel, dann nach rechts, auf der linken Seite. 🕐 tgl. 9–19 Uhr. Weitere KCTP-Läden gibt es am Kinkaku-ji, Nishiki-Markt und in Fushimi.

J-Cycle, Shimogyō-ku, Higashinotōin Takatsuji sagaru, Kyōto-Higashinotōin-Takatsuji Bldg. B1, 📞 075-341-3196, 🖥 www.j-cycle.com/takatsuji/index.php. Dieser Fahrradladen liegt fast im

Herzen von Kyōto. Vermietung, Reparatur und Verkauf. Mietpreis ab 800 ¥ am Tag (MTB 1200 ¥, E-Bike 1500 ¥), kostenlose Gepäckaufbewahrung. Von U-Bahnhof Karasuma-Shijō Ausgang Nr. 5, südlich auf der Karasuma-dōri, auf der 2. Straße Takatsuji-dōri nach Osten, 1. Straße nach Süden (links liegt das Hotel Nikko Princess Kyōto). ⏰ tgl. 10–19 Uhr.

Rental Bicycle Kyōto MIYAMIYA, Shimogyō-ku, Kamijuzuya-machi 323, ☎ 075-354-7060, 🖥 k-miyabiya.jp. Netter Laden mit unterschiedlichen Fahrradgrößen und -typen. Citybike ab 800 ¥/Tag (mit Kindersitz 1200 ¥, mit Elektro-Antrieb 1800 ¥), MTB, Cross, Road Bike 1600 ¥. Kleine Geschenke beleben das Geschäft: Flasche Wasser im Frühling, Salzbonbons gegen Hitze im Sommer oder Handschuhe im Winter. Gegenüber dem Haupteingang zum Tempel Higashi-Hongan-ji auf der Karasuma-dōri. Praktisch für Zugreisende, da nahe Bahnhof Kyōto. ⏰ tgl. 8.30–19 Uhr.

Feste

Hier die wichtigsten und beliebtesten:
Kemari-hajime, 4. Jan: traditionelles Ballspiel des Kaiserhofs, Shimogamo-jinja
Tōshiya / Ōmato-taikai am Sonntag, der dem 15. Jan am nächsten liegt: Bogenschießen, Sanjūsangen-dō
Setsubun, 2.–4. Feb: Frühlingsbeginn, bei verschiedenen Tempeln und Schreinen
Miyako-odori, April: *Maiko*-Tänze im Gion Kōbu Kaburen-jō
Mibu-Kyōgen, 21.–29. April: traditionelles Possenspiel, Mibu-dera
Yabusame, 3. Mai: Reiterspiel, Shimogamo-jinja
Kurabe-uma, 5. Mai: Pferderennen, Kamigamo-jinja
Aoi Matsuri, 15. Mai: Stockrosenfest, Shimogamo- und Kamigamo-jinja
Mifune Matsuri, 3. So im Mai: „Drei-Boote-Fest", Bootsprozession auf dem Ōigawa in Arashiyama, erinnert an die Ausflugsfahrten des kaiserlichen Hofs.
Gion Matsuri, 17. Juli: Parade, Yasaka-jinja und Innenstadt, S. 388
Jidai Matsuri, 22. Okt: historischer Umzug vom Kaiserpalast zum Heian-Schrein, in dem die verschiedenen Epochen Japans vorgestellt werden.

Kurama-no-hi-matsuri, 22. Okt: Feuerfest, Yuki-jinja in Kurama (S. 413)
Arashiyama Momiji Matsuri, 2. So im Nov: Herbstfest, Arashiyama

Führungen

Johnnie Hillwalker's Johnnie Kyoto Walking mit Hirooka Hajime, ☎ 075-622-6803 (zu Hause) oder 090-1890-0096 (mobil), 🖥 web.kyoto-inet.or.jp/people/h-s-love. Geführter Rundgang mit Hirooka Hajime alias „Johnnie Hillwalker" unter dem Motto „Walk in Kyoto, talk in English". Unzählige Touristen hat der „one of the best tour guides in Japan" laut Eigenwerbung seit 1996 durch Kyōto geführt. Rundgänge von März bis Nov, jeden Mo, Mi und Fr ab 10.15 Uhr vom Hauptbahnhof (Haupteingang auf der Karasuma-Seite, zwischen Taxistand und Busterminal). Anmeldung nicht erforderlich. 5-stündiger Rundgang für 2000 ¥ p. P.

€ **Kyōto Zigzag**, ✉ oideyasukyotozigzag@yahoo.co.jp, 🖥 www.zigzagkyoto.jp. Themen-Rundgänge für ausländische Besucher auf Englisch einige Male im Jahr. Kostenlos oder nur geringe Kosten sowie Transportkosten, entsprechend den aufgesuchten Sehenswürdigkeiten.

WaRaiDo Guide Networks, Anmeldung und Info unter 🖥 www.waraido.com, Facebook: WaRaiDo Guide Networks Co., Ltd., bietet unterschiedliche Touren an: Tagestour, hin und wieder durchgeführt von Johnnie Hillwalker (2000 ¥); Nachttour (1000 ¥). Führung inkl. Party/Dinner mit *geiko*/*maiko* und Abendessen (z. B. für 2–3 Personen 29 000 ¥ p. P., über 10 Personen je 12 000 ¥).

Geld

Citibank Kyōto, Shijō, Ecke Karasuma, Südwest-Ecke, ☎ 075-212-5387. Für Citibank-Kunden (in Deutschland „Targobank") die eleganteste Lösung: Abheben mit der Kundenkarte. ⏰ Mo–Fr 9–15 Uhr, Geldautomat 24 Std.
World Currency Shop, Wechselstube im Hauptbahnhof, Isetan-Kaufhaus, 8F., ☎ 075-365-7750, ⏰ Mo–Fr 11–17 Uhr.
Bank of Tōkyō-Mitsubishi UFJ, Shijō, Ecke Karasuma, Süd-Ost-Ecke, ☎ 075-229-8531, hat

KANSAI

einen Schalter für „Foreign Currency". ⊕ Mo–
Fr 9–16 Uhr.
Japan Post Bank Kyōto, Karasuma Shiokōji,
direkt an der Westseite vom Kyōto Hbf., beim
Bus Terminal, ℡ 075-365-2511. ⊕ Mo–Fr
9–18 Uhr.

Informationen

KyōtoTourist Information Center „Kyōnavi",
Kyōto Station Bldg. 2F, westlich im Nord-Süd-
Durchgang, ℡ 075-343-0548. WLAN umsonst,
Internet-PC gegen Gebühr. ⊕ tgl. 8.30–19 Uhr.
Kyōto Machinaka Traffic Tourist Information,
von Shijō-Kawaramachi nördlich ca. 2 Min.,
Westseite. Sehr kleines und oft mit Touristen
überfülltes Informationsbüro. Außer Informa-
tionen über Kyōto gibt es auch die Rabatt-
Tageskarten für die städtischen Verkehrsmittel
sowie Karten für die Kyōto Night Cruise Bus
Tour. ⊕ Mi–Mo 10–18 Uhr.
Kyōto East SGG Club, im Erdgeschoss des JR-
Bahnhofs Kyōto, Shinkansen-Ausgang Hachijō-
guchi, 🖥 www.eonet.ne.jp/~kyotosgg, vermittelt ehrenamtliche Helfer für ausländische
Touristen. ⊕ tgl. 10–16 Uhr.
**Kyōto International Community House / Kyōto
City International Foundation**, Sakyō-ku,
Awataguchi, Torii-chō 2-1, ℡ 075-752-3510,
🖥 www.kcif.or.jp/en. Infos aller Art, fremd-
sprachige Zeitungen und Magazine, Info-
boards, Internet, Anmeldungen zum Home-
Visit-Programm (japanische Familien gewähren
ausländischen Touristen Einblick in ihr Zuhause). Bushaltestelle Kyōto Kaikan Bijutsukan-
mae oder U-Bahnhof Keage der Tōzai-Linie.
⊕ Di–So 9–21 Uhr.
Kyōto Prefectural International Center, Hauptbahnhof Nord-Süd-Durchgang, vom südlichen
Aufzug des Isetan-Kaufhauses hoch in den
9. Stock, ℡ 075-342-5000. Internet, Message-
board, Infos für die Anwohner und zum internationalen Austausch. ⊕ tgl. 10–18 Uhr, 2. und
4. Di geschlossen (Mo Auskunft auf Englisch
unter ℡ 075-342-0088, 13–17 Uhr).
Greentour / c.coquet, Nakagyō-ku, Takakura-
dōri, Marutamachi-nantō-kado, Sakamoto-chō
686, Marutaka Bldg. 2F, Zimmer 202, ℡ 075-
212-0882, 🖥 www.greentour-kyoto.net. Laden
für Wanderungen (zusammen mit kleiner

Sprachschule) in und besonders um Kyōto, mit
gutem, selbst erstelltem Kartenmaterial *Kyoto
Trail Guide Maps – Maps for Hiking* für 300–
500 ¥. ⊕ Mo–Sa 11–19 Uhr. Von Karasuma-
Marutamachi nach Osten bis zur Ecke der
4. Seitenstraße laufen, direkt unterhalb des
Kaiserpalasts.
In Kyōto finden sich einige Magazine und
kostenlose Broschüren in englischer Sprache,
die in Cafés, Bars, Unterkünften, Touristeninformationen und auch im Internet ausliegen.
Kyoto Visitor's Guide, großformatiges Monats-
heft des Tourismusbüros mit aktuellen Infos,
🖥 www.kyotoguide.com.

Kyoto Journal, 🖥 kyotojournal.org,
„präsentiert Einblicke in die Kultur
Kyōtos, Japans und Asiens" und kombiniert seit
seiner ersten Ausgabe im Jahr 1987 erfolgreich
hochqualitativen Journalismus mit verblüffen-
dem Design und feinster Fotografie. Alle Mitarbeiter – auch der Herausgeber John Einarsen –
arbeiten auf ehrenamtlicher Basis. Der Verkauf
des unabhängigen Magazins ist nicht auf
Gewinn ausgerichtet. Seit 2011 sind nur noch
vereinzelte Druckausgaben erhältlich,
ansonsten 4x jährlich Heft im Internet.

Internet

Man findet die **WLAN-Zonen** unter
🖥 kanko.city.kyoto.lg.jp/wifi/en.
Kyōto Prefectural International Center im
Hauptbahnhof (siehe „Informationen"). Internet
für 100 ¥/15 Min., Drucken DIN A4 Schwarzweiß
10 ¥/Blatt.

Medizinische Hilfe

**AMDA International Medical Information
Center / Kansai**, ℡ 06-4395-0555, 🖥 eng.
amda-imic.com/index.php. AMDA bietet einen
telefonischen Informationsservice auf Englisch
bzw. vermittelt medizinische Einrichtungen, in
denen die Sprache des Hilfe suchenden
Anrufers gesprochen wird. ⊕ Mo–Fr 9–17 Uhr.
Kyōto City International Foundation (siehe
„Informationen") hat u. a. eine Liste von
Krankenhäusern und Zahnärzten mit Englisch-
oder auch Deutschkenntnissen.
Universitätsklinik Kyōto, übersichtliche
englischsprachige Website, 🖥 www.kuhp.

KANSAI

kyoto-u.ac.jp/english/index.html, Sakyō-ku, Shōgoinkawara-chō 54, ☎ 075-751-3111. Das wohl renommierteste Krankenhaus der Stadt. ⏲ tgl. außer Sa–So und feiertags 8.30–11 Uhr.

Post

Es gibt drei große Postämter, die auch an den Wochenenden geöffnet haben: Die **Hauptpost** befindet sich, wenn man den Hauptbahnhof Richtung Norden auf der vorderen Karasuma-Seite verlässt, direkt auf der linken Seite. Filiale im 7. Stock des Kaufhauses **Takashimaya** an der Südwest-Ecke der Straßen Shijō und Kawaramachi. **Nakagyō-Postamt** an der Nordost-Ecke der beiden Straßen Sanjō und Higashino-tōin.

NAHVERKEHR

Stadtbusse

Der **City Bus** von Kyōto hat eine leicht grüne Tönung und rundherum eine dicke dunkelgrüne Linie. Fahrgäste besteigen ihn im hinteren Bereich und verlassen ihn vorn beim Fahrer, wo sie auch den Fahrpreis (Strecke im Stadtgebiet 230 ¥) entrichten. Der **Kyōto Bus**, der über den Stadtbereich hinaus fährt, ist mit weinroten Linien gekennzeichnet. Hier zieht man beim Einsteigen ein Ticket mit einer aufgedruckten Nummer *(seiri-ken)*. An einer im vorderen Bereich des Busses angebrachten elektronischen Anzeige erscheint hinter der Nummer der von der Distanz abhängige – passend – zu bezahlende Fahrpreis, der beim Verlassen des Busses vorne beim Fahrer entrichtet wird.

U-Bahn, S-Bahn, Eisenbahn

Kyōto hat nur zwei U-Bahn-Linien: die Karasuma- (Nord-Süd-Verbindung) und die Tōzai-Linie (Ost-West-Verbindung). Die Ansagen erfolgen auch auf Englisch. Daneben gibt es noch 5 private Eisenbahnlinien, die auch für das Stadtgebiet genutzt werden können: JR (West Japan Railways), Hankyū, Keihan, Keifuku und Eizan.

Tageskarten

Im Zuge einer „Reform" der Bustarife gibt es die seit 2014 gültige **Kyōto City Bus & Kyōto Bus One Day Card**. Sie kostet 500 ¥ und gilt für alle Busse (City Bus und Kyōto Bus) im zentralen Stadtgebiet sowie für die Außenbezirke Arashiyama und Sagano.

Die **Kyōto Sightseeing Card** für 1200 ¥ (1 Tag) bzw. 2000 ¥ (2 Tage) berechtigt zur Fahrt in allen Kyōto City-Bussen, (fast) allen Kyōto-Bussen und den beiden U-Bahn-Linien der Stadt. Wer nur mit der U-Bahn fahren möchte, kann dies für 600 ¥ am Tag mit der **Kyōto Subway One Day Card** tun. Die Tagestickets gibt es in bestimmten Hotels und in den Info-Zentren der Busse und U-Bahnen direkt an den meisten Stationen und Bahnhöfen, 🖥 www.city.kyoto.lg.jp/kotsu.

Prepaid IC Cards

Die in Kyōto erhältliche Prepaid **IC Card Icoca** (1000 ¥) kann man an allen Fahrkartenautomaten in den JR-Bahnhöfen kaufen. Außer für Busse in Kyōto und die Züge der Eizan-Linie kann die Karte für alle öffentlichen Transportmittel (U-Bahn, JR- und Privatbahnen) in und um Kyōto und in vielen anderen Städten Japans verwendet werden. Umgekehrt gelten momentan auch acht auswärtige IC Cards in Kyōto: Suica, Pasmo, Kitaca, Toica, Manaca, Sugoca, Nimoca und Hayakaken.

Die **Surutto Kansai Area Card** im Wert von 1000/2000/3000/5000 ¥ gilt für alle Busse (Kyōto Bus und Kyōto City Bus), das U-Bahnnetz Kyōtos sowie die Züge von Hankyū, Keihan, Eizan und Keifuku, aber nicht für die JR-Linie! Die entstandenen Fahrtkosten werden nach der Fahrt automatisch vom auf der Karte befindlichen Betrag abgezogen.

Die **Traffica Kyōto Card** für 1000 ¥ (= 1100 ¥) und 3000 ¥ (= 3300 ¥) berechtigt zur Nutzung von U-Bahn und Kyōto City Bus.

TRANSPORT

Busse

Fernbusse von TŌKYŌ nach Kyōto (und weiter nach Ōsaka) benötigen 7–8 Std. und verkehren am Tag wie in der Nacht. Es gibt für diese populäre Strecke einige konkurrierende Unternehmen und daher auch das eine oder andere Schnäppchen. **Willer Express**, 🖥 willerexpress.com/en, startet z. B. ab 3800 ¥. Der Terminal befindet sich auf der hinteren Seite des JR-Bahnhofs Kyōto, am Ausgang

Hachijō-guchi. **JR-Highway-Busse** (ab 5400 ¥ bis Tōkyō) hingegen starten von der Vorderseite (Karasuma-Ausgang) des Hauptbahnhofs.

Eisenbahn

Die Voucher für den **JR Rail Pass** können in einem JR-Reisezentrum eingelöst werden: Nach der Ankunft in Japan direkt im JR-Bahnhof des Internationalen Flughafens Kansai oder bei Ankunft in Kyōto im zentralen Eingangsbereich des JR-Bahnhofs Kyōto. ⊕ tgl. 5.30–23 Uhr.
AMANOHASHIDATE, mit Limited Express 2 Std., 3880 ¥, Näheres S. 416
HIKONE, mit JR-Eilzug (Rapid) 50 Min., 1140 ¥
KANAZAWA, mit dem JR-Zug *Sunderbird* 2–2 1/2 Std., 6380 ¥
NAGOYA, mit dem Shinkansen 40–50 Min., 5070 ¥
NARA, mit JR-Eilzug 45 Min., 710 ¥
SHIN-KŌBE, mit Shinkansen 30 Min., 2810 ¥
SHIN-ŌSAKA, mit Shinkansen 14 Min., 1420 ¥
TŌKYŌ, mit Shinkansen 2 1/4 *(Nozomi)* bzw. 2 3/4 Std. *(Hikari),* 13 080 ¥ (eine Rückfahrkarte kostet fast so viel wie ein JR Rail Pass für eine Woche!). 4 Std. dauert die Fahrt mit dem *Puratto Kodama Economy Plan* (mit Sitzreservierung im *Kodama* und einem freien Getränk) für 10 100–11 400 ¥ – das Ticket muss mindestens einen Tag vor Abreise gekauft werden.
UJI, mit JR Nara-Linie 18–30 Min., 240 ¥
Mit dem Expresszug der **Hankyū-Bahn** von Kyōto (Kawaramachi) nach ŌSAKA (Umeda) 3/4 Std., 400 ¥.
Mit dem Expresszug der **Keihan-Bahn** von Kyōto (Sanjō) nach ŌSAKA (Yodoyabashi) 52 Min., 410 ¥.

Flüge

Verbindung zum **Internationalen Flughafen Kansai (KIX)** in Ōsaka (S. 448) per Bus (Ōsaka Airport Limousine) etwa 20x tgl. vom Terminal am Ausgang Hachijō-guchi des Hauptbahnhofs in 1 3/4 Std., 2500 ¥ (Rückfahrticket 4000 ¥). Mit dem JR-Expresszug *Haruka* 2x stdl. in 1 1/4 Std. (2850 ¥ ohne bzw. 3370 ¥ mit Platzreservierung).

Die Umgebung von Kyōto

Trotz der Fülle an sehenswerten Orten in Kyōto selbst gibt es auch in der Umgebung der Stadt noch zahlreiche interessante Plätze und genügend Rückzugsgebiete. Zeugnisse vergangener Zeiten finden sich besonders in der Berglandschaft im Norden, in den beiden Dörfern **Kurama** und **Ōhara**. Wer ein Naturereignis erleben möchte, fährt weiter in die nördlichste Gegend der Präfektur Kyōto bis nach **Amanohashidate** zum Nihonkai – so heißt das „Japanische Meer" in Japan (aber „Ostmeer" beim Nachbarn Korea).

An den Osten und Nordosten von Kyōto, jenseits der Higashiyama-Berge, grenzt die kleine Präfektur Shiga. Einen großen Teil von Shiga nimmt der **Biwa-ko**, Japans größter Binnensee (674 km²), ein. Am südlichen Ufer des Sees liegt die Präfekturhauptstadt Ōtsu, im 7. Jh. für einige Jahre Kaisersitz und damit Hauptstadt Japans. Im Osten des Biwa-ko schließen sich historisch wichtige Landstriche, wie Kusatsu, Maibara, Nagahama und **Hikone** an. Der See und sein Umland bilden heute den Biwa-See-Quasi-Nationalpark.

Kurama 鞍馬

Der nach der Gründung Kyōtos im 8. Jh. erbaute Kurama-dera diente zum Schutz der Kaiserstadt. Der Tempel war damals weitläufiger, fiel aber immer wieder Feuersbrünsten zum Opfer. Im 12. Jh. floh der jugendliche Minamoto Yoshitsune vor seinem älteren Bruder Minamoto Yoritomo, dem ersten Shōgun in Kamakura, in dieses abgeschiedene und dicht bewaldete Tal – ein langnasiger Kobold *(tengu)* soll ihn hier, zumindest der Legende nach, die Kunst des Kampfes gelehrt haben. Auch heute noch schätzen die Besucher von Kurama die Abgeschiedenheit des kleinen Dorfes und entspannen sich im berühmten Freiluft-Thermalbad **Kurama Onsen**, wo man auch einkehren und übernachten kann, ☏ 075-741-2131, ⊕ tgl. 10–21 Uhr,

1000 ¥, Badetuch 400 ¥. 10 Min. zu Fuß vom Bahnhof Kurama, der Endstation der Eizan-Bahn.

Man kann das Thermalbad aber auch rechts und die Souvenirläden links liegen lassen und den **Kurama-yama** erklimmen (oder sich von der Seilbahn ein Stück nach oben fahren lassen). Auf dem Gipfel steht der alte **Kurama-Tempel**, ⏰ tgl. 9–16.30 Uhr (Juni–Aug 9–17 Uhr), Eintritt 200 ¥. Vom Vorplatz des Kurama-dera aus lässt sich die umliegende mystische Berglandschaft betrachten. Nimmermüde laufen danach einfach weiter nach oben, auf einem für seine freiliegenden Zedernwurzeln bekannten Wanderweg, bis hinüber ins Tal des Nachbardorfes Kibune. Der stramme Spaziergang dauert etwa eine Dreiviertelstunde. Man muss sehr aufpassen, wo man hintritt, da der Weg durch die Wurzeln oft tückisch uneben ist.

Das kleine Dorf **Kibune** besteht zum größten Teil aus Restaurants, einigen Ryokan und dem Kibune- oder Kifune-Schrein, wo der Gott des Wassers verehrt wird (Wasserfest am 7. Juli), ⏰ tgl. 6–20 Uhr (Dez–April 6–18 Uhr), Glücksbringerverkauf 9–16.30 Uhr, Eintritt frei. In den warmen Monaten werden über dem kalten Kibune-Strom Holzgestelle befestigt, auf deren Plattformen es sich gut rasten, essen und trinken lässt. Vom Kibune-Schrein aus läuft man 20 Min. entlang der Straße bis zum Bahnhof Kibuneguchi der Eizan-Linie, um von hier aus zurück in die Stadt zu gelangen.

Eizan-Kurama-Linie von Demachiyanagi (neben der Endstation der aus Ōsaka kommenden Keihan-Linie) bis zur Endstation Kurama in 30 Min. (420 ¥).

Ōhara 大原

Etwa 10 km nördlich von Kyōto entfernt liegt Ōhara, ein in scheinbar unberührte Natur eingebettetes, gemütliches Kleinstädtchen, das Schätze von großer kulturhistorischer Bedeutung birgt. Im idyllischen **Sanzen-in**, einem Tempel der Tendai-Schule aus dem 12. Jh., sitzt ein aus Holz geschnitzter goldlackierter Buddha. Dieser Amida-Figur gebührt die Hauptverehrung des Tempels. Der zu großen Teilen mit Moos bewachsene Garten ist von alten Zedern umgeben und hinterlässt bei Besuchern, besonders während der Regenzeit im Juni, in der Regel einen bleibenden Eindruck. ⏰ tgl. März–Nov 8.30–17.30, Dez–Feb bis 16.30 Uhr, 700 ¥. 15 Min. zu Fuß vom Busbahnhof.

Nur ein paar Minuten zu Fuß vom Sanzen-in entfernt liegt **Jakkō-in**, ein Kloster, das bereits 594 gegründet worden sein soll. Die tief verbitterte Kaiserin Taira no Tokuko zog sich Ende des 12. Jhs. hierher als Nonne zurück – ihre gesamte Familie, auch ihr Sohn, Kindkaiser Antoku, waren während der entscheidenden Seeschlacht von Shimonoseki zwischen den beiden Clans der Minamoto und Taira ums Leben gekommen. Der Tempel fiel im Jahre 2000 einer Brandstiftung zum Opfer. Der Täter konnte bis heute nicht ausfindig gemacht werden. 2005 wurde die Halle wieder aufgebaut. ⏰ tgl. 9–17 Uhr (Dez–Feb 9–16 Uhr), 600 ¥. Vom JR-Bahnhof Kyōto direkt mit Kyōto-Bus 17 (Abfahrt jede 20 Min.) bis Ōhara in 1 Std. (600 ¥).

Miho Museum ミホミュージアム

Das Miho Museum, 📞 0748-82-3411, 🖥 www.miho.or.jp/english/index.htm, zählt zu den modernen architektonischen Highlights in Kansai. Das von I. M. Pei fertiggestellte Meisterstück liegt tief in den Bergen der Präfektur Shiga, im Nordosten von Kyōto, nahe der Töpfer-

Amanohashidate wird auch die „grüne Brücke zum Himmel" genannt.

gemeinde Shigaraki. Es entsprach schon immer japanischer Tradition, Gebäude im Einklang mit der Natur zu bauen. Diese Denkweise und strenge Umweltauflagen ließen Pei den Gebäudekomplex zu drei Viertel in den bewaldeten Berg hinein bauen. Auf dem Weg vom Eingangsbereich bis zum Museum selbst laufen die Besucher (oder fahren mit leichten Elektrofahrzeugen) durch einen Tunnel, dessen Metallwände durch Kunst- und Naturlicht eine mystische Spannung schaffen. Anschließend wird eine Hängebrücke betreten, die eine tiefe Schlucht überspannt und zur Treppe der Ausstellungshalle führt. Die unterirdischen, durch Glasdächer erhellten Hallen zeigen westliche und asiatische Antiquitäten aus der privaten Kollektion von Koyama Mihoko, einer der zu Lebzeiten reichsten Frauen Japans, Erbin eines Textilunternehmens und Gründerin von Shinji Shūmeikai, einer religiösen Bewegung mit weltweit über 300 000 Mitgliedern.

Für die Reise zu diesem wundersamen Ort sollte man sich Zeit nehmen, um die Anreise, den Lauf zum Museum und die meditative Ruhe und Harmonie der Hallen genießen zu können. ⊕ Di–So 10–17 Uhr (Jahresöffnungszeiten variieren, siehe Webseite), Eintritt 1100 ¥. Sonderausstellungen mehrmals im Jahr. Vom JR-Bahnhof Kyōto mit der JR-Biwako-Linie in Richtung Nagahama oder Maibara in knapp 15 Min. bis zum Bahnhof Ishiyama. Am Bahnhof Ishiyama vom Busbahnhof am East Square, Haltestelle Nr. 3, mit dem Teisan-Bus Nr. 150 in etwa 50 Min. (820 ¥) bis zum Miho Museum. Der Bus verkehrt nicht im Winter.

Amanohashidate 天橋立

Amanohashidate („Himmelsbrücke") ist eine 3,6 km lange Sandbank ganz im Norden der Präfektur Kyōto, auf der Tangō-Halbinsel am Japanischen Meer, und zugleich der Name des Ortes am südlichen Ende dieses Naturwunders. Die kiefernbestandene Nehrung, manche nennen sie auch „grüne Brücke zum Himmel", trennt ein Stück Meer von der Miyazu-Bucht ab und bildet so die Lagune Aso-kai. Amanohashidate trägt seit dem 17. Jh. gemeinsam mit Miyajima (S. 471)

und Matsushima (S. 239) das Qualitätssiegel der „drei schönsten Landschaften Japans" (Nihon sankei) und ist für viele Japaner ein sehr beliebtes Reiseziel.

Im Bahnhof hängen Wegbeschreibungen und Landkarten aus. Die besten **Aussichtspunkte**, um das interessante Zusammenspiel von Land, Meer und Himmel zu erleben, befinden sich auf dem Berg Monjū hinter dem und oberhalb des Bahnhofs (Sessellift/Monorail hoch zum Vergnügungspark „View Land", hin und zurück 850 ¥) und nördlich der Sandbank im Kasamatsu-Park auf dem Berg Nariai (Seilbahn hin und zurück 640 ¥). Von beiden Standorten können die Betrachter, so behaupten Kenner, wenn sie sich mit dem Rücken zur Bucht hinstellen, sich nach vorne bücken und durch die gespreizten Beine auf die Nehrung blicken, den optischen Eindruck gewinnen, dass die Sandbank zwischen Himmel und Erde schwebt. Bei schönem Wetter bildet der weiße Sand einen beeindruckenden Farbkontrast zum dunkelblauen Meer und den grünen Kiefern.

Viele Besucher erkunden die Sandbank und ihren weißen Strand zu Fuß (etwa eine Stunde vom Bahnhof im Süden bis zur Seilbahnstation im Norden) oder per Rad oder fahren im Boot an ihr entlang. Es empfiehlt sich, die Strecke rüber zu laufen oder zu radeln und dann auf einem der Schnellboote zurück zu fahren. Am südlichen Ende der Sandbank, nahe dem Bahnhof, steht der **Chion-ji**, ein Tempel der Shingon-Schule und eine der 33 Pilgerstätten Westjapans. Auf dem Gelände befindet sich auch eine kleine zweistöckige *tahoto*, eine Art von Pagode, die dem indischen Stupa sehr ähnlich ist. Wer hier am Meer übernachten möchte, findet nördlich der Nehrung eine gute Jugendherberge.

ÜBERNACHTUNG UND ESSEN

Amanohashidate Youth Hostel, Miyazu-shi, Nakano 905, ✆ 0772-27-0121, 🖥 www.hashidate-yh.jp/english.html. Die Herberge liegt nördlich der Nehrung an einem Hang, etwas außer- u. oberhalb des Ortes. Von der JH weiter Blick über die Miyazu-Bucht. Saubere und helle JH mit guter Atmosphäre und nettem Herbergsvater. Check-in 16–22 Uhr, Check-out bis 10 Uhr. 3050 ¥ p. P., Frühstück 620 ¥, Dinner 980 ¥. Vom Bahnhof Amanohashidate laufen oder mit dem Boot bis zur Anlegestelle Ichino-miya oder mit dem Bus bis Jinja-mae. Rechts des Schreins führt eine Straße in Richtung Norden, die läuft man bis zum Ende (Sackgasse) und biegt nach rechts ab, geht dann über eine kleine Brücke und erreicht linker Hand ein steinernes Torii. Hier links halten und noch mal etwa 200 m den Berg nach oben laufen.

An der Südspitze, in der Nähe des Bahnhofs Amanoshashidate, gibt es einige gemütliche und preisgünstige **Restaurants und Nudellokale**.

NAHVERKEHR

Busse

Vom Bahnhof Amanohashidate fahren **Tankai-Busse** zum Norden der Sandbank. Der Bus benötigt 25 Min., da er um die gesamte Lagune herumfahren muss (510 ¥). Von der Bushalte-stelle Jinja-mae sind es nur wenige Meter bis zur Seilbahnstation, von wo aus man hoch zum Berg Nariai fahren oder laufen kann.

Fahrradverleih

Hashidate Ringyō vermietet neben dem Bahnhof Fahrräder von 6 Uhr bis Sonnen-untergang für stolze 500 ¥ für die ersten beiden Stunden (danach ab 150 ¥/30 Min.). Auch auf der Sandbank oder in einigen Läden kann man sich noch für ein Fahrrad entscheiden.

Schiffe

Eine Fahrt von der Bahnhofsseite ab dem Miyazu-Pier (8.20–16.40 Uhr, etwa alle 15 Min.) entlang der Nehrung bis zum nördlichen Landungssteg Ichinomiya dauert 12 Min. und kostet einfach 830 ¥ (vom Amanohashidate-Pier neben dem Chion-ji 530 ¥).

TRANSPORT

Der **Tango Explorer**, ein Limited Express, fährt von KYŌTO direkt nach Amanohashidate, knapp 2 Std., 4380 ¥, von ŌSAKA direkt oder mit umsteigen in Fukuchiyama für 5240 ¥. Für JR-Railpass-Benutzer verläuft diese Reise aus Kyōto leider nicht ganz kostenfrei, da der Zug zwar bis Amanohashidate durchfährt, aber ab Fukuchiyama zur Kita-Kinki-Tango Railways mutiert, sodass die 35 km lange Reststrecke bis Amanohashidate bezahlt werden muss (1380 ¥).

Von Fukuchiyama aus gibt es langsamere Züge, die nur 770 ¥ kosten.

Alternativ dazu fahren **Tanka-Busse** aus Kyōto (Karasuma-Busterminal am Hbf.) für 2800 ¥ in 2 1/2 Std. bis Amanoshashidate (Bahnhof).

Hikone 彦根

Die Gegend um die etwas verschlafene Klein-stadt Hikone, während der Edo-Zeit Poststation auf der Überlandstraße Nakasendō, war schon immer berühmt für ihre Landwirtschaft, die auch den Kaiserhof vor über tausend Jahren mit Reis versorgte. Hikone ist heute das regionale Indus-trie- und Transportzentrum und gleichzeitig ein gern und während der Kirschblüte sehr gut be-suchter Ort. Hikones einzige Sehenswürdig-keit ist zugleich das Wahrzeichen der Stadt: die 1622 vollendete Burg **Hikone-jō**, einstige Resi-denz der Familie Ii. Von der obersten Etage des Hauptturms hat man eine herrliche Aussicht auf das Umland und den Biwa-See. Hikone-jō zählt heute zu den wenigen noch fast vollständig er-haltenen Burgen des Landes. Zur Anlage gehört ferner der am Fuß der Burg gelegene Konki-Park und der durch seine chinesischen Einflüsse interessante Garten **Genkyū-en** mit Teehaus (für 500 ¥ kann man hier bei einer Tasse *matcha*-Tee gut entspannen). Der Weg von der Burg hinun-ter zum Garten sollte besser erfragt werden. ◷ tgl. 8.30–17.30 Uhr, Einlass bis 17 Uhr, 600 ¥ (Burg inkl. Garten), 1000 ¥ (Burg, Garten und Mu-seum). Bei der Ankunft in Hikone kann man sich am Westausgang des Bahnhofs bei der dorti-gen **Touristeninformation**, ✆ 0749-22-954, einen sehr hilfreichen englischsprachigen Stadtplan geben lassen. ◷ tgl. 9–17 Uhr. Beim Verlassen des Bahnhofs einfach die Hauptstraße etwa 1 km gen Westen laufen. Die Burganlage ist dann bald nicht mehr zu übersehen.

TRANSPORT

Vom JR-Bahnhof KYŌTO mit dem „neuen Express" *(shinkaisoku)* der JR-Tōkaidō-Linie in knapp einer Stunde bis Hikone (1140 ¥), von ŌSAKA 80–90 Min. (1940 ¥). Besitzer des JR-Rail-Passes können auch mit dem Shinkansen bis Maibara (22 Min.) düsen und von dort mit

KANSAI

der JR-Tōkaidō-Linie eine Station bis Hikone zurückfahren (5 Min.).

Uji 宇治

Die landschaftlich schön gelegene Stadt Uji entwickelte sich bereits während der Heian-Zeit (794–1192) zu einem beliebten Ausflugsziel des Adels. Der Tempel **Byōdo-in**, damals noch eine feudale Villa der mächtigen Fujiwara-Familie, zeugt ebenso von dieser Zeit wie Murasaki Shikibus Roman *Die Geschichte vom Prinzen Genji*, dessen Liebesabenteuer in den letzten Kapiteln des Buches nach Uji versetzt wurden. Die **Phönixhalle** des Byōdo-in ist das einzige originale Gebäude der Anlage (1053). Sie erinnert aus der Vorderansicht an die ausgebreiteten Schwingen eines Phönix. An den beiden Giebelenden des elegant geschwungenen Daches stehen zwei Phönix-Statuen. Da das alte Holzgebäude eine wunderschöne und berühmte Amida-Statue beherbergt, wird es auch „Amida-Halle" genannt. 1994 von der Unesco als Weltkulturerbe gelistet, ist die Halle auf der japanischen 10-Yen-Münze und ein Phönix auf der Rückseite des 10 000-Yen-Scheins verewigt. ⊙ tgl. 8.30–17.30 Uhr (Museum 9–17 Uhr), 600 ¥, Phönixhalle Eintritt ab 9.30 Uhr, alle 20 Min. (max. 50 Besucher), 300 ¥ extra. Eine gute Gelegenheit, die Amida-Figur und die sie umgebenden musizierenden Himmelwesen aus der Nähe zu betrachten. Erklärungen nur auf Japanisch, Fotografierverbot.

Auf der anderen Seite des Uji-Flusses befindet sich ein weiterer als Weltkulturgut ausgewiesener Ort – der einst als Schutz-Schrein für den Byōdo-in erbaute **Ujigami-jinja**, das vermutlich älteste im Original erhaltene Shintō-Heiligtum (ca. 1060) Japans. Eine sehr bescheiden gehaltene Anlage, die es sich trotzdem zu besuchen lohnt. Vom Byōdo-in aus muss man nur auf der nahe gelegenen Brücke den Uji-Fluss überqueren und rund zehn Minuten laufen, um den ausgeschilderten uralten Schrein zu erreichen (Eintritt frei).

In Uji wird seit Jahrhunderten **Tee** angebaut und produziert, und zwar in einer solch hohen Qualität, dass sich während der Edo-Zeit (1603–1867) sowohl der Kaiser als auch der Shōgun diesen aus Uji liefern ließen. Noch heute genießt der Uji-Tee landesweit hohes Ansehen. In der Fußgängerzone, die zum Eingang des Byōdo-in führt, gibt es zahlreiche Tee- und Souvenirläden, in denen der Tee probiert und gekauft werden kann. JR-Nara-Linie vom JR-Bahnhof Kyōto bis Uji in ca. 30 Min. für 240 ¥.

Nara und Umgebung

11 **HIGHLIGHT**

Nara 奈良

Nara zählt wegen seiner alten und gut erhaltenen Heiligtümer zu den wichtigsten touristischen Zielen Japans. 370 000 Einwohner und jede Menge Besucher aus dem In- und Ausland feierten 2010 gemeinsam das 1300-jährige Bestehen der Stadt. Von 710 bis 784 war Nara unter dem Namen **Heijōkyō** Sitz des Kaiserhauses und die erste permanente Hauptstadt des Inselreiches. Zuvor war der Regierungssitz jedes Mal mit dem Tod des jeweiligen Herrschers – wegen kultischer Unreinheit – aufgegeben und an einen neuen Ort verlegt worden. Wie später auch Kyōto wurde Nara nach chinesischem städtebaulichem Vorbild auf einem schachbrettartigen Grundriss entworfen. Aus der Nara-Zeit lassen sich bis heute kunstgeschichtliche Zeugnisse von unschätzbarem Wert bestaunen.

Die nur einige Kilometer südwestlich von Nara gelegene Tempelanlage des **Hōryū-ji** soll

Unesco-Weltkulturerbe in Nara

1998 entschied die Unesco, folgende Stätten der Stadt Nara in die Liste des Weltkulturerbes aufzunehmen: Die buddhistischen Tempel Hōryū-ji, Tōdai-ji, Kōfuku-ji, Gangō-ji, Yakushi-ji, Tōshōdai-ji, den Shintō-Schrein Kasuga-taisha, die Ruine des Heijō-Palastes sowie den Kasugayama-Wald.

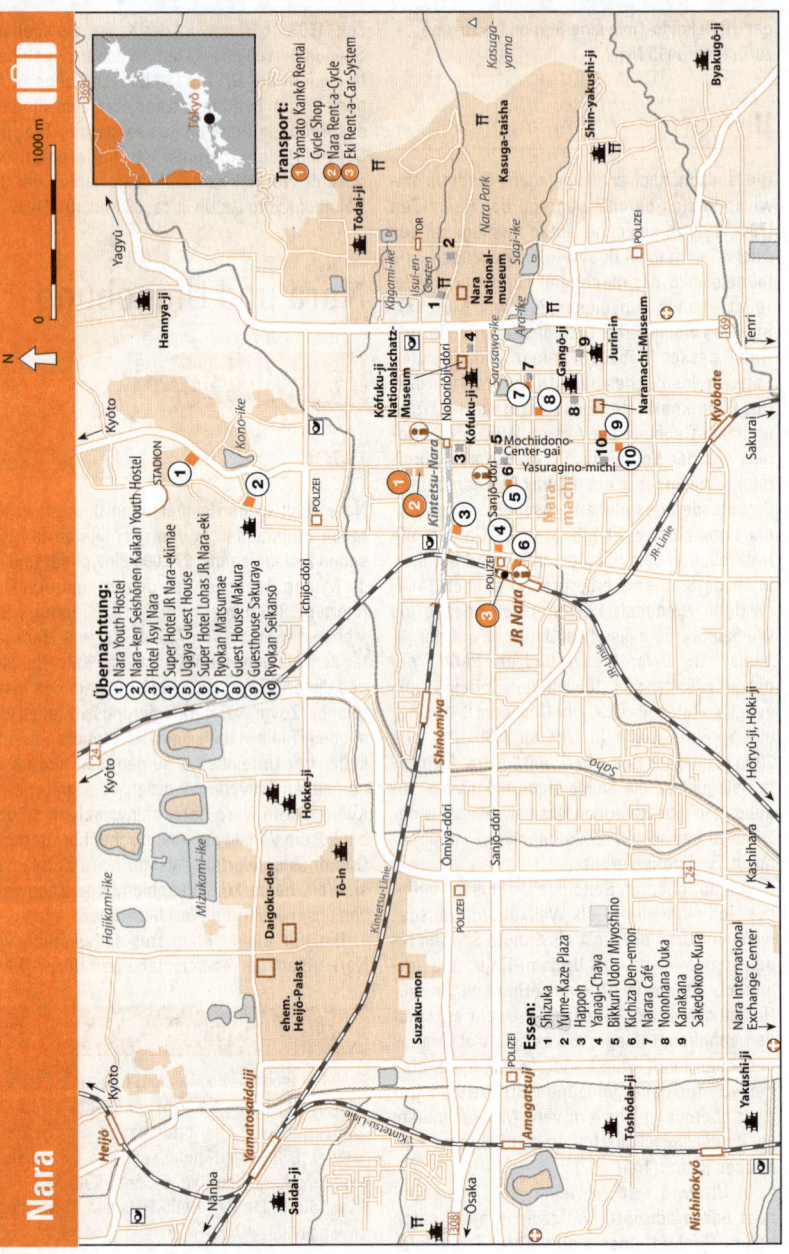

KANSAI

Nara

N

Kyōto

Yagyū

Kyōto

Kasuga-yama

Byakugō-ji

Shin-yakushi-ji

Kasuga-taisha

Tōdai-ji

Nara Park

Hannya-ji

Kono-ike

STADION

Kōfuku-ji Nationalschatz-Museum

Nara National-museum

Isui-en Garten

Kigami-ike

Saji-ike

Transport:
① Yamato Kankō Rental Cycle Shop
② Nara Rent-a-Cycle
③ Eki Rent-a-Car-System

TOR

Noborioji-dōri

Kōfuku-ji-dōri

Jurin-in

Naramachi-Museum

Gangō-ji

Ichijō-dōri

POLIZEI

Kintetsu-Nara

Sarusawa-ike

Ardie

Kyōbate

Tenri

Sakurai

Mochiidono-Center-gai

Yasuragino-michi

Nara-machi

JR-Linie

Sakurai

Übernachtung:
① Nara Youth Hostel
② Nara-ken Seishōnen Kaikan Youth Hostel
③ Hotel Asyl Nara
④ Super Hotel JR Nara-ekimae
⑤ Ugaya Guest House
⑥ Super Hotel Lohas JR Nara-eki
⑦ Ryokan Matsumae
⑧ Guest House Makura
⑨ Guesthouse Sakuraya
⑩ Ryokan Seikansō

Sanjō-dōri

JR Nara

POLIZEI

Shinōmiya

Kyōto

Nanba

Kyōto

Hokke-ji

Hajikami-ike

Mizukumi-ike

To-in

Daigoku-den

ehem. Heijō-Palast

Suzaku-mon

Omiya-dōri

Sanjō-dōri

Kashihara

Osaka

Essen:
1 Shizuka
2 Yume-Kaze Plaza
3 Happoh
4 Yanagi-Chaya
5 Bikkuri Udon Miyoshino
6 Kichiza Den-emon
7 Nara Café
8 Nonohana Ouka
9 Kanakana
10 Sakedokoro-Kura

Nara International Exchange Center

POLIZEI

Yamatosaidaiji

Heijō

Saidai-ji

Amagatsuji

Tōshōdai-ji

Yakushi-ji

Nishinokyō

Kintetsu-Linie

Hōryū-ji, Hōki-ji

Hōryū-ji, Hōki-ji

Saho

zu Teilen aus dem 6. Jh. stammen, aus der Zeit, in der der Buddhismus nach Japan gelangte. Einige der gegenwärtigen Gebäude und Hallen mussten im 12. und 16. Jh. wieder aufgebaut werden, nachdem die Stadt durch Kriegswirren und Großfeuer zu großen Teilen zerstört worden war. Es gibt eine weitere Gemeinsamkeit mit Kyōto: Auch Nara wurde während des 2. Weltkriegs nicht bombardiert. So können der gewaltige Holzbau des **Tōdai-ji**, der **Große Buddha**, der **Kōfuki-ji**, der alte Schrein **Kasuga-taisha** sowie einige Museen während eines gemütlichen Spaziergangs durch den **Nara-Park** besichtigt werden. Dabei lassen sich nebenbei die frei herumlaufenden Hirsche und Rehe beobachten, die nur darauf warten, gefüttert zu werden.

Besucher, denen mehr Zeit zur Verfügung steht oder die ihr Wissen über Nara vertiefen möchten, können die Ausgrabungsstätte des Heijō-Palastes (ca. 3 km südwestlich des JR-Bahnhofs) besuchen und einige Stationen weiter östlich zu einem weiteren wichtigen Tempelbezirk mit dem **Yakushi-ji** und **Tōshōdai-ji** fahren.

Nara-Park 奈良公園

Den ausgedehnten, 8 km² großen Park, der sich im östlichen Teil der Stadt zwischen den beiden Bergen Wakakusa-yama und Kasuga-yama erstreckt, teilen sich einheimische Spaziergänger, japanische und ausländische Touristen und über 1000 zahme Sika-Hirsche und Rehe – einer Überlieferung zufolge soll ein zum Schutz der neu gegründeten Stadt 710 aus Westjapan herbeigerufener Kriegsgott auf einem Hirsch erschienen sein. An kleinen Ständen werden „Reh-Kekse" *(shika-senbei)* für 150 ¥ verkauft, aber auch wenn sie lecker aussehen: Sie sind für das Wild bestimmt. Zwischen den Tempelanlagen des Kōfuku-ji und Tōdai-ji liegt das **Nara Nationalmuseum**, ☎ 0742-22-7771, 🖥 www. narahaku.go.jp/english/index_e.html. Es besteht seit 1889 und widmet sich heute ganz der frühen buddhistischen Kunst (Buddha-Statuen, Gemälde, archäologische Funde, Kalligraphien u. a.). 🕐 Di–So 9.30–17, Fr von Ende April bis Ende Okt 9.30–19 Uhr, Eintritt 520 ¥, 3. Feb, 5. und 18. Mai sowie 3. Mo im Sep frei (nur für ständige Samm-

lung). Ehrenamtliche Führungen zwischen 10–12 und 13–17 Uhr möglich. Von den Bahnhöfen JR-Nara und Kintetsu-Nara fahren Busse bis vor den Eingang des Museumsgeländes (Haltestelle Himoru Jina/Kokuritsu Hakubutsukan).

Kōfuku-ji 興福寺

Die Anlage des Kōfuku-ji liegt inmitten des Nara-Parks. Zu dem Zeitpunkt, als Nara Hauptstadt geworden war, wurde der bereits in Asuka als Umayasaka-dera existierende Tempel (7. Jh.) abgetragen und unter dem Namen Kōfuku-ji in Nara wieder aufgebaut. Dies war der Beginn einer langen und wechselhaften Geschichte des Tempels, der vom Clan der Taisha 1180 völlig zerstört wurde. Der Kōfuku-ji wurde von den mächtigen Fujiwara wieder aufgebaut. Er wurde danach sehr einflussreich und kontrollierte einige andere große Tempel. In jener Zeit umfasste das Gelände 175 Gebäude und Zehntausende Mönchssoldaten. Sowohl in der Kamakura- als auch der Muromachi-Zeit fungierte der Tempel im Auftrag des Shogunats als Schutztempel für die Provinz Yamato. Später, mit dem Beginn der Neuzeit und der Erhebung des Shintō zur Staatsreligion, konnte sich der dann vernachlässigte Tempel nur mit Mühe am Leben erhalten.

Die 50,10 m hohe, fünfstöckige **Pagode** des Kōfuku-ji (1426), die zweithöchste ihrer Art in Japan (nach der Pagode des Tō-ji in Kyōto), gilt als Symbol von Nara und ist bis heute ein herausragendes Merkmal der sie umgebenden Landschaft. Am nahen Sarusawa-Teich besitzt der Tempel eine zweite, aber nur dreistöckige Pagode. Das **Kōfuku-ji Nationalschatz-Museum** (Kokuhōkan), ☎ 0742-227-755, enthält kostbare Bücher und Dokumente, Statuen, Gemälde und andere Exponate, die als „Nationalschätze" oder „wichtige Kulturgüter" gelistet werden. 🕐 tgl. 9–17 Uhr, Eintritt Museum 600 ¥, „Östliche Goldene Halle" 300 ¥, Kombiticket 800 ¥. Die Rekonstruktionsmaßnahmen der im Jahr 1717 durch ein Feuer zerstörten „Zentralen Goldenen Halle" werden noch bis 2018 andauern. 15 Min. zu Fuß vom JR-Bahnhof Nara oder nur 5 Min. vom Kintetsu-Bahnhof Nara. Bus Nr. 2 (oder alle Busse in Richtung Kasuga-taisha) für 190 ¥ in 7 Min. bis Kenchō-mae.

Tōdai-ji 東大寺

Um zum Tōdai-ji zu gelangen, laufen die Besucher ein paar Minuten vom Kōfuku-ji aus in Richtung Nordosten. Der dem Buddhismus tief ergebene Kaiser Shōmu ließ zu Beginn des 8. Jhs. den Tōdai-ji als Haupttempel für ein geplantes nationales Netz von Provinztempeln errichten und gab den Guss einer Kolossalstatue Buddhas in Auftrag. Die Einweihung 752, die „Zeremonie der Augenöffnung" mit Tausenden von Gästen aus China, Korea und Indien, sollte zum alles überbietenden Höhepunkt der gesamten buddhistischen Welt im 8. Jh. werden. Leider brannte der Tempel in den folgenden Jahrhunderten zweimal völlig nieder. Die heutigen Bauwerke stammen aus der Edo-Zeit (1692).

Der Zugang zum Tōdai-ji verläuft durch das von 18 Säulen getragene zweistöckige „große Südtor" **Nandai-mon**, das besonders durch seine beiden 8 m hohen muskulösen Torwächter beeindruckt. Die beiden dynamischen Niō-Figuren stammen aus der Hand des Bildhauers Unkei (1151–1223). Vom Südtor sind es nur noch etwa 100 m bis zum Eingang des Tōdai-ji. **Daibutsuden**, die „Halle des Großen Buddha", ist 57 m lang, 50 m breit und 49 m hoch und ist damit – obwohl sie heute nur noch 2/3 ihrer ursprünglichen Größe misst – das größte Holzbauwerk der Welt. Diese gewaltigen Ausmaße haben einen guten Grund, denn in der Halle sitzt die kolossale 16,20 m hohe und damit größte Buddha-Statue des Landes. ⏰ tgl. 8–17 Uhr, Haupthalle 500 ¥, Tōdai-ji Museum 500 ¥, Kombiticket 800 ¥.

Sehenswert sind auch der alte **Glockenturm**, ein paar Gehminuten westlich der Haupthalle, und die in Pfahlbauweise am Hang errichtete **Nigatsu-dō**, „Halle des zweiten Monats" mit schöner Aussicht auf die Buddhahalle. Jeden März findet hier ein interessantes Fest statt (S. 425, Feste). Noch weiter westlich liegt die im Süden anschließende **Sangatsu-dō**, die „Halle des dritten Monats", das älteste Gebäude des gesamten Tempelbezirks, Eintritt 500 ¥. In der Nigatsu-dō wurde früher für eine elfgesichtige Kannon-Skulptur im Monat Februar (nigatsu) eine Bußandacht und in der Sangatsu-dō im Monat März (sangatsu) eine Sutrenlesung abgehalten. In beiden Hallen werde heute Kannon-Figuren verehrt.

Nördlich der Daibutsu-Halle, im **Shōsō-in**, lagerten über 1000 Jahre lang viele unersetzbare Kunstschätze aus dem Besitz des Kaisers Shōmu (701–756) und seiner Gattin, Kaiserin Kōmyō (701–760). Das Innere des Schatzhauses darf nicht betreten werden, es lohnt sich aber, das schlichte Gebäude von außen zu betrachten. Das vermutlich im Jahr 756 auf Pfählen 2,70 m über dem Boden erbaute, fast 100 m lange Blockhaus ist eine Balkenkonstruktion aus japanischem Zypressenholz (hinoki), die eine ideale Klimatisierung im Innern garantierte. Im Herbst werden einige der Kunstschätze im Nara Nationalmuseum gezeigt.

Kasuga-taisha 春日大社

Von der Sangatsu-Halle aus verläuft ein Weg in den Osten des Nara-Parks, wo man nach einer Viertelstunde auf einen von unzähligen Steinlaternen gesäumten Weg stößt. Dieser führt hoch zum Kasuga-taisha, einem bereits 710 zum Schutz der neuen Hauptstadt gegründeten Schrein. Die Steinlaternen und kunstvollen Metalllaternen im Innenbereich des Schreins wurden von Gläubigen gespendet und werden zum Setsubun-Mantōrō-Laternenfest und zum Chūgen-Mantōrō-Fest (mantōrō = „10 000 Laternen") am Abend des Bon-Festes (14./15. August) ab 18 Uhr entzündet. ⏰ April–Sep tgl. 6–18, Okt–März 6.30–17.30 Uhr, Innenbereich 500 ¥, Außenanlage frei. Hinter dem Schrein führen Wanderwege durch den Kasuga-Wald auf den 294 m hohen Kasuga-yama.

Gangō-ji und Naramachi 元興寺・奈良町

Wer sich auf dem Weg zurück zu den Bahnhöfen einen weiteren interessanten Tempel ansehen möchte, läuft vom Kōfuku-ji aus in südlicher Richtung, passiert den Sarusawa-Teich, in dem sich wunderschön und fotogen die fünfstöckige Pagode des Kōfuku-ji spiegelt, und erreicht dann weiter südlich nach ein paar Minuten den **Gangō-ji**, eine in sich ruhende, ganz unspektakuläre Tempelanlage, deren Haupthalle ebenfalls zum Weltkulturerbe zählt. Man sagt, der Tempel sei einer der ältesten des Landes und habe bereits vor der Gründung der Hauptstadt Heijōkyō (Nara) im 8. Jh. existiert. ⏰ tgl. 10–

© JAPAN-PHOTO.DE / HARTMUT POHLING

Der Tōdai-ji beherbergt den weltweit größten aus Edelmetall geschmiedeten Buddha.

17 Uhr, 400 ¥. Vom JR-Bahnhof Nara 15 Min., vom Kintetsu-Bahnhof Nara 10 Min. zu Fuß.

Die Gegend **Naramachi** unterhalb der Sanjō-dōri und um den Gangō-ji hat an Popularität gewonnen. Die gut erhaltenen und meist noch bewohnten Privathäuser aus dem 19. Jh. im *machiya*-Baustil, die engen Gassen, die Kunsthandwerksläden und die kleinen Cafés und Restaurants machen das Viertel zu einem interessanten Ort, wo man Einsicht in das Leben der Stadtbewohner von damals gewinnen kann. Weitere Aspekte zum Leben hinter der Fassade einer antiken Hauptstadt finden sich im **Naramachi-Museum**, Nishinoshinya-chō 14-2, ☏ 0742-22-5509, ⏱ tgl. 10–16 Uhr, Eintritt frei.

Palast Heijō-kyū 平城宮

3 km westlich vom JR-Bahnhof Nara liegt der ehemalige Kaiserpalast, 🖥 heijo-kyo.com, während der Nara-Zeit das politische Zentrum Japans. Der Palast befand sich im nördlichen Teil der Stadt. Das karge Gelände und die kaum sichtbare Ruine bestimmte die Unesco 1998 zum Weltkulturerbe. Geschickt gestutzte Hecken markieren heute die ursprünglichen Dimensionen der einst symmetrisch angelegten Stätte. Als die Hauptstadt Ende des 8. Jhs. nach Heian-kyō (Kyōto) verlegt wurde, war der Palast plötzlich herrenlos und damit dem Verfall preisgegeben. In den folgenden Jahrhunderten nagte der Zahn der Zeit heftig an den Bauwerken, und bis zum Beginn der Kamakura-Zeit (1192) existierte die insgesamt 120 ha große Anlage praktisch nicht mehr. Erst moderne Archäologen waren in der Lage, die teilweise gut erhaltenen Grundmauern des historischen Bauwerks wiederzuentdecken und aus dem Erdreich zu heben. Das Eingangstor **Suzaku-mon**, das Haupttor der damaligen Hauptstadt, und der Garten **Tō-in** wurden zwischenzeitlich wieder aufgebaut. Die Rekonstruktion des **Daigoku-den**, der Kaiserlichen Hauptaudienzhalle, in der einst die Thronbesteigung des Kaisers stattfand und ausländische Gesandte empfangen wurden, dauerte fast zehn Jahre und wurde rechtzeitig zum Jubiläumsjahr 2010 fertiggestellt. Wie zukünftig mit dem Gelände verfahren wird, ist noch nicht entschieden. ⏱ Di–So 9–16 Uhr, Eintritt frei. Rundbus *(gurutto bus)* für 100 ¥ ab JR-Bahnhof Nara

(Westausgang, Haltestelle Nr. 2) oder Kintetsu-Bahnhof Nara (Ausgang 6, Haltestelle Nr. 8) bis Heijō-kyūseki (Bus verkehrt von 9 bis 17.20 Uhr).

ÜBERNACHTUNG

€ **Guest House Makura**, Imamikado-chō 27, ☏ 0742-24-2279, Handy 090-6976-9093 (9–22 Uhr), 🖥 homepage3.nifty.com/guesthouse-makura/index_eng.html. Geöffnet seit 2009. Günstige Lage zu den wichtigen Sehenswürdigkeiten. Schöne saubere Räume, Internet frei. Fahrradleihe, Waschmaschine, Trockner. Dorm 2500 ¥ p. P., EZ und DZ. Vom JR-Bahnhof Nara knapp 10 Min. zu Fuß auf der Sanjō-dōri, unterhalb vom Sarusawa-Teich. Vom Kintetsu-Bahnhof Nara läuft man etwa genauso lang. ❶

Guesthouse Sakuraya, Narukawa-chō 1, ☏ 0742-24-1490, 🖥 www.guesthouse-sakuraya.com. Haus mit sehr schöner und netter Atmosphäre im bekannten Naramachi-Bezirk. Japanische Kultur, wie Kimono-Ankleiden (3000–4000 ¥), Teezeremonie (4000 ¥) oder Kalligraphie-Unterricht (4000 ¥), kann hier nebenbei erlernt werden. Nur etwa 100 m nördlich vom Ryokan Seikansō auf der Mochiidono-Straße. ❷

Hotel Asyl Nara, Aburaska-chō 1-58, ☏ 0742-22-2577, 🖥 www.worldheritage.co.jp/asyl. Hotel mit geschmackvollem Inneren aus Holz, gemütlichem Internetcafé (Hotelgäste frei). Großes gemeinsames Entspannungsbad. Zimmer mit Semi-Doppelbett und Twin. Vom JR-Bahnhof Nara nördlich 5 Min. zu Fuß, vom Kintetsu-Bahnhof Nara westlich 5 Min. ❶–❸

Nara Youth Hostel, Hōren-Sahoyama 4-3-2, Konoike-undō-kōen, ☏ 0742-22-1334, 🖥 www.jyh.gr.jp/nara/en/index.html. Zum Tōdai-ji oder Nara-Park 20 Min. zu Fuß. Professioneller Herbergsbetrieb mit freundlichen Mitarbeitern. Kaffee, Tee (schwarz und grün) und Internet frei. Münz-Waschmaschine und Trockner. Torschluss 22 Uhr. Spezialpreise für ausländische Gäste. Dorm 3840 ¥ p. P., EZ 5460 ¥. Vom JR-Bahnhof Nara nördlich 30 Min. zu Fuß oder mit Bus in 8 Min. von Haltestelle Nr. 7 bis nach Shiei-kyūjō-mae (fast direkt vor der JH). Vom Kintetsu-Bahnhof Nara nördlich 20 Min. zu Fuß oder mit Bus Nr. 108, 109, 111, 115 oder 130 von Haltestelle Nr. 13 bis Shiei-kyūjō-mae.

KANSAI

Nara-ken Seishōnen Kaikan Youth Hostel, Hōren-Sahoyama 1-3-1, ☏ 0742-22-5540, 🖳 www6.ocn.ne.jp/~naseikan/eindex.html. In der Nähe des Nara Youth Hostel. Herberge, die auch für Gemeinde-/Bürgertreffen genutzt wird. Fahrradleihe, Frühstück (Sandwich), japanisches Abendessen, Torschluss 22.30 Uhr, Aufstehen 7 Uhr, Check-out 8.30 Uhr. Dorm 2650 ¥ p. P., EZ und DZ. Ausländische Gäste bekommen gleiche Preise wie YH-Mitglieder. 5 Min. mit Bus Nr. 12, 13, 131 oder 140 vom JR-Bahnhof Nara Haltestelle Nr. 7 oder Kintetsu-Bahnhof Nara Haltestelle Nr. 13 bis Ikuei-gakuen, dann 5 Min. zu Fuß gen Norden. ❶

Ryokan Matsumae, Higashi-Terabayashi-chō 28-1, ☏ 0742-22-3686, 🖳 matsumae. co.jp/index2.html. In der Nähe des Nara-Parks gelegene familiäre, aber relativ große Herberge mit Internet, Fahrrad, Waschraum, englischsprachigen Büchern. Die Familie beherrscht verschiedene japanische Künste: Kalligraphie, Skulpturen-Schnitzerei und *kyōgen*. Eingang bleibt ab 22.30 Uhr geschlossen. Vom JR-Bahnhof Nara westlich 15 Min.; vom Kintetsu-Bahnhof Nara südwestlich 7 Min. zu Fuß. Nah am Nara-Park. 5400 ¥ p. P.

Ryokan Seikansō, Higashi-Kitsuji-chō 29, ☏ 0742-22-2670, 🖳 www.nara-ryokanseikanso. com. Altes, interessantes Gebäude mit sauberen Zimmern und schönem Garten in ruhiger Umgebung. Eingang ab 23 Uhr geschlossen. Erschwingliche Übernachtungspreise: 4200 ¥ p. P. Vom JR-Bahnhof Nara zu Fuß (ca. 15 Min.) geradeaus auf der Sanjō-dōri in Richtung Osten bis Kreuzung mit der Mochiidono-Einkaufsstraße, dann rechts in südlicher Richtung, oder vom Kintetsu-Bahnhof Nara (gut 10 Min.) südlich auf der Higashimuki-Straße, dann weiter auf der Mochiidono.

Super Hotel JR Nara-ekimae, Sanjō-chō 500-1, 🖳 www.superhotel.co.jp. Das Gebäude steht direkt vor dem JR-Bahnhof Nara. Wie immer im Super Hotel: Semi-Doppelbett mit kleinem Frühstücksbuffet. Neueröffnung nach Umbau in 2015. Genaue Zimmerpreise lagen bei Redaktionsschluss noch nicht vor – wahrscheinlich ❷.

Super Hotel Lohas JR Nara-eki, Sanjō-honmachi 1-2, ☏ 0742-27-9000, ✆ 0742-27-9008.

Weiteres Super Hotel, neben JR-Bahnhof Nara. Großes, weißes Gebäude. Luxuriösere Twins mit Thermal-/Onsen-Bad und inkl. Frühstücksbuffet mit frischen Brötchen. ❷–❸

€ **Ugaya Guest House**, Okukomori-chō 4-1, ☏ 0742-95-7739, 🖳 www.ugaya.net. 2008 eröffnetes Gasthaus. Saubere Zimmer, gemütlicher Gemeinschaftsraum, Internet frei, Waschmaschine und Fahrradleihe möglich. Badehaus in der Nähe. Dorm 2500 ¥ p. P. und japanische Zimmer. Vom JR-Bahnhof Nara, Ausgang Zentrum, Straße neben *konbini* Lawson geradeaus, am Ende der Straße (nach 6–7 Min.) auf rechter Seite. ❶

ESSEN

Die ca. 1 km lange **Sanjō-dōri** zwischen dem JR-Bahnhof Nara und dem Nara-Park ist die Haupteinkaufsstraße der Einheimischen. Sie dient gleichzeitig Besuchern, die mit der JR-Bahn anreisen, als Hauptverbindung zu den wichtigsten Sehenswürdigkeiten. Souvenirläden, Restaurants, Cafés und Gasthäuser gibt es auf der Sanjō-dōri, der Higashimuki-Einkaufsstraße (nördliche Abzweigung zum Kintetsu-Bahnhof Nara), auf der Mochiidono-Straße (südliche Abzweigung zur Altstadt Naramachi) sowie um den Sarusawa-Teich.

Am Ostausgang des neuen JR-Bahnhofs Nara gibt es einen **Max Value-Supermarkt**, wo man sich für den Tag unterwegs – zu lokalen Preisen – mit Proviant eindecken kann.

€ **Bikkuri Udon Miyoshino**, Hashimoto-chō 27, ☏ 0742-22-5239. Lockeres Volks-Udon-Restaurant, in dem sich die Gäste günstig den Bauch vollschlagen. Bikkuri-Udon schon für 250 ¥, auch alle anderen Gerichte unter 1000 ¥. Englisch auf der Speisekarte. Vom Kintetsu-Bahnhof Nara 5 Min. südlich durch die Higashimuki-Arkade. ⏰ Do–Di 11–20.30 Uhr.

Happoh, Higashimuki-Nakamachi 22, ☏ 0742-26-4834. Traditionelle und kreative japanische Küche in stilvoller Atmosphäre. Englische Speisekarte erhältlich. Erforderliches Budget etwa 3000 ¥. Günstiges Mittagsmenü mit Gemüse der Saison, Sashimi, Tenpura oder Hähnchen unter 1000 ¥. Vom Kintetsu-Bahnhof Nara südlich nur wenige Meter durch die

KANSAI

Higashimuki-Arkade. ⏲ Mo–Sa 11.30–22.30,
So und feiertags 11–22 Uhr.

Kanakana, Kunōdō-chō 13, ✆ 0742-
22-3214. In dem schönen alten Café im
machiya-Baustil kann man sich wie Zuhause
fühlen, und da viele so denken, bildet sich zur
Mittagszeit oft eine Warteschlange. Vom
Kintetsu-Bahnhof Nara südlich 15 Min.
zu Fuß, im Stadtteil Naramachi. ⏲ Di–So
11–20 Uhr.

Kichiza Den-emon, Honkomori-chō 5-1, ✆ 0742-
24-4700. Angenehmes japanisches Restaurant
mit preiswerten Mittagsgerichten – dabei
werden 30 Zutaten für 8 verschiedene japanische Gerichte verwendet. Weitere Speisen und
Kleinigkeiten mit unterschiedlichem Preisniveau
mittags und abends. Vom Kintetsu-Bahnhof
Nara südlich oder JR-Bahnhof Nara östlich
5 Min. zu Fuß, nahe dem Isagawa-Schrein in
der Yasuragi-no-michi. ⏲ tgl. 11.30–15 und
17.30–22.30 Uhr.

Narara Café, Higashi Terabayashi-chō 38,
✆ 0742-23-8770. Netter kleiner Pausenort im
Naramachi Center Bldg. Sehr leckeres Toast-
brot mit 30 unterschiedlichen Belägen (*miso,*
Bananen, Kaki-Marmelade, Grilled-Marsh-
mallow etc.). Frühstücksset 9–11 Uhr, Mittags-
set 11 Uhr bis alles ausverkauft ist. Von der
Pagode des Kōfuku-ji über die Sanjō-dōri, große
Treppen runter und weiter südlich bis zum
modernen Gebäude des Naramachi Centers.
⏲ Di–So 9–18 Uhr.

Nonohana Ohka, Nakanoshinya-chō 13,
✆ 0742-22-1139. Nach Eintritt durch den
Gemischtwaren-Laden befinden sich die Gäste
in angenehmer Atmosphäre, mit schönem
westlichem Garten und Tischen im Innenhof.
Perfekt für entspanntes Kaffeetrinken. Vom
Kintetsu-Bahnhof Nara südlich 15 Min. zu Fuß.
⏲ Di–So 11–17 Uhr.

Sakedokoro-Kura, Komyō-in-chō 16,
✆ 0742-22-8771. Nostalgische Kneipe in altem
japanischem Lagerhaus. Wegen der netten
Atmosphäre bei einheimischen und ausländischen Besuchern beliebt. Es gibt *yakitori, oden*
und andere japanische Kleinigkeiten. Vom
Kintetsu-Bahnhof Nara südlich ca. 10 Min.
⏲ Mo–Mi und Fr 17–23.30, Sa–So, feiertags
bis 22.30 Uhr.

Shizuka, Noboriōji-chō 59-11, ✆ 0742-27-8030.
Kamameshi-Restaurant, d. h. gekochter Reis
wird mit frisch zubereiteten Beilagen, die
man selbst auswählt, in einem Topf serviert.
Das Restaurant steht im Nara-Park vor dem
Nationalmuseum. Gerichte zwischen 1000 und
2000 ¥. Manchmal bilden sich Warteschlangen.
⏲ Mi–Mo 11–20 Uhr.

Yanagi-Chaya, Noborioji-chō 4-48, ✆ 0742-22-
7560. Spezialität des Hauses ist *chameshi*, d. h.
Reis (*meshi*) wird mit Bohnen, Esskastanien,
Hirse, Gemüse der Saison und Tee (*cha*)
gekocht. Das traditionelle Essen der Mönche
aus dem Tōdai-ji und dem Kōfuku-ji genießt
große Popularität als gesunde Kost. 5 Min.
südöstlich vom Kintetsu-Bahnhof Nara oder
südwestlich vom Tempelgelände des Kōfuku-ji.
⏲ tgl. außer Mo 11–17 Uhr.

Yume-Kaze Plaza, Kasugano-chō 16, ✆ 0742-
25-0870, 🖥 www.yume-kaze.com/en.php.
Bequemer Komplex für verschiedene Einkäufe
oder den kleinen Appetit. Auf der Plaza
sitzen Leute in kreativen Cafés. Es gibt einige
japanische und westliche Restaurants sowie
Souvenirläden. Von Kintetsu-Nara Richtung
Tōdai-ji 12 Min., nahe East Wing des Nara-
Nationalmuseums und just um die Ecke der
kleinen Straße, die zum Tōdai-ji führt. ⏲ Cafés
9.30/10 Uhr bis Spätnachmittag, Restaurants
bis 23 Uhr, einige Restaurants legen eine
Nachmittagspause ein.

SONSTIGES

Fahrradverleih

Eki Rent-a-Car-System / Eki-Rin-Kun, vor
dem JR-Bahnhof Nara, am Ostausgang
(Higashi-guchi) einige Meter nach rechts,
✆ 0742-26-3929. JR-Auto- und Fahrrad-
vermietung, Rad 310 ¥ pro Tag (bis nächster Tag
10 Uhr). ⏲ tgl. 8–18 Uhr.

Nara Rent-a-Cycle, ✆ 0742-24-8111, vom
Kintetsu-Bahnhof Nara, Ausgang Nr. 7, nach
links in Richtung Norden, 2. Straße nach links,
2 Min. zu Fuß. Ab 500 ¥ pro Tag. ⏲ tgl. 8.30–
16 Uhr (Dez–Feb 9–15 Uhr), Radrückgabe auch
nach 16 Uhr.

Yamato Kankō Rental Cycle Shop, vom Bahnhof
Kintetsu-Nara Ausgang Nr. 7, nördlich 3 Min.
zu Fuß, linke Seite auf der Yasuragi-no-michi,

☏ 0742-54-1549, 🖥 yamatokankohrentalcycle. on.omisenomikata.jp. Ab 500 ¥ pro Tag. ⏱ tgl. 8–20 Uhr. Räder können auch nach der Öffnungszeit zurückgegeben werden.

Feste

Wakakusayama Yamayaki, 4. Sa im Jan: „Abbrennen von trockenem Gras des Wakakusa-Hügels".

Onioi-shiki, 3. Feb: „Teufelaustreibungszeremonie" u. a. im Hōryū-ji. *Oni*, japanische Dämonen, werden symbolisch durch das Werfen von gerösteten Sojabohnen vertrieben.

Omizutori, 1.–14. März: „Fest des Wasserschöpfens" im Tōdai-ji, Nigatsu-dō. Das Highlight beginnt, wenn die Mönche mit Fackeln um die Tempelhalle laufen (um Mitternacht vom 12. zum 13. März).

Nara Tōkae, etwa 5.–14. Aug (10 Tage in der ersten August-Hälfte): Der Nara-Park erstrahlt zwischen 19–22 Uhr im Glanz Tausender Kerzen.

Chūgen Mantōrō Matsuri, 14. und 15. Aug: Die 1800 Stein- und 1000 hängenden Bronzelaternen des Kasuga-taisha werden bei Musik und Tanz entzündet.

Shika-no-tsunokiri, Anfang bis Mitte Okt: Zeremonielles Stutzen der Hirschgeweihe im Nara-Park.

Kasuga-Wakamiya-on-matsuri, 15.–18. Dez: Mitternächtliche Prozession mit Galakleidern, zudem Nō-Aufführungen, Sumo-Kämpfe (18. Dez) und Bugaku-Tänze im Kasuga-taisha.

Führungen

€ Kostenlose Rundgänge mit Goodwill-Guide-Gruppen, vorherige Anmeldung entweder bei den Touristeninformationen oder bei den Gruppen direkt: **Nara SGG Club**, ☏ 0742-22-5595, 🖥 sites.google.com/site/narasggenglish, oder **Nara YMCA EGG**, ☏ 0742-45-5920 (Mo–Fr 9.30–20, Sa bis 17 Uhr), 🖥 sites.google.com/site/eggnaragg/home.

Informationen

Die gut ausgestattete **Haupttouristeninformation**, ☏ 0742-27-2223, hat ihren Sitz im alten Bahnhofsgebäude vor dem neuen JR-Bahnhof Nara, Gepäckaufbewahrung 9–19 Uhr. ⏱ tgl. 9–21 Uhr.

Touristeninformation im Kintetsu-Bahnhof Nara, 1F, ☏ 0742-24-4858, ⏱ tgl. 9–21 Uhr. **Nara City Sightseeing Information Center**, auf dem Weg zum Nara-Park, an der Kreuzung Sanjō-dōri und Yasuragi-no-michi, ☏ 0742-22-3900, ⏱ tgl. 9–21 Uhr.

Internet

Für Notebooks oder Smartphones gibt es Internetanschluss im **Caffee Ciao Presso Nara**, im **Kintetsu-Bahnhof** Nara einen WLAN-FreeSpot, 🖥 www.kcn.jp/kbstation, ⏱ tgl. 7–22 Uhr. Ansonsten Verbindungen bei Starbucks, Mosburger etc.

NAHVERKEHR

Für den **Nara-Bus**, dessen Linien fast jede Ecke Naras erreichen, gibt es die Tagesfahrkarte *Nara Park Nishinokyo* für 500 ¥. Billiger und bequemer lässt sich die Stadt eigentlich nicht erkunden. Mit dem *Nara Park Nishinokyo Hōryūji* für 1000 ¥ ist die Reise zum Hōryū-ji inklusive. Die Tickets gibt es in den Touristeninformationen des JR-Bahnhofs und im Kintetsu-Bahnhof Nara.

TRANSPORT

Vom Hauptbahnhof KYŌTO mit JR oder Kintetsu in 35–45 Min. bis JR Nara (690 ¥) bzw. Kintetsu Nara (610 ¥), Expresszüge teurer.
Von ŌSAKA (Nanba oder Tennōji) mit JR-Kansai in 50 Min. (800 ¥) oder von Ōsaka Nanba mit Kintetsu-Linie in 40 Min. (560 ¥).

Die Umgebung von Nara

Südwestlich von Nara erheben sich zwischen grünen Reisfeldern und bäuerlichen Anwesen die sanft geschwungenen Formen des **Tōshōdai-ji** und **Yakushi-ji**, zwei repräsentative Tempelbauten und unersetzliche Zeugnisse des Altertums in Japan. 1998 wurden die beiden Tempel in die Liste des Unesco-Weltkulturerbes aufgenommen.

Im südlich von Nara gelegenen Nara-Becken residierten und regierten vor und während der Asuka-Periode (552–710) mehrere Kaiser und Kaiserinnen und hinterließen ihre Spuren. Innerhalb der Tempelanlage des **Hōryū-ji** befinden sich die heute ältesten Holzgebäude der Welt.

Tōshōdai-ji 唐招提寺

Der Mitte des 8. Jhs. von dem chinesischen Mönch Ganjin gegründete Tōshōdai-ji gilt als ein bedeutendes Beispiel der nara-zeitlichen Architektur. In der Haupthalle, **Kondō**, einem Gebäude aus der Gründungszeit, befinden sich äußerst beeindruckende, kleine wie auch monumentale Sitz- und Standfiguren von Buddha, Kannon, Wächtern und Himmelskönigen. Im Norden der Anlage steht die Halle **Mieidō**. In ihr wird die Statue des Tempelgründers Ganjin aufbewahrt, der, so wurde es überliefert, während mehrerer Versuche Japan per Schiff zu erreichen, erblindete. Die fast 1 m hohe Figur wird einmal im Jahr (5. bis 7. Juni) der Öffentlichkeit zugänglich gemacht. Die originale Lehrhalle, **Kodō**, stammte ursprünglich aus dem Palast Heijō-kyū (S. 422) und ist somit das einzige über die Zeit gerettete materielle Zeugnis des Palastbaus.

Am 19. Mai werden während der Zeremonie Uchiwamaki herzförmige Papierfächer von den Priestern in die wartende Menge geworfen. Wer einen Fächer ergattert, soll ein Jahr lang gesund bleiben – allerdings werden am Vormittag die Besucher ausgelost, die am Fest teilnehmen dürfen.

⊕ tgl. 8.30–17 Uhr, 600 ¥ plus 100 ¥ Schatzhaus (Mieidō 5.–7. Juni 500 ¥). Vom Kintetsu-Bahnhof Nara mit der Nara-Linie bis Yamato-Saidai-ji, umsteigen in die Kashihara-Linie, dann bis Kintetsu-Nishinokyō, von hier 5 Min. zu Fuß, oder eine Station vorher in Amagatsu-ji aussteigen – dort befindet sich das **Schlüsselloch-Grab** des Kaisers Suinin –, um danach etwa 600 m südlich (entlang der Bahnlinie) bis zum Tōshōdai-ji zu laufen. Alternativ mit Bus Nr. 70, 72 und 97 in rund 15 Min. (260 ¥) vom JR- oder Kintetsu-Bahnhof Nara bis Haltestelle Tōshōdai-ji.

Yakushi-ji 薬師寺

Nur etwa 500 m südlich des Tōshōdai-ji liegt der Ende des 7. Jhs. erbaute und ein paar Jahrzehnte später, nach der Gründung der neuen Hauptstadt Heijō-kyō (Nara), an die heutige Stelle versetzte Yakushi-ji. Der Tempelbau zu Ehren des heilenden Buddha Yakushi wurde von Kaiser Tenmu initiiert, in der Hoffnung, dass seine schwer erkrankte Gemahlin Jitō dadurch schneller genesen möge. Jedoch starb der Kaiser wenig später, und so entstand die Tempelanlage unter Anleitung von Kaiserin Jitō selbst, die zwischenzeitlich die Herrschaft übernommen hatte. Dem chinesischen Stil folgend wurde der Tempel mit zwei Pagoden vor der Haupthalle angelegt – eine im Osten und die zweite im Westen. Diese Anordnung des Tempels war so einzigartig, dass man den Baustil „Yakushi-Stil" nannte. In den folgenden Jahrhunderten wurden fast alle Gebäude, einige sogar mehrmals, durch verheerende Feuersbrünste, Bürgerkriege oder Taifune zerstört. Nur die östliche Pagode (730) mit ihrem seltenen Aufbau (optisch scheinen es sechs Stockwerke zu sein, tatsächlich sind es aber nur drei) blieb bis heute unversehrt. ⊕ tgl. 8–17 Uhr, 800 ¥ (nur 500 ¥, wenn die achteckige Haupthalle Genjō-sanzo-in geschlossen ist). Vom Kintetsu-Bahnhof Nishinokyō nur einen Steinwurf entfernt.

Hōryū-ji 法隆寺

Die lange Geschichte des Hōryū-ji, ☏ 0742-75-2555, 🖥 www.horyuji.or.jp, beginnt in der Asuka-Zeit um 600 n. Chr.: Als Kaiser Yōmei 587 erkrankte, wünschte er sich ein Standbild des Buddhas der Heilkunst (Yakushi-nyorai). Seine Schwester, Kaiserin Suiko, und sein Sohn, Kronprinz Shōtoku Taishi, erfüllten ihm diesen Wunsch. Leider starb der Kaiser vor der Vollendung der Buddha-Figur, für die dann 607 ein Tempel erbaut wurde – der Hōryū-ji.

Einige Hallen des Tempelbezirks blieben bis heute im Original erhalten, was den Hōryū-ji zum weltweit ältesten Holzgebäude macht. Seit 1993 gehört der aus 50 Gebäuden bestehende Tempel zum Unesco-Weltkulturerbe. Die Anlage, die man durch das muromachi-zeitliche (1439) „Große Südtor" **Nandai-mon** (mit ausdrucksstarken Niō-Tempelwächtern) betritt, ist in zwei Bereiche unterteilt: Im besonders bedeutenden Westbezirk **Sai-in** befinden sich die fünfstöckige **Pagode** und die Haupthalle **Kondō** (Experten streiten bis heute, ob ein Großfeuer im Jahr 670 auch diese beiden Gebäude zerstörte oder ob sie im Original erhalten sind). Im Ostbezirk **Tō-**

in steht die **Yume-dono**, die achteckige „Halle der Träume" mit ihrem elegant geschwungenen Ziegeldach. In den Schatzkammern des Hōryū-ji lagern über 2000 Kulturschätze, kunsthistorische Zeugnisse von unschätzbarem Wert. ☉ tgl. 8–17 Uhr (Winter bis 16 Uhr), 1000 ¥. Vom JR-Bahnhof Nara in 12 Min. mit Yamatoji-Linie bis Bahnhof Hōryū-ji, von dort 20 Min. zu Fuß oder 5 Min. mit Bus (190 ¥). Nara-Bus 97, Haltestelle Nr. 10 nahe JR-Bahnhof Nara, in Richtung Hōryū-ji bis Hōryū-ji-mae, in 1 Std. für 760 ¥ – Achtung, nur ein Bus pro Std.

Hōki-ji 法起寺

Nordöstlich des Hōryū-ji liegt die Anlage des Hōki-ji. Der Tempel zählt ebenfalls zum Unesco-Weltkulturerbe von Nara und ist besonders wegen seiner 24 m hohen dreistöckigen **Pagode**, der landesweit ältesten ihrer Art, und der Standfigur **Jūichimen-kannon**, der „Kannon mit elf Gesichtern", aus der mittleren Heian-Zeit (10. Jh.) bekannt. ☉ tgl. 8.30–16.30 Uhr, 300 ¥. Mit dem Bus ab JR-Bahnhof Ōji bis Hōki-ji-guchi (15 Min., 380 ¥).

Asuka 飛鳥

In der Asuka-Zeit, jener Epoche, bevor Nara permanente Hauptstadt Japans wurde (710), war Asuka mehrere Male **kaiserliche Residenzstadt** (Asuka-kyō bzw. Asuka no miyako) und sowohl reich an Einfluss als auch an Kultur. Es war die Zeit, in der der Sterbeort eines Kaisers als unrein betrachtet wurde und der neue Kaiser bei Amtsantritt einen anderen Palast beziehen musste. Zwangsläufig änderte sich damit der Standort der Hauptstadt Japans regelmäßig. In der Landschaft Asuka (Asuka Historical Government Park), die sich etwa 25 km südlich von Nara ausdehnt, blieben bis heute sensationelle Sehenswürdigkeiten erhalten bzw. wurden in den 1970er-Jahren von Archäologen zutage gefördert. Ein Besuch lohnt sich bei dem im Osten unweit vom Kintetsu-Bahnhof Asuka entfernten Hügelgrab **Ishibutai**, das wegen seiner zwei gewaltigen, bis zu 75 t schweren Abdecksteine zu den größten Grabgewölben Japans zählt. ☉ tgl. 8.30–16.45 Uhr, 250 ¥. Vom Kintetsu-Bahnhof Nara in 5 Min. bis Yamato-Saidai-ji, umsteigen in Zug nach Kashihara-jingū-mae (30–

45 Min.), dort nochmals umsteigen für 5 Min. bis Kintetsu-Asuka (Ticket bis hierher 580 ¥). Von dort mit Kame Loop Bus in rund 15 Min. für 270 ¥ bis Bushaltestelle Ichibutai oder 15 Min. mit dem Mietfahrrad.

Ebenfalls östlich des Kintetsu-Bahnhofs Asuka (7 Min. Fußweg) befindet sich das **Asuka-Geschichtsmuseum** (Asuka Shiryōkan), ✆ 0744-54-3561, in dem versucht wird, den Besuchern die historische Bedeutung der Asuka-Region zu vermitteln. ☉ Di–So 9–16 Uhr, 270 ¥.

In der Gegend um Asuka sind die 24 sogenannten Asuka-Tempel verstreut, darunter auch der **Tachibana-dera**, der Geburtsort des Shōtoku Taishi. Der für diese Epoche repräsentativste und einer der ältesten Tempel Japans überhaupt ist der Ende des 6. Jhs. errichtete **Asuka-dera** (auch **Hōkō-ji**), in dem eine bronzene Buddha-Statue verehrt wird, die vermutlich aus dem frühen 7. Jh. stammt. ☉ tgl. 9–17.15 Uhr (Okt–März nur bis 16.45 Uhr), 350 ¥. Bus vom Kintetsu-Bahnhof Kashihara-jingū-mae bis Asuka-daibutsu-mae, dann 15 Min. zu Fuß.

Nördlich des Bahnhofs Kashihara-jingū-mae steht das **Archäologische Museum Kashihara** (Kashihara Kōkogaku Hakubutsukan), ✆ 0744-24-1185. Das größte Museum seiner Art in Japan zeigt die im 20. Jh. bei Ausgrabungen in der Gegend um Asuka gefundenen Gegenstände. ☉ Di–So 9–17 Uhr, 400 ¥.

Südlich von Asuka in Takatori steht ein weiterer interessanter und schön gelegener Tempel, der **Tsubosaka-dera**. Die ehrwürdige Holzskulptur einer elfgesichtigen Kannon bildet hier den Mittelpunkt der Verehrung. Eine neue, 15 m hohe, aus Stein gemeißelte Buddha-Statue zwischen den heiligen Hallen ist ein Geschenk aus Indien von 2007. ☉ 8.30–17 Uhr, 600 ¥. Vom Kintetsu-Bahnhof Asuka eine Station weiter Richtung Süden bis Kintetsu-Tsubosaka-yama. Von hier mit Bus Nr. 20 in 15 Min. bis Tsubosaka-dera, dann 5 Min. zu Fuß.

SONSTIGES

Es gibt Fahrradverleihe vor dem Kintetsu-Bahnhof Asuka (z. B. Manyo Rent-a-Cycle) und dem Kintetsu-Bahnhof Okadera. Alle verlangen 900 ¥/Tag (Sa–So und feiertags 1000 ¥).

Von KYŌTO mit dem Kintetsu-Expresszug in ca. 1 Std., 1780 ¥, langsamere Züge in 1 1/2 Std. (umsteigen in Yamato-Saidaiji), 880 ¥, bis Kashihara-jingū-mae, von hier kann man den Asuka-Park per Bus oder Rad erkunden. Ein Lokalzug fährt weiter bis Asuka (übernächste Station). Vom JR-Bahnhof NARA bis Sakurai (rund 30 Min.), dann mit Bus bis Asuka-kankōkaikan-mae, von hier ein paar Min. bis Ishibutai.

Kii-Halbinsel 紀伊半島

Die Kii-Halbinsel bildet den südlichen Teil der Region Kansai. Die Kii-Berge zählen zu den mystischsten Landschaften Japans. Die dicht bewaldete Gebirgsregion besteht aus 1000 bis 2000 m hohen, zerklüfteten Bergen und vielen Flüssen, Bächen und Wasserfällen, gespeist von einer hohen Niederschlagsmenge. In dieser beeindruckenden Natur verbergen sich einige religiöse und historisch sehr bedeutende Orte: der **Kōya-san**, ein Berg mit einer Klosterstadt auf seinem Gipfel, das Gebiet Kumano mit den uralten **Kumano-Schreinen**, der **Ise-Shima-Nationalpark** mit dem als nationales Heiligtum verehrten **Ise-jingū**, dem wichtigsten Shintō-Schrein des Landes, sowie die Kleinstadt **Toba**, Zentrum der Perlengewinnung.

Yoshino und Ōmine-san
吉野・大峰山

Der Yoshino-yama ist Japans berühmteste Gegend für das alljährliche Natur- und Farbspektakel der Kirschblüte. Im April, wenn hier die etwa 30 000 Kirschbäume blühen, ist der ansonsten ruhige und beschauliche Ort völlig überlaufen. Yoshino ist außerdem die Basis für den etwa 30 km langen Wander- und Pilgerweg (zwei Tage Laufzeit) zum heiligen Berg **Ōmine-san** (1719 m), den auch zahlreiche Mönche vom nahe gelegenen Kōya-san erklimmen.

Von Yoshino aus führt zudem ein 170 km langer und anstrengender Weg bis hinunter nach **Kumano** zum Hongū-Schrein. Die Reise dauert sechs Tage (wegen schwieriger Bergpassagen besser mit Reiseleiter). Einige Teilabschnitte dieses historischen Weges und den Ōmine-san dürfen Frauen nicht betreten. Die Begründungen hierfür fallen recht unterschiedlich aus, jedoch geht das Verbot allem Anschein nach von der asketisch lebenden Männergesellschaft der umliegenden Tempel aus.

Yoshino ist seit vielen Jahrhunderten das Zentrum der **Shugendō**-Bewegung, eine alte japanische, synkretistische Religion, deren Anhänger, buddhistische Mönche und Laien, sich in der Asuka-Zeit hier in die Berge zurückzogen und durch die Ausübung magisch-religiöser Rituale und asketischer Praktiken versuchten, übernatürliche Fähigkeiten zu erlangen. Im 14. Jh. verlegte Kaiser Go-Daigo den Hof von Kyōto nach Yoshino, was den Beginn der Spaltung in eine Nord- und Süddynastie und einen fast ein halbes Jahrhundert andauernden Krieg zur Folge hatte (S. 113). Im Jahr 2004 wurde Yoshino gemeinsam mit dem Kōya-san und Kumano unter dem Oberbegriff „Heilige Orte und Pilgerrouten im Kii-Gebirge" als Unesco-Weltnaturerbe ausgezeichnet. Anreise mit der Kintetsu-Linie bis Yoshino von Kyōto 1 1/2 Std., 2550 ¥, oder Ōsaka-Abenobashi 1 1/4 Std., 1370 ¥.

12 HIGHLIGHT

Kōya-san 高野山

Nur 70 km südlich von Ōsaka, auf einem 860 m hohen Plateau, weit über den dicht bewaldeten Hängen der Kii-Berge im Innern der Präfektur Wakayama, liegt Kōya-san, einer der berühmtesten Wallfahrtsorte Japans und Zentrum der buddhistischen Shingon-Schule. Der Kōya-san gehört zu den wichtigsten Reisezielen in der Umgebung von Ōsaka. Von den etwa 4000 Einwohnern dieses abgeschiedenen und mystischen Ortes sind rund 1000 Mönche. Der große Heilige Kōbō Daishi (S. 498), Begründer der Shingon-Lehre, errichtete hier unter der Protektion des Kaiserhauses, aber fern allen staatlichen Einflusses, im Jahre 816 den **Kongōbu-ji**, den ersten Tempel der später auf 2000 Gebäude angewachsenen Klosterstadt. Heute umfasst die Anlage in einem uralten Zedernwald neben mehr als 120 Tempelhallen eine Schule, eine Bibliothek und eine der bedeutendsten Universitäten für das Studium des Buddhismus. Um das **Oku-no-in** herum befindet sich der größte und bedeutendste Friedhof Japans. In mehreren hunderttausenden Gräbern ruhen zum Teil hochrangige Persönlichkeiten der japanischen Geschichte: Kaiser, Shōgune, Landesfürsten und auch berühmte Schauspieler und Poeten. Etwa eine Million Besucher und Pilger kommen jährlich zum Kōya-san, der seit 2004 von der Unesco als Weltkulturerbe gelistet ist. Ausländische Besucher finden in etwa der Hälfte aller vorhandenen Tempel Unterkunft *(shukubō)*. Sie lernen dann in der Regel die vegetarische Kost der Mönche *(shōjin-ryōri)* kennen und dürfen an der zeremoniellen Morgenandacht (30–60 Min.) teilnehmen.

Orientierung

Vom Bahnhof Gokuraku-bashi führt eine Seilbahn auf das Hochplateau des Kōya-san. Die obere Seilbahnstation ist der Ausgangspunkt für die Busse, die zu den wichtigsten Sehenswürdigkeiten des Ortes fahren. Wer gut zu Fuß ist, kann die wichtigsten Orte des Kōya-san problemlos ablaufen. Die Klosterstadt ist in zwei Bereiche aufgeteilt, die es sich beide zu besuchen lohnt: **Garan** im Westen mit interessanten alten Tempelgebäuden und **Oku-no-in** im Osten mit dem großen ehrwürdigen Friedhof. Für die wichtigsten Sehenswürdigkeiten gibt es ein **Kombiticket** (gültig an zwei aufeinanderfolgenden Tagen) für 2000 ¥ – Zugang zum Kongōbu-ji, Kondō-Halle, Daitō-Pagode, Reihōkan-Museum und Tokugawa-Mausoleum –, erhältlich bei der Kōyasan Tourist Information. Außerdem gibt es von Nankai Railway das *Kōyasan World Heritage Ticket* (siehe Transport).

Daimon 大門

Daimon, das „Große Tor" im Westen der Anlage, bildete ursprünglich den offiziellen Haupteingang zum Kōya-san. Das gegenwärtige, von

zwei kräftigen Tempelwächtern *(niō)* flankierte Tor, von dem aus man einen herrlichen Blick über die umliegende Landschaft hat, wurde bereits vor 300 Jahren hier aufgestellt.

Heiliger Bezirk Garan 伽藍

Westlich des Kongōbu-ji liegt Garan, der „Heilige Bezirk", Kern der Tempelanlage und der religiösen Aktivitäten, der Rituale und Zeremonien des Kōya-san. In seinem Zentrum steht die große zweistöckige Pagode **Konpon-daitō**, die nach der Shingon-Lehre den Mittelpunkt des sogenannten Lotusblüten-Mandalas darstellt und in ihrem Inneren fünf sitzende Buddhas beherbergt. Gegenüber steht **Kondō**, die „Goldene Halle", das erste Gebäude, das Kōbō Daishi Anfang des 9. Jhs. hier errichten ließ (rekonstruiert 1929). In ihr befinden sich verschiedene Buddha-Figuren, u. a. auch eine Skulptur des Dainichi-nyorai, des „Kosmischen Buddha". Es gibt eine weitere Pagode, **Saitō**, die „Westliche Pagode", sowie eine Gebetsmühle mit einer drehbaren Sutrenbibliothek. Die „Bildnishalle" **Miedō** wurde zu Ehren des Shingon-Gründers errichtet. In ihr finden sich sehr alte und wertvolle Gemälde, sowohl vom ins Nirvana eintretenden Buddha *(nehanzō)* als auch ein Porträt von Kōbō Daishi. ◷ tgl. 8.30–16.30 Uhr, Eintritt pro Gebäude 200 ¥.

Nur wenige Meter östlich des Heiligen Bezirks steht die Halle **Fūdo-dō**, das älteste erhaltene Gebäude des Kōya-san aus dem Jahre 1197. Südöstlich der Haupthalle können Interessierte im Museum und Schatzhaus **Reihōkan**, ☎ 0736-56-2254, die 1200-jährige Geschichte der Klostersiedlung anhand von buddhistischen Statuen, Rollbildern, Dokumenten, Porzellan und anderen Kunstwerken des esoterischen Buddhismus besichtigen. ◷ tgl. 8.30–17.30 Uhr, 600 ¥, Bushaltestelle Reihōkan-mae.

Kongōbu-ji 金剛峯寺

Der Kongōbu-ji, ☎ 0736-56-2328, 🖥 www.koyasan.or.jp/english/kongobuji/sohonzan.html, im Zentrum des Ortes besteht aus verschiedenen Gebäuden: einer Ritual- und einer Meditationshalle, einem bemerkenswerten Glockenturm, einem Lager- und einem Teehaus. Der Kongōbu-ji ist sowohl das Haupttheiligtum des

Kōya-san als auch der Haupttempel der Shingon-Schule. Die gegenwärtige Haupthalle besteht seit 1863, nachdem sie in den Jahrhunderten zuvor immer wieder Feuersbrünsten zum Opfer gefallen war. Im Inneren finden sich auf den Schiebetüren (fusuma) interessante und sehr schöne Malereien mit Trauerweiden-Motiven, von denen einige Kanō Tan'yū (1602–74), einem begnadeten Maler der Kanō-Schule, zugeschrieben werden. **Banryū-tei**, der Garten des Tempels, besteht aus 140 Steinen, eingebettet in weißen Sand. Mit einer Fläche von 2340 m² soll er der größte Steingarten Japans sein. ⏰ tgl. 8.30–17 Uhr, 500 ¥ (inkl. Tee und Reiskuchen). Mit dem Nankai-Rinkan-Bus von der Seilbahnstation in 12 Min.

Mausoleum Oku-no-in 奥の院

Vom Garan bis zum Inneren des Oku-no-in sind es auf der alten Pilgerroute fast 4 km (= 36 chō, siehe Chō-ishi-michi). Der Lauf durch den Ort und die stille Gräberlandschaft mit hoch in den Himmel ragenden Zedern kann während der morgend- oder abendlichen Dämmerung oder an regnerischen und nebelverhangenen Tagen zu einem einmaligen spirituellen Erlebnis werden. Besucher, denen der Weg zu weit ist, können mit dem Bus bis zur Haltestelle Ichi-no-hashi-mae oder weiter bis Oku-no-in-mae fahren. Im nördlichen Teil des weitflächigen Friedhofs liegt Oku-no-in, das **Mausoleum** des Kōbō Daishi, sowie die „Lampenhalle" **Tōrō-dō**, mit tausenden, von Gläubigen gespendeten und teilweise sehr alten Laternen.

Chō-ishi-michi und „Frauenweg"
町石道・女人道

Es gibt verschiedene Pilgerwege hoch zum Kōya-san. Der gebräuchlichste ist der 24 km lange Pfad **Chō-ishi-michi**, der den Tempel Jison-in in Kudōyama am Fuße des Berges und das Mausoleum des Kōbō Daishi im Oku-no-in auf dem Gipfel miteinander verbindet. Der Aufstieg dauert durchschnittlich sieben Stunden. Im Abstand von einem chō (etwa 109 m) wurden Marksteine (3 m hohe Obelisken mit Stupa-Spitze) errichtet. Bis zum Oku-no-in (über das Daimon) sind es insgesamt 216 solcher Steinpfähle – 180 bis zum Garan-Bezirk und 36 weitere quer durch

den Kōya-san bis zum Oku-no-in. Die festgelegten Zahlen repräsentieren gleichzeitig auch die Anzahl der Buddhas und buddhistischen Heilsbringer verschiedener Mandalas.

Da die Klosterstadt für Frauen nicht zugänglich war (offiziell bis zum Ende der Feudalzeit Mitte des 19. Jhs., inoffiziell bis 1916), wurde um den Kōya-san herum ein **Frauenweg** (Nyonin-michi) angelegt, der heute noch begehbar ist (ca. 9 km). Frauen durften für ihre Andacht nicht über die kleine Tempelhalle **Nyonin-dō** („Halle der Frauen") hinausgehen. Sie befindet sich neben der Straße, die von der Seilbahnstation ins Zentrum führt. Vom Kintetsu-Bahnhof Gokuraku-bashi läuft man hierher rund 2,5 km bergauf (etwa 1 Std.); weiter bis zum Daimon sind es 1,8 km und bis Oku-no-in 4,8 km.

ÜBERNACHTUNG UND ESSEN

Kōyasan Guest House Kokuu, Kōya-san 49-43, ☎ 0736-26-7216, 🖥 koyasanguesthouse.com/en (Website mit Gasthaus-Video auf Englisch). Moderne Zimmer und gemütliche Atmosphäre. Kapsel-Schlafeinheiten, DZ und 3-Bett-Zimmer. Von der Seilbahnstation Kōya-san mit Nankai-Rinkan-Bus (letzter Bus ca. 19 Uhr) etwa 20 Min. bis Haltestelle Oku-no-in-mae, dann zu Fuß in Richtung Ampel, nach der Ampel vorbei an Souvenirläden auf linker Seite, paar hundert Meter weiter bis Gasthaus. Im Winter (Ende Jan bis Anfang März) geschlossen. ❷
Tamagawa Ryokan, Kōya-san 53, ☎ 0736-56-5251, 🖥 www.ichinohashi.co.jp/tamagawa/index.html. Einziges Businesshotel auf dem Kōya-san, neben großem Souvenirladen mit Restaurant. Im Winter gibt es eine Wärmflasche unter die Bettdecke. Ab 22 Uhr wird die Haustür abgeschlossen. Mit dem Bus in ca. 15 Min. von der Seilbahnstation bis Tamagawa-dōri, dann 200 m zu Fuß auf der Hauptstraße in Richtung Oku-no-in. ❷–❸
Kamameshi Tsukumo, Kōya-san 243, ☎ 0736-56-2212. Sehr leckere kamameshi-Gerichte, bei denen der Reis zusammen mit den anderen Zutaten in einem kleinen Topf gedämpft wird. Gerichte, z. B. lokales Hühnerfleisch mit Gemüse, um 1400 ¥. ⏰ tgl. außer Do 10.30–15 Uhr. Von der Seilbahnstation Kōya-san mit Bus 20 Min. bis Haltestelle Daimon,

Shukubō – Unterkunft im Tempel

Auf dem Kōya-san begegnet man heute mehr denn je ganz in Weiß gekleideten Pilgern, die bereits 88 Tempel auf Shikoku besucht haben und nun zum Abschluss ihrer langen Reise hoch zur Grabstätte des heiligen Kōbō Daishi im Oku-no-in steigen. Die traditionelle Pilgerroute trug dazu bei, dass die Tempel auf dem Kōya-san begannen, Unterkunft, sogenannte *shukubō*, zu bieten. *Shukubō* sind eine interessante Alternative zu herkömmlichen Hotels oder Ryokan.

Reisende zum Kōya-san können sich eine Übernachtung mit meist zwei Mahlzeiten (besonders beliebt: Tōfu aus Sesam, *goma-tōfu*, und getrockneter Tōfu, *kōya-dōfu*) unter mehr als 50 *shukubō* aussuchen. Einige der Tempelunterkünfte liegen unmittelbar in der Nachbarschaft wertvoller Kulturgüter. Da sich die *shukubō* immer größerer Beliebtheit erfreuen und auch schon von Reisebüros empfohlen werden, wurde von der Kōyasan-Shukubō-Kooperative eine Website eingerichtet, auf der Informationen und alle verfügbaren *shukubō* auf dem Kōya-san aufgelistet sind: 🖳 eng. shukubo.net/temple-lodging.html.

Reservierungen können über die Kōyasan Tourist Association (Kōyasan Kankō Kyōkai), ✆ 0736-56-2616, 📠 0736-56-2889, ⏰ tgl. 8.30-16.30 Uhr, oder direkt über die Homepages einiger Tempel sowie über Reisebüros in Japan getätigt werden.

Die Übernachtungskosten wurden untereinander abgestimmt und beginnen in der Regel bei etwa 9000 ¥ p. P. mit HP. Hier eine Auswahl von drei *shukubō*, was keinesfalls bedeutet, dass die anderen Tempel nicht zu empfehlen wären.

Fukuchi-in, Kōya-san 657, ✆ 0736-56-2021 (9–20 Uhr), 🖳 www.fukuchiin.com. Große *shukubō* mit Thermalbad, Außenbad, Sauna und Kaffee-Ecke mit Blick auf den Garten des berühmten Gartendesigners Shigemori Mirei. Von der Seilbahnstation Kōya-san mit Bus 7 Min. bis Kōya-Keisatsu-mae. Preise variieren saisonbedingt. 14 300–19 300 ¥ p. P. mit HP.

Muryōkōin, Kōya-san 611, ✆ 0736-56-2104, 📠 0736-56-4555, Reservierung nur per Tel. oder Fax, 🖳 muryokoin.net. Freundliche und authentische *shukubō* mit Englisch sprechendem Personal. Übernachtung 6700 ¥ p. P. (nur Schlafplatz), 7000 ¥ (mit Frühstück), 10 000–12 500 ¥ (mit Standard- bzw. exklusivem Abendessen). Von der Seilbahnstation Kōya-san mit Bus bis Haltestelle Kōya-Keisatsu-mae.

Rengejō-in, Kōya-san 700, ✆ 0736-56-2233, 📠 0736-56-4743. Bei Ausländern sehr beliebter und empfohlener Tempel mit schönem Garten und Englisch sprechenden Angestellten. 10 000–15 000 ¥ p. P. mit HP. Von Seilbahnstation Kōya-san mit Bus 5 Min. bis Isshin-guchi.

dann nach Osten 1 Min. zu Fuß. Im westlichen Teil von Kōya-san, an der Bus-Hauptstraße.

Bon On Sha, Kōya-san 730, ✆ 0736-56-5535. Internationales Café in schönem, japanischem Haus mit vielen ausländischen Gästen. Der nette Besitzer spricht verschiedene Sprachen und gibt den Gästen bereitwillig Informationen. Von der Seilbahnstation Kōya-san mit Bus in Richtung Oku-no-in bis Odawara-dōri in 13 Min. Speisekarte auch auf Englisch. Mittagessen ab 12 Uhr. ⏰ Mi–So 10 Uhr bis Sonnenuntergang.

Café de Lotus, Kōya-san 778, ✆ 0736-56-2795, von der Kreuzung Senshu-in-bashi westlich 40 m. Curry, Sandwiches und eine recht gesprächige Gastwirtin. ⏰ tgl. 11–17.30 Uhr.

SONSTIGES

Feste

Auf der Website von **KCCN**, 🖳 www.geocities. jp/koyasan_i_g_c/event/eventcal.html, findet sich eine Liste mit einer Auswahl von über 200 jährlichen buddhistischen Zeremonien und Festen auf dem Kōya-san.

Das **Aoba-Fest**, eine farbenprächtige Parade aus Anlass des Geburtstags von Kōbō Daishi am 15. Juni, ist das größte Ereignis auf dem Kōya-san. Am Abend zuvor werden riesige Festwagen mit leuchtenden, von den Einheimischen hergestellten Papierbildern von Kōbō Daishi, Buddha und Bodhisattvas durch die Straßen gezogen.

Informationen

Kōyasan Tourist Association und **Kōyasan Shukubō Association**, Kōya-san 600, ☎ 0736-56-2616, 🖥 www.shukubo.net. Hier gibt es gute Karten für Wanderwege in der Umgebung, Unterkünfte können gebucht und Fahrräder (1 Std./Tag 400 ¥/1200 ¥) ausgeliehen werden. Die Zentrale liegt an der Haltestelle Odawaradōri im Zentrum, eine kleinere Filiale an der Seilbahnstation. ⏰ tgl. 8.30–16.30 Uhr.

€ **KCCN Kōyasan Cross-cultural Communication Network**, Daishi-Kyōkai Bldg., nahe dem Tempel Kongōbu-ji, 🖥 www.geocities.jp/koyasan_i_g_c/index.html. Die nicht-profitorientierte Organisation hat es sich zur Aufgabe gemacht, Besuchern korrekte und nützliche Informationen über den Kōya-san zu vermitteln. Zudem bietet sie kostenlose Führungen an, die unter ✉ mail@koyasan-ccn.com reserviert werden können.

Im gleichen Gebäude ist das **VIC Visitor Information Center**, ☎ 0736-56-2270, 🖥 www.geocities.jp/koyasan_i_g_c/kccn/vic.html, auf internationale Gäste eingestellt, mit englischsprachigen Broschüren und Landkarten. Rezeption ⏰ April–Nov Mo, Mi, Fr, Sa (außer 3.) und So, Dez–März nur Mi und Fr 10–16 Uhr.

NAHVERKEHR

Es verkehren **Busse** im 20-, 30- und 60-Min.-Takt (von ca. 6.30–19 Uhr bzw. Sa–So bis 20.46 Uhr) zwischen der Seilbahnstation Kōya-san und dem Zentrum (10 Min.), Daimon (16 Min.), Ichinohashi (17 Min.) und der Endstation Oku-no-in (20 Min.), Tagesticket 830 ¥. Für Inhaber des *Kōya-san World Heritage Tickets* oder des *Kansai Thru Passes* sind die Busfahrten inklusive.

TRANSPORT

Mit der **Nankai-Eisenbahn** (Nankai-Kōya-Linie) vom Bahnhof Nanba in ŌSAKA mit dem Schnellzug *(tokkyū)* 4x tgl. in 1 1/2 Std., 1650 ¥, oder mit dem Semi-Schnellzug *(kyūkō)* alle 30 Min. in 2 Std., 870 ¥, bis zur Endstation **Gokuraku-bashi**. Von hier aus weiter mit der Seilbahn in 5 Min. hoch zur Seilbahnstation Kōya-san (390 ¥).

€ Für diejenigen, die wieder nach Ōsaka zurückkehren, lohnt sich ein *Kōya-san World Heritage Ticket* (für 2 aufeinanderfolgende Tage), das im Bahnhof Nanba oder anderen Bahnhöfen der Nankai-Linie erhältlich ist: Die Rückfahrkarte (von Nanba oder Shin-Imamiya) kostet 2860 ¥ (das sind 17 % Ersparnis), die Limited-Express-Version 3400 ¥. Beide beinhalten alle Fahrten zum sowie die Busfahrten auf dem Kōya-san. Zudem reduzieren sich die Eintrittspreise für einige Tempel um 20 %. Wer mit dem *Kansai Thru Pass* reist, zahlt auf diesem Reiseabschnitt weder für Eisenbahn, Seilbahn noch Bus.

Kumano 熊野

Kumano, im Süden der Kii-Halbinsel, etwa 100 km südöstlich von Ōsaka, wird auch „Land des Todes" genannt, denn hier sollen die *kami*, die Shintō-Geister, zusammen mit den verstorbenen Ahnen wohnen. Die Gegend umschließt die sogenannten **Kumano-sanzan**, die drei Schreine **Hongū-taisha**, **Nachi-taisha** und **Hayatama-taisha (Shingū)**. Die drei Schreine sind durch traditionelle Pilgerwege miteinander verbunden, die zusammen als **Kumano-kodō** bekannt sind. Seit weit über 1000 Jahren und bis heute wandern Pilger auf diesen Pfaden zu den heiligen Orten: von Kii-Tanabe zum Hongū-taisha auf dem Nakahechi-Pfad (etwa 45 km, 2 Tage). Wer auf dem Nakahechi weiterläuft, erreicht nach 32 km den Nachi-taisha. Eine weitere Pilgerroute von Kii-Tanabe zum Nachi-taisha, der Ōhechi-Pfad, verläuft entlang der Küste (100 km, 4–5 Tage). Vom Nachi-taisha aus führt der Weg 7 km zurück auf dem Ōhechi und dann 15 km auf dem Ise-ji-Weg in Richtung Ise bis zum dritten Heiligtum, dem Hayatama-taisha.

Es wird vermutet, dass die Schreine noch viel älter sind. Hierher, in das „Herz von Japan", wie diese von hoher Religiosität durchdrungene Region auch bezeichnet wird, soll Jimmu, der Enkel der Sonnengöttin, seinerzeit gekommen sein, um als erster Kaiser Japans das Land zu einen. Der Weg nach Kumano musste so breit angelegt werden, dass der Kaiser darauf in aufwendigen Sänften getragen werden konnte.

Im Jahr 2004 wurden Kumano-sanzan, die religiösen Schätze Kumanos und die Pilgerrouten Kumano-kodō von der Unesco als Weltkulturerbe ausgewiesen.

Kumano-sanzan 熊野三山

Der **Kumano Hongū-taisha**, einfach nur Hongū genannt, befindet sich im Stadtteil Hongū der Stadt Tanabe und gilt als Hauptschrein der mehr als 3000 Kumano-Schreine landesweit. Der Schrein wird Mitte des 9. Jhs. erstmals schriftlich erwähnt. Der **Kumano Hayatama-taisha**, auch einfach nur Shingū genannt, liegt an der Mündung des Flusses Kumano nahe der Stadt Shingū. Der **Kumano Nachi-taisha**, auch Nachi genannt, ist Teil der Gemeinde Nachi-Katsuura. Der Schrein liegt ganz in der Nähe des heiligen und höchsten japanischen Wasserfalls **Nachino-ōtaki**, der hier ursprünglich das Objekt der Verehrung darstellte. Die außergewöhnlich schöne und ganz in Orange gehaltene Pagode des benachbarten Tempels **Seigantō-ji** und der 133 m hohe atemberaubende Wasserfall, sind gemeinsam ein sehr beliebtes Fotomotiv.

Business Hotel Kawakami, Kumano-shi, Ido-chō 446-15, ℡ 0597-85-4000, 🖳 www.hotel-nami.com/kawakami. Preiswertes Businesshotel mit japanischem oder westlichem Frühstück (800 ¥). Vom JR-Bahnhof Kumano-shi, Ausgang 1, nach rechts und etwa 150 m bis zur Brücke, über die Brücke und rechts, nach den Eisenbahnschienen linke Seite, insgesamt 5 Min. **❶–❷**

Kumano-shi Seinen-no-ie Youth Hostel, Kumano-shi, Arima-chō 2-13, ℡ 0597-89-0800, 🖳 www.amigo.ne.jp/~iseshima/kumano_home. htm. Hat wie so manche klassische Jugendherberge etwas von einer Schule. Im Sommer kann man hier am Strand baden und im August findet ein großes Feuerwerk statt. Dorm 2800 ¥ p. P. Vom JR-Bahnhof Kumano-shi südlich 1. Ampel nach rechts, weiter auf der Route 42 parallel zum langen Strand, nach der 2. Ampel rechts, gegenüber dem Stein-Löwen *shishi-iwa*, knapp 10 Min. zu Fuß.

Shingū UI Hotel, Shingū-shi, Inosawa 3-12, ℡ 0735-22-6611, 🖳 ui-hotel.co.jp. Vierstöckiges Businesshotel, in dem auch Hochzeiten gefeiert werden. Im Hotel gibt es eine *izakaya*. Vom Ausgang des JR-Bahnhofs Shingū nach links, noch mal links, 1. Ampel links und geradeaus auf der Chūō-dōri, nach der Ampel vor dem Rathaus auf der rechten Seite. Mini-Supermarkt in der Nähe. Vom JR-Bahnhof Kumano-shi und Shingū mit dem Express ca. 20 Min. und mit normalem Zug ca. 30 Min. **❷–❹**

Shingū ist ein günstiger Ausgangsort, um per Bus zu den wichtigsten Stätten am Kumano-kōdō und den drei großen Schreinen in Shingū, Hongū und Nachi weiterzureisen.

Von KYŌTO nach Shingū (Kumano-Hayatama-taisha) gibt es Direktverbindungen mit der JR-Kinokuni-Linie: *Ocean Arrow*, 3x tgl., 4 1/4 Std.; *Kuroshio* bzw. *Super-Kuroshio*, 2x tgl., 4 1/2 Std., jeweils 7560 ¥. Beide Züge fahren über SHIN-ŌSAKA, wo man auch zusteigen kann (4 Std., 6690 ¥). Besitzer des JR-Passes können auch mit dem Shinkansen bis NAGOYA fahren und von dort – sozusagen im Uhrzeigersinn – mit dem JR-Schnellzug *White View Nanki* in knapp 3 1/2 Std. bis Shingū reisen (ohne JR Rail Pass 6870 ¥).

Ise-Nationalpark
伊勢志摩国立公園

Den Osten der Kii-Halbinsel nimmt der Ise-Shima-Nationalpark ein. Ise war bis ins 19. Jh. der Name der Region und zugleich Synonym für die Großen Schreine **Ise-daijingū**. Diese äußerst schlichten, berühmtesten Schreinanlagen Japans ziehen jährlich etwa 6 Mio. Pilger an. Weiter ostwärts bei **Futamigaura** werden zwei symbolkräftige Felsen im Meer verehrt. Und ein Stück in Richtung Süden, entlang der dem Pazifik zugeneigten Ise-Bucht, liegt **Toba**, ein sehenswertes Zentrum der Perlengewinnung.

Ise-daijingū 伊勢大神宮

Die Stadt Ise ist klein, unscheinbar und relativ jung. Sie entstand aus den beiden vom Ansturm der Pilger und Touristen lebenden Gemeinden

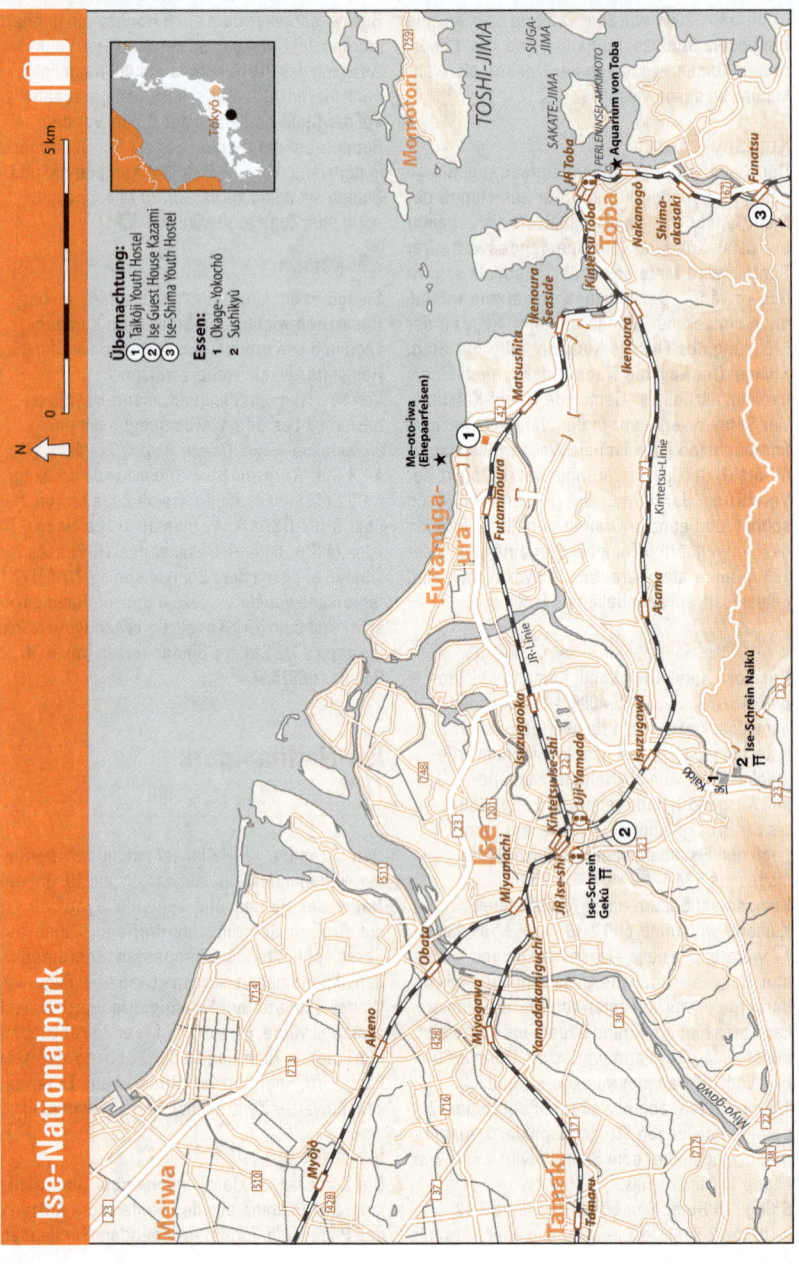

Ise-Nationalpark

5 km

0

N

Übernachtung:
① Taikōji Youth Hostel
② Ise Guest House Kazami
③ Ise-Shima Youth Hostel

Essen:
1 Okage-Yokochō
2 Sushikyū

Tōkyō

TOSHI-JIMA

SUGA-
JIMA

Momotori

SAKATE-JIMA

Uji Toba

PERLENINSEL-MIKIMOTO

Aquarium von Toba

Funatsu

167

Kintetsu Toba

Toba

Nakamogō

Shimo-
okasaki

3

Ikenoura
Seaside

Matsushita

Ikenoura

Me-oto-iwa
(Ehepaarfelsen)

371

① Futaminoura

Kintetsu-Linie

Futaminoura

Asama

Futamiga-
ura

JR-Linie

JR-Linie

Isuzugaoka

Isuzugawa

Ise-Schrein Naikū

167

Kintetsu-Toshi

Uji-Yamada

Isuzugawa

Keidō

Ise

2 Ise-Schrein
Naikū

Miyamachi

JR Ise-shi

② Ise-Schrein
Gekū

②

23

351

Obata

Akeno

Miyagawa

Yamadakamiguchi

Miyo-Dōro

769

511

Meiwa

Myōjō

Tamaki

Tamaru

23

42

371

376

Uji und Yamada. Die Hauptsehenswürdigkeit des Wallfahrtsortes ist der aus dem 3. Jh. stammende Ise-daijingū, der „Große Schrein von Ise", der als nationales Heiligtum verehrte, wichtigste Shintō-Schrein Japans.

Der Ise-daijingū ist in zwei Hauptkultstätten unterteilt: den Äußeren Schrein Gekū und den Inneren Schrein Naikū. Der Gekū stammt wahrscheinlich aus dem 5. Jh. und ist der Nahrungs- und Schutzgöttin Toyouke-ōmikami geweiht. Der Naikū wurde vermutlich im 3. Jh. für die Sonnengöttin Amaterasu-ōmikami erbaut. Amaterasu ist die wichtigste Gottheit im Shintō und zugleich die mythische Urahnin des japanischen Kaisergeschlechts. Die beiden Schreine liegen etwa 5 km voneinander entfernt und werden gemäß der Shintō-Tradition alle 20 Jahre abgetragen und in Originalform mit neuen Materialien (unbehandeltes Zypressenholz) wieder aufgebaut. Die letzte und 62. Umsetzung fand 2013 statt.

Gekū 外宮

Der Äußere Schrein befindet sich etwa 15 Minuten Fußweg südwestlich des Bahnhofs Ise-shi (JR- und Kintetsu-Linie) entfernt. Am Eingang zum Gekū-Bereich erhalten ausländische Besucher eine englischsprachige Broschüre. Der Weg führt von hier durch zwei Torbögen (torii), vorbei am wunderschönen Magatama-Teich, einem Gebäude für die Kaiserfamilie, wenn im mer sie die Schreinanlage besucht, und der dahinter befindlichen Kagura-den, einer Halle für kultische Tänze, bis das vierfach umzäunte Heiligtum erreicht wird. Alle Besucher dürfen sich der Anlage bis zum Tor an der Südseite nähern. Der Eintritt durch das Tor ist ausschließlich den Priestern, dem Kaiser und seinen Gesandten vorbehalten. Es ist zudem strengstens untersagt, in der Nähe der heiligen Gebäude zu fotografieren.

Naikū 内宮

Den Inneren Schrein erreichen die Besucher mit dem Bus vom Kintetsu-Bahnhof Ise-shi oder vom Gekū. Touristen und Pilger, die für ihren Besuch in Ise nicht viel Zeit zur Verfügung haben, besuchen in der Regel nur den Inneren Schrein, da dieser der weitaus berühmtere

ist – hier soll der Spiegel, eine der drei kaiserlichen Insignien, aufbewahrt werden. Aus diesem Grund ist der Naikū überlaufener als der Gekū. Man erreicht den Naikū, indem man vom Busparkplatz den Isuzu-Fluss auf der Uji-Brücke überquert, durch ein Torii läuft und dann auf dem Schreingelände die Stufen zum Fluss hinuntersteigt. Hier waschen sich die Pilger Hände und Mund und setzen dann „gereinigt" den Weg fort, durchschreiten ein zweites Torii und betreten einen von alten Zedern gesäumten Weg, der auch wieder an kaiserlichen Aufenthaltsräumen und einer Kagura-Halle sowie an einem Reisspeicher, einem Pferdestall und anderen kleinen Gebäuden vorbeiführt. Dann steht der Besucher vor dem Shōden, dem von vier Reihen von Holzzäunen umgebenen Hauptschrein. Die Zäune sind auch hier wie beim Gekū so hoch, dass sich die Sicht auf die Dachkonstruktion der Schatzhäuser beschränkt. Den besten Blick über die Anlage bietet eine Stelle nördlich des Schreins: Vor dem Heiligtum stehend einfach nach links in Richtung Norden bis zum heiligen Reisspeicher Mishine-no-mikura laufen.

Futami-ga-ura 二見ヶ浦

In dem kleinen Ort Futami-ga-ura, nur 4 km nordöstlich von Ise am Pazifischen Ozean gelegen, befindet sich nahe dem Ufer eine weitere Sehenswürdigkeit des Ise-Shima-Nationalparks: Die durch ein starkes geflochtenes Strohseil (shimenawa) miteinander verbundenen, aus dem Meer herausragenden „Ehepaarfelsen" (me-oto-iwa). Sie versinnbildlichen das Götterpaar Izanagi und Izanami, die der Mythologie nach die Schöpfer Japans sind (S. 567). Auf dem männlichen, dem größeren der beiden Felsen, steht ein kleines Torii, das die Heiligkeit dieses Ortes unterstreicht. Jährlich am 5. Januar wird das Seil während einer feierlichen Zeremonie erneuert. Vom JR-Bahnhof Ise-shi bis Futami-no-ura in 8 Min. (200 ¥).

Toba 鳥羽

Etwa 14 km östlich von Ise liegt auf der Shima-Halbinsel die kleine Stadt Toba. Ihr Seehafen bildet den südlichen Eingang der Ise-Bucht. Zu den vielen Inseln in der Bucht gehört die Mikimoto-Perleninsel im Hafen von Toba. Dem

Perlenzüchter Mikimoto Kōkichi (1858–1954) gelang es 1893 zum ersten Mal in der Geschichte, Perlen künstlich im Mantel von Austern entstehen zu lassen und diese zu züchten. Toba wurde zum Zentrum der Perlenzucht und Mikimoto ein gemachter Mann und mehrfacher Millionär. Heute betreibt das Unternehmen auf der Mikimoto Pearl Island eine Besucheranlage mit einem **Perlenmuseum**, ✆ 0599-25-2028, 🖥 www.mikimoto-pearl-museum.co.jp/en/index.html, und der **Mikimoto-Kōkichi-Gedächtnishalle**. Außerdem können die Besucher der Insel die weiß gekleideten *ama* bewundern, jene legendären und anmutigen **Perlen-Taucherinnen**, die ohne Sauerstoffgeräte zu den Austern am Meeresboden tauchen. 🕐 tgl. 9–16.30 Uhr, Eintritt Pearl Island 1500 ¥, ca. 5 Min. zu Fuß südöstlich vom Bahnhof Toba (JR und Kintetsu).

Im nahe gelegenen großen **Aquarium von Toba**, ✆ 0599-25-2555, 🖥 www.aquarium.co.jp/english/index.html, finden sich fast tausend Arten von im Wasser lebenden Tieren, sowohl aus dem Meer rund um Japan als auch aus japanischen Flüssen. 🕐 tgl. 9–17 Uhr (mit halbstündigen Veränderungen im Verlauf der Jahreszeiten), 2400 ¥.

ÜBERNACHTUNG UND ESSEN

€ **Ise Guest House Kazami**, Ise-shi, Fukiage 1-6-36, ✆ 0596-64-8565, 🖥 ise-guesthouse.com. Das 80 Jahre alte japanische Inn wurde von einheimischen Künstlern fantasievoll aufgemöbelt und 2011 neu eröffnet. Reservierungen per Internet. 2 Min. zu Fuß vom Bahnhof Ise-shi. Südausgang nach links bis zur 1. Kreuzung – das auffällige Gebäude an der rechten Ecke ist nicht zu übersehen. ❶

Ise-Shima Youth Hostel, Shima-shi, Isobe-chō, Anagawa 1219-82, ✆ 0599-55-0226, 🖥 www.jyh. gr.jp/ise. Saubere, am Meer gelegene Jugendherberge südlich von Toba. *Konbini* in der Nähe und Küche für Selbstversorger vorhanden. Von 9.30–16 Uhr darf man sich nicht in der Herberge aufhalten. Dorm ab 3700 ¥ p. P., EZ und DZ. Am JR-Bahnhof Toba umsteigen in Kintetsu-Linie, dann bis Kintetsu-Anagawa (Vorsicht, Schnellzug hält nicht in Anagawa) für 380 ¥. Vom Bahnhof auf der R61 ungefähr 800 m Richtung Westen, nach rechts und 200 m gen Süden. ❶

Taikōji Youth Hostel, Ise-shi, Futami-chō-e 1659, ✆ 0596-43-2283, 🖥 www.amigo.ne.jp/~iseshima/taikoji_home.htm. Kleine Jugendherberge in Futami-ga-ura im *shukubō*-Stil, also eine Tempelherberge. Preiswerte Übernachtung für 2910 ¥ (Mitglieder 2310 ¥). Vom JR-Bahnhof Futamigaura zu Fuß etwa 25 Min. oder vom Futami-Busterminal nahe dem JR-Bahnhof Futami mit dem Bus 5 Min. bis Meoto-iwa-higashiguchi, dann 7 Min. zu Fuß. Vom Kintetsu-Bahnhof Ise-shi oder Uji-Yamada mit dem Bus Richtung Toba bis Haltestelle Meoto-iwa-higashiguchi.

Okage-Yokochō ist ein lebendiges Viertel vor dem Tor zum Inneren Schrein (Naikū), wo es verschiedene Möglichkeiten gibt, satt zu werden. Die kleinen Straßen, die traditionellen Geschäfte und die vielen Läden, die japanische Süßigkeiten verkaufen, vermitteln eine edozeitliche Atmosphäre.

Sushikyū, ✆ 0596-27-0229, ist ein beliebtes Sushi-Restaurant in Okage-Yokochō an der Bushaltestelle Jingū-kaikan-mae. 🕐 tgl. 11–19.30 Uhr (Di sowie 1. und letzter Tag im Monat bis 17.30, Okt–März bis 16.30 Uhr).

SONSTIGES

Fahrradverleih

In Ise ist es sinnvoll, ein Fahrrad zu mieten. Dies ist für 500 ¥ (bis 4 Std.) und 800 ¥ (über 4 Std.) im **Ise City Tourist Information Office** im Kintetsu-Bahnhof Uji-Yamada möglich. Hier ist auch eine gute Fahrradkarte erhältlich. Vom JR-Bahnhof Ise-shi bis zum Kintetsu-Bahnhof Uji-Yamada sind es 7 Min. zu Fuß. Fahrräder zum gleichen Tarif gibt es auch bei der **Touristeninformation Ise** vor dem Eingang zum Gekū (siehe unten).

Feste

Kagurasai, 28.–30. April und 22.–24. Sep: Auf einer Bühne am Naikū führen aus dem ganzen Land angereiste Ensembles Tänze, Gesänge, Nō-Theater und Kyōgen-Stücke auf.

Informationen

Touristeninformation Ise vor dem Eingang zum Gekū, ✆ 0596-23-3323, 🕐 8.30–17 Uhr, und im Kintetsu-Bahnhof Uji-Yamada, ✆ 0596-23-9655, 🕐 tgl. 9–17.30 Uhr.

Toba Tourist Office, im Kintetsu-Bahnhof Toba, Ausgang 1, ☎ 0599-25-2844, ⏰ tgl. 9–17.30 Uhr.

NAHVERKEHR

Zum **Gekū** vom Bahnhof Ise-shi zu Fuß etwa 7 Min., vom Kintetsu-Bahnhof Uji-Yamada 10 Min.
Zum **Naikū** vom Bahnhof Ise-shi mit Bus Nr. 51 oder 55 bis Naikū-mae in 12–18 Min., vom Kintetsu-Bahnhof Uji-Yamada mit den gleichen Bussen in 16–22 Min. und vom Eingang zum Gekū bis zum Naikū in 12 Min. Der Fahrpreis beträgt jeweils 420 ¥.

€   Beide Schreine werden auch vom **CAN-Bus** angefahren. Dieser Bus bietet darüber hinaus Verbindungen zwischen den Schreinen, dem Ise-Bahnhof, Futami-ga-ura und Toba. Die CAN-Tagesfahrkarte kostet 1000 ¥, 2 Tage 1600 ¥. Im Ticket enthalten sind alle Busfahrten innerhalb dieses Gebietes sowie Ermäßigungen bei den Eintrittspreisen. Erhältlich sind die Tickets im Bus selbst oder im **Mie Kōtsu Ticket Center** vor den Bahnhöfen Ise-shi und Uji-Yamada, vor dem Naikū und am Toba Bus Center.

TRANSPORT

Eisenbahn

Die Stadt Ise erreicht man am einfachsten von KYŌTO aus mit dem Expresszug (tokkyū) der **Kintetsu-Eisenbahn** in rund 2 Std., 3620 ¥, von ŌSAKA-Nanba 1 3/4 Std., 3120 ¥, und von NAGOYA 1 1/2 Std., 2770 ¥ – weiter bis Toba 1 3/4 Std. Vorsicht: Kintetsu-Züge fahren nicht nach Futami-ga-ura.
JR-Züge fahren von Kyōto, Ōsaka und Nagoya nach Ise-shi, sind aber wegen der häufigen Umsteigerei recht umständlich. Tipp für JR-Pass-Besitzer: Mit dem Shinkansen von Tōkyō oder Kyōto oder sonstigen Städten bis Nagoya fahren, dort in den JR-Expresszug *Mie Rapid* umsteigen und in nur 90 Min. nach Ise rauschen (ein Teil der Strecke gehört nicht zu Japan Railway, JR-Pass-Besitzer müssen daher für diese Strecke 510 ¥ draufzahlen). Toba ist die Endstation der JR-Linie, weiter südlich fahren nur die Züge der Kintetsu-Eisenbahngesellschaft.

Schiffe

Eine etwas spannendere Alternative zur Eisenbahn ist die Anreise per Fähre und Zug: vom Flughafen Nagoya Centrair mit der Fähre nach TSU (45 Min., 2470 ¥ plus 200 ¥ Bustransfer zum Bahnhof) oder nach MATSUSAKA (ca. 70 Min., 2780 ¥ plus 100 ¥ Bustransfer zum Bahnhof). Von Tsu bzw. Matsusaka benötigen die JR/Kintetsu-Züge nach Toba 30 bzw. 15 Min.

Ōsaka 大阪

Ōsaka entwickelte sich bereits in der Edo-Zeit zu einer wohlhabenden und prosperierenden Handelsstadt. In der Neuzeit ging die wirtschaftliche Dominanz jedoch an Tōkyō. Oberflächlich gesehen kann der Eindruck entstehen, dass Ōsaka, übrigens seit 1989 die Partnerstadt Hamburgs, ein Dschungel aus Beton, Stahl und Glas ist, der außer Wolkenkratzern

Wasserstadt Ōsaka

Die verzweigten Wasserläufe des Yodogawa sorgen dafür, dass Ōsaka von einem Netz von Kanälen und Flüssen durchzogen ist. Diese Tatsache und die dadurch entstandenen Brücken gaben Naniwa, wie Ōsaka früher hieß, die Beinamen „Venedig des Ostens" und „Stadt der 808 Brücken". Besuchern, die Ōsaka vom Wasser aus kennenlernen möchten, bietet sich eine Rundfahrt mit einem Wasserbus an, der zwischen der Burg und Yodoya-bashi verkehrt: Der **Aqua-Liner auf dem Yodogawa** fährt zwischen 10–15 Uhr (an Wochenenden, Feiertagen und im Sommer bis 18 bzw. 19 Uhr) auf folgender Route: Anlegestelle Burg (Ōsaka-jō), Tanimachi-U-Bahnhof/Tenmabashi-Pier oder Midōsuji-U-Bahnhof/Yodoyabashi-Pier und OAP-Pier (Teikoku Hotel). Auskunft ☎ 0570-03-5551, 🖥 suijo-bus.jp/language/english/aqualiner.aspx, Preis für gesamte Rundfahrt 1700 ¥ (im Frühling 2000 ¥), Fahrtdauer 1 Std., Preise einzelner Etappen entsprechend der Fahrtdauer.

nicht viel zu bieten hat. Wer Ōsaka aber nicht nur im Transit durchfährt und sich stattdessen etwas tiefer in die 2,5-Millionen-Stadt an der Ōsaka-Bucht hinein begibt, wird sehr schnell entdecken, dass die Metropole schöne Gärten und historische Orte, aber gleichzeitig auch eine dynamische Ess-, Trink- und Vergnügungskultur besitzt. Vor allem in den südlichen Bezirken, in Shinsaibashi und Nanba, lassen sich die aktuellen Kultur- und Modetrends entdecken. Für Familien gibt es Attraktionen wie den Tennōji-Zoo, das Ōsaka-Aquarium oder die Universal Studios Japan.

Kulturfreunde kommen mit der Ōsaka-jō, Wahrzeichen der Stadt und eine der prächtigsten Burgen Japans, dem uralten Tempel Shitennō-ji, dem Expo-Park 1970 oder dem Suntory Museum auf ihre Kosten. Und für alle, die gerne shoppen, gibt es unendlich viele Läden und kilometerlange ober- wie unterirdische Einkaufsarkaden.

Umeda 梅田

Umeda, Teil des Stadtbezirks **Kita-ku**, ist das nördliche Zentrum von Ōsaka, ein wichtiger Verkehrsknotenpunkt und ein sehr betriebsames Geschäfts-, Einkaufs- und Amüsierviertel mit vielen Firmensitzen und Hotels.

Über fünf Jahre lang wurde der recht triste und so gar nicht zeitgemäße Hauptbahnhof Ōsaka einer umfassenden Neugestaltung unterzogen. Im Jahr 2011 erlebte er schließlich eine Wiedergeburt als **Ōsaka Station City**, ein architektonisch moderner, trendiger und übersichtlicher Ort, mit viel Raum und Licht und Möglichkeiten zum Shoppen, Essen, Trinken, Treffen oder nur zum Gucken. Unter einer monströsen Glasdachkonstruktion liegen die Bahnsteige, und eine Brücke verbindet im 5. Stock den Nord- und Südteil der Bahnhofsanlage.

Im April 2013 wurde unmittelbar nördlich des neuen JR-Bahnhofs ein weiteres Highlight von Umeda seiner Bestimmung übergeben: **Grand Front Ōsaka**, ein Kollektiv aus drei Hochhäusern, mit Büros, Wohnungen und vielen kleinen Geschäften.

Im westlichen Teil von Umeda, in Dojima und Nakanoshima, ragen über 40 Wolkenkratzer empor. Die drei größten Kaufhäuser der Stadt, Hanshin, Hankyū und Daimaru, befinden sich ebenfalls in Umeda. Und wer dort nicht fündig wird, dem stehen moderne Einkaufszentren zur Verfügung wie Whity Umeda und Diamor Ōsaka, im europäischen Stil gehaltene, ausgedehnte unterirdische Einkaufspassagen. **Diamor Ōsaka** spricht alle Altersgruppen an und besteht aus vier breiten Straßen und einer hohen Deckenkonstruktion aus Glas, die das Tageslicht einfängt und so den Aufenthalt im Untergrund vergessen lässt. Über 150 trendige Geschäfte, Restaurants und Cafés bieten der Gebäudekomplex HEP Five und HEP Navio auf der **Hankyū Entertainment Plaza** (HEP), ein Wahrzeichen der jungen Generation, unmittelbar neben dem Hankyū-Bahnhof Umeda. Im **HEP Navio** können sich die Besucher auch für eines von acht Kinos entscheiden, und auf dem Dach des **Hep Five** ist ein nicht zu übersehendes, knallrotes, über 100 m hohes Riesenrad befestigt, das vom 7. Stock des 9-stöckigen Gebäudes bestiegen werden kann (11–23 Uhr). Die Sicht hoch über Downtown ist natürlich atemberaubend.

Eine noch höhere Weitsicht hat man von der anderen Seite des JR-Bahnhofs Ōsaka (Ausgang Nr. 5), vom 173 m hohen **Umeda Sky Building**, zwei nebeneinander stehenden gläsernen Geschäftstürmen, die im oberen Bereich mit einer Brücke verbunden sind. Vom ringförmigen „Floating Garden Observatory" im 37. Stock aus lässt es sich bis zum Hafen und an schönen Tagen bis zur Insel Awaji blicken, ☉ 10–22.30 Uhr (Einlass bis 22 Uhr), 700 ¥. Dem deutschen Konsul gefiel diese Sicht scheinbar auch, jedenfalls mietete er sich hier ein. Das Design des futuristischen Gebäudes stammt von Hara Hiroshi, dem Architekten des Hauptbahnhofs in Kyōto.

Die überdachte Einkaufsstraße **Tenjinbashi-suji**, die aus dem Tenjin-Gemüsemarkt am Tenmangū-Schrein herausführt, hat unendlich viele Textil- und Bücherläden, Imbissbuden und sonstige Geschäfte. Die Länge dieser Arkade (2,6 km) scheint rekordverdächtig.

KANSAI

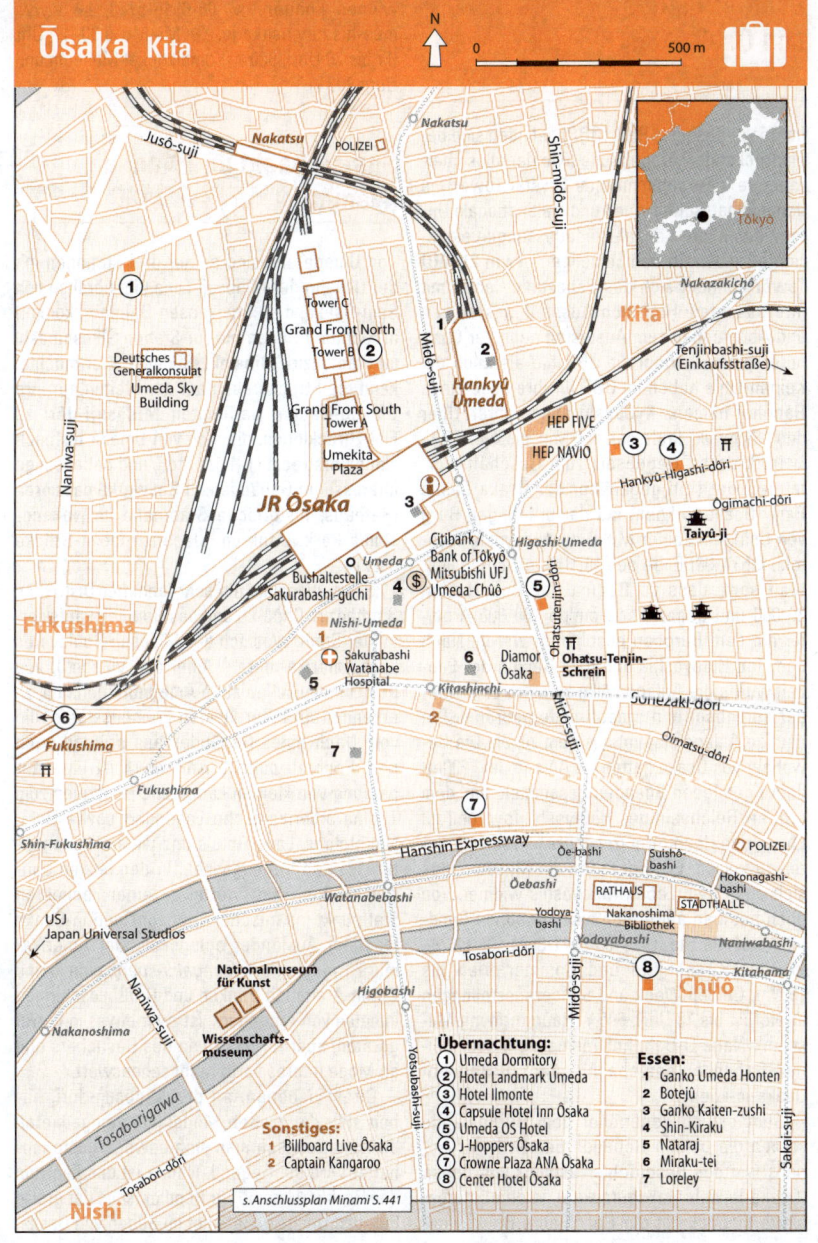

KANSAI

Jusō-suji

Nakatsu

Nakatsu

POLIZEI

Shin-midō-suji

Kita

(1)

Deutsches Generalkonsulat
Umeda Sky Building

Tower C

Grand Front North
Tower B   (2)

Grand Front South
Tower A

Umekita Plaza

Naniwa-suji

JR Ōsaka

(1)

(2)

Hankyū Umeda

HEP FIVE

HEP NAVIO

Tenjinbashi-suji
(Einkaufsstraße)

(3)   (4)

Hankyū-Higashi-dōri

Ōgimachi-dōri

Taiyū-ji

(3)

Citibank /
Bank of Tōkyō
Mitsubishi UFJ
Umeda-Chūō

Higashi-Umeda

Ohatsutenjin-dōri

(5)

Bushaltestelle
Sakurabashi-guchi

Umeda

(4) $

Fukushima

Nishi-Umeda

1

Sakurabashi
Watanabe
Hospital

5

7

Diamor
Ōsaka

6

Kitashinchi

2

Ohatsu-Tenjin-Schrein

Sonezaki-dōri

Midō-suji

Oimatsu-dōri

(6)

Fukushima

Fukushima

Shin-Fukushima

(7)

Hanshin Expressway

Ōe-bashi

Suishō-bashi

POLIZEI

Hokonagashi-bashi

Watanabebashi

Ōebashi

RATHAUS

STADTHALLE

USJ
Japan Universal Studios

Nationalmuseum
für Kunst

Wissenschafts-museum

Naniwa-suji

Higobashi

Yodoya-bashi

Nakanoshima Bibliothek

Tosabori-dōri

Yodoyabashi

(8)

Naniwabashi

Kitahama

Chūō

Nakanoshima

Yotsubashi-suji

Midō-suji

Sakai-suji

Tosaborigawa

Tosabori-dōri

Sonstiges:
1 Billboard Live Ōsaka
2 Captain Kangaroo

Nishi

Übernachtung:
(1) Umeda Dormitory
(2) Hotel Landmark Umeda
(3) Hotel Ilmonte
(4) Capsule Hotel Inn Ōsaka
(5) Umeda OS Hotel
(6) J-Hoppers Ōsaka
(7) Crowne Plaza ANA Ōsaka
(8) Center Hotel Ōsaka

Essen:
1 Ganko Umeda Honten
2 Botejū
3 Ganko Kaiten-zushi
4 Shin-Kiraku
5 Nataraj
6 Miraku-tei
7 Loreley

s. Anschlussplan Minami S. 441

Ōsaka Business Park (OBP) und Ōsaka Castle Park 大阪ビジネスパーク・大阪城公園

Im Ōsaka Business Park (OBP) befinden sich beeindruckende Bürogebäude (wie der alles überragende blau schimmernde Crystal Tower), in denen japanische Firmen und multinationale Unternehmen ihre Kansai-Niederlassungen eingerichtet haben. In den „eineiigen" **Twin 21 MID Tower** befindet sich das Panasonic Center mit interessanten Hightech-Ausstellungsräumen und Abteilungen zum Austesten neuester Computerspiele. Sowohl die JR-Linie als auch die Keihan-Linie haben im OBP für ihre Züge einen Bahnhof namens **Kyōbashi** eingerichtet. Über den „Skywalk" läuft man in 5 Min. bis zum OBP.

Im krassen Gegensatz zum Geschäftsviertel befindet sich gegenüber der Ōsaka Castle Park (Ōsaka-jō-kōen) mit der prächtigen **Burg von Ōsaka** in seiner Mitte, die Hideyoshi Toyotomi (1537–98) Ende des 16. Jhs. errichten ließ. Man sagt, dass zu Beginn der Bauarbeiten 30 000 und gegen Ende einige 100 000 Arbeiter mit dem Burgbau beschäftigt waren. Nach dem Tod Hideyoshis und dem Beginn der Edo-Zeit wurde die Anlage völlig zerstört, dann wieder aufgebaut und erneut niedergebrannt. Die heutige Anlage stammt aus dem 20. Jh. Die Bewohner von Ōsaka hatten bis Anfang der 1930er-Jahre genügend Spenden gesammelt, um, dem großen Reichseiniger Hideyoshi Toyotomi zu Ehren, den Hauptturm (tenshukaku) rekonstruieren zu lassen. Er birgt heute ein Museum, das sich auch dem Leben Hideyoshis widmet. Von oben hat man außerdem einen schönen Rundblick auf die Stadt. ✆ 06-6941-3044, ⏰ tgl. 9–17 Uhr (Kirschblüte und Sommerferien bis 19 Uhr, Golden Week und Sonderausstellungen im Herbst bis 18 Uhr), 600 ¥ (Hauptturm mit Museum). Nahe U-Bahnhof Tenmabashi oder Keihan-Bahnhof Tenmabashi oder JR-Bahnhof Ōsaka-jō-kōen.

Südwestlich gegenüber dem Burggelände stehen die beiden Gebäude des NHK-Fernsehens und des **Geschichtsmuseums von Ōsaka** (Ōsaka Rekishi Hakubutsukan), in dem Interessierte Einblicke in die Geschichte Ōsakas gewinnen können, ✆ 06-6946-5728, 🖥 www.mus-his.city.osaka.jp. ⏰ Mi–Mo 9.30–17 Uhr (Fr bis 20 Uhr), 600 ¥ (Kombikticket Museum und Burg 900 ¥).

Shinsaibashi und Nanba (Namba) 心斎橋・難波

Von Umeda aus sind es nur drei Stationen mit der U-Bahn der Midōsuji-Linie (die nördlich von Shin-Ōsaka, dem Shinkansen-Bahnhof, kommt) in Richtung Süden bis zur Station Shinsaibashi im Stadtbezirk **Minami** („Süden"). Wer möchte, kann die Strecke auch auf der breiten, für ihre Ginkgo-Bäume berühmten **Midōsuji-dōri** zu Fuß zurücklegen, die sich von Umeda bis nach Nanba erstreckt (1–1 1/2 Std.), und dabei einige interessante Gebäude und Bauwerke passieren (Rathaus, historische Stadthalle im Nakanoshima-Park, Bank von Japan, Yodoya-Brücke usw.).

Shinsaibashi ist ein sehr lebhafter Distrikt im Stadtbezirk Chūō-ku und das Haupteinkaufsviertel der Stadt. Westlich des Midōsuji-Boulevards liegt Amerika-mura („American Village"), von den Einheimischen auch **Ame-mura** genannt, zu erkennen an einer kleinen Freiheitsstatue, die vom Dach eines Gebäudes aus prüfend nach dem Rechten schaut. Ame-mura ist eine Anhäufung von kleinen Läden und Boutiquen zum Thema amerikanische Lebensart sowie Bars, Nachtclubs, Love Hotels und vielen kleinen interessanten Seitengassen. In den letzten Jahren hat sich das Viertel zu einem beliebten Treffpunkt japanischer Teenager und in Ōsaka lebender Ausländer entwickelt. Der Amerika-mura Triangle Park (sangaku-kōen), eine kleine Beton-Arena mit Bänken und Großbildschirmen inmitten von Ame-mura, ist zwar etwas in Verruf geraten, aber für das Auge des Besuchers und an Mode Interessierte recht sehenswert.

Direkt nebenan, an der Midōsuji-dōri, haben sich die großen Modelabels eingemietet. Je weiter südlich man sich bewegt, desto lebhafter wird die Gegend. Nanba ist das Zentrum des Bezirks Minami. Für Pendler ist er der große Ein- und Umsteigebahnhof im Süden von Ōsaka.

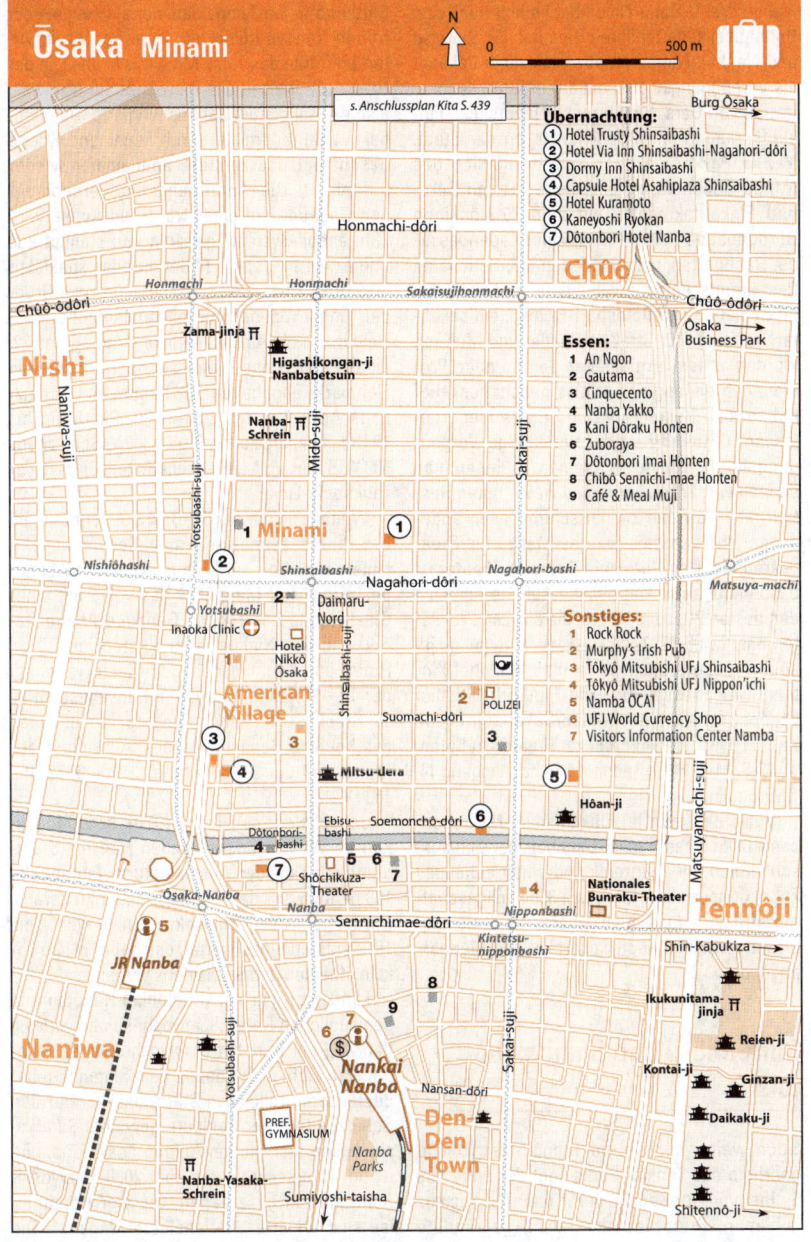

Ōsaka Minami

N
0   500 m

s. Anschlussplan Kita S. 439

Übernachtung:
1. Hotel Trusty Shinsaibashi
2. Hotel Via Inn Shinsaibashi-Nagahori-dōri
3. Dormy Inn Shinsaibashi
4. Capsule Hotel Asahiplaza Shinsaibashi
5. Hotel Kuramoto
6. Kaneyoshi Ryokan
7. Dōtonbori Hotel Nanba

Essen:
1. An Ngon
2. Gautama
3. Cinquecento
4. Nanba Yakko
5. Kani Dōraku Honten
6. Zuboraya
7. Dōtonbori Imai Honten
8. Chibō Sennichi-mae Honten
9. Café & Meal Muji

Sonstiges:
1. Rock Rock
2. Murphy's Irish Pub
3. Tōkyō Mitsubishi UFJ Shinsaibashi
4. Tōkyō Mitsubishi UFJ Nippon'ichi
5. Namba OCAT
6. UFJ World Currency Shop
7. Visitors Information Center Namba

Burg Ōsaka

Chūō

Honmachi-dōri

Honmachi   Honmachi   Sakaisujihonmachi

Chūō-ōdōri   Chūō-ōdōri

Ōsaka →
Business Park

KANSAI

Zama-jinja

Higashíkongan-ji
Nanbabetsuin

Nishi

Naniwa-suji

Nanba-
Schrein

Minami

Nishiōhashi   Shinsaibashi   Nagahori-bashi

Nagahori-dōri

Yotsubashi   Daimaru-
Inaoka Clinic   Nord

Matsuya-machi

Hotel
Nikkō
Ōsaka

**American
Village**

Suomachi-dōri

POLIZEI

Mitsu-dera

Hōan-ji

Ebisu-
bashi   Soemonchō-dōri

Dōtonbori-
bashi

Shōchikuza-
Theater

**Nationales
Bunraku-Theater**

Ōsaka-Nanba

Nanba   Nipponbashi

Sennichimae-dōri

Kintetsu-
nipponbashi

Shin-Kabukiza →

JR Nanba

Ikukunitama-
jinja

Reien-ji

Naniwa

Yotsubashi-suji

$

**Nankai
Nanba**

Kontai-ji   Ginzan-ji

Nansan-dōri

Daikaku-ji

PREF.
GYMNASIUM

Nanba
Parks

**Den-
Den
Town**

Nanba-Yasaka-
Schrein

Sumiyoshi-taisha

Shitennō-ji

Neben drei U-Bahn-Linien haben hier auch drei Bahngesellschaften ihren Bahnhof: JR, Kintetsu und Nankai. Nanba ist aber vor allem bekannt als Vergnügungsviertel mit der größten Konzentration von Bars, Restaurants, Nachtclubs, Einkaufsarkaden und Pachinko-Hallen der Stadt. **Nanba Parks**, ein paar Schritte südlich des Nanba-Bahnhofs, ist eine neue Art von Büro- und Einkaufskomplex mit dem 30-stöckigen Bürogebäude Parks Tower, einer Ladenpassage, Dachgarten, verschiedenen internationalen Restaurants, einem Amphitheater und viel Grün. Im Gebiet um die **Dōtonbori-Brücke**, ein beliebter Treffpunkt für Straßenkünstler und Musiker, wurden in den vergangenen Jahren neue Promenaden entlang des Kanals geschaffen. Hier haben sich Restaurants und Cafés niedergelassen. **Dōtonbori** ist der weitläufige Vergnügungsbezirk mit vielen Kneipen, in denen man schnell versacken kann, und vielen guten Restaurants. Von den kulinarischen Oasen abgesehen ist Nanba ein wahres Mekka für Theaterfreunde: Das **Nationale Bunraku-Theater** ist bekannt für seine klassischen Aufführungen mit den besten Puppenspielern, die das Land zu bieten hat; ✆ 06-6212-2531, 🖳 www.ntj.jac.go.jp/english/access/facilities_04.html, Bahnhof Kintetsu-Nipponbashi, Ausgang 7, oder U-Bahnhof Nipponbashi (Sennichi-mae/Sakai-suji-Linie). Kabuki wird im **Shōchikuza-Theater** geboten, ✆ 06-6214-2211, U-Bahnhof Nanba, Ausgang 14, 1 Min. zu Fuß.

Den-Den Town im Einkaufsdistrikt Nipponbashi östlich des Nankai-Bahnhofs hat sich ausschließlich auf Elektronik und entsprechendes Zubehör spezialisiert. In etwa 300 Fachgeschäften wird alles von Digitalkameras bis zu Computern, neuerdings auch Sexartikel und Mangas, angeboten.

Shitennō-ji und Sumiyoshi-taisha 四天王寺・住吉大社

Noch weiter südlich, im Tennōji-Distrikt und oberhalb des Tennōji-Parks liegt der Ende des 6. Jhs. vom großen Förderer des Buddhismus in Japan, Prinz Shōtoku Taishi, gegründete **Shitennō-ji**. Ein Tempelbau, der als Zeugnis der frühen Naniwa-Kultur gilt, jener Epoche im Altertum (Mitte des 7. bis Mitte des 8. Jhs.), in der Ōsaka als „Kaiserliche Residenzstadt Naniwa", also als Hauptstadt Japans fungierte. Der Tempel wurde mehrmals durch Feuer und Kriege beschädigt und zerstört, aber immer wieder aufgebaut. Die Anordnung der verschiedenen Gebäude auf einer Nord-Süd-Achse wird „Shitennōji-System" genannt und stammt aus China. Am 14. Januar findet hier das spektakuläre Doya-Doya-Fest statt, bei dem zwei Gruppen junger Männer, nur mit Lendentüchern bekleidet, um ein Amulett kämpfen. Am 21. und 22. eines jeden Monats wird auf dem Gelände ein Flohmarkt abgehalten. 🕐 Tempel und Schatzhaus April–Sep tgl. 8.30–16.30, Okt–März bis 16 Uhr, Tempelgelände Garan 300 ¥ (Schatzhaus 500 ¥), 5 Min. vom U-Bahnhof Shitennōji-mae der Tanimachi-Linie.

Weiter südlich am JR-Bahnhof Tennō-ji, am U-Bahnhof Tennō-ji-eki-mae der Tanimachi-Linie oder auch am Kintetsu-Bahnhof Abenobashi ragt seit März 2014 das völlig mit einer Glasfassade überzogene Gebäude **Abeno Harukas** in den Himmel. Das 60-stöckige Büro-, Hotel- und Kaufhausgebäude (Restaurants auf der 12.–14. Etage) mit einem Kunstmuseum im 16. Stock ist 300 m hoch und damit momentan das höchste Gebäude Japans. Aussichtsplattformen auf der 58.–60. Etage, 🕐 tgl. 9–22 Uhr, 1500 ¥.

Jenseits der den Tennōji-Park bzw. Tennōji-Zoo im Westen begrenzenden Hanshin-Stadtautobahn ragt der Aussichtsturm **Tsutenkaku** 103 m hoch aus dem Bezirk Naniwa-ku heraus. Um ihn herum liegt **Shinsekai** („Neue Welt"), ein 1912 entstandenes Viertel, das heute billige Lokale, Kneipen und Spielsalons vereint.

Fährt man mit der JR-Nankai-Hauptlinie in den südlichen Bezirk Sumiyoshi-ku und verlässt den Zug am Bahnhof Sumiyoshi-taisha, befindet man sich an der neben dem Shitennō-ji bedeutendsten religiösen Stätte Ōsakas. Der den Schutzgöttern der Seeleute geweihte **Sumiyoshi-taisha** stammt von Anfang des 3. Jhs. und ist der Hauptschrein von über 2000 Sumiyoshi-Schreinen in ganz Japan. Die vier Haupthallen sind erklärte „Nationalgüter Japans". Die

Anlage ist bekannt für ihre rote Bogenbrücke und die mehr als 700 gespendeten Steinlaternen. Während der Neujahrstage besuchen etwa 3 Mio. Menschen die heilige Stätte und erbitten den Schutz und das Wohlwollen der Götter für das neue Jahr. ⏲ Sonnenauf- bis Sonnenuntergang, Eintritt frei. Vom Nankai-Bahnhof Nanba bis Sumiyoshi-taisha in 10 Min.

ÜBERNACHTUNG

Kita

Karte S. 439

Capsule Hotel Inn Ōsaka, Kita-ku, Hankyū-higashi-dōri-Shōtengai, ✆ 06-6314-2100. 🖥 www.capsulehotel-inn-osaka.com. Ein Erlebnis – nur für Männer –, bei dem man auch noch Geld sparen kann. Ein Capsule-Single ab 2500 ¥, mit Saunanutzung 3300 ¥. Vom Bahnhof Hankyū Umeda oder JR Ōsaka östlich 7 Min. auf der Hankyū-higashi-dōri, nördliche Seite.

Center Hotel Ōsaka, Chūō-ku, Kitahama 3-2-18, ✆ 06-6223-1600, 🖥 www.centerhotel.co.jp/en/index.html. Typisch japanisches Businesshotel mit kleinem Bad, sauber, billig und zentrale Lage. U-Bahn Midōsuji-Linie bis Yodoya-bashi. ❶–❹

Crowne Plaza ANA Ōsaka, Kita-ku, Dōjimahama 1-3-1, ✆ 06-6347-1112, 🖥 www.anacrowneplaza-osaka.jp. Stilvolles Hotel zwischen Ōe- und Watanabe-Brücke im Businessviertel. Manchmal Schnäppchen auf der Website. Vom JR-Bahnhof Ōsaka und Hankyū-Umeda südlich ca. 15–20 Min. zu Fuß, U-Bahn Midōsuji-Linie bis Yodoya-bashi, Ausgang Nr. 7, dann nordwestlich zu Fuß 7 Min. Es gibt Shuttlebusse vom JR-Bahnhof Ōsaka. ❸–❹

🧳 **Hotel Ilmonte**, Kita-ku, Dōyama-chō 7-13, ✆ 06-6361-2828, 🖥 www.ilmonte.co.jp/en/index.html. Gebäude des italienischen Architekten Aldo Rossi, der einige Spuren in Japan hinterlassen hat. Geheimtipp für Besucher, die inmitten der Großstadt dem Lärm entfliehen möchten. Vom Zentral-Ausgang des JR-Bahnhofs Ōsaka bis zur Kreuzung Dōyama, auf der Shin-Midōsuji laufen, dann Richtung East Mall „Izumi-no-hiroba", bis Ausgang M6, nördlich 60 m. ❹

Hotel Landmark Umeda, Kita-ku, Shibata 2-3-22, ✆ 06-6375-8111, 🖥 hotel-landmarkumeda.jp.

Zentral gelegenes, sauberes und preiswertes Hotel. Zimmer mit Semi-Doppelbett und Twin. Vom JR-Bahnhof Ōsaka Zentral-Nordausgang und von Hankyū-Umeda 5 Min. zu Fuß. ❷–❸

€ **J-Hoppers Ōsaka**, Fukushima-ku, Fukushima 7-chōme 4-22, ✆ 06-6453-6669, 🖥 osaka.j-hoppers.com/index.html. 2008 eröffnetes Hostel. Wie auch in Kyōto saubere, ansprechende Zimmer mit Holzboden, Küche, Dachterrasse. Tee und Kaffee frei, Fahrradleihe 500 ¥, Internet kostenlos, Bier-Automat. Twin, Double und Triple-Zimmer. Dorm gemischt oder nur für Frauen 2500 ¥ p. P. Vom JR-Bahnhof Ōsaka, Ausgang Sakurabashi, 15 Min. zu Fuß, von JR-Ringbahn-Station Fukushima (eine Station nach JR Ōsaka) 3 Min. zu Fuß. ❶

Umeda Dormitory, Kita-ku, Ōyodonaka 1-6-13, Aoyagi Bldg., ✆ 06-6451-2009, Handy 090-5650-9458, 🖥 www.ne.jp/asahi/umeda/dormitory. Günstige Herberge für längeren Aufenthalt. Bettzeug und Nebenkosten inkl. Es muss ein Vertrag unterschrieben werden (absolutes Rauchverbot!). Internet frei, Fahrradleihe möglich. EZ ab 12 000 ¥ und 2-Bett-Zimmer ab 18 000 ¥/Woche, Verlängerung ab 2000 ¥/Tag, Kaution 3000 ¥. Vom JR-Bahnhof Ōsaka nordwestlich 15 Min. zu Fuß, nahe Umeda Sky Bldg.

Umeda OS Hotel, Kita-ku, Sonezaki 2-11-5, ✆ 06-6312-1271, 🖥 www.oshotel.com. Großes Hotel in der Mitte von Umeda. Gutes Preis-Leistungs-Verhältnis. Studio-Twin und DZ. Vom JR-Bahnhof Ōsaka 5 Min. zu Fuß oder Untergrund-Ladenpassage bis Ausgang „H-82 Nikko Alley". ❷–❸

Minami

Karte S. 441

Hotel Via Inn Shinsaibashi-Nagahori-dōri, Nishi-ku,) Shinmachi 1-4-12, ✆ 06-6531-5489, 🖥 shinsaibashi-n.viainn.com. Sauberes Businesshotel, Haupttor geschlossen ab 1 Uhr, aber Schlüssel verfügbar. U-Bahn Midōsuji-Linie bis Shinsaibashi, 4 Min. zu Fuß in Richtung U-Bahnhof Yotsuyabashi durch Untergrund „Crystal Nagahori" oder U-Bahn Yotsubashi-Linie, von Yotsubashi Ausgang 1-A, gleich auf der rechten Seite. ❷–❸

Capsule Hotel Asahiplaza Shinsaibashi, Chūō-ku, Nishi-Shinsaibashi 2-12-22, ✆ 06-6213-1991, www.asahiplaza.co.jp. Günstige Unterkunft für Gäste (Männer und Frauen), denen es nichts ausmacht, in halb-öffentlicher Atmosphäre zu übernachten. 24-Std.-Check-in, gemeinsames Bad und Sauna, 24-Std.-Waschmaschine, TV und Trockner. Pro Kapsel und Nacht 3000 ¥. U-Bahn Midōsuji-Linie bis Shinsaibashi, Ausgang Nr. 7, südwestlich 5 Min. Fußweg oder U-Bahn Yotsubashi-Linie bis Yotsubashi, Ausgang Nr. 5, südöstlich 5 Min. zu Fuß.

Dormy Inn Shinsaibashi, Chūō-ku, Nishi-Shinsaibashi 2-17-3, ☎ 06-6211-5767, 🖥 www. hotespa.net/hotels/shinsaibashi. Billige Unterkunft mit DZ oder Semi-Doppelbett im EZ. Großes Gemeinschaftsbad und *konbini* im Haus. Südlich vom Amerika-mura nahe Dōtonbori. U-Bahn Midōsuji-Linie bis Shinsaibashi, ab Ausgang Nr. 7 zu Fuß 5 Min. ❶

Dōtonbori Hotel Nanba, Chūō-ku, Dōtonbori 2-3-25, ☎ 06-6213-9040, 🖥 www.dotonbori-h. co.jp. Recht preiswert und inmitten des lebendigen Stadtteils Nanba. Wegen der riesigen Gipsköpfe vor dem Eingangsbereich nicht zu übersehen. Gutes japanisches und westliches Frühstücksbuffet, kostenloser Fahrrad- und PC-Verleih. U-Bahn Midōsuji-Linie bis Nanba, Ausgang Nr. 25, sofort links und weiter auf der Midōsuji-Straße Richtung Shinsaibashi, vor dem Fluss Dōtonbori nach links ca. 120 m, insgesamt 3 Min. zu Fuß, südlich vom Amerika-mura. ❷

Hotel Kuramoto, Chūō-ku, Shimanouchi 2-11-7, ☎ 06-6211-3168, 🖥 www.kuramoto-hotel.co.jp/ en. Ein Ryokan-Hotel nur 5 Min. vom Dōtonbori-Viertel entfernt. Japanische Atmosphäre, die Entspannung garantiert. Tatami-Zimmer, gemeinsamer Baderaum und traditionelles Frühstück. Abends *kaiseki*-Küche im Ōsaka-Stil von 5000–7000 ¥. Mit U-Bahn-Linie Sakaisuji oder Sennichimae bis Nipponbashi, Ausgang Nr. 6, dann auf der Sakaisuji-dōri Richtung Norden über den Fluss und eine Straße vor dem NTT-Gebäude nach rechts, dann 2. Straße nach links. Insgesamt 6 Min. zu Fuß. ❷ – ❸

Hotel Trusty Shinsaibashi, Chūō-ku, Minami-senba 3-3-17, ☎ 06-6244-9711, 🖥 www.trusty. jp/shinsaibashi/index.html. Ansehnliches (und bezahlbares) Hotel, das seinen Gästen einen angenehmen Aufenthalt mit einer Mischung aus Eleganz und Behaglichkeit verspricht. Mit U-Bahn-Linie Midōsuji bis Shinsaibashi, Ausgang Nr. 2, nördlich auf der großen Midōsuji laufen, an der Ampel zwischen Boutique Omega und Cartier nach rechts, dann 2. Straße nach links. ❸ – ❹

🛏 **Kaneyoshi Ryokan**, Chūō-ku, Soemon-chō 3-12, ☎ 06-6211-6337, 🖥 www. kaneyosi.jp/english.htm. Das Gebäude ist zwar modernisiert worden, aber darin steckt noch immer eines der ältesten Ryokan in Ōsaka (1920). Günstige traditionelle Herberge, sehr behaglich und guter Service. Japanische Zimmer ab 2 Pers. möglich, z. B. mit Frühstück zusammen ab 13 400 ¥. Manchmal günstige saisonale Angebote auf der Website. Mit U-Bahn-Linie Midōsuji oder Kintetsu-Bahn bis Nipponbashi, Ausgang Nr. 2, nördlich über Dōtonbori-Fluss, 1. Ampel nach links bis zum Ufer, insgesamt 7 Min. Laufzeit.

ESSEN

Ōsaka ist berühmt für seine gute und preisgünstige Küche. Der Volksmund sagt: *Kyō-no-kidaore, Ōsaka-no-kuidaore* – in Kyōto kann man sich als extravaganter Kimono-Liebhaber, in Ōsaka dagegen als Gourmet finanziell ruinieren. In jeder Ecke, in Arkaden, Bahnhofsimbissen oder Untergrund-Läden finden hungrige Besucher leckere Gerichte.

Kita

Karte S. 339

Botejū, Kita-ku, Shibata 1-1-3, Hankyū-Sanbangai, Kawano-arumachi B2F, ☎ 06-6374-2254. Originales Okonomiyaki-Restaurant seit 1969. Der Hauptladen befindet sich in Dōtonbori. Auch *yakisoba* (gebratene Nudeln) erhältlich. Vom Hankyū-Bahnhof oder U-Bahnhof Umeda 5 Min. zu Fuß. ⏱ tgl. 11–21.30 Uhr.

Ganko Umeda Honten, Kita-ku, Shibata 1-5-11-F1, ☎ 06-6376-2001. Großes Restaurant direkt neben dem Hankyū-Bahnhof Umeda. Hier kann man am Tresen sitzend gut und preiswert japanisch essen – von Sushi bis *kaiseki*-Küche. Bebilderte Speisekarte. ⏱ Mo–Sa 11.30–4, So und Feiertag 11.30–24 Uhr.

Ganko Kaiten-zushi, Kita-ku, Umeda 3-1-1, im Eki-Marche Bldg., ☎ 06-4799-6811. Wer sehr frisches und preiswertes Sushi mag, kann sich hier die Sushi-Teller vom Laufband nehmen. Sehr praktischer Standort, direkt im JR-Bahnhof Ōsaka. ⏰ tgl. 11–23 Uhr.

Loreley, Kita-ku, Dōjima 2-2-2, Kintetsu-Dōjima Bldg. B1, ✆ 06-6341-0043. Reisenden mit Entzugserscheinungen hilft dieses kleine Bier-Restaurant mit deutschem Besitzer aus der Not. Seit 1974 gibt es hier deutsche Hausmannskost, deutsches Bier ab 800 ¥ oder Schnaps ab 500 ¥. Vom JR-Bahnhof Kita-Shinchi (Tōzai-Linie) südöstlich 5 Min. zu Fuß. ⏰ Mo–Sa 18–22.30 Uhr (So und Feiertage geschlossen).

Miraku-tei, Kita-ku, Umeda 1-2-2, Ōsaka-ekimae-daini Bldg. B2, ✆ 06-6345-3048. Lockere Kneipenatmosphäre mit günstigem Mittagsmenü, am Abend ist man mit 2000–3000 ¥ dabei. Südlich vom JR-Bahnhof Ōsaka in 5 Min. oder JR-Bahnhof Kita-Shinchi (Tōzai-Linie) in 1 Min. ⏰ tgl. 11–16 und 17–22.30 Uhr.

Nataraj, Kita-ku, Umeda, Umeda 2-4-9, Breeze 5F, ✆ 06-6343-6477. Restaurant mit vegetarischer indischer Küche, in die scheinbar auch Ayurveda-Erkenntnisse einfließen. Mittagsmenü (Mo–Fr 11–15 Uhr) z. B. Curry-Menü ab ca. 1000 ¥, Abendessen ab ca. 3000 ¥. Vom JR-Bahnhof Ōsaka südlich 5 Min., U-Bahn Yotsuhashi-Linie Nishi-Umeda, Ausgang Nr. 10, 3 Min. zu Fuß. ⏰ tgl. 11–23 Uhr.

Shin-Kiraku, Kita-ku, Umeda 1-8-16, Hilton-plaza-East B2, ✆ 06-6345-3461. Gutes Tenpura-Restaurant in der Shin-Umeda-Shokudōgai. Abends viel teurer als mittags. Vom JR-Bahnhof Ōsaka oder U-Bahnhof Hankyū-Umeda 3 Min. zu Fuß. ⏰ tgl. 11–14.30 und 17–23 Uhr (*last order* 21.30 Uhr), Sa–So und Feiertag 11–14.30 und 16–23 Uhr (*last order* 21 Uhr).

Minami
Karte S. 441

An Ngon, Chūō-ku, Minami-senba 4-11-24 (2F), ✆ 06-6282-4567. Vietnamesisches Restaurant mit netter, exotischer Atmosphäre. Mittagsmenü an Werktagen 530–1500 ¥. Am Abend viele Spezialitäten von der Speisekarte. Vom U-Bahnhof Shinsaibashi der Midōsuji-Linie Ausgang Nr. 3, nördlich 3 Min. zu Fuß. ⏰ tgl. 12–23 Uhr, Mittagstisch und Café 12–17 Uhr,

Abendessen 17–23 Uhr (plus 10 % Service-gebühr).

Café & Meal Muji, Chūō-ku, Nanba-sennichi-mae 12-22, Nanba Center Bldg. B2F, ✆ 06-6648-6472. Muji („keine Marke, gute Qualität") ist eine 1980 gegründete, umweltbewusste japanische Lifestylekette, die auch Cafés und Restaurants unterhält. In Nanba liegen Laden und Café-Restaurant zusammen. Es gibt drei Gerichte zur Auswahl mit Reis oder Brot oder gesundes Curry. Vom Nankai-Bahnhof Nanba nördlich 3 Min. zu Fuß. ⏰ Mo–Fr 11–22, Sa–So und Feiertag ab 10 Uhr.

Chibō Sennichi-mae Honten, Chūō-ku, Sennichi-mae 11-27, ✆ 06-6643-0111. Beliebtes Okonomiyaki-Restaurant mit freundlicher Atmosphäre. Auffallender Eingang mit roten Buchstaben auf grünem Hintergrund. Sehr große Portionen. Vom U-Bahnhof Nanba der Midōsuji-Linie Ausgang Nr. 5, zu Fuß 5 Min. ⏰ tgl. 11–1 Uhr.

Cinquecento, Chūō-ku, Higashi-Shinsaibashi 2-1-10, Matsumiya Bldg. 1F, ✆ 06-6213-6788. Beliebte One-Coin-Bar, d. h. alle Speisen und Getränke lassen sich mit „einer Münze" (500 ¥) bezahlen. Internationale Atmosphäre und über 80 Sorten Martini-Cocktails, Pizza und Pasta, Sandwiches, Knabbereien. Vom U-Bahnhof Nagahori der Sakaisuji-Linie Ausgang Nr. 7, südlich 3 Min. zu Fuß. ⏰ Mo–Sa 19.30–5, So und Feiertag 20–3 Uhr.

Dōtonbori Imai Honten, Chūō-ku, Dōtonbori 1-7-22, ✆ 06-6211-0319. Das Restaurant ist *das* Udon-Restaurant von Ōsaka. Gute Udon-Nudeln in einer exzellenten Brühe. Mit der Midōsuji-Linie bis Nanba, nordöstlich 7 Min. zu Fuß, auf der Straße Dōtonbori. Beliebte warme *kitsune-udon* (mit frittiertem Tōfu). ⏰ tgl. außer Mi 11–21.30 Uhr.

Gautama, Chūō-ku, Nishi-Shinsaibashi 1-1-10, Cielo Azul, B1, ✆ 06-6245-1996. Elegantes und sehr traditionelles Restaurant mit nordostindischen Delikatessen wie gebackenes Hähnchen oder Kebab im Tandoor, Butter-Hähnchen, Bohnen-Curry mit frischen Gewürzen. Die passende Schärfe entscheidet der Gast selbst. Günstige Mittagsgerichte für 1000–2700 ¥. Vom U-Bahnhof Shinsaibashi der Midōsuji-

Linie Ausgang Nr. 8. ⏰ tgl. 11.30–15 und 17–23 Uhr.

Kani Dōraku Honten, Chūō-ku, Dōtonbori 1-6-18, ☎ 06-6211-8975. Ein Muss für Liebhaber von Krabben. Das Haus mit seiner mechanischen Riesen-Krabbe über dem Eingang ist längst zu einem Symbol von Dōtonbori geworden. Leckerer Mittagstisch (11–16 Uhr) für 2100–4300 ¥. ⏰ tgl. 11–23 Uhr.

Nanba Yakko, Chūō-ku, Dōtonbori 2-4-2, Hosen Bldg. 2F, ☎ 06-6212-3326. *Izakaya* mit guter Atmosphäre, besonders in der Gruppe. Kohlegrill mit verschiedenen Spießchen für 300–900 ¥, leckerer Gurkensalat, frittierte Hähnchen u. v. m. Bier ab 330 ¥. Vom U-Bahnhof Nanba der Midōsuji-Linie Ausgang Nr. 24, nördlich. ⏰ Mo–Do, So und Feiertag 17–24, Fr–Sa und Tag vor Feiertag bis 1 Uhr.

Zuboraya, Chūō-ku, Dōtonbori 1-6-10, ☎ 06-6211-0181. Bekanntes *fugu*-Restaurant in Ōsaka. Es gibt verschiedene Zubereitungsarten: Als Sushi *(fugu-zushi)*, fugu-tenpura, fugu mit Mayonnaise gebacken u. a. Die Preise liegen zwischen 1000–5000 ¥. Vom U-Bahnhof Nanba Ausgang Nr. 14, dann in nordöstlicher Richtung 3 Min. zu Fuß bis zur Ebisu-bashi, von hier noch 50 m nach Osten. Das „Fugu"-Schild auf der lebhaften Straße in Dōtonbori ist nicht zu übersehen. ⏰ tgl. 11–23 Uhr.

UNTERHALTUNG

Kita

Billboard Live Ōsaka, Kita-ku, Umeda 2-2-22, Herbis Plaza Ent B2, ☎ 06-6342-7722, 🖥 www.billboard-live.com. Reservierungen per Internet. Liveauftritte von Top-Sängern und -Musikern. Hauptgericht 2000–3000 ¥. Cocktails und Fassbier. Vom JR-Bahnhof Ōsaka Ausgang Sakurabashi, südwestlich 2 Min. zu Fuß, vom U-Bahnhof Nishi-Umeda (Yotsubashi-Linie) Ausgang Nord. ⏰ Mo–Fr, 1. Show ab 18.30, 2. Show 21.30 Uhr, Sa–So und Feiertag 1. Show ab 16.30 Uhr, 2. Show 19.30 Uhr.

Captain Kangaroo, Kita-ku, Sonezaki-shinchi 1-5-20, Ōkawa Bldg. 1F, ☎ 06-6346-0367, 🖥 www.roo-bar.jp. Eine von Ausländern gut besuchte australische Bar mit saftigen Hamburgern, Bier (über 50 Sorten), Rockmusik und lustiger Atmosphäre. Happy Hour 18–20 Uhr

(Bier 300–400 ¥ und günstige Hamburger-Gerichte). JR-Bahnhof Ōsaka südlich 10 Min. zu Fuß. ⏰ Mo–Sa 18–5, So und Feiertag bis 24 Uhr.

Minami

Murphy's Irish Pub, Chūō-ku, Higashi-Shinsaibashi 1-6-31, Lead Plaza 6F, ☎ 06-6282-0677. Hier treffen sich Leute, die sich gemeinsam vor einem Großmonitor sportliche Ereignisse anschauen möchten, Billard spielen oder Murphy's Pint genießen. U-Bahnhof Shinsaibashi der Midōsuji-Linie Ausgang Nr. 6, südlich 5 Min. zu Fuß, zwischen Daimaru-Kaufhaus und UFJ Bank nach links; vom U-Bahnhof Nagahoribashi der Sakaisuki-Linie Ausgang Nr. 7, südlich hinter dem Postamt nach rechts, 2 Min. zu Fuß. ⏰ So–Do 17–1, Fr–Sa bis 4 Uhr.

Rock Rock, Chūō-ku, Nishi-Shinsaibashi 1-8-1, Shinsaibashi Atrium Bldg. 3F, ☎ 06-6244-6969. Musik-Bar-Club mit Englisch sprechenden Angestellten und Gästen, die aktiv oder passiv mit Rock-Musik zu tun haben. Speisen ab 600 ¥, Guinness Half Pint 600 ¥. Vom U-Bahnhof Shinsaibashi Ausgang Nr. 8, zu Fuß 3 Min. ⏰ Mo–Sa 19–5, So und Feiertag 19–1 Uhr.

SONSTIGES

Feste

Tōka Ebisu, 9.–11. Jan: Prozessionen mit Geishas und Sänften, die durch laternenbeleuchtete Gassen ziehen; rund 1 Mio. Besucher bitten die Gottheit Ebisu um gute Geschäfte und Wohlstand.

Tenjin-matsuri, 24.–25. Juli: Ōsakas berühmtestes Fest mit großem Feuerwerk und Prozession von über 100 Booten auf dem Ōkawa – eines der drei großen Feste Japans (neben Gion-Fest in Kyōto und Kanda-Fest in Tōkyō)

Sumiyoshi-matsuri, 30. Juli–1. Aug: Kinder und Frauen in mittelalterlichen Kleidern durchlaufen einen Ring, ein Ritual zur symbolischen Reinigung.

Geld

Hier können u. a. Euro (Bargeld/Reiseschecks) in Yen getauscht werden:

Kansai Internationaler Flughafen: Wechselstuben unterschiedlicher Banken in den Terminals. ⊕ unterschiedlich, etwa 6–23 Uhr.
Bank of Tōkyō Mitsubishi UFJ Umeda-Chuō, Kita-ku, Umeda 1-8-17, ✆ 06-6345-2251, ⊕ Mo–Fr 9–15, Sa 10–17 Uhr. Filialen in Chūō-ku, Nishi-Shinsaibashi 2-1-3, ✆ 06-6212-4384, und Nipponbashi 1-4-14, ✆ 06-6213-3681. ⊕ beide tgl. außer So 9–15 Uhr.
Bank of Tōkyō Mitsubishi UFJ World Currency Shop Nanba-City, Chūō-ku, Nanba 5-1-60, ✆ 06-6643-6815. Im Namba-City Honkan 1F. ⊕ Mo–Fr 9–16 Uhr.
Citibank Ōsaka-ekimae, Kita-ku, Umeda 1-8-17, Ōsaka Daiichi Seimei Bldg. 2F. Kontoinhaber können hier an 365 Tagen im Jahr am 24-Stunden-Automat Geld abheben.

Informationen
Kansai International Airport Information Center, Terminal Ankunftshalle 1F, Bereich Nord und Süd, ⊕ tgl. 8.30–21.15 Uhr.
Visitors Information Center Namba, im Nankai Terminal Bldg. 1F, ✆ 06-6631-9100, nahe Bahnhof Nanba, mit SGG Club (freiwillge Helfer, die ausländischen Touristen assistieren), 🖥 osakasgg.org. ⊕ tgl. 9–20 Uhr.
Visitors Information Center Umeda, JR-Bahnhof Ōsaka 1F, am nördlichen Ende der zentralen Bahnhofshalle, ✆ 06-6345-2189, 🖥 www.osaka-info.jp/en, ⊕ tgl. 8–20 Uhr.

Internet
Ōsaka WLAN-Information: 🖥 www.osaka-info.jp/en/wifi.

Medizinische Hilfe
Sakurabashi Watanabe Hospital, Kita-ku, Umeda 2-4-32, ✆ 06-6341-8651 (tagsüber), -8656 und -8657 (außerhalb der normalen Dienstzeit, So und Feiertag 24 Std.). ⊕ Mo–Fr 9–11.30 und 13–16.30, Sa 9–11.30 Uhr; So, Feiertag und 3. Sa im Monat geschlossen.
Inaoka-Klinik, Chūō-ku, Nishi-Shinsaibashi 1-10-35, Arche-11 Bldg. 3F, ✆ 06-6243-5565. ⊕ Mo, Di, Fr 10–12.30 und 16.30–18, Mi 10–12.30 Uhr.

Ōsaka besitzt ein gut ausgebautes **U-Bahn**-Netz (8 Linien) und eine **JR-Ringbahn**, die rund um das Zentrum verkehrt. Mit der Midōsuji-U-Bahnlinie (rot) gelangt man vom nördlich gelegenen Shinkansen-Bahnhof Shin-Ōsaka in ein paar Minuten in den Süden von Ōsaka, nach Umeda, Shinsaibashi oder Nanba, 🖥 www.kotsu.city.osaka.lg.jp/foreign/english. Für Stadterkundungen lohnt sich das Tages-ticket *Enjoy Eco Card* für alle U-Bahnen, Stadtbusse und die New Tram (Nankō-Port-Town-Linie) für 800 ¥ (Sa–So und Feiertag 600 ¥).
Der *Kansai Thru Pass* (S. 374) schließt die genannten Transportmittel in Ōsaka ein.

Busse
Langstreckenbusse verbinden Ōsaka u. a. mit Tōkyō, Nagoya oder Kagoshima im Süden von Kyūshū. Für die populärsten Strecken gibt es einige konkurrierende Unternehmen und daher auch das eine oder andere Schnäppchen.
Willer Express, 🖥 willerexpress.com/en, startet z. B. ab 3500 ¥ nach TŌKYŌ (9 1/2 Std.) oder 500 ¥ (!) bzw. 1500 ¥ nach NAGOYA (3 1/2 Std.). Die Willer-Busse fahren vom Umeda Sky Building Tower East 1F, vom JR-Bahnhof Ōsaka oder von Nanba OCAT ab.

Eisenbahn
Nördlich von Umeda, oberhalb des Yodogawa im Bezirk Yodogawa-ku, liegt **Shin-Ōsaka**, der Bahnhof der Shinkansen-Linie und Ausgangspunkt für die superschnellen Verbindungen in den Osten und Westen von Honshū:
FUKUOKA (Hakata), 2 3/4 Std., 14 480 ¥
HIROSHIMA, 1 1/2 Std., 9710 ¥
NAGOYA, 1 1/4 Std., 5830 ¥
TŌKYŌ, 3 Std., 13 620 ¥
Von Shin-Ōsaka aus fährt der Shinkansen in einer Viertelstunde nach KYŌTO (1420 ¥) – wer keinen JR Rail Pass hat und sparen will, kann die gleiche Strecke in knapp 40 Min. mit dem **JR-Schnellzug** *(kaisoku)* in 40 Min. oder dem „Neuen Schnellzug" *(shin-kaisoku)* in 25 Min. bewältigen (beide 560 ¥). Neben der JR-Linie fahren auch private Züge direkt ins Zentrum

KANSAI

von Kyōto: die **Hankyū-Linie** von Umeda bis Kawaramachi in 45 Min. (400 ¥) und die **Keihan-Linie** von Yodoyabashi bis Gion-Shijō in 50 Min. (410 ¥).

Flüge

Der in die Jahre gekommene **Itami Airport (ITM)** fliegt 32 inländische Flughäfen an. Er ist von Umeda mit der Hankyū-Takarazuka-Honsen-Linie erreichbar: 20 Min. bis Hotarugaike (220 ¥), hier umsteigen in Monorail und 3 Min. bis zum Flughafen (200 ¥).

Der **Kansai International Airport (KIX)** auf dem Meer in der Ōsaka-Bucht ist seit 1994 täglich 24 Std. in Betrieb. Man erreicht ihn am bequemsten von Shin-Ōsaka aus mit dem JR Express *Haruka* (kommt direkt aus Kyōto) in 50 Min. (2330 ¥) und vom Bahnhof Tennōji in 30 Min. (1710 ¥), mit dem *JR Kansai Airport Rapid* vom JR-Bahnhof Ōsaka in 70 Min. (1200 ¥) oder von Nanba aus mit der Nankai-Linie (entweder *Airport Express* in 45 Min., 920 ¥, oder *Rap:t* in 35 Min., 1430 ¥). Busverbindungen sind teurer, langsamer und wegen der Staugefahr auf den Stadtautobahnen weniger verlässlich. Reguläre Flüge nach TŌKYŌ dauern ca. 70 Min. Weitere Inlandsflüge von JAL oder ANA nach SAPPORO, 2 Std., FUKUOKA, 1 1/4 Std., und NAHA auf Okinawa, 2 1/4 Std.

Hyōgo-ken 兵庫県

Kōbe 神戸

Kōbe liegt nur eine halbe Zugstunde im Westen von Ōsaka und ist eine moderne Stadt mit internationalem Charme und vielen modebewussten Menschen. Die Stadt genießt ein gemäßigtes Klima und wird im Norden von einer fast 1000 m hohen Bergkette (u. a. dem Rokkō-Gebirge) geschützt. Der Hafen, einer der größten und wichtigsten des Landes, hat sich durch seine günstige Lage bereits in der Nara-Zeit (710–784) bewährt.

Mitte des 19. Jhs., nach dem Ende der jahrhundertelangen Abschottungspolitik und der erneuten Öffnung des Hafens, wurde Kōbe ein wichtiger Brückenkopf für den Handel mit dem

Ausland. Europäische und amerikanische Handelsfirmen ließen sich in der Stadt nieder. Die neuen Einwanderer bauten sich Residenzen (teilweise an den vorteilhaftesten Plätzen mit Blick auf das Meer), Schulen, Krankenhäuser und Kirchen und sorgen bis heute für ein internationales Flair. Kōbe gilt als Geburtsort von Kino und Jazz in Japan. Zudem hat es eine Chinatown, Nankinmachi.

Durch das schwere Erdbeben im Januar 1995, bei dem viele Menschen starben und weite Flächen der Stadt zerstört wurden (Fototafeln am Pier zeigen die beschädigten Docks), gelangte Kōbe zu trauriger weltweiter Berühmtheit. Der 2006 in Betrieb genommene **Flughafen Kōbe**, ein Beispiel für die vor langer Zeit begonnene Landgewinnung durch künstliche Aufschüttungen, verdeutlicht, mit welch positiver Energie sich die gebeutelte Stadt der Zukunft stellt. Im Stadtteil Kita-ku liegt **Arima Onsen**, eine der ältesten Thermalquellen Japans. Weiter westlich verbindet die **Akashi-Kaikyō-Brücke**, die weltweit längste Hängebrücke, Kōbe mit der Insel Awaji.

Kitano 北野町

Kōbe ist eine Stadt, die viele Besucher wegen ihrer exotischen Atmosphäre und der kleinen romantischen Straßenzüge anlockt. Dies trifft besonders auf Kitano zu, ein Viertel, das sich nördlich des Bahnhofs Sannomiya erstreckt. Es verdankt seinen Charme den hier seit Mitte des 19. Jhs. im westlichen Stil erbauten Häusern

Kōbe

N

0 — 500 m

Übernachtung:
1 ANA Crowne Plaza Kōbe
2 Tōyoko Inn Kōbe Sannomiya No. 1
3 Hotel Tor Road
4 Hostel Yume-Nomad

Sonstiges:
1 Chicken George
2 Avery's Irish Pub
3 Kaufhaus Sogō
4 Sumitōmo Mitsui Bank
5 Sannomiya-Arkade
6 Rokkō Beer Diner
7 Motomachi-Arkade
8 Kaufhaus Daimaru
9 KICC (Kōbe International Center
  Cooperation and Communication)

Essen:
1 Café Freundlieb
2 Mikami
3 Wakkoqu
4 Tokeiya
5 Tako-an
6 Asayama
7 Modernark Pharm Café
8 Thang Café
9 Itoh Dining Kōbe
10 New Munchen Kōbe Taishikan
11 Gaenshūka
12 Gyōza-en

Transport:
1 Shinki Bus,
  Sannomiya Bus Terminal
2 Ferry Sunflower,
  Maruei Ferry
3 Jumbo Ferry
4 Japan-China Ferry

KANSAI

JR Shin-Kōbe
Arima Onsen
Shin-Kōbe Ropeway
Kitano 1 chōme
Kitanotenman-Schrein
Thomas House
Kitano-dōri
Kitanozaka
Ichinomiya-Schrein
Yamamoto-dōri
Tor Road
Ikuta-Schrein
Higashimon-suji
Pearl Street
JR Sannomiya
Hankyū Sannomiya
Sōraku-en
Koikawa-suji
Sannomiya-hanadokeimae
Isogami Park
Kenchōmae
POLIZEI
RATHAUS
Bōeki Center
Motomachi
Chinatown
Kyūkyoryūchi-Daimaru-mae
Higashi Yūenchi Park
Akashi-suji
Kyōmachi-suji
Rokkō Island
Hanakuma
Minatomotomachi
POLIZEI
Hanshin Expressway No.3
Nishimotomachi
Hotel Ōkura
Erdbeben-Gedenkstätte
Kōbe Port Tower
Meeres-museum
Meriken Park
Meriken Park Oriental Hotel
Portliner
Port Terminal
JR Kōbe
Harborland
Harbor Land
Tōkyō

der Europäer. Das ehemalige **Thomas House**, ✆ 078-242-3223, das Wahrzeichen von Kitano, ist das einzige Backsteinhaus in Kitano. Das für den Wetterhahn auf dem Dach berühmte Privathaus des deutschen Kaufmanns Thomas wurde von diesem nebst seiner Frau und Tochter von 1909 bis 1914, bis zum Ausbruch des Ersten Weltkriegs, bewohnt. ⏰ tgl. 9–18 Uhr, 500 ¥. Auch andere Häuser, die aber aus Holz sind, lassen sich kostenlos oder für 300–700 ¥ besichtigen – außer jenen, die als Konsulate genutzt werden. In Kitano finden sich auch die meisten Bars und Kneipen der Stadt. Es gibt eine Jazz-Straße und ein Jazz-Festival, das jährlich von Musikliebhabern aus allen Teilen des Landes besucht wird.

Kōbe Harbor Land und Meriken Park
神戸ハーバーランド・
メリケンパーク

Die Hafenanlage von Kōbe ist seit 150 Jahren der Garant für den wirtschaftlichen Einfluss und die Internationalität der Stadt. Das **Kōbe Harbor Land**, nur einige Minuten zu Fuß in südöstlicher Richtung vom Hauptbahnhof Kōbe entfernt, zählt gegenwärtig zu einem für die Anwohner und Gäste der Stadt sehr beliebten und anspruchsvollen Einkaufsviertel. Bei der Planung der Einkaufszonen wurde viel Wert auf Weitläufigkeit gelegt, sodass die Besucher entspannt einkaufen, essen gehen und anderen Vergnügungen nachgehen können – immer mit Blick aufs Meer. Das Riesenrad im Vergnügungspark direkt am Pier bietet einen überwältigenden Rundblick. Läuft man ein paar Minuten entlang des Hafens in östlicher Richtung, gelangt man zum auf einer Landzunge gelegenen **Meriken Park**. Hier steht das unübersehbare, 108 m hohe Wahrzeichen der Stadt, der in kräftigem Rot gehaltene **Kōbe Port Tower** (ebenfalls mit tollem Blick auf Meer und Stadt und die Rokkō-Berge), ✆ 078-391-6751, ⏰ tgl. März–Nov 9–20.30, Dez–Feb bis 18.30 Uhr, 700 ¥. Daneben liegt das **Meeresmuseum** (Kōbe Kaiyō Hakubutsukan), ✆ 078-327-8983, das 1987 zum Gedenken an die Eröffnung der Hafenanlage 120 Jahre zuvor errichtet wurde. Es informiert Besucher ausführlich über die Geschichte des Hafens und die japanische Schifffahrt. ⏰ Di–So 10–16.30 Uhr, 600 ¥.

Am östlichen Rand der Landzunge ist die **Erdbeben-Gedenkstätte** (Kōbe-kō Shinsai Memorial Park) eingerichtet, wo man sich ein ungefähres Bild von den Kräften und Auswirkungen des verheerenden Erdbebens vom Januar 1995 machen kann – anhand zersprungener Betonplatten, deformierter Oberflächen und schiefer Straßenlaternen. Daneben zeigt eine Open-Air-Fotoausstellung Bilder der Zerstörung.

Chinatown (Nankinmachi) 南京町

Kōbes Chinatown, auch „Nankinmachi" genannt, besteht seit Mitte des 19. Jhs., als sich Japan durch den Hafen von Kōbe dem Handel mit dem Ausland öffnete und chinesische Händler sich in der Stadt niederließen. Heute ist Chinatown ein Gewerbegebiet mit vielen kleinen Restaurants und Läden und einem chinesischen Tempel. Von den insgesamt über 10 000 Chinesen in Kōbe leben hier nur wenige. Das am Abend reizvoll beleuchtete Viertel mit seinem wunderschönen Eingangstor ist immer gut für eine optische und vor allem kulinarische Abwechslung. Mit der JR-Kōbe-Linie oder Hanshin-Hauptlinie in 3 Min. von Sannomiya bis Bahnhof Motomachi.

Arima Onsen 有馬温泉

In einer malerischen Berggegend liegt Arima Onsen, das zu den ältesten Thermalbädern Japans zählt. Bereits im 7. Jh. wird das Heilbad in den japanischen Chroniken erwähnt. An Wochenenden besuchen viele Gäste aus den umliegenden Städten der Kansai-Region Arima Onsen, das hinter dem Rokkō-Bergmassiv verborgen liegt und gern als kostbarer Schatz der modernen Stadt Kōbe gesehen wird. Die Quellen unterscheiden sich in ihrem Gehalt an unterschiedlichen Mineralien (Salz, Radium, Eisen u. a.). In der Gegend um den Erholungsort gibt es etliche Hotels, Gasthäuser und kleine Ryokan. Mit dem Zug (JR, Hanshin oder Hankyū) bis Shinkaichi (westlich von Kōbe). Hier umsteigen in die Kōbe-Arima-Linie bis Arima Onsen. Alternative Anreise: Vom Bahnhof Sannomiya mit Kōbe-U-Bahn in 10 Min. bis Tanigami (540 ¥), dort umsteigen in die Kōbe-Arima-Linie und in 15 Min. bis zur Station Arima Onsen fahren (390 ¥). Alternativ mit JR-Bus *Arima Express* von

Shin-Kōbe oder Sannomiya in 45 Min. bis Arima Onsen (770 ¥).

ÜBERNACHTUNG

ANA Crowne Plaza Kōbe, Chūō-ku, Kitano-chō, 1-chōme, ℡ 078-291-1151, 🖥 www.anacrowneplaza-kobe.jp. Erstklassiges Hotel auf einer Anhöhe, direkt am Shinkansen-Bahnhof Shin-Kōbe. Von den großen westlichen Zimmern aus bietet sich ein wundervoller Blick über die Stadt und das dahinter liegende Meer. Saisonbedingte Sonderpreise. ❹–❺

Hotel Tor Road, Chūō-ku, Nakayamate-dōri 3-1-19, ℡ 078-391-6691, 🖥 www.hoteltorroad.co.jp. Freundliches Hotel in der Tor Road, im englischen Stil. Genaues Hingucken lohnt sich, da teilweise große Preisunterschiede. Vom Bahnhof Sannomiya nördlich 7 Min. zu Fuß, nach der Kreuzung Ikuta-shinmichi/Tor Road linker Hand. ❶–❺

  Hostel Yume-Nomad, Hyōgo-ku, Shinkaichi 1-2-2, ℡ 078-576-1818, 🖥 yumenomad.com. Das sich selbst als „freestyle guest house" bezeichnende Hostel liegt in der Nähe vom Kōbe Harborland. Familiäre Stimmung im gemeinsamen Aufenthaltsraum, der gleichzeitig ein öffentliches Café ist. Dorm 2600 ¥ p. P., EZ 4500 ¥. Vom Nordausgang des JR-Bahnhofs Kōbe nordwestlich laufen bis zu einem großen Schrein, dort links und weiter auf der Hauptstraße bis zum Dowling Center ROUND 1, nach rechts in der Arkade ca. 2 Min. bis Yume-Nomad.

Tōyoko Inn Kōbe Sannomiya No. 1, Chūō-ku, Gokō-dōri 2-2-2, ℡ 078-271-1045, 🖥 www.toyoko-inn.com/e_hotel/00074. Praktisch gelegenes und günstiges Businesshotel. Kleines japanisches Frühstück mit Reis, Miso-Suppe, Brot und Kaffee. Vom JR- oder Hankyū-Bahnhof Sannomiya östlich 9 Min. zu Fuß. ❶–❷

 ESSEN

Asayama, Chūō-ku, Kitanagasa-dōri, Angel-Matsuura Bldg. 4F, ℡ 050-5796-8849. *Izakaya* mit Mittagstisch und wohl durchdachten Gerichten mit frischem Gemüse und Avocado und saisonalen Zutaten. Das Mittagsmenü ist voller kleiner Gemüse-Beilagenteller, Haupt-

gericht ab etwa 1000 ¥. Budget am Abend etwa 4000 ¥. Avocado-Menüs mit viel Gemüse, Fisch oder Fleisch ab 2500 ¥. Englische Speisekarte verfügbar. Vom Hankyū-Bahnhof Sannomiya Ausgang West nur ein Katzensprung. ⏰ tgl. 11.30–14 und 17–23 Uhr.

Café Freundlieb, Chūō-ku, Ikuta-chō 4-6-15, ℡ 078-231-605. Wem nach deutschem Essen und belegten Broten in einer renovierten Kirche ist, der kann in diesem berühmten Café vorbeischauen. Preislich bewegt man sich zwischen 1000 und 2000 ¥. Speisekarte auch auf Englisch. Vom JR-Bahnhof Sannomiya auf der Flower Road nördlich 10 Min. zu Fuß. ⏰ Do–Di 10–19 Uhr (Mittagstisch nur werktags 11.30–14 Uhr).

Gaenshuka, Chūō-ku, Sakaemachi-dōri 2-8-7, ℡ 078-331-8828. Kantonesisches Restaurant in Nankinmachi. Schneeweiße Löwenfiguren erwarten die Gäste vor dem Eingang. Vom JR-Bahnhof Motomachi 3 Min. zu Fuß, englische Speisekarte und Englisch sprechende Mitarbeiter. 2000–4000 ¥. ⏰ Mo–Fr 11.30–15 und 17–21.30, Sa–So und Feiertag 11.30–15.30 und 16.30–21.30 Uhr.

Gyōza-en, Chūō-ku, Sakaemachi-dōri 2-8-11, ℡ 078-331-4096. Warteschlangen sprechen in der Regel für ein Restaurant. Hier steht man für leckere *gyōza* (maultaschenähnliches chinesisches Teiggericht) und andere Gerichte an. Vom JR- oder Hanshin-Bahnhof Motomachi südlich 5 Min. bis zum Chinatown-Eingangstor vor dem Daimaru-Kaufhaus, in Nankinmachi entlang der Ladenstraße nach Westen laufen bis zum Nankinmachi-Platz, dort auf der linken Seite. ⏰ tgl. außer Mo 11.45–15 und 17–20.30 Uhr.

Itoh Dining Kōbe, Chūō-ku, Isogami-dōri 8-1-3, Sogo-Wing 6F, ℡ 078-232-3031. *Teppan-yaki*-Restaurant mit Kōbe-Beef und anderen Steaks, Englisch sprechende Mitarbeiter, englische Speisekarte. Mittags gibt es Hähnchen, Meeresfrüchte oder Kōbe-Beef. Mittagsmenü 1200–11 000 ¥. Zu kalkulierendes Budget am Abend 4000–19 000 ¥. Vom JR-Bahnhof Sannomiya südwestlich 3 Min. zu Fuß. ⏰ tgl. 11.30–22 Uhr (Mittagsmenü 11.30–15 Uhr).

Mikami, Chūō-ku, Kanō-chō 2-5-9, ℡ 078-242-5200. Restaurant mit vielen japanischen

KANSAI

Legenden um das Kōbe-Beef

Tatsache ist, dass das Kōbe-Rind – begeisterte Gourmets sprechen in der Regel nur von seinem Fleisch, dem **Kōbe-Beef** – zwar aus Kōbe stammt, dort aber „Tajima-Rind" *(tajima-ushi)* genannt wird. Tatsache ist weiterhin, dass aus dem Fleisch des japanischen Schwarzviehs weltweit die teuersten Steaks geschnitten werden. Und es ist vermutlich auch korrekt, dass dieses besondere Rindfleisch äußerst wohlschmeckend und zugleich, wegen des geringen Anteils an gesättigten Fettsäuren, sehr gesund ist. Strittig ist dagegen, wann und von wem Kōbe-Beef als solches verkauft werden darf. Geht es nach dem Willen der Zuchtbetriebe in Kōbe, dürfte das in anderen Teilen Japans sowie im Ausland nachgezüchtete und gekreuzte Rind den gesetzlich geschützten Markennamen nicht verwenden. Der gute Geschmack und die außergewöhnlich feine Marmorierung (also die Verteilung des Fettgewebes im Fleisch) des originalen Mastviehs aus Kōbe ist das Ergebnis strenger, sorgsamer und stressloser Aufzucht sowie höchster Qualitätskriterien. Gutes Fleisch durch die Gabe von Bier, stundenlange Massage oder musikalische Unterhaltung (beispielsweise Mozart-Sonaten) zu gewinnen, sind Erzählungen, die immer wieder von einzelnen Züchtern medienwirksam der Öffentlichkeit präsentiert werden, wo sie dann beharrlich ihre Runden ziehen. Dem Image und dem Kōbe-Beef-Kurs scheinen diese Legenden genutzt zu haben – und dem Tourismus und der Bierindustrie auch. Wahres Kōbe-Beef gibt es in der Regel im Ausland nicht zu kaufen. Das Götterfleisch verspeist man in Japan lieber unter sich. In Kōbe haben sich einige Restaurants auf Kōbe-Beef spezialisiert, aber ob das wirklich alles original ist und nur aus heimischen Zuchtbetrieben stammt? Preislich gesehen, ja.

und internationalen Gerichten und ebenso vielen Stammgästen, denen es hier zu schmecken scheint. Mittags 850–1300 ¥, abends (Pasta, Pizza, Tenpura) 940–2300 ¥. Vom JR-Bahnhof Shin-Kōbe auf der Flower Road südlich, dann rechts kleine Straße in Richtung Sannomiya, nahe Greenhill Hotel Urban. ⏱ tgl. außer Mi 11.30–15 und 17–22 Uhr.

🌳 **Modernark Pharm Café**, Chūō-ku, Kitanagasa-dōri 3-11-15, Kōbe-tsushō Bldg. 1F, ✆ 078-391-3060. Bio-Café mit vielen vegetarischen Speisen in entspannter Atmosphäre. JR-Linie bis Bahnhof Motomachi, Ausgang Ost, große Straße 5 Min. Richtung Norden. ⏱ tgl. 11.30–22.30 Uhr (So und Feiertag bis 22 Uhr), Mittagsmenü 11.30–14, Abendessen ab 17 Uhr.

New Munchen Kōbe Taishikan, Chūō-ku, Sannomiya-chō 2-5-18, ✆ 078-391-3656. Ein Gebäude mit sechs Stockwerken für Bierliebhaber. Jeden 2. Di mittelgroßes Sapporo-Fassbier für 560 ¥, ein Glas Selbstgebrautes 700 ¥. Dazu gibt es japanisches, deutsches und anderes Essen. Vom JR- oder Hankyū-Bahnhof Sannomiya Richtung Motomachi 7 Min. zu Fuß.

⏱ tgl. 11.30–22.30 Uhr (Mittagsmenü Mo–Sa 11.30–14 Uhr).

Tako-an, Chūō-ku, Asahi-dōri 5-3-5, Shirayuri Bldg. 2F, ✆ 078-242-2627. Kleines Restaurant mit der Kōbe-Spezialität *Akashi-yaki* (10 Stück 550 ¥) – nicht krustig wie normale *takoyaki*, sondern außen mit weichem Ei und im Inneren Oktopus *(tako)*, dazu Brühe, andere Oktopus-Gerichte oder *oden* (eine Art Eintopf). Jede Menge Shōchū-Sorten (japanischer Schnaps) für 400–800 ¥. Vom JR-Bahnhof Sannomiya Ausgang Ost, 2. Straße nach links, 1 Min. bis Sun City Daiei. ⏱ Mo–Fr 12–15 und 17–22.30 Uhr, Sa und Feiertag 11.30–22.30, So 11.30–22 Uhr.

Thang Café, Chūō-ku, Sannomiya-chō 1-8-1, Sunplaza B1F, ✆ 078-391-0335. Beliebtes nordvietnamesisches Café-Restaurant, mit Ethno-Atmosphäre wie in Vietnam und leckeren Speisen. Mittags ca. 1000 ¥, abends 2- bis 3-mal teurer. Vom JR-Bahnhof Sannomiya südlich 5 Min. ⏱ tgl. 11.30–15 und 17–21 Uhr.

Tokeiya, Chūō-ku, Kanō-chō 4-7-23, ✆ 078-321-0555. Seit fast 50 Jahren bietet das Tokeiya seinen Gästen *shabu-shabu*, ein geselliges Fleisch- und Gemüsefondue mit hauchdünn geschnittenem Rindfleisch, *sukiyaki* sowie Steaks. Großer Saal mit einladender Atmosphäre. Gutes Fleisch ist teuer, daher: 6000–10 000 ¥ am Abend, um 3000 ¥ mittags (11.30–15 Uhr). Vom Bahnhof Sannomiya nördlich 3 Min. bis in die Nähe der Straße Kitano-zaka. ⏱ tgl. 11.30–22 Uhr.

Wakkoqu, Chūō-ku, Shimoyamate-dōri 1-22-13, Hill Side Terrace 1F, ✆ 078-222-0678. Gutes Kōbe-Beef-Restaurant im klassischen Ziegelsteingebäude mit elegantem Speisesaal. Etwa 10 000 ¥ oder mehr muss man für dieses geschmackvolle Gericht schon investieren. Mittags kommt man mit 3000–5000 ¥ aus. Vom JR-Bahnhof Sannomiya Ausgang West 10 Min. nördlich auf der Kitano-zaka. Filiale in Shin-Kōbe im 3. Stock des Einkaufszentrums Shin-Kōbe Oriental Avenue, neben dem JR-Bahnhof Shin-Kōbe. ⏱ tgl. 12–22.30 Uhr (letzte Bestellung bis 21.30 Uhr).

Das Nachtleben in Kōbe spielt sich rund um Sannomiya und im Kitano-Viertel ab.

Avery's Irish Pub, Chūo-ku, Kitanagasa-dōri 1-10-9, Ikuta Shinmichi Bldg. 1F, ✆ 078-391-2757. Kleiner Irish Pub mit knallroter Eingangstür. Vom Hankyū-Bahnhof Sannomiya Ausgang West nördlich 3 Min., nahe Ikuta-Schrein, schräg gegenüber von Tōkyū Hands. ⏱ Mo–Fr 17–1, Sa–So 15–1 Uhr.

Chicken George, Chūō-ku, Shimoyamate-dōri 2-17-2-B1F, ✆ 078-332-0146, 🖥 www. chicken-george.co.jp. Konzertclub mit Livemusik. Eintritt abhängig von der Performance. Der Club liegt zwei Straßenzüge nördlich vom JR-Bahnhof Sannomiya. ⏱ je nach Konzert.

Rokkō Beer Diner, Chūō-ku, Motomachi-dōri 14-23, Central City Motomachi-Ekimae Bldg. 3F, ✆ 078-392-3265. Bier-Restaurant mit Bier, das aus dem berühmten Wasser des Rokkō-Berges gebraut wird, sowie Biersorten aus aller Welt. Happy Hour 11.30–16 Uhr, das Glas Rokkō-Bier für 400 ¥. Ostausgang (Higashi-guchi) des JR-Bahnhofs Motomachi, direkt gegenüber auf der anderen Straßenseite, westlich vom Kōbe Plaza Hotel. ⏱ Mo–Do 16–23, Fr–Sa 11.30–23, So bis 21 Uhr.

Einkaufen

Zwischen den Bahnhöfen Sannomiya und Motomachi finden sich auf der langen **Sannomiya-Arkade** und der noch längeren (1,2 km) **Motomachi-Arkade** unzählige Geschäfte.

Die **Tor Road** ist die westlich von Sannomiya gelegene klassische Einkaufsstraße in Kōbe. Hier gibt es viele (teure) Modegeschäfte. **Tor West**, westlich der Tor Road, hat sich zu einem modernen Designer-Viertel entwickelt.

Vor dem Eingang zur Chinatown steht das große alte und modern erweiterte **Kaufhaus Daimaru** und neben dem Bahnhof Sannomiya das leuchtend weiße, riesige **Kaufhaus Sogō**.

Geld

Euro (nur Bargeld und Reiseschecks) können in der Nähe der Sannomiya-Bahnhöfe in der **Sumitomo Mitsui Banking Corporation** (SMBC) eingetauscht werden, ✆ 078-332-5955, von JR oder Hankyū Sannomiya südlich auf der Flower-Road, nach dem Kōbe-Marui-Kaufhaus. ⏱ Mo–Fr 11–19, Sa–So, Feiertag 10–18 Uhr.

Informationen

Kōbe Touristeninformation im JR-Bahnhof Sannomiya, südlich des Ostausgangs, ✆ 078-322-0220, hat Stadtpläne und Broschüren und reserviert Unterkünfte ⏱ tgl. 9–19 Uhr. **Shin-Kōbe Touristeninformation** im JR-Bahnhof Shin-Kōbe, ✆ 078-241-9550, ⏱ tgl. 9–18 Uhr.

KICC (Kōbe International Center Cooperation and Communication), Bōeki Center Bldg. 2F, ✆ 078-291-0641, 🖥 www.kicc.jp/index_en.html. Verhilft zu nützlichen Informationen. Südwestlich auf dem Gelände des Bahnhofs Bōeki Center des Port Liners gelegen. Ab JR-Bahnhof Sannomiya 15 Min. zu Fuß. ⏱ Mo–Fr 10–12 und 13–17 Uhr.

Arima Hot Springs Tourist Information Center, Kōbe-shi, Kita-ku, Arima-chō 790-3, ✆ 078-904-0708, 🖥 www.arima-onsen.com/eng/index.html. ⏱ tgl. 9–19 Uhr.

Das wichtigste Verkehrskreuz von Kōbe ist der **Bahnhof Sannomiya**. Hier verkehren alle Fern-

und Nahverkehrszüge – außer dem Shinkansen, der hält im Bahnhof Shin-Kōbe. Das Zentrum von Kōbe liegt zwischen den JR-Bahnhöfen Kōbe und Sannomiya. Wer also in die Innenstadt möchte, steigt entweder in Motomachi oder in Sannomiya aus.

Von Sannomiya aus fahren auch der vollautomatische **Port Liner** sowohl nach Port Island als auch zum Flughafen von Kōbe und der ebenfalls fahrerlose **Rokkō Liner** nach Rokkō Island.

Der grüne **City Loop Bus** fährt die Stationen Sannomiya, Shin-Kōbe, Kitano und Harborland an. Eine Fahrt kostet 260 ¥, ein Tagesticket 660 ¥.

Das **U-Bahn-Netz** besteht aus zwei Linien. Eine Tageskarte kostet 820 ¥.

TRANSPORT

Busse

Vom **Shinki Bus Sannomiya Bus Terminal** in Sannomiya fahren regelmäßig (Nacht-) Busse in Richtung TŌKYŌ (7 3/4 Std., 8000–9200 ¥ bis Shinjuku). Über die Akashi-Kaikyō-Brücke sind auch die Insel Awaji und Shikoku mit dem Bus erreichbar: Shinki Bus vom Sannomiya Terminal über Sumoto (1850 ¥) bis FUKURA im Süden von Awaji-shima (1 1/2 Std., 2250 ¥). Vom gleichen Busbahnhof aus mit dem Shinki Bus non-stop durch Awaji-shima bis NARUTO auf Shikoku (1 1/4 Std., 2750 ¥) und weiter bis zum Bahnhof TOKUSHIMA (knapp 2 Std., 3200 ¥).

Eisenbahn

Der **Shinkansen-Bahnhof Shin-Kōbe** befindet sich etwa 1 km abseits des Zentrums und ist zu Fuß oder mit der U-Bahn zu erreichen. Die Fahrzeit mit dem schnellsten Shinkansen *(Nozomi)* nach TŌKYŌ beträgt knapp 3 Std. (14 160 ¥), nach KYŌTO 30 Min. (2810 ¥) und FUKUOKA (Hakata) gut 2 1/4 Std. (14 160 ¥). Von **Sannomiya** nach ŌSAKA gibt es neben Eilzügen der JR-Linie, die 20 Min. bis Ōsaka benötigen (410 ¥), auch die privaten Hankyū- und Hanshin-Linien, die in 30 Min. bis Hankyū- bzw. Hanshin-Umeda fahren (320 ¥).

Nach KYŌTO mit dem JR-Schnellzug *(shin-kaisoku)* von Sannomiya in 50 Min. (1080 ¥). Mit der Hankyū-Bahn (umsteigen in Jūsō) ins Zentrum von Kyōto in 70 Min. (620 ¥).

Schiffe

Es gibt regelmäßige Schiffsverbindungen vom Hafen Kōbe mit **Jumbo Ferry**, ✆ 078-327-3333, nach TAKAMATSU auf Shikoku, 4–4 1/2 Std., 1990 ¥. Vom Hafen Kōbe Rokkō Island mit **Ferry Sunflower**, ✆ 0120-56-3268, 🖳 www.ferry-sunflower.co.jp, nach ŌITA auf Kyūshū, 11 1/2 Std., 12 870 ¥, und mit **Maruei Ferry (A-Line Ferry)**, ✆ 06-6341-8071, nach OKINAWA, 3 Tage, 21 790 ¥.

Internationale Fährschiffe von **Japan-China Ferry**, ✆ 06-6536-6541, fahren mehrmals wöchentlich nach SHANGHAI, 45 Std., 20 000 ¥.

Flüge

Südlich der Stadt auf einer künstlichen Insel liegt der **Flughafen Kōbe**, 🖳 www.kairport.co.jp, mit Verbindungen zu acht japanischen Städten. Vom Bahnhof Sannomiya aus ist er mit dem Port Liner in 18 Min. zu erreichen (330 ¥). Zum benachbarten Flughafen **Kansai International Airport** (KIX) geht es von Sannomiya aus mit dem Flughafenbus in 70 Min. (1950 ¥) oder mit dem JR-Zug in etwa 90 Min. (bis Shin-Ōsaka in 30 Min. für 550 ¥, von hier weiter bis KIX in 50 Min. mit *Haruka* für 2330 ¥). Vom Flughafen Kōbe verkehrt die High-Speed-Fähre *Bay Shuttle* in 30 Min. für 1850 ¥ zum KIX-Pier, von dort zum Flughafen mit dem Bus 6–7 Min.

13 HIGHLIGHT

Himeji 姫路

Für viele Japan-Reisende ist ein Besuch von Himeji ein Muss, auch wenn die 50 km westlich von Kōbe gelegene kleine Stadt „nur" eine sehenswerte Attraktion aufzuweisen hat – Himeji-jō, die **Burg von Himeji**, auch Shirasagi-jō genannt, **Burg des Weißen Reihers**, ✆ 0792-853-792, 🖳 www.city.himeji.hyogo.jp. Himeji kann als Tagesausflug von Kyōto oder Ōsaka oder auch als erste Etappe einer Reise in Richtung Westjapan anvisiert werden.

Die leuchtend weiße, originale Burg ist zweifellos die besterhaltene, weitläufigste und zugleich schönste Burg Japans. Völlig zu Recht

Die Burg von Himeji ist die besterhaltene Burg Japans.

KANSAI

hat die Unesco ihr 1993 den Titel „Weltkulturerbe" zugesprochen. Das ästhetische Bauwerk
erhebt sich auf einem Hügel inmitten der Stadt
und besteht aus einem fünfstöckigen Hauptturm
(im Inneren sind es jedoch sieben Ebenen), drei
dreistöckigen Nebentürmen und vielen anderen
Gebäuden. Die Vorläufer der heutigen Burganlage entstanden bereits Mitte des 14. Jhs. Später, zur Zeit des Feldherrn Toyotomi Hideyoshi
(1536–98), wurde die Burg von diesem als Militärbasis während seiner Feldzüge in Mitteljapan
genutzt. Es entstand eine ausgeklügelte Wehr-
anlage und der Hauptturm wurde hinzugefügt.
Nachdem Frieden eingekehrt war, sprach das
Shogunat in Edo Ikeda Terumasa, einem Verbündeten und Schwiegersohn des Shōguns Tokugawa Ieyasu, das Lehen Himeji zu. Der Landesfürst, der als „Shōgun von Westjapan" in die
Geschichte einging, machte die Burg zum Zentrum seiner Macht und zur Residenz seines Clans.

Von 1608 bis 1644 erfolgten mehrere Erweiterungen und eine Erhöhung des Hauptturms auf
46 m. 1945 wurde Himeji zwar bombardiert, aber
die Burg blieb erhalten. 1964 ließ die Stadt die
Anlage komplett renovieren. Eine weitere umfangreiche Renovierung erfolgte von 2010 bis
2015. Ein ausführlicher Rundgang, auch durch
den angrenzenden Park und Garten, dauert
über zwei Stunden. ⊙ tgl. 9–17 Uhr (Sommer bis
18 Uhr), 600 ¥. Vom JR-Bahnhof Himeji 15–
20 Min. zu Fuß auf der breiten Ōtemae-dōri.

Nordöstlich der Burg (nur ein paar Minuten
zu Fuß) liegt in einem roten Backsteinbau, einer
ehemaligen Waffenfabrik der japanischen Armee, das **Kunstmuseum der Stadt Himeji** (Himeji
Shiritsu Bijutsukan), 🖥 www.city.himeji.lg.jp/art/
english/index.html, ⊙ Di–So 10–17 Uhr, 200 ¥.

Ein paar Meter weiter zeigt das **Geschichtsmuseum der Präfektur Hyōgo** (Hyōgo Kenritsu Hakubutsukan), 📞 079-288-20911, 🖥 www.
hyogo-c.ed.jp/~rekihaku-bo/english/2007/ope
ning.html, Objekte, die sich auf die Geschichte
der Präfektur Hyōgo und die Himeji-Burg beziehen. ⊙ Di–So 10–17 Uhr, 210 ¥.

SONSTIGES

Fahrradverleih

€ Kostenlose Ausleihe von Fahrrädern
möglich beim **Himeji Tourist Information
Center** im Bahnhof, von 9–16 Uhr, Rückgabe bis
18 Uhr. Es muss nur ein Formular ausgefüllt
werden.

Informationen

Himeji Tourist Information Center im Bahnhof
auf der Westseite des Zentraleingangs,
📞 079-287-0003, ✉ info@himeji-kanko.jp.
Die Angestellten sprechen Englisch und
geben kompetent Auskunft über die Stadt, ihre
Sehenswürdigkeiten (insbesondere die Burg),
die Umgebung, Feste und Souvenirs. ⊙ tgl.
9–19 Uhr.

TRANSPORT

Himeji liegt an der San'yō-Shinkansen-Strecke,
nach OKAYAMA 20–25 Min., 3220 ¥, und SHIN-
ŌSAKA 30–40 Min., 3220 ¥. Wer sparen muss,
fährt mit dem JR-Schnellzug *Shinkaisoku*
von ŌSAKA 67 Min., 1490 ¥, und von KŌBE-
SANNNOMIYA in 40 Min., 970 ¥.
Von TŌKYŌ per Shinkansen *(Hikari)* in 3 1/2 Std.
(15 120 ¥), es gibt aber nur eine direkte
Verbindung stdl., ansonsten umsteigen in
Ōsaka.

Chūgoku 中国

Stefan Loose Traveltipps

14 **Kurashiki** Die historischen Reisspeicher am Kanal sorgen für eine
nostalgische Atmosphäre. S. 461

15 **Hiroshima** Ewiges Mahnmal für die
Menschheit. S. 464

Insel Miyajima Malerisch steht das rote
Schreintor im Meer. S. 471

Tsuwano Das kleine Kyōto von San'in. S. 482

Izumo-taisha Abgeschiedener, mystischer
Treffpunkt der Götter. S. 485

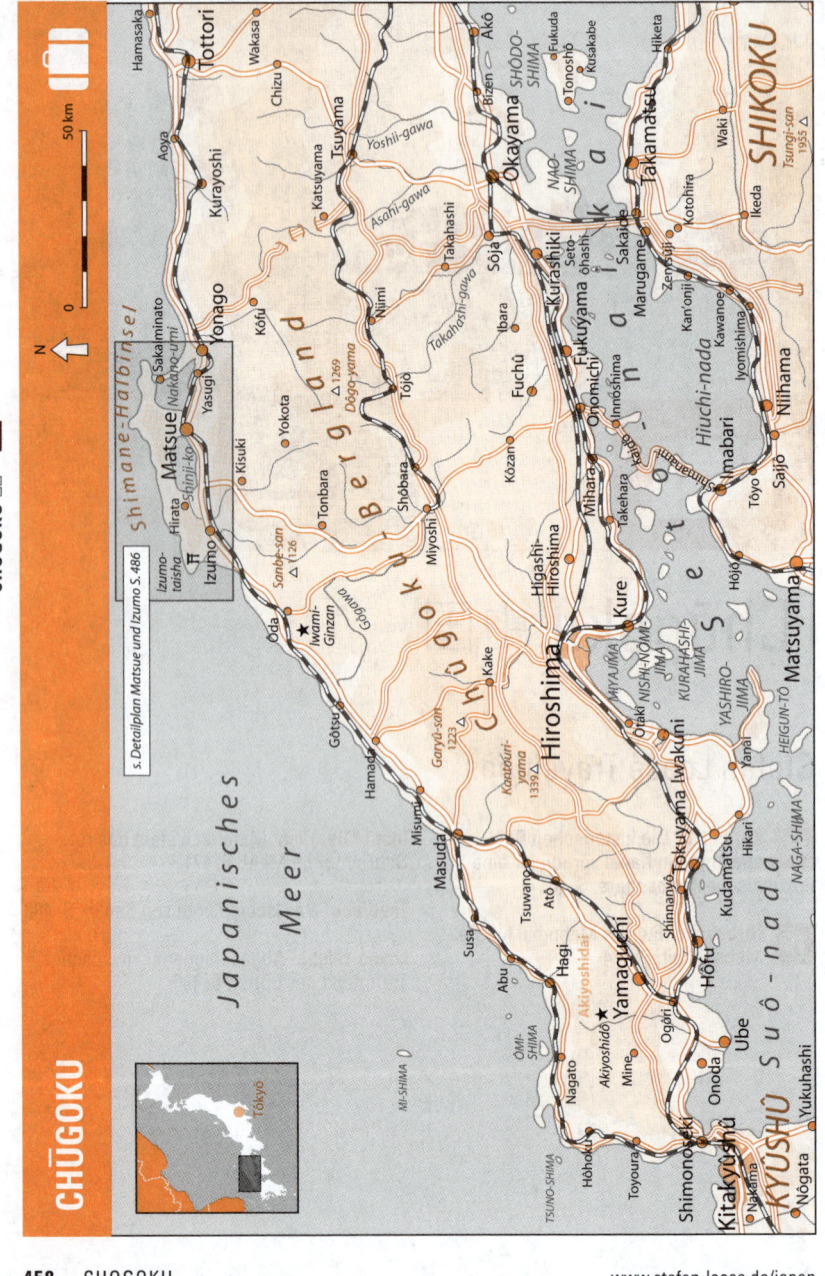

CHŪGOKU

s. Detailplan Matsue und Izumo S. 486

N
0   50 km

Japanisches Meer

Shimane-Halbinsel

Hamasaka
Tottori
Wakasa
Aoya
Chizu
Tsuyama
Yoshii-gawa
Kurayoshi
Katsuyama
Asahi-gawa
Yonago
Sakaiminato
Matsue
Shinji-ko
(Nakano-umi)
Yasugi
Takahashi
Niimi
Kōfu
Sōja
Okayama
Bizen Akō
SHODO-SHIMA
Fukuda
Tonoshō
Kitakabe
Hiketa
SHIKOKU
Takamatsu
Kotohira
Waki
Tsungi-san
1955 △
Ibara
Fuchū
Yokota
Kisuki
Tonbara
Shōbara
Tōjō
Takahashi-gawa
NAO-SHIMA
Kurashiki
Seto
ōhashi
Sakaide
Marugame
Kan'onji
Zentsūji
Ikeda
Kawanoe
Iyomishima
Niihama
Hiuchi-nada
Imabari
Tōyo
Saijō
Hōjō
Matsuyama
Kōzan
Miyoshi
Izumo-taisha
Izumo
Hirata
Bergland
Dōgo-yama
△ 1269
Sanbe-san
△ 1126
Oda
Iwami-Ginzan
★
Gōtsu
Hamada
Gōnokawa
Gōnokawa
Garyō-san
1223
Kanabari-yama
1339 △
Kake
Chūgoku
Higashi-Hiroshima
MIYAJIMA
Ōtake NISHI-NOMI
KURAHASHI-JIMA
YASHIRO-JIMA
Ōno
Kure
Mihara
Onomichi
Innoshima
Takehara
Fukuyama
Shimanami
Misumi
Masuda
Tsuwano
Atō
Susa
Abu
Hagi
Akiyoshidō
Yamaguchi
Shinnanyō Tokuyama Iwakuni
Kudamatsu
Hikari
Yanai
Hōfu
HEIGUN-TŌ
Ogōri
Mine
Akiyoshidai
Ube
Onoda
KYŪSHŪ
Suō-nada
Yukuhashi
Nagata
Nōgata
Nakama
Kitakyūshū
Shimonoseki
Hōhoku
Toyoura
TSUNO-SHIMA
MI-SHIMA
ŌMI-SHIMA
NAGA-SHIMA
Tōkyō

Chūgoku, „das Land der Mitte", ist die westlichste Region auf Honshū. Sie liegt zwischen den großen Regionen Kansai und Kyūshū und erstreckt sich von Okayama im Osten bis nach Shimonoseki im äußersten Westen. Der nördliche Teil, der sich entlang dem Japanischen Meer (Nihonkai) zieht, ist sehr dünn besiedelt, muss jährlich einem strengen Winter trotzen und wird daher auch **San'in-dō**, die „Schattenseite der Berge", genannt. Hingegen hat der dichter besiedelte Süden von Chūgoku sich das milde Klima der **Seto-Inlandsee** zu eigen gemacht und daher den schönen Beinamen **San'yō-dō**, „Sonnenseite der Berge", erhalten.

Okayama 岡山

Okayama ist eine 1573 gegründete Burgstadt und heute die Hauptstadt der gleichnamigen Präfektur. Für aus dem Osten kommende Besucher ist es das Haupttor nach Chūgoku wie auch zum Seto-Inlandsee-Nationalpark. Seit Fertigstellung der Seto-Ōhashi-Brücke (1988) nutzen viele Reisende, die in Richtung Shikoku unterwegs sind, Okayama ausschließlich als Umsteige- und Durchgangsstation. Das ist schade, denn die Stadt besitzt mit dem Landschaftsgarten Kōraku-en eine echte Attraktion. Und gegenüber, am anderen Ufer des Asahi-Flusses, liegt die schwarze U-jō, die „Krähenburg".

Kōraku-en 後楽園
Der Landschaftsgarten wurde Ende des 17. Jhs. vom Landesfürsten Ikeda Tsunamasa für seine eigene Entspannung und die seiner Familie in Auftrag gegeben. Er zählt offiziell zu den *nihonsanmeien*, den „Drei berühmten Gärten Japans" (neben dem Kairaku-en in Mito und dem Kenroku-en in Kanazawa). Während des Rundgangs auf dem Gartenpfad erschließen sich dem Besucher wechselnde Ansichten. Der Teich, die Bäche, die Hügel, Büsche und Bäume und selbst der schwarze Burgturm außerhalb des Gartens sind geschickt miteinander kombinierte, optische Bestandteile dieser künstlich geschaffenen Landschaft. ☏ 086-272-1148, 🖳 www.okayama-korakuen.jp, ⏰ tgl. 20. März–Sep 7.30–18, Okt–19. März 8–17 Uhr, 400 ¥. Mit der

Straßenbahn Richtung Higashiyama bis Haltestelle Shiroshita (100 ¥), dann 10 Min. zu Fuß – oder man läuft gemütlich eine halbe Stunde die Hauptstraße Momotarō-Ōdōri entlang.

Okayama-jō 岡山城
Die Burg stammt aus dem 16. Jh. Den Beinamen „Krähenburg" (U-jō) verdankt sie dem schwarzen Anstrich des Hauptturms. Damals besaß die Festung über 30 Türme und ca. 20 Tore. Bei der Rekonstruktion 1966 wurde jedoch auf viele Bereiche verzichtet. Von der Spitze des Hauptturms kann man den Blick auf den benachbarten Kōraku-en und die Stadt genießen. ⏰ tgl. 9–17 Uhr, 300 ¥ (Kombiticket Burg und Kōraku-en 560 ¥).

Nahe der Burg liegt das **Hayashibara-Kunst-museum**, ☏ 086-223-1733, 🖳 www.hayashibara-museumofart.jp, in dem Kunstschätze des Ikeda-Klans ausgestellt sind. ⏰ Di–So 10–17 Uhr, 500 ¥ (Kombiticket für Burg, Kōraku-en und Museum 960 ¥).

Orient-Museum der Stadt Okayama 岡山市立オリエント美術館
Das Museum, ☏ 086-232-3636, 🖳 www.orient-museum.jp/page08.php, war das erste in Japan, das sich dem Orient und seinen Kulturen widmete. Über 3000 Ausstellungsstücke (Ton-, Glas-, Stein- und Keramikwaren), überwiegend aus Syrien und dem Iran werden hier gezeigt. ⏰ Di–So 9–17 Uhr, 300 ¥. Vom JR-Bahnhof Okayama 15 Min. Fußweg oder mit dem Okaden-Bus (Haltestelle Nr. 4) bis Tenjin-chō oder Straßenbahn bis Shiroshita und 3 Min. zu Fuß.

Kunstmuseum der Präfektur Okayama 岡山県立美術館
Direkt neben dem Orient-Museum steht das herausragende Gebäude des Kunstmuseums, ☏ 086-225-4800, 🖳 www.pref.okayama.jp/seikatsu/kenbi/index.html, 1988 von Ōkada Shin'ichi entworfen. Im Museum wird die Geschichte der Region anhand von Skulpturen, Töpferwaren, Schwertern und Rüstungen dargestellt. ⏰ tgl. 9–17 Uhr, 350 ¥.

Comfort Hotel Okayama, Kita-ku, Marunouchi 1-1-13, ☏ 086-801-9411, 🖳 www.choice-hotels.

CHŪGOKU

jp/cfoka. Gutes und erschwingliches Hotel, praktisch für Besucher, nahe Burg und Garten. Billiger bei Onlinebuchung. Gutes Frühstücksbuffet und täglich wechselnde Suppen. Vom JR-Bahnhof Okayama Ausgang Ost zu Fuß auf der Hauptstraße Momotarō-Ōdōri etwa 15 Min. oder mit Straßenbahn bis Shiroshita. **❶–❷**

Granvia Okayama, Kita-ku, Ekimoto-chō 1-5, ☎ 086-234-7000, 🖥 www.granvia-oka.co.jp. Modernes, luxuriöses Stadthotel am JR-Bahnhof Okayama, vom Ost-Ausgang direkte Passage zum Hotel. EZ und Semi-DZ (Frühbucherrabatt). **❸–❻**

€ **Toriikuguru, Guesthouse & Lounge**, Kita-ku, Hōkan-chō 4- 7-15, ☎ 086-250-2629 (8–11 und 16–22 Uhr), 🖥 toriikuguru.com. Gemütliche Zimmer in ruhigem Wohnviertel. Manche Abende Livemusik. Gemischte und Frauen-Dorms, DZ und EZ. Fahrradleihe 500 ¥ am Tag. Vom JR-Bahnhof Okayama Westausgang große Straße rechts, 3. Ampel links, in die Arkade Hōkan-chō laufen bis zur Ladenstraße ohne Dach, über große Straße weiter geradeaus – das Schreintor linker Hand ist gleichzeitig der Eingang zum Gasthaus. Laufzeit ca. 13 Min. **❶**

ESSEN

Ajitsukasa Nomura, Kita-ku, Heiwa-chō 1-10, ☎ 086-222-2234. Populäres Restaurant, das sich auf *domi-katsu-donburi* – Schweinekotelett mit Demi-Glace-Soße auf Reis – spezialisiert hat. Vom JR-Bahnhof Okayama zu Fuß östlich über die Kreuzung bis zur Straßenbahnhaltestelle Nishikawa-Ryokudō-kōen, dann nach rechts. 🕐 tgl. 11–21 Uhr.

Cozzy's, Kita-ku, Omote-chō 1-1-40, ☎ 086-225-1803. Café mit verschiedenen leckeren Hamburgern und Ciabatta-Sandwiches. Ab Straßenbahn-Haltestelle Shiroshita westlich laufen, dann 1. Ampel nach links, danach rechts. Westlich des großen Rundbaus der Okayama Symphony Hall. 🕐 Mi–Mo 11.30–22 Uhr.

€ **Quiet Village Curry Shop**, Kita-ku, Omote-chō 1-6-43, ☎ 086-231-4100. Indisches Curry-Restaurant mit günstigen Preisen (fast alle Gerichte unter 1000 ¥). Von der Straßenbahnhaltestelle Shiroshita südlich,

parallel zur Straßenbahnlinie etwa 100 m bis zur 1. Ampel laufen, dann nach rechts und nochmal rechts. 🕐 Di–So 11.30–19.30 Uhr.

Tsubohachi, Kita-ku, Saiwai-chō 3-7, Ishihara Bldg. 1F, ☎ 086-227-2626. *Izakaya* mit fairen Preisen, Speisekarte mit Fotos. Vom JR-Bahnhof Okayama gut 8 Min. auf der Kenchō-dōri westlich vom Fluss. 🕐 Mo–Do 16–1, Fr–Sa bis 3, So und Feiertag bis 24 Uhr.

Im Vergnügungsviertel von Okayama, zwischen den beiden Hauptstraßen Momotarō-Ōdōri und Kenchō-dōri, gibt es weitere Möglichkeiten, das passende Restaurant zu finden.

SONSTIGES

Geld

Chūgoku Bank, Kita-ku, Honmachi 2-5, ☎ 086-225-0311. Von der Straßenbahnhaltestelle Okayama-eki-mae (JR-Bhf. Okayama Ostausgang), ca. 60 m östlich, rechte Seite, auf der Momotarō-Ōdōri 🕐 Mo–Fr 9–15 Uhr.

Informationen

Touristeninformation der Stadt Okayama, JR-Bahnhof Okayama 2F, Shinkansen-Ausgang, ☎ 086-222-2912. 🕐 tgl. 9–18 Uhr.

Okayama International Center, Hokan-chō 2-2-1, ☎ 086-256-2000. Vom JR-Bahnhof Okayama, West-Ausgang, nach Norden bis Nishiguchi-Parking, dann nach links, 5 Min. zu Fuß. 🕐 Mo–Sa 9–17 Uhr (Informationen über Okayama), 10–19 Uhr (Bibliothek mit internationalen Zeitschriften).

Internet

Im **Okayama International Center** (siehe „Informationen") kostenlos max. 30 Min.

NAHVERKEHR

Die Sehenswürdigkeiten in Okayama lassen sich gut zu Fuß erreichen. Wer öffentliche Verkehrsmittel bevorzugt, kann mit der Straßenbahn oder dem Bus fahren: Die **Okaden-Tram**, auch *Romendensha* genannt, fährt ab JR-Bahnhof Okayama (Ost-Ausgang) und kostet 100–140 ¥ (Tagesticket 400 ¥). Der **Okaden-Bus** ab dem Bahnhof Okayama kostet bis Kōraku-en 140 ¥.

CHŪGOKU

TRANSPORT

Eisenbahn

Nach KYŌTO mit dem Shinkansen in 1 Std., 7010 ¥ , oder JR-San'yō-Linie in 3 1/2 Std. (ein- bis mehrmaliges Umsteigen erforderlich) für 3670 ¥. Shinkansen nach SHIN-ŌSAKA in 45–70 Min., 5500 ¥, HIROSHIMA in 40–70 Min., 5500 ¥. Mit dem *Marine Liner* fährt man auf der Großen Seto-Brücke über die Inlandsee nach TAKAMATSU, 55–70 Min., 1510 ¥.

Schiffe

Shikoku Ferry, 🖥 shikokuferry.com (nur Jap.), bietet eine gute, preiswerte Verbindung nach Shikoku: Vom Hafen Uno (ab JR-Bahnhof Okayama 40 Min.) fahren die Fähren durch die Inlandsee nach TAKAMATSU, 1 Std., 690 ¥.

14 HIGHLIGHT

Kurashiki 倉敷

Von Okayama braucht die Bahn nur wenige Minuten bis Kurashiki, während der Edo-Zeit (1603–1867) ein wichtiges Handelszentrum und großer Reis-Umschlagplatz, heute eine Kleinstadt mit einer der bezauberndsten Altstädte Japans. Eine Kombination aus weiß gehaltenen, mit schwarz-weißen Kacheln verzierten Speichern und Holzhäusern der Kaufleute entlang des Kanals beschwören vergangene Zeiten herauf. Viele der alten Gebäude wurden restauriert und zu Museen und Galerien umfunktioniert und machen das historische Viertel von Kurashiki, den **Bikan-chiku** („ästhetischen Distrikt"), zu einem besonderen und äußerst beliebten Ausflugsziel.

Ōhara-Kunstmuseum 大原美術館

Das Ōhara Bijutsukan, 📞 086-422-0005, 🖥 www.ohara.or.jp, im Stil eines Pantheons entworfen, ist das herausragendste Museum der Stadt und zählt zu den bedeutendsten Museen ganz Japans. In der Hauptgalerie wird eine reiche Sammlung moderner europäischer Meister, wie Monet, Gauguin oder Renoir, präsentiert.

Weitere Ausstellungen mit Werken japanischer Künstler in westlicher Tradition finden sich im Anbau *(bunkan)*. Erstklassige Arbeiten japanischer Kunsthandwerker sind in der Kunsthandwerksgalerie *(kōgeikan)* zu sehen, antike chinesische und andere asiatische Kunstobjekte in der Asiatischen Galerie *(tōyōkan)*. ⏰ Di–So 9–17 Uhr, 1300 ¥. Etwa 15 Min. zu Fuß vom Bahnhof.

Archäologisches Museum Kurashiki
倉敷考古館

Das Archäologische Museum, 📞 086-422-1542, 🖥 ww51.tiki.ne.jp/~kura-kouko, hat sich in einem recht schönen einstigen Lagerhaus niedergelassen und zeigt archäologische Funde aus der Umgebung und aus China. ⏰ Mi–So 9–17 Uhr (Winter bis 16.30 Uhr), 400 ¥.

Volkskunstmuseum Kurashiki
倉敷民芸館

In einer Reihe alter Reisspeicher *(kura)*, deren Architektur schon für sich genommen eine Volkskunst ist, zeigt das Kurashiki Mingeikan, 📞 086-422-1637, Beispiele des japanischen Kunsthandwerks, wie Lack- und Bambusarbeiten, Keramik, Goldstickereien und gewebte oder gefärbte Textilien. ⏰ Di–So 9–17 Uhr (Dez–Feb bis 16.15 Uhr), 700 ¥.

Kurashiki Ivy Square
倉敷アイビースクエア

Der 1889 aus rotem Backstein erbaute Gebäudekomplex ist eine ehemalige Fabrik, eine Hinterlassenschaft des Kurabō-Textilunternehmens. 1974 wurde die Anlage umgestaltet und renoviert und steht heute in angenehmem Kontrast zur feudalzeitlichen Stadtkulisse Kurashikis. Besucher betreten den Kurashiki Ivy Square durch ein rotes Bogentor und stehen dann in einem großen Innenhof mit einem Café unter freiem Himmel, umgeben von Blumen, Büschen und einer mit dichtem Efeu bewachsenen Mauer. Es gibt ein Hotel, Restaurants, Läden und ein paar Museen. Man kann aber auch einfach nur die gute Atmosphäre genießen.

ÜBERNACHTUNG

APA Hotel Kurashiki-ekimae, Achi 1-7-2, 📞 086-426-1111, 🖥 www.apahotel.com/hotel/

chugoku/02_kurashiki-ekimae. Landesweite
Kette von Stadt- und Kurhotels, direkt am Bahn-
hof, Ausgang Süd. Saisonale Angebote. ❶–❹
Kurashiki Guesthouse Yu-Rin-An (U-Rin-An),
Honmachi 2-15, ✆ 086-426-1180, 🖥 www.u-rin.
com/english. 100 Jahre altes traditionelles
Haus am Bikan-Viertel, mit Kommunikations-
zimmer im alten Lagerhaus, eine Dusche,
öffentliche Badehäuser in der Nähe. Vom
Südausgang des Bahnhofs 10 Min. zu Fuß
Richtung Bikan-Viertel, neben der Kurashiki-
Motomachi-Post. ❶–❸
Kurashiki Youth Hostel, Mukōyama 1537-1,
✆ 086-422-7355, 🖥 www.jyh.or.jp/info.php?
jyhno=6307. Kleine Jugendherberge (6 Betten),
Kamin im Gemeinschaftsraum. Dorm mit
4 Betten 3700 ¥ p. P. Vom Bahnhof 30 Min. zu
Fuß oder mit Bus von Haltestelle Nr. 6, am
Südausgang, in 10 Min. bis Shimin-kaikan-mae,
von hier Richtung Mukōyama-Park, 15 Min. zu
Fuß.
Tōyoko Inn Kurashiki-eki-minamiguchi, Achi
2-10-20, ✆ 086-430-1045, 🖥 www.toyoko-inn.
com/hotel/00035. Praktische Unterkunft zu
günstigem Preis. WLAN, kleines japanisches
oder westliches Frühstück. Nahe Bahnhof,
Ausgang Süd, neben *konbini* in der Motomachi-
dōri. ❶
Vessel Hotel Kurashiki, Matsushima 1177-7,
✆ 086-461-0101, 🖥 www.vessel-hotel.jp/
kurashiki. Modernes Gästehaus mit großen EZ
(Bettbreite 150 cm). Vom Bahnhof in Richtung
Okayama bis Nakashō (nur eine Station) fahren,
Ausgang Nord, etwa 15 Min. zu Fuß, neben
Sunflower Bowling. Tipp: Mit Taxi nur 2 Min.
❶–❷

🧳 € **Washūzan Youth Hostel**,
Ōbatake 1666-1, ✆ 086-479-9280,
🖥 washuzan.kurashiki.co.jp/yh. Jugendherberge am Berg Washū, außerhalb von Kurashiki direkt an der Brücke Seto-Ōhashi. Die
lange Anfahrt lohnt sich: Schöner Ausblick zur
Inlandsee und gute Gelegenheit, der Stadt zu
entfliehen. Die Fahrt vom JR-Bahnhof Kurashiki
bis Kojima (via Okayama) dauert ca. 50 Min,
dann mit dem Shimotsui-Ringbus *Tokohai-gō* bis
Haltestelle Youth-Hostel-mae ca. 25 Min. Preiswertes Frühstück und Abendessen. Dorm für
2160 ¥ p. P.

Einige Restaurants in der Altstadt haben sich
längst auch auf ausländische Gäste eingestellt
und halten Speisekarten mit englischen Übersetzungen oder Fotos der Gerichte parat.

🧳 **Azumi**, Chūō 1-1-8, ✆ 086-422-8970. Das
seit 1966 bestehende Restaurant hat
zahlreiche Fans und Stammgäste von überall.
Die Spezialität des Hauses: Leckere handgemachte kalte und warme Soba aus Nagano für
etwa 1000 ¥. Vom Bahnhof zu Fuß in 15 Min.
🕐 Di–So ab 11 Uhr, bis alle Speisen verkauft
sind.
Grill Hirose, Tsurugata 1-3-42, ✆ 086-422-1931.
Westliches Restaurant mit gutem Mittag- und
Abendessen, z. B. *omuraisu* (Omelette gefüllt
mit würzigem Reis). Viele Stammgäste. Vom
Bahnhof etwa 7 Min. Fußweg. 🕐 tgl. außer Mi
und 3. So im Monat 11.30–14 und 18–22 Uhr.
Kamoi, Chūō 1-3-17, ✆ 086-422-0606.
Japanisches Restaurant mit Okayama-Sushi
und verschiedenen Nudelgerichten, auch
geeignet für Kaffeepause mit Blick auf die
Altstadt. Vom Bahnhof in Richtung Altstadt,
über den Kanal, auf der anderen Seite des
Ōhara-Kunstmuseums. 🕐 Di–So 9–18 Uhr.
Mamakari-tei, Honmachi 3-12, ✆ 086-427-7112.
Restaurant mit lokaler Spezialität *mamakari-
sushi* (in Essig eingelegter Hering) und Meeresfrüchten, frisch aus der Inlandsee. Vom Bahn-
hof 10 Min. zu Fuß in die Altstadt, nahe dem
Archäologie-Museum. 🕐 Di–So 11–14 und
17–22 Uhr.
Swan, Chūō 1-10-13, ✆ 086-434-8165, Café-
Restaurant in altem japanischen Haus, mit
einfachen französischen Gerichten.
Mittagsmenü für etwa 1000 ¥, am Abend 2600–
3600 ¥. Vom Bahnhof Richtung Altstadt 15 Min.,
am westlichen Ufer des Kanals entlang.
🕐 Di–So 11–22 Uhr.
The East-West Caves, Chūō 1-8-8, ✆ 086-427-
3070. Kunsthandwerksgalerie und Café namens
„The Santa Cruz Kitchen", alles (z. B. Sandwiches) nach kalifornischem Geschmack
zubereitet. Weißes Gebäude im westlichen Stil
mit grünen Sonnenschirmen auf der Terrasse.
Vom Bahnhof 15 Min. in Richtung Altstadt,
östlich des Städtischen Kunstmuseums.
🕐 Fr–Mo 11.30–17 Uhr.

CHŪGOKU

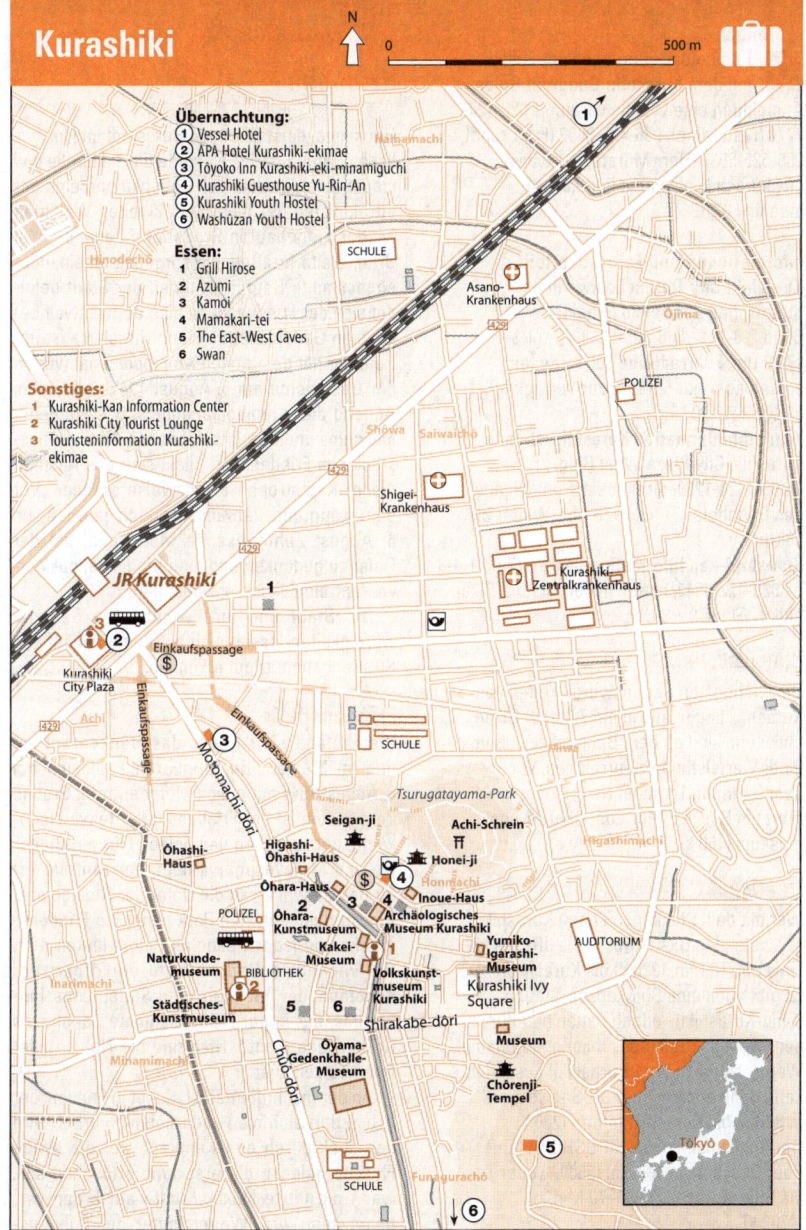

Übernachtung:
1 Vessel Hotel
2 APA Hotel Kurashiki-ekimae
3 Tōyoko Inn Kurashiki-eki-minamiguchi
4 Kurashiki Guesthouse Yu-Rin-An
5 Kurashiki Youth Hostel
6 Washûzan Youth Hostel

Essen:
1 Grill Hirose
2 Azumi
3 Kamoi
4 Mamakari-tei
5 The East-West Caves
6 Swan

Sonstiges:
1 Kurashiki-Kan Information Center
2 Kurashiki City Tourist Lounge
3 Touristeninformation Kurashiki-
   ekimae

SCHULE

Hatsumachi

Asano-
Krankenhaus

Ōjima

POLIZEI

Shigei-
Krankenhaus

Kurashiki-
Zentralkrankenhaus

Showa

Saiwaichō

JR Kurashiki

Einkaufspassage

Kurashiki
City Plaza

Achi

Einkaufspassage

Motomachi-dōri

Einkaufspassage

SCHULE

Tsurugatayama-Park

Seigan-ji

Achi-Schrein

Higashi-
Ōhashi-Haus

Honei-ji

Ōhashi-
Haus

Higashimachi

Ōhara-Haus

Inoue-Haus

Honmachi

POLIZEI

Ōhara-
Kunstmuseum

Archäologisches
Museum Kurashiki

Naturkunde-
museum

Kakei-
Museum

BIBLIOTHEK

Volkskunst-
museum
Kurashiki

Yumiko-
Igarashi-
Museum

AUDITORIUM

Städtisches-
Kunstmuseum

Kurashiki Ivy
Square

Shirakabe-dōri

Inarimachi

Museum

Ōyama-
Gedenkhalle-
Museum

Chūō-dōri

Chôrenji-
Tempel

Minamimachi

SCHULE

Funagurachō

Tōkyō

CHŪGOKU

SONSTIGES

Führungen

 Kostenlose Führungen auf Englisch mit dem **Kurashiki Goodwill Guide**. Anmeldung eine Woche vorab, ✆ 086-424-7774 (Frau Mino), 086-425-8602 (Frau Yano), 086-525-5537 (Herr Murata), 🖥 www.city.kurashiki.okayama.jp/dd.aspx?menuid=10213.

Informationen und Fahrradverleih

Kurashiki City Tourist Lounge in der Städtischen Zentralbibliothek, Chūō 2-6-1, ✆ 086-425-6039, ⏰ tgl. 9–17.30 Uhr, **Fahrradleihe** 300 ¥/Tag (es stehen aber nur 5 Räder zur Verfügung), ⏰ tgl. 9–16.30 Uhr.
Touristeninformation Kurashiki-ekimae, Kurashiki City Plaza West Bldg. 2F, ✆ 086-424-1220, direkt beim Südausgang des Bahnhofs. ⏰ tgl. 9–19 Uhr (Winter bis 18 Uhr).
Kurashiki-kan Information Center, Chūō 1-4-8, ✆ 086-422-0542, mitten in der Altstadt Bikanchiku. ⏰ tgl. 9–18 Uhr.

NAHVERKEHR

Die wichtigsten Sehenswürdigkeiten von Kurashiki liegen alle in der Altstadt Bikanchiku und sind ab dem Bahnhof zu Fuß in einer Viertelstunde zu erreichen. Vor dem Bahnhof, Terminal Nr. 3, 4 oder 5, fährt ein Bus in 2 Min. zum Ōhara-Kunstmuseum (160 ¥).

TRANSPORT

Wer mit dem Shinkansen nach Kurashiki reist, steigt in OKAYAMA in die JR-San'yō-Linie um, 18 Min. (320 ¥) bis Kurashiki. Es gibt auch eine Shinkansen-Station (Shin-Kurashiki), jedoch halten hier nur sehr wenige Züge (ausschließlich *Kodama*). Wer trotzdem in Shin-Kurashiki aussteigt, kann dann auch mit der JR-San'yō-Linie in 8 Min. bis Kurashiki fahren (200 ¥). Der Shinkansen nach HIROSHIMA fährt über Okayama in 40 Min. (5500 ¥) oder via Shin-Kurashiki in 60–70 Min. (4700 ¥).

15 HIGHLIGHT

Hiroshima 広島

Hiroshima, einst mächtige Burgstadt und kaiserliches Hauptquartier, ist heute das kulturelle und industrielle Zentrum von Chūgoku und eine der attraktivsten der nach dem Zweiten Weltkrieg wieder aufgebauten Großstädte Japans – viel Grün, breite Straßen und sorgfältig aufeinander abgestimmte Bauten. Inmitten der Stadt befindet sich der Friedenspark, eine der weltweit bekannten Gedenkstätten, denn Hiroshima ist untrennbar mit dem ersten Atombombenabwurf in der Geschichte am 6. August 1945 verbunden. Anhand des Atombombendoms, des Friedensmuseums und der verschiedenen Ausstellungsstücke im Friedenspark lässt sich das Ausmaß dieser Katastrophe ansatzweise erahnen. Vor dem Kenotaph versammeln sich jährlich am 6. August Zehntausende Menschen, um der Opfer zu gedenken und eine friedliche, nuklearwaffenfreie Zukunft anzumahnen.

Die Stadt und ihre wichtigsten Sehenswürdigkeiten lassen sich mit dem weitläufigen Straßenbahnnetz gut erkunden.

Friedenspark 平和記念公園

Hier befand sich früher das Bankenzentrum und im Moment der atomaren Explosion am 6. August 1945 nur einige Meter entfernt Ground Zero. Heute ist der Friedenspark (Heiwa-kinen-kōen), der zwischen den beiden Flüssen Otagawa und Motoyasugawa liegt, der zentrale Ort für das Gedenken an die Opfer der Atombombe. Am Nordeingang zum Park hängt die **Friedensglocke**, die jeder Besucher selbst läuten darf. Die wichtigste Gedenkstätte verkörpert der **Kenotaph**, der nachgebildete Sattel eines Tonpferdes, der in der Frühgeschichte Japans als Grabbeilage diente. Hier sind die Namen aller Opfer verzeichnet.

An der Inschriftentafel („Ruhet in Frieden, der Irrtum darf sich nie wiederholen") vorbei, wird der Blick durch den Kenotaph auf die ewige Flamme gelenkt, die erst dann erlöschen soll, wenn die letzte Nuklearwaffe auf Erden verbannt sein wird. Weiter hinter der Friedens-

© JAPAN-PHOTO.DE / HARTMUT PÖHLING

Am Kenotaph im Friedenspark von Hiroshima gedenkt man der Atombombenopfer.

flamme, auf der anderen Flussseite, steht das Wahrzeichen von Hiroshima, das Skelett des **Atombombendoms** (Genbaku-dōmu), die Ruine der ehemaligen Industrie- und Handelskammer der Stadt. Das am 6. August schwer beschädigte und ausgebrannte Gebäude wurde später abgestützt und als weltweites Mahnmal des Unheils nuklearer Katastrophen 1996 zum Welt kulturerbe erklärt.

Das **Friedensmuseum** (Heiwa-kinen Shiryō-kan), ✆ 082-241-4004, 🖥 www.pcf.city.hiro shima.jp/top_e.html, auch „Atombomben-Museum" genannt, bildet den Mittelpunkt des Parks und dokumentiert die Zeit vor, während und nach der Atombombenexplosion. Ein Besuch hier ist eine gute Gelegenheit, sich den Irrsinn aller Kriege vor Augen zu führen. Aber Vorsicht: Viele nimmt die Ausstellung sehr mit. 🕐 tgl. März–Juli und Sep–Nov 8.30–18, Aug 8.30–19, Dez–Feb 8.30–17 Uhr, 50 ¥. Der Friedenspark mitsamt dem Kenotaph und dem Museum wurde nach den Entwürfen von Tange Kenzō erbaut, dem Altmeister der modernen Architektur (S. 137). Den Friedenspark erreicht man in gut 10 Min. mit der Tram ab dem JR-Bahnhof Hiroshima, Haltestelle Genbaku-dōmu-mae.

Shukkei-en 縮景園

Der **Shukkei-en** gilt als Meisterwerk der Gartenkunst. Asano Nagaakira, Burgherr von Hiroshima, ließ ihn 1620 um seine Villa herum anlegen. Der 4 ha große Landschaftsgarten am Fluss Kyōbashi besticht durch seine schöne Atmosphäre und den großen Teich. 🕐 tgl. 9–18 Uhr (Okt–März bis 17 Uhr), 260 ¥, 15 Min. zu Fuß vom JR-Bahnhof Hiroshima.

An den südwestlichen Teil des Gartens schließt sich das **Kunstmuseum der Präfektur**

Das Mädchen Sadako

Inmitten des Friedensparks steht ein Denkmal, das ein Kind mit ausgestreckten Armen darstellt – **Sadako**, ein kleines Mädchen, das den Bombenangriff überlebte, dann aber neun Jahre später an Leukämie erkrankte. Sie begann, 1000 Papier-Kraniche zu falten, in der Hoffnung, dadurch zu gesunden. Doch sie verstarb im folgenden Jahr. Bis heute senden Kinder und Schüler aus aller Welt ihr zu Ehren Origami-Kraniche nach Hiroshima, die dann rund um das Denkmal ausgestellt werden.

Hiroshima

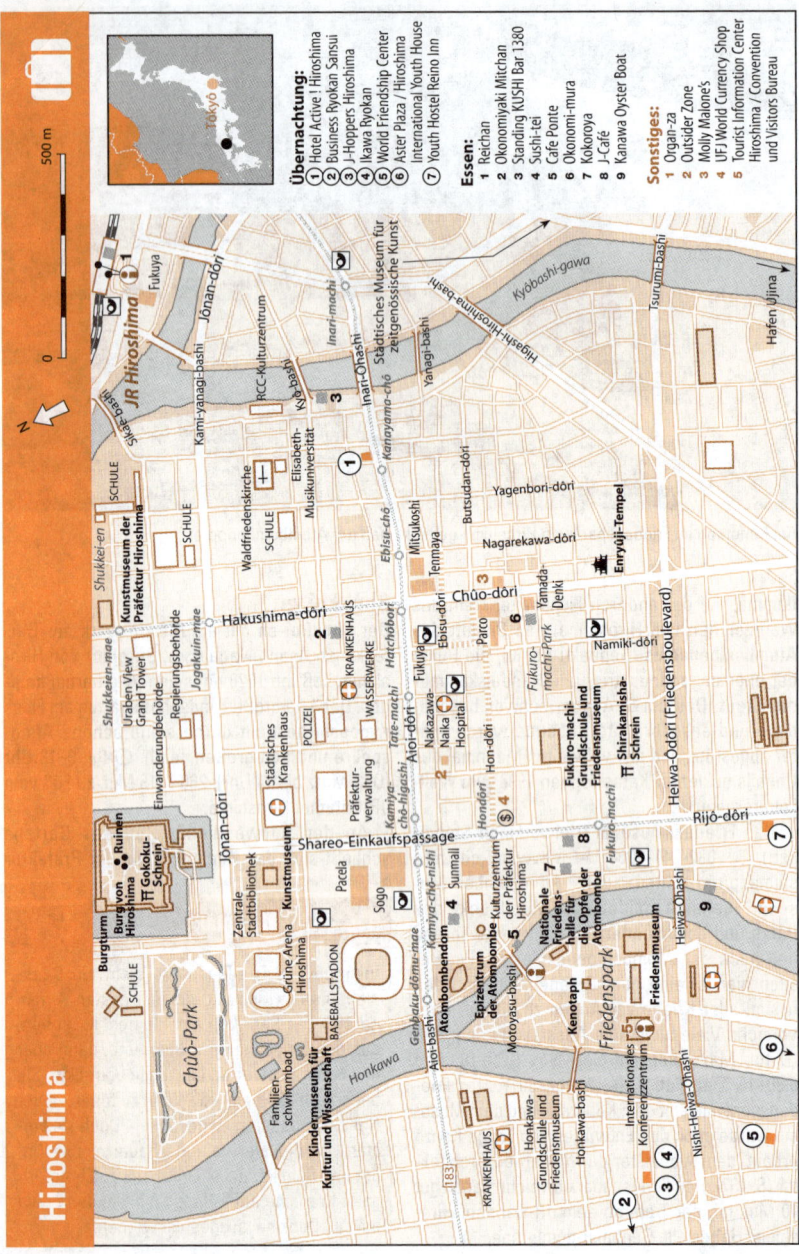

Übernachtung:
1. Hotel Active ! Hiroshima
2. Business Ryokan Sansui
3. J-Hoppers Hiroshima
4. Ikawa Ryokan
5. World Friendship Center
6. Aster Plaza / Hiroshima International Youth House
7. Youth Hostel Reino Inn

Essen:
1. Reichan
2. Okonomiyaki Mitchan
3. Standing KUSHI Bar 1380
4. Sushi-tei
5. Cafe Ponte
6. Okonomi-mura
7. Kokoroya
8. J-Café
9. Kanawa Oyster Boat

Sonstiges:
1. Organ-za
2. Outsider Zone
3. Molly Malone's
4. UFJ World Currency Shop
5. Tourist Information Center Hiroshima / Convention und Visitors Bureau

Die Bombe auf Hiroshima

1937 begann der zweite japanisch-chinesische Krieg. Die anfangs neutralen USA unterstützten China später mit Materiallieferungen und verhängten 1941 gemeinsam mit Großbritannien und Niederländisch-Indien ein Öl-Embargo gegen das von Rohstoff-Importen abhängige Japan. Um einem Kriegseintritt der USA als Folge der geplanten japanischen Besetzungen in Südostasien zuvorzukommen und die amerikanische Militärkraft zu schwächen, veranlasste die Militärregierung in Tōkyō den Angriff auf die US-Pazifikflotte im Hafen von Pearl Harbour auf Hawaii. Einen Tag nach dem Überfall, am 8. Dezember 1941, erklärten die USA Japan offiziell den Krieg. In den folgenden Jahren des „Pazifischen Kriegs" wurden auf beiden Seiten verlustreiche See- und Luftschlachten geschlagen. Nach zahlreichen alliierten Luftangriffen auf Tōkyō und andere japanische Städte fasste US-Präsident Truman im Juli 1945 – die erste Kernwaffenexplosion (Trinity-Test) war gerade erfolgreich getestet worden – den Entschluss, eine Atombombe im Krieg gegen Japan einzusetzen. Ein Entschluss, der ein schnelles Kriegsende erzwingen und gleichzeitig die Welt verändern sollte, bis heute aber völkerrechtlich und ethisch umstritten ist.

Als Ziel des Bombenabwurfs entschied man sich für Hiroshima. Hier befand sich das Hauptquartier der Kaiserlichen Armee. Die Stadt war bis dahin von den Bombardements der Alliierten verschont geblieben. Am Morgen des 6. August warf ein US-Bomber die Nuklearwaffe ab und brachte sie um 8.15 Uhr Ortszeit 580 m über Hiroshima zu einer folgenschweren Explosion. Vermutlich starben 90 000 Menschen sofort, weitere 130 000 bis Jahresende und zahlreiche andere an den bis heute reichenden Folgeschäden durch die radioaktiven Strahlungen. Drei Tage später erfolgte ein zweiter Abwurf über der Stadt Nagasaki (S. 538). Am 15. August 1945 verkündete der japanische Kaiser die Kapitulation.

Hiroshima an, ✆ 082-221-6246, 🖥 www.hpam.jp, ein Glasgebäude mit Blick auf den Shukkeien. Es werden Ausstellungen der Werke von aus Hiroshima, Japan und Asien stammenden Künstlern sowie Kunst der 1920er-Jahre gezeigt. ⏲ Di–So 9–17 Uhr, 510 ¥.

Chūō-Park 中央公園

Der Chūō-kōen, Hiroshimas Central Park, liegt nördlich des Friedensparks. Hier befindet sich das **Hiroshima-Kunstmuseum**, ✆ 082-223-2530, 🖥 www.hiroshima-museum.jp, mit einer stattlichen Sammlung europäischer Gemälde. ⏲ tgl. 9–17 Uhr, 1000 ¥. Läuft man etwa 300 m vom Museum in Richtung des nicht übersehbaren Baseballstadions, erscheint linker Hand ein burgähnliches Gebäude mit einer weißen Kuppel auf dem Dach, das **Hiroshima Kinder-Museum**, ✆ 082-222-5346, 🖥 www.pyonta.city.hiroshima.jp, mit integriertem Planetarium. Das Museum versucht durch „Mitmachausstellungen" Phänomene aus Technik und Naturwissenschaft zu erklären. ⏲ Di–So 9–17 Uhr, Eintritt frei, Planetarium 510 ¥.

Hiroshima-jō 広島城

Hiroshima-jō, auch Karpfenburg (Ri-jō) genannt, wurde 1589 von Mōri Terumoto erbaut und für die folgenden 250 Jahre vom lokalen Asano-Clan als Residenz genutzt. Die Rekonstruktion des Burgturms, der am 6. August „weggeblasen" wurde, erfolgte 1959. In der Burg befindet sich heute ein historisches Museum zum Thema „Samurai-Kultur". ⏲ tgl. 9–16.30 Uhr, 330 ¥. Das Gelände um die Burg wird als öffentlicher Park genutzt.

Hijiyama-Park 比治山公園

Der Hijiyama-Park liegt auf einem kleinen Hügel südöstlich des JR-Bahnhofs Hiroshima. Er ist sehr beliebt zur Kirschblüte und bietet das ganze Jahr über einen schönen Ausblick auf den Hafen. Im Park befindet sich das von Kurokawa Kishō entworfene **Städtische Museum für zeitgenössische Kunst** (Hiroshima-shi Gendai Bijutsukan), ✆ 082-264-1121, 🖥 www.hiroshima-moca.jp/main_e/index.html. Dem großzügig angelegten Museum stehen insgesamt sieben Ausstellungshallen zur Verfügung, die u. a.

Sammlungen von Andy Warhol, Frank Stella und Henry Moore zeigen. ⏰ Di–So 10–17 Uhr, 370 ¥.

Aster Plaza / Hiroshima International Youth House, Naka-ku, Kako-machi 4-17, ☎ 082-247-8700, 🖥 hiyh.pr.arena.ne.jp. Riesiges, von der Stadt betriebenes Gebäude, in dem für internationale Freundschaft der Jugend geworben wird. Die Unterkunft südöstlich der Nakajima-Kanzaki-Brücke ist günstig (Sonderrabatt auf EZ und Twins für ausländische Gäste), die Lobby erinnert an eine Veranstaltungshalle. Alle Zimmer mit Internet. ❶–❷

Business Ryokan Sansui, Naka-ku, Koami-chō 4-16, ☎ 082-293-9051, 🖥 www.sansui-ryokan. com. Kleines, preiswertes Ryokan in japanischem Haus nahe des Friedensparks. Fahrrad 300 ¥, japanisches oder westl. Frühstück 600 ¥. Kulturworkshop für Kalligrafie, Teezeremonie oder japanischer Tanz (1500–2500 ¥). Kimono-Anprobe umsonst. Vom JR-Bahnhof Hiroshima mit Tram Nr. 2 (Richtung Miyajima) in 15 Min. bis Bushaltestelle Koami-chō. ❶–❷

Hotel Active ! Hiroshima, Naka-ku, Nobori-chō 15-3, ☎ 082-212-0001, 🖥 www.hotel-active. com/hiroshima. Beliebtes Hotel mit äußerst angenehmer Atmosphäre und trotzdem erschwinglich. Frühstücksbuffet (japanisch und westlich). Vom JR-Bahnhof Hiroshima mit der Tram etwa 5 Min. bis Kanayama-chō. Nur ein paar Minuten von einem geschäftigen Stadtviertel entfernt. ❶–❷

Ikawa Ryokan, Naka-ku, Dōbashi-chō 5-11, ☎ 082-231-5058, 🖥 www.ikawaryokan.net/en. Modernes Gästehaus im Zentrum der Stadt. Japanische Zimmer oder westliche EZ und Twins, jeweils mit/ohne Bad. Vom JR-Bahnhof Hiroshima mit Tram Nr. 2 oder 6 bis Dōbashi, südöstlich 5 Min. zu Fuß. ❷

€ **J-Hoppers Hiroshima**, Naka-ku, Dōbashi-chō 5-16, ☎ 082-233-1360, ✉ hiroshima @j-hoppers.com, 🖥 hiroshima.j-hoppers.com. Sauber gehaltene Zimmer, gemeinsames Bad, Fahrradleihe 500 ¥/Tag, Dorm gemischt oder nur Frauen, Twins (mit Tatami und Futons). Vom JR-Bahnhof Hiroshima mit Tram Nr. 2 oder 6 ca. 20 Min. bis Dōbashi, südöstlich 3 Min. zu Fuß. ❶

World Friendship Center, Nishi-ku, Higashi-kan-on-machi 8-10, ☎ 082-503-3191 (Di–Sa 10–15 Uhr), 🖥 www.wfchiroshima.net. Der Verein gegen die Verbreitung von Atomwaffen bietet Unterkunft in insgesamt 3 Tatami-Zimmern für 3900 ¥ p. P. Aktivitäten: Führungen durch den Friedenspark, Geschichten von Atombombenopfern, Friedensseminare u. v. a. Übernachtung inkl. Frühstück und Internet. Vom JR-Bahnhof Hiroshima mit Straßenbahn Nr. 2 (Richtung Miyajima) bis Haltestelle Koami-chō, den Tenma-Fluss überqueren (in Tram-Fahrtrichtung), dann sofort nach links, südlich am Fluss entlang über Boulevard Heiwa-Ōdōri, danach 4. Straße rechts abbiegen.

€ **Youth Hostel Reino Inn Hiroshima Peace Park**, Naka-ku, Ōte-machi 3-7-3, ☎ 082-236-7003, 🖥 www.reinoinn.com. Inmitten der Stadt. Saubere Zimmer, Unterricht in Keramik oder Malerei im japanischen Stil. Dorm ab 2700 ¥, Bade-Utensilien 500 ¥, Gäste ab 65 Jahren oder Geburtstagskinder 20 % Rabatt. Vom JR-Bahnhof Hiroshima mit der Tram Nr.1 (Richtung Hafen: Hiroshima-kō) bis Haltestelle Chūden-mae, dann über Zebrastreifen nach rechts, neben Lawson.

Cafe Ponte, Naka-ku, Ōte-machi 1-9-21, ☎ 082-247-7471. Gemütliches italienisches Restaurant mit Tischen im Freien am Ufer des Motoyasu-gawa. Tram-Haltestelle Genbaku-dōmu-mae, an der Ostseite der Motoyasu-Brücke. ⏰ Mo–Fr 10–22, Sa–So und Feiertag ab 8 Uhr.

J-Café, Naka-ku, Ōte-machi 2-7-1, ☎ 082-244-3883. Stilvolle Räumlichkeit. Es gibt Kaffee und japanische Süßigkeiten, Salate, Pasta, Omelette und verschiedene Reisgerichte. Von Tram-Haltestelle Hon-dōri südlich 2. Straße nach rechts. ⏰ Mo–Do 11.30–1, So und Feiertag 11.30–24 Uhr, Fr–Sa und Tag vor Feiertag 11.30–2 Uhr.

Kanawa Oyster Boat, Naka-ku, Ōte-machi 3, Heiwa-Ōhashi, Higashi-zume, ☎ 082-241-7416. Austern-Liebhaber kommen hier voll auf ihre Kosten: Austern-Restaurant auf dem Boot seit fast 50 Jahren. Frische Austern roh, frittiert oder als Tempura, Mittagsmenü 3000–5000 ¥; Abendgericht „Beer Garden auf dem Schiff" (senjō-

CHŪGOKU

Okonomiyaki à la Hiroshima

In auf Okonomiyaki spezialisierten Restaurants braten sich die Gäste die eher einfachen Varianten – in Schüsseln servierte rohe Teig-Zutaten-Mischungen – auf einer im Tisch integrierten heißen Platte *(teppan)* selbst. Komplexere Kreationen, wie Okonomiyaki im Hiroshima-Stil, werden in der Regel von den geschickten Händen des Personals zubereitet. Dafür wird der Teig auf dem *teppan* erst wie ein Crêpe ausgerollt, worauf dann die fein geschnittenen Zutaten geschichtet und zusammen gegart werden. Bevorzugte Toppings sind fein geschnittener Kohl (viel mehr als in Kansai), Schweinefleisch und wahlweise Oktopus und Käse. Garniert wird das Ganze mit gebratenen Soba (Buchweizen-Nudeln), gebratenem Ei und einem großzügigen Schuss Okonomiyaki-Sauce.

Okonomi-mura, Naka-ku, Shintenchi 5-13, Shintenchi Plaza Bldg. 2F–4F, ▭ www.okonomimura.jp. Bekanntes, mehrstöckiges Gebäude mit 25 Okonomiyaki-Ständen. Jeder Stand hat unterschiedliche Ruhetage, aber irgendwo hat immer einer geöffnet. Straßenbahn bis Haltestelle Hatchōbori, 3 Min. laufen, südlich vom Parco-Kaufhaus (Ostseite des Eingangs zur Hondōri-Arkade). ⊕ 11–2 Uhr, aber einige Stände schließen früher oder später.

Okonomiyaki Mitchan, Naka-ku, Hatchōbori 6-7, ✆ 082-221-5438. Populäres und berühmtes Okonomiyaki-Restaurant in Hiroshima, oft mit langen Warteschlangen. Für 900–1500 ¥ lassen sich hier Hunger und Neugier befriedigen. Von der Tram-Haltestelle Hatchōbori nördlich 3 Min. auf der Chūō-dōri. Für JR-Reisende gibt es eine Filiale in der Einkaufspassage „Shinkansen-guchi-meitengai" im Bahnhof Hiroshima, am Eingang zum Shinkansen-Bereich. ⊕ Do–Di 11–14 und 17.30–21, Sa–So und Feiertag bis 15 und ab 17 Uhr.

Reichan, Minami-ku, Matsubara-chō 2-37, Hiroshima-eki Building ASSE 2F, ✆ 082-286-2382. Seit über 50 Jahren Okonomiyaki. Durchschnittspreis 900 ¥. Im südlichen Teil des JR-Bahnhofs Hiroshima. ⊕ tgl. 11–21.30 Uhr.

---

bia-gaaden) ab 5400 ¥ (2 Std. Getränke inkl.). 3 Min. Fußweg westl. der Tram-Haltestelle Chūden-mae, auf der Ostseite der Brücke Heiwa-Ōhashi. ⊕ Mo–Sa 11–14 und 17–21, So und Feiertag bis 20.30 Uhr.

€ **Kokoroya**, Naka-ku, Ōte-machi 2-6-21, Ōkada Bldg. 1F, ✆ 082-240-5568. Hier gibt es allerlei günstige japanische Gerichte für 600–1000 ¥ zur Mittagszeit, aber nur Mo–Fr 11.30–14 Uhr. Aus dem Mittagsrestaurant wird ab 17 Uhr eine *izakaya* – im Eingangsbereich mit *tachinomiya* (hier trinken die Gäste im Stehen). Beide schließen um 2 Uhr. Westlich der Tram-Haltestelle Fukuro-machi, nahe Ōtemachi-Park, östlich d. Friedensparks.

Standing KUSHI Bar 1380, Naka-ku, Hashimoto-chō 11-7, Kyōbashi River Win Bldg., ✆ 082-222-5338. Bar mit frittiertem Fisch, Fleisch u. Gemüse auf Spießen, am Ufer des Kyōbashi (neben Kyōbashi-Brücke) mit Theke, Tisch und Terrasse. Mittagsmenü (11–17 Uhr) z. B. Kotelett, Hühnerfleisch oder Gemüse-Sandwiches mit Salat ab 350 ¥, ⊕ Di–So 11.30–22.30 Uhr.

Sushi-tei, Naka-ku, Ōte-machi 1-4-31, ✆ 082-545-1333. Sushi-Restaurant Ketto in Hiroshima mit frischem, erschwinglichem Sushi. Um satt zu werden, sollten 900–1600 ¥ investiert werden. Diese Filiale mit der Tram 1, 2 oder 6 bis Kamiya-chō. ⊕ tgl. 17–24, So und Feiertag 12–22 Uhr.

UNTERHALTUNG

Das Nachtleben mit Bars und Kneipen findet hauptsächlich in der Nagarekawa-dōri und der Yagenbori-dōri (Tram-Haltestelle Ebisu-chō) statt.

Molly Malone's, Naka-ku, Shintenchi 1-20, Hiroshima Teigeki-Kaikan 4F, ✆ 082-244-2554. Irische Kneipe eines Irländers. Zur Happy Hour (Mo–Sa 17–19 Uhr) 200 ¥ Rabatt auf alle Pints (Bier u. Cocktails). Tram-Haltestelle Hachōbori, südl. auf linker Seite der Chūō-dōri, gegenüber Modehaus Parco 2. ⊕ Mo–Do 17–1, Fr 17–2 Uhr, Sa 11.30–2.30, So u. Feiertag 11.30–24 Uhr.

Organ-za, Naka-ku, Tōkaichi-machi 1-4-32, Morimoto Bldg. 2F, ✆ 082-295-1553. Interessantes und gemütliches Musikcafé mit Live-

Konzerten: Zwischen den Tram-Haltestellen Honkawa-chō und Tōkaichi-machi, westl. der Aioi-Brücke. ⊕ Di–Fr 17.30–2, Sa 11.30–2, So 11.30–24 Uhr.

Bücher
Outsider Zone, Naka-ku, Kamiya-chō 1-5-17, Kensei Bldg. 2F, ☎ 082-244-8145, ⌨ www.outsider.co.jp. Buchladen mit über 3000 gebrauchten westlichen Büchern. Ein guter Ort, um Leute kennenzulernen: Kulturaustausch, Englischschule, Café und Bar am Fr und Sa abends. Von der Tram-Haltestelle Tatemachi Richtung Westen, nahe dem Hiroshima Kokusai Hotel. ⊕ Mo–Do 12–21, Fr–Sa 12–23 Uhr.

Führungen
€ Der gemeinnützige **Hiroshima SGG Club** bietet kostenlose Rundgänge an. Kontakt über Herrn Tai Kiyoshi, ☎ 082-843-9030, oder ✉ taif@fureai-ch.ne.jp.

Geld
Higashi-Postamt, direkt vor dem JR-Bahnhof Hiroshima, am Südausgang nach rechts, ⊕ Mo–Fr 9–16 Uhr. Geldwechsel (Bargeld, Reiseschecks, Kreditkarte).
Mitsubishi UFJ Bank World Currency Shop, Naka-ku, Hon-dōri 7-19, ☎ 082-545-5223, nahe Hiroshima-Friedenspark. Astram-Straßenbahn bis Bahnhof Hon-dōri-eki Higashi, am Ausgang 1, ⊕ Mo–Fr 9–15 Uhr.

Informationen
Tourist Information Center / Hiroshima Convention und Visitors Bureau, im Friedenspark, ☎ 082-247-6738, ⌨ www.hcvb.city.hiroshima.jp/navigator/hcvb. ⊕ März–Juli und Sep–Nov tgl. 8.30–18, Aug bis 19, Dez–Feb bis 17 Uhr.
Touristeninformation im JR-Bahnhof Hiroshima am Haupt-/Südausgang 1F, ☎ 082-261-1877, und am Shinkansen-Ausgang 2F, ⊕ beide tgl. 9–17.30 Uhr.

Internet
Freies WLAN:
JR-Bahnhof Hiroshima, San'yō-Honsen-Seite, Südausgang, im Untergeschoss „Hirochika".

Hiroshima Peace Memorial Museum, im Friedenspark, 1F, Lounge „Aogiri", in Teilen des Eingangs und im 3F, Umgebung des Museumshops.
Aster Plaza (siehe Übernachtung), 1F, um die Rezeption.

Medizinische Hilfe
Nakazawa-Naika Hospital, Naka-ku, Tatemachi 4-19, ☎ 082-247-0532. ⊕ Mo–Fr 9–12 und 14–17, Sa 9–12 Uhr (Innere Medizin).

Hiroshima zählt zu den wenigen Großstädten Japans, in denen eine Straßenbahn verkehrt. Die **Hiroden**, so heißt die Tram hier, fährt auf der Linie Nr. 2 sogar runter bis ans Meer, nach **Miyajima-guchi**, von wo aus Fähren zur Schreininsel **Miyajima** übersetzen (S. 471). Für die Hiroden gilt im Stadtgebiet ein Einheitspreis von 160 ¥, Tagesticket 600 ¥ (gilt bis Miyajima-guchi), inkl. der Fähre nach Miyajima 840 ¥ (plus 450 ¥ Ermäßigung für Seilbahn auf Miyajima).

Busse
Vom Bahnhof Hiroshima JR-Nachtbusse nach TŌKYŌ 11 3/4 Std., 12 300 ¥, JR-Bus nach ŌSAKA 5–6 Std., 5150 ¥, FUKUOKA (Hakata Bus Terminal) 4 1/2 Std., 4150 ¥. Willer-Express-Busse: JR-Hiroshima nach TŌKYŌ 13 1/2 Std. 7710 ¥, ŌSAKA 5 1/2 Std., 4220 ¥.

Eisenbahn
Der JR-Bahnhof liegt östlich des Zentrums. Mit dem Shinkansen dauert die Fahrt nach FUKUOKA (Hakata) knapp 1 1/4 Std., 8420 ¥, KYŌTO 2 Std., 10 570 ¥, OKAYAMA 3/4 Std., 5500 ¥, SHIN-ŌSAKA 1 1/2 Std., 9710 ¥, TŌKYŌ 5 Std., 18 040 ¥.

Schiffe
Landschaftlich äußerst attraktive Überfahrt auf der Inlandsee nach MATSUYAMA (Shikoku) mit dem *Superjet* in 70 Min., 7100 ¥, oder der „normalen" Fähre in 2 3/4 Std., 3600 ¥, vom Hiroshima-Hafen in Ujina. Vom JR-Bahnhof Hiroshima nach Ujina mit Tram Nr. 5 in 30 Min. (160 ¥).

Flüge

ANA-Linienflüge von Hiroshima nach TŌKYŌ (Haneda) 1 1/4 Std., Tōkyō (Narita) 1 3/4 Std., SENDAI 1 1/2 Std. und OKINAWA 2 Std.

€ Wer mit dem JR Rail Pass reist und sparen möchte, kann in etwa 40 Min. runter zum Hafen nach KURE fahren, dort die aus Hiroshima kommende Fähre besteigen und für 2670 ¥ nach Matsuyama übersetzen. Beim Hiroshima-Reservierungszentrum, ☎ 082-253-1212 (tgl. 7–19 Uhr), leider nur Informationen auf Japanisch. Normalerweise sind die Fähren nicht überlaufen, von besonderen Tagen (z. B. Neujahr) abgesehen.

Miyajima 宮島

Ein paar Kilometer vor der Küste von Hiroshima liegt die heilige „Schreininsel" Miyajima. Sie zählt zu den drei schönsten Landschaften Japans (neben Amanohashidate und Matsushima) und wird daher vollkommen zu Recht von sehr vielen einheimischen wie ausländischen Touristen besucht. Der **Itsukushima-jinja** galt schon immer als besonders sehenswert, da die über dem Wasser angelegten leuchtend roten Schreinhallen einen sehr harmonischen Anblick bieten. 1996 ernannte die Unesco den Schrein zum Weltkulturerbe. Man kann vom Schrein aus auf den geweihten **Berg Misen** (535 m) wandern (1 1/2–2 Std.) und von hier aus die wunderbare Aussicht auf die Bucht und die Inlandsee genießen; es gibt auch eine Seilbahn. 🖥 miyajima-ropeway.info (einfach 1000 ¥ / hin und zurück 1800 ¥, alle 20 Min.). Ein Shuttlebus bringt Besucher vom Momijidani-kōen-iriguchi in drei Minuten zur Seilbahnstation Momijidani. Eine der beiden Laufrouten nach oben führt am **Daishō-in** vorbei, einem interessanten Tempel der Shingon-Schule, voller Figuren und Statuen, Tore, Wasserbecken, Mandalas, Ikonographien und anderer religiöser Symbole. 🕐 tgl. 8–17 Uhr, Eintritt frei. Im **Museum für Geschichte und Folklore** (Miyajima Rekishi-Minzoku Shiryōkan), ☎ 0829-44-2019, ein paar Minuten Fußweg vom Schrein-Ausgang entfernt, haben Besucher die Möglichkeit, mehr über Miyajima und die Edo-Zeit zu erfahren. 🕐 Di–So 8.30–17 Uhr, 300 ¥.

Ebbe oder Flut?

Wer vor der Anreise nach Miyajima wissen möchte, ob das berühmte Torii sich gerade im Wasser oder (bei Ebbe) im Schlick befindet, kann sich an die Touristeninformation wenden oder auf der Website der Miyajima Tourist Association, 🖥 www.miyajima.or.jp, den **Gezeitenplan** für das gesamte Jahr nachlesen (rechte Seite, zweiter Link-Kasten von oben). Leider nur auf Japanisch.

Itsukushima-jinja 厳島神社

Der Itsukushima-jinja ist ein begehrter Ort für Hochzeitszeremonien – und wenn man Glück hat, findet gerade eine statt. Die außergewöhnliche Kultstätte soll bereits im 6. Jh., als die Kaiserin Suiko (554–628) regierte, für die drei Töchter des Susanoo-no-mikoto, Gottheit des Windes und Meeres und Bruder der Amaterasu, der wichtigsten Gottheit im Shintō, erbaut worden sein. Das 16 m hohe hölzerne **Torii** des Schreins, das nachts beleuchtet wird und bei Flut über dem Meer zu schweben scheint, zählt zu den weltbekannten Wahrzeichen Japans. Es war früher der Eingang für das einfache Volk, das mit dem Boot direkt zum Heiligtum gelangte, da es ihm verwehrt war, die Insel zu betreten. Der großzügige Gebäudekomplex besteht aus einer **Haupthalle** (honden), einer **Gebetshalle** (haiden) sowie einer **Halle für die Reinigungsrituale** (haraiden). Des Weiteren gibt es eine Bühne für Schreintänze und Konzerte (kagura, gagaku) sowie eine **Nō-Bühne**, eine der ältesten dieser Art in Japan. Neben der Halle für das Morgengebet, dem Schatzhaus und einer malerischen fünfstöckigen Pagode umfasst die Anlage auch den **Marodo-jinja**, einen Schrein, in dem fünf Shintō-Gottheiten, darunter drei weibliche Meereskami, verehrt werden. 🕐 tgl. 6.30–18 Uhr (Mitte Okt–Ende Nov und Jan–Feb bis 17.30, Dez bis 17 Uhr), Schrein 300 ¥, Schatzhalle 300 ¥ (Kombiticket 500 ¥).

ÜBERNACHTUNG

€ **Backpackers Miyajima**, Miyajima-guchi 1-8-11, ☎ 0829-56-3650 (8–11 und 20–22 Uhr), 🖥 www.backpackers-miyajima.com,

reservation@backpackers-miyajima.com.
Günstige Unterkunft auf dem Festland am
Fährhafen. Vom JR-Bahnhof Miyajima-guchi
und von der Straßenbahnhaltestelle Miyajima-
guchi 3-5 Min. zu Fuß. In der Nähe gibt es
Restaurants und *konbini*. Dorm mit Etagenbetten oder japanische Dorms 2300 ¥ p. P.
(in der Saison bis 2800 ¥), Etage für Frauen.
Guest House Kikugawa, Miyajima-chō 796,
📞 0829-44-0039, 🖥 www.kikugawa.ne.jp.
Schönes Gästehaus im japanischen Stil. Mahlzeiten (westliches Frühstück, japan. Abendessen) gegen Aufpreis. Japanische Twins und
westl. Twins. Vom Miyajima-Landungssteg in
5 Min. durch Tunnel, dann nach rechts. ❷–❸
mit HP

Ryosō Kawaguchi, Miyajima-chō 469, 📞 0829-
44-0018, 🖥 ryoso-kawaguchi.jp. Ruhig gelegenes Gasthaus mit sauberen japanischen Zimmern, Gemeinschaftsbädern und kleiner Bar
(19–24 Uhr). Westliches oder japanisches
Frühstück 1080 ¥, Abendessen 4800 ¥. Mitbringen eigener Getränke und Verpflegung im
Aussichtszimmer möglich. Vom Landungssteg
aus in Richtung Itsukushima-Schrein etwa
10 Min. Fußweg. ❸

Yamaichi-Bekkan, Miyajima-chō, 📞 0829-
44-0700, 🖥 www.yamaichibekkan.com/english.
html. Freundliches Restaurant-Gästehaus mit
ziemlich kleinen Zimmern (eins im westlichen
und drei im japanischen Stil) ab 8500 ¥ p. P.
Frühstück und Abendessen mit Meeresfrüchten, natürlich aus der Inlandsee.
Nur 1 Min. vom Landungssteg in Richtung
Itsukushima-Schrein.

ESSEN

An der etwa 350 m langen Hauptstraße Omote-
sandō-Shōtengai, die vom Fährhafen aus und
einen Block vom Ufer entfernt zum Itsukushima-
Schrein verläuft, liegen zahlreiche kleine Restaurants, Süßigkeiten- und Souvenirläden. Viele
Lokale bieten gegrillte Austern *(yakigaki)* an.
Die meisten schließen bereits am frühen Abend
zwischen 17 und 18 Uhr.

Ina-chū, Miyajima-chō 507-2, 📞 0829-44-0125.
Restaurant für gegrillten Meeraal (mit leckerer
Sauce auf Reis). Etwa in der Mitte der Omote-
sandō, auf der linken Seite (Laufrichtung

Schreinanlage). Der Grill steht neben der
Eingangstür. 🕐 Fr–Mi 10.30–15.30 Uhr.

Kakiya, Miyajima-chō 539, 📞 0829-44-2747. Auf
Austern spezialisiertes Restaurant mit stilvollem
Eingangsbereich. Leckere *yakigaki* mit Sake,
Wein oder Champagner. Englische Speisekarte
verfügbar. Auf der Omotesandō in Richtung
Schrein laufen, nach dem Postamt auf der
linken Seite. 🕐 tgl. 10–18 Uhr bzw. bis alle
Austern verkauft sind.

Kurawanka, Miyajima-chō 589-5, 📞 0829-
44-2077. Okonomiyaki-Restaurant, beliebt für
sein Austern-Okonomiyaki (1000 ¥). Großer
Reislöffel *(shamoji)* über dem Eingang. An der
Omotesandō, rechter Hand am Anfang der Straße. 🕐 Do–Di 11–18 Uhr (Mai, Aug und Nov tgl.).

Yakigaki-no-Hayashi, Miyajima-chō 505-1,
📞 0829-44-0335. Restaurant mit frischen
Austern, die vom Wasserbecken vor dem
Eingang direkt auf dem Grill landen. Vom Fährterminal aus in die Einkaufsstraße Omotesandō
laufen. Das Restaurant ist oft überfüllt.
🕐 Do–Di 10.30–17 Uhr.

Yosakoi, Miyajima-chō 590, Taguchi Bldg. 2F,
📞 0829-44-0718. Familiäres Restaurant mit
Gerichten aus der Hiroshima-Küche: Austern,
Aal, Okonomiyaki usw. Vom Fährhafen ein paar
Min. am Ufer entlang in Richtung Schrein
laufen. 🕐 Do–Di 11–15 und 17–22 Uhr.

SONSTIGES

Feste

Kangensai, 17. Juni, aber nach dem Mondkalender – daher findet das wichtigste Jahres-
ereignis des Itsukushima-Schreins an unterschiedlichen Tagen im Juli / Aug statt. Auf
kunstvoll dekorierten Booten sitzen Priester
und ein Orchester (Musiker mit Flöten,
Trommeln und Zupfinstrumenten). Das Fest
erinnert an ein vor über 800 Jahren an der Seto-
Inlandsee entstandenes Shintō-Ritual.

Miyajima Suichū Hanabi-taikai, 11. Aug:
Spektakuläres Feuerwerk, etwa eine Stunde
lang, z. T. direkt auf dem Wasser, 400 m hinter
dem Torii. Beginn 19.40 Uhr.

Hiwatarishiki, 3. Nov: Ritual der Mönche,
die im Daigan-ji über heiße Asche laufen.
Besucher können sich an dieser „Mutprobe"
beteiligen.

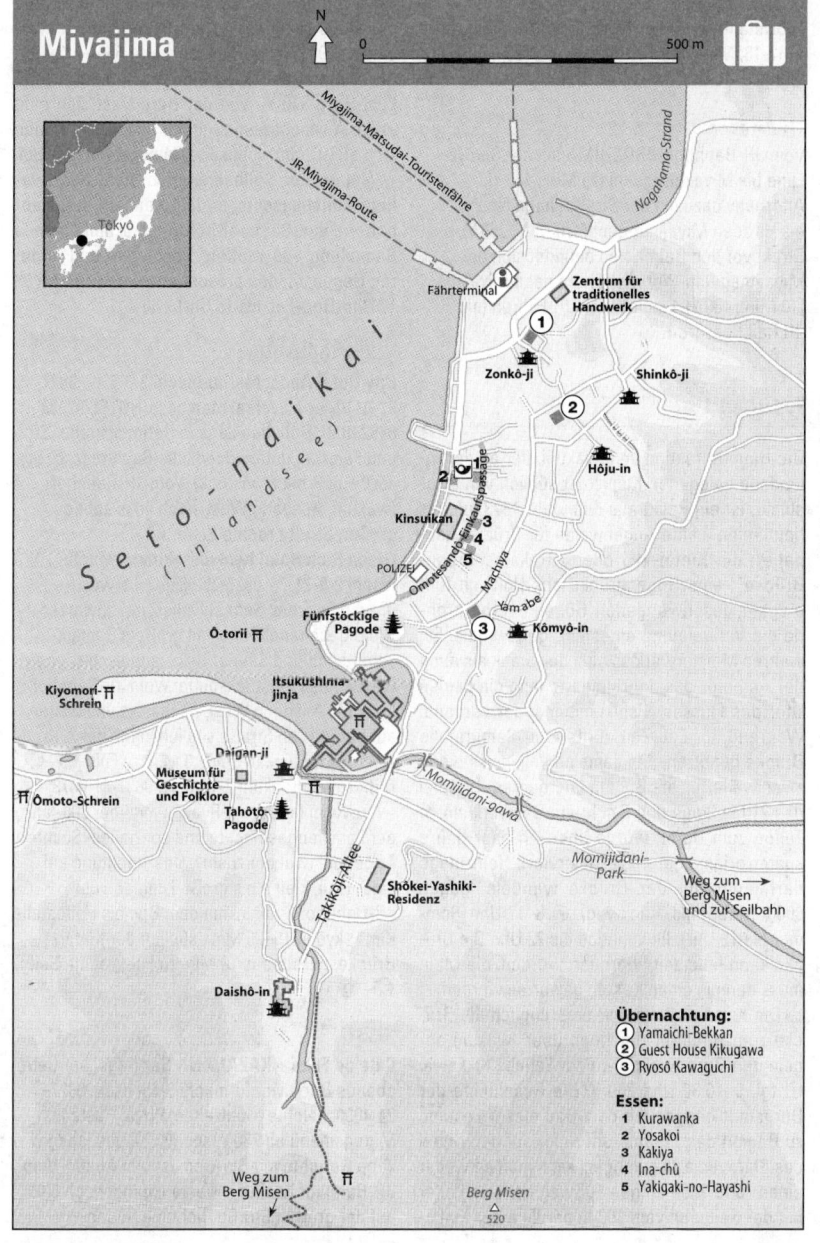

Miyajima

N

0 — 500 m

Tōkyō

Miyajima-Matsudai-Touristenfähre

JR-Miyajima-Route

Fährterminal

Nagahama-Strand

Zentrum für traditionelles Handwerk

①

Zonkô-ji

②

Shinkô-ji

Hôju-in

S e t o - n a i k a i
(Inlandsee)

2

Kinsuikan

3

4

POLIZEI

5

Omotesandô-Einkaufspassage

Machiya

Yamabe

③ Kômyô-in

Ô-torii

Fünfstöckige Pagode

Kiyomori-Schrein

Itsukushima-jinja

Daigan-ji

Momijidani-gawa

Museum für Geschichte und Folklore

Ômoto-Schrein

Tahôtô-Pagode

Takiköji-Allee

Momijidani-Park

Weg zum Berg Misen und zur Seilbahn

Shôkei-Yashiki-Residenz

Daishô-in

Weg zum Berg Misen

Berg Misen
520

Übernachtung:
1. Yamaichi-Bekkan
2. Guest House Kikugawa
3. Ryosô Kawaguchi

Essen:
1. Kurawanka
2. Yosakoi
3. Kakiya
4. Ina-chû
5. Yakigaki-no-Hayashi

CHŪGOKU

Informationen

Touristeninformation Miyajima, Miyajima-chō 1162-18, Miyajima-Fährhafen, ✆ 0829-44-2011. ⏱ tgl. 9–18 Uhr.

TRANSPORT

Vom JR-Bahnhof HIROSHIMA mit der San'yō-Linie bis Miyajima-guchi (25 Min., 410 ¥). Alternativ dazu mit der Straßenbahn Nr. 2 bis Hiroden Miyajima-guchi (70 Min., 260 ¥). Direkt vor den Bahnhöfen befindet sich der Miyajimaguchi-Pier mit Fähren nach Miyajima (10 Min., 180 ¥). Es gibt auch JR-Fähren (mit JR Rail Pass frei).

Iwakuni 岩国

Die Hauptattraktion von Iwakuni, der an der Inlandsee gelegenen Kleinstadt südlich von Hiroshima, ist ein Relikt aus dem Jahr 1673 und bis heute eine wahre Augenweide für Brückenliebhaber: die **Kintai-kyō** oder „Brokatschärpen-Brücke", eine Bogenbrücke aus Holz mit fünf elegant geschwungenen Bögen – erbaut ohne die Verwendung eines einzigen Nagels. Ein wahres Meisterwerk sowohl der Statik als auch der Ästhetik, das Jahrhunderte lang die beiden Ufer des Flusses Nishiki miteinander verband. Während der Edo-Zeit durften nur Samurai die Brücke benutzen, das gemeine Volk musste den Fluss weiterhin mit Booten überqueren. 1950 fiel das 210 m lange und 5 m breite Bauwerk einem Taifun zum Opfer, wurde aber ein paar Jahre später originalgetreu rekonstruiert. Heutzutage darf jeder auf der Brücke wandeln, gegen 300 ¥ Maut (inkl. Rückweg), ⏱ 8–17 Uhr (Sommer bis 19 Uhr), Illumination bis 22 Uhr. Die Brücke kann jederzeit überquert werden, die Maut muss dann in einen Kasten geworfen werden.

Die Kintai-Brücke war ursprünglich die Brücke zum Haupttor der hoch über Iwakuni angelegten Burg **Iwakuni-jō** der Familie Kikkawa. ⏱ tgl. 9–16.30 Uhr, 260 ¥. Die Geschichte der Burgstadt begann mit dem Bau dieser Festung zu Beginn des 17. Jhs. Um zu ihr auf den Gipfel des Shiroyama zu gelangen, kann man entweder einen rund 2 km langen Fußweg benutzen oder mit der Seilbahn vom 100 m nördlich der Kintai-Brücke gelegenen **Kikkō-Park** aus in die Nähe der (1960 rekonstruierten) Burg hinaufschweben (tgl 9–17 Uhr; Rückfahrkarte 550 ¥, Kombiticket Kintai-Brücke, Seilbahn und Eintritt Iwakuni-Burg 940 ¥). Von der Burg lässt sich eine weite Aussicht genießen. Im Kikkō-Park finden sich außerdem einige alte **Samurai-Residenzen**.

Neben der Seilbahnstation steht das **Iwakuni-Kunstmuseum**, in dem Kennern und Liebhabern der Samurai-Kultur eine umfassende Sammlung von Waffen, Rüstungen und anderen Gegenständen präsentiert wird. ⏱ Fr–Mi 9–17 Uhr (Dez–Feb bis 16 Uhr), 800 ¥.

ÜBERNACHTUNG

City Hotel Andō, Marifu-machi 2-3-8, ✆ 0827-22-0110, 🖥 travel.rakuten.co.jp/HOTEL/8992/8992.html. Günstige Lage in Bahnhofsnähe. So und Feiertag unterschiedliche Rabatte (z. B. So 4500 ¥ p. P. mit Frühstück). Vom JR-Bahnhof Iwakuni, Ausgang West, nach links auf der großen Straße rechte Seite. ❶

Green Rich Hotel Iwakuni-ekimae, Marifu-machi 2-5-21, ✆ 0827-29-5555, 🖥 www.gr-iwakuni.com. Sehr stilvolles, in Schwarz-Weiß gehaltenes Hotel mit großem Gemeinschaftsbad und Sauna. Twin, japanisches und westliches Frühstücksbuffet. Vom JR-Bahnhof Iwakuni, Ausgang West, nach links und weiter auf der großen Straße südlich, nach der 2. Kreuzung auf der linken Seite, 3 Min. zu Fuß. ❷–❹

Mihara-ya, Iwakuni 2-16-6, ✆ 0827-41-0073, 🖥 www.miharaya.jp, Ryokan mit über 300-jähriger Familiengeschichte und speziellem Sushi-Angebot "Iwakuni-zushi". Übernachtung auf japanisch, kleine bis große Zimmer. Vom JR-Bahnhof Iwakuni mit dem Bus bis Haltestelle Kintai-kyō in 15–25 Min., südlich der Kintai-Brücke, geradeaus 10 Min. zu Fuß, rechte Seite. ❷–❻

ESSEN

Cafe de Fūka + KAZAHANA Bar (tagsüber Café, abends Bar), Marifu-machi 3-15-10, ✆ 0827-24-4000. Leichte Mahlzeiten, Pizza, Pasta als Mittagsmenü ab 780 ¥, spanische und japanische Gerichte mit Bio-Gemüse am Abend. Vom JR-Bahnhof Iwakuni, Westausgang, nach links auf der großen Straße Richtung Süden,

CHŪGOKU

1. Straße nach rechts bis zur 3. Kreuzung, dann rechts. ⏲ Di–So 11.30 bis ca. 23.30 Uhr. **Totoya**, Marifu-machi 3-13-23, ✆ 0827-24-3242. Restaurant mit vielen (frischen!) Fischgerichten und freundlichen Angestellten. Mittagessen um 1000 ¥, benötigtes Budget am Abend drei- bis viermal mehr. Vom JR-Bahnhof Iwakuni, Westausgang, nach links auf großer Straße Richtung Süden, 1. Straße rechts, nach erster Kreuzung auf linker Seite. ⏲ Mo-Sa 17.30–24 Uhr.

INFORMATIONEN
Touristeninformation im JR-Bahnhof Iwakuni, ✆ 0827-21-6050. ⏲ tgl. 10–16.30 Uhr.

NAHVERKEHR
Vom Shinkansen-Bahnhof Shin-Iwakuni bis zur Kintai-Brücke fährt 1–2x stdl. ein **Bus** in etwa 10 Min. (290 ¥), vom JR-Bahnhof Iwakuni mehrere Busse stdl. in 15–25 Min. (250 ¥). Sa–So und Feiertag gibt es Kombitickets (Hin- und Rückfahrt) für 1170 ¥ (Bus, Kintai-Brücke, Seilbahn und Eintritt Iwakuni-Burg).

TRANSPORT
Der JR-Bahnhof Shin-Iwakuni, der etwa stdl. vom Shinkansen angefahren wird (fast nur *Kodama*), liegt im westlichen Stadtteil, 5 km von der Altstadt entfernt. Der JR-Bahnhof Iwakuni der San'yō-Linie befindet sich ebenfalls 5 km von der Altstadt entfernt, aber in östlichen Teil der Stadt. Mit dem Shinkansen von TŌKYŌ bis Shin-Iwakuni ca. 5 Std., 18 900 ¥ (Tipp für JR-Pass-Besitzer: *Hikari* bis Shin-Ōsaka, *Sakura* bis Hiroshima, *Kodama* bis Shin-Iwakuni), von SHIN-ŌSAKA ca.2 Std., 10 350 ¥. Man muss immer in Hiroshima umsteigen: entweder in den *Kodama*, der die Strecke bis Shin-Iwakuni in 15–20 Min. fährt, oder in die JR-San'yō-Linie bis Iwakuni, 50 Min., 760 ¥.

Seto-Inlandsee (Setonaikai)
瀬戸内海

Die Gegend um die Inlandsee ist das „Land des schönen Wetters" (Hare-no-kuni). Das gemäßigte Klima, die vielen Sonnentage und die wenigen Niederschläge wirken sich äußerst vorteilhaft auf die Landwirtschaft und die Fischerei aus. Hinzu kommen unzählige mit Pinien bewachsene Inseln und Inselchen, herrliche Strände und Buchten mit kleinen Fischerdörfern. An die Seto-Inlandsee grenzen insgesamt elf Präfekturen. Die wichtigsten Küstenstädte von **Setouchi**, der Region um die Inlandsee, sind Kōbe, Ube, Kurashiki, Hiroshima, Iwakuni und Matsuyama.

1934 wurde ein großer Teil der Seto-Inlandsee zum ersten Nationalpark Japans, dem **Setonaikai-Nationalpark**, erklärt. Er umfasst die gesamte Fläche der Inlandsee und erstreckt sich im Südwesten bis an die nordöstliche Küste von Kyūshū und im Osten bis zur Insel **Awajishima**. Das Binnenmeer ist durch insgesamt vier Meerengen mit den Japan umgebenen Meeren verbunden: Die Kanmon-Straße im Westen bei Shimonoseki ist die Verbindung zum Japanischen Meer und die Hōyo-Meerenge im Südosten (zwischen Kyūshū und Shikoku) zum Pazifischen Ozean. Die Grenzen der Inlandsee im Nordosten sind die Akashi-Meerenge nördlich und die Naruto-Straße südlich der Insel Awajishima. Dazwischen liegen auch einige bewohnte Inseln, die inzwischen touristisch erschlossen wurden. Neben Awajishima zählen **Shōdoshima** und **Naochima** zu den interessantesten. Ein Teil der Inseln zwischen Honshū und Shikoku ist durch sogenannte „Inselstraßen" erschlossen worden, die einzelne und ganze Gruppen von Inseln miteinander verbinden (s. auch S. 496, Shikoku). Der **Shimanami-kaidō** ist eine solch außergewöhnliche über das Meer gebaute Straße (s. Loose Aktiv S. 476).

Awajishima 淡路島
Awajishima ist die größte Insel der Seto-Inlandsee. Im Norden ist sie durch eine Autobahn über die weltweit längste Hängebrücke, **Akashi-kaikyō**, mit Maiko auf Honshū und im Süden über die Brücke **Ō-Naruto-kyō** mit Naruto auf Shikoku verbunden. Damit stellt die Insel ein sehr wichtiges neuzeitliches Bindeglied zwischen Shikoku und dem Konglomerat der drei Millionenstädte Ōsaka, Kōbe und Kyōto dar. Eine Eisenbahnlinie existiert nicht. Wer Interesse an der monumentalen Hängebrücke Ō-Naruto-kyō und dem darunter befindlichen Strudel hat,

CHŪGOKU

Mit dem Rad übers Meer: Shimanami-kaidō しまなみ海道

■ **Start / Ziel:** Onomichi (Honshū)/Imabari (Shikoku)
■ **Länge:** 80 km
■ **Dauer:** 1 Tag (Fahrzeit 6–8 Std.)
■ **Fahrradmiete:** Die Fahrradmiete kostet überall gleich viel: 500 ¥ am Tag (800 ¥ für E-Bikes, max. 4 Std.). Eine Kaution von 1000 ¥ muss hinterlegt werden. Diese erhält man nicht zurück, wenn das Rad an einer anderen Station abgegeben wird (gilt nicht für E-Bikes, diese müssen wieder dorthin zurückgebracht werden, wo sie gemietet wurden). Insgesamt stehen 14 Fahrradstationen zur Verfügung. Wer die Strecke nicht vollständig radeln möchte, kann unterwegs in einen Bus umsteigen, der zwischen Onomichi und Imabari verkehrt.

Mit dem Fahrrad auf der Autobahn über das Meer fahren – klingt unglaublich, ist aber möglich – auf dem Shimanami-kaidō, der im Mai 1999 in Betrieb genommenen Nishi-Seto-Schnellstraße, einer Kombination aus Autobahn und Brückensystem. Gemeinsam ermöglichen sie eine nahtlose Verkehrsverbindung zwischen Honshū und Shikoku. Die inselspringende Radtour beginnt in **Onomichi**, in der Präfektur Hiroshima, und verläuft bis nach **Imabari** in der Präfektur Ehime auf Shikoku – oder umgekehrt. Die Schnellstraße zieht sich über insgesamt sechs Inseln und zehn Brücken. Die Brücken des Shimanami-kaidō wurden breit genug gebaut, um parallel zur Straße einen Fahrradweg verlaufen zu lassen, auf dem sich die Radfahrer ungehindert fortbewegen

können. Zudem klügelte der für das Projekt zuständige Bürgerrat das sogenannte *norisute*-System („fahren und entsorgen") aus: Auf jeder Insel gibt es eine oder mehrere Fahrrad-Terminals, an denen Fahrräder ausgeliehen oder geliehene Fahrräder zurückgegeben werden können.
Jede Insel hat eine einzigartige Atmosphäre, und da der Radweg hier meist auf eine kleine, abseits der von Autos wimmelnden Straße führt, genießt man oft völlige Ruhe und herrliche Aussichten, die im Sommer, wenn die Zitronen- und Orangenbäume blühen, geradezu atemberaubend sein können. Abhängig von der eigenen Kondition (und evtl. auch vom Wetter) kann die Route problemlos an einem Tag (6–8 Std.) geschafft werden. Wer sich das nicht zutraut, kann unterwegs auch nächtigen.

Onomichi 尾道
Viele Reisende beginnen die Reise in der gemütlichen Hafenstadt Onomichi, die für ihre zahlreichen Rämen-Nudelstände bekannt ist. Vom Gelände des Städtischen Kunstmuseums Onomichi (🕐 Di–So 9–17 Uhr, Eintritt je nach Ausstellung) hat man einen schönen Aus- und Weitblick über die umliegenden Inseln. Vom JR-Bahnhof Onomichi, Haltestelle Nr. 1, fährt ein Bus in 3 Min. nach Nagae-guchi, danach nimmt man eine Seilbahn zum Museum im Senkōji-Park.
Fahrradstationen in Onomichi, z. B. **Onomichi Kō** im Hafen am Parkplatz, 📞 0848-22-5332, 🕐 tgl. 7–18 Uhr. Da die Brücke Onomichi-Ōhashi (Onomichi nach Mukaishima) keinen guten Fahrrad-

weg besitzt, ist es ratsam, mit der Fähre **Fukumoto Tosen** überzusetzen (3–5 Min., 100 ¥, Mo–Sa 5.40–22.30, So und Feiertag ab 6 Uhr).

Mukaishima 向島

Blumenliebhaber können zum **Mukaishima Orchid Center**, ☎ 0848-44-8808, 💻 www.urban. ne.jp/home/orchids, dem Stolz der Einwohner von Mukaishima, radeln und dort ein paar Dutzend Arten der „Königin der Blumen" begutachten. ⏱ Mi–Mo 9–17 Uhr, 400 ¥.

Innoshima 因島

Über die Brücke Innoshima-Ōhashi führt der Weg nach Innoshima, einer Insel, die vom 14. bis 16. Jh. mit den Murakami-Piraten verbunden war – einem Clan, der während der Bürgerkriege landadelige Fürsten zur See unterstützte. Die wieder aufgebaute Burg **Innoshima Suigun-jō** widmet sich dieser Zeit, ⏱ Fr–Mi 9.30–17 Uhr, 310 ¥. Außerdem sind die 500 **Stein-Buddhas** auf dem Shirataki-yama einen Besuch wert. Fahrradstation **Habu Port** am Habu-Hafen, ☎ 0845-22-3362, ⏱ tgl. 8.30–19 Uhr, und im **Shigei Nishi Port**, ☎ 0845-25-0548, ⏱ tgl. 8.30–18 Uhr.

Ikuchijima 生口島

Auf Ikuchijima lohnt ein Besuch im **Kōsan-ji**. Die Tempelanlage erscheint sehr alt, entstand jedoch erst im 20. Jh. Einige Bereiche ahmen berühmte Bauten Japans nach und eine Höhle führt zu 1000 Buddha-Figuren. Ganz oben ein weißer Marmorpark mit Blick zur Inlandsee.

€ Zur Fahrradstation **Setoda Sunset Beach** am Sandstrand gehören auch ein Restaurant und Campingplatz. Letzterer vermietet ein Zwei-Personen-Zelt für 3000 ¥, Übernachtung im eigenen Zelt (1–2 Pers.) für 700 ¥, Reservierung erforderlich, ☎ 0845-27-1100, 💻 onomichi-sunset-beach.jp (Fahrräder tgl. 9–17 Uhr). **Setoda Kankō Annaisho** ist eine Touristeninformation vor dem Hirayama Ikuo gewidmeten Kunstmuseum, mit einer Fahrradstation, ☎ 0845-27-0051, ⏱ tgl. 9–17 Uhr.

Ōmishima 大三島

Auf die viertgrößte Insel in der Inlandsee kommen viele Besucher im Sommer zu einem der schönen Strände und im Herbst zur Mandarinenernte.

● Fahrradstation

1 km östlich vom Miyaura-Hafen steht der im 8. Jh. gegründete **Ōyamazumi-jinja**. Der Schrein zeigt eine für einen solch heiligen Ort eher seltene Ausstellung: Waffen, Rüstungen, Helme und alles, was die Ausrüstung eines Samurai ausmacht – Kulturschätze, die dem Schrein im Laufe der Jahrhunderte vermacht wurden. Die Sammlung zählt in Japan zur umfangreichsten ihrer Art. ⏱ tgl. 0.30–17 Uhr, Schatzhaus 1000 ¥ (Schreingelände frei). Es gibt eine große Fahrradstation **Tatara Shimanami-kōen** mit Restaurant, ☎ 0897-87-3855, ⏱ tgl. 9–17 Uhr, sowie eine kleinere Fahrradstation **Shimanami-no-eki Mishima** mit Touristeninformation (Duschen für 200 ¥ möglich) und Läden, die lokale Produkte verkaufen, ☎ 0897-82-0002, ⏱ tgl. 8.30–17 Uhr.

Hakatajima 伯方島

Auf Hakatajima verläuft die Fahrradstrecke durch den westlichen Teil der Insel. Die Fahrradstation **Marin Oasis Hakata** liegt direkt am Strand, ☎ 0897-72-3300, ⏱ tgl. 9–17 Uhr (Restaurant 10–15 Uhr).

Ōshima 大島

Die Aussichtsplattform vom Kirō-san bietet einen wunderbaren Blick auf die Inlandsee. Die Fahrradstation **Yoshiumi Cycling Terminal** befindet sich in einem kleinen Gebäude auf dem öffentlichen Parkplatz von Shidatami, ☎ 0897-84-3233,

© JAPAN-PHOTO.DE / HARTMUT PÖHLING

Die Inlandsee ist mit unzähligen pinienbewachsenen Inselchen übersät.

🕐 tgl. 9–17 Uhr. **Miyakubo-chō Kankō Annaisho** ist Touristeninformation und Fahrradstation direkt am Miyakubo-Hafen, ☎ 0897-74-1074, 🕐 tgl. 9–17 Uhr. Als Übernachtungsmöglichkeit stehen auf Ōshima zahlreiche Minshuku zur Verfügung, über die man sich bei der Touristeninformation erkundigen kann.

Imabari 今治
Bei der Ankunft in Imabari auf Shikoku können die Räder bei **Sunrise Itoyama**, Imabari-shi, Sunaba 2-8-1, ☎ 0898-41-3196, 🖥 www.sunrise-itoyama.jp, abgegeben werden. 🕐 tgl. 7–21 Uhr, Fahrradleihe Okt–März 8–17, April–Sep 8–20 Uhr. Von Sunrise Itoyama läuft man in einer halben Stunde zum JR-Bahnhof Hashihama, oder man gönnt sich ein Taxi (5 Min., 800–1000 ¥). Vom Bahnhof Hashihama bis zum Bahnhof Imabari geht es mit der Bahn in 5 Min., 210 ¥.

Informationen
Informationen, Videos und Fotos über den Shimanami-kaidō finden sich unter 🖥 www.go-shimanami.jp/global/english/bicycle/index.html, 🖥 www.city.onomichi.hiroshima.jp/english/kanko/shimanami/shimanami.html und 🖥 www.ononavi.com/model_course/course02.html.

Transport
Von Shin-Ōsaka (1 1/2 Std., 7770 ¥) mit dem San'yō-Shinkansen über Fukuyama bis Shin-Onomichi, weiter mit dem Bus bis Onomichi in 15 Min. (180 ¥). Es fahren aber nur 8 bzw. 6 (So und Feiertage) Busse am Tag. Tipp: Mit dem Shinkansen bis Fukuyama, umsteigen in die JR-San'yō-Linie, in 20 Min. bis Onomichi (410 ¥). Wer mit dem Shinkansen aus dem Westen kommt, kann schon in Mihara aussteigen und dann mit der JR-San'yō-Linie in 15–20 Min. bis Onomichi fahren (240 ¥).

kann sich im **Uzushio-Wissenschaftsmuseum** darüber informieren, 📞 0799-52-2888, ⏰ tgl. 9–17 Uhr, 500 ¥. Mit dem Bus vom Fukura-Busterminal in 20 Min. bis Ō-Naruto-kyō Kinenkanmae. Vom Restaurant im 2F hat man eine schöne Aussicht rüber nach Shikoku und auf die Naruto-Hängebrücke.

Kulturhistorisch ist Awaji bekannt für sein über 500 Jahre altes Puppenspiel *Awaji Ningyō-Jōruri*. Aufführungen mit Erklärungen und Demonstrationen gibt es fünfmal täglich für jeweils 40 Min. bei der Gruppe **Awaji Ningyō-za**; das Puppentheater befindet sich im Süden der Insel, in Minami-Awaji, direkt am Busterminal Fukura, wo die Überlandbusse aus Kōbe landen, 📞 0799-52-0260, ⏰ tgl. 9–17 Uhr, 1500 ¥.

Eine weitere Sehenswürdigkeit auf Awajishima entstand auf dem Reißbrett des begnadeten Architekten Andō Tadao. Er hat gleich mehrere Gebäude auf Awajishima verwirklicht, doch ist der **Wassertempel Honpuki-ji** im Norden der Insel das zweifellos interessanteste Projekt. Ein kleiner Teich mit Lotus und Lilien bepflanzt, der sich zum Teil unter der Erde befindet, bildet das ellipsenförmige Dach der Haupthalle des Tempels. In die in Rottönen gehaltene heilige Halle fällt natürliches Licht ein, sodass die Figur des Amida Buddha bei Sonnenuntergang von einem Lichtschleier umgeben wird.

Shōdoshima 小豆島

Shōdoshima ist die zweitgrößte Insel der Inlandsee. Aufgrund ihrer südeuropäischen Atmosphäre, des mediterranen Klimas, der einladenden Strände und beeindruckenden Küsten und vor allem wegen seiner **Olivenhaine**, den einzigen in Japan, ist Shōdoshima ein äußerst beliebtes Touristenziel. Im Themenpark **Shōdoshima Olive-kōen**, 🖥 www.olive-pk.jp, ⏰ 8.30–17 Uhr, lohnt vor allem ein Besuch im Sun-Olive Onsen, ⏰ Do–Di 12–21 Uhr, 700 ¥. Man entspannt in unterschiedlichen Becken und genießt den offenen Blick auf die Inlandsee.

Die Insel ist auch ein guter Ort für Wanderer, besonders in der **Kanka-Schlucht** (15 Min. Fahrt vom Kusakabe-Hafen entfernt), wo durch Erosion bizarr geformte Felsen das Landschaftsbild bestimmen. Eine Seilbahn fährt hoch zu einem Aussichtspunkt, von dem aus sich ein weiter Blick auf die Insel und die Inlandsee bietet. ⏰ tgl. 8/8.30–16.30/17 Uhr (saisonabhängig), hin und zurück 1350 ¥.

Zum Hafen in **Tonoshō** fahren Fährschiffe von Okayama (Shin-Okayama-kō) aus in 70 Min. für 1050 ¥, und von Takamatsu in 1 Std. für 690 ¥. Die Fähre von Himeji bis Fukuda (Nord-Shōdoshima) benötigt 1 3/4 Std., 1520 ¥.

Naoshima 直島

Die zwischen Okayama und Takamatsu in der Inlandsee gelegene Insel Naoshima gehört geografisch betrachtet zu Honshū, verwaltungstechnisch jedoch zur Präfektur Kagawa in Shikoku. Die 14 km² kleine Insel lässt sich am entspanntesten per Fahrrad erkunden. Fährt man im Uhrzeigersinn vom Ankunftshafen **Miyanoura** los, gelangt man nach 15 Min. zum kleinen, an der Ostseite gelegenen Ort **Honmura**. Die Atmosphäre dieses Hafenortes, die hohen Kaimauern, die zahlreichen Fischerboote und die zum Trocknen ausgelegten Netze und Bojen lassen den Eindruck entstehen, als sei die Welt hier für einige Stunden stehen geblieben, von den Fischerleuten keine Spur, die schlafen sich vor dem nächtlichen Arbeitseinsatz aus. In Honmura werden bis heute traditionelle kleine Fischerhäuser, die aus verschiedenen Gründen aufgegeben werden mussten, von einer Kunststiftung übernommen und gemeinsam mit einem Tempel und einem Schrein zu Kunstobjekten umgestaltet und zum **Art House Project** zusammengefasst. Alle Objekte dieses Freilichtmuseums können besichtigt werden. Eintrittskarten gibt es im Honmura Lounge & Archive Bldg. oder bei den einzelnen Gebäuden selbst, 📞 087-892-3223 (Benesse House), ⏰ tgl. 10–16.30 Uhr, Eintritt für ein Projekt 410 ¥, für alle sechs Projekte 1030 ¥.

Bei der Weiterfahrt auf der Hauptstraße zweigt diese schon bald zum **Benesse Art Site Naoshima** ab. Hier im Süden von Naoshima beschloss das Verlagshaus Benesse Corporation Anfang der 1990er-Jahre einen Ort zu schaffen, der Architektur, Kunst und Natur auf besondere Weise miteinander verbinden soll. Zeitgenössische Künstler haben sich von der Landschaft vor Ort inspirieren lassen und zahlreiche Skulpturen und Installationen entlang der Küste und in den Wäldern ausgestellt. So können Besucher die Kunst im wechselnden Tageslicht erleben.

Der international renommierte Architekt Andō Tadao entwarf das Hauptgebäude und das multifunktionale **Benesse House**, Gotanji, Naoshima-chō, ✆ 087-892-3233, 🖵 www.benesse-artsite.jp/en/benessehouse-museum/index.html, das ein Museum, Hotel, Restaurant und Thermalbad in sich vereint. ⏱ tgl. 8–21 Uhr, Eintritt Benesse House Museum 1030 ¥.

Auch das nahe gelegene, 2004 eröffnete **Chichū-Kunstmuseum**, ✆ 087-892-3755, 🖵 www.benesse-artsite.jp/chichu, stammt von Andō Tadao. Die größtenteils unterirdischen Gänge und Ausstellungsräume mit Werken von Claude Monet, Walter de Maria und James Turrell lassen Architektur und Kunstwerke auf radikale Art und Weise miteinander kommunizieren. ⏱ Di–So März–Sep 10–18, Okt–Feb bis 17 Uhr, 2060 ¥.

ÜBERNACHTUNG

Eine Übernachtung im **Benesse House**, ✆ 087-892-3223 (9–20 Uhr), ✉ naoshima@mail.benesse.co.jp, ist nicht billig: Twin oder DZ 31 000–72 000 ¥ (in der Hochsaison noch etwas mehr). Preiswertere interessante Übernachtungsmöglichkeiten auf Naoshima, z. B. in einem Lager aus mongolischen Zelten, im Wohnwagen oder im japanischen Landhaus in der Wohnanlage **Tsutsuji-sō**, ✆ 087-892-2838, 🖵 www.tsutsujiso.com. ❶–❷

SONSTIGES

Fahrradverleih
Fahrräder können im **Café Ōgiya** im modernen Fährhafen von Miyanoura für 500 ¥ pro Tag ausgeliehen werden (Kaution 2000 ¥).
T.V.C. Service Rent a Bike & Cycle, nahe dem Fährhafenterminal, vermietet Fahrräder ab 500 ¥/Tag und Motorräder ab 50 ccm für 2500 ¥/Tag (inkl. Versicherung, Benzin und Helm).

Informationen
Touristeninformation im Fährhafenterminal von Miyanoura, ✆ 087-892-2299, ⏱ tgl. 8.30–18 Uhr. Eine **Karte der Insel** lässt sich unter 🖵 www.benesse-artsite.jp/en/access/map_naoshima.html herunterladen.

Cruising auf der Seto-Inlandsee

Der einfachste und billigste Weg, eine Kreuzfahrt auf der Seto-Inlandsee zu erleben, ist sicherlich an Bord einer Fähre. Und davon verkehren einige auf der Inlandsee. Man sollte bloß aufpassen, dass die Fähren nicht die Nacht für die Überfahrt nutzen – die landschaftliche Schönheit der Inlandsee kann schließlich nur bei Tageslicht erfasst werden. Eine interessante Strecke bietet beispielsweise die Überfahrt von Hiroshima nach Matsuyama. Die Fahrt dauert knapp 3 Std. und kostet 3600 ¥. Die Schiffe sind in der Regel nicht überfüllt, sodass man sich an Bord gemütlich einrichten kann. Es ist möglich, außen wie innen zu sitzen. **Setonaikai Kisen**, 🖵 setonaikaikisen.co.jp/kouro/cruise, ist eine der Firmen, die Kreuzfahrtschiffe, Fähren und Hochgeschwindigkeitsboote um Hiroshima herum unterhält.

NAHVERKEHR

Busse verkehren rund um die Insel. Eine Fahrt kostet pauschal 100 ¥.

TRANSPORT

Die Fähre benötigt von TAKAMATSU bis zum Hafen in Miyanoura 50 Min., 520 ¥, von UNO (Präfektur Okayama) 20 Min., 290 ¥.

Hagi 萩

Es gibt viele Gründe, die Nordküste von Chūgoku zu besuchen – einer ist die alte Festungsstadt Hagi. Ein kleiner verschlafener Ort mit einer reichen Geschichte, gut erhaltenen Samurai-Residenzen, alten Kaufmannsvierteln und einer beeindruckenden Küstenlandschaft am Japanischen Meer. Die ganze Stadt scheint ein einziges historisches Museum zu sein. Von der einst stolzen Burganlage zeugen nur noch einige Grundmauern, die heute Teil eines schönen Parks sind. Ganz in der Nähe gibt es Töpfer- und Keramik-Werkstätten: **Hagi-yaki**, eine besonders bei der Teezeremonie gern verwendete Keramik, genießt landesweit einen guten Ruf.

Einige Töpfereien kann man besichtigen. Infos darüber erteilt die Touristeninformation.

Hagi-jō 萩城

Die aus geschliffenen Felssteinen aufeinander geschichteten Außenmauern stellen heute die beeindruckenden Überreste der Burg von Hagi dar. Der 1604 vom Mōri-Clan in Auftrag gegebene Bau wurde nach dem Untergang des Shogunats (Mitte 19. Jh.) von der neuen Regierung geschliffen. Die Ruine liegt auf dem Gelände des Shizuki-Parks. Wer weder mit dem Fahrrad (ca. 15 Min. vom JR-Bahnhof Higashi-Hagi) noch zu Fuß (30–45 Min.) oder mit dem alle Sehenswürdigkeiten ansteuernden Ringbus *Maaru Bus* (pro Fahrt 100 ¥, Tagesticket 500 ¥, 2 Tage 700 ¥) unterwegs ist, fährt am besten in 10 Min. mit dem Zug von Higashi-Hagi bis zum JR-Bahnhof Tamae, überquert dann die Brücke über den Hashimoto-Fluss und läuft im 15 Min. direkt in den Park. ✆ 0838-25-1826, ◷ tgl. 8–18.30 Uhr (März 8.30–18, Nov–Feb 8.30–16.30 Uhr), 210 ¥, inkl. Asa-Mōri-Haus (◷ wie Burg, Eintritt nur Haus 100 ¥), südlich außerhalb des Parks.

Jōkamachi und Teramachi
城下町・寺町

Zwischen der Burgruine und dem Stadtzentrum liegt das Viertel **Jōkamachi** („Burgstadt") mit von weißen Mauern umgebenen Samurai- und Kaufmannshäusern, die man auch von innen anschauen kann. Das **Kikuya-Haus** (erbaut 1604) und sein wunderschöner Garten zeugen deutlich vom damaligen Reichtum der Kaufleute. ◷ tgl. 8.30–17.30 Uhr, 520 ¥. In das **Kubota-Haus** gegenüber dürfen Besucher für 100 ¥ einen Blick werfen. ◷ tgl. 9–17 Uhr. Nur einen Straßenzug unterhalb der beiden Kaufmannshäuser, westlich des Chūō-Parks, ist das **Hagi-Uragami-Museum**, ✆ 0838-24-2400, 🖥 www.hum.pref.yamaguchi.lg.jp angesiedelt. In dem modernen Gebäude werden bedeutende Farbholzschnitte *(ukiyo-e)*, darunter Werke von Hokusai und Hiroshige, sowie orientalische Kunstgegenstände, insbesondere aus China und Korea, gezeigt. ◷ Di–So 9–17 Uhr, 300 ¥. Läuft man von hier zehn Minuten in nördlicher Richtung, erreicht man das **Kumaya-Kunstmuseum**, das in mehreren, 250 Jahre alten kleinen Lagerhäusern

untergebracht ist und verschiedene Gegenstände (Wandschirme, Teeschalen etc.) aus dem Besitz der Familie Kumaya zeigt, die sich seinerzeit um die Belange der regierenden Mōri kümmerte. ◷ Di–So 9–17 Uhr, 700 ¥.

Das benachbarte Viertel **Teramachi** („Tempelstadt") ist voller alter Tempel, in die teilweise auch kostenlos hineingeschaut werden darf.

Hagi Royal Intelligent Hotel, Chintō 3000-5, ✆ 0838-21-4589, 🖥 hrih.jp. Praktisch gelegenes und günstiges Hotel. Man spricht Englisch, was in Hagi nicht selbstverständlich ist, mit japanischem Frühstück. Gemeinsames Bad, *rotenburo* und Sauna. Jede Etage hat Automaten mit freiem Kaffee, Tee und Wasser. Direkt südwestlich vom JR-Bahnhof Higashi-Hagi. ❶–❷
Hagi Youth Hostel, Horiuchi 109-22, ✆ 0838-22-0733, ✆ 0838-22-3558. Jugendherberge neben der Burgruine. Fahrradleihe (500 ¥/Tag). Frühstück und Abendessen gegen Aufpreis. Dorm 2900 ¥ p. P. Mit der JR-San'in-Hauptlinie bis Tamae (eine Station westlich von Hagi), dann zu Fuß 15 Min., oder vom Hagi Bus Center mit dem Bus bis Haltestelle Hagi-jōshi-iriguchi. **Minshuku Itō**, Horiuchi 269, ✆ 0120-987-489 (innerhalb Japans gratis). Pension gegenüber dem Hagi-Museum. Ab 3000 ¥ p. P. Vom Bus Center mit Ringbus in 10 Min. bis Hagi-Hakubutsukan-mae, dann südlich 100 m. **Takadai**, Karahi-machi 80, ✆ 0838-22-0065, 🖥 www.takadai.co.jp/top/english.html. Hotel nahe dem Hagi Bus Center. Schönes altes Gebäude im japanischen Stil. Ab 5400 ¥ p. P. inkl. Onsen-Bad, Mahlzeiten extra.

Dondon, Hijiwara 337, ✆ 0838-22-7537. Bei Einheimischen beliebtes Udon-Restaurant mit leckeren Nudelsuppen im traditionell ganz in Weiß gehaltenen Haus. Vom JR-Bahnhof Higashi-Hagi über die Hagi-Brücke, 2. Ampel nach rechts, vor der nächsten Kreuzung auf der rechten Seite. ◷ tgl. 9–21 Uhr.
Hotori-tei, Minami-Katakawa-machi 62, ✆ 0838-22-1755. Café und Restaurant mit schönem Garten und japanischem Mittagessen. Irish Pub im alten Lagerhaus *(kura)* auf dem

Gelände. Zentral in Hagi am westlichen äußeren Burggraben. Hintere Seite vom Takasugi-Shinsaku-Haus, einem ehemaligen Samuraihaus. ⏰ Fr–Mi 11–17 Uhr.
Maru, Yoshida-chō 78, ✆ 0838-26-5060. Moderne *izakaya* mit kreativ zubereiteten Speisen aus lokalen Zutaten (z.B. Rindfleischgericht *kenran-gyū*, zubereitet als Sushi oder Steak). Vom JR-Bahnhof Higashi-Hagi über die Hagi-Brücke, 2. Ampel rechts, bis zur Kreuzung Yoshida-chō (wieder mit Ampel), dann links und nach 2. Kreuzung auf der rechten Seite große Holztür mit Kreis. ⏰ Mo–Sa 17–23 Uhr.

SONSTIGES

Fahrradverleih
Smile / Hagi Rainbow Cycle, JR-Bahnhof Higashi-Hagi, vom Ausgang nach links.
✆ 0838-22-2914, 200 ¥/Std., 1000 ¥/Tag. ⏰ tgl. 8–18 Uhr (Dez–Feb 8.30–17.30 Uhr) – außer Regentage.

Informationen
Touristeninformation, am JR-Bahnhof Higashi-Hagi, ✆ 0838-25-3145, hat hilfreiche englischsprachige Fahrrad- und Wanderkarten. ⏰ tgl. 9–17.45 Uhr (Dez–Jan bis 17 Uhr).
Touristeninformation, neben dem JR-Bahnhof Hagi, ✆ 0838-25-1750. ⏰ tgl. 9–17.45 Uhr (Dez–Jan bis 17 Uhr).

Internet
Kostenloser Internetzugang in der **Stadtbibliothek** in der südöstlichen Ecke des Chūō-Parks, in der Hauptstraße Kitaura-kaidō. Man muss sich dazu aber ausweisen. ⏰ tgl. 9–19 Uhr.

TRANSPORT

Busse
Von SHIN YAMAGUCHI bis Higashi-Hagi mit JR-Bus oder Kintetsu-Bōchō-Bus in etwa 90 Min., 2060 ¥.

Eisenbahn
Hagi liegt etwas abseits der populären JR-Eisenbahn-Hauptlinien. Alle Züge in Richtung Hagi – außer aus dem Westen – laufen via **Masuda**.

Von MATSUE mit JR-Express *Super Oki* bis Masuda, umsteigen nach Hagi, 3 1/2 Std., 5300 ¥. Von TSUWANO via Masuda mit *Super Oki* 2 1/2 Std., 2410 ¥, nur sehr wenige Züge am Tag. Von SHIN-YAMAGUCHI, der nächsten Shinkansen-Station, via Masuda mit dem *Super Oki* in 3 Std., 4200 ¥, mit Lokalzügen in 4 1/2 Std., 3020 ¥ (östliche Route).
Von SHIMONOSEKI (über Asa und Nagato) 2 3/4 Std., 1940 ¥ (westliche Route).

Akiyoshidai 秋吉台

Das an der westlichen Kante des Chūgoku-Gebirges gelegene, grün-bergige Akiyoshidai ist die landesweit größte Karst-Formation. Unter ihrer Oberfläche verbergen sich Hunderte von Höhlen. Die bekannteste, größte und erschlossenste Höhle ist die **Akiyoshi-dō**. Besucher betreten die Höhle am niedrigsten Punkt und werden dann mit einem Aufzug nach oben gefahren, von wo aus sie von Führern durch ein System von Gängen, Laufstegen, Brücken und beeindruckenden Tropfsteinhöhlen bis zum Plateau-Ausgang geleitet werden. Die Akiyoshi-dō erstreckt sich über eine Länge von fast 10 km, jedoch ist nur 1 km für Besucher zugänglich. ⏰ tgl. 8.30–16.30 Uhr, 1200 ¥. Vom Bus Center Akiyoshi-dō bis zum Höhleneingang sind es etwa 10 Min. zu Fuß. Vom Plateau-Ausgang bringen Busse die Besucher in 10 Min. zurück zum Bus Center.

Der Bōchō-Bus fährt von Hagi bis zum Bus Center Akiyoshi-dō, 70 Min., 1810 ¥, von Shin-Yamaguchi 3/4 Std., 1170 ¥.

Tsuwano 津和野

Reisende, die durch den Westen Japans ziehen, sollten auf jeden Fall einen Abstecher in das „Kyōto von San'in" machen. Gemeint ist damit Tsuwano, ein 700 Jahre altes und vollkommen zu Recht unter Denkmalschutz stehendes Städtchen. Die von Bergen umgebene kleine Stadt zählt zu den Orten Japans, in denen Besucher leicht von nostalgischen Gefühlen überwältigt werden. Schlendert man durch das einstige

Samurai-Viertel, durch die engen Seitengassen zwischen den weißgetünchten Mauern der Samurai-Residenzen und den mit dunkelbraunem Zedernholz verkleideten Bürgerhäusern, fühlt sich manch einer einige Jahrhunderte zurückversetzt. Die sich in den schmalen Kanälen an der Seite der Hauptstraße durch das Viertel **Tonomachi** tummelnden Riesen-Karpfen sind das Wahrzeichen der Stadt.

Gleich zwei Kirchen wachen über die in ein Tal eingebettete Gemeinde: Die **katholische Kirche** ist dem Pionier der christlichen Mission in Asien, Francisco de Xavier, gewidmet, der Japan 1549 erreichte. Kirchenbesucher sitzen hier auf Tatami-Matten. ⊕ tgl. 8–17.30 Uhr. Die **Maria-Gedächtniskirche** ist eine kleine Kapelle, die zum Gedenken an die Opfer der Christenverfolgungen errichtet wurde. Gegen Ende der Feudalzeit (Mitte 19. Jh.) wurde eine Gruppe japanischer Christen von Nagasaki nach Tsuwano verschleppt und zur „Umerziehung" eingesperrt und gefoltert.

Weiteren göttlichen Schutz gewährt der schon von Weitem sichtbare, leuchtend rote Inari-Schrein auf einer Anhöhe, der **Taikodani Inari-jinja**. Die zahlreichen zinnoberroten Torii, die den Weg nach oben zum Schreingelände säumen, deuten darauf hin, dass zwischen diesem 1773 erbauten Shintō-Schrein und dem berühmten Fushimi-inari-Schrein in Kyōto eine spirituelle Bindung besteht.

Noch weiter in der Höhe, auf einem der Stadt zugewandten Berggipfel, liegt die beeindruckende Ruine der einst gewaltigen Festungsanlage Tsuwano-jō aus dem 13. Jh. Ein paar Meter unterhalb des Taikōdani Inari-jinja, neben der zum Schrein führenden Straße, steht die Liftstation, von der aus ein etwas veralteter Sessellift Besucher in etwa 10 Min. nach oben transportiert (Rückfahrkarte 450 ¥). Dort angekommen läuft man 15 Min. zur Burgruine. Die Ruhe auf dem Gipfel und der Blick auf Tsuwano, das gesamte Tal und die Bergketten rundherum, haben seinen eigenen Wert.

Im Süden Tsuwanos, etwa 3 km vom Tonomachi-Viertel entfernt, stehen die ehemaligen Wohnhäuser der beiden berühmten Söhne der Stadt (s. Kasten). Direkt hinter dem **Mori-Ōgai-Haus** (Eintritt 100 ¥) wurde das **Mori-Ōgai-**

CHŪGOKU

Museum errichtet, ✆ 0856-72-3210, 🖥 www.town.tsuwano.lg.jp/shisetsu/ougai.html. Darin sind persönliche Gegenstände des Schriftstellers und Mediziners zu sehen. ⊕ Di–So 9–17 Uhr (Wohnhaus und Museum), 600 ¥. Ganz in der Nähe, auf der anderen Seite des Tsuwanogawa, steht das strohbedeckte **Nishi-Haus**, in dem Nishi Amane bis zu seinem 21. Lebensjahr lebte. ⊕ tgl. 9–17 Uhr, Eintritt frei.

Etwa 200 m von der Mori-Ōgai-Gedenkstätte zurück in Richtung Altstadt kann man im Kunsthandwerksladen **Tsuwano Dentō Kōgeisha**, ✆ 0856-72-1518, bei der Papierherstellung zusehen und die Papierprodukte käuflich erwerben. ⊕ tgl. 8–17 Uhr, Eintritt frei.

ÜBERNACHTUNG

Wakasagi-no-yado, Morimura-guchi 21, ✆ 0856-72-1146. Einladendes und bezahlbares Minshuku. Es gibt ein Café mit Pasta zum Mittag. Ab 4400 p. P. Vom JR-Bahnhof Tsuwano nach rechts abbiegen und parallel zu den Eisenbahnschienen laufen. Nach etwa 600 m den Fluss überqueren und auf gleicher Straße (der Hauptstraße zum Mori-Ōgai-Haus) weitere 5 Min. bleiben, bis linker Hand das Schild der Pension erscheint.

Tsuwano Hotel, Terada 845-1, ✆ 0856-72-3232, 🖥 www.tsuwanohotel.jp. Bezahlbare Unterkunft mit anspruchsvollem Onsen, Bad und Sauna. Vom JR-Bahnhof Tsuwano nach links, 2. Straße in Richtung Hügel, über den Fluss, auf der rechten Seite, etwa 10 Min. zu Fuß. ❷

ESSEN

Furusato, Ushiroda-guchi 227- 6, ✆ 0856-72-0403. Restaurant mit lokalen Gerichten, z. B. das berühmte Shimane-Berg-Gericht *uzume-meshi* (Gemüse, Tōfu, Fischpastete und Brühe in einer Schüssel, Reis darüber gestülpt und etwas Gewürze). Vom JR-Bahnhof Tsuwano nach links und erste schräge Straße nach rechts, weiter südlich bis zum Postamt. ⏲ tgl. ca.11–15 Uhr.

Konomi, Ushiroda 369-4, ✆ 0856-72-0280. Café mit Efeu-umranktem Eingang und kleineren Mahlzeiten. Vom JR-Bahnhof Tsuwano nach rechts, nach 5 Min. auf der linken Seite. ⏲ Fr–Mi 9.30–17 Uhr.

SONSTIGES

Fahrradverleih

Kamai Shōten, gegenüber JR-Bahnhof Tsuwano, ✆ 0856-72-0342. Netter Fahrradvermieter mit Souvenirladen. Preis 800 ¥/Tag. ⏲ tgl. 8–19 Uhr.

Informationen

Tsuwano Tourist Association, südlich vom JR-Bahnhof Tsuwano, ✆ 0856-72-1771. Englischsprachige Broschüre und Infos erhältlich. WLAN gratis. ⏲ tgl. 9–17 Uhr.

TRANSPORT

Busse

Nach HAGI mit dem Bōchō-Bus in 1 1/2 Std. für 2190 ¥.

Eisenbahn

Mit der JR-Yamaguchi-Linie von SHIN-YAMA-GUCHI in 1 3/4 Std., 1140 ¥ (Schnellzug 1 Std.,

2500 ¥) oder mit der Dampflokomotive, Sommerferien tgl., ansonsten Mai–Nov Sa–So und Feiertage, 2 Std., 1660 ¥. An die Küste des Japanischen Meeres fährt der *Super-Oki* 2x tgl. bis MASUDA (1/2 Std., 1330 ¥).

Iwami-Ginzan 石見銀山

Iwami-Ginzan ist der Name der in der Gemeinde Ōda in der Präfektur Shimane gelegenen Silbermine. Über 300 Jahre lang, von 1600 bis zur Stilllegung 1923, wurde in Iwami-Ginzan hochwertiges Silbererz abgebaut und zur Verschiffung nach China oder Korea an die Küste zu den Häfen von Tomogaura, Okidomari und Yunotsu transportiert. Bis zum Ende des 17. Jhs. verlief die produktivste Zeit der Mine. Damals wurden jährlich zwischen 1000 und 2000 kg Silber aus den reichen Vorkommen der bis zu 600 m hohen Berge gewonnen. Die Minen leisteten einen wesentlichen Beitrag zum allgemeinen industriellen Fortschritt Japans und ebneten den Weg zur Entwicklung von Silberminen in anderen asiatischen Ländern.

Iwami-Ginzan zählt seit 2007 zum Unesco-Welterbe. Die gesamte Kulturlandschaft umfasst zahlreiche großangelegte Schächte und Gruben, Verhüttungs- und Veredlungsstätten, Bergbausiedlungen, Hafenanlagen, Transportwege, Schreine, Tempel und Friedhöfe.

Um sich alles anschauen zu können, sollte man etwa drei bis vier Stunden einplanen. Vom JR-Bahnhof Ōda-shi fährt ein Bus in den Bezirk Iwami-Ginzan.

Im Silberminen-Museum **Iwami-Ginzan-Shiryōkan** (im ehemaligen Rathaus), 🖥 fish. miracle.ne.jp/silver, werden Exponate zum Thema Silber gezeigt. ⏲ tgl. 9–17 Uhr, 500 ¥. Bushaltestelle Ōmori-daikansho-ato (30 Min., 630 ¥). Wer mit dem Taxi zurück zum Bahnhof fahren möchte, zahlt etwa 3000 ¥.

Zur Mine **Ryūgenji-mabu** mit dem Bus (Haltestelle Ōmori) in einer knappen halben Stunde., dann 40 Min. zu Fuß. ⏲ tgl. 9–17 Uhr (Dez–Feb bis 16 Uhr), 410 ¥.

Der gleiche Bus fährt weiter bis zum **Iwami-Ginzan World Heritage Center**, ✆ 0854-89-0881, 🖥 ginzan.city.ohda.lg.jp, einer Ausstellung zur

CHŪGOKU

Geschichte der Mine. ⊕ Fr–So und Feiertag 9–16 Uhr, 300 ¥. Vom Bahnhof Ōda-shi mit dem Bus ca. 40 Min., 750 ¥.

Die Teilnahme an einer organisierten Tour durch die noch größere Mine **Ōkubo-mabu** ist möglich. ⊕ März–Nov, 3800 ¥ (kein Zutritt für Kinder unter 6 Jahren); Reservierung unter ✆ 0854-84-0750 (Mo–Fr 9–17, Sa bis 12 Uhr) oder ⌨ www.iwami.or.jp/ginzan. Weitere Infos beim Iwami-Ginzan World Heritage Center.

TRANSPORT
Von TSUWANO nach Ōda-shi mit dem JR-Express *Super Oki* 1 3/4 Std., 4100 ¥. Mit einem normalen JR-Zug und Umsteigen in Masuda (Wartezeit bis zu 50 Min.) 3 1/4 Std., 2270 ¥.

Izumo 出雲

Die kleine Stadt Izumo liegt zwischen dem Japanischen Meer und dem salzhaltigen Brackwasser-See Shinji-ko im Norden der Provinz Shimane. Izumo ist zwar eine Stadt, aber mehr noch ein Synonym für ein nationales Heiligtum, den Izumo-taisha, einen der meistverehrten und bedeutendsten Shintō-Schreine Japans und neben dem Ise-Schrein (S. 433) und dem Konpira-Schrein auf Shikoku (S. 501) das wichtigste Shintō-Pilgerziel. – oder wie Lafcadio Hearn ihn betitelte: „die Hauptstadt der Götter".

Izumo-taisha 出雲大社

Verlässliche Zahlen über den Bau des Schreins existieren nicht. Jedoch weisen archäologische Funde darauf hin, dass die Region um Izumo bereits in frühgeschichtlicher Zeit als selbstständiger Kulturraum existierte. Die ältesten Geschichtswerke des Landes, die Reichschroniken *Kojiki* und *Nihonshoki*, die beide zu Beginn des 8. Jhs. entstanden (S. 110), versetzten die Ursprünge des Schreins ins mythische Zeitalter der Götter. So soll der Sturmgott Susanoo-no-mikoto, Bruder der Sonnengöttin Amaterasu, an dieser Stelle einen Zaun aus den Wolken gezogen und sich darin gemeinsam mit der von ihm befreiten Prinzessin Kushinada-hime, seiner künftigen Gattin, zur Ruhe gesetzt haben.

CHŪGOKU

Geflochtene Taue aus Reisstroh wie hier am Izumo-Schrein markieren im Shintō den heiligen Bereich.

© JAPAN-PHOTO.DE / HARTMUT PÖHLING

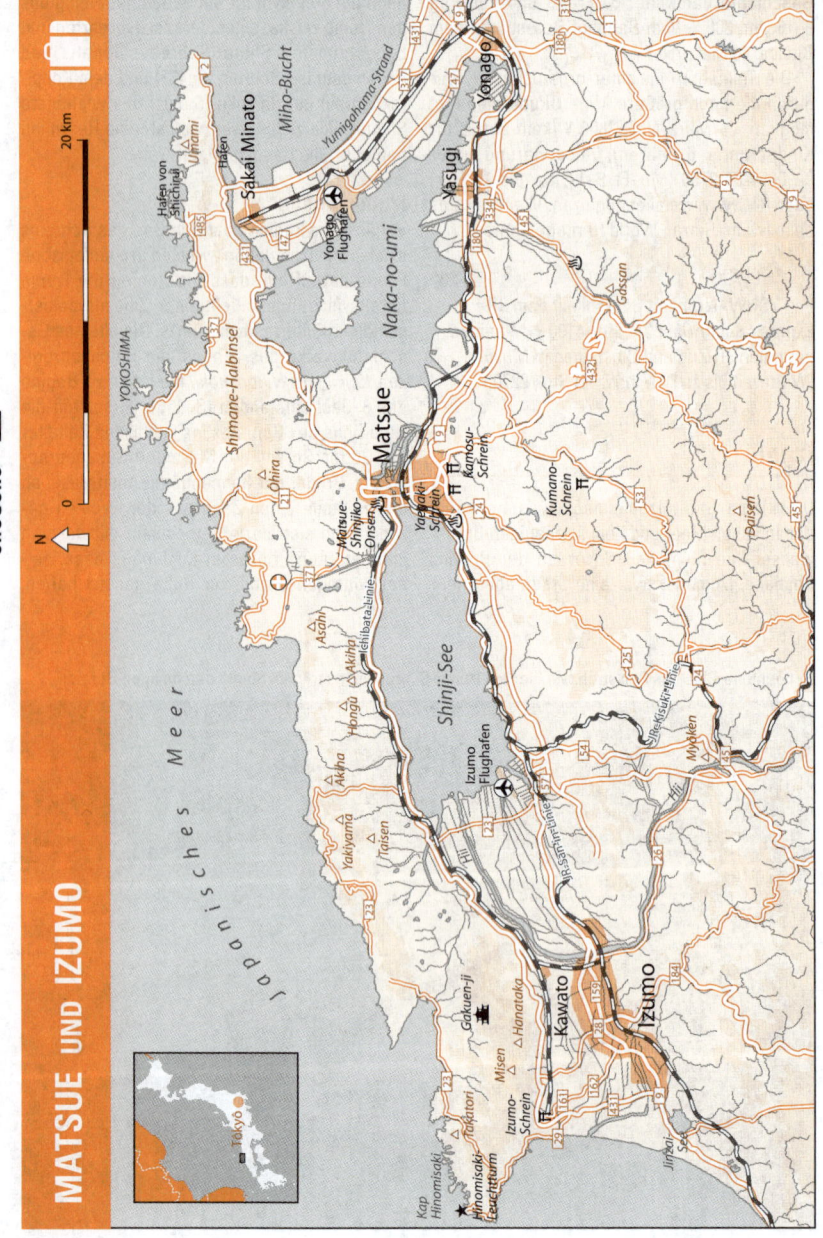

MATSUE UND IZUMO

CHŪGOKU

Japanisches Meer

Naka-no-umi

Shinji-See

Miho-Bucht

Yumigahama-Strand

Sakai Minato

Hafen von Shichirui

Ulimi

Hafen

Yonago Flughafen

Yonago

Yasugi

Gassan

YOKOSHIMA

Shimane-Halbinsel

Ōhira

Matsue

Matsue-Shinjiko-Onsen

Yaegaki-Schrein

Kamosu-Schrein

Kumano-Schrein

Daisen

Ichibata-Linie

Asahi

Akiha △

Hongū △

Akiha

Yakiyama

Taisen

Izumo Flughafen

JR Sanin-Linie

Sakasugawa-Linie

Miyuken

Hii

Kawato

Izumo

Gakuen-ji

△ Hanataka

Misen

Izumo-Schrein

Tottori

Kap Hinomisaki

Hinomisaki Leuchtturm

Jinzai S...

Tōkyō

20 km

N
0

Der Izumo-Schrein ist Ōkuninushi, einem Nachkommen des Susanoo, gewidmet.

Die **Haupthalle**, die etwas hinter einer doppelten Umzäunung verborgen steht, wurde vor mehr als 260 Jahren erneuert. Die sie umgebenden Hallen sind weitaus jünger und stammen aus dem Jahr 1874. Besonders beeindruckend ist die vor der Umzäunung hinter dem Eingangstor befindliche **Gebetshalle** *(haiden)*. Unter dem Giebeldach hängt ein riesengroßes, tonnenschweres Strohseil *(shimenawa)*. Es markiert die Grenze zwischen der Welt der Shintō-Götter *(kami)* und dem Diesseits. Östlich und westlich des Zauns um die Haupthalle liegen zwei langgestreckte Holzbauten, sogenannte **Jūkusha**, mit je 19 Zellen, in denen sich im 10. Monat nach dem Mondkalender alle *kami* Japans zur Beratung versammeln. Dieser „Monat aller anwesenden *kami*" gilt in Izumo als besonders glückverheißend – im restlichen Japan nicht, denn dort ist dies der „Monat ohne *kami*". Links daneben befindet sich das **Schatzhaus** mit vielen Bildnissen von Ōkuninushi; ⏰ tgl. 8.30–16.30 Uhr, 150 ¥.

Museum zur Geschichte des alten Izumo 古代出雲歴史博物館

Rechts des vorderen Eingangstor zum Schrein liegt das Museum, ☎ 0853-53-8600, 🖥 www.izm.ed.jp, in dem gezeigt wird, was sein Name verspricht: Eine Sammlung von Schätzen und Kulturgütern, die aus historischen Fundstätten der Präfektur Shimane stammen. ⏰ tgl. außer 3. Di im Monat 9–18 Uhr (Nov–Feb 17 Uhr), 610 ¥.

Ebisuya Private Hostel, Hikawa-gun, Taishamachi, Jinmon-dōri, ☎ 0853-53-2157, 🖥 japyha.com/ebisuya/eetp.html. Die Herberge mit schönem Kiefergarten befindet sich nahe dem Izumo-Schrein. 3200 ¥ p. P. (Frühstück 700 ¥, Abendessen 1200 ¥). Vom JR-Bahnhof Izumo-shi mit dem Ichibata-Bus 30 Min. bis Haltestelle Taisha-mae oder mit der Ichibata-Eisenbahn bis Taisha-mae, dann Richtung Izumo-Schrein, 2. kleine Straße nach rechts.

Green Hotel Morris, Minami-machi 2-3-4, ☎ 0853-24-7700, 🖥 www.hotel-morris.co.jp/izumo. Gutes Stadthotel mit schönem Gemeinschaftsbad, direkt am Süd-Ausgang vom

JR-Bahnhof Izumo-shi. Frühstücksbuffet mit kleinem Aufschlag (520 ¥). ❶–❷

Hotel Nagata, Imaichi-chō 864-5, ☎ 0853-23-1700, 🖥 www.hotel-nagata.co.jp. Japanische und westliche Twins, gemeinsames Aussichtsbad mit Sauna (beides nur für Männer), ⏰ 16–24 Uhr. Vom JR-Bahnhof Izumo-shi in nordwestlicher Richtung 8 Min. zu Fuß, gegenüber dem Krankenhaus Izumo Shimin-byōin. ❷

Super Hotel Izumo-ekimae, Minami-machi 1-3-3, ☎ 0853-21-9000, 🖥 www.superhotel.co.jp. Kleine, aber günstige Zimmer. EZ, Twin und Semi-Doppelbett für 2 Pers. inkl. Frühstücksbuffet. Vom JR-Bahnhof Izumo-shi, Ausgang Süd, sofort rechts. ❶

Haneya, Imaichi-chō, Hon-machi 549, ☎ 0853-21-0058. Traditionelles Restaurant mit schöner Atmosphäre, das seit über 150 Jahren die Spezialität der Gegend serviert: Izumo-Soba und kalte Warigo-Soba (um 750 ¥). Vom JR-Bahnhof Izumo-shi, Ausgang Nord, 5 Min zu Fuß. ⏰ tgl. 11–15 und 17–20 Uhr.

maru cafe, im Museum zur Geschichte des alten Izumo, 2F, ☎ 0853-53-8600. Helle Räume und ruhige Atmosphäre, guter Ort zum Entspannen. ⏰ tgl außer 3. Di im Monat 10–17 Uhr.

Shimane Winery, Taisha-chō, Hishine 264-2, ☎ 0853-53-5577, 🖥 www.shimane-winery.jp/index.html. Auf dem Gelände des Weinguts,

Soba nach Izumo-Art

Die lokale Spezialität sind **Izumo-Soba**. Sie werden aus unpoliert gemahlenem Buchweizenmehl hergestellt, das auf diese Weise auch seine kräftige, nussbraune Farbe beibehält. Besonders charakteristisch für Izumo sind kalte Izumo-Soba, die in drei kleinen, übereinander gestapelten *warigo*-Schüsselchen (aus dünn zugeschnittenem Zypressenholz) serviert werden und daher **Warigo-Soba** genannt werden. (Die entsprechende Soße gießen die Gäste selbst über die Nudeln.) Die meisten Restaurants findet man auf dem Weg zum Schrein.

tgl. 9.30–16.30 Uhr, Eintritt frei, befindet sich das **Grillhaus Chateau-Misen**, mit Shimane-Rindfleisch als Spezialität, ⏀ tgl. 10.30–18.30 Uhr. Kaffee und Kuchen gibt es im **Coffee House Chardonnay**, ⏀ Mi–Mo10.30–16 Uhr, und Wein oder Soba-Softeis bei **Une Berge**, ⏀ tgl. 9.30–17 Uhr). Vom Bahnhof Izumo-shi mit dem Ichibata-Bus (nur 5x tgl.) Richtung Izumo-taisha bis zur Station Shimane Winery.

Shinmon, Eki-minami-machi 1-3-3, ✆ 0853-24-6668. Japanisches Restaurant mit saisonaler Speisekarte. Günstiges Mittagsmenü. Direkt am JR-Bahnhof Izumo-shi, Ausgang Süd, neben dem Badehaus Ranpu-no-yu. ⏀ tgl. 11–13.30 und 17–23.30 Uhr.

The Kitchen, Eki-minami-machi 3-3, Villa Four Seasons II, ✆ 0853-31-4168. Café mit leckeren Süßigkeiten und Gerichten nach westlicher Art. Vom JR-Bahnhof Izumo-shi, Süd-Ausgang, geradeaus über den Fluss. ⏀ Mi–Mo 9–19 Uhr.

NAHVERKEHR

Vom JR-Bahnhof Izumo-shi zum Izumo-Schrein fahren die privaten **Ichibata-Busse** von der Haltestelle Nr. 1 im halbstündigen Takt in 25 Min., 520 ¥, außerdem der Zug der **Ichibata-Linie**, vom Bahnhof Dentetsu-Izumo-shi, der direkt nordöstlich am JR-Bahnhof Izumo liegt, bis Bahnhof Izumo-taisha-mae in 20 Min., 490 ¥ (Vorsicht: bei ein paar Expresszügen muss man in Kawato umsteigen). Vom Bahnhof Izumo-taisha-mae bis zum Schrein sind es nur 5 Min. zu Fuß.

TRANSPORT

Izumo liegt 34 km östlich von MATSUE. Die beiden Städte sind durch zwei Bahnstrecken miteinander verbunden: die private **Ichibata-Linie** und die **JR-Linie**. Erstere fährt nördlich entlang des Shinji-Sees und benötigt vom Bahnhof Matsue-Shinjiko Onsen (umsteigen in Kawato) 55–75 Min. bis Bahnhof Izumo-taisha (810 ¥). Die JR-Linie verläuft südlich des Sees und führt von Matsue bis nach Izumo-shi (3/4 Std., 580 ¥, Limited Express *Yakumo* 1/2 Std., 1330 ¥) – von hier siehe Nahverkehr.

Matsue 松江

Matsue ist die Hauptstadt der Präfektur Shimane und liegt in der Mitte der San'in-Region, am Ōhashi-Fluss, zwischen der Lagune Naka-no-umi und dem Shinji-See. Zu Beginn des 17. Jhs., nach dem Bau einer Festung, wandelte sich das Fischerdorf zu einer Burgstadt, von der aus ein paar Jahre später der mächtige Matsudaira-Clan die Region kontrollierte. Matsue hat historisches Flair und ist daher ein populäres Reiseziel in der Region Chūgoku. Das altertümliche Stadtbild wird geprägt von der im Original erhaltenen Burganlage mit dem fünfstöckigen Hauptturm (von oben schöne Sicht auf das Umland) und einigen Samurai-Wohnhäusern sowie der Residenz des prominentesten Bürgers von Matsue – Lafcadio Hearn.

Matsue-jō 松江城

Etwa 2 km vom Bahnhof Matsue entfernt steht auf dem Hügel Kameda-yama die 1607–11 erbaute kleine Festung, die ab 1638 den Matsudaira als Re-

Lafcadio Hearn

Der 1840 in Griechenland geborene und in Irland und England aufgewachsene Lafcadio Hearn emigrierte im Alter von 19 Jahren in die USA, wo er als Journalist arbeitete. 1890 reiste er nach Japan – und blieb. Er unterrichtete Englisch an einer Oberschule in der Stadt Matsue, heiratete 1891 die Tochter einer Samurai-Familie und erhielt den japanischen Namen **Koizumi Yakumo** sowie Jahre später die japanische Staatsbürgerschaft. Er begann seine Eindrücke niederzuschreiben und wurde zu einem Schriftsteller, dessen Werke zu Beginn des 20. Jhs. das westliche Bild Japans entscheidend prägten. Zu seinem bekanntesten Werk zählen *Glimpses of Unfamiliar Japan* sowie *Kwaidan: Stories and Studies of Strange Things*, eine Sammlung übersetzter japanischer Geistergeschichten – alle Bücher gibt es auch in deutscher Übersetzung. 1896 erhielt Hearn eine Stelle als Professor für englische Literatur an der Kaiserlichen Universität von Tōkyō, wo er im September 1904 starb.

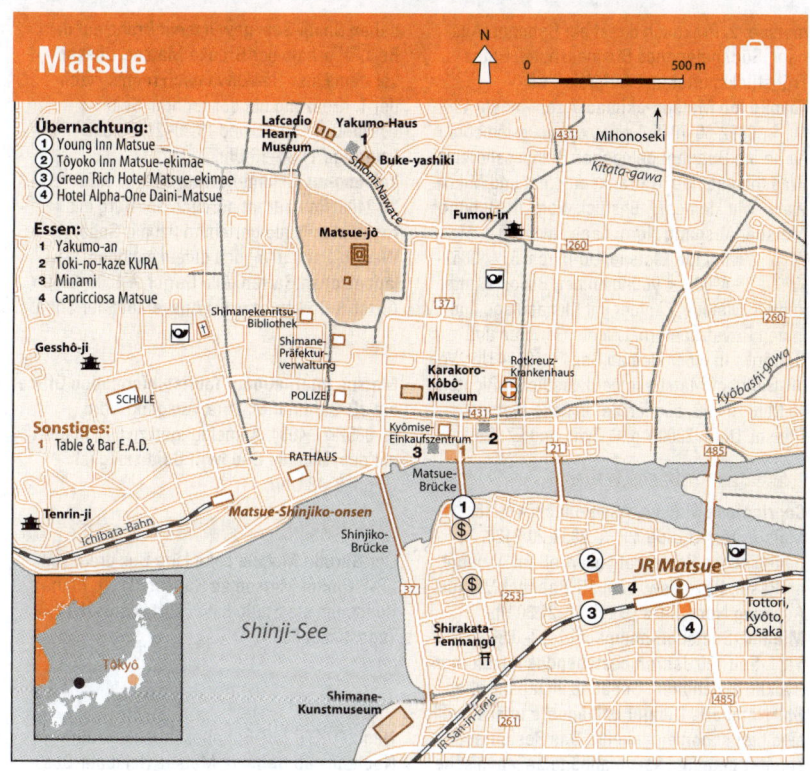

Matsue

N 0 — 500 m

Übernachtung:
① Young Inn Matsue
② Tōyoko Inn Matsue-ekimae
③ Green Rich Hotel Matsue-ekimae
④ Hotel Alpha-One Daini-Matsue

Essen:
1 Yakumo-an
2 Toki-no-kaze KURA
3 Minami
4 Capricciosa Matsue

Sonstiges:
1 Table & Bar E.A.D.

Lafcadio Hearn Museum
Yakumo-Haus **1**
Buke-yashiki
Shiomi Nawate
Matsue-jō
Fumon-in
Mihonoseki
Kitata-gawa
431
260
260
37
Shimanekenritsu-Bibliothek
Gesshō-ji
Shimane-Präfektur-verwaltung
Karakoro-Kōbō-Museum
Rotkreuz-Krankenhaus
Kyōbashi-gawa
SCHULE
POLIZEI
431
Kyōmise-Einkaufszentrum
3 **2**
21
485
RATHAUS
Matsue-Brücke
Tenrin-ji
Ichibata-Bahn
Matsue-Shinjiko-onsen
Shinjiko-Brücke
① $
2
4
JR Matsue
i
Tottori, Kyōto, Ōsaka
37
$ 253
③
4
Shinji-See
Shirakata-Tenmangū
JR San-in-Linie
261
483
Shimane-Kunstmuseum
Tōkyō

CHUGOKU

sidenz diente. Der dreistöckige Hauptturm soll zu dieser Zeit einem Brand zum Opfer gefallen, aber umgehend rekonstruiert worden sein. Matsue-jō ist daher die einzige Burg in der San'in-Region, die bis heute im Originalzustand erhalten ist. ⏰ April–Sep tgl. 8.30–18.30, Okt–März bis 17 Uhr, 560 ¥ (Ausländer 280 ¥).

Buke-yashiki 武家屋敷
Nördlich der Burg bietet sich eine gute Gelegenheit, eine **Samurai-Residenz** *(buke-yashiki)* von innen zu sehen. Eine Broschüre auf Englisch erklärt, wofür die einzelnen Räume dieses Wohnhauses von 1730 genutzt wurden. ⏰ April–Sep tgl. 8.30–18.30, Okt–März bis 17 Uhr, 300 ¥ (Ausländer 150 ¥).

Im ehemaligen Samurai-Viertel liegt auch das **Yakumo-Haus**, das ehemalige Wohnhaus

von Lafcadio Hearn (Kasten S. 488). ⏰ tgl. 8.30–18.30 Uhr (Dez–Feb bis 17 Uhr), 16.–29. Dez geschlossen, 350 ¥ (Ausländer 150 ¥). Direkt daneben befindet sich das **Lafcadio Hearn Museum** (Koizumi Yakumo Kinenkan), das sich seinem Werk und seiner Person widmet. ⏰ April–Sep 8.30–18.30, Okt–März bis 17 Uhr, 300 ¥ (Ausländer 150 ¥).

ÜBERNACHTUNG

Green Rich Hotel Matsue-ekimae, Asahi-machi 493-1, ☎ 0852-27-3000, 🖥 www.gr-matsue.com. Modernes, stilvolles Hotel mit Twin-Zimmern. Nahe dem Bahnhof und dem belebten Stadtviertel Isemiya. Vom JR-Bahnhof Matsue, Ausgang Nord, links. ❷
Hotel Alpha-One Daini-Matsue, Asahi-machi 461, ☎ 0852-26-7800, 🖥 www.alpha-1.co.jp/

matsue_2. Praktisch direkt am Bahnhof (Ausgang Süd) gelegenes Businesshotel. Gutes Frühstücksbuffet (mit Aufpreis). **❷**

Tōyoko Inn Matsue-ekimae, Asahi-machi 498-10, ✆ 0852-60-1045, 🖥 www.toyoko-inn.com. Nahe am Bahnhof gelegenes Businesshotel mit Waschmaschine, Getränkeautomat und Mikrowelle. Mit kleinem Frühstück. Vom JR-Bahnhof Matsue, Ausgang Nord, nach links. **❷**

€ **Young Inn Matsue**, Uo-machi 5, ✆ 0852-25-4500, 🖥 younginn.net. Billigste Unterkunft in Matsue, Zimmer mit Klimaanlage und TV in den Privatzimmern. Leichte Gerichte und Getränke in einer kleinen Bar, ⏲ 16–24 Uhr. Vom JR-Bahnhof Matsue in nordwestlicher Richtung 15 Min. zu Fuß, südlich der Brücke Matsue-Ōhashi. Dorm 2200 ¥ p. P., Twin und EZ. **❶**

ESSEN UND UNTERHALTUNG

Capricciosa Matsue, Asahi-machi 478-18, Matsue Terrsa Bldg. 2F, ✆ 0852-20-7128. Italienisches Restaurant mit großem Angebot an Pasta, Pizza usw. Vom JR-Bahnhof Matsue, Ausgang Nord, links ⏲ tgl. 11–21.30 Uhr.

Minami, Suetsugu-honmachi 14, ✆ 0852-21-5131. Seit 120 Jahren bestehendes Restaurant-Ryokan in schönem Gebäude im japanischen Stil. Namhafte Dichter und andere Intellektuelle sind hier schon eingekehrt. Das Restaurant serviert gute und saisonabhängige japanische Gerichte. Kosten mittags etwa 2000–6500 ¥, abends 4200–7700 ¥. Spezialität ist *tai-meshi* (edle Meerbrasse und Gemüse auf Reis mit Brühe übergossen) ab 2380 ¥. Vom JR-Bahnhof Matsue über die Brücke Matsue-Ōhashi, 1. Ampel nach links, 1. kleine Straße nach links. ⏲ tgl. 11.30–14.30 und 17.30–21 Uhr.

Table & Bar E.A.D., Suetsugu-honmachi 36, E.A.D Bldg. 3F, ✆ 0852-28-3130. Nette Bar mit schöner Aussicht auf den Shinji-See. Guter Kaffee. Direkt neben und nordwestlich der Brücke Matsue-Ōhashi. ⏲ tgl. 12–0.30 Uhr (unregelmäßige Ruhetage).

Toki-no-kaze KURA, Higashi-honmachi 1-64, ✆ 0852-21-2270. Restaurant mit frischen Shijimi-Muscheln *(shijimi-don)* aus dem nahen Shinji-See, gewürzt mit Brühe auf dem Reis. Oberhalb der Brücke Matsue-Ōhashi, vor dem Fluss Horikawa nach rechts, nach der 1. Kreuzung auf der rechten Seite. ⏲ Do–Di 11.30–15 und 18.30–21, So und Feiertage 11.30–15 Uhr.

Yakumo-an, Shiomi-nawate 308, ✆ 0852-22-2400. Restaurant nördlich der Burg mit regionalen Nudelgerichten (Izumo-Soba, Warigo-Soba u. a.) und einem schönen japanischen Garten. Alle Gerichte 1000–2000 ¥. ⏲ tgl. 9–15 Uhr bzw. bis Ausverkauf der Soba.

SONSTIGES

Matsue International Tourist Information Office am JR-Bahnhof Matsue, Ausgang Nord, ✆ 0852-21-4034. Anmeldungen zu Führungen mit dem **Matsue Goodwill Guide** möglich. ⏲ tgl. 9–18 Uhr.

NAHVERKEHR

Der **Gurutto Matsue Lake Line Bus** dreht vom JR-Bahnhof Matsue ab Haltestelle Nr. 7 eine Runde um die Stadt. Eine Fahrt kostet 200 ¥, Tagesticket 500 ¥.

TRANSPORT

Busse
Nach TŌKYŌ (JR-Bahnhof Yaesu) mit dem Nachtbus ab Bahnhof Matsue (Ichibata-Bus oder JR-Chūgoku-Bus), 11 Std., 11 800 ¥ (ab Izumo-taisha 12 Std.,12 500 ¥), außerhalb der Saison 500 ¥ Rabatt.

Eisenbahn
Nach IZUMO-SHI bzw. Izumo-taisha 1 Std. (S. 488). JR-Limited Express *Yakumo* nach OKAYAMA, 2 1/2 Std., 5510 ¥, und weiter mit dem Shinkansen nach KYŌTO, insgesamt fast 4 Std., 12 520 ¥.

Flüge
Von TŌKYŌ (Haneda) bis Flughafen Izumo 1 1/2 Std. Vom dort mit dem Bus bis zum JR-Bahnhof Matsue 30 Min., 1030 ¥, und bis zum Bahnhof Izumo-shi 25 Min., 720 ¥.

CHŪGOKU

Tōkyō

Takamatsu

Shikoku 四国

Stefan Loose Traveltipps

Ritsurin-kōen Einer der schönsten Landschaftsgärten Japans. S. 494

Pilgerweg der 88 Tempel Auf der Suche
nach Erleuchtung. S. 498

Gezeitenstrudel von Naruto Ein einmaliges
Naturspektakel. S. 508

Ashizuri-Uwakai-Nationalpark Menschen-
leere, zerklüftete Küstenlandschaft im Süden
der Insel. S. 515

16 **Dōgo Onsen** Japans älteste Therme
mit einem stimmungsvollen Badehaus.
S. 519

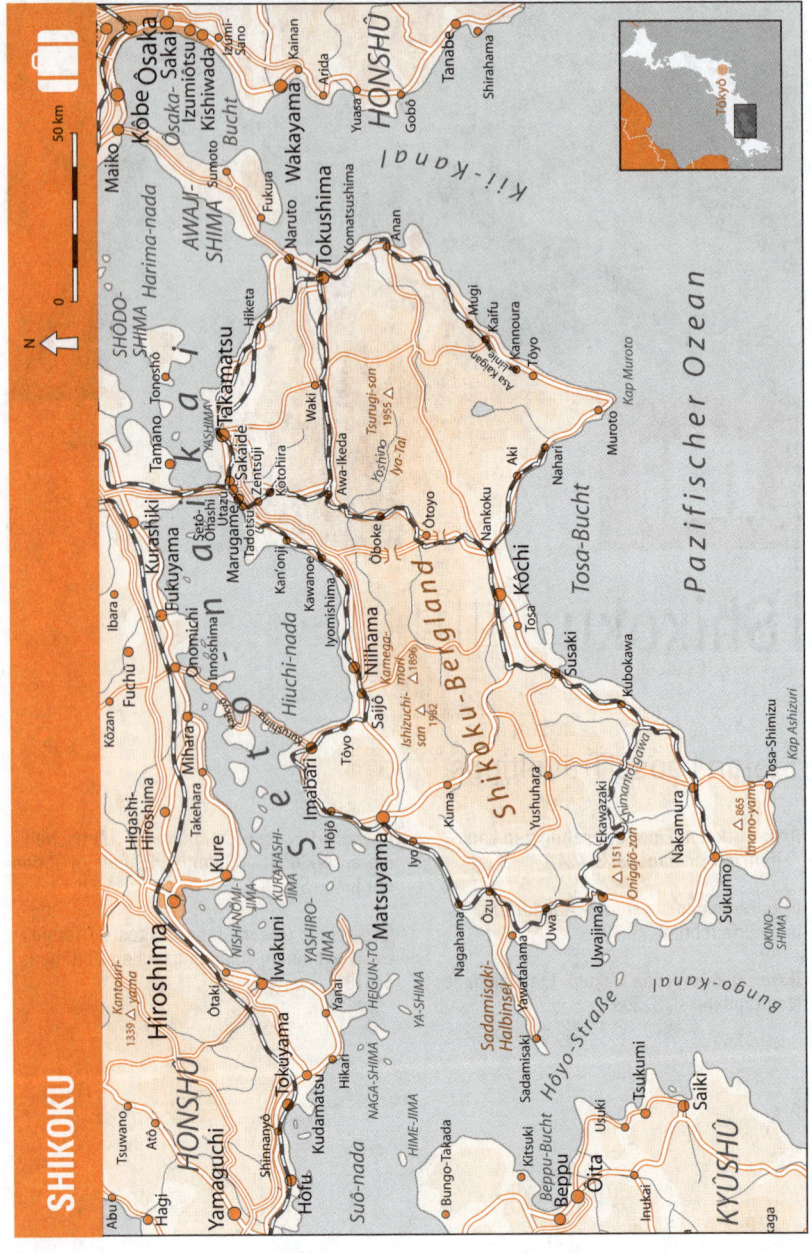

SHIKOKU

50 km

0

N

Kantōrū-
1339 △ yama

HONSHÛ

Tsuwano
Atô
Hagi
Yamaguchi
Kōzan
Fuchū
Mihara
Takehara
Kure
Higashi-
Hiroshima
Hiroshima
Otaki
Shinnanyō
Tokuyama
Hōfu
Hikari
Kudamatsu
Yanai
Iwakuni

NAGA-SHIMA
KISHI-NOMI-
JIMA
YASHIRO-
JIMA
HEIGUN-TO
YA-SHIMA
HIME-JIMA

Suō-nada

Ibara
Ōnomichi
Innoshima
Fukuyama
Kurashiki
Setchi-
Ōhashi
Seto-
Ōhashi
Utazu
Marugame
Tadotsu
Kan'onji
Kawanoe
Iyomishima

Kōbe Ōsaka
Maiko
Izumiōtsu
Izumi-
Sano
Ōsaka-Sakai
Kishiwada
Kainan
Sumoto
Fukura
Arida
Wakayama
Yuasa
Gobō
Tanabe
Shirahama

HONSHÛ

AWAJI-
SHIMA
Harima-nada
SHŌDO-
SHIMA
YASHIMA

Kii-Kanal

Naruto
Komatsushima
Tokushima
Anan
Hiketa
Takamatsu
Sakaide
Zentsūji
Kotohira
Waki
Awa-Ikeda
Tsurugi-san
1955 △
Yoshino
Iyo-Tai

Mugi
Kaifu
Mita
Asa Kaigan Linie
Tōyo
Nannoura
Kap Muroto
Muroto
Kap Muroto

Pazifischer Ozean

Tamano
Jonoshō

e

t

o

n

a

k

a

i

Ōboke
Ōtoyo
Kamega-
mori
Ishizuchi-
san △
1982
Tōyo
Saijō
Niihama
Nankoku
Aki
Nahari
Kōchi
Tosa
Susaki
Kubokawa
Tosa-Bucht

Shikoku-Bergland

Hiuchi-nada

Kōzan

Fushino
Imabari
Iyo
Hōjō
Kūma
Yushuhara
Nakamura
Onigajō-zan
△ 1151
Ekawazaki
△ 865
Imano-yama
Shimantogawa
Tosa-Shimizu
Kap Ashizuri

Matsuyama
KURAHASHI-
JIMA
Nagahama
Ōzu
Yawatahama
Uwa
Uwajima
Sukumo
OKINO-
SHIMA

Sadamisaki-
Halbinsel
Sadamisaki
Bungo-Kanal

Bungo-Takada
Kitsuki
Usuki
Tsukumi
Saiki
Beppu-Bucht
Beppu
Inukai
Ōita
Usuki

Höyo-Straße

KYÛSHÛ

Im 8. Jh. war der Süden von Shikoku wegen der Entfernung von der Hauptstadt und der mühsamen Anreise über Meer und Gebirge zu einem „fernen Verbannungsort" erklärt worden. Heutzutage ist Shikoku ein bevorzugtes Urlaubsziel. Das liegt zum einen an den erheblichen Anreiseerleichterungen und der damit verbundenen Zeitersparnis, zum anderen am freundlichen Klima und an der beliebten historischen Pilgerroute der 88 Tempel.

Der Name Shikoku setzt sich zusammen aus den Zeichen für „vier" *(shi)* und „Land" bzw. „Provinz" *(koku)*. Die „vier Provinzen" beziehen sich auf die ehemaligen Regionen Awa, Sanuki, Iyo und Tosa, die dem heutigen Grenzverlauf der Präfekturen Tokushima, Kagawa, Ehime und Kōchi entsprechen. Außer den vier Hauptstädten der Präfekturen – Tokushima, Takamatsu, Matsuyama und Kōchi – prägt Shikoku ein überwiegend ländlicher Charakter. In zahlreichen Gebieten schlummern üppig grüne Reis- und Gemüsefelder. Außerdem wachsen hier Trauben und Dattelpflaumen und dank eines vom asiatischen Festland beeinflussten mediterranen Klimas selbst Zitrusfrüchte.

Zwischen kilometerlangen, zerklüfteten Küsten liegen hin und wieder kleine Fischerdörfer. Es gibt jede Menge Berge, die bis zu 2000 m hoch sind, sowohl im Osten als auch im Westen der Insel. Sie teilen das Land in eine schmale nördliche Region und einen südlichen Teil am Pazifischen Ozean auf. Shikoku umfasst zudem zahlreiche größere und kleinere Inseln in der Setō-Inlandsee. Einige sind groß genug für eine Besiedlung, andere bestehen nur aus kargen Felsen, Sandstrand und dem typischen Kiefernwald.

Insgesamt 4,5 Mio. Einwohner zählt die dünn besiedelte Insel. Die meisten Menschen wohnen im Norden, wo ihnen die Industrie Arbeitsplätze bietet. Außer Kōchi liegen hier alle größeren Städte.

Transport

Ein wichtiger Verkehrsknotenpunkt ist Takamatsu; eine Weiterreise von hier per Bahn nach Tokushima, Matsuyama, Uwajima, Kotohira und Kōchi ist möglich. Takamatsu selbst lässt sich einfach per Zug, aber auch mit dem Flugzeug oder mit der Fähre erreichen. Bahnreisende aus Honshū, egal aus welcher Richtung sie kommen, steigen im JR-Bahnhof **Okayama** um und fahren von dort nach Takamatsu.

Wer die Insel im Uhrzeigersinn umrunden möchte, fährt zunächst nach Tokushima und von dort aus in den Süden, immer die Ostküste Shikokus entlang in Richtung Kap Muroto, bis die Eisenbahnlinie in **Kannoura** endet. Wer von **Tokushima** aus direkt nach Kōchi reist, fährt bis Awa Ikeda (74 km, 1 1/4 Std.) und steigt dort in die JR-Dosan-Linie nach **Kōchi** um (82 km, 75 Min.), Preis für die Expresszüge 5340 ¥.

Die Eisenbahnlinie von Matsuyama nach Kōchi verläuft über **Tadotsu** (288 km, 4 1/4 Std., 9230 ¥). Die gegen den Uhrzeigersinn Reisenden fahren von **Matsuyama** bis **Uwajima** (96 km, 1 1/4 Std.), wo die Strecke entlang der Westküste endet. Es existiert eine indirekte Verbindung zwischen Uwajima und **Kōchi**, mit Regionalbahn bis Kubokawa und weiter mit Expresszug bis Kōchi (150 km, 3 1/2 Std., 4140 ¥). Die Strecke Kōchi bis Kubokawa kostet 2640 ¥, dieser Expresszug fährt weiter bis Nakamura (4140 ¥) und bis Endstation Sukumo (4860 ¥).

Takamatsu 高松

Takamatsu ist nicht nur die Hauptstadt der Präfektur Kagawa, sondern mit über 330 000 Einwohnern auch die zweitgrößte Stadt Shikokus. Seit der Edo-Zeit, als der einflussreiche Clan der Matsudaira den Ort zur Hauptstadt ihres Lehens machte, ist Takamatsu das politische und wirtschaftliche Zentrum der Region. Viele Reisende beginnen ihre Shikoku-Rundreise von hier aus, besonders diejenigen, die einen JR-Pass besitzen und damit über die Brücke **Seto Ōhashi**, jenes Meisterwerk der menschlichen Baukunst (S. 496), anreisen können – im Übrigen die einzige Bahnverbindung zwischen Honshū und Shikoku. Beim Überqueren des gewaltigen Brückensystems erstreckt sich tief unter einem das Meer und erlaubt einen ersten Eindruck von der Setō-Inlandsee: Kleine grüne Inseln so weit der Blick reicht, zwischen denen sich einheimische Fähr- und Fischerboote neben Riesenfrachtern aus aller Welt hindurchmanövrieren.

Das Klima von Takamatsu ist relativ mild, abgesehen vom heißen und schwülen Sommer. Der Winter ist weitgehend schneelos, und die Kirschblüte beginnt gegen Ende März oder Anfang April.

Ausgangspunkt für die meisten Unternehmungen ist der im Norden befindliche Hauptbahnhof (JR-Yosan-Linie) und der direkt daneben gelegene Fährterminal. Im Bahnhof hat auch die Touristeninformation ein kleines Büro. Wer früher schon mal in Takamatsu gelandet ist, wird das Gebiet rund um den Bahnhof nicht mehr wiedererkennen: Moderne Gebäude wurden errichtet, darunter der Bahnhof und Fährterminal, und die Hafenpromenade saniert. Außerdem wurde dem Meer in den vergangenen Jahren durch Landgewinnung eine Menge neuer Baufläche abgetrotzt.

Direkt unterhalb des Bahnhofs liegen die Fahrradverleih-Katakomben. Die überschaubare Innenstadt, die vom Bahnhof aus einfach zu Fuß erreichbar ist, lädt mit ihren langgezogenen überdachten Einkaufspassagen zum gemütlichen Herumspazieren ein. Die lokale Spezialität sind **Sanuki-Udon** – Nudeln aus der alten Provinz Sanuki (heute Kagawa), die etwas dünner sind als herkömmliche Udon.

Tamamo-kōen 玉藻公園

Nur fünf Gehminuten vom Bahnhof entfernt ist der Tamamo-kōen. In und um diesen Park stehen die Überbleibsel der **Burg**, die gegen Ende des 16. Jhs. dem Clan der Ikeda als Festung diente – zwei Nebentürme, einige Burggräben und -mauern. Interessant und in Japan eher selten war der seinerzeit ausgewählte Standort direkt am Meer. Der Vorteil dieser Lage: Die Burggräben auf drei Seiten konnten mit Meerwasser aufgefüllt werden, und der vierten Seite diente das Meer selbst als Schutz.

Im Tamamo-Park gibt es außer den Resten der Burg auch den 1917 erbauten **Hiunkaku-Pavillon** zu sehen, heute Kulturhalle und früher (das Original war doppelt so groß) Regierungsbüro und Residenz der Landesfürsten. Das **Museum Chinretsukan** zeigt Kostbarkeiten aus dem Besitz der Matsudaira-Familie. ⏲ West-Tor von Sonnenaufgang bis Sonnenuntergang, Ost-Tor April–Sep 7–18, Okt–März 8.30–17 Uhr, Eintritt Park 200 ¥.

Ritsurin-kōen 栗林公園

Obwohl der Ritsurin-kōen offiziell nicht zu den sogenannten „drei schönsten Gärten Japans" zählt, lohnt ein Besuch nicht nur für Gartenfreunde und Gartendesigner. Auch für weniger geschulte Augen ist er ein äußerst ästhetisches, in die Natur eingebrachtes Meisterstück der japanischen Gartenbaukunst. Der Ursprung dieses Gartens liegt am Ende des 16. Jhs. Erweiterungen und Verfeinerungen bis zur heutigen Form wurden bis 1745 durchgeführt. Von da an diente der Park insgesamt elf Fürsten der mächtigen Matsudaira-Familie als Sommersitz. Nach dem Ende der Feudalzeit geriet die Anlage in den Besitz der Meiji-Regierung, die den Garten schließlich 1875 der Öffentlichkeit zugänglich machte.

Die heute 75 ha große Anlage folgt dem Prinzip der „Geborgten Landschaft", das heißt eine Landschaft, die außerhalb des Gartens liegt, wird ins Gesamtbild der Anlage integriert – eine geschickte optische Täuschung, die meist nur von bestimmten Stellen her wahrgenommen wird. Im Ritsurin-kōen übernehmen die umliegenden, mit Pinien übersäten Berge, insbesondere der nahe im Westen gelegene Berg Shiunzan, diese Funktion. Der Garten vermittelt einen wohl durchdachten Eindruck, wobei die Teiche, Brücken und kleinen Inselgruppen, die Aussichtspunkte und Teepavillons, die Hügel- und Felsformationen und die Bäume und Büsche wunderbar miteinander harmonieren.

Ein gemütlicher Rundgang dauert in der Regel bis zu zwei Stunden – je nachdem, wie oft man verweilt, z. B. um die Koi zu füttern, die Gärtner zu beobachten oder einen Besuch im **Teehaus** einzulegen, das der Landesfürst für seine Teezeremonien mit Blick auf den See errichten ließ. Heute wird hier grüner Tee mit Süßigkeiten für stolze 700 ¥ gereicht; aber immerhin ist ein verdientes Nickerchen auf der Reismatte im Schutz vor der Sommersonne inklusive.

Jeder Besucher erhält bei Eintritt in den Park einen **Übersichtsplan**, worauf Nummern von 1 bis 43 entlang der Wege vermerkt sind – Markierungen, die auch neben den Wegen für den

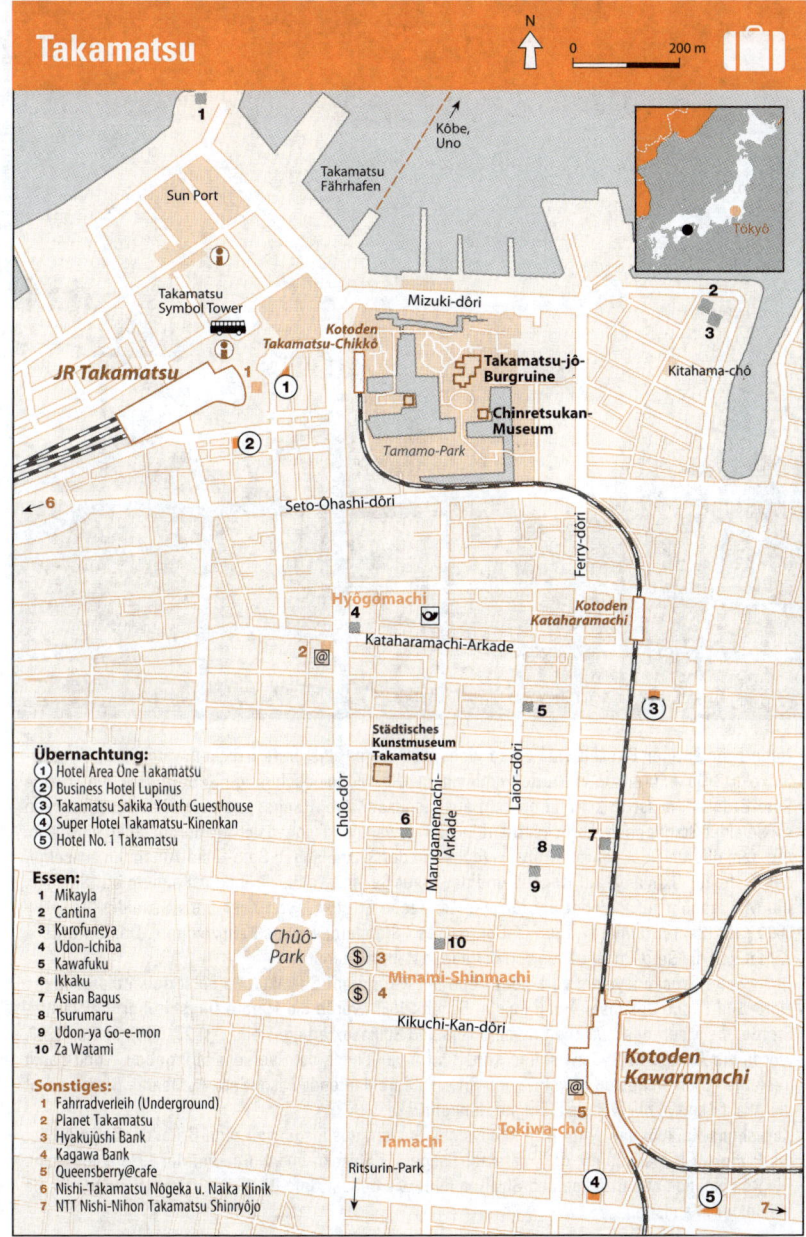

Takamatsu

N

0   200 m

Kôbe, Uno

Takamatsu Fährhafen

Sun Port

Tôkyô

Takamatsu Symbol Tower

Mizuki-dôri

2

3

JR Takamatsu

Kotoden Takamatsu-Chikkô

Takamatsu-jô-Burgruine

Kitahama-chô

1

Chinretsukan-Museum

2

Tamamo-Park

Seto-Ôhashi-dôri

6

Hyôgomachi

4

Kataharamachi-Arkade

Kotoden Kataharamachi

2 @

3

Städtisches Kunstmuseum Takamatsu

5

Übernachtung:
1. Hotel Area One Takamatsu
2. Business Hotel Lupinus
3. Takamatsu Sakika Youth Guesthouse
4. Super Hotel Takamatsu-Kinenkan
5. Hotel No. 1 Takamatsu

6

8

7

9

Essen:
1. Mikayla
2. Cantina
3. Kurofuneya
4. Udon-Ichiba
5. Kawafuku
6. Ikkaku
7. Asian Bagus
8. Tsurumaru
9. Udon-ya Go-e-mon
10. Za Watami

Chûô-Park

$ **3**

10

$ **4**

Minami-Shinmachi

Kikuchi-Kan-dôri

Sonstiges:
1. Fahrradverleih (Underground)
2. Planet Takamatsu
3. Hyakujûshi Bank
4. Kagawa Bank
5. Queensberry@cafe
6. Nishi-Takamatsu Nôgeka u. Naika Klinik
7. NTT Nishi-Nihon Takamatsu Shinryôjo

Kotoden Kawaramachi

@ **5**

Tamachi

Ritsurin-Park

Tokiwa-chô

4

5

7

SHIKOKU

© JAPAN-PHOTO.DE / HARTMUT PÖHLING

SHIKOKU

Nach zehnjähriger Bauzeit war es so weit: 1988 wurde das erste Brückensystem des Honshū-Shikoku-Brückenprojekts in Betrieb genommen. Die doppelgeschossige **Seto Ōhashi**, die „Große Seto-Brücke", misst 13 km und besteht aus insgesamt drei Hänge- und zwei Schrägseilbrücken sowie einer Stahlfachwerkbrücke. Die Höhe der gewaltigen Pylonen beträgt durchschnittlich 200 m. Auf dem oberen Deck fahren Kraftfahrzeuge auf der 37 km langen Seto-Chūō-Autobahn zwischen der Präfektur Okayama auf Honshū und der Stadt Sakaide in der Präfektur Kagawa auf Shikoku. Die Mautgebühr für Pkw beträgt für eine „einfache Strecke", von Kojima bis Sakaide-Kita 2880/3600 ¥ für Klein-/Standardwagen (K-Car: gelbes / Standard: weißes Kennzeichen). Das Unterdeck wird durch die Seto-Ōhashi-Linie von der Japan Railway genutzt.

Das zweite Brückensystem verbindet Kōbe mit Naruto auf Shikoku und nutzt dabei die gesamte Nord-Süd-Länge der Insel Awaji-shima. Bereits 1985 wurde die **Naruto Ōhashi** über die Naruto-Straße, die Meerenge zwischen Awaji-shima und Shikoku, fertiggestellt. Erst 23 Jahre später, 1998, wurde die **Akashi-kaikyō** zwischen Kōbe und Awaji-shima dem Verkehr übergeben – und damit auch die 46 km lange von Honshū nach Shikoku durchlaufende Nishi-Seto-Autobahn. Bis heute ist die Akashi-kaikyō die weltweit längste Hängebrücke.

Kurushima-Kaikyō, das dritte Brückensystem, besteht aus insgesamt zehn Brücken. Es verbindet die Präfektur Hiroshima mit der Präfektur Ehime auf Shikoku und wurde im Mai 1999 eingeweiht. Die Kombination aus Brücken und Straßen führt wie bei der Seto Ōhashi über verschiedene kleine Inseln der Inlandsee.

Fall vorhanden sind, dass man sich verläuft und den Ost- oder Nordeingang nicht mehr findet. Für Leute mit Zeitmangel werden auf dem Plan auch zwei kürzere Gartenspaziergänge, d. h. zwei alternative 60-Minuten-Routen, vorgegeben. Zur Kirschblüte ist der Garten ziemlich überlaufen und daher an ein gemütliches Wandeln nicht zu denken. Ein Besuch nach oder vor dem Farbenspektakel, wenn sich andere Blüten (Pflaume, Magnolie, Kamelie, Azalee, Iris oder Lotus) entfalten, macht sicherlich mehr Freude.

Die täglichen **Öffnungszeiten** variieren nach Monat und Jahreszeit und sind entsprechend kompliziert: Dez–Jan 7–17, Feb 7–17.30, März 6.30–18, April, Mai und Sep 5.30–18.30, Juni–Aug 5.30–19, Okt 6–17.30, Nov 6.30–17 Uhr, 410 ¥.

Vom JR-Bahnhof Takamatsu mit dem Bus (20 Min.) für 230 ¥, mit dem Shopping-Rainbow-Ringbus West (18 Min.) für 150 ¥ oder mit dem Zug der Kōtoku-Linie eine Station bis Ritsurinkōen-Kitaguchi (von hier 3 Min. zu Fuß bis zum Garten) für 210 ¥. Mit dem Leih-Fahrrad dauert die Fahrt keine halbe Stunde.

ÜBERNACHTUNG

Takamatsu bietet fast ausschließlich im westlichen Stil gehaltene Hotels und Businesshotels. Typisch japanische Unterkünfte finden sich eher in Kotohira.

Business Hotel Lupinus, Nishinomaru-chō 3-6, ✆ 087-021-0558. Kleines, familiäres Hotel. EZ und DZ (Semi-Doppelbett) mit nicht üppigem japanischem oder leichtem westlichem Frühstück. Vom JR-Bahnhof Takamatsu 3 Min. zu Fuß. ❶

Hotel Area One Takamatsu, Nishinomaru-chō 2-23, ✆ 087-823-7801, 🖥 www.hotel-areaone. com/takamatsu. Direkt am JR-Bahnhof gelegenes Businesshotel. Internet mit WLAN oder Kabel, gesundes, japanisches Frühstück im angrenzenden kleinen Restaurant (Aufpreis für Hotelgäste) oder kleines westliches Frühstück in der Bäckerei im JR-Bahnhof Takamatsu. ❶–❷

Hotel No. 1 Takamatsu, Kankō-dōri 2-4-1, ✆ 087-812-2222, 🖥 www.hotelno1.jp/ takamatsu. Schöner Ausblick vom Freiluft-Thermalbad auf dem Dach des Hotels, mit Sauna. Sehr gutes japanisches (mit Kaffee) und zugleich preiswertes Frühstücksbuffet für 500 ¥. Freies Internet. Vom Kotoden-Bahnhof Takamatsu-Chikkō nach Kawaramachi, 5 Min. zu Fuß. ❷

Super Hotel Takamatsu-Kinenkan, Kankō-dōri 1-chome 4-12, ✆ 087-833-9000, 🖥 www. superhotel.co.jp. Nichtraucher-Hotel. Vom Kotoden-Bahnhof Takamatsu-Chikkō nach Kawaramachi, 3 Min. zu Fuß. Übernachtung inkl. japanisches und westliches Frühstücksbuffet. Freies Internet. Kleine Zimmer mit Semi-Doppelbett (geeignet für schlanke Paare). ❷

Takamatsu Sakika Youth Guesthouse, Hyakken-machi 6-9, ✆ 087-822-2111, 🖥 www.jyh.or.jp. Businesshotel, das als Jugendherberge fungiert. Zimmer sowohl im westlichen als auch japanischen Stil, Fahrradleihe möglich. Vom JR-Bahnhof Takamatsu 20 Min. zu Fuß, vom Kotoden-Bahnhof Takamatsu-Chikkō bis Kataharamachi, dort östlich nur 100 m. Liegt nahe am belebten Stadtviertel der Marugame-Arkade und der Einkaufsstraße Laion-dōri. Privatzimmer 4600 ¥ p. P.

ESSEN UND UNTERHALTUNG

Im Zentrum von Takamatsu erstrecken sich lange *shōtengai*, d. h. Arkaden oder Ladenstraßen. Diese heißen Hyōgomachi oder Kataharamachi, Laion-dōri, Marugamemachi, Minami-Shinmachi, Tamachi oder Tokiwa-chō und bieten zahlreiche Möglichkeiten zum Einkaufen, Essen oder Trinken. Zum Essen ist

Sanuki-Udon

Liebhaber japanischer Bandnudeln werden die Präfektur Kagawa und ihr Zentrum Takamatsu zu schätzen wissen, denn die regionale kulinarische Spezialität heißt Sanuki-Udon und die Zahl der Udon-Lokale ist entsprechend hoch. Sanuki-Udon, elastische, beim Kauen feste Nudeln, lassen sich auf unterschiedliche Art essen: als *kama-age*, bei der die gekochten, nicht in kaltem Wasser abgeschreckten Nudeln in eine warme Sauce gedippt werden, als *kake* in einer *dashi*-Brühe oder als kalte Kijōyu-Udon mit roher, d. h. nicht wärmebehandelter Sojasauce.

Der auf Shikoku geborene buddhistische Mönch Kukai (774–835) mit dem postumen Ehrentitel **Kōbō Daishi** entschließt sich zu Beginn des 9. Jhs. zu einem längeren Studienaufenthalt in der chinesischen Hauptstadt Xian, wo er sich dem esoterischen Buddhismus widmet. Nach seiner Rückkehr erhält er den kaiserlichen Auftrag, die buddhistische **Shingon-Lehre** im Land zu verbreiten, die heute zu den bedeutendsten Schulen des Buddhismus in Japan zählt.

Man sagt, dass Kōbō Daishi während seiner Wanderungen in Shikoku zur Erleuchtung gelangt sei. Nach seinem Tod folgte man daher seinen Spuren und legte – wenn auch erst Jahrhunderte später – eine **Pilgerroute** mit insgesamt 88 heiligen Stätten fest, die durch alle vier Präfekturen der Insel führt. 88 ist die Anzahl der im Shingon-Glauben definierten Übel der Welt, die durch die Wanderung abgebüßt werden können. Dass Kōbō Daishi den Pilgerweg *Shikoku hachijū-hachi-kasho meguri*, die „Rundreise zu den 88 Orten Shikokus", selbst begründet haben soll, ist historisch nicht bewiesen und vermutlich eher eine Legende. Doch was hier zählt, ist einzig der Glaube.

Der Pilgerweg in Shikoku war schon in der **Edo-Zeit** ein äußerst beliebtes Reiseziel – dieser Umstand mag darauf zurückzuführen sein, dass der Großteil der Bevölkerung seinerzeit von den Behörden nur zum Zweck einer Wallfahrt eine Erlaubnis zum Reisen außerhalb der heimatlichen Provinz erhielt.

Moderne Pilger

Heutzutage darf sich jeder auf die Reise begeben. Die Suche auf dem langen Weg, der im Uhrzeigersinn ausgeschildert ist, hat sich zwischenzeitlich vereinfacht und birgt heute weniger Gefahren und Risiken. Den *henrō*, den ganz in strahlendes Weiß gekleideten Pilgern mit Strohhut und Wanderstab, wurde es noch nie so leicht gemacht, die gesamte Insel auf dem etwa 1200 km langen historischen Wallfahrtsweg entlang der 88 Tempel abzulaufen. Diejenigen, die nach persönlicher Erleuchtung streben und Selbstheilung durch innere Reinigung suchen und dafür den Spuren des Heiligen Kōbō Dai-

SHIKOKU

besonders die **Laion-dōri** praktisch. Gegenwärtig sind die Hafengegend **Sun Port Takamatsu** nördlich des JR-Bahnhofs Takamatsu und die **Kitahama Alley** östlich des Tamamo-Parks bei jüngeren Leuten angesagt.

Zentrum

Asian Bagus, Furubaba-chō 11-6, ☎ 087-851-3704. Die Besitzerin und Chefköchin in einer Person hat die thailändische Küche in Thailand erlernt. Leckere Speisen wie Thai-Suppe und Thai-Curry können schon für unter 1000 ¥ genossen werden. Kotoden-Bahnhof Kawaramachi, 5 Min. zu Fuß. ⏱ Di–So 18–24 Uhr, Mo hin und wieder Ruhetag.

Ikkaku, Kajiyamachi 4-11, Festa II Bldg. 5F, ☎ 087-823-3711. Filiale einer beliebten lokalen Kette von Brathähnchenrestaurants, westlich der großen Arkaden. Vom Kotoden-Bahnhof Kawaramachi 10 Min. zu Fuß. ⏱ Mo–Fr 16–23, Sa, So und Feiertag 11–23 Uhr.

Kawafuku, Daikumachi 2-1 (Laion-dōri), ☎ 087-822-1956. Altbekanntes Geschäft in Takamatsu, das die Nudelspezialität Sanuki-Udon anbietet. Kake-Udon (einfach nur Udon in die Suppe), Zaru-Udon (abgetropfte Udon mit Soße) oder mit *tenpura* (teurer). Vom JR-Bahnhof Takamatsu 20 Min. zu Fuß, vom Kotoden-Bahnhof Katahara 10 Min. zu Fuß. ⏱ tgl. 11–24 Uhr.

Tsurumaru, Furubaba-chō 9-34, ☎ 087-821-3780. Berühmter Udon-Laden, in dem hungrige Gäste bis spät in die Nacht leckere Nudelsuppen genießen können. Besonders geeignet für den kleinen Appetit nach dem Kneipenbesuch. Basiskosten 480–700 ¥. Äußerst beliebt sind Sanuki-Udon mit Currygeschmack. Vom Kotoden-Bahnhof Kawaramachi 10 Min. zu Fuß, kleiner Eingang mit Schiebetür hinter dem runden Kranich auf dem Ladenvorhang *(noren)*, ⏱ Mo–Sa 20–3 Uhr bzw. bis Ausverkauf der Udon-Nudeln.

shi folgen, sind inzwischen zeitgemäß ausgerüstet mit Mobiltelefonen, satellitengesteuerten Wettervorhersagen und Navigationsgeräten. Entlang des Weges finden sich *konbini*, die meist 24 Stunden geöffnet sind.

Viele moderne Pilger nehmen den Begriff „Wallfahrer" wörtlich und fahren mit dem eigenen klimatisierten Wagen, schwingen sich auf ein Motorrad oder Fahrrad, mieten kurzerhand einen Kleinbus oder ein Taxi, um zu den einzelnen Zielen zu gelangen. Für die wahrhaftigen Wanderer ist der Weg weiterhin eine große physische und vor allem psychische Herausforderung. Die Einsamkeit des Langstreckenläufers ist nicht zu unterschätzen. Laut Statistik gehen jährlich etwa 5000 weißgekleidete Pilger den langen Weg zu Fuß – insgesamt sind aber 300 000 unterwegs. Auch ausländische Besucher interessieren sich zunehmend für diesen Pilgerweg.

Praktisches

Zu Fuß kann die Strecke in etwa 40 bis 45 Tagen bewältigt werden. Man sagt, dass die gesamte Rundreise mit rund 400 000 ¥ pro Person zu Buche schlägt, eine Summe wohlgemerkt, die sich nur auf Pilgerreisende bezieht, die gut zu Fuß sind. In einer Mischung aus buddhistischer Spiritualität und Naturerlebnis durchquert man allein oder in Gruppen raue Berg- und Küstenlandschaften und läuft manchmal neben verkehrsreichen Schnellstraßen durch Gewerbe- und Wohngebiete. Hin und wieder stecken Einheimische den Pilgern etwas Proviant oder einen kleinen Geldbetrag zu. Die Siegel der jeweiligen Tempel lassen sich die Wanderer auf ihre weißen Gewänder und in kleine Pilger-Büchlein drucken, die sie später Familie und Freunden zeigen werden.

Die **Tempel** sind wie folgt auf die vier Präfekturen verteilt: Tokushima Nr. 1 bis 23 und 66, Kōchi Nr. 24 bis 39, Ehime Nr. 40 bis 65 und Kagawa Nr. 67 bis 88.

Im **Internet** finden sich jede Menge Links zum Pilgerweg, z. B. 🖳 www.shikokuhenrotrail.com/index.html.

Udon-Ichiba, Hyōgomachi 2-8, in der Hyōgomachi-Arkade, ☏ 087-823-0388. Es gibt viele verschiedene und preiswerte Variationen (klein, mittel, groß, mit/ohne Beilage) von Sanuki-Udon. Nur japanische Speisekarte und hektische Mittagszeit mit Warteschlange voller Büroangestellter. Den Wartenden zuliebe, die schnell bestellen, schnell bedient werden (und ebenso schnell essen), sollte man den Laden nicht zur Mittagszeit testen. Aber wer das Abenteuer liebt … Vom JR-Bahnhof Takamatsu 10 Min. zu Fuß. ◷ Mo–Sa 10–19, So und Feiertag bis 22 Uhr.

Udon-ya Go-e-mon, Furubaba-chō 13-15, Ai Bldg. 1F, ☏ 087-821-2711. Man kann klassische Sanuki-Udon mit Curry genießen oder Ansari-Udon mit kleinen Miesmuscheln, die relativ selten und eine originelle Idee des Ladeninhabers sind. Viele Speisen für nur 600–900 ¥. Vom Kotoden-Bahnhof Kawaramachi 6 Min. zu Fuß. ◷ Mo–Sa 20–1 Uhr bzw. bis Ausverkauf.

Za Watami, Minami-Shinmachi 12-5, Takaraya Bldg. 1+2F, ☏ 087-832-2955. Restaurant-Kette, kulinarische Dauerbrenner und Saison-Speisen. Englische Speisekarte, populär bei jungen Leuten. Vom Kotoden- Bahnhof Kawaramachi 6 Min. zu Fuß. ◷ tgl. 17–3 Uhr.

Hafen

Mikayla, Sunport 8-40, ☏ 087-811-5357, 🖳 www.clubmikayla.com. Schmackhafte Meeresfrüchte frisch aus der Setō-Inlandsee. Pasta und Fleischgerichte sind hier direkt am Hafen erhältlich. Sehr atmosphärisch: am Tag mit dem Glanz des Meers, am Abend mit Sonnenuntergang im Meer – und immer das grelle Licht des Leuchtturms. Mittagsmenü (11–14.30 Uhr) und Abendmenü. ◷ tgl. 11–22 Uhr.

Kitahama Alley

Im Retro-Stil gehaltenes Gebiet mit Restaurants, Bars, Cafés, Boutiquen und Friseursalons nahe dem Fährhafen. Von den Bahnhöfen JR-Taka-matsu und Kotoden-Takamatsu-Chikkō 8 Min. zu Fuß.

Cantina, Kitahama-chō 3-2, ☏ 087-811-7718. Große Auswahl an Vorspeisen und Desserts und Knabberzeug zu den Getränken. Durch-schnitts-Budget rund 2500 ¥. ⊕ Fr–Di 10.50–14 Uhr Mittagessen, 18–22.30 Uhr Abendessen. Sa, So und Feiertag 14–18 Uhr Kaffeezeit.

Kurofuneya, Kitahama-chō 3-2, ☏ 087-826-3636. Café und Bar. Gute, unregelmäßig stattfindende Livekonzerte, die man für 1500–3500 ¥ genießen kann. ⊕ Di–So 12–15 und 18–3 Uhr.

SONSTIGES

Fahrradverleih

Unterhalb des Bahnhofs liegen die Fahrrad-verleih-Katakomben. Bevor ein Fahrrad ausgeliehen werden kann, muss man sich ausweisen, einige schriftliche Angaben zur Person und zum Aufenthaltsort machen und erhält dann einen Ausweis. Dieser legitimiert den Antragsteller dazu, in Takamatsu Fahrräder anzumieten. Die nebenan geparkten Räder sind gut in Schuss und kosten für 24 Std. nur 200 ¥.

Geld und Post

Hauptpost Takamatsu in Hyōgomachi, am Nordausgang der Marugamemachi-Arkade, hat einen Geldwechsel-Schalter, ⊕ Mo–Fr 9–18 Uhr.

Hyakujūshi Bank, Hauptbüro, Kamei-chō 5-1, ☏ 087-831-0114, direkt neben der Kagawa Bank. ⊕ Mo–Fr 9–15 Uhr.

Kagawa Bank, Hauptbüro, Kamei-chō 6-1, ☏ 087-861-3121. ⊕ Mo–Fr 9–15 Uhr.

Informationen

Takamatsu Information Plaza, vor dem JR-Bahnhof Takamatsu, ☏ 087-851-2009. Hier helfen die freundlichen Angestellten so gut es geht, auch auf Englisch und halten einen nützlichen Stadtplan und sonstige Broschüren bereit. ⊕ tgl. 9–18 Uhr.

Internet

Planet Takamatsu, Hyōgo-machi 9-9, Tōkyu Inn Yoko 2F, neben dem Tōkyu Inn, ☏ 087-811-0901, vom JR-Bahnhof Takamatsu 7 Min. südlich, auf

der Chūō-dōri. Über dem *konbini* Lawson. ⊕ tgl. 24 Std.

Queensberry@cafe, Tokiwa-chō 1-10-4, ☏ 087-812-0680, Café mit Internet-Theke und ein paar leckeren Speisen. Vom Kotoden-Bahnhof Kawaramachi direkt südlich. ⊕ tgl. 11–24 Uhr.

Medizinische Hilfe

Hier sind Englisch sprechende Ärzte vor Ort:

NTT Nishi-Nihon Takamatsu Shinryōjo (Innere Medizin), Kankō-chō 649-8, ☏ 087-839-9620, Mo–Fr 8.30–11.30 und 13–16 Uhr. Mit Kotoden-Nagao-Linie bis Hanazono (eine Station weiter südlich von Kawaramachi), dann östlich 5 Min. zu Fuß.

Nishi-Takamatsu Nōgeka und Naika-Klinik (Neurochirugie, Innere Medizin, Notaufnahme), Gōtō-chō 134-1, Nishi-Takamatsu Medical Bldg. i-a 2F, ☏ 087-832-8811, Mo–Sa 8.30–12.30 und 15–18 Uhr. Vom JR-Bahnhof Takamatsu bis Bahnhof Kōzai (4 Min.), vom Bahnhof nach links bis zur großen Straße, dann östlich (linke Seite McDonalds) weiter etwa 100 m. Mit dem Bus bis Haltestelle Gōtō-bashi-nishi (Nishi-Takamatsu-Medical Ia-mae).

NAHVERKEHR

Die alte Eisenbahnlinie Takamatsu-Kotohira Electric Railroad, von den Einheimischen einfach **Kotoden** genannt, wurde im Kriegsjahr 1943 gegründet und konkurriert seitdem mit der zwischenzeitlich modernisierten JR Shikoku. Die Kotoden durchquert die Stadt auf ihrem Weg nach Kotohira in Richtung Süden und zu zwei weiteren Städten im Osten und Westen. Wegen ihrer innerstädtischen Stationen wird sie auch als Stadtbahn genutzt. **Busse** zwischen dem JR-Bahnhof Takamatsu und dem Flughafen benötigen etwa 40 Min. (760 ¥).

TRANSPORT

Busse

Der Busbahnhof liegt vor dem JR-Bahnhof Takamatsu.

HIROSHIMA, über die Seto-Brücke, 3 1/2 Std., 4100 ¥

KŌBE (Sannomiya), 2 3/4 Std., 3700 ¥

KYŌTO, mit dem Takamatsu Express Kyōto-gō, 3 3/4 Std., 4950 ¥

ŌSAKA (Nanba), 3 1/2 Std., 3900 ¥, Ōsaka (Umeda), 4 Std., 4000 ¥
TŌKYŌ (Shinjuku), Nachtbus, 10 Std., 10 300 ¥
Limousinen-Busse verkehren 7x tgl. zwischen Takamatsu und dem KANSAI INTERNATIONAL AIRPORT in Ōsaka über die Akashi-Kaikyō-Brücke, 3 1/2 Std., 5150 ¥.

Eisenbahn

Der einfachste Weg nach Takamatsu ist mit der Bahn.
KYŌTO, bis Okayama (mit *Hikari* meist umsteigen in Shin-Ōsaka) mit Shinkansen, dann umsteigen in den JR-Zug *Marine Liner*, 2 3/4 Std., 8610 ¥, ab Okayama alle 30 Min., 55 Min., 1510 ¥.
KŌCHI, JR-Yosan-/Dosan-Linie (JR-Express *Shimanto*), 2 1/2 Std., 4910 ¥
KOTOHIRA, JR-Yosan-/Dosan-Linie (JR-Express *Shimanto*), 3/4 Std., 1370 ¥, mit Schnellzug *Sunport* 54 Min., 850 ¥. Weitere Züge mit Umsteigen in Tadotsu. Oder Kotoden-Linie (ab Kotoden-Bahnhof Takamatsu-Chikkō), 1 Std., 620 ¥.
MATSUYAMA, JR-Yosan-Linie (JR-Express *Ishizuchi*), 2 1/2 Std., 5670 ¥
TOKUSHIMA, JR-Kōtoku-Linie (JR-Express *Uzushio*), 1 Std., 2640 ¥

Schiffe

Mit der *Jumbo Ferry* von/nach KŌBE in 4 1/4 Std. für 1990 ¥ (kostenloser Bustransfer in 15 Min. zum JR-Bahnhof Takamatsu). Mit der *Shikoku Ferry* fast jede Stunde von/nach UNO bei Okayama in 65 Min. für 690 ¥.

Flüge

Der Regionalflughafen von Takamatsu befindet sich etwa 15 km südlich der Stadt. Vom JR-Bahnhof Takamatsu mit Airport Limousine in etwa 40 Min., 760 ¥. Von hier gibt es Direktflüge nach TŌKYŌ, SAPPORO, SENDAI, KAGOSHIMA und OKINAWA.

Zentsū-ji 善通寺

Der Tempel Zentsū-ji der gleichnamigen Ortschaft ist der Geburtsort von Kōbō Daishi und der Haupttempel der von ihm gegründeten Shin-

gon-Schule. Zentsū-ji ist der 75. Wallfahrtsort und der größte der insgesamt 88 Tempel. Er soll 813 nach sechsjähriger Bauzeit von Kōbō Daishi an der Stelle seines Vaterhauses errichtet worden sein. Auf dem Gelände stehen riesige Kampferbäume, die sehr gut erhaltene fünfstöckige Pagode und die etwa 600 Jahre alte Haupthalle *(meidō)*. Unter der Haupthalle gibt es einen 100 m langen unterirdischen Gang, den die Besucher in kompletter Dunkelheit durchlaufen können, indem sie sich mit den Händen an der mit religiösen Symbolen bemalten Wand entlang tasten – eine Versinnbildlichung des Weges, den der historische Buddha zur Erleuchtung ging. ✆ 0877-62-0111, ⊙ tgl. 8–16.30 Uhr, Eintritt inkl. Museum 500 ¥.

Aus Takamatsu fährt man mit dem Zug (JR-Dosan-Linie) bis Zentsū-ji (eine Station vor Kotohira) rund eine Stunde. Vom Bahnhof verkehrt ein kostenloser Bus in knapp 10 Min. zum Tempelgelände. Zu Fuß benötigt man für die Strecke 15–20 Min. Achtung: Kotoden fährt auf dem Weg nach Kotohira *nicht* direkt über Zentsū-ji.

Kotohira 琴平

Rund 50 km südöstlich von Takamatsu liegt am Fuße des Zōzu-san oder „Elefantenkopf-Hügels" der Wallfahrtsort Kotohira. Am Berghang erstreckt sich einer der ältesten und größten Shintō-Schreine des Landes, der Kotohira-gū, der auch Konpira-jinja oder im Volksmund einfach Konpira-san genannt wird. Der Schrein wurde nachweislich zu Beginn des 11. Jhs. re-stauriert, soll aber schon lange vor dieser Zeit gegründet worden sein. Die Hauptgottheit des Schreins war ursprünglich Konpira Daigongen, eine wohlwollende buddhistisch-shintöistische Schutzgottheit der Seefahrer. An die Stelle des Konpira trat später die Verehrung für Ōku-ninushi-no-Mikoto, „Herr des Großen Landes", der auch als Gott der Landwirtschaft verehrt wird, und für Kaiser Sutoku (1119–64). Heute existieren landesweit zahlreiche Nebenschreine des Konpira-san. Da auch die großen Reedereien Japans zur Schrein-Gemeinde gehören, haben fast alle japanischen Schiffe ein Amulett des Konpira-san an Bord.

Bereits in der Muromachi-Zeit (1333–1573) war die Schreinanlage eines der meistbesuchten Pilgerziele Japans. Heute ist sie die beliebteste Touristenattraktion auf Shikoku. Ungefähr 4 Mio. Menschen besuchen das Heiligtum jährlich, und jeden Tag begeben sich einige hundert Pilger auf den steilen Marsch in die Höhe. Um den Schrein mit all seinen ehrwürdigen Stätten und wertvollen Kulturgütern kennenzulernen, müssen alle Besucher – außer denen, die sich eine Sänfte leisten können – eine Menge Stufen hoch steigen.

Omote-sandō, die durchs Stadtzentrum führende Hauptstraße zum Schrein, wird gesäumt von rund 100 nostalgischen Läden und Ständen, die Tee, Süßigkeiten, Reiskekse und Souvenirs verkaufen. Sie vermittelt noch einen gewissen Eindruck von früheren Zeiten. Auf dem Weg liegen zudem ein **Sake-Museum** und Steine, in die die Namen der Spender und des für den Schrein gespendeten Geldbetrags eingeritzt sind. Ganz in der Nähe der unteren zum Konpira-san hochführenden Treppe befindet sich das **Kana-maru-za**, Japans ältestes erhaltenes Kabuki-Theater, in dem die Zuschauer wie eh und je auf Kissen auf dem Boden sitzen. ⊙ tgl. 9–17 Uhr, 500 ¥ für Besichtigung des Gebäudes.

Auf dem Weg nach oben passieren die Besucher zuerst das große Steintor **Ō-mon**, und nach dem ersten Treppenaufgang die Schatzkammer **Hōmotsu-kan**, ein Museum, in dem die Kunstschätze des Schreins ausgestellt sind. ⊙ tgl. 8.30–16.30 Uhr, 800 ¥.

Weiter oben steht die Empfangshalle **Shoin**, eine ehemalige Abtresidenz aus dem 17. Jh. und

heute japanischer Nationalschatz. ⊙ tgl. 8.30–16.30 Uhr, 800 ¥. Danach folgt **Asahi-no-yashino**, der der Sonnengöttin Amaterasu gewidmete „Schrein der Morgensonne". Nach insgesamt 785 Stufen steht man vor der Haupthalle *(hongū)*. Dahinter, in der Halle **Ema-dō**, werden Votivtafeln, maritime Exponate und Opfergaben gezeigt.

Wem die Aussicht auf das Umland noch nicht beeindruckend genug ist und wer gern mehr von der gesamten Anlage sehen möchte, dem steht ein weiterer Anstieg (nochmals über 500 Stufen) bis zum Inneren Schrein **Oku-sha** auf dem Gipfel des Berges bevor.

Der spektakuläre Blick von hier oben, die weite Sicht bis zur Inlandsee, beruhigt die Seele, aber wohl kaum die eine oder andere schmerzende Wade …

Kotohira River Side Hotel, Nakatado-gun, Kotohira-chō 246-1, ☎ 0877-75-1880, 🖳 www.hananoyu.co.jp/river. Westliche Zimmer mit Onsen-Gemeinschaftsbad. Alle Zimmer mit WLAN. Reservierungszeit 10–19 Uhr. ❶–❷

Kotohira Hashimotoya Ryokan, Kotohira-chō 618, ☎ 0877-75-2031. Das Ryokan befindet sich in der Zugangsstraße zum Konpira-san. Übernachtung inklusive Gemeinschaftsbad. 4300 ¥ p. P., HP 6700 ¥. Vom JR-Bahnhof Kotohira 4 Min. und vom Kotoden-Bahnhof Kotohira 6 Min. zu Fuß. ❷

Kotobuki Ryokan, Nakatado-gun, Kotohira-chō 245-5, ☎ 0877-73-3872. ✉ kotobukiryokan@hotmail.co.jp. Das bei ausländischen Reisenden beliebte Ryokan hat nur 7 Zimmer. Mit HP ab 6500 ¥ p. P. Vom JR-Bahnhof Kotohira 5 Min. zu Fuß. EZ und DZ. ❸

Die Straße zum Kompira-Schrein ist gesäumt von zahlreichen kleinen und mittelgroßen Essensbuden und Restaurants, v. a. die beliebten Sanuki-Udon-Nudelläden sind nicht zu übersehen. Die Öffnungszeiten richten sich nach dem Schrein (bis etwa 17 Uhr). Die Preise für eine Nudelsuppe beginnen bei 500 ¥.

SHIKOKU

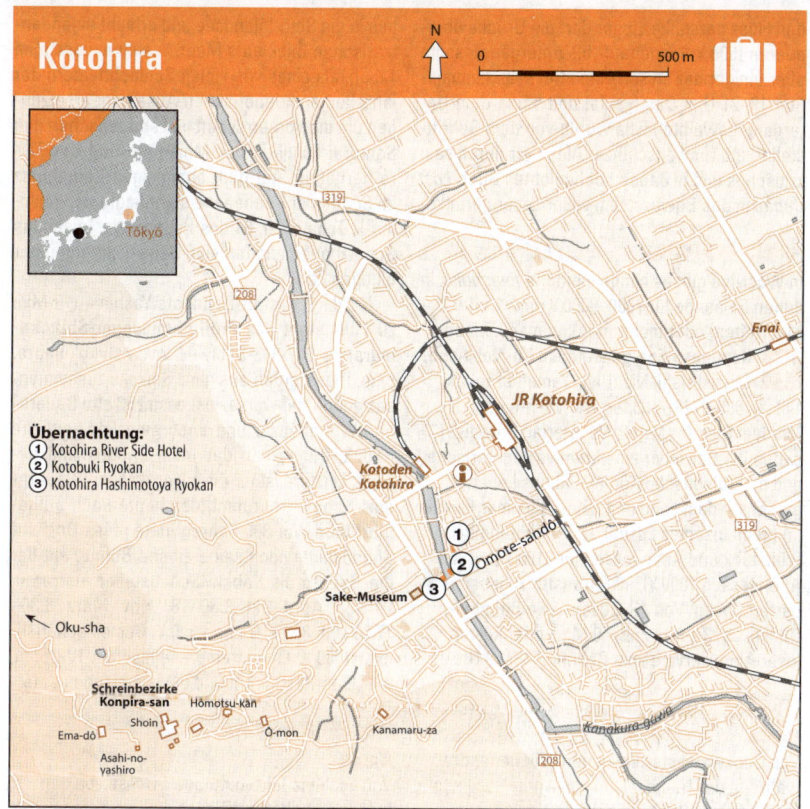

Übernachtung:
① Kotohira River Side Hotel
② Kotobuki Ryokan
③ Kotohira Hashimotoya Ryokan

Enai

JR Kotohira

Kotoden Kotohira

Omote-sandō

Sake-Museum

Oku-sha

Schreinbezirke Konpira-san

Hōmotsu-kan

Ema-dō   Shoin   O-mon   Kanamaru-za

Asahi-no-yashiro

Kanakura-gawa

TRANSPORT

Von TAKAMATSU mit der JR-Dosan-Linie 50 Min. (850–1370 ¥). Obwohl die Kotoden-Linie direkter nach Kotohira führt, benötigt diese Bahn ab Takamatsu (Abfahrt vom Kotoden-Bahnhof Takamatsu-Chikkō) genauso lange (1 Std.). Das liegt daran, dass sich mehr Bahnhöfe auf der Strecke befinden. Kotohira ist die 20. und zugleich Endstation (620 ¥).

Iya-Tal 祖谷渓谷

Südwestlich von Takamatsu erstreckt sich am Yoshinogawa, einem der wildesten Flüsse Japans, ein abgelegenes Naturgebiet. Die steilsten Klippen am Yoshino weisen die Schluchten Ōboke und Koboke auf. Diese Abschnitte sind aufgrund der heftigen Stromschnellen und der beeindruckenden Felsformationen bei Kajak- und Rafting-Urlaubern sowie bei Wanderern äußerst beliebt. Das Tal kann in zwei Hälften geteilt werden: Higashi-Iya (Ost-Iya) und Nishi-Iya (West-Iya). Der Osten ist recht populär für Hiking-Touren, die unterschiedlich lang und ausgeschildert sind. ☏ 0883-76-0745, 🖥 www.safari-g.com/english/index.html.

Nishi-Iya (West-Iya) ist das Zentrum entlang der alten Nationalstraße 32, in dessen Nähe auch die Iya-Schlucht mit der eindrucksvollen, aus Ranken geflochtenen Hängebrücke **Kazura-bashi** liegt, die früher den einzigen Weg über den Fluss darstellte. Jeder darf die Brücke überqueren (500 ¥ Sonnenauf- bis untergang), sollte aber einigermaßen schwindelfrei sein. Illumination 19–21 Uhr. Das Iya-Tal und seine dem Untergang geweihte Idylle wurde von dem Schriftsteller und Umweltschützer Alex Kerr durch sein kritisches und in Japan hochgelobtes Buch *Lost Japan* in das Bewusstsein vieler Leser gerückt.

ÜBERNACHTUNG

In West-Iya gibt es einige einfache *minshuku,* in denen Reisende für 7000–8000 ¥ (inkl. 1 oder 2 Mahlzeiten) oder mehr unterkommen können.

🌳 **Japanese Eco-guesthouse Ku-Nel-Asob,** Miyoshi-shi, Nishi-Iya-Yamamuraenoki 442, ✆ 090-9778-7133, 🖥 www.k-n-a.com. Mit dem Slogan „Vegan Vegetarian Paradise!" bieten die Betreiber eine kreative vegetarische und makrobiotische Küche und das Lebensgefühl auf dem Land und innerhalb einer Familie an (gemeinsames Essen). Übernachtung mit Frühstück und Abendessen für 8100 ¥ (nur mit Abendessen 7000 ¥), inkl. Transfer zum benachbarten Onsen. Von JR-Dosan-Linie Bahnhof Ōboke, ca. 3 km zu Fuß, 40 Min., oder kostenloser Abholservice vom Bahnhof (15–18 Uhr).

TRANSPORT

Busse
Von Ōboke aus starten an den Wochenenden während der Hauptsaison von April–Nov 8x tgl. (sonst 4x tgl.) Busse, die durch einen Tunnel nach West-Iya fahren: bis Kazura-Brücke (640 ¥) mit Shikoku-Bus in etwa 20 Min.

Eisenbahn
Der nächstgelegene Bahnhof ist Ōboke an der JR-Dosan-Linie zwischen Takamatsu und Kōchi. Der JR-Express *Nanpu* fährt stdl. von OKAYAMA und benötigt 1 3/4 Std. (4020 ¥), von TAKAMATSU 1 1/2 Std. (2990 ¥) und von KŌCHI 50 Min. (2460 ¥).

Yashima 屋島

Rund 6 km östlich von Takamatsu liegt die ehemalige Insel Yashima, die heute durch eine Landzunge mit dem Festland verbunden ist. Das fast 300 m hohe vulkanische Plateau ragt hin-

aus in die Setō-Inlandsee und erlaubt einen fantastischen Blick aufs Meer. Yashima musste im 12. Jh. als eines von vielen Schlachtfeldern der jahrelangen kriegerischen Auseinandersetzungen um die Vorherrschaft im Land zwischen den Samurai-Familien der Minamoto und der Taira herhalten. Auf dem ehemaligen Kampfplatz im Süden der Hochebene steht heute der Yashima-ji, **Tempel Nr. 84** des Pilgerwegs. In seinem Schatzhaus befinden sich Zeugnisse aus jener blutigen Zeit.

Nördlich des JR-Bahnhofs Yashima (10 Min. zu Fuß) steht das **Freilichtmuseum Shikoku-mura,** ✆ 087-843-3111, 🖥 www.shikokumura. or.jp. Hier werden aus ganz Shikoku zusammengetragene Bauwerke, insgesamt 33 alte Bauern- und Wohnhäuser und auch eine Edo-zeitliche Kabuki-Bühne von der Insel Shōdoshima gezeigt. Letztere ist für ihr *nōson-kabuki,* „Bauerndorf-Kabuki", berühmt, das heute noch aufgeführt wird. Vor 300 Jahren hatte jedes Dorf auf Shōdoshima noch seine eigene Bühne, auf der die Bauern als Kabuki-Schausteller auftraten. 🕐 tgl. April–Okt 8.30–18, Nov–März 8.30–17.30 Uhr, 800 ¥, Galerie 500 ¥, Gemeinschaftsticket 1000 ¥. Es gibt einen englischen Tearoom, ein Udon-Restaurant und ein japanisches Café.

TRANSPORT

Busse
Von Yashima fahren Kotoden-Busse von den beiden Bahnhöfen JR-Yashima und Kotoden-Yashima auf das Yashima-Plateau (Yashima-sanjō oder Yashima Hilltop). Zu Fuß kann man die Strecke in einer halben Stunde bewältigen.

Eisenbahn
Mit der privaten Kotoden-Bahn vom Bahnhof TAKAMATSU Chikkō mit der Shido-Linie bis Yashima (15 Min., 220 ¥) oder vom JR-Bahnhof Takamatsu mit der Kōtoku-Linie bis Yashima (15 Min., 220 ¥).

Tokushima 徳島

Tokushima ist die Hauptstadt der gleichnamigen Präfektur und traditioneller Ausgangspunkt der Pilgerroute durch Shikoku. Einmal im Jahr,

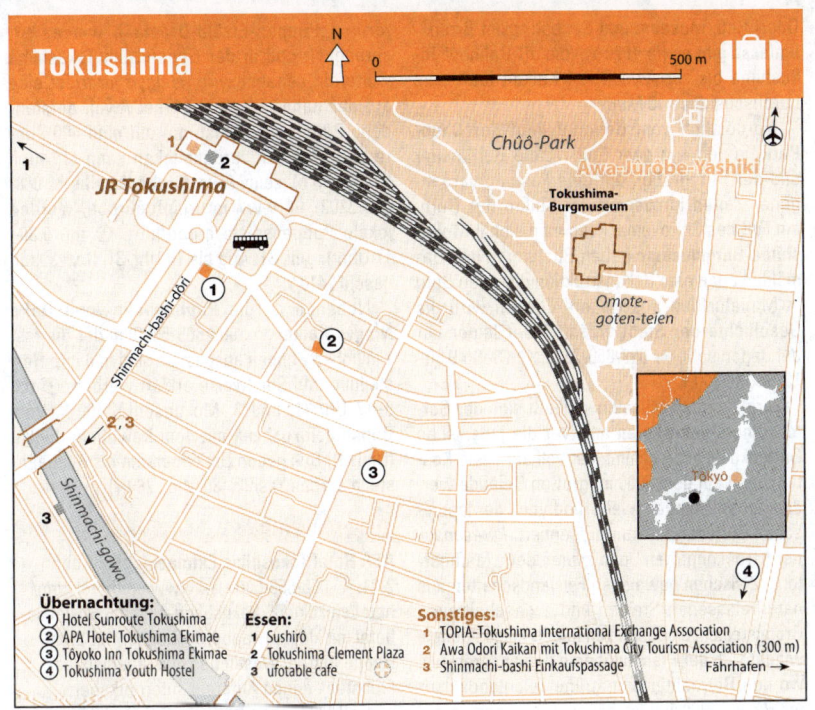

N
0   500 m

SHIKOKU

Chûô-Park

JR Tokushima

Awa-Jūrōbe-Yashiki

Tokushima-
Burgmuseum

Shinmachi-bashi-dōri

Omote-
goten-teien

2, 3

Shinmachi-gawa

3

Tōkyō

Übernachtung:
1 Hotel Sunroute Tokushima
2 APA Hotel Tokushima Ekimae
3 Tōyoko Inn Tokushima Ekimae
4 Tokushima Youth Hostel

Essen:
1 Sushirō
2 Tokushima Clement Plaza
3 ufotable cafe

Sonstiges:
1 TOPIA-Tokushima International Exchange Association
2 Awa Odori Kaikan mit Tokushima City Tourism Association (300 m)
3 Shinmachi-bashi Einkaufspassage

Fährhafen →

im Hochsommer (12.–15. August) während des 400 Jahre alten Tanzfestes **Awa Odori**, 🖥 www.city.tokushima.jp/english/awaodori.html, reisen etwa eine Million Besucher aus allen Teilen des Landes an. Die Schaulustigen verfolgen das bunte Treiben mit Teilnehmern aus über hundert verschiedenen Gruppen, die alle in dem ihnen eigenen traditionellen Stil auftreten. Sie tanzen vom Spätnachmittag bis tief in die heiß-schwülen Sommernächte hinein auf aufgestellten Bühnen und auf den Straßen im Zentrum von Tokushima.

Auch Besucher werden aufgefordert, am „Bon-Tanz" (Kasten S. 506), dem berühmtesten Tanz Japans, teilzunehmen: Wer keine Möglichkeit hat, im August nach Tokushima zu reisen, kann den Tanz das ganze Jahr über im **Awa Odori Kaikan** erlernen und im Museum alles Wissenswerte über das Fest in Erfahrung bringen. Im Erdgeschoss (1F) werden Ausstellungs-

stücke zum Awa Odori gezeigt, die man ebenso kaufen kann wie lokale Souvenirs und Produkte der Region. Shinmachibashi 2-20, ☎ 088-611-1611, 🖥 www.awaodori-kaikan.jp, 🕐 tgl. 9–21 Uhr, Eintritt frei.

Im 1. Stock (2F) befindet sich die **Awa Odori Hall**, in der täglich die Awa-Tänze aufgeführt werden: Tgl. 14, 15, 16 und 20 Uhr, Sa und So auch um 11 Uhr. Eintritt 600 ¥ (ab 20 Uhr 800 ¥). Vorstellungsdauer 40–50 Min. Im 2. Stock (3F) zeigt das **Awa Odori Museum** die Geschichte des Tanzfestes, 🕐 tgl. 9–17 Uhr, 300 ¥.

Vom 4. Stock (5F) aus fährt die Seilbahn 280 m hoch auf den Berg **Bizan** (einfach 610 ¥, hin und zurück 1020 ¥, aber April–Okt 17.30–21 Uhr Rückfahrkarte 610 ¥, außer O-bon-Zeit), von dem aus man einen schönen Blick auf Stadt und Meer und im Hochsommer eine leichte Brise genießen kann. 🕐 tgl. 9–21 Uhr (Nov–Mär bis 17.30 Uhr). Ein Kombiticket, das alle Attraktionen – Awa

Odori Hall, Museum und Seilbahn zum Bizan – umfasst, gibt es für 1620 ¥. Vom JR-Bahnhof Tokushima bis zur Awa Odori Kaikan läuft man durchschnittlich 10 Min.

Nordöstlich vom Bahnhof liegt der **Chūō-Park**, in dem ein paar Ruinen, die Burgmauer und der Burggraben auf eine Festung vergangener Zeiten hinweisen. Im Süden der Burg, am Fuß des Shiroyama, kann man sich im **Tokushima-Burgmuseum** neben Rüstungen und Gemälden auch eine Rekonstruktion der alten Burg in Miniaturform anschauen. Ebenso wird die Geschichte der Stadt erzählt (aber leider nur auf Japanisch). ☏ 088-656-2525, ⏰ Di–So 9.30–16.30 Uhr, 300 ¥.

Direkt an das Museum schließt sich der Garten **Omote-goten-teien** an. Wer die japanische Gartenkunst liebt, kommt hier voll auf seine Kosten, denn auf dem 5000 m² großen Gelände werden nebeneinander zwei Grundtypen der japanischen Gartenarchitektur präsentiert: *karesansui*, der „Trockengarten" und *chitei*, der „Teichgarten". Zwischen gewaltigen Felslandschaften aus naturbelassenen Steinen und zugeschnittenen Granitsteinen, umgeben von feinen Kieselflächen, windet sich der Pfad hinüber in den anderen Teil, wo den Betrachter eine grüne Teichlandschaft mit Rasen, Akazienbüschen und Zypressen empfängt. Eine insgesamt phänomenale Gartenanlage, die (glücklicherweise) touristisch noch weitgehend unentdeckt ist. ⏰ tgl. außer Mo 9–16.30 Uhr, fällt ein Feiertag auf einen Montag, bleiben Museum und Garten geöffnet und schließen dafür am folgenden Tag, Eintritt 50 ¥ (!).

Eine weitere Attraktion der Stadt ist das klassische Puppentheater Bunraku bzw. *ningyō*

Awa Odori

Awa Odori (Awa ist der alte Name der Tokushima-Präfektur, und *odori* bedeutet „Tanz") ist Teil des landesweiten Bon-Festes, das ein paar Tage Mitte August abgehalten wird, um die Ahnen, die in dieser Zeit aus dem Jenseits zu Besuch kommen, willkommen zu heißen. Bon-Tänze werden in der Regel im Kreis getanzt. Die Teilnehmer des Awa Odori hingegen tanzen und marschieren immer geradeaus.

jōruri („Puppen-Erzähl-Drama"), wie es ursprünglich und in der Gegend um Tokushima weiterhin genannt wird. *Ningyō jōruri* ist eine auf der nahe gelegenen Insel Awaji entstandene Puppenspielkunst, die auf eine 400 Jahre alte Tradition zurückblicken kann (s. auch S. 147). Im Museum **Awa Jūrobē Yashiki**, ☏ 088-665-2202, 💻 www.joruri.info/jurobe, werden lokale Puppenspiele aufgeführt. ⏰ tgl. 9.30–17 Uhr, 1. Juli–31. Aug bis 18 Uhr, 31. Dez–3. Jan geschl., 410 ¥.

Nebenan ist die Puppenhalle **Awa Deko Ningyō Kaikan**, ☏ 088-665-5600, in der die fast 1 m hohen Puppen ausgestellt sind und ihre Herstellung und Spielweise erklärt werden. ⏰ tgl. 9–17 Uhr (1. und 3. Mo geschl.), 400 ¥. Vom Bahnhof Tokushima mit dem Kawauchi-Junkai (Umlauf) Bus gegen Uhrzeigersinn bis Bushaltestelle Jūrobē Yashiki (30 Min., 280 ¥).

ÜBERNACHTUNG

APA Hotel Tokushima Ekimae, Ichiban-chō 2-21, ☏ 088-655-5005, 💻 www.apahotel.com/hotel/shikoku/05_tokushima-ekimae. Businesshotel mit kleinen sauberen Zimmer hat Semi-Doppelbetten. Westliches und japanisches Frühstück gegen Aufpreis. Internetkabel und WLAN vorhanden. Vom Bahnhof 3 Min. zu Fuß. ❷

Hotel Sunroute Tokushima, Motomachi 1-5-1, ☏ 088-653-8111, 💻 sunroute-tokushima.com. Businesshotel mit PC an jedem Zimmer und kostenlosem Internetzugang. Es gibt ein Gemeinschaftsbad mit natürlicher heißer Quelle, Sauna und Whirlpool unter freiem Himmel (Übernachtungsgäste frei, Besucher 720 ¥) im 11. Stock. Außerdem einige Restaurants, Cafés und ein 24 Std. geöffneter *konbini* sowie ein kleines Einkaufszentrum im Hotelgebäude. Vom Bahnhof 1 Min. zu Fuß. ❷ – ❸

€ **Tokushima Youth Hostel**, Ōbarachō-hama 7-1, Ōmiko Kaigan, ☏ 088-663-1505, 💻 www.jyh.gr.jp/~tokushima/index.html (nur Japanisch), ✉ tokushima@jyh.gr.jp. Von der Bushaltestelle B am Bahnhof mit dem Tokushima-Stadtbus Nr. 13 bis Ōmiko (25 Min.), dort von der Bushaltestelle 1 Min. zu Fuß zum Strand, wo die nette, familiäre Jugendherberge liegt. 3570 ¥ p. P.

Tōyoko Inn Tokushima Ekimae, Ryōgoku-honchō 1-5, ☎ 088-657-1045, 🖥 www.toyoko-inn.com/hotel/00192. Vom Bahnhof 5 Min. zu Fuß. Internetkabel und WLAN. Japanisches Frühstück mit Tee oder Kaffee inkl. ❷

ESSEN

€ **Sushirō**, Minamidekijima-chō 7, ☎ 088-626-6011. Landesweite Sushi-Restaurant-kette , in deren Restaurants das Essen auf einem Förderband kreist *(kaiten-zushi)*. Ein Teller mit zwei Sushi-Häppchen kostet 108 ¥. Vom Bahnhof nordwestlich, 8 Min. zu Fuß. Vor der Ampel der Sako-Ōhashi-Brücke. ⏰ Mo–Fr 11–22.30, Sa, So und Feiertag 10.30–15 und 17–22.30 Uhr.

Tokushima Clement Plaza im JR-Bahnhof Tokushima, Terashima Honchō-Nishi 1-61 (5F), ⏰ tgl. 11–21.30 Uhr (jeder Laden in der Plaza hat unterschiedliche Öffnungszeiten). In diesem Stockwerk gibt es verschiedene Restaurants: **Tonkatsu Shinjuku Saboten** (mit *tonkatsu*, einer Art Schweineschnitzel), **Kineya** (Udon), **Masala** (indisches Curry), **Misen** (chinesische Küche), **Elleair** (Family Restaurant), **Monsieur Fujita** (europäischer Stil, aber auch lokale Speziali-täten wie Awa-Hühnchen).

🎁 **ufotable cafe**, Higashisenba-cho 1-13, Kokusai-Higashisenba 113 Bldg. 2F, ☎ 088-655-8805. Heller und gemütlicher Raum mit Ansicht auf den Fluss, Gerichte mit Thai Zutaten, leckere tropische Getränke und Süßig-keiten. Mittagsmenü (11.30–14.30 Uhr) ca. 900 ¥. Vom Bahnhof Tokushima 10 Min. zu Fuß. ⏰ Di–So 11.30–22 Uhr.

INFORMATIONEN

Tokushima Center Tourist Information, kleines Gebäude vor dem Bahnhof, ☎ 088-622-8556. ⏰ tgl. 9–20 Uhr.

Tokushima City Tourism Association, Shinmachibashi 2-chōme 20, ☎ 088-622-4010. Gleiches Gebäude wie Awa Odori Kaikan. ⏰ 9–17 Uhr, 2. und 4. Mi im Monat geschl.

TOPIA-Tokushima International Exchange Association, Clement Plaza 6F, ☎ 088-656-3303. Mit Informationsabteilung für ausländische Anwohner und Besucher im JR-Bahnhof Toku-shima. ⏰ tgl. 10–18 Uhr.

NAHVERKEHR

Die Stadt lässt sich vom Bahnhof aus gut zu Fuß erkunden. Wer keine Lust hat zu laufen, kann sich unterirdisch direkt vor dem Bahnhof ein **Fahrrad** mieten. Links vom Hauptausgang hängt ein grünes Schild über einer Treppe, die nach unten zu einem großem Fahrrad-Parkplatz führt. Verleih bis zu 4 Std. 300 ¥, 1 Tag 500 ¥ (plus Kaution 3000 ¥). ⏰ tgl. 9–17 Uhr.

TRANSPORT

Busse
Mit JR-Bussen nach:
KYŌTO, 3 Std., 4200 ¥
NAGOYA, 6 Std., 6380–7200 ¥
ŌSAKA, 2 3/4 Std., 3700 ¥
TŌKYŌ, Nachtbus, fast 10 Std., 9300–11 500 ¥. Der JR Rail Pass gilt hier leider nicht. Die Konkurrenz (Firma Willer) bietet die folgenden Preise: bis NAGOYA ab 4100 ¥, 11 Std., TŌKYŌ ab 5900 ¥, 14 Std.

Eisenbahn
KŌCHI, mit Umsteigen in Awa-Ikeda mit Express 2 3/4 Std., 5340 ¥ (Express zwischen Tokushima und Awa-Ikeda nur 6x tgl.)
NARUTO, mit dem JR-Nahverkehrszug, 40 Min., 360 ¥
OKAYAMA, 2x tgl. direkt mit dem JR-Express *Uzushio*, 2 Std., 4680 ¥, oder über Takamatsu (ab dort *Marine Liner* 36x tgl., 1 Std., 4030 ¥)
TAKAMATSU, mit JR-Express *Uzushio*, 16x tgl., 58–66 Min., 2960 ¥

Schiffe
TŌKYŌ, 1x tgl., mit **Ocean Tōkyū Ferry**, Tsuda-kaigan-chō 9-5, im Fährterminal vom Tsuda-Hafen, ☎ 088-662-0489, 18 Std. (5 Klassen, 10 800–28 940 ¥). Zu erreichen mit Bus Nr. 1 (Haltestelle 4) vom Bahnhof bis Ocean-Ferry-mae in rund 20 Min. (210 ¥).
WAKAYAMA, 8x tgl., mit **Nankai Ferry**, Minami-okisu 5-7-39, im Tokushima-Hafen-Fährterminal, ☎ 088-636-0750, 2 Std., 2000 ¥ (Rückfahrkarte 3600 ¥). Vom Bahnhof mit Bus Nr. 4 (Bushalte-stelle 6) bis Nankai-Ferry-mae in ca. 20 Min. (210 ¥).

Flüge

Von/nach TŌKYŌ-Haneda (1 1/4 Std., 35 890 ¥, billiger per Internetbuchung). Vom Flughafen Tokushima-Awaodori ins Zentrum der Stadt stdl. mit dem Linien- oder Limousinenbus in etwa 30 Min. (440 ¥).

Naruto 鳴門

Die Meerenge von Naruto zwischen der Insel Awaji-shima und der Stadt Naruto ist eine Verbindung zwischen der Inlandsee und dem Pazifischen Ozean und berühmt für ihre **Gezeiten-Strudel**. Während des Wechselspiels von Ebbe und Flut formen die durch diese enge Passage fließenden starken Strömungen hunderte von unterschiedlich großen schäumenden Strudeln – im Frühjahr und Herbst können diese einen Umfang von 20 m und eine Geschwindigkeit von bis zu 20 km/h erreichen. Bei Vollmond sind die Strudel am stärksten. Das seltene Naturspektakel lässt sich entweder in sicherer Entfernung von einer Aussichtsplattform oder von der Brücke oberhalb erleben. Wer auf einen gewissen Nervenkitzel nicht verzichten möchte, kann auf einem schaukeligen Touristenboot dicht an das strudelnde Gewässer heranfahren: Wonder-Naruto, 30 Min. für 1580 ¥; Aqua Eddy, mit Unterwasseraussicht (Reservierung notwendig), 25 Min., 2260 ¥.

Die Aussichtsplattform gibt auch die Sicht auf einen monströsen Stahlkörper frei – die **Naruto-Meerenge-Hängebrücke** (Ōnaruto-kyō). Die 1700 m lange Konstruktion scheint über der Straße von Naruto zu schweben. Sie verbindet die Stadt Naruto mit der Insel Awaji. Seit 1998, dem Jahr der Fertigstellung der Hängebrücke über der Meerenge von Akashi im nördlichen Teil der Insel Awaji, können Autofahrer über die Autobahn bequem und problemlos von Honshū nach Shikoku fahren.

Vom **Uzu-no-michi**, 🖥 www.uzunomichi.jp/ english/article/0002205.php, dem „Strudelweg", einer im unteren Teil der Brücke angebrachten Lauf- und Panoramabühne, können die Besucher bis zu den tobenden Strudeln hin spazieren und diese und das Meer durch einen Glasboden aus einer Höhe von 45 m betrachten. 🕐 tgl. 9–18 Uhr (Okt–Feb bis 17 Uhr), 510 ¥, 2. Mo im März, Juni, Sep und Dez geschl.

Eddy, die Ōnaruto Crossing Memorial Hall, zeigt in ihrem Museum die Mechanismen und Geheimnisse der Strudel, 🕐 tgl. 9–17 Uhr, 610 ¥. Kombiticket Uzu-no-michi und Eddy für 900 ¥, Info für weitere Kombitickets (z. B. Touristenboot und Uzo-no-michi ab 1800 ¥) unter 📞 088-683-6262.

Die **Aussichtsterrasse** vor Brücke und Strudel (Bushaltestelle Naruto-kōen) kann bequem mit dem Bus vom JR-Bahnhof Naruto (25 Min., 310 ¥) oder direkt von Tokushima (70 Min., 710 ¥) bis Bushaltestelle Naruto-kōen erreicht werden.

Eine Busstation entfernt steht an der Bootsanlegestelle das **Ōtsuka Kokusai Bijutsukan** (des Pharmakonzerns Ōtsuka), 🖥 www. o-museum.or.jp/english/index.html. Bezogen auf die Ausstellungsfläche von 29 000 m2 ist es das größte Kunstmuseum Japans. Es umfasst Meisterwerke der westlichen Kunst, von der Antike bis ins 20. Jh. Neben über 1000 Gemälden werden auch Nachbildungen von Altären, Grabstätten und Eingangshallen gezeigt. 🕐 tgl. außer Mo 9.30–17 Uhr, Juli–Aug auch Mo geöffnet, Einlass bis 16 Uhr, 3240 ¥ (Studenten 2160 ¥). Bushaltestelle Ōtsuka-kokusai-bijitsukan-mae.

ÜBERNACHTUNG

Sanukiya Ryokan, Muya-chō, Benzaiten, Aza, Mitsuichō 39, 📞 088-686-3301. Freundliche Betreiber, die gern ausländische Touristen aufnehmen. Vom JR-Bahnhof Naruto rund 1,5 km bzw. 20 Min. zu Fuß oder 5 Min. mit dem Bus in Richtung Okazaki-kō und dann von der Bushaltestelle Nishimachi 2 Min. zu Fuß, ab 4800 ¥ p. P., mit Frühstück 7800 ¥, mit HP 11 550 ¥. Die Verpflegung umfasst frischen Fisch und reichlich Binnensee-Meeresfrüchte.

TRANSPORT

Vom JR-Bahnhof TOKUSHIMA mit der Kōtoku/ Naruto-Linie bis Naruto in 40 Min., 360 ¥. Mit dem Bus vom Busterminal vor dem JR-Bahnhof Tokushima (Haltestelle Nr. 1) zum JR-Bahnhof Naruto in 30–50 Min., 360 ¥, oder bis Hafen Naruto-Kankō-kō (für Touristenboot zum Strudel) in 70 Min., 710 ¥.

Im November 1914, nur einige Monate nach dem Ausbruch des Ersten Weltkriegs, wird weit entfernt von Europa, an der aus europäischer Sicht äußersten Küste Chinas, genauer gesagt an der Südküste der Halbinsel Shantung, die deutsche Garnison **Tsingtau** von den miteinander verbündeten Japanern und Engländern in einer Militäraktion angegriffen und eingenommen. Die in Tsingtau stationierten, meist preußischen Soldaten werden nach Japan verschleppt und an unterschiedlichen Orten interniert. Im Jahr 1917 verlegt man die Gefangenen aus den provisorischen Gefängnissen in Marugame, Matsuyama und Tokushima in das neu errichtete Lager nach Bandō, einem Ort, der inzwischen zur Gemeinde Naruto gehört. Hier gibt der Lagerkommandant **Matsue Toyohisa** die Regeln vor. Das ist gut so, denn Oberst Matsue entpuppt sich als liberaler und toleranter Vorsteher. Er ermutigt die fast 1000 deutschen und österreichisch-ungarischen Männer zu produktiver Aktivität und gesteht ihnen dafür genügend Freiraum zu. So entwickeln die Lagerinsassen flugs ihren eigenen Mikrokosmos, eine Kleinstadt inmitten eines Kriegsgefangenenlagers. Schon bald entsteht zwischen den Baracken eine **Ladenstraße** mit rund 80 Geschäften, darunter ein Postamt, eine Bibliothek, ein Restaurant, ein Labor, eine Bäckerei, eine Musizierhalle und eine Druckerei, in der die wöchentliche und später monatliche **Zeitung** *Die Baracke* publiziert wird. Die meisten Männer sind keine Berufssoldaten, sondern waren als Reservisten und Freiwillige nach China gekommen. Sie haben daher unterschiedliche Berufe und Fähigkeiten, sodass Bäcker, Metzger, Zimmerleute, Uhrmacher, Schneider, Musiker, Schuster, Barbiere und auch ein Fotograf einander ergänzen, weiterbilden und unterstützen.

Das kulturelle Lagerleben umfasst neben zahlreichen **Orchester- und Chorkonzerten** – hierbei wird auch Ludwig van Beethovens bis heute in Japan äußerst populäre 9. Symphonie erstmals auf japanischem Boden aufgeführt – auch Theaterstücke und andere Unterhaltungsprogramme. Zahlreiche Besucher und Gäste aus der Umgebung, auch ganze Schulklassen, sorgen für den Applaus und die damit verbundene wichtige Motivation.

Aktivitäten außerhalb des Lagers umfassen neben dem Bau von Brücken und dem Baden im Fluss alle erdenklichen Sportarten wie Fußball, Hockey, Tennis, Turnen, Boxen, Ringen, Gewichtheben und Leichtathletik. Unterrichtsstunden und Ausstellungen zu Themen wie handwerkliche Kunst, Musikinstrumente oder deutsches Essen – in von der Gemeinde Bandō zur Verfügung gestellten Räumlichkeiten – ermöglichen immer wieder **Begegnungen** mit der einheimischen Bevölkerung. Als sich im Dezember 1919 und Januar 1920 nach fast drei Jahren andauernder Gefangenschaft die Tore zur Freiheit öffnen, kehren die meisten umgehend in ihre Heimat zurück, aber einige entscheiden sich, in Japan zu bleiben.

In den 1970er-Jahren wird das **Deutsche Haus Naruto**, (Naruto-shi Doitsu-kan), 📞 088-689-0099, 🖥 www.city.naruto.tokushima.jp/contents/germanhouse, eröffnet: ein Zeichen der Würdigung des Austauschs zwischen Kriegsgefangenen und der einheimischen Bevölkerung. Die Städtepartnerschaft zwischen Naruto und der Stadt Lüneburg, dem Wohnort einiger ehemaliger Lagerinsassen, folgt. 1993 ersetzt ein moderneres und größeres „Deutsches Haus" das bisherige Museum. Heute wird den Besuchern die Geschichte dieses Lagers mit Videos und ausgestellten Zeugnissen vor Augen geführt. Auch Konzerte finden hier statt. Eine interessante bronzene Beethoven-Statue im Park wurde später hinzugefügt. ⏰ tgl. 9.30–16.30 Uhr. Jeden 4. Mo im Monat geschl., 400 ¥. Vom JR-Bahnhof Naruto bis Bandō (drei Stationen, umsteigen in Ikenotani) in 20–30 Min., dann 20 Min. zu Fuß oder in wenigen Minuten mit dem Taxi.

2006 entstand unter der Regie von Deme Masanobu, einst Regieassistent des Altmeisters Kurosawa Akira, ein **Film** über das Lager und die Uraufführung von Beethovens 9. Symphonie. In den Hauptrollen des deutsch-japanischen Historiendramas *Ode an die Freude* spielen Bruno Ganz und Matsudaira Ken.

SHIKOKU

Kōchi 高知

Im Jahr 724 wurde die Provinz Tosa, die heutige Präfektur Kōchi, offiziell zum Verbannungsort erklärt. Heute ist Kōchi die größte und wegen des teilweise unzugänglichen Gebirgslandes am dünnsten besiedelte Präfektur Shikokus. Der Shikoku-Pilgerweg (Tempel Nr. 24 bis 39) stellt hier die größte Herausforderung dar. Im August und September wird die den ganzen Süden Shikokus einnehmende Region oft von Taifunen bedroht. Andererseits sorgt die „Schwarze Strömung" Kuroshio, eine Oberflächen-Meeresströmung im westlichen Pazifik, für ein besonders mildes Klima. Es erlaubt sogar zwei Reisernten im Jahr und umfangreichen Gemüseanbau.

Bedeutende Wirtschaftsfaktoren von Kōchi sind neben der Papierindustrie die Fischerei und die Forst- und Landwirtschaft.

Die Stadt Kōchi, Sitz der Präfekturverwaltung, liegt im Süden unterhalb des Shikoku-Gebirges in der Urado-Bucht, wo der Fluss Kagami-gawa in den Pazifik mündet.

Das Wahrzeichen von Kōchi ist die ab 1601 als Residenz für den Landesfürsten erbaute Burg Kōchi-jō.

Kōchi-jō 高知城

Die Burg liegt auf einem Hügel im Kōchi-Park, 1 km südwestlich vom Bahnhof Kōchi. Der weiße, fünfstöckige Hauptturm der Festungsanlage ist noch so erhalten wie nach der Rekonstruktion Mitte des 18. Jhs. Das Burgmuseum zeigt u. a. Objekte aus dem Leben der Samurai. Vom oberen Teil des Burgturms eröffnet sich eine schöne Aussicht über die Stadt und die Urado-Bucht. ⏰ tgl. 9–17 Uhr, 420 ¥ (unter 18 J. frei), Eintritt zum Kōchi-Park frei.

Harimaya-bashi はりまや橋

Der Stadtkern mit Geschäften und Restaurants erstreckt sich entlang der von Norden nach Süden verlaufenden Harimayabashi-dōri und der Gegend um Harimaya-bashi. Letztere ist der Nachbau einer berühmten historischen Brücke, die heute kein Wasser mehr überspannt, und der Name der Straßenkreuzung und der zentralen Straßenbahnhaltestelle.

Nichiyō-ichi 日曜市

Sonntags breitet sich ab 5 Uhr morgens vom Haupttor der Burg der Straßenmarkt Nichiyō-ichi aus – und das schon seit 1690. Die Stände auf beiden Seiten der Straße Otesuji-dōri bieten Lebensmittel, Kleidung, Pflanzen und Antiquitäten an. ⏰ April–Sep 5–18, Okt–März 5.30–17 Uhr, während des Yosakoi-Festes (9.–12. Aug) geschl.

Chikurin-ji 竹林寺

Etwa 4 km südlich der Harimaya-Brücke liegt auf dem Hügel des **Godaisan-Parks** der Chikurin-ji, ein alter Tempel der Shingon-Schule aus dem 8. Jh. und der 31. der 88 Wallfahrtstempel. Von der höchsten Stelle des Parks eröffnen sich Ausblicke auf die Stadt und den Hafen mit dem Pazifik. Die Anlage umfasst auch einen hübschen Garten aus der Edo-Zeit sowie eine sehenswerte Sammlung buddhistischer Skulpturen in der Haupthalle Monju-dō.

Urado-Bucht und Katsurahama
浦戸湾・桂浜

Katsurahama ist ein malerischer Strand an der Urado-Bucht, 12 km südlich von Kōchi, ausgestattet mit grünen Pinienhainen und umsäumt von fantastischen Felsformationen und Riffen. Zu erreichen mit dem „MY Yuu Bus" von JR Kōchi oder dem Linienbus von Harimaya-bashi bis zur Endstation Katsurahama, siehe Nahverkehr. Ein Ort, der besonders gut geeignet ist, um vom Leben in der Stadt zu entspannen, und auch ein idealer Standort für das Betrachten des Vollmondes im Herbst. Im Katsura-Park neben dem Strand steht die hohe **Statue von Sakamoto Ryōma** (1835–1867), jenem tragischen Helden, der sich gegen Ende der Edo-Zeit besonnen und diplomatisch für die Restauration des Kaisers und die Absetzung der Shogunatsregierung einsetzte und dann, ein Jahr bevor die neue Zeitrechnung 1868 offiziell begann, in Kyōto ermordet wurde.

Für die Einwohner von Kōchi ist Sakamoto der wahre Wegbereiter des modernen Japans. Daher wird überall in der Stadt gern mit seinem Namen, seinem Konterfei oder einer Sakamoto-Pappfigur Werbung betrieben. Auch der Regionalflughafen Kōchi Ryōma wurde nach ihm benannt. Wer mehr über den berühmten, in Kōchi geborenen Samurai wissen möchte, kann sich ins nahe gelegene Museum **Sakamoto Ryōma Kinenkan** begeben, Urado-shiroyama 830, ☎ 088-841-0001, ⌨ www.ryoma-kinenkan.jp/en. Ein kurzer Weg führt vor einem Schreinfels in die Höhe zum architektonisch interessanten Gebäude. ⏲ tgl. 9–17 Uhr, 500 ¥. Kenkōtsu-Bus in Richtung Katsurahama, Haltestelle Ryōma Kinenkaikan-mae.

ÜBERNACHTUNG

Die meisten Unterkünfte liegen zwischen Harimaya-bashi und der Burganlage.

Hotel No. 1 Kōchi, Nijūdai-chō 16-8, ☎ 088-873-3333, ⌨ www.hotelno1.jp/kochi. Hotelanbau vor dem Hauptgebäude. Günstiges japanisches Frühstücksbuffet mit Kaffee und einigen westlichen Beilagen (600 ¥). *Rotenburo* auf dem Dach; kostenloser Fahrradverleih. Vom Bahnhof 15 Min. zu Fuß. Neben belebtem Stadtviertel und berühmtem Sonntagsmarkt Nichiyō-ichi. ❶

Kōchi Youth Hostel, Fukui-higashi-machi 4-5, ☎ 088-823-0858, ⌨ www.kyh-sakenokuni.com. Guter Ort zum Übernachten. Der Besitzer, ein ehemaliger Sakebrauer, bietet Workshops an, in denen Reiswein-Sorten gekostet werden können (Kursgebühr 500 ¥). Auf Wunsch gibt es lokales traditionelles Abendessen (1100 ¥) und simples Frühstück (400 ¥). Zimmertyp bis zu 4 Pers., 3800 ¥ p. P. Vom Bahnhof mit der Dosan-Linie bis Engyōji-guchi, 5 Min. zu Fuß.

7 Days Hotel Plus, Harimaya-chō 2-13-6, ☎ 088-884-7111, ⌨ www.7dayshotel.com. Einfaches, aber modernes, im Stadtzentrum gelegenes Hotel. Gutes Preis-Leistungs-Verhältnis mit frischen Brötchen zum westlichen Frühstück (nicht im Preis enthalten). Tramhaltestelle Harimaya-bashi, 5 Min. zu Fuß. ❶–❷

Tosa Bekkan, Sakurai-chō 1-11-34, ☎ 088-883-5685, ✆ 088-884-9523. Preiswertes Ryokan im Stadtzentrum. Tatami-Zimmer 3800–7000 ¥ p. P. Abendessen ab 1200 ¥, Frühstück ab 800 ¥. 15 Min. zu Fuß südöstlich vom Bahnhof. ❶–❸

ESSEN

Hirome Ichiba (Hirome-Markt), Obiya-machi 2-3-1, ☎ 088-822-5287. Bunte Markthalle in

Katsuo-no-tataki

Wegen der Lage am Pazifik dominieren natürlich Fisch und Meeresfrüchte die Speisekarten in Kōchi. Die absolute Spezialität der Region ist Katsuo-no-tataki oder „Echter Bonito", ein Mitglied der Makrelen-Thunfisch-Familie, zubereitet im *tataki*-Stil. Die Oberfläche des Fisches wird über einem Stroh-Feuer (andernorts werden auch Kiefernnadeln oder Kohle verwendet) kurz angebraten und in eiskaltes Wasser gelegt, um den Hitzeprozess abrupt zu unterbinden. Die dadurch im Inneren dunkelrot roh verbleibende Fisch wird zu überdimensionalen Sashimi-Häppchen geschnitten. Wegen seines etwas strengen Geschmacks wird Katsuo bevorzugt mit Knoblauch, Zwiebeln, Ingwer und Wasabi gewürzt. Katsuo ist für Kōchi das, was die Sanuki-Udon für Kagawa ist. Einheimische beteuern, dass Katsuo-no-tataki nirgendwo so gut schmecke wie in Kōchi – besonders im Spätsommer, wenn die Katsuo-Schwärme gut genährt aus tropischen Gefilden kommend die Küste von Kōchi passieren.

belebtem Stadtviertel mit ca. 60 Geschäften, vielen kleinen Imbissbuden oder Restaurants mit regionalen Spezialitäten, Rāmen-Nudelsuppe und indischer Hausmannskost, Spezialitäten aus der alten Provinz Tosa, Katsuo-no-tataki, Sashimi, Yakitori (gegrilltes Huhn) und verschiedene preiswerte Beilagen, die man kaufen, mitnehmen oder direkt beim Laden essen kann. Auf einem Platz in der Mitte der Halle stehen Sitzbänke, wo das Gekaufte verzehrt und vielleicht ein Tee oder ein frisches Bier dazu getrunken wird. Vom Bahnhof zu Fuß 20 Min. oder mit der Tosa-Dentetsu-Straßenbahn bis Ōhashi-dōri. Nahe der Burg. ⏲ Mo–Sa und Feiertag 8–23, So 7–23 Uhr; Ruhetag am 1. 1. und am 2. oder 3. Mi im Jan, Mai und Sep. Die Geschäfte haben ihre eigenen Öffnungs- und Ruhezeiten.

Hyottoko Sushi, Ōtesuji 1-5-16, ☎ 088-823-6677. Seit über 40 Jahren inmitten des lebendigen Stadtviertels Ōtesuji in Betrieb. Sushi-Set ab 1100 ¥ auch zum Mitnehmen. Vom Bahnhof 8 Min. zu Fuß, Straßenbahn bis

Kōchi

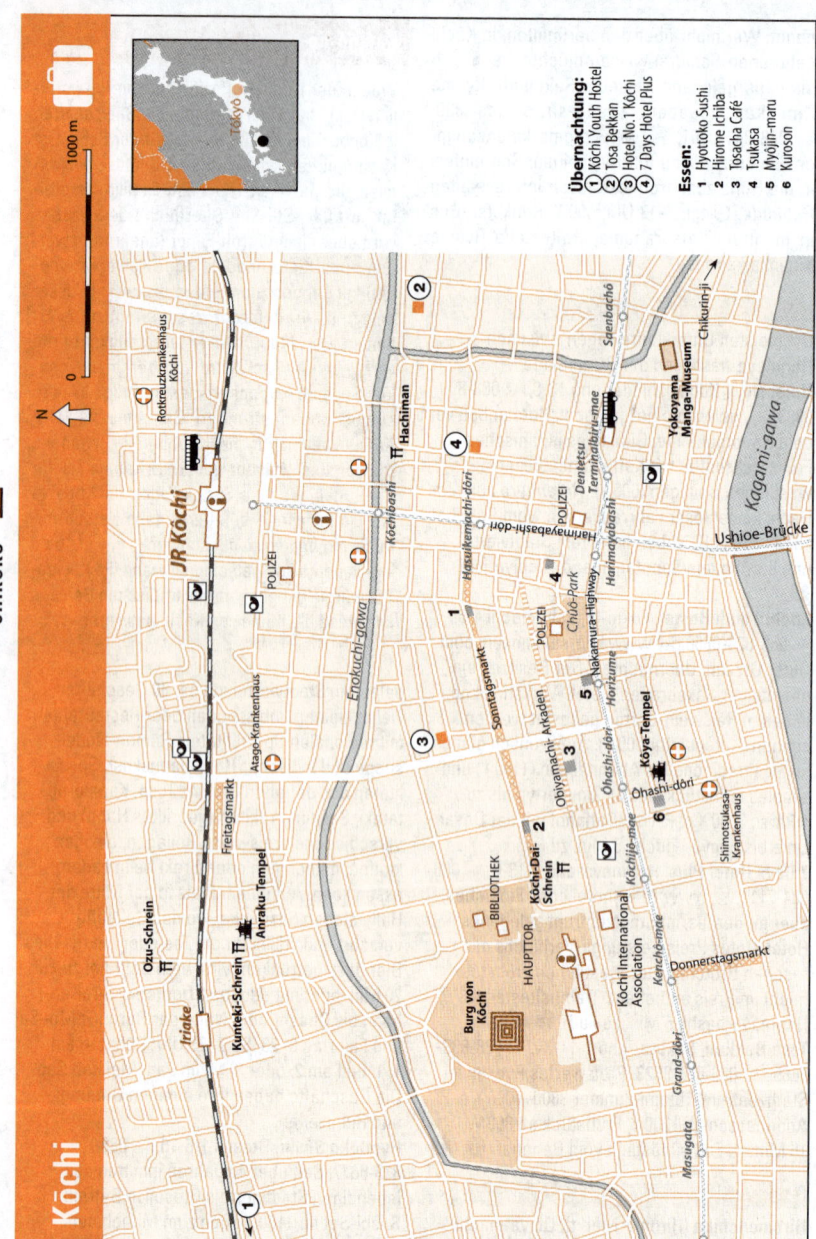

Übernachtung:
1 Kōchi Youth Hostel
2 Tosa Bekkan
3 Hotel No. 1 Kōchi
4 7 Days Hotel Plus

Essen:
1 Hyottoko Sushi
2 Hirome Ichiba
3 Tosacha Café
4 Tsukasa
5 Myōjin-maru
6 Kuroson

N
0 1000 m

Rotkreuzkrankenhaus
Kōchi

JR Kōchi

POLIZEI

Atago-Krankenhaus

Freitagsmarkt

Ozu-Schrein

Anraku-Tempel

Kunteki-Schrein

Iraike

Enokuchi-gawa

Hachiman

Kōchibashi

Hasuikemachi-dōri

Harimayabashi-dōri

Harimayabashi

Dentetsu Terminalbaru-mae

Saenbachō

Yokoyama Manga-Museum

Chikurin-ji

Kagami-gawa

Ushioe-Brücke

POLIZEI

Chūō-Park

Nakamura-Highway

Horizume

POLIZEI

Sonntagsmarkt

Arkaden

Ōhashi-dōri

Obiyamachi

Kōya-Tempel

Ōhashi-dōri

Shimotsukasa-Krankenhaus

Kōchijō-mae

Kōchi-Dai-Schrein

BIBLIOTHEK

HAUPTTOR

Burg von Kōchi

Kōchi International Association

Donnerstagsmarkt

Kenchō-mae

Grand-dōri

Masugata

Die Sawachi-Küche

Eine weitere Spezialität in Kōchi ist **Sawachi-ryōri**, die Sawachi-Küche, die traditionell aus einem Riesenteller *(sawachi)* besteht, auf dem farbenfroh verteilt unterschiedliche Sashimi-Stücke ausgelegt sind. Heutzutage werden auch Sushi und Saisongemüse hinzugefügt. Dazu fließt in der Regel eine Menge Sake – kein Wunder, denn den Bewohnern von Kōchi wird eine ungewöhnliche Trinkfestigkeit nachgesagt.

Hasuikemachi-dōri, dann 4 Min. zu Fuß. ⊙ Mo–Sa 18–1.30 Uhr.

Kuroson, Honmachi 3-4-13, ✆ 088-873-2624. Kleine, versteckte *izakaya*, südöstlich der Burg. Die Suche lohnt sich: Von der Kreuzung Hariyama-bashi läuft man in Richtung Westen bis zur Ampel auf der Ōhashi-dōri. Dort links Richtung Süden, hinter Mos Burger (japanischer Hamburger-Laden!) die erste Straße rechts, die nächste links. Für die meisten Abende muss reserviert werden. Spezialität des Hauses ist *katsuo-no-tataki*, es gibt aber auch andere regionale Speisen.

Myōjin-maru, Honmachi 1-1-2, ✆ 088-820-6505. Restaurant mit guter Atmosphäre und nachgebauter Fischerhütte. Es gibt *katsuo-no-tataki*, verschiedene Fischgerichte, leicht gegrillte Tosa-Hähnchenteile und andere Kleinigkeiten. Vom Bahnhof 10 Min. zu Fuß. Ein weiteres Myōjin-maru gibt es im Hirome-Markt. ⊙ Mo–Sa 17–23.30 Uhr.

Tosacha Café, Obiya-machi 2-1-31, ✆ 088-855-7753. Betreiber bieten vor allem den Tee *(tosa-cha)* der Region an, auch um dessen Popularität landesweit zu verbreiten (Tee-Set, Tee-Pudding, Tee-Gelee können auch als Mitbringsel gekauft werden). Saisonales Essen 500–1000 ¥ oder Tee mit Süßigkeiten. ⊙ Do–Di 11–19 Uhr.

Tsukasa, Harimaya-chō 1-2-15, ✆ 088-873-4351. Hier kann man viele verschiedene Fischspeisen aus der Provinz Tosa kosten, z. B. Sawachi-ryōri für 2 Pers. 10 000 ¥. Bonito-Gericht 1300–1500 ¥. Vom Bahnhof 12 Min. zu Fuß oder mit der Straßenbahn Tosa-Dentetsu bis Harimaya-bashi. ⊙ Mo–Sa 11.30–22, So und Feiertag 11–21.30 Uhr.

Informationen und Internet

Tosa-terrace vor dem Bahnhof Kōchi, Südausgang, ✆ 088-879-6400, 🖥 www.attaka.or.jp/tabihiroba/tosa-terrace.php. Touristeninformation und Souvenirladen, mit Möglichkeiten zum Pausieren. Die Angestellten hier sind nicht nur nett, sondern sprechen auch Englisch und halten einen übersichtlichen Stadtplan und aktuelle Broschüren bereit. ⊙ tgl. 8.30–18 Uhr.

Kōchi International Association, Honmachi 4-1-37, Marunouchi Bldg. 2F, an der Südseite der Burg, ✆ 088-875-0022, 🖥 www.kochi-kia.or.jp. Freier Internetzugang und Zettel-Info-Tafel, Bibliothek mit englischsprachigen Videos, Magazinen und Tageszeitungen. ⊙ Mo–Sa 8.30–17.15 Uhr (29.12.–3.1., an Feiertagen und im Aug samstags geschl.).

Touren

€ Kostenlose Stadtrundgänge organisiert der **Kōchi SGG Club**, 🖥 kochisgg.web.fc2.com/sggEnglish/index-e.html. Geführte Tour durch die Burg (So und Golden Week 9–16 Uhr Anmeldung nicht nötig) und zu anderen Sehenswürdigkeiten, Anmeldung zwei Wochen vorher, Mail an ✉ kochisgg@hotmail.co.jp.

Die Stadt lässt sich bequem mit der **Straßenbahn** erkunden. Eine Linie verläuft vom Bahnhof aus in Richtung Süden, die andere in Ost-West-Richtung auf der Route 32. Innerhalb des Stadtgebiets kostet die Fahrt pauschal 200 ¥.

Zum populären Strand Katsurahama (bis Endstation Katsurahama) gibt es folgende Busse: Linienbus von Harimaya-bashi, 40 Min., 620 ¥. „MY Yuu Bus" vom Bahnhof JR Kōchi, Tagesticket 1000 ¥ (2 Tage 1600 ¥) oder mit gleichem Bus zum Chikurin-ji (Godaisan-Park), Tagesticket 600 ¥ – Tagesticket in Tosa-terrace 50 % billiger für Ausländer mit ID.

Busse

Von OKAYAMA mit dem JR-Express *Ryōma* 9x tgl., 2 1/2 Std., 3600 ¥, von MATSUYAMA mit dem JR-Express *Nangoku* in 2 1/2 Std., 3600 ¥.

SHIKOKU

Eisenbahn

MATSUYAMA, mit dem JR-Express *Shiokaze*, umsteigen in Tadotsu in den JR-Express *Nanpū*, 4 Std., 9230 ¥

OKAYAMA, mit der JR-Setō-Ōhashi-Dosan-Linie (Express *Nanpū*) 14x tgl., 2 1/2 Std., 5440 ¥

TAKAMATSU, mit JR-Express *Shimanto*, 2 1/2 Std., 4910 ¥

TOKUSHIMA, S. 507

Flüge

Nach TŌKYŌ (Haneda) 10x tgl., 1 1/2 Std., ŌSAKA (Itami) 6x tgl., 45 Min. Vom Flughafen Kōchi Ryōma bis Bahnhof JR Kōchi mit dem Bus in 35 Min., 720 ¥.

Muroto-misaki 室戸岬

Muroto-misaki bzw. das weit in den Pazifischen Ozean hinausragende Kap Muroto am östlichen Ende der Tosa-Bucht liegt relativ weit von der Zivilisation entfernt, sodass man sich bei all den Geschichten um den großen Kōbō Daishi durchaus vorstellen kann, dass er hier zwischen subtropischen Blumen auf der wildzerklüfteten Landzunge wahrhaftig zur Erleuchtung gelangt sein könnte.

Murato-misaki ist Teil des **Muroto-Anan-Kaigan Quasi-Nationalparks**. Symbol des Kaps ist der weiße Leuchtturm, der schon vor hundert Jahren zahllosen Schiffen den Weg wies. Der Shingon-Tempel **Hotsu-misaki-ji**, der eine Nara-zeitliche Kannon-Statue zu seinen Schätzen zählt, hat die Nummer 24 auf dem Pilgerweg.

In den Taifun-freien Monaten besteht in Muroto die Möglichkeit, von Booten aus vor der Küste kreuzende **Wale und Delfine** zu beobachten. Der Mond kann dagegen vom **Tsukimigahama**, dem „Mondschau-Strand", aus betrachten werden, wo man im Sommer auch baden kann.

ÜBERNACHTUNG

Reisende, die von Kōchi aus nicht nur einen Tagesausflug unternehmen oder aus Tokushima kommend nicht weiter nach Kōchi reisen möchten, können in Muroto-misaki übernachten. Insgesamt 11 Gasthäuser haben sich zu einer

Hotelvereinigung zusammengeschlossen, **Muroto Hachi-maru-hachi**, 🖥 muroto808.com (nur Japanisch), 🖂 info@muroto808.com. Auch das **Hotsumisaki-ji Henro Center**, Muroto-Misaki-chō 4058-1, ✆ 0887-23-0024, gehört dieser Vereinigung an. Auf dem Gelände der Tempelanlage des Hotsumisaki-ji wurde die frühere Jugendherberge zu einem Pilgerzentrum, dem Henro Center, umfunktioniert. Ab 3900 ¥ p. P.

TRANSPORT

Busse

Vom Kap fahren Busse in den Westen, 7x tgl. bis NAHARI, 1 Std., 1020 ¥, oder bis AKI, 1 1/2 Std., 1300 ¥, wo es jeweils Anschluss zum JR-Zug nach KŌCHI gibt. Von Aki bis Kōchi dauert die Fahrt über GOMEN 1–1 1/4 Std., 1170 ¥.

Eisenbahn

Mit der JR-Bahn von TOKUSHIMA Richtung Süden an der Küste entlang bis nach Kaifu, wo die JR-Strecke endet und durch die Privatbahn **Asa Kaigan Railway** ersetzt wird – manchmal muss man in einen anderen Zug umsteigen, manchmal kann man einfach sitzen bleiben und zu den beiden verbleibenden Stationen Shishi-kui (Tokushimas bester Surfstrand) und der Endstation Kannoura weiterfahren, d. h. auch Reisende mit JR-Pass müssen 260 ¥ draufzahlen. Von Kannoura aus dann weiter auf der Nationalstraße 55 mit dem Bus bis zum Muroto-Kap (ca. 1 Std., 1630 ¥) oder per Anhalter.

Shimantogawa 四万十川

Der Shimantogawa ist der längste Fluss Shikokus und gilt in Japan als der schönste und sauberste. Er entspringt in der Präfektur Kōchi am Berg Irazu-san, fließt durch den Südwesten der Präfektur und mündet dann fast 200 km weit entfernt in der Tosa-Bucht in den Pazifischen Ozean. Der Wildfluss und seine Umgebung, sowohl bei Anglern als auch Freizeitaktivisten, wie Kanu- und Radfahrern sehr beliebt, konnte bis heute sein kristallklares und sauberes Wasser erhalten. Sein ursprünglicher und natürlicher Verlauf wurde weder von einem künstli-

SHIKOKU

chen Staubecken noch von Begrenzungen und Begradigungen unterbrochen.

In der Stadt Shimanto lassen sich **Fahrräder** (siehe „Fahrräder") mieten, um damit beispielsweise am Fluss entlang 40 km bis **Ekawazaki** zu fahren. Sie können in der Nähe des gleichnamigen JR-Bahnhofs wieder abgegeben werden. Wem das für eine Tagestour zu lang ist, kann unterwegs auf einem Campingplatz oder in einfachen Unterkünften übernachten (Abgabestationen für Fahrräder vorhanden). Von Ekawazaki aus kann man entweder mit dem Zug weiterfahren oder ein **Kanu** für die Rückfahrt nach Nakamura mieten.

ÜBERNACHTUNG

€ **Canoe House**, Shimanto-shi, Nishitosamochii 1111-11, ☎ 0880-52-2121 (8.30– 17 Uhr), 🖥 www.canoekan.com, ist die **Informationszentrale** für die Gegend um den Shimantogawa, ein Campingplatz ist angeschlossen – Zelten kostet 350 ¥ (mit Toiletten u. Dusche). Es gibt ein Blockhaus mit insgesamt 14 Schlafstellen bzw. Futons (Badezimmer mit Toilette, eingerichteter Küche und Klimaanlage sowie Grillplatz in der Nachbarschaft), Basispreis 1–3 Pers. 16 200 ¥, ab 4. Pers. plus 3240 ¥. Kleinere Holzhütten mit Futon, Kühlschrank und Klimaanlage für 3250 ¥ p. P. Zudem gibt es in der Nähe japanische Häuser zu mieten. Vom JR-Bahnhof (Yodo-Linie) Ekawazaki 15 Min. zu Fuß.

€ **Camp Kawarakko**, ☎ 0880-31-8400 (8– 18 Uhr), 🖥 www.kawarakko.com (nur Japanisch), ✉ kawarakko@40010.com. Weiter südlich entlang des Shimanto liegt dieser gut ausgestattete Campingplatz mit Fahrrad- und Kanu-Verleih: Kajak für 2 Std. (2000 ¥), Tandem-Kajak und Kanadier (3000 ¥). Geführte Tour Kajak (5200 ¥), Tandem und Kanadier (8400 ¥). Camping mit dem eigenen Zelt kostet pro Platz 800 ¥ (mit mehr Komfort 3300 ¥). Reisende ohne Ausrüstung können fast alles mieten: Zelt 1500 ¥, Schlafsack 600 ¥, Gaskocher 700 ¥ u. v. a.

SONSTIGES

Fahrradverleih
Shimantogawa Rent a Cycle Citybikes, 300 m vom Bahnhof Nakamura der Tosa Kuroshio Railways entfernt (Bahnhofsausgang geradeaus bis Hauptstraße, dann links bis zur großen Kreuzung), vermietet Fahrräder (bis 5 Std. 600 ¥, 24 Std. 1000 ¥) und Mountainbikes (1000/1500 ¥). **Shimanto Rin Rin Cycle** (es gibt insgesamt 7 Stationen, ☎ und Info siehe „Canoe House", bietet Räder für einen Tag (8.30–17 Uhr) für 1500 ¥, 24 Std. 2000 ¥.

Informationen
Shimanto Tourist Association, ☎ 0880-35-4171, ⏰ tgl. 8.30–17.30 Uhr.

TRANSPORT
Busse
Mit dem Shimanto-Liner *(Kōchi Seinan Bus)* vom Bahnhof JR KŌCHI bis Nakamura, 2 1/2 Std., 2900 ¥.

Eisenbahn
Von KŌCHI mit JR-Express *Shimanto*, JR-Express *Nanpū* oder JR-Express *Ashizuri* der JR-Tosa-Kuroshio-Linie bis Nakamura, 1 3/4 Std., 4140 ¥.

Ashizuri-misaki 足摺岬

Der weiß glänzende Leuchtturm am Kap Ashizuri markiert den südlichsten Punkt von Shikoku und ist ein beliebtes Ausflugsziel, rund 160 km von Kōchi entfernt. Das Kap ist Teil des 1972 gegründeten **Ashizuri-Uwakai-Nationalparks**, der sich entlang der Südwestküste der Präfekturen Kōchi und Ehime erstreckt. Die hiesige Küstenlinie wird dominiert vom tiefen Blau des Pazifiks, den anmutigen Buchten, den wilden Felslandschaften aus Sandstein und Granit und herrlichen Korallenriffen. Die kleine Stadt Ashizuri liegt nördlich des Kaps an der Kreuzung zweier Schnellstraßen.

Am Kap Ashizuri stehen den Besuchern neben Meeresparks und Korallenmuseen auch Ausflugsboote zur Verfügung, deren gläserne Böden Einblicke in die Unterwasserwelt erlauben. Die Gegend um das Kap hat sich zu einem **Vergnügungspark** entwickelt (Eintritt frei), wo sich ein Holzpfad von Attraktion zu Attraktion windet. Vor dem Park steht eine große Statue von Nakahama „John" Manjirō (Kasten S. 516).

SHIKOKU

John Manjirō – vom schiffbrüchigen Fischer zum Regierungsberater

John Manjirō könnte der Name eines amerikanisch-japanischen Schauspielers sein, der sich in Hollywood mit Nebenrollen sein Geld verdient, für die – je nach Gesicht – ein guter oder böser Japaner oder auch Chinese benötigt wird. Weit gefehlt: Das Leben des John Manjirō verlief allem Anschein nach noch abenteuerlicher als das eines Hollywood-Darstellers. Nakahama Manjirō, so sein ursprünglicher Name, war ein Fischer, der in der Nähe des Ashizuri-misaki geboren wurde und dessen Schiff eines Tages, man schrieb das Jahr 1841, auf hoher See unterging. Von einem zufällig sich in der Nähe befindlichen amerikanischen Walfangschiff wurde er aus den Fluten gerettet und an Bord genommen. In diesem Moment war Manjirō der erste Japaner, der je nach Amerika reiste, und zwar in einer Zeit, als Japan sich dem Ausland gegenüber abgeschottet hatte und ein Verlassen des Landes mit dem Tod bestraft wurde. Unter seinem neuen Namen John Mung lernte er Englisch. Bei seiner Rückkehr nach Japan (1850) – die Zeichen dort standen zwischenzeitlich auf Öffnung und Veränderung – fungierte er bald als Dolmetscher zwischen der japanischen Regierung und den Amerikanern, als diese mit ihren bedrohlichen Schwarzen Kanonenbooten die Öffnung Japans erzwangen.

Wer vor Ort noch mehr über John Manjiro wissen möchte, sollte zum 18 km entfernten **John Mang Museum** im Gebäude Umi-no-eki (2F) in Minato-Oasis-Ashizuri im Hafen von Ashizuri (dem ehemaligen Fährhafen von Ashizuri) fahren. ⏰ tgl. 8.30–17 Uhr, 400 ¥.

ÜBERNACHTUNG

Neben einer Jugendherberge gibt es in Ashizuri auch Hotels, Ryokan und Minshuku. Der Tempel Kongōfuku-ji bietet ebenfalls Nachtquartiere an, allerdings hauptsächlich für Pilger.

Ashizuri Thermae Hotel, Tosa-Shimizu-shi, Ashizuri-misaki, Aza-higashihata 1433-3, ☎ 0880-88-0301, 🖥 www.terume.com/english. Modernes, luxuriöses Kurhotel mit Onsen (720 ¥) und Blick über den Pazifik. Gutes und üppiges Essen aus lokalen Zutaten, auf französische Art zubereitet (z. B. 1 Pers. Übernachtung und Dinner 16 000 ¥, 2 Pers. 29 700 ¥). Im Sommer Abendessen nur Buffet (90 Min., 6200 ¥) mit Getränken. Kein weiteres Restaurant in der Nähe. Vom Bahnhof Nakamura der Tosa Kuroshio Railway mit dem Bus bis Ashizuri-misaki-Center, von dort Abholservice des Hotels (nach tel. Voranmeldung). ❸

Ashizuri Youth Hostel, Tosa-Shimizu-shi, Ashizuri-misaki 1351-3, ☎ 0880-88-0324, 🖥 www.jyh.or.jp/info.php?jyhno=7416. Nur 10 Min. vom Leuchtturm und der Aussichtsplattform entfernt. Das die Herberge leitende Ehepaar sorgt für familiäre Atmosphäre. Es gibt Platz für etwa 20 Gäste, meist Tatami-Zimmer. Dorm 4430 ¥. Frühstück und Abendessen extra. Vom Bahnhof Nakamura mit dem Bus bis Ashizuri-misaki, dann 3 Min. zu Fuß.

🌳 **Minshuku Kōgen**, Tosa-Shimizu-shi, Ashizuri-misaki 1441-1, ☎ 0880-88-0160, 🖥 m-kougen.com. Die Atmosphäre und das Essen entsprechen einem japanischen Zuhause. Das Gemüse wird hier selbst angebaut. Es gibt zwar ein Bad im Haus, aber zu einem guten Onsen (Ashizuri Thermae Hotel, s. o.) sind es nur 3 Min. zu Fuß. Hat 8 Tatami-Zimmer, 4800 ¥ p. P., mit HP 7000 ¥. Vom Bahnhof Nakamura mit dem Bus bis Ashizuri-misaki-Center, dann 10 Min. Fußweg oder anrufen und freundlich um Abholung bitten. DZ mit HP ❶

TRANSPORT

Busse

Vom JR-Bahnhof UWAJIMA nach Sukumo mit dem *Uwajima Bus* in 1 3/4 Std., 1800 ¥; von dort mit dem *Kōchi Seinan Bus* bis Nakamura in 1 Std. (umsteigen) und weiter nach Ashizuri-misaki in 1 3/4 Std., 2520 ¥.
Von JR KŌCHI nach Ashizuri-misaki mit dem Shimanto Line, 3 1/2 Std., 3800 ¥.

Eisenbahn

Von KŌCHI mit der JR-Tosa-Kuroshio-Linie nach Nakamura in 1 3/4 Std., 4140 ¥, und vom dortigen Bahnhof mit dem Bus nach Ashizuri-misaki, 1 3/4 Std., 1900 ¥.

SHIKOKU

Von UWAJIMA mit Regionalbahn bis Kubo-kawa, 2 Std., und weiter mit JR-Express *Shimanto* bis Nakamura, 1 Std., 2620 ¥, weiter mit Bus nach Ashizuri.

Matsuyama 松山

Matsuyama ist mit über 500 000 Einwohnern die größte Stadt auf Shikoku und zugleich Verwaltungssitz der Präfektur Ehime. Seit 1989 verbindet sie eine Partnerschaft mit Freiburg. Die Stadt hat sich durch die Existenz einiger namhafter Universitäten zum kulturellen Zentrum der Region entwickelt. Matsuyama ist touristischer als Takamatsu und die anderen größeren Städte auf Shikoku. Diese Tatsache hat sie hauptsächlich der schönen und standfesten Burg Matsuyama-jō und Dōgo Onsen, dem ehrwürdigen und wohl ältesten Badehaus Japans, zu verdanken.

Matsuyama-jō 松山城

Die zu Beginn des 17. Jhs. entstandene Festung steht auf dem 132 m hohen Hügel Katsuyama (im Volksmund auch Shiroyama = „Burgberg" genannt) inmitten der Stadt. Die Anlage befindet sich in einem erstaunlich guten, originalen Zustand, was nur noch von wenigen Burgen Japans behauptet werden kann. Die in ihrer Geschichte von keinem Feind eingenommene und heute erhaben auf die Stadt herabblickende Burg wurde seinerzeit von dem Landesfürsten Katō Yoshiaki in Auftrag gegeben. Sie wurde aber erst ein Viertel Jahrhundert später fertiggestellt und ab 1635 von einem Zweig der Matsudaira-Familie – die ihrerseits mit den 250 Jahre lang in Edo regierenden Tokugawa verwandt war – übernommen.

Matsudaira Sadayuki ließ die Festung erweitern und den Hauptturm durch Gänge mit den Nebentürmen verbinden. Im heute nur noch dreistöckigen Hauptturm befindet sich ein **Museum**, ℡ 089-921-4873, in dem die Geschichte der Stadt und der Familienschatz der Matsudaira gezeigt werden. ◷ Feb–Juli und Sep–Nov tgl. 9–17, Aug bis 17.30, Dez–Jan bis 16.30 Uhr, Eintritt 510 ¥.

Wer sich das Eintrittsgeld für den Besuch des Museums sparen möchte, kann die gesamte

Burganlage von außen betrachten und von verschiedenen Seiten auf die Stadt herunterblicken. In der Dämmerung kann man gemeinsam mit Dutzenden von Pärchen die romantische Atmosphäre erleben, wenn die Sonne in die nahe gelegene Setō-Inlandsee eintaucht. Danach wird die Matsuyama-Burg illuminiert und ist weiterhin von fast jeder Ecke der Stadt aus zu sehen.

Zur Burg gelangt man vom JR-Bahnhof Matsuyama oder von Dōgo Onsen aus mit der Straßenbahn bis zur Haltestelle Ōkaidō. Hier steht das Kaufhaus Takashimaya ne-

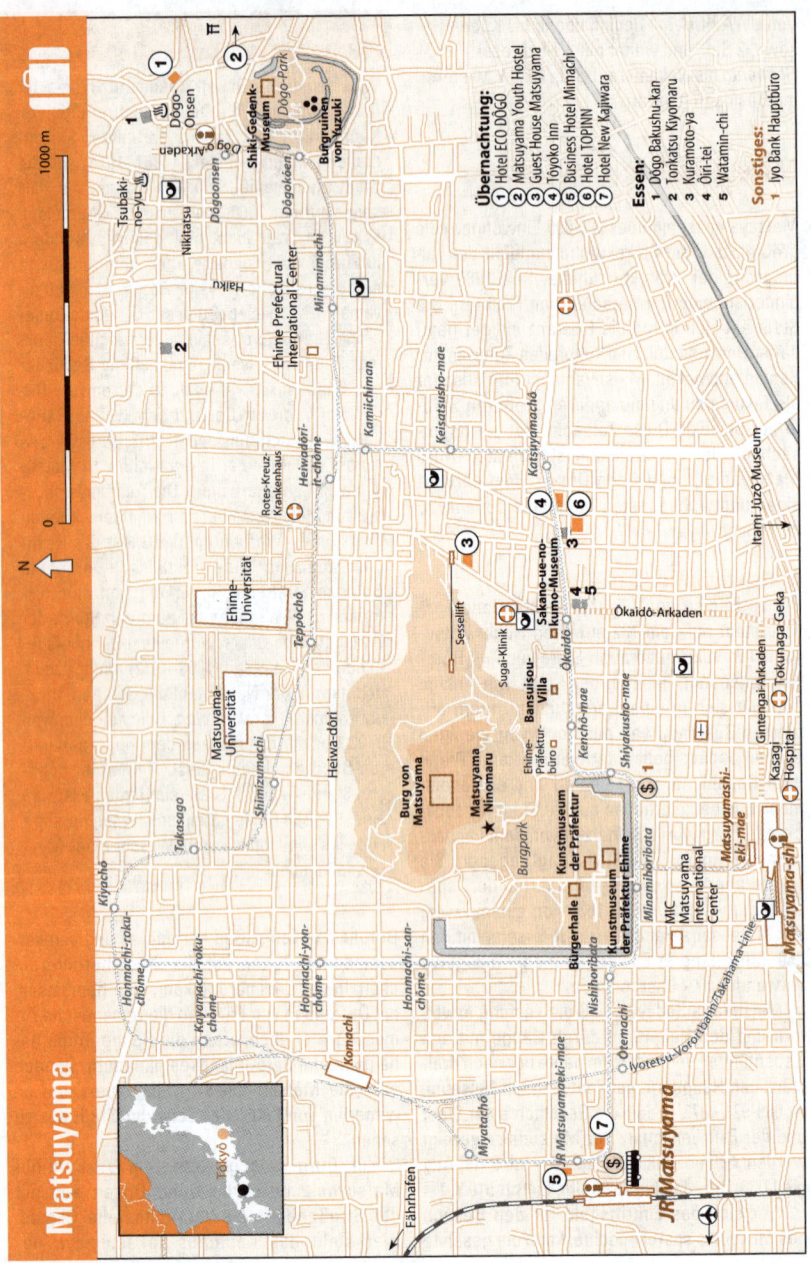

SHIKOKU

Matsuyama

Übernachtung:
① Hotel ECO DŌGO
② Matsuyama Youth Hostel
③ Guest House Matsuyama
④ Tōyoko Inn
⑤ Business Hotel Mimachi
⑥ Hotel TOPINN
⑦ Hotel New Kajiwara

Essen:
1 Dōgo Bakushu-kan
2 Tonkatsu Kiyomaru
3 Kuramoto-ya
4 Ōiri-tei
5 Watamin-chi

Sonstiges:
1 Iyo Bank Hauptbüro

Dōgo-Park
Shiki-Gedenk-Museum
Burgruine von Yuzuki
Dōgo-Onsen
Dōgo-Arkaden
Tsubaki-no-yu
Nikitatsu
Dōgoonsen
Dōgokōen
Haiku
Minamimachi
Ehime Prefectural International Center
Rotes-Kreuz-Krankenhaus
Heiwadōri-it-chōme
Kamiichiman
Keisatsusho-mae
Katsuyamachō
Itami Jūzō Museum
Ehime-Universität
Teppōchō
Sesullift
Sugai-Klinik
Sakano-ue-no-kumo-Museum
Ōkaidō
Ōkaidō-Arkaden
Matsuyama-Universität
Shimizumachi
Heiwa-dōri
Bansuisou-Villa
Ehime-Präfektur-büro
Kenchō-mae
Shiyakusho-mae
Burg von Matsuyama
Matsuyama Ninomaru
Burgpark
Kunstmuseum der Präfektur
Kunstmuseum der Präfektur Ehime
Bürgerhalle
Minamihoribata
Kasagi Hospital
Matsuyama International Center
MIC
Matsuyamashi-eki-mae
Gintengai-Arkaden
Tokunaga Geka
Matsuyamashi-eki
Iyotetsu-Vorortbahn/Takahama-Linie
Takasago
Kiyochō
Honmachi-roku-chōme
Koyamachi-roku-chōme
Honmachi-yon-chōme
Honmachi-san-chōme
Komachi
Nishihoribata
Miyatachō
Ōtemachi
JR Matsuyamaeki-mae
Fahrhafen
JR Matsuyama

Tōkyō

1000 m

0

N

ben dem Eingang zur überdachten Ōkaidō-Einkaufspassage. Direkt gegenüber läuft eine Straße leicht bergan, auf der nach ca. 200 m linker Hand die Stationen des Sessellifts und der Seilbahn liegen. Die Preise sind identisch: Hin- (270 ¥) und Rückfahrt (510 ¥). Auf dem parallel dazu verlaufenden Fußweg dauert der Anstieg 20–30 Min.

16 HIGHLIGHT

Dōgo Onsen 道後温泉

Selbst Experten sind sich nicht wirklich sicher, ob Dōgo Onsen eine der ältesten oder *die* älteste Therme Japans ist. Schließlich wird die Thermalquelle von Dōgo Onsen schon in der Gedichtanthologie *Manyōshū* aus dem Jahr 759 erwähnt. Und es existiert die Legende, nach der bereits Kronprinz Shōtoku (574–622) die heilende Wirkung des Wassers erfahren durfte.

Das stolze Symbol der Quelle ist ein Gebäudekomplex, bestehend aus dem 1894 erbauten Badehaus **Dōgo Onsen Honkan**, dem Turm **Shinrokaku**, aus dem morgens um 6.30 Uhr Trommelschläge die Öffnung des Badehauses verkünden, und dem kaiserlichen Badehaus **Yushinden**. Die drei Gebäude wurden 1994, rechtzeitig zum 100-jährigen Bestehen, als „wichtiges Kulturgut" unter Denkmalschutz gestellt. Im Badehaus Dōgo-Onsen-Honkan können die Gäste mit den Heilkräften der Thermalquellen ihrem Körper etwas Gutes tun. Sie können aber auch eine Rast in einem Gästezimmer einlegen oder einfach nur das historisch wertvolle Holzgebäude besichtigen. Dōgo Onsen ist ein äußerst beliebtes Bad. Die Gäste tummeln sich hier bis in die Abendstunden hinein ganz ungezwungen, meist nur mit einem dünnen Baumwoll-Kimono bekleidet. Die Szenerie verleiht dem Ganzen eine gewisse Kurhaus-Atmosphäre.

Im Erdgeschoss (1F) des Honkan gibt es zwei nach Geschlechtern getrennte Bäder und vier unterschiedliche Preisklassen (die wichtigsten Hinweisschilder sind auf Englisch angebracht): Das größere Bad ist das **Kami-no-yu** („Wasser der Götter"). Der Eintritt beträgt 410 ¥ (plus Handtuch und Seife für ein paar Yen). Wer 840 ¥ bezahlt, kann sich nach dem Bad im großen Tatami-Zimmer ein Stockwerk höher (2F), wo die Badegäste nur die *yukata* (im Preis enthalten) tragen, bei Tee und Reisgebäck ausruhen (oben wie unten Aufenthalt max. 60 Min.). Das kleine Bad ist das **Tama-no-yu** („Wasser der Geister"). Der Eintritt kostet hier 1250 ¥, inkl. der Ruhezone (2F) mit Tee und Süßigkeiten (*dango*-Reisbällchen) und einer 15-minütigen Besichtigungstour durch das kaiserliche Bad Yushinden.

Das Tama-no-yu bietet auch einzelne Zimmer mit heißem Bad an und ist für seine noble Atmosphäre bekannt wie beliebt. Badegäste, die 1550 ¥ bezahlen, dürfen noch ein Stockwerk höher (3F) gehen, wo es private Zimmer gibt (Aufenthalt max. 80 Min.). ⏰ 6–23 Uhr (Eintritt bis 22.30 Uhr), in den oberen Räumen darf man bis 22 Uhr verweilen. Eintrittskarten gibt es bis 21 Uhr, für die Privatzimmer bis 20.40 Uhr.

Yushinden, das östlich gelegene Gebäude innerhalb des Komplexes, ist ein sehenswertes, im Stil der Momoyama-Architektur gehaltenes und nur für die Kaiserfamilie bestimmtes Badehaus (1899). Der letzte Besuch des Kaisers fand in den 70er-Jahren statt. Die Innenwände des Yushinden schmücken goldbemalte Schriftrollen, und die handwerklich raffinierte Zimmerdecke ist aus dem Holz des Blauglockenbaums. Das Bad selbst besteht aus dem feinsten Aji-Stein, der seinerzeit zur Verfügung stand. In einer 15-minütigen Tour kann das Gebäude besichtigt werden. Es gibt auch einen Ausstellungsraum, in dem Gegenstände die Geschichte von Dōgo erzählen. Ein Bad ist hier aber weiterhin nur der kaiserlichen Familie vorbehalten. Eintritt 250 ¥ (bei Gästen des Tama-no-yu ist die Tour beinhaltet). Dōgoyuno-machi 5-6, ☎ 089-921-5141. Vom JR-Bahnhof Matsuyama mit der Straßenbahn in 25 Min. (160 ¥) bis Dōgo Onsen.

Ein netter kleiner Spiegel-Artikel über das alte Badehaus findet sich unter 🖥 www.spiegel.de/reise/aktuell/0,1518,640435,00.html

Museen in Matsuyama

Das **Kunstmuseum der Präfektur Ehime** zeigt sehenswerte japanische und westliche Kunst, Gemälde, Skulpturen, zeitgenössische Werke. Horinouchi, ☎ 089-932-0010, 🖥 www.ehime-art.

© JAPAN-PHOTO.DE / HARTMUT POHLING

SHIKOKU

Dōgon Onsen – neben dem Badehaus fürs Volk steht das Yushinden für die Kaiserfamilie.

jp. ⏱ Di–So 9.40–18 Uhr, 300 ¥, Sonderausstellung 1300 ¥ inkl. Dauerausstellung (Vorverkauf 240 ¥ bzw.1100 ¥). Straßenbahnhaltestelle Minami Horibata.

Für Fans des japanischen Schauspielers und Regisseurs Itami Jūzō ist das **Itami Jūzō Museum** interessant. Seine Filme (z. B. *Tampopo*) sind auch in Deutschland beliebt. Vom Iyotetsu-Bahnhof Matsuyama-shi (nicht JR) 20 Min. mit dem Bus bis Amayama-bashi, dann 2 Min. zu Fuß. Higashi-ishii 1-6-10, ✆ 089-969-1313, 🖥 www.itami-kinenkan.jp. ⏱ Mi–Mo 10–18 Uhr, 800 ¥.

ÜBERNACHTUNG

Um den JR-Bahnhof Matsuyama herum finden sich mehrere Businesshotels, die Einzelzimmer ab 4000 ¥ anbieten.

Business Hotel Mimachi, Miyatamachi 9-6, ✆ 089-921-6924, 🖥 www.hotel-mimachi.com. Beim JR-Bahnhof Matsuyama. Westliche und japanische Zimmer. Rezeption bis 23 Uhr. ❶

€ **Guest House Matsuyama**, Ōkaidō 3-8-3, ✆ 089-934-5296, 🖥 www.sophia-club. net/guesthouse. Preiswertes, zentrales Gästehaus. Alle Zimmer mit Bad, AC, Waschmaschine, Küche, TV und PC mit Internetanschluss. Direkt vor der Seilbahnstation für die Matsuyama-Burg und nahe einer belebten Geschäftsstraße. EZ 2500 ¥ (Preis für Ausländer), Dorm 2000 ¥. Vom JR-Bahnhof Matsuyama mit dem Bus bis Ropeway-mae oder mit der Straßenbahn nach Ōkaidō, dann nördlich 2 Min. zu Fuß. ❶

€ **Hotel ECO DŌGO**, Dōgoyuzuki-machi 2-17, ✆ 089-908-5444, Kontakt auf Englisch per Mobiltelefon ✆ 090-1329-5644, 🖥 www.ecodogo.com/english/index.htm. Nah beim Dōgo Onsen Honkan. Dorm (ab 2200 ¥) bei mitgebrachtem Schlafsack (sonst plus 300 ¥ für Bettwäsche) und japanische Zimmer für 2 Pers. Von Straßenbahn-Endstation Dōgō Onsen 5 Min. zu Fuß. ❶

Hotel New Kajiwara, Ōtemachi 2-9-10, ✆ 089-941-0402, 🖥 www.hotel-kajiwara.jp. Zimmer im japanischen und westlichen Stil. Vom JR-Bahnhof Matsuyama ca. 2 Min. zu Fuß. ❷

Hotel TOPINN, Ichiban-chō 1-5-15, ✆ 089-933-3333, 🖥 www.top-inn.com. Westliche und japanische Zimmer. Internet und Drucker in der Lobby frei. Vom JR-Bahnhof Matsuyama mit der Straßenbahn 10 Min. bis Haltestelle Ōkaidō, dann 3 Min. zu Fuß. ❷

€ **Matsuyama Youth Hostel**, Dōgohimezuka Otsu 22-3, ✆ 089-933-6366, 🖥 www. matsuyama-yh.com. Interessanter und engagierter „Herbergsvater", dessen gemütliches Hostel sehr beliebt und äußerst sauber ist. Gute Sicht über die Stadt von einigen Zimmern aus. Vergünstigte Preise für Ausländer: Dorm 2200 ¥ und EZ 3500 ¥. Preiswert auch das tgl. wechselnde Abendessen 540/1080 ¥ und Frühstück 270/540 ¥. Das gelbe Haus befindet sich ganz in der Nähe von Dōgo Onsen, nur 10 Min. zu Fuß etwas steil nach oben.

ESSEN

In den Arkaden von Dōgo Onsen gibt es einige Lokale, noch zahlreicher sind sie in dem belebten Stadtviertel rund um die Straßenbahnhaltestelle Ōkaidō. Dort besteht in den beiden langgezogenen überdachten Einkaufsstraßen Ginten-gai und Ōkaidō ein großes Angebot an Restaurants, Kneipen und Nudellokalen.

Dōgo Bakushu-kan, Dōgo-Yunomachi 20-13, ✆ 089-945-6866. Auf der gegenüberliegenden Seite vom Dōgo Onsen Honkan. Serviert regionales Bier im Stil Alt, Kölsch und Stout sowie Snacks. Viele Gäste kommen direkt aus dem Bad und haben daher eine besonders trockene Kehle. ⏱ tgl. 11–22 Uhr.

Kuramoto-ya, Ichiban-chō 1-11-7, ✆ 089-934-5701. Die Stehbar hat mehr als 100 Sorten Sake aus der Präfektur Ehime; ein Schälchen ab 100 ¥. Dazu gibt es kleine Speisen passend zum Sake. Eine gute Chance, den persönlichen Lieblings-Reiswein herauszufinden. Vom JR-Bahnhof Matsuyama 9 Min. mit der Straßenbahn bis Ōkaidō, von dort kurze Fußstrecke Richtung Osten. ⏱ Di–Do und So 12–21, Fr–Sa bis 22 Uhr.

Ōiri-tei, Ōkaidō 2-5-9, ✆ 089-931-7600. Gutes kleines Restaurant mit Kneipenatmosphäre, bietet lokalen Fisch und Meeresfrüchte mit Sake aus der Gegend an. Fischsorten und Preise abhängig vom täglichen Markteinkauf. Spezialitätenplatte mit Sashimi (1500 ¥) sehr populär, außerdem gibt es gekochten und

SHIKOKU

gegrillten Fisch mit Gemüse. Zu Mittag täglich nur 20 Sets (im *bentō*-Stil) mit Reis, Sashimi, Gemüse, Miso-Suppe etc. – Reservierung möglich – für je 840 ¥. Straßenbahn bis Ōkaidō, 2 Min. zu Fuß auf der Ōkaidō-Arkade (gleiches Gebäude wie Laden der Lifestylekette „Muji"). ☉ Mo–Sa 12 bis ca. 14 und 18–23 Uhr.

Tonkatsu Kiyomaru, Dōgo-Kitashiro 1-24, ✆ 089-924-1492. Das Hausgericht ist Schweine- oder Hühnerschnitzel, Menü ab 700 ¥. Die Spezialität bei Kiyomaru ist das Tonkatsu-Parfait, Schweineschnitzel mit Obst und Sahne für 800 ¥. Vom Bahnhof Dōgo Onsen rund 10 Min. Richtung Nordwesten zu Fuß. Schweinchen auf dem Aushängeschild. ☉ tgl. 11–20.30 Uhr.

Watamin-chi, Ōkaidō 2-5-7, ✆ 089-915-1651. Eine landesweite Bistro-Kneipen-Kette, die besonders für das Rösten mit Holzkohle und die Küche mit ökologisch angebautem Gemüse bekannt ist. Viele Kleinigkeiten zum Essen. Englische Speisekarte erhältlich. Manchmal werden vor dem Restaurant Bier-Gutscheine verteilt. Straßenbahn bis Ōkaidō, 5 Min. zu Fuß auf der Ōkaidō-Arkade. ☉ tgl. 17–3 Uhr.

SONSTIGES

Fahrradverleih

Räder kann man sich für 300 ¥ pro Tag im und nahe des JR-Bahnhofs Matsuyama ausleihen: **Matsuyama-eki Rent a Cycle**, ✆ 089-943-5002, ☉ Mo–Sa 9–17 Uhr, oder **Matsuyama-eki-mae Kankō Rent a Cycle Port**, ✆ 089-943-9511, ☉ Mo–Sa 8.30–17 Uhr.

Feste

Matsuyama-Frühlingsfest, erster Fr, Sa und So im April: Samurai-Parade mit mehreren hundert Teilnehmern durch die Innenstadt. Tänze und Musik rund um die Matsuyama-Burg.

Matsuyama-Sommerfest, innerhalb des ersten August-Drittels: Dieses *matsuri* zählt zu den „vier großen Shikoku-Festen" und ist *das* Highlight im Sommer. Mit Straßentänzen, Samba, Rock- und Volksmusik.

Matsuyama-Hafen-Fest, am ersten So im August, mit Feuerwerk.

Matsuyama-Herbstfest, 5.–7.10.: Erntedankfest, bei dem die Festteilnehmer verschiedene *mikoshi* durch die Straßen tragen.

Geld

Iyo Bank (Hauptbüro), Minami-Horibata-chō 1, ✆ 089-941-1141, Geldwechsel möglich. Straßenbahn-Haltestelle Shiyakusho-eki-mae, südöstlich des äußeren Burggrabens.

Informationen

Touristeninformation im JR-Bahnhof Matsuyama, ✆ 089-931-3914, ✉ matsukan3 qtopaz.ocn. Hier erhält man gutes Karten- material zur Stadt und Hilfestellung bei der Suche und Buchung von Unterkünften. ☉ tgl. 8.30–17 Uhr.

Touristeninformation am Dōgo Onsen, nahe der Straßenbahnhaltestelle, ✆ 089-921-3708, ☉ tgl. 8–16.45 Uhr.

Ehime Prefectural International Center, Dōgo-Ichiman 1-1, ✆ 089-917-5678. Informationen über die Stadt, kostenloser Internetzugang und englische Zeitungen. EPIC ist vom JR-Bahnhof Matsuyama mit der Straßenbahn zu erreichen, bis Haltestelle Minami-machi / Kenmin-bunka-mae. Gebäude mit rotem Fragezeichen auf dem Dach, direkt links neben der großen Kulturhalle.

Internet

Ehime Prefectural International Center (siehe „Informationen"). Internet 30 Min. frei (Verlängerung möglich bei geringem Publikums- verkehr). Freie WLAN-Spots bei Café-Ketten **Starbucks** und **Doutor**.

Medizinische Hilfe

Kasagi Hospital, Suehiro-machi 18-2, ✆ 089-941-2288, ✉ kasagi@kasagi-hosp.jp, Sprech- zeiten Mo–Sa 9–12.30 und 14–19 Uhr. Innere und Allgemeine Medizin. Man spricht Englisch. Nahe Straßenbahn-Haltestelle Matsuyama-shi-eki. **Notfall-Krankenhaus Telefondienst** (bei der städtischen Feuerwehr): ✆ 089-925-6633.

NAHVERKEHR

Mit der **Straßenbahn** *(shinai-densha)* aus längst vergangenen Zeiten (made in Germany 1887) lassen sich die berühmten Sehenswürdigkeiten der Stadt problemlos und preiswert (Einheits- preis 160 ¥) erreichen. Ein **Tagespass** für alle Straßenbahnen (inkl. Stadtbusse) kostet 400 ¥.

Busse

Mit dem *Botchan*-Express 15x tgl. nach TAKA-MATSU, 2 1/2 Std., 4000 ¥.
Mit dem *Nangoku*-Express 6x tgl. nach KŌCHI, 2 1/2 Std., 3600 ¥. Fahrkarten für beide gibt es bei JR-Shikoku-Bus-Plaza (linke Seite vom Ausgang des JR-Bahnhofs Matsuyama), ⊕ tgl. 6.50–19 Uhr.

Eisenbahn

KŌCHI, mit dem JR-Express *Shiokaze*, umsteigen in Tadotsu in den JR-Express *Nanpū*, 4 1/2 Std., 9230 ¥
OKAYAMA, mit JR-Express *Shiokaze*, 2 3/4 Std., 6310 ¥
SHIN-ŌSAKA (ab Okayama mit Shinkansen), 4 Std., 10 410 ¥
TAKAMATSU, mit der JR-Yosan-Linie (JR-Express *Ishizuchi*), 2 1/2 Std., 5670 ¥
TŌKYŌ (ab Okayama mit Shinkansen), 7 1/4 Std., 19 260 ¥

Schiffe

Mit der Fähre von/nach HIROSHIMA, 2 3/4 Std., 3600 ¥, mit Super-Jet 1 1/4 Std., 7100 ¥; von/nach KURE (südlich von Hiroshima), 2 Std., 2670 ¥, oder mit Super-Jet, 55 Min., 5550 ¥.
Nach KOKURA im Norden von Kyūshū, 1x tgl., 7 Std., 5580 ¥.
Ankunft/Abfahrt im Hafen Matsuyama-Kankō. Von dort mit dem Bus bis zu den Endhaltestellen JR-Bahnhof Matsuyama oder Dōgo Onsen ca. 30–40 Min., 600 ¥.

Flüge

Nach TŌKYŌ (Narita 3x, Haneda 12x tgl.), 1 1/2 Std., und ŌSAKA (Itami 12x, Kansai International Airport, nur im Sommer 2x tgl.), 50/55 Min. Limousinenbusse zum Flughafen vom JR-Bahnhof Matsuyama, 15 Min., 310 ¥, von Dōgo-Onsen-eki-mae ca. 40 Min., 460 ¥.

Uwajima 宇和島

Die mittelgroße Hafenstadt Uwajima liegt südwestlich von Matsuyama an der äußeren Westküste von Shikoku, am Fluss Suka, der hier ins Meer fließt. Uwajima markiert das Ende der neben dem Meer verlaufenden Eisenbahnlinie. Auf einem als Park gestalteten Hügel inmitten der Stadt steht die **Uwajima-jō**. Von dem relativ kleinen, aber noch im Original erhaltenen Hauptturm der Burg hat man einen guten Blick über die Stadt und den Hafen.

Uwajima ist bekannt für seine **Stierkämpfe**. Sie unterscheiden sich von der spanischen Variante insofern, als dass hier zwei Bullen in einem Ring von 20 m Durchmesser gegeneinander kämpfen. Verloren hat der Stier, der den Ring verlässt oder mit einem Knie den Boden berührt. Kämpfe finden nur am 2. Januar, am 2. Sonntag im April, am 24. Juli und am 14. August statt.

Unter die wenigen Sehenswürdigkeiten der Stadt fällt der Schrein **Taga-jinja** am nördlichen Ufer des Suka-gawa, der sich ganz der Sexualität und Erotik widmet. Auf dem Schreingelände liegt ein interessantes **Sex-Museum**, in dem sich die Besucher auf zwei Stockwerken mit aus unterschiedlichen Ländern zusammengetragenen Bildern, Schnitzereien, Phalli aus Holz und Stein und sonstigen Gegenständen ein Bild zum Thema machen können. ⊕ tgl. 8–17 Uhr, 800 ¥ (Zutritt ab 20 Jahren).

ÜBERNACHTUNG

Hotel Clement Uwajima, Nishiki-machi 10-1, ✆ 0895-23-6111, 🖥 www.shikoku.ne.jp/clement-uwajima (nur Jap.). Businesshotel im gleichen Gebäudekomplex wie der JR-Bahnhof Uwajima. ❷
Hotel Coral Uwajima, Sumiyoshi-chō, 2-chōme 7-10, ✆ 0895-23-8855, 🖥 www.coral-uwajima.com. Akzeptables Hotel, gemeinsames Bad mit Ausblick und Sauna. Vom JR-Bahnhof Uwajima mit dem Bus Richtung Ōura bis Haltestelle Sumiyoshi-chō-2-chōme fahren, dann 1 Min. zu Fuß oder vom Bahnhof mit Taxi in 3 Min., vom Uwajima-Hafen 7 Min. Fußweg. ❷
€ **Uwajima Youth Hostel**, Atago-kōen, ✆ 0895-22-7177, 🖥 www.2.odn.ne.jp/~cfm91130/eigo.htm. Die Herberge liegt auf einem Waldhügel mit schönem Blick auf die Stadt. Vom JR-Bahnhof Uwajima etwa 2 km zu Fuß nach oben. Fahrradausleihe möglich. Japanisches Frühstück 620 ¥, Abendessen nur Kleinigkeiten. Freier Internetzugang (max.

30 Min.). Dorm (2500 ¥) und EZ (3600 ¥). ⏱ 9.30–16.30 Uhr geschl.

ESSEN UND UNTERHALTUNG

Cafe bar Chord, Chūō-chō 1-4-7, 📞 0895-28-7879. Nette Studentencafé-Atmosphäre. Es gibt leckere Croissants mit Thunfischsalat oder Roastbeef. Tagsüber mehrere Kaffeesorten, eine Tasse für stolze 500 ¥, abends viele Alkoholika und dazu passende Speisen. Vom Bahnhof Uwajima 10 Min. zu Fuß, nahe der Uwajima-Burg. ⏱ Mi–Mo 15–18 Uhr (Café), 19–24 Uhr (Bar).

Kadoya, Nishiki-machi 8-1 (Ekimae-dōri), 📞 0895-22-1543. Restaurant für Liebhaber der lokalen Uwajima-Küche, z. B. *taimeshi* (Reis mit in Sesam und süßer Sojasoße eingelegten Meerbrasse-Stücken), eine besondere Art der Zubereitung, die von einem einheimischen Fischer erdacht wurde. Vom JR-Bahnhof Uwajima 2 Min. zu Fuß. ⏱ tgl. 11–21 Uhr. Landet man mit der Fähre im Hafen von Uwajima, findet man auch dort in der Nähe ein

Kadoya-Restaurant, 1-4-6 Benten-chō, 📞 0895-25-2511, zu Fuß 10 Min. vom Hafen entfernt. ⏱ tgl. 11–21 Uhr.

TRANSPORT

Eisenbahn

Die JR-Yosan-Linie verbindet die Städte Takamatsu, Matsuyama und Uwajima: Von Uwajima nach MATSUYAMA mit JR-Express *Uwakai* oder *Shiokaze*, 1 1/4 Std., 2990 ¥.

Schiffe

Uwajima-Unyu-Ferry, 🖥 www.uwajimaunyu.co.jp/timetable, verkehrt von Yawata-hama nach KYŪSHŪ: Beppu, 6x tgl., 3 Std., ab 3100 ¥, Usuki, 7x tgl., 3 1/2 Std., ab 2310 ¥. Zum Fährhafen mit Lokalzug der JR-Yosan-Linie von JR Uwajima, ca. 1 Std., 660 ¥, oder mit dem JR-Express *Uwakai* oder *Shiokaze* in 30 Min., 1180 ¥, dann vom Bahnhof Yawata-hama mit dem Stadtbus zum Hafen in 6 Min. (160 ¥).

Kyūshū 九州

Stefan Loose Traveltipps

17 **Nagasaki** Für Japaner die exotischste Stadt Japans. Hier wandelt man auf den Spuren einer wechselvollen Geschichte. S. 536

Beppu Im größten Thermalbadeort Japans spaziert man von einem Höllenteich zum nächsten. S. 548

Kurokawa Onsen Nichts entspannt so sehr wie im Mondschein im *rotenburo* zu sitzen. S. 554

Takachiho Wer hierherkommt, gerät in den Bann der japanischen Mythenwelt. S. 566

18 **Sakurajima** Der hyperaktive Vulkan fasziniert aus jedem Blickwinkel. S. 571

Yakushima Uralte, mystische Zedernwälder laden zu märchenhaften Wanderungen ein. S. 576

Nichinan-kaigan An diesem malerischen Küstenstreifen geht es ganz entspannt zu. S. 580

www.stefan-loose.de/japan

Wer nach Kyūshū, auf die drittgrößte japanische Insel, reist, landet nicht nur geografisch im Süden des Landes. Hier, wo die Orangenbäume blühen, scheint das Leben einen gemächlicheren Gang zu gehen als in den Ballungszentren weiter nördlich. In weiten Teilen Kyūshūs sind Landwirtschaft und Fischfang vorherrschend, auch wenn die vielen Hightech-Unternehmen in Nord-Kyūshū der Insel zu dem etwas hochtrabenden Spitznamen "Silicon Island" verholfen haben und die Insel mit Windrädern, der größten Solarzellenfabrik und dem leistungsstärksten Erdwärmestromkraftwerk Japans bei den erneuerbaren Energien den Ton anzugeben scheint. Spektakuläre Tempelanlagen sucht man vergeblich, ein nennenswertes Nachtleben ebenso. Dafür gibt es im japanischen „Feuerland", Hi-no-kuni, viele eindrucksvolle Vulkane und einladende Onsen, reizvolle Küstenstriche – und Menschen, die womöglich noch eine Spur freundlicher sind als im übrigen Japan.

Kyūshū ist in gewisser Weise die Wiege des Landes. Nach dem japanischen Ursprungsmythos stieg hier der göttliche Vorfahre des japanischen Kaiserhauses, Ninigi, im Auftrag der Sonnengöttin Amaterasu vom Himmel auf die Erde hinab, um das befriedete Land zu regieren.

Tatsache ist, dass die Insel viele Spuren aus dem Altertum birgt und enge Beziehungen zu Korea unterhielt. Seit dem 3. Jh. v. Chr. kamen immer wieder chinesische und koreanische Einwanderer über die koreanische Halbinsel nach Kyūshū und brachten Japan Errungenschaften wie den Reisanbau, die Bronze- und Eisenverarbeitung und die Seidenraupenzucht. Besonders bedeutsam waren die Verbindungen zum Paekche-Reich, von wo Handwerker, der Buddhismus und auch die chinesische Schrift nach Japan gelangten.

Während der Abschließungspolitik in der Edo-Zeit fand sich auf Kyūshū mit Nagasaki eine der wenigen Brücken zum Ausland, und viele Impulse, die schließlich zur Öffnung Japans führten, kamen von Fürstentümern aus Kyūshū, vor allem Hizen und Satsuma (S. 569).

Seinen Namen („neun Provinzen") verdankt Kyūshū dem Umstand, dass es bis 1871 aus eben neun Provinzen bestand. Die Verwaltungsreform zog die Grenzen neu und gab den nunmehr sieben Präfekturen andere Namen (von Honshū aus im Uhrzeigersinn): Fukuoka, Ōita, Miyazaki, Kagoshima, Kumamoto, Nagasaki und Saga.

Transport

Japan Railways, 🖳 www.jrkyushu.co.jp/english, bietet für Kyūshū drei Regionalpässe an: ganz Kyūshū für 3 Tage (14 400 ¥) oder für 5 Tage (17 490 ¥) und Nord-Kyūshū für 3 Tage (7200 ¥) oder 5 Tage (9260 ¥), Kinder zahlen jeweils die Hälfte. Die Nutzung des Kyūshū Shinkansen ist inbegriffen.

Manche Gegenden sind allerdings nicht oder nur umständlich per Bahn zu erreichen. Hier verkehren **Busse**, wenngleich abseits der Hauptstrecken nicht sehr häufig, deshalb sollte man für abgelegene Gegenden erwägen, ein Auto zu mieten.

Das Unternehmen **Nishitetsu**, 🖳 www.nishitetsu.jp/en/index.html, unterhält neben ein paar Bahn- und Fährlinien ein Busnetz, das alle größeren Orte auf Kyūshū abdeckt. Zusammen mit anderen Busgesellschaften gibt es den SunQ-Pass heraus, 🖳 www.sunqpass.jp/english/index.shtml: unbegrenzte Busfahrten (und ein paar Fährstrecken) für 4 Tage (14 000 ¥), 3 Tage (10 000 ¥) oder 3 Tage nur in Nord-Kyūshū (8000 ¥). Einzelne Bustickets lassen sich ansonsten über 🖳 www.atbus-de.com kaufen.

Fukuoka 福岡

Für eine Großstadt von rund 1,5 Mio. Einwohnern ist Fukuoka vergleichsweise ruhig. Das Wirtschafts- und Verwaltungszentrum von Kyūshū präsentiert sich gern als Tor zum asiatischen Festland und bemüht sich sichtlich um Weltoffenheit. Bahnreisende kommen im Stadtteil Hakata an, der bis 1889 eine eigenständige Stadt war.

Historisch interessant sind die vergeblichen Invasionsversuche der Mongolen im 13. Jh. (S. 113). In Vorbereitung auf die zweite Mongoleninvasion 1281 wurden unter Hōjō Tokimune, dem Regenten des Kamakura-Shogunats, am Ufer der Hakata-Bucht Befestigungswälle angelegt. Einige klägliche Überreste der Wallanlage (Genkō Bōrui) sind in Nishijin zu sehen

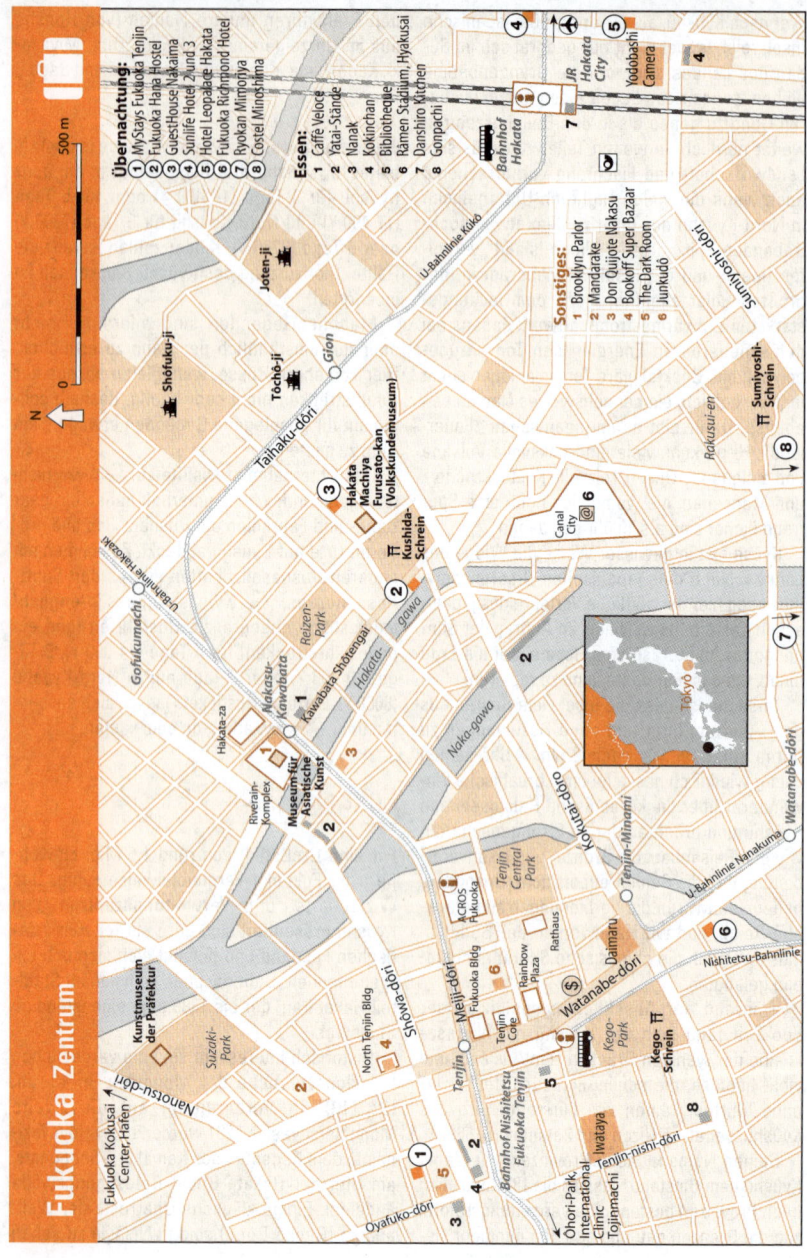

Fukuoka Zentrum

KYŪSHŪ

Übernachtung:
1. MyStays Fukuoka Tenjin
2. Fukuoka Hana Hostel
3. GuestHouse Nakama
4. Sunlife Hotel 2 und 3
5. Hotel Leopalace Hakata
6. Fukuoka Richmond Hotel
7. Ryokan Mimorlya
8. Costel Minoshima

Essen:
1. Caffè Veloce
2. Yatai-Stände
3. Nanak
4. Kokinchan
5. Bibliotheque
6. Rämen Stadium, Hyakusai
7. Danshiro Kitchen
8. Gonpachi

Sonstiges:
1. Brooklyn Parlor
2. Mandarake
3. Don Quijote Nakasu
4. Bookoff Super Bazaar
5. The Dark Room
6. Junkudō

500 m

N

Jōten-ji

Shōfuku-ji

Tōchō-ji

Taihaku-dōri

U-Bahnlinie Kōkō

Gion

Hakata Machiya Furusato-kan (Volkskundemuseum)

Kushida-Schrein

Reizen-Park

Kawabata Shōtengai

Nakasu-Kawabata

Hakata-gawa

Noka-gawa

Canal City

Rokusui-en

Sumiyoshi-Schrein

Sumiyoshi-dōri

Gofukumachi

U-Bahnlinie Hakozaki

Hakata-za

Riverain-Komplex

Museum für Asiatische Kunst

Kyūtai-dōri

Watanabe-dōri

Kunstmuseum der Präfektur

Suizoki-Park

Showa-dōri

Meiji-dōri

North Tenjin Bldg

Fukuoka Bldg

Tenjin Core

Rainbow Plaza

Rathaus

ACROS Fukuoka

Tenjin Central Park

Tenjin-Minami

Tenjin

Daimaru

Watanabe-dōri

Kego-Park

Kego-Schrein

U-Bahnlinie Nanakuma

Nishitetsu-Bahnlinie

Fukuoka Kokusai Center-Hafen

Nanotsu-dōri

Bahnhof Nishitetsu Fukuoka Tenjin

Ōhori-Park International Clinic Tojinmachi

Iwataya

Tenjin-nishi-dōri

Oyafuko-dōri

JR Hakata City

Yodobashi Camera

Bahnhof Hakata

Tōkyō

Fukuoka FUKUOKA

528

www.stefan-loose.de/japan

(vom gleichnamigen U-Bahnhof der Kūkō-Linie, Exit 1, 10 Min. zu Fuß nordwestlich Richtung Küste). Man sollte aber nicht zu viel erwarten!

Hakata 博多区
Hakata Machiya Furusato-kan
博多町家ふるさと館

Dieses Volkskundemuseum, 🖥 www.hakatama chiya.com/eng, ist in drei traditionellen Stadthäusern untergebracht, ursprünglich Wohnung und Werkstatt eines Webers. Es widmet sich dem Leben in Hakata zur Meiji- und Taishō-Zeit. Themen sind u. a. die Feste der Stadt. Zum bedeutendsten, dem Hakata Gion Yamakasa, wird alle halbe Stunde ein Film gezeigt. Interessant sind auch die wechselnden Vorführungen traditioneller Handwerkskünste (Mo–Do und Sa 10–12 und 14–16 Uhr). Die Weberin ist sogar täglich (11–13 und 15–17 Uhr) im Einsatz und produziert Hakata-Seide. Der Museumsladen verkauft schöne Souvenirs. ⏰ tgl. 10–18 Uhr, 200 ¥, U-Bahnhof Gion.

Kushida-jinja 櫛田神社

Geht man vom Machiya Furusato-kan geradeaus weiter bis zur T-Kreuzung, erreicht man don stimmungsvollen Kushida-Schrein, der 757 gegründet worden sein soll. Er ist der lokalen Schutzgottheit geweiht, die – für die alte Kaufmannsstadt Hakata kein Wunder – geschäftlichen Erfolg sichern soll. Der Schrein steht im Mittelpunkt des Hakata Gion Yamakasa (S. 532). Ein Kazari-Yamakasa, ein tragbarer Schrein, wie er bei diesem Fest zum Einsatz kommt, ist hier dauerhaft ausgestellt.

Tōchō-ji 東長寺

In derselben Gegend (vom Machiya ein kurzer Fußweg) befindet sich der Tōchō-ji. Dieser Tempel wurde 806 von Kōbō Daishi, dem Begründer der Shingon-Schule, errichtet und birgt die größte hölzerne sitzende Buddhafigur in Japan. Ein kleiner Gang hinter der Statue führt an Darstellungen der buddhistischen Höllen vorbei in die stockfinstere Dunkelheit, durch die man sich wieder ins Helle zu einem Buddha-Bildnis tastet – ein anschaulicher Beweis, dass Buddha uns aus jeder Finsternis wieder ans Licht führt. Ungewöhnlich für Japan ist die Rokkakudō

(„sechseckige Halle") im Garten. Im Hof steht ein schöner Kirschbaum. ⏰ tgl. 9–17 Uhr.

Fukuoka Asia Bijutsukan
福岡アジア美術館

Das **Museum für Asiatische Kunst** im Riverain Center Building (7–8F), 📞 092-263-1100, 🖥 faam.city.fukuoka.lg.jp, zeigt ein Potpourri von Kunstwerken aus (fast) ganz Asien, von realistischen Wassertropfen des koreanischen Künstlers Kim Tschang-Yeul (1977) bis zu abstrakter Kunst und Installationen. ⏰ tgl. außer Mi 10–20 Uhr, 200 ¥, U-Bahnhof Nakasu-Kawabata.

Canal City キャナルシティ博多

Der architektonisch gelungene, moderne Einkaufskomplex beherbergt neben Geschäften auch ein Kino, Theater, Cafés und Restaurants. Durch den Komplex verläuft ein kleiner Kanal, an dem regelmäßig Konzerte u. Ä. geboten werden. Zu erreichen mit dem Ringbus (4. Haltestelle ab Bahnhof Hakata). 🖥 www.canalcity.co.jp, ⏰ Läden tgl. 10–21 Uhr, Restaurants 11–23 Uhr.

Chūō-ku 中央区

Tenjin ist das Shoppingzentrum von Fukuoka. Während sich in der unterirdischen Shoppingmeile zwischen den U-Bahnhöfen Tenjin und Tenjin-Minami ein Laden an den anderen reiht, laden über der Erde in der und um die Watanabe-dōri mehrere Kaufhäuser zum Einkaufsbummel ein.

Im Zentrum des **Ōhori-Park** (U-Bahn Ōhori-kōen) befindet sich ein großer See mit drei Inselchen (Bootsverleih März–Okt 10–18 Uhr, 30 Min. ab 600 ¥ je nach Bootstyp). Um den See sind eine Nō-Bühne, ein idyllischer, kleiner moderner japanischer Garten im klassischen Stil mit Wasserfällen und einem Zen-Steingarten (240 ¥, Ausländer 190 ¥) und ein **Kunstmuseum** (Fukuoka-shi Bijutsukan) angesiedelt. Letzteres zeigt ein breites Spektrum an Kunst, u. a. Werke von Dalí und Warhol und von einheimischen Künstlern wie Kuroda Seiki und Aoki Shigeru. ⏰ tgl. außer Mo 9.30–17.30 Uhr (im Juli und Aug Di–Sa bis 19.30 Uhr), 200 ¥ (Sonderausstellungen extra).

Im nahe gelegenen kleinen **Maizuru-Park** mit hunderten Kirschbäumen herrscht zur Kirschblüte Volksfeststimmung. Hier finden sich auch die unspektakulären Ruinen der einstigen Burg: Reste von Mauern, Wachtürmen und ein Tor.

Momochi ももち

Das futuristische Hafenviertel schmiegt sich an die Bucht von Hakata. Sein Wahrzeichen ist der 234 m hohe **Fukuoka Tower**, 🖳 www.fukuokatower.co.jp, der 1989 erbaut wurde und erdbebensicher sein soll. Wer will, kann für 800 ¥ (Ausländer: 640 ¥) den Panoramablick aus 123 m Höhe genießen. ⏰ April–Sep 9.30–22, Okt–März bis 21 Uhr.

Nicht weit von hier sind im **Robosquare**, im TNC Hōsōkaikan Paveria, 2F, kleine Roboter zu bestaunen oder zu kaufen. Hier hat auch Paro ein Zuhause – die niedliche Roboterrobben, die in Japan entwickelt wurde und weltweit zu therapeutischen Zwecken eingesetzt wird. Manch ein Japaner kauft ihn sich als Haustierersatz – Kostenpunkt: 350 000 ¥. ⏰ tgl. 9.30–18 Uhr.

Wer sich für die Geschichte Fukuokas interessiert, kann dem **Fukuoka-Museum** (Fukuokashi Hakubutsukan) einen Besuch abstatten. ⏰ tgl. außer Mo 9.30–17.30 Uhr, Juli und Aug außer So bis 19.30 Uhr, 200 ¥.

Von hier kann man zu Fuß am Strand entlang (über den Fluss, 10–15 Min.) bis zum Baseballstadion laufen, wo das Profi-Baseball-Team von Fukuoka, die SoftBank Hawks (Liga-Spiele von April bis Juni), zu Hause ist. Die benachbarte **Hawks Town** ist ein kleiner Shopping- und Restaurantkomplex.

€ **Costel Minoshima**, Hakata-ku, Minoshima 2-27-14-1, ☎ 092-210-7220, 🖳 www.costel-jp.com. Das sehr geschmackvoll gestaltete Mini-Hostel und Café-Bar ist (noch) ein Geheimtipp. Der weit gereiste Designer Sadakuni Hideyuki möchte mit diesem „Co-Hostel" eine Art Nachbarschaftstreff etablieren. Für eines der 3 Zimmer (für je 2–3 Pers.) mit Bad zahlt man nur 5000 ¥. Einziger Nachteil: die versteckte Lage. ❶

Fukuoka Hana Hostel, Hakata-ku, Kamikawabata-machi 4-213, ☎ 092-282-5353, 🖳 fukuoka.hanahostel.com. Kleines Hostel in einem ehemaligen Businesshotel in Nakasu. Ein

gemischtes 8-Bett-Dorm, ein 6-Bett-Dorm für Frauen (je 2800 ¥), 3-Bett-Zimmer (3400 ¥), 4-Bett-Zimmer (3200 ¥) sowie ein EZ (4500 ¥), Twin (3400 ¥) und 2–3-Bett-Zimmer im japanischen Stil (3400/3200 ¥).

Fukuoka Richmond Hotel, Chūō-ku, Watanabedōri 4-8-25, ☎ 092-739-2055, 🖳 richmondhotel.jp/en/fukuoka-tenjin. Zweckmäßige kleine Zimmer in Tenjin, 500 m vom U-Bahnhof. ❷

GuestHouse Nakaima, Hakata-ku, Reisenmachi 6-26, ☎ 092-261-507, 🖳 guesthousenakaima.wix.com/nakaima. Kleines Hostel nicht weit vom Kushida-Schrein (U-Bahnhof: Gion). Saubere, gemütliche Küche. Dorm-Bett ab 2500 ¥.

Hotel Leopalace Hakata, Hakata-ku, Hakataeki-higashi 2-5-33, ☎ 092-482-1212, 🖳 www.leopalacehotels.jp/english/hakata. 2007 eröffnetes Hotel mit riesiger Glasfront, 3 Min. vom Bahnhof Hakata, relativ große Zimmer mit Panoramafenster. Schicke Lobby. ❹

MyStays Fukuoka Tenjin, Chūō-ku, Tenjin 3-5-7, ☎ 092-687-1100, 🖳 www.mystays.jp/e/location/fukuokatenjin. Ende 2008 eröffnetes Hotel in Tenjin. Sehr sauber; moderne, schlichte Einrichtung. Kostenloser Kaffee in der Lobby. ❸

Ryokan Mimoriya, Chūō-ku, Kiyokawa 1-2-9, ☎ 092-531-2723, 🖳 ryokan-mimoriya.jp. Familiäres Ryokan nicht weit vom Yanagibashi-Fischmarkt, deshalb landet hier frischer Fisch auf dem Teller, aber Übernachtung ohne Essen möglich (Bescheid sagen). Zu Fuß 15 Min. von Tenjin. 4800/5500 ¥ p. P. ohne/mit Frühstück. Keine Kreditkarten.

Sunlife Hotel 2 und 3, Hakata-ku, Hakataeki-higashi 1-12-3, ☎ 092-473-7112, 🖳 www.slh.jp. Ruhiges Businesshotel in unmittelbarer Bahnhofsnähe (Ausgang Chikushi), Zimmer etwas verwohnt, aber okay; Nichtraucheretage. Überwiegend EZ, aber auch ein paar Twins und DZ. Sunlife Hotel 1 schräg gegenüber. ❷

Spezialitäten von Fukuoka sind Hakata Rāmen (mit dünnen Nudeln und einer Brühe aus Schweineknochen), *Kawabata zenzai* (Bohnensuppe), *mizutaki* (Hühnereintopf) und *motsunabe*, ein Eintopf mit Innereien vom Rind.

KYŪSHŪ

Fukuoka Momochi

N   0 ——— 500 m

Essen:
1 Hard Rock Café

Sonstiges:
1 Robosquare

Hakata-Bucht

Marizon

Seaside Momochi Park   Strand   Strand

Fukuoka Urban Expressway

Fukuoka Tower

TNC

1

Sea Hawk Hotel

Fukuoka Yahoo! Japan Dome

Jigyo-chūō Park

BUS

1 Hawks Town

Stadt-bibliothek

Fußgänger-brücke

Fukuoka-Museum

Meinohama

Momochi-chūō Park

Yokatopia-dōri

Hii-gawa

Südkoreanisches Konsulat

Konsulat der VR China

U-Bhf. Nishijin

Bibliotheque, Chūō-ku, Tenjin 2-10-3, VIORO B1F, ⌨ www.cporganizing.com/bibliotheque/fukuoka. Gemütliches kleines Café und Buchladen im Untergeschoss eines Kaufhauses. ⏰ tgl. 11–23 Uhr.
Caffè Veloce, Hakata-ku, Nakasu-Kawabata-eki-mae, Exit 5 vom Bahnhof Nakasu-Kawabata, das Café ist gleich links. Nettes Selbst-bedienungscafé mit Kaffee, Tee, Sandwiches und Gebäck. Gut für ein leichtes Frühstück vorm Besuch des Museums für Asiatische Kunst. ⏰ tgl. 7–23 Uhr.
Danshiro Kitchen, im Hankyū-Kaufhaus im Bahnhof Hakata, 9F. Wer auf seiner Japan-Reise nicht weiter südlich als Kyūshū kommt, kann hier die Küche Okinawas kosten. Lecker und preiswert! ⏰ tgl. 10–23 Uhr.
Gonpachi, Tenjin 2-2-24, Tenjin LUCE 5 und 6F, ✆ 092-737-2662. Traditionelle japanische Küche (Teppanyaki, Soba u. a.) in nettem Ambiente. ⏰ tgl. 11.30–15 und 17–24 Uhr.
Nanak, Chūō-ku, Maizuru 1-1-4, Kozai Bldg. 2F, ✆ 092-713-7900. Gute indische Küche, wenn auch ziemlich an den japanischen Geschmack angepasst. ⏰ tgl. 11–15 und 17.30–22.30 Uhr.
Im **Hawks Town**-Komplex findet sich u. a. ein **Hard Rock Café**, ⏰ tgl. 11.30–23, Sa bis 1 Uhr, im Erdgeschoss.

Im **Canal City**-Komplex gibt es mehrere Restaurants, u. a. in der Cinema Street, 4F, darunter **Hyakusai**, ✆ 092-283-4555, mit japanischer gemischter Küche zu günstigen Preisen (Udon ab 430 ¥), sowie Rāmen-Lokale im **Rāmen Stadium** (hier wählt und zahlt man am Automaten).

Wer die Wahl hat, hat die Qual

Die **Yatai-Stände**, für die Fukuoka berühmt ist, verstreuen sich über verschiedene Ecken der Stadt. Es gibt Pferdefleisch, *dengaku* (gegrillter Tōfu mit süßer Misosauce), Yakitori, Tenpura, Rāmen, Oden. Das Publikum ist kunterbunt gemischt. Die meisten Stände haben von 18–2 Uhr geöffnet, sonntags häufig geschlossen. Mehrere befinden sich am Ufer des Nakagawa bei der Haruyoshi-Brücke, weitere auf der Südostseite des Bahnhofs Hakata sowie um den U-Bahnhof Tenjin, z. B. der sehr beliebte **Kokinchan**, der seit 1968 *yaki-rāmen* zubereitet, ⏰ tgl. außer Do und So 18.30–2 Uhr. Im Norden der Stadt gibt es eine Yatai-Straße, die Nagahama Yataigai, in Ufernähe, in einer Seitenstraße der Nanotsu-dōri.

KYŪSHŪ

www.stefan-loose.de/japan

FUKUOKA **531**

Bars und Kneipen

Nakasu, die Insel zwischen Hakata und Tenjin, ist das berüchtigte Vergnügungsviertel der Stadt, mit Hunderten von Restaurants, Kneipen, Bars, Nachtclubs und Spielhallen.

In **Tenjin** gibt es in der Oyafuko-dōri viele DJ-Clubs, Musiklokale und Kneipen; ein Dauerbrenner ist hier **The Dark Room**, Tenjin Bacchus-kan Bldg., 8F, mit DJs und Partys und dem Charme des Abgenutzten. ⏱ ab 20.30 Uhr.

Brooklyn Parlor, Hakata-ku, Shimokawabata-machi 3-1-1F, im Hakata Riverain, ✆ 092-283-5622, 🖵 www.brooklynparlor.co.jp/hakata. Einladendes Musikcafé und Buchladen. Gratis WLAN. ⏱ tgl. 10.30–23 Uhr.

Auf dem Dach des **JR Hakata City** am Bahnhof Hakata, einem beliebten Spot für Dates, gibt es nicht nur einen Biergarten, sondern auch tolle Ausblicke auf die Stadt. Zugang mit Fahrstuhl im Hankyū-Kaufhaus bis Etage R. ⏱ tgl. 10–23 Uhr.

Sumō

Fukuoka ist einer der Austragungsorte der Sumō-Turniere: vom 2.–4. Sonntag im November (15 Tage) im Fukuoka Kokusai Center; Kartenverkauf über Playguide im *konbini* Lawson oder im Internet, 🖵 www.sumo.or.jp/en/index.

Theater

Im **Hakata-za**, ✆ 092-263-5555, 🖵 www.hakataza.co.jp, werden von Jan bis Nov Kabuki (ab 5000 ¥), Takarazuka-Musicals (ab 8500 ¥) oder andere Theaterformen aufgeführt. Ticketschalter ⏱ tgl. 10–18 Uhr (Tickets an bestimmten Tagen nur telefonisch oder übers Internet).

Einkaufen

Traditionelle Kunsthandwerkserzeugnisse wie Hakata-ningyō (Puppen) und Hakata-ori (Seide) – ursprünglich für *obi* (Kimonogürtel), heute für Krawatten und Taschen – bekommt man z. B. im **Kaufhaus Daimaru** in Tenjin und im **Hakata Machiya**. Hakata-goma (Kreisel) sind nette Mitbringsel für Kinder.

Die Haupteinkaufszentren sind Tenjin im Zentrum sowie Canal City (mit einer MUJI-Filiale im 3–4F) und die Einkaufsstraße **Kawabata Shōten-gai** (U-Bahnhof Nakasu-Kawabata, Exit 5, oder von der Canal City zu Fuß in 5 Min.) in Hakata.

Don Quijote Nakasu, Hakata-ku, Nakasu 3-7-24, 2F, ✆ 092-283-9711. Discount-Laden mit allen möglichen nützlichen wie unnützen, ausgesprochen japanischen Sachen. ⏱ tgl. 24 Std.

Junkudō, Tenjin 1-10-13, Media Mall Tenjin im 4F, hinter dem Tenjin Core, hat auch englischsprachige Bücher. ⏱ tgl. 10–21 Uhr.

Mandarake, Chūō-ku, Daimyo 2-9-5, Grand Building; 🖵 www.mandarake.co.jp/en/shop/fko.html. Der angeblich größte Manga-Laden in Kyūshū. Hat auch Cosplay-Kostüme, Manga-Figuren etc. ⏱ tgl. 12–20 Uhr.

Bookoff Super Bazaar, Chūō-ku, Tenjin 4-3-20, im North Tenjin Building 6–7F. Verkauft nicht nur gebrauchte Bücher und CDs, sondern auch Secondhandkleidung, Taschen, Spielzeug, Schmuck und alles Mögliche. ⏱ 10–21 Uhr.

Feste

Kirschblütenfest, März, beim Atago-Schrein am nordwestlichen Stadtrand: 2000 Kirschbäume blühen um den Schrein, Schreinmädchen und Shintō-Priester sagen unter ihnen Waka-Gedichte auf, und nachts werden die Bäume beleuchtet.

Hakata Dontaku, 3. und 4. Mai: bunter Umzug über die Meiji-dōri zum Rathaus.

Hakata Gion Yamakasa, Juli: Männer rennen in mehreren Teams aus verschiedenen Vierteln mit einem großen tragbaren Schrein *(mikoshi)* um die Wette um den Kushida-Schrein. Das Fest besteht schon seit 1241!

Geld

Fukuoka Bank, Foreign Exchange Shop, Chūō-ku, Tenjin 1-6-8, in der Watanabe-dōri, U-Bahnhof Tenjin, wechselt Euro und Schweizer Franken. ⏱ tgl. außer feiertags 9–17 Uhr.

JP Bank, in der Post beim Bahnhof Hakata, Geldwechsel Mo–Fr 9–16 Uhr, Geldautomat. Weiterer Geldautomat in der **Canal City**, B1, ⏱ Mo–Sa 7–23, So 8–23 Uhr.

Informationen

Touristeninformation, im Bahnhof Hakata, ✆ 092-431-3003, ⏱ tgl. 8–19 Uhr, und im ACROS

Bldg. (2F) in Tenjin, U-Bahnhof Tenjin, Higashi-
guchi, Exit 16, 📞 092-751-6904, 🕐 tgl. 10–18 Uhr.
Die Touristeninformation im ACROS Bldg. ist
hilfsbereiter und gut bestückt mit englischsprachigen Broschüren zu Zielen in ganz
Kyūshū. Im selben Gebäude (3F und 8F) ist die
Fukuoka International Exchange Foundation,
📞 092-725-9204, 🖥 www.kokusaihiroba.or.jp,
untergebracht, die verschiedene Angebote
für Ausländer in Fukuoka bereithält, z. B.
Japanischkurse und Rechtsberatung. 🕐 tgl.
10–19 Uhr.
Fukuoka International Association, Chūō-ku,
Tenjin 1-7-11, Rainbow Plaza, IMS Bldg. 8F,
📞 092-733-2220, 🖥 www.rainbowfia.or.jp.
Gibt einen Newsletter heraus und bietet auch
rechtliche und psychologische Beratung für
Ausländer. 🕐 tgl. außer 3. Di im Monat
10–20 Uhr.

Internet
In der **Internet Corner**, Canal City, 3F, für
100 ¥/10 Min.

Medizinische Hilfe
International Clinic Tojinmachi, Chūō-ku, Jigyo
1-4-6, 📞 092-717-1000, 🖥 www.international
clinic.org. Hier wird auch Deutsch gesprochen.
U-Bahnhof Tojinmachi (Ausgang 1). 🕐 Mo–Di
und Do–Fr 9–13 und 14.30–18, Sa 9–13 Uhr.

NAHVERKEHR
U-Bahn
Es gibt drei U-Bahnlinien: die **Kūkō-Linie**
(via Tenjin und Hakata zum Flughafen), die
Hakozaki-Linie und die erst 2005 eröffnete
Nanakuma-Linie. Ein Tagespass *(ichi-nichi-*

jōsha-ken) kostet 620 ¥ (Sa, So und feiertags
520 ¥). Näheres unter 🖥 subway.city.fukuoka.
lg.jp/index.html.

Busse
Es gibt einen praktischen **Ringbus** („100-¥-Bus")
von Nishitetsu im Stadtzentrum, der pro Fahrt
100 ¥ kostet. Damit gelangt man u. a. vom
Bahnhof Hakata zur Canal City, nach Tenjin und
zum Riverain Building/Hakata-za.
Ein weiß-grüner **Tourbus** namens „Guriin"
(green) startet Sa, So, an Feiertagen und zu
Ferienzeiten alle halbe Stunde (9–17 Uhr) vom
Busbahnhof beim Bahnhof Hakata und hält an
einer Reihe von Sehenswürdigkeiten der Stadt
(u. a. Canal City, Tenjin, Fukuoka Tower, Ōhori-
kōen), bevor er wieder am Busterminal landet.
Eine Fahrt kostet 260 ¥, Tageskarte 700 ¥.

TRANSPORT
Busse
Nach ŌSAKA Nachtbus 9 Std., 8800 ¥
BEPPU, häufig, 2 3/4 Std., 3190 ¥
MIYAZAKI, häufig, 4 Std., 4630 ¥
NAGASAKI, häufig, 3 Std., 2570 ¥
Näheres unter 🖥 global.atbus-de.com.

Eisenbahn
Vom Bahnhof Hakata verkehren **Shinkansen-
Züge** nach:
KAGOSHIMA (Chūō), 1 3/4 Std., 9930 ¥
KUMAMOTO, 40 Min., 4610 ¥
ŌSAKA, 2 3/4 Std.; 14 480 ¥
TŌKYŌ, 5 3/4 Std., 21 720 ¥
JR-Regionalzüge fahren u. a. nach Arita
(S. 534), NAGASAKI (2 Std., 4190 ¥ Express) und
BEPPU (via Kokura, 2 1/4 Std., 5050 ¥ Express).
Nach DAZAIFU mit der **Nishitetsu-Privatbahn**
(S. 534) vom Bahnhof Tenjin.

Schiffe
Vom Hafen **Chūō Futō** verkehren Passagierboote, 📞 092-281-2315, 🖥 www.jrbeetle.co.jp,
nach PUSAN (Südkorea, 2–4x tgl., 3 Std.,
13 000 ¥ einfach).

Flüge
Vom **Fukuoka Airport**, 📞 092-621-6059
(national), 092-621-0303 (international),

KYŪSHŪ

www.fuk-ab.co.jp, bestehen u. a. Flüge nach TŌKYŌ (1 1/2 Std.) und ŌSAKA (1 Std.). Internationale Verbindungen nach SEOUL (1 1/2 Std.), SHANGHAI (45 Min.) und in andere asiatische Städte sowie Mo, Di, Do und Sa nach AMSTERDAM. Zum Bahnhof Hakata und weiter nach Tenjin fährt eine U-Bahn ab dem National Terminal (Shuttlebus zum/vom International Terminal).

Dazaifu 太宰府

Dazaifu war einst das politische Zentrum Westjapans: In der Nara- und Heian-Zeit war es die Aufgabe der hiesigen Regierung, die japanische Westgrenze zu schützen und die damals neun Provinzen von Kyūshū zu verwalten. Heute ist von der einstigen Bedeutung dieses Ortes nichts mehr zu spüren. Trotzdem ist Dazaifu ein viel besuchter Ort: An einer endlosen Reihe von Souvenirläden vorbei pilgern unzählige Menschen, vor allem Schüler und Studenten, zum hiesigen **Tenmangū**, um den Schutzheiligen des Lernens, Sugawara Michizane (845–903), über dessen Grabstelle der Schrein einst errichtet wurde, um Beistand bei Prüfungen zu bitten. Sugawara war ein Gelehrter und Politiker, der in Kyōto bis zum Minister zur Rechten aufstieg. Von Neidern diffamiert, wurde er 901 n. Chr. nach Dazaifu strafversetzt, wo er zwei Jahre später starb.

Hinter dem Torii erreicht man zunächst einen Teich, über den drei Brücken führen. Sie symbolisieren Vergangenheit, Gegenwart und Zukunft. Auf das Tor Sakuramon (heutiger Bau von 1914) folgt die Haupthalle (Honden). Sie wurde 905, zwei Jahre nach Sugawaras Tod, erbaut, brannte aber in den folgenden Jahrhunderten mehrfach nieder. Das heute zu sehende Bauwerk wurde 1591 errichtet. Das zum Schrein gehörende **Schatzhaus** widmet sich der Geschichte Dazaifus und besonders des Tenmangū, ⏱ tgl. außer Mo 9–16.30 Uhr, 400 ¥.

Um den Heiligen ranken sich zahlreiche Legenden, die sich auf dem Schreingelände spiegeln. So soll der **Pflaumenbaum**, der rechts vor dem Hauptschrein steht, Sugawara aus Sehnsucht von Kyōto hinterher geflogen sein. Auch die **Ochsenskulptur** steht in Verbindung mit dem Schutzheiligen: Sugawara, der im Jahr des Ochsen geboren wurde (845), hatte bestimmt, dass sein Grab dort sein sollte, wo der Ochsenkarren mit seinen sterblichen Überresten stehen bliebe. Wer der Ochsenskulptur über den Kopf streicht, wird mit Weisheit gesegnet – so jedenfalls der Volksglaube.

Vom Schreingelände geht es über Rolltreppen und Laufbänder durch einen Tunnel zum **Kyūshū-Nationalmuseum**, 🖥 www.kyuhaku. com. Das schön aufgemachte Museum wurde erst 2005 eröffnet. Es zeigt eine Dauerausstellung zum Thema des Kulturaustauschs zwischen Japan und dem übrigen Asien sowie wechselnde Themenausstellungen. ⏱ tgl. außer Mo 9.30–17 Uhr, Eintritt Dauerausstellung 430 ¥, kostenloser Audioguide auf Englisch. Das dazugehörige Café bietet schöne Sitzplätze im Freien.

Vom Tenmangū-Schrein und dem Nationalmuseum ist es nur ein kurzer Fußweg zum **Kōmyōzenji**, einem friedlichen Tempel von 1273 mit einem bezaubernden Stein- und Moosgarten auf der rückwärtigen Seite und einem weiteren Steingarten vorn. ⏱ tgl. 8–17 Uhr, Eintritt 200 ¥.

Auf dem Rückweg zum Bahnhof sollte man in der Ladenstraße die leckere Gebäckspezialität *ume-ga-eda* probieren, die frisch gebacken in verschiedenen Läden verkauft wird.

TRANSPORT

Von FUKUOKA (Tenjin) fahren Züge der Privatlinie Nishitetsu in 40 Min. zum Bahnhof Nishitetsu-Futsukaichi. Von dort sind es zwei Stationen mit der Nishitetsu-Linie nach Dazaifu. Einige Züge fahren auch von Tenjin bis Dazaifu durch (340 ¥).

Arita 有田

Wer sich für japanische Keramik interessiert, sollte unbedingt das friedliche Arita in der Präfektur Saga aufsuchen. Sein Name steht in ganz Japan für eine lange Tradition der Töpferkunst. Diese begann mit Toyotomi Hideyoshi, der nach seinem Koreafeldzug (1592–98) koreanische Töpfer zwangsweise hierher bringen ließ. Unter den Verschleppten war auch Ri Sanpei (eigentlich Yi

KYŪSHŪ

In der Edo-Zeit lief der Porzellanhandel v. a. über die VOC (Ostindische Kompanie). Sie brachte ab 1659 **Arita-Porzellan** *(Arita-yaki)* über Batavia, das heutige Jakarta, nach Europa. Bis 1757, als der offizielle Handel endete, wurden über 1,2 Mio. Stück nach Europa exportiert. Rechnet man die Ware hinzu, die nicht über die VOC verschifft wurde, sind es sogar über 7 Mio. Der europäische Hochadel schätzte das Arita-Porzellan sehr. Zeitweise war Arita-yaki sogar wertvoller als Gold und Silber. Es gelangte auch an den Hof von Kurfürst Friedrich August I. (dem Starken) von Sachsen, der Porzellan in seinem „Japanischen Palais" in Dresden sammelte. Große Teile dieser Sammlung sind heute im Dresdner Zwinger zu sehen. August der Starke war es auch, der die Gründung der ersten Porzellanmanufaktur Europas in Meißen veranlasste.

Arita-Porzellan inspirierte zudem Töpfereien in Chelsea und Delft und beeinflusste die Kunst des Barock und Rokoko. Eine zweite Blüte erfuhr die Töpferkunst von Arita nach der Öffnung Japans am Ende des 19. Jhs., als Arita-Porzellan auf verschiedenen Weltausstellungen gezeigt wurde.

Echte Töpferfans können auch noch die Hafenstadt **Karatsu**, 27 km weiter nordöstlich, besuchen. In Karatsu geht die Töpferkunst bereits auf das 7. Jh. zurück. Hier wurde und wird allerdings nicht Porzellan, sondern Steingut hergestellt.

Sampyong). Er entdeckte um 1616 in der Gegend Kaolin und errichtete daraufhin den ersten Porzellanofen in Japan. Arita-Porzellan wurde im Ausland bald als Ko-Imari (Alt-Imari) bekannt, nach dem Hafen Imari 12 km nördlich, von dem aus dieses Porzellan verschifft wurde. Heute wird in Arita nicht nur Geschirr, sondern auch Fliesen und Industrieporzellan hergestellt. Seit 1979 pflegt der Ort eine Partnerschaft mit Meißen.

Seit Ri Sanpei 1616 hier Kaolin entdeckte, wurden beim **Izumiyama-Steinbruch** bis zu 10 000 t Gestein pro Jahr gefördert. Heute ist der Steinbruch quasi erschöpft, weshalb Arita das Kaolin aus anderen Regionen beschaffen muss. Der Steinbruch ist nicht begehbar, bietet aber einen recht eindrucksvollen Anblick.

Der 1658 gegründete **Tōzan-jinja** ist Kaiser Ōjin und den Urvätern der Töpferkunst von Arita gewidmet. Das ungewöhnliche Torii aus weißblauem Porzellan wurde 1888 aufgestellt. Die *koma-inu* (Wachhunde), ebenfalls aus Porzellan, wurden 1887 von dem Keramikmeister Imaemon X. gestiftet. Folgt man dem Pfad links hinter dem Schrein und dann dem Pflasterweg rechts, gelangt man zum **Denkmal für Ri Sanpei**, das 1917 „für den Vater der Arita-Töpferei" errichtet wurde. Von hier hat man einen schönen Blick auf Arita.

Das Iro-Nabeshima-Porzellan, das die Imaemon-Familie herstellt, war in der Edo-Zeit den Fürstenfamilien vorbehalten. Imaemon Imaizumi, 13. Oberhaupt der Töpfer-Dynastie, wurde als „lebender Staatsschatz" *(ningen kokuhō)* ausgezeichnet und entwickelte neue Techniken. Seit 2002 führt sein Sohn Masato die Familientradition als Imaemon XIV. weiter. Die **Imaemon-Galerie**, 🖥 www.imaemon.co.jp/museum, ist überschaubar und vermutlich nur für echte Porzellankenner von Interesse. Eine Werkstattbesichtigung ist leider nicht möglich. ⏱ tgl. außer Mo 9.30–16.30 Uhr, 300 ¥, Sonderausstellungen 500 ¥

Das moderne **Keramikmuseum** (Saga Kenritsu Kyūshū Tōji Bunka-kan) liegt auf einem Hügel südlich des Bahnhofs Arita. Es widmet sich der Geschichte der Keramik auf Kyūshū. Eine große mechanische Spieluhr aus Porzellan aus dem Jahr 2000 gerät ab 9.30 Uhr alle halbe Stunde in Bewegung. Einen Blick wert sind auch die Toiletten des Museums! Die 25 Porzellanglocken draußen sind übrigens ein Geschenk der Partnerstadt Meißen. Zu jeder vollen Stunde wird dort abwechselnd ein japanisches und ein deutsches Lied gespielt. ⏱ Di–So 9–17 Uhr, Eintritt frei. 10 Min. zu Fuß vom Bahnhof Arita.

Die **Kakiemon-Galerie** ist interessanter als die Imaemon-Galerie. Die Familie Kakiemon ist bereits seit dem frühen 17. Jh. in Arita ansässig. Sakaida Kakiemon (1596–1666) entwickelte um 1643 die „Akae" genannte, polychrome Auf-

KYŪSHŪ

glasurtechnik. Die Kaki-rote Malerei wurde auf milchig-weißem, Nigoshide genannten Porzellan aufgetragen und so die typische Kakiemon-Keramik geschaffen. Auch Sakaidas Nachfahre Kakiemon XIV. (1934–2013) wurde als „lebender Nationalschatz" ausgezeichnet für sein Bemühen, die traditionellen Techniken zu bewahren. Seit seinem Tod führt der älteste Sohn das Familienunternehmen als Kakiemon XV. weiter.

Mit dem Fahrrad braucht man vom Bahnhof bis zur Kakiemon-Galerie ungefähr eine Viertelstunde (Weg auf Plan einzeichnen lassen). Es gibt kein Schild in Lateinschrift, aber eine Tafel mit englischer Erklärung davor. ⏱ tgl. 9–17 Uhr, Eintritt frei.

Es ist nicht erforderlich, in Arita zu übernachten. Wer hier dennoch bleiben möchte, findet ein paar Minshuku, etwa **Minshuku Chaya**, 5 Min. vom Bahnhof, ✆ 0950-4992-8172, 🖳 minshukuarita.jimdo.com, das für eine Übernachtung ohne Frühstück 3500 ¥ verlangt, mit Mahlzeiten und zum Keramikmarkt Anfang Mai mehr.
Auf dem Weg zum Steinbruch stößt man auf ein paar Lokale, empfehlenswert ist **Honjin**, neben der Shōbidō-Galerie in der Hauptstraße (in Richtung Steinbruch gesehen auf der linken Seite), mit guter, traditioneller Kost wie Sashimi und Tenpura zu angemessenen Preisen in einem schönen japanischen Holzhaus. ⏱ tgl. außer Mi 11.30–15 Uhr, abends nach Voranmeldung.
Eine weitere gute Adresse ist **Gallery Arita**, an der Schnellstraße 35, die parallel zu den Bahnschienen verläuft und die Abzweigung zum Keramikmuseum passiert. Es ist eine Mischung aus Restaurant, Café und Porzellanshop. Das Mittagsmenü (1500–2000 ¥) besteht aus vielen kleinen Gerichten, z. B. *Imari-beef* oder *godōfu*, die Spezialität von Arita, und wird in schönem Arita-Porzellan serviert. Das Besondere: Für den Kaffee darf man aus hunderten Tassen selbst eine auswählen. ⏱ tgl. 9–21 Uhr.

Aktivitäten
Bei **Rokuro-za**, ✆ 0955-41-1302, nicht weit vom Bahnhof Kami-Arita, kann man selbst an die Töpferscheibe (Dauer ca. 1/2 Std., 1950 ¥). Das Kunstwerk wird einem dann ca. 2 Monate später zugeschickt. ⏱ tgl. außer Do 10–16 Uhr.

Informationen
Im Bahnhof Arita gibt es eine kleine **Touristeninformation**. Eine nützliche Website ist 🖳 www.arita.jp.e.ew.hp.transer.com.

Keramikmarkt
Der **Arita Tōsa-ichi**, 29.4.–5.5., existiert seit über 100 Jahren. Vom Bahnhof Arita bis zum Bahnhof Kami-Arita erstrecken sich dann mehrere hundert Stände mit Arita-yaki. Im Herbst (Nov) gibt es ein ähnliches Fest, nur wesentlich kleiner.

Arita ist sehr weitläufig. Wer kein Fahrrad mietet (beim Bahnhof), ist auf Busse (200 ¥ pro Fahrt) oder Taxis angewiesen.
Von FUKUOKA (Hakata) stdl. Direktverbindung mit der Bahn in 1 1/2 Std., 2750 ¥.
Wenn man von Arita nach NAGASAKI will, hat man zwei Routen zur Auswahl: entweder mit Umsteigen in Haiki (insgesamt 2 Std., 1650 ¥) oder ein Stück zurück Richtung Hakata bis Hizen-Yamaguchi und dort umsteigen in die JR-Nagasaki-Linie (insgesamt 1 1/2 Std., 3680 ¥ Express).

17 HIGHLIGHT

Nagasaki 長崎

Nagasaki (434 000 Einw.) ist eine der schönsten und interessantesten Städte Japans. Mit ihren chinesischen Tempeln, christlichen Kirchen und westlichen Gärten ist die alte Hafenstadt für Japaner sehr exotisch. In jedem Fall versprüht sie eine einzigartige Atmosphäre. Buddhistische Priester aus China ebenso wie christliche Missionare aus Portugal nutzten den Hafen als Eingangstor nach Japan. Die Holländer trieben in der Edo-Zeit von hier aus Handel mit dem restlichen Japan, und im Zweiten Weltkrieg warfen die Amerikaner die zweite Atombombe der

Geschichte auf die Stadt ab (S. 538) – so wechselvoll die Geschichte der Stadt, so vielseitig ist das Stadtbild heute.

Die Stadt ist sehr langgestreckt: Im nördlichen Viertel Urakami befindet sich das Epizentrum des Atombombenabwurfs. Das Hauptgeschäftszentrum ist südöstlich des Bahnhofs um Hamanomachi angesiedelt. Südwestlich davon erstrecken sich die Chinatown und die alten „westlichen" Viertel.

Geschichte

Ursprünglich lag an dem Naturhafen am Ostchinesischen Meer ein Fischerdorf. Ende des 12. Jhs. herrschte der Lehnsherr Nagasaki Kōtarō über diese Gegend – ihm verdankt die Stadt ihren Namen. Ab 1571 wurde Nagasaki zum Stützpunkt für den Überseehandel mit Spaniern, Portugiesen und Holländern. Mit den Portugiesen kam das Christentum nach Japan: Die Jesuiten gründeten hier eine Mission, und der damalige *daimyō* Ōmura Sumitada nahm sogar offiziell den christlichen Glauben an. Allerdings war die Blüte des Christentums in Japan nur von kurzer Dauer: 1587 verbot Toyotomi Hideyoshi die christliche Missionierung. Zehn Jahre später, am 5.2.1597, wurden in Nagasaki 26 Christen gekreuzigt (20 Japaner und sechs Spanier), nachdem sie von Kyōto bzw. Ōsaka 800 km bis Nagasaki marschieren mussten. Eine 1949 eingerichtete Gedenkstätte mit Museum und Kirche, 🖳 www.26martyrs.com, auf dem Hügel Nishizaka, nicht weit vom Bahnhof Nagasaki, erinnert an die Märtyrer, die 1862 von der katholischen Kirche heiliggesprochen wurden. Trotz der Unterdrückung hielten auf Kyūshū einige Japaner heimlich am christlichen Glauben fest, und heute wohnt ein Sechstel aller japanischen Christen in Nagasaki.

Während der gesamten Edo-Zeit blieb Japan misstrauisch gegenüber dem Ausland, insbesondere dem Westen. Deshalb blieb der Handel mit dem Ausland auf Holländer und Chinesen beschränkt, wobei die Holländer nach Dejima, eine künstliche Insel von 100x300 m vor Nagasaki, verbannt wurden, die sie so gut wie nie verlassen durften (S. 539).

1858 war Nagasaki dann einer der fünf Häfen, die sich dem internationalen Handel öffneten.

Damit kamen westliches Wissen und diplomatische Vertretungen in die Stadt. Unter anderem wurden neue Schiffsbautechniken eingeführt und 1887 die Mitsubishi-Werft gegründet. Nagasaki wurde zu einem wichtigen Flottenstützpunkt und deshalb im Zweiten Weltkrieg zum Ziel der Atombombe (S. 538).

Inzwischen lebt Nagasaki nicht mehr nur von Fischerei und Schiffsbau, sondern mehr noch vom Maschinenbau und Tourismus.

Ein Rundgang durch Urakami 浦上

Im Stadtteil Urakami schlug am 9. August 1945 die Atombombe ein. Hier sind auf einem Rundgang noch einige Spuren dieser Katastrophe zu entdecken. Von der Straßenbahnhaltestelle Matsuyama-machi geht es zu Fuß zum **Friedenspark** (Heiwa-kōen). Über Treppen erreicht man zunächst einen Springbrunnen, dessen Fontäne Taubenflügel symbolisieren soll. Er erinnert außerdem an den unsagbaren Durst, unter dem die Brandopfer der Bombe litten. Weiter geht es an mehreren Skulpturen vorbei – darunter eine von der DDR gestiftete linker Hand – zum Wahrzeichen von Nagasaki, der knapp 10 m hohen Friedensstatue des Bildhauers Kitamura Seibō von 1955. Hinten ist eine lesenswerte Inschrift eingemeißelt (die englische Übersetzung steht auf einer Tafel vor der Statue rechts).

Biegt man hinter der Statue links ab, folgt dann der Hauptstraße rechts ein gutes Stück geradeaus und biegt schließlich rechts in die Santos Street ab, gelangt man zum **Nyokodō und Kinenkan von Dr. Nagai Takashi** auf der linken Seite. Nagai Takashi Paul (1908–1951) war ein zum Christentum übergetretener Arzt, der den Atombombenabwurf miterlebte und zahlreiche Opfer behandelte (obwohl er durch seine Arbeit als Radiologe an Leukämie erkrankt war). Seit Juli 1946 ans Bett gefesselt, widmete er sich der medizinischen Forschung und schrieb über den Atombombenabwurf. In dem kleinen Häuschen, dem Nyokodō, verbrachte er die letzten drei Jahre seines Lebens zusammen mit seinen beiden Kindern. Das Museum daneben widmet sich dem Leben und Wirken dieses selbstlosen Mannes. 🕐 Museum tgl. 9–17 Uhr, 100 ¥.

Immer geradeaus geht es von hier weiter zur **Urakami-Kathedrale**. Die ursprüngliche Kir-

Der Atombombenabwurf auf Nagasaki

Am 9.8.1945 um 2.49 Uhr, drei Tage nach dem Abwurf der ersten Atombombe auf Hiroshima (S. 467), verlässt die Bockscar genannte B-29 mit der 4,5 t schweren Atombombe, Spitzname „Fat Man", die amerikanische Militärbasis auf der Insel Tinian. Der Kommandant Major Charles Sweeney hat den Befehl, diese auf Kokura in Nord-Kyūshū abzuwerfen, einen wichtigen Standort der japanischen Rüstungsindustrie. Doch Wolken behindern die Sicht, weshalb Sweeney ausweichen muss. So trifft die Bombe um 11.02 Uhr Nagasaki, einen bedeutenden Kriegshafen und Sitz des Mitsubishi-Rüstungskonzerns. Die Bombe – im Unterschied zu der auf Hiroshima abgeworfenen Uranbombe eine Plutoniumbombe – schlägt allerdings wegen der schlechten Sicht weit von den Werften entfernt im christlichen Viertel Urakami ein. Im Umkreis von 1 km werden 80 % aller Gebäude zerstört, 50 000 Menschen sterben. Bis Ende Dezember sind Schätzungen zufolge über 70 000 Menschen an den Folgen gestorben, bis zum 9.8.2013 steigt diese Zahl auf 162 083 Opfer.

© JESSIKA ZÖLLICKHOFER

Einer, der die Katastrophe hautnah miterlebte, war der Arzt Dr. Nagai. In seinen *Essays aus dem Nyokodō* schreibt er: „Der größte Schaden, den die Atombombe anrichtete, bestand darin, dass wir den Glauben an die Menschheit verloren, indem wir mit der Hässlichkeit unserer eigenen Seele wie auch der unserer Nachbarn konfrontiert wurden".

che wurde ab 1895 von den Christen in Urakami innerhalb von 30 Jahren mühevoll aufgebaut. Seinerzeit war sie eine der größten Kirchen in Asien. Beim Atombombenabwurf wurde sie zerstört, aber anschließend wieder aufgebaut. Vor bzw. neben der neu gebauten Kathedrale (1959) sind Reste des Glockenturms und ein paar teils unversehrte, teils kopflose Heiligenfiguren zu sehen. Ein Mauerrest wurde beim Epizentrum aufgestellt.

Von hier ist es ein ziemlich langer Fußmarsch am Universitätsklinikum vorbei bis zum kuriosen **Halben Torii**. Durch den Bombenabwurf wurde der Torii genau in der Mitte vertikal durchtrennt. Er gehört zum Sannō-Schrein, dessen Eingang zwei große Kampferbäume schmücken. Sie waren beim Atombombenabwurf kahl und schwarz, aber heute blühen sie wieder.

Von hier geht es zum **Atombombenmuseum** (Nagasaki Genbaku Shiryōkan), 🖥 www1.city. nagasaki.nagasaki.jp/peace. Das Museum wurde 1996 an Stelle der alten Ausstellungshalle zum Thema eröffnet. Es zeigt eine Reihe von Artefakten, die nach dem Atombombenabwurf übrigblieben, viele Fotos, einen historischen Abriss der Ereignisse und aufgezeichnete Interviews mit Zeitzeugen (mit englischer Übersetzung). Besonders bewegend sind die Wanduhr, die auf 11.02 Uhr stehen geblieben ist, der Helm mit Schädelresten, die Fotos und Zeitzeugenberichte. Das Museum zeichnet aber nicht nur die Geschichte des Atombombenabwurfs von Nagasaki nach, sondern widmet sich auch der Geschichte der Atomenergie allgemein bis heute. 🕐 tgl. 8.30–17.30, Mai–Aug bis 18.30 Uhr, Eintritt 200 ¥, Audioguide auf Englisch 154 ¥.

Vom Museum gibt es eine direkte Verbindung zur **Nationalen Gedenkstätte für die Atombombenopfer**, ⌨ www.peace-nagasaki.go.jp, die 2003 eröffnet wurde, um Raum zum Trauern und für Friedensgebete zu geben. Die Architektur von Kuryū Akira ist sehr eindrucksvoll: Durch schmale, unterirdische Korridore geht es in die Gedenkhalle aus mit Zedernholz vertäfeltem Beton. Auf einer Seite sind in einer Art Regal, das zum Epizentrum hin ausgerichtet ist, in speziellen Büchern hinter Glas die Namen aller Opfer festgehalten (s. Abb. links) Die zwölf Lichtsäulen in der Halle symbolisieren die Hoffnung auf dauerhaften Frieden und sollen die entsprechenden Gebete in den Himmel senden. ⊕ tgl. 8.30–17.30, Mai–Aug bis 18.30 Uhr, 7.–9. Aug bis 20 Uhr, Eintritt frei.

Von hier ist es nur ein kurzer Weg zum **Epizentrum** der Atombombenexplosion, einem großen Platz mit einem Monolith, der die genaue Einschlagstelle markiert, Mauerresten der Urakami-Kirche, die nach dem Krieg hierher gebracht wurden, und einer Skulptur von Naoki Tominaga, einem in Nagasaki geborenen Künstler. Anschließend kann man mit der Straßenbahn vom Bahnhof Matsuyama-machi wieder ins Zentrum der Stadt zurückfahren.

Dejima 出島

Zur Zeit der Abschließungspolitik in der Edo-Zeit waren die holländischen Kaufleute dazu verdammt, sich auf der kleinen, künstlichen Insel Dejima aufzuhalten. Die Insel durfte nur mit Sondererlaubnis verlassen werden. Somit beschränkte sich der einzige Kontakt zu Japanern auf Beamte, Dolmetscher, Kaufleute und Prostituierte. Das 15 000 m² große Areal südöstlich des heutigen Hafens wurde 1636 auf Befehl des Shōguns ursprünglich für Portugiesen eingerichtet, um den Einfluss der Missionare zu unterbinden. Als die Portugiesen drei Jahre später ganz aus Japan verbannt wurden, verlegten die Holländer ihren Handelsposten 1641 von Hirado, einer Insel vor Kyūshū, hierher. Bis 1857 war er Japans einziges Tor zum Westen – und umgekehrt.

Die holländischen Schiffe kamen jedes Jahr im Juli oder August für etwa zwei Monate und brachten Gewürze, Sappanholz (ein Färbemittel),

Stoffe (v. a. Rohseide) und Zucker mit. Sie führten aber auch verschiedene Dinge ein, die in Japan bis dahin unbekannt waren, z. B. wissenschaftliche Instrumente, das Klavierspiel, Kaffee und Kohl, der deshalb *oranda-na* („Holland-Gemüse") genannt wurde. Aus Japan wurden dagegen Kupfer, Silber, Kampfer (als Arzneimittel eingesetzt), Keramik, Lackwaren und Tee exportiert. Zwei deutsche Ärzte wirkten hier: Engelbert Kaempfer (1651–1716), dem Europa erste eindrucksvolle Schilderungen über Japan verdankt, und Franz Philipp von Siebold (S. 543). 1859 wurde der Handelsposten der Niederländischen Ostindienkompanie schließlich geschlossen.

Durch Landgewinnung seit der Meiji-Zeit ist Dejima längst keine Insel mehr, nur an einer Seite wird das Areal von einem Kanal begrenzt. Es gibt aber langfristige Pläne, ganz Dejima in seiner ursprünglichen Form zu rekonstruieren – was allerdings wegen des enormen Aufwands (u. a. müsste der Fluss umgeleitet werden) auf Widerstand stößt. Immerhin ist aber ein attraktiver Museumskomplex entstanden, mit dessen Bau 1996 begonnen wurde. Das größte rekonstruierte Gebäude ist das Haus des Leiters der Faktorei. Es ist im Obergeschoss im Stil jener Zeit möbliert. Zu den weiteren Rekonstruktionen gehören Quartiere, Lagerräume, Büros und zwei Eingangstore. Ein protestantisches Seminar, das erst 1878 nach der Öffnung des Landes errichtet wurde, ist noch im Original erhalten und renoviert worden. Sechs weitere Gebäuderekonstruktionen sind in Planung und sollen 2016 fertiggestellt sein. ⌨ www1.city.nagasaki.nagasaki.jp/dejima, ⊕ tgl. 8–18 Uhr, 510 ¥. Tram-Station Dejima.

Ganz in der Nähe, Richtung Meer, eröffnete 2005 das **Kunstmuseum der Präfektur**, ⌨ www.nagasaki-museum.jp. Es zeigt eine bunte Palette an Kunst, von Gemälden spanischer Künstler des 15.–20. Jhs. über Bilder und Plastiken japanischer Künstler bis zu Keramik und Fotografien. ⊕ 10–20 Uhr, jeden 2. und 4. Mo im Monat geschlossen, 400 ¥.

Von der benachbarten **Dejima Wharf** legten von den 1920er- bis in die 40er-Jahre Dampfschiffe nach Shanghai ab. 2000 wurde hier zur Wiederbelebung des Kais ein Restaurantkomplex eröffnet.

Chinatown (Shinchimachi) 新地町 und Umgebung

Die Chinatown mit einer Reihe chinesischer Restaurants ist nicht besonders aufregend, aber das ehemalige Wohngebiet der Chinesen (ausgeschildert) hat ein paar schöne chinesische Tempel und alte stille Gassen, wohin sich nur wenige Touristen verlaufen.

Glover Garden und der Süden Nagasakis

Glover Garden グラバー園

Auf dem Minami-Yamate-Hügel mit Blick auf die Bucht ließen sich nach der Öffnung Japans in der 2. Hälfte des 19. Jhs. viele Kaufleute aus dem Westen nieder. Einige ihrer Häuser sind heute noch im Glover Garden zu besichtigen. Benannt wurde der Park nach Thomas B. Glover (1838–1911), einem Schotten, der 1859 nach Nagasaki kam. Er half bei der Modernisierung der japanischen Industrie, heiratete eine ehemalige Geisha und unterstützte die Rebellen gegen den Shōgun. Das **Glover House** (1863) ist das älteste erhaltene koloniale Holzhaus in Japan. Einige Einrichtungsgegenstände stammen noch aus dem persönlichen Besitz von Glover.

Von hier aus kann man anschließend zum **Walker House** (1877) spazieren. Robert N. Walker war ein britischer Kapitän, der später mit Thomas Glover zusammen japanische Limonade produzierte. Damit waren sie die ersten Erfrischungsgetränkehersteller in Japan. Aus diesem Unternehmen ging die heutige Kirin-Brauerei hervor.

Das **Ringer House** (1865) war das Haus des britischen Teehändlers Frederick Ringer, der ein Gas- und Elektrizitätsunternehmen gründete und auch eine englischsprachige Lokalzeitung ins Leben rief.

Das **Alt House** (1865) ist mit seinem Säulengang besonders schön. Es wurde von demselben Architekten erbaut, der auch die Ōura-Kirche entwarf (Koyama Hidenoshin), und gehörte dem Briten William Alt. Der Teehändler kam nach der Öffnung Japans als einer der Ersten nach Nagasaki und exportierte grünen Tee.

Auf dem weiteren Rundgang kommt man an einer Statue von Puccini und seiner **Madame Butterfly** vorbei. Sie ist nach der Operndiva Miura Tamaki modelliert. Abschließend kann man noch das **Museum der Traditionellen Darstellenden Künste** kurz vor dem Ausgang des Parks besuchen. Es zeigt Festwagen und einen Film zum Kunchi-Fest und beherbergt einen Souvenirshop. Im ehemaligen ersten westlichen Restaurant von Japan ist heute im Obergeschoss ein stilechtes **Café** untergebracht.

🖥 www.glover-garden.jp, 🕐 tgl. 8–18 Uhr, 610 ¥. Mit der Straßenbahn Richtung Ishibashi bis Ōura Tenshudō-shita (vom Bahnhof aus umsteigen in Tsukimachi).

Ōura-Kirche 大浦天主堂

Diese 1865 geweihte katholische Kirche ist die älteste erhaltene Holzkirche in Japan. Gegründet wurde sie von dem französischen Priester Bernard Petitjean, weshalb die Stadtbewohner die Kirche den „französischen Tempel" nannten. Der neugotische Bau mit Buntglasfenstern und Bambusbögen ist nach Nishizaka ausgerichtet, Schauplatz der Hinrichtung von 26 Christen (S. 537). Ein Gemälde im Altarraum (rechts) zeigt das „Martyrium der 26 Heiligen".

Der Bau der Kirche lockte seinerzeit versteckte Christen hervor – sie wurden verhaftet und mit über 3000 Glaubensbrüdern aus Kyūshū verbannt, denn das Christenverbot in Japan wurde erst 1873 aufgehoben. 🕐 tgl. 8–18 Uhr, 300 ¥.

Kōshibyō (Konfuzius-Schrein) 孔子廟

Der Konfuzius-Schrein von Nagasaki ist ein Kuriosum, denn er ist im Besitz der VR China und wird von der chinesischen Botschaft in Tōkyō verwaltet. Zugleich ist er der weltweit einzige von Chinesen erbaute Konfuzius-Schrein außerhalb Chinas. Chinesische Einwohner der Stadt gründeten ihn 1893 mit Unterstützung der Quing-Dynastie. Lange Jahre beherbergte er eine Grundschule, die jedoch mit Beginn der Restaurierung des Schreins 1982 auszog. Damals wurde der Schrein um das Eingangsgebäude und das Museum zur chinesischen Geschichte (mit Leihgaben der VR China) ergänzt. Besonders eindrucksvoll sind die Dachverzierungen, die Marmorstatuen der 72 Konfuziusschüler im Innenhof und das Heiligtum selbst mit der Statue des Gelehrten. 🕐 tgl. 8.30–17 Uhr, 600 ¥. Tram bis Ishibashi.

Nagasaki

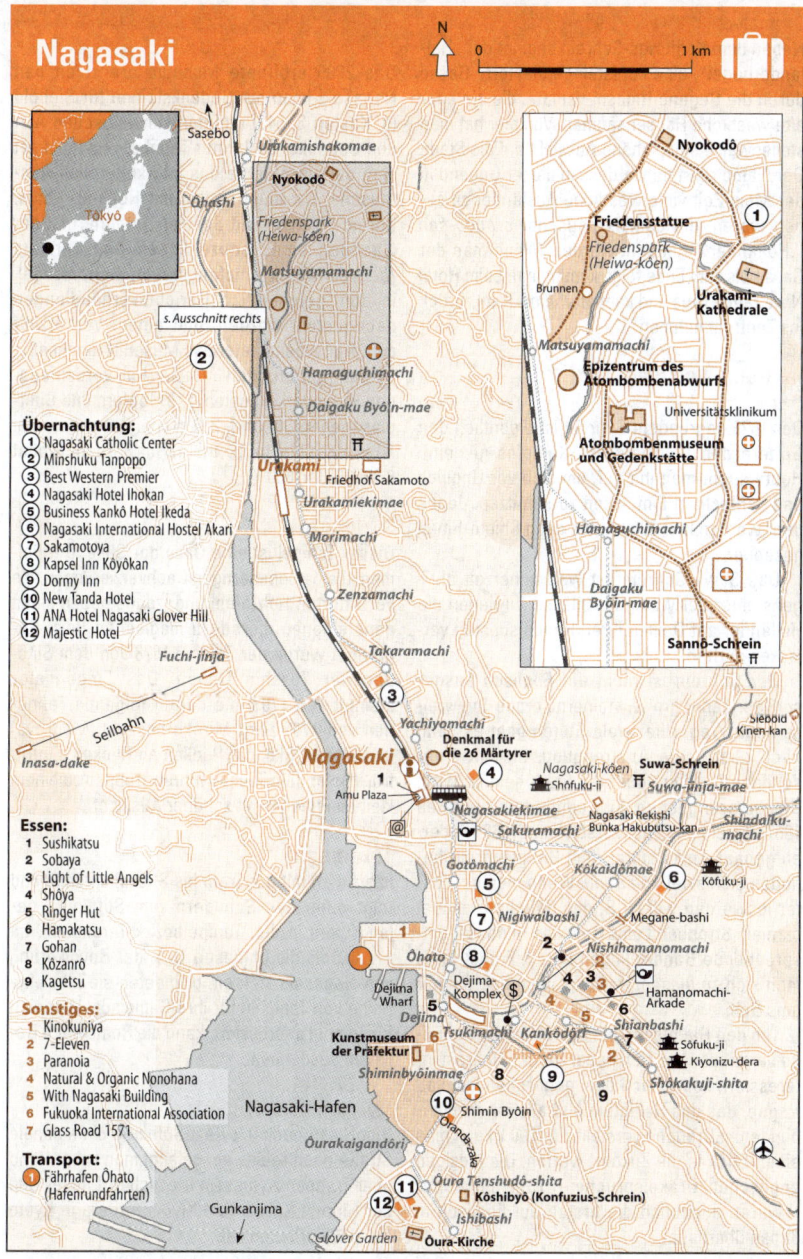

N 0 1 km

Übernachtung:
1. Nagasaki Catholic Center
2. Minshuku Tanpopo
3. Best Western Premier
4. Nagasaki Hotel Ihokan
5. Business Kankō Hotel Ikeda
6. Nagasaki International Hostel Akari
7. Sakamotoya
8. Kapsel Inn Kōyōkan
9. Dormy Inn
10. New Tanda Hotel
11. ANA Hotel Nagasaki Glover Hill
12. Majestic Hotel

Essen:
1. Sushikatsu
2. Sobaya
3. Light of Little Angels
4. Shōya
5. Ringer Hut
6. Hamakatsu
7. Gohan
8. Kōzanrō
9. Kagetsu

Sonstiges:
1. Kinokuniya
2. 7-Eleven
3. Paranoia
4. Natural & Organic Nonohana
5. With Nagasaki Building
6. Fukuoka International Association
7. Glass Road 1571

Transport:
1. Fährhafen Ōhato
   (Hafenrundfahrten)

KYŪSHŪ

Oranda-zaka オランダ坂

Neben dem Konfuzius-Schrein beginnt der „Holländerhügel", eine kopfsteingepflasterte Gasse durch die Gegend Higashi-yamate, die ein paar alte westliche Häuser säumen. Von hier hat man stellenweise eine schöne Aussicht auf die Stadt. Der Name rührt daher, dass in dieser Gegend in der Meiji-Zeit viele westliche Ausländer zu sehen waren, die damals pauschal *oranda-san* („Holländer") genannt wurden. Wenn man der Gasse bis zum Ende folgt, kommt man beim Hotel New Tanda raus und kann dort eine Tram zurück ins Zentrum nehmen.

Im Osten von Nagasaki

Suwa-jinja 諏訪神社

Der 1625 gegründete Schrein ist eigentlich den Göttern der Jagd und des Kampfes geweiht. Heute sucht man ihn auf, um sich vor Unglück und schlechten Einflüssen zu schützen. Jedes Jahr werden hier 2000 Autos nach Shintō-Ritual gesegnet.

Das Suwa-Schreinfest war seinerzeit übrigens einer der wenigen Anlässe, zu denen die Holländer auf Dejima ihren Handelsposten verlassen durften.

Der Schrein ist nicht auf Englisch ausgeschildert, aber große, steinerne graue Torii weisen den Weg. Über viele Stufen geht es dann nach oben, eine Anstrengung, die mit einer schönen Aussicht über die Stadt belohnt wird. Die ursprünglichen Schreingebäude wurden 1857 von einem Feuer zerstört und 1869 wiederaufgebaut. Links hinter dem Hauptschrein befinden sich zwei *koma-inu*. Wenn man ein Laster loswerden will (z. B. das Rauchen), bindet man ein Strohband ums Bein des Hundes – entsprechende Bänder liegen bereit. Früher band man sich zu diesem Zweck selbst eine Schnur ums Bein.

Um den Hauptschrein liegen kleinere Schreine verstreut. Wer sich näher für den Schrein interessiert, sollte nach dem englischen Faltblatt fragen, das das Heiligtum und alle mit ihm verbundenen Bräuche vorstellt. Für 200 ¥ kann man einen Blick in die Zukunft werfen: Die hiesigen englischen Orakelsprüche – 1914 eingeführt – waren angeblich die ersten auf Englisch in Japan überhaupt.

Nagasaki Rekishi Bunka Hakubutsukan 長崎歴史文化博物館

Das 2005 eröffnete Museum grenzt an den Nagasaki-kōen mit Gedenksteinen für Siebold (s. Kasten S. 543) und den schwedischen Arzt und Botaniker Carl Peter Thunberg und widmet sich der Geschichte des interkulturellen Austauschs, vor allem jenem mit Holland, China, Korea, Portugal und Spanien. Integriert ist der Nachbau eines edozeitlichen Amtsgerichts *(bugyōsho)* mit Empfangsraum, Gerichtssaal, in dem gelegentlich Gerichtsverhandlungen nachgestellt werden, und einem Verhörzimmer. Außerdem bietet das Museum regelmäßig „Schnupperstunden" *(taiken)* in verschiedenen Handwerkskünsten, z. B. Töpfern und Buntglas (gegen Gebühr). 250 m vom Suwa-Schrein. ⌨ www.nmhc.jp, ⏰ tgl. außer 3. Di im Monat 8.30–19 Uhr, 600 ¥.

Shōfuku-ji 聖福寺

Dieser Tempel ist eine Oase der Stille. Die Palmen, die dämonenartigen Dachverzierungen, die verwitterten Holztafeln und -zäune haben einen ganz eigenen, geradezu magischen Reiz. Gegründet wurde der Tempel 1678 von dem Sino-Japaner Tesshin Dōhan. Das Eingangstor stammt von 1703; die darauf folgende Tennōden von 1705 zeigt Miroku-bosatsu (Maitreya) und Idaten (Skanda) Rücken an Rücken. Eintritt frei. Hinter dem Tempel führen Treppen zu einem kleinen Friedhof mit schöner Aussicht.

Teramachi 寺町

Fährt man mit der Tram bis Shōkakuji-shita und folgt dann den Schildern zum Sōfuku-ji, gelangt man in den Tempelbezirk Teramachi. Im 17. Jh., als die Chinesen 15 % der Bevölkerung von Nagasaki stellten, gründeten sie hier eine Reihe von Tempeln für ihre Gemeinde. Wer sich für Tempel interessiert, kann die Route nach Belieben ausdehnen.

Kiyomizu-dera 清水寺

Biegt man noch vor dem Sōfuku-ji die schmale Straße nach rechts ab, gelangt man linker Hand über Treppen zu diesem friedlichen Tempel, den der Mönch Keijun vom Kiyomizu-dera in Kyōto hier 1623 erbauen ließ.

Sōfuku-ji 崇福寺

Dieser Tempel wurde 1629 für die Händler aus Fujian gegründet und ist ein Beispiel für den südchinesischen Architekturstil der Ming-Zeit. Das schöne rote Eingangstor wurde allerdings erst 1849 hinzugefügt. Das innere Tor des Tempels wurde dagegen bereits 1696 aufgebaut, nachdem es aus China hierhergebracht worden war. Die große Buddhahalle von 1646 ist das älteste erhaltene Gebäude von Nagasaki. Sie birgt Shakyamuni mit zwei Schülern und den 18 Arhats. In der Maso-dō schräg rechts dahinter befindet sich eine Statue von Maso (chin. Mazu), der daoistischen Schutzgöttin der Seefahrer. In dem riesigen Topf auf dem Tempelgelände soll der chinesische Priester Quianhai während einer Hungersnot 1681 Brei gekocht haben. ⏰ tgl. 8–17 Uhr, 300 ¥.

Vom Sōfuku-ji geht man die Straße (Sōfukuji-dōri) geradeaus und biegt dann rechts in die Teramachi-dōri zum Kōfuku-ji ab (ausgeschildert). Unterwegs kommt man an weiteren Tempeln vorbei.

Kōfuku-ji 興福寺

Der Zen-Tempel wurde 1620 von einem chinesischen Priester gegründet, damit die Kaufleute der Ming-Zeit einen Ort hatten, um für eine sichere Überfahrt zu beten. Deshalb wird im ältesten Tempelgebäude, der Maso-dō, die Schutzgöttin der Seefahrer (Maso) verehrt. Während die chinesischen Schiffe im Hafen lagen, wurden hier die tragbaren Schreine zu Ehren von Maso abgestellt. Der chinesische Zen-Meister Ingen verbrachte 1654 ein Jahr in diesem Tempel. ⏰ tgl. 8–17 Uhr, 300 ¥.

Megane-bashi 眼鏡橋

Die „Brillenbrücke", die den Nakashimagawa überspannt, ist ein Wahrzeichen von Nagasaki. Sie wurde ursprünglich 1634 von einem Zen-Mönch des Kōfuku-ji erbaut, aber 1982 bei einer großen Flut stark zerstört und anschließend wieder aufgebaut.

Inasayama 稲佐山

Wer eine schöne Sicht auf die Bucht von Nagasaki in der Dämmerung genießen möchte – angepriesen als „Ten Million Dollar Night View" –,

---

Philipp Franz von Siebold

Der Arzt und Naturwissenschaftler Philipp Franz von Siebold (1796–1866) aus Würzburg trat 1822 nach seinem Studium der Medizin in den Dienst der niederländischen Ostindienkompanie und kam so 1823 erstmals nach Nagasaki, um als Arzt auf Dejima zu arbeiten. Wegen seiner „merkwürdigen" Aussprache des Holländischen wurde er von den Japanern „Berghollländer" genannt.

1824 erhielt er von den Behörden die Erlaubnis, in Narutaki, außerhalb der Stadt, eine Privatschule zu eröffnen, in der er Patienten behandelte und Medizin lehrte. Viele Japaner wurden von ihm in westliche Wissenschaften eingeführt, während seine Schüler ihm ihrerseits Pflanzen brachten, die er untersuchte und katalogisierte. Auf diesen Studien basiert sein Standardwerk über die Flora Japans, *Flora Japonica*. 1826 durfte er auch den Leiter *(opperhoofd)* von Dejima auf seinem Pflichtbesuch in Edo begleiten. Im folgenden Jahr brachte seine japanische Frau Taki eine Tochter zur Welt, Ine, die später die erste japanische Ärztin der westlichen Medizin wurde. Doch 1828 wendete sich mit der sogenannten Siebold-Affäre *(Siebold-jiken)* sein Schicksal: Als das Schiff, das Siebolds Japan-Sammlung nach Europa bringen sollte, kontrolliert wurde, fanden die Beamten Dinge, deren Ausfuhr streng verboten war. Viele Japaner, mit denen Siebold verkehrt hatte, wurden daraufhin bestraft und er selbst ausgewiesen. Zurück in Europa veröffentlichte Siebold 1832 sein Standardwerk *Nippon*, eine umfassende Sammlung an Wissen über Land und Leute.

Erst als seine Verbannung aufgehoben wurde, kehrte Siebold 1859 nach Japan zurück und wurde in Edo Berater des letzten Shōguns in auswärtigen Angelegenheiten. 1863 ging er wieder nach Deutschland, wo er 1866 im Alter von 70 Jahren in München starb.

Die 1989 eröffnete **Siebold Kinenkan** gedenkt mit einer Ausstellung jenes Mannes, der das europäische Japanbild seiner Zeit wie kein anderer prägte und der umgekehrt in Japan als Vermittler zum Abendland wirkte. ⏰ tgl. außer Mo 9–17 Uhr, 100 ¥, Tram-Station Shin-Nakagawa-machi.

kann sich per Seilbahn auf den 332 m hohen Ina-sayama begeben, der jenseits des Urakamiga-wa liegt. Zu erreichen mit Bus Nr. 3 oder 4 vom Bahnhof bis Ropeway-mae, dann links hoch zur unteren Seilbahnstation beim Fuchi-jinja (tgl. 9–22 Uhr, 1230 ¥ hin und zurück, 🖳 www.nagasaki-ropeway.jp).

ÜBERNACHTUNG

Untere Preisklasse

 Dormy Inn, Dōza-machi 7-24, 📞 095-820-5489, 🖳 www.hotespa.net/hotels/nagasaki. Klasse Businesshotel nahe der Chinatown, nächste Tram-Station Tsuki-machi. Die Zimmer und Bäder sind zwar nicht größer als in anderen Businesshotels, aber die Lage ist günstig, die Einrichtung geschmackvoll, die Preise sind niedrig und das besondere Plus sind die Onsen für Männer bzw. Frauen im 3F und das Frühstücksbuffet (gegen Gebühr) – beides für Businesshotels selten. Super Preis-Leistungs-Verhältnis! ❶–❷

Minshuku Tanpopo, Hōei-machi 21-7, 📞 095-861-6230, 🖳 www.tanpopo-group.biz/tanpopo. Im Urakami-Viertel, 15 Min. vom JR-Bahnhof Urakami (gratis Abholung). 13 funktionale Zimmer im japanischen Stil. Essen möglich. Zwei Bäder (16–23 Uhr), Dusche 24 Std. ❶

Nagasaki International Hostel Akari, Kojiyamachi 2-2, 📞 095-801-7900, 🖳 www.nagasaki-hostel.com. Nichtraucher-Hostel im japanischen Stil, etwas weiter weg vom Bahnhof in einer ruhigen Gegend, mit Tram Nr. 3 bis Kōkaidō-mae, am Fluss. DZ und Twins mit Bad, Dorms mit Etagenbetten. Radverleih, Gästeküche. Vermittelt kostenlose Stadt-führungen. Check-in 15–20 Uhr. Ab 2500 ¥ p. P.

Nagasaki Catholic Center, Ueno-machi 10-34, 📞 095-846-4246, 🖳 www.e-yh.net/nccyh. Hostel neben der Urakami-Kirche, kostenloser Tee, schönes Tatami-Zimmer mit Balkon, TV in den japanischen Zimmern. Check-in bis 22.30 Uhr möglich. Rabatt für Christen und JH-Mitglieder. 3900 ¥ p. P.

Männer können im Kapselhotel **Kapsel Inn Kōyōkan**, 📞 095-825-7503, absteigen, keine 10 Min. zu Fuß vom Bahnhof. Mit kostenloser Sauna. Ab 1990 ¥ p. P.

Mittlere Preisklasse

Business Kankō Hotel Ikeda, Gotō-machi 6-23, 📞 095-824-3577, 🖳 www.hotel-ikeda.com. 5 Min. vom Bahnhof, 35 Zimmer. Gutes Preis-Leistungs-Verhältnis, auch wenn die Zimmer schon etwas verwohnt sind. Übers Internet billiger. ❷

Majestic Hotel, Minami Yamate-machi 2–28, 📞 095–827-7777, 🖳 www.majestic-hotel.net. Westliches Hotel beim Glover Garden. Die meisten Zimmer mit Balkon und vergleichs-weise groß. ❷–❺

Nagasaki Hotel Ihokan, Chikugo-machi 2-1, 📞 095-822-8800 🖳 www.ihokan.com/ihokan. Freundlich-familiäres Hotel mit westlichen und japanischen Zimmern, großes Gästebad. Ab 4800 ¥ p. P.

New Tanda Hotel, Tokiwa-machi 2-24, 📞 095-823-0306, 🖳 newtanda.com. Gut 35 Jahre altes Hotel direkt am Oranda-zaka, im Sommer Biergarten im 8. Stock. Die Zimmer sind nicht aufregend, aber völlig okay. Nur 3 DZ, sonst EZ und Twins, auch 3-Bett-Zimmer. ❷–❹

Obere Preisklasse

ANA Hotel Nagasaki Glover Hill, Minami-Yamate-machi 1-18, 📞 095-818-6601, 🖳 www.ana-gloverhill.co.jp. Relativ großzügig geschnittene Zimmer (DZ, Twins, Suiten) im westlichen Stil mit Internet-Verbindung und dem üblichen Komfort. Nichtraucher-Zimmer im 6. Stock. Japanisch-chinesisches und französi-sches Restaurant. Gute Lage für Sehenswürdig-keiten im Süden. Übers Internet billiger. ❺

Best Western Premier, Takara-machi 2-26, 📞 095-821-1111, 🖳 www.bestwestern.com. 4-Sterne-Hotel im Zentrum, zwischen Urakami und dem JR-Bahnhof, 181 Zimmer, Marmorbä-der, schöne Lobby, CNN, Frühstücksbuffet. ❹

Sakamotoya, Kanaya-chō 2-13, 📞 095-826-8211. 10 Min. zu Fuß vom Bahnhof. Edles Ryokan von 1895, 11 Zimmer im japanischen Stil mit Bad, kein Internet, etwas Englisch. 15 750 ¥ p. P. mit HP.

ESSEN

Kasutera (Castella) ist eine Art Sandkuchen, der auf die Portugiesen zurückgeht und schon seit dem 16. Jh. bekannt sein soll.

Shippoku ist ein Festessen aus vielen kleinen japanischen, chinesischen und europäischen Gerichten, serviert an einem runden Tisch, u. a. Sashimi, Fischsuppe, verschiedene Gemüse und Fleisch.

Chanpon ist eine chinesische Nudelsuppe mit Seafood, Fleisch und Gemüse, die von einem Restaurant in Nagasaki kreiert worden sein soll.

Gohan, Aburaya-machi 2-32, ✆ 095-825-3600, 🖳 gohan.oops.jp. Nahe der Tramhaltestelle Shianbashi. Man sieht es dem unscheinbaren Lokal (zu erkennen am gelben Noren-Türvorhang) nicht an, dass hier feinste japanische (Fisch-)Küche geboten wird – zu entsprechenden Preisen (ab 4000 ¥). Der Koch spricht Englisch und erklärt das Menü. ⏲ tgl. außer So 12–14 (nach Anmeldung) und 18–24 Uhr.

Hamakatsu, Kajiya-machi, 1-14 Teramachi-dōri, ✆ 095-827-5783. Spezialisiert auf Tonkatsu. Weitere Filialen in der Stadt. ⏲ tgl. 11–23 Uhr.

Kagetsu, Maruyama-machi 2-1, ✆ 095-822-0191. Elegantes und entsprechend teures Restaurant, das auf eine lange Tradition zurückblickt. Serviert Nagasaki-Küche *(shippoku)*. Reservierung mind. einen Tag vorher. ⏲ tgl. 12–15 und 18–22 Uhr.

Kōzanrō, Chinatown, ✆ 095-821-3735, vom Haupteingang zur Shinchi-machi geht es geradeaus, dann die erste Straße links auf der rechten Seite, zu erkennen an dem Karpfenbecken davor. Eines der ansprechendsten Restaurants in der Chinatown. Leckere Sara-Udon. ⏲ tgl. 11–21 Uhr.

Light of Little Angels, 5-36 Yorozuya-machi, ✆ 095-827-0111. Niedliche, kleine Patisserie. ⏲ tgl. 10.30–19.30 Uhr.

€ **Ringer Hut**, Restaurantkette aus Nagasaki, bekannt für *chanpon*. Filiale u. a. in Dejima-machi 1–5, ✆ 095-832-4832. Das Essen ist lecker und günstig (*champon*-Lunchset für 499 ¥). ⏲ tgl. 11–2 Uhr.

Shōya, Hamanomachi 3-23, Hamasen Biru B1, ✆ 095-832-4777. Ein Querschnitt an preiswerten japanischen Gerichten, auch zum Mitnehmen. Im Untergeschoss eines Eckhauses in der Hamanomachi-Arkade.

🧳 **Sobaya**, Yorozuya-machi 1-3, ✆ 095-823-8530. Die Spezialität des Hauses sind hausgemachte Soba (kalt oder warm). Es gibt keine englische Speisekarte, aber die freundliche Wirtin spricht ein wenig Englisch. Der Eingang ist ziemlich versteckt – den schmalen Gang durch. ⏲ tgl. außer So 11–15 und 18–22 Uhr.

Sushikatsu, Amu Plaza 5F, ✆ 095-808-1501. Sushibar mit Sushi vom Laufband. ⏲ tgl. 11–23 Uhr.

UNTERHALTUNG

Das Amüsierviertel von Nagasaki ist Shianbashi mit seinen Bars, Pachinko-Läden usw. Hier geht es ab ca. 22 Uhr los, z. B. im **With Nagasaki Building**, Kankō-dōri, im Westen von Shianbashi, mit Bars und Clubs bis zum 9. Stock.

Paranoia, Yorozuya-machi 5-36, 3F, ✆ 095-821-0987. Gemütliche Musikkneipe mit gemischtem Publikum und Importbier. ⏲ Mo–Do 20–3, Fr–Sa bis 5 Uhr.

SONSTIGES

Einkaufen

Hamanomachi heißt die Shoppingzone von Nagasaki – ein Netz von überdachten Einkaufsstraßen und engen Gässchen mit allem, was das Herz begehrt.

In der Souvenirladengasse, die zum Glover Garden hinaufführt, verkaufen verschiedene Läden Glaspfeifen, Sake-Kännchen mit langer Tülle *(chirori)* und andere Bidoro-**Glaswaren**, für die Nagasaki bekannt ist, z. B. **Glass Road 1571**, 🖳 www.1571.jp, ⏲ tgl. 9.30–18 Uhr.

Kinokuniya, im Kaufhaus Yumesaito, 4F, beim Fährhafen Ōhato, führt japanische Literatur in englischer Übersetzung und Literatur über Japan.

🌳 **Natural & Organic Nonohana**, Hamanomachi 6-2, ✆ 095-824-0087, 🖳 www.nonohana.co.jp. Biolebensmittel und Naturkosmetik am Anfang der Kankōdōri-Arkade rechts rein. Weitere Filialen in der Stadt.

Feste

Laternenfest, zum chinesischen Neujahr im Februar: 2-wöchiges Fest mit Umzügen, chinesischen Akrobaten und den namengebenden Laternen in verschiedenen Teilen des Zentrums, 🖳 www.nagasaki-lantern.com.

Nagasaki Kunchi Matsuri, 7.–9.10. beim Suwa-jinja: Umzug mit Festwagen in Form von holländischen und chinesischen Schiffen, Drachentänze. Das ursprüngliche Erntedankfest wurde ab 1634 als Schreinfest des Suwa gefeiert, 🖵 nagasaki-kunchi.com.

Peiron, 4. So im Juli: Drachenbootrennen mit 14 m langen Booten, gerudert von je 32 Mann; ursprünglich von chinesischen Bewohnern 1655 eingeführt, die damit die Götter um eine sichere Überfahrt der Handelsschiffe baten.

Geld

Einen **Geldautomaten** der JP Bank gibt es u. a. in Hamanomachi. Geldautomat der **Seven Bank** im 7-Eleven u. a. bei der Tramhaltestelle Shianbashi.
Die **Jūhachi Ginkō** nahe der Tramhaltestelle Tsukimachi wechselt Fremdwährungen.

Hafenrundfahrten

Vom Fährhafen geht es 2x tgl. (9, 13 Uhr, Reservierung mind. am Tag zuvor erforderlich) zur Insel **Gunkanjima**, einer Geisterinsel, auf der vom Ende des 19. Jhs. bis 1974 Kohle gefördert wurde. Von Weitem sieht die mehrfach künstlich erweiterte Insel aus wie ein Kriegsschiff (jap. *gunkan*), daher der Name – offiziell heißt sie Hashima. Die Ruinen der Mine, der Wohnblöcke, der Schule und des Krankenhauses haben etwas Gespenstisches. Zur Blütezeit um 1960 wohnten hier über 5000 Menschen; die 6,3 ha kleine Insel hatte damals die höchste Bevölkerungsdichte in Japan. Sogar ein Kino und einen Swimmingpool gab es damals. 2012 diente Gunkanjima übrigens als Drehort des James-Bond-Streifens *Skyfall*. Wegen der Einsturzgefahr darf man die Ruinenlandschaft nur von drei Aussichtspunkten aus betrachten. Um 11.30 bzw. 15.30 Uhr ist man wieder zurück im Hafen. 4200 ¥ zzgl. 300 ¥ Landegebühr auf der Insel. Näheres unter ✆ 095-822-5002, 🖵 www.gunkan-jima.net.
Dasselbe Unternehmen bietet auch eine einstündige **Bay Cruise** um 12 und 16 Uhr für 2000 ¥.

Informationen

Touristeninformation im JR-Hauptbahnhof, das Personal spricht Englisch, hat aber nur wenige englische Broschüren. Verkauft auch eine Tageskarte für die Straßenbahn und vermittelt Zimmer. 🕐 tgl. 8–20 Uhr.
Hotline für ausländische Touristen, ✆ 095-825-5175, Infos im Netz: 🖵 www.city.nagasaki.lg.jp und 🖵 at-nagasaki.jp/foreign/english.
International Association, Dejima-machi 2-11, ✆ 095-823-3931, 🖵 www.nia.or.jp, hilft auf Englisch weiter. Bietet auch Einführungen in verschiedene japanische Künste. 🕐 Mo–Fr 9–17.30 Uhr.

Medizinische Hilfe

Shimin Byōin, Shinchi-machi 6-39, ✆ 095-822-3251, Notfallklinik westlich von Chinatown.

NAHVERKEHR

Straßenbahn

In Nagasaki verkehren vier Straßenbahnlinien ca. alle 5 Min. Eine Fahrt kostet pauschal 120 ¥, eine Tageskarte für 500 ¥ bekommt man bei der Touristeninformation und in größeren Hotels, z. B. dem Terminal Hotel und dem JAL City in Dejima.

Busse

Zur Inasayama-Seilbahn: Bus 3 oder 4 vom Bahnhof. Zum Flughafen s. „Transport".

TRANSPORT

Busse

Busbahnhof beim Bahnhof Nagasaki, ✆ 095-823-6155.
FUKUOKA, häufig, 3 Std., 2570 ¥
KUMAMOTO, 8x tgl., 3 1/4 Std., 3700 ¥
UNZEN, s. S. 548

Eisenbahn

Vom Bahnhof Nagasaki nach:
FUKUOKA (Hakata), mindestens stdl., 2 Std., 4190 ¥ Express, mit Umsteigen in den Shinkansen in Shin-Tosu 1 3/4 Std., 4890 ¥
BEPPU, 4 Std., 9130 ¥ Express, mit Umsteigen in Fukuoka (Hakata)
KUMAMOTO, 2 Std., 6950 ¥ Express, mit Umsteigen in den Shinkansen in Shin-Tosu
UNZEN, s. S. 548

Flüge

Der Flughafen, 🖥 www.nabic.co.jp/english, in der Ōmura-Bucht (40 km) ist per Airportbus zu erreichen (3/4 Std.): vom Bahnhof alle 15–20 Min. für 800 ¥.

Flüge u. a. nach
OKINAWA (Naha), 1x tgl., 1 1/2 Std.
ŌSAKA Itami, 7x tgl., 1 Std. 5 Min.; Kansai 1x tgl., 1 1/4 Std.
SEOUL, Mi, Fr, So 1 1/2 Std.
SHANGHAI, Mo und Fr, 35 Min.
TŌKYŌ, häufig, 1 1/2 Std.

Unzen 雲仙

Von der Küste der Shimabara-Halbinsel schlängelt sich die Straße zum 700 m hoch gelegenen Thermalort Unzen hinauf. Kurz bevor der Bus die Endhaltestelle erreicht, führt der Weg geradewegs durch die „Hölle": Links und rechts steigen nach faulen Eiern riechende Dampfsäulen auf, es zischt und brodelt. Nicht von ungefähr heißen solche dem Vulkanismus geschuldete Phänomene auf Japanisch *jigoku*, „Hölle". Jene von Unzen – eigentlich sind es gleich mehrere – hat tatsächlich etwas Unheimliches. Wenn so der Ort der ewigen Verdammnis aussieht, möchte man dort nicht schmoren …

Der buddhistische Mönch Gyoki errichtete hier 701 einen Tempel der Shingon-Schule, den Manmyō-ji. Der Tempel entwickelte sich zu einem derart beliebten spirituellen Zentrum, dass Unzen bald den Namen „Kōya-san des Westens" (in Anlehnung an den berühmten Klosterberg auf Honshū, S. 428) erhielt.

Dr. Engelbert Kaempfer, der 1690 nach Japan kam, machte Unzen im Ausland bekannt. Auch Dr. Philipp Franz von Siebold (S. 543), der Japan 1823 besuchte, schrieb über die heißen Quellen. Die ersten ausländischen Feriengäste kamen in den 90er-Jahren des 19. Jhs. In den folgenden Jahrzehnten entwickelte sich der Ort zu einer beliebten Sommerfrische für Europäer und Amerikaner aus Shanghai, Hongkong und Manila. 1930 war daher bereits ein Drittel der Hotelzimmer in Unzen im westlichen Stil.

Das vulkanische Gebiet um Unzen wurde 1934 zum ersten Nationalpark Japans erklärt

(zusammen mit dem Setonaikai- und dem Kirishima-Nationalpark). 1956 wurde Amakusa (S. 563) diesem Nationalpark angegliedert.

Unzen Onsen 雲仙温泉

Es gibt mehrere Zugänge zu den Höllen. Ein Weg beginnt beim **Onsen-jinja**. Die aktivste und höchstgelegene Hölle ist die **Daikyōkan-jigoku**, die ihren Namen („großer Schrei") ihrem tiefen Grollen verdankt. Der schwefelhaltige Dampf ist bis zu 120 °C heiß. Hinweisschilder erläutern die Bedeutung der Namen der anderen Höllen.

Die **Kyū-Hachiman-jigoku** ist eine Mondlandschaft auf der anderen Seite der Hauptstraße. Sie war einst viel imposanter. Heute brodelt es in dieser Hölle kaum noch. Hier wird ein Felsen als Onsen-Schutzgottheit Sukunahikona verehrt.

Auf dieser Seite der Straße führt auch ein Weg zum **Manmyō-ji**, dem von Gyoki gegründeten Tempel. Heute erinnert nicht mehr viel an die frühere Bedeutung dieses Ortes. Zu sehen ist eine goldene Buddhastatue.

Fugen-dake 普賢岳

Der nordöstlich von Unzen Onsen gelegene **Nita-Pass** (Nita-tōge) ist knapp 1100 m hoch. Besonders schön ist es hier zur Laubfärbung Endo Oktober/Anfang November und im Frühling, wenn Azaleen, japanische Veilchen und Hortensien blühen. Ein Minibus (*noriai-taxi*, „Sammeltaxi", genannt) fährt in 20 Min. zum Pass (860 ¥ hin und zurück, über die Unterkunft oder 📞 0957-73-2010 mind. eine halbe Stunde vorher reservieren, ab Unzen Onsen 9, 11, 14 Uhr, zurück 10.20, 12.20 und 15.20 Uhr).

Vom Parkplatz geht man zur Seilbahnstation (630 ¥, einfach; April–Okt 8.31–17.23, letzter Aufstieg 17.03 Uhr, Nov–März bis 17.11, letzter Aufstieg 16.51 Uhr), die auf den **Myōken** (1333 m; zu Fuß ca. 40 Min.) führt. Vom Myōken-Aussichtspunkt blickt man auf den **Heisei Shinzan** (1483 m), den 1913 eröffneten Golfplatz von Unzen (der älteste in Japan) und Nagasaki und kann in wenigen Minuten zum Bergschrein Myōken-jinja spazieren (weiter bis zum Gipfel darf man nicht). Vom Myōken führt ein Wanderweg (1 Std.) zum **Fugen-dake** (1359 m). Schilder warnen ausdrücklich davor, den ausgewiesenen Pfad zu verlassen. Der Fugen-dake brach 1792 aus und brachte dabei ca. 15 000 Menschen den Tod. Die letzte große Serie von Eruptionen begann im November 1990 und dauerte bis 1995. Diese Ausbrüche forderten 44 Menschenleben, und es entstand eine neue Erhebung, der erwähnte Heisei Shinzan.

Vom Parkplatz am Nita-Pass lassen sich noch andere Wanderungen unternehmen; die kürzeste (20 Min. hin) führt zum **Nodake** (1142 m).

ÜBERNACHTUNG UND ESSEN

Minshuku Unzen, ✆ 0957-73-3525. Freundliche „Weiberwirtschaft", sehr sauber, leckeres Essen, ruhig. Zimmer im japanischen Stil; Gemeinschaftsbad und -toiletten. Man wird von der Bushaltestelle abgeholt, wenn man vorher Bescheid gibt. 5000 ¥, mit HP 8500 ¥.

Yumoto Hotel, ✆ 0957-73-3255, 🖥 yumotohotel.jp. Hotel mit langer Geschichte nahe der Busstation. Das Gebäude ist zwar etwas in die Jahre gekommen, aber die japanischen Zimmer sind groß und blicken auf die Höllen. Vorzügliche lokale Küche, großes Onsen und stimmungsvolles kleines *rotenburo*, das man zur Privatnutzung mieten kann. Ab ca. 9000 ¥ p. P. inkl. HP. Wer es noch luxuriöser mag, kann im **Kyūshū Hotel**, ✆ 0957-73-3234, 🖥 kyushuhtl.co.jp, absteigen, gleich bei den Höllen. Großes Hotel mit allen Annehmlichkeiten, inkl. Karaokebar, „Relaxation Room" mit Wellnessbehandlungen, *rotenburo*, westliche und japanische Zimmer. Ab 8640 ¥ p. P. mit Frühstück.

Seiunsō, 500-1 Unzen, ✆ 0957-73-3273, 🖥 www.seiunso.jp. Kokuminshuku-sha, Zimmer im japanischen Stil ohne Bad, schönes Onsen. Etwas außerhalb (von den Höllen halbe Std. Fußmarsch). 6300 ¥ p. P. mit Frühstück.

Fugenchaya, schräg gegenüber der Bushaltestelle (kein Schild in Lateinschrift). Sehr nettes, rustikales Lokal, das allerdings nur unregelmäßig geöffnet hat. Alternativ gibt es neben der Busstation ein einfaches Lokal.

SONSTIGES

Informationen

Das **Unzen Visitor Center**, ✆ 0957-73-3636, 🖥 www.dango.ne.jp/unzenvc, das Haus mit achteckigem Turm schräg gegenüber den Höllen, bietet eine mäßig interessante Aus-

stellung mit Erklärungen zu Vulkanen und heißen Quellen, Tieren und Pflanzen der Region sowie ein paar Broschüren (auch auf Englisch). Gepäckaufbewahrung gegen Gebühr. ⏰ tgl. außer Do 9–18, Nov–März 10–16 Uhr.

Das **Unzen Information Center**, 🖥 www.unzen. org – der Straße ein Stück weiter um die Kurve folgen – ist weniger ergiebig. ⏰ tgl. 9–17 Uhr.

Rotenburo

Eine Reihe von Einrichtungen bietet Badevergnügen im *rotenburo*, z. B.

Kyūshū Hotel, ⏰ tgl. 11.30–16 Uhr, 1200 ¥;

Seiunsō (s. Übernachtung), ⏰ tgl. 7.30–21.30 Uhr, 525 ¥.

Unzen Yokayu, 🖥 www.unzen-yokayu.co.jp/yokayu. Modernes öffentliches Bad, ⏰ tgl. 9–21 Uhr, 400 ¥.

Das Thermalwasser soll bei Rheuma und Diabetes helfen.

TRANSPORT

Ken'ei-Bus direkt ab NAGASAKI (Bahnhofsvorplatz), 3x tgl. um 9, 13, 16 Uhr (1 3/4 Std., 1800 ¥ einfach). Alternativ **JR-Zug** von Nagasaki bis Isahaya (25 Min.), ab da ca. stdl. **Shimatetsu-Bus** über Obama bis Unzen Onsen (1 1/2 Std., 1350 ¥, von 7.20–15.50 Uhr stdl., danach seltener). Am besten sitzt man in Fahrtrichtung rechts, dann hat man die letzte Hälfte der Strecke eine schöne Aussicht auf die Buchten, das Meer und die Nagasaki-Halbinsel.

Von Unzen fährt 12x tgl. ein Shimatetsu-Bus bis zum Burgstädtchen SHIMABARA (35 Min., 750 ¥). Von dort (Haltestelle: Shimabara-kō) verkehrt die Fähre **Ocean Arrow**, 🖥 www. kumamotoferry.co.jp, nach KUMAMOTO (30 Min., 1000 ¥, Kombiticket mit Bus zum Bahnhof Kumamoto 1300 ¥), alternativ mit **Kyūshō Ferry** für 700 ¥ in 1 Std.

Beppu 別府

In diesem größten Thermalbadeort Japans spuckt die Erde allerorten aus 250–300 m Tiefe Dampf, Schlamm und kochendheißes Wasser aus. Besonders heftig ist die geothermische Ak-

KYŪSHŪ

tivität in der Gegend Kannawa, wo die verschiedensten „Höllen" *(jigoku)* und ein Geysir Touristen in Scharen anlocken.

Schon in der Kamakura-Zeit gründete ein buddhistischer Mönch hier ein Heilbad, und bis heute erhoffen sich Japaner von den Thermalquellen, die Alkali, Schwefel, Kohlenstoff oder Eisen enthalten, Linderung von diversen Leiden. 3000 Quellen soll es insgesamt in dieser Gegend geben. Idyllisch ist dieser Onsen-Ort natürlich nicht, beeindruckend aber allemal.

Jigoku Meguri 地獄巡り

In Kannawa Onsen, 7 km nordwestlich von Beppu (Bus vom Bahnhof, Westausgang, Nr. 5, 41, 9, 2 bis Umi-jigoku-mae, 20 Min.), befinden sich Höllen, die man in einer Rundtour *(jigoku-meguri)* der Reihe nach besuchen kann. Es gibt ein Sammelticket (2100 ¥, mit Buspass 1800 ¥, erhältlich bei der ersten „Hölle") für sieben Höllenteiche und ein Geysir, aber nicht alle sind gleich sehenswert. ☉ alle: tgl. 8–17 Uhr, Eintritt je 400 ¥. Am eindrucksvollsten ist die **Chi-no-ike-jigoku**. Ihre namengebende blutrote Farbe kommt vom roten Lehmboden. Von Kannawa Bus Nr. 16 in knapp 10 Min. Die **Tatsumaki-jigoku** daneben ist ein Geysir, der alle 30–40 Min. für 6–10 Min. Wasser spuckt.

Die anderen Höllen liegen recht nah beieinander: Die „Attraktion" der **Yama-jigoku** ist der kleine Zoo, in dem Mitleid erregende Affen, Flusspferde, Flamingos und andere Tiere ihr Dasein fristen.

Die **Oniishibōzu-jigoku** mit Fußbad (nicht zu verwechseln mit Honbōzu-jigoku – die kostet 400 ¥ extra und liegt abseits) heißt „Mönchs-Hölle", weil der aufblubbernde Schlamm an den Glatzkopf eines Mönchs *(bōzu)* erinnert. Das Wasser der benachbarten **Umi-jigoku** ist türkisblau wie das Meer *(umi)*.

Der Teich der **Kamado-jigoku** ein Stück weiter wechselt seine Farbe im Jahresverlauf; die weißen Ablagerungen stammen von Siliciumdioxid. Hier gibt es viele *taiken* (Füße/Hände wärmen, Dampf einatmen, Fußbad, hart gekochte Eier essen). Der Name verdankt sich dem Ofen *(kamado)*, in dem früher gekocht wurde.

In der laut rumorenden **Oniyama-jigoku** nebenan leben Krokodile. Ob sie hier tatsächlich (wie angegeben) ein „happy home" haben, sei dahingestellt, aber immerhin haben sie es schön warm.

Die **Shiraike-jigoku** ist trotz des Mini-Aquariums eine der uninteressantesten Höllen und das Wasser trotz des Namens („Weißer-Teich-Hölle") nicht wirklich weiß.

Onsen und Sandbäder

Das öffentliche Sandbad **Beppu Kaihin Sunayu** liegt im Freien am Meer. Im Meer baden darf man hier aber nicht. Der warme Sand, in den man (mit Leih-Yukata) eingebuddelt wird, soll bei Wunden, Verbrennungen und chronischen Hautkrankheiten Linderung bringen. Bus Nr. 20 oder 26 vom Bahnhof, Ostausgang, bis Bushaltestelle Rokushōen. ☉ März–Nov 8.30–17, Dez–Feb 9–16 Uhr, jeden 4. Mi im Monat geschlossen, 1030 ¥.

Ein weiteres öffentliches Sandbad befindet sich direkt in Beppu im alten Badehaus **Takegawara Onsen** aus der Meiji-Zeit (1879, jetziges Haus von 1938). Das Onsen selbst ist eher unspektakulär, das Becken klein. Das Wasser, das u. a. Natrium und Magnesium enthält, soll ebenfalls bei Verbrennungen, Schnittwunden und chronischen Hauterkrankungen helfen. ☉ tgl. 6.30–22 Uhr, 100 ¥, Sandbad tgl. 8–21.30 Uhr, 3. Mi im Monat geschlossen, 1030 ¥.

In Kannawa bietet das einladende **Hyōtan Onsen**, 🖳 www.hyotan-onsen.com, ein Sandbad, Dampfbad sowie jeweils ein schönes *rotenburo* und Bad (u. a. mit „Wasserfall") für Männer bzw. Frauen. Das Fußbad beim Parkplatz ist gratis. Es gibt ein Faltblatt auf Englisch mit Instruktionen. ☉ tgl. 9–1 Uhr, 750 ¥, nach 18 Uhr, 560 ¥, Sandbad zzgl. 330 ¥.

Das Hotel **Suginoi Palace**, 🖳 www.suginoi-hotel.com, nördlich von Beppu hat ein großes, nach Geschlechtern getrenntes Onsen namens Tanayu mit schönem Blick auf Beppu vom *rotenburo*. ☉ tgl. 9–21 Uhr, 1500 ¥, vom Bahnhof kostenloser Shuttlebus.

ÜBERNACHTUNG

Asahiya Ryokan, Kumi Kannawa Ida 1, ✆ 0977-66-0237, 🖳 www.beppu-asahiya.jp. 20 Tatami-Zimmer, jeweils mit kleinem WC; ausgezeichnetes Kaiseki-Abendessen, das auf dem Zimmer

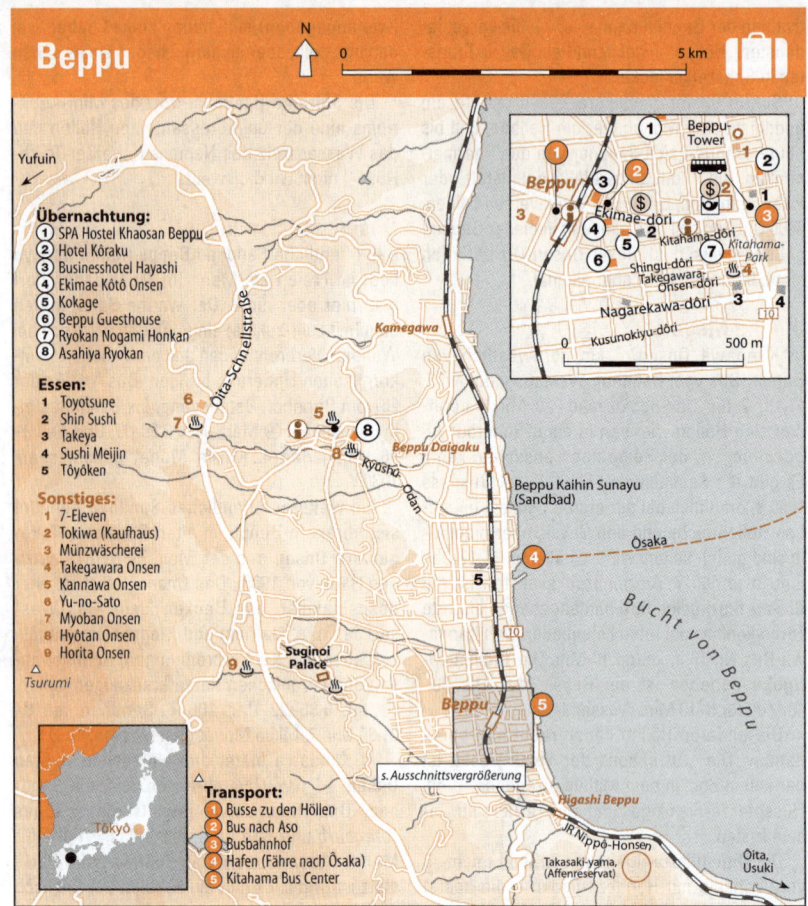

Beppu

Übernachtung:
1. SPA Hostel Khaosan Beppu
2. Hotel Kōraku
3. Businesshotel Hayashi
4. Ekimae Kōtō Onsen
5. Kokage
6. Beppu Guesthouse
7. Ryokan Nogami Honkan
8. Asahiya Ryokan

Essen:
1. Toyotsune
2. Shin Sushi
3. Takeya
4. Sushi Meijin
5. Tōyōken

Sonstiges:
1. 7-Eleven
2. Tokiwa (Kaufhaus)
3. Münzwäscherei
4. Takegawara Onsen
5. Kannawa Onsen
6. Yu-no-Sato
7. Myoban Onsen
8. Hyōtan Onsen
9. Horita Onsen

Transport:
1. Busse zu den Höllen
2. Bus nach Aso
3. Busbahnhof
4. Hafen (Fähre nach Ōsaka)
5. Kitahama Bus Center

Yufuin · Kamegawa · Oita-Schnellstraße · Beppu Daigaku · Kyūshū Ōdan · Beppu Kaihin Sunayu (Sandbad) · Ōsaka · Bucht von Beppu · Suginoi Palace · Beppu · s. Ausschnittsvergrößerung · Higashi Beppu · JR Nippō-Honsen · Takasaki-yama (Affenreservat) · Ōita, Usuki · Tsurumi · Tōkyō

Beppu-Tower · Ekimae-dōri · Kitahama-dōri · Kitahama-Park · Shingu-dōri · Takegawara-Onsen-dōri · Nagarekawa-dōri · Kusunokiyu-dōri

serviert wird; sehr hilfsbereites Personal; günstig gelegen für *jigoku-meguri*. **5** mit HP, ohne Essen ab **1**

Beppu Guesthouse, Ekimae-machi 1-2, ☎ 080-4642-9044, 🖥 beppu-e.cloud-line.com. Keine 5 Min. zu Fuß vom Bahnhof, 4-Bett-Zimmer, nicht schön und nicht besonders sauber, aber sehr billig; Küchennutzung möglich, Waschmaschinennutzung umsonst. Raucherraum. Keine Kreditkarten! Dorm ab 1500 ¥ p. P.

Businesshotel Hayashi, Ekimae honchō 3-5, ☎ 0977-24-2211. Schräg gegenüber dem

Bahnhof. Wahrscheinlich das billigste unter den Businesshotels der Stadt und entsprechend einfach (geflickte Decken, fleckige Teppiche). Man darf das Onsen im Station Hotel um die Ecke mitbenutzen. **1**

Ekimae Kōtō Onsen, Eki-mae-chō 13-14, ☎ 0977-21-0541. Gemeinschaftsunterkunft über einem öffentlichen Bad in Bahnhofsnähe. Männer können hier für 1600 ¥ in einem Dorm (japanischer Stil) schlafen (Reservierung nicht möglich) oder in einem der 7 EZ, Frauen nur im EZ (Reservierung möglich) für 2600 ¥. Nutzung

Die Umi-jigoku ist nach ihrem türkisblauen Wasser benannt.

des Bads für 100 ¥. Wer kein Japanisch kann, stößt vermutlich auf Verständigungsprobleme.
Hotel Kōraku, Kitahama 3-13-21, ☎ 0977-22-1331, 🖥 koraku.net. Geschmackvolles Hotel mit 38 japanischen Zimmern; nach Geschlechtern getrennt je ein schönes Onsen und ein (kleines) *rotenburo* mit viel Holz. Akzeptiert MasterCard und Visa. Ab 6100 ¥ p. P., mit HP ab 10 200 ¥ p. P.
Kokage, Ekimae-chō 8-9, ☎ 0977-23-1753, 🖥 ww6.tiki.ne.jp/~kokage/index.html. Mitglied der Japanese Inn Group. Sehr gemütliche, altmodische Unterkunft im Stil einer Pension, vollgestopft mit Antiquitäten und Trödel, nicht weit vom Bahnhof. Mit natürlichem Onsen. Kostenlose Waschmaschinennutzung. Radverleih. 4350 ¥ p. P.
Ryokan Nogami Honkan, Kitahama 1-12-1, ☎ 977-22-1334, 🖥 www008.upp.so-net.ne.jp/yuke-c/english.html. Auf ausländische Gäste eingestelltes Ryokan mit Tatami-Zimmern und neuerdings auch Zimmern mit westlichen Betten. Kostenlos Tee und Kaffee, Waschmaschinen- und Onsen-Nutzung. Schönes japanisches Esszimmer für japanisches Frühstück und Abendessen. 10 Min. vom Bahnhof Beppu. Bei Internetbuchung Rabatt. ❶–❷

SPA Hostel Khaosan Beppu, Kitahama 3-3-10, ☎ 0977-23-3939, 🖥 www.khaosan-tokyo.com/en/beppu. 4- und 5-Bett-Dorms und Privatzimmer mit Etagenbetten (und Gemeinschaftsbad), kostenloser Kaffee und Radverleih. Nicht ganz leicht zu finden, da etwas abgelegen. Keine Kreditkarten! Ab 1700 ¥.

ESSEN

Shin Sushi, Kitahama 1-2-2, ARIGATT Bldg., ☎ 0977-25-0005. Schickes, modernes Sushi-Restaurant nicht weit vom Bahnhof. ◷ tgl. 17–1 Uhr.
Sushi Meijin, im Kaufhaus You Me (EG hinten) an der Küste, 🖥 www.sushimeijin.com/tenpo_search/yumetown-bepputen. Hier sitzt man an einer langen Theke und bestellt an einem kleinen Bildschirm am Platz Sushi, das dann auf dem Laufbahn herangerollt kommt. Witzig! Die Sushi sind allerdings nicht überragend. ◷ tgl. 11–22 Uhr.
Takeya, Motomachi 15-7, ☎ 0977-23-1006. Café gegenüber dem Takegawara-Bad. Serviert auch ein paar lokale Gerichte wie *dango-jiru* (Misosuppe mit Gemüse und Dango-Klößen). ◷ tgl. außer Mo und letztem Di im Monat bis 18 Uhr.

Tōyōken, Ishigaki Higashi 7-8-22, ☎ 0977-23-3333. Spezialität ist *toriten*, frittiertes Huhn (*set menu* 1350 ¥) und andere leckere, ursprünglich chinesische Gerichte. Etwas abgelegen: Von der Bushaltestelle Ishigaki Hachōme 5 Min. Fußweg (Richtung Bahnlinie, auf der rechten Seite). ⏲ tgl. 11–15 und 16.30–22 Uhr.

Toyotsune, Kitahama 2-13-11, ☎ 0977-22-3274. Beliebtes Restaurant, spezialisiert auf *tendon*. Preiswerte Menüs. Auch Sashimi und Fugu. Zu erkennen an den Bambusstämmen vor dem Eingang. ⏲ tgl. außer Mi 11–14 und 17–22 Uhr.

📖 In Kannawa kann man sich bei **Jigokumushi Kobo Kannawa** (bei der Touristeninformation) mit Hilfe des Dampfes der heißen Quellen in sogenannten *jigoku gama* (Höllenöfen) Essen kochen. Lebensmittel und Ofenleihe gegen Gebühr (je ab 500 ¥); man kann aber auch selbst Lebensmittel mitbringen; Utensilien (u. a. Schutzhandschuhe) werden gratis gestellt.

SONSTIGES

Einkaufen

📖 Yunohana ist ein natürlicher Badezusatz, der gut bei Hautproblemen sein soll. Man bekommt ihn direkt bei einem der Hersteller, etwa **Yu-no-Sato**, Myoban Onsen, ☎ 0977-66-8166, 🖥 yuno-hana.jp. Hier kann man sehen, wie das Pulver traditionell in kleinen, strohgedeckten Hütten gewonnen wird, die über den heißen Quellen errichtet werden. Mit Onsen (drinnen und draußen, 600 ¥, 10–20 Uhr). Bus 5, 9, 24, 41 vom Bahnhof.

Bekannt ist Beppu außerdem für **Bambuswaren** (Laden z. B. in der Ginza-Arkade) und getrocknete **Shiitake-Pilze**.

Geld

Geldwechsel bei der **Post**, ⏲ Mo–Fr 9–16 Uhr, und um die Ecke in der **Ōita Bank**, ⏲ Mo–Fr 9–15 Uhr. Ein 7-Eleven mit Geldautomat der **Seven Bank** befindet sich u. a. neben dem Beppu Tower.

Informationen und Internet

Hilfsbereite **Touristeninformation** in der Hauptstraße vom Bahnhof. Der sehr nette Angestellte spricht Englisch. Kostenlose Internetnutzung. ⏲ tgl. 10–16 Uhr.

Im Bahnhof und in Kannawa sind ebenfalls Touristeninformationen, ⏲ tgl. 9–17 Uhr, aber die o. g. ist hilfreicher.

NAHVERKEHR

Die Tageskarte für Kamenoi-Busse, *My Beppu Free (Mini Free)*, kostet 900 ¥, für 2 Tage 1500 ¥ (erhältlich bei der Touristeninfo im Bahnhof), ansonsten vom Bahnhof nach Kannawa 330 ¥, von dort zur Chi-no-ike Jigoku 190 ¥, ab dort zum Bahnhof 390 ¥.

Mit dem Pass bekommt man verschiedene Ermäßigungsgutscheine, z. B. für das Sammelticket für die Höllen, im Suginoi Palace und im Hyōtan Onsen.

TRANSPORT

Busse

Mit **Sankō**, 🖥 www.kyusanko.co.jp, 1x tgl. morgens über KUROKAWA (2 1/2 Std., 2370 ¥) nach ASO (3 1/4 Std., 2980 ¥); weiter nach KUMAMOTO (5 1/4 Std., 3960 ¥).

Mit **Ōita Kōtsü**, 🖥 www.oitakotsu.co.jp, ab der Nishitetsu-Busstation Kitahama nach FUKUOKA (Tenjin), häufig, 2 1/2 Std., 3190 ¥.

Eisenbahn

JR-Nippō-Honsen von FUKUOKA (Hakata) via Kokura alle 20–40 Min., 2 Std., 5740 ¥ Express, weiter nach MIYAZAKI, u. U. mit Umsteigen in Ōita, ca. stdl., mind. 3 1/4 Std. ab Beppu, 5480 ¥ Express.

KUMAMOTO häufig, 2 1/2 Std., via Kokura, ab dort Shinkansen, 10 400 ¥.

Schiffe

Nachtfähre **Ferry Sunflower**, 🖥 www.ferry-sunflower.co.jp, von ŌSAKA (Cosmo Ferry Terminal) durch die Inlandsee So–Do um 19.05, Fr–Sa um 19.55 Uhr, 12 Std., ab 12 150 ¥ (verschiedene Rabatte). Zurück ab 18.45 bzw. 19.35 Uhr.

Flüge

Vom Flughafen Ōita, 🖥 www.oita-airport.jp/en/index.html, gehen u. a. Flüge nach TŌKYŌ (Haneda, 14x tgl., 1 1/2 Std.) und ŌSAKA (Itami, 7x tgl., 1 Std.). Bus vom/zum Flughafen 3/4 Std. bis/ab Bahnhof und Kitahama.

Die Umgebung von Beppu

Wer Zeit erübrigen kann, sollte zu den wunderschönen Steinbuddhas von **Usuki** (Usuki Sekibutsu) fahren. Dazu geht es mit der JR-Nippō-Linie, meist mit Umsteigen in Ōita, bis Usuki (mind. 3/4 Std.) und von dort mit einem selten verkehrenden Bus (300 ¥) oder einem bei der Touristeninformation kostenlos zu leihenden Fahrrad (30 Min.) zu den 60 aus dem Fels gehauenen Figuren aus dem 11.–13. Jh., die gut erhalten sind, deren Ursprung aber im Dunkeln liegt. ⏰ April–Sep 6–19, Okt–März 6–18 Uhr, 540 ¥. Usuki ist übrigens berühmt für seine Miso-Produktion. Man kann hier Miso-Eis probieren!

Im **Affenreservat** auf dem Takasaki-yama, 🖥 www.takasakiyama.jp, lebt die größte Affenkolonie Japans; genau genommen sind es zwei Kolonien von insgesamt über 1300 Rotgesichtsmakaken. ⏰ tgl. 8.30–17 Uhr, 510 ¥. Mit dem Bus vom Bahnhof Beppu bis Takasakiyama Shizen Dōbutsu-en mae (ca. 15 Min.). Vom Ticketschalter verkehrt eine (überflüssige) Monorail (100 ¥).

Der ungemein stimmungsvolle Onsen-Ort **Yufuin** (1 Std. mit Bus oder Zug der JR-Kyūdai-Linie) liegt landschaftlich schön in einem Tal am Fuße des Yufudake (1584 m). Beim Bahnhof, der von Isozaki Arata entworfen wurde, gibt es direkt am Bahnsteig 1 ein Fußbad (160 ¥, Ticket beim JR-Schalter besorgen). Mit seinen vielen kleinen Läden ist Yufuin ein Paradies für Souvenirjäger. Im Heimatmuseum Kyūshū Yufuin Mingeimura kann man u. a. sehen, wie Papier geschöpft wird, und sich (gegen Gebühr) selbst im Färben mit Indigo versuchen. ⏰ Mo–Fr 8.30–17, Sa und So 17.30 Uhr, 650 ¥.

Manche Unterkünfte heißen in ihren Onsen auch Tagesgäste willkommen, z. B. das Sansuikan, zwischen 12 und 15 Uhr, 500 ¥, vom Bahnhof rechts lang, vor dem Fluss auf der linken Seite.

Aso-Kujū-Nationalpark 阿蘇九重国立公園

Der Aso ist mit einem Umfang von 128 km einer der größten Vulkankrater der Welt. Geschaffen wurde er vor 100 000 Jahren bei einem gewaltigen Vulkanausbruch, durch den ein See entstand, der später austrocknete. Den Krater umgibt ein Ring von Bergen, darunter fünf Hauptgipfel (von West nach Ost): Nekodake (1408 m), Takadake (1593 m), Nakadake (1506 m, immer noch sehr aktiv), Kijimadake (1321 m) und Eboshidake (1337 m). Diese fünf Gipfel, die sogenannten **Aso Godake**, sollen von der Seite betrachtet einem liegenden Buddha ähneln, wobei der Nakadake der Nabel ist.

Das Kratergebiet, in dem 70 000 Menschen leben, ist Teil des Aso-Kujū-Nationalparks. Zu ihm gehört auch der Kujū, mit einer Höhe von 1787 m der höchste Berg der Insel Kyūshū. Im Frühling und Sommer blühen hier Wildblumen und Azaleen. Im Winter liegt sogar Schnee auf den Gipfeln.

Unternehmungslustigen bieten sich jede Menge Möglichkeiten: Wanderungen, Radtouren, Ausritte – und anschließend entspannt man im Onsen.

Die Eingangstore zum Aso sind die Stadt **Aso** im Norden und **Takamori** im Südosten. Das Gebiet ist sehr weitläufig, weshalb Besucher ohne Auto gut planen müssen.

Um den Aso-Schrein 阿蘇神社

Der **Aso-jinja**, rund 6 km östlich vom Bahnhof Aso, wurde der Legende nach 100 n. Chr. gegründet; die heutigen Gebäude sind allerdings von 1842. Er ist den Göttern der Landwirtschaft geweiht. Im März wird hier an einem Abend ein eindrucksvolles Feuerritual veranstaltet (s. Feste). Der zweistöckige Torbau ist 21 m hoch und damit einer der drei größten Japans. Nicht weit vom Schrein beginnt die Einkaufsstraße **Monzen-chō**. Über die Gegend verstreut finden sich 28 natürliche Quellen, deren Wasser aus kleinen Brunnen getrunken werden kann – was Wohlstand bringen soll ... Der nächstgelegene Bahnhof ist Miyaji.

Zum Nakadake 中岳

Vom Bahnhof Aso nimmt man einen Bus (9x tgl.; letzter hin um 15.20 Uhr und zurück um 17 Uhr, 35 Min., 650 ¥ einfach), der auf der Aso Kankō Toll Road bis zur Seilbahnstation (Asosannishi) fährt. Unterwegs erblickt man den grasbedeckten **Komezuka** (954 m), der für seine perfekte Form berühmt ist; angeblich wurde er vom Aso-Gott geschaffen, indem dieser Reis *(kome)* auftürmte. Etwas weiter kommt man an der **Kusasenrigahama** („1000 Ri große Grasfläche") vorbei, wo im Sommer Kühe um einen Teich grasen und man eine Runde auf dem Pferderücken drehen kann. Unweit von hier ist das **Vulkanmuseum** (Aso Kazan Hakubutsukan), 🖥 www.asomuse.jp, angesiedelt, das aber die hohe Eintrittsgebühr nicht rechtfertigt. Es zeigt eine ziemlich angestaubte Ausstellung zur Entstehung der Aso-Vulkane und zu Vulkanen allgemein. Am interessantesten ist noch die Kamera im Krater des Nakadake, mit der man verfolgen kann, wie es dort gerade aussieht. ⏱ 9–17 Uhr, 860 ¥.

Von Asosan-nishi verkehrt eine **Seilbahn** (20. März–Okt tgl. 8.30–18, Nov 8.30–17, Dez–19. März 9–17 Uhr, letzte Fahrt hinauf 16.50 bzw. 15.50 Uhr, letzte Fahrt hinunter 10 Min. vor Schluss, 750 ¥, hin und zurück 1200 ¥) in 4 Min. zum Rand des 130 m tiefen Nakadake-Kraters. Zu Fuß braucht man dafür rund 20 Minuten. Wer Pech hat, kommt aber nur bis zur Seilbahnstation, z. B. wenn der Nakadake giftige Gase ausspuckt. Dann kann man erwägen, sich im Obergeschoss der Seilbahnstation die Diorama-Show „Aso Super Ring" anzuschauen, die Einblicke ins Innere des Kraters und in den jahreszeitlichen Wechsel am Aso gibt (500 ¥, mit Seilbahnticket 400 ¥). Zum Schutz vor Eruptionen gibt es Bunker.

Wer zu Fuß zum Kraterrand möchte, braucht von der Jugendherberge ca. 2 1/2 Std. (s. auch Loose Aktiv S. 556). In der Aso-Gegend sind natürlich noch weitere Wanderungen möglich. Gut machbar ist die halbstündige Besteigung des **Kijimadake**. Man startet von der Bushaltestelle Kusasenri (vor dem Vulkanmuseum) .

Kurokawa Onsen 黒川温泉

Wer einmal einen stimmungsvollen kleinen Onsen-Ort in den Bergen erleben möchte, dem sei Kurokawa empfohlen. Mit seinen rund 25 *rotenburo*, von denen viele im Wald oder am Flüsschen liegen, verströmt es eine wundervolle, nostalgische, urjapanische Atmosphäre.

Es gibt eine günstige Badekarte, mit der man drei Bäder (teilweise gemischt) besuchen kann. Sie kostet 1200 ¥ und ist in der Touristinfo erhältlich (nach *nyutō-tegata* fragen), ansonsten kostet ein Besuch jeweils 500 ¥, ⏱ 8.30–21 Uhr (Yusai erst ab 15 Uhr). In der Touristeninformation bekommt man auch ein Faltblatt auf Englisch mit einer Übersicht über die einzelnen Ryokan und ihre *rotenburo*.

Uchinomaki Onsen 内牧温泉

Ein weiterer alter Onsen-Ort im Aso-Gebiet ist Uchinomaki (eine Station nordwestlich von Aso), wo die Onsen allerdings weit auseinander liegen. Ein sehr authentisches altes Bad ist hier **Takarayu** (mit Restaurant Ganemasa), das einst von den Bewohnern der Gegend eingerichtet wurde und seit nunmehr über 40 Jahren von demselben Ehepaar betrieben wird. Das Heilwasser der Quelle ist nicht besonders heiß und trinkbar. ⏱ tgl. 11–22 Uhr, 300 ¥.

ÜBERNACHTUNG UND ESSEN

Aso-machi

Aso Base Backpackers, Kurokawa 1498, ☎ 0967-34-0408, 🖥 www.aso-backpackers.com. Blitzsauberes Hostel von 2009, keine 5 Min. vom Bahnhof entfernt, mit 4er-Dorms (ohne Tür, nur mit Vorhang), EZ und DZ, Gemeinschafts-Du/WC und -küche. Fahrrad- und Mopedverleih, Waschmaschinen. Keine Kreditkarten. Ab 2800 ¥ p. P.

Aso no Fumoto, Kurokawa 64, ☎ 0967-34-0624, Minshuku in einem alten Bauernhaus. Zimmer im japanischen Stil. 10 Min. zu Fuß vom Bahnhof (von der Straße 57 Richtung Westen rechts ab). 5800 ¥ mit Frühstück.

Aso Youth Hostel, Kurokawa 922-2, ☎ 0967-34-0804, 🖥 aso-yh.ecnet.jp. 60 Betten, kein Essen, gute Ausgangslage für Wanderungen. 20 Min. zu Fuß vom Bahnhof Aso südwärts, an der Str. 111. 2450 ¥ p. P.

Shukubō Aso, Ōaza Kurokawa 1076, ☎ 0967-34-0194, 🖥 www.aso-.ne.jp/syukubou-aso.html. Japanische Zimmer in einem stimmungsvollen ehemaligen Tempel mit viel Holz und *irori*, 10 Min. zu Fuß vom Bahnhof. Zimmer mit WC, dazu zwei Steinbäder. 12 000 ¥ p. P. mit HP.

Uchinomaki Onsen

Aso Rider House, Uchinomaki 240-5, 6 km nordwestlich von Aso, ☎ 090-9063-5766,

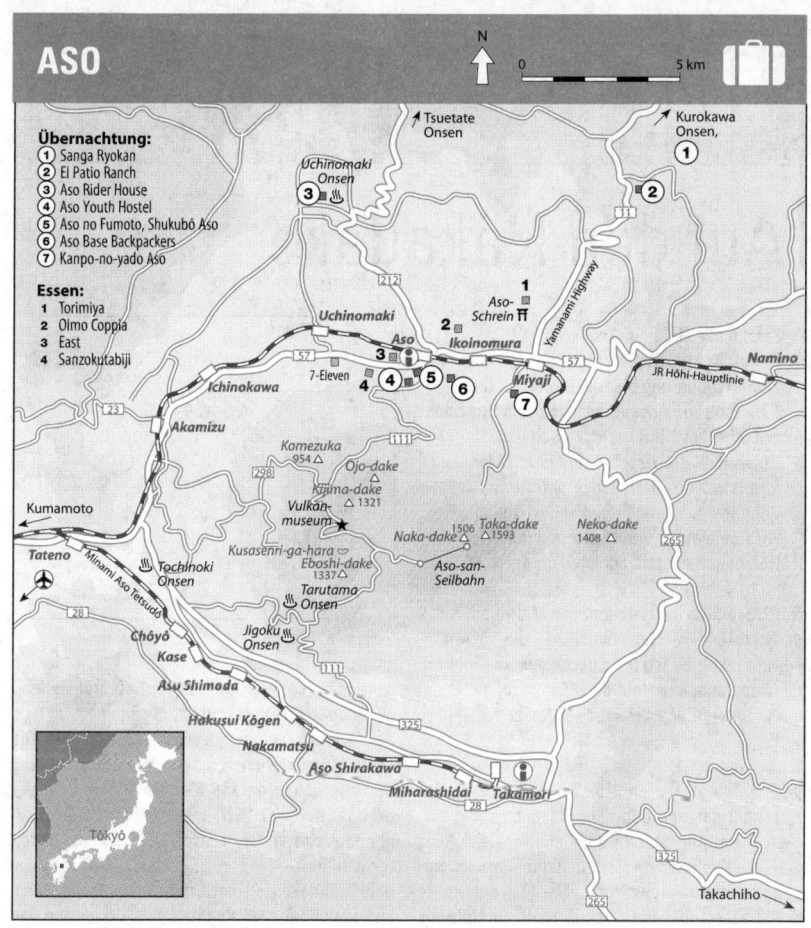

🖥 www.aso.ne.jp/~asorh/shisetsu.html.
Unschlagbar billig (1300 ¥), aber entsprechend
spartanisch, nur WC und Waschbereich (aber
Onsen in der Nähe). 2 nach Geschlechtern getrennte Dorms. Viele Motorradfahrer. Check-in
nicht nach 20 Uhr. Vom JR-Bahnhof Uchinomaki
Bus bis Uchinomaki. Reservierung erbeten.

Kurokawa Onsen

🧳 **Sanga Ryokan**, Kurokawa Onsen,
📞 0967-44-0906, 🖥 www.sanga.ryokan.
com/en. Dieses herrliche Ryokan mit 15 Zimmern ist eine Oase, in der man sich beinahe
fern der modernen Zivilisation wähnen kann –
und doch auf modernen Komfort nicht verzichten muss. Einige Zimmer blicken auf den Fluss.
Es gibt mehrere Bäder, die man auch zeitweise
für sich reservieren kann. Das Ryokan liegt
etwas abseits am westlichen Rand von Kurokawa, aber die Abholung von der Bushaltestelle
kann arrangiert werden. Das Essen ist ebenso
vorzüglich wie das Ambiente. Für diese Erfahrung lohnt es sich, einmal tiefer in die Tasche zu
greifen. 16 000 ¥ p. P. mit HP.

Auf den Nakadake

- **Startpunkt**: Bahnhof Aso
- **Dauer**: 35 Min. Busfahrt bis Asosan-nishi,
  2 Std. Wanderung bis zum Gipfel, zurück
  1 1/2 Std., von Asosan-nishi mit dem Bus oder
  zu Fuß (9 km/2 Std.) zurück nach Aso
- **Hinweis**: Karte *Aso Trekking Route Map*
  (gratis von der Touristeninfo), Trinkwasser,
  Sonnenschutz und Regenjacke mitnehmen.
  Für Asthmatiker und Menschen mit
  Herzbeschwerden nicht geeignet!

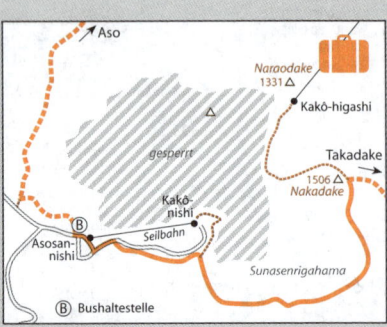

Der Nakadake liegt etwa in der Mitte (jap. *naka*)
der Aso-Caldera. Die Wanderung, die für Anfänger gut machbar ist, führt durch eine faszinie-
rende Mondlandschaft auf den 1506 m hohen Gipfel
am östlichen Rand des rauchenden Kraters.

Erste Etappe

Vom Bahnhof Aso geht es mit dem Bus an der
Kusasenrigahama und dem Vulkanmuseum vorbei zur unteren Station der Seilbahn. Hier lässt
man die Seilbahnstation buchstäblich links liegen und folgt zunächst noch etwa 1 km der Straße
zum Kraterrand, bevor rechter Hand ein Holzweg
in Richtung Nakadake abzweigt. Man folgt diesem schnurgeraden Weg an Erklärungstafeln vorbei immer geradeaus, dann nach 1,2 km links und
erblickt linker Hand die **Sunasenrigahama**. Die
„1000 Ri große Sandfläche" erinnert an eine Wüs-
te. Viel mehr als anspruchsloser Knöterich auf
Mini-Sandhügelchen wächst hier aufgrund der
Vulkanasche und der giftigen Gase, die der Krater ausspuckt und der Wind herüberweht, nicht.

Der Aufstieg

Hinter der Sunasenrigahama kommt eine ziemlich anstrengende Kraxelpartie über Felsen hoch

zum Grat. Hier immer den gelben Pfeilen folgen
(rote Markierungen warnen vor Gefahrenstellen)!
Wenn man fast versucht ist, aufzugeben, ist bald
der Grat erreicht und es wird wieder leichter. Die
letzte Stunde wandert man auf dem Grat entlang
beinahe schnurgerade bis zum Gipfel. Von hier
eröffnet sich eine herrliche Aussicht auf den rauchenden Krater. Theoretisch kann man noch weiter wandern – bis zum höchsten Gipfel des Aso,
dem Takadake (1592 m), 670 m weiter östlich. Vom
Nakadake nach links geht es zum Kraterrand und
weiter bis zum Ostzugang des Aso (Kakō-higashi),
aber diese Route ist offiziell nicht zugänglich.

Von Asosan-nishi zurück ins Tal

Kehrt man am Nakadake um, kann man von der
unteren Seilbahnstation bis nach Aso zurück
wandern. Der Weg folgt einer asphaltierten, aber
nicht mehr befahrenen alten Straße (sicherheitshalber bei der Touristeninfo in Aso nachfragen, ob
sie begangen werden darf) fast immer geradeaus
bis zur Autostraße. Dieser folgt man bergab um
die große Kurve herum, bis es rechts abgeht (dem
Schild zur JH und zum Bahnhof Aso folgen).

Um Miyaji

El Patio Ranch, Aso-shi, Ichinomiya-machi, Sanno 2305-1, ☎ 0967-22-3861, ▭ epr-r.com/index.html. Diese „amerikanische Ranch" mutet in Japan etwas bizarr an, aber Pferdefreunde sind hier genau richtig. Große Zimmer mit 2 oder 3 Betten. Pakete mit Ausritten. Ab 4500 ¥ p. P. mit Frühstück.

Kanpo-no-yado Aso, Aso-shi, Ichinomiya-machi, Miyaji 5936, ☎ 0967-22-1122, ▭ www.kanpono-yado.japanpost.jp/yado/aso. Großes Hotel mit Karaoke-Lounge, Sportplätzen und Laden. Japanische Zimmer im modernen Stil und westliche Zimmer (aber Erstere sind schöner). Mit großen Fenstern, von denen sich herrliche Aussichten auf die Berge bieten. 1,5 km vom Bahnhof Miyaji. Ab 6900 ¥ p. P. mit Frühstück.

ESSEN

Sanzokutabiji, an der Straße 57 (vom Zentrum Aso nach Westen). Gemütliches und beliebtes Restaurant mit lokalen Spezialitäten, z. B. Taka-nameshi. Nur unregelmäßig geöffnet. Pferdefleisch kann man z. B. bei **Torimiya** in Monzen-chō probieren, z. B. *barokke* – umhüllt von einer Kartoffel. ⏲ tgl. 9–19 Uhr.

Eact, in Aso-machi, nicht weit vom Bahnhof. Wirkt etwas piefig, aber das Essen ist okay und günstig (Takanameshi für 700 ¥). ⏲ tgl. außer Do 11–21.30 Uhr. Auch nicht schlecht ist das sehr authentische Ramen-Lokal **Yumenoyu**, ganz in der Nähe (noch dichter am Bahnhof), das von einer alten Dame gemanagt wird. ⏲ tgl. außer Mo 11–20 Uhr.

 **Olmo Coppia**, Aso-shi, Kurabaru 627-1, ☎ 0967-34-1710, ▭ olmo-coppia.com. Biorestaurant in einem 200 Jahre alten Lagerhaus in einem reizenden alten Viertel abseits der Straße 57 in Richtung Miyaji. Kleine Karte, aber dafür kommt das meiste Gemüse vom benachbarten eigenen Feld und wird von der Betreiberin selbst zubereitet. ⏲ tgl. außer Di 11.30–17 Uhr, Abendessen nur nach Voranmeldung.

SONSTIGES

Fahrradverleih

Räder (900 ¥/Tag) und E-Bikes (300 ¥/500 ¥ für 2/4 Std.) können beim Bahnhof geliehen wer-

Trommelwirbel

Wer die Gelegenheit hat, einen Auftritt der japanischen Trommelgruppe TAO mitzuerleben, sollte nicht zögern: Sie ist einfach umwerfend! Die Gruppe hat ihren Sitz in Kujū, tourt aber mittlerweile durch die ganze Welt. In Kyūshū ist sie regelmäßig in Kumamoto, Fukuoka, Nagasaki, Kagoshima und verschiedenen Orten in der Präfektur Ōita zu sehen. Näheres ▭ www.drum-tao.com.

den. Auch das Aso Base Hostel vermietet Räder (500–600 ¥/4 Std.).

Feste

Hifuri Shinji, Mitte März: Mit einem Feuerritual am Aso-Schrein wird die Hochzeit zweier Götter gefeiert. Dabei schwenken die Teilnehmer Fackeln aus Stroh.

Onda-matsuri, 28.7.: Mikoshi-Umzug am Aso-Schrein.

Geld

Achtung: In Aso besteht keine Möglichkeit, Geld zu wechseln! Es gibt aber ein 7-Eleven mit Geldautomat an der Str. 57 vom Bahnhof Aso Richtung Westen, noch hinter dem Cuddly Dominion-Zoo.

Informationen

Die Mitarbeiter der **Touristeninformation** neben dem Bahnhof Aso im Den'en Kukan Ecomuseum wissen viel, helfen gern und bewahren Gepäck auf (500 ¥). ⏲ tgl. 9–18, Dez–Feb bis 17 Uhr. Auskünfte in Englisch: ☎ 0967-34-0751.

Gute **Websites** zur Gegend sind ▭ www.aso-tv.com und www.asofan.net.

Infos zur Seilbahn und zur Lage am Kraterrand: ▭ www.kyusanko.co.jp/aso/lang_en.

TRANSPORT

Busse

Von Aso 7x tgl. über den Flughafen nach KUMAMOTO (1 3/4 Std., 1250 ¥), 3x tgl. nach Kurokawa (3/4 Std., 990 ¥) und 1x tgl. nach BEPPU (3 1/4 Std., 2980 ¥), siehe auch S. 552.

Daneben verkehrt 2x tgl. ein Bus von FUKUOKA nach Kurokawa Onsen, 2 3/4 Std., 3090 ¥. Von Takamori nach KUMAMOTO 2x tgl., 1 1/2 Std., 1030 ¥. Von Takamori nach TAKACHIHO 2x tgl., 1 1/4 Std., 1320 ¥.

Eisenbahn
Die **JR-Hōhi-Hauptlinie** fährt von Beppu via Aso und Tateno nach Kumamoto: von Aso nach BEPPU 4x tgl., 2 Std., 3360 ¥ Express; via Tateno nach KUMAMOTO, teilweise mit Umsteigen in Higo-Ōzu, mind. alle 1–1 1/2 Std., 1 1/4 Std., 1730 ¥ Express.

Südrand
Ab Tateno verkehrt die **Privatlinie Minami-Aso** am Südrand entlang nach Takamori (480 ¥, knapp 30 Min.). Von März bis Nov ist Sa, So und feiertags (Golden Week, Frühjahrs- und Sommerferien tgl.) auf der Strecke Tateno–Takamori außerdem 2x tgl. der **Nostalgiezug Torokko** im Einsatz, 🖳 www.mt-torokko.com, 1280 ¥.

Kumamoto 熊本

Das Wahrzeichen dieser sympathischen Stadt in der Shimabara-Bucht ist die berühmte Burg Kumamoto-jō am Shirakawa. Sie ist nicht nur zur Zeit des *hanami*, wenn die Kirschbäume um die Burg in voller Blüte stehen, ein beliebtes Ziel. Bekannt ist die Stadt auch für ihren schönen Landschaftsgarten, den Suizenji-kōen (oder Jōju-en).

Kumamoto ist die Hauptstadt der gleichnamigen Präfektur und mit rund 734 000 Einwohnern die drittgrößte Stadt auf Kyūshū. Seit 1992 verbindet sie eine Partnerschaft mit Heidelberg.

Kumamoto-jō und Umgebung 熊本城

Die **Burg von Kumamoto** ist eine der drei größten Burgen Japans (neben jener in Ōsaka und Nagoya). Seit ihrer 50-tägigen Belagerung während des Satsuma-Aufstands unter Saigō Takamori 1877 (S. 569) sind allerdings nur die Außenmauern mit elf Außentürmen und ein paar Tore vom Original erhalten; alles Übrige

fiel einem Feuer drei Tage vor der entscheidenden Schlacht zum Opfer. Der fünfstöckige Hauptturm, zu dem noch ein kleinerer Turm gehört, wurde 1960, der Rest ab 1998 rekonstruiert. Die Restaurierungsarbeiten dauern bis heute an. Charakteristisch ist die Außenneigung der Turmmauer im oberen Bereich, eine schwierige Technik, die *mushagaeshi* genannt wird und es Angreifern unmöglich machte, die Mauer zu erklimmen.

Die ursprüngliche Burg wurde 1601–1607 von Katō Kiyomasa erbaut, einem General, den Toyotomi Hideyoshi zum *daimyō* der alten Provinz Higo gemacht hatte. Der Katō-Clan wurde später verbannt, und die Hosokawa zogen um 1632 in die Burg ein.

Die Burg hatte einst drei Haupttore, von denen das größte, das Minami-ōte-Tor im Westen, 2002 wiederaufgebaut wurde. An ihm kommt man vorbei, wenn man das Burggelände über die Kirschbaumallee vom Tsuboigawa aus betritt. Am Tsuboi-Fluss ist noch ein rund 242 m langes Mauerstück erhalten (das längste in Japan), die **Naga-bei** ("lange Mauer").

Am Ende der Kirschbaumallee geht es rechts durch das Hohoate-mon zum inneren Burggelände. Im Hof vor dem **Hauptturm** steht in der Regel eine Wache im historischen Kostüm, die sich gern fotografieren lässt. Im Innern ist eine Ausstellung zur Geschichte der Burg zu sehen. Der große Gingko-Baum im Hof soll übrigens von Katō angepflanzt worden sein. Diesem Baum verdankt die Burg ihren Beinamen „Gingko-Burg".

Daneben geht es zum erst 2008 rekonstruierten Palast **Honmaru Goten**, 🖳 www.manyou-kumamoto.jp/users/goten/goten.html, dem natürlich noch Patina fehlt. Unter ihm verläuft eine Art Tunnel, der Kuragari-no-tsūro („Dunkelgang") – der in dieser Form einmalig in Japan ist. Im Palast sind u. a. ein Teezimmer, eine Küche mit interessanter Deckenkonstruktion, der große Saal, verschiedene Gästezimmer und der prächtige Empfangsraum Shōkun-no-ma zu besichtigen. Letzteren schmücken kunstvolle, goldfarben unterlegte Malereien, die eine klassische chinesische Geschichte darstellen. ⊕ März–Nov tgl. 8.30–18, Dez–Feb bis 17 Uhr, 500 ¥, Kombiticket mit Kyū Hosokawa Gyōbu-tei 640 ¥;

Kombiticket mit Wakuwakuza 600 ¥, Audioguide auf Deutsch.

Zu Fuß sind es von der Burg (ab Hohoate-Tor) ungefähr 10 Min. zur alten Hosokawa-Residenz. Unterwegs kommt man am **Katō-Schrein** vorbei (rechter Hand). Er bewahrt Helm und Schwert von Katō Kiyomasa auf.

Die **Kyū Hosokawa Gyōbu-tei** ist die mehrfach umgebaute ehemalige Residenz eines jüngeren Bruders des Hosokawa-Clanführers aus der 2. Hälfte des 17. Jhs. Den Haupteingang schmückt ein Dach im eleganten Karahafu-Stil. Dieser Eingang war dem Fürsten selbst und wichtigen Gästen vorbehalten. Durch verschiedene Räume gelangt man ins Omote-on-Shoin. Es diente als Empfangszimmer und ist typisch für die Edo-Zeit. Erwähnenswert ist auch das „Silberzimmer" Gin-no-ma, so genannt, weil die *fusuma* ursprünglich mit Silberblatt überzogen waren. Es diente als Privatraum des Hausherrn und durfte nur von seinen engsten Vertrauten betreten werden. In einem Anbau befindet sich das Teezimmer, und kurz bevor man wieder am Eingang ist, kommt man an der Küche vorbei. ⊕ April–Okt 8.30–18, Nov–März 8.30–17 Uhr, 300 ¥, Kombiticket mit Burg 640 ¥.

Nicht weit vom Hosokawa Gyōbu-tei befindet sich das **Kunstmuseum der Präfektur** (Kumamoto Kenritsu Bijutsukan Honkan) mit über 5000 Werken. Zum Museum gehört auch die Hosokawa-Sammlung, die Kunstschätze der einstigen Burgherrenfamilie ausstellt. ⊕ tgl. außer Mo 9.30–17.15 Uhr, Eintritt 270 ¥, Hosokawa-Sammlung 210 ¥, Sonderausstellungen extra. Hier hält auch der Ringbus.

Die nördlich der Burg gelegene **Dentō Kōgeikan** zeigt Kunsthandwerk aus der Präfektur Kumamoto, von traditionellem Spielzeug über Bambusbehälter und Keramik bis zu Messern und Schwertern. Es gibt hier auch Kunsthandwerk zu kaufen. ⊕ tgl. außer Mo 9–17, Juli und Aug bis 18 Uhr, 210 ¥.

Südwestlich des Burggeländes liegt **Sakura-no-baba Josaien**, ein neuer Komplex aus Souvenirläden, Restaurants und dem Wakuwakuza, einer interaktiven Geschichtsausstellung über Kumamoto in der Edo- und frühen Meiji-Zeit (inkl. Live-Darbietungen), den man auf dem Rückweg ins Zentrum durchstreifen kann. Hier ist auch eine große Touristeninformation angesiedelt. Wakuwakuza ⊕ März–Nov 8.30–18.30, Dez–Feb bis 17.30 Uhr, 300 ¥.

Die Burg von Kumamoto ist eine der größten Japans.

© JESSIKA ZÖLLICKHÖFER

KYŪSHŪ

Kumamoto

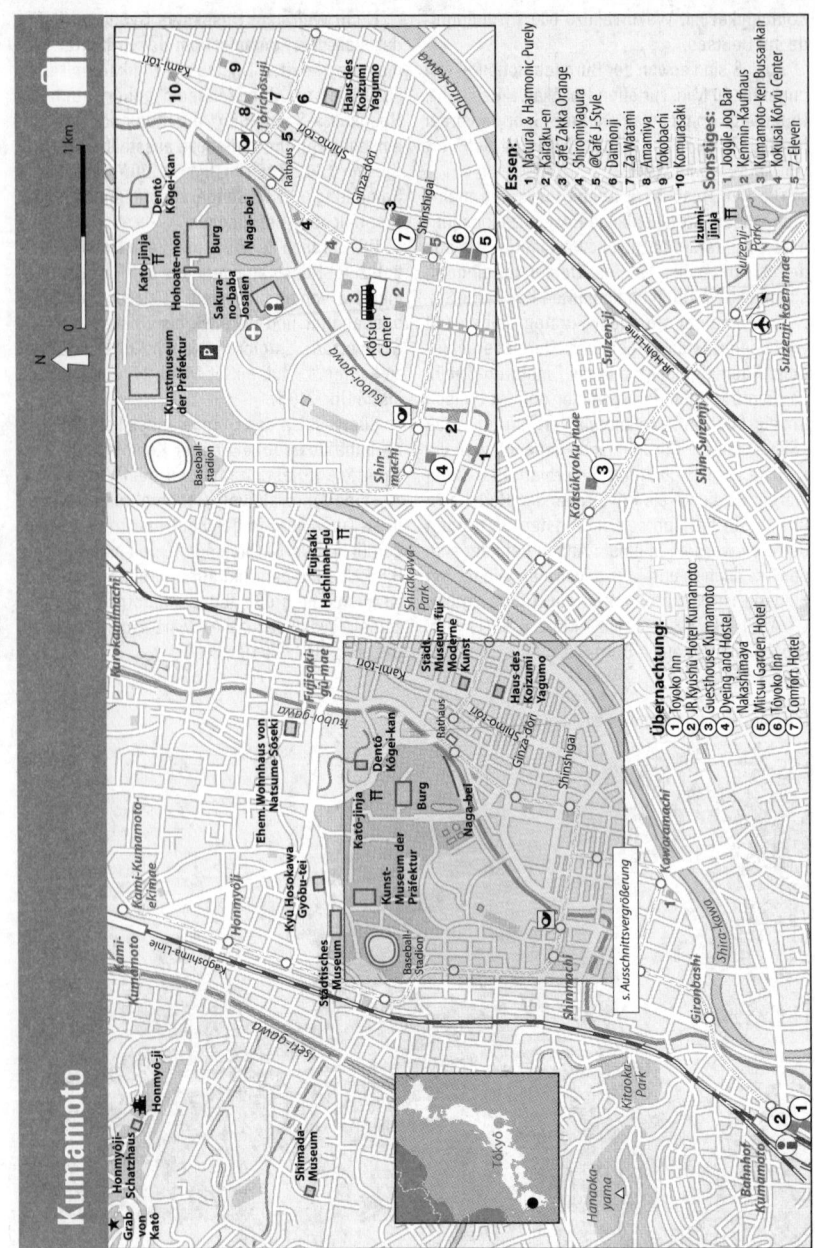

Essen:
1 Natural & Harmonic Purely
2 Kairaku-en
3 Café Zakka Orange
4 Shiromiyagura
5 @Café J-Style
6 Daimonji
7 Za Watami
8 Amamiya
9 Yokobachi
10 Komurasaki

Sonstiges:
1 Joogle Jog Bar
2 Kenmin-Kaufhaus
3 Kumamoto-ken Bussankan
4 Kokusai Kōryū Center
5 7-Eleven

Übernachtung:
1 Toyoko Inn
2 JR Kyūshū Hotel Kumamoto
3 Guesthouse Kumamoto
4 Dyeing and Hostel Nakashimaya
5 Mitsui Garden Hotel
6 Tōyoko Inn
7 Comfort Hotel

s. Ausschnittsvergrößerung

Suizenji-kōen 水前寺成趣園

Wer japanische Gärten liebt, sollte den Suizenji-kōen (auch Jōju-en) aufsuchen. Dieser relativ kleine Garten wurde 1636 von Hosokawa Tadatoshi als Teegarten angelegt. Das Wasser im See wird von einer Quelle gespeist, die unterirdisch vom Aso hierherfließen soll. Das Quellwasser eignet sich bestens für die Teezubereitung und soll ein langes Leben bescheren. Die Anlage im Momoyama-Stil ist eine Art Miniaturlandschaft, die sich an Holzschnitten der Tōkaidō-Route des Künstlers Hiroshige orientiert, darunter der Fuji und der Biwa-See.

Vom Haupteingang geht es im Uhrzeigersinn über eine Brücke am Izumi-Schrein vorbei. Er wurde erst in der Meiji-Zeit (1878) errichtet und ist den Hosokawa geweiht. Von hier spaziert man am „Fuji" und am Nō-Theater vorbei über eine Brücke zum Teehaus Kokindenju-no-ma. Es stand ursprünglich in Kyōto und wurde 1912 hierher versetzt. In diesem Haus pflegte Hosokawa Fujitaka Prinz Toshihito anhand der alten Gedichtsammlung *Kokinwaka-shū* in der Waka-Dichtkunst zu unterrichten (daher der Name).

Der Garten liegt rund 5 km östlich vom Bahnhof und ist von dort mit der Straßenbahn (Richtung Kengun) in 20 Min. zu erreichen (Haltestelle Suizenji-kōen-mae), alternativ mit Bus ab Kotsu Center. ⏲ März–Okt tgl. 7.30–18, Nov–Feb 8.30–17 Uhr, 400 ¥.

Weitere Sehenswürdigkeiten

Literaturfreunde werden Freude am ehemaligen Wohnhaus des Schriftstellers **Natsume Sōseki** (1867–1916) haben. Sōseki lebte ab 1896 über vier Jahre als Englischlehrer in Kumamoto und zog während dieser Zeit sechsmal um. In diesem schönen Haus lebte er am längsten. Zu sehen sind Manuskripte, Fotos und andere Dokumente. ⏲ tgl. außer Mo 9.30–16.30 Uhr, 200 ¥. Bushaltestelle Tsuboibashi.

Am westlichen Rand von Kumamoto zeigt das abgeschiedene kleine **Shimada Bijutsukan**, 🖥 www.shimada-museum.net, Kunsthandwerk sowie ein paar Schwerter und Bilder des berühmten Schwertkämpfers Miyamoto Musashi (1584–1645), der in der Höhle Reigandō bei Kumamoto meditierte. (Die Höhle westlich von Kumamoto kann besichtigt werden.) ⏲ tgl. außer Di 10–17 Uhr, 700 ¥, ab Kōtsū Center Bus Richtung Arao-bashi (Plattform A, Bussteig 9), 10 Min. bis Jikei-Byōin-mae.

1 km westlich vom Bahnhof Kami-Kumamoto steht der 1574 von Katō gegründete **Honmyō-ji**, der Haupttempel der Nichiren-Schule auf Kyūshū, mit dem Grab von Katō. Schatzhaus ⏲ tgl. außer Mo 9–16 Uhr, 300 ¥.

Comfort Hotel, Shinshigai 2-10, ☎ 096-211-8411, 🖥 www.choice-hotels.jp/cfkuma. Durchschnittliches 3-Sterne-Hotel mitten im Zentrum, Gratis-Kaffee in der Lobby. Behindertengerechtes Zimmer. Frühstück inkl. Sehr sauber, aber etwas sterile Atmosphäre. ❷

€ **Dyeing and Hostel Nakashimaya**, Shinmachi 2-11-6, ☎ 096-202-2020, 🖥 nakashimaya.ikidane.com/eng.html. Nähe Kōtsū Center. Keine Mahlzeiten, aber Küche, Fernsehzimmer und als besonderes Extra: Einführung ins Färben (nach Voranmeldung). Ab 2800 ¥ p. P.

Guesthouse Kumamoto, Ōe 5-2-11-101, ☎ 096-371-7807, 🖥 homepage2.nifty.com/minamiaso/guesthouse.html. Sehr anheimelnde Unterkunft im Zentrum. EZ (3000 ¥) und Twins (2800 ¥ p. P.). Hell und freundlich. Niedliches kleines Café. Fahrradverleih.

JR Kyūshū Hotel Kumamoto, Nishi-ku, Kasuga 3-15-15, ☎ 096-354-8000, 🖥 www.jrhotelgroup.com/ong/hotel/eng150.htm. 150-Betten-Hotel direkt beim Bahnhof. Unspektakuläre Zimmer. ❸

Mitsui Garden Hotel, Kōyaima-machi 1-20, ☎ 096-352-1131, 🖥 www.gardenhotels.co.jp/eng/kumamoto. Geschmackvoll eingerichtete Zimmer im westlichen Stil. Zentrale Lage unweit der Shoppingarkade Shinshigai. ❷

Tōyoko Inn, Kōyaima-machi 1-24, ☎ 096-322-1045, 🖥 www.toyoko-inn.com. Ableger der bewährten Businesshotelkette in zentraler Lage. Weiteres Haus in der Shinshigai, Shinshigai 3-25, ☎ 096- 324-1045, und am Bahnhof, Kasuga 2-8-10, ☎ 096-351-1045 – hier Mo–Do abends kostenlos Curry Rice, solange der Vorrat reicht. ❶

Eine Spezialität der Präfektur Kumamoto ist Pferdefleisch: *basashi* (roh mit Sojasoße,

KYŪSHŪ

Ingwer, Frühlingszwiebeln zubereitet) und Higo-Rindfleisch. Und natürlich hat auch Kumamoto seine eigene Rāmen, die Kumamoto Rāmen. Ein ziemlich scharfer Snack ist *karashi renkon*: Dafür wird Miso in die Löcher von Lotuswurzel-scheiben gefüllt und das Ganze gebraten. Der chinesischen Küche entlehnt ist *Taipi-en*, eine Art Kohlsuppe mit hartgekochtem Ei.

Amamiya, Kamitōri-machi 4-16, Tabara Bldg. 2F, 📞 096-323-1136, 🖥 amamiya.chu.jp. Café für Liebhaber von *wagashi* (japanischen Süß-waren) in der Shoppingmeile Kamitōri. ⏱ Di–Do 11.30–22, Fr–Sa bis 23, Mo nur bis 18 Uhr.

@Café J-Style, Tetori Honmachi 4-7, Marutagōbiru B1, 📞 096-354-2446, 🖥 www.j-style.co.jp. Cooles, schummriges Café im Untergeschoss. Immer gut besucht. ⏱ 11.30–2 Uhr.

Daimonji, Tetori Honmachi 5-6-2F. Eine gute Adresse für Okonomiyaki-Fans unweit dem Eingang zur Shimotōri. ⏱ tgl. 11–21.45 Uhr.

Joggle Jog Bar, Kawara-machi 2, 📞 096-288-1132, im alten Arbeiterviertel Kawara-machi, 120 m von der gleichnamigen Straßenbahn-haltestelle, das sich zu einem neuen Kreativ-zentrum entwickelt. Die Bar bietet Tanz- und Musikevents. ⏱ tgl. 11–24 Uhr.

Kairaku-en, Shinmachi 2-7-11, 📞 096-352-2844. Bei Einheimischen beliebtes kleines Taipi-en-Lokal vom Beginn der Shōwa-Zeit mit Blick auf den Fluss. ⏱ tgl. außer Mo 17–21.30 Uhr.

Komurasaki, Kamitōri 8-16, 📞 096-325-8972, 🖥 www.komurasaki.com. Traditionelle Kumamoto Rāmen. Zwei weitere Filialen in der Stadt. ⏱ tgl. außer Mo 11–21.30 Uhr.

Café Zakka Orange, Shinsaigai 6-22, 📞 096-355-1276, 🖥 www.zakkacafe-orange.com. Alternatives Café mit kleiner Karte, Krimskrams zum Verkauf und angeschlossenem Buchladen, in dem auch kleine Konzerte stattfinden. ⏱ tgl. 11.30–21.30 Uhr.

🏠 **Natural & Harmonic Purely**, Nakatōjin-machi 15, 📞 096-323-1551, 🖥 nh-purely.co.jp. Ökoladen, Restaurant und Veranstaltungs-ort in einem alten Haus aus der Edo-Zeit. ⏱ Res-taurant tgl. außer Mi 11.30–22, So bis 21 Uhr.

Shiromiyagura, Hanabatake-machi 1-10, 📞 096-356-1146, 🖥 www.shiromiyagura.com. Edler Japaner mit Blick auf die Burg und den Fluss.

Die Bedienung trägt Kimono. Erlesene japani-sche Küche zu entsprechend gehobenen Preisen. Menüs ab 5000 ¥ (mittags ab 4000 ¥), Hauptspeisen à la carte ab 1200 ¥. ⏱ tgl. 11.30–14 und 17–23 Uhr.

🛍 **Yokobachi**. Kamitōri-machi 11-40, 📞 096-351-4581, 🖥 www.yokobachi.com. Leckeres Essen und super Atmosphäre, besonders im Sommer, wenn man draußen sitzen kann. ⏱ tgl. 17–24 Uhr.

Za Watami, Kamitōri-machi 1-22, Kamitōri Daishin Plaza Bldg. 2F, 📞 096-312-1880. Sashimi, Gyōza, Salat, Renkon-Chips und andere Kleinigkeiten im *izakaya*-Stil. Moderate Preise. Dunkel, mit viel Holz. Die Schuhe lässt man in Schließfächern. ⏱ So–Do 17–3, Fr–Sa bis 5 Uhr.

In der Sun Road Shinshigai gibt es mehrere **Karaoke-Läden**.

SONSTIGES

Einkaufen

Beliebte Einkaufsstraßen sind die Ginza, Shimotōri, Kamitōri und Sanrōdo (Sun Road)-Shinshigai. Unter dem Kōtsū Center befindet sich eine unterirdische Einkaufspassage. Auf kunsthandwerklichem Gebiet ist Kumamoto bekannt für *higo zogan,* eine Metalleinlege-arbeit, die ursprünglich als Verzierung für Schwerter diente. Heutzutage werden in dieser Technik Broschen, Krawattennadeln und Ketten-anhänger mit Silber und Gold hergestellt – zu finden z. B. im **Dentō Kōgei-kan** (S. 559). Dort sind auch Bambuswaren, Holzspielzeug, Hanatebako (handbemalte Schachteln mit Blumenmotiv) und Keramik erhältlich.

Kumamoto-ken Bussankan, Sakura-machi 3-1, NTT Nishi Nihon Sakuramachi Biru 1F, verkauft Spezialitäten und Kunsthandwerk aus der Präfektur Kumamoto. ⏱ tgl. 10–18.30 Uhr.

Im **Kenmin-Kaufhaus**, 🖥 www.kenmin-dept.com, gibt es im 6. Stock eine sehr kleine Auswahl an englischen Büchern. ⏱ tgl. 10–19 Uhr.

Geld

Higo Ginkō, schräg gegenüber dem Bahnhof und in der Ginza-dōri, wechselt Fremd-währungen. ⏱ Mo–Fr 9–15 Uhr.

Geldautomat der Seven Bank u. a. am Beginn der Shinshigai im Zentrum.

Informationen
Touristeninformation im Bahnhof, ✆ 096-352-3743, ⏲ tgl. 8.30–19 Uhr, und im Zentrum, beim Sakura-no-baba Jōsaien, ✆ 096-322-5060, ⏲ April–Okt tgl. 8.30–18.30, sonst bis 17.30 Uhr. Infos **online** unter 🖥 www.manyou-kumamoto.jp und www.kumamoto-icb.or.jp.

Internet
Im **Kokusai Kōryū Center**, Hanabata-chō 4-8, ✆ 096-359-2121, im Erdgeschoss zwei PC mit Drucker zur kostenlosen Nutzung. ⏲ Mo–Fr 8–20, Sa–So bis 19 Uhr, jeden 2. und 4. Mo im Monat geschlossen.

Medizinische Hilfe
Kokuritsu Byōin, Ninomaru 1-5, ✆ 096-353-6501, 🖥 www.nho-kumamoto.jp/eng/index-E.html, mit Englisch sprechenden Ärzten. Vom Bahnhof Bus zum Kōtsū Center oder Tram bis Kumamoto-jō-mae.

NAHVERKEHR
Die **Straßenbahn** kostet 150 ¥ pro Fahrt. Tageskarte für Tram und Bus 500 ¥.
Der **Ringbus** (Shiro-megurin, Castle Tour Bus) dreht eine Runde vom/zum Bahnhof um die Burg und hält dabei am Kōtsū Center und an verschiedenen Sehenswürdigkeiten in der Umgebung der Burg. 150 ¥ pro Fahrt oder Tagespass 400 ¥, 8.30–17.10 Uhr, alle 20 Min. Mit dem Tagespass bekommt man bei manchen Sehenswürdigkeiten eine Ermäßigung. Vom Bahnhof ins Zentrum dauert die Bus- oder Tramfahrt ca. 15 Min.

TRANSPORT
Busse
Mit **Kyūshū Yokodan Bus** (gehört zur Sankō-Gruppe), ✆ 096-354-4845, ab Bahnhof Kumamoto (via Kōtsū Center) 4x tgl. nach ASO (1 3/4 Std., 1250 ¥). Drei der Busse fahren weiter bis KUROKAWA ONSEN (2 3/4 Std., 1920 ¥), einer davon wiederum weiter bis BEPPU (5 3/4 Std. bis zum Bahnhof, 3960 ¥). Folgende Busse starten vom Kōtsū Center:

AMAKUSA (Hondō), alle 30–60 Min. in rund 2 1/2 Std., 2240 ¥
NAGASAKI, je 4x tgl. mit Sankō oder Nagasaki Ken'ei in 3 1/4 Std., 3700 ¥ (bis zum Bahnhof), Reservierungen ✆ 096-354-4845, 🖥 www.atbus-de.com.

Eisenbahn
Vom Bahnhof Kumamoto nach:
BEPPU, mit Shinkansen bis Kokura, weiter mit Express, alle 30–60 Min., 2 1/2 Std., 10 400 ¥
FUKUOKA (Hakata), mit dem Kyūshū Shinkansen, ca. stdl., 40 Min., 4610 ¥
KAGOSHIMA (Chūō), mit dem Kyūshū Shinkansen, ca. alle 30 Min., 3/4–1 Std, 6420 ¥.

Schiffe
Vom Hafen Kumamoto setzen Fähren nach SHIMABARA (Gaikō) über (S. 548). Der Shuttle-bus zum Hafen braucht eine halbe Stunde.

Flüge
Vom Flughafen, ✆ 096-232-2311, 232-2810, 🖥 www.kmj-ab.co.jp/eng, nordöstlich der Stadt fährt ein Bus in 40 Min. zum Kōtsū Center, zum Bahnhof in 50 Min.
NAHA auf Okinawa, 1x tgl., 1 1/2 Std.
ŌSAKA (Itami), 10x tgl., 1 Std. 5 Min.
TŌKYŌ (Haneda), häufig, 1 3/4 Std.

Amakusa 天草

Nur wenige Touristen verirren sich nach Amakusa. Vielleicht liegt es daran, dass die Inselbewohner keine cleveren Geschäftsleute, sondern in der Mehrzahl Fischer sind. In dem für Japan vergleichsweise armen Landstrich sind die Häuser und Busse alt, die Straßen leer, und die Ladenbesitzer klagen, dass es „zu ruhig" sei. Der Nachwuchs fehlt, weshalb bereits mehrere Schulen schließen mussten. Die Einwohnerzahl sinkt kontinuierlich, denn wer keine Arbeit findet, weicht in andere Regionen aus.

Zugegeben, Amakusa hat weder herausragende Sehenswürdigkeiten noch große Naturattraktionen zu bieten, aber dennoch oder vielleicht gerade deswegen ist es ein reizvolles Ziel,

Auf Amakusa stößt man immer wieder auf Statuen von **Amakusa Shirō**, eigentlich Masuda Shirōtokisada, aus Kami-Amakusa, der 1637 als 16-Jähriger einen Aufstand gegen übermächtige Shogunatstruppen anführte. Obwohl er und die meisten seiner Mitstreiter Christen waren, deren Glaube seit 1614 landesweit verboten war, ging es weniger um Religion, sondern vor allem um die zu hohe Steuerlast – damals in Form von Reis –, die den Bauern auf Amakusa und der Shimabara-Halbinsel kaum etwas zum Leben übrigließ, da die Böden der Gegend keine reichen Ernten hergaben. Als eine arme schwangere Frau in Kuchinotsu auf der Shimabara-Halbinsel, deren Familie die Abgaben nicht zahlen konnte, zur Strafe im eisigen Winter in den Fluss geworfen wurde und starb, war das Maß voll. Bauern und herrenlose Samurai forderten Freiheit und Gleichheit. Unter Führung von Amakusa Shirō, in dem manche den von einem Pater rund 20 Jahre zuvor angekündigten Heiland sahen, zogen sie in den Kampf und waren zunächst recht erfolgreich. Im Dezember verschanzten sich die Rebellen aus Amakusa und Shimabara schließlich in der leer stehenden Burg von Hara an der Küste der Shimabara-Halbinsel. Doch als die Regierungstruppen dort eintrafen und noch die Holländer aus Nagasaki zu Hilfe holten, mussten die Rebellen sich am 28. Februar 1638 geschlagen geben. 37 000 Aufständische sollen ums Leben gekommen sein. Amakusa Shirō wurde enthauptet und sein Kopf in Nagasaki zur Abschreckung öffentlich ausgestellt. Auch als Reaktion auf den Aufstand beschloss die Regierung in Edo ein Jahr später die Abschließung des Landes *(sakoku)*. Die Besteuerung in Amakusa wurde später um die Hälfte reduziert und der Buddhismus durch den Bau neuer Tempel gestärkt.

KYŪSHŪ

jedenfalls wenn man Fischerdörfer, felsenübersäte Küstenabschnitte, Strände und Sonnenuntergänge liebt. Dazu bekommt man ein paar in Japan exotisch anmutende Kirchen zu sehen.

Amakusa besteht aus einer Kette von Inseln, die größte und interessanteste ist **Shimo-shima** mit dem Hauptort Hondō. Ein Großteil dieser und der benachbarten **Kami-shima** gehören zum Unzen-Amakusa-Nationalpark.

Spuren des japanischen Christentums

1566 kam der portugiesische Missionar Luis de Almeida nach Amakusa, um dort auf Einladung des *daimyō* Shiki Rinsen das Christentum zu lehren. Sage und schreibe 70 % der Inselbewohner sollen in der Folge getauft worden sein. Bald wurde ein Collegio (Jesuitenseminar) eingerichtet, wo auch vier Japaner unterrichtet wurden, die 1582–90 an der Tenshō-Mission nach Europa teilnahmen und u. a. den Papst in Rom besuchten. Aus Europa brachten sie eine Gutenbergsche Druckpresse mit, die heute als Replik im **Collegio-kan** in Kawaura-machi (noch hinter der Sakitsu-Kirche) zu sehen ist – neben Musikinstrumenten und anderen westlichen Erzeugnissen, die seinerzeit ihren Weg nach Amakusa fanden. ⊕ tgl. außer Mo 9.30–18 Uhr, 200 ¥.

1614 wurde das Christentum vom Shōgun verboten; die Christen mussten ihren Glauben heimlich praktizieren, während sie nach außen hin Buddhisten waren. Die Geschichte der Christenverfolgung und der „verborgenen Christen" *(kakure kirishitan)* auf Amakusa lässt sich im **Amakusa-Christenmuseum** (Amakusa kirishitan-kan) in Funenō-machi, auf einem Hügel im Shiroyama-kōen am Rande von Hondō, zurückverfolgen. Es ist besonders stolz auf den Besitz der blutbeschmierten Kampffahne von Amakusa Shirō, einem jungen Christen, der 1637 einen Bauernaufstand (s. Kasten) anführte. Zu sehen sind hier auch sogenannte *fumi-e*, Bronzetafeln mit dem Bildnis Jesu oder des Kreuzes, auf die Japaner in der Edo-Zeit mit den Füßen treten mussten, um zu beweisen, dass sie keine Christen waren. Interessant ist, welche Tricks die Christen sich einfallen ließen, um ihren wahren Glauben zu verschleiern. So wurde in der Gestalt der Kannon einfach die Jungfrau Maria angebetet. ⊕ tgl. 8.30–18 Uhr, 300 ¥.

Nach Aufhebung des Christenverbots (1873) entstanden auf Amakusa zwei katholische Kirchen, die noch heute bestehen. In der **Ōe Tenshudō** (jetziger Bau von 1933) in Amakusa-machi fällt vorne beim Altar die Statue zweier japanischer Märtyrer auf. ⊙ tgl. außer Mo 9–17 Uhr, Eintritt frei, Fotografieren verboten. In der benachbarten **Amakusa Rosario-kan** geht es um die „heimlichen Christen" in der Edo-Zeit, ⊙ tgl. außer Mi 8.30–17 Uhr, 300 ¥. Die Kirche **Sakitsu Tenshudō** von 1934 im neugotischen Stil, ein Stück weiter die Küste entlang, ist innen mit Tatami-Matten ausgelegt. ⊙ tgl. außer Mo 8.30–17 Uhr, Eintritt frei, Fotografieren verboten.

Delphinbeobachtung

An der Nordwestküste von Shimo-Amakusa kann man an mehreren Stellen, z. B. Futae, Bootsfahrten zur Delphinbeobachtung *(iruka-watching)* unternehmen. Die 200–300 Delphine sind das ganze Jahr über zu sehen.

Die Ausflüge sind ein etwas zweifelhaftes Vergnügen, denn sobald ein Schwarm in Sicht ist, rasen alle Boote auf die Delphine zu – die verständlicherweise schnellstmöglich das Weite suchen. 2500 ¥, 1 Std., zu buchen über die Iruka-Watching-Kyōkai, ✆ 0969-32-2223.

Küste und Strände

Amakusa bietet malerische Küstenpanoramen. An manchen Stellen kann man über die Ariake-See bis zur Shimabara-Halbinsel sehen. Die Westküste ist für schöne **Sonnenuntergänge** berühmt und nennt sich deshalb im südwestlichen Abschnitt „Sunset Line"; besonders berauschend sind sie vom Kikaigaura-Aussichtspunkt aus.

Ein schöner Sandstrand an der Westküste von Kami-Amakusa ist der **Shirogahama**. An der Westküste von Shimo-Amakusa lockt der **Shiratsuruhama**. Weiter im Südwesten um Ushibuka liegen der **Mogushihama** und der abgeschiedenere **Onikizakihama**, der gern von Einheimischen aufgesucht wird.

Wenn man früh aufbricht und erst im Dunkeln zurückkehrt, lässt sich Amakusa mit Auto als Tagesausflug von Kumamoto machen.
Amakusa Guesthouse Spring, 13-14, Minamishin-machi, ✆ 0969-66-9588, 🖵 www.

Wer sich oder anderen ein ganz besonderes Geschenk machen möchte, sollte zur Perlenzüchterei **Reihoku Shinju**, ✆ 0969-37-0836, an der Westküste in Reihoku hinter der Delphinbeobachtungsstelle, fahren. Für 5000 ¥ darf man sich dort eine Muschel aussuchen, sie selbst aufschneiden und die Perle herausholen. Wie sie aussieht, weiß man vorher nicht. Sie kann bläulich, rosa oder weiß schimmern. In jedem Fall ist sie einzigartig! Aus der Perle macht man dann gleich (unter Anleitung) einen Kettenanhänger. Vorher unbedingt anrufen (lassen)!

amakusa-g-h.com/reserve.htm. Preisgünstiger Familienbetrieb im Hostelstil, 5 Min. vom Hondō Bus Center. 4er-Dorms und private Zimmer im japanischen Stil (ohne Bad), Gemeinschaftsküche, Waschmaschine, Schließfächer. Keine Kreditkarten. 2200 ¥ p. P.
Izumiya Ryokan, Shimoda-kita 1297-1, ✆ 0969-42-3021, 🖵 www7.ocn.ne.jp/~izumiya3. Freundliches, 3-stöckiges Ryokan direkt am Fluss. 10 Zimmer mit WC und z. T. Bad. Kleines *rotenburo*. Frischer Fisch und Meeresfrüchte zum Essen. Ab 7000 ¥ p. P. mit HP.
Amakusa Kaisen Kura, Itsuwa-machi, an der Küstenstraße, noch vor der Delphinbeobachtung, ✆ 0969-52-7707, 🖵 www.kaisenkura.com. Restaurant und Souvenirladen nicht allzu weit vom Dolphinwatching (kann hier gebucht werden). Mit Sitzen im Freien, wo man auch grillen kann. Hier gibt es leckeren gebratenen Fisch. ⊙ 9–18 Uhr, Mittagessen 11.30–16 Uhr.
Yamatoya, Sakae-machi 5-18, ✆ 0969-23-5431, am kleinen Kanal unweit des Hondō Bus Centers. Lokale Hausmannskost in rustikaler Atmosphäre in einem ehemaligen Ryokan. ⊙ 11.30–15 und 17–22 Uhr.

Amakusa Takarajima Kankōkyōkai, Touristeninformation, im Hauptort Hondō, in Spaziernähe vom Busbahnhof, ✆ 0969-22-2243, 🖵 www.t-island.jp. Kein Englisch (die Mitarbeiter können aber etwas Englisch lesen und schreiben).

KYŪSHŪ

Englische Broschüren auf Nachfrage. ⏱ Mo–Fr 8.30–18 Uhr.

NAHVERKEHR

Am besten mietet man sich in Kumamoto ein Auto. Es verkehren aber auch Busse auf der Insel: Zur Delphinbeobachtung ab Hondō Richtung Tsuji-yuki (ca. 30 Min.); zur Sakitsu-Kathedrale mit Umsteigen in Itchōda Chūō (von hier Bus Richtung Shiratsuru-hama bis Kyōkai-iriguchi).

€ Alternativ kann man an einer auf Japaner zugeschnittenen, 4–5-stündigen organisierten **Bustour** teilnehmen, die zwischen April und Okt um 8.10 Uhr vom Hondō Bus Center startet und den Spuren der Christen von Amakusa folgt, zwei weitere Touren (nach Ushibuka bzw. mit Delphinbeobachtung) sind im Programm. Kein Englisch, aber mit 1000 ¥ sehr preiswert. Infos und Reservierung (am Vortag) unter ☎ 0969-22-5234.

TRANSPORT

Busse

Bus von KUMAMOTO (Bus Center, Plattform A, *noriba* 7, via Bahnhof) bis Hondō, von 6.40–20.05 Uhr alle 30–50 Min. in rund 2 1/2 Std. (letzter Bus zurück um 18.59 Uhr), 2240 ¥ (einfach).

Schiffe

Shimatetsu Ferry, ☎ 0969-32-1727, unterhält Fähren von Oniike nach KUCHINOTSU im Süden der Shimabara-Halbinsel, mind. 13x tgl., 30 Min., 450 ¥, von dort Busanschluss zum JR-Bahnhof von Isahaya.
Sanwa Ferry, ☎ 0969-72-3807, 🖥 www.ezax.co.jp, verbindet Ushibuki im Süden von Shimoshima 10x tgl. mit KURANOMOTO auf Nagashima (40 Min., 490 ¥), von wo ein Shuttlebus zum JR-Bahnhof Izumi (Shinkansenlinie nach Kagoshima) verkehrt.

Takachiho 高千穂

Takachiho ist ein von Mythen umrankter kleiner Ort um eine malerische Schlucht tief im Innern von Kyūshū – abgelegen, aber auf jeden Fall einen Ausflug wert, wenn man seiner Fantasie gern freien Lauf lässt.

Takachiho-jinja 高千穂神社

In diesem Schrein wird Ninigi, ein Enkel von Amaterasu, als Gottheit verehrt. Er wurde mit dem Spiegel (s. Kasten S. 567), den Juwelen und einem Schwert vom Himmel nach Kyūshū hinunter gesandt, um über Japan zu herrschen. Vor dem Schrein steht ein 800 Jahre alter Zedernbaum und ein „Zedern-Ehepaar" (zwei Zedern, die durch ein Seil miteinander verbunden sind): Pärchen, die sie dreimal Hand in Hand umkreisen, bleiben für immer glücklich zusammen – angeblich.

Beim Schrein werden jeden Abend beispielhaft vier **Kagura-Tänze** für Touristen aufgeführt, ein eindrucksvolles Erlebnis, das man sich nicht entgehen lassen sollte. Ein Shintō-Priester gibt am Anfang und zwischendurch Erklärungen (auf Japanisch). Es wird auch ein Blatt auf Englisch verteilt. 20–21 Uhr; 700 ¥. Normalerweise werden diese Maskentänze von Mitte Nov–Mitte Feb von Laiendarstellern aus der Gemeinde an wechselnden Orten aufgeführt, und zwar alle 33 Tänze die ganze Nacht lang bis zum Sonnenaufgang. Sie gehen auf den mythischen Tanz zurück, den Ame-no-uzume aufführte, um Amaterasu aus der Höhle zu locken (s. Kasten).

Vom Schrein aus kann man in einer halben Stunde zur Takachiho-Schlucht hinabsteigen (der Weg beginnt rechts hinter dem Schrein).

Takachiho-kyō 高千穂峡

Die 7 km lange Schlucht des Gokase-Flusses entstand durch einen Lavastrom nach einem Ausbruch des Aso. Der Fluss verengt sich hier bis auf 3 m. Ein 1 km langer Fußweg führt zum Manai-Wasserfall mit wunderbarer Aussicht auf die Schlucht, dort kann man ein Ruderboot mieten (30 Min.; pro Boot 2000 ¥/3 Pers., 2 km vom Ort – Taxi oder zu Fuß 30 Min.). Es darf aber nur in einem sehr begrenzten Bereich gefahren werden.

Ama-no-Iwato-jinja 天岩戸神社 (Schrein des himmlischen Felsentors)

Dieses Shintō-Heiligtum besteht eigentlich aus zwei Schreinen: Der Hauptschrein ist der **Nishi-hongū** am Westufer des Iwato-Flusses. Er ist dem göttlichen Felstor selbst geweiht, hinter dem die Sonnengöttin sich einst verbarg

In dem alten japanischen „Geschichtswerk" von 712, dem *Kojiki* („Bericht über alte Begebenheiten"), finden sich die Mythen über die Schöpfung Japans und seiner Götter. Darin wird zunächst berichtet, wie der Gott **Izanagi** und seine jüngere Schwester **Izanami** die japanischen Inseln schaffen und sodann eine Reihe von Göttern, zuletzt den Feuergott, bei dessen Geburt Izanami stirbt. Izanagi folgt ihr in die Unterwelt, wo er entgegen Izanamis Gebot einen Blick auf sie wirft, entsetzt die Flucht ergreift und den Eingang zur Unterwelt mit einem Fels versperrt. Anschließend reinigt er sich in einem Fluss und erschafft dabei 14 Götter, darunter die Sonnengöttin **Amaterasu** („Die am Himmel scheinende Große Gottheit"), den Mondgott Tsuki-yomi-no-kami („Die Gottheit der Mondnacht") und Take-haya-Susanoo no mikoto („Heftige, schnelle, ungestüme männliche Hoheit"), der häufig als Sturmgott identifiziert wird. Über diese drei Götter freut er sich besonders und weist jedem ein Reich zu: Amaterasu übergibt er seine Juwelenkette und das Himmelreich, Tsuki-yomi-no-kami bekommt das Reich der Dunkelheit, die Nacht, und Susanoo das Meer. **Susanoo** aber ist unzufrieden und kommt daher seinen Aufgaben nicht nach, weshalb Izanagi ihn schließlich aus seinem Reich verjagt. Susanoo gibt vor, sich zuvor von Amaterasu verabschieden zu wollen und besucht sie. Beide zeugen in einem Wettstreit jeweils mehrere Götter. Susanoo betrachtet sich als Sieger und tobt daraufhin in Amaterasus Reich. Erzürnt verschließt die Sonnengöttin den Eingang zu ihrer „Himmlischen Felsenwohnung", woraufhin im ganzen Land Finsternis herrscht.

Nun ist guter Rat teuer. Die Götter versammeln sich im Bett des Himmlischen Flusses und überlegen, wie sie Amaterasu aus der Höhle locken können. Es werden ein Spiegel und Juwelen hergestellt und zusammen mit anderen Opfergaben in die Zweige eines Kirschbaums gehängt. Nach einer Reihe von Ritualen beginnt schließlich **Ame-no-uzume** einen obszönen Tanz, der die zuschauenden Götter derart zum Lachen bringt, dass Amaterasu, neugierig geworden, das Höhlentor einen Spalt öffnet und fragt, wie es komme, dass alle so fröhlich seien, obwohl Finsternis herrsche. Daraufhin halten die Götter Amaterasu den Spiegel vor und behaupten, sie freuten sich, weil es eine noch glanzvollere Gottheit als sie gebe. Amaterasu tritt erstaunt etwas weiter hervor, um in den Spiegel zu schauen. Diesen Moment nutzt der starke **Ame-no-Tajikarao**, um sie aus der Höhle herauszuziehen. Dank dieser List herrscht wieder Helligkeit auf Erden.

(s. Kasten). Der Schrein birgt einen Spiegel und eine Trommel. Man gelangt aber nicht zur sagenumwobenen heiligen Höhle – sie ist abgesperrt.

Wenn man am Nishi-hongū vorbei geht, kommt man zu einer Straße. Man folgt ihr ein Stück weit an ein paar Imbissbuden vorbei und nimmt dann den Weg, der schräg rechts zum Iwato-Fluss hinabführt. Dann gelangt man zu einer Höhle voller aufeinandergestapelter Steine, der **Ama-no-yasugawara**. Hier sollen sich seinerzeit 8 Mio. Götter versammelt haben, um zu beraten, wie Amaterasu aus der Höhle gelockt werden könnte (Fußweg vom Nishi-hongū ca. 10 Min.).

Vom Nishi-hongū ist es ein kurzer Fußmarsch von nicht einmal zehn Minuten zum Amaterasu geweihten **Higashi-hongū** am Ostufer des Flusses – eine Oase der Ruhe.

Der Ama-no-Iwato-Schrein ist 8 km vom Ort Takachiho entfernt. Alle 1 1/2 Std. bis 19.30 Uhr verkehrt ein Bus vom Busbahnhof in 15 Min. (300 ¥) nach Iwato und hält unweit des Schreins.

Auf dem Weg zum Ama-no-Iwato-Schrein kann man am 1694 erbauten **Kushifuru-jinja** Halt machen, wo der Enkel der Sonnengöttin Ninigi, auf die Erde hinabgestiegen sein soll. Ein idyllischer Pfad führt von hier durch einen Hain zum kleinen **Aratate-jinja**.

ÜBERNACHTUNG UND ESSEN

Die Auswahl an Unterkünften und Restaurants ist in diesem kleinen Ort sehr begrenzt.
Businesshotel Kanaya, Mitai, 8 Ro, Bldg. A, ☏ 0982-72-3881. Eine der billigsten Unterkünfte in Takachiho, zentral gelegen (ungefähr dort, wo die Straße vom Busbahnhof auf die Haupt-

© JESSIKA ZOLLICKHOFER

Der Manai-Wasserfall ergießt sich in die malerische Takachiho-Schlucht.

straße zum Takachiho-Schrein trifft) und für eine Nacht okay. ❶

Takachiho Youth Hostel, Takachiho-chō, 5899-2 Mitai, ✆ 0982-72-3021, ✉ takachiho-yh@mx6. tiki.ne.jp. Kleine, klassische Jugendherberge mit Etagenbetten und Zimmern im japanischen Stil. Leider recht abgelegen, an der Straße nach Nobeoka. 2800/3400 ¥ p. P. mit/ohne JH-Ausweis.

Auf dem Weg zum Takachiho-Schrein gibt es auf der rechten Seite ein kleines Okonomiyaki-Lokal namens **Himawari** – zu erkennen an den namengebenden Sonnenblumen. ⏰ ca. 11–ca. 19.30 Uhr (sofern die freundliche Wirtin nicht Dringendes zu erledigen hat). Auf der anderen Straßenseite, näher am Schrein, gibt es Pizza.

Schräg gegenüber dem Busbahnhof befindet sich eine **Touristeninformation** mit Fahrradverleih. ⏰ tgl. 8.30–17.30 Uhr.

Nach KUMAMOTO (Bahnhof) Bus via TAKAMORI (1 1/2 Std., 1320 ¥) 2x tgl. in 2 3/4 Std., 2370 ¥ einfach (4110 ¥ hin und zurück).

Nach MIYAZAKI mit dem Expressbus aus Kumamoto bis Nobeoka 2x tgl. (1 Std., 1790 ¥, weitere langsamere Busse), dort umsteigen in die JR-Nippō-Linie (ca. 1 Std., 2580 ¥, Express).

Kagoshima 鹿児島

Ihr mildes Klima, die Lage an einer Bucht und vor allem der imposante Vulkan von Sakurajima im Hintergrund haben der 607 000 Einwohner großen Stadt den (rundum positiv gemeinten) Beinamen „Japanisches Neapel" eingebracht. Seit dem 13. Jh. war Kagoshima Sitz des Shimazu-Clans, der zeitweise fast ganz Kyūshū regierte (damals die Provinzen Satsuma, Ōsumi, Hyūga).

Der erste christliche Missionar in Japan, Francisco de Xavier (Franz Xaver), landete 1549 in Kagoshima, musste die Stadt aber bereits zehn Monate später wieder verlassen. Durch das Ryūkyū-Königreich (Okinawa), das Japan seit Shimazu Tadatsunes Invasion Anfang des 17. Jhs. Tribut zahlen musste, hatte Kagoshima aber auch während der langen Abschließungszeit Kontakt zur Außenwelt, und noch vor der

Meiji-Restauration, an der Satsuma maßgeblich beteiligt war (s. Kasten), zeigten die Shimazu reges Interesse am Westen und seinen Technologien.

Sengan-en (Iso-teien) 仙巌園

Dieser Landschaftsgarten 3 km östlich des Zentrums wurde 1658 vom Satsuma-*daimyō* Shimazu Mitsuhisa als Sommersitz eingerichtet. Er blickt auf den Sakurajima-Vulkan und die Kinkō-Bucht und ist daher ein schönes Beispiel für einen Garten im *shakkei* („geborgte Landschaft")-Stil. Der Garten ist nicht sehr weitläufig. Hinter dem Eingang kommt man an einer Kanone, Souvenirläden, Restaurants und dem alten Haupttor (rechts) vorbei. Durch ein kleineres Tor gelangt man zur ehemaligen Iso-Residenz, die z. T. besichtigt werden kann. Kurios ist der kleine Katzenschrein dahinter. Über die Brücke geht es zum Bambuswäldchen, am Oniwa-Schrein und dem Kyokusui-no-niwa (wo früher Dichterwettkämpfe stattfanden) entlang über eine weitere Brücke zurück zur Villa. Von dieser Brücke hat man einen guten Blick auf die 11 m hohe Steintafel mit den Zeichen „Senjingan" („1000-Klafter-Fels") an einer Flanke des Hügels im Westen. 🖥 www.senganen.jp/en/top; 🕐 tgl. 8.30–17.30 Uhr, Kombiticket mit Shōko Shūsei-kan 1000 ¥, mit Discount vom City View Bus 900 ¥. Mit dem Bus braucht man 35 Min. ab Bahnhof Chūō bis zur Haltestelle Sengan-en-mae.

Shōko Shūsei-kan 尚古集成館

Dieser Komplex neben dem Sengan-en war die erste Fabrik westlicher Art in Japan. Sie wurde 1855 (13 Jahre vor der Meiji-Restauration) von Fürst Shimazu Nariakira gegründet. Das ursprüngliche Gebäude brannte allerdings 1863 nieder. Shimazu führte westliche Technologien (u. a. im Schiffsbau, in der Textil- und Glasherstellung, der Pharmazie und Rüstung) in Japan ein. Das Museum zeigt Glas, Kanonen, Bilder der Familie Shimazu und andere Gegenstände aus jener Zeit. Die englischen Erklärungen sind gekürzte Versionen der japanischen. Nur in Kombination mit dem Sengan-en, 1000 ¥, mit Discount vom City View Bus 900 ¥.

Ijin-kan 異人館

Wenn man vom Garten aus ein Stück die Straße Richtung Zentrum zurückgeht, kommt man

Saigō Takamori – der letzte Samurai

Saigō Takamori (1828–1877) ist eine der großen Persönlichkeiten der japanischen Geschichte. Das Schicksal des bulligen „letzten Samurai" mit den buschigen Augenbrauen inspirierte selbst Hollywood: Im gleichnamigen Blockbuster kämpft er Seite an Seite mit Tom Cruise …

Im wahren Leben war Saigō ein niederer Samurai, der sich zusammen mit militärischen Anführern anderer Provinzen an die Spitze der Bewegung zur Entmachtung des Shōguns setzte. Nach der Meiji-Restauration wurde er 1871 zum Oberbefehlshaber der kaiserlichen Garde, trat aber nur zwei Jahre später von diesem Amt zurück, weil der von ihm befürwortete Koreafeldzug wieder verworfen wurde. Zurück in Satsuma betrieb er mehrere private Kriegsschulen, bevor er den aktiven Widerstand gegen die Regierung begann und zum Anführer des Satsuma-Aufstands – in Japan Seinan Sensō („Südwestkrieg") genannt – wurde. Als die Belagerung der Burg von Kumamoto, damals Garnison der kaiserlichen Armee, im April 1877 scheiterte, zogen die Rebellen sich nach Kagoshima zurück. Hier kämpften im September desselben Jahres auf dem Shiroyama 300 Männer um Saigō gegen eine Übermacht von Regierungssoldaten. Als Unterschlupf dienten Saigō zwei Höhlen, die hinter dem Shiroyama-kōen als Gedenkstätten erhalten sind. Schließlich gaben die Rebellen auf. Als Saigō den Hügel hinabstieg, wurde er verwundet. Unten im Tal verübte er am 24.9.1877 *seppuku*. Sein Tod bedeutete das Ende der Rebellion. Saigōs Grab befindet sich zusammen mit über 2000 Gefallenen des Seinan-Kriegs auf dem Nanshu-Friedhof in Kagoshima. Eine große Bronzestatue des „meistgeliebten Mannes in Japan", der posthum rehabilitiert wurde, steht beim Chūō-Park.

Kagoshima

Übernachtung:
1. Little Asia Guesthouse
2. Hotel Gasthof
3. Shiroyama Kankō Hotel
4. Remm Kagoshima
5. Aqua Garden Hotel Fukumaru
6. Rainbow Sakurajima Lodge

Essen:
1. Uoshō
2. Fukiage-an
3. Wakana
4. Chikyūbatake Café Nijinotane
5. Mouffe Café
6. Me Gusta Café
7. Oh-ju J-Style Dining
8. Ajimori
9. Koots Green Tea

Sonstiges:
1. Münzwäscherei
2. Muji, Uniqlo
3. Akashiya
4. 7-Eleven
5. Kagoshima Ichiba
6. Croquette
7. Kagoshima Brand Shop

Transport:
1. Bus nach Chiran
2. City View Bus
3. Busbahnhof
4. Toppy- & Rocket-Boote nach Yakushima
5. Fähren nach Sakurajima

zum schmucken Ijinkan ("Fremdenhaus"). Hier wohnten britische Ingenieure, die Fürst Shimazu bei der Einrichtung der Textilfabrik halfen. In dem Haus im westlichen Stil ist aber nicht viel zu sehen. ⏰ tgl. außer Mi 9–17 Uhr, Eintritt 200 ¥. Schräg gegenüber gibt es eine Glasfabrik, die man auch besichtigen kann (tgl. außer Mo und 3. So im Monat 9–17 Uhr).

Shiroyama-kōen 城山公園

Dieser **Park**, der sich um den Shiroyama konzentriert, war Schauplatz der Entscheidungsschlacht im Seinan-Bürgerkrieg (Kasten S. 569). Vom Gipfel des Hügels (107 m) hat man einen guten Blick über die Stadt und auf den Sakurajima-Vulkan. Der City View Bus hält 100 m vom Aussichtspunkt entfernt.

Am Fuße des Hügels widmet sich das etwas angestaubte Museum **Reimei-kan**, 🖥 www.pref.kagoshima.jp/reimeikan, der Geschichte und Kultur der Präfektur Kagoshima. Es birgt u. a. ein Modell der alten Burganlage und eine volkskundliche Sammlung. 🕐 tgl. außer Mo 9–18 Uhr; jeden 25. des Monats geschlossen (es sei denn, dieser fällt auf einen Sa oder So), 310 ¥. Mit Bus oder Tram bis Shiyakusho-mae, von dort 5 Min. zu Fuß.

Das Reimei-kan befindet sich auf dem Gelände der ehemaligen Burg aus der Edo-Zeit **Tsurumaru-jō**, von der nur noch Reste erhalten sind: Der *daimyō* war der Ansicht, er bräuchte keine massiven Befestigungsanlagen, sein stärkstes Bollwerk wären seine Krieger – folglich verzichtete er auf einen Donjon und beschäftigte einen Großteil der damaligen Bevölkerung als Soldaten!

Ishin Furusato-kan 維新ふるさと館

Wer sich für die Meiji-Zeit interessiert, sollte diesem Museum zur Meiji-Restauration einen Besuch abstatten. Neben einer Ausstellung mit Zeitdokumenten werden regelmäßig zwei interessante Filme gezeigt (mit englischer Übersetzung über Kopfhörer). 🖥 www.ishinfurusatokan.info, 🕐 tgl. 9–17 Uhr, 300 ¥, Audioguide in Englisch gratis.

18 HIGHLIGHT

Sakurajima 桜島

Direkt vor der Haustür Kagoshimas erhebt sich auf einer Insel in der Kinkō-Bucht der Sakurajima, eigentlich drei Vulkangipfel, von denen aber nur der 1040 m hohe Minami-dake noch aktiv ist – jedes Jahr werden tausende kleiner Eruptionen registriert, die letzten größeren erfolgten 2012. Wenn man dem Volksmund glaubt, „wechselt der Vulkan seine Farbe siebenmal am Tag". Jedenfalls aber spuckt er gern Asche. Und die sorgt wiederum für einen sehr fruchtbaren Boden, der gute Ernten von Obst und Riesenrettichen (laut Guinessbuch die schwersten der Welt – der Rekord liegt bei 47 kg) ermöglicht.

Bei seinem Ausbruch am 12.1.1914 wurden drei Dörfer begraben und im Südosten der Insel entstand eine Verbindung zum Festland. Seit dieser Naturkatastrophe ragt in Kurokami das obere Ende eines ursprünglich 3 m hohen **Torii** aus dem Boden – ein beklemmender Anblick.

Es gibt verschiedene Aussichtspunkte, von denen man die bizarre, beinahe gespenstisch anmutende Lavalandschaft bewundern kann. Dem Fährhafen am nächsten ist der **Karasujima Tenbōsho**. Karasujima war selbst eine kleine Insel, die beim großen Ausbruch von 1914 mit Sakurajima verschmolz. Man erreicht den Aussichtspunkt, wenn man dem **Nagisa Lava Trail** (3 km) folgt – am Beginn des Wegs gibt es ein kostenloses 100 m langes Fußbad. Zum **Arimura Yōgan Tenbōsho** muss man dagegen einen Bus (20 Min.) oder ein Fahrrad nehmen. Dieser Aussichtspunkt ist auf einem Hügel, der bei der letzten großen Eruption 1946 entstand, also in der Shōwa-Zeit (daher der Name Shōwa-Lavafeld).

Ein weiterer Aussichtspunkt, der **Yunohira Tenbōsho**, liegt in 373 m Höhe östlich vom Anleger in Richtung Inselmitte.

Die **Fähre** von Kagoshima zur Sakurajima verkehrt durchgehend (von 6–20.30 Uhr alle 10–15 Min., davor und danach seltener), 160 ¥ (einfach), 15 Min. Gegenüber dem Fährterminal, in dem es eine Touristeninformation gibt, vermietet Sakurajima Rent-a-Car Fahrräder (400 ¥ pro Std., 600 ¥ pro 2 Std.), Autos (2 Std. 4800 ¥ inkl. Benzin und Mehrwertsteuer) und 50cc-Motorräder (2 Std. 2500 ¥). Vom Fähranleger fährt der **Sakurajima Island View Bus** 8x tgl. (je nach Strecke 120–440 ¥, Tagesticket 500 ¥) entgegen dem Uhrzeigersinn um die Insel (letzte Abfahrt 16.35 Uhr). Wer es bequem haben möchte, kann sich einer der beiden japanischen **Bustouren** ab dem Bahnhof Kagoshima Chūō (Bussteig 8, 9 und 13.40 Uhr, 2300 ¥) anschließen.

Alternativ kann man die Insel mit dem **Fahrrad** umrunden, braucht dafür aber eine gute Kondition: Die Tour (38 km) dauert ohne größere Pausen mindestens 4 Std. Über größere Abschnitte geht es bergauf. Zu beachten ist auch, dass es unterwegs so gut wie keine Verpflegungsmöglichkeiten gibt. Deshalb sollte man Essen und Trinken mitnehmen oder die Raststätte an der Südküste nutzen. Für Entspannung sorgt das **Saidō-Strandbad** (Saidō kaisuiyokujō) im Norden der Insel (Badesaison von Mitte Juli bis Ende August).

Hafen

Ganz nett ist es im Hafen von Kagoshima am **Dolphin Port**. Von den Restaurants dieses Komplexes hat man, besonders in der Dämmerung, eine schöne Sicht auf den Sakurajima. Im Hafen befindet sich außerdem ein **Aquarium**.

ÜBERNACHTUNG

Aqua Garden Hotel Fukumaru, Meizan-chō 11-8, ℡ 099-226-3211, 🖥 www.hotel-fukumaru.com. Etwas in die Jahre gekommenes Businesshotel in Hafennähe. 34 Zimmer, davon etwa die Hälfte im japanischen Stil. ❷

Hotel Gasthof, Chūō-chō 7-1, nahe dem Daiei-Kaufhaus in Bahnhofsnähe, ℡ 099-252-1401, 🖥 www.gasthof.jp. Nennt sich zwar Businesshotel, hebt sich aber von den üblichen Hotels dieser Kategorie ab: Es gibt einen echten Kamin mit Ohrensessel in der Lobby, gemütliche Holzmöbel und gekachelte Bäder in den Zimmern. Überall hängen Bilder. Wer sich über den Namen wundert: Der Vater des jetzigen Besitzers, der das Hotel Anfang der 70er-Jahre eröffnete, ist viel in Deutschland herumgereist. ❷

€ **Little Asia Guesthouse**, Nishida 2-20-8, Yamano Bldg. 1F, ℡ 099-251-8166. Freundliches kleines Hostel in Bahnhofsnähe. Schlicht gehaltene Dorms und Zimmer für unschlagbare 1500 ¥ bzw. EZ 2500 ¥, Twin 2000 ¥ p. P. Langzeitmiete möglich. Dusche und Waschmaschinen. Die Mitarbeiter sprechen etwas Englisch. Fahrradverleih. Keine Kreditkarten!

Rainbow Sakurajima Lodge, Yokoyama-chō 1722-16, auf Sakurajima, ℡ 099-293-2323, 🖥 www.rainbow-sakurajima.com. Nicht weit vom Fähranleger. Kokuminshuku-sha mit italienischem Restaurant. Japanische und westliche Zimmer. Behindertengerecht. Gegen Gebühr können auch Tagesgäste das Onsen (mit Panoramafenster) benutzen. Strand in der Nähe. Ab 9700 ¥ p. P. mit HP.

Remm Kagoshima, Higashi-Sengoku-chō 1-32, ℡ 099-227-4123, 🖥 www.remm.jp/kagoshima. Zentral gelegenes Hotel nahe der Bunka-dōri,

an der Straßenbahnlinie nach Tenmonkan, mit Zimmern in ultramodernem Design (Dusche mit Glaswand zum Zimmer). Rezeption im 3F. ❸

Shiroyama Kankō Hotel, Shinshōin-chō 41-1, ℡ 099-224-2200, 🖥 www.shiroyama-g.co.jp. Nobles Hotel auf dem Shiroyama mit allen Annehmlichkeiten und schönem Onsen, das auch Tagesgäste gegen Gebühr besuchen können. Übers Internet bekommt man günstigere Angebote. ❺

ESSEN

Ajimori, Sen-nichi-machi 13-21, ℡ 099-224-7634. Edles Restaurant in Tenmonkan. Serviert die Kagoshima-Spezialität *kurobuta ryori*. Diese Gerichte drehen sich um „schwarze Schweine", eine Rasse, die vor 400 Jahren von den Ryūkyū-Inseln eingeführt wurde. Menü ab 4500 ¥. ⏰ tgl. außer Mi 12–14.30 und 17.30–21.30 Uhr.

🌳 **Chikyubatake Café Nijinotane**, ℡ 099-222-6088, 🖥 nijikara.exblog.jp. Café und kleiner Laden am Fuß des Shiroyama-Parks, der die Produkte lokaler Biobauern verwertet und verkauft. ⏰ tgl. 9.30–17 Uhr, Mittagessen 11.30–15 Uhr.

Fukiage-an, im Untergeschoss des Amu Plaza, B1, ℡ 099-250-6555, 🖥 fukiagean.jp. Freundliches Lokal mit einem Riesentisch in der Mitte, um den herum die Gäste sitzen, aber auch Einzeltische. Geschmackvolle Deko und traditionelle Hintergrundmusik. Das Essen (v. a. Soba) schmeckt auch. ⏰ tgl. 10–21 Uhr.

Koots Green Tea, Dolphin Port, 2F, ℡ 099-226-3830. Matcha-Tee (heiß oder kalt), grüner Eistee, Hōji-cha Latte und andere neue Teespezialitäten, aber auch Kaffee, Finger Food und Süßes. Einladend und freundlich. Auch zum Mitnehmen. ⏰ tgl. 10–21 Uhr.

Me Gusta Café, Naka-machi 3-5, Yamasan Biru 1F. Kleiner, netter Mexikaner in Tenmonkan; niedrige Preise, kleine Portionen. Lunch Set für 750 ¥. ⏰ tgl. außer Mo 11–20 Uhr, Fr–Sa „Bar Time" bis 2 Uhr.

📖 **Mouffe Café**, Higashi Sengoku-chō 5-17, T Bldg. 2F, ℡ 099-239-6186, 🖥 mouffecafe.net. Nettes kleines Café in einem Seitengässchen der Tenmonkan-dōri mit leckerem Kuchen, Eis, Kaffee und Sandwiches. ⏰ Mo–Do 10–21, Fr–Sa bis 24, So bis 18 Uhr.

KYŪSHŪ

Oh-ju J-Style Dining, Sen-nichi-machi 9-14, ℘ 099-227-7717, 🖵 www.juraku-f-s.co.jp. Erschwingliche Kagoshima-Küche in modernem Ambiente mitten in Tenmonkan. Sehr beliebt. ⊕ 11.30–14 und 17.30–23 Uhr.

Uoshō, Chūō-machi 24-18, ℘ 099-250-2325. Serviert gutes, frisches Seafood. ⊕ tgl. außer Mo 11–14 und 17–23 Uhr.

Wakana, Chūō-machi 4-42, ℘ 099-202-0031, 🖵 www.k-wakana.com/tenpo/chuoeki.html. Traditionelle Kagoshima-Küche, u. a. leckeres Shabu-Shabu mit *kurobuta*. ⊕ tgl. 11.30–14.30 und 17–23 Uhr.

UNTERHALTUNG

Bars und Clubs

Um die Straßenbahnhaltestelle Tenmonkan-dōri gibt es viele Lokale für lange Nächte, besonders in Sennichi-chō.

Karaoke

Croquette, Tenmonkan, 🖵 www.korokke.com. Mit Restaurant. Mo–Fr 10–19 Uhr Sondertarif 350 ¥ p. P./Std. ⊕ 24 Std.

SONSTIGES

Einkaufen

Die Haupteinkaufsgegend in Kagoshima ist **Tenmonkan**, ein Netz aus überdachten Shoppingarkaden.

An den Bahnhof schließt sich das Einkaufszentrum **Amu Plaza** mit einer Filiale von Uniqlo und MUJI im B1 an.

Akashiya, Kanao-chō 4-6, ℘ 099-226-0431, gegenüber der Post am Bahnhof. Hier ist die Kagoshima-Spezialität *karukan* erhältlich, eine Süßigkeit aus Kartoffeln und gemahlenem Reis.

Kagoshima Brand Shop, Meizan-chō 9-1, Kagoshima-kan Sangyō Kaikan Bldg., ℘ 099-225-6120, verkauft lauter Spezialitäten, Kunsthandwerk und Krimskrams aus der Präfektur Kagoshima. ⊕ tgl. 9–18 Uhr.

Kagoshima Ichiba, Yamanoguchi-chō 12-16, ℘ 099-299-0101. Bietet Spezialitäten aus Kagoshima, u. a. auch *imojōchū* (Kartoffelschnaps). ⊕ Mo–Fr 10–21, Sa–So 9–22 Uhr.

Kinokuniya, im Amu Plaza 4F, hat eine Auswahl an Büchern in Englisch. ⊕ tgl. 10–21 Uhr.

Geld

JP Bank neben der Post, ⊕ Mo–Fr 9–18 Uhr; **Geldautomat** in den 7-Eleven-Filialen, u. a. nahe Takami-baba.

Informationen

Touristeninformation im Bahnhof Chūō, ⊕ tgl. 8.30–19 Uhr, im Flughafen, beim Meiji Ishin Furusato-kan und beim Kagoshima Brand Shop. **Website** der Stadt: 🖵 www.city.kagoshima.lg.jp; Infos zur Präfektur Kagoshima: 🖵 www.pref.kagoshima.jp/foreign/english, zu Sakurajima: 🖵 www.sakurajima.gr.jp/index.html.

Der **Kagoshima Internalization Council** hat einen aktuellen Visitors' Guide im Netz, 🖵 kic-update.com/en.

Medizinische Hilfe

Shiritsu Byōin, Kajiya-chō 20-17, ℘ 099-224-2101, 🖵 www.kch.kagoshima.kagoshima.jp. Mit Englisch sprechenden Ärzten.

NAHVERKEHR

Sehr praktisch ist der **Touristenbus** „City View", pro Fahrt 190 ¥, Tagespass 600 ¥, zu kaufen beim Fahrer oder bei der Touristeninfo. Er bedient zwei verschiedene Routen (plus Night-View-Course um 19 und 20 Uhr am Sa, 200 ¥). Alle beginnen und enden am Bahnhof Chūō (Bussteig 4) und verkehren von 8.40/9 Uhr bis 16.40/17.20 Uhr. Der Tagespass berechtigt auch zur Nutzung von Straßenbahn und Stadtbussen. Der **Bus** zum Fähranleger (Fähre nach Sakurajima) fährt von Bussteig *(noriba)* 5 alle halbe Std. in 15 Min. Ein **Taxi** zum Fähranleger verlangt ab dem Bahnhof je nach Verkehr 1000–2000 ¥.

Zwei **Straßenbahnlinien** verkehren seit 1912 in Kagoshima. Eine fährt vom Bahnhof Kagoshima über Tenmonkan nach Kagoshima Chūō und weiter. Eine Fahrt kostet 170 ¥.

Fahrräder können beim Bahnhof Chūō für 500 ¥/2 Std., 1000 ¥/4 Std. geliehen werden.

TRANSPORT

Busse

Bus von **Miyazaki Kōtsū**, ℘ 0985-32-1000, 🖵 www.miyakoh.co.jp, nach MIYAZAKI 7x tgl. zwischen 8 und 18.30 Uhr ab Bahnhof Chūō in 3 Std., 2780 ¥.

Nach KUMAMOTO mit mehreren Busgesellschaften ab dem Haupthafen via Tenmonkan und Bahnhof Chūō 8x tgl. zwischen 7 und 19.15 Uhr, 3 1/2 Std., 3700 ¥.
Nach CHIRAN s. S. 575.

Eisenbahn
Der zentrale Bahnhof von Kagoshima heißt **Kagoshima Chūō** (der Bahnhof Kagoshima ist weiter entfernt).
JR-Kyūshū Shinkansen via KUMAMOTO (1 Std., 6420 ¥) nach FUKUOKA (Hakata), häufig, 1 1/2 Std., 9930 ¥.
Nach MIYAZAKI mit JR-Nippō-Honsen, alle 1–2 Std., 2 1/4 Std., 3710 ¥ Express.

Schiffe
Von Kagoshima (Honkō, „Haupthafen") Verbindungen nach YAKUSHIMA (S. 579), vom Shinkō („neuen Hafen") nach OKINAWA (S. 593).
Fähre nach Sakurajima s. S. 571.

Flüge
Zum Flughafen Kagoshima (30 km), 🖳 www.koj-ab.co.jp/english, Bus vom Bahnhof Chūō ab Bussteig 1 (gegenüber dem Bahnhof) alle 10–15 Min. (40 Min., 1250 ¥).
Ziele u. a.:
TŌKYŌ Haneda, häufig, Narita 1–2x tgl., 1 3/4 Std.
ŌSAKA Itami, 13x, Kansai 2–5x tgl., 1 Std. 10 Min.
YAKUSHIMA, 5x tgl., 35 Min.
OKINAWA (Naha), 3x tgl.,1 Std. 20 Min.
Außerdem internationale Flüge 2–3x wöchentlich nach Hongkong, Seoul, Shanghai und Taipei.

Satsuma-Halbinsel 薩摩半島

Chiran 知覧町
30 km südlich von Kagoshima liegt inmitten einer Landschaft aus Teeplantagen, Windkrafträdern und Kartoffeläckern die einstige Samurai-Stadt Chiran. Das alte Samuraiviertel der ehemaligen Burgstadt ist eines der besterhaltenen Japans. Eine Reihe von Samuraihäusern haben Gärten, die im 18. Jh. von Gartenkünstlern aus Kyōto angelegt wurden, sieben von ihnen sind für die

Öffentlichkeit zugänglich und können auf einem Rundgang besichtigt werden.

Wenn man aus dem Bus steigt, geht man entweder ein paar Schritte zurück oder vor, um zu den alten **Gärten** zu gelangen – es gibt mehrere Eingänge. An allen ist das Sammelticket (500 ¥) erhältlich, mit dem alle sieben Gärten besichtigt werden können. Dafür braucht man keine Stunde, denn es handelt sich um sehr kleine Gärten, die man vom Eingang aus betrachtet. Die Häuser selbst sind nicht zugänglich und teilweise noch bewohnt. ⏰ alle tgl. 9–17 Uhr.

Auf dem Weg zum Garten von Sata Mifune lohnt ein Blick auf das in seiner Architektur einmalige **Futatsuya-Bauernhaus**, ein reetgedecktes Haus mit zwei Dächern.

Chiran war ab 1942 bis zum Ende des Zweiten Weltkriegs das wichtigste Kamikaze-Fliegerzentrum. Von hier brachen Kamikaze-Flieger zu ihren Todesflügen auf. 1036 von ihnen starben während des Kampfs um Okinawa. An sie erinnert das Museum **Tokkō Heiwa Kaikan**, 🖳 www.chiran-tokkou.jp. Von den Gärten ist es ein halbstündiger Spaziergang hierher (Bus verkehrt selten). Für Japaner ist es sehr bewegend, die Abschiedsbriefe der blutjungen Piloten zu lesen und ihre Habseligkeiten zu betrachten, aber für Ausländer ohne Japanischkenntnisse ist das Museum weniger interessant. Einige Briefe sind ins Englische übersetzt worden und auf einem Touchscreen zu lesen, aber alle Erklärungen sind nur auf Japanisch. ⏰ tgl. 9–17 Uhr, 500 ¥.

Ibusuki 指宿
Der landesweit berühmte Badeort Ibusuki liegt 50 km südlich von Kagoshima an der Kagoshima-Bucht. Dank dem Kaimon-dake (S. 575) erwärmen heiße, unterirdische Quellen den Strand. Hier lässt sich im **Sunamushi Kaikan Saraku** ein heilsames Sandbad nehmen: Man wird für 10–15 Min. eingebuddelt (länger ist nicht gut für den Kreislauf) und kann anschließend ins Onsen. ⏰ tgl. 8.30–20.30 Uhr (Mo–Fr 12–13 Uhr geschl.); 920 ¥ inkl. Leih-Yukata; kleines Leih-Handtuch 110 ¥. Vom Bahnhof sind es zu Fuß 20 Minuten hierher (Bus 5 Min.).

Ein weiteres Sandbad liegt etwas außerhalb, das **Yamagawa Sunamushi Onsen**, ⏰ tgl. außer Mi 8.30–17 Uhr, 800 ¥. Bus vom Bahnhof Ibusuki

Shōchū – der Geist von Kyūshū

Die Einwohner Kyūshūs sind als trinkfreudig bekannt. Besonders angetan hat es ihnen der Schnaps, der aus allem Möglichen (u. a. Getreide, Reis, Kartoffeln) hergestellt wird. Galt er früher als eher vulgär, erfreut er sich inzwischen wachsender Beliebtheit, gerade auch unter jungen Leuten. Die Satsuma-Halbinsel ist besonders für den Schnaps aus der Süßkartoffel, den *imo-jōchū,* bekannt. Geerntet wird die *satsuma-imo* von September bis Anfang Dezember. Nach der Herstellung muss der Schnaps drei bis vier Monate lagern, bevor man ihn trinken kann. Wenn man in etwa stets die gleiche Geschmacksrichtung erreichen will, mischt man ihn vor der Flaschenabfüllung mit älterem Schnaps. Der Alkoholgehalt beträgt 25 %, aber man trinkt den Shōchū – jedenfalls in Kagoshima – mit warmem Wasser vermischt (erst Wasser, dann Schnaps einschenken). Man kann ihn zwar auch auf Eis oder mit kaltem Wasser vermischt trinken, aber das echte Aroma, so Kenner, entfaltet sich nur mit warmem Wasser.

bis Fushime-guchi, alle 1–2 Std. (25–30 Min.), 340 ¥, einfach.

Kaimon-dake 開聞岳

Eine andere große Attraktion der Satsuma-Halbinsel ist der **Kaimon-dake** (924 m, Aufstieg rund 2 Std. ab Bushaltestelle Kaimondake, Bus vom Bahnhof Yamakawa 25 Min.), auch Satsuma-Fuji genannt, weil er eine ebenso perfekte Kegelform wie der Fuji-san hat. Er macht von allen Seiten betrachtet eine gute Figur, besonders in der Dämmerung, z. B. vom Nihon Sainantan-no-eki: "Japans südlichstem Bahnhof" Nishi-Ōyama. Die Spitze der Satsuma-Halbinsel bildet **Nagasakibana**. Auch von hier hat man einen schönen Blick auf den Kaimon-dake und die felsige Küste.

ÜBERNACHTUNG

Chiran
Tomiya Ryokan, Chiran-chōgun 104, ☎ 0993-83-1038 (10–21.30 Uhr), 🖥 www.tomiyaryokan-chiran.jp/tomiya.html. Traditionsreiches Ryokan direkt bei den Gärten mit viel ländlichem Charme. Das Ryokan war früher für die Armee reserviert. Eltern aus ganz Japan trafen hier ihre Söhne, um die sich die damalige Wirtin rührend gekümmert haben soll. 6000 ¥ p. P. mit Frühstück, HP 10 000 ¥.

Ibusuki
Ryokan Tsukimisō, Yunohama 5-24-8, ☎ 0993-22-4221, 🖥 www.tsukimi.jp. Einladendes Ryokan gegenüber dem Sunamushi Kaikan, ein 1957 gegründeter Familienbetrieb, mit 7 Zimmern und kleinem *rotenburo*. Ab 8000 ¥ p. P. mit Frühstück.
Tamaya YH, Yunohama 5-27-8, ☎ 0993-22-3553, 🖥 www.geocities.jp/tamaya_yh. Nahe dem Sunamushi Kaikan. Kleine, klassische Jugendherberge mit 6-Bett-Zimmern und 2 japanischen Zimmern für 3 bzw. 8 Personen. Sperrstunde um 22 Uhr. HP möglich. Mitglieder 2725 ¥, sonst 3325 ¥.

SONSTIGES

Einkaufen
Chiran ist bekannt für seinen exquisiten grünen Tee, **Chiran-cha**. Eine Kostprobe bekommt man bei den Gärten. Ein dekoratives, aber nicht ganz billiges Mitbringsel sind **Chiran-gasa**, schirmartige Laternen (um 4000 ¥).

Informationen
Informationen zu Ibusuki bei der **Touristeninformation** im Bahnhof und im Netz unter 🖥 youkoso-ibusuki.com.

TRANSPORT

Busse
Ab KAGOSHIMA (Chūō, Bussteig 16) fährt 8x tgl. ein Bus nach **Chiran**, 1 Std. 10/20 Min., bis Bushaltestelle Bukeyashiki-iriguchi, Endstation ist die Tokkō-kan; 6.27–14.02 Uhr, zurück zuletzt um 18.26/18.33 Uhr ab Tokkō-kan/Bukeyashiki, 870–940 ¥.
Es gibt auch 5x tgl. einen Bus von Ibusuki nach Chiran (1 Std.; 960 ¥).

Eisenbahn
Von KAGOSHIMA nach **Ibusuki** ca. alle 40–60 Min. mit der JR-Ibusuki-Makurazaki-Linie

(1 1/4 Std., 1000 ¥), mit derselben Linie weiter nach **Kaimon** zum Kaimon-dake (30–40 Min., 370 ¥). 3x tgl. verkehrt außerdem ab Kagoshima (Chūō) der etwas schnellere Nostalgie-Dieselzug *Ibusuki-no-Tamatebako* von/nach Ibusuki (1870 ¥), Reservierung nötig.

Schiffe
Von Ibusuki nach YAKUSHIMA (Miyanoura) s. S. 579.

Yakushima 屋久島

Mystische Zedernwälder, imposante Wasserfälle und ruhige Strände erwarten Besucher 60 km vor Kagoshima auf Yakushima. Die 503 km² große Insel gehört zu den Ōsumi-Inseln und wird von 32 erloschenen Vulkanen gebildet, sechs davon über 1800 m hoch, darunter der höchste Berg Kyūshūs, der **Miyanoura-dake** (1936 m). Ein Fünftel der Insel ist Unesco-Weltnaturerbe.

Yakushima weist mit die größten Temperaturschwankungen weltweit auf: Im Winter liegt auf den Bergen Schnee, auf Meereshöhe herrschen mind. 10 °C, während das Thermometer im Sommer bis auf 30 °C klettert (selbst in 1000 m Höhe). Es regnet viel – angeblich „35 Tage im Monat" (aber keine Angst, meist nicht von morgens bis abends).

Diese ungewöhnlichen Bedingungen haben eine einzigartige Tier- und Pflanzenwelt hervorgebracht, darunter der **Yaku-Hirsch** und der **Yaku-Affe**, denen man auf Wanderungen begegnet. Es gedeihen sowohl subtropische als auch subalpine Pflanzen. Berühmt ist die Insel aber für ihre **Yaku-sugi**, über 1000 Jahre alte Zedern in bizarren Formen. Verschiedene Wanderwege führen durch die Zedernwälder, u. a. zur ältesten Zeder der Welt, der **Jōmon-sugi** in 1350 m Höhe (von Arakawa-tōzanguchi 5–6 Std.). Sie soll über 6000 Jahre alt sein.

Yakusugi Land 屋久杉ランド
Einen Eindruck vom dichten, immergrünen Feuchtwald mit über 2000 Jahre alten Zedern vermittelt das Yakusugi Land im Osten der Insel, 16 km landeinwärts von Anbō. Hier hat man die Wahl zwischen vier Rundgängen von 30 bis zu 150 Minuten Länge. Der Bus von Anbō (2x tgl.) braucht 40 Min. zum Parkeingang. ⏰ 9–17 Uhr, 300 ¥.

Strände 海水浴場
Der **Nagata Inakahama** ist ein ruhiger, gelber Sandstrand an der Westküste. Im Mai–August kommen Meeresschildkröten zur Eiablage hierher. Achtung: Die Strömung ist hier recht stark. Besser geeignet zum Schwimmen ist der von einer Bucht geschützte **Issō-Kaisuiyokujō** weiter nördlich.

Wasserfälle 滝
Von den Wasserfällen der Insel ist der **Ōko-no-taki** an der Westküste mit 88 m der höchste und eindrucksvollste – einer der schönsten Japans. Der **Torōki-no-taki** und der **Senpiro-no-taki**, beide benachbart an der Südostküste, sind ebenfalls ansehnlich, wobei der Torōki nur aus der Ferne unterhalb einer roten Brücke zu sehen ist. Das Besondere ist, dass dieser Wasserfall sich direkt ins Meer ergießt. Der Senpiro ist imposanter, wenn viel Regen gefallen ist.

Shiratani Unsuikyō 白谷雲水峡
In diesem Zedern-Urwald in 800 m Höhe gibt es verschiedene Wanderwege unterschiedlicher Länge, die anfangs auf demselben Weg verlaufen und miteinander kombinierbar sind. Keine der Routen ist ein Spaziergang. Für Leute mit durchschnittlicher Ausdauer bietet sich eine zweistündige Wanderung auf dem **Kusugawa-Wanderweg** bis zum Mononoke-hime-no-mori und zurück an. Nach ca. 500 m Bretterweg kommt die erste Hürde: über sehr große, glatte Felsen. Dann geht es links über die Hängebrücke. Von da an führt der gut ausgeschilderte, mit Steinen oder Holz befestigte Weg durch eine Landschaft aus Baumriesen, Bächen und Moos. Etwas heikel wird es an der Stelle, wo man den Fluss von Stein zu Stein hüpfend überqueren muss. Hat man die Hütte *(koya)* hinter sich, ist es nicht mehr weit, bis linker Hand eine urwüchsige, moosbewachsene Baumlandschaft auftaucht, die Filmemacher Miyazaki Hayao zu seinem preisgekrönten Film *Prinzessin Mononoke* inspiriert haben soll.

Knorrige alte Baumriesen prägen die Shiratani Unsuikyō auf Yakushima

Die Szenerie hat etwas Mystisches, und es würde einen nicht wundern, wenn hinter einem der Bäume plötzlich eine Waldfee hervorträte. Wahrscheinlicher ist, dass Rehe den Weg kreuzen, die sich von Wanderern kaum verunsichern lassen. Wer will, kann den Weg noch weiter zum Tsuji-tōge und Taiko-iwa gehen, braucht dann aber insgesamt 4 Std. Ehrgeizige können vom Tsuji-Pass sogar noch weiter wandern und stoßen nach ca. einer Stunde auf den Wanderweg, der an Wilsons Stumpf und der Jōmonsugi vorbei auf den Gipfel des Miyanoura-dake führt (rund 9 Std. ab der Abzweigung).

Am Eingang zur Shiratani Unsuikyō ist ein Naturschutzbeitrag von 300 ¥ zu entrichten. Vor Ort gibt es keinerlei Verpflegungsmöglichkeiten, deshalb sollte man Essen und Trinken mitnehmen.

Täglich fahren vier Busse des Unternehmens Yakushima Kōtsu und ein Bus des Unternehmens Matsubanda Kōtsu von Miyanoura zur Shiratani Unsui-kyō; engl. Fahrplan unter 🖥 www1.ocn.ne.jp/~yakukan/download.htm; 550 ¥ ab Hafen, einfach. Der Bus braucht ca. 30 Min. für die 12 km von Miyanoura.

ÜBERNACHTUNG

Miyanoura

Minshuku Tanpopo, ✆ 0997-42-0918. Vom Hafen zu Fuß erreichbar. Links in die Hauptstraße, dann erste rechts. Zu erkennen am roten Anstrich. 3675 ¥ p. P.

Miyanoura Portside Youth Hostel, ✆ 0997-49-1316, 🖥 www.yakushima-hostel.com/index_en.html. Nicht weit vom Hafen (10 Min. zu Fuß), in einer Seitenstraße der Hauptstraße. 5 Zimmer für 2–5 Leute, nette Terrasse mit Blick aufs Wasser, Waschmaschinen und Trockner. Kein Essen. Ab 3800 ¥ p. P., bei Internetbuchung und/oder mit Jugendherbergsausweis 600 ¥ billiger.

Anbō

Minshuku Anbō, ✆ 0997-46-2720, in der Straße, die am Fluss entlang führt: von Miyanoura kommend, von der Hauptstraße aus vor der Brücke links abbiegen (von Onoaida aus hinter der Brücke rechts). Von einer alleinstehenden Frau geführtes, sauberes Minshuku. Zimmer mit Tatami-Matten und Futons. 6800 ¥ p. P. mit HP.

Wer die Insel einmal umrunden möchte (gut 130 km), braucht einen Mietwagen. Von Miyanoura aus fährt man am besten entgegen dem Uhrzeigersinn, da es an der Westküste wenig Infrastruktur gibt (Proviant mitnehmen!). Dann ist man gegen Abend in Anbō, kann von dort am nächsten Tag erst zum Yakusugi Land aufbrechen oder gleich die Küste hoch nach Miyanoura zurückfahren, um von dort aus zur Shiratani Unsuikyō zu gelangen.

Die erste Station ist der **Shitogo Gajumaru-en**, ein Mini-Park mit Banyan-Bäumen, ☉ April–Aug 8–18.30, Sep–März 8.30–17 Uhr, 200 ¥.

Danach geht es weiter zum Strand **Nagata Inaka-hama** und zum **Leuchtturm**, der den westlichsten Punkt der Insel markiert. Ungefähr ab dem Leuchtturm ist die Straße bis zum **Ōko-no-taki** sehr schmal und kurvig, also langsam fahren und auf Gegenverkehr achten! Stellenweise blockieren Affen die Straße, die sich beim gegenseitigen Lausen nicht so leicht aus der Ruhe bringen lassen. In **Kurio** kann man zu Mittag essen und dann entweder ein paar weitere **Banyan-Bäume** (Nakama Gajumaru) besichtigen oder ein Stück landeinwärts zum **Yakushima Fruits Garden** fahren, wo es u. a. Mangos und verschiedene Orangensorten auch als Marmeladen zu kaufen gibt (Letztere ein nettes Mitbringsel). ☉ tgl. 8.30–16.30 Uhr, 500 ¥. Wer sich nicht geniert, kann an der Südküste im öffentlichen, gemischten *rotenburo* **Hirauchi Kaichū Onsen**, das die Inselbewohner direkt im Meer selbst eingerichtet haben, ein Bad nehmen (100 ¥ in die Box tun, 2 Std. vor bis 2 Std. nach Ebbe). Vor Anbō werden noch die beiden Wasserfälle **Senpiro-no-taki** und **Toröki-no-taki** besichtigt, bevor man erschöpft ins Bett bzw. auf den Futon sinkt.

Onoaida

Kokoroya, Onoaida 223, ✆ 0997-47-2005, 🖳 www.geocities.jp/cocoro_ya. Die Straße gegenüber der Post und Bushaltestelle (Onoaida Chūō) rein, dann noch 40 m. Dieses sehr freundliche, gemütliche Minshuku richtet sich hauptsächlich, aber nicht ausschließlich, an Frauen. Ab 6300 ¥ p. P. mit HP.

Mandala Guesthouse & Jerry's Campsite, Onoaida, ✆ 0997-47-2694, 🖳 www. eu-guesthouse-in-yakushima.net. Kleines Gästehaus (nur ein Zimmer mit Futons) für max. 5 Backpacker, Du/WC im EG, Zelten (800 ¥) möglich. Geführt von einem deutschen Imker, der seit 1986 hier lebt. Von Juni bis Aug ist er mit seinen Bienen auf Hokkaidō. Er arbeitet auch als Wanderführer. Bushaltestelle Futamatagawa. 3500 ¥ p. P.

Hirauchi

Yakushima Youth Hostel, Hirauchi, ✆ 0997-47-3751, 🖳 www.yakushima-yh.net. Zimmer mit 2 Etagenbetten und Tatami-Zimmer für 2–6 Pers.; Waschmaschine und Küchennutzung. Organisiert Touren u. a. zur Jōmon-sugi. Motorrad- und Autovermietung. Frühstück und Abendessen möglich. Auch Zeltplatz (840 ¥ p. P.). Ab 4 Nächten Rabatt. 2940 ¥ p. P., zzgl. 600 ¥ für Nicht-Mitglieder.

Mattake, Kurio, nettes Soba-Lokal in einem ländlichen japanischen Privathaus in Kurio an der Südwestküste. Klassische japanische Gerichte wie Tenpura-teishoku für 1200 ¥. Nicht ganz leicht zu finden, deshalb am besten nach dem Weg fragen. ☉ tgl. außer Do 11–15 und 18–21 Uhr.

Yakushima Kankō Center, Miyanoura, 🖳 yksm. com, in der Hauptstraße, nahe der Straße, die zum Hafen führt. Grünes Haus, in dem viele Souvenirs verkauft werden. Im oberen Stockwerk gibt es ein Restaurant mit preiswerten Gerichten, wie Curry Rice. ☉ tgl. 8–19 Uhr. In **Onoaida** gibt es drei einfache Lokale, in **Anbō** ein paar mehr, auch einen Dach-Biergarten direkt am Fluss (Nordseite der kleinen Brücke).

Autovermietungen

Die Touristeninformation im Hafen von Miyanoura vermittelt Mietwagen. Man wird vom

KYŪSHŪ

Vermieter abgeholt. **Matsubanda Rent-A-Car** z. B. vermietet einen Toyota Vitz (Kleinwagen) für 5775 ¥ pro 24 Std. Es gibt aber noch viele weitere Autovermietungen über die Insel verstreut.

Informationen

Touristeninformation, im Fährterminal von Miyanoura, ✆ 0997-42-1019. Sehr freundliche Angestellte, die Mietwagen und Unterkünfte vermittelt.
Touristeninformation in Anbō, ✆ 0997-46-2333, nahe der Bushaltestelle Anbō und dem Anbō-Fluss in einer kleinen Seitenstraße an der Ecke zur Hauptstraße. Vermittelt auch Unterkünfte. ⏲ tgl. 9–17.30 Uhr.

Tauchen

Es gibt mehrere unterschiedlich tiefe Tauchspots im Süden und Nordwesten der Insel. Unter Wasser können u. a. Doktor- und Napoleonfische, Meeresschildkröten, Barben und Thunfische gesichtet werden. Ein Anbieter von Tauch- und Schnorchelausflügen ist **Yakushima Guide-Club**, Anbō 739-145, ✆ 0997-46-3160, halber Tag Tauchen/Schnorcheln 9000/6000 ¥.

Wandern

Die meisten **Wanderwege** sind nichts für Anfänger, sondern erfordern eine gute Ausrüstung und Erfahrung, darunter auch der Onoaida-Trail und der Nagata-Trail, die beide auf den **Miyanoura-dake** (1936 m) führen. Wer einen Eindruck von der Zedernlandschaft der Insel bekommen möchte, ohne zuvor einen Bergsteigerkurs zu belegen, sollte die **Shiratani-Unsuikyō** (S. 576) oder das **Yakusugi Land** (S. 576) erkunden. In jedem Fall braucht man gute Regenkleidung, da es in den Bergen oft regnet (10 000 mm pro Jahr!), und warme Kleidung, auch im Sommer. Bei den Touristeninformationen bekommt man einen Faltplan mit einer Übersicht über die Wanderrouten und einigen Tipps zum Wandern auf Yakushima. Entlang der Routen gibt es mehrere Hütten. **Ausrüstung**, auch Wanderschuhe, verleiht u. a. das Yakushima Kankō Center in Miyanoura (s. Essen).

Yakushima Experience, ✆ 090-7820-3592, 🖥 www.yakushimaexperience.com, bietet individuelle Touren auf Englisch.

NAHVERKEHR

Es gibt **Busse** von Miyanoura zu den Wanderregionen Shiratani Unsuikyō, Yakusugi Land und Arakawa (März–Nov); außerdem eine Linie, die von Miyanoura an der Küste entlang über den Flughafen, Anbō, Onoaida u. a. nach Kuriobashi und 3x tgl. weiter zum Ōko-no-taki fährt (1 3/4 Std.). Einen Busplan mit Kanji und Rōmaji bekommt man bei der Touristeninformation. Tagespass 2000 ¥, 2–3 Tage 3000 ¥.

TRANSPORT

Schiffe

Fähren von **Toppy & Rocket**, ✆ 099-226-0128, 🖥 www.tykousoku.jp, verkehren von März–Ende Sep 6–7x tgl. ab KAGOSHIMA, hin und zurück 16 700 ¥: nach Miyanoura direkt tgl. um 12 und 13.20 Uhr, 1 3/4 Std.; via IBUSUKI tgl. um 7.45 Uhr, 2 Std., via TANEGASHIMA tgl. um 7.30 Uhr, 2 2/4 Std.; nach Anbō via Tanegashima um 10.20 und 16 Uhr, 2 3/4 Std.
Außerhalb der genannten Monate verkehren die Fähren etwas seltener.
Langsamer und billiger ist die Autofähre **Ferry Yakushima 2**, ✆ 099-226-0731, 🖥 www.f2.dion.ne.jp/~orita.k, ab KAGOSHIMA tgl. 8.30 Uhr, Ankunft in Miyanoura 4 Std. später (zurück 13.30 Uhr); hin und zurück ab 8700 ¥.

Flüge

Der Flughafen liegt zwischen Miyanoura und Anbō. Von/nach KAGOSHIMA mind. 5x tgl., 35 Min., mit JAC (zu buchen über JAL).

Miyazaki und Nichinan-Küste

Miyazaki ist eine erst 1924 gegründete Stadt an der Südostküste Kyūshūs. Touristisch hat sie wenig zu bieten, außer einem milden, subtropischen Klima. Der japanische Solarzellenhersteller Solar Frontier betreibt hier, im drittsonnigsten Ort Japans, die größte Solarzellenfabrik des Landes.

Attraktiver als die Stadt Miyazaki ist die rund 100 km lange Nichinan-Küste, die sich von der

KYŪSHŪ

© JESSIKA ZOLLICKHOFER

Im Heiwadai-kōen von Miyazaki stehen nachgemachte Haniwa-Figuren.

Stadt bis zur Südspitze der Präfektur bei der alten Burgstadt Obi erstreckt.

Miyazaki 宮崎

Wer etwas in der Stadt unternehmen möchte, kann zum **Miyazaki-jingū** fahren (Bus ab Depāto-mae in der Tachibana-dōri, 10 Min.). Der 1906 errichtete, dem legendären ersten japanischen Kaiser Jimmu geweihte Schrein liegt in einem Wäldchen, in dem auch ein paar alte Bauernhäuser *(minka)* aus verschiedenen Gegenden der Präfektur zu sehen sind: **Minka-en**, ⏲ tgl. 9–17 Uhr, Eintritt frei.

Von hier kann man in rund 20 Minuten zum **Heiwadai-kōen** auf einer Anhöhe laufen. Der hiesige 37 m hohe Friedensturm (1940), der dem Park seinen Namen gibt, ist unansehnlich, aber der kleine Haniwa-Garten ist ganz nett. Hier stehen viele nachgemachte Haniwa-Figuren. Diese Krieger, Pferde, Häuschen und anderen Alltagsgegenstände aus Ton zierten in der Kōfun-Zeit schlüssellochförmige Hügelgräber, wie sie z. B. nördlich von Miyazaki in Saitobaru zu sehen sind. ⏲ durchgehend, Eintritt frei. Bus 8 und 8-1 ab Bahnhof (Ostausgang) in einer halben Stunde, 320 ¥.

Nichinan-kaigan 日南海岸

Dieser malerische Küstenabschnitt ist als Quasi-Nationalpark geschützt und war einst bei Flitterwöchnern beliebt, doch heutzutage zieht es Frischvermählte eher nach Hawaii. Die Hauptattraktion der Küste ist die kleine, üppig grüne Insel **Aoshima**, die über eine Brücke zugänglich ist. Umgeben ist sie von sogenannten Oni-no-sentaku-ita („Waschbretter der Riesen"), durch Erosion entstandenes, geriffeltes Gestein um die Küste. Der hiesige Schrein ist der Gottheit Yamasachi und seiner Frau Toyotama-hime, einer Meeresprinzessin, geweiht. Kurz vor der Brücke zur Insel befindet sich ein kleiner Botanischer Garten mit subtropischen Pflanzen. Im Juli und August kann man am Strand vor der Küstenwache baden.

Ab Aoshima fährt der Bus überwiegend an der Küste entlang, vorbei an schönen kleinen Buchten, bis zum **Udo-jingū**, der der Legende nach bereits unter Kaiser Sujin im 1. Jh. v. Chr. gegründet worden sein soll. Der Schrein wird besonders gern von jungen Pärchen aufgesucht, denn die hiesige Gottheit soll eine glückliche Ehe und eine leichte Geburt sichern. Von der Bushaltestelle ist es ein 10-minütiger Fußmarsch bergauf über Treppen und durch einen

Miyazaki

N → 0 500 m

Übernachtung:
1. Hooju Guesthouse
2. Miyazaki Kankō Hotel
3. Miyazakiken Fujin Kaikan YH Sunflower
4. Regalo Hotel Miyazaki

Essen:
1. Shiosai
2. Shizen
3. Sobatoki, Aletta

Sonstiges:
1. Yamagataya-Kaufhaus
2. 7-Eleven
3. Tsutaya & Books

Transport:
Miyazaki Kōtsū

Tunnel bis zum Schreingelände. Oben angelangt hat man eine wunderbare Aussicht aufs Meer, die Felsen und die schäumende Gischt vor der Kulisse der roten Schreingebäude und Torii. Der Hauptschrein befindet sich in einer 1000 m² großen Felsenhöhle. Hier soll der Vater des legendären ersten japanischen Kaisers Jimmu von der Tochter des Meergottes geboren worden sein. Sie verschwand nach der Geburt wieder im Unterwasserpalast, doch zuvor berührte ihre Brust einen brustförmigen Felsen in der Höhle, wodurch von diesem „Milchfels" (O-chichi-iwa, hinter dem Schrein) Wasser tropfte. Das Baby trank es und wurde davon groß und stark.

Bus ab Miyazaki, 80 Min., ab Aoshima 45 Min. Mit dem Bus kommt man bei guter Zeitplanung noch bis zum Burgstädtchen **Obi**. Dort endet die Tour, sofern man noch am selben Tag nach Miyazaki zurück möchte. Wer mit Auto unterwegs ist, kann noch weiter bis zum **Kap Toi** fahren, wo Wildpferde und ein Leuchtturm zu sehen sind.

ÜBERNACHTUNG

Miyazaki Kankō Hotel, Matsuyama 1-1-1, ☎ 0985-32-5920, 🖥 www.miyakan-h.com/english. Großes, modernes 5-Sterne-Hotel am Fluss. Zimmer im westlichen Stil und japanische Zimmer mit Blick auf Garten. Die Zimmer nach Osten sind hübscher, neuer – und teurer. Onsen mit *rotenburo*. ③–⑤
Miyazakiken Fujin Kaikan YH Sunflower, Asahi 1-3-10, ☎ 0985-24-5785, 🖥 wwww6.ocn.ne.

jp/~hkaikan/index.html. 15 Min. zu Fuß vom Bahnhof oder Bus bis Tachibana-ni-chōme. Klassische, etwas piefige Jugendherberge mit Tatami-Zimmern und Zimmern mit Etagenbetten (für 4–5 Pers.). Schließzeit um 22 Uhr. Für JH-Mitglieder 2900 ¥, sonst 3500 ¥.

Regalo Hotel Miyazaki, Tachibana-dōri Higashi 2-9-18, ✆ 0985-31-6300, 🖥 www.regalo-h.com/miyazaki. Durchschnittliches Businesshotel nicht weit vom Kenchō und der Tachibana-dōri in einer ruhigen Seitenstraße. 08/15-Zimmer. ❷

€ **Hooju (Fūju) Guesthouse**, Aoshima, 🖥 www.hostelworld.com/hosteldetails. php/Aoshima-Guest-House-Hooju/Miyazaki/73305. Günstige, freundliche Unterkunft mit Englisch sprechenden Mitarbeitern und kleiner Veranda in der Straße vom Bahnhof Aoshima zur Küste auf der rechten Seite. 2500 ¥ p. P.

ESSEN

Miyazaki ist bekannt für die **Hyūga-natsu-mikan**, die aussieht wie eine kleine Pampelmuse, deren gelbes Fruchtfleisch aber nicht so sauer schmeckt. Beim Udo-jingū bekommt man die Schale dieser Frucht getrocknet und leicht kandiert (sehr lecker). Auch die **Kinkan** (in Deutschland Kumquat genannt) wird in dieser Gegend (um Kirishima) angebaut. Die kleine, orangenartige Frucht isst man mit Schale.

Sobatoki, Yamagataya-Kaufhaus 6F, Tachibana-dōri, Ecke Takachiho-dōri. Ein blitzsauberes Sobalokal mit sehr freundlicher Bedienung. 🕐 tgl. 11–20 Uhr. Daneben bietet das **Aletta** in der Saison einen Biergarten auf dem Dach.

Shiosai, im Kankō Hotel 8F, am Tachibana-Park. Gediegenes Restaurant mit schöner Aussicht auf den Fluss, besonders romantisch in der Dunkelheit. Die Portionen sind klein, die Preise noch akzeptabel. Hier gibt es Miyazaki-Spezialitäten wie *chicken nanban* und *lettuce maki*. 🕐 tgl. 11.30–15 und 18–23 Uhr.

🌳 **Sizen (Shizen)**, am Rand des Heiwadai-kōen, ✆ 0985-31-3693, 🖥 www.kumaya. jp/atikoti9.html. Bio-Restaurant mit Speisen aus lokaler Produktion in Buffetform für 1000–2000 ¥. 🕐 Mi–So 11–16, Fr–So auch 18–22 Uhr. Daneben ist ein Laden mit Biolebensmitteln und Fair-Trade-Artikeln angesiedelt.

SONSTIGES

Geld
Es gibt mehrere 7-Eleven mit Geldautomaten der **Seven Bank** (s. Karte S. 581).

Informationen
Touristeninformation im Bahnhof Miyazaki, ✆ 0985-22-6469, 🕐 tgl. 9–18 Uhr.

Surfen
In Aoshima herrschen fast das ganze Jahr über gute Bedingungen für Anfänger. Vor Ort bieten Surfläden Bretter und Unterricht.

TRANSPORT

Um die Nichinan-Küste mit dem Bus zu bereisen, bedarf es einer genauen Zeitplanung, da die Busse ab Aoshima nur selten verkehren.

Busse
Für die Busse von Miyazaki Kōtsū, die die Nichinan-Küste (bis Obi) bedienen, gibt es eine *Visit Miyazaki Bus Card* für Touristen aus dem Ausland für 1000 ¥. Man bekommt sie direkt beim Busbahnhof von Miyazaki Kōtsū neben dem Bahnhof. Nach Aoshima häufig, 45 Min., selten weiter zum Udo-Schrein, 1 1/2 Std., und nach Obi, 2 1/4 Std.

Nach FUKUOKA mit dem Expressbus *Super Phoenix* in 4 1/4 Std., 4630 ¥, Reservierung nötig.

Eisenbahn
AOSHIMA, 30 Min., 370 ¥. Achtung: Zurück fahren manche Züge nur bis Minami-Miyazaki. BEPPU, mit dem JR-Limited Express *Nichirin* bis ŌITA (3 Std.) und von dort mit dem JR-Limited Express *Sonic* (der weiterfährt nach Fukuoka/Hakata), 3 1/4 Std., 5480 ¥ KAGOSHIMA (Chūō), mit dem *Kirishima Express* 2 Std., 3710 ¥ TAKACHIHO, JR-Zug bis NOBEOKA; ab dort Bus (S. 568)

Flüge
Nach TŌKYŌ (Haneda) 1 3/4 Std., ŌSAKA (Itami) 1 Std. 10 Min. Vom Flughafen JR-Zug zum Bahnhof Miyazaki, 10 Min., 350 ¥, oder Bus in ca. 30 Min., jede halbe Std., 440 ¥.

© WESTWARDS

Tōkyō

Naha

Okinawa 沖縄

Stefan Loose Traveltipps

Naha Die Burg Shuri-jō erweckt die höfische Kultur der Ryūkyū-Könige zum Leben. S. 586

Katsuren-jō Die archaisch geschwungenen Mauern der beeindruckendsten Gusuku-Burg ziehen sich den Berghang entlang. S. 598

19 Sesokojima Okinawa hat viele weiße Traumstrände – dies ist einer der weniger bekannten auf der Hauptinsel. S. 600

Churaumi Aquarium Im zweitgrößten Wassertank der Welt schwimmen Haie, Mantarochen und Tropenfische. S. 600

Taketomi In den malerischen Gassen dieses alten Ortes sitzen auf fast jedem Dach Shīsā-Löwen. S. 618

Iriomote Bei einer Mangroventour auf dem Urauchigawa weicht die Zivilisation ganz weit zurück. S. 619

Okinawa ist Japan, und Okinawa ist auch Südsee. Dazu kommen noch chinesische Geschichte und eine gute Portion amerikanische Einflüsse. Die Inseln im subtropischen Süden Japans sind zwar für Japaner längst ein beliebtes Reiseziel, in Deutschland aber noch weitgehend unbekannt. Dabei bietet der kulturelle und nicht zuletzt kulinarische Mix womöglich noch mehr Abwechslung als der Rest Japans.

Die insgesamt 161 Inseln der Ryūkyū-Kette liegen auf der Höhe von Luxor oder Hawaii am Westrand des Pazifiks. Nur etwa 40 der Inseln sind bewohnt. Von den insgesamt 1,4 Mio. Einwohnern leben über 90 % auf der dicht besiedelten Hauptinsel Okinawa-Hontô. Selbst im Winter ist das Klima in Okinawa angenehm warm – im Februar beträgt die Durchschnittstemperatur auf Okinawa-Hontô immer noch 18° C. Die Badesaison dauert offiziell von April bis Oktober – und das Wasser ist dank der warmen Japan-Strömung fast immer über 20 Grad warm (im Sommer bis 29° C Durchschnittstemperatur). Eine Garantie für blauen Himmel gibt es aber leider nicht: Die Regenzeit ab Mai bringt auch für Okinawa graue Wochen, danach wird das Wetter wieder stabiler. Ab Juli oder August muss mit Taifunen gerechnet werden, die in der Regel keine schlimmen Schäden anrichten, aber schon mal ein, zwei Tage lang den Verkehr lahmlegen.

Die Hauptinsel Okinawa-Hontô lockt mit städtischem Ambiente und Kulturschätzen sowie etlichen weißen Sandstränden. Auf den vielen kleinen Inseln, vor allem den weiter abgelegenen im Süden, bleibt dagegen kaum etwas anderes zu tun als zu faulenzen, zu tauchen, zu schnorcheln und vielleicht mal eine Inselwanderung oder eine Kajaktour durch die Mangroven oder den Urwald zu unternehmen. Der Bezirk Ogimi im Norden der Hauptinsel hält die Weltspitze im Anteil der Menschen über 100 Jahren, und die meisten sind fit und rüstig. Dazu sollen die lokalen Essgewohnheiten nicht unwesentlich beitragen – Schlemmen lohnt sich also!

Die Kultur Okinawas unterscheidet sich in vielerlei Hinsicht von der des übrigen Japans: In Architektur, Kleidung, Essen (S. 54) und Gebräuchen sind mikronesische und chinesische Einflüsse deutlich zu spüren, und mit der amerikanischen Besatzung hat sich vollends eine

Mischkultur – die „Chanpuru-Kultur" (benannt nach dem Nationalgericht: gebratenes Allerlei) – herausgebildet.

Geschichte

Die Ryūkyū-Inseln wurden erst 1879 unter dem Namen Okinawa offiziell eine japanische Präfektur. Die historisch belegte Geschichte Ryūkyūs reicht bis ins 12. Jh. n. Chr. zurück (die ältesten Skelettfunde sind aber etwa 15 000 Jahre alt). 1184 stürzte **König Shuntun** eine vermutlich legendäre Vorgänger-Dynastie und gründete das Königreich Ryūkyū. In den nächsten Jahrhunderten bewegte sich das kleine Reich in einer diplomatischen Grauzone zwischen Japan und China: 1372 erkannte der König von Ryūkyū die Oberhoheit der chinesischen Ming-Dynastie an und gliederte sein Reich damit in das chinesische Tributsystem und die diplomatische Ordnung der Region ein. Für Ryūkyū waren diese „Tributzahlungen" an China durchaus von Vorteil, wurden sie doch mit reichlichen Gegengeschenken beantwortet, sodass praktisch ein reger Handel zwischen beiden Ländern entstand. Zugleich aber unterhielt Ryūkyū auch mit Japan Handelsbeziehungen – so wurden u. a. die Süßkartoffel und das Zuckerrohr in Japan eingeführt.

Anfang des 16. Jhs. erlebte Ryūkyū unter **König Shō Shin** seine Blütezeit. Diesem König gelang es, seine Herrschaft über weite Teile der heutigen Präfektur Okinawa auszudehnen. Er führte eine zentralisierte Administration ein und ernannte Gouverneure. Außerdem intensivierte er den Außenhandel mit China, Südostasien und Japan.

Ab der Mitte des 16. Jhs. ging dieser Außenhandel wegen zunehmender Piraterie im Chinesischen Meer sowie der neu aufgenommenen Handelsbeziehungen Japans mit Europa zurück.

OKINAWA

N

0　　　　　　　　　　　　20 km

Ostchinesisches Meer

IE-JIMA

Kap Hedo

Sekirinzan Koen
Kaya-uchi-banta

① ②

Oku

Nishime

Kunigami

③ ①

Hentona

Okuma
Beach

Kunigami-son
Shinrin Koen

Ogimi
michi-
no-eki

Dorf
Ogimi

Yonaha

OKINAWA-KAIGAN-QUASI-NP

Higashi

Churaumi-Aquarium ★
Ocean Expo Park

⑤ ④

Nakijin-jo

MINNA

② ①

Sesoko Beach

⑥

⑦

SESOKO-JIMA

Motobu

Yae

Tano

Nago Pineapple Park

⑧

⑨

Nago

Henoko-
Bucht

OKINAWA-KAIGAN-QUASI-NP

Mission Beach
Manza Beach

⑩

⑪

Manzamo

Moon
Beach

Onna

Onna

Kap Zanpa

Kap
Maeda

①

Ryukyu-mura ★

Festung Zakimi-jo ★

④

Yomitan ★

Murasaki-mura

Kadena

⑤

Okinawa City

★ Festung
Katsuren-jo

American
Village

Chatan

Sunset Beach

Kita-Nakagusuku

★ Nakamura-ke
Nakagusuku-Burg

Kujima

Araha Beach

Kerama-Inseln

Ginowan

Futenma

Nakagusuku

③ ④

Naha

⑤

★ ehem.-Flotten-
Hauptquartier

Nanjo

Azama-Sansan Beach

Seifa Utaki

★ Okinawa World

Hyakuna Beach

⑫

Nibaru Beach

Itoman

Ryukyu
Glass
Village

⑥

⑬

Friedensgedenkstätte

Kap Kyan

Himeyuri-no-to-
Monument

Gushikawa
Gusuku

Übernachtung:
① Oku Yanbaru no Sato
② Lohas Kita no Yado
③ JAL Private Resort Okuma
④ Musubiya
⑤ Beach Front Inn
⑥ Mahaina Wellness Resort
⑦ Beach Rock Village
⑧ Super Hotel, Nago
⑨ Delfino
⑩ ANA Manza Beach Hotel
⑪ Okinawa Kenmin no mori
⑫ Kaiza
⑬ Minshuku Yaponesia

Essen:
1 Emi no Mise
2 Yume no ya
3 Orion-ya
4 Café Suien
5 Umi-ga-mieru Sobaya

Sonstiges:
1 Okashi Goten
2 Yachimun no Sato
3 Kinakoya
4 Shuri-jo
5 Awamorifabrik Chuko
6 Ryukyu Shikki

Transport:
① Okinawa Hentona
Bus Terminal

Tokyo

US-Truppenstützpunkte

Auf vielen Inseln Okinawas (v. a. Okinawa und Ishigakijima) lebt die **Habu**, eine endemische giftige Schlangenart. Wird man gebissen, ist es vor allem wichtig, Ruhe zu bewahren und schnell einen Arzt aufzusuchen. Ärzte und Krankenhäuser halten Gegengift bereit. Wer die giftigen Reptilien aus sicherer Nähe betrachten möchte, kann dies z. B. im Freizeitpark Okinawa World (S. 595, Zusatzeintritt 400 ¥) tun.

Im Meer um Okinawa können, je nach Strömung, giftige **Quallen** (habu-kurage) vorkommen. Ihr Gift verursacht sehr schmerzhafte Schwellungen. Als Sofortmaßnahme kein kaltes Wasser aufgießen, sondern die Verletzungen mit reichlich Essig behandeln (Cola scheint notfalls auch zu wirken). An vielen betroffenen Stränden stehen dafür Flaschen mit Essig bereit. Gegebenenfalls zum Kühlen Eis in einem Beutel auflegen und sofort ins Krankenhaus fahren!

Ein Feldzug des südjapanischen Kleinstaats Satsuma machte Anfang des 17. Jhs. das Inselreich auch Japan gegenüber offiziell tributpflichtig – Ryūkyū zahlte nun an zwei Länder Abgaben. So balancierte das Land während der gesamten Edo-Zeit zwischen den beiden Großmächten der Region, mit einem weiteren kulturellen Höhepunkt in der Regierungszeit von **König Shō Kei** (1713–1751), dessen pompöse Hofhaltung im Shuri-jō in Naha (S. 587) rekonstruiert ist. Erst 1879 wurde das Königreich endgültig als Präfektur Okinawa dem japanischen Kaiserreich angegliedert und die Königsfamilie von Ryūkyū abgesetzt.

Im **Zweiten Weltkrieg** trug die Provinz Okinawa den größten Teil der Kriegsschäden, da die amerikanischen Truppen von hier nach Japan vorstießen. Auf der Hauptinsel wurde 1945 die größte Schlacht des Pazifischen Krieges ausgetragen, die Schlacht um Okinawa (Kasten S. 594).

Im Friedensvertrag von San Francisco verzichtete Japan auf die Ausübung der staatlichen Hoheitsrechte in Okinawa, und die ganze Provinz kam unter **amerikanische Verwaltung**. Im Kontext des amerikanisch-japanischen Sicherheitsvertrags (S. 121) wurden große US-Militärstützpunkte eingerichtet. In der Nachkriegszeit emigrierten viele Einwohner der Provinz nach Hawaii oder Südamerika. Auch nach der **Rückgabe** an Japan im Mai 1972 blieb die amerikanische Militärpräsenz erhalten (Kasten S. 596).

Die Hauptinsel Okinawa 沖縄本島

Okinawa ist nicht nur der Name der Präfektur, sondern auch der größten Insel darin. Mit über 1,2 Mio. Einwohnern ist sie die am dichtesten besiedelte Insel der Präfektur. Hier regierten jahrhundertelang die Könige von Ryūkyū, deren Erbe am augenfälligsten im wiederaufgebauten Schloss Shuri-jō, aber auch in einigen anderen wuchtigen einheimischen Burgen, den *gusuku*, zu besichtigen ist. Außerdem befinden sich auf Okinawa riesige amerikanische Militärstützpunkte (S. 596). Die Küste bietet landschaftlich reizvolle Klippen und viele schöne Strände, sodass sich Geschichtserkundung und Stadtleben mit einem Badeurlaub verbinden lassen.

Naha 那覇

Naha, die Hauptstadt der Provinz Okinawa, ist eine typische japanische Großstadt. Das städtische Zentrum liegt an der Kokusai-dōri, auf halbem Weg zwischen dem Hafen und der Burg Shuri-jō.

Um die Kokusai-dōri 国際道り

Die **Kokusai-dōri** ist die Fress- und Einkaufsmeile der Stadt. Hier findet sich eine umfangreiche Auswahl an Awamori, dem einheimischen Schnaps (S. 587), Süßkartoffel-Törtchen und Rohrzucker-Bonbons, bedruckte T-Shirts und Hawaii-Hemden ebenso wie Musik-CDs und Instrumente. Außerdem konzentrieren sich in der Nähe die günstigsten Unterkünfte. Südlich zweigen überdachte Passagen ab, in denen sich der öffentliche Markt befindet, der **Maki-shi Markt** (Makishi Kōsetsu Ichiba). In dieser Gegend florierte während der amerikanischen Besatzungszeit der Schwarzmarkt, heute werden hier fangfrische Krebse und saftige Zitrusfrüchte verkauft.

Am Ostende der Kokusai-dōri sind im Nahashi Dentō Kōgeikan, dem **Zentrum für Kunsthandwerk**, ein kleines Museum (300 ¥), Läden und Werkstätten untergebracht, in denen Besucher auch recht kurzfristig traditionelle Handwerkstechniken ausprobieren können. Makishi 3-2-10, ☎ 098-868-7866, ⏰ tgl. 9–17 Uhr. *Taiken* (Töpfern, Weben, Shīsā-Herstellung etc.) ab 1500 ¥.

Tsuboya 壺屋

Am östlichen Rande der Innenstadt liegen das **Tsuboya-Töpfermuseum** (Tsuboya Yakimono Hakubutsukan) mit Ausstellungen zur lokalen Keramik und ihrer Herstellung, allerdings weitgehend nur auf Japanisch beschriftet (englischer Audioguide gratis). ⏰ Di–So 10–18 Uhr, 315 ¥. Bushaltestelle Tsuboya oder Makishi. Dahinter reihen sich in der gepflasterten „Töpferstraße" Yachimun-dōri (südlich der Kokusai-dōri zwischen Heiwa-dōri und Himeyuri-dōri) zahllose Keramik-Geschäfte aneinander.

Präfekturmuseum
県立博物館・美術館

Im Nordosten der Innenstadt bei der Monorail-Station Omoromachi ist das 2007 fertiggestellte Präfekturmuseum (Okinawa Kenritsu Hakubutsukan/Bijutsukan), Omoromachi 3-1-1, ☎ 098-941-8200, 🖥 www.museums.pref. okinawa.jp, untergebracht. Die nett präsentierte Geschichtsausstellung bietet einen guten Überblick über die Geschichte Okinawas; das angeschlossene Kunstmuseum legt ebenfalls den Fokus auf Künstler mit Okinawa-Bezug. ⏰ Di–Do und So 9–18, Fr und Sa 9–20 Uhr, 410 ¥.

Shuri-jō 首里城

Hauptsehenswürdigkeit von Naha ist das Shuri-jō, das alte Schloss der Könige von Ryūkyū. Um 1400 wurde unter König Shō Hashi eine ältere Anlage als politisches Zentrum des Ryūkyū-Königreichs ausgebaut. Sie blieb bis zur Angliederung an Japan im Jahr 1879 Regierungs-

Awamori

Japans ältester Schnaps wird, wie Sake, aus Reis gemacht – aber nicht aus dem kurzkörnigen, klebrigen japanischen Reis, sondern aus thailändischem Langkornreis! Das Rezept für den destillierten Trunk gelangte im 15. Jh. aus Thailand ins Ryūkyū-Königreich. Für die Herstellung von Awamori wird der gegarte Reis zunächst genau wie Sake zubereitet und dann destilliert. Heute gibt es auf Okinawa über 50 Awamori-Destillerien, viele davon können besichtigt werden, mit Verkostung natürlich. Awamori schmeckt aber nicht nur, sondern ist (in Maßen!) auch gesund. Der Starterpilz *koji* lässt nämlich Enzyme entstehen, die dazu beitragen sollen, Arterien freizuhalten. So beugt der schmackhafte Schnaps, in den zuweilen Schlangen oder Chilischoten eingelegt sind, angeblich Arteriosklerose und Herzinfarkten vor.

sitz. In der Schlacht um Okinawa 1945 wurde das Schloss komplett zerstört. Der Wiederaufbau – 70 cm erhöht, um die restlichen Ruinen zu erhalten – begann erst Jahrzehnte später und ist immer noch nicht abgeschlossen. Seit 1992 ist der Komplex für Besucher zugänglich, und seit 2000 gehört er – zusammen mit den etwas besser erhaltenen Ruinen mehrerer Gusuku-Burgen – zum Unesco-Weltkulturerbe.

Der nach Feng-Shui-Prinzipien gebaute Palast vereint japanische, chinesische und reine Ryūkyū-Stilelemente. Gleich hinter dem Informationszentrum markiert das imposante chinesische **Shurei-mon** den Zugang zum Hauptweg. Anlässlich des G8-Gipfels auf Okinawa im Jahr 2000 wurde das Tor auf dem 2000-Yen-Schein abgebildet. Gleich dahinter liegt der **Sonohyan-utaki-Schrein** in der Form eines (funktionslosen) Tors. Hier bat der König die Götter um eine sichere Reise, bevor er die Stadt verließ. Bis zum zweiten Hof mit dem kleinen Heiligtum **Suimui-utaki** ist der Zugang frei. Gegen Eintritt können der **Una-Vorhof** und die wiederaufgebauten Hauptgebäude besichtigt werden. Die **Thronhalle** ist derjenigen von König Shō Kei (1700–1751) nachempfunden; die farbigen Streifen auf

OKINAWA

Naha Kokusai-dōri

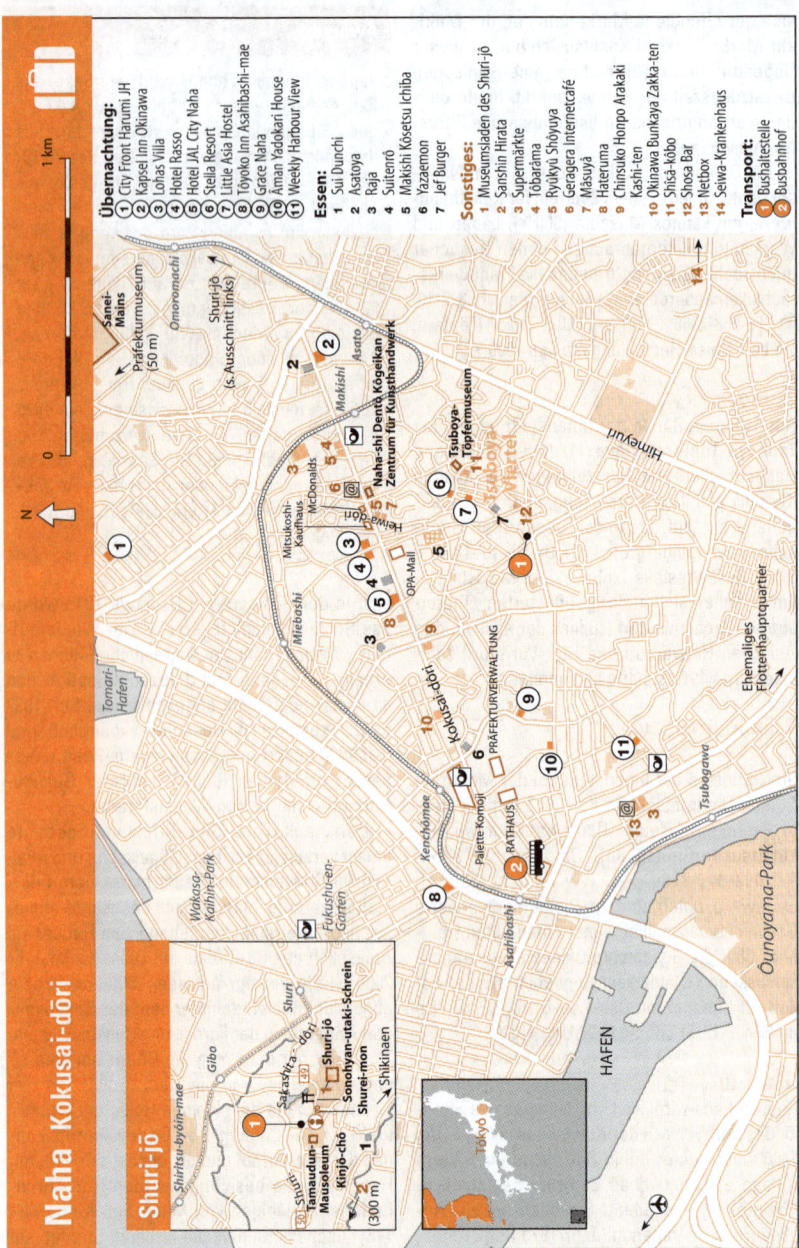

Shuri-jō

Shuri-jō (s. Ausschnitt links)

Übernachtung:
1. City Front Harumi JH
2. Kapsel Inn Okinawa
3. Lohas Villa
4. Hotel Rasso
5. Hotel JAL City Naha
6. Stella Resort
7. Little Asia Hostel
8. Tōyoko Inn Asahibashi-mae
9. Grace Naha
10. Āman Yadokari House
11. Weekly Harbour View

Essen:
1. Sui Dunchi
2. Asatoya
3. Raja
4. Suitenrō
5. Makishi Kōsetsu Ichiba
6. Yazaemon
7. Jef Burger

Sonstiges:
1. Museumsladen des Shuri-jō
2. Sanshin Hirata
3. Supermärkte
4. Tōbarāma
5. Ryūkyū Shōyuya
6. Geragera Internetcafé
7. Māsuyā
8. Hateruma
9. Chinsuko Honpo Arakaki Kashi-ten
10. Okinawa Bunkaya Zakka-ten
11. Shīsā-kōbō
12. Shosa Bar
13. Netbox
14. Seiwa-Krankenhaus

Transport:
1. Bushaltestelle
2. Busbahnhof

dem Innenhof markieren Standorte für Höflinge bei Zeremonien. Nach Süden schließt sich der erst kürzlich wiederaufgebaute **Sasunoma-Shōin-Bereich** an, in dem früher die japanischen Gesandten empfangen wurden. Heute gibt es dort Tee mit Ryūkyū-Gebäck (300 ¥). Eine Ausstellung informiert über die Geschichte der Ryūkyū-Könige (zweisprachig). ⏲ tgl. 8.30 bis mindestens 18 Uhr, im Sommer länger, 820 ¥.

Westlich des Shuri-jō liegt das Königsmausoleum **Tamaudun**, ✆ 098-885-2861, das König Shō Shin 1501 für die Überreste seines Vaters errichten ließ. Könige und Königinnen wurden im östlichen Raum bestattet, andere Familienmitglieder in der Westkammer. Der mittlere Raum war für die Aufbewahrung des Leichnams bis zur Knochenwasch-Zeremonie einige Jahre nach dem Tod vorgesehen. ⏲ tgl. 9–18 Uhr, 200 ¥. Bus bis Shuri-jō-mae oder Monorail Gibo.

Ein netter Spaziergang führt vom Shurei-mon nach Süden über eine kleine, steingepflasterte Straße hinunter in das traditionelle Viertel **Kinjō-chō**, wo noch auf vielen Dächern alte Shīsā-Wächterlöwen stehen. Noch ca. 2 km weiter südlich gehört der ab 1975 rekonstruierte Garten **Shikinaen**, eine Nebenresidenz der Könige von Okinawa, ebenfalls zum Weltkulturerbe. ⏲ Do–Di 9–17.30, Okt–März nur bis 17 Uhr, 400 ¥. Bus 2 oder 4 bis Shikinaen-mae.

ÜBERNACHTUNG

Viele Unterkünfte bieten Ermäßigungen für Aufenthalte von über einer Woche Dauer.

Untere Preisklasse
Āman Yadokari House, Izumisaki 1-3-18, ✆ 098-863-6986, 🖥 www.dormitory-a-man.com. Sauberes Guesthouse mit sehr hilfsbereitem Eigentümer. Winzige Küche, Gemeinschaftsraum, Waschmaschine, WLAN, Computer, nur eine Dusche für alle. Eher von älteren Japanern frequentiert, manchmal etwas verraucht. Schlafsaalbett 1500 ¥. ❶

🏨 € **Grace Naha**, Matsuo 1-9-29, ✆ 098-863-2752, 🖥 www.grace-naha.com. Sehr sauberes kleines Gästehaus zwischen Busbahnhof und Kokusai-dōri, mit Schlafsälen, EZ und DZ (mit Gemeinschaftsbad),

Gemeinschaftsraum, kleiner Küche. Schlafsaalbett 1500 ¥. ❶

City Front Harumi JH, Tomarin 2-22-10, ✆ 098-867-3218, 🖥 www.harumi-yh.com. Eher ein Hotel mit Einzel-, Doppel- und Mehrbettzimmern, in denen einzelne Betten vermietet werden. 3150 ¥ p. P.

Kapsel Inn Okinawa, an der Verlängerung der Kokusai-dōri hinter dem Bahnhof Makishi, ✆ 098-867 6017. Sauna, Internet, DVD, Manga, Frühstück inkl. Auch für Frauen. ❶

Livemax Hotel, Kume 2-2-7, ✆ 098-868-0111, 🖥 www.hotel-livemax.com. Etwas heruntergekommenes Businesshotel mit funktionellen Zimmern. Oft bekommt man über die einschlägigen Buchungsportale wie Rakuten sehr günstige Angebote (ab 4000 ¥ fürs DZ). ❶

Stork, Omoromachi 2-6-40, ✆ 098-941-2940, 🖥 www.hotelstork.jp. Äußerst kleine, hohe Zimmer, in denen das Bett platzsparend als Hochbett über dem Bad angebracht ist. Etwas eng, aber modern und geschmackvoll. ❶

In den billigsten Unterkünften an der Kokusai-dōri wohnen junge Japaner, die in Naha jobben, oft monatelang im Schlafsaal. Entsprechend ist die Atmosphäre: Eine Mischung aus Auswandererschiff und Obdachlosenasyl. Die zu wenigen Duschen und WCs sind oft dreckig; dafür gibt es eine Küche, große Aufenthaltsräume und viele Informationen. Ein Schlafsaalbett kostet 1200–1500 ¥. Zu den bekanntesten gehören:

Anan Guest Inn, gegenüber von Stella, ähnlich heruntergekommen und billig, 🖥 ananguestinn.com. Schlafsaalbett 1400 ¥. ❶

Little Asia Hostel, Makishi, Marukuni Market 2F, ✆ 050-1072-3446, 🖥 www.yasuyado.com. Schlafsaalbett (10–14 Pers.) 1200 ¥. Rezeption ⏲ 9–23 Uhr. ❶

Lohas Villa, Makishi 2-1-6, ✆ 098-867-7757, 🖥 www.lohas-cg.com. Keine Küche. ❶

Stella Resort, Makishi 3-6-41, 3F, ✆ 098-863-1330. 2014 renoviert. Schlafsaalbett 1400 ¥. ❶

Mittlere und obere Preisklasse
Zahlreiche Mittelklassehotels liegen im Zentrum. Teurere Resort-Hotels befinden sich eher außerhalb von Naha an den Stränden.

Hotel JAL City Naha, Kokusai-dōri, ☎ 098-866-2580, 💻 www.naha.jalcity.co.jp. Solides Hotel für Package-Touristen. Moderne, geschmackvolle Einrichtung; Nichtraucherzimmer, LAN-Kabel. ❹–❺

Hotel Rasso, Makishi 1-3-43, ☎ 098-861-1122. Unspektakuläres Businesshotel, gutes Preis-Leistungs-Verhältnis für die sehr zentrale Lage. LAN-Kabel. ❷

Tōyoko Inn Asahibashi-mae, Kume 2-1-20, ☎ 098-951-1045, 💻 www.toyoko-inn.com/e_hotel/00076. Solides Kettenhotel am Busbahnhof. ❷

€ **Weekly Harbour View**, Izumisaki 2-101-3, ☎ 098-855-8111, 💻 www.okinawa-weekly.com. Voll eingerichtete Ferienwohnungen, auch tageweise. Japanischkenntnisse sind für den Vertragsabschluss nützlich. ❶

ESSEN

Asatoya, Asato 1-3-13, ☎ 098-867-2078. Typische Okinawa-Gerichte wie *ashi-tebichi* (Schweinefüße) und Salat mit *umi-budō*. ⏰ tgl. 17.30–23 Uhr.

Jef Burger, Heiwa-dōri-Passage, 💻 www.yonabaru.jp/kigyo/jef.htm. Fastfood nach Okinawa-Art, etwas retro. Spezialität ist der Goya-Burger, ein vegetarischer Hamburger mit einem Bratling aus Ei und Goya. ⏰ tgl. 8.30–20 Uhr.

Makishi Markt, Shijō Hondōri. Unten Frischmarkt mit reichlich bunten Tropenfischen, im Obergeschoss servieren etliche einfache Restaurants den Tagesfang (und mehr). ⏰ tgl. 8–22 Uhr. Viele Restaurants schließen früher, ca. ab 18 Uhr.

Raja, Makishi 1-1-37, ☎ 098-861-2545, 💻 www.indiancurry-raja.com. Gute und preiswerte indische Küche wenig nördlich der Kokusai Dori mit freundlichem englischsprachigem Service. ⏰ tgl. 11–22 Uhr.

Sui Dunchi, Shuri Kinjō-chō 2-81, ☎ 098-885-6161, 💻 www.sui-dunchi.com. Okinawa-Spezialitäten in einem traditionellen Haus mit Gartenblick und japanischen Zimmern (mit Vertiefung unter dem Tisch zum bequemeren Sitzen), in der Nähe des Shuri-jō. Sehr gute Küche, mittags sind die Okinawa-Soba beliebt.

Preise mittags um 1000 ¥, abends Kaiseki ab 3500 ¥. ⏰ tgl. 11–16.30 und 17–24 Uhr.

Yazaemon, Kokusai-dōri, Matsuo 1-1-2, ☎ 098-860-2260. Fließband-Sushilokal mit Tropenfischen und Okinawa-typischen Kreationen mit Goya, Frühstücksfleisch und Taco-Füllung. ⏰ tgl. 11–22 Uhr.

UNTERHALTUNG

Feste

Drachenbootfest, Mai: Beim bekanntesten der Okinawa-Matsuri rudern Mannschaften in farbenfrohen Drachenbooten um die Wette.

Naha-Tauziehen, Oktober: Erntefest, bei dem Tausende von Menschen in zwei Teams an einem 186 m langen und ca. 1 m dicken Seil ziehen.

Shuri-jō-Schlossfest, 3 Tage Anfang November: Festumzüge und Tanzvorführungen im Schloss und in der Innenstadt.

Livemusik und Tänze

Das markanteste Instrument der von Europäern als recht eingängig empfundenen Okinawa-Musik ist die Sanshin, ein dreisaitiges Zupfinstrument, das traditionell rundum mit Schlangenhaut bespannt ist (moderne Variante auch mit Teflon-Bezug). Mehrere Restaurants im Zentrum von Naha bieten Sanshin-Livemusik an (oft im Obergeschoss längere Show mit 500–1000 ¥ Gebühr, im EG traditionell eingerichtete Kneipe mit Kurzvorführungen).

Hateruma, Kokusai-dōri, ☎ 098-863-8859. Aufführungen im 2F um 19, 20, 21 Uhr; im 1F jeweils eine halbe Stunde später zehn Minuten, die Cover Charge beinhaltet ein Getränk. ⏰ tgl. 11–24 Uhr.

Suitenrō, Makishi 1-3-60, ☎ 098-863 4091, 💻 www.suitenrou.com. Große Auswahl an Okinawa-Gerichten. Menü ab 1500 ¥. Sanshin-Liveaufführung um 19, 20, 21 Uhr. ⏰ tgl. 11–24 Uhr.

Tōbarāma, Makishi 2-7-25, Kokusai-dōri, ☎ 098-862-3124, 💻 tb.jcc-okinawa.net. Aufführungen um 19, 20, 21 Uhr, 300 ¥.

Shosa Bar, Tsuboya 1-1-24, ☎ 705-455-4191. Kleine Musik-Bar am Rand des Töpferviertels, manchmal Livemusik. ⏰ tgl. 21–4 Uhr.

OKINAWA

Shīsā

Shīsā heißen die tönernen Löwenfiguren, die auf vielen Dächern in Okinawa sitzen, manchmal auch auf den Mauern der Toreinfahrt. Sie sollen das Haus vor bösen Einflüssen schützen. Früher fertigte der Dachdecker aus den restlichen Ziegeln und etwas Mörtel einen Shīsā; heute kaufen die meisten Leute ihre Löwen fertig oder basteln sie selbst. Ursprünglich stammt die Tradition des schützenden Löwen vom Festland: Nach Okinawa gelangte sie aus China, aber die Vorläufer sind in Persien und bei den ägyptischen Sphingen zu suchen.

Während der Sommermonate finden im zweiten Hof des Shuri-jō bei freiem Eintritt Tänze oder traditionelle Musikaufführungen statt. Die genauen Termine (mehrere Tage in der Woche, mehrmals tgl. ca. eine halbe Stunde) sind im Fremdenverkehrsamt bzw. online, 🖥 www.ocvb.or.jp, zu erfragen.

EINKAUFEN

Die Kokusai-dōri ist mit ihren Kaufhäusern und vielen Geschäften die Einkaufsmeile der Stadt. Traditionelle Ryūkyū-Töpferwaren bekommt man im Tsuboya-Viertel (S. 587).

Der **Museumsladen** des Shuri-jō verkauft Pop-up-Karten sowie das Shuri-jō und Shīsā-Löwen aus Papier zum Selberfalten.

Chinsuko Honpo Arakaki Kashi-ten, Kokusai-dōri, Matsuo 2-1-4, ✆ 098-869-3943, 🖥 www.chinsuko.com. Traditionsgeschäft der Araki-Familie, einst Hofkonditoren der Ryūkyū-Könige,

heute in der 7. Generation. Zu den Chinsuko-Mürbekeksen gibt es auch eine kleine Ausstellung über das Familionunternehmen. 🕐 tgl. 10–21 Uhr.

Dentō Kōgeikan, S. 587. Nicht ganz billige, aber geschmackvolle Keramik, Glaswaren, auch Textilien. 🕐 Shop tgl. 10–20 Uhr.

Māsuyā, Heiwa-dōri, ✆ 098-860-6405, 🖥 www.ma-suya.com. Salz und Salzprodukte. Dutzende von Salzsorten aus aller Welt. 🕐 tgl. 10–21 Uhr.

Okinawa Bunkaya Zakka-ten, an der Westseite der Kokusai-dōri. Andenkenladen mit besonders großer Auswahl. Einkäufe werden innerhalb Japans verschickt (650 ¥ für bis zu 30 kg). 🕐 tgl. 9–22.30 Uhr.

Ryūkyū Shōyuya, Kokusai-dōri, Makishi 2-7-27, ✆ 098-863-5990. Fachgeschäft für Saucen, Würzpasten und Dressings. 🕐 tgl. 10–22 Uhr; weitere Filiale in der Heiwa Dori Passage, 🕐 tgl. 10–21 Uhr.

Sanei-Mains, große Shopping-Mall zwischen dem Monorail-Bahnhof Omoromachi und dem Präfekturmuseum.

Sanshin Hirata, Kreuzung Matsukawa Nishi, ☏ 098-885-3454. Kleine Sanshin-Werkstatt auf dem Weg zum Shuri-jō. Vielleicht weniger zum Kaufen als vielmehr zum Schauen.

Supermärkte am Rande der Innenstadt, z. B. MaxValu nördlich des Bahnhofs Makishi. ⊕ 24 Std.

Taiken

Schnupperkurse in traditioneller Kultur gibt es überall auf Okinawa, in Naha z. B. im **Zentrum für Kunsthandwerk**, S. 587.

Einige Sanshin-Läden bieten kurze, oft kostenlose Einführungen (15 Min.) im Sanshin-Spielen an.

Töpfern von Shīsā-Löwen, z. B. bei **Shīsā-kōbo**, gegenüber dem Töpfereimuseum, Tsuboya 1-7-10, ☏ 098-863-3283, 🖥 www.shisa-koubo.com. Shīsā-Bemalen oder Töpfern, ab 2800 ¥. ⊕ tgl. 10–19 Uhr, Voranmeldung erforderlich; für die Zustellung der fertig gebrannten Löwen ist eine Adresse in Japan notwendig.

Tauchen und Wassersport

Obwohl die Tauchparadiese eher die Inseln westlich von Okinawa und die Miyako- und Yaeyama-Inseln sind, gibt es auch auf der Hauptinsel gute Tauchplätze, die z. T. vom Strand aus zu erreichen sind. In den küstennahen Gewässern im Süden sind die Korallen allerdings teilweise abgestorben.

Zahlreiche Firmen bieten Tauchtouren und Schnupperkurse an, u. a. zu bis zu 8 m langen Walhaien. Wegen der hohen Fluktuation der Tauchlehrer lässt sich meist erst in der jeweiligen Saison sagen, bei welcher Firma jemand Englisch spricht. Obwohl viele gute Tauchplätze nördlich von Naha an der Westküste liegen, haben die meisten Anbieter ihre Basis in Naha. Erste Anlaufstellen sind **Reef Encounters**, 🖥 www.reefencounters.org, und **Kaifu Divers**, 🖥 www.kaifu-divers.com.

Busrundfahrten

Okinawa Bus, ☏ 098-861-0083, und **Naha Bus**, ☏ 098-868-3750, beide am Busbahnhof, bieten Halbtags- und Tagestouren an, u. a. zum Shuri-jō, den Friedensgedenkstätten und Tropfsteinhöhlen, zum Ocean Expo Center, dem Nago Pineapple Park und der Gusuku-Burg Nakijin-jō. Ab 4000 ¥ (halbtags), 4900 ¥ (ganztags) einschließlich Eintrittsgebühren, Abholung vom Hotel möglich, englischer Audioguide 1000 ¥.

Bootstouren

Halbtagsausflüge zur Walbeobachtung von Januar bis März, ab etwa 4000 ¥ inkl. Mittagessen, Abholung vom Hotel.

Cerulean Blue, ☏ 098-941-6828, 🖥 www.cerulean-blue.co.jp.

Painappuru Marine, in Ginowan, ☏ 098-995-9103, ✉ info@pa-marin.jp.

Fukurashiya, ☏ 098-968-3311, 🖥 www.kin-eco.com, ist eher auf Kajak- und Mangroventouren spezialisiert und bietet viele kindgerechte Touren (2 Std. ca. 5800 ¥).

Autovermietungen

Zu den günstigsten Anbietern gehört **ABC**, ☏ 098-859-5555, 🖥 www.abc-rentacar.co.jp. Ab etwa 3000 ¥ pro Tag inkl. Versicherung.

Sky, ☏ 098-861-8000, 🖥 www.skyrent.jp/naha. Liegt zentral und hat oft gute Angebote.

OTS, ☏ 098-856-8877, 🖥 www.otsrentacar.ne.jp. Vermietet zunehmend Hybridautos.

Fahrradverleih

Einige Hostels vermieten Fahrräder für ca. 1000 ¥ pro Tag. Fahrradverleihe (sowohl kommerzielle als auch gemeinnützige) halten sich meist nicht lange; die Touristeninformation kann Auskunft geben, ob es gerade einen gibt.

Informationen

Touristeninformation, im Zentrum für Kunsthandwerk, 1F, ☏ 098-868-4887, ⊕ tgl. 9–20 Uhr. Büro am Flughafen: ☏ 098-857-6884, ⊕ tgl. 9–21 Uhr.

Portal: 🖥 www.naha-navi.or.jp.

Mehrsprachiges Call-Center und Dolmetscher-Dienst für Touristen: ☎ 0570-077201, tgl. 9–24 Uhr, nur Telefongebühren; für ganz Okinawa.

Internet

Terminals am Flughafen, 10 Min. 100 ¥.
Geragera Café, Makishi 2-4-14, Kokusai-dōri, ☎ 098-863-5864. Ab 400 ¥ pro Std., nachts 9 Std. 1700 ¥. ⏰ 24 Std.
Netbox, Tsubogawa 3-1-19, ☎ 098-833-6603, 🖥 www.netbox.co.jp. Ab 450 ¥ pro Std. Dusche. Küche. Zugang durch den Tsutaya-Laden. ⏰ 24 Std.

Karate

Am besten kümmert man sich schon zu Hause um den Kontakt zu einem Dōjō; sonst ist das **Okinawa Dentō Karate Sogo Annai Bureau / Okinawa Traditional Karate Liaison Bureau** behilflich, Omoromachi 2-5-7-205, Naha, ☎ 098-943-4334, 🖥 www.okkb.org.

Medizinische Hilfe

Seiwa-Krankenhaus (Präfekturkrankenhaus), östlich außerhalb von Naha, ☎ 098-889 1390.

NAHVERKEHR

Die Monorail **Yui Rail** von Naha hat nur eine Linie, die vom Flughafen zur Kokusai-dōri und dann einmal quer durch die Stadt führt (ab 100 ¥). Tagespass 700 ¥ (inkl. Bus 1000 ¥), 2 Tage 1000 ¥, 3 Tage 1400 ¥.
Stadtbusse innerhalb Nahas (je nach Linie ab 160 bzw. 230 ¥) fahren regelmäßig; Tagesticket 660 ¥. Der Stadtbus Yuiyui-go, 🖥 en.nahama-i.jp, von Bussteig 4 ist für Touristen praktisch.

TRANSPORT

Aktuelle **Busverbindungen** auf Okinawa findet man unter 🖥 www.routefinder-okinawa.com.

Selbstfahrer

In Naha gibt es eine Busspur, die zu Hauptverkehrszeiten nur von Bussen und Taxis befahren werden darf. Im Stadtgebiet können (anders als weiter außerhalb) recht hohe Parkgebühren anfallen. Führerscheinbestimmungen für Ausländer s. S. 90.

Schiffe

A-Line Ferry, ☎ 03-5643-6170 (Tōkyō), ☎ 098-861-1886 (Naha), 🖥 www.aline-ferry.com, verkehrt regelmäßig zwischen Tōkyō, Ōsaka, Kagoshima und Naha (2 Tage Fahrtzeit). Die Fährlinien nach Miyakojima und Ishigaki-jima sind wegen mangelnder Rentabilität eingestellt worden, und bisher gibt es keine konkreten Pläne für eine Neuauflage der Verbindung.
KUMEJIMA, 2x tgl., 4 Std., 3390 ¥ mit **Kume Line**, 🖥 www.kumeline.com.
TOKASHIKI, ca. 35 Min. im Schnellboot, 2490 ¥ (Fähre seltener, 70 Min., 1660 ¥)
ZAMAMI, mind. 2x tgl. per Fähre, 2 Std., 2120 ¥

Flüge

Der **Flughafen Naha** ist per Monorail von der Innenstadt in 20 Min. zu erreichen. Sowohl ANA als auch JAL (bzw. deren Tochterfirma JTA) fliegen Naha mehrmals täglich an, sowohl von Tōkyō (2 1/4 Std) und den Hauptinseln als auch von den anderen Inseln Okinawas (s. auch S. 87, Flugpässe von JAL und ANA). Auch die Billig-Airlines Peach, Skymark und Vanilla bedienen Naha (ab Tōkyō ab ca. 6000 ¥ einfach), bieten aber weniger Verbindungen innerhalb Okinawas. Pauschalreisen mit ein oder zwei Übernachtungen können sehr gute Angebote sein; Verlängerungen ohne Aufpreis sind meist möglich. Fallen durch einen Taifun Flüge aus, geben die Fluggesellschaften Wartelistennummern für die nächsten Flüge aus.
Flüge innerhalb Okinawas:
ISHIGAKI, etwa halbstdl., 55 Min.
KUMEJIMA, 7x tgl., 35 Min.
MIYAKOJIMA, etwa stdl., 45 Min.

Südlich von Naha 那覇の南

Im Süden von Naha befindet sich das **ehemalige Flottenhauptquartier** (Kyū-Kaigun Shirei Bugō), Tomishiro 136, ☎ 098-850-4055, aus dem Zweiten Weltkrieg: 400 m hastig ausgegrabener Stollen in einem kleinen Hügel. Von April bis Juni 1945 verschanzte sich hier das Kommando der Kaiserlichen Japanischen Flotte, als die amerikanischen Truppen bereits auf Okinawa gelan-

OKINAWA

det waren. Zu sehen sind neben einer Ausstellung über den Kriegsverlauf ein Großteil des Tunnelsystems, u. a. mit der Rekonstruktion eines Lazaretts aus den letzten Kriegstagen, sowie der Raum, in dem Konteradmiral Ōta Minoru am 13. Juni 1945 Selbstmord beging (die Kugellöcher in der Wand sind noch erkennbar). ⏰ tgl. 8.30–17.30 Uhr, 440 ¥.

Im Süden der Stadt Itoman auf dem Weg zu den Gedenkstätten (s. u.) ist das **Ryūkyū Glass**

Die Schlacht um Okinawa

Ab März 1945 wurde auf Okinawa eine 90-tägige Schlacht geführt – die einzige Bodenschlacht auf japanischem Boden und einer der Hauptschauplätze des Zweiten Weltkriegs in Asien. Die Amerikaner waren durch die Strategie des „Inselspringens" immer weiter Richtung Japan vorgedrungen. Ab März begannen sie mit Luftangriffen und schwerem Artilleriebeschuss auf Okinawa von See aus; am 1. April landeten erste Truppen im Süden der Insel. Der japanische General Ushijima Mitsuru hatte den Befehl, die Insel mit seinen Elitesoldaten bis zur letzten Patrone zu verteidigen.

Die entscheidende Schlacht fand am Schloss Shuri-jō statt. Tagelang wurden die dicken Festungsmauern von See aus bombardiert, doch die alten Gemäuer hielten unerwartet gut stand. Zum Sieg verhalf den Amerikanern der Zufall: Sie hatten einen Plan des Areals mit seinen vielen geheimen Gängen und Verstecken erhalten. Die Kämpfe selbst wurden mit erbitterter Zähigkeit geführt – die restlichen japanischen Truppen verschanzten sich schließlich in hektisch gegrabenen Stollen im Süden und zogen selbst Schüler ein. Der Guerillakrieg in den Karsthöhlen zog sich noch bis in den Juli hinein.

Mit Okinawa fiel die letzte Bastion vor dem japanischen Festland. Die Verluste sowohl auf japanischer als auch auf amerikanischer Seite waren enorm. Insgesamt sollen mehr als 200 000 Menschen gestorben sein, die meisten davon Zivilisten. Die Oberkommandierenden beider Seiten, Ushijima und Simon B. Buckner, fanden in der Schlacht ebenfalls den Tod.

Village, Fukuji 169, ☎ 098-997-4784, 🖥 www.morinogarasukan.co.jp, ein netter Abstecher. Erst nach dem Zweiten Weltkrieg, als amerikanische Soldaten auf Okinawa stationiert waren und leere Getränkeflaschen in größeren Mengen anfielen, begann man aus Recycling-Glas dickwandige bunte (und nicht sehr hitzebeständige) Trinkgläser herzustellen. Zwischen mehreren Läden mit Werksverkauf gibt es die Möglichkeit, den Glasbläsern zuzusehen, die im Minutentakt von Hand Trinkgläser und Schmuck fertigen. Wer will, kann selbst Hand bzw. Mund anlegen. Glasblasen (mit Anmeldung) jeweils um 11, 14 und 16 Uhr, ab 1650 ¥ für ein Trinkglas. Glasobjekte können zwei Tage später abgeholt oder per Post innerhalb Japans verschickt werden (1000 ¥). ⏰ tgl. 9–18 Uhr, Eintritt frei.

Nur einige Kilometer hinter der Glasfabrik befindet sich das **Himeyuri-no-tō-Monument**, einer von etlichen Gedenksteinen für die Zivilisten, die in der Schlacht um Okinawa starben. Ein sehr gutes **Museum**, Itoman, Ihara 671-1, ☎ 098-997-2100, 🖥 www.himeyuri.or.jp, informiert über die Geschichte der sogenannten „Schülereinheiten". Im März 1945 wurden Schülerinnen und Lehrerinnen zweier Eliteschulen zum Dienst in „Feldlazaretten" (d. h. Karsthöhlen) eingezogen; tatsächlich handelte es sich bald um lebensgefährliche Dienstleistungen mitten auf dem Schlachtfeld – von den 240 Mitgliedern der Einheiten kamen dabei 226 ums Leben. ⏰ tgl. 9–17.30 Uhr, 310 ¥.

Die **Friedensgedenkstätte** (Okinawa-ken Heiwa Kinen Shiryō-kan), Itoman, Mabuni 614-1, 🖥 www.peace-museum.pref.okinawa.jp, besteht aus einem umfangreichen Museum und einer Parkanlage. Erschütternd sind die Gedenksteine im Park, auf denen die Namen von 240 000 Opfern eingraviert sind, die Mehrheit davon einheimische Zivilisten. Viele Inselbewohner verstehen sich selbst daher in erster Linie als „Ryūkyūer" und Opfer des japanischen Krieges. ⏰ tgl. 9–17 Uhr, 300 ¥.

Südlich der Hauptstraße erstrecken sich Felder bis zum **Kap Kyan**, mit einem kleinen Leuchtturm und einem Aussichtspunkt. In der Nähe befinden sich die Ruinen der Burg **Gushikawa Gusuku**, die aus dem 12. Jh. stammt und mit ihren kleinen Steinen weniger bedeutend war als die bekannten Gusuku weiter nördlich. ⏱ tgl. früh bis spät, Eintritt frei.

Der Themenpark **Okinawa World**, ☎ 098-949-7421, 🖥 www.gyokusendo.co.jp, besteht aus einer 300 000 Jahre alten Höhle und einigen traditionellen Häusern. Es finden auch Folklorevorführungen statt. ⏱ tgl. 9–18 Uhr, 620 ¥ für das „Kingdom Village", 1240 ¥ mit Höhle. Die aggressiv beworbene Gangala-Höhle gegenüber mit einem Eintritt von 2000 ¥ lohnt den Besuch eher nicht.

Noch weiter östlich liegen mehrere vor allem bei Einheimischen beliebte **Sandstrände** wie **Nibaru Beach** und **Hyakuna Beach**. Die Küste hier ist weniger spektakulär als im Norden der Insel, dafür sind die Strände ruhiger. Am Hyakuna Beach erinnert ein kleiner Utaki-Schrein daran, dass die Schöpfergöttin Amamikiyo hier erstmals die Insel betreten hat. Ihr wichtigstes Heiligtum, in dem auch die oberste Priesterin geweiht wurde, befindet sich etwa 5 km nordöstlich davon in den Höhlen des Schreins **Seifa Utaki**, der zum Weltkulturerbe gehört. Nach einem kurzen Einführungsfilm erkundet man die Anlage auf angelegten Wegen. ⏱ tgl. 9–18 Uhr, 200 ¥.

ÜBERNACHTUNG UND ESSEN

Alle Sehenswürdigkeiten im Süden sind von Naha aus gut erreichbar.

Minshuku Yaponesia, Itoman Daido 309-42, ☎ 098-997-2136, 🖥 www.yaponesia.com. Westliche und japanische Zimmer mit Gemeinschaftsbad, gemütlicher Aufenthaltsraum. Nur 5 Min. Fußweg zum John Manjiro Beach. Haltestelle Seimei Byoin Mae. Mit HP 6000 ¥ p. P.

Kaiza, Tamagusuku 56-1, ☎ 098-949-7755, 🖥 www.kaiza-okinawa.com. Schlicht und sehr stylish, mit tollem Blick vom Bett über den Nibaru Beach. Gemütlicher Garten mit Hängematten. Mit HP ab 9000 ¥ p. P.

Die größte Auswahl an Snacks und Nudelgerichten bieten die Andenkenläden am Himeyuri-no-tō-Monument. Mehrere kleine Restaurants befinden sich auch am Parkplatz zum Seifa Utaki, die allerdings alle um 18 Uhr schließen. Besonders nett ist das **Cafe Wagan** mit kleinen Gerichten wie Curry (680 ¥) oder Tacoreis (650 ¥) und einer guten Cocktailauswahl.

Okinawa-Lack

In Okinawa werden viele Lackwaren hergestellt, weil sowohl der für die Herstellung nötige Urushi-Baum hier gut gedeiht, als auch die Luftfeuchtigkeit und Temperatur ideal sind. Eine gute Auswahl findet sich bei **Ryūkyū Shikki** (westlich des Himeyuri-no-tō-Monuments). Dieses Lackgeschäft bietet auch ein Programm an, bei dem Besucher nicht den eigentlichen Lack herstellen, sondern fertige Objekte mit farbigen Lackplatten verzieren können, z. B. Lackteller oder -spiegel, aber auch das Handy. Ab ca. 2000 ¥, ca. 2 Std., Anmeldung erforderlich: ☎ 098-997-3776, ⏱ tgl. 9–17.30 Uhr.

Die **Mikrobrauerei Nihede Bier**, im Themenpark Okinawa World, braut nach deutschem Rezept Kölsch und Alt, die beide schon internationale Preise gewonnen haben.

EINKAUFEN

Awamori-Fabrik Chūkō, Tomigusuku, Nakachi 132, ☎ 098-850-1257, 🖥 www.chuko-awamori.com. Kostenlose Fabrikbesichtigung und Verkostung (auf Japanisch), es gibt aber ein englisches Faltblatt. Die Fabrik ist die einzige auf Okinawa, die noch einen kleinen Teil der Produktion nach traditioneller Methode in Tontöpfen herstellt. ⏱ tgl. 9–18 Uhr, Führungen stdl. bis 17 Uhr.

TRANSPORT

Selbstfahrer
Mit einem Mietwagen lässt sich der Südteil leicht an einem Tag erkunden; die meisten Sehenswürdigkeiten liegen in einer Runde entlang der Küstenlinie.

Busse
In die Nähe des EHEMALIGEN FLOTTENHAUPTQUARTIERS (10 Min., 220 ¥) fahren ständig Busse, u. a. die Linien 98, 55, 33, 46 und 101. Zur Awamori-Fabrik Chūkō Bus 89 Richtung Itoman, Haltestelle Ganaha. Für alle weiter südlich gelegenen Sehenswürdigkeiten ist es erforderlich, in Itoman umzusteigen.

Bus 89 nach ITOMAN (50 Min., ca. alle 10–20 Min.), dann weiter mit Bus 82 (nur zum Ryūkyū Glass Village auch 108; dieser Bus fährt weiter nach Kyan, ca. 2 km vor dem Kap Kyan) zum FRIEDENSPARK und OKINAWA WORLD (alle 1–2 Std.) und mit Bus 83 und 54 zurück nach NAHA (alle 1–2 Std.). Die ganze Runde kostet etwa 1500 ¥, Fahrtdauer 2 1/2 Std. Fahrplan auch auf Englisch: 🖥 www.route finder-okinawa.com.

Achtung am Busbahnhof in Naha: Die Busse nach Süden fahren vom eigentlichen Busbahnhof erst eine Runde durch die Stadt und etwas später auf der gegenüberliegenden Straßenseite noch einmal vorbei.

Zwischen Naha und Nago 那覇から名護へ

Okinawa City 沖縄市

Nördlich von Naha erstreckt sich ein Konglomerat verschiedener Städte: Chatan, Ginowan, Yomitan, Kadena und Okinawa City. Hier befinden sich die amerikanischen Militärstützpunkte, entsprechend amerikanisiert ist die Kultur – für japanische Touristen bildet diese Gegend ein eigenständiges Ausflugsziel. Zentrum des „amerikanischen" Nachtlebens ist die **Gate Street** (Gēto-dōri) in Okinawa City mit zahllosen Bars und Clubs zwischen der Kōza-Kreuzung und Tor 2 des amerikanischen Luftwaffenstützpunkts Kadena.

Gusuku-Burgen nördlich von Naha
中城城跡・勝連城・座喜味城

Die Burg **Nakagusuku-jō**, Kita-Nakagusuku, Ōjiro 503, 🖥 www.nakagusuku-jo.jp, im Norden des Ortes Nakagusuku wurde von Gosamaru, einem lokalen Fürsten, Mitte des 15. Jhs. gebaut. Die Fürsten von Nakagusuku waren die wichtigsten Vasallen des Ryūkyū-Königs, und entsprechend weitläufig ist die Anlage auf einem Bergrücken. ⏰ tgl. 8.30–17, Mai–Sep bis 18 Uhr, 400 ¥. In der Nähe liegt das sehenswerte **Nakamura-ke**, Kita-Nakagusuku, 📞 098-935-3500, ein herrschaftliches Wohnhaus aus dem 18. Jh. mit offiziellen Gästezimmern für Gesandte vom Hof, Feng-Shui-Ausrichtung und Steinmauer. Bis in

US-Militärstützpunkte

Die Militärstützpunkte für etwa 30 000 amerikanische Soldaten (in ganz Japan ca. 50 000) prägen das Zentrum der Hauptinsel, besonders um die Städte Kadena und Mihama. Unter den Einheimischen ist die US-Militärpräsenz umstritten. Einerseits sind die Stützpunkte, zu denen auch rund 22 000 Familienangehörige gehören, ein wichtiger Wirtschaftsfaktor für die abgelegenen Inseln, und natürlich ist der „American Way of Life" auch in das typische Lebensgefühl der Ryūkyūer eingegangen. Andererseits ist der amerikanische **Luftwaffenstützpunkt Kadena** der größte in Ostasien, mit zwei je 3,7 km langen Startbahnen, auf denen etwa 200 Militärflugzeuge – darunter F-15 und AWACS-Aufklärungsflugzeuge – Tag und Nacht starten und landen. 2009 erstritten die Anwohner zwar Schadensersatz in Millionenhöhe, die Nachtflüge wurden aber nicht eingestellt.

Besonderen Konfliktstoff bietet auch die starke Präsenz junger ausländischer Männer, die nicht dem lokalen Rechtssystem unterstehen. 1995 brachte die Vergewaltigung eines zwölfjährigen Mädchens durch drei US-Soldaten, die anschließend auch noch in die USA ausgeflogen wurden, statt vor ein japanisches Gericht gestellt zu werden, das Fass zum Überlaufen. Nach anhaltenden **Protesten** der Bewohner gegen den ebenfalls recht großen **Luftwaffenstützpunkt Futenma** bei Ginowan wurde seit 1996 nach einem neuen Standort für diese Airbase in weniger dicht besiedeltem Gebiet gesucht – doch der geplante Offshore-Bauplatz rief diesmal die Naturschützer auf den Plan: Die Bucht Henoko steht als Lebensraum für die vom Aussterben bedrohten Dugong, eine Seekuh, unter Naturschutz. Seitdem dauert der Streit über die Umsiedlung des Stützpunktes an: In der Umgebung der Henoko-Bucht wird zwar inzwischen gebaut, doch auch andere Standorte in Okinawa, auf den japanischen Hauptinseln und sogar auf Guam und Hawaii sind immer wieder im Gespräch.

Die Katsuren-jō ist die älteste der erhaltenen Gusuku-Burgen.

OKINAWA

© WESTWARDS

die 1980er-Jahre hat die Familie Nakamura hier gelebt. ⏱ tgl. 9–17.30 Uhr, 500 ¥.

Beeindruckender als Nakagusuku-jō ist die teilweise restaurierte **Katsuren-jō**, Uruma-shi, 📞 098-978-2227, auf einem sehr steilen Felsen. Diese älteste erhaltene Gusuku-Burg wurde wohl schon im 13. Jh. gebaut und war im 15. Jh. Sitz des mächtigen Fürsten Amawari. Dieser eroberte zunächst Nakagusuku und griff dann, von seiner Stärke überzeugt, Shuri-jō an, scheiterte jedoch an den gut ausgebildeten Truppen des Ryūkyū-Königs. Seine Burg wurde später in der Schlacht von Okinawa fast vollkommen zerstört. ⏱ durchgehend, Eintritt frei. Bus 52, ca. 90 Min. von Naha, Bushaltestelle Nishihara (1240 ¥).

Zakimi-jō in der Stadt Yomitan, 📞 098-958-3141, ist eine Gusuku-Burg aus dem 15. Jh., die während des Zweiten Weltkriegs als Raketenstützpunkt genutzt wurde. Beeindruckend sind die geschwungene Doppelmauer und Okinawas ältester steinerner Torbogen. ⏱ durchgehend, Eintritt frei. Bushaltestelle Zakimi-jō. Gleich daneben befindet sich das **Geschichtsmuseum** (Yomitan Rekishi Minzoku Shiryokan), 📞 089-958-3141, mit einem Sammelsurium von Tontöpfen, Textilien und Keramikfunden, manche bis zu 3000 Jahre alt. Hier erhält man auch ein englisches Faltblatt zum Zakimi-jō. ⏱ Di–So 9–17 Uhr, 200 ¥.

Nago 名護

In Nago kann man an einer kostenlosen Brauereiführung in der **Orion-Brauerei**, Nago, Agarie 2-2-1, 📞 0980-54-4103, 🖥 www.orionbeer.co.jp, teilnehmen. Die japanischen Touren finden etwa stündlich statt und dauern einschließlich einer kleinen Verkostung ca. 1 Std.; ein englisches Infoblatt erläutert parallel zur japanischen Führung den Brauereiprozess. ⏱ tgl. 9.20–16.40 Uhr, Eintritt frei.

Strände an der Westküste
西岸のビーチ

Bei einer Fahrt an der Westküste entlang passiert die Straße etliche schöne Strände: Am kinderfreundlichen **Araha Beach** ist ein Modell des britischen Schiffs *Indian Oak* aufgestellt, das 1840 hier strandete. Obwohl England sich im Opiumkrieg mit China befand und Ryūkyū China durch Tributzahlungen verbunden war, nahmen die Dorfbewohner die Besatzung gastfreundlich auf und bauten den Briten ein neues Schiff. Zu den beliebtesten Stränden gehört der künstlich angelegte **Sunset Beach** etwas nördlich davon. Der **American Beach** und das American Village (mit Riesenrad) reizen hauptsächlich japanische Jugendliche.

Weitere schöne Strände, die auch picknicktauglich sind, finden sich in der Gegend von **Kap Zanpa**, mit Leuchtturm und Ausblick, und **Kap Maeda**. Von hier bis zur Nordspitze der Insel erstreckt sich der **Okinawa-Kaigan Quasi-Nationalpark**, in dem zahlreiche Korallen und tropische Fischarten geschützt werden. Weil die Korallen in Strandnähe liegen, sind diese Strände bei Schnorchlern und für nächtliche Tauchtouren beliebt. Nördlich von Kap Maeda bietet die spektakuläre Klippe **Manzamo** mit kurzem Rundweg einen weiten Blick über das Ostchinesische Meer. Beim ANA Manza Beach Hotel lockt ebenfalls ein schöner Strand.

Kulturelle Themenparks in Yomitan
読谷村（琉球村・むら咲むら）

In Yomitan gibt es zwei Themenparks: Das **Ryūkyū-mura**, Onnamura, Yamada 1130, 📞 098-965-1234, 🖥 www.ryukyumura.co.jp, ist eigentlich ein Freilichtmuseum mit mehreren bis zu 200 Jahre alten, wiederaufgebauten Häusern und ausführlichen Informationen zur Inselkultur. Dennoch überwiegt die Unterhaltungskomponente mit Vorführungen und Paraden. Besucher können sich am Weben und Färben versuchen oder sich fürs Foto in traditionelle Gewänder hüllen. ⏱ tgl. 8.30–17.30 Uhr, 1200 ¥. Bus 20, 120 (u. a.) Richtung Nago, Haltestelle Ryūkyūmura-mae.

Ein reiner Vergnügungspark ist das **Murasaki-mura**, 📞 098-958-1111, 🖥 www.murasakimura.com, in dessen neuen Häusern im Okinawa-Stil unterschiedliche Schnupperprogramme für verschiedene traditionelle Fertigkeiten angeboten werden. In 32 Werkstätten können Besucher z. B. Süßigkeiten selbst herstellen, Shīsā bemalen, Indigo färben oder töpfern. ⏱ tgl. 9–22 Uhr, *taiken* 9–18 Uhr, Eintritt in den Themenpark 600 ¥, für die meisten Aktivitäten 1000–3000 ¥. Bus 28 bis Yomitan-son Ufudō, von dort zu Fuß 20 Minuten.

ANA Manza Beach Hotel, Onna-Son Seragaki Aza 2260, ☎ 098-966-1211, 🖥 www.igh.com. Riesiges Resort-Hotel südlich von Nago, große helle Zimmer mit Meerblick. **6** mit HP

🌳 **Café Suien**, Zakimi 367, ☎ 098-958-3239. Designercafé im Landhausstil mit angeschlossener Bäckerei. Die leckeren Brote kann man sich gleich vor Ort aufschneiden lassen; es gibt auch kleine Gerichte. Alle Zutaten stammen aus ökologischem Anbau, den Milchkaffee gibt es alternativ auch mit Sojamilch. Nicht ganz leicht zu finden, aber ab Zakimi-jō ausgeschildert. ⊙ Do–So 10.30 Uhr bis Sonnenuntergang.

Delfino, Nago, Ōminami 1-5-14, ☎ 0980-51-1717, 🖥 www.delfino-nago.com. Solides Businesshotel in der Nähe des Rathauses. Frühstück inkl. Ab **2**

Super Hotel, Nago, Miyazato 1018, ☎ 0980-50-9000, 🖥 www.superhoteljapan.com/en/s-hotels/nago.html. Am Stadtrand an der Nationalstraße 58, zusätzliches Gemeinschaftsbad mit Tiefseewasser, gutes Frühstücksbuffet, Parkplatz. **2**

Okinawa Kenmin no mori, Onna-son, ☎ 0980-967-8092. Campingplatz, 1,5 km landeinwärts von der Präfekturstraße 58. Bushaltestelle Atsuta in Onna-son, Bus 20, 120, 48. 950 ¥ pro Zelt, Leihzelt 1200 ¥, Münzduschen 100 ¥. Die Rezeption schließt um 18 Uhr, das ganze Gelände um 18.30 Uhr.

€ **Orion-ya**, Onna-son, Nakimi 2160-1, ☎ 090-9784-7075. Shōwa-Zeit-Retro-Lokal an der Küstenstraße mit sehr guter Hausmannskost, etwas verträumter Wirtschaftswunder-Atmosphäre und praktischerweise auch Retro-Preisen. ⊙ tgl. 18–24 Uhr.

€ Im **Restaurant des Murasaki-mura** (S. 598) reichhaltiges Lunch-Buffet mit Okinawa-Spezialitäten. 1080 ¥ inkl. Softdrinks. ⊙ tgl. mittags 11–15 Uhr, abends 17–22 Uhr.

🧳 **Umi-ga-mieru Sobaya**, Kadena, Mizugama 6-25-13, ☎ 098-956-0940. Ein kleines Soba-Restaurant mit Meerblick, in dem schon mal Prominente wie die Sängerin Koja Misako speisen. Besonders empfehlenswert: die Tamago-Soba mit Bio-Omelette. Von der R 58 vor dem McDonalds zum Meer abbiegen; kein englisches Schild. ⊙ Di–So 11–18 Uhr.

Einkaufen

🌳 **Kinakoya**, Nakagusuku, Tomari 96, ☎ 098-895-2050. Die Spezialität dieser Konditorei unterhalb der Burg Nakagusuku sind vegane Puddings aus Soyamilch, z. B. mit Beniimo-Süßkartoffel oder Mango. Interessante Küchlein, u. a. mit Paprika. ⊙ tgl. 10–19 Uhr, 2. und 4. Mi im Monat geschl.

Okashi Goten, Yomitan, Uza 657-1, 🖥 www.okashigoten.com, ☎ 098-958-7333. Süßigkeiten aus Süßkartoffeln, eine Spezialität von Yomitan. Die Kette hat auch ein großes Geschäft in der Kokusai-dōri in Naha und eins beim Manzamo-Kap. ⊙ tgl. 8.30–21 Uhr.

Yachimun no Sato, in Yomitan. 14 Töpfereien stellen hier traditionelle Ryūkyū-Töpferwaren her, meist in rustikalen Rot-Grün-Braun-Tönen mit markanten Fisch- und Krebsmustern. Einige teilen sich einen Ofen, andere, wie Yukutaya Gama, befeuern halbjährlich ihren eigenen. Diese *noborigama* oder Hangöfen kann man besichtigen und natürlich auch Keramik shoppen. Yukutaya Gama, Yomitan Zakimi 2651-1, ☎ 098-958-0851. ⊙ Mo–Sa 9–18 Uhr.

Feste

Peaceful Love Rock Festival, Juli: Musikfestival in Okinawa City.

Hari Matsuri, unterschiedliche Termine Mai–Juli: Bootsrennen in verschiedenen Orten.

Eisa Matsuri, August: mit traditionellem Tanz in Okinawa City und anderen Städten.

Yomitan-Festival, Ende Oktober oder Anfang November: Folklore-Darstellungen und klassische Okinawa-Musik.

Tauchen

Piranha Divers, bei Onna, ☎ 098-967-8487, 🖥 www.piranha-divers.jp. Tauchangebote auf Okinawa-Hontō nach Wunsch, v. a. an der Westküste und im Norden. Der Inhaber ist Deutscher; Unterkunftsvermittlung möglich.

Selbstfahrer

Zwischen Naha und Nago ist die Insel von vielen mehrspurigen Straßen erschlossen. Alle Sehenswürdigkeiten sind grundsätzlich

OKINAWA

leicht zugänglich, die Fahrtzeit hängt aber sehr von der Verkehrslage ab.

Busse
Vom Busbahnhof in NAHA fahren häufig Busse in die Städte im Zentrum der Insel. Für Touristen sind die wichtigsten Linien Nr. 20 / 120, die auf der Küstenstraße über YOMITAN / Ryūkyūmura (1 Std., 1040 ¥) nach NAGO (2 Std., 1850 ¥) fahren.

Motobu-Halbinsel 本部半島

Nago Pineapple Park 名護パイナップルパーク
Im Nago Pineapple Park werden die Besucher mit einem ananasförmigen Elektromobil durch Ananasplantagen gefahren. Es folgen ein Rundgang durch eine kleine Ausstellung mit Blick auf eine Ananasdosen-Fertigungsanlage und reichhaltige Probierstuben für Ananaswein, Ananassekt, Ananaskekse und -kuchen, Ananas-Softeis und -schokolade. Zusammen mit den frisch aufgeschnittenen Ananas lässt sich so eine Mahlzeit ersetzen. ℡ 0980-53-3659, 🖥 www.nago pain.com, ⏲ tgl. 9–18 Uhr, 600 ¥, englisches Infoblatt.

19 HIGHLIGHT

Sesokojima 瀬底島
Von Motobu führt eine Brücke auf die kleine und beschauliche Insel Sesokojima. Auf der Westseite der Insel ist ein wunderbarer weißer **Sandstrand** versteckt. Gleich vor dem Strand trennen Korallen ein großes, natürliches Schwimmbecken ab. Nur ein vorgelagertes Inselchen durchbricht das endlose Blau des Meers. Selbst in der Hauptsaison ist man hier oft fast allein. Der Bau eines riesigen Golfhotels auf der Insel wurde wegen Finanzierungsschwierigkeiten eingestellt. Die Ruhe an den öffentlichen Strand wird also auch in naher Zukunft nicht gestört werden. Einfache, aber saubere sanitäre Anlagen (Kaltwasserdusche) sind vorhanden. Eintritt frei, Zelten verboten. Parkplatz (in der Saison) 1000 ¥ pro Tag.

Ocean Expo Park 海洋博公園
Ein absolutes Highlight ist der Besuch des **Churaumi-Aquariums** im Ocean Expo Park, mit dem größten Aquariumstank in Japan, in dem u. a. zwei Walhaie und vier Manta-Rochen schwimmen. In einem eigenen Hai-Tank leben kleine Bullenhaie schon in dritter Generation. Zum Park gehören außerdem das Gewächshaus „Tropical Dream Center" und das Oceanic Culture Museum mit Ausstellungsstücken aus Polynesien und Südostasien. Frei zugänglich sind ein nachgebautes traditionelles Ryūkyū-Dorf, mehrere Shows, Schildkröten- und Seekuh-Becken und ein langer Sandstrand. Die Delphin-Show findet gratis mehrmals täglich statt. Westlich von Nago, ℡ 0980-48-3748, 🖥 www.oki-park.jp/kaiyohaku. Aquarium ⏲ tgl. 8.30–18.30 Uhr (März–Sep bis 20 Uhr), 1850 ¥ (nach 16 Uhr 1290 ¥), Audioguide gratis; Tropical Dream Center, ⏲ tgl. 8.30–17.30 Uhr, im Sommer bis 19 Uhr, 690 ¥; Oceanic Culture Museum, ⏲ tgl. 8.30–17.30 Uhr, im Sommer bis 19 Uhr, 170 ¥. Bus 65, 66, 70 von Nago zum Ocean Expo Park, 1 Std.

Nakijin-jō 今帰仁城
Auf der Nordseite der Motobu-Halbinsel sind die Ruinen von Nakijin-jō zu besichtigen, eine der am besten erhaltenen Gusuku-Burgen. Bei einem Gang durch die Höfe der Anlage erklären Schautafeln (auf Japanisch) den Wandel der Bebauung über die Jahrhunderte. Die Keramik aus dem 15.–17. Jh., die hier gefunden wurde, stammt größtenteils aus Vietnam und Thailand und belegt den regen Außenhandel, den Ryūkyū damals führte. Die Fundstücke sind im Museum neben dem Besucherzentrum ausgestellt. ℡ 0980-56-4400, 🖥 www.rekibun.jp, ⏲ tgl. 8–17 Uhr, Museum 8.30–17 Uhr, 400 ¥. Englisches Faltblatt. Bus 66 von Nago, Haltestelle Nakijin Gusuku Iriguchi-mae, von dort 15 Minuten zu Fuß.

OKINAWA

Im Ocean Expo Park mit seinen vielen Tanks, Becken, Ausstellungen und Shows kann man leicht einen ganzen Tag verbringen.

Beach Front Inn, Nakijin Imadomari 4, ☎ 0980-56-1757, ✉ nakijinuminoyado@gmail.com. Ausgeschildert ab Nakijin-jō. Nette, familiäre Pension am Strand mit Familienzimmern, Englisch okay. 3500 ¥ p. P., mit HP 5000 ¥.

Beach Rock Village, ☎ 0980-56-1126, 🖥 www.shimapro.com. Sehr abgelegenes Öko-Projekt in den Bergen (aber mit Internet), von Freiwilligen geführt. Geschmackvolle Schlafsäle, Tipis und Jurten. Unbedingt anmelden! Kostenlose Abholung von der Bushaltestelle Nakijin Yakuba für Übernachtungsgäste. Auch Cafébetrieb, 🕐 tgl. 11–17 Uhr. Mit HP 3500–7000 ¥ p. P., je nach Saison und Unterbringungsart.

Churashima Pension, Sesoko 4902, ☎ 0980-47-5633, 🖥 www2.ocn.ne.jp/~sesoko. Sehr ordentliche neue Pension auf Sesokojima, mit Meerblick. Frühstück inkl. ❷

Fuu Cafe, Sesoko 557, ☎ 0980-47-4885, 🖥 www.fuu-cafe.net. Entspanntes Gartencafé oberhalb von Sesoko Beach. Kleine Gerichte, selbstgebackener Kuchen, Ziegenmilcheis, alles bio. 🕐 Fr–Di (Juli–Sep tgl.) 11 Uhr bis Sonnenuntergang.

Mahaina Wellness Resort, Motobu, Yamakawa 1456, ☎ 0980-51-7700, 🖥 www.mahaina.co.jp. Solides Ferienhotel mit Indoor-Pool, kinderfreundlich, Internet. Frühstück inkl. ❸–❺

Musubiya, ☎ 090-8827-8024, 🖥 musubiya 2008.web.fc2.com. Kleines, etwas abgelegenes Gästehaus an der Motobu-Nordküste am Nagahama-Strand. Schöne Lage mit Meerblick, WLAN, Küche. Familiäre, junge Atmosphäre, Reservierung empfohlen. Schlafsaalbett 2200 ¥. Zimmer mit Gemeinschaftsbad ❶

Oku Yanbaru no Sato, Oku, neben der Post, ☎ 0980-50-4141, 🖥 www.okuyanba runosato.com. Eine Art Feriendorf mit 6 großzügigen Bungalows (mit Grill und Waschmaschine) an einem Bach und einem kleinen Golfplatz. Bungalows ab 10 000 ¥ (max. 3 Pers.). Weitere Pers. gegen Aufpreis, Zubuchen von Mahlzeiten im angeschlossenen Restaurant Savannah Shokudō, 🕐 Do–Di 11.30–17 Uhr, möglich.

Yume no ya, Kojima, ☎ 0980-48-4529. Die Betreiber dieses kleinen Soba-Restaurants stellen täglich nur 30 Portionen bzw. am Wochenende 50 Portionen Nudeln her, die in einem traditionellen japanischen Raum mit Blick auf den Garten eingenommen werden können. Sehr zu empfehlen sind die Umibudō-Soba sowie die frittierten Hibiskusblüten; auch englische Karte. Bushaltestelle Shaka-iriguchi, dann zu Fuß bergauf. Nicht auf allen Navi-Karten. Von der Hauptstraße 505 an einer Ecke mit Laden und Frisör ausgeschildert mit 夢の舎 und roten Pfeilen: rechts ins Dorf Kojima, dort gleich wieder links und hoch in die Berge, an einem einzeln stehenden Haus und dem Golfplatz vorbei. 🕐 Di–So 11–17 Uhr (oder bis ausverkauft ist).

Busse

Busse von NAGO auf die Motobu-Halbinsel: zum Ocean Expo Park mit Nr. 65, 66 oder 70, alle 1–2 Std., 50 Min., 880 ¥.

Schiffe

Von Motobu aus fahren Fähren auf die Ausflugsinsel IESHIMA (30 Min., 720 ¥).

Die Nordspitze (Kunigami-son) 国頭村

Ein gepflegter Strand mit einem guten Wassersport-Angebot ist der **Okuma Beach** hinter dem gleichnamigen Resort-Hotel. Zum Schwimmen ist nur ein kleiner Bereich abgetrennt, dafür gibt es Boote und Surfbretter (ab 2500 ¥ pro Std.) zu mieten. Kurz vor dem **Kap Hedo**, einem relativ unspektakulären Touristen-Spot an der nördlichsten Spitze der Insel, lohnt sich ein Abstecher auf die Klippe **Kaya-uchi-banta**, die hoch über die Westküste aufragt und von einem Aussichtspunkt einen atemberaubenden Blick über die felsige Küste ermöglicht. Die Hauptstraße führt durch einen Tunnel darunter hinweg.

Das abgelegenste Dorf der Insel Okinawa ist **Oku**, was übersetzt denn auch „ganz hinten" heißt. Hier fährt der Bus nur zweimal täglich, aber es gibt einen Laden, eine Post, ein Minimuseum und zwei Übernachtungsmöglichkeiten. Zu empfehlen für diejenigen, die mal wirklich von allem wegwollen.

JAL Private Resort Okuma, Okuma 913,
📞 0980-41-2222, 🖥 www.jalokuma.co.jp.
Kein Hotelklotz, sondern schöne Gartenanlage
mit Bungalows. ❻

💶 **Hanji Beach**, Parkanlage neben Okuma
Beach. Zelten ist offiziell erlaubt und
kostenlos. Picknickplätze, Münzduschen.

🌳 **Lohas Kita no Yado**, Oku, neben der
Grundschule, 📞 090-4470-1105. („Lohas"
steht für: Lifestyle of Health and Sustainability.)
Niedliches, einfaches Ferienhäuschen mit
kleinem Garten, einem japanischen Zimmer
für 2–3 Pers., Küche und Bad; Klimaanlage mit
Münzeinwurf. 3500 ¥ p. P.

Kunigami Yuiyui, Okuma 1605, 📞 0980-41-5555,
🖥 www.yuiyui-k.jp. Raststätte mit lokalen
Spezialitäten, im Shop u. a. lustige Papier-
bastelsätze und zimtiger Karagi-Tee, dem eine
lebensverlängernde Wirkung zugeschrieben
wird. ⏱ tgl. 9–18 Uhr.

🌳 **Emi no Mise**, Ōgimi Ōganeku 61, 📞 0980-
443220, 🖥 www.eminomise.com. Aus
den Medien bekanntes Bio-Restaurant in der
Region mit der höchsten Greisendichte Japans:
Langes Leben dank traditioneller Kost? Sehr
schmackhaft jedenfalls. Kleine Gerichte ab
500 ¥. ⏱ Mi–So 9–18 Uhr, Essen 11.30–18 Uhr.

Von NAGO mit Bus 67 über Ōgimi nach HENTO-
NA (Umsteige-Busbahnhof), 1 Std., 1050 ¥. Von
Hentona fährt 3x tgl. ein Bus nach OKU (50 Min.,
600 ¥, Busgesellschaft Kunigami Son'ei).

Miyakojima-Inseln
宮古島諸島

Miyakojima 宮古島

Miyakojima ist die Hauptinsel einer Inselgruppe
etwa 300 km südlich der Hauptinsel Okinawa.
Manche Touristen kommen nur auf der Suche
nach den Taucherparadiesen hierher, aber die
flache, landwirtschaftlich genutzte Insel bietet
auch einige Sehenswürdigkeiten.

Hirara 平良

Der Hauptort von Miyakojima liegt an einem leichten Hang um den Hafen im Nordwesten der Insel. Die Stadtverwaltung hat einen
Geschichtspfad eingerichtet, der am Gebäude
der Stadtverwaltung beginnt, an ca. 20 historisch interessanten Stätten des Ortes vorbeiführt und je nach Besichtigungseifer etwa zwei
Stunden in Anspruch nimmt.

Für Deutsche von Interesse ist insbesondere
die **Kaiserstele** (Doitsu Kōtei Hakuai Kinen-
hi, „Brüderlichkeits-Gedenkstein des Deutschen Kaisers") in Nishizato in der Nähe der
Stadtverwaltung. Nach der Rettung deutscher
Schiffbrüchiger durch die Inselbewohner 1873
(Kasten S. 605) ließ Kaiser Wilhelm I. diese
Steinstele (sicher auch aus strategischem Interesse an einem Stützpunkt im Westpazifik) auf einem Kriegsschiff nach Miyakojima bringen. Die
Gedenkstele wurde am 12.3.1876 aufgestellt und
hat auf der Vorderseite einen mit etwas Mühe
noch lesbaren Text auf Deutsch, auf der Rückseite eine chinesische Version der Dankesworte
(damals gehörte Okinawa noch nicht zu Japan).

Der Geschichtspfad führt außerdem am **Grab
von Nakasone Tūmiya** vorbei. In der zweiten
Hälfte des 15. Jhs. geboren, brachte er die ganze Insel Miyakojima unter seine Kontrolle und
verteidigte sie erfolgreich gegen Angriffe von
den Yaeyama-Inseln weiter südlich. Sein Grab
ist eine beeindruckende wie ungewöhnliche
Anlage, treppenförmig in den Hang gebaut und
mit einem Brunnenschacht und einer mächtigen
Umgebungsmauer aus Korallen versehen. Über
die Zinnen wird noch spekuliert: Wahrscheinlich wurde dort zu Festlichkeiten ein Sonnen-
dach angebracht.

In unmittelbarer Nähe gibt es noch zwei
ähnliche, etwas spätere Gräber für Verwand-
te Nakasones. ⏱ durchgehend, Eintritt frei. Ein
Stück weiter liegt auch der nur etwa 1,40 m
hohe **Kopfsteuerstein** (Bubaki-ishi bzw. Nintō-
zeiseki), mit dessen Hilfe festgestellt wurde,
wann jemand groß und also alt genug war, Steuern zu zahlen. 1637 hatte das Königreich Ryūkyū
den Inseln erstmals eine Kopfsteuer auferlegt:
Frauen zahlten in Textilien, Männer in Hirse.

Etwa 4 km nördlich von Hirara befindet sich
der kleine **Sunayama Beach**, mit schönem

N

0   500 m

Übernachtung:
1 Pension Orange Box
2 Miyako Daiichi Hotel
3 Petit Hotel Puremia
4 Fūya Guesthouse
5 Fēnukaji
6 Hidamari Guesthouse
7 Weekly Mansion Kōkōro

Essen:
1 Koja
2 Maushi
3 Ichiwa
4 Sushimasa

Sonstiges:
1 Jang Jang
2 Penguin Divers
3 Gera Gera Internetcafé
4 Kikunotsuyu
5 Bunmyā
6 Gōya
7 Shīsā Monogatari

Transport:
1 Fährterminal
2 Bushaltestellen

OKINAWA

weißem Sandstrand und einem malerischen Felsbogen, der sich vom Strand ins Wasser spannt.

Kap Nishi-Hennazaki 西平安崎

Im Norden läuft die Insel in zwei Landzungen aus. Auf dem nordwestlichen Kap, dem Nishi-Hennazaki, steht ein kleiner **Leuchtturm** mit Parkanlage, und am Beginn der Landzunge kann die **Yukishio-Salzfabrik** besichtigt werden. Die Firma hat ein spezielles Verfahren entwickelt, das dem Salz eine schneeähnliche Konsistenz gibt (*yukishio* bedeutet „Schneesalz"). Mit seinen 18 verschiedenen Mineralien steht das Salz sogar im *Guinessbuch der Rekorde*. Besucher erhalten eine kleine Führung mit Erklärungen zur Salzherstellung (bzw. eine englische Broschüre). Im angeschlossenen Laden wird neben Salz in unterschiedlichsten Varianten und Pflegeprodukten auch Salzsofteis verkauft, das trotz kleiner Salzbeimischung hauptsächlich süß schmeckt. Dazu werden unterschiedliche aromatisierte Salze gereicht, die man auf das Softeis streut – von Hibiskus über Grüntee bis Chili. Besonders gut ist das Salz mit *yuzu*, einer kräftig schmeckenden Zitrusfrucht ☎ 0980-72-5667, 🖥 www.yukisio.com, 🕐 tgl. 9–18.30 Uhr (Okt–März nur bis 17 Uhr), Eintritt frei.

Ikemajima 池間島

Von der nordöstlichen Landzunge aus führt seit 1992 eine fast 1,5 km lange Brücke über sehr flaches Meer auf die Insel Ikema. Trotz der Anbindung an die Hauptinsel bleibt Ikema ruhig und ländlich. Hier lebt eine traditionelle Fischergemeinschaft, in der sich alte religiöse Riten erhalten haben (s. Feste S. 608). Es gibt einen Fischerhafen mit einem reizenden Restaurant der Fischereikooperative, einen Leuchtturm und Felder rund um ein Marschland mit Teichen, wo viele Wasservögel nisten. In der Nähe der Brücke fahren halbstündlich Glasbodenboote ab; dort gibt es auch recht günstige Andenkenläden (z. B. für Minsa-Stoffe) und einen großartigen Picknickplatz mit Blick über die Brücke und das Meer.

Der vorderste der Andenkenläden an der Brücke von Ikema hat nicht nur eine Imbiss-Ecke mit super Blick, sondern verkauft auch ungewöhnlichere regionale Spezialitäten. Die Wucht sind die süßen Beniimo-mochi (200 ¥) aus 100 % roter Süßkartoffel.

Shimajiri-Mangroven
島尻マングローブ

An der Ostküste von Miyakojima befinden sich die Shimajiri-Mangroven, durch die ein Naturlehrpfad auf hölzernen Stegen führt. Drei Stunden pro Tag, wenn Flut ist, sind die Mangroven mit dem Kajak befahrbar (Ausleihe 1000 ¥ p. P.). Der Eingang zum Naturlehrpfad ist nicht ganz leicht zu finden: Von der Hauptstraße Nr. 230 (Bushaltestelle Shimajiri Iriguchi) führt eine Straße ca. 1 km nach Shimajiri, dort ist am Ortsanfang an einer Kreuzung links eine Landkarte mit Wegweisern. Wer hier links abbiegt, kommt nach einem weiteren Kilometer wieder an ein Schild nach links zum Parkplatz, von hier sind die Mangroven auch schon zu sehen.

Nordöstlich von Hirara wird der eher weniger interessante **Botanische Garten** zu einem interessanten **Zentrum für traditionelles Kunsthandwerk** wie Weben, Korbflechten und Töpfern ausgebaut, mit Verkauf und Werkstätten zum Zusehen und Ausprobieren. ☎ 0980-73-4111, 🖥 www.miyako taiken.com, ⏲ tgl. 10–18 Uhr, Eintritt frei.

Südlich von Hirara

Die Südküste von Miyakojima ist recht felsig und durch vorgelagerte Felsenriffe seit alters her für vorbeifahrende Schiffe gefährlich. Berüchtigt ist vor allem das **Kap Higashi-Hennazaki**, das auf einer langen schmalen Landzunge ins Meer ragt. An den hiesigen Riffen sollen im Laufe der Jahrhunderte Dutzende von Schiffen gekentert sein. Heute weist ein unbemannter Leuchtturm Seeleuten den Weg. Vom Parkplatz bis zum **Leuchtturm** (schöner Blick von oben) sind es fünf Minuten zu Fuß. Mit ihren Spazierwegen und Kinderspielplätzen ist die Landzunge ein guter Picknick-Spot. Der Bus fährt nur bis zur ca. 2 km entfernten Straßenabzweigung. ⏲ tgl. 9.30–16.30 Uhr, 200 ¥.

Nördlich vom Higashi-Hennazaki schließen sich ein Golfclub und mehrere schöne Strände

an. Beim **Yoshino Beach**, am Fuß einer hohen Steilküste, sind die Korallen direkt vom Ufer aus zugänglich. Er bietet Sonnenschirme, ein Strandcafé und einen Verleih. Oben am Parkplatz (500 ¥) gibt es Toiletten und Duschen sowie einen Laden mit Snacks. Der **Aragusuku Beach** ein Stück weiter nördlich, ebenfalls mit zwei Strandcafés, Schnorchel-Verleih und Umkleiden, gilt als der beste Schnorchelstrand auf Miyakojima. Man kann bis zum Strand fahren, aber dafür gibt es keine richtigen Duschen.

Die größte Attraktion an der Südküste und für deutsche Touristen besonders skurril ist das ursprünglich für den kulturellen Austausch gedachte **Deutsche Kulturdorf Ueno** (Doitsu Bunka Mura), Ueno Miyaguni 775-1, ☎ 0980-76-3771, 🖥 www.hakuaiueno.com. Kernstück der Anlage ist der originalgetreue Nachbau der rheinischen Marksburg, deren wuchtige Türme sich vor dem gleißenden Blau des Pazifiks recht un-

Im Deutschen Kulturdorf Ueno ist die deutsche Marksburg originalgetreu nachgebaut.

gewohnt ausnehmen. In der Burg ist eine Ausstellung über den Schiffbruch der deutschen *Robertson* 1873 (Kasten S. 605) und zur deutschen Kultur im Allgemeinen untergebracht. Ebenfalls auf dem Gelände finden sich ein Bierlokal und Andenkenläden. ☉ tgl. 9–18 Uhr (Okt–März nur Fr–Di), Burg: 750 ¥, Park: Eintritt frei. Bushaltestelle Miyaguni-kôminkan-mae, von dort 10 Min. zu Fuß.

Etwas östlich vom Deutschen Kulturdorf ist ein neuer künstlicher Strand angelegt worden, der kleine **Waiwai Beach** mit Sanitäranlagen, Spielplätzen und einem geschützten seichten Schwimmbereich.

Direkt gegenüber vom Kulturdorf lockt das **Okinawa Yataimura Ryūkyū no Kaze**, eine Ansammlung mehrerer Andenkenläden mit ziemlich geschmackvollem Angebot, dazu Restaurants und Livemusik. Unmittelbar gegenüber der kleinen Insel Kurima liegt der 8 km lange breite Sandstrand **Maehama Beach**, der als einer der schönsten Strände Japans gilt.

ÜBERNACHTUNG

Hirara

Die meisten Hostels und billigeren Hotels (einschließlich vieler Stundenhotels) finden sich im Hafenviertel, schickere Unterkünfte weiter oberhalb in der Stadt. Ein paar billige Unterkünfte liegen auch an der Straße zum Flughafen.

Fēnukaji, Shimozato 133, ✆ 0980-75-3550. Schöne Zimmer ohne Bad (westlich oder japanisch eingerichtet), gute Gemeinschaftsräume. Schwester-Hostel vom Hidamari, aber näher am Hafen. ❶

Fūya Guesthouse, Shimozato 109-7, ✆ 0980-75-4343, 🖥 fu-ya.jp. Etwas chaotisches Haus mit mehreren kleinen Hunden. Sehr günstige Schlafsaalbetten (1350 ¥). EZ und DZ. ❶

Hidamari Guesthouse, Nishizato 538, ✆ 0980-73-1830. Helle, saubere Zimmer, große, gut ausgestattete Gemeinschaftsküche und Aufenthaltsraum. Internet und WLAN. Fahrrad- und Schnorchelverleih. Schlafsaal 2000 ¥ p. P., ab 3 Nächten 1800 ¥. DZ ❶

Pension Orange Box, Nikawadori 103, ✆ 0980-73-7373, 🖥 www.orenjibox.net. Freundliche kleine Pension mit japanischen Zimmern, von außen knallorange gestrichen, in der Nähe des Kopfsteuersteins. Alle Zimmer mit Balkon, LAN-Kabel, Fernseher, Kühlschrank und Heißwasserspender, Gemeinschaftsbad. ❶

Petit Hotel Puremia, westlich vom Rathaus, ✆ 0980-73-8162, ✉ puremia@isis.ocn.ne.jp.

Sehr gepflegtes kleines Hotel. Alle Zimmer mit Seeblick vom Balkon, Kabel-TV, Klimaanlage, Internet nur in der Lobby. Frühstück inkl. **❶**
Miyako Daiichi Hotel, Nishizato 191, ☎ 0980-73-5522, 🖥 www.miyakodai1.jp. Mittelklassehotel mit Bad, zentrale Lage gegenüber der Stadtverwaltung, LAN-Kabel, keine Nichtraucherzimmer. **❷**
Weekly Mansion Kōkoro, Nishizato 817, ☎ 090-6859-5576, 🖥 www.hirokouji.org. Praktisch in Flughafennähe gelegene, komplett ausgestattete Ferienwohnungen, Vermietung auch tageweise. Sonderangebote DZ mit Mietwagen ab 7500 ¥ pro Tag. Ab **❶**

Außerhalb von Hirara

Amarta, 906-0008 Hirara, Nikawatori 694-1, ☎ 0980-72-7780, 🖥 www.the-amarta.com. Sehr edles, abgeschiedenes Designerhotel mit nur 2 Zimmern / Apartments, Badewanne und Dusche mit Meerblick. Eigener kleiner Pool auf der Terrasse. Abendessen nach Absprache möglich (Englisch okay). In der Saison und besonders am Wochenende etwa 2 Monate im Voraus reservieren. EZ ab 25 000 ¥, DZ ab 36 000 ¥ mit Frühstück.
Guesthouse Miyakojima, Shimoji-aza, Yonaha 233, ☎ 0980-76-2330, 🖥 www2.miyako-ma.jp/yonaha. Von einem begeisterten Kitesurfer geführtes, charmantes Guesthouse in Strandnähe. Große, gut ausgestattete Küche, Waschmaschine, Englisch okay. Schild an der Abzweigung von der Straße 235. Verleiht kostenlos Fahrräder und einen Motorroller, Schnorchelausrüstungen und Surfbretter. Geschlechtergetrennte Schlafsäle 1800 ¥ p. P. EZ und DZ. **❶**

ESSEN

Hirara

Ichiwa, Nishizato 302, ☎ 0980-79-0383. Gehobene Kneipe mit Séparées, Teppanyaki und Okinawa-Küche in der Hauptstraße. ⊕ tgl. 17–24 Uhr.
Koja, Nishizato 165, gegenüber vom Petit Hotel Puremia, ☎ 0980-72-2139. Schlichtes, sehr traditionsreiches Miyako-Soba-Restaurant, preiswert. ⊕ tgl. 10–21 Uhr.
Maushi, Nishizato 231, ☎ 0980-73-3339, 🖥 www.maushi.com. Solide Kneipe mit Sépa-

rées und Theke, für Hirara eher preiswert. ⊕ tgl. 17.30–1 Uhr.

Nagaja, am Hafen von Ikema (2 Häuser links neben der Post), ☎ 0980-75-2521. Preiswerte Kantine (z. B. Sashimi-*teishoku* für 1000 ¥), von den Frauen der örtlichen Fischereigenossenschaft betrieben. Fangfrische Fischspezialitäten, bei Einheimischen von ganz Miyakojima beliebt. Kein Schild, aber leicht erkennbar an der Wandmalerei mit einer kochenden Frau. ⊕ Di–So 11–14 Uhr.
Sushimasa, Nishizato 284, ☎ 0980-72-0577. Sushi-Restaurant mit Einzelabteilen in einer Straße mit mehreren Kneipen. Es gibt auch Tenpura, z. B. mit *rakkyō* (eine Art Schalotten). ⊕ tgl. 17–22 Uhr.

Außerhalb von Hirara

Island Terrace Neela, auf Ikema, ☎ 0980-74-4678, 🖥 www.neela.jp. Schickes (und recht teures) italienisches Restaurant mit tollem Blick von der Terrasse. Abendessen (ab 18 Uhr) nur auf Vorbestellung, ab 6000 ¥. ⊕ tgl. 11–18 Uhr.
Okinawa Yataimura Ryūkyū no Kaze, Ueno Miyaguni 761-1, ☎ 0980-74-7410, 🖥 www.nanseirakuen.com. Unterschiedliche asiatische Restaurants mit einem gemeinsamen Coupon-System. Ab 20 Uhr Livemusik mit wechselnden Musikern. ⊕ tgl. 11–21.30 Uhr.
Restaurant Bierfass, ☎ 0980-76-3771, im Deutschen Kulturdorf Ueno. Rustikale Gaststätte mit nicht ganz authentischer deutscher Küche. Um 19.30 Uhr Sanshin-Livemusik.
Am Kap Higashi-Hennazaki ist tagsüber ein einfaches **Nudelrestaurant** geöffnet.

Livemusik

Mehrere Kneipen in der Innenstadt von Hirara bieten abends Livemusik. Die bekanntesten sind:

Bunmyā, Shimozato 535-6, ✆ 0980-73-2487, 🖥 bunmyaa.ti-da.net. Groß und urig – der Chef, Koja Masayuki, spielt immer selbst, je nach Stimmung gegen 19.30 und 21.10 Uhr, wobei die zweite Aufführung in allgemeines Mittanzen und -singen übergehen kann. 300 ¥ Cover Charge (500 ¥, wenn man nichts zu essen bestellt). 🕐 Mi–Mo 18–24 Uhr.

Gōya, Nishizato 570-2, ✆ 0980-74-2358, 🖥 www.zumi-goya.com. Traditionelle Kneipengerichte (u. a. frittierte Nudeln), große Auswahl an Awamori-Sorten und -Mixgetränken (zu empfehlen ist der erfrischende Awamori-Shīquasa-Hai). Ab 19.30 Uhr Livemusik, dann 324 ¥ Cover Charge. 🕐 tgl. 17.30–24 Uhr.

Jang Jang, Nishizato 12, ✆ 0980-73-8668. Coole Awamori-Bar, etwa einmal pro Woche gratis Livemusik (nicht Okinawa-spezifisch). 🕐 tgl. 20.30–2 Uhr.

Ende Juni findet das **Miyako Island Rock Festival** mit Musikern aus ganz Japan statt, 🖥 www.mirf.jp.

Events

Miyakojima Triathlon, sehr bekannter Triathlon im April.

Hārī-Fischerfest, Anfang Juni (nach dem Mondkalender): Traditionelle Drachenbootrennen an mehreren Orten auf Miyakojima.

Shīsā Monogatari, Hirara, Shimozato 246, ✆ 0980-75-0660. Große Auswahl von Shīsā, auch Selbst-Töpfern möglich. 🕐 tgl. 10–20 Uhr.

Kikunotsuyu, Nishizato 290, 0980-72-2669. Die älteste der sieben Awamori-Fabriken auf Miyakojima, vielfach preisgekrönte Brände. 🕐 Mo–Sa 10–18 Uhr.

Taragawa, Sunagawa ✆ 0980-77-4108, 🖥 www. taragawa.co.jp, 🕐 Mo–Sa 8.30–17.30 Uhr. Awamori-Direktverkauf in einer Brauerei in der Nähe des Ueno-Kulturdorfs. 10–16.30 Uhr auch Gratis-Besichtigung der Keller mit 15-minütigem Info-Video (auch auf Englisch).

Glasbodenboote fahren ab verschiedenen Orten der Insel, normalerweise 30–50 Min.

Kurimajima Kaitei Kankōsen, Kurijima, links hinter der Brücke, ✆ 0980-76-3481 oder 090-7292-66. 2000 ¥.

Seasky, Ueno (neben dem Deutschen Dorf), ✆ 0980-76-6336. 2000 ¥.

Yūgyōsen Coral Wind, Maezato 44, in Ikemajima neben der Brücke; 8–18 Uhr halbstündlich (außer in der Mittagspause). 3000 ¥.

Golf

Emerald Coast Golf Links, Shimoji, Yonaha 1591-1, ✆ 0980-76-3030, 🖥 www.tokyugolf. com/emerald, beim Maehama Beach, ab 13 500 ¥.

Shigira Bay Country Club, Ueno, Shinzato 1264, ✆ 0980-76-3939. Anspruchsvoller Platz, ab 12 950 ¥ pro Tag.

Tauchen

Etliche Anbieter, z. B. bei **Marine Lodge Marea**, Yonaha 847-3, ✆ 0980-76-3850, 🖥 www.marea-miyako.jp. Ein Bootstauchgang ab 11 000 ¥.

Penguin Divers, Hirara, Shimosato 27, ✆ 0980-79-5433, 🖥 www.diving-penguin. com. Hat einen englischsprachigen Tauchlehrer. Ein Bootstauchgang ab 9000 ¥.

Autovermietungen

Die meisten Autovermietungen befinden sich in Hirara, je nach Saison ab 3000 ¥ für 24 Std. mit Versicherung und Abholung. Flugblätter mit günstigen Angeboten liegen am Flughafen und in den Hotels aus.

Nissan Rentacar, am Flughafen, ✆ 0980-73-4788.

Big Joy, Hirara Nakasone 827, ✆ 090-3796-4336, 🕐 tgl. 8.30–17.30 Uhr. Sehr günstig, auch mit Ferienwohnung.

Geld und Post

In allen Orten, auch auf den kleineren Inseln, gibt es eine Post mit Geldautomat.

Informationen

Nur eine **Touristeninformation** am Flughafen, ☎ 0980-72-0899, die auf Anfrage auch eine englische Karte ausgibt.

Internet

Gera Gera, Hirara, Nishizato 224, ☎ 0980-73-1522. Manga-Café mit Wifi, Softdrinkbar und Massagestühlen. Ab 400 ¥ pro Std., Nachttarif (5 Std.) ab 1280 ¥. ⏰ 24 Std.

NAHVERKEHR

Innerhalb der Stadt Hirara verkehren keine **Busse**, Regionalbusse höchstens stündlich. Busse vom Flughafen nach Hirara sind auf die Ankunftszeiten abgestimmt (170 ¥), Bus von Hirara nach Ueno 340 ¥, von 7–19 Uhr. Zum Maehama Beach 250 ¥, und weiter zum Kurima Beach 390 ¥, letzte Rückfahrt 19.20 Uhr. Nach Ikema 460 ¥.

Achtung, **Selbstfahrer**: Manche Tankstellen sind nur Mo–Sa 7–21 Uhr geöffnet.

TRANSPORT

Schiffe

Zwei unterschiedliche Gesellschaften, **Miyako Ferry**, ☎ 0980-72-3263, und **Hayate Kaiun**, ☎ 0980-72-6641, bieten jeweils etwa stdl. Passagierboote (30 Min., 410 ¥ (Hin- und Rückfahrt 700 ¥, Auto ab 1500 ¥ pro Fahrt, Reservierung nicht nötig) und seltener Autofähren nach IRABU an.

Flüge

Nach NAHA S. 593, TŌKYŌ 2 3/4 Std., ŌSAKA 2 1/4 Std., jeweils ab ca. 55 000 ¥, Billigflieger halb so viel. Der Flughafenbus vom Busbahnhof am Ortsrand zum Flughafen im Zentrum der Insel braucht zwar nur 10 Min., fährt aber sehr selten.

Irabujima 伊良部島

Die Zuckerrohr- und Tabak-Insel Irabujima ist vor allem ein Ziel für Tauchbegeisterte (S. 84, „Tauchen"). Technisch sind es zwei Inseln, die westliche heißt Shimojijima und ist durch einen Kanal von Irabujima getrennt. Die **Tōri-ike**, zwei Salzwasserteiche, die durch einen unterirdischen Kanal verbunden sind, bieten Herausforderungen für Taucher und eine geheimnisvolle Unterwasserwelt.

Die Insel verfügt außerdem über einige gute Strände. Beliebt bei Einheimischen ist der **Tōguchi-no-hama** auf der Südseite. Von hier ist bei Flut der Kanal zwischen beiden Inselhälften bis zur Nordseite mit dem Kajak befahrbar. Dort liegt ein weiterer Sandstrand, der **Sawada-no-hama**. Weiter östlich befindet sich an der Küste die **Blaue Höhle** unter dem Kap Funausagibanata, die bei Flut per Kajak zugänglich ist.

ÜBERNACHTUNG UND ESSEN

Guesthouse North Shore, Sarahama, Maesatosoe 581, ☎ 0980-78-3307, 🖥 www2.miyako-ma.jp/danirabu/. Oberhalb des Hafens gelegenes Guesthouse mit Stockbetten, Hunden und tollem Ausblick. ❶

Minshuku Maruyoshi, Kuninaka 86-12, ☎ 0980-78-5567, neben der Post, taucherfreundlich, westliche und japanische Zimmer, Waschmaschine. Inkl. Frühstück 4500 ¥ p. P.

Pension Kyanpu Mura, ☎ 0980-78-6008 oder 0980-74-5450, 🖥 m-souken.on.omisenomikata.jp. Nette Bungalows und schöne Zeltwiese (dort nur kalte Duschen). Von der Post nach Westen über den Kanal, hinter der Tankstelle rechts. Camping 500 ¥ p. P. Bungalow ❶

Miyako Soba, Kantine am Westende des Tōguchi-no-hama, ☎ 0980-78-5006. Preiswerte Nudelgerichte (Miyakosoba 650 ¥) und *shimoncha*, ein Tee aus den Blättern einer lokalen Kartoffelsorte, der angeblich den Cholesterinspiegel senkt. ⏰ tgl. 9–17 Uhr.

Yukuidokoro, im Minshuku Maruyoshi, sehr gute regionale Küche, günstige *teishoku*. ⏰ tgl. 11–14.30 und 15–22.30 Uhr.

Zeltmöglichkeit am Sawada Beach, mit WC und kalter Dusche, gratis.

Mehrere kleine **Supermärkte**, ⏰ z. T. tgl. ca. 7–21 Uhr.

AKTIVITÄTEN

Iraburū Tsuā, Irabu 1396-2, ☎ 0980-78-3644. Vor der Zuckerfabrik in der Nähe des Tōguchi-no-hama, erkennbar an den gelben Fensterrahmen; Glasboot-Schnorcheltouren und

MIYAKOJIMA UND IRABUJIMA

Übernachtung:
1 Guesthouse North Shore
2 Amarta
3 Pension Kyanpu Mura
4 Minshuku Maruyoshi
5 Guesthouse Miyakojima
6 Marine Lodge Marea

Essen:
1 Island Terrace Neela
2 Nagaja
3 Miyako Soba
4 Okinawa Yataimura Ryûkyû no Kaze
5 Restaurant Bierfass

Sonstiges:
1 Yumutsu
2 Ingadi
3 Supermarkt
4 Iraburû Tsuû
5 Ijima Kankô Sabisu
6 Shîsâ Monogatari
7 Taragawa
8 Emerald Coast Golf Links
9 Shigira Bay Country Club

Transport:
1 Glasbodenboot-Abfahrtsplätze

Sehenswürdigkeiten:
1 Okinawa Yatai-mura Ryûkyû no Kaze
2 Deutsches Kulturdorf Ueno
3 Denkmal für das gestrandete deutsche Handelsschiff und Marksburg

N

5 km

0

Tôkyô

IKEMA
Ikema-Fischereihafen
Leuchtturm
Yukishio-Salzfabrik
Kap Nishi-Hennazaki
Karimata-Fischereihafen

OGAMI
Ogami-Fischereihafen
Shimajiri-Fischereihafen
Shimajiri-Mangroven

Kap Pisse-ogan-saki
Maja-Fischereihafen

Higa-Aussichtspunkt

Urasoko-Fischereihafen
BASEBALLANLAGE
Fukuzato
SPATHAUS
Küste von Nanmata
Quelle von Muiga
Boraga Beach
Ocean Links Golfhotel
Yoshino Beach
Kap Higashi-Hennazaki
LEUCHTTURM

Nishihara
Fukuzato
STÄDTISCHES MUSEUM
TROPISCHER BOTANISCHER GARTEN
Gusukube
Nagama
Higa
Nobaru Nyûke-Berg
Ueno
Waiwai Beach
Hakuai-Fischereihafen
Miyaguni

Buchi von Oura
Nikadôri-Fischereihafen
Sunayama Beach
FISCHZUCHTANLAGE

Karimata
Kap Funausagibanata
Saraha-oki-ido-Quelle
Sarahama-Fischereihafen
Makiyama-tenbôdai-Aussichtsturm

IRABUJIMA
Irabu
RATHAUS
Nagayama-Hafen
Nagayama-no-hama
Toguchi-no-hama

Ikeda-bashi
Rathaus
HAFEN
Hirara
s. Detailplan Hirara S. 604
BASEBALL-ANLAGE
Hisamatsu Five Heroes Monument
Hisamatsu-Fischereihafen
Nagasaki-Spazierweg
Maehama Beach

Shinoji
Nakazaki Tropical Fruit Garden
Hadekari
Sugama
Bucht von Yonaha
Kurima-Brücke
KURIMA
Ryûgujô-Tenbôdai-Aussichtsturm

Kap Shiratori-saki
Tôri-ike
Sawada-no-hama
Nagaki
SHIMOJI-JIMA
Brücke im Bau
Painagama Beach

geführte Kajaktouren zur Blauen Höhle, ab 4800 ¥.

Ijima Kankō Sābisu, am Tōguchi-no-hama, Schnorchel- und Kajaktouren sowie -Verleih.

Ingadi, südlich der Post, kein Schild, ☎ 0980-78-6988, 🖥 www.irabujima.jp. Tauchausflüge ab 9000 ¥.

Yumutsu, Sarahama Ikemazoe 47, ☎ 0980-78-4367, ✉ yu-mutsu@miyako-ma.jp. Wassersportanbieter direkt am Hafen. Glasbodenboot-/Schnorcheltouren zur Blauen Grotte ab 5500 ¥. Kein Englisch.

TRANSPORT

Anfang 2015 soll die Irabujima-Brücke eröffnet werden, die die Insel direkt mit Miyakojima verbinden wird. Bisher nur regelmäßige Bootsverbindungen (s. Transport Miyakojima S. 609). Im Hafenort Sarahama gibt es einen Auto- und Fahrradverleih (Achtung, Steilküsten) und etliche Taxis. Der Inselbus fährt 7x tgl. vom Fähranleger über Iraburabu Zentrum nach Sawadano-hama im Norden (ca. 250 ¥ je nach Strecke).

Yaeyama-Inseln 八重山諸島

Die südlichsten Inseln Japans liegen mehr als 2000 km von Tōkyō und der steifen Formalität der Hauptinsel entfernt. Die Palmen, weißen Strände, Mangroven und dichten Urwälder ziehen manchen japanischen Aussteiger und Träumer und inzwischen auch immer mehr Touristen an. Wer den weiten Weg auf sich nimmt, wird dafür reich belohnt.

In Nachbarschaft zu Taiwan waren die Inseln die ersten Übermittler chinesischer Kultur an den Hof von Ryūkyū. So soll das mit Schlangenhaut bespannte Saiteninstrument Sanshin von Yaeyama aus auf die anderen Inseln gekommen sein, wo es (mit Katzenhaut) als Shamisen bekannt ist.

Während des Zweiten Weltkriegs wurden die Yaeyama-Inseln zwar nicht von amerikanischen Truppen besetzt und entgingen der eigentlichen Schlacht um Okinawa, litten aber unter der japanischen Armee und Malaria-Ausbrüchen. Große Teile der Insel Iriomote sind mit wolkenverhangenen Bergen oder Mangrovenwäldern bedeckt und völlig unzugänglich. Hier ist auch die Iriomote-Katze, eine scheue Miniatur-Wildkatze, beheimatet (S. 620).

Ishigaki 石垣島

Die Insel Ishigaki hat etwa 50 000 Einwohner, von denen die meisten in der weitläufigen Stadt Ishigaki im Süden der Insel wohnen. Auf der Nordseite der Insel ragen über 500 m hohe Berge auf, während im flacheren Süden Zuckerrohr und Ananas angebaut werden. Die schönste Bucht ist Kabira-wan im Nordwesten.

Die Stadt Ishigaki 石垣市

Die Stadt breitet sich fächerförmig um den Hafen im Süden aus. Im Viertel Misaki-chō beim Busbahnhof und dem Fährhafen konzentrieren sich Restaurants, billige Unterkünfte, Andenkenläden und die Tour-Anbieter. Touristisches Zentrum ist die **Euglena-Mall** mit vielen Souvenirshops und einem städtischen Markt in der Mitte: Im Untergeschoss gibt es frische Lebensmittel, oben Süßigkeiten und andere überwiegend essbare Andenken. Fast alles kann man auch kosten. Sehens- und probierenswert sind die kleinen Rochen aus Fischpaste *(kamaboko)*.

Das kleine **Yaeyama-Museum**, ☎ 0980-82-4712, in der Nähe der Post zeigt einige Funde aus der Region und Ausstellungsstücke zur traditionellen Kultur. Interessant sind die erst im späten 19. Jh. von der Hauptinsel eingeführten seetauglichen Fischerboote sowie traditionelle Knochenurnen. Die Beschriftung ist allerdings fast ausschließlich auf Japanisch. ⏰ Di–So (außer feiertags) 9–17 Uhr, 200 ¥.

Im Nordosten der Stadt befindet sich das **Minsā Kōgeikan** (Museum der Minsā-Kunst), ☎ 0980-82-3473, mit einer Ausstellung zu traditionellen Stoffen und Webtechniken und einem Shop mit recht geschmackvollen Artikeln aus Minsā-Stoffen. Minsā ist ein Muster aus abwechselnd vier und fünf schachbrettartig angeordneten Quadraten. Ein Wortspiel mit den Zahlen vier und fünf, das übersetzt in etwa „bis ans

YAEYAMA-INSELN

Übernachtung:
IRIOMOTE
1 Nirakanai Iriomotejima
2 Pension Hoshinosuna
3 Irumote-so JH
4 Mariudo Minshuku
5 Mitoreya Campingplatz
6 Iriomote Monsoon
7 Jungle Hotel Painumaya
8 Uminchu no ie
9 Haimida Campingplatz
10 Yamaneko

Essen:
IRIOMOTE
1 Kukurukumi
2 Kitchen Inaba
3 Yubu Café

Sonstiges:
IRIOMOTE
1 A Picture Book
2 Robinson Koya, Minato Rentacar
3 Duck Tours
4 Urauchigawa Kankō
5 Tōbu Kōtsū
6 Offeco

Transport:
IRIOMOTE
1 Iriomote Rentacar
2 Airport Rentacar
3 Yamaneko Rentacar

Übernachtung:
ISHIGAKI
1 Club MED Kabira
2 Oyado Kabira
3 Minshuku Maetakaya
4 Yonehara-Campingplatz
5 Inoda Camping

Essen:
ISHIGAKI
1 Akashi Shokudō
2 Nakamoto Soba, Pulau Asian Bar, Manta Shokudō
3 Tomi no Panya
4 Papaya

Sonstiges:
ISHIGAKI
1 Ryūkyū Shinjū
2 Salt Spa Bian

N

10 km
0

ISHIGAKI
Ibaruma
Kap Hirakubo-zaki
Sunset Beach
Bucht von Ibaruma
365 254 246 338
Yonehara Beach
Kabira
Kabira-wan
Sukuji Beach
Yaeyama
Yoshi Gunraku
Omoto-dake Palmenmuseum 526
Yama Mura
Anparu
Banna 230
Tōjinboku
Ishigaki-no-Shio
Leuchtturm
Kannon-dō
Hafen von Taketomi
Ishigaki
Kap Uganzaki
Denshinya
Bucht von Nagura
Maesato Beach
Ostchinesisches Meer
Awamorifabrik Takamine
Kondoi Strand
TAKETOMI
Kuroshima
KAYAMA
KOHAMA
AKABANARI
URI
YUBU-JIMA
ARAGUSUKU
SHIMOJI
UECHI
IRIOMOTE
470 Komi
Iriomote Wildlife Center
Otomi
Wasurenai-ishi
Ōhara
Haimida-no-hama
Bucht von Komokowa
Hateruma (20 km)
HATOMA
Pinai-sāra
Shinei Hafen von Brücke Funaura
Funaura
Gunkan-iwa
Uehara-Fähranleger
Yubu-taki
Kanpire-no-taki
441
Sonai
Mariyudo-taki
Urauchi
293 Goza
Nakara
Shirahama
Hafen von Shirahama
Hoshizuna-no-hama
Tsukigahama
Shinmori-jūtaku
Hafen von Funauki
Hafen von Funauki
SOTOBANARE
UCHIBANARE
Bucht von Sakiyama
YONAGUNI
Kubura 191
Yonaguni 132
Westlichster Punkt Japans
Yonaguni (60 km)
Tōkyō

HATERUMA
Südlichster Punkt Japans

Das kleine Friedensmuseum **Heiwa Kinenkan** in der Nähe des Hafens beherbergt eine sehr informative, durchgehend zweisprachige Ausstellung zur „Kriegsmalaria" auf den Yaeyama-Inseln. Das Innere der größeren Inseln war vor und während des Krieges Malariagebiet, und die Siedlungen lagen daher wohlweislich auf den malariafreien kleineren Inseln. Während des Krieges „evakuierte" die japanische Armee die Einwohner in die malariaverseuchten Urwälder, nicht zuletzt wohl deshalb, weil sie diese pauschal als Spione und Kollaborateure verdächtigte. Die Hälfte der Bevölkerung infizierte sich, etwa 10 % starben. Nach dem Krieg wurde die Malaria unter amerikanischer Verwaltung massiv bekämpft, u. a. mit DDT, und ausgerottet. ✆ 0980-88-6161, ⏰ Di–So 9–17 Uhr, 100 ¥.

Ende der Welt" bedeutet, macht Minsā zum traditionellen Verlobungsgeschenk. ⏰ Mo–Fr 9–18 Uhr, Eintritt frei. Selbstweben ab 1500 ¥ für einen kleinen Untersetzer.

Im Stadtzentrum befindet sich die **Villa Miyara Dunchi**, 1819 als Wohnhaus des Samurai Miyara Pei-chin Toen gebaut. Das Dach war ursprünglich ziegelgedeckt, doch Miyara musste es bald durch ein Strohdach ersetzen, da die roten Ziegel höheren Adeligen vorbehalten waren. Bei der Restaurierung wurden wieder Ziegel benutzt. ⏰ Mi–Mo 9–17 Uhr, 200 ¥.

Nicht weit davon steht der **Tōrin-ji**. Der Zen-Tempel gehört zur Rinzai-Schule und wurde 1614 erbaut. Die Figuren im Haupttor, aus zahlreichen Einzelteilen aus Magnolienholz zusammengesetzt, sind die ältesten ihrer Art in der Präfektur Okinawa. Der **Gogendō-Schrein** nebenan mit dem Gabeldach stammt ursprünglich ebenfalls aus dem Jahr 1614, wurde aber 1771 von einem Tsunami zerstört. Das heutige Gebäude ist von 1786.

Auf der anderen Hafenseite, direkt vor dem ANA-Hotel am Stadtrand, liegt der **Maesato Beach**. Das Meer ist hier mit Netzen gegen Quallen gesichert und auch im Winter bzw. bei Nordwind ruhig genug zum Schwimmen. Tags-

über hat ein Bademeister die Aufsicht, und im Wassersportzentrum des ANA-Hotels am Strand gibt es warme Duschen und Schließfächer (9–17.30 Uhr). Nebenan liegt ein beliebter Surf-Spot.

Am Stadtrand im Nordwesten liegt die **Tropfsteinhöhle Ishigaki Gyokusendō**, ✆ 0980-83-1550, 🖥 www.ishigaki-cave.com, eine aus Korallen entstandene lange Höhle mit etwa 600 m erschlossenen Wegen und mehreren Teichen. Besonders die Stalagmiten bilden hübsche Figurengruppen; die Beleuchtung ist stimmungsvoll. ⏰ tgl. 9–18.30 Uhr, 1080 ¥.

Außerhalb der Stadt Ishigaki

Ein paar Kilometer westlich der Stadt wurde 1972 das **Tōjinbaka**, ein Grabmal im chinesischen Stil für hier gestorbene chinesische Kulis, errichtet. Diese hatten 1852 auf der Fahrt von China nach Kalifornien gegen die schlechte Behandlung auf dem Schiff gemeutert und waren auf Ishigaki gestrandet. Obwohl die Ryūkyūer die chinesischen Arbeiter in Schutz nahmen, kamen im Zuge der amerikanisch-britischen Strafaktionen 128 der etwa 300 Chinesen ums Leben. 1853 konnten die Überlebenden nach längeren Verhandlungen nach China zurückkehren. ⏰ durchgehend, Eintritt frei. Gleich neben dem Tōjinbaka kann man in einem kleinen Laden bei der Herstellung von weichem braunen Rohrzucker zusehen; dort wird auch Ryūkyū-Papier-„Geld" zum Verbrennen an den Gräbern nach chinesischer Tradition verkauft.

Rund 3 km nördlich produziert **Ishigaki-no-Shio**, ✆ 0980-82-8817, 🖥 www.ishigakinoshio.com, Meersalz. Durch ein Fenster können Besucher vom Laden aus den Fabrikationsprozess ansehen. Auch Plätzchen, Schokolade, Harissa und Chips mit Salz gibt es hier. Nach Anmeldung kann man für 1000 ¥ selbst Salz herstellen (Dauer gut 1 Std.). ⏰ tgl. 9–18 Uhr, Eintritt frei.

Nördlich davon führt die Straße über das mangrovenbestandene Feuchtgebiet **Anparu**. Hier leben viele unterschiedliche Vögel und Krabben. Mehrere Unternehmen bieten Kajaktouren auf dem Fluss an. Auf der Nordseite der Brücke liegt das **Yaima Mura**, ✆ 0980-82-8798, 🖥 www.minzokuen.com, ein Freilichtmuseum mit verschiedenen Freizeitangeboten. Einige

80 bis 100 Jahre alte Originalgebäude wurden hierher versetzt (zweisprachige Erläuterungen). Personal in traditioneller Kleidung gibt Einführungskurse im Yaeyama-Tanz oder *sanba* (Kastagnetten), macht Mangrovenführungen oder stellt *kasa-mūchi* her, eine lokale klebrige Reis-Süßigkeit, ähnlich wie japanische *mochi*. ⏲ tgl. 9–17.30 Uhr, 840 ¥. Probierkurse 500 bis ca. 2000 ¥.

Die Hauptattraktion der Insel ist die Bucht **Kabira-wan** mit glasklarem Wasser und weißem Sandboden, der der Bucht selbst bei trübem Wetter ein beeindruckendes Blau beschert und sie zusammen mit malerischen Felsen zu einem unschlagbaren Fotomotiv macht. Vom Parkplatz aus führt ein Weg zunächst zum Aussichtspunkt, von dort weiter hinunter zum Strand. Etliche Glasbodenboote fahren hier etwa viertelstündlich zu den Korallenbänken am Rand der Bucht. Schwimmen und Schnorcheln ist in der Bucht allerdings wegen der hier befindlichen Perlenzucht verboten.

Die **Awamori-Fabrik Takamine**, ✆ 0980-88-2201, 🖥 www.ishigaki.com/omoto, gegenüber der Perlenzucht hat eine sehr knappe Ausstellung zur Awamori-Herstellung und eine Probierstube mit Verkauf (die ältesten Sorten sind über 30 Jahre alt). ⏲ tgl. 9–17.30 Uhr.

Westlich von Kabira-wan lockt der **Sukuji Beach**, ein flacher weißer Sandstrand, gleich östlich ist der **Yonehara Beach** bei Schnorchlern berühmt für die Artenvielfalt nah am Strand. Hinter dem Korallenriff gibt es aber je nach Jahreszeit und Wetter, v. a. bei Nordwind, gefährliche Strömungen. In Yonehara ist auch der **Palmenhain** (Yonehara Yashi Gunraku) zu besichtigen, ein dichter Urwald mit einer seltenen hochgewachsenen Palmenart. Das kleine **Palmenmuseum** nebenan (300 ¥, nur japanische Beschriftungen) lohnt eher wegen des tollen Ausblicks.

ÜBERNACHTUNG

Die meisten günstigen Unterkünfte findet man in dem Straßen-Dreieck zwischen Hafen, Post und Stadtverwaltung: sehr zentral, aber mitunter laut. Am Rand der Innenstadt ist es eher bieder und solide, schönere Unterkünfte finden sich außerhalb der Stadt.

Stadt Ishigaki

Ai no Yado, Arakawa 2431-13, ✆ 0980-87-5500, 🖥 dechat.ai-no-yado.info. Familienpension in einem deutsch-japanischen Haushalt, einfache Zimmer und Einzelbetten. Gute Informationen für Ausflüge und Besichtigungen. Bett ab 2400 ¥. DZ ❶

Hatago Guesthouse, Arakawa 56 (gegenüber vom Restaurant Mori no Kenja), ✆ 0980-83-4130. Nur ein paar Zimmer über einem Holzdesign-Laden. Sehr schöne Mini-Apartments mit Kochzeile, Esstisch und Schlafbereich und viel Holz. Im Laden gibt es auch eine Bar und ein paar einfache Speisen. Je nach Zimmer, Aufenthaltsdauer und Personenzahl 2000–4500 ¥ p. P.

Island Ishigaki Internet-Café, s. „Internet". Hat einige preiswerte Zimmer im Obergeschoss. ❶

Minami-no-Yado Fu-ka, Arakawa, gegenüber vom MaxValu, ✆ 0980-83-9288. Helles Hostel mit Internet und Fahrradausleihe. Schlafsaal und DZ. Bett ab 1800 ¥. ❶

Nikko, Ōkawa 559, nördlich der Innenstadt, ✆ 0980-83-3311, 🖥 www.nikko-yaeyama.com. Für die Preisklasse solide, in der Einrichtung und Ausstattung aber eher langweilig. ❸–❹

Peace Island Ishigaki, am Hafen, Misaki-chō 11-1, ✆ 0980-82-0248, 🖥 www.peace-k.jp/ishigaki. Zentral gelegenes Weekly Mansion, neu und ordentlich. Voll eingerichtete Wohnungen (WLAN; Gratis-Internetcorner). ❷

Pension Yaima, am Hafen, ✆ 0980-88-5578, 🖥 yaimabiyori.com. Zentral gelegene Pension mit freundlichen japanischen Zimmern, Waschmaschine und Fahrradverleih. ❶.

Hotel Rasso Abiyanpana Ishigaki, Ishigaki 40-1, ✆ 0980-83-9002, 🖥 www.rasso.co.jp/abiyanpana. Leidlich ordentliches Businesshotel mit Parkplatz nördlich der Post, WLAN und Gratis-Internet. Beliebte Lunchsets, auch Nichtraucherzimmer. Inkl. Frühstücksbuffet. ❶

Terminal House, Misaki-chō 3, ✆ 0980-83-4272. Zentral gelegenes Hostel direkt an der 730-Kreuzung, Kapsel-Zimmerchen (ab 1500 ¥) oder Zweibettzimmer, beliebt bei Arbeitern von den anderen Inseln. WLAN, Kochzeile mit Aufenthaltsraum. Frühstück 300 ¥. ❶

Toyoko Inn, Hamasaki-cho 3-2-12, ✆ 0980-88-1045, 🖥 www.toyoko-inn.com/e_hotel/00214.

Solides Ketten-Businesshotel direkt am Containerhafen, mit Trockenanlage für Tauch-Anzüge. Ab ❶

Außerhalb der Stadt Ishigaki

Club MED Kabira, Kabira, ✆ 0980-84-4600, 🖥 www.clubmed.com. Typisches All-inclusive-Resorthotel an einem für Wind- und Kitesurfing berühmten Strand. Unterschiedliche Sportprogramme (auch Trapezturnen). Schöne, aber eher funktionale Zimmer. Die meisten Gäste kommen über Pauschalangebote mit Flug. Sonst ❻

Oyado Kabira, Kabira 852-1 (hinter der Tankstelle), ✆ 0980-88-2797, 🖥 www17.plala. or.jp/oyado-kabira. Zimmer in einem neuen, sonnigen Haus bei einer japanischen Familie. Gemeinschaftsbad, WLAN, EZ oder DZ. Mit HP 6000–6500 ¥ p. P.

Camping

Inoda Camping, an der Ostküste in der Nähe des Flughafens. Kinderspielplatz und Münzduschen, aber eher verwahrlost, mit öffentlichen Verkehrsmitteln sehr schlecht zu erreichen. 400 ¥ p. P. oder 2500 ¥ pro Stellplatz mit Auto.

Yonehara-Campingplatz, Nordseite, am Yonehara Beach (eigene Buslinie), mit kalten Duschen und etwas heruntergekommenen Kochstellen, 400 ¥ p. P.

ESSEN

Stadt Ishigaki

Ganjū-oba no daidokoro, Misaki-chō 8-1, im Hotel Cucule, ✆ 0980-88-7970, 🖥 www. yurateku.jp. Solide Okinawa-Küche mit Yaeyama-Soba, Ishigaki-Rindfleisch, Schweinefleisch-Eintopf *(rafuti)*. Zweisprachige Speisekarte. ⏱ tgl. 11–22 Uhr.

Gendai-Shokudō (Amurita no niwa, soshite Ongaku), Ōkawa 282, Westseite der Euglena-Mall (Nordgang), ✆ 0980-87-7867, 🖥 www. amuritanoniwa.com. Modernes Musikcafé mit großer Bar und umfangreicher Karte (auch auf Englisch und auch vegetarisch). ⏱ tgl. 11.30–15.30 und 18–22.30 Uhr.

Hirogi, Misaki-chō 4-1, ✆ 0980-82-6111. Traditionelle japanische Kneipe gegenüber dem Fährterminal. Der Kaisen-Salat mit frischem Sashimi ist besonders lecker und groß. ⏱ tgl. 11.30–14 und 17.30–22 Uhr.

Māsandō, westlich der 703-Kreuzung, ✆ 0980-83-4050. Beliebtes Soba-Restaurant in farbenfrohem chinesischem Design, günstige *teishoku* und Chanpuru-Gerichte. ⏱ tgl. 11–22 Uhr.

Mori no kenja, Arakawa 49-2-201, ✆ 0980-83-5609. Stylishes, winziges Café-Restaurant mit Fusion-Küche und Rindfleischspezialitäten. Asiatisch und gesund. Etwas teurer. ⏱ tgl. 18–23 Uhr.

Paikaji, Ōgawa 219, ✆ 0980-82-6027. Sehr beliebte *izakaya* mit guten Okinawa-Gerichten, auch ausgefallenes wie Ikasumi Chahan (Risotto mit Tintenfisch-Tinte). Besonders gut ist der frittierte Shima-Tōfu (Insel-Tōfu). ⏱ tgl. 17–24 Uhr.

Sayoko no Mise, Tonoshiro 170, ein Block hinter der Post, ✆ 0980-83-6088. Immer frische Sätä Andagi (knusprige Krapfen) in unterschiedlichen Geschmacksrichtungen. ⏱ Mo–Sa 10–19 Uhr.

Teppan Ataku, Hamasaki-chō 2-4-24, ⏱ 0980-82-3680. Teppanyaki und Okonomiyaki am Hafen, sehr beliebt. ⏱ Mo–Sa 18–23 Uhr.

Tomī no Panya, ✆ 0980-88-2527. Fantastische Bäckerei zwischen Tomino und Yonehara an einem Feldweg von der Straße zur Küste hinunter, schwer zu finden. Sehr leckeres Brot (auch dunkles) und Gebäck. ⏱ Do–Mo 10–16 Uhr.

Wanderung auf den Omoto-dake

Wer genug von Wassersport und Meer hat, kann den höchsten Berg der Präfektur Okinawa erklimmen. Im Ort Omoto weist ein Schild an der Hauptstraße zum Beginn des Wanderwegs; von der Bushaltestelle aus sind es noch etwa 2 km bis zum Parkplatz. Der Aufstieg zu dem 524 m hohen Omote-dake ist nicht schwierig: Der Weg führt die meiste Zeit über (teils betonierte) Waldpfade. Bereits nach einer guten Stunde ist der Gipfel mit schönen Ausblicken über die Nordseite der Insel und die funkelnd blaue Kabira-wan erreicht.

Watanabe, Misaki-chō 12-8 (gegenüber vom Rathaus), Tomo Bldg. ✆ 0980-83-5222. Hier gibt es alles vom Ishigaki-Rind, überwiegend vom Grill. Zu erkennen am schwarzen Logo mit einem Rinderkopf. ⏲ tgl.17–5, Mo, Mi, Fr auch 11–15 Uhr.

Außerhalb der Stadt Ishigaki

Akaishi Shokudō, vor Hirakubo-zaki, ✆ 0980-89-2447. Enorm beliebtes Nudellokal auf der nordöstlichsten Landzunge. Es gibt drei Sorten Soba (Yaeyama, Sōki und Gemüse) jeweils in drei Größen. Ab 400 ¥.

Manta Shokudō, Kabira 900, an der Hauptstraße in Richtung Tankstelle rechts, ✆ 080-1411-9951. Nettes kleines Lokal mit lauter Okinawa-Spezialitäten (Champuru, Rafuti etc.), fast alles auch als *teishoku*. ⏲ tgl. 12–23 Uhr.

Nakamoto Soba, Kabira, etwas von der Hauptstraße zurückversetzt gegenüber den Glasbodenboot-Büros. Soba-Restaurant in einer Art Garage mit Garten, das ausschließlich Yaeyama Soba serviert. Die hiesigen Nudeln werden aus Weizen- statt aus Buchweizenmehl hergestellt und sind etwas dünner als sonst in Japan. Preiswert und sehr lecker. ⏲ tgl. 11 Uhr bis nichts mehr da ist.

Papaya, am Yaeyama-Palmenhain. Saftstand mit Sorten wie Canistel und Zuckerrohr, Guave, Shiquasa. ⏲ tgl. 9–18 Uhr.

Pulau Asian Bar, Kabira, in der Straße zur Tankstelle rechts, ✆ 090-3617-5721. Awamori-Cocktails und asiatische Gerichte; WLAN. ⏲ Do–Di 11.30–14 und 17–24 Uhr.

UNTERHALTUNG

Livemusik mit Sanshin in zahlreichen Bars und Kneipen, z. B. **Bashōfu**, ✆ 0980-82-7765. Eintritt 2500 ¥ mit 2 Getränken, 3000 ¥ mit 3 Getränken. 3 Liveaufführungen ab 20.30 Uhr. Breites Repertoire an alten Volksliedern bis zu modernen „Insel-Songs" *(shima-uta)*. ⏲ tgl. 20–1 Uhr.

Cafe Taniwha, Ōgawa 188, ✆ 0980-88-6352, 🖥 www.cafe-taniwha.com. Die urige Kneipe ist nach einem neuseeländischen Seegeist benannt. Betrieben wird sie von einem begeisterten Seglerpaar. Öfters Livemusik, viele Stammgäste, die auch schon mal selbst etwas zu knabbern für alle mit-

bringen. Gewagt: Frisch gepresster Goya-Saft. ⏲ Di–Sa 12–23 Uhr.

EINKAUFEN

Awamori Jelly, Westausgang der Euglena-Mall (Südgang), ✆ 0980-83-7310. 15 Sorten süßes Gelee, alle aus Awamori oder Umeshū von Ishigaki bzw. Yonaguni (kleines Töpfchen je 280 ¥). ⏲ tgl. 10–19 Uhr.

Awamori-ya, Ōgawa 250-3, ✆ 0980-83-2241. Riesenauswahl an Awamori und anderen Alkoholika. ⏲ Mo–Sa 10–24, So 10–22 Uhr.

Euglena Mall, Lebensmittelmarkt, ⏲ tgl. 6.30–18 Uhr.

Māsuya, Ōgawa 245, in der Nähe der 730-Kreuzung, 🖥 www.ma-suya.net. Salz-Fachgeschäft, in dem über 50 Sorten Meersalz aus Okinawa verkauft werden. Verkaufs-Hit ist das pulverige Schneesalz aus Miyakojima (S. 604). Außerdem gibt es eine große Auswahl aromatisierter Salze (Hibiskus, Grüntee, Basilikum) und Salzstreuer. ⏲ tgl. 10–20 Uhr (Juli–Sep bis 21 Uhr).

Minsā Kōgeikan (S. 611). Recht geschmackvolle und praktische Andenken aus dem typischen Minsā-Stoff wie Hemden, Handtaschen, Portemonnaies, Kamera-Gurte und Tisch-Sets.

Nansei Shūhan Awamoriya, an der Yaima Ōdōri, ✆ 0980-83-2241. Riesenauswahl an Awamori (u. a. Hibiskus-Awamori), mit Möglichkeit zum Probieren. ⏲ tgl. 10–24 Uhr.

Oceans Luck, Nordseite der Euglena Mall. Ethnoschmuck aus Holz, Muscheln, Haifischhaut und Knochen. ⏲ tgl. 10–21 Uhr. Filiale am Fährterminal. ⏲ tgl. 10–19 Uhr.

Raku, Ōgawa 240, östlich der Euglena Mall. Andenkenladen mit selbst entworfenen, witzigen T-Shirts und etwas Schmuck, kleine Auswahl, aber schöne Designs. ⏲ tgl. 10–20 Uhr.

Supermarkt MaxValu, mehrere Filialen an den Rändern der Innenstadt, u.a. in der Nähe des Minsâ Kōgeikan. ⏲ 24 Std.

Supermarkt Nansei, Arakawa 2-9-5, im Zentrum, gut sortiert, fertige Snacks. ⏲ tgl. 6.30–22 Uhr.

In der Stadt Ishigaki gibt es inzwischen recht viele Supermärkte und *konbini*; außerhalb bestenfalls Dorfläden mit knappem Angebot und erratischen Öffnungszeiten.

Außerhalb der Stadt Ishigaki

Ryūkyū Shinjū, Kabira-wan, ☎ 0980-88-2288, 🖥 www.ryukyu-shinju.co.jp, ⏰ tgl. 9–18 Uhr. Ryūkyū Shinjū ist die erste Perlenzuchtfirma, die erfolgreich schwarze Perlen kultiviert hat, wofür die Bedingungen hier ideal sind. Im Besucherzentrum gibt es eine kleine Ausstellung auf Japanisch über die Perlenzucht, und natürlich werden auch Perlen und Perlenschmuck verkauft.

Kajakfahren

Viele der Flüsse auf Ishigaki sind im Rahmen einer Mangroventour befahrbar.
Ishigaki Travel Center, im Fährterminal, ☎ 0980-83-8881, 🖥 www.itc-ishigaki.jp. Kajaktour ab 5000 ¥.

Taiken

Itosu Sanshinya, Ishigaki 501-1, in der Nähe des Nikkō-Hotels, ☎ 0980-83-1734. Sanshin-Geschäft mit 90-minütigem Schnupperkurs (genug für die Grundlagen), 1500 ¥. Anmeldung erforderlich. Interessierte sollten ein bisschen Japanisch können. ⏰ tgl. 10–20 Uhr.
Siehe außerdem Yaima-mura, an der Westküste, S. 613, und Minsā Kōgeikan, S. 611.

Tauchen und Schnorcheln

Schnorchelsaison ist etwa von Mai–Okt, besonders empfehlenswert ist Yonehara Beach.
Umicōza, ☎ 0980-88-2434, 🖥 www.umicoza.com/english. Englische Tauchtouren und -kurse, u. a. zu Plätzen mit vielen Mantarochen. Tauchgänge ab 9450 ¥.
Tom Sawyer, ☎ 0980-83-4677, 🖥 www.ishigaki-tomsawyer.jp. Probetauchen ab 11 500 ¥, Schnorcheltour (halbtags) ab 6000 ¥. Unterwasserfotografen wenden sich am besten an **G-Free**, Ibaruma 26-29, ☎ 0980-89-2191. Ein Tauchgang vom Boot ab 8400 ¥.

Wellness

Salt Spa Bian, bei Ishigaki no Shio, Arakawa 1145-83, ☎ 0980-83-3112, 🖥 www.saltspabian.

jp. Mineraltherapie-Bad ab 3500 ¥ (2 Std.). Anmeldung erforderlich.

Azuma Bus, ☎ 0980-82-2054, 🖥 www.cosmos.ne.jp/~bus. Japanischsprachige Inselrundfahrten ab Busbahnhof. 4600 ¥ für 4 1/2 Std. inkl. Mittagessen.
Hirata Kankō, im Fährterminal, ☎ 0980-82-671. Diverse Touren auch auf die Nachbarinseln, auch mit Kayakausflügen. Iriomote ca. 12–15 000 ¥. Auch Englisch.
Ishigakijima Travel Center, im Fährterminal, ☎ 0980-83-8881. Halbtags-Busrundfahrt, 4350 ¥ inkl. Mittagessen. Ähnliche Tour im Taxi, bis 4 Pers., 15 400 ¥. Auch Touren nach Iriomote und auf andere Inseln.
Glasbodenboote in der Kabira-wan, alle am Parkplatz, identisches Angebot; u. a. **Kabira Marin**, ☎ 0980-88-2355. Boote für max. 15 Pers. fahren eine halbe Stunde zu 4 bis 6 Korallenbänken, mit japanischer Erklärung zu den Fischen und Korallen. ⏰ tgl. 9–17 Uhr, in der Saison mit Wartezeiten, 1030 ¥.
Südwind, ☎ 0980-82-0910, 🖥 deu.okinawa-reisen.info. Reiseplanung, Führungen und Inseltouren auf Deutsch von einem deutschen Auswanderer.
Yamaneko Tour, im Ishigaki-Fährterminal, ☎ 0980-82-9836, 🖥 www.iriomote.com. Tagestouren nach Iriomote, fast alle beinhalten eine Mangroventour und Yubujima (auch Teilnahme ab Iriomote möglich). Minimalinformationen zum Programmablauf auf Englisch. Ab 11 800 ¥.

Autovermietungen

Mietwagen ab ca. 4000 ¥ pro Tag, Sonderangebote liegen am Fährterminal und am Flughafen aus. Obwohl viele Anbieter nah am Flughafen stationiert sind, haben sie dort keine Infostände, sondern bringen gebuchte Autos zum Drop-off-Stand am Flughafen; man muss also anrufen oder online buchen. In der Stadt z. B. direkt neben dem Busbahnhof **Nissan Rentacar**, ☎ 0980-83-0024, ⏰ tgl. 8–20 Uhr, und gegenüber vom Nikko-Hotel **Kumanomi Renta**, ☎ 090-6862-0755 (mit Abholung; auch Schnorchelausrüstungen etc.). Viele

OKINAWA

Mittelklassehotels haben günstige Kombinationsangebote mit Mietwagen. In der Saison frühzeitig buchen.

Fahrradverleih

Einige Unterkünfte vermieten Fahrräder (meist ohne Gangschaltung); außerdem gibt es etliche Fahrrad- und Motorrollerverleihe. Fahrrad ca. 200 ¥ pro Std., Roller ca. 500 ¥. Mitnahme auf andere Inseln ist möglich.
Ishigaki Jitensha Shōkai, beim Fährterminal, ℘ 0980-82-3255. 200 ¥ pro Std., 1000 ¥ pro Tag. ⏱ tgl. 10–19.30 Uhr.
RentaCar Spanky, in Kabira, in der Straße zur Tankstelle, vom Meer aus links, ℘ 0980-88-2330. Fahrrad ab 500 ¥ (2 Std.). Verleiht außerdem Motorräder, Schnorchelausrüstungen, Sonnenschirme, Angelzubehör etc. ⏱ tgl. 8–20 Uhr.

Geld

Der Geldautomat der Post hat öfters eine schlechte Verbindung. Mehrere Banken in der Stadt wechseln Bargeld (aber nur US-Dollar) oder geben einen Vorschuss auf Kreditkarten.

Informationen

Touristeninformation im Fährterminal, im Flughafen und online, 🖥 www.city.ishigaki. okinawa.jp/International/tourist.html.

Internet

Island Ishigaki Internet-Café, Arakawa 3, neben dem Tōrinji, ℘ 0980-87-7248. Internet-Pakete ab 400 ¥ pro Std. ⏱ 24 Std.
Informationszentrum im Fährterminal, 200 ¥ pro Std. ⏱ tgl. 9–18 Uhr.

Medizinische Hilfe

Yaeyama Hospital, am nördlichen Stadtrand, ℘ 0980-83-2525.

NAHVERKEHR

Busse

Nakamachijunkan-Linie, innerstädtische Runde, stdl., 200 ¥.
Flughafenlinie, ca. 45 Min., häufig, 540 ¥.
Ostlinie, zum Hirakubo-misaki, 2x tgl.
Westroute nach Kabira und Yonehara 4x tgl.
Ein 5-Tage-Pass kostet 2000 ¥ (Tagesticket 1000 ¥).

Taxis
Einschaltgebühr 430 ¥.

TRANSPORT

Schiffe

Vom Fähranleger im Süden der Stadt fahren **Anei Kankō**, 🖥 www.aneikankou.co.jp, und **Yaeyama**, 🖥 www.yaeyama.co.jp, die Rückfahrttickets gelten jeweils auch für die andere Gesellschaft. Beide Firmen bieten auch Mehrtagespässe an.
IRIOMOTE (Uehara), 10x tgl., 45 Min., 2360 ¥ (hin und zurück 4510 ¥)
IRIOMOTE (Ōhara), 12x tgl., 40 Min., 1800 ¥ (hin und zurück 3340 ¥)
KOHAMAJIMA, ca. stdl., 25 Min., 1220 ¥
TAKETOMI, halbstdl., 10 Min., 690 ¥
YONAGUNI (mit Fukuyama Kaiun), Di und Fr, 4 Std., 3560 ¥
Eine Fährverbindung nach Naha gibt es nicht mehr (und auch keine Pläne für eine Wiedereinrichtung).

Flüge

Ishigaki wird mehrmals täglich von ANA und der JAL-Tochter JTA sowie den Billigfluglinien Peach und Skymark angeflogen. Nach TŌKYŌ 3 1/2 Std., NAHA 1 Std. Zu günstigen Flügen s. S. 593, Naha, Transport. Der Flughafen befindet sich an der Ostküste der Insel.

Taketomi 竹富

Bei gerade mal 9,2 km Umfang hat Taketomi nur etwa 350 Einwohner. Trotzdem war das Inselchen unter dem königlichen Verwalter Nishitō von 1524 bis 1543 das administrative und religiöse Zentrum der Yaeyama-Inseln, bevor der Verwaltungssitz nach Ishigaki verlegt wurde. Nishitō hatte auf der Hauptinsel Okinawa das Steintor des Sonohyan-utaki für den König von Ryūkyū gebaut und war 1524 als Verwalter auf die Insel Taketomi gekommen.

Vom Fähranleger führt eine 1 km lange Allee von Deigo-Bäumen ins Dorf. Unterwegs gibt es im **Touristenzentrum Yukabukan** ein paar allgemeine Informationen, Bilder und Tondokumente auf Englisch (gratis). ⏱ tgl. 8–17 Uhr.

Sternsand

Der Sage nach frisst eine große Seeschlange die Kinder der Sterne. Ihre Ausscheidungen werden zu Sternsand. Es handelt sich dabei um winzige Skelette von Foraminiferen, kleinen, schalentragenden Amöben. Die meisten Touristen sieben allerdings am Sternsand-Strand vergeblich den Sand, um ein paar Sterne zu finden. Praktischerweise verkaufen die Andenkenstände am Parkplatz fertige Tütchen mit den sternförmigen Skeletten.

Im denkmalgeschützten Ort ist die Struktur eines traditionellen Ryūkyū-Dorfes weitgehend erhalten, mit Mauern aus Korallensteinen, „Geistermauern" im Toreingang, vielen kleinen Gärten und Shīsā-Löwen auf den Dächern. Der winzige **Nagomi-Aussichtsturm** bietet einen guten Blick über die Dächer des Ortes.

Im Ort sind noch etwa 80 *utaki*, also traditionelle Heiligtümer, erhalten. Zu den wichtigsten gehört der **Yūmuchi-on**, der Schrein für die Götter der Landwirtschaft und des Feuers. Hier findet im November das Tanedori-Fest mit vielen traditionellen Vorführungen und Tänzen statt. In der Nähe befindet sich der **Nishitō-utaki**, in dem der Landesherr Nishitō als Schutzgott der Insel verehrt wird. Die Überreste der Residenz von Nishitō befinden sich neben dem **Kaiji Beach**, der auch Hoshizuna- oder „Sternsand"-Strand genannt wird. Nach Norden schließt sich der **Kondoi Beach** an, ein schöner, langer Sandstrand mit Duschen, WCs und seichtem Bade-Wasser.

ÜBERNACHTUNG UND ESSEN

Etwa ein Dutzend Minshuku ab etwa 5500 ¥ p. P. mit HP; Informationen am Fähranleger.

€ **Je t'aime (Juteimu) GH**, am Maruhachi-Fahrradverleih nach rechts, dann auf der linken Seite, ✆ 0980-85-2555. Nur Schlafsaal, 2500 ¥ p. P.

Matsutakezō, westlich der Post, ✆ 0980-85-2257. Sehr schönes Ryokan mit ordentlichen Gemeinschaftsbädern und schöner Sitzecke im Innenhof. Im Sommer viele Stammgäste. Unbedingt vorbuchen. Mit HP ab 5500 ¥ p. P.

Takana Ryokan und Jugendherberge, gegenüber der Post, ✆ 0980-85-2151, 🖥 www.kit.hi-ho.ne.jp/hayasaka-my/. Mit HP 4500 ¥ p. P. für JH-Mitglieder.

Uchimori-sō, am Ortseingang, ✆ 0980-85-2255. Hübscher Garten, gut gelegen. Mit HP 5800 ¥ p. P.

Island Cafe Chirorin-mura, an der Straße zum Kondoi Beach. Coole Bar mit Insel-Atmosphäre, Drinks und kleine Gerichte. ◷ tgl. 10–24 Uhr.

Parlour Ganjuya, in der Nähe des Fähranlegers. Eis, Getränke und Soba; besonders beliebt ist das Raspeleis *kōri-zenzai*, mit Softeis-Topping. ◷ tgl. 11–16.30 Uhr.

SONSTIGES

Einkaufen

Nan Chō Ann, Taketomi 637, in der Südostecke des Dorfes, ✆ 0980-85-2040. Designer-T-Shirts und Schmuck aus Treibholz und Silber. ◷ tgl. 10–18, im Winter bis 17 Uhr.

Fahrradverleih

Mehrere Verleihfirmen im Ort bieten Gratistransport vom Fähranleger aus an, alle verlangen 300 ¥ pro Std. U. a. **Maruhachi**, ✆ 0980-85-2260.

Geld

Auf der Insel gibt es keinen Geldautomaten.

Touren

Glasbodenboote fahren bis ca. 15 Uhr vom Fähranleger, Ochsenkarrentouren bis ca. 15.30 Uhr im Ort (jeweils 1200 ¥ für 30 Min., mehrere Anbieter).

TRANSPORT

Nur etwa alle 2–3 Stunden fährt ein **Bus** vom Fähranleger in den Ort und ggf. zum Kondoi Beach (von dort muss man anrufen), 200 ¥.
Schnellboot nach ISHIGAKI (Fahrradmitnahme okay) tgl. 7.45–18.15 Uhr, 10 Min., 690 ¥.

Iriomote 西表

Japaner assoziieren mit Iriomote sofort tropischen Urwald und Abgeschiedenheit. Die größte der südlichen Inseln ist mit gut 2000 Einwohnern nur dünn besiedelt, und 90 % der knapp 300 km² sind mit Urwald bzw. Mangroven bedeckt. Hauptattraktion von Iriomote ist denn auch die wilde, unberührte Natur. Die meisten Besucher kommen hierher, um Kajaktouren oder geführte Mangrovenwanderungen zu unternehmen. Von Juni bis August blüht der Sagaribana-Baum, dessen stark duftende Blüten nur nachts aufgehen und die am besten auf einer frühmorgendlichen Kajaktour zu finden sind. Vor Sonnenaufgang bilden die welken Blüten auf dem Wasser einen rosa Teppich.

Der Norden

Der Urauchi-Fluss ist mit 39 km Länge der längste Fluss der Präfektur Okinawa. An seinem Ufer wachsen unterschiedliche Mangroven (hirugi). Die Bootsfahrt lässt sich mit dem Besuch zweier Wasserfälle kombinieren, die ein Stück weiter flussaufwärts vom Endpunkt der Bootstour, dem Felsen Gunkan-iwa, über einen 30- bis 45-minütigen Spaziergang erreicht werden können.

Noch etwas westlich der Flussmündung steht im Dorf **Sonai** das über 140 Jahre alte, strohgedeckte Haus der Familie Shinmori (Shinmorijūtaku). Es ist aus soliden Mauern aus Korallen gebaut. Von der Hauptstraße, an der Post vorbei, biegt rechts ein Weg zum Ufer ab, der zu den älteren Häusern des Ortes und zum Shinmori-Haus führt. ⊙ durchgehend, Eintritt frei. An der Bushaltestelle Sonai gibt es einen kleinen Supermarkt, ⊙ 10–17 Uhr, und ein rāmen-Restaurant.

Die Straße endet in Shirahama, einem winzigen Dorf mit Hafen, Lädchen und Japans westlichster Bushaltestelle. Von hier fährt fünfmal täglich ein Boot nach Funauri (Hin- und Rückfahrt 960 ¥), dem abgelegensten Ort der Insel Iriomote.

Eine Halbinsel auf der Nordseite der Insel bietet gleich zwei schöne Strände: Der **Tsukigahama** ist ein halbmondförmiger Strand an einer malerischen Bucht mit vorgelagerten Inselchen. Gegen, das hier vor einigen Jahren neu gebaute große Pauschaltouristenhotel Nirakanai haben die Einheimischen heftig protestiert, weil durch die Hotelanlage, die erste dieser Art auf Iriomote, die Nistplätze von Wasserschildkröten bedroht sind. Aktivisten befürchten sowohl soziale

Iriomote-Katze

Die Iriomote-Yamaneko (Prionailurus iriomotensis) ist eine erst 1965 entdeckte, nur auf Iriomote heimische Katzenart und vom Aussterben bedroht. Über die Klassifizierung sind sich die Wissenschaftler noch nicht einig: Manche sehen die Wildkatze als eigene Gattung an, andere vermuten eine Untergattung des Leoparden. Sicher ist wohl, dass die Iriomote-Katze sich seit ihren primitiven Vorfahren kaum weiterentwickelt hat und damit verglichen mit anderen Katzen quasi ein lebendes Fossil ist.

Die buschig-braune Katze ist etwa so groß wie eine normale Hauskatze. Sie jagt sowohl tagsüber als auch nachts, und zwar hauptsächlich kleine Säugetiere, aber auch Insekten, Reptilien und Vögel.

Prinzipiell bevorzugt die Iriomote-Katze die Küsten und Ebenen mit ihren Feldern und Kleintieren. Weil just diese Bereiche aber nicht zum Schutzgebiet gehören, kommt es hier häufig zu Verkehrsunfällen. Trotz der zahlreich aufgestellten Warnschilder ist es inzwischen sehr unwahrscheinlich, ein wildlebendes Exemplar zu Gesicht zu bekommen.

Das Iriomote Wildlife Center (s. u.) beschreibt eingehend die Lebensweise der Katze.

als auch Umweltprobleme für Iriomote, die an der Insel bisher noch weitgehend vorübergegangen sind.

An der Nordspitze der Halbinsel liegt der **Hoshizuna-no-hama**, ein kleiner Strand, der wegen der bis ans Ufer reichenden Korallen ideal zum Schnorcheln ist. Im Sand finden sich winzige, sternförmige Tierskelette, die ihm den Namen Sternsand-Strand geben (Kasten S. 619).

Der beeindruckende Wasserfall **Pinai-sāra** liegt in den Bergen beim Hafen Funaura, etwas östlich von Uehara. Er ist von der Straße aus gut zu sehen und zu Fuß (ca. 1 1/2–2 Std.) oder per Kajaktour (1/2 Tag) zu erreichen.

Der Osten und Süden

Die Insel **Yubujima** wird dadurch zur Touristenattraktion, dass man zu ihr in von Wasserbüffeln gezogenen Karren über das Watt befördert wird (1400 ¥). Die Kutscher spielen während der zehnminütigen Fahrt oft Sanshin. Bei Komi führt von der Hauptstraße eine Straße in die Berge zum **Iriomote Wildlife Center** (Iriomote Yasei Seibutsu Hogo Sentā, ca. 700 m). Das Informationszentrum hat Fotos, Infotafeln und Schaukästen zu den Tieren auf Iriomote und Videos zur Iriomote-Kultur. Ein ganzer Raum ist der Iriomote-Katze (s. Kasten) gewidmet. Eine davon („Yon") lebte nach einem Verkehrsunfall 14 Jahre in einem kleinen Reservat, ein Film darüber wird gezeigt. ⏲ Di–So 10–16 Uhr, Eintritt frei.

Auf der Südseite der Insel zweigt ein Fahrweg zum **Wasurenai-ishi** ab. Die Gedenkplakette erinnert an die Einwohner von Ha-te-ru-ma, die während des Pazifischen Krieges nach Iriomote zwangsevakuiert wurden und daraufhin an Malaria starben (s. auch S. 613, Ishigaki Heiwa Kinenkan). Von einem kleinen Parkplatz

muss man noch 200 m nach links am Strand entlanglaufen.

Am Ende der Hauptstraße und Buslinie nach Süden beginnt der **Haimida-no-hama**, der längste Strand von Iriomote. Von hier bietet sich ein guter Blick auf die Insel **Hateruma**.

Nordseite

Die günstigsten Unterkünfte liegen auf einem Hügel beim Hinai Beach, etwas teurere in Uehara und am Hoshizuna-no-hama.

Iriomote Monsoon, Hinai Beach, ✆ 0980-85-6019, 🖥 www.iriomote-monsoon.com. Einfache japanische Zimmer ohne Fernseher, aber mit cooler Atmosphäre, Hängematten auf der Terrasse und tollem Blick. Gemeinschaftsbad. 3500 ¥ p. P.

Irumote-sō JH, Hinai Beach, ✆ 0980-85-6255, 🖥 www.ishigaki.com/irumote. Eher gepflegte Pension als Jugendherberge, beliebt bei Paaren

Auf einer kurzen Urwaldwanderung am Urauchi-Fluss gelangt man zu zwei Wasserfällen.

© WESTWARDS

OKINAWA

und Familien, schöne Wiese mit Blick. Einfaches Frühstück auf Anfrage 220 ¥, Abendessen 1200 ¥. 3800 ¥ p. P., mit JH-Ausweis 3200 ¥.
Mariudo Minshuku / Mariudo Guesthouse, Hinai Beach, ✆ 0980-85-6578, 💻 www2.ocn. ne.jp/~mariud. Solides Minshuku mit Zweier- bis Viererzimmern und Gemeinschaftsbad. Mit HP 5500 ¥ p. P.

🧳 **Mitoreya Campingplatz**, Hinai Beach, ✆ 0980-85-6578. Der beste von mehreren Campingplätzen auf der Insel, mit heißen Duschen, Sitz- und Kochgelegenheiten, Fahrradverleih. 700 ¥ p. P. Minimalistische Holzhütten für zusätzliche 1000 ¥ pro Hütte.

Nirakanai Iriomotejima, am Tsukigahama, ✆ 050-3786-0022, 💻 www.nirakanai-iriomote jima.com. Shuttle-Bus von Uehara. Stilvoll eingerichtetes Hotel mit Indonesien-Thema. Alle Zimmer haben große Betten und einen Diwan, eine Sitzgruppe und eine Holzveranda. Frühstück inkl. ❺–❻

Pension Hoshinosuna, am Hoshizuna-no-hama, ✆ 0980-85-6448, 💻 www.hoshinosuna.ne.jp. Helle Zimmer mit Blick direkt auf die Hoshinosuna-Bucht. Dazu gehört ein nettes Café mit Terrasse. 6000–8500 ¥ p. P., mit HP 7500–10 000 ¥. Camping (ohne Dusche, toller Blick) 500 ¥ p. P.

🧳 **Tin Nu Karla**, westlich vom Hoshizuna-no-hama, ✆ 0980-85-6017. Das zur Designerbar Kukurukumi (s. Essen) gehörende Resort besticht durch 3 edle Zimmer und einen Jacuzzi auf dem Dach. Ab 11 000 ¥ p. P.

Uminchu no ie, Shirahama, ✆ 0980-85-6119. Minshuku mit großen, schlichten japanischen Zimmern. Mit Frühstück 3500 ¥ p. P., mit HP 4500 ¥.

Süd- und Ostseite

Haimida Campingplatz, am Haimida Beach, ✆ 090-9781-0941. 4 km von der Bushaltestelle Toyohara entfernt, einfach, aber schön; auch Leihzelte. Keine Abholung. 400 ¥ p. P.

Jungle Hotel Painumaya, Takana 243, ✆ 0980-85-5700, 💻 www.painumaya.com. Größeres Hotel, alle Zimmer mit Balkon zum Urwald, ein Stück vom Meer entfernt. ❸–❹

Yamaneko, Ōhara Haimi 201-154, ✆ 0980-85-5242. Günstiges Minshuku, nur Übernachtung. 2000 ¥ p. P.

Es gibt wenige Restaurants oder Cafés. Die meisten Touristen essen in ihren Unterkünften. Ein paar günstige Restaurants finden sich an der Hauptinselstraße in Ōhara, Uehara und Sonai.

Kitchen Inaba, gegenüber der Abzweigung zum Nirakanai-Hotel, ✆ 0980-84-8164. Freundliches Restaurant im skandinavischen Stil, Ryūkyū-Küche. Mittags von Gruppen besucht. ⏰ Di–So 11.30–15 und 18–22.30 Uhr.

🧳 **Kukurukumi**, westlich vom Hoshizuna-no-hama, ✆ 0980-85-6017. Auf Awamori-Cocktails (um 800 ¥) spezialisierte Designerbar, polynesische Architektur und Einrichtung, Blick auf die Bucht. Typische Okinawa-Gerichte mit mehreren Tōfu-Gerichten, *rafuti* (Schweinefleisch-Eintopf), Goya Chips, aber auch Pizza. ⏰ tgl. 18–21 Uhr.

Yubu Café, am Eingang zu Yubujima. Okinawa-Standardgerichte im Kantinenstil, plus Andenkenlädchen. ⏰ tgl. 9–17 Uhr, warme Küche 10–15 Uhr.

Die Tauchsaison beginnt im März: Die rauen Nordwinde im Winter treffen besonders die besten Tauchreviere im Westen der Insel. Östlich, zwischen Iriomote und Kohama, verläuft die sogenannte „Mantastraße".

Hoshinosuna, s. „Übernachtung". Schnorchel-Verleih (ab 525 ¥), Tauchen, Gepäckaufbewahrung. Tauchgänge ab 10 000 ¥.

Iriomote Monsoon, Kanu- und Trekkingtourenanbieter. Besonders beliebt sind die kombinierte Kanu- und Wandertour zum Pinaisāra-Wasserfall in der Nähe, mit gutem Blick über die Bucht und im Sommer die morgendliche Sagaribana-Tour. Ganztagstouren meist 9000–10 000 ¥, kürzere Touren ab 4000 ¥.

🌳 **Offeco**, Otomi, ✆ 0980-85-5530, 💻 www.offeco.com. Geführte Kanu- und Trekkingtouren mit einem naturbegeisterten Profi-Fotografen. Ab 5000 ¥ pro Tag.

Robinson Koya, Uehara, ✆ 0980-85-6475. Kanuverleih 7000 ¥ pro Tag, Angel 2000 ¥. Angel-Guide 10 000 ¥ pro Gruppe.

OKINAWA

Vom Gunkan-iwa nach Ōtomi führt ein ca. 18 km langer Trekkingpfad einmal quer über die Insel. Vom Bootsanleger gelangt man auf einem deutlichen und vielbegangenen Weg zu den beiden Wasserfällen, **Mariyudo-no-taki** (nach 45 Min.) und **Kanpirē-no-taki** (weitere 15 Min.). Hinter den Wasserfällen wird der Pfad schmaler und führt bald an einer Waldhütte vorbei. Etwa eine Stunde später, hinter einer verfallenen Hütte, fließt der Itachikigawa in den Urauchigawa. Ein kleiner Seitenpfad zweigt nach Nordosten zu einem weiteren Wasserfall ab.

Der Hauptweg führt an einer weiteren Ruine vorbei weiter nach Südosten und teilt sich nach etwa 2 Stunden: Links geht es in ca. 4–5 Stunden auf einem steilen, überwucherten Pfad nach Komi an der Buslinie. Nach rechts (Südwesten) erreicht der Weg nach ca. 2–3 Stunden eine Forststraße. Der von hier nach Westen abzweigende Weg führt auf den Gipfel des 420 m hohen **Goza-dake** (Aufstieg je nach Zustand des Weges bis zu mehreren Stunden); während der Forstweg nach einer Stunde einen Kokospalmenhain erreicht. Eine Viertelstunde später bietet sich von einer **Aussichtsplattform** ein guter Blick über den Nakamagawa, den anderen großen Fluss der Insel. Der Weg zur Küste bis zum Dorf **Ōtomi** dauert noch einmal ca. 1 1/2 Stunden.

Die Inseldurchquerung ist für Geübte an einem Tag in ca. 9 Stunden zu schaffen. Problematisch sind die An- bzw. Abfahrt, daher besser von Norden nach Süden gehen, weil die letzten Kilometer auf dem breiten Waldweg auch im Dunkeln relativ leicht zu finden sind. Wer in zwei Tagen geht (z. B. bei schlechten Wetter- und Wegverhältnissen), sollte bei den verfallenen Hütten zelten.

Achtung: In den Wäldern gibt es viele giftige Habu-Schlangen (Kasten S. 586), eine Übernachtung im Freien ohne Zelt ist daher nicht zu empfehlen. Beste Zeit für die Wanderung ist wegen der kühleren Temperaturen der Frühling; nach heftigen Regenfällen ist der Weg streckenweise unpassierbar. Der Weg ist nicht gut markiert, und etliche Pfade zweigen ins Nichts ab – je mehr Leute sich darauf verirren, desto leichter werden die Sackgassen für den Hauptweg gehalten. Deshalb: Karte und Kompass mitnehmen.

Transport: Bus bis Urauchi-hashi, von dort mit dem Boot bis zum Ausgangspunkt Gunkan-iwa. Vom Ziel Ōtomi entweder zu Fuß ca. 4 km weiter nach Ōhara oder mit dem Bus zurück auf die Nordseite. Der letzte Bus fährt um 16.54 Uhr, das erste Boot auf der Nordseite zum Gunkan-iwa gegen 9 Uhr.

Tōbu Kōtsū, ☎ 0980-85-5304. Bootsfahrt auf dem Nakamagawa, ca. 1 Std., 1540 ¥. Abfahrt in Ōtomi (bei Ōhara). Auch Kanutouren.

Urauchigawa Kankō, ☎ 0980-85-6154, 🖥 www.urauchigawa.com. Ausflugsboote, auf dem Urauchigawa, 9.30–15 Uhr halbstdl., etwa 30 Min. Fahrt bis Gunkan-iwa, 1800 ¥ (Hin- und Rückfahrt). Auch Kanutourenangebote, z. B. geführte Rückfahrt vom Gunkan-iwa, 8400 ¥. Kajakverleih 9–17 Uhr, 1500 ¥ pro Std. (auch Zweier). Englisches Infoblatt.

Yamaneko Tour, Tagestouren ab Ishigaki, s. S. 617.

Duck Tours, Uehara, ☎ 0980-85-6173, 🖥 www.ducktours.jp. Schnorchel- und Kajaktouren, Tagestouren 8–11 000 ¥.

SONSTIGES

Autovermietungen
Airport Rentacar, Ōhara, ☎ 0980-85-5357.
Iriomote Rentacar, Uehara, ☎ 0980-85-6526.
Yamaneko Rentacar, Ōhara, ☎ 0980-85-5111, ⏰ 8–18 Uhr. Ab 4000 ¥ pro Tag plus Versicherung. Mehrere Filialen.

Einkaufen
Am Hoshizuna-no-hama und in den meisten Andenkenläden wird der berühmte Sternsand, schon aussortiert, in kleinen Fläschchen verkauft (ab 100 ¥).
Ein kleiner netter Laden gleich hinter Inaba Kitchen verkauft *washi* (japanisches Papier).

OKINAWA

A Picture Book, Nakano, ✆ 0980-
84-8065. T-Shirts und Einkaufstaschen
mit Illustrationen einheimischer Tiere. ⊕ tgl.
10–19 Uhr (im Winter bis 18.30) Uhr.

Fahrradverleih
Fahrradverleih in vielen Unterkünften, z. B.
Mitoreya Campingplatz, ab 100 ¥. **Minato
Rentacar**, Uehara neben der Tankstelle, 250 ¥
pro Std., 1500 ¥ pro Tag. Achtung: Die Insel-
straße ist recht hügelig.

Busse
Der lokale Bus fährt umweltfreundlich 4x tgl.
mit Biodiesel von Shirohama bis Tomihara (auf
ein paar kürzeren Zwischenstrecken auch
häufiger). Kürzeste Strecke 130 ¥, von
Endhaltestelle zu Endhaltestelle 1240 ¥.
Tagespass 1030 ¥, 3-Tagespass 1500 ¥.

Taxis
Fahrdienst von **Yamaneko Rentacar**, z. B. 1500 ¥
für die Strecke Ōhara–Uehara, in andere Orte
ab ca. 2000 ¥.

Selbstfahrer
Die meisten Leute mieten sich erst auf Iriomote
ein Auto, weil sich Aufwand und Preis für
die Autofähre von Ishigaki nicht rentieren.
Rückgabe am jeweils anderen Hafen gegen
Aufpreis möglich. Höchstgeschwindigkeit
40 km/h, in Ortschaften 30 km/h. Die ratternden
Streifen auf der Fahrbahn sollen die Iriomote-
Katze abschrecken, auf die Fahrban zu laufen.

Schiffe
Zwischen ISHIGAKI und Iriomote (Ōhara und
Uehara) verkehren regelmäßig Schnellboote
(40 Min., 1800/2360 ¥) und werktags maximal
zwei Fähren (ab 1 3/4 Std., ab 1300 ¥). Rückfahrttickets sind etwas günstiger. Siehe auch S. 618,
Ishigaki, Transport.
Die Fähre nach Uehara fällt im Winterhalbjahr
wegen starken Seegangs oft aus; dann werden
Fährpassagiere nach Ōhara und von dort mit
dem Bus nach Uehara befördert. Wenn im
Sommer wegen eines Taifuns die Fähren nicht
verkehren und man dadurch einen Flug verpasst, gibt die Fährfirma eine Bestätigung aus.

OKINAWA

Anhang

Sprachführer S. 626
Glossar S. 633
Bücher S. 637
Index S. 642
Danksagung S. 653
Bildnachweis S. 654
Impressum S. 655
Kartenverzeichnis S. 656

Sprachführer

Obwohl die japanischen Schriftzeichen den chinesischen ähneln, ist die Sprache grammatikalisch höchstens mit dem Koreanischen verwandt. Für Ausländer schwierig und vor allem langwierig zu lernen sind das Schriftsystem und die sozialen Komponenten der Sprache, besonders die unterschiedliche Höflichkeitsebenen. Sich ein paar Grundfloskeln für den touristischen Alltag anzueignen, geht hingegen schnell, kommt Japanisch doch ohne Konjugationen, Artikel und Plural aus. Also nur Mut!

Japaner sind in der Regel hocherfreut, wenn sich Touristen die Mühe machen, ihre Sprache ein bisschen zu lernen. Schon ein paar gestammelte Satzbrocken rufen meist Begeisterung hervor. Außerdem haben solche Bemühungen oft zur Folge, dass sich der japanische Gesprächspartner dann doch traut, sein Englisch auszuprobieren. Weil alle jahrelang Englisch in der Schule pauken, haben sie meist einen großen Wortschatz, auch wenn ihnen das Sprechen schwerfällt. Hier hilft manchmal Aufschreiben (z. B. am Fahrkartenschalter). Zudem gibt es im Japanischen viele englische Lehnwörter. Mit etwas Übung kann man englische Wörter japanisch aussprechen (z. B. *passport:* „pasupōto") – oft klappt das, und man wird auch verstanden.

Aussprache

Die Aussprache des Japanischen ist relativ einfach: Bei der Lautabfolge wechseln sich fast immer ein Konsonant und ein Vokal ab (etwa wie im Italienischen). Weder Satzmelodie noch Wortbetonung sind für die Bedeutung relevant. Die Aussprache der Vokale ähnelt dem Deutschen, die der meisten Konsonanten dem Englischen. Also: scharfes „s", „ch" wie in *chicken*, „j" wie in Job, „z" wie in *zero*, sh – wie in *shop*.

Besonderheiten

R Das japanische „r" ist tatsächlich recht nahe am „l". Wer das „r" mit der Zunge rollt (süddeutsch), bleibt am einfachsten beim „r".

Ansonsten durch „l" ersetzen und auf die Aussprache der Japaner achten.

Doppelkonsonanten Doppelte Konsonanten, wie in „Nikkō", sind durch eine kurze Pause zwischen den Silben deutlich hörbar (etwa wie „Nick-kō").

Langvokale Ein Längungsstrich über einem Vokal bedeutet, dass dieser langgezogen wird (wie in „Tōkyō ").

Verschluckte Vokale In vielen Wörtern werden die Vokale i und u, manchmal (v. a. bei ausländischen Lehnwörtern) auch o, sehr kurz gesprochen oder praktisch verschluckt. Das gilt besonders in den Silben shi, su, tsu und to. Beispiele: *Wakarimash(i)ta*: Ich habe verstanden. *Sō des(u):* So ist es.

n Am Wortende wird das „n" manchmal nasal gesprochen, also eher wie „ng". Vor „b", „p" und „m" wird es zu „m" assimiliert, z. B. in *tenpura* (frittiertes Gericht).

Schrift

Die japanische Schrift kombiniert drei unterschiedliche Schriftsysteme: **Kanji** sind ideographische Zeichen – jedes Zeichen steht für eine Wortbedeutung bzw. eine Idee. Neben den Kanji gibt es die Hiragana und die Katakana, beides Silbenalphabete, mit denen alle Laute der japanischen Sprache abgebildet werden können. Das **Katakana-Alphabet** wird für Fremdwörter, z. B. auch ausländische Namen, benutzt, mit dem **Hiragana-Alphabet** werden insbesondere grammatikalische Informationen mitgeteilt (also z. B. Tempus und mittels Partikel auch der Kasus).

Grammatik

Im Japanischen steht das **Verb** immer am Ende des Satzes. Das Subjekt kann aber in den meisten Situationen weggelassen werden, da es sich aus der Situation ergibt oder unwichtig ist. Aus der Verbform wird das Subjekt nicht deutlich, und Singular und Plural werden fast nie unterschieden. Bei solch einem System verwundert es nicht, dass Sätze oft sehr vage und nur aus dem Kontext und der Höflichkeitsebene heraus zu verstehen sind.

Verbbeispiel:

ikimas(u)	**ich gehe** (bzw. du gehst, er geht, wir gehen…)
ikimash(i)ta	**ich bin gegangen** (bzw. du, sie, wir…)
ikimasen	**ich gehe nicht** (bzw. du, sie, wir…)
ikimasen desh(i)ta	**ich bin nicht gegangen** (bzw. du, sie, wir…)
Ikitai des(u)	**ich möchte gehen** (bzw. du, sie, wir…)

Für unterschiedliche Höflichkeitsstufen gibt es noch andere Verbformen; die hier angegebene mit -masu und desu ist jedoch für Besucher die nützlichste. Weiter unten sind weitere Verben in dieser Form aufgeführt, die ähnlich benutzt werden können.

Im Satz übernehmen nachgestellte **Partikel** die Funktion von Fällen und Präpositionen, z. B. no für den Genitiv (Erika no hon – Erikas Buch), ga für den Nominativ, ni oder de für Ortsangaben (Doitsu ni sunde-imasu – Ich wohne in Deutschland). Wa gibt das Thema des Satzes oder Teilsatzes an (Erika-san wa … – Was Erika angeht, …).

Wörter und Wendungen

Vorstellung

Wie heißen Sie?	O-namae wa?
Ich heiße Meier.	Meier desu.
Sind Sie Herr Tanaka?	Tanaka-san desu ka?
Ich bin nicht Tanaka. (Sich selbst bezeichnet man nie als -san!)	Tanaka ja arimasen.
Woher kommen Sie? (wörtlich: „Was ist Ihr Land?")	O-kuni wa?
Ich komme aus Deutschland (der Schweiz/ Österreich).	Doitsu (Suisu/ Ōsutoria) kara kimashita.
Was ist Ihr Beruf?	O-shigoto wa?

Begrüßung und Abschied

Guten Tag.	Konnichiwa.
Guten Morgen.	O-hayō gozaimasu.
Guten Abend.	Konbanwa.
Willkommen.	Irasshaimase.
Auf Wiedersehen.	Sayōnara.
Wie geht es Ihnen?	O-genki desu ka?
Danke, gut.	E, okage-sama de.
Freut mich, Sie kennenzulernen.	Hajimemashite.
Ebenfalls. (Auf gute Zusammenarbeit.)	Hajimemashite. Dōzo yoroshiku.
Entschuldigung. (Darf ich eintreten?)	O-jama-shimasu.
Entschuldigung. (Ich bin so frei.)	Shitsurei-shimasu.
Bitte treten Sie ein.	Dōzo o-agari-kudasai.

Höflichkeitsfloskeln

Ich bitte darum.	O-negai-shimasu.
Bitte schön.	Dōzo.
Entschuldigung. (Darf ich stören?)	Sumimasen.
Vielen Dank.	Arigatō gozaimasu.
Gern geschehen	Dō itashimashite.
Verzeihung.	Gomennasai.
Entschuldigung. (Ich habe Sie warten lassen.)	O-matase-shimashita.
Guten Appetit (wörtlich: „Ich bekomme" – wenn man selbst anfängt zu essen)	Itadakimasu.
Das war lecker (zum Abschluss des Essens).	Gochisōsama deshita.
So langsam muss ich mich entschuldigen/ muss ich gehen.	Sorosoro shitsurei-shimasu.
Danke für alles.	Iroiro arigatō gozaimasu.
Danke für Ihre Mühen.	Iroiro o-sewa ni narimashita.
Danke für Ihre Bemühungen, aber auch: **Schönen Feierabend** etc. (wörtlich: „Sie müssen erschöpft sein").	O-tsukare-sama deshita.

Das war interessant.	Omoshirokatta desu.
Passen Sie auf sich auf.	Ki o tsukete kudasai.

Anrede

Am besten spricht man alle Leute mit ihrem Namen an. Japaner benutzen meist nur den **Familiennamen** und der steht in Japan immer vor dem Vornamen – wie in diesem Buch auch. Im Kontakt mit Ausländern wird aber auch öfters nur der Vorname gebraucht. Bei der Anrede hängt man an den Namen ein „-san", und zwar auch in Sätzen, in denen im Deutschen „du" oder „Sie" stehen würde. Also: „Tanaka-san wa mō tabemashita ka?" „Haben Sie schon gegessen (Herr Tanaka)?" Wenn man den Namen nicht weiß, diesen Teil möglichst weglassen: „Mō tabemashita ka?" Manchmal gibt es Situationen, in denen man doch eine direkte Anrede braucht, etwa um den Kellner zu rufen. Dann helfen einige Verwandtschaftsbezeichnungen wie „älterer Bruder". Alle irgendwie gesetzt wirkenden Personen kann man getrost als *sensei* (Lehrer) bezeichnen, das ist ein Ehrentitel mit noch weiterem Gebrauch als der Professor in Österreich. Als Übersetzung für du/Sie wird meist *anata* vorgeschlagen, das wirkt aber als Anrede eher steif, *kimi* dagegen sehr vertraut.

Herr/Frau XY	XY-san
älterer Bruder/ junger Mann	o-nī-san
ältere Schwester/ junge Frau	o-nē-san
Tante	oba-san
Onkel	oji-san
Gast, Kunde	o-kyaku-sama

Verständigung

Deutsch	doitsugo
Deutsche/Deutscher	doitsu-jin
Sprechen Sie Englisch?	Eigo o hanashimasu ka?
Auf Englisch, bitte.	Eigo de o-negaishimasu.
Ich verstehe nicht.	Wakarimasen.

Haben Sie verstanden?	Wakarimashita ka?
Langsam, bitte.	Yukkuri o-negaishimasu.
Sagen Sie es bitte noch einmal.	Mō ikkai itte kudasai.
Wie sagt man (das) auf Japanisch?	Nihongo de nan to iimasuka?
Was für eine Bedeutung hat das?	Dō iu imi desu ka?
Was für eine Bedeutung hat dieses Zeichen?	Kono ji wa dō iu imi desu ka?
Wie liest man dieses Zeichen?	Kono ji wa dō yomimasu ka?

In einer Notlage

Gefahr	kiken
Achtung	chūi
Brand	kaji
Erdbeben	jishin
Notausgang	hijōguchi
Ich habe die Fahrkarte verloren.	Kippu o nakushimashita.
(Mein) Portemonnaie ist gestohlen worden.	Saifu o toraremashita.
Ich habe den Pass vergessen.	Pasupōto o wasuremashita.
Ich habe mich verirrt.	Michi ni mayoimashita.
Helfen Sie mir!	Tasukete!

Pronomen

ich	watashi
du/Sie	(anata) – s. o. „Anrede"
er	kare
sie	kanojo
wir	watashi-tachi
ihr	anata-gata
sie	kare-ra

Verben

ich gehe (bzw. du gehst, s. „Grammatik", S. 626)	ikimasu
ich komme	kimasu
ich mache	shimasu
ich verstehe	wakarimasu
ich esse	tabemasu

Zahlen

1	一	ichi (hitotsu)
2	二	ni (futatsu)
3	三	san (mittsu)
4	四	shi (yottsu, yon-)
5	五	go (itsutsu)
6	六	roku (muttsu)
7	七	shichi (nanatsu)
8	八	hachi (yattsu)
9	九	kyū (kokonotsu)
10	十	jū (to)
11	十一	jū-ichi
20	二十	ni-jū
31	三十一	san-jū-ichi
100	百	hyaku
1000	千	sen
10 000	一万	man, ichi-man
100 000	十万	jū-man
1 000 000	百万	hyaku-man

Die meisten Gegenstände werden mit **Zähleinheitswörtern** wie Stück oder Paar gezählt, z. B. *mai* für flache, *hon* für lange Gegenstände: *Ichi-mai* = ein Blatt, *go-hon* = fünf (Stifte). Am nützlichsten ist *ko*: Stück (*san-ko* = drei Stück), außerdem: *ban* für nummerierte Dinge (wie Bahnsteige), *kai* für Stockwerke, *fun* für Minuten und *nichi* für Tage. Die alternativen Zahlen (in Klammern) können ebenfalls für „Stück" benutzt werden.

ich trinke	nomimasu
ich warte	machimasu
ich sage	iimasu
Ich mag Sushi.	Sushi ga suki desu.
A ist B.	A wa B desu.
A ist nicht B.	A wa B ja arimasen.

Adjektive

groß	ōkii
klein	chiisai
teuer	takai
billig	yasui
gut	yoi
schlecht	warui
lecker	oishii
wunderbar	subarashii
toll	sugoi
nah	chikai
fern	tooi
schwer	omoi
leicht (Gewicht)	karui
schwierig	muzukashii
leicht, einfach	kantan
lang	nagai
kurz	mijikai
neu	atarashii
alt	furui

Ort und Zeit

dieses (hier/beim Sprecher)	kore
das (beim Angesprochenen)	sore
jenes (dort/von Sprecher und Angesprochenem entfernt)	are
hier	koko
da (beim Angesprochenen)	soko
dort	asoko
oben	ue
unten	shita
links	hidari
rechts	migi
gestern	kinō
heute	kyō
morgen	ashita
letzte Woche	senshū
diese Woche	konshū
nächste Woche	raishū
vorher	mae
jetzt	ima
nachher, später	ato
morgens	asa
mittags	hiru
abends	ban

Frage und Antwort

Was?	*Nani?*
Wer?	*Dare?*
Welches?	*Dore?*
Wann?	*Itsu?*
Wie?	*Dō?*
Wo?	*Doko?*
Warum?	*Naze?/Dōshite?*
Ja	*Hai*
Nein	*Īe*

(als Geste dazu wird die flache, senkrechte Hand, Daumen zum Körper, in Kinnhöhe nach links und rechts geschwenkt)

Nein, danke.	*Īe, kekkō desu.*
So ist es. (…, nicht wahr?)	*Sō desu nē.*
Das ist (aber) schön/gut!	*Ii desu nē!*

Einkaufen

Laden	*baiten*
Kaufhaus	*depāto*
Supermarkt	*sūpā*
Apotheke/Drogerie	*kusuriya*
Schmerzmittel	*itamidome*
Pflaster	*bansōkō*
Erkältungsmedikament	*kazegusuri*
Zahnpasta	*ha-migaki*
Zahnbürste	*ha-burashi*
Buch	*hon*
westliches/englisches Buch	*yōsho*
Zeitschrift	*zasshi*
Zeitung	*shinbun*
Wörterbuch	*jisho*
Landkarte, Stadtplan	*chizu*
Wie viel kostet das?	*Ikura desu ka?*
Das ist ein bisschen teuer …	*Chotto takai desu ga …*
Kann ich es zollfrei kaufen?	*Menzei de kaemasu ka?*
Zeigen Sie mir noch ein anderes, bitte.	*Hoka no o misete kudasai.*

Das nehme ich.	*Kore ni shimasu.*
Ich brauche es nicht.	*Irimasen.*
Kann ich mit Kreditkarte zahlen?	*Kurejitto kādo wa tsukaemasu ka?*
Steuern und Servicegebühren sind (im Preis) enthalten.	*Zeikin to sābisu-ryō ga haitte imasu.*
Ich hätte gern eine Kamera.	*Kamera ga hoshii n desu ga.*
Ich möchte eine Uhr kaufen.	*Tokei ga kaitai n desu ga.*

Post und Bank

Brief	*tegami*
Postkarte	*hagaki*
Briefkasten	*posuto*
Eine (fünf) 120-Yen-Briefmarke(n), bitte.	*Hyakunijūen no kitte o (go-mai) kudasai.*
Bank	*ginkō*
Bargeld	*genkin*
Kreditkarte	*kurejitto-kādo*
Gebühr	*tesūryō*
Ich möchte Euro in Yen tauschen	*Yūro o en ni kaetai n desu ga.*
Wie ist der Wechselkurs?	*Kōkan-rēto wa ikura desu ka?*
Bitte unterschreiben Sie hier.	*Koko ni sain-shite kudasai.*

Im Restaurant

Wie viele Personen sind Sie?	*Nan-nin sama desu ka?*
eine Person	*hitori*
zwei Personen	*futari*
drei Personen (und ab da weiter mit den auf S. 629 genannten Zahlen plus -**nin**, wörtlich „Mensch")	*san-nin*
Haben Sie eine englische Speisekarte?	*Eigo no menyū, arimasu ka?*
Was möchten Sie bestellen? (Ihre Bestellung?)	*Gochūmon wa?*
Getränke?	*O-nomimono wa?*

Ich trinke keinen Alkohol (bzw. vertrage ihn nicht).	O-sake wa nome-masen.
Einen Kaffee, bitte.	Kōhī, onegai-shimasu.
Gibt es Sandwiches?	Sandoitchi, arimasu ka?
Ich habe Sie warten lassen.	Omatase-shimashita.
Das ist etwas anderes, als ich bestellt hatte.	Chūmon to chigai-masu.
Rechnung	o-kaikei
getrennt	betsu-betsu
zusammen	isshō

Zu einzelnen Lebensmitteln und Gerichten s. S. 50.

Beim Arzt

Medizin	kusuri
Ich fühle mich nicht wohl.	Kibun ga warui desu.
Rufen Sie bitte einen Arzt.	Isha o yonde kudasai.
Rufen Sie bitte einen Krankenwagen.	Kyūkyūsha o yonde kudasai.
Ins Krankenhaus, schnell.	Byōin e, hayaku.
Ich habe mich verletzt.	Kega shimashita.
Ich habe mich ver-brannt (oder verbrüht).	Yakedo-shimashita.
Der Bauch (Zahn/Kopf) tut weh.	Onaka (ha/atama) ga itai desu.
Helfen Sie bitte.	Tasukete kudasai.
Hier tut es weh.	Koko ga itai desu.
Mir ist schwindelig.	Memai ga shimasu.
Mir ist übel.	Hakike ga shimasu.
Ich habe Durchfall.	Geri-shite imasu.
Haben Sie eine Allergie?	Arerugī wa arimasu ka?

Unterwegs

Zug	densha
reservierter Sitzplatz	shitei-seki
nicht reservierter Sitzplatz	jiyū-seki
Wo ist der Bahnhof?	Eki wa doko desu ka?
Wie viel kostet es bis Shinjuku?	Shinjuku made ikura desu ka?

Schilder

発売中止	**defekt** (am Verkaufs-automaten)
立入禁止	**Eintritt verboten**
禁煙	**Rauchen verboten**
非常口	**Notausgang**
出口	**Ausgang**
入口	**Eingang**
地下鉄	**U-Bahn**
注意	**Achtung**
危険	**Gefahr**
撮影禁止	**Fotografieren verboten**
開	**Öffnen**
閉	**Schließen**
案内所	**Information**
紳士用 / 男子用	**Herren**
婦人用 / 女子用	**Damen**
お手洗い	**WC**
止	**Stopp**
大	**groß**
小	**klein**
湯 / ♨	**Bad, Badehaus**

Nach Shinjuku, von welchem Bahnsteig?	Shinjuku wa nan-bansen desu ka?
Fährt dieser Zug nach Tōkyō?	Kono densha wa Tōkyō e ikimasu ka?
Hält dieser Zug in Ginza?	Kono densha wa Ginza ni tomarimasu ka?
Bitte sagen Sie mir Bescheid, wenn wir in Shinjuku sind.	Shinjuku ni tsuitara oshiete kudasai.
Ist das hier Shinjuku?	Koko wa Shinjuku desu ka?
Nein. Der nächste (Halt).	Īe, chigaimasu. Tsugi desu.
Der übernächste.	Tsugi no tsugi desu.
Schnellzug-Zuschlag (für tokkyū)	tokkyū-ken
Schnellzug-Zuschlag (für kyūkō)	kyūkō-ken
Bus	basu
Bushaltestelle	basu-tei

Taxi	*takushi*
Überlandbus/ Schnellbus	*kōsoku basu*
Fahren Sie zum Flughafen?	*Kūkō e ikimasu ka?*
Zum Bahnhof Tokyo, bitte.	*Tōkyō-eki, o-negai-shimasu.*
Halten Sie bitte hier.	*Koko de tomete kudasai.*

Übernachten

Hotel	*hoteru*
Pension	*penshon, minshuku*
mit Halbpension	*nishoku-tsuki*
nur Übernachtung	*sudomari*
Eingangsbereich	*genkan*

Hausschuhe	*surippa*
Bad	*furo-ba*
WC	*toire*
Schlafzimmer	*shinshitsu*
Handtuch	*taoru*
Haben Sie ein Zimmer frei?	*Heya ga aite imasu ka?*
Ein schönes Zimmer!	*Suteki-na heya desu ne.*
Wann ist Check-out?	*Chekko-auto wa itsu desu ka?*
Gute Nacht!	*O-yasumi nasai.*
Um wie viel Uhr stehen Sie/wir morgen auf? („Morgen, um wie viel Uhr?")	*Ashita wa nan-ji desu ka?*

Glossar

A

Ainu Ureinwohner Hokkaidōs, S. 282
Amaterasu Sonnengöttin und Urahnin des Tennō
anime Zeichentrickfilm, abgeleitet vom engl. *animation*

B

bakufu Militärregierung in der Feudalzeit, angeführt vom Shōgun
banzai „10 000 Jahre", Jubelruf, normalerweise dreimal gerufen, um jemanden oder etwas hochleben zu lassen
bentō Lunchbox, Behälter mit Essen für unterwegs, besonders auf Bahnreisen, S. 57
biru Gebäude, abgekürzt vom engl. *building*
biwa japanische Laute
bosatsu Bodhisattva (Sanskrit: „dessen Wesen Erleuchtung ist"), S. 140
bunraku japanisches Puppentheater, S. 147
bushi Krieger
bushidō „Weg des Kriegers", Verhaltenskodex der Samurai
butsudan buddhistischer Hausaltar

C

cha-no-yu „heißes Wasser für Tee", Teezeremonie
-chō Viertel, Ort
cosplay abgeleitet von *costume play*, d. h. sich wie eine Figur aus einem Manga oder Anime kostümieren

D/E

daimyō Feudalherr, Fürst im alten Japan
-dake (-take) Berg
Daruma Bodhidharma; runde, rote Puppe aus Pappmaché, die Bodhidharma darstellt und Erfolg im Geschäft bringen soll; wie ein Stehaufmännchen kann sie nicht umkippen
depāto Kaufhaus, abgekürzt von engl. *department store*
-dō Weg
-dōri Straße
Edo alter Name von Tōkyō
ema Votivtafeln aus Holz, die man mit einem Wunsch versehen bei Schreinen aufhängt

emaki-mono horizontale Bilderrolle, die eine Geschichte illustriert; besonders beliebt in der Kamakura-Zeit, S. 142

F

freeter, furītā jmd., der keine feste Arbeitsstelle hat, sondern sich mit Gelegenheits- und Nebenjobs über Wasser hält (zusammengesetzt aus engl. *free* und dt. *Arbeiter*)
füsui Feng Shui, Form der Geomantik, S. 111
fusuma Schiebetüren in einem japanischen Haus, bewegliche Raumteiler
futon Schlafmatte, die tagsüber in einem Wandschrank aufbewahrt und abends zum Schlafen auf dem Boden ausgebreitet wird

G

gaijin/gaikokujin Ausländer
gasshō-zukuri japanischer Baustil; ein Holzhaus mit Steildach, an dem die Schneemassen im Winter gut abrutschen können
geisha „Kunstperson", Unterhaltungskünstlerin, die für Gäste tanzt, singt, sie bewirtet und mit ihnen gepflegte Konversation macht
genkan Eingangsbereich eines Hauses, in dem man die Schuhe auszieht
geta japanische Holzsandalen
gohei heiliger Stab mit weißen Papierfransen, den der Shintō-Priester bei Reinigungszeremonien schwonkt
gojū-no-tō fünfstöckige Pagode
Golden Week die Woche vom 29.4.–5.5., in der mehrere Feiertage einander folgen und viele Japaner verreisen

H

haiden Gebetshalle eines Shintō-Schreins
haiku 3-zeiliges Gedicht mit 17 Silben (5-7-5), S. 146
hakama eine Art traditioneller Hosenrock, den (vornehmlich) Männer bei festlichen Anlässen tragen
hantō Halbinsel
hanami „Blumensehen", das Betrachten der Kirschblüte im Frühjahr, ein Anlass zum Picknicken und Feiern im Grünen
haniwa Tonfiguren, die Krieger, Pferde, Häuschen und andere Alltagsgegenstände

darstellen; sie zierten in der Kōfun-Zeit schlüssellochförmige Hügelgräber

hankō Namensstempel, besiegelt Verträge etc. wie bei uns die Unterschrift

hashi Essstäbchen

hashi (-bashi) Brücke

hatsumōde Besuch eines Schreins oder Tempels am Neujahrsmorgen, um für Glück im neuen Jahr zu beten

hina matsuri Puppenfest am Tag der Mädchen (3. März), S. 61

hinomaru japanische Nationalflagge (rote Sonne auf weißem Grund)

honden Hauptschrein

Honshū die größte japanische Insel mit den städtischen Ballungsgebieten um Tōkyō und Ōsaka

I/J

inaka tiefe Provinz, ländliche Gegend, Heimat(dorf)

irori in den Boden eingelassener, offener Herd in alten japanischen Häusern

izakaya Kneipe japanischen Stils

janken Papier-Stein-Schere-Spiel; sehr beliebt als eine Art Auszähl-Spiel (Stein bricht Schere, Schere schneidet Papier, Papier umwickelt Stein)

-ji Tempel

jigoku Hölle, meint auch dampfende oder brodelnde Teiche vulkanischen Ursprungs

jinbei leichte Kombination aus kurzer Hose und Kurz-Kimono für den Sommer

jingū, jinja Shintō-Schrein

-jō Burg

K

kabuki traditionelle Theaterform mit Gesang und Tanz, entstanden im 17. Jh., S. 148

kagura alte Shintō-Schreintänze

kakemono „Hängesache", vertikales Rollbild auf Seide oder Papier, auch *kakejiku* genannt

kami Gott, Gottheit, insbesondere des Shintō

kami-dana Shintō-Hausaltar mit Miniaturschrein und Opfergaben

kanji japanische Schriftzeichen, Ideogramme

Kannon Bodhisattva der Barmherzigkeit

kare-sansui Gartenbaustil der „trockenen Landschaft"; dabei versinnbildlichen Steine und Sand Berge, Inseln und Flüsse, S. 138

kawa (-gawa) Fluss

-ken Präfektur; Japan untergliedert sich in insgesamt 47 Präfekturen, von denen nur vier sich nicht als *ken* bezeichnen: Tōkyō-to, Kyōto-fu, Ōsaka-fu und Hokkai-dō

kendō japanischer Schwertkampf, bei dem mit Bambusstangen gefochten wird

kimono traditionelles japanisches Gewand, das Frauen heutzutage v. a. bei festlichen Anlässen tragen; dazu gehört ein breiter Gürtel *(obi),* der auf dem Rücken kunstvoll geknotet wird

-ko See

kōen Park

kōgen Hochebene, Plateau

koinobori Karpfenbanner, aufgehängt als Glückssymbol zum Tag der Jungen von Familien, die einen Sohn im Kindesalter haben

kokeshi traditionelle Holzpuppe ohne Arme und Beine

koku alte japanische Maßeinheit, besonders für Reis, ca. 180 l

koma-inu Schutzhunde in Löwengestalt, bei Schreinen (seltener auch bei Tempeln)

konbini Abkürzung für *convenience store*, 24 Std. geöffnete Läden wie Lawson und 7-Eleven, die von Snacks über Zeitschriften bis zu Drogeriewaren alles Mögliche verkaufen

kotatsu Heizvorrichtung unter einem niedrigen Tisch, über den eine dicke Decke geworfen wird; man sitzt mit den Knien unter dem Tisch und bleibt so warm

koto japanische Zither aus Holz mit 13 Saiten

kōyō herbstliche Laubfärbung, ein Anlass für Ausflüge in die Natur

kura traditionelles Lagerhaus aus dicken Wänden, meist weiß

kyūdō japanisches Bogenschießen

M

machiya traditionelles Stadthaus

maneki-neko Katzenfigur, die mit der linken Vorderpfote am Eingang eines Restaurants oder Geschäfts Kunden „einlädt" (jap. *maneku*)

manga japanischer Comic, S. 145
matcha grüner Pulvertee, der mit einem Bambusbesen aufgeschäumt bei der Teezeremonie getrunken wird
matsuri Fest
meishi Visitenkarte
michi Weg
mikoshi tragbarer Schrein, der bei traditionellen Shintō-Festen zum Einsatz kommt
mikuji Glücksorakel, das man beim Schrein kaufen kann
minshuku japanische Pension
misaki Kap
-mon Tor
mura Dorf

N

ningen kokuhō „lebender Nationalschatz", Auszeichnung für Personen, die Meister einer traditionellen Kunst sind
nō traditionelle, stark stilisierte Theaterform, die auf das 14. Jh. zurückgeht, S. 147
noren halblanger oder kurzer, zweigeteilter Vorhang vor Türen, insbesondere von Lokalen
nuri-mono Lackwaren

O/P

o-bon buddhistisches Totenfest, das drei Tage ab dem 13. August gefeiert wird; mit Opfergaben für den Hausaltar, Tänzen und Feuerwerk; viele Japaner reisen in ihren Heimatort
o-cha grüner Tee (schwarzer Tee: *kōcha*)
o-mamori Talisman vom Schrein, der vor Unfällen, Krankheiten, einer schweren Geburt etc. schützen soll, S. 48
o-miyage Mitbringsel, Geschenk, Souvenir
o-nigiri meist dreieckiger Snack aus Reis, umwickelt von *nori* und mit unterschiedlicher Füllung (z. B. Lachs, Thunfisch, *umeboshi*), das Pendant zu unserem Butterbrot
o-share modisch, cool
o-shibori zusammengerolltes, feuchtes kleines Handtuch, das einem zur Erfrischung vor dem Essen gereicht wird
otaku glühender Fan, jemand, der von etwas geradezu besessen ist, z. B. von Videospielen
o-tera buddhistischer Tempel

onsen Thermalquelle, Thermalbadeort; wegen der starken vulkanischen Aktivität in ganz Japan verbreitet und seit alters her zur Heilung und Entspannung geschätzt
pachinko ein japanisches Glücksspiel, das an Automaten in eigenen Spielhallen gespielt wird

R

rakan Arhat, Jünger Buddhas
rōmaji die lateinische („römische") Schrift; für die Umschrift des Japanischen gibt es zwei unterschiedliche Systeme, das im Westen bevorzugte und in diesem Buch verwendete ist die Hepburn-Umschrift
rōnin herrenloser Samurai
rotenburo Thermalbad im Freien
ryokan traditionelle japanische Unterkunft
Ryūkyū altes Königreich von Okinawa, Name für die Inselgruppe mit der Hauptinsel Okinawa

S

sadō „Weg des Tees", die japanische Teezeremonie, S. 139
sake Alkohol, speziell Reiswein
sakoku (seisaku) Abschließungspolitik in der Edo-Zeit, als Japan sich bewusst vom Ausland isolierte (17. Jh.–Mitte 19. Jh.)
sakura Kirschbaum, Kirschblüte
-sama höfliche Anrede; Herr, Frau Meier
samurai Krieger in der Feudalzeit
-san Berg
-san Anrede Herr, Frau Meier
sankin kōtai Pflichtbesuch des *daimyō* beim Shōgun in Edo alle zwei Jahre in der Edo-Zeit
sanshin Saiteninstrument aus Okinawa
senbei Reiskeks
senkō Räucherstäbchen
sentō öffentliches Bad für Menschen, die zu Hause keine Badewanne haben
seppuku ritueller Selbstmord, hierzulande besser bekannt als *harakiri*
shakkei Gartenbaustil der „geborgten Landschaft", dabei werden außerhalb des Gartens liegende Berge, Bäume etc. als Kulisse in die Gartenlandschaft integriert
shakuhachi japanische Längsflöte aus Bambus

shamisen dreisaitiges Instrument, das mit einem Plektron gespielt wird

-shi Stadt

shikki Lackwaren

shiro Burg

shīsā Löwenfigur, die in Okinawa viele Dächer ziert und das Haus vor Unheil schützen soll, S. 591

shima (-jima) Insel

Shintō „Weg der Götter", urjapanische Religion, 1867–1945 Staatsreligion, S. 127

shōchu japanischer Schnaps

shodō Kalligrafie

shōgun Militärherrscher im Japan der Edo-Zeit

shōji mit Japanpapier bespannte Schiebetür

shōjin ryōri vegetarische Kost buddhistischer Mönche

shōtengai Ladengasse

shukubō Tempelherberge für Pilger

T

tabi japanische Zehensocken

taiken wörtlich „Erfahrung", Schnupperstunden; sich selbst in bestimmten Fertigkeiten versuchen

taiko Trommel

tanka 5-zeiliges Gedicht mit 31 Silben (5-7-5-7-7), S. 146

tanuki japanischer Dachs; gilt als gewitzt und schlau wie hierzulande der Fuchs

tatami dicke, rechteckige, genormte Reisstrohmatten (ca. 180x90 cm), die als Bodenbelag dienen; Zimmergrößen werden in Japan oft in Tatami angeben, eine gängige Größe ist z. B. 4 1/4

teishoku festes Menü; eine Reihe von Schälchen, die zusammen auf einem Tablett serviert werden; in der Regel sind immer Reis, Miso-Suppe und *tsukemono* (Eingelegtes) dabei

tennō japanischer Herrschertitel, Kaiser

tenshukaku Donjon, Hauptturm einer Burg

tera (-dera) Tempel

tōge Bergpass

tokonoma Schmucknische in einem traditionellen japanischen Haus; diese ziert oft eine Kalligrafie oder Bildrolle und/oder Blumenschmuck

Tokugawa Herrschergeschlecht, das auf den Shōgun Tokugawa Ieyasu zurückgeht und nach dem alternativ auch die Edo-Zeit (1603–1868) benannt wird

torii Torbogen zum Shintō-Schrein

W

-wan Bucht

washi Japanpapier

washitsu japanisches Zimmer, d. h. mit Tatami-Matten

washoku japanisches Essen (im Gegensatz zum *yōshoku*, s. u.)

Y

yabusame Reiterspiel, bei dem im vollen Galopp mit Pfeil und Bogen auf eine Zielscheibe geschossen wird

yakuza japanischer Mafioso

yama Berg

yamabushi Bergasket, S. 246

Yamato das alte Japan, alter Name für Japan, ursprünglich bezeichnete er nur die Gegend um die heutige Stadt Nara, wo sich im 4. Jh. ein erstes japanisches Reich gründete

yōshoku westliches Essen

yukata dünner Sommerkimono aus Baumwolle

Z

zabuton Sitzkissen

zazen zen-buddhistische Meditationsübung: still und gerade sitzen mit verschränkten Beinen

Weitere Begriffe aus dem Gebiet der Religion, Geschichte, Kunst und Kultur werden im Kapitel Land und Leute erläutert, S. 99. Zu Begriffen aus der japanischen Küche s. 50.

ANHANG

Bücher

Klassische japanische Literatur

Murasaki Shikibu, *Die Geschichte vom Prinzen Genji* (Manesse Verlag, 2014). Eines der bedeutendsten und zugleich frühesten Werke japanischer Literatur, geschrieben 1002–1019 von der Hofdame Murasaki Shikibu (975–1031). Es schildert das Leben – insbesondere die Liebesabenteuer – des Prinzen Genji und die Ereignisse am Hof nach dessen Tod.

Das Kopfkissenbuch der Hofdame Sei Shōnagon (Manesse-Verlag, 2004). Eine Sammlung von Essays, Anekdoten und Notizen zum Alltagsleben des Adels in der Heian-Zeit, wobei die Hofdame Sei Shōnagon (996–1013) die Schwächen dieser Gesellschaft mit scharfer Zunge bloßlegt.

Matsuo Bashō, *Auf schmalen Pfaden durchs Hinterland* (Dieterichsche Verlagsbuchhandlung, 2011). Der große japanische Dichter (1644–1694) beschreibt hier seine Reise durch Nordjapan und streut dabei immer wieder Haikus ein.

Mori Ōgai, *Im Umbau* (Insel Verlag, 1989). Gesammelte Erzählungen eines der meistverehrten Schriftsteller Japans (1862–1922), darunter auch die berühmte (autobiografische) Geschichte *Maihime* um einen japanischen Arzt, der sich in Deutschland in eine junge Tänzerin verliebt.

Natsume Sōseki, *Sanshiros Wege* (be.bra verlag, 2009), *Ich der Kater* (Insel Verlag, 2001) u. a. Neben Ōgai der andere große Schriftsteller der Meiji-Zeit. In *Sanshirō* schildert er die Erlebnisse eines jungen Mannes, der vom Lande in die moderne Großstadt Tōkyō kommt und dort u. a. seiner ersten großen Liebe begegnet. *Ich der Kater* ist eine Satire, in der ein Kater menschliche Schwächen bloßlegt.

Yoshida Kenkō, *Betrachtungen aus der Stille. Tsurezuregusa* (Insel Verlag, 2003). Der Laienmönch (ca. 1283–1350) schreibt in diesen „Aufzeichnungen aus Mußestunden" allerlei Gedanken, Anekdoten, Meinungen und Erlebnisse nieder.

Moderne japanische Literatur

Abe Kōbō, *Die vierte Zwischeneiszeit* (Suhrkamp, 1996); *Der verbrannte Stadtplan* (List, 2000) u. a. Die verstörenden Romane dieses großen Nachkriegsautors (1924–1993) mit unverwechselbarem Stil und schwarzem Humor sind skandalöserweise nur noch antiquarisch zu haben.

Akutagawa Ryunosuke, *Rashomon* (Luchterhand, 2001). Der Englischlehrer, der bereits in jungen Jahren den Freitod wählte, schrieb Lyrik, Essays und Erzählungen. Dieser 1917 erstmals veröffentlichte Band versammelt Kurzprosa, darunter die titelgebende Geschichte, die von Kurosawa meisterhaft verfilmt wurde.

Endō Shūsaku, *Schweigen* (Droemer Knaur, 1995). 1966 erschienener Roman, der sich mit dem frühen Christentum in Japan befasst: Zwei junge portugiesische Missionare brechen im 17. Jh. auf, um einen ihrer Brüder zu suchen, der in Japan seinem Glauben abgeschworen haben soll. Angesichts von Unterdrückung, Folter und Hinrichtung wird Pater Rodrigues nachdenklich.

Ibuse Masuji, *Schwarzer Regen* (Aufbau Verlag, 1998). Literarische Verarbeitung des Atombombenabwurfs auf Hiroshima und dessen Folgen. Illustriert am Schicksal eines Ehepaars und dessen Nichte, die unter der Strahlenkrankheit leidet.

Inoue Yasushi, *Das Jagdgewehr* (Suhrkamp, 1998). Moderner Klassiker von 1949 – ein Drama um Liebe, Betrug, Einsamkeit und Tod aus der Perspektive dreier Frauen. In anderen Romanen widmet sich Inoue historischen Stoffen, etwa in *Der Tod des Teemeisters* (Suhrkamp, 2008), der sich um den rituellen Selbstmord des berühmten Teemeisters Sen no Rikyū (1522–1591) dreht.

Kakuta Mitsuyo, *Woman on the Other Shore* (Kodansha International, 2007). Geschichte um die Freundschaft zwischen der schüchternen Hausfrau Sayoko und der unabhängigen Aoi, die als Schülerin von ihren Mitschülern gemobbt wurde.

Kawabata Yasunari, *Schneeland* (Suhrkamp, 2004). Der Ästhet Shimamura fährt in ein Onsen in den Bergen, wo sich die Geisha Komako in ihn verliebt. Auch in diesem Roman des Literaturnobelpreisträgers von 1968 stehen Sinnlichkeit, die Schönheit des Vergänglichen und die lyrische Stimmung im Vordergrund.

Kawakami Hiromi, *Herr Nakano und die Frauen* (Hanser, 2009). Im Mittelpunkt dieses Romans steht ein Tokyoter Trödelladen, dessen Besitzer, Angestellte und verschiedene Menschen, die hier zusammentreffen und (meist unglücklich) lieben.

Kazuki Kaneshiro, *Go!* (Cass Verlag, 2011). In dem mitreißenden Roman geht es um einen jugendlichen Japaner koreanischer Abstammung, seine Probleme in der Schule, seine Identitätssuche und seine erste Liebe.

Maruya Sai'ichi, *Die Journalistin* (Insel, 1997). Eine selbstbewusste Journalistin scheut sich nicht, in ihren Leitartikeln Missstände der japanischen Gesellschaft, wie Korruption, anzusprechen – und macht sich damit unbeliebt.

Mishima Yukio, *Nach dem Bankett* (Suhrkamp, 2002). Nicht zuletzt wegen seines spektakulären Selbstmords 1970 einer der international bekanntesten japanischen Autoren. In diesem Zeitroman beschreibt er das Scheitern der Ehe einer Restaurantbesitzerin und eines Diplomaten, der für das Gouverneursamt kandidiert, und liefert zugleich ein Bild der politischen Zustände um 1960.

Murakami Haruki, *Wilde Schafsjagd* (btb, 2006). Nur einer von vielen ins Deutsche übersetzten Romane dieses Erfolgsautors, der zahlreiche Literaturpreise gewann. Absurde Geschichte um die titelgebende Suche nach einem ganz besonderen Schaf auf Hokkaidō. Zuletzt erschien *Die Pilgerjahre des farblosen Herrn Tazaki* (Dumont Buchverlag, 2014), in dem ein Mann von Mitte dreißig ergründet, weshalb seine alten Schulfreunde ihm viele Jahre zuvor die Freundschaft aufkündigten.

Ōe Kenzaburo, *Der stumme Schrei* (Fischer, 2008), *Reißt die Knospen ab…* (Fischer 2010) u. a. Der Literaturnobelpreisträger von 1994 ist einer der wichtigsten japanischen Nachkriegsautoren (geb. 1935). Seine Grundthemen sind das traditionelle Leben im Dorf versus Großstadt, Zivilisationskritik, der Identitätsverlust Japans und sein Sohn, der mit einer geistigen Behinderung zur Welt kam.

Okuda Hideo, *Die seltsamen Methoden des Dr. Irabu* (btb, 2007). Geschichten um den unkonventionellen Psychotherapeuten Dr. Irabu, der es hier mit einigen schwierigen Fällen zu tun bekommt.

Ōka Shohei, *Feuer im Grasland* (Insel, 1994). Berühmter japanischer Kriegsroman: Ein japanischer Soldat kämpft auf einer philippinischen Insel gegen Kriegsende, dem Wahnsinn nahe, ums Überleben.

Tanizaki Jun'ichirō, *Der Schlüssel* (Rowohlt, 1999). Nach langer Ehe ist bei einem Paar die Luft raus. Ihre intimsten Gedanken und sexuellen Wünsche vertrauen die Eheleute jeweils einem Tagebuch an – und hegen bald den Verdacht, dass der Partner ihre Einträge heimlich liest.

Togawa Masako, *Schwestern der Nacht* (Unionsverlag, 2009). Spannende Geschichte der japanischen Krimimeisterin und Nachtclubbesitzerin um eine Serie von Frauenmorden, für die Honda Ichirō zum Tode verurteilt wird – aber Honda geht in Berufung …

Uno Chiyo, *Die Geschichte einer gewissen Frau* (Suhrkamp, 2004). Roman mit autobiografischen Zügen über eine unkonventionelle Frau im Tōkyō der 1920er-Jahre.

Yoshikawa Eiji, *Musashi* (Droemer Knaur, 2000). Seitenstarker Bestseller über das Leben eines Samurai Anfang des 17. Jhs., angelehnt an den legendären Schwertkämpfer Miyamoto Musashi.

Yoshimoto Banana, *Tsugumi* (Diogenes, 1998), *Kitchen* (Diogenes, 1994). Die Bestsellerautorin beschäftigt sich (auch) in diesen beiden Romanen mit dem Heranwachsen junger Mädchen, dem Abschied von der Jugend und dem Tod.

Westliche Autoren

Alan Brown, *Audrey Hepburn's Neck* (Gallery Books, 1997). Der junge Toshi träumt von einer Freundin, die aussieht wie Audrey Hepburn, und fängt eine Beziehung mit einer Amerikanerin an.

James Clavell, *Shogun* (Droemer Knaur, 1999). Spannender Schmöker, angelehnt an das Schicksal des historischen William Adams, der 1600 als Schiffbrüchiger in Japan landet und schließlich zum Berater des Shōguns wird, S. 115.

William Gibson, *Die Idoru-Trilogie* (Heyne, 2011). Cyberspace-Thriller in drei Folgen *(Virtuelles Licht, Idoru, Futurematic)* um einen amerikanischen Rockmusiker, der sich in Tōkyō in eine virtuelle japanische Schönheit à la Lara Croft verliebt. Nur mittels einer von verschiedenen Seiten heiß begehrten Software kann er ihr näher kommen.

Arthur Golden, *Die Geisha* (btb, 2005). Bestseller über ein junges Mädchen, das in Kyōto zur Geisha ausgebildet wird, die Intrigen ihrer Kollegin und ihre heimliche große Liebe.

Durs Grünbein, *Lob des Taifuns. Reisetagebücher in Haikus* (Insel Verlag, 2008). Der Lyriker verarbeitet hier seine Reiseerlebnisse in Japan in Form von Haikus. Originell und unterhaltsam. Mit japanischer Übersetzung, Erläuterungen und Nachwort.

Lafcadio Hearn, *Nippon. Leben und Erlebnisse im alten Japan 1890–1904* (Dumont, 1981). 1850 in Griechenland geboren, lebte Hearn ab 1890 in Japan, 1891 wurde er von der Familie seiner japanischen Frau adoptiert und nahm daraufhin den japanischen Namen Koizumi Yakumo an, S. 488.

Sujata Massey, *Bittere Mandelblüten* (Piper, 2008). Eine Amerikanerin japanischer Abstammung löst in Tōkyō Kriminalfälle – in diesem geht es um einen Mord in einer Ikebana-Schule.

Amélie Nothomb, *Mit Staunen und Zittern* (Diogenes, 2002). Witziger Roman um eine Europäerin, die in einem japanischen Großunternehmen arbeitet und sich dort in die Nesseln setzt. Auch in *Der japanische Verlobte* (Diogenes, 2012) geht es um Erfahrungen der Autorin in Japan.

Geschichte, Politik, Gesellschaft

Das japanische Kaiserreich, John W. Hall (Fischer Weltgeschichte, Bd. 20, 1968, Nikol 2011). Solides Geschichtswerk.

Denken in Japan, Maruyama Masao (Suhrkamp, 2006). Moderner Klassiker über die japanische Geistesgeschichte, geschrieben Ende

der 1950er-Jahre von einem der großen Intellektuellen des Landes.

Der Yakuza, Saga Jun'ichi (Peperkorn, 1995). Spannende Biografie über einen alten Yakuza-Boss.

Dogs and Demons, The Fall of Modern Japan, Alex Kerr (Penguin, 2001). Kritische Auseinandersetzung mit der Politik und Wirtschaft im modernen Japan.

Erbschaft der Schuld, Ian Buruma (Rowohlt, 1996). Vergangenheitsbewältigung in Deutschland und Japan im Vergleich.

Fukushima 360° – das atomgespaltene Leben der Opfer vom 11. März 2011, Alexander Neureuter (2014). 44 Fotoreportagen, mit denen der Umweltjournalist Neureuter das Leben der Opfer zwei Jahre nach der Katastrophe dokumentiert.

Geschichte Japans: Von 1800 bis zur Gegenwart, Reinhard Zöllner (UTB, 2013). Reich bebildertes, anschauliches Standardwerk zur jüngeren Geschichte Japans.

Hiroshima. 6. August 1945 – 8 Uhr 15, John Hersey (Europäische Verlagsanstalt, 2005). Der amerikanische Kriegsreporter interviewte 1946 mehrere Überlebende des Atombombenabwurfs und berichtete von dessen Folgen – gegen den Widerstand der amerikanischen Behörden.

Japan: Ein Länderporträt, Christian Tagsold (Ch. Links Verlag, 2013). Von den vielen Büchern über Japan hebt sich dieses Länderporträt eines Japanologen wohltuend ab, da es keine Klischees bedient.

Samurai oder von der Würde des Scheiterns, Ivan Morris (Insel, 1999). Vorgestellt werden eine Reihe japanischer Helden, die eines gemeinsam haben: Alle endeten tragisch.

Zeit für Japan: Reportagen aus einem unbekannten Land, Gert Anhalt (Bucher, 2005). Interessante Einblicke in das moderne Japan von dem ZDF-Korrespondenten und Japanologen.

Kunst und Kultur

Architekturführer Tokio, Ulf Meyer (DOM publishers, 2010). Wer sich für Architektur interessiert, findet in diesem Band 200 moderne japanische Bauten in Tōkyō mit Fotos, Grundrissen und Stadtplänen.

Das Buch der fünf Ringe, Miyamoto Musashi (RaBaKa Publishing Verlag, 2007). Die Philosophie des japanischen Schwertkampfs, dargelegt vom größten Schwertkämpfer aller Zeiten, ein Lehrbuch für Anhänger der japanischen Kampfkünste. Mit Biografie.

Das Buch vom Tee, Okakura Kakuzo (Insel, 2002). Schmales Buch über die Teezeremonie und die Philosophie dahinter.

Harumis japanische Küche, Kurihara Harumi (Dorling Kindersley, 2006). Preisgekröntes Kochbuch mit einfachen Anleitungen.

Hokusai – 36 Ansichten des Berges Fuji, Jocelyn Bouquillard (Schirmer/Mosel, 2007). Kommentierter Band zur berühmtesten Serie von Hokusai, seiner Hommage an den heiligsten Berg Japans.

Japanische Gartenkunst, Irmtraud Schaar-schmidt-Richter (Deutsche Verlagsanstalt, 2008). Kostspieliger, aber sehr informativer Bildband zur Geschichte und Entwicklung der japanischen Gartenkunst.

Japanische Häuser, Architektur und Interieurs, Alexandra Black (Dumont, 2002). In diesem Bildband stellen die Autorin und der Fotograf Murata Noboru 13 typische japanische Häuser vor – vom Teehaus bis zur kaiserlichen Villa.

Kleines Lexikon zur japanischen Kultur Japanisch-Deutsch, Nakano Yoshiyuki und Aumann, Oliver (Asahi Shuppan-sha, 2006). Japan-spezifische Begriffe und Neologismen werden hier nach Themen gegliedert auf Japanisch und Deutsch erklärt.

Ukiyo-e, Woldemar von Seydlitz und Doris Amsden (Parkstone International/Kroemer, 2008). Preiswerter Bildband über die Geschichte des Farbholzschnitts und dessen wichtigste Vertreter.

Religion

Eat, Sleep, Sit – My year at Japan's Most Rigorous Zen Temple, Nonomura Kaoru (Kodansha International, 2009). Der 1959 geborene Autor schildert seine Erfahrungen als Zen-Schüler im Eihei-ji, wo er als 30-Jähriger ein Jahr verbrachte.

Shintō. Eine Einführung, Ernst Lokowandt (Iudicium, 2001). Anschauliche Vorstellung der Geschichte und Gegenwart dieses urjapanischen Glaubens.

Zazen oder der Weg zum Glück, Abt Muho (Rowohlt, 2007). Geschrieben vom deutschen Abt des Antai-ji. Dabei geht es weniger um die Zen-Praxis als um die persönliche Geschichte des Autors und die Zen-Philosophie als solche.

Zen und die Kultur Japans, Suzuki Daisetz (O. W. Barth, 1994). Suzuki (1870–1966) machte den Zen im Westen bekannt. Hier schreibt er über die Bedeutung des Buddhismus für die japanische Kultur.

Sprache

Lonely Planet Sprachführer Japanisch (MairDumont, 2012). Handliches kleines Format. Mit Einführung zur Grammatik, nach Themen sortierten Phrasen und Vokabelliste.

Even Monkeys fall from trees and other Japanese proverbs, David Galef (Charles E. Tuttle, 2000). Eine Sammlung japanischer Sprichwörter mit englischer Übersetzung sowie Illustrationen von Hashimoto Jun.

Spezialreiseführer, Reiseberichte und Bildbände

Buddha-Café, Lovehotel und 88 Tempel: Meine Pilgerreise in Japan, Ryofu Pussel (Kamphausen, 2009). Über den 1300 km langen Pilgerweg von Shikoku (S. 498), beschrieben von einem deutschen Zen-Mönch, der seit 1992 in Japan lebt.

Hiking Japan, David Joll, Craig McLachlan, Richard Ryde (Lonely Planet Publications, 2009). Sehr hilfreicher Wanderführer für alle, die in Japan längere Wanderungen planen.

Japan, Kerstin Fels (Bruckmann, 2007). Schöne Fotos, unterhaltsame Texte, nicht ganz billig.

Japan in München – Sushi, Suppen, Shopping & mehr, Axel Schwab (BoD, 2014). Um Japan schon in Deutschland zu genießen, stellt der Autor die 50 besten Restaurants und Geschäfte vor. Weitere Städte sind in Planung. ⌨ www.japan-in-muenchen.de.

Labyrinth Tokio – 38 Touren in und um Japans Hauptstadt, Axel Schwab (BoD, 2014). Wer Tōkyō zu Fuß noch intensiver erkunden möchte, dem sei insbesondere das E-Book mit seinen vielen farbigen Bildern empfohlen.

Ryokan. Zu Gast im traditionellen Japan, Gabriele Fahr-Becker (Ullmann/Tandem, 2005). Dieses Buch dreht sich nicht nur um Ryokan, sondern um die traditionelle japanische Lebensart allgemein.

Index

47 rōnin 180
88-Tempelweg 30

A

Abashiri 292
Aberglaube 132
Abe Shinzō 123
Adams, William 115
Adressen 92
Affen 77, 102, 351, 396, 553
Aikidō 80
Aiko 121
Ainokura 327
Ainu 105, 271, 280, 282, 293, 299
Aizu Wakamatsu 230
  Buke-yashiki 230
  Iimori-yama 230
  Tsuruga-jō 230
Akan-ko 293
Akan-Nationalpark 293
Akashi-kaikyō 35, 475, 496
Akihito 61
Akita 252
Akiyoshidai 482
Akiyoshi Toshiko 150
Aktivitäten 29, 78
Allergien 66
Amakusa 563
Amakusa-Shimabara-
  Aufstand 564
Amakusa Shirō 564
Amanohashidate 415
Amaterasu 127, 435, 566, 567
Amida 140
Amida-Schulen 129
Andō Hiroshige 144
Andō Momofuku 219
Andō Tadao 137, 174, 394, 479, 480
Anime 145
Anreise 42
Aoki Jun 138, 263
Aomori 263
Aoshima 580
Arbeitslosigkeit 108, 125

Architektur 133
Arima Onsen 450
Arita 534
Arita-Porzellan 535
Armut 108
Artikel 9 123
Asahi-dake 286
Asai Chū 145
Asakura Fumio 170
Ashikaga 113
Ashikaga Takauji 114, 395
Ashikaga Yoshimasa 385
Ashikaga Yoshimitsu 114, 389
Ashizuri-misaki 515
Ashizuri-Uwakai-
  Nationalpark 515
Aso 553
Aso-Kujū-Nationalpark 553
Asuka 427
Asuka-Zeit 110, 425, 427
Atombombenabwürfe 119, 464, 467, 538
Atombombendom 465
Atomenergie 104
Aum-Sekte 132
Ausreise 42
Ausrüstung 64
Außenpolitik 121
Awajishima 475
Awamori 587, 614
Azuchi-Momoyama-Zeit 114
Azumino 339

B

Bakufu 113
Banken 64
Ban Shigeru 138, 257
Bären 77
Baseball 78
Bashō Matsuo 243, 637
Behinderungen 74
Benzai-ten 141
Beppu 548
Berge 78
Betsuyaku Minoru 149
Bevölkerung 104
Biei 289
Bier 57
Bildhauerei 141

Bildrollen 142
Bildung 107
Bishamon-ten 141
Biwa 150
Bodhisattvas 140
Bonsai 200
Boshin-Krieg 230
Botschaften 43
Brasilianer 106
Braunbären 289
Bubble Economy 125
Bücher 637
Buddha 129, 140
Buddhismus 110, 129
Bunraku 147, 442
Burakumin 105
Burgen 135
  Hagi 481
  Himeji 454
  Hirosaki 265
  Hiroshima 467
  Inuyama 316
  Kōchi 510
  Kumamoto 558
  Matsue 488
  Matsumoto 334
  Matsuyama 517
  Nagoya 307
  Okayama 459
  Okinawa 596
  Ōsaka 440
  Tsuruga (Aizu-Waka-
    matsu) 230
Bürgerkriege 114
Bushidō 80
Busse 90
Butoh 149
Byakko-tai 230
Byōdo-in 417

C

Camping 95
Chikamatsu Monzaemon 147
China 43, 44
Chinesisch-Jap. Krieg 117
Chiran 574
Chogoku 457
Christentum 114, 116, 131, 483, 537, 564

Chūbu 24, 305
Chūgoku 26
Churaumi-Aquarium 600
Chūzenji-See 209
Clavell, James 115

D

Daibutsu (Kamakura) 224
Daikoku-ten 141
Daimyō 113
Dainichi 140
Daisetsuzan-National-
park 286
Daruma 48
Date Masamune 232
Dazaifu 534
Delphine 565
Deme Masanobu 509
Deutsches Haus Naruto 509
Deutsches Kulturdorf
Ueno 605
Devas 141
Dewa Sanzan 244
de Xavier, Francisco 131, 568
Dichtkunst 146
Dōgen 130, 357, 358
Dōgo Onsen 519
Donburi 52
DPJ (Demokratische Partei
Japans) 122

E

Ebisu 141
EC-Karten 63
Edo 155, 167
Edo-Zeit 116
Ehime 517
Eihei-ji 357
Einkaufen 44, 58
Einreise 42
Eintritt 40
Eisai 130, 388
Eisenbahn 88, 160
Eisenbahnmuseum 309
Eisfest (Shikotsu-See) 295
Ekawazaki 515
Eki-ben 57
Elektrizität 71
Elektronik 46

E-Mail 69
Emaki-mono 142
Energie 59, 103
Enkū 142, 323
Ennin 260
Enoshima 224
Epochen 109
Erdbeben 77, 101, 120
Erster Weltkrieg 118, 509
Essen 29, 49, 58, *siehe auch*
Küche
Essstäbchen 46, 49
Export 126

F

Fächer 47
Fähren 90
Fahrräder 91, 515
Fauna 101
Feiertage 59
Feng Shui 111
Fernsehen 72
Feste 59
Awa Odori (Tokushima) 505
Eisfest (Shikotsu-See) 295
Feuerfest (Kurama) 413
Gion Matsuri (Kyōto) 388
Hina Matsuri 61
Nebuta Matsuri
(Aomori) 263
Neputa Matsuri
(Hirosaki) 265
Onbashira-Matsuri
(Suwa) 345
Sanja Matsuri (Tōkyō) 165
Sannō Matsuri (Tōkyō) 164
Sapporo Yuki Matsuri 278
Shichi-go-san 62
Tanabata Matsuri
(Sendai) 238
Tenjin-matsuri (Ōsaka) 446
Yosakoi-Tanzfest
(Sapporo) 278
Film 151, 393, 509
Flohmärkte 46, 159, 393
Flora 101
Flüge 42, 86
Flughäfen 43
Flüsse 100

Fotografieren 62
Frauen 62, 107
Friedensvertrag von
San Francisco 119
Frühgeschichte 108
Frühstück 53
Fugen 141
Fugen-dake 547
Fuji-san 101, 211
Fujita Tsuguharu 253
Fujiwara 112
Fukui 355
Fukuoka 527
Canal City 529
Essen 530
Fukuoka Tower 530
Hakata 529
Hakata Machiya
Furusato-kan 529
Informationen 532
Kushida-jinja 529
Momochi 530
Museum für Asiatische
Kunst 529
Nahverkehr 533
Tenjin 529
Transport 533
Übernachtung 530
Unterhaltung 532
Fukurokuju 141
Fukushima 104, 121, 229, 232
Fukuzawa Yukichi 163
Furano 289
Fußball 80, 276
Futami-ga-ura 435
Futenma 596

G

Gagaku 149
Ganjin 426
Gärten
Chiran 574
Katsura Rikyū (Kyōto) 397
Kenroku-en
(Kanazawa) 360
Kōraku-en (Okayama) 459
Ritsurin-kōen
(Takamatsu) 494
Ryōan-ji (Kyōto) 390

ANHANG

Sengan-en (Kago-
  shima) 569
Shukkei-en (Hiroshima) 465
Suizenji-kōen (Kuma-
  moto) 561
Tokushima 506
Gartenbau 138
Gas-san 246
Gasshō-zukuri 326
Geibikei 249
Geld 62
Geldautomaten 63
Genji Monogatari 142, 146,
  637
Geografie 100
Gepäck 64, 74
Gero Onsen 319
Geschichte 108, 639
Gesellschaft 104
Gesundheit 65
Geta 48
Getränke 57, 58
Gifu 314
Gleichberechtigung 107
Glossar 50, 633
Go-Daigo 113
Gokayama 327
Goldener Pavillon (Kyōto) 389
Golden Week 60
Großes Ostjapanisches
  Beben 120

H
Habu 586
Hachiman-Schreine 133
Hachimantai 257
Hagi 480
Haguro-san 245
Haiku 146
Hakatajima 477
Hakodate 303
Hakone 213
Hakuba 338
Hakuin 143
Hanami 25
Hara Hiroshi 137, 378, 438
Hasegawa Itsuyo 137
Hasegawa Tōhaku 143
Hasekura Tsunenaga 233

Hatoyama Yukio 123
Hearn, Lafcadio 488
Heiankyō 374
Heian-Zeit 112, 374
Heijōkyō 110, 417
Hernsheim, Eduard 605
Hideyoshi Toyotomi 440
Hiei-zan 394
Higashiyama Kaii 145, 346
Hijikata Tatsumi 149
Hikone 416
Himeji 454
Hina Matsuri 61
Hino Terumasa 150
Hiraizumi 248
Hirara 603
Hirohito 60
Hirosaki 265
Hiroshima 480
  Atombombenabwurf 467
  Burg 467
  Chūō-Park 467
  Essen 468
  Friedenspark 464
  Hijiyama-Park 467
  Kunstmuseum der Präfektur
    Hiroshima 465
  Shukkei-en 465
  Städt. Museum für zeit-
    genössische Kunst 467
  Transport 470
  Übernachtung 468
Hochzeiten 131
Hofmusik 149
Hōheikyō Onsen 280
Hōjō 113
Hokkaidō 24, 33, 100, 105, 269
  Reisezeit 271
  Transport 272
Hokkaido-Kürbis 272
Hokuriku 355
Hokusai 144, 350
Holländer 539
Holzschnitt 47, 144
Hon'ami Kōetsu 143
Hōryū-ji 134, 417, 426
Hostels 94
Hotaka 339
Hotaka-dake 340

Hotei 141
Hotels 92
Hozugawa 396
Hügelgräber 109
Hygiene 66
Hyōgo-ken 448

I
Iaidō 80
Ibusuki 574
Ikebana 137, 382
Ikeda Terumasa 456
Ikemajima 604
Ikuchijima 477
Imabari 478
Industrialisierung 117, 124
Informationen 67
Inlandsee 100, 470, 475
Innoshima 477
Internet 67, 69
Inuyama 316
Irabujima 609
Iriomote 619
Iriomote Wildlife Center 621
Iriomote-Yamaneko 620
Ise-daijingū 433
Ise-Shima-Nationalpark 433
Ishida Mitsunari 314
Ishigaki 611
Isozaki Arata 137
Itai-Itai-Krankheit 103
Itako 261
Itami Jūzō 521
Itō Jakuchū 144
Itoman 594
Itō Toyō 137
Itsukushima-jinja
  (Miyajima) 471
Iwakuni 474
Iwami-Ginzan 484
Iwate-san 251
Iya-Tal 503
Izanagi 127, 567
Izanami 127, 567
Izumo 485

J
Japanische Alpen 24, 78,
  100, 329

Japanisches Meer 355
Japan Rail Pass 88
Jazz 150, 450
JET-Programm 70
Jimmu 60, 109, 110, 127, 432
Jizō 140
JNTO 67
Jobben 70
Jōchō 142
Joggen 82
John Manjirō 516
Jōmon-Zeit 109, 263
Jōsankei Onsen 280
Josetsu 143
JR East Pass 229
JR Hokkaidō Rail Pass 272
JR Kyūshū 527
JR West 374
Jugendherbergen 94
Jurōjin 141

K
Kabazaiku 254, 255
Kabuki 148, 442, 504
Kadena 596
Kaempfer, Engelbert 547
Kagoshima 568
Kagura-Tänze 566
Kaikei 142
Kaimon-dake 575
Kaiser
  Go-Daigo 114, 428
  Hirohito 119
  Jimmu 60, 109, 110, 127, 432
  Kōken 111
  Kameyama 386
  Meiji 60, 117, 160
  Shōmu 111
  Taishō 117
  Tenmu 426
  Yōmei 426
Kaiserpalast (Tōkyō) 158
Kaitaku no Mura 280
Kakunodate 254
Kalender 97
Kalligrafie 142
Kamakura 222
Kamakura-Zeit 112
Kamikaze-Flieger 574

Kamikōchi 339
Kampfsport 80
Kan'ami Kiyotsugu 147
Kanazawa 359
Kan Naoto 123
Kannon 140
Kanō Masanobu 143
Kanō-Schule 143, 384
Kanō Tan'yū 143, 430
Kansai 25, 373
Kanufahren 515
Kap Ashizuri 515
Kap Hedo 602
Kap Muroto 514
Kap Nishi-Hennazaki 604
Kap Ōma 261
Kap Toi 581
Karate 81
Karatsu 535
Karten 68
Katase-Strand
  (Kamakura) 224
Katō Kiyomasa 558
Katsurahama 510
Katsura Rikyū 397
Katsuren-jō 598
Katsushika Hokusai 144, 350
Kawaguchi-ku 212
Kayakfahren 81
Kegon-Schule 129
Keichō Mission 233
Kenchō-ji (Kamakura) 222
Kendō 80
Kenroku-en (Kanazawa) 360
Keramik 46
  Hagi 480
  Kanazawa (Kutani) 367
  Kyōto 408
  Kyūshū 534, 535
  Nagoya 309
  Okinawa 587
  Seto 313
Kerr, Alex 504
Kii-Halbinsel 428
Kimono 48, 393
Kinder 71
Kingo Tatsuno 155
Kinkaku-ji (Goldener
  Pavillon) 389

Kinoshita Shin'ichi 150
Kirschblüte 25,
  Hirosaki 265,
  Hakodate 304
  Hiroshima 467
  Kakunodate 254
  Kyōto 385, 398
  Yoshino 428
Kiso-Tal 330
Kitagawa Utamaro 144
Kitesurfen 84
Kiyomizu-dera 389
Kleidung 48, 64
Klettern 82
Klima 37
Klimawandel 42
Kobayakawa Hideyaki 314
Kobayashi Issa 146
Kōbe 35, 448
Kōbe-Beef 452
Kōbō Daishi 428, 429, 431,
  498, 501
Kōchi 510
Kōfuku no Kagaku 132
Kofun-Zeit 109
Koizumi Jun'ichirō 122, 124
Koizumi Yakumo 488
Kojiki 110, 111, 485, 567
Koke-dera (Kyōto) 397
Kokuminshuku-sha 94
Kōmeitō 123
Konbini 45
König Shō Kei 586
König Shō Shin 584
König Shuntun 584
Konpira-san 501
Konsulate 43
Kōraku-en (Okayama) 459
Korea 43, 44, 115, 117,
  527
Koreaner 105
Kormoranfischen 316
Koto 149
Kotohira 501
Kōya-san 428
Kreditkarten 63
Kriminalität 76
Kronprinz Naruhito 121
Kublai Khan 113

Küche 50
  Hokkaidō 272
  Okinawa 54
  Shikoku 511, 513
Kukai 498
Kultur 132, 639
Kulturinstitute 69
Kuma Kengo 138
Kumamoto 558
Kumano 432
Kumano-Kodō 30, 432
Kunst 132, 141, 639
Kunsthandwerk 46, 144, 362, 366
Kurama 412
Kurashiki 461
Kurilen 100
Kurobe-Schlucht 355
Kurobe-Staudamm 353
Kuroda Seiki 145
Kurokawa Kishō 137, 161, 467
Kurokawa Onsen 554
Kurosawa Akira 151, 400
Kurushima-Kaikyō 496
Kusama Yayoi 145
Kusanagi no tsurugi 310
Kutchan 300
Kyōto 35, 374
  Adashino-Nenbutsu-ji 396
  Arashiyama 394
  Arashiyama-Affenpark Iwatayama 396
  Bahnhof Kyōto 378
  Botanischer Garten 393
  Chion-in 387
  Daigo-ji 398
  Daikaku-ji 395
  Daitoku-ji 389
  Eikan-dō 386
  Einkaufen 408
  Feste 409
  Flohmarkt 393
  Friedensmuseum 390
  Fushimi-Inari-taisha 397
  Garten der schönen Künste 394
  Gekkeikan Ōkura Sake Museum 398
  Geschichte 374

Ginkaku-ji (Silberner Pavillon) 385
Gion 381
Goldener Pavillon (Kinkaku-ji) 389
Haarmuseum 382
Heian-jingū 386
Hiei-zan 394
Higashi-Hongan-ji 379
Higashiyama 385
Informationen 410
International Manga Museum 382
Kaiserliches Hofamt 384
Kaiserpalast 383
Kamigamo-jinja 393
Karasuma-dōri 382
Katsura Rikyū 397
Kennin-ji 388
Kinkaku-ji 390
Kitano-Tenmangū 393
Kiyomizu-dera 389
Kōdai-ji 388
Koke-dera 396
Kyōto Gosho 383
Kyōto International Manga Museum 382
Kyōto-Nationalmuseum 379
Museum für Kunsthandwerk 386
Myōshin-ji 391
Nahverkehr 411
Nanzen-ji 386
Nationalmuseum für moderne Kunst 386
Nijō-jō 384
Ninna-ji 390
Nishi-Hongan-ji 379
Nishijin 393
Okazaki-Park 386
Orientierung 374
Philosophenweg 385
Ponto-chō 381
Ryōan-ji 390
Sagano 394
Saga Toriimoto 396
Saihō-ji 396
Sanjūsangen-dō 379
Shijō-Kawaramachi 381

Shimogamo-jinja 385
Shōren-in 388
Städtisches Kunstmuseum 386
Tenryū-ji 395
Tōfuku-ji 397
Tō-ji 378
Transport 411
Übernachtung 398
Unterhaltung 407
Yasaka-jinja 388
Zentrum 378
Kyūdō 80
Kyūshū 27, 31, 100, 525
  Nationalmuseum 534
  Transport 527

L
Lackwaren 46
  Kanazawa 367
  Okinawa 595
  Takayama 323
  Wajima 368
Landkarten 69
Laptop 70
LDP (Liberaldemokratische Partei) 120, 122, 124
Lesben 75
Literatur 146, 637
Love Hotels 93

M
MacArthur, Douglas 119
Maeda Toshiie 359
Maekawa Kunio 136
Magome 330
Maki Fumihiko 137, 177
Malaria 613
Mandschurei 118
Manga 145, 382
Mangroven 605
Manjirō, John 516
Man'yōshū 146
Marimo 293
Maruoka 359
Mashū-ko 293
Massaker von Nanking 118
Maße 71
Matsue 488

ANHANG

Matsue Toyohisa 509
Matsumoto 334
Matsuo Bashō 146, 249
Matsuri 61, 128
Matsushima 239
Matsushiro 350
Matsuyama 517
Medien 71
Meijimura 317
Meiji-Restauration 117, 303
Meiji-Zeit 117
Melonen 501
Midagahara 353
Mietwagen 90
Miho Museum 413
Mikimoto Kōkichi 436
Minamata 103
Minamoto 112, 504
Minamoto no Yoritomo 112
Minamoto no Yoshitsune 249, 412
Minderheiten 105
Mino 314
Minshuku 93
Min'yō 150
Miroku 140, 141
Mishima Yukio 390
Misora Hibari 150
Mitsukoshi 197
Miura Anjin 115
Miyajima 471
Miyake Jun 150
Miyako Harumi 150
Miyakojima 603
Miyazaki 579
Miyazaki Hayao 151, 172
Mobilfunk 125
Mobiltelefon 86
Monbetsu 292
Mongoleninvasionen 113
Monju 140
Mori Mariko 146
Mori Ōgai 170, 483, 637
Morioka 251
Motobu-Halbinsel 600
Motorräder 91
Mōtsū-ji (Hiraizumi) 249
Mukaishima 477
Mukden-Zwischenfall 118

Munakata Shikō 263
Murakami Takashi 145
Murasaki-mura 598
Murasaki Shikibu 417, 637
Murodō 352, 353
Muromachi-Zeit 113
Muroto-misaki 514
Musik 149
Musō Kokushi 222
Musō Sōseki 143
Mutsu 260
Myōō 141
Mythologie 83, 110, 127, 435, 567

N

Nachrichten 68
Nagai Takashi 537
Nagano 345
Nagasaki 536
  Atombombenabwurf 538
  Atombombenmuseum 538
  Dejima 539
  Einkaufen 545
  Essen 544
  Geschichte 537
  Glover Garden 540
  Hafenrundfahrten 546
  Inasayama 543
  Informationen 546
  Konfuzius-Schrein 540
  Megane-bashi 543
  Nahverkehr 546
  Oranda-zaka 542
  Ōura-Kirche 540
  Shōfuku-ji 542
  Suwa-jinja 542
  Teramachi 542
  Transport 546
  Übernachtung 544
  Unterhaltung 545
  Urakami 537
Nago 598
Nago Pineapple Park 600
Nagoya 307
  Atsuta-Schrein 309
  Bahnhof 309
  Burg 307
  Eisenbahnmuseum 309

  Essen 311
  Hafen 310
  Industrie- und Technologie-museum 309
  Informationen 312
  Noritake no Mori 309
  Ōsu-Kannon 309
  Sakae 307
  Tokugawa-Kunst-museum 307
  Transport 313
  Übernachtung 310
Naha 586
Nakadake (Aso) 553
Nakagusuku-jō 596
Nakasendō 30, 330, 416
Nakasone Tūmiya 603
Nakazawa Kenji 145
Nakijin-jō 600
Namen 628
Naoshima 479
Nara 417
  Daibutsu 420
  Essen 423
  Feste 425
  Gangō-ji 420
  Heijō-kyū 422
  Ilōki-ji 427
  Hōryū-ji 426
  Kasuga-taisha 420
  Kōfuku-ji 419
  Naramachi 420
  Nara Nationalmuseum 419
  Tōdai-ji 420
  Tōshōdai-ji 426
  Übernachtung 422
  Unesco-Weltkulturerbe 417
  Yakushi-ji 426
Nara Yoritomo 263
Nara Yoshitomo 145
Nara-Zeit 110
Narita 205
Naruto 508
Naruto Ōhashi 496
Nationalparks 72
  Akan-Nationalpark 293
  Ashizuri-Uwakai-National-park 515
  Aso-Kujū-Nationalpark 553

Daisetsuzan-National-
park 286
Ise-Shima-National-
park 433
Muroto-Anan-Kaigan-
Quasi-Nationalpark 514
Okinawa-Kaigan Quasi-
Nationalpark 598
Rishiri-Rebun-Sarobetsu-
Nationalpark 284
Setonaikai-National-
park 475
Shikotsu-Tōya-
Nationalpark 295
Shiretoko-Nationalpark 289
Towada-Hachimantai-
Nationalpark 257
Unzen-Amakusa-National-
park 547, 564
Natsume Sōseki 517, 561,
637
Nattō 53
Nebuta Matsuri (Aomori) 263
Neputa Matsuri
(Hirosaki) 265
Neue Religionen 131
Neujahr 59
Nibutani 282
Nichinan-kaigan 580
Nichiren 130
Nihongi 111
Nikkō 206
Nikkō-kaidō 211
Ninigi 127, 527, 567
Ninja 365
Niō 141
Niseko 300
Nishi Amane 483
Nishida Kitarō 385
Nishizawa Ryūe 138, 362
Nita-Pass 547
Nō 147, 362, 366
Noboribetsu Onsen 299
Noda Hideki 149
Norikura Onsen 342
Notfall 76
Noto-Halbinsel 368
Nudeln 52
Nyūtō Onsen 256

O

O-bon 61, 506
Obuse 350
Ocean Expo Park 600
Oda Nobunaga 114, 115, 394
Oden 53
Ōe Kenzaburo 638
Öffnungszeiten 73
Ōgaki 314
Ōgata Kōrin 144
Ōhara 413
Ōhara-Kunstmuseum
(Kurashiki) 461
Okamoto Tarō 175, 200
Okayama 459
Okinawa 28, 29, 34, 101, 583
Bevölkerung 106
Geschichte 584
Informationen 584
Karate 81
Küche 54
Musik 151
Strände 595, 598
Tauchen 84
Okinawa City 596
Okinawa-Kaigan Quasi-
Nationalpark 598
Okonomiyaki 52, 469
Okumura Masanobu 144
Ōkuninushi 502
Olympische Spiele
Nagano 346
Sapporo 273, 276
Tōkyō 119
Ōmishima 477
Ōnin-Kriege 114
On Kawara 145
Ōno Kazuo 149
Onomichi 476
Onsen 27, 73
Arima Onsen 450
Beppu 549
Dōgo Onsen 519
Gero Onsen 319
Hōheikyō Onsen 280
Ibusuki 574
Jōsankei Onsen 280
Katakura-kan (Suwa) 343
Kumanoyu Onsen 290

Kurama Onsen 412
Kurokawa Onsen 554
Noboribetsu Onsen 299
Norikura Onsen 342
Nyūtō Onsen 256
Shirahone Onsen 342
Unzen 547
Wakura Onsen 369
Yagen Onsen 261
Yudanaka Onsen 351
Yufuin 553
Orcas 290
Orimoto Tatsumi 145
Ōsaka 35, 437
Ame-mura 440
Burg 440
Dōtonbori 442
Essen 444
Geschichtsmuseum 440
Grand Front Ōsaka 438
Hankyū Entertainment
Plaza (HEP) 438
Informationen 447
Kita-ku 438
Minami-ku 440
Nahverkehr 447
Nanba (Namba) 440
Ōsaka Business Park 440
Ōsaka Station City 438
Shinsaibashi 440
Shitennō-ji 442
Sumiyoshi-taisha 442
Transport 447
Umeda 438
Umeda Sky Building 438
Unterhaltung 446
Übernachtung 443
Osanai Kaoru 149
Ōshima 477
Ōshima Nagisa 124
Osore-zan 260
Otaru 281
Otomo Katsuhiro 145
Ozawa Ichirō 123
Ozawa Tsuyoshi 146

P

Paketdienste 74
Papier 48

ANHANG

Parlament 120
Parteien 122
Pearl Harbour 119, 467
Pei, I. M. 413
Perlen 436, 565, 617
Perry, Matthew 116
Pilgerroute der 88 Tempel 498
Pilgerwege 30, 36, 130, 432, 498
Pirka Kotan 280
PL Kyōdan 132
PNP (Neue Volkspartei) 123
Politik 120
Popmusik 150
Portugiesen 114
Porzellan 535
Post 74
Präfekturen 123
Preise 40
Preiskategorien 93
Privatübernachtungen 95
Puppen 48, 61
Puppenspiel 148, 479
Puppentheater 506

Q
Quallen 586

R
Radfahren 29, 82, 408, 476, 571
Radio 72
Rafting 81, 318
Rausu-dake 290
Rebun 284
Rechtssystem 124
Regierung 120
Regionen 100
Reiseapotheke 67
Reisekosten 39
Reiserouten 30
Reiseveranstalter 75
Reisezeit 37
  Hokkaidō 271
  Murodō 354
Reiseziele 23
Religion 126, 640
Renga 146
Rentenversicherung 108

Republik Ezo 304
Rinpa 144
Rinzai-Schule 130
Ri Sanpei 534
Rishiri 284
Rishiri-Rebun-Sarobetsu-Nationalpark 284
Ritsurin-kōen (Takamatsu) 494
Rotgesichtsmakaken 102, siehe auch Affen
Rouault, Georges 161
Russisch-Japanischer Krieg 117
Russland 43
Ryōan-ji 390
Ryōbu-Shintō 131
Ryokan 93
Ryūkyū Glass Village 594
Ryūkyū-mura 598

S
Saigō Takamori 569
Sakakura Junzō 136
Sakamoto Ryōma 510, 511
Sakamoto Ryūichi 150
Sake 57, 344, 398
Sake-Brauereien 321, 344
Sakoku 116
Sakurajima 571
Salpeter 328
Salz 369, 604, 607
Samurai 113, 180
Sandbäder 549, 574
Sanja Matsuri (Tōkyō) 165
Sanjūsangen-dō 142, 379
Sannai-Maruyama-Jōmon-Ausgrabungsstätte 263
Sannō Matsuri (Tōkyō) 164
Sapporo 273
Sapporo Art Park 280
Satsuma-Halbinsel 574
Schamanismus 127
Schiffe 43
Schlacht um Okinawa 594
Schlacht von Dannoura 112
Schlacht von Sekigahara 115, 314

Schlangen 77, 586
Schnaps 57, 587
Schneefest Sapporo 278
Schreine 36, 48, 128
  Ama-no-Iwato-jinja 566
  Atsuta-jingū 309
  Dazaifu Tenmangū 534
  Fushimi-Inari-taisha (Kyōto) 398
  Heian-jingū (Kyōto) 386
  Ise-daijingū 433
  Itsukushima-jinja (Miyajima) 471
  Izumo-taisha 485
  Kamigamo-jinja (Kyōto) 393
  Konpira-jinja 501
  Meiji-Schrein (Tōkyō) 174
  Shimogamo-jinja (Kyōto) 385
  Tōshō-gū (Nikkō) 206
  Yasukuni-Schrein (Tōkyō) 122, 164
Schrift 109, 626
Schuhe 48, 96
Schulen 107
Schwule 75, 195
SDPJ (Sozialdemokratische Partei Japans) 123
Seelöwen 289
Seichō no Ie 132
Scido 366
Seinan Sensō 569
Sejima Kazuyo 138, 362
Seki 314
Sekigahara 314
Selbstverteidigungsstreitkräfte (SDF) 123
Sendai 232
Sengai 143
Sengoku-jidai 114
Sen no Rikyū 139
Seseki Onsen 290
Sesokojima 600
Sesshū Tōyō 143
Seto 313
Seto-Inlandsee 100, 470, 475, 480
Setonaikai 100, 470, 475, 480
Setonaikai-Nationalpark 475

Seto Ōhashi 493, 496
Setsubun 61
Shōchū 575
Shaka 140
Shakuhachi 149
Shamisen 149, 266
Shichi Fukujin 141
Shichi-go-san 62
Shiki Masaoka 146
Shikoku 26, 31, 100, 491
   Küche 511, 513
   Transport 493
Shikotsu-ko 295
Shikotsu-Tōya-
   Nationalpark 295
Shimanami-kaidō 476
Shimantogawa 514
Shimazu Nariakira 569
Shimizu Takashi 151
Shimokita-Halbinsel 260
Shingeki 149
Shingon-Schule 129
Shinkansen 88
Shintō 127
Shintō-Schreine 133, *siehe
   auch Schreine*
Shirahone Onsen 342
Shirakawa-gō 325
Shiraoi 299
Shiretoko-Nationalpark 289
Shitennō 141
Shitennō-ji 134
Shōdoshima 479
Shōgun 112
Shoin-zukuri 136
Shōtoku Taishi 110, 427, 442
Shūbun 143
Shugendō 246, 428
Shukkei-en (Hiroshima) 465
Shukubō 94
   Kōya-san 431
   Kyōto 401
   Togakushi 352
Shukutsu 281
Shūmeikai 132
Sicherheit 76
Skifahren 29, 85
   Hakuba 338
   Hokkaidō 273, 274, 300

Niseko 300
Norikura 342
Sapporo 274
Soba 351, 487
Sōka Gakkai 132
Sotelo, Luis 233
Sōtō-Zen 130, 358
Sōunkyō 286
Sport 78
Sportausrüstung 65
Sprache 68, 626, 640
Staatsstempel 129
Stadtpläne 69
Starck, Philippe 165
Stierkampf 523
Straßenbahnen 90
Strände 29
   Amakusa 565
   Chiragahama (Noto-
      Halbinsel) 369
   Irabujima 609
   Ishigaki 620
   Kamakura 224
   Katsurahama (Shikoku) 510
   Maehama (Miyako-
      jima) 606
   Okinawa (Hauptinsel) 595,
      598
   Shimanami-kaidō 477
   Yakushima 576
Suganuma 328
Sugawara Michizane 127,
   393, 534
Sugimoto Hiroshi 145
Suizenji-kōen (Kuma-
   moto) 561
Sumi-e 143
Sumō 83, 167, 192, 532
Surfen 84, 224, 582
Susanoo 127, 471, 485, 567
Sushi 47, 51
Suwa 343
Suzuki, D. T. 362
Suzuki Harunobu 144

T
Taifune 77
Taihō-Gesetze 110
Taika-Reformen 110

Taiken
   Ishigaki (Okinawa) 617
   Naha (Okinawa) 592
   Takayama 324
   Tōkyō 200
   Tōya-See 299
Taiko 150, 557
Taira 112, 504
Taira no Tokuko 413
Taishō-Zeit 117
Taiwan 44
Takachiho 566
Takamatsu 493
Takamatsu Shin 138
Takaoka 372
Takao-san 184
Takarazuka 148
Takasaki-yama-Affen-
   reservat 553
Takase Aki 150
Takayama 320
Takemitsu Tōru 150
Taketomi 618
Takkoku no Iwaya
   Bishamon-dō 249
Talismane 48
Tanabata 61
Tanabata Matsuri
   (Sendai) 238
Tange Kenzō 137, 170, 465
Tanka 146
Tanz 149, 505, 506, 566
Tateyama-Kurobe-Alpen-
   route 352
Tatsuno Kingo 136
Tauchen 29, 84, 85
   Ishigaki 617
   Okinawa 592, 599
   Yakushima 579
Taut, Bruno 397
Tawaraya Sōtatsu 143, 388
Taxi 91
Tee 57, 417, 575
Teezeremonie 139
Telefon 86
Tempel 36, 134
Tempelunterkünfte *siehe
   shukubō* 94
Tendai-Schule 129, 394

Tennō 98, *siehe auch Kaiser*
Tenpura 53
Tenrikyō 131
Teshigawara Saburō 149
Tezuka Osamu 145
Theater 147
Thermalquellen 101, *siehe auch Onsen*
Thronfolge 121
Tiere 76, 102
Toba 435
Toba Sōjō 142
Tōdai-ji 134, 142
Todesstrafe 124
Togakushi 351
Tōhoku 24, 227
Toiletten 66
Tōjinbō 359
Tokachi-dake 286
Tōkaidō 30, 179
Tokugawa Iemitsu 384
Tokugawa Ieyasu 115, 155, 206, 307, 314, 384
Tokugawa-Kunstmuseum (Nagoya) 307
Tokugawa Yoshinobu 384
Tokugawa-Zeit 116
Tokushima 504
Tōkyō 23, 34, 155
  Akasaka 163
  Akihabara 198
  Aktivitäten 200
  Aoyama-Friedhof 163
  Asakusa 164
  Azabu 163
  Bunkyō 181
  Daikan'yama 177
  Ebisu 177
  Edo-Tōkyō Museum 167
  Einkaufen 197
  Essen 190
  Feste 196
  Flohmarkt 159
  Fukagawa Edo Museum 167
  Geschichte 167
  Ghibli Museum 172
  Ginza 159
  Hama-Rikyū-Park 161

Hamamatsuchō 161
Happō-en 181
Hara-Museum 180
Harajuku 173
Hauptbahnhof 155
Hongan-ji 160
Ikebukuro 182
Informationen 201
Kabuki-za 159, 195
Kaiserpalast 155, 158
Kameido-Tenjin-Schrein 167
Koishikawa Kōrakuen 181
Maid Cafes 198
Meguro 179
Meiji-Schrein 174
Mitsubishi Ichigōkan 159
Museum für Fotografie 177
Nahverkehr 202
Nezu-jinja 170
Nezu-Museum 175
Nihonbashi 158
Odaiba 182
Omote Sandō 174
Parlament 164
Rathaus Tōkyō 170
Roppongi 162
Ryōgoku 167
Sengaku-ji 180
Sensō-ji 165
Shibuya 173, 175
Shinagawa 179
Shinbashi 160
Shinjuku 170
Shiodome 160
Shirokanedai 181
Shitamachi 164
Shunkaen Bonsai Museum 200
Sumō-Stadion Kokugikan 167
Sunshine City 182
Takao-san 184
Teien-Kunstmuseum 179
Transport 203
Tsukiji 159
Tōkyō Big Sight 183
Tōkyō Dome City 181
Tōkyō International Forum 159

Tōkyō Midtown 162
Tōkyō Nationalmuseum 168
Tōkyō Opera City 171
Tōkyō Skytree 167
Tōkyō Skytree Town 165
Tōkyō Station Gallery 155
Tōkyō Tower 162
Ueno-Park 168
Ueno 168
Unterhaltung 194
World Trade Center 161
Yanaka 168
Yasukuni-Schrein 164
Yoyogi-Park 174
Zōjō-ji 161
Übernachtung 183
Ōedo Onsen Monogatari 200
Tori Bushii 141
Torii 133
Torii Kiyonobu 144
Tosa 510
Tosa Mitsunobu 142
Tosa-Schule 142
Tōshōdai-ji 142, 426
Tōshō-gū 206
Tourismus 126
Towada-Hachimantai-Nationalpark 256, 257
Towada-ko 258
Tōya-ko 296
Toyama 371
Toyota Automobile Museum 313
Toyotomi Hideyoshi 115, 456, 534
Trampen 92
Transport 59, 86
  Hokkaidō 272
  Kansai 374
  Kyūshū 527
  Shikoku 493
  Tōhoku 229
Treibeis 292
Trinkgeld 97
Tsingtau 509
Tsugaru jamisen 266
Tsumago 330
Tsunami 77, 120

ANHANG

Tsurugi-dake 353
Tsuwano 482
Tuschemalerei 143

U

U-Bahnen 90
Überalterung 106
Übernachtung 92
Uchinomaki Onsen 554
Udo-jingū 580
Udon 497
Uemura Bunrakuken 148
Uji 417
Ukiyo-e 144, 175, 335, 350, 481
Umwelt 103
Umweltschutz 58, 103
Ungleiche Verträge 116
Universitäten 107
Unkei 142
UNO-Friedensmissionen 122
Unterkünfte 68
Unzen 547
Unzen-Amakusa-National-
   park 547, 564
Urado-Bucht 510
Ushijima Mitsuru 594
Ushitaki 261
US-Militärstützpunkte 596
Usuki 553
Uwajima 523

V

Vegetarier 54, 55, 68
Verfassung 123
Verhaltensregeln 77
Verhaltenstipps 95
   Onsen 73
   Schreinbesuch 128
   Tischsitten 49
Verkehr 76
Versicherungen 97
Verwaltungsstruktur 123
Vinoly, Rafael 159
Visa 97
Visitenkarte 95
von Siebold, Philipp Franz 543
Vorwahl 86

Vulkanausbrüche 77
Vulkane 101

W

Wajima 368
Wakinosawa 261
Wakura Onsen 369
Wälder 101
Walfang 104
Wandern 29, 30, 78
   Akan-Nationalpark 293
   Asahi-dake 286
   Fuji-san 212
   Iriomote 623
   Ishigaki 615
   Japanische Alpen 353
   Kamikōchi 340
   Kiso-Tal 331
   Nakadake (Aso) 556
   Rebun-tō 285
   Rishiri-san 284
   Shiratani Unsuikyō
      (Yakushima) 576
   Shiretoko-Nationalpark 290
   Towada-See 258
   Yakushima 579
Wasabi 339
Wäsche 65
Washingtoner Flotten-
   abkommen 118
Wasser 66
Websites 67
Wechselkurs 62
Weekly Mansion 95
Weihnachten 62
Welthandel 126
Weston, Walter 339
Wetter 68
Währung 62
Wildkatzen 102
Wilhelm I. 605
Wintersport 85, 273
Wirtschaft 124
Wright, Frank Lloyd 318

X

Xavier, Francisco de 131, 568

Y

Yaeyama-Inseln 611
Yagen Onsen 261
Yakitori 53
Yakushi 140
Yakushi-ji 142
Yakushima 576
Yaku-sugi 576
Yakuza 76
Yamabushi 246
Yamada Chisato 266
Yamadera 242
Yamagata 242
Yamanaka-ko 212
Yamato-e 142
Yamato no Takeru 127, 310
Yashima 504
Yasukuni-Schrein (Tōkyō) 122,
   164
Yayoi-Zeit 109
Yodogawa 437
Yokohama 218
Yokoyama Taikan 145
Yomitan 598
Yosa Buson 143, 146
Yosano Akiko 146
Yoshida Tetsurō 136
Yoshikawa Eiji 332
Yoshino 428
Yudanaka Onsen 351
Yudono-san 246
Yufuin 553
Yukata 48
Yumoto Onsen 209

Z

Zeami Motokiyo 147
Zeit 97
Zeitungen 71
Zeitverschiebung 97
Zen-Buddhismus 130, 222,
   358, 389, 391
Zenkō-ji (Nagano) 345
Zentsū-ji 501
Zoll 46, 98
Zweiter Weltkrieg 118, 164,
   390, 467, 586, 593, 594

Danksagung

Jessika Zollickhofer
Mein größter Dank gilt meiner Familie, ohne deren Unterstützung meine Recherchereise nicht möglich gewesen wäre. Außerdem danke ich meiner Freundin Christiane Dramé für die gemeinsame Woche auf Kyūshū und die frische Perspektive auf Japan sowie Renate und Stefan Loose für die gemeinsame Erkundung von Aso. In Japan möchte ich mich bei meinem Mentor Herrn Arikawa Kantarō für spannende Tage und anregende Gespräche in Kagoshima bedanken, bei Nishihara Marina und Mukaida Kumiko für die schöne Zeit in Beppu und Fukuoka, bei Stefanie Richert für ihren „Sonderflug" nach Kyūshū, bei Shimizu Futoshi für Hilfe aus der Ferne sowie bei den JETs Claudia Kehl in Ōita, Jessica Bauer in Kumamoto und besonders Sascha Klinger in Miyazaki für die vielen guten Tipps und Hinweise. Zum Gelingen der zweiten Auflage beigetragen haben außerdem meine wunderbaren Kolleginnen Gritta Deutschmann, Anja Linda Dicke, Katharina Grimm und Silvia Mayer von den Bintangs. Danke dafür! Abschließend ein herzliches Dankeschön an Frau Bettina Krämer und die JNTO für ihre Förderung dieses Projekts.

Isa Ducke und Natascha Thoma
Wir danken Bettina Krämer und JNTO Frankfurt für ihre Unterstützung bei der Recherche, Ōshiro Kazuya von OCVB Okinawa, Minato Shinichirō von Ishikawa-ken, Daiku Yuri und Hiromi für ihre Gastfreundschaft und Tipps zu Okinawa und Katō Chikara für seine großartige Führung durch den Kenroku-en in Kanazawa. Außerdem danken wir Kuwata Hiroyo und Uetsuki Yumiko für ihre langjährige Freundschaft und die immer wieder erfrischenden Einblicke in die japanische Gegenwartskultur.

Birgit Bianca Fürst
Mein Dank gilt der Ainu-Gesellschaft Hokkaidō für Auskünfte und Bilddokumente, der Hokkaidō-Tourismusbehörde für Beratung, Bereitstellung von Broschüren und Bildmaterial, Herrn Yoshimura für diverse Outdoor-Informationen, Herrn Yamashita für alle Tipps zu Rishiri, Vincent für die Shiretoko-Infos sowie sowie meiner „Patent-Tante" Annemarie Tewes für geduldiges Korrekturlesen.

Hartmut Pohling
Ich danke all den Menschen, die mich während des Reisens durch Japan so hilfreich und freundlich unterstützt haben – besonders den Familien Usui und Gō, ohne deren Langzeit-Gastfreundschaft diese kostspielige Recherche nicht möglich gewesen wäre. Mehr noch als tiefer Dank geht an Hiroko Usui-Pohling, die mit ihrem akribischen Arbeitseifer, viel Geduld und landeskundlichem Wissen letztendlich zum Gelingen meines Anteils des vorliegendes Werkes beigetragen hat – die gemeinsame Sympathie zu und die tiefe Neugierde auf Japan hat die Arbeit sehr erleichtert.

Axel Schwab
Besonders bedanken möchte ich mich bei Hideyuki und Junko Nebiya sowie Toki und Non Sasaki für ihre Gastfreundschaft. Dank geht auch an die Stadtverwaltung von Tōkyō, namentlich an die Tourismusbeauftragte Frau Hiromi Waldenberger und an Atsushi Katō, Asuka Kondō und Soko Shimizu vom Tokyo Convention & Visitors Bureau (TCVB) für die hervorragende Betreuung vor Ort. Herrn Takayasu Akiyama danke ich für die Infos über Nikkō und Herrn Patrick Carey für die Unterstützung bei meinen Planungen in Hakone. Ich danke allen Japanern, denen ich auf meinen Reisen begegnet bin und die mir gegenüber immer freundlich und hilfsbereit waren.

Außerdem danken wir folgenden Leserbriefschreibern:
Marc Baumann, Daniela Börner, Johannes Eckstein, Dawid Jarzynski, Klaus Liphard und Klaus Welschof.

ANHANG

Bildnachweis

Umschlag

Titelfoto japan-photo.de / Hartmut Pohling; Wunschtafeln am Schrein
Umschlagklappe vorn getty images / kokoroimages.com; die Shibuya-Kreuzung in Tōkyō bei Nacht

Farbteil

S. 2 mauritius images / Alamy
S. 3 laif / Lengler (oben)
laif / RAPHO (unten)
S. 4 Axel Schwab (unten)
S. 4/5 Axel Schwab (oben)
S. 5 Axel Schwab (unten)
S. 6 Axel Schwab (2)
S. 7 picture-alliance / Marthelot / Leemage
S. 8 Katharina Grimm (oben)
mauritius-images / Diversion (unten)
S. 9 laif / eyedea / Jose Fuste Raga
S. 10 LOOK-foto / age fotostock
S. 11 picture-alliance / Dr. Philips (oben)
mauritius-images / age (unten)
S. 12 iStock / nathanphoto (oben)
japan-photo.de / Hartmut Pohling (unten)
S. 13 picture-alliance / epa / Rain
S. 14 japan-photo.de / Hartmut Pohling (oben)
Jessika Zollickhofer (unten)
S. 15 getty images / Jonathan Evan Arnouts
S. 16 Okinawa Convention & Visitors Bureau

Schwarz-Weiß

Birgit Bianca Fürst S. 269, 282
Katharina Grimm S. 227, 235, 258
japan-photo.de / Hartmut Pohling S. 23, 37, 87, 134, 135, 138, 373, 392, 414, 421, 455, 457, 465, 478, 485, 491, 496, 520, 625
Axel Schwab S. 31, 35, 39 (unten), 41, 56, 153, 173, 175, 180, 184, 185, 206
Jessika Zollickhofer S. 39 (oben), 47, 52, 525, 538, 551, 556, 559, 568, 577, 580
westwards S. 28, 99, 264, 305, 328, 331, 332, 346, 353, 358, 363, 364, 476, 583, 591, 597, 601, 606, 621

ANHANG

Impressum

Japan
Stefan Loose Travel Handbücher
2., vollständig überarbeitete Auflage **2015**
© DuMont Reiseverlag, Ostfildern

Gesamtredaktion und -herstellung
Bintang Buchservice GmbH
Zossener Str. 55/2, 10961 Berlin
www.bintang-berlin.de
Redaktion: Silvia Mayer, Jessika Zollickhofer
Karten: Katharina Grimm, Klaus Schindler
Grafisches Konzept: Groschwitz, Hamburg
Layout und Herstellung: Gritta Deutschmann
Farbseitengestaltung: Anja Linda Dicke

Printed in China

Kartenverzeichnis

Allgemeiner Teil
Klimatabellen 38
Shinkansen 89

Reiserouten
Japan klassisch und intensiv 32
Dem Himmel nahe 36
Modernes Japan 34

Loose Aktiv
Nakadake 556
Shimanami-kaidō 477
Takao-san 184
Tsumago nach Magome 331

Regionalteil
Aso 555
Beppu 550
Chūbu 306
Chūgoku 458
Daisetsuzan-Nationalpark 287
Dewa Sanzan 244
Fukuoka
 Momochi 531
 .Zentrum 528
Hakodate 302
Hakone 214
 Miyanoshita 215
Hirara 604
Hiroshima 466
Hokkaidō 270/271
Ise-Shima-Nationalpark 434
Kagoshima 570
Kamakura 223
Kanazawa 361
Kansai 375
Kōbe 449
Kōchi 512
Kotohira 503
Kumamoto 561
Kurashiki 463

Kyōto
 Nordwest-Kyōto 391
 Ost-Kyōto 387
 Shijō-Kawaramachi 383
 Übersicht 376/377
 West-Kyōto 395
 Zentrum 380
Kyūshū 526
Matsue 489
Matsue und Izumo 486
Matsushima 240
Matsuyama 518
Miyajima 473
Miyakojima und Ibarujima 610
Miyazaki 581
Nagano S. 348
Nagasaki 541
Nagoya 308
Naha S. 588
Nara 418
Nikkō 208
Okinawa 585
Ōsaka
 Kita 439
 Minami 441
Sapporo 275
Sendai 234
Shikoku 492
Shikotsu-Tōya-Nationalpark 298
Shiretoko-Nationalpark 291
Takamatsu 495
Takayama 322
Tōhoku 228
Tokushima 505
Tōkyō
 Asakusa 166
 Großraum 154
 Shibuya 176
 Shinjuku 171
 Südliches Tōkyō 178
 Ueno 169
 Zentrum 156/1557
Yaeyama-Inseln 612
Yokohama 219

ANHANG